Karl Joël

Der echte und der xenophontische Sokrates

2. Band, 1. Hälfte

Karl Joël

Der echte und der xenophontische Sokrates

2. Band, 1. Hälfte

ISBN/EAN: 9783959139229

Auflage: 1

Erscheinungsjahr: 2018

Erscheinungsort: Treuchtlingen, Deutschland

Literaricon Verlag UG (haftungsbeschränkt), Uhlbergstr. 18, 91757 Treuchtlingen. Geschäftsführer: Günther Reiter-Werdin, www.literaricon.de. Dieser Titel ist ein Nachdruck eines historischen Buches. Es musste auf alte Vorlagen zurückgegriffen werden; hieraus zwangsläufig resultierende Qualitätsverluste bitten wir zu entschuldigen.

Printed in Germany

Cover: Sokrates und Xenophon, Abb. gemeinfrei

Der echte

und der

Xenophontische Sokrates.

Von

Dr. Karl Joël,
a. o. Professor an der Universität Basel.

Zweiter Band.

Erste Hälfte.

Berlin 1901.
R. Gaertners Verlagsbuchhandlung
Hermann Heyfelder.
SW. Schönebergerstrasse 26.

DEM ANDENKEN

FERDINAND DÜMMLERS

Vorrede.

Es bedarf keiner langen Erklärung dafür, dass die im ersten Band in nahe Aussicht gestellte Fortsetzung und Abschliefsung des Werkes nun doch ungefähr in's classische nonum annum gerathen ist. Von äusseren Hemmnissen, die oft monatelange Unterbrechungen brachten, will ich nicht sprechen. Der Umfang ist innerer Grund genug und bedarf nur selbst wieder einer Erklärung, in manchen Augen, die geschont sein wollen, einer Entschuldigung. Es sind im letzten Lustrum zwei Specialwerke über Sokrates erschienen: das Kralik'sche Werk erzählt nur ohne historische Kritik, was Plato und Xenophon geben, das Döring'sche hält sich im Wesentlichen an die Memorabilien, giebt ihren Inhalt wieder und ordnet ihn dann unter einem speciellen leitenden Gesichtspunkt. Jedes dieser Werke hat wenig über 600 Seiten Umfang. Der Verfasser war aber nicht in der glücklichen Lage, sich vertrauensvoll Plato oder gar nur den Memorabilien darstellend hingeben zu können. Es kam ihm nicht darauf an, den gegebenen Stoff zum hundertsten Mal in mehr oder minder guter Ordnung und Beleuchtung, sei es hypomnematisch für Freunde, sei es für Schüler didaktisch, wiederzugeben, sondern ihn für Forscher kritisch-historisch zu bewegen, abzuschätzen, zu erklären, zu bereichern, universalhistorisch aufzufassen. Und da sah er, dass das ersehnte Licht nicht von diesem gegebenen Stoffe selbst kommen konnte — sonst wäre es längst erschienen —, sondern nur von aussen. Er sieht als das Unheil der bisherigen, doch so scharfsinnigen und rührigen Forschung an das Hängen am Wort, am Gegebenen, die völlig blinde Nichtachtung alles dessen, was nicht der gnädige Zufall erhalten. Man meint, es sei das methodisch Einfachste und Sicherste, sich bloss um das Vorhandene zu kümmern, aber es ist nur das Bequemste. Es giebt eben immer ein falsches Resultat, wichtige, wenn auch fernliegende Factoren nicht in Rechnung zu stellen; es giebt ein irriges, verkürztes Bild, wenn der Archäologe die Geschichte der Kunst nur aus den erhaltenen Werken construiren und nicht nach Ausweis der Schriftquellen das Verlorene einstellen und einschätzen wollte. Denn es ist ja oft gerade das Primäre, Grundlegende, Erklärende.

So weiss es Jeder, dass die erhaltene Sokratik Torso ist, dass eine weit reichere, vor Allem die kynische Sokratik vorhanden und wirksam war. Und so hat es der Verfasser unternommen, diese kynische Sokratik in ihrer Wirksamkeit zu reconstruiren, nicht damit er neben zwei Sokratesbilder ein drittes stellen könne, sondern weil er sah, dass der kynische Sokrates sowohl der älteste wie der weittragendste ist, der sich populär durchgesetzt hat, und vor Allem, der dem xenophontischen und grossentheils auch dem platonischen vorgelagert ist. Es ward immer klarer, dass die ganze alte Fragestellung verfehlt ist: soll der platonische Sokrates oder der xenophontische der echte sein? Wie nun, wenn beide es nicht sind? nicht sein wollen? Wenn beide nicht referiren, sondern schreiben wollen, beide nicht so sehr auf den verstummten Sokrates der Vergangenheit als auf die sprechende Sokratik der Gegenwart blicken? Und im Fortgang der Untersuchung trat immer gesicherter hervor, was die Aufgabe dieses Werkes ward: die Auffassung der Sokratik umzuschalten aus einer historischen in eine literarische. Das Fortbildungsprincip der antiken Literatur ist kein anderes als das der antiken Kunst, es ist Typenvariation, es ist mimetisch und agonistisch, bald mehr das Eine und bald das Andere (vgl. Archiv f. Gesch. d. Philos. IX S. 51 ff.). Es ist ein Wettlauf in der Arena. Und der Kyniker lief zumeist voran in der sokratischen Bahn, und sollen Plato und Xenophon uns zu Liebe auch blind gewesen sein gegen das, was wir nicht mehr sehen? Es giebt kein Verstehen Plato's und Xenophon's ohne den Kyniker. Denn Plato (in vielen Schriften) ohne Antisthenes verstehen heisst einen Kämpfer, einen Gesprächspartner ohne den andern verstehen, und Xenophon ohne Antisthenes begreifen heisst zumeist die Copie ohne das Original begreifen.

Diese Neuauffassung Plato's und Xenophon's ernstlich zu begründen, ward eine weitausgreifende Hauptaufgabe dieser Arbeit. Längere Untersuchungen ergaben hier Deutungen platonischer Dialoge (Laches, Phaedo, Euthyphro, Apologie, Theaetet, Symposion etc.) resp. Ergänzungen zu den im I. Bande begonnenen Deutungen (Protagoras, Charmides, Rep. I f., Clitopho, Euthydemus, Hippias maior und minor etc.). Dazu verlangten auch unechte Dialoge wie der Axiochus und die beiden Alcibiades, wo sie wichtig einschlugen, eine ähnliche Interpretation. Die echten schienen erst ihre Legimitation, erst Leben, Licht und attisches Salz zu erhalten, wenn man erkannte, wem sie das Gesicht zuwenden. Der Verfasser fordert für Plato das Recht, als Autor zu athmen, das, was man keinem Modernen versagt, das Recht der Kritik und der Orientirung an seinen Zeitgenossen; er will den Dichter und Denker Plato befreien aus der historischen Vermummung, den freien Gestalter und feinen Satiriker retten und die Masken lösen von den Figuren, die man als Masken verkannte, weil man historische Acten las statt philosophischer Dramen. Er legt auf diesen Ertrag für Plato das gleiche Gewicht wie auf den nominellen Hauptzweck, die Erklärung des xenophontischen Sokrates. Da die Mem. die Disposition hergaben, so sind die demnach nur episodisch einschlagenden Deutungen Plato's in einem besonderen Register zusammengestellt.

Der xenophontische Sokrates selbst wieder zwang, die Führung der Untersuchung weit mehr, als bisher geschehen, zu verbreitern. Die Memorabilien sind das Gegentheil eines selbstherrlichen Kunstwerks, weisen an allen Ecken und Enden über sich hinaus, stehen als ein schwaches Glied in der Kette der sokratischen Literatur und zunächst in der der xenophontischen Schriften. Es galt, sie zunächst als solches zu begreifen und das volle Licht der Parallelen bei Xenophon auf sie einwirken zu lassen. Dabei enthüllten sich die Mem. oft nur als dürftiger Abklatsch anderer xenophontischen Schriften, von denen sie erst die farbige Beleuchtung, die Erklärung ihrer Motive, die Aufhellung ihrer Ordnung erhalten. So ward nun möglichst psychologisch aus Xenophon erklärt, was sich aus ihm erklären liess. Indessen für die Hauptsache, das Philosophische, stellte Xenophon's notorische Unselbständigkeit neue Fragen und Aufgaben, und hier ergab nun eine weitschichtige Vergleichung seine fast völlige philosophische Abhängigkeit im Ganzen wie im Einzelnen vom Kynismus, die in Grad und Art und plausiblen Motiven genau der Abhäugigkeit der römischen Praktiker von den stoischen Nachfolgern der Kyniker entspricht. Nicht nur die Memorabilien, auch die andern Socratica Xenophon's, sowie vor Allem Cyropädie, Hiero, Agesilaus, de rep. Lac., Prolog und Epilog des Cynegeticus offenbarten sich mehr und mehr als durchaus kynisirende Schriften, und auch hier liegt dem Verf.

das Ergebniss für den sonstigen Xenophon fast ebenso sehr am Herzen wie das speciell für den Autor der Mem., nur dass sich leider die Untersuchungen für die andern Einzelschriften nicht auch registriren liessen, da ihre Vergleichungen fast das ganze Buch durchziehen.

Die Festlegung der antisthenischen Beziehungen platonischer und xenophontischer Schriften forderte natürlich möglichste Ausnützung der kynischen Fragmente als Grundstocks der Vergleichung (Antisthenes' Fragmente wurden nach Winckelmann citirt, die andern Kyniker natürlich meist nach Laertius Diogenes, abgekürzt L. D.) und bei ihrer Dürftigkeit fernerhin eine Erweiterung des kynischen Quellenbereichs. War die Copie durch den Torso des Originals sichergestellt, so konnte sie zu seiner Ergänzung herangezogen werden. Grössere und kleinere Untersuchungen (s. die grössten über Dio und über die Nachbildungen der Prodikosfabel) gingen so auf alle möglichen Autoren bis zu Stobäus, für deren Aufzählung ich auf das nur im Wichtigeren vollständige Register verweisen muss. Die grossen Linien, die der Kynismus in die spätere Literatur zog, erhellten sich, und dabei ward in gewissem Sinne dies Werk zu einer Ehrenrettung der verkanntesten Schule der Philosophie. Und auch diese Neuauffassung des Kynismus ward namentlich gewonnen durch eine völlige Umlegung der Tradition aus dem Historischen in's Literarische. Die grob spassenden, scheltenden Bettler der Strasse wandelten sich mehr und mehr in hochgesinnte Schriftsteller, und die burlesken Anekdoten, die unsere kynische Tradition grösstentheils ausfüllen, zeigten sich als die von roher Sammlerhand gepflückten, in's Leben umgesetzten grellsten Blüthen einer weitreichenden, eindrucksvollen symposiastischen Literatur. Der Kyniker trat hervor als der Bacchant der Philosophie und ward durchschaut: hinter der komischen Maske ringt der Ernst der Protreptik. Als erster Prediger auf griechischem Boden, als erster reiner Moralist und erster Willensphilosoph, als Geistesbrücke zwischen Hellas und dem Orient und als ahnender Vorläufer wichtigster nachantiker, ja moderner Denk- und Lebenswege erhob sich hier Antisthenes. Aber so viel ihm gegeben ward, so viel ward ihm genommen. Es ward eine scharfe Linie gezogen zwischen ihm und dem reinen sokratischen und echten hellenischen Geist. Er reichte weit in die Ferne, aber er reichte nicht hoch und nicht tief auf dem Boden, auf dem er stand. Er blieb klein neben Plato.

Mit der inneren Reconstruction des Antisthenes ging eine äussere zusammen, die sich aber in der Hauptsache auf Füllung der wichtigsten und offenbar einschlagendsten Schriften, des grossen Herakles resp. Kyros und des Protreptikos, und auf einige mehr oder minder sichere Zuweisungen an kleinere Schriften beschränkte, während andere wenigstens dazu dienten, mit ihren Titeln einzelne Motive als im Horizont antisthenischer Interessen und Tendenzen gelegen zu erweisen. Speciellere Zutheilung und Ordnung hätte die Untersuchung in's Grenzenlose und völlig Unsichere geführt. Das Wesentliche bleibt ja doch die philosophische Einbeziehung für Antisthenes selbst, nicht die philologische für seine Schriften, die schon darum gleichgültiger und zweifelhafter sein muss, weil sich jeder Autor, und nun gar ein vielschreibender Paränetiker, in seinen Schriften öfter wiederholt, wie ja bisweilen schon die antisthenischen Titel im Katalog parallel gehen. Danach mag man den Schein etwa auftauchender Widersprüche in der Zuweisung desselben Motivs an mehrere Schriften auflösen.

Schon solche Umdeutung der erhaltenen und Restauration der verlorenen Sokratik muss bei mässiger Gründlichkeit Bände füllen. Doch das Problem, das sich dieses Werk gestellt, zog, durch sich selbst getrieben, noch weitere Kreise. Das eine Problem zersetzte sich in immer mehr Probleme, und so ward aus einem Buch gewissermaassen ein Complex von Büchern. Der Leser hat es gar leicht, zu klagen; er kann es nicht mehr, als es der Autor oft gethan, der sich der formalen Unvollkommenheit dieses Werkes voll bewusst ist, aber ebenso bewusst der Unmöglichkeit, auf diesem Felde knapp und glatt Harmonisches zu bieten, wenn man nicht blind ist oder sich blind stellt gegen Abgründe von Fragen und Zweifeln auf allen Seiten. Es ist für Den, der aufrichtig Ordnung liebt und Concentration, das unglückseligste aller Probleme; denn es führt nicht in gerader Linie vorwärts, sondern von einem sich öffnenden Centrum aus in unendlichen Strahlen zu unendlicher Peripherie. Es giebt in Sokrates nicht, wie jedes normale Buchproblem, einen Autor resp. ein Material, das man friedlich abspinnen kann, sondern es zwingt das Scheinmaterial zu zersetzen und sich das wirkliche Material erst zu schaffen und dabei das Recht für jeden Baustein zu erkämpfen. Das Problem des Sokrates öffnete, zersetzte sich in das Problem der Sokratik. Von Sokrates blieb nur in vollerer Schärfe das grosse Subject und die grosse Form, die wunderbare, reine, anregende

Persönlichkeit und der Urdialektiker. Das Object aber, der dogmatische Stoff zerfloss in die weiten Wellen der sokratischen Literatur. Die erhaltene Sokratik zeigte sich bedingt von einer verlorenen, die es erst aus ihren Wirkungen zu berechnen, aus ihren Ursachen zu erklären galt. So wurden die Fäden dieser Untersuchung immer weiter gezogen in frühere und spätere Zeiten; sie spinnen sich durch ein Jahrtausend griechischen Denkens, durch die Gesamtgeschichte griechischer Philosophie, sie spinnen sich von Thales bis Jamblichos. Kann es und darf es denn anders sein? Das Problem der Sokratik ist das Problem der antiken Philosophie und umgekehrt. Das Eine kann nicht ohne das Andere verstanden werden; denn sie stehen in Wechselwirkung als Centrum und Umkreis. Die Sokratik ist das Centrum der griechischen Philosophie, in das Alles, was vorher ist, einmündet, von dem Alles, was nachher kommt, ausgeht. Die frühere Philosophie geht nur durch das Thor der Sokratik über in die spätere, die insgesammt aus den sokratischen Schulen stammt. Wir haben die Vorsokratiker nur in der Tradition, wie sie die Sokratiker und ihre Nachfolger empfingen, wählten, färbten, fälschten, und wir lesen in den Späteren die Erben, die Nachbildner der Sokratiker. So einmal unsere Ueberlieferung der griechischen Philosophen von der Sokratik aus rückwärts und vorwärts zu beleuchten, ergab sich ungesucht als eine Nebenaufgabe dieser Arbeit, und es schienen dem Verf. sich auf solchem Wege manche Räthsel zu lösen, die bisher namentlich in der Tradition der Vorsokratiker stehen geblieben waren. Namentlich der Autoritäten und Diadochien suchende, erdichtende Antisthenes hat hier den Bereich seiner Vorläufer vielfach weit verschoben. Bisweilen wurde die Grenze seiner wirklichen Vorläufer, bisweilen seine entschiedene Originalität festgestellt. Doch sei ausdrücklich bemerkt, dass, wo eine Tradition bis auf ihn hingeführt wird, er damit noch nicht als Anfangspunkt, als ihr einziger Schöpfer bezeichnet, sondern weiteren, hier nur zu weit führenden Untersuchungen über seine vorsokratischen Vorläufer, soweit sie nicht bestimmt abgelehnt werden, keine Grenze gesteckt werden soll.

Oefter aber musste die Untersuchung noch hinausschweifen über den philosophischen Rahmen in die gesammte griechische Literatur- und Culturgeschichte. Anregend und angeregt, kämpfend und bekämpft, sind ja Dichter und Rhetoren, Theologen, Historiker und Politiker verflochten mit der Geschichte des Denkens und gerade der Sokratik, die nichts Anderes ist als der Act der Selbsterkenntniss, die erreichte Emancipation der Philosophie, die damit erst ihren Namen fand, ihre klare Auseinandersetzung mit Rhetorik und Politik, Poesie und Specialwissenschaft u. A. m. Schliesslich aber, weil gerade die Sokratik der Brennpunkt griechischer Philosophie, der Selbstbewusstseinsact des hellenischen Geistes ist, musste sie noch grösser gesehen, musste sie eingetragen werden in den universalhistorischen Horizont. Sie ist es, die in ihr voll erwachte, gekrönte hellenische Idee, die sich fremd hineinschiebt zwischen die Welt des Orients und die Welt nach Christo. Und hier ist es nun die These dieses Buches, dass der kynische Sokratiker den echten Sokrates und den reinen hellenischen Geist vermittelt mit jenen fremden Welten, dass er ihn gewissermaassen orientalisirt, christianisirt, modernisirt, er, der Halbhellene, der erste Hellenist, der Vater der halborientalischen Stoa, der Mann der Königskunst, mit den Heilandsträumen, der den Philosophen zum Asketen, Prediger und Propheten macht, der Symbolist, der Dynamiker, der Willensphilosoph, der Socialist, der Sklavenbefreier, der Verklärer der Pflicht, der Arbeit, des Dienstes. Eine Rettung des Kynismus sollte es werden, zugleich aber eine Rettung von Hellas vor dem Kynismus. Eine Grenzberichtigung sollte es werden an der Stelle, wo die drei Reiche der Geschichte sich berühren, der Versuch einer reinlicheren Scheidung und zugleich einer festeren Verbindung. Antisthenes war kein hoher und reiner Geist, aber gerade darum ein vorahnender, übergreifender, vermittelnder, weitwirkender. Für die Zukunftslinien, die von ihm ausgehen, für die nachantiken Parallelen konnten hie und da Andeutungen genügen. Für seine Berührung mit dem Orient, ja sein bewusstes Orientalisiren liessen sich unserm ärmlichen Material doch wenigstens einige feste Punkte abringen, die weitere Perspectiven gewähren.

Bei solchem inneren Herauswachsen des Stoffes nach allen Seiten hin begreift es sich, dass er nicht befriedigend disponirt und dass dies Buch nicht handlich werden konnte. Man wird mir allerlei andere Dispositionen vorschlagen können, etwa nach den Schriften des Antisthenes oder des Xenophon, nach den Lehren oder den Quellen des Kynismus, nach den einzelnen Sokratikern u. s. w., aber keine Disposition kann diesen Stoff ohne Ueberlastung tragen. Da sie nun alle gleich gut und gleich schlecht sind, so blieb der Verf. dabei, unter sachlicher Obertheilung, im Einzelnen nach den Memorabilien zu disponiren, deren kritische Betrachtung für ihn ja Ausgangspunkt, deren Zerstörung als historisches Werk das erste Ziel und der Anstoss zur weiteren Umbildung der Tradition sein musste. Und die Methode dafür bestand ja gerade in ihrer combinirenden Vergleichung mit dem übrigen Xenophon, mit dem Kynismus, mit dessen Copien, mit Plato u. s. w., — wie also sollte man alle diese gesondert behandeln? Man musste von Einem zum Andern blicken, sich hier und dort die Traditionsstücke zusammensuchen, von Combination zu Combination schreiten, und wenn dabei der Verf. öfter einer entdeckten Spur nachging bis zu einer Warte auf scheinbar fremdem Gebiet, die er nun ausbaute und festigte, so meinte er die Hauptfestung zu stützen durch solche Forts, die eben doch alle in ihrem Gürtel liegen.

Es ist wahr, es lassen sich aus diesem Bande, abgesehen von den Sokratikern, leicht noch eine Reihe Monographien herausschneiden: über die sieben Weisen, über Prodikos, Antiphon, Dio u. s. w., und es hätten sich noch viele kleinere Einzelstudien darin an Zeitschriften abstossen lassen. Was wäre mit solcher Entlastung gewonnen? Es baut sich eben doch Alles in einander; das Einzelne stützt das Ganze, das Ganze das Einzelne, und der Verf. glaubte für die Bequemlichkeit des Lesers besser zu sorgen, wenn er ihm Alles, wenn auch unhandlich, zusammen gab, als wenn er ihn fast auf jeder Seite an den Bücherschaft oder in die Bibliothek schickte. So aber hat er auf nichts zu verweisen als auf den I. Band dieses Werkes (der ohne Titel, nur mit I und der Seitenzahl citirt wird). Höchstens der viele Resultate des I. Bandes klarer zusammenfassende Aufsatz über den $\lambda \acute{o} \gamma o \varsigma\ \Sigma \omega$-$\varkappa \varrho \alpha \tau \iota \varkappa \acute{o} \varsigma$ (Archiv f. Gesch. d. Philos. VIII u. IX) ist noch zur Einführung zu empfehlen.

Der Verf. weiss, was er dem Leser zumuthet, und dass er den Kritiker reizt, die lange Mühe der Lectüre am Autor zu rächen. Es fiel ihm schwer, der schönen Mahnung einer ihm werthvollen Recension, dass man nicht in die Küche führen solle, wen man zu Gaste lade, nicht folgen zu können, aber er kann leider nicht Gäste zum Mahle laden, sondern nur Mitforscher zur Arbeit. Er muss sie in's Laboratorium führen, den Gang seiner Instrumente zu controliren; denn er arbeitet nicht mit anerkanntem Material auf anerkannte Resultate, sondern geht mit den meisten seiner Thesen über die bisher geltenden Auffassungen weit hinaus. Er wird oft erschrecken mit seinen Behauptungen und muss stets beweisen, dass es nicht leichtfertige

Paradoxien, sondern Früchte der Arbeit und Ueberzeugung sind.

Bei der relativen Selbständigkeit der einzelnen Stücke ist es natürlich dem Leser, wenn er die hineinspielenden, anderswo erörterten Voraussetzungen in Kauf nimmt, unbenommen, mit Auswahl bei der Lectüre zu verfahren; das wäre dem Verf. erwünschter, als wenn sie bei den ersten kleinen Capiteln hängen bliebe und etwa seine Methode nur nach der Behandlung von Mem. III, 12 und I, 5 beurtheilt würde. Erst das grosse Capitel II, 1 giebt Gelegenheit, die Quellen reichlicher fliessen zu lassen, und hier mögen die Partien über das Allgemeine der Prodikosfabel vielfach wie ein Dammbruch erscheinen. Die Disposition scheint gesprengt, der Zusammenhang gelöst, die Fahrt in's Unbegrenzte gehend, die Combinationen scheinen oft sehr gewagt. Doch werden hier die principiell wichtigsten Punkte einer erweiterten Auffassung abgesteckt, die dann das Folgende im Einzelnen verstärkt und ausbaut. Aber ich würde es sachlich schwer beklagen, wenn sich das Interesse hier erschöpfte. Methode wie Resultate lassen sich erst nach dem zweiten Halbband beurtheilen, der nicht nur, nach gebrochener Bahn, gleichmässiger sein durfte und bei dem naturgemässen inneren Wachsthum eines Werkes von Jahren reifer und gefestigter sein muss, sondern auch philosophisch und historisch-literarisch wohl die grössere Hälfte des Ertrages liefert. Die Behandlung der Socialethik, die ihn ursprünglich füllen sollte, ist nun mit Beiseitelassung manches gesammelten Materials in den Schluss zusammengedrängt worden. Doch behält sich der Verf. vor, auf ihre allgemeinen Gesichtspunkte wie auf Einzelnes noch aufsatzweise zurückzukommen.

Es braucht nicht gesagt zu werden, dass in so umfangreicher Arbeit, deren Druck allein bei allerlei Störungen über Jahr und Tag hinlief, Wiederholungen und allerlei Inconvenienzen unvermeidlich sind. Der Verf. nimmt das Recht in Anspruch, auf gewonnenen Resultaten weiterzubauen, — denn aus Miscellen schreibt man kein Buch und gewinnt man keine Gesammtauffassung, für die wir doch alle arbeiten. Doch hat er sich viele Mühe gegeben, durch ungezählte, wenn auch immer noch unvollständige Rückverweisungen dem Leser Wiederholungen möglichst zu ersparen und Erinnerung und eine gewisse Controle auch bei Lectüre einzelner Stücke zu ermöglichen. Oft constatirte Lieblingsworte des Antisthenes hat er später in griechischen Citaten bisweilen nur durch Ausrufungszeichen markirt. Bei etwaigen kleinen

Widersprüchen in Einzelpunkten — grosse in Hauptpunkten dürfen es nicht sein — wird man leicht die frühere Behandlung durch die spätere corrigiren.

Der Verf. ist vom Standpunkt des I. Bandes nicht zurückgewichen, ja, die Verfechter der traditionellen Auffassung werden finden, dass er noch radicaler geworden, noch weniger in der Tradition vom echten Sokrates übrig lässt. Theilweise erscheint es nur so, weil für den intellectualistischen Individualethiker Sokrates wenig abfallen kann in diesem Gesammtband, der gerade behandelt, was specifisch kynisch und xenophontisch ist, die voluntarische Seite der Individualethik und die Socialethik der Mem. Theilweise aber ist es wirklich der Fall, dass sich dem Verf. die literarisch-fictive Auffassung immer mehr bestätigt, immer weiter aufgedrängt hat, so dass er schon in Einigem, das er früher dem echten Sokrates zuwies, jetzt den kynischen Sokrates erkennt, der die Brücke bildet zwischen dem echten und dem xenophontischen, die Alles erklärende Versöhnung zwischen den Gegensätzen, die der Titel dieses Buches herausstellt. Aber so sicher es eine feste Grenze giebt zwischen dem kynischen Sokrates und dem echten, schon bezeugt durch dessen übrige, andersartige Schülerschaft, so sehr ich diese Grenze durch das Besondere und Fremde des Antisthenes zu verdeutlichen und zu erklären versucht habe, ich würde weit eher zugeben, dass der kynische Sokrates durchaus der echte sei, als dass die Mem. nicht als literarische Schrift mit fictiven Gesprächen durch den kynischen Sokrates hindurchgegangen seien.

Trotz einiger reactionärer Vorstösse scheint mir deutlich, dass die Stimmen zu Gunsten einer Auffassung der Memorabilien als literarisch-fictiver resp. kynisch beeinflusster Schrift, einer Maskendeutung platonischer Dialoge u. a. von diesem Werk vertretener Tendenzen sich im letzten Jahrzehnt stark vermehrten. Vorher schon sprach v. Wilamowitz ein kräftiges Wort (Hermes 14. 192); ich denke weiter an Aeusserungen von Natorp, Windelband, Birt (Rh. M. 51. 155), v. Arnim (Dio S. 21), Gercke, Immisch u. A., an Theodor Gomperz' schönes, durchdachtes Sokratesbild (vgl. besonders Griech. Denker II, 50 f. 73) und Schanz' scharfsinnige Einleitung in die Apologie. Vgl. noch H. Gomperz, Grundlegung der neusokratischen Philosophie, E. Richter, Xenophonstudien, der gleichzeitig mit dem I. Bande dieses Werkes die Historicität Xenophon's zu erschüttern versuchte. S. noch Dakyns, The works of Xenophon, Gilbert, Xenophon's Memorabilien p. XIII. Vor Allem muss ich hier als des kühnen Pfadfinders und wirklichen Begründers der neuen Richtung Dessen gedenken, dessen Namen dieses Werk als Denkzeichen unverlöschlicher Dankbarkeit und Freundschaft jetzt auf seiner ersten Seite trägt, und dem es um so mehr zugehört, als er mit förderndem Interesse den Fortgang dieser Studien begleitete, noch die ersten acht Bogen gelesen und ihren Inhalt gebilligt, auch noch einige der folgenden weiter ausgreifenden Thesen, ohne dass sie sich hier durch sein Zeugniss decken sollen, erwägenswerth fand, kurz, da jede Seite dieses Bandes für sein Auge, im Gedanken an ihn, an sein freies, weitblickendes Urtheil geschrieben ist.

Die bisherige historische Auffassung ist endgültig erschüttert, durch Zeller's klare Zustimmung zu der Feststellung, dass auf Xenophon's Versicherungen seiner Zeugenschaft in den Memorabilien durchaus nicht zu bauen ist. Kann er die wichtigste Thatsache, die einzige, die er wissen musste, die Quelle seines Berichtes, die Authenticität selbst fingiren, so steht der Fiction Thür und Thor für Alles offen. Ich möchte den Vertretern der historischen Auffassung der Memorabilien und der „sokratischen" Schriften Plato's zwei seiner Worte an's Herz legen. Das eine steht Phaed. 76 B: Ein Wissender, sagte Sokrates, vermag von seinem Wissen Rechenschaft zu geben. Glaubst du aber, dass Alle von unsern jetzigen Gesprächen Rechenschaft geben können? Das wünschte ich, sagte Simmias, aber ich fürchte weit mehr, dass morgen um diese Stunde Keiner mehr das entsprechend thun könnte. So wird geurtheilt in Gegenwart des Eukleides, Antisthenes u. a. der besten Sokratiker. Und man wagt es, einem Xenophon nach Jahren zu trauen? Die andere Stelle, Phaedr. 277 E, stellt fest, dass die Schrift über Alles nothwendig viel παιδιά bringe. Und schon vorher, 276 D, heisst es: wie Andere für die παιδιά der Symposien leben, so unsereiner in der παιδιά der Schriftstellerei. Die Parallele mag man nachtragen als Anzeichen für den unten erwiesenen Zusammenhang der sokratischen Literatur mit der Symposiastik, als deren Vergeistigung und höhere Concurrenz sie entsprang. Keine Schrift ohne παιδιά: wer das begriffen hat, der wird nicht länger die sokratische Literatur historisch nehmen, nicht länger ihre lachende Maske durch die moderne Brille verkennen. Die Alten, wenigstens die hellenischen, nicht die hellenistischen, waren nun einmal anders; sie lebten dreimal, ehe sie einmal schrieben, und die Schrift war ihnen keine natürliche, selbstverständliche Lebensfunction, sondern Luxus,

Sonntagsspass, Maskerade. Παιδιά nennt ja Plato auch die Naturphilosophie, weil sie viel Phantasie enthalten muss. Das freie Lachen zu zeigen in der sokratischen Literatur und den Reichthum der Phantasie und das ganze künstlerische Leben und damit endlich den philosophischen Geist zu erlösen vom Buchstaben der Tradition, das ist ja der letzte Hauptzweck dieser Arbeit.

Doch fürchte ich, dass Standpunkt und Methode, die hier vertreten werden, aus reinem Forschungsinteresse und ohne jede Rücksicht auf Brauchbarkeit, gar viele natürliche Gegner finden. Ich sehe sie heranrücken, die Schaar der Sokrates- und leider! auch Xenophontheologen, die zugleich Teleologen sind und oft unbewusst die stille Voraussetzung in sich tragen, dass die Alten eigentlich für uns geschrieben haben. Ich sehe die historischen Dogmatiker zürnen, denen für Lehrbücher und Collegien die Dogmen des Sokrates hier geraubt werden. Ich sehe weit feindlicher und gefährlicher die Menge der übereifrigen Pädagogen, der geborenen Apologeten der Memorabilien, die sie als Musteraufsatz zu interpretiren gewohnt sind, immer zum Cultus des Autors erziehend. Sie meinen mit Unrecht, dass der paränetische Werth der Memorabilien, den schon die Alten anerkannten (Laërt. Diog. VII, 2 f.), aufgegeben würde durch die kritische Erkenntniss ihres unhistorischen Charakters, ihrer literarischen Bedingtheit, ihrer philosophischen Bedürftigkeit. Am bedenklichsten aber sind oft die Specialisten der Dissertationen, der Schulprogramme, diese geborenen Skeptiker, die als Freischärler auf ihrem kleinen Gebiet die schwächsten Seitenposten und Nachzügler einer weitgreifenden Hypothese überfallen und durch deren partielle „Widerlegung" eine positive Leistung der Wissenschaft dargebracht zu haben vermeinen. Sie wissen nicht, dass der Blick vom engen Kreis aus fast immer irrig sein muss, und wenn er so sicher scheint wie der Blick von der festen Erde auf die sich bewegende Sonne, und dass die nun einmal bestehenden historischen Zusammenhänge nur als solche, aus einer Gesammtanschauung richtig geschätzt werden können, die von festen Punkten ausgeht durch alle Grade der Wahrscheinlichkeit bis zum niedrigsten. Man widerlege hier tausend Einzelheiten, die nie allein als sicher behauptet worden wären, die nur als leichte Illustration an anderem hängen, oder — noch billiger — man mache sie lächerlich, und man hat doch innerlich nichts widerlegt. Ich erkenne an, dass dogmatische Historiker, Pädagogen und Specialisten oft das Beste auf unserem Felde geleistet haben, aber ich behaupte, dass sie dazu über ihr dogmatisches, didaktisches, specialistisches Interesse hinausgehen mussten.

Im Uebrigen kann der Verf. nur wiederholen, dass er völlig taub ist, wenn er zu hören bekommt, dass er oft den Philosophen zu philologisch, oft den Philologen zu philosophisch sei. Er hat von Beiden möglichst zu lernen gesucht; denn die Sache fragt nicht nach unserer Fachgliederung und giebt, da sie nun einmal ein Inneres und Aeusseres hat, dem Philosophen wie dem Philologen Anrecht und Beruf für sie. Und der Verf. suchte gerade als das Fruchtbarste die Vereinigung beider Methoden, ja ihre Verschmelzung im Einzelnen; es galt ihm immer, das Besondere zum Allgemeinen und das Allgemeine zum Besonderen zu führen und gerade die ὁδὸς ἄνω und κάτω zu vergleichen. Das brachte einen öfteren Stilwechsel fast in jedes Capitel, der Manchem unbehaglich sein wird; aber die Sache forderte ihn.

Die äusserliche Betrachtung hat sich heute, im Zeitalter der mechanistischen Weltauffassung und der experimentellen Methoden, ein rühriges Organ geschaffen in der Sprachstatistik. Der Verf. schätzt diese Methode derart, dass er ihr nicht widersprechen möchte und sich bisweilen auf die Uebereinstimmung mit ihren Resultaten beruft. Er hat selbst hier öfter eine Art Sprachstatistik getrieben, wenn auch mehr eine Begriffszählung zu innerer Charakteristik als eine äussere Formzählung zu chronologischer Einreihung. Er sieht in dieser rein äusseren Methode eine werthvolle Controle; aber es macht ihn doch bedenklich, dass die Mühen so vieler scharfsinniger Forscher, so grosse Mittel zu so relativen Zwecken aufgewandt werden, und dass man (wie Natorp) ebenso fortschrittlich gesinnt wie besonnen sein und doch bei ihrer fleissigen Anwendung in solcher Skepsis enden kann. Und was haben wir durch alle Zahlen gewonnen? Wieder nur Zahlen, die Relativitäten sind. Gesetzt, wir wüssten genau die Reihenfolge der Dialoge, so haben wir kein Bild, so lange wir nicht wissen, wie weit die Reihe reicht, und ob zwischen den einzelnen die Pausen nach Monaten oder Jahrzehnten zählen. Gesetzt aber, wir wüssten mehr — und das wahrlich nicht durch Sprachstatistik —, wir wüssten nicht nur, von welcher sicilischen Reise Plato eine sicilische Sprachwendung mitgebracht, sondern wir hätten das unmögliche Ziel aller Sprachstatistik erreicht und könnten Tag und Stunde der Vollendung aller Dialoge nennen, was wüssten wir dann von ihnen? Im Grunde nichts. Oder sollte der Materialismus uns derart verblendet haben, dass wir von Zahlen satt zu werden meinen? Man überschätzt heute die Zahlen als Anweisungen, in der Voraussetzung, dass Plato nur schrieb aus dem inneren Grund einer geradlinigen Entwicklung. Aber er schrieb sehr oft kritisch auf Grund äusserer Anregung; die Entwicklung seines künstlerisch beweglichen, anpassungsfähigen Geistes ist sicherlich nicht geradlinig, und sie liegt zumeist jenseits der Schriften, die grosse Symbole, Spiele, Schlachten, Aussenwerke Plato's sind. Und die Sprachstatistik setzt noch voraus, dass er immer seinen Stil schrieb, während er doch oft genug fremden Stil copirte, ja karrikirte, wie es z. B. bei der Lysiasrede oder der Agathonrede Jeder sieht, wie es dieser Band in mehreren Dialogen aufzeigt, und wie es doch bei einem Dramatiker selbstverständlich ist. Sieht man also nicht, dass die innere Deutung der äusseren Zählung vorangehen muss? Und erfahren wir nicht viel mehr als durch eine Jahreszahl z. B. über den Parmenides durch Siebeck's Nachweis, dass er gegen Aristoteles gerichtet ist? Und bringt so die Deutung nicht auch die Datirung? In solcher Weise ist hier versucht worden, einen grossen Theil der erhaltenen Sokratik durch hinter ihr liegende Beziehung zu deuten. Möge das hiermit abgeschlossene Werk, dem der Verfasser unter schwereren Opfern, als er sagen kann, ein halbes Menschenalter gewidmet, beitragen, die Erforschung der Sokratik neu zu beleben. Denn das Ringen um die Sokratik ist das Ringen um das Verständniss der Antike und der Philosophie überhaupt, das heisst um das Verständniss der innersten Geistesgeschichte der Menschheit, — und nur im bewussten Ringen mit dem Alten erobern wir das Neue.

Basel, December 1900.

Inhalt.

Die kynisch-xenophontische Willensethik in den Memorabilien S. 1—952

Einleitung S. 1—14

Der echte Attiker Sokrates. Ionische Intellectcultur und dorische Kraftcultur —5. Der Halbattiker Antisthenes verschmilzt zuerst mit dem sokratischen Rationalismus die Willensbetonung als Lakonismus und nach innen geschlagenes, defensives Heldenthum (ἐγκράτεια, πόνος) —10. Der halbspartanische Praktiker und Vorrömer Xenophon, in das schreibende Zeitalter eintretend, findet seinen gegebenen Anschluss bei dem Vorstoiker und Thatromantiker Antisthenes —14.

I. Das Princip der Uebung S. 15—27

Xenophon streitet gegen den von Antisthenes geschärften sokratischen Rationalismus —18, betont gemäfs seinen Interessen die Uebung als Gymnastik, als Uebung in Waffen und Taktik und in καρτερία, kurz, im Wesentlichen als physisch-militärische Uebung —22 und theilt das Vordrängen der Uebung mit dem Kyniker, von dem er die negativ-geistige Uebertragung als Tugendübung hat, —27.

II. Die Körperpflege (Gymnastik u. Hygiene: III, 12 etc.) S. 28—37

Mem. III, 12 formal unsokratisch, aber Xenophon entsprechend in der militärischen und auch sonst ihm (nicht Sokrates) naheliegenden Schätzung der Gymnastik —31, speciell noch in ihrer praktisch-socialen und psychophysischen Werthung sowie in der breiten, trivialen Paränetik —34, zugleich aber formal wie inhaltlich eine kynische Vorlage verrathend —36. Auch die hygienische Mahnung IV, 7, 9 kynisch und xenophontisch —37.

III. Die ἐγκράτεια in I, 5 (Antisthenes περὶ πίστεως (ἢ) περὶ ἐπιτρόπου?) S. 38—47

Die paränetischen Capitel über die Willenstugend ἐγκράτεια formal und inhaltlich unsokratisch —40. I, 5 in militärischen, ökonomischen u. a. Motiven xenophontisch, im Grundstock antisthenisch, im Thema πίστις, in der Paränese zur ἐγκράτεια und mehreren Hauptzügen —44. Das δοῦλος-Motiv und Antisthenes als Begründer der Sklavenmoral und im Zusammenhang damit der Moralpredigt —47.

IV. Die ἐγκράτεια in II, 1 und Antisthenes' Herakles S. 48—560

a. Die Debatte mit Aristipp S. 48—125

1. Die παιδεία des ἀρχικός (§ 1—7) S. 48—73

II, 1 im Verhältniss zu den anderen ἐγκράτεια-Paränesen. In der Polemik gegen Aristipp den antisthenischen Herakles copirend —50. Die παιδεία der νέοι nach der Lykurgfabel dort —53. Die pädagogische Bedeutung der Jagd und das Vorbild des Hundes auch zur Verklärung der Dienstbarkeit für den Kyniker principiell, namengebend und Xenophon anziehend —58. In der asketischen παιδεία zur ἀρετή = ἀρχή folgt Xenophon hier und sonst zustimmend dem Kyniker —62, auch in der Forderung des πόνος und Kriegswissens —65, auch im Jagdbild § 4 und in § 5 (gegen μοιχοί) bricht die kynische Vorlage durch —67. Die antisthenische Forderung der Abhärtung und Schätzung der agrarisch-militärischen Naturberufe als βασιλικαί bei Xenophon —73.

2. Der hedonische Werth der ἀρχή (§ 7—20) S. 73—101

Das Problem des Glücks der ἀρχή noch nicht für Sokrates, aber für Xenophon wichtig —76. Antisthenes, der Tyrannenfeind, lässt seinen Sokrates Fürstengunst ablehnen, begründet die social-ethische Definition der βασιλεία und befehdet die andern Sokratiker als Parasiten des Dionys —83. Das Lob der ἀρχή und die geschilderte düstere, antithetische Kampfeswelt unsokratisch, aber gut xenophontisch und kynisch —93. In den Motiven der Sklavenerziehung, der asketischen βασιλικὴ τέχνη, der Schätzung des freiwilligen πονεῖν folgt Xenophon den antisthenischen Lobschriften auf den πόνος — 99, ebenso im Ziel der καρτερία, Kalokagathie u. s. w. und in der Begründung mit Dichtercitaten —101.

3. ἐπιμέλεια, πόνος, ἔργον als Grundbegriffe der Willensethik S. 101—125

Kynische Theorie und, bestätigend, zustimmend, Xenophon's Praxis feiern und fordern ἔργον und πόνος —106. Des Kynikers active Fassung und geistige Verklärung des πόνος über das Hellenische hinausgreifend —108. Die ἐπιμέλεια in Xenophon's Schriften als Grundfunction des ἀρχικός, als Willensfunction und daneben als Willensintensität (Sorgfalt) —114. Das Willensprincip der ἐπιμέλεια beim Praktiker Xenophon über das sokratische Wissen gestellt —117. In der Betonung der ἐπιμέλεια steckt eine überhellenische Zukunft, der Anfang der Willensethik, d. h. der reinen Moral, der Anfang der Predigt und der socialen Tugend, der Begriff des Berufes und Amtes —120. Die geistige Wiedergeburt der ἀρχή (der Wille als innerer Herrscher) beim Kyniker, von Xenophon nachempfunden —125.

     b. Die Prodikosfabel S. 125—560
    1. Der Autor der Fabel S. 125—206

Die vorliegende Fabel im Munde des Sokrates nicht denkbar —127, als treue Reproduction des Prodikos durch Xenophon unbeweisbar und unverständlich —130, in den sprachlichen Kennzeichen zu Xenophon, aber durchaus nicht zu Prodikos stimmend —134, auch nicht inhaltlich. Prodikos unmöglich Autor dieses Kernstücks der Mem., sondern überliefert als literarische Figur —138. Antisthenes, der Verkuppler des Prodikos, in dessen Maske als Onomatologe, Musik-, Homer- und wohl auch Heraklesschriftsteller von Plato geneckt. Der Laches eine persiflirende Kritik des Antisthenes —150. Der Dorer Herakles im Wechsel der attischen Lebensstimmung vom Komischen in's Tragische umschlagend, von Prodikos als Dulder eingeführt —154. Der pessimistische Consolator Prodikos im vielumstrittenen Axiochus wurzelt in der skeptisch-mystischen Stimmung des „schreibenden" Zeitalters —156. Krantor ist nicht das Original des Axiochus, sondern hat die kynische Consolation vor sich (die Philosophen des Perikles bei Antisthenes) —162. Die consolatorischen Beispiele und die pessimistischen Dichter- und Völkerstimmen beim Kyniker —165. Der Niederschlag orientalischer Weisheit bei Antisthenes, dem ersten Philosophiehistoriker —168, der als hellenische Parallele dazu eine dorisch, orphisch, poetisch, mythisch u. s. w. fundirte Urphilosophie construirt und sie mit der orientalischen für den transscendenzsüchtigen Pessimismus zeugen lässt (die antisthenische Urgeschichte der Philosophie in der aristotelischen Metaphysik) —173. Die Unsterblichkeitsmystik des Axiochus antisthenisch —176; kynische Motive in seiner Scenerie —177. Die göttliche Seele und die Orientalisirung des Philosophen zum Propheten bei Antisthenes (die ägyptische Urphilosophie) —181. Das Unsterblichkeitsideal des Axioch. in seiner negativen Fassung antisthenisch —183. Die Prodikosweisheit des Axioch. kynisch, namentlich im Nachweis der Leiden der Lebensalter, besonders der παιδεία und des Alters —190, auch iu der Anklage des Lebens nach den Berufen —192, auch in der nicht erst epikureischen These über den Tod —194 und in deren Ausführung (Kämpfervergleich), wobei der Kyniker wie der Axioch. die Seele dem göttlichen Aether, den Leichnam pietätlos der Erde zuweist —198. Der Axioch. durchaus kynisch und nur so verständlich; Epikur streitet gegen dessen Original, das weitere Spuren hinterliess —201. Anaxagoras und der Prodikeer Theramenes (gegen den „Tyrannen" Kritias bei Xenophon, Aristoteles, Diodor) als Consolationsfiguren kynisch —207.

Excurs. Plato's Phädo und Antisthenes S. 207—253

Die pythagoreische Sphäre des Phädo, Pythagoras als Tugendprediger bei Diodor gleich dem Sokrates der Mem. und als kosmopolitischer Weiser wie auch sonst Orientreisen und -begegnungen der Weisen von Antisthenes festgelegt —214, ebenso der Wundermann Pythagoras in den Motiven des Tripartitum, der Präexistenz und Hadeswanderung —217. Die kynische Pythagoristik von Aeschines, von der mittleren Komödie und von Plato charakterisirt —220; die Prophetie des Pythagoras und der phliasische Pythagoreismus als Tendenzerfindung des Antisthenes verdächtig —223; die „Pythagoreer" Echekrates, Simmias und Kebes, der äsopische und apollinische Sokrates, die Philosophie als Musik und die Seele als Harmonie sind antisthenische Motive —228. Plato folgt auch in der ethisch-philosophischen Umbildung der orphischen Mystik (namentlich mit der Philosophie als $\mu\epsilon\lambda\acute{\epsilon}\tau\eta$ $\vartheta\alpha\nu\acute{\alpha}\tau o \upsilon$) dem Kyniker —233. Der sog. 1. Beweis mit der auch in die Einleitung des Gesprächs und in das Vorgespräch einschlagenden $\sigma\upsilon\zeta\upsilon\gamma\acute{\iota}\alpha$ $\acute{\epsilon}\nu\alpha\nu\tau\acute{\iota}\omega\nu$ ist antisthenisch, copulirt mit der platonischen $\acute{\alpha}\nu\acute{\alpha}\mu\nu\eta\sigma\iota\varsigma$ als „zweitem" Beweis —238; auch der „dritte" Beweis gehört dem kynischen $\acute{\epsilon}\pi\omega\delta\acute{o}\varsigma$, von dem erst Plato die individuelle Unsterblichkeitslehre und die ethische Vergeistigung der Mystik übernahm —247; mit der Antilogik und andern Zügen, speciell auch dem Hundeschwur wird der Kyniker getroffen und ihm gegenüber namentlich mit dem „vierten" Beweis die Ideenlehre als einzig wahre Consolation verfochten —253.

2. Prodikos' $^{\prime}\Omega\rho\alpha\iota$ und der kynische Herakles
S. 253—284

Der prodikeische Pessimismus schlägt beim tragisch gestimmten Kyniker durch sokratische Einwirkung erst zum Fabelmotiv $\pi\acute{o}\nu o\varsigma$ $\acute{\alpha}\gamma\alpha\vartheta\acute{o}\nu$ um - 256. Der zeitgemässe kynische Cult des Herakles, der zugleich kriegerisches Herrenideal und sociales Volksideal —260. Die Synkrisis des kriegerischen und des agrarischen Ideals bei Antisthenes zu Gunsten eines social ethisirten Patriarchalstaats entschieden, den Prodikos $^{\prime}\Omega\rho\alpha\iota$ (die kynische Götterdeutung) und die Orphik beeinflussten und Plato kritisirt —268. Herakles vom Faustheld in den Dulder und dann durch den Kyniker in den inneren, den Willenshelden umgeschaltet. Damit seine Moralisirung vollendet, die Person durch den sokratischen Begriff zum allmenschlichen Ideal, vorahnend zur Heilandsmission erhoben und damit eine neue, unhellenische, dynamische, repräsentative, auf Zukunft und Jenseits blickende Lebensrichtung und -deutung begonnen. Der dynamische Welttypus Herakles durch kynische Vergeistigung mit Hellas versöhnt —281. Der pessimistische Naturmystiker Prodikos hat Antisthenes für die Fabel nur das Hesiodcitat und das Beispiel der Heraklesmühen gegeben —284.

3. Die Grundzüge der Fabel S. 284—332

Das Lob der ἀρετή und παιδεία im antisthenischen Herakles u. a. kynische Motive —286. Mit dem „Scheideweg" die kynische Willensmoral gegeben; Vergleich mit den biblischen resp. altchristlichen zwei Wegen; das „pythagoreische" bivium antisthenisch wie überhaupt das moralische Wegebild dem Kyniker wesentlich —295; die Synkrisis attisch, die sog. Fabel ein Mischproduct sokratischer Dialektik und gorgianischer Rhetorik, darin und vor Allem in der Personification namentlich ethischer Antithesen antisthenisch und zum Herakles stimmend (die Echtheit der antisthenischen Declamationen) —303. Die Fabel sonst bei Xenophon illustrirt, aber bei den Späteren meist nicht von ihm citirt; deutliche Spur im antisthenischen Herakles —307; die ethische Synkrisis für den Kyniker natürliche Form und in seiner Linie fortgesetzt in Parallelen der Fabel bei späteren Kynikern, Stoikern (Krantor's Seitenpfad) —311 und von ihnen beeinflussten Autoren (Philo, Silius Italicus, Dio Chrysost., Max. Tyrius, Themistius) —314, sowie in der kynischen σύγκρισις πλούτου κ. ἀρετῆς —315, in dem ein altkynisches Original copirenden Traum des Lukian —322 und in der kynischen Tafel des Kebes —328. So kynisiren alle Parallelen der Fabel und zeigen einzelne ihrer Züge echter als Xenophon. Alle Hauptzüge der Fabel weisen auf Antisthenes, den Julian nennt —332.

4. Die Fabel im Einzelnen S. 332—560

α. *Die Beschreibung der Frauen* (§ 22 f.) S. 332—342

Die Beschreibung (namentlich der Κακία als πόρνη) bei den Andern oft echter als bei Xenophon —336, der gerade die gemeinsamen Züge auch sonst in kynisirenden Schriften bringt, so das Specielle der Toilettirkunst der Κακία —338 und der αἰδώς, σωφροσύνη etc. der Ἀρετή —342.

β. *Die Rede der Κακία* (§ 23 ff.) S. 342—349

Die Beschreibung des hedonischen Lebens und die Differenzirung der ἡδοναί kynisch —345. Der kynische Kampf gegen die αἰσχροκέρδεια auch bei Xenophon —349.

γ. *Die εὐγένεια bei Antisthenes* (§ 27) S. 349—361

Sein romantisches und physiologisches Interesse an der εὐγένεια —351. Der Sokrates und speciell das Fragment π. Θεόγνιδος bei Stobäus antisthenisch —356. Die 3 Auffassungen der εὐγ. bei Antisth.: die negirende, die vergeistigende und die positive, wonach sie als eine, aber noch ungenügende Tugendbedingung dasteht —361.

δ. *Die erste Rede der Ἀρετή* (§ 27 f.) S. 362—373

Das antisthenische Lob des πόνος nach den socialen und individuellen Idealfunctionen Xenophon's —367; der Idealkreis § 28 unsokratisch, aber dem Herakles und der βασιλικὴ τέχνη des Kynikers entsprechend —373. Musonios copirt direct oder indirect den antisthenischen Οἰκονομικός Anm. 2 S. 370—374.

ε. *Antisthenes' Ponosschriften bei Dio III und bei Xenophon* (§ 29)   S. 374—390

Das Glück durch den πόνος bei Xenophon kynisch —375, für den ἀρχικός nach dem Herakles und Kyros des Antisthenes und in Parallele zu Mem. II, 1 durchgeführt in Dio III, darin das Originalmotiv von Mem. IV, 3 —383 und das Lob der φιλία —385. Die Doppelstellung des Antisthenes und Xenophon zu Persien und die kynische Abhängigkeit der Cyropädie und der Schrift de rep. Laced. —390.

Excurs. Dio als Nachahmer anderer Sokratiker und Eklektiker (?)   S. 391—445

Ablehnung der Abhängigkeit Dio's von nichtkynischen Autoren (Xenophon, Plato etc.) für Dio or. III (auch für die Sokratesreden 54 f.) —398, für or. I u. II (Kyrosspecialia nicht aus der Cyropädie) —402, für or. IV—XII (Uebereinstimmung von Dio VI u. Hiero für kynischen Einfluss auf Xenophon sprechend, Parallele des Sokrates und Diogenes) —406. Or. XIII im Rahmen kynisirend, dazwischen die Sokratesapostrophe in Ton und Einführung, Thema und allen Motiven antisthenisch und parallel (nicht abhängig von) dem λόγος des Clitopho, in dem Plato die antisthenische Protreptik kritisirt, die er in der Apologie z. Th. copirt —424. Erkenntnissgrundsatz für die übrigen Reden, scheinbar Platonisches und Xenophontisches in ihnen, das in Wahrheit Kynisches; besonders antisthenisch or. XIV. XV. XXI. XXX und Spuren des Hippiasgesprächs —432. Resultat für Xenophon rein negativ, kein wörtliches Citat nachweisbar, nur Lectüre der Anabasis —436; auch Plato nur einseitig wie von einem Kyniker citirt, nirgends Quelle —438; antisthenischer Einfluss trotz aller Schwierigkeiten in jeder Form nachweisbar und unbegrenzt —442. Dio kein Eklektiker, seine Autoritäten gehören nur der kynisch-stoischen Richtung an —445.

ς. *Die kynische Diätetik bei Xenophon* (§ 30)   S. 445—463

Die kynischen Forderungen (speciell des „Herakles") bei Xenophon: 1. Essen und Trinken nicht ohne Bedürfniss und πονεῖν —448, 2. quantitative Mässigkeit —451, 3. qualitative Mässigkeit —453. Der Kyniker bekämpft die πολυτέλεια von den Gesichtspunkten des Naturgemässen, der Gesundheit, der Einfachheit, des Praktischen, des Hedonischen —459. Die kynische Diätetik Mem. I, 3, 5 ff. —463.

ζ. *Die kynische Predigt gegen die μαλακία und der Prometheusmythus* (§ 80)   S. 463—504

Die kynische Abhärtung bei Xenophon —466. Plato persiflirt mit dem Protagorasmythus die Teleologie des Antisthenes, der im Prometheustypus den unhellenischen religiösen Schöpfergedanken und die Theodicee in Verbindung mit der Busspredigt begründet; dabei Mem. I, 4 erst durch Einfügung des antisthenischen Prometheus als Subjects zu verstehen —485. Die kynische ἐγκράτεια in Lager und Wohnung, Liebesgenuss und Schlaf bei Xenophon —491. Die kynische Verbindung von Teleologie (das göttliche Weltfest!) und Askese in Dio XXX etc. —499. Die weite Nachwirkung und Verbreitung der altkynischen Predigt durch die Stoa (z. B. Sen. ep. 90), Philo etc. —504.

η. *Die Aechtung der Κακία (θεοφιλία, τιμή, ἔπαινος, πίστις bei den Kynikern,* § 31) S. 505—526

Die kynische θεοφιλία und Vergottung des Menschen (Plato's Euthyphro eine Recension der antisthenischen Frömmigkeitsbestimmungen) —514, kynische Schätzung der τιμή (Ehrgeiz, βασιλικόν, Tugendprämie) —518, des ἔπαινος (sichere antisthenische Spur der Fabel, hedonische und pädagogische Differenzirung) speciell im Herakles —524, der πίστις —526.

ϑ. *Die Genüsse der Jugend und die Reue des Alters* (§ 31) S. 526—533

Die Reue der Lust beim Kyniker —528, sein System vergeistigter Genüsse —531, Schwelgernoth u. Alterstugend —533.

ι. *Die Achtung der Ἀρετή und des Alters* (§ 32 f.) S. 533—541

Der kynische Socialwerth der ἀρετή, die Symmetrie des negativen und positiven Bildes —536, die Schätzung des Alters bei Xenophon und beim Kyniker —541.

κ. *Die Verklärung* (§ 33) S. 541—560

Der Fabelschluss mit Parallelen bei Dio in Antisthenes' Unsterblichkeitslehre wurzelnd —544. Der unhellenische Heroencult, die Lehre der Apotheose und die ethisch-intellectualistische Umformung des hesiodischen Dämonenthums in Antisthenes' Herakles und Kyros —551, die kynische Heldenverklärung in den vom Herakles abhängigen Schriften Xenophon's (Agesil., Cyneg. I, de rep. Lac.) —557, sein Ruhmesideal und Plato's Charakteristik des kynisch-xenophontischen Lebenstypus, der in Mem. II, 1 die ἀρετή durch den πόνος sucht —560.

Einleitung.

„Stier und Ross soll man nicht zusammenspannen. Das war das Verhängniss des Griechenvolkes. Ioner und Dorer konnten keinen Staat bilden. Und doch, zu Einem haben sie mitgewirkt, zu der höchsten, der attischen Cultur. Und deren edelste Blüthe, die sokratische Philosophie, hat eine ihrer Wurzeln auch in dem Heraklesglauben." v. Wilamowitz, Euripides' Herakles I¹, S. 289. Merkwürdig, dass, die sich äusserlich nicht zusammenbinden lassen, sich innerlich vereinigen zur Erzeugung des Höchsten, Edelsten, Geistigsten! Und noch merkwürdiger, dass in der edlen Frucht jener edlen Blüthe, im Platonismus, so garnichts auf solche Wurzel hindeutet. Was ist dem Plato Herakles? Ein Preisheld für Sophistenrhetorik[1]). Nein, appelliren wir an den besser unterrichteten Wilamowitz: Stier und Ross soll man nicht zusammenbinden. Die sokratische Philosophie ist die edelste Blüthe der attischen Cultur, und sie soll ihr nicht geraubt werden. Es gab nie einen Denker und wohl nie einen grossen Mann, der so ganz und gar in seiner Heimath wurzelte — als Sokrates. Man könnte Orient und Occident abschneiden, Athen gegen Hellas auf Jahrzehnte in Quarantänezustand setzen: Staatsmänner, Philosophen, Künstler, Erwerbsleute würden unsäglich verlieren an Erfahrungen, Wirkungskreisen, an geistigen und leiblichen Nahrungsquellen, sie würden andere werden, Sokrates würde Sokrates bleiben. Sokrates wollte Athen nicht verlassen, im Leben nicht und nicht im Sterben. Sein Leben war das des athenischen Kleinbürgers,

---

[1]) Symp. 177 B.

seine Lehrstätte war das öffentliche Athen allerorten, seine Stoffe waren das Treiben der Menschen in Athen, seine Beispiele die athenischen τέχναι und seine Form die Debattenform des eristischen Athen[1]). Sokrates heisst der zur Methode, als logisches Gewissen erwachte attische Volksgeist. Um Sokrates zu erklären, mag man die Philosophie entbehren, zu deren Vergangenheit er sich so fremd verhält, aber nicht die attische Cultur.

Was die bisherigen und was die folgenden Untersuchungen bezwecken, das ist im Grunde nur: dem Sokrates den reinen attischen Geistesstil zu erhalten und alles Fremde davon abzuscheiden, und was die scharfe Scheidung der Individualethik in einen (im I. Bande behandelten) in der Wurzel sokratischen und einen nichtsokratischen Theil verursachte, das war im letzten Grunde der Gegensatz des Attischen und Dorischen. Denn Stier und Ross sind eben doch zusammengebunden worden, wenn auch nicht in der echten, so doch in der kynisch-xenophontischen Sokratik. Antisthenes hat, wie der Katalog seiner Schriften zeigt, den beiden Typen Titel gegeben: ἰσχύς und φρόνησις, und sogar Eigennamen: Herakles und Odysseus. Antisthenes, der beide Idealtypen gleichzeitig verficht, ist sich wohl bewusst, dass der echte Sokrates am ehesten im Zeichen des Odysseus steht[2]), und je weiter sich der Kynismus von Sokrates entfernt, um so mehr verblasst der Stern des Odysseus, und Herakles wird Alleinherrscher am Himmel der Kyniker.

Aber es lässt sich nicht verkennen, dass der Gegensatz der beiden Typen im Griechenthum so alt ist wie Dorismus und Ionismus, deren Stammestypen, Volkscharaktere ja beide repräsentiren. Es weht eben eine andere Luft von Homer und Heraklit her als von Hesiod und Pindar. In der bei den Kynikern so lebendigen Antithese λόγος und ἔργον verbirgt sich in gewissem Sinne nur die alte griechische Volksantithese: Ionismus und Dorismus. Aber es ist eher Mythologie als Wissenschaft, wenn man — heute vielleicht mehr als je — Volkstypen als letzte dunkle Existenzen anbetet: die rechte aufklärende Historie sucht Charaktere aus Situationen zu begreifen. Und das Eine ist ja schon klar, dass der Dorismus, wie weit und unbestimmt man ihn auch am besten fasst, eine jüngere Volksschicht bedeutet, die erst in mehr oder minder historisch be-

---

[1]) Vgl. Bd. I, S. 184—196.   [2]) Vgl. Mem. IV, 6, 15.

wusster Zeit ihren Platz sich kämpfend erringen und erhalten musste. Die Kraftleistung der Eroberung lag den Doriern noch lange im Blut; ihre Situation in der Landschaft blieb noch lange eine ἀρχή, und die Tugend, die sie pflegten und pflegen mussten, war die Tugend des Ritters. Die Aufgaben und Passionen des Ritterthums aber sind Leistungen der physischen Kraft und des Willens, im Muth der Tapferkeit, aber auch in Ausdauer und Entbehrungen, in καρτερία und ἐγκράτεια, und das Mittel dieser ἀρετή heisst Uebung. In höchster Achtung steht die Heldenthat (die καλὰ ἔργα) und in tiefster Missachtung Alles, was an Sclaverei gemahnt. Dem gegenüber hatte der Ionismus, namentlich der attische, lange nicht mehr seine Faustkraft in der Schule der Eroberung gestählt — Thukydides [I, 6] sagt: die Athener waren die ersten Griechen, welche die Waffen ablegten. Verschiedene Stammesschichten drückten nicht in der Landschaft aufeinander, sie hatten mindestens längst sich vertragen gelernt und halbwegs ausgeglichen, und auf der breiteren Unterlage baute sich statt der ἀρχή die πόλις. Die mangelnde Tendenz zur ἀρχή bei dem Cultur tragenden Stamme — das war der wahre Fluch von Hellas. Die Cultur verlangte die Herrenfaust, die sie in die metallene Form des Reiches schlagen sollte, und Athen musste verfallen, weil die Geschichte für die Cultur immer die Residenz forderte.

Aber wo auch die kriegerische ἀρχή fehlte, da fehlte doch nicht der Kampf. Denn der Grieche kämpft immer: in der Palästra, in der Rhetorik und Dialektik, in der plastischen Gruppe und im Drama, und der Agon ist Grundfactor der hellenischen Cultur. Aber unter Bürgern entscheidet weniger die Faust als die Rede, und in der πόλις siegt weniger der Starke als der Kluge. Die τέχνη blüht, und das Ideal ist die Meisterschaft und die Tugend das Wissen. Aus der Reibung bürgerlicher Kräfte blitzt der λόγος auf, äusserlich social als Rede, dann auch innerlich als Gedanke entwickelt, und der λόγος ist als Function der πόλις ebenso nothwendig, wie das ἔργον der ἀρχή.

Es giebt einen ganz falschen Gegensatz, wenn Boeckh[1]) der Ionier Sinnlichkeit und Befangensein im Aeusseren der inneren Tiefe der Dorier gegenüberstellt. Schliesslich ist es doch der grosse intellectualistische Zug, der die ältesten Ionier mit den

---

[1]) Philolaos S. 40 ff.

Attikern eint. Die Ionier sind ausgesprochene Theoretiker und die Schöpfer der Naturwissenschaft — recht im Gegensatz zu den Pythagoreern. Der λόγος des Heraklit wie der νοῦς des Anaxagoras, das Wissen des Sokrates wie die Idee Plato's — sie sind doch Kinder eines intellectualistischen Geistes, desselben, der im νόμος des Solon und in der Athena des Phidias lebt. Was andererseits selbst Spartaner und Pythagoreer eint, das ist der Sinn für die praktische Stabilisirung ihrer ἀρχή. Der Dorier ist praktisch — und die physische Kraftprobe, die Spartas Siege entscheidet, wird zugleich in der peloponnesischen Athletenplastik gefeiert. Der Ionier ist empfänglicher, der Dorier gewaltsamer. Der Ionier sieht, begreift, erkennt, vergeistigt und verklärt, der Dorier — zähmt. Vergeistigte Anschauung ist die Lebenswelt des Ioniers und kraftgezähmte Natur die des Doriers. Das Zähmen der Natur aber ist ein Messen, Maassbestimmen und das scharf zählende Maass bestimmt die spartanische Ackerloosung und Heeresgliederung ebenso wie die kanonische Kunst des Polyklet und Lysipp und das pythagoreische Weltsystem. Das μέτρον ist das Culturprincip des Doriers wie der λόγος das Culturprincip des Ioniers. Das Primäre, Natürliche ist für diesen das klare, sinnliche Anschauen und Aufnehmen, für jenen das tapfere Zugreifen im ἔργον. Wie aber der Ionier das Geschaute im λόγος sich verklärt zu eigen macht, so gilt es dem Dorier, das Ergriffene, Eroberte durch das μέτρον zu zähmen und festzuhalten und seine ἀρχή zu stabilisiren. Bedrohte dorische Aristokraten vom Schlage des Theognis mochten wohl oft die Tugend des μέτρον Andern vergebens predigen. Wer herrschen will, muss stark sein gegen Andere, aber auch in sich selbst, muss innerlich gestählt sein, der Weichlichkeit fremd. Die spartanische Herrschaft ruhte zugleich auf der inneren Herrschaftstugend (ἐγκράτεια), der Zähmung der eigenen φύσις durch den Willen. So sehr demnach die ἐγκράτεια ein dorisches Gepräge hat, sie war doch in Sparta nur die durch die Situation auferlegte strengere, soldatische Lebensart, brauchbar für die Erhaltung der ἀρχή, sie war nicht der Kern der Sittlichkeit, wie uns xenophontische und plutarchische Panegyrik glauben machen will. In dieser bewussten ethischen Pointirung ist vielmehr die ἐγκράτεια jünger als die ihr verwandte Tugend des μέτρον und als die Wissenstugend.

Die sinnenfreudige Empfänglichkeit Homer's hatte sich ausgelebt, und die dorische ἀνδρεία hatte sich an Eroberungen gesättigt. Nun suchte sich die dorische ἀρχή mit dem μέτρον, wie es so laut auch die dorische Lyrik verkündigt, zu festigen und zu cultiviren, und in Solon drang das μέτρον, zum νόμος vergeistigt, auch nach Athen. Indess im 5. Jahrhundert kam Athen in seiner eigenen grossen Weise zu Wort: ideenreiche Staatsmänner, Dichter und Künstler schufen eine Hochcultur in λόγος und τέχνη, und der Philosoph, der daraus das Facit zog, dass Tugend Wissen ist, hiess Sokrates.

Sokrates war ein Greis und konnte sich zum Sterben rüsten, als der Dorismus sich wieder zu voller Höhe erhob: Athen sank vor Sparta, der Geist des λόγος vor dem Geist des ἔργον, die σοφία vor der ἰσχύς, die τέχνη und ἐπιστήμη vor der ἀνδρεία und ἐγκράτεια in den Staub. Das war ein gewaltiges Factum, das auch philosophisch niederschlagen musste. Doch vor dem letzten Acte des peloponnesischen Krieges war, ausser bei oligarchischen Fanatikern, kein rechter Anlass zum theoretischen Λακωνισμός, Sokrates war und blieb der Philosoph der Hochclassik des 5. Jahrhunderts, der attischen Wissensaufklärung, und er musste es seinen attischen Schülern überlassen, sich mit dem siegreichen Dorismus abzufinden. Und sie haben sich damit abgefunden. Plato, indem er den sokratischen λόγος aus der trüb gewordenen, gemischten Wirklichkeit ins Ideal erhob und der ἀρχή des intellectualistischen Ideals eine realpolitische Stütze gab in seinem zu spartanischer Kraft und pythagoreischer Treue erzogenen Ritterstande, also den Dorismus dem Atticismus dienstbar machte. Der wirkliche, sieghafte Einzug des Dorismus in das attische Denken aber geschieht bei Antisthenes und Xenophon. Der Stifter des Kynismus kann nicht das wilde Thrakierblut verleugnen, das von der Mutter her in seinen Adern rollt und sich so merkwürdig mit attischem Geistesblut mischt. Denk- und Willensfunction [1]) sind gleich stark in ihm rege, und so ringen sie in ihm als die Gegensätze λόγος und ἔργον, νόμος und φύσις, φρόνησις

---

[1]) Man soll übrigens nicht vergessen, wieviel grosse dynamische Naturen, Männer von tiefernster geistiger Energie und starkem historischen oder systematischen Sinn Hellas dem sonst so stillen, unentwickelten Norden verdankt. Der grösste Sophist und der grösste Naturphilosoph waren Abderiten, der grösste Historienmaler Thasier, der grösste philosophische Systematiker Stagirite, der grösste Historiker von halbthrakischer Abstammung und schliesslich der grösste Fürst und Feldherr Makedonier. Und waren nicht auch die Dorier Einwanderer von Norden? Ueber die Thrakier als „die kräftigsten hellenischen Männer der römischen Kaiserzeit" vgl. v. Wilamowitz, Herakles S. 9 ².

und ἰσχύς, ἐπιστήμη und ἐγκράτεια. Der stürmische Wille des Thrakiers dringt zerstörend und gebietend in das reine Denken: es soll keine logischen Widersprüche geben, keine Begriffsdefinitionen, keine absoluten Ideen, keine rein theoretischen Wissenschaften. Andererseits fordert der Attiker in ihm Vernunft zum Leben oder einen Strick[1]. Indem sich Denken und Wollen so durchdringen, entsteht die Tendenz zur Einheit von Wissen und Handeln, das Denken nimmt eine stark ethisch-praktische Färbung an, und mit dem Einzug der Leidenschaft in den Intellect erwacht zugleich ein Denkfanatismus, dessen Ausdruck die Paradoxie ist. Zumeist verschmelzen sich die beiden Functionen so, dass das Denken das Subject und der leidenschaftliche physisch-praktische Wille das Prädicat hergiebt: Sokrates, d. h. der Weise, ist stark, thatenreich, ist tugendhaft, ist glücklich, ist Herrscher. Die Form ist attisch, der prädicative Inhalt unattisch, dorisch, thrakisch. Nennt doch Plato das ϑυμοειδές, die feurige Willenskraft die dominirende Function des thrakischen Charakters[2]!

Aber der heisse Wille rang nach Bethätigung, die das Denken nicht geben konnte. Wo sollte denn der Weise seine Stärke zeigen? Der Sohn der Sclavin mochte noch so begeistert die Arme emporstrecken, für ihn gab es kein Reich zu erobern, keine Heldenthaten zu verrichten. Sein Denken war nur stark genug, den Lebenswillen nach aussen abzuschwächen und nach innen zu drücken, aber nicht stark genug, aus sich heraus, wie Plato, Ideen zu gestalten. Und weil er Ideale weder geistig schaffen noch physisch verwirklichen konnte, so blieb ihm nur die Sehnsucht und die Nacheiferung gegenüber den gegebenen Idealen. So hing er an dem weisen Sokrates, dem klugen Odysseus, aber nicht weniger schwelgte er in Bewunderung für die Helden der That, die Welteroberer Herakles und Kyros. Und nun kam noch der grosse Sieg des Dorismus, der da laut predigte, dass Kraftübung mehr gilt als Weisheitslehre. Der Halbattiker wurde leicht zu jenem Lakonismus herübergezogen, den Plato im Protagoras verspottet, der aber bei dem historischen Protagoras noch kaum Anlass und Sinn gehabt hätte. Erst Hippias, als Elier auf Sparta hingewiesen, wo er oft als Gesandter weilt, muss sich, wie Plato höhnt, zum lakonischen

---

[1] Winckelmann, Antisth. Frg. S. 64, Nr. 45.
[2] Rep. 435 DE.

Archäologen präpariren, da Anderes dort noch weniger zieht[1]). Hippias hat den Lakonismus kaum philosophisch verarbeitet, da er Lykurg im alten Sinne[2]) als Kriegsheld feierte[3]) und der Verfechter der φύσις sich für die νόμοι sicher nicht begeistert hat. Auch Kritias scheint in seiner Schrift über den spartanischen Staat nicht von dem grossen Gesetzgeber und Pädagogen Lykurg gesprochen zu haben[4]), an dessen Gestalt jene Vergeistigung des Lakonismus anknüpft, die wir bereits in der Parallelschrift Xenophon's finden. Woher stammt sie? Von den Spartanern sicher nicht, denen die (im 5. Jahrh. noch dürftige und schwankende) Tradition zum Theil erst am Anfang des 4. Jahrhunderts „von aussen octroyirt" worden[5]). Ich meine, Xenophon hat sie von Antisthenes, dessen romantische Phantasie sich so leicht an einer Gestalt festsaugt und sie ins Geistige umbildet, der am natürlichsten im Herakles Lykurg als den weisen Autor der παιδεία und der νόμοι ἀρετῆς preisen und dem lakonischen Staat jene so falsche[6]), aber auch Xenophon blendende, ideal asketische, anticapitalistische und socialistische Färbung geben konnte[7]). Der Kyniker hat Sparta sokratisirt, hat es, wie der Protagoras carrikirt, zum Ursitz der Weisheit und die Spartaner zu heimlichen Philosophen gemacht — er hat eben das Denken mit dem praktischen Wollen, die Vernunft mit der Kraft vermählt.

Alle Feier des Lakonismus und seiner physisch geübten Willenskraft blieb doch für den armen Kyniker immer nur Romantik. Er hatte nicht bei Aegospotamoi gesiegt und musste fühlen, dass er dem erymanthischen Eber nicht gewachsen war. So blieb ihm nur dies: das Schlachtfeld nach innen zu verlegen und seinen Durst nach Heldenthum und nach heroischer Willensbethätigung im Kampf der Seele zu befriedigen. Da stellte sich nun die attische Vernunft zum dorischen Kampf und Sieg. Die Vernunft des Weisen ward eine „unerschütterliche Mauer", die Tugend eine „unentwindbare Waffe"[8]), und was da vom Panzer

---

[1]) Hipp. Mai. 285 DE.
[2]) E. Meyer, Forsch. z. alten Gesch. S. 242.
[3]) Plut. Lyk. 23.
[4]) Vgl. U. Köhler, Ueb. die Πολ. Λακ. Xenophon's. Sitz.-Ber. der Berl. Acad., 1896, S. 11.
[5]) E. Meyer a. a. O. S. 232; vgl. S. 214, 278 etc.
[6]) ib. S. 255 ff.
[7]) Mehr hierüber im Folgenden und in der Behandlung der Socialethik.
[8]) Laërt. Diog. VI, 12 f.

des Weisen ohnmächtig abprallte, was aber die Masse der
schwachen Thoren knechtete, das waren natürlich die Leidenschaften. Die Tugend, die nun entstand, war nicht mehr die
reine sokratische Wissenstugend, das Wissen ward in eine neue
Function gesetzt, es ward nur Factor des Willens, der es üben
musste, und die neue Tugend hiess Selbstbeherrschung, ἐγκράτεια.
So wurde also das dorische κρατεῖν und ἄρχειν in das Innere
verlegt, und man darf über dem plebejischen Auftreten vieler
Kyniker nicht vergessen, dass sie innerlich einen Aristokratenstolz fühlten, denn der Weise ist König, er versteht das Herrschen
und verachtet die πολλοί. Jener dorische Zug zum naturalistisch
Handgreiflichen treibt Antisthenes ja auch zu seinen Arzt-,
Athleten- und Thiervergleichen, während der echte Attiker Sokrates
höchstens den Arzt, aber nicht als Operateur, sondern als Sachverständigen schätzt. Im Grunde war aber doch diese ἐγκράτεια,
diese blosse Enthaltsamkeit und Bedürfnisslosigkeit eine rein
negative Tugend, eine Tugend des Protestes, in der sich eben
schon die Verfallszeit der Ideale ankündigt. Die ἐγκράτεια war
doch höchstens nur die Kehrseite einer positiven Grösse, aber
das hinderte Antisthenes nicht, bei seinen Helden, denen er in
ihrer eigentlichen Grösse nicht folgen konnte, diese Kehrseite
als die positive herauszuarbeiten. Sokrates war enthaltsam, aber
nicht aus Liebe zur Enthaltsamkeit, sondern aus Liebe zu dem
dialektischen Beruf, in dem er wie ein Heiliger in seinem Ideal
aufging. Der Kyniker aber machte die Enthaltsamkeit zur prononcirten Action des Weisen und zum Hauptinteresse sokratischer
Reden. Die Spartaner durften in ihrer stets auf Krieg gestellten
Situation nicht gerade Schwelger sein, der Kyniker aber macht
die ἐγκράτεια statt der positiveren Tapferkeit zur Grundtugend
Spartas und zum Hauptinhalt der lykurgischen Gesetzgebung.
Held Herakles war zwar sehr stark, aber nicht sonderlich enthaltsam, nun, so wurden die Mythen umgedeutet, die Stärke
seelisch genommen, die Bestien, die er besiegt, wurden zu bösen
Lüsten, und Herakles ward der grosse Befreier von Leidenschaften.

Aber so sehr Antisthenes in seinen Idealen das negativpraktische Moment herausarbeitete, er warf doch das Positive
darin nicht bei Seite, sondern verschmolz es eben mit jenem.
Der rationalistische Zug der Sokratik blieb erhalten, wenn auch
zumeist nur als negative Dialektik, die Tugend ward als ἰσχύς,
aber auch als φρόνησις, die μάϑησις ward neben der ἄσκησις,

der λόγος neben dem ἔργον, der νόμος neben der φύσις gepriesen. Es ist hier bei Antisthenes ein mehrfaches Schwanken und wohl eine Entwicklung anzunehmen; aber schon das Dictum Dio Chrysost. VIII p. 275 R zeigt, dass eine solche ihn nicht bis auf den Standpunkt des Diogenes geführt haben kann, in dem allerdings die naturalistisch-praktischen Principien über die rationalen siegten. Mit Antisthenes stirbt ab, was noch attisch war am Kynismus, aber Antisthenes selbst gab der Sokratik schon jene Wendung, die aus Attika hinausführte und eher Sinopenser und Thebaner, aber keine Athener mehr anzog. Und es ist ja geschichtlich klar: in derselben Richtung, in der sich der Kynismus in Diogenes und Krates entwickelte, in derselben Richtung muss er sich in Antisthenes von Sokrates entfernt haben — nur noch weiter, denn Sokrates liess noch mehrere entgegengesetzte Wege seinen Schülern offen, Antisthenes aber nur den einen, den seine Schule genommen. Folglich kann die Richtung des Kynismus zum praktischen Ideal der ἐγκράτεια in Sokrates principiell nicht einmal angedeutet sein, weil sie der sonstigen Sokratik indifferent, Aristipp sogar feindlich gegenübersteht. Und so muss die Sokratik wohl in Antisthenes und Aristipp — der Attiker Plato steht nicht im Bann einer solchen Antithese — in zwei entgegengesetzte Strömungen gerathen sein, die ihr selbst fremd sind.

Jene Verschmelzung aber des sokratischen Rationalismus mit dem neuen, immer stärker im Kynismus sich durchsetzenden naturalistisch-praktischen Element und jenes Schwanken im Accentuiren der beiderseitigen Principien, wie es hier dem Antisthenes zugeschrieben wird, muss möglich gewesen sein — desshalb, weil es noch einmal factisch wurde im Stoicismus, und zwar beides: dieselbe Verschmelzung und dasselbe Schwanken; denn beides ergiebt sich aus einander. Der monistische Fanatismus, der im Gegensatz zu der complicatorischen, systematischen Tendenz des Plato und Aristoteles im Kynismus wie im Stoicismus auf ein Werthprincip hindrängt, muss dieses eine Werthprincip etwas bunt schillern, alle möglichen Begriffe in ihm congruiren lassen, von denen dann bald der eine, bald der andere, je nach der Grundstimmung des Denkers, als der gebietende hervortritt. Aber die innigere Gemeinschaft zwischen Kynismus und Stoa gilt wesentlich für Antisthenes, und man kann die Begründung der Stoa in der Hauptsache als eine Rückkehr von Krates zu Antisthenes bezeichnen. Man räume doch endlich auf mit jenem burlesken Plebejer und rohen Praktiker der Askese, zu dem man Antisthenes macht, weil man den Kynismus nach einigen Diogenesanekdoten zu prägen pflegt: Antisthenes hat so wenig wie Diogenes in einer Tonne gewohnt, er trug nicht einmal ein Bettlercostüm und hat weder im Sommer sich im glühenden Sande gewälzt, noch im Winter kalte Statuen umarmt: Antisthenes ist ein ernster, fruchtbarer Schriftsteller, kein Original der Strasse, das den Pöbel ergötzt. Man blicke nur in das strenge, wolkige Antlitz, das uns das Portrait im Vatikan zeigt: das ist wahrlich kein schamloser Komiker, das ist jener mahnende Schwärmer für das mystisch Grosse, für göttliche Urzeiten, für gute Könige und starke Helden, und komisch eher im Sinne eines Don Quixote als eines Abraham a Santa Clara. Er ist im Gegensatz zu dem Denker Sokrates ein Willensromantiker, aber doch so weit angesteckt vom sokratischen Subjectivismus, der mit dem Wissen nach innen weist, dass er in der ἐγκράτεια auch den Willen nach innen schlägt. Diese ἐγκράτεια ist die dorische Uebersetzung der attischen Wissenstugend. Ihre ethische Pointirung setzt Sokrates voraus, aber auch den Sieg des Dorismus. So hat nun der Kyniker umbildend in seinen Idealen, in den Helden des Geistes wie der That den inneren, passiven Willen, die ἐγκράτεια, markirt. Aber wie er dem Sokrates neben der ἐγκράτεια die Weisheit liess und beide verschmolz, so liess er den Männern der Kraft neben der doch negativen ἐγκράτεια ihre positiven ἔργα: Herakles und Kyros blieben Welteroberer. Doch wie er die sokratische Weisheit wieder mehr negativ fasste: als protreptische Dialektik, als Eristik, so fasste er auch die Heldenthaten nicht eigentlich in ihrem Aufschwung, sondern mehr negativ in ihrer Mühe fordernden Dauer, und Herakles und Kyros wurden die grossen Muster des πόνος [1]). Darin, dass der Wille derart mehr in seiner Defensive gefeiert wird, liegt das Eingeständniss, dass die Zeiten überschäumender Kraft vorüber sind und der Kynismus sichtlich Abendschatten über Hellas breitet. Immerhin lag aber in dieser Markirung des Willens so viel Kraft, um ernste Männer der Praxis in gebietender Stellung, deren Lebensfunction der Wille ist, anzuziehen, zu stärken und zu erbauen. Und hier zeigt sich wieder die Gemeinschaft des älteren Kynismus [2]) mit der Stoa, die sich erst recht in ihren Blüthe-

---

[1]) Laërt. Diog. VI, 1 f.
[2]) Selbst von Diogenes heisst es, dass ihm korinthische Aristokratensöhne zeitlebens dankbar waren, die er eigentlich echt dorisch, durch Abhärtung auf Jagden u. dgl. erzogen hat. (Laërt. Diog. VI, 30 f. 74 f.)

zeitaltern als die Philosophie der Defensive praktisch bewährt. Der Stoicismus hatte seine grossen Römer, der Cato oder Mark Aurel des Antisthenes aber heisst Xenophon.

Der attische Patricierspross, der jung Athen verliess, vielleicht auf Nimmerwiedersehen, der Feldherr, der eifrige Jäger und Reiter, der Oeconom Xenophon hat scheinbar nichts gemein mit dem Sohn der thrakischen Sclavin, der Lehrer in Athen war, bevor er zu Sokrates kam und als Lehrer in Athen starb. Und doch kamen sie zusammen: Antisthenes hat schon die Geburt, Xenophon das Leben zum Halbattiker gemacht, auch geistig gestempelt; jenen hat die romantische Theorie, diesen Praxis und Erfahrung zu jenem Dorismus geführt, mit dem beide die Sokratik färbten. Die Philosophie des 5. Jahrhunderts, die Philosophie namentlich in Sokrates war gut bürgerlich und das Ideal des Bürgerthums ist die Intelligenz. Die bürgerliche Demokratie in Athen konnte es sich leisten intellectualistisch zu sein: sie hatte wenig zu begehren und noch weniger zu arbeiten. Mit den Sokratikern aber tritt die Philosophie in die sociale Antithese, sie steigt zum Adel herauf und herab zum kynischen Paria. Und die Mächtigen und die Gedrückten sind beide Kämpfer, Praktiker, Begehrende, brauchen beide den Willen, die einen zum Herrschen, Fordern und ehrgeizigen Leisten, die andern zum Ertragen, Sparen und Arbeiten. Der arme, nicht vollbürtige Kyniker hat es sich im Leben sicher sauer werden lassen, um in Athen zu Brot und Stellung zu kommen, und hat wirklich aus der Noth eine Tugend gemacht. In Athen aber waren auch die Adligen Gedrückte, denen die blutigen oligarchischen Reactionen am Ende des 5. Jahrhunderts wenig geholfen haben. Auch in Xenophon erwacht die Sehnsucht, die Willensromantik; der demokratische Boden ist ihm zu heiss und zu eng, er drängt hinaus aus der attischen Sphäre und er wandert dahin, wo die Kyniker herkamen — Theben, Thracien, Sinope[1]) sind ihm wichtige Stationen — und wohin die Träume des Antisthenes gingen, in das Weltreich des Kyros und in die dorische Sphäre. Sein Mannesalter hindurch hat Xenophon in Skillus peloponnesische Luft geathmet und Olympia dicht vor Augen gehabt, wo gerade die Uebung physischer Kraft mehr als irgendwo den Preis der $ἀρετή$ fand. Von den Grössten abgesehen, die

---

[1]) Anab. V, 5 f. VI, 1. Der greise Xenophon ist vielleicht auch Diogenes in Korinth begegnet.

über ihren Stand hinauswuchsen, hatte der attische Adel stets die Sympathien für Sparta als den Hort der Oligarchie gehegt und gepflegt. Kritias, das Haupt der Extremen, trat zuerst als Panegyriker Lakedämon's auf, aber Xenophon hatte mehr gethan: er ist im Lakonismus weiter gegangen als irgend ein Athener, den die Geschichte kennt. Für den Freund der Spartaner, den Feind der Athener zog er nach Asien, unter spartanischem Oberbefehl kämpft er gegen Perser, kämpft er selbst gegen Athener; der Freund des Agesilaos wird spartanischer Colonist in Skillus, und vielleicht ist es nicht erlogen, dass er auch seine Söhne in Sparta erziehen liess. Was war denn noch attisch an diesem Manne? Nun gerade so viel, dass er dem Antisthenes zur Dorisirung der Sokratik die Hand reichen konnte. Auch der Treuloseste konnte Athen nicht vergessen, und ein Sokrates konnte hinter einem Agesilaos nicht ganz verschwinden.

Allerdings den jungen Xenophon mit seinem hochgehenden praktischen Drang hatte die neue Wendung des attischen Lebens nicht befriedigen können. Im 5. Jahrhundert standen die grossen Staatsmänner lebendig vor dem Volke auf der Pnyx, die grossen Dramen lebten auf der Bühne, und in Sokrates lebte die Philosophie auf der Strasse. Als aber um die Wende des Jahrhunderts die Lebenskraft Athens geschwächt war, begann man zu schreiben. „Redenschreiber" und Philosophen wetteiferten darin, mit der Feder zu politisiren, und die Philosophen traten ausserdem das Erbe der Dramatiker und zugleich des Sokrates an in ihrer sokratischen Buchdramatik. Xenophon hatte sich dieser literarischen Epoche, da die besten Politiker, Dichter und Philosophen Schriftsteller waren, bald entzogen und hatte in Asien gekämpft und dann in Skillus gejagt und seinen Acker bestellt. Als aber die Zeit kam, da der Arm müde ward vom ἔργον, da das nahende Alter in der Erinnerung Frieden sucht mit der eigenen Jugend, da erwachte der Attiker wieder, da versöhnte sich Xenophon äusserlich und innerlich mit der Vaterstadt, da regte sich in dem Alternden der λόγος, und echt attischer Ehrgeiz verlangte seinen Antheil an der inzwischen so hoch aufgeschossenen Saat der Sokratik.

Für die erwachende Schöngeisterei — Philosophie wäre nicht der rechte Name — suchte der Dilettant natürlich Anschluss, wie später so viele Xenophon verwandte, aber weit philosophischere Naturen unter den Römern sich literarisch so unglaublich anschlussbedürftig und abhängig zeigen. Und den rechten Anschluss fand der alte Praktiker natürlich dort, wo der λόγος das ἔργον feierte, wo die Theorie das that, was Xenophon im Leben gethan, wo sie das Gute in der Ferne suchte, wo sich der Attiker dem Dorier in die Arme warf, d. h. bei Antisthenes. Hatte Xenophon nicht viel von jenem Ritter ohne Furcht und Tadel, den der Romantiker in allen Zeiten und Ländern suchte? Konnte der Held der Anabasis in den weiten Zügen der grossen Kämpfer Herakles und Kyros, die Antisthenes pries, nicht die eigene Leistung in Verklärung wiederfinden, zumal der Kyniker nur das defensive Moment, den πόνος betont und Xenophon auch nur den Ruhm des mühevollen σώζειν und σώζεσθαι heimbrachte?

Und weit, weit, als ein folgsames Kind im Denken, ging der Ritter neben dem kynischen Weisen, der ihm die Krone des Lebens reichte. Aber es kamen Augenblicke, wo er sich der führenden Hand entwand, wo es hervorbrach, dass sie doch im Kern des Wesens andere waren. Der Weise sehnte sich nach dem Helden und der Held nach dem Weisen, und sie fanden sich, aber sie wurden nicht eins. Dem echten Kyniker und Stoiker blieb Subject doch immer der Weise, der eben nur praktisch wurde. Xenophon aber, wie der philosophirende Römer, fühlte sich immer als der Praktiker und als Dilettant in der Weisheit, die ihn als Bildung schmücken, aber nicht stören durfte. Den Literaten gegenüber nennt er sich stolz einen ἰδιώτης und die Natur seinen ersten Lehrmeister[1]. Auch das kann er vom Kyniker haben, der wie der Stoiker die φύσις als Lebensmuster feiert. Aber das kynische Denken ging doch oft seine besonderen Wege. Gerade weil es von Thatendrang erfüllt war, ward es in den Consequenzen fanatisch, paradox, und statt der Praxis zu dienen, vergewaltigte es sie. Der θυμός trat dem Kyniker aus dem Herzen ins Gehirn. Xenophon hat sicherlich oft in dem Kyniker, wie Spätere, nicht den praktischen, sondern den toll gewordenen Sokrates gefunden, aber er hat bisweilen mit der Tollheit auch den Sokrates abgelehnt. Denn trotz allen Kokettirens mit der Philosophie war doch schliesslich dem Manne, dem erst wohl ward auf staubbedecktem Rosse, wenn sein Commando in heisser Feldschlacht tönte, oder wenn er im Eifer der Jagd die Meute antrieb oder die Hände auf seinem Acker kräftig sich regen sah, der Intellectualismus im innersten Herzen genau so

---

[1] Cyneg. XIII, 4.

fremd wie dem Schulhaupte im Kynosarges die echte Praxis. Darum streitet auch bisweilen Xenophon gegen Antisthenes, der eben doch Theoretiker blieb mit aller Thatromantik und aller Kraft der Worte. Aber er streitet wie gegen einen Freund, der sonst ganz vernünftig ist, nur seine Marotten hat. Denn schliesslich vertragen sie sich gut, die beiden Apostaten vom classischen Atticismus.

Wilder wogt es im Herzen des Kynikers und in der gepanzerten Brust Xenophons als in der reinen Denkerseele des Urattikers Sokrates. Auch Plato sehnt sich heraus aus der attischen Gegenwart: er steigt empor und baut über den Tempel des Phidias den Tempel der Ideen. Antisthenes aber und Xenophon können nicht bauen, und darum suchen sie das Ideal in der Ferne. Der persische Orient lockt sie und die rauhere Luft Lakedämons, und sie preisen die Natur und die alten Heldenzeiten. Eigentlich bedeuten sie, die sozusagen statt der Gehirncultur die Muskelcultur accentuiren, einen Rückfall ins Barbarische, Feudalistische. Aber die Geschichte kennt keinen blossen Rückfall. In Xenophon kündigt sich der Römer an und ein Schimmer der Renaissance liegt auf dem humanistisch angehauchten Condottiere. Antisthenes hat innerlicher die Ueberwindung von Hellas begonnen. Aus tiefster griechischer Seele sprach Sokrates: Tugend ist Wissen. Aber der Intellect ward geschlagen nicht nur durch die Kraft des Schwertes, des dorischen, makedonischen, römischen, sondern auch durch die Kraft des Glaubens, und namentlich im deutschen Geiste ward auch die Philosophie im tiefsten Grunde voluntarisch. Kant antwortet Sokrates aus dem Herzen der Neuzeit: nicht im Denken, sondern im Wollen liegt das Gute. Wer aber steht da als die erste unreife Vorahnung Kant's, des strengen Antihedonikers, der den sittlichen Willen den vernünftigen nannte? Wer hat begonnen, mit dem Dynamismus den hellenischen Intellectualismus zu unterminiren? Wer hat zuerst verkündet, dass die Tugend weniger des Wissens als der sittlichen Kraft bedarf?[1]) Antisthenes, der erste begeisterte Sokratiker, der erste Antisokratiker.

---

[1]) Laërt. Diog. VI, 11.

I. Das Princip der Uebung.

Mem. I, 2, 19 ff. spricht Xenophon ausdrücklich im eigenen Namen, und diese Stelle enthält recht eigentlich das Programm der xenophontischen Individualethik und die Quintessenz ihrer inneren Gegensätzlichkeit zur echten Sokratik. Xenophon polemisirt allerdings hier nicht gegen Sokrates — das thut er nirgends in den Memorabilien. Bei der Verschiedenheit der beiderseitigen Naturen, Schicksale, Lebens- und Interessenkreise, die doch wohl Hauptquellen der Anschauung sind, hätte das längst verdächtig erscheinen und die Wahrscheinlichkeit nahe legen müssen, dass Xenophon ein anderes Mittel gefunden, sein fortwährend der Sokratik gespendetes Lob berechtigt zu machen: die Umbildung derselben nach seiner eigenen Anschauung.

Aber wenn nicht direct gegen Sokrates, so streitet er doch hier gegen Sokratiker und zwar, wie allgemein anerkannt wird [1]), speciell gegen Antisthenes, der sehr entschieden die These von der Unerschütterlichkeit der lehrbaren Tugend ausspricht [2]). Man sieht, wie wenig es berechtigt wäre, bei dem Autor der Mem. von einem strengen Kynismus zu reden. Ja, Xenophon führt sogar namentlich in der Cyropädie einen versteckten Krieg gegen intellectualistische Tendenzen des Kynismus, der doch in seiner starken Willensfärbung schon einen Abfall vom reinen, sokratischen Intellectualismus bedeutet. Die Polemik der Mem. citirt bezeichnender Weise die *δικαιοσύνη* und die *σωφροσύνη*,

---

[1]) Zeller, Philos. d. Gr. II, 1. 313, 2. Ueberweg-Heinze, Grundr. d. Gesch. d. Philos. I⁸, 131. Windelband, Gesch. d. alten Philos. (i. Handb. d. class. Alterthumswiss. V, I) S. 201, 8.

[2]) Laërt. Diog. VI, 12. 105.

die gerade den Hauptinhalt der antisthenischen ἀρετὴ διδακτή repräsentiren[1]). In der Gerechtigkeitslehre findet die Cyropädie manches Lächerliche (I, 3, 16 f.) und manches Bedenkliche (I, 6, 31 ff.); sie vericht den Satz, dass die Besonnenheit kein μάθημα, sondern ein πάθημα ψυχῆς sei (III, 1, 17 ff.), und illustrirt dieses mächtige πάθημα, das selbst bei den φρόνιμοι alle guten Vorsätze über den Haufen werfe (VI, 1, 36), an dem Fall Araspes (V, 1. VI, 1). Es ist deutlich, dass dies alles gegen den Kynismus zielt. Nun war allerdings die Lehrbarkeit der Tugend, die Voraussetzung ist für die von Xenophon bekämpfte These, sehr entschieden von Antisthenes, aber kaum schon von Sokrates ausgesprochen[2]). Zudem ist die Ueberspannung der Wissensfestigkeit, der Satz, dass man nicht vergessen könne, was man wisse, wie Zeller[3]) treffend bemerkt, nur die Umkehrung des sophistischen Satzes, dass man nicht lernen könne, was man nicht wisse; dieser aber wird, ausser von Menon, namentlich von den antisthenischen „Sophisten" Euthydem und Dionysodor ausgesprochen. Plato bekämpft auch die kynische Ueberspannung der Unerschütterlichkeit der Tugend deutlich in der satirischen Gedichtinterpretation im Protagoras speciell p. 344—346. Hier unterscheidet er im Gegensatz zu „Protagoras" das Gutwerden, das, wie auch jener zugiebt, schwierig, und das (dauernde) Gutsein, das menschlich unmöglich sei. Er zeigt, indem er die kynischen Begriffe gegen den Kyniker wendet, an den Beispielen des ἰατρός und κυβερνήτης, dass der ἀνὴρ ἀγαθός, σοφός, εὖ πράττων, θεοφιλής, εὐμήχανος schlecht werden könne, allerdings nur durch elementare Zufälle, durch Zeit, Krankheit, Leid und andere äussere Schicksalsschläge; denn das einzige Unglück sei, der Erkenntniss beraubt zu werden, die, wie gerade der Protagoras zeigt, wo sie vorhanden, immer herrschend im Menschen ist (352 ff.). Wenn auch Plato die antisthenische Paradoxie bestreitet, gegen die von Xenophon Mem. I, 2, 19 ff. vertretene gewöhnliche, pathologische Auffassung, die bald der ἡδονή, bald dem ἔρως und anderen πάθη die psychische Herrschaft einräumt, wendet er sich im Protagoras (vgl. namentlich 352 B) mit aller Entschiedenheit, einig mit Antisthenes (vgl. 352 C D E), als echter Sokratiker.

Man hat längst gesehen, dass Xenophon hier zwar direct

---

[1]) Vgl. I, 362 ff. 486. 493 f. 502 etc.
[2]) Vgl. I, 275.
[3]) a. a. O. S. 313.

gegen Antisthenes, indirect aber auch gegen Sokrates polemisirt[1]). Das Wesentliche in der bekämpften Theorie war in der reinen Sokratik nicht nur ausgesprochen, sondern als Grundtendenz hervorgestellt. Es handelt sich hier um die sokratische Kernfrage: Ruht die Tugend noch wesentlich auf anderer als intellectualistischer Grundlage? Und kann das Wissen in der Seelenlenkung durch andere psychische Momente verdrängt werden? Nein, antwortet die echte Sokratik; Tugend ist Wissen, wie Untugend nur Unwissenheit. Jeder handelt nach seinem Denken, und der Wissende ist immer tugendhaft; es giebt nichts Stärkeres als das Wissen, und also ist das Wissen unüberwindlich. Ja, antwortet Xenophon, das Wissen ist schwach, es weicht oft anderen seelischen Elementen, oder wörtlicher:

„Hierüber denke ich anders; denn ich sehe, dass wie, die den Körper nicht üben, zu körperlichen Arbeiten unfähig sind, so auch, die sich seelisch nicht üben, seelische Arbeiten nicht verrichten können; sie können weder handeln noch sich enthalten, wie sie sollen. Darum halten auch die Väter ihre Söhne, selbst wenn sie besonnen sind, von schlechtem Umgang fern, weil sie den Umgang mit Guten für eine Uebung, den mit Schlechten für eine Zerstörung der Tugend halten. Diese Wandelbarkeit der Tugend bezeugen einige Citate, denen ich beistimme, denn ich sehe, dass, wie Gedichte ungeübt vergessen werden, so auch die belehrenden Reden Denen, die sie vernachlässigen, entschwinden. Wenn aber Einer die Mahnreden vergisst, dann ist ihm auch die Seelenstimmung für das Streben nach Besonnenheit entschwunden und dann ist es kein Wunder, wenn auch die Besonnenheit vergessen wird. Ich sehe aber auch, dass die dem Trunk Ergebenen und in Liebe Verstrickten weniger Kraft haben, sich des Pflichtgemässen zu befleissigen und des Unrechten zu enthalten. Denn Viele, die vorher sich sparsam zeigten, können es in ihrer Liebesleidenschaft nicht mehr; ja, nachdem sie ihr Vermögen geopfert, greifen sie zu Gewinnsten, die sie vorher für schimpflich hielten. Wie sollte also nicht ein vorher Besonnener unbesonnen werden und ein zu rechtem Thun Fähiger unfähig dazu werden können? Mir scheint also alles Gute und Schöne übungsbedürftig zu sein und nicht zum wenigsten die Besonnenheit. Denn da die Lüste in

---

[1]) Ziegler, Ethik der Griechen u. Römer, S. 68 mit Anm. 95; vergl. Zeller II, 1. 237.

denselben Körper zusammen mit der Seele gepflanzt sind, so überreden sie dieselben, statt besonnen zu sein, ihnen und dem Körper je eher je lieber zu Willen zu sein."

So haben wir den entgegengesetzten Seelentypus wie bei Sokrates: statt des intellectualistischen den pathodynamischen, statt jenes einfach geschlossenen, der sich nur im Denken bestimmt, zwischen Wissen und Unwissenheit bewegt, in dem das Denken absolute Causalität hat, Rechtdenken die Kraft zum Rechthandeln in sich schliesst, und Schlechthandeln nothwendig aus Irrthum hervorgeht, einen abhängigen Seelentypus, der ohne den Willen ein Spielball äusserer Einflüsse und innerer Leidenschaften ist. Die Tugendlehren dringen wohl in diese Seele ein, aber sie entschwinden ebenso leicht, wenn nicht Uebung hinzukommt; äussere Verführung verdrängt und die Macht der Begierden überwältigt sie. Das ἄλογον μέρος ψυχῆς, in dessen Nichtbeachtung nach der aristotelisch-peripatetischen Kritik das Charakteristische der Sokratik liegt, hat bei Xenophon herrschende Bedeutung erlangt. Irrational aber sind nicht nur alle drei hier von Xenophon in der Polemik hervorgestellten Momente: Vergessen und Uebung, Einfluss des Umgangs, Leidenschaften — irrational behandelt er selbst den rationalen Rest, den er noch bestehen lässt. Das Wissenselement besteht ihm nicht in wirklicher Ueberzeugung, im spontan wirkenden Denken, sondern in „belehrenden Reden", die man vernachlässige, die er mit eingelernten Gedichten vergleicht. Bald nennt er sie auch λόγοι νουθετικοί, Mahnreden, und spricht von einem πάσχειν der Seele in Bezug auf das Streben nach Besonnenheit. Das Wissenselement ist Xenophon also auch ein Einfluss, ein πάθος, wie andere; es wird autoritativ-paränetisch beigebracht; es bleibt immer Object, wird in die Seele hineingelegt, vergeht, wenn nicht die Uebung es festhält, und wird durch andere äussere und innere Elemente hinausgedrängt. Nicht Gedanken und Ueberzeugungen übt man, sondern eingelernte Gedichte und Anderes, was in der Seele als Object stehen bleibt. Und üben heisst einprägen, nicht nach der Causalität des Denkens, sondern nach der Causalität des Willens, vermöge der blossen Willensautorität, die eben, weil sie nicht logisch, sondern mechanisch wirkt, durch Wiederholung einprägt. Das rationale Element ist also bei Xenophon vor Allem abhängig vom Willen, der da übt oder vernachlässigt. Bei Sokrates umgekehrt untersteht der Wille völlig der Causalität des Denkens: man will, wie man denkt.

Aber so wenig der reine Intellectualismus zum Wesen Xenophon's passte, so sehr ward ihm die Hervorkehrung der Willensmacht, der seelisch autoritativen Gewalt und der Uebung durch seine ritterlichen Berufe nahegelegt, und man braucht nicht weit zu suchen, woher ihm das Princip der Uebung kommt. Er beginnt ja seine Darlegung hier § 19 damit, von der nothwendigen Körperübung auf die Nothwendigkeit der Seelenübung zu schliessen, und diese Analogie gefällt ihm so gut, dass er sie bald darauf, § 24 bei Alkibiades wiederholt. Die Gymnastik ist dem Feldherrn, Oekonomen, Jagd- und Sportsfreund Xenophon so wichtig, dass er sie allenthalben in seinen Schriften sowohl in ästhetisch-hygienischer wie in praktischer, vor Allem natürlich militärischer Hinsicht empfiehlt und seine Helden beinahe in steter Muskelübung zeigt. Ischomachos, in dessen Gestalt ja Xenophon sich selbst bespiegelt, zeigt, wie man mit Erwerbsgeschäften täglich kräftigende und militärische Uebungen verbindet[1]), und empfiehlt seinem Weibe, zur Gymnastik sich tüchtig im Hause zu rühren[2]). Kyros schwört sogar, nie zu essen, bevor er nicht geschwitzt hat bei einer militärischen oder landwirthschaftlichen Uebung[3]). Denn als Gelegenheit zur Gymnastik ist die Landwirthschaft zu loben[4]), Gymnastik treiben öfter die Griechen der Anabasis[5]), Gymnastik ist eine Sorge des Finanzpolitikers Xenophon[6]) und der Staatsordner Lykurg und Kyros; denn eifrigst betriebene Gymnastik macht die Spartaner[7]) und die alten Perser[8]) so stark und kriegstüchtig und das Heer des Jason so überlegen den griechischen Städten[9]) und namentlich den Persern[10]).

Zu den Körperübungen, die aber in Xenophon's Augen hauptsächlich der militärischen Tüchtigkeit dienen, kommen dann die eigentlichen, technischen Kriegsübungen[11]). Jede Waffengattung fordert ihre besondere, möglichst intensive, ja zum Theil einseitige Uebungspflege, am besten von Jugend auf, im Kriege und im Frieden. Das betont Xenophon von den Hoplitenwaffen

---

[1]) Oec. XI, 11—20.   [2]) ib. X, 10 f.   [3]) ib. IV, 24.
[4]) ib. V, 1.   [5]) Anab. 1, 2, 10. IV, 8, 25 ff.
[6]) Vectig. IV, 52.
[7]) Rep. Lac. I, 4. IV, namentlich 5. V, 9. XII, 5.
[8]) Cyr. I, 6, 17. 41. II, 1, 20. II, 3, 8. 23. III, 3, 50.
[9]) Hell. VI, 1, 5.
[10]) ib. 12.
[11]) Natürlich fordern auch andere Berufe technisch-physische Uebung; der Oekonom Xenophon fordert sie z. B. beim Auswerfen des Samens (Oec. XVII, 7).

(Schwert, Schild und Panzer)[1]), vom Speerwerfen und Bogenschiessen[2]) wie von den minder geachteten Künsten der Schleuderer[3]), der Kameelreiter[4]), auch der Wagenlenker[5]) und von der Subordination der Diener des Heeres[6]). Besonders den Werth von Reitübungen kann er garnicht genug herausstreichen[7]), und die Jagd preist er als cavalleristische Uebung[8]).

Zu den Waffenübungen gesellen sich dann natürlich die taktischen Uebungen. Wie Chöre nach dem Takte sollen die Truppen einexercirt sein[9]). Kyros beginnt auch sogleich mit den Feldübungen[10]) und weiss durch Prämien den Exercireifer des Heeres zu stacheln[11]), das ihm darum in guter Ordnung in die Schlacht folgt[12]). Xenophon, der Historiker, lobt den Iphikrates als gründlichen Manövrirer[13]), und der Feldherr verspricht sich von der Uebung der Lakedämonier im Durchstehlen Erfolg[14]). Uebung siegt: das ist das Dogma des Strategen Xenophon, das führt er an zur Erklärung der Siege der Thebaner über die Spartaner[15]), das lernt und predigt, das bethätigt Kyros unaufhörlich[16]). Uebung der $\pi o \lambda \varepsilon \mu \iota \kappa \alpha$ ist ihm auch das Werkzeug der Herrschaft[17]). Und das ist der echte Xenophon, dem das Herz aufgeht beim Anblick des von exercirenden Truppen erfüllten Ephesos, der das Motto seiner Weisheit ausspricht in den Worten: denn wo Männer die Götter ehren, Kriegsübungen treiben und Disciplin einüben, wie sollte da nicht Alles voll froher Hoffnung sein?[18])

Die gymnastischen und militärisch-technischen Uebungen machen es nicht allein. Der Wille muss gestählt werden durch Uebung in der $\dot{\varepsilon} \vartheta \varepsilon \lambda o \pi o \nu \iota \alpha$, $\kappa \alpha \rho \tau \varepsilon \rho \iota \alpha$ und $\dot{\varepsilon} \gamma \kappa \rho \alpha \tau \varepsilon \iota \alpha$. Man stelle

---

[1]) Cyr. II, 1, 21; Hipparch. VII, 3 etc.
[2]) Cyr. I, 2, 11. III, 3, 50; Hipparch. I, 25; Anab. I, 9, 5.
[3]) Anab. III, 4, 17; Cyr. VII, 4, 15.
[4]) Cyr. VII, 1, 49.   [5]) ib. VIII, 8, 24.
[6]) ib. II, 1, 31.
[7]) De re equ. II, 1; Hipparch. I, 18 f.; Hell. VI, 5, 10 f.; Cyr. VIII, 8, 13.
[8]) Cyr. VIII, 1, 34; Anab. I, 2, 7.
[9]) Cyr. I, 6, 18.   [10]) ib. II, 1.
[11]) Vgl. die Anekdoten ib. II, 2, 6—10. II, 3, 17—24.
[12]) ib. III, 3, 57.   [13]) Hell. VI, 2, 27 ff., namentlich 30. 32.
[14]) Anab. IV, 6, 14.   [15]) Hell. VI, 5, 23.
[16]) Cyr. I, 6 in dem Gespräch mit dem Vater, vgl. namentlich I, 6, 18. 26. 41; ferner II, 1, 21. VI, 2, 6. VI, 4, 14. VIII, 6, 10 etc.
[17]) ib. VII, 5, 79. VIII, 1, 6. 37 etc.
[18]) Ages. I, 25 ff.; Hell. III, 4, 16 ff.

sich darunter nur keine intellectuelle Tugend vor. Es ist eine Gewöhnung gewissermassen des physischen Willens, es ist die rechte Soldatentugend, die wahrlich nicht durch sokratische Dialektik gewonnen wird, nicht einmal durch Mahnreden[1]), sondern durch Uebung in $πόνοις$, am besten auf der Jagd[2]), auf Märschen und durch den Stachel der Prämien, die Kyros aussetzt, weil schon das Bewusstsein des Geübtseins tapfer und muthig macht[3]). Ja, er hütet die Uebung in Entbehrungen als ein Privileg der Herrschenden[4]); er füttert auf der Jagd sorgsam die unfreien Treiber und lässt seine Perser hungern[5]), und ihre Uebung in der $ἐγκράτεια$, in der sie alle andern Menschen übertreffen[6]), nützt er als diplomatischen Vortheil[7]).

Die militärische Tugend ist eine Tugend der Uebung[8]), und diese soldatische Uebungstugend ist die nationale $ἀρετή$ der alten Perser. Uebung vor dem Kampf hat ihnen die Weltherrschaft gebracht[9]), und Uebung und immer wieder Uebung allein kann sie den Siegern erhalten[10]) — und zwar Uebung der $ἀλκή$, der $πολεμικά$ und der $ἐγκράτεια$ und $σωφροσύνη$[11]). Die $σωφροσύνη$ geht hier ganz mit der $ἐγκράτεια$ zusammen, nur dass diese mehr eine praktische, jene mehr eine ästhetische Färbung hat. Es ist die Tugend der guten Erziehung, die über das militärische Gebiet, aber nicht über die physische Gewöhnung und Aeusserung hinausreicht. Es ist nicht die sokratische $σωφροσύνη$, die in der $σοφία$ aufgeht, nicht ein Kind des Wissens, sondern ein Produkt commandirter Uebung, und sie besteht in der Vermeidung öffentlichen Ausspuckens, Schneuzens u. dgl.[12]).

Es kann keine Frage sein, dass Xenophon bei dem in Persien gepflegten $ἀρετήν$, $ἃ χρῆν$ u. dgl. $ἀσκεῖν$[13]) hauptsächlich militärische Leistungen, überhaupt eine physisch sich auslebende Tugendwirksamkeit im Auge hat. Die Uebung, die nach Xenophon die Perser und Spartaner so gross gemacht, die Uebung,

---

[1]) Cyr. III, 3, 5.
[2]) Cyr. I, 2, 10 f. I, 6, 39. IV, 2, 46. VIII, 1, 34—39; Cyneg. XII, 15. XIII, 15.   [3]) Cyr. II, 1, 22. 29. II, 3, 4. 14.
[4]) ib. VIII, 1, 37. 39. 43.   [5]) ib. 43.
[6]) ib. IV, 1, 14.   [7]) ib. IV, 2, 45 f.
[8]) Vgl. noch Cyr. II, 1, 22. 24. II, 3, 4. III, 3, 35 f. 55 etc.
[9]) ib. I, 5, 8 f. Vgl. ib. 11: $ἀπὸ παίδων ἀρξάμενοι ἀσκηταὶ ὄντες τῶν καλῶν κἀγαθῶν$.   [10]) ib. VII, 5, 70. 75. 77. 85.
[11]) ib. 75; vgl. VIII, 1, 30. 32. 34. 37 — Kyros als Vorbild in diesen Uebungen.   [12]) Cyr. VIII, 1, 33. 42.
[13]) ib. I, 2, 9—12. VII, 2, 24. VIII, 1, 12. VIII, 2, 26.

die gerade seine beiden Schriften zur Cavallerieinstruction am häufigsten fordern¹), die ist sicherlich nicht auf geistigem Boden gewachsen, sondern das Uebungsprincip ist da (abgesehen vielleicht von der doch auch schon äusserlichen Redeübung²) sozusagen heimlich und künstlich, durch Abzweigung und Uebertragung herübergekommen. Man sehe nur, wie es gern durch Analogien gestützt wird³) und wie gerade das geistige Moment der Tugend bei Aufzählung der sonst militärisch-physischen Uebungsleistungen zaghaft, weil eben wenig passend, als letztes angehängt wird. Agesilaos z. B. soll ein Vorbild sein für die Tugend ü b u n g : in Ausdauer, wo es Strapazen, in Stärke, wo es den Wettkampf der Tapferkeit, und — in Klugheit, wo es Berathen gilt⁴). Hiero soll die Uebung εὐοπλίας καὶ εὐταξίας καὶ ἱππικῆς καὶ ἀλκῆς τῆς ἐν πολέμῳ καὶ — δικαιοσύνης τῆς ἐν συμβολαίοις durch Wettkämpfe und Preise fördern⁵). Beförderung der Gerechtigkeit durch Wettkämpfe! Während in der Schrift über den Staat der Lakedämonier sonst die officielle Betreibung der militärisch-gymnastischen⁶) und abhärtenden⁷) Uebungen als Vorzug der spartanischen Einrichtungen gerühmt wird, und auch ib. c. X die spartanische Tugendübung durch die harten Strafen des Feiglings, also des militärisch Fehlenden, illustrirt wird⁸), ist ib. 1 ff. von der Tugendübung der Greise in geistigen Wettkämpfen die Rede — gerade im Gegensatz zur militärisch-gymnastischen Tugendübung der Männer. Aber gerade hier ist die Uebertragung des Uebungsprincips von der letzteren auf die erstere um so deutlicher.

So energisch Xenophon Mem. I, 2, 19 ff. das Uebungsprincip gegen den Kynismus ausspielt, so ist der Streitpunkt eigentlich nur die von den Kynikern behauptete Unerschütterlichkeit der Tugend, die der pathologischen Psychologie Xenophon's widerspricht. Die Uebung selbst hat keine Richtung der griechischen Philosophie mehr betont, als gerade der Kynismus, und zwar gerade in jener von Xenophon hier vertretenen Parallelisirung von Körper und Seele. Es sei nur an den Ausspruch des Diogenes⁹) erinnert: διττὴν εἶναι δ'ἔλεγεν τὴν ἄσκησιν, τὴν μὲν

---

¹) Vgl. die Liste unten S. 25.
²) Cyr. I, 5, 9; vgl. Oec. XI, 22—25.
³) Mem. I, 2, 19. 24; Cyr. I, 5, 9 f. III, 1, 20. VII, 5, 75.
⁴) Ages. X, 1 f. ⁵) Hiero IX, 6.
⁶) Vgl. oben S. 19, Anm. 7. ⁷) Z. B. Rep. Lac. II, 3.
⁸) ib. X, 4 ff. ⁹) Laërt. Diog. VI, 70.

ψυχικήν, τὴν δὲ σωματικήν etc. Zur kynischen Pädagogik gehören ja auch Gymnastik, Waffen- und Reitübung, Jagd, Abhärtung, Ausrottung schlechter Gewohnheiten, wie des Umwendens auf der Strasse [1]) u. dgl. Auch verrathen in der xenophontischen Polemik die Athletenvergleiche (§§ 19. 24), die Differencirung des ἐπιμέλεσθαι resp. πράττειν, der δέοντα und des ἀπέχεσθαι τῶν μὴ δεόντων (19.22), das ἀμελεῖν αὐτοῦ (24) und die νουθετικοὶ λόγοι [2]), vielleicht auch das Argument des Gedichtelernens [3]) den Einfluss kynischen Stils. Auch Antisthenes setzte die Pflege der Seele parallel dem σῶμα γυμνασίοις ἀσκεῖν [4]), und in allen früher als antisthenisch charakterisirten Darstellungen erscheint die ἄσκισις (resp. μελέτη) als eine genetische Function der ἀρετή: Prot. 323 D, Euthyd. 283 A, Clit. 407 B, Alcib. I 123 D, Dio Chrysost. or. XIII, 425 R. Allerdings scheint Antisthenes, wie die angeführten Stellen zeigen, die Uebung nur neben der Lehrbarkeit als ein Moment der Tugendbildung hervorgestellt zu haben [5]), wie eben bei ihm die romantische Willenstendenz nur neben dem sokratischen Rationalismus hervortritt. So war auch die Polemik Xenophon's gegen ihn berechtigter als gegen seine Schule, die sich von Sokrates weiter emancipirte und wesentlich die Uebung in der Tugendbildung hervorkehrte. Dennoch hat sicherlich schon der ältere Kynismus Xenophon in der Pointirung des ihm natürlichen, von seinen Berufen her eingewurzelten Uebungsprincips bestärkt und dabei namentlich die Erweiterung oder richtiger den Umschlag des Princips aus der physisch-praktischen Sphäre in die negativ-geistige, speciell den in der Cyropädie und in der Schrift über den lakedämonischen Staat häufigen Terminus ἀρετὴν ἀσκεῖν nahegelegt, für den Antisthenes, der sich so gern an die bilderreiche Weisheit der Gnomiker hängt [6]), sich wohl schon auf Phokylides berufen hat [7]).

Der Kyniker scheint bei seiner öfteren Parallelisirung der

---

[1] Laërt. Diog. VI, 30 f. Vgl. damit z. B. Cyr. VIII, 1, 42.
[2] Vgl. I, 375. 484. 492 f. 503. 511 etc.
[3] Vgl. Prot. 325 E 326 A; Laërt. Diog. VI, 31.
[4] Winckelmann, Frg. S. 65, Nr. 48. Vgl. Clit. 407 E.
[5] Er hat wohl die Uebung von der Lehre begrifflich gesondert, aber kaum durch ein besonderes wichtiges Princip bestimmt. Sonst hätte wohl Plato im Meno nicht bloss μάθησις und φύσις kritisch behandelt und die daneben vorgeschlagene Tugendbedingung der Uebung so gänzlich vernachlässigt.
[6] Vgl. I, 527 f.   [7] Plat. Rep. 407 A.

Körperübung und der Seelenbildung (s. oben) den Begriff der ursprünglich körperlichen Uebung eben auf die seelische Tugend übertragen zu haben, wie er ja auch von *θησαυροὶ σοφίας*, von seelischem *πλοῖτος*, seelischer *νόσος*, seelischer *δουλεία* u. s. w. sprach. Ein deutliches kynisches Gepräge hat bei Xenophon die Wendung *σοφίαν ἔργῳ μᾶλλον ἢ λόγοις ἀσκεῖν* (Ages. XI, 9)[1]), nicht nur in dem Vorzug des *ἔργον* vor dem *λόγος*, sondern gerade in dem Terminus *σοφίαν ἀσκεῖν*. Plato citirt das *σοφίαν ἀσκεῖν* bei der Persiflirung des antisthenischen Lakonismus Prot. 342 B, wo die Uebertragung des *ἀσκεῖν* vom agonistischen Gebiet deutlich wird, und der Beruf der antisthenischen Sophisten im Euthydemus wird bezeichnet als *παρακελεύεσθαι σοφίαν τε καὶ ἀρετὴν ἀσκεῖν*[2]). Auch das antisthenische Ideal der Kalokagathie[3]) citiert Xenophon bisweilen als Uebungsgegenstand. Ebenso wird er die Redeübungen (s. oben S. 22) nicht ohne den Einfluss des stark rhetorischen Antisthenes[4]) derart hervorheben. Die *πολιτικὴ ἀρετή* des Antisthenes, die auch der Uebung fähig und bedürftig ist, besteht namentlich in der *δικαιοσύνη* und *σωφροσύνη* und zeigt sich in der Eubulie[5]). So hat es wohl auch der Kyniker angeregt, dass Xenophon das *ἀσκεῖν* sogar auf die *σωφροσύνη* (Cyrop. vgl. S. 21), die *δικαιοσύνη* (Hiero IX, 6)[6]) und die Eubulie (Ages. X, 1 f.) bezieht.

Die Vergeistigung bedeutet zugleich eine negative, passive Wendung der Uebung, als Unterdrückung physischer Anfechtungen durch innere Kraft, als Ertragen, Entbehren, sich Enthalten. Es war kynische Arbeit, aus der *ἀνδρεία* die *καρτερία* und schliesslich die *ἐγκράτεια* herauszudrehen, und Xenophon ist auf dieser schiefen Ebene herübergeglitten, hat sich durch Antisthenes bethören lassen und es nachgesprochen, dass Perser und Spartaner durch die *ἐγκράτεια* gesiegt und geherrscht haben[7]). Der Römer und

---

[1]) Vgl. Dümmler, Philol. 54. S. 584.
[2]) Euthyd. 283 A.   [3]) Vgl. I, S. 361. 485 u. öfter.
[4]) Laërt. Diog. VI, 1 u. Frg. S. 65, Nr. 49.
[5]) S. besonders in der Protagorasrede u. vgl. I, 500. 502. 524.
[6]) Es ist hier speciell von der *δικαιοσύνη ἐν τοῖς συμβολαίοις* die Rede. Der antisthenisch gestimmte Polemarchos will auch die *δικαιοσύνη πρὸς τὰ συμβόλαια* beziehen (Rep. 333 A), und Isokrates spricht in der Polemik gegen Antisthenes von der *δικαιοσύνη περὶ τὰ συμβόλαια* (c. soph. § 6).
[7]) Aus der pädagogischen Paradoxie z. B., dass Kyros auf der Jagd die Freien zur Uebung hungern lässt und die unfreien Treiber sorglich füttert (Cyr. VIII, 1, 43), oder aus dem Stolz des Pheraulas, der als lastentragender Plebejer sich für die *πόνοι* besser geübt glaubt, wie die Vor-

der Grieche haben uns das Wort für jene Form der Uebung stehen lassen, die sie als Kunst herausgebildet. Das Exerciren und die Askese, der Soldat und der Mönch, das sind die beiden Pole der Uebung; auf dem einen, dem physisch-positiven, stand ursprünglich Xenophon, aber er hat sich zum andern, dem negativ-geistigen, mit herüberziehen lassen durch Antisthenes, den Begründer der Askese. Doch dieser andere ist ja eigentlich nur der Schatten des ersten, militärischen. Von den ältesten Mönchsexercitien bis zur Heilsarmee liebte es der geistlich-ethische Eifer, im agonistischen Gewande aufzutreten. Doch es ist Gewand, Analogie, Uebertragung, und mit den kriegerischen Vergleichen der Kyniker kam das ἀρετὴν ἀσκεῖν, als Terminus fixirt von Antisthenes παλαιστικός[1]).

Wie stark das Uebungsprincip bei Xenophon[2]) auftritt, dürfte ein Vergleich mit Plato zeigen:

ἀσκεῖν (namentlich mit σῶμα) und μελετᾶν

bei Xenophon			bei Plato		
	Gesammt-zahl	Auf der Seite[3])		Gesammt-zahl	Auf der Seite[3])
Hipparchicus	24	1	Republik	26	0,081
De re equ.	12	0,444	Protagoras	2	0,031
De rep. Lac.	8	0,381	Euthydemus	1	0,02
Memorabilien	35	0,246	Apologie	—	—
Cyropädie	73	0,233	Lysis	—	—
Agesilaus	6	0,19	Charmides	—	—
Oeconomicus	11	0,155	Euthyphro	—	—

Der Durchschnitt auf der xenophontischen Seite würde 0,378,

---

nehmen (ib. II, 3, 19), scheint mir deutlich der Kyniker und nicht Xenophon zu sprechen.

[1]) Laërt. Diog. VI, 4. Vgl. I, 375.

[2]) Döring (Die Lehre des Sokrates als sociales Reformsystem, S. 514 ff.) ist in Bezug auf die Postulirung von Erkenntniss und Uebung in den Memorabilien ziemlich unzufrieden mit Xenophon. Er spricht von „spärlichen Andeutungen", „dürftigen Hindeutungen", „verworrenen Behauptungen", „ganz unbestimmtem Ausdruck", „sehr unvollkommener Erläuterung", will aber trotz der „unvollkommenen" Darstellung in „wenigen Stellen" die „höchst mannigfaltige" und dennoch „terminologisch bestimmte" Bedeutung jener Begriffe im sokratischen Gedankensystem erkennen. Er hätte nur Xenophon's andere Schriften lesen sollen und hätte reichlicheres Material gefunden, aber eben für Xenophon, nicht für Sokrates.

[3]) Teubner zu 32 Zeilen.

auf der platonischen Seite 0,018 betragen, d. h. die sieben xenophontischen Schriften citiren die Uebung 21mal so oft wie die sieben platonischen. Mag selbst die xenophontische Ueberzahl, was ich nicht glaube, durch die Hinzunahme anderer, statistisch nicht benutzter Schriften sehr verringert werden, sie dürfte doch immer eine mehrfache bleiben. Uebrigens haben gerade die drei Citate im Protagoras und Euthydemus keine platonische, sondern antisthenische Bedeutung (s. S. 23 f.), und die verhältnissmässig hohe Zahl der Republik fällt zur Hälfte (13) allein auf das dritte Buch, wo das Phokylidescitat ($\dot{\alpha}\varrho\varepsilon\tau\dot{\eta}\nu$ $\dot{\alpha}\sigma\kappa\varepsilon\tilde{\iota}\nu$) und die kynisch beeinflusste (s. später) Erziehung der Wächter besprochen wird. Zudem überwiegt in der Republik das $\mu\varepsilon\lambda\varepsilon\tau\tilde{\alpha}\nu$ (15), das öfter garnicht in der Bedeutung üben, sondern allgemeiner als sorgfältiges Betreiben, Bedenken citirt wird. Von den zehn Büchern der Republik bringen vier (I, IV, IX, X) weder das $\mu\varepsilon\lambda\varepsilon\tau\tilde{\alpha}\nu$ noch das $\dot{\alpha}\sigma\kappa\varepsilon\tilde{\iota}\nu$.

Das Princip der Uebung ist, wie es die xenophontischen Schriften zeigen, seiner Wurzel und seiner weiteren Ausgestaltung nach physisch-militärisch, und nur in wenigen äussersten Verzweigungen ragt es in anderes Gebiet hinüber. Diese so unsokratische, so ganz dem xenophontischen Interessenkreis und zum Theil der kynischen Romantik entstammende Uebungstugend entfaltet sich: 1. als eigentliche Körperübung oder Gymnastik, 2. als eigentlich militärische, technische Uebung, als Exerciren, 3. als Uebung in $\pi\acute{o}\nu o\iota\varsigma$, in Ausdauer und Abhärtung, in Entbehrung und Enthaltsamkeit. In der $\dot{\varepsilon}\gamma\kappa\varrho\acute{\alpha}\tau\varepsilon\iota\alpha$ gewinnt das Uebungsprincip allgemein ethische Bedeutung, aber die xenophontischen Schriften zeigen, dass diese Enthaltsamkeitsübung in ihrer Tendenz hauptsächlich militärisch und in ihren Mitteln (namentlich in der Gewöhnung auf der Jagd) wesentlich physisch ist. Und dieser $\dot{\varepsilon}\gamma\kappa\varrho\acute{\alpha}\tau\varepsilon\iota\alpha$ als physische Gewöhnung in der Beherrschung der Triebe und Affekte schliesst sich nun fast synonym die $\sigma\omega\varphi\varrho o\sigma\acute{\upsilon}\nu\eta$ an.

Die Memorabilien stehen in der starken Betonung der Uebung, wie die Liste zeigt, als echt xenophontische Schrift in der Mitte der anderen Schriften, und es finden sich auch in ihnen die drei Hauptgebiete der Uebung ebenso wie in den anderen. Die gymnastische Uebung: I, 2, 19. 24. I, 4, 13. I, 6, 7. III, 5, 15. III, 7, 7. III, 9, 11. III, 13, 6. III, 14, 3. Die eigentliche Kriegsübung: II, 1, 28. III, 3, 6. III, 9, 2 (die Beispiele zeigen, dass hier die Geübtheit in Waffen als Moment der Tapferkeit hervorgekehrt werden soll). III, 12, 5. Die Uebung der Ausdauer und

Abhärtung: I, 6, 7. II, 1, 6, der ἐγκράτεια: II, 1, 1. IV, 5, 1. An den Stellen I, 2, 46. IV, 8, 4 steht μελετᾶν nur im Sinne des Bedachtseins, des geistigen Betreibens. Dann erscheint die Uebung in einigen Wendungen wohl kynischer Abstammung (s. oben) in Beziehung auf allgemeinere, geistige Momente: ἀσκεῖν ἀρετήν (I, 2, 20. II, 6, 20), ψυχήν (I, 2, 20), ἔπη (I, 2, 21), καλὰ καὶ ἀγαθά (I, 2, 23) und — ein ganz besonders von den Kynikern bevorzugter Begriff — φρόνησιν (I, 2, 10). Uebrigens spricht in allen diesen Stellen mit Ausnahme von II, 6, 20 nicht „Sokrates", sondern Xenophon im eigenen Namen. Dagegen citirt „Sokrates" bisweilen die μελέτη (selten die ἄσκησις) mit der μάθησις (I, 5, 5. II, 1, 28. II, 6, 39. III, 9, 2. 3. 14). Aber auch in anderen xenophontischen Schriften findet sich dies öfter[1]). In dieser Verbindung der μελέτη mit der μάθησις spricht sich wohl weniger sokratischer Einfluss aus, als vielmehr einerseits, zumal wo die μάθησις gerade mit Uebungen der zweiten Gattung verbunden erscheint, die einfache Erfahrung, dass Reiten, Waffengebrauch u. a. physische, militärische Künste gelernt sein wollen, ehe sie geübt werden[2]), andererseits bei allgemeinen Erwähnungen die antisthenische Theorie, welche ja gerade die μάθησις und μελέτη als Bedingungen der Jugendbildung parallel setzt[3]). Von der specifisch militärischen Uebungstugend erzählen die Memorabilien zwar nicht ganz so viel wie die übrigen xenophontischen Schriften, aber immerhin weit mehr, als man nach den sokratischen Interessen erwarten dürfte. Doch gehört die Besprechung dessen, was sich wesentlich in der Heeresgenossenschaft entfaltet, in einen späteren Abschnitt.

---

[1]) Nur dass bisweilen ἐπιστήμη und τέχνη statt μάθησις eintreten, vgl. Cyr. III, 3, 35. 57. VII, 1, 79. VIII, 1, 37. VIII, 8, 13. Cyneg. XII, 15 etc.
[2]) Vgl. Cyr. I, 2, 11.
[3]) Vgl. Clit. 407 B, Prot. 323 D, Dio Chrysost. XIII, 425 R. und die Ausführungen darüber in Bd. I.

II. Die Körperpflege (Gymnastik und Hygiene): III, 12 etc.

Die erste Form der Uebungstugend, die Gymnastik, ist ein für die Erörterung nicht gerade sehr fruchtbares Thema; dennoch widmen ihr die Memorabilien neben vielfachen einzelnen Erwähnungen ein ganzes Capitel (III, 12), das schon formal den sokratischen Charakter verleugnet. Der fragende Sokrates ist verschwunden, wenn man nicht rhetorische Fragen rechnen will, die Antwort weder finden noch erwarten. Als Dialog ist das Capitel überhaupt nicht zu bezeichnen. „Sokrates" stürmt sofort mit dem Vorwurf herein und gestattet dem Anderen volle drei Worte, die den Vorwurf bestätigen und so das Weitere veranlassen. Dieses Weitere ist eine einzige lange, nicht mehr unterbrochene Rede des „Sokrates" von positiv-rhetorischem, rein paränetischem Charakter, die echte Mahnpredigt, die kaum einen Satz enthält, den nicht ebenso gut jeder biedere attische Bürgersmann seinem Sohn hätte in's Gewissen reden können. Auffallend ist höchstens — i. A. und für Sokrates, nicht für Xenophon — die stark hervorgetriebene Beziehung der Gymnastik zum Kriege. Noch § 1 beginnt die Argumentation mit der Frage, ob Epigenes den Kampf um Leben und Tod[1]) denn für

---

[1]) ὃν Ἀθηναῖοι θήσουσιν, ὅταν τύχωσι — das passt doch weniger für den fortlaufenden peloponnesischen Krieg (Döring, a. a. O. S. 200) als für die Zeit vor einem Kriege, aber vor welchem zu Sokrates' und des jungen Epigenes Lebzeiten? Sein Vater Antiphon ist beim Process (Apol. 33 E), Epigenes selbst auch beim Tode des Sokrates (Phaed. 59 B) anwesend. Laërt. Diog. aber zählt neben Kritobulos Hermogenes, Epigenes, Ktesippos als Söhne des Kriton auf (II, 121). Aber man braucht nicht einen zweiten

eine Kleinigkeit halte, und den ganzen § 2 hindurch werden alle den Schwachen im Kriege erwartenden Schrecken ausgemalt. § 3 folgert hieraus, und § 4 spricht im Gegensatz dazu von der glücklichen Heimkehr des körperlich Kräftigen aus allen Kriegsgefahren. § 5 redet geradezu von den Uebungen πρὸς τὸν πόλεμον, die wenigstens privatim betrieben werden müssen, wenn sie der Staat nicht zur officiellen Angelegenheit macht.

Wir wissen, dass Xenophon, seiner grossen militärischen Epoche eingedenk, die Gymnastik immer auf den Krieg bezieht[1]). Er tadelt, dass die meisten griechischen Staaten die Erwachsenen der Verpflichtung zu gymnastischen Uebungen entheben, während sie doch die Militärpflicht aufrecht erhalten, und rühmt im Gegensatz dazu Lakedämon, das die Leibesübungen obligatorisch macht und sehr begünstigt[2]). In Athen hatte das Volk die Leibesübungen abgeschafft[3]), Xenophon aber hofft durch Hebung des attischen Volkswohlstands auch die Gymnastik zu fördern[4]). Cyneg. XII, 1—6, wo er die Jagd als Kräftigungsmittel der Körper und zugleich als Vorübung für den Krieg empfiehlt, wird von ihm ebenso die Bedeutung der εὐεξία σώματος für das σώζεσθαι im Kampfe betont, und alle Eventualitäten des Krieges für den Starken und Schwachen werden ähnlich auseinandergelegt. Aber man lese doch nur Episoden wie Anab. IV, 5, 15 ff. oder VII, 2, 6, da hat man Illustrationen zu dem grau abstrakten Text der Mem., da sieht man, wie Xenophon aus eigener Erfahrung hier Mem. § 2 von den Leiden (Tod, Gefangenschaft, Sklaverei) spricht, die der ἀσθενοῦντες und κάμνοντες warten, im Gegensatz zu den ἰσχυροί und ὑγιαίνοντες.

Xenophon hat sicherlich auch mit der peloponnesischen Luft jene Liebe zur Gymnastik eingeathmet, die aus der Athletenkunst des Polyklet und Lysipp spricht. Und dem Oekonomen von Skillus lag es noch besonders nahe, zuerst (Mem. § 1) auf

---

Epigenes zu vermuthen; sonst müsste man auch Hermogenes verdoppeln, der als Sohn des Hipponikos, und Ktesippos, der als Päanier (Lysis, Euthyd.) bekannt ist, während Kriton δημότης des Sokrates ist (Apol. ib.) und von Ktesippos als einem Fremden erfährt (Euthyd. 273 A). Ob die Verwechslung bei Diog. aus Phaed. 59 B zu erklären ist, oder ob Antisthenes jene vier als pädagogische Objecte des Sokrates vereinigt hat?

[1]) Vgl. S. 19.
[2]) De rep. Lac. IV, 7; vgl. das Spätere.
[3]) Vect. IV, 52.
[4]) Pseudoxenophon de rep. Ath. I, 13.

Olympia zu deuten, denn unten vor seinen Augen hatte er die μέλλοντες ἀγωνίζεσθαι (ib.). Sokrates, der nur einmal die isthmischen Spiele gesehen, ging ja sogar täglich εἰς τὰ γυμνάσια (Mem. I, 1, 10). Aber Xenophon sagt selbst (ib.): er ging überall hin, wo er die Meisten zu treffen gedachte, und es wäre auch merkwürdig, wenn er in den Gymnasien erst Gymnastik gepredigt hätte. Dagegen scheint, wenn man den platonischen Scenerien nur einigermaassen trauen darf, die Lockung seiner Gespräche die Jünglinge in den Gymnasien weit eher von der Gymnastik abgezogen zu haben. Aber das ganze Wesen dieses Mannes, der seine bürgerliche Existenz, sein Hauswesen vernachlässigte, sein Aeusseres verspottete, dessen Lebenstendenz auf straffe Vergeistigung und Verinnerlichung ging, widerstreitet einer Verhimmelung der Gymnastik. Er wird sie nicht bekämpft haben, so wenig wie die Frömmigkeit; er wird sich wie dem rituellen so auch dem gymnastischen Brauch der Athener angeschlossen haben. Er vernachlässigte seinen Körper nicht und lobte nicht die darin Nachlässigen (Mem. I, 2, 4); das ist eine für den Apologeten auffallend schwache, negative Bemerkung.

Aber der eigentliche Verfechter der Körperausbildung ist Xenophon, dessen Lebensberufe (Kriegsdienst, Oekonomie, Reitsport und Jagd) sämmtlich ein stark physisches Element enthalten und Körperkräftigkeit ebensowohl fordern wie bewirken. Für Xenophon's Interesse an der körperlichen εὐεξία mag zu dem früher (S. 19) Beigebrachten nur noch Weniges citirt werden. Was hat Xenophon alles in Lakedämon an Einrichtungen zu rühmen, die Gesundheit und Stärke des Leibes bezwecken — ganz abgesehen von aller obligatorischen Gymnastik der Jugend wie der kriegspflichtigen Männer! „Lykurg" bestimmt die Nahrung der Mädchen in hygienischer Rücksicht (De rep. Lac. I, 3), verordnet den Frauen statt der sonst üblichen ungesunden Wollspinnerei Leibesübungen, Wettkämpfe im Laufen und Ringen, so gut wie den Männern, in der Ueberzeugung, dass von starken Eltern auch kräftige Kinder zu erwarten seien (I, 2—4). Der Eheschliessung und dem sexuellen Verkehr legt er sehr wesentliche Beschränkungen auf im Interesse der Gesundheit und Kräftigkeit des neuen Geschlechts (I, 5 f.); in demselben Interesse jedoch gestattet er die freiesten ehelichen Verhältnisse, sanktionirt er in gewissem Sinne den Ehebruch (I, 7 ff.). Auch für die Knaben wählt er Speisen, die Gesundheit, Wachsthum und Schlankheit des Körpers befördern (II, 5 f.), und wie er die

Jünglinge durch Schaffung künstlicher Parteien, die bei jedem Zusammentreffen Faustkämpfe aufführen, für die körperliche εὐεξία zu sorgen zwingt (IV, 6), so nöthigt er auch die Männer, durch eifriges Jagen ihren Körper zu stählen (IV, 7), sich auch nach dem Mahl Bewegung zu machen und dadurch sich gesundfarbige, fleischige, kräftige Körper zu verschaffen (V, 7 f.). Auch im Kriege sind mehrmals täglich Leibesübungen gesetzlich geboten (XII, 5 f.). Da die Spartaner Beine, Hände und Nacken gleichmässig üben, so findet man nicht leicht gesündere und körperlich tüchtigere Leute als in Lakedämon, wie eben der Schmuck des Spartaners nicht in der Pracht der Gewänder, sondern in der εὐεξία σώματος besteht[1]).

Für den Ritter Xenophon ist ein gesunder, kräftiger Körper Ehrensache. Der καλοκἀγαθός ist ohne die εὐεξία σώματος nicht zu denken[2]); er sucht sie sich[3]) und seinem Weibe[4]) zu verschaffen; er erbittet sie als erstes Geschenk von den Göttern[5]); er verachtet die von Sokrates so geschätzten Handwerke, weil sie den Körper herunterbringen[6]), wie auch jede Erwerbskunst, weil sie κάκιστα σώματα schafft — natürlich πρὸς τὸν πόλεμον[7]); er treibt am besten die Jagd[8]) und die Landwirthschaft[9]), weil sie der Kraft, Frische und Schönheit des Körpers dienlich sind. Auch hier wieder die Parallelisirung von Seele und Körper: die an beiden Wohlgerathenen, Gerüsteten dürfen auf Erfolg, d. h. Sieg, rechnen[10]). Welch scharfen, geübten Blick, welch eindringendes Interesse übrigens Xenophon für physische Eigenschaften hat, sieht man aus der das ganze Buch über die Reitkunst füllenden detaillirten Schilderung aller natürlichen und zu entwickelnden Eigenschaften des Pferdes, unter denen eben ein gesunder, kräftiger, wohlgebildeter Körper voransteht[11]). Und Aehnliches zeigt die Schilderung der Hunde im Cynegeticus.

Körperliche Kräftigkeit ermöglicht nach § 2 nicht nur glückliche Heimkehr aus den Kriegsgefahren, sondern gestattet auch Vielen, den Freunden zu helfen und dem Vaterlande zu nützen; dadurch aber verdienen sie sich Dank, erwerben sich grossen

---

[1]) Rep. Lac. VII, 3.
[2]) Vgl. Oec. XI, 20 f.; Cyneg. XII, 9; Symp. VIII, 40.
[3]) Oec. XI, 11 ff.   [4]) ib. X, 10 f.
[5]) Oec. XI, 8.   [6]) ib. IV, 2.
[7]) Cyneg. XIII, 11.   [8]) ib. XII, 9.
[9]) Oec. VI, 5—10.   [10]) Cyneg. XII, 5. 9; Cyr. VI, 2, 25.
[11]) De re equ. I, 17. III, 7 etc.

Ruf und erlangen die schönsten Ehren; sie verbringen auch das übrige Leben angenehmer und schöner und hinterlassen ihren Kindern reichere Mittel zum Leben. Wenn das alles Sokrates gesagt haben soll, so spricht sein eigenes Leben dem völlig Hohn; wohl aber predigt Xenophon öfter, dass die banausischen Berufe das rauben, was die seinigen (Landwirthschaft und Jagd) gewähren: nämlich ausser der Körperkraft Musse und Gelegenheit zu Wohlthaten für Familie, Freunde und Staat[1]). Vor allem aber kehren die hier (Mem. § 4) geschilderten Vortheile in allen einzelnen Punkten im Lebensideal des xenophontischen Tugendausbunds Ischomachos wieder[2]): Gesundheit, Körperstärke, Ehre im Staate, Wohlwollen unter den Freunden, ehrenvolle Abwehr der Gefahren im Kriege und ein rechtlich sich mehrender Reichthum. Was Freundschaft und Ehre im Lebensideal des Xenophon bedeuten, davon später. Hier ist nur noch zu beachten, dass das Kriegsglück übereinstimmend als Defensive oder richtiger als Retiriren aufgefasst, also merkwürdiger Weise nicht in den Sieg, sondern in das Entrinnen ($\delta\iota\alpha\varphi\varepsilon\dot{\upsilon}\gamma\varepsilon\iota\nu$ und $\sigma\dot{\omega}\zeta\varepsilon\sigma\vartheta\alpha\iota$[3]) gesetzt wird. Das ist wohl bei Xenophon der Nachhall der mächtigen Erinnerung des asiatischen Rückzugs.

Zuletzt, nachdem von der Bedeutung des körperlichen Zustands für alle praktischen Lebensbethätigungen die Rede war, wird auch der Einfluss desselben auf das Denken beleuchtet (§ 6). Sollte sich Xenophon erinnern, dass Sokrates weder Kriegsmann noch Oekonom noch Staatsmann u. s. w. war, sondern Denker? Aber gerade die stark betonte Abhängigkeit des Intellectuellen vom Physischen läuft wider die sokratische Tendenz. Die grossen Irrthümer ($\mu\varepsilon\gamma\dot{\alpha}\lambda\alpha$ $\sigma\varphi\dot{\alpha}\lambda\lambda\varepsilon\sigma\vartheta\alpha\iota$) stammen für die Sokratik aus der Unwissenheit und nicht aus der $\varkappa\alpha\chi\varepsilon\xi\dot{\iota}\alpha$ $\sigma\dot{\omega}\mu\alpha\tau\sigma\varsigma$; auch die $\mu\alpha\nu\dot{\iota}\alpha$ nimmt sie nicht physisch-pathologisch, sondern als grosse Unwissenheit, und das $\tau\dot{\alpha}\varsigma$ $\dot{\varepsilon}\pi\iota\sigma\tau\dot{\eta}\mu\alpha\varsigma$ $\dot{\varepsilon}\varkappa\beta\dot{\alpha}\lambda\lambda\varepsilon\iota\nu$ seitens physischer Mächte stimmt schlecht zu dem $\ο\dot{\upsilon}\delta\dot{\varepsilon}\nu$ $\dot{\iota}\sigma\chi\upsilon\rho\dot{\omega}\tau\varepsilon\rho\sigma\nu$ $\dot{\varepsilon}\pi\iota\sigma\tau\dot{\eta}\mu\eta\varsigma$. Xenophon kennt das Vergessen des Gewussten in Folge nervöser Aufregung[4]), kennt die Schrecken der $\dot{\alpha}\vartheta\upsilon\mu\dot{\iota}\alpha$[5]), und auch die pathologische $\delta\upsilon\sigma\chi\omicron\lambda\dot{\iota}\alpha$ gehört in jene naturalistische Psychologie,

---

[1]) Oec. IV, 2 f. VI, 9; Cyneg. XII, namentlich 10 ff. XIII, 11 ff.
[2]) Oec. XI, 8.
[3]) Mem. § 4, vgl. § 2 und Oec. XI, 8. 11 f.
[4]) Cyr. III, 3, 54.
[5]) Anab. III, 1, 3. 40. III, 3, 11. IV, 8, 10. 21; De re equ. III, 12; Cyr. VI, 2, 13 etc.

die sich dem Xenophon schon aus dem eindringenden Studium der Thiere, namentlich der Pferde[1]) und Hunde (Cyneg.), ergeben musste. Und ähnliche Betrachtungen führten ihn auch auf die Abhängigkeit des Geistigen vom Physischen. Es sei hier nur erinnert an die Psychologie der Eunuchen[2]), an die merkwürdige psychische Wirkung des Honiggenusses[3]), ähnlich der Irrthümer erzeugenden Trunkenheit[4]), an die gerühmte „lykurgische" Einrichtung, welche die dem Jünglingsalter eigenen Erscheinungen der ὕβρις durch möglichst harte Arbeit paralysirt[5]), und endlich an die gegen das Handwerk gerichtete These: weil es die Körper verschlechtert, macht es auch die Seelen schwächer[6]).

Die noch unbesprochenen Theile des Capitels charakterisirt man am besten, indem man sie einfach hierher setzt und jeden Satz in langsamer Lectüre besonderer Beachtung empfiehlt.

§ 3: Oder hältst du diese Strafen körperlicher Vernachlässigung (Tod, Sklaverei, Mangel, Schande u. s. w.) für gering und glaubst du dergleichen leicht ertragen zu können? Und doch meine ich, weit leichter und angenehmer als dies sei das zur körperlichen Ausbildung Nöthige zu ertragen. Oder hältst du es für gesünder und für andere Dinge nützlicher, einen schlechten als einen kräftigen Körper zu haben? Oder gelten dir aus der Körperkraft erwachsende Vortheile nichts? § 4: Und doch ergeht es in Allem entgegengesetzt den Leuten von guter, wie denen von schlechter körperlicher Verfassung; denn die von gutem körperlichen Zustande sind auch gesund und kräftig (!) . . . .
§ 5: . . . denn wisse wohl, weder in irgend einem anderen Kampfe, noch bei irgend einer Thätigkeit wirst du Schaden haben von einer besseren Ausbildung deines Körpers, denn zu Allem, was die Menschen betreiben, ist der Körper nützlich; bei allen körperlichen Verrichtungen macht es viel aus, einen möglichst tüchtigen Körper zu haben. § 7: Die Leute von gutem Körperzustande aber sind gesichert, und Keiner läuft Gefahr, wegen schlechten Körperzustands dergleichen (Schwermuth, Wahnsinn, Irrthum u. s. w.) zu erleiden; natürlich aber muss ein guter Körperzustand die entgegengesetzte Wirkung haben wie ein schlechter Körperzustand. Und was sollte nicht ein Mensch,

---

[1]) De re equ., vgl. z. B. V, 1. 4.
[2]) Cyr. VII, 5, 62 f.   [3]) Anab. IV, 8, 20 f.
[4]) Rep. Lac. V, 4.   [5]) ib. III, 2.
[6]) Oec. IV, 2.

der bei Verstande ist, für das den erwähnten Dingen Entgegengesetzte auf sich nehmen wollen u. s. w. u. s. w.

Bewundernswerth an alledem wäre höchstens das xenophontische Gedächtniss, das die auseinandergezogenen Trivialitäten dieser „sokratischen" Rhetorik lange Jahre hindurch und darunter Jahre der Kämpfe, in denen man doch nach Xenophon[1]) auch das früher Gewusste vergisst, getreulich bewahrt haben sollte. Dass diese kernlosen Sätze nicht dem Sokrates gehören, lässt sich aus inneren Gründen so wenig absolut beweisen, wie etwa, dass sie nicht dem Gorgias oder Lysias gehören. Will man doch charakteristische Momente darin finden, so sprechen sie höchstens für Xenophon und gegen Sokrates: formal die überaus breite Paränetik und inhaltlich die eifrige Hervorkehrung des physischen Elements in allem menschlichen Thun. Die echte Sokratik aber drängt innerlich zum Intellektuellen und formal zu scharfer Dialektik. Der echte Sokrates hätte vielleicht vom Sokrates dieses Kapitels gesagt, dass er „Volksreden halte" wie Thrasymachos[2]). Er würde wohl auch gelacht haben, wenn er das $αἰσχρὸν\ γηρᾶναι,\ πρὶν\ ἰδεῖν\ ἑαυτὸν\ ποῖος\ ἂν\ κάλλιστος\ τῷ\ σώματι\ γένοιτο$ (§ 8) auf sich bezogen hätte. Nach Plato[3]) war man nicht gewohnt zu sehen, dass Sokrates seinem Aeusseren besondere Pflege zuwandte, und sonst ist ihm ja in den Mem. die leibliche Schönheit sehr gleichgültig[4]), nicht aber dem Xenophon[5]).

So sehr die Tendenz unseres Capitels, der gymnastische Eifer dem Xenophon ansteht, ihm aus seinem ganzen Interessen- und Lebenskreis entgegenkommt, so sehr auch aus Einzelheiten seine Anschauung, seine Erfahrung spricht, ich glaube doch, dass das ganze Capitel erst Rückhalt bekommt, wenn man eine kynische Vorlage dahinter sucht. Zunächst formal. Es ist die echte kynische Paränese, mit einem Vorwurf beginnend, mit einem Vorwurf ($αἰσχρόν$) schliessend. Auch schimmert das antithetische Schema, nach dem Antisthenes seine Argumentationen gliedert, sichtlich durch und verräth sich schon in dem dreimaligen $τἀναντία$ (§§ 4. 7) und dem $διαφέρει$ (§ 5). Namentlich §§ 2 und 6 schildern die Nachtheile der $καχεξία$ und namentlich §§ 4 und 7 entsprechend die Vortheile der $εὐεξία$. Ja die schlimmsten Trivialitäten (z. B. § 3: $ἢ\ ὑγιεινότερον\ —\ καὶ\ —\ χρησιμώτερον\ —\ τὴν\ καχεξίαν\ τῆς\ εὐεξίας$; und § 5: Gesundheit bringt keinen

---

[1]) Cyr. III, 3, 54. [2]) Rep. 350 D. [3]) Symp. 174 A.
[4]) Mem. I, 3, 14. IV, 1, 2. [5]) ib. I, 3, 10.

Schaden) erklären sich, erhalten erst Farbe durch diese rhetorisch forcirte Entgegensetzung. Auch das wiederholte Anfangen mit πολλοί in Rede (§ 2) und Gegenrede (§ 4) sieht echt rhetorisch aus, und dieselbe Figur kehrt wieder in dem antisthenischen Protreptikos Mem. IV, 2, 34. Was ferner den Inhalt angeht, so ist es durchaus kynisch, Körperausbildung zu fordern schon in Parallele zur Seelenausbildung. Diogenes that es, der seine Zöglinge auf die Jagd geführt[1]), aber schon Antisthenes fordert: δεῖ τοὺς μέλλοντας ἀγαθοὺς ἄνδρας γενήσεσθαι, τὸ μὲν σῶμα γυμνασίοις ἀσκεῖν, τὴν δὲ ψυχὴν παιδεύειν[2]). Er scheint in seinen Schriften öfter φρόνησις resp. σοφία und ἰσχύς gegenübergestellt zu haben[3]), und hier kann er sehr wohl den Repräsentanten der ἰσχύς auch einmal den Werth der Gymnastik haben preisen lassen. Aber ich möchte noch eine passendere Stelle der Vorlage suchen. Wenn auch der Kyniker die Kraft vergeistigte und die Parallele von Körper- und Seelenübung zur Accentuirung der letzteren ausnützte, so muss doch Antisthenes — das beweisen schon die ersten Titel im II. Bande seiner Schriften — das leibliche Moment stark beachtet haben. Es sei hier (Späteres vorwegnehmend) die Vermuthung ausgesprochen, dass der Verfechter der παιδεία ein ganzes System der Erziehung vom Mutterleibe an geliefert. Er wird in seiner Schrift περὶ παιδοποιΐας, oder wo er sonst die Heirath mit den εὐφυέστατοι empfiehlt[4]), auch den Satz gehabt haben, dass von starken (desshalb gymnastisch übenden) Eltern starke Kinder kommen[5]). Der νέος (Mem. III, 12, 1) muss nun selbst wieder den Körper üben, um ein ἀγαθὸς ἀνήρ zu werden, wie Antisthenes in der eben citirten Stelle fordert. So hatte die Gymnastik ihre Stelle in dem Erziehungssystem des Kynikers, das ihn wohl Plato in der grossen Rede des „Protagoras" skizziren lässt. Wenn unser Capitel ausführt, dass Viele durch die Körperschwäche zum ἀποδειλιᾶν getrieben werden (Mem. III, 12, 2), dass in jedem Kampfe, bei jeder πρᾶξις körperliche Tüchtigkeit nur nützt (ib. § 5), dass vor allem Körperschwäche die rechte

---

[1]) Laërt. Diog. VI, 31. 70. Der Kyniker ist zwar ein Gegner der eitlen Athletik (L. D. VI, 30. Dio Chr. or. IX), aber er fordert die Gymnastik zur εὐεξία (L. D. ib.).
[2]) Frg. S. 65, Nr. 48 W.
[3]) Man denke nur an den Titel Ἡρακλῆς ἢ περὶ φρονήσεως ἢ ἰσχύος und an den Gegensatz des Aias und Odysseus (vergl. namentlich Frg. S. 41 W).
[4]) L. D. VI, 11.   [5]) Xen. Rep. Lac. I, 4.

διάνοια oft nicht aufkommen lässt (§ 6), so erinnert das alles auffallend an die antisthenische Protagorasrede, wo es heisst: εἰς παιδοτρίβου πέμπουσιν, ἵνα τὰ σώματα βελτίω ἔχοντες ὑπηρετῶσι τῇ διανοίᾳ χρηστῇ οὔσῃ, καὶ μὴ ἀναγκάζωνται ἀποδειλιᾶν διὰ τὴν πονηρίαν τῶν σωμάτων καὶ ἐν τοῖς πολέμοις καὶ ἐν ταῖς ἄλλαις πράξεσι [1]). Ferner beachte man die kynisch-praktische Färbung der Paränese in der Betonung des χρήσιμος (§§ 3. 5. 7), des πράττειν (§ 5) und des ἐπιμέλεσθαι resp. ἀμελεῖν (§§ 3. 5. 8) und den specifisch kynischen Appell an den νοῦν ἔχων (§ 7). §§ 2 und 4 zeigen, dass im Kriege die καχεξία das ἀπόλλυσθαι, die εὐεξία das σώζεσθαι bewirkt. Ganz ebenso argumentirt, nur mit dem umgekehrten Resultat der stark antisthenische Protreptikos IV, 2 (§ 32). —

Die Körperpflege findet eine bedeutendere Erwähnung nur noch IV, 7, 9. Sokrates soll da seinen Genossen die Sorge für die Gesundheit sehr ans Herz gelegt haben, und zwar sollten sie sowohl von den Sachverständigen möglichst viel lernen wie auch unablässig auf sich achten, welche Diät und Lebensweise ihnen zusage. Solche Selbstbeobachtung würde sie über das ihrer Gesundheit Zuträgliche besser unterrichten als jeder Arzt. Der Schluss widerspricht hier in gewissem Sinne dem Anfang, aber er ist xenophontisch und kynisch. Der echte Sokrates hat wohl das medicinische Berufswissen der dilettantischen Praxis vorgezogen. Auch Xenophon weiss die Aerzte wohl zu schätzen[2]), aber der Praktiker, der erst von der Natur und dann von den Wissenden lernt[3]), der im Kriege und auf seinem Landgut den Berufsspecialisten wohl selten zur Hand hat, legt mehr Werth auf empirische Beobachtung und praktische Selbständigkeit[4]). Doch das erklärt nur, weshalb hier Xenophon wieder gern dem Antisthenes folgt. Denn IV, 7, 9 spricht genau den Standpunkt des Kynikers in der Hygiene aus. Er schätzt sehr den Arzt und sein Wissen (s. I, 445), aber noch höher stellt er sein bekanntes Princip der αὐτάρκεια, das ja in diesem Capitel ausdrücklich (§ 1) und auch hier in der Forderung der Selbstbeobachtung verkündet wird. Dem antisthenischen Individualismus entspricht in unserer Stelle sowohl der ἑαυτῷ ἕκαστος προσέχων (s. I, 448. 511) wie

---

[1]) Prot. 326 BC. Vgl. für die Herrschaft der διάνοια und die ὑπηρεσία σώματος bei den Kynikern auch Jul. or. VI, 188 B 190 B.
[2]) Cyr. I, 6, 15. VIII, 2, 24 f.   [3]) Cyneg. XIII, 4.
[4]) Wie der Stratege solche Beobachtungen anwendet, vgl. z. B. Anab. IV, 4, 11 f. IV, 5, 7 f. 13 etc. Cyr. I, 6, 16 f. VI, 2, 26 ff.

auch die Differenzirung der für jeden geeigneten Speisen, Getränke u. s. w. (s. I, 444 ff.). Auch die Methode des paränetischen *προτρέπειν* hier § 9 und die sonstige Terminologie (*ἐπιμέλεσθαι, πόνος, συμφέρον, ἔργον, διαγιγνώσκειν*) hat ein antisthenisches Gepräge.

Der Stellen I, 2, 4 und 19 ist bereits gedacht; sonst finden sich nur kurze Betonungen der von Xenophon so hochgestellten Körperpflege I, 6, 7. II, 1, 28. 31. IV, 5, 10 — Stellen, die schon durch den Geist der Capitel, denen sie angehören, als unsokratisch charakterisirt werden (s. das Spätere).

III. Die ἐγκράτεια in I, 5.

(Antisthenes περὶ πίστεως ἢ περὶ ἐπιτρόπου?)

Das Gebiet, in dem die dritte Uebungsform, die Tugend der καρτερία und ἐγκράτεια vorwiegend behandelt wird, umfasst die Capitel I, 3, 8 ff. I, 5. I, 6. II, 1. III, 13. III, 14. IV, 5. Der Entfaltungsbereich der mehr intellectuellen Tugend ist ungefähr ebenso gross (I, 7. III, 9. IV, 1. IV, 2. IV, 6). Schlägt man zu diesem noch die begriffstheoretische Untersuchung III, 8 und die dialektischen Episoden in I, 2, andrerseits zum Gebiet der καρτερία und ἐγκράτεια als der Uebungstugend noch III, 12 und die xenophontischen Auslassungen in I, 2 (namentlich §§ 19 ff.), so fällt die Individualethik der Mem. in zwei concurrirende Hälften auseinander, die grundverschiedene Tugendprincipien vertreten. Auch formal ist ein gewisser Unterschied unverkennbar. Man kann fast sagen: das Gebiet der Wissenstugend fällt in den Mem. zusammen mit den Gebieten einerseits der schärfsten und knappsten Dialogik (vgl. nam. IV, 2. IV, 6), andrerseits des indirecten Berichts, den die in dieser Reihe genannten Capitel ganz oder theilweise enthalten. Beide aber, die scharfe Dialogik wie der historische Bericht, haben die grössere sokratische resp. historische Treue oder die grössere Abhängigkeit Xenophon's für sich. Demgegenüber enthalten die für die Tugend der ἐγκράτεια genannten Capitel (von wenigen Paragraphen in I, 3 und III, 14 abgesehen) keinen indirecten Bericht. Selbst I, 3, sonst berichtend, geht mit dem Thema der erotischen ἐγκράτεια in directe Rede über, wie IV, 5 gerade mit dem die Dialektik preisenden Schluss in indirecten Bericht. Andrerseits konnten gerade diese Capitel (I, 464 ff. 474) als solche angeführt werden, in denen die Dialogik ganz oder zum grossen Theil in undurchbrochener Rhetorik verschwindet (nam. I, 5. I, 6. II, 1. III, 12), theilweise auch in kleine Anekdoten sich zersplittert (wie III, 13. III, 14).

Noch grösser ist der inhaltliche Unterschied. Was da ausserhalb der zweifellos sokratischen Wissenstugend in der Individualethik hervorgestellt wird, ist nicht eine Anzahl von coordinirten Nebentugenden, sondern ein ausgeprägtes einheitliches Tugendprincip. Es sind auch durchaus nicht etwa καρτερία und ἐγκράτεια wie physische und ethische ἀρετή zu scheiden, sondern die ἐγκράτεια muss, da sie geht πρὸς ἐπιθυμίαν βρωτοῦ καὶ ποτοῦ καὶ λαγνείας καὶ ὕπνου καὶ ῥίγους καὶ θάλπους καὶ πόνου (II, 1, 1, vgl. I, 5, 1), die καρτερία mit umfassen, ja nach solcher Inhaltsbestimmung sogar wesentlich in dieser physischen Tugend der καρτερία bestehen.

I, 3, 8 ff. I, 6. III, 13. III, 14 behandeln specielle Momente der ἐγκράτεια, I, 5. II, 1. IV, 5 preisen sie im Allgemeinen. Ganz abgesehen von ihrer näheren Bestimmung als physischer καρτερία, als Uebungstugend (II, 1, 1. IV, 5, 1) ist hier schon die gesonderte Behandlung dieser Tugend — noch dazu in so liebevoller Breite und Wiederholung, in so tendenziöser Ausarbeitung — sokratisch undenkbar. Jene gesonderte Behandlung geschieht zudem noch im vollen Bewusstsein der Sonderstellung der ἐγκράτεια als praktischer Tugend (vgl. IV, 5, 1) gegenüber der dialektischen (IV, 6) oder sonstigen intellectualistischen Tugend (vgl. IV, 3, 1). Sokrates aber hat nach den Memorabilien selbst die — auch wieder nach den Mem. (III, 9, 4. IV, 5, 7 etc.) — mit der ἐγκράτεια einheitliche σωφροσύνη von der Weisheit nicht geschieden (III, 9, 4). Thatsächlich erscheint die Frage τί ἐστι ἐγκράτεια weder bei Xenophon (I, 1, 16. IV, 6) noch bei Plato, noch in den aristotelisch-peripatetischen Angaben unter den sokratischen Thematen. Auch fragt ja Sokrates weder I, 5 noch II, 1 noch IV, 5 nach dem τί ἐστι ἐγκράτεια; die Behandlung geschieht nicht entfernt im Sinne der Begriffsforschung, die doch des echten Sokrates stete Methode war (Mem. I, 1, 16. IV, 6, 1. I, 244 ff.), sie geht nicht auf das theoretische „Was?", sondern auf das praktische „Dass" und „Wie?" und zeigt den echten Typus der Paränetik. Sie geht nicht direct auf Wissen und begriffliche Aufklärung, indirect auf Sein und Verwirklichung, sondern sie geht direct auf die Tugend als reales Sein, als κτῆμα (I, 5, 1), als ein ὑπάρχειν (IV, 5, 1), das sie herstellen will. Betrachten wir nun diese Capitel im Einzelnen, gegen deren sokratischen Charakter von vornherein Inhalt und Form zeugen: dass sie überhaupt die ausgesprochenste Willenstugend, die ἐγκράτεια als eine Sondertugend ausführlich behandeln, dass diese Behandlung geschieht nicht im Sinne begrifflicher Aufklärung, sondern im Sinne der Verwirklichung durch Paränetik und dabei den Sokrates zeigen weniger als den dialogisch fragenden „unwissenden" Kritiker wie als positiven Redner.

I, 5 giebt sich nicht erst die Mühe, einen Scheindialog zu erfinden oder durch Angabe einer realen Veranlassung sich einen historischen Charakter zu leihen. Es giebt nur eine allgemeine Paränese an die „Männer" in jenem Stil, den Xenophon von dem Gorgiasschüler Antisthenes gelernt, mit einer äusserst lockeren und unsystematischen Anknüpfung: Wenn aber auch die ἐγκράτεια ein καλόν τε κἀγαθὸν κτῆμα für einen Mann ist, so wollen wir sehen, ob er zu ihr hinzuführen wusste, indem er in Bezug auf sie also sprach. Von der nach antisthenischem Muster pointirten Kalokagathie, die übrigens in den Memorabilien nicht weniger als 43mal, d. h. auf jeder dritten Seite citirt wird, und von dem (auch wohl kynischen) προβιβάζειν zur Tugend war früher die Rede. Die Paränese beginnt nun sofort mit einer militärischen Betrachtung: „Wenn wir Krieg hätten und einen Mann wählen sollten, unter dem wir am ehesten gerettet würden und die Feinde bewältigten, würden wir wohl einen wählen, den wir als unenthaltsam kennen?" u. s. w. Nun, Xenophon hat manche Feldherrnwahl auf dem asiatischen Zuge erlebt, ist selbst zum στρατηγός gewählt worden, ward der „Retter" der Zehntausend und der Ueberwinder ihrer Feinde. Ob auch wohl Andere bei der ἐγκράτεια zuerst an den Gesichtspunkt der Strategie gedacht?

Nächst dem Heere interessirt Xenophon der οἶκος. Allerdings die Frage, ob wir beim Lebensende einen ἀκρατής für ἀξιόπιστος halten würden, ihm Söhne zum παιδεύειν, Töchter zur Bewachung und Gelder zur Verwaltung zu übergeben (ἐπιτρέπειν), weist direct auf die antisthenische Schrift περὶ πίστεως ἢ περὶ ἐπιτρόπου hin, von der wohl Dio Chrysostomus or. περὶ πίστεως und περὶ ἀπιστίας Spuren bewahrt hat, wo auch die Rede ist von der πίστις, mit der Sterbende ihre Frauen, Kinder und Besitzthümer den ἐπίτροποι übergeben[1]), und von der ἀκρασία, welche diese πίστις aufhebt[2]). Doch tritt mit der

---

[1]) or. 73. 390 R.   [2]) or. 74. 395 R.

folgenden Frage auch der Oekonom Xenophon deutlicher hervor: Würden wir einem unenthaltsamen Sklaven unsere Heerden, unsere Vorrathskammern (ταμιεῖα), die Aufsicht über die Feldarbeiten anvertrauen (ἐπιτρέπειν), würden wir einen solchen Diener und Einkäufer umsonst nehmen wollen? Die nähere Detaillirung und Begründung hierzu ist im Oeconomicus nachzulesen. Zur Schaffnerin (ταμίαν) wählte Ischomachos unter seinen Sklavinnen die enthaltsamste in Bezug auf dieselben Dinge, die hier Mem. § 1 genannt werden (Oec. IX, 11), und XII, 11—16 legt er dem Sokrates ausführlich dar, dass nur die enthaltsamen Naturen sich zu Verwaltern (ἐπίτροποι) eignen und wesshalb jede Unmässigkeit, wie hier an allen Passionen einzeln ausgeführt wird, die ökonomische Tüchtigkeit beeinträchtigt. Ebenso wird c. XIV geschildert, wie der Herr den brauchbaren Verwalter wie einen Freien behandelt, den diebischen aber und betrügerischen bestraft und den unverbesserlichen davonjagt.

Uebrigens wird Oec. XII, 15 f. wie hier Mem. § 3 die Gewinnsucht abgesondert und nicht so verworfen, wie die andere Unmässigkeit, ja, richtig gelenkt, sogar nützlich gefunden. Dem entspricht auch bei Xenophon die Politik des älteren und des jüngeren Kyros[1]), und der kynisch stilisirte[2]) Pheraulas überlässt seinen gewonnenen Reichthum als eine Last einem tüchtigen Saker, der daran Freude hat, als ἐπίτροπος[3]). Auch Cyneg. c. XII f. schliesst Xenophon an seine Philippika gegen die Trägen und Unenthaltsamen XIII, 10 ff. noch eine besondere Warnung vor der πλεονεξία, und betont wiederholt (§§ 10—15), ähnlich wie hier Mem. I, 5, 3, dass die Gewinnsüchtigen den eigenen Vortheil durch den Schaden der Nächsten erreichen, während — heisst es Mem. ib. — die Unenthaltsamen sowohl sich selbst wie Anderen schaden, während — heisst es Cyneg. ib. in positiver Fassung — die Jäger oder durch die Jagd enthaltsam Gewordenen Niemandem schaden, sondern sich und Anderen nützen. Dass die Unenthaltsamen οἶκος, σῶμα und ψυχή — die Reihenfolge ist für Xenophon charakteristisch — schädigen und zu Grunde richten, wird auch Cyneg. XII f., vergl. nam. XII, 12 ff. näher ausgeführt. Die geschädigten Freunde ib. 13 fehlen auch in den Memorabilien nicht, sie erscheinen jetzt, § 4, als der dritte Gesichtspunkt für die ἐγκράτεια nach dem Heer und dem οἶκος

---

[1]) Cyr. VII, 2, 11. VIII, 2, 20 ff. Anab. I, 9, 19.
[2]) Vgl. oben S. 24, 7.   [3]) Cyr. VIII, 3.

und, wie später zu zeigen, haben sie auch ihre feste Stelle im xenophontischen Programm. So fehlt zur Uebereinstimmung der Memorabilien mit den anderen xenophontischen Schriften in Bezug auf die ἐγκράτεια, die Jeder nach Mem. § 4 in sich herstellen soll, nur die Angabe, wodurch diese Herstellung geschieht. Durch die πόνοι namentlich der Jagd, antworten die xenophontischen Schriften. Aber die Empfehlung der Jagd wäre in Sokrates' Munde gar zu lächerlich gewesen und so bleibt das κατασκευάζεσθαι ἐγκράτειαν, das in den anderen Schriften einen concreten Sinn hat, hier eine phrasenhaft leere Bestimmung. § 5 wird noch des ungünstigen Einflusses der ἀκρασία auf die Fähigkeit zu lernen gedacht. Es ist damit wieder das intellectuelle Moment, statt sokratisch vorgedrängt, vom πάθος abhängig gesetzt und bei dem ἀγαθόν, das hier gelernt und zugleich geübt werden soll, kann Xenophon wieder an Reiten, Taktik u. dgl. denken (oben S. 27).

Diese Verbindung von Lernen und Uebung ist ja zugleich antisthenisch (s. S. 27), und der kynische Einfluss, der die Rede inaugurirt hat (s. S. 40), beherrscht auch den weiteren Verlauf, giebt erst das gedankliche Rückgrat. Die Eigenschaften, die die ἀκρασία nicht aufkommen lässt, geben gerade den Inhalt der antisthenischen βασιλικὴ τέχνη (IV, 2, 10): πολιτικοί — bei Xenophon repräsentirt durch den Feldherrn (I, 5, 1) —, οἰκονομικοί (vgl. I, 5, 2), ἄρχειν ἱκανοί (vgl. den δοῦλος und die Akrasie I, 5, 3), endlich ὠφέλιμοι τοῖς τε ἄλλοις ἀνθρώποις καὶ ἑαυτοῖς — vgl. hier I, 5, 3 der πλεονέκτης τοῖς μὲν ἄλλοις βλαβερός, ἑαυτῷ δ' ὠφέλιμος, der ἀκρατής κακοῦργος μὲν τῶν ἄλλων, ἑαυτοῦ δὲ πολὺ κακουργότερος. Solche Distinction ist zu fein für Xenophon, aber natürlich bei Antisthenes, der ja die Differenzirung des τὸ αὑτοῦ und ἀλλότριον zum Princip erhob. Τὸ αὑτοῦ nimmt er nicht nur in der Bedeutung des Privaten (= ἴδιος) gegenüber dem Oeffentlichen (κοινός, δημόσιος)[1] — die Differenzirung, nach der hier Mem. §§ 1 und 2 disponirt sind —, sondern auch in der Bedeutung des seelischen Subjects (αὑτόν = ψυχήν) gegenüber dem accidentiellen Object (σῶμα oder noch accidentieller: Besitz), und diese letztere antisthenische Differenzirung (vgl. I, 501) tritt uns auch hier in umgekehrter Reihenfolge entgegen: der ἀκρατής richtet sowohl οἶκον wie σῶμα wie ψυχήν zu Grunde (§ 3, vgl. § 5). Uebrigens erscheint der Haupt-

---

[1] Vgl. namentlich Dio XIII, 427 R.

gedanke dieser Paragraphen: der ἀκρατής richtet sogar sich selbst zu Grunde und ist desshalb ungeeignet zum Freund und Vertrauensmann — auch bei Dio 74. 395 f. R.: ἕτεροι δ' ἑαυτοὺς ἀποκτιννύασιν, οἱ μὲν ἄκοντες δι' ἀκρασίαν. — τὰς μὲν γὰρ ἄλλας βλάβας τὰς εἰς ἑαυτὸν ἑκάστου δῆλον etc. ποία δὴ πίστις πρὸς τοὺς τοιούτους — ὃς αὐτὸς αὑτὸν οὐ φιλεῖ, πῶς ἄλλον φιλεῖ —. Sollte nicht hier Dio, wo er in den Ausdrücken weit schärfer und in der Entwicklung ausführlicher ist als Xenophon, wie so oft, in den Wegen des Kynikers wandeln? Vielleicht stammt auch der Terminus κρηπὶς ἀρετῆς (§ 4) aus einem ausführlicheren kynischen Schustervergleich. Das χρὴ κατασκευάσασθαι ib. erinnert an das κατασκευαστέον und παρασκευάζεσθαι δεῖν[1]) und ähnliche Wendungen, welche die Kyniker im physisch-ethischen Sinne gebrauchen[2]).

Dass Antisthenes der eigentliche Autor der Paränesen zur ἐγκράτεια und καρτερία war, darüber kann kein Zweifel sein. Er ist es (nicht der nur als Dialogiker persiflirte Sokrates), der im xenophontischen Symposion c. IV das Programm der ἐγκράτεια in längerer Rede verkündet, und schon Laërtius Diogenes constatirt[3]), dass Xenophon ihn als ἐγκρατέστατος geschildert. Ebendort sagt er von Antisthenes: οὗτος ἡγήσατο καὶ τῆς Διογένους ἀπαθείας καὶ τῆς Κράτητος ἐγκρατείας καὶ τῆς Ζήνωνος καρτερίας, und Cicero[4]) rühmt Antisthenes, qui patientiam et duritiam in

---

[1]) Laërt. Diog. VI, 13. 24.

[2]) σκευάζειν mit seinen Compositis (namentlich κατα- und παρα-) gehört zu jenen Begriffen wie ἐπιμελεῖσθαι, πόνος, ἀσκεῖν (μελετᾶν) etc., die der Praktiker Xenophon weit häufiger anwendet als Plato. Man vergleiche:

bei Xenophon:	Gesammtzahl	Auf der Seite (Teubner zu 32 Z.)	bei Plato:	Gesammtzahl	Auf der Seite (Teubner zu 32 Z.)
De vectigalibus	18	1,125	Lysis	5	0,2
Cyrop. Buch V—VIII	151	0,848	Republik	46	0,144
Hipparchicus	14	0,583	Charmides	1	0,033
Agesilaus	14	0,437	Euthyphro	0	0
De rep. Lac.	9	0,428			
Oeconomicus	20	0,281			
Memorabilien	39	0,274			
De re equestri	4	0,148			
Cynegeticus	4	0,111			

Der xenophontische Durchschnitt (0,498) ist hiernach mehr als 5 mal so gross als der platonische (0,094).

[3]) VI, 15.   [4]) de orat. III, 17, 62.

Socratico sermone maxime adamarat. Sokratisch also war nur der sermo, nicht der Gegenstand. Hier aber ist nicht einmal jener sokratisch. Denn es ist kein Hauch theoretischer Dialektik (τί ἐστι?) in dieser Paränese, der Gesichtspunkt der Argumentation ist überall ein normativ-utilitarischer, und die Gedankenfolge macht den Eindruck, als hätte Xenophon aus einem reicheren Original beliebig Blumen zu einem ungeordneten Bouquet zusammengepflückt. Individuelle und sociale Vorzüge der ἐγκράτεια erscheinen bunt durcheinander. Die Sätze von § 3 an kann man beliebig umstellen. Denn theilweise wiederholen sich die einzelnen, wie der Mahnsatz (Satz 1 § 3 u. Satz 2 § 4), die These vom Schaden an σῶμα und ψυχή (§ 3 Ende u. § 5, 2); theilweise erscheinen in einzelnen Sätzen abgerissene Momente, wie vom Lernen, von der Freundschaft, und zweimal (§§ 3 u. 5) werden mit γάρ nicht frühere Momente begründet, sondern neue angeknüpft. Ja, wenn mangels der logischen Bindung wenigstens eine associative gelten soll, so gehört der Schlussausspruch vom Sklaven (§ 5) hinter Satz 1 § 3, den er theilweise wiederholt.

Das δοῦλος-Motiv (§§ 3 u. 5) schlägt überhaupt in diesem Capitel sehr markant in das ursprüngliche Motiv des ἀξιόπιστος ἐπίτροπος hinein. Ob vielleicht auch dies Antisthenes erklärt, in dessen Schriftenkatalog gerade die Themata περὶ ἐλευθερίας καὶ δουλείας und περὶ πίστεως ἢ περὶ ἐπιτρόπου zusammenstehen? Mit dem δοῦλος-Motiv ist es wie mit dem ἀσκεῖν. Es hat eine doppelte Bedeutung: eine ursprüngliche, concrete, wieder Xenophon natürliche, und eine bildliche, seelische, die wieder Antisthenes accentuirt. Sokrates aber liegt es in beiden Bedeutungen fern. Der arme attische Vollbürger hatte kein besonderes Interesse an dem Gegensatz des Herren- und Sklaventhums, und die normativ-pathologische Psychologie, die von seelischer δουλεία spricht, widerstreitet dem Intellectualismus. Junker Xenophon aber war in jene sociale Antithese schon hineingeboren; sein Leben, Denken und Schaffen bewegt sich in dem Grundverhältniss der Subordination, und ob er als Praktiker oder Theoretiker oder Historiker spricht, ob er vom Verhältniss des Herrschers zu den Unterthanen oder des Feldherrn zu den Soldaten oder des Gutsherrn zum Gesinde, schliesslich auch des Mannes zu seinen Hunden und Pferden handelt, die Grundbeziehung der Abhängigkeit eines Niederen vom Oberen bleibt dieselbe. Als ἀγαθὸς δεσπότης (vgl. hier Mem. § 5) schildert er namentlich den älteren Kyros (Cyr. VIII, 1), auch den jüngeren

(Anab. I, 9), Ischomachos (Oec. XII ff. XXI) und — sich selbst (Anab. V, 8). Namentlich im Oeconomicus hat Xenophon aus eigener praktischer Erfahrung ein ganzes System der Sklavenerziehung und -beaufsichtigung niedergelegt, und wenn die Mem. (§ 5) finden, dass schlechte Leute gute Herren nöthig haben, so weiss das der Oekonom: er hat nie bei schlechten Herren gute Diener gesehen, allerdings bisweilen bei guten Herren schlechte Diener, aber nie, ohne sie dafür büssen zu sehen (Oec. XII, 19), und auch sonst betont Xenophon öfters die Nothwendigkeit der Unterordnung schlechterer Leute unter bessere [1]).

Auch Antisthenes hatte ein Interesse am Gegensatz des Herren- und Sklaventhums, aber ein umgekehrtes als Xenophon. Nicht Sokrates, sondern der Sohn der thrakischen Sklavin (Diog. VI, 1. 4), der oft verspottete, in seinen Rechten beschränkte, musste ein Interesse haben, die sociale Antithese umzuwerthen, den wahrhaft d. h. bildlich, geistig Freien zu preisen und damit oft die factischen Verhältnisse auf den Kopf zu stellen, und man weiss ja, wie gern das die Kyniker gethan. Wer die Wurzeln der „Sklavenmoral" in der Antike aufgräbt, wird den Kynismus finden, der die Paradoxie als System ist. Antisthenes war der erste social Gedrückte, der in der Philosophie zu Wort kommt. Die Anderen waren Privilegirte, und in Sokrates erst sprach das Bürgerthum [2]) mit dem Ideal der Intelligenz. Aber erst mit dem Anreiz, das Sklaventhum zum Herrenthum umzuwerthen, ist das Ideal der $\dot{\varepsilon}\gamma\varkappa\varrho\acute{\alpha}\tau\varepsilon\iota\alpha$, der inneren Herrschaft, gegeben, das aus der gepressten Brust des Kynikers geboren ward. Das ist nun in der Geschichte der Moral ein Factum von unermesslicher Tragweite: Aus dem socialen Druck erstand das Ideal der inneren Freiheit, aber nicht erst als einer sozusagen bloss quantitativen Geistesfreiheit, die schon Andere verfochten haben, sondern als einer Willensfreiheit, als Möglichkeit sich selbst (auch nicht bloss sein Denken) innerlich umzubilden, innerlich ein Anderer zu werden als äusserlich, aus dem Sklaven ein Herr. Aus dem Antrieb erwuchs die Möglichkeit: du kannst, denn du sollst. Und aus der

---

[1]) Oec. I, 17. Anab. I, 9, 15. Cyr. VIII, 1, 33.

[2]) Schon darum möchte ich nicht des Diogenes Motto: $\pi\alpha\varrho\alpha\chi\acute{\alpha}\varrho\alpha\xi o\nu$ $\tau\grave{o}$ $\nu\acute{o}\mu\iota\sigma\mu\alpha$ als Motto „der ganzen Sokratik" gelten lassen, die wohl Nichtachtung der $\delta\acute{o}\xi\alpha$ zeigt, aber sie nicht wie der Kyniker bewusst umzukehren sucht. Vgl. Diels, Archiv f. Gesch. d. Philos. VII, 315 f., wo Diogenes geistreich als Repräsentant der Umwerthung aller Werthe in Nietzsche's Sinne gefasst wird.

Möglichkeit wieder der Antrieb für Andere. Mit der inneren Freiheit, mit Möglichkeit und Antrieb zur Willenswendung, zu innerer Umkehr aber ist der Boden da für die Aussaat moralischer Mahnung. Der intellectuellen Ueberzeugung dient die Dialektik, die Willenswendung aber geschieht durch autoritativ eindringende Paränese. Die sophistische Rhetorik kam panegyrisch, apologetisch, polemisch, sie färbte bloss Menschen und Dinge, die neue kynische Rhetorik aber will die Menschen aus sich heraus zur Umkehr bringen, darum ist sie Protreptik, und Antisthenes auf griechischem Boden der Schöpfer der Moralpredigt. Das also ist eine causale Kette: der sociale Druck — die ἐγκράτεια und Antrieb und Möglichkeit, durch innere Freiheit ein Anderer zu werden — die moralische Paränese.

Antisthenes steht erst mit einem Fusse auf dem Boden der Sklavenmoral; er sucht sie zu fassen auf den Wegen, mit den Mitteln und Worten der Herrenmoral. Er appellirt an den Ehrgeiz, der den Sklaven verachtet; er predigt nicht Demuth, sondern die Romantik des Herrscherthums, das er nur nach innen umgewandt hat. Auf der Brücke, die er noch zwischen Herren- und Sklavenmoral gebaut, ist Xenophon zu ihm gewandert, ohne zu merken, wohin er geht. Der Kyniker hat wohl in der Schrift περὶ ἐλευθερίας καὶ δουλείας gezeigt, wie viele Herren Sklaven und wie viele Sklaven Herren sind, und Xenophon, der nicht das Interesse oder den Witz, zu scheiden hat, wird das feine Spiel zwischen dem Concreten und dem Geistig-Bildlichen nicht voll begriffen haben. Dennoch ist die kynische Methode in I, 5 erkennbar. Erst §§ 2 f. der concrete δοῦλος: nicht einmal ein Sklave darf ἀκρατής sein. Dann wird § 5 der ἀκρατής als δουλεύων ταῖς ἡδοναῖς gefasst, also der geistig-bildliche Sklaventypus geprägt, und schliesslich werden beide, der concrete und der bildliche, in antithetisch-parallelistischer Pointirung, wie es die antisthenische Rhetorik liebt, zusammengeführt: der Freie müsse wünschen, keinen solchen Sklaven, und der Sklave der Lüste müsse wünschen, gute Herren zu bekommen. Die erste Hälfte des Satzes hat der Oekonom Xenophon gern unterschrieben, die zweite, specifisch kynische erinnert an die Anekdote von Diogenes, der bei seinem Verkauf fragen liess, wer einen Herrn brauche. Noch deutlicher als in den Memorabilien spricht Xenophon den kynischen Gedanken Oec. I, 17 ff. aus: Viele Oekonomen leisten trotz ihres Wissens Nichts, weil sie keine Herren haben. Nein, erwidert der sehr unsokratische Sokrates, weil sie nur zu viele Herren haben, nämlich die Lüste.

Antisthenes ist der Einzige, der die zwei Hälften der Memorabilien, die zwei Tugendprincipien und die zwei Methoden, die σοφία und die ἐγκράτεια, die Dialektik und die Paränese vereinigt[1]). Und es muss ihm möglich gewesen sein, wenn auch mit Schwankungen, Intellectualismus und Voluntarismus zu vereinigen; denn, wie gesagt, auch die Stoa hat es gethan, die von ihm abstammt. Man wird nicht sagen: ja, warum soll nicht Sokrates dasselbe gethan haben wie der Kyniker? Denn man müsste weiter fragen: warum soll er nicht auch Platoniker oder Megariker oder Kyrenaiker sein? Wer aber Sokrates nicht zum geistigen Wechselbalg machen will, der suche sein reines Wesen im Schnittpunkt der von ihm ausgehenden Lehren, d. h. im dialektischen Intellectualismus, und scheide ab, was sich bei den einzelnen Schülern und so speciell auch bei Antisthenes anderswoher erklärt.

---

[1]) Halévy in seiner sehr eingehenden und beachtenswerthen Besprechung (Revue de Métaphysique et de Morale, 1896, S. 86 ff.) fordert mich auf (S. 108), bei Antisthenes zu wählen zwischen dem Paränetiker und Eristiker, dem Utilitarier und Asketen etc. Die Forderung scheint logisch einleuchtend, aber sie widerspricht den Thatsachen. Es hilft nun einmal nichts: Antisthenes ist Rhetoriker (Laërt. Diog. VI, 1) und Elenktiker (Xen. Symp. IV, 2 ff. VI, 5). Er ist Schüler des Gorgias (L. D. ib.) und des Sokrates, und dass er die sokratische Methode zur Eristik verschärft, passt zur Rhetorik: denn beide sind affectuöse, formal forcirte Methoden. Aus dem Ehrgeiz der langen Reden warf sich der Leidenschaftliche in das andere Extrem, den Reiz der schärfsten Knappheit (vgl. für die Möglichkeit dieser Verbindung Prot. 329 B 334 E Gorg. 449 BC etc.). Der Kyniker hat ferner seine Askese nicht nur utilitarisch, sondern sogar hedonisch begründet (Xen. Symp. IV, 34—44), und es gehört nun einmal zu seinem Programm, φρόνησις und ἰσχύς, λόγος und ἔργον u. dgl. zu copuliren.

IV. Die ἐγκράτεια in II, 1 und Antisthenes' Herakles.

a. Die Debatte mit Aristipp.

1. Die παιδεία des ἀρχικός, §§ 1—7.

Wenn der Gesichtspunkt des Herren- und Sklaventhums in I, 5 bei der Argumentation für die ἐγκράτεια der vorwiegende ist, so ist er in den beiden grösseren, derselben ἐγκράτεια gewidmeten Capiteln II, 1 und IV, 5 der einzige und grundlegende. II, 1 beginnt sofort mit dem Gegensatz von Herrschaft und Nichtherrschaft, IV, 5 mit dem Gegensatz von Freiheit und Sklaverei — II, 1 zeigt aber, dass Herrschaft und Freiheit, Nichtherrschaft und Sklaverei identisch sind. IV, 5 nimmt die Subordination mehr in bildlicher, psychologischer, II, 1 mehr in realer Bedeutung. In jedem Falle bleibt die Tugend der ἐγκράτεια verquickt mit jener dem xenophontischen Denken eingeborenen, vom Kynismus in geistiger Uebertragung pointirten socialen Antithese. Und zugleich zeigt sich hier wieder der nothwendige Zusammenhang von Inhalt und Form. Die beiden Capitel sind mit den andern über die Uebungstugend die am wenigsten dialogisch durchführten, am meisten rhetorischen der Mem. Sie fragen nicht, wie der sokratische Intellectualismus, dialektisch τί ἐστι, sondern echt kynisch und xenophontisch: πῶς δεῖ ζῆν; Das Willensideal fordert die Willenswirkung, die ἐγκράτεια als Herrschaftstugend fordert die autoritative Methode, d. h. die paränetische.

Als die specifische Herrentugend, die anerzogen sein will, wird die ἐγκράτεια in II, 1 vorgeführt und das Capitel beginnt, als ob sie ein ganz neues Thema wäre. Ein kurzes, dazwischenliegendes Capitel, I, 7, genügt, Xenophon vergessen zu lassen, dass „Sokrates" soeben I, 5 und I, 6 die ἐγκράτεια gepriesen und zwar in denselben Punkten, nämlich in Rücksicht auf Speise, Trank, sexuelles Leben, Schlaf und Anstrengung (vgl. nam. I, 5, 1 und II, 1, 1). Es sind natürlich genau dieselben Beziehungen, in die auch die anderen xenophontischen Schriften die ἐγκράτεια zerlegen. Höchstens fehlt in I, 5 die Abhärtung gegen Hitze und Kälte, die dafür in I, 6 und II, 1 behandelt wird[1]). Was kann denn den „Berichterstatter", der die sichersten und wichtigsten Punkte der Sokratik in einfacher Kürze abthut, bewegen, gerade dem Thema der ἐγκράτεια, das Andere überhaupt nicht als sokratisch kennen (vgl. S. 39), solche Wiederholung und Unerschöpflichkeit zu geben, was Anderes, als dass die ἐγκράτεια eben sein oder seiner Quelle Lieblingsthema ist? Er weifs die drei so nahegerückten Capitel nur durch die äufsere persönliche Veranlassung zu scheiden. D. h. I, 5 hat gar keine Veranlassung, I, 6 hat eine solche im Widerspruch eines Gegners, II, 1 in der gegensätzlichen Haltung eines Schülers. Aber gerade mit dieser Veranlassung richtet die xenophontische „Berichterstattung" sich selbst. Wenn dies Capitel die sokratische Protreptik zur Uebung der ἐγκράτεια schildern, wenn es als der längste Dialog in den Mem. den Einfluss des historischen Sokrates auf seine Schüler charakterisiren soll, so ist der Werth jener Protreptik und dieser Einfluss gleich Null zu setzen; denn Aristipp hat ja den hier an ihm bekämpften Hedonismus erst recht theoretisch ausgebildet. Unser Capitel macht Sokrates als Vater des Kynismus so gut verständlich, dass er als Ausgangspunkt anderer Richtungen, namentlich eines Hedonismus, geradezu unverständlich wird. Diese Schwierigkeiten heben sich am einfachsten, wenn man hier die Polemik eines einseitigen Sokratikers gegen einen andern erkennt. Es heisst bei Diog. II, 65: Xenophon war gegen Aristipp feindlich gesinnt; daher legte er auch den λόγος κατὰ τῆς ἡδονῆς dem Sokrates gegen Aristipp bei. Man sieht, die Alten haben das Gespräch Mem. II, 1 als Fiction erkannt. Aber warum soll Xenophon gerade auf Aristipp eine Feindschaft geworfen haben? Offenbar ist sie ihm suggerirt, und es ist klar, von wem. Antisthenes und Aristipp sind geschworene Gegner, und gerade eben im Punkt der ἐγκράτεια, und es wäre doch wunderbar,

---

[1]) πόνου I, 5, 1 (ähnlich Hipp. VII, 5) zu streichen, ist eine jener schulmeisternden Eigenmächtigkeiten der früheren textkritischen Methode, die sich um die Tendenzen des Autors wenig kümmerte. Vgl. N. Jahrb. f. Philol. 1896, S. 110.

wenn sich nicht darüber zwischen Beiden ein echt griechischer Agon entsponnen hätte, durch den wohl erst die Extreme des Hedonikers und Asketikers hervorgetrieben wurden und allein zu erklären sind. Man muss die Köpfe zur Debatte vis-à-vis stellen, dann versteht man die Paradoxien als polemische Gestikulationen. Wir haben ja auch Spuren dieses Kampfes[1]), und wenn in dem apokryphen Briefwechsel, dem jedenfalls die Schriften der Sokratiker zu Grunde liegen, Aristipp an Antisthenes schreibt: πέμψω δέ σοι τῶν θέρμων τὼς μεγάλως τε καὶ λευκὼς, ἵν' ἔχῃς μετὰ τὸ ἐπιδείξασθαι τὸν Ἡρακλέα τοῖς νέοις ὑποτρωγεῖν, so liegt die Pointe offenbar darin, dass der Herakles des Kynikers gegen Aristipp gerichtet war oder doch ausfällig wurde; und fordert nicht das Thema der Heraklesschrift des Antisthenes: πόνος ἀγαθόν[2]) naturgemäss das θαυμάζειν ἡδονήν, das ihn der Epistolograph an Aristipp verurtheilen lässt, zur polemischen Folie[3])? So dürfen wir getrost den antisthenischen Herakles dem Xenophon als Original unterschieben, wenn er gegen Aristipp die ἐγκράτεια und καρτερία verficht, und der Gang des Capitels wird die Vermuthung bestätigen.

Die Argumentation unseres Capitels beginnt mit dem Beispiel zweier νέοι, von denen der eine zur Fähigkeit des Herrschens erzogen werden soll, der andere zur Weichlichkeit, die nach der Herrschaft nicht einmal trachtet, und es wird nun gezeigt, dass dem ersteren die Erziehung zur ἐγκράτεια und καρτερία in allen Stücken, in Rücksicht auf Speise, Trank, Schlaf u. s. w. nöthig ist. Genau dieselbe Beweisführung durch die entgegengesetzten Beispiele eines zur praktischen Tüchtigkeit und Enthaltsamkeit und eines zur Weichlichkeit Erzogenen soll (nach Plut. Apophth. Lacon. Lykurg, vgl. Plut. de lib. educ. 4) Lykurg angewandt haben, als er zur Begründung der spartanischen Herrschaft sein strenges Erziehungssystem empfehlen wollte. Nur ist's bei „Lykurg" viel echter, drastischer als bei „Sokrates": dort ein wirk-

---

[1]) Vgl. Dümmler, Akad. 169 f. und I, 441.
[2]) Diog. VI, 1 f.
[3]) Die Kyrenaiker selbst betonen ja die Antithese πόνος und ἡδονή (Diog. II, 86. 89 f.; vgl. Kaibel, Hermes 25, 584), und Diogenes, der Kyniker, schilt Aristipp, dass er die augenblickliche ἡδονή dem πόνος für die Zukunft vorziehe (Diog. II, 66). Das Hauptthema der Streitbriefe der Sokratiker sind ja die sikelischen Tische und die sonstige Schwelgerei des Aristipp. Das passt vortrefflich gerade zu Mem. II, 1 und scheint der Niederschlag des vielbeachteten antisthenischen Herakles, der einzigen in den Briefen genannten Schrift.

liches, anschauliches Experiment, und zwar ein kynisches im wörtlichsten Sinn. „Lykurg" erzieht zwei junge Hunde, den einen zur Trägheit und Naschhaftigkeit, den andern zur Enthaltsamkeit und zum Jagdeifer. Die Tradition schmeckt zu spürbar nach der theoretischen Quelle, und dass es gar zwei Versionen gab (Plut. Apophth. Lac.), eine, die an Hunden von denselben Eltern die differenzirende Macht der Erziehung zeigt, und eine andere, die einen Hund von schlechterer Race durch Uebung zur Tüchtigkeit und den von besserer Race durch Verweichlichung zur Untüchtigkeit erziehen lässt, veranschaulicht, wie das beliebte Thema in der kynischen Literatur variirt wurde. Denn kynisch und speciell antisthenisch ist doch nun einmal diese Ethisirung der grofsen Männer der Vorzeit, dieser Lykurg, der die Bürger zu einem mehr der σωφροσύνη entsprechenden βίος und zur Kalokagathie erziehen will; echt antisthenisch ist nun einmal die scharf hervorgestellte Antithese, und zwar gerade zwischen der trägen Schwelgerei und der enthaltsamen Philoponie, ferner dieses Anpreisen der Macht der Erziehung mit der fünfmal betonten ἄσκησις, die selbst die Abstammung verwischt[1]). Scharf prägt

---

[1]) Uebrigens strotzt das ganze Cap. 4 bei Plut. de lib. educ. von kynischen Tendenzen, die sich dort eben in der Lykurgfabel krönen, wie Mem. II, 1 in der Heraklesfabel und wie wohl auch Plato den Abschluss mit dem Mythus von der phantasiereichen Rhetorik des Antisthenes übernahm. Schon das Thema de lib. educ. legt ja den kynischen Philosophen der παιδεία als letzte Quelle nahe, und namentlich das systematische Ausgehen von der παιδοποιία (vgl. oben S. 35) mit dem Satze καλὸς οὖν παρρησίας (das kynische Ideal!) θησαυρὸς (vgl. θησαυροὶ σοφίας I, 528 und oben S. 24) εὐγένεια und von den passenden γάμοι stimmt zu Antisthenes. Nachdem Plutarch in c. 3 seine Vorgänger erwähnt und dabei ein Diktum des Diogenes gebracht, fixirt er die drei (antisthenischen, vgl. I, 362 etc.) Tugendbedingungen: φύσις, λόγος (μάθησις), ἔθος (ἄσκησις) als ἀρχαί, προκοπαί (der stoische Terminus kann bereits kynisch sein), χρήσεις und zusammen ἀκρότητες, die den εὐδαίμων καὶ θεοφιλής (vgl. Diog. VI, 11 — vermuthlich aus dem Herakles —. 72) und die δικαιοπραγίαν (vgl. I, 486 etc.) παντελῆ ausmachen (vgl. hier auch ἀτελές, τελεσιουργόν und dazu τέλος Diog. VI, 104 (aus dem Herakles), τελέως πεπαιδευμένοι gerade in der Verspottung des antisthenischen Lakonismus Prot. 342E). Die Bildersucht, die von der ἀρετὴ χωλή und der φύσις τυφλή spricht und namentlich die παιδεία mit der γεωργία, die λόγοι mit den σπέρματα vergleicht und die ἵπποι εὐπειθεῖς resp. ἀδάμαστοι und θυμοειδεῖς, ganz wie der Kyniker Dio Chrys. VIII, 275 f. R (vergl. Mem. IV, 1, 3 u. I, 543), als Beispiele dafür heranzieht, dass die εὐφυεῖς noch der μάθησις und μελέτη bedürfen, ist echt antisthenisch, ebenso die Antithesen: φύσεως μὲν γὰρ ἀρετὴν διαφθείρει ῥᾳθυμία, φαυλότητα δὲ ἐπανορθοῖ διδαχή· καὶ τὰ μὲν

die erste Rede des Lykurg (ib.) an den ἀλλήλων διάφοροι die kynische Antithese φύσις und ἄσκησις πρὸς τὰ καλά aus [1]). Aber auch in der zweiten Rede a. a. O. spricht er als guter Antistheniker, wenn er am Beispiel der Hunde [2]) den Bürgern beweist, daſs die bei „der Menge" bewunderte εὐγένεια [3]) und der Ursprung von „Herakles" nichts „nützt" ohne das πράττειν dessen, wodurch jener „vor allen Menschen" ruhmreich und edel [4]) erschien, „übend und lernend" [5]), καλὰ δι' ὅλου τοῦ βίου.

Dass hier die Abstammung von Herakles hereingezogen wird, giebt einen Fingerzeig, in welcher Schrift die lykurgische παιδεία zu suchen ist. Es lag dem Kyniker nahe, seine natürlichen dorischen Sympathien mythisch an seinen Heros Herakles anzuknüpfen, und seine merkwürdige ethnographische Parallele zwischen Herakles und Kyros (mit der er wohl der älteste Vorläufer eines Nepos und Plutarch war) wird doch erst vollständig, wenn er Herakles auch als Inaugurator einer ἀρχή, als Patriarch des spartanischen Idealstaates figuriren liess. Dazu brauchte er die Zwischenfigur des Lykurg, um den Spartanern die παιδεία angedeihen zu lassen, die nach seinem Recept wohl Xenophon durch Kyros den Persern angedeihen lässt. Man bedenke doch: Antisthenes schreibt seinen Herakles und Kyros um die Wende des Jahrhunderts der ἐλευθερία zum Jahrhundert der ἀρχή, da die Sonne Athens zu versinken scheint und die Gestirne Spartas und Persiens wieder höher steigen, da Lysander und Agesilaos den Dorismus zum Siege führen und die griechischen Gesandten vor dem Thron des Grosskönigs Gunst und Entscheidung suchen. Nur mit seinem ganzen siegreichen dorischen Gefolge wird der Herakles des Kynikers verständlich, dem es gelegen kam und

---

ῥᾴδια τοὺς ἀμελοῦντας φεύγει, τὰ δὲ χαλεπὰ ταῖς ἐπιμελείαις ἁλίσκεται. Und wie die ἐπιμέλεια (als antisthenischer Terminus vgl. I, 492 f.) wird auch der πόνος, das Losungswort des Herakles, viermal hier vor der Lykurgfabel markirt, deren Thema mit kynischer Paradoxie in den Worten: τὸ παρὰ φύσιν τῷ πόνῳ τοῦ κατὰ φύσιν ἐγένετο κρεῖττον ausgesprochen wird, wie das Thema von Mem. III, 12 hier in den Worten: ποία δὲ σώματος ἰσχὺς οὐκ ἐξαμβλοῖται καὶ καταφθίνει δι' ἀμέλειαν καὶ τρυφὴν καὶ καχεξίαν; τίς δ' ἀσθενὴς φύσις; οὐ τοῖς γυμνασαμένοις καὶ καταθλήσασι πλεῖστον εἰς ἰσχὺν ἐπέδωκε;   [1]) Vgl. Mem. III, 9, 1 ff.
[2]) Vgl. Dio IV, 153 R; Mem. IV, 1, 3 und I, 543.
[3]) Vgl. Diog. VI, 10. 72.
[4]) Vgl. Dio ib. 161 ff. Gerade die Umlegung der εὐγένεια von der äusseren Abstammung auf den inneren Charakter ist antisthenisch: Diog. VI, 11, wo auch wieder der Herakles citirt sein dürfte.
[5]) Vgl. oben S. 27.

am nächsten lag, die noch halb leere Gestalt des Lykurg zum Idealstaatspädagogen auszuschmücken[1]). Im Herakles und Kyros zeigte Antisthenes die *ἀρχαί*, vor denen Athen sich beugen musste, und forderte die *παιδεία* zum *ἀρχικός* resp. *βασιλικός*[2]). Im Herakles hat er das Leben nach der *ἀρετή*, die *ἀρετὴ διδακτή* (offenbar gegenüber der Ueberschätzung der *φύσις*) und die Philoponie gepriesen[3]) — das sind die allgemeinen Grundtendenzen der lykurgischen Fabel.

Aber entscheidender ist die specielle Frage: Ist denn das pädagogische Beispiel der Jagdhunde auch nur möglich für den armen Kyniker, dem doch Herrenpassionen fernlagen? Nicht nur möglich, sondern sicher nachweisbar, ja geradezu grundlegend. Er hat in seinem Herakles das mythische Vorbild aller Pädagogik entdeckt, und wenn er da die Erziehung des Cheiron, des Lehrers aller Helden und Drachentödter pries[4]), so pries er eben die Jagd. Er muss, vom Mythus ausgehend, mindestens die Jagd als elementare Grundlage edler Erziehung betont haben, wie es Xenophon ihm nachspricht[5]): *ἐγένοντο αὐτῷ* (Cheiron) *μαθηταὶ κυνηγεσίων τε καὶ ἑτέρων καλῶν* und *οἱ παρὰ Χείρωνι νέοι ὄντες ἀρξάμενοι ἀπὸ τῶν κυνηγεσίων πολλὰ καὶ καλὰ ἔμαθον*[6]), und dem Rousseau'schen Naturschwärmer und kampfeifrigen Verfechter der *ἰσχύς*[7]) und der *ἀρετὴ τῶν ἔργων*[8]), in dem vielleicht auch die Jagdlust seiner mütterlichen Heimath als romantischer Traum spukte, fiel es nicht schwer, die Jagd nicht bloss hygienisch-gymnastisch, sondern vor Allem genau so als Uebung zur *ἐγκράτεια* und *καρτερία* und demnach als Mittel zur Heldengrösse, zur *ἀρετή* und *ἀρχή* zu empfehlen, wie es nach seinem Vorbild Xenophon in der Cyrop., im Cyneget. etc. thut. Cheiron als Erzieher —

---

[1]) Vgl. oben S. 7.
[2]) Vgl. Frg. S. 18, 3 W. Angesichts der Schleifung der langen Mauern Athens durch die Sieger aus dem unbefestigten Sparta (vgl. Plut. Lyk. 19) konnte Antisthenes gerade im Herakles die *ἀρετή* als sicherste Mauer preisen. Uebrigens zeigt auch Diog. VI, 27, dass die spartanische Erziehung für die Kyniker zum Ideal des *ἀνὴρ ἀγαθός* am meisten in Betracht kam.
[3]) Diog. VI, 1 f. 104 f.   [4]) Frg. S. 16, 4 W.
[5]) Vgl. Kaibel, Hermes 25 S. 589. — Dümmler, Philol. 50, S. 288 ff. — Ueber Cheiron als Jäger vgl. auch Kaibel a. a. O. S. 587.
[6]) Cyneg. I, 2. XII, 18.
[7]) *περὶ ἰσχύος* ist ja gerade der Untertitel des grossen (dem Kyros parallelen) Herakles.
[8]) Diog. VI, 11 wohl aus dem Herakles.

das bedeutet die Rückkehr zum altdorischen Wesen, d. h.[1]) zu dem Ideal männlicher Heldenkraft, gepflegt durch Jagd und ἔρως[2]). Die Erziehung durch die Jagd ist bei Antisthenes ein so wichtiges Moment, dass es im Kynismus fortwirkt mit dem Heraklesmotiv. Diogenes, heisst es[3]), führte seine Zöglinge auf die Jagd. Die Söhne des Xeniades konnten sich das leisten, aber der kynische Plebejer hat sicherlich auch die Frage nach der παιδεία der Armen sich vorgelegt, und der xenophontische Pheraulas (vgl. S. 24, 7) giebt in seiner Rede Cyr. II, 3, 7—15 wohl die Antwort des Antisthenes: sie werden durch die φύσις (man beachte die Thiervergleiche ib. 9!) und durch die Noth ebenso gut zum πόνος erzogen, — und die Jagd soll ja die Erziehung zum πόνος sein, für den Kyniker eine Art Naturheilmethode als Schutz gegen die τρυφή. Offenbar schaut auch Diogenes zur Jagd-παιδεία des Cheiron auf; darum verlangt er das ἱππεύειν, τοξεύειν, ἀκοντίζειν[4]) und das σφενδονᾶν. Dagegen die Hoplitenwaffen, die dem Nahkampf, darum weniger der Jagd als dem Krieg dienen, liegen ausserhalb der παιδεία des Kynikers (a. a. O.) und des Kyros[5]).

Die antike Jagd ist eine κυνηγεσία, und wie sehr die Wahl, die τροφή und παιδεία der Hunde für den antiken Waidmann Hauptinteresse ist, sieht Jeder aus Xenophon's Cynegeticus. Das Ideal der παιδεία durch die Jagd griff so tief ins Wesen des Kynikers, dafs es ihm den Namen gegeben hat: denn ich zweifle nicht, dass der antisthenische grosse Herakles recht eigentlich die Programmschrift des Kynismus ist, und dass aus seiner Jagdverherrlichung der Name κύων für die Schule hervorwuchs; ich zweifle auch nicht, dass dieser Schrift der platonische Staat das φιλόσοφον des κύων als ὁριζόμενον τότε οἰκεῖον καὶ ἀλλότριον entnahm — es ist ein zustimmendes Citiren, das den antiken Begriffen von Originalität nicht widerspricht, die für Plato schon darum gewahrt bleibt, weil er über den kynisch-dorischen zweiten Stand den ersten als Repräsentanten des reinen Intellectualismus emporsteigen liess. Die in den Aristotelesscholien p. 23, 35 Br. angeführten Gründe für den Namen der Kyniker erklären deren innerliche Sympathien für den Hund, die doch, z. Th. wenigstens, im festen Rahmen einer Schrift zum Ausdruck gekommen sein

---

[1]) v. Wilamowitz, Herakles S. 18 ². [2]) Herakles, Frg. 4 f. W.
[3]) Diog. VI, 31. [4]) Vgl. Cyr. I, 3, 14 f.
[5]) Vgl. z. B. Cyr. I, 2, 10. 12 f. I, 3, 15.

müssen. Vieles dort Angeführte passt in den antisthenischen Herakles und seine Fragmente[1]) — die Stählung in derb einfacher, unabhängiger Lebensweise (z. Th. als ἀναίδεια des κύων von den Gegnern gedeutet), die unwirksamen Pfeile der τύχη, das διακριτικόν der φίλοι-ἀγαθοί von den κακοί-ἀλλότριοι, das auch zeigt, wie Antisthenes seinen antithetischen Fanatismus in der Natur des Hundes symbolisch wiederfand. Auch sonst haben ja affectuös und polemisch gestimmte Philosophen der Dissonanz und des Irrationalen, wie Schopenhauer und Fr. Th. Vischer, den Hund verklärt, und Antisthenes hat schon mit der Cheirongestalt die παιδεία durch ein Thier empfohlen[2]). Der Kyniker trägt schon im Namen den Thiercultus und damit den Abfall von der ratio, die nicht bloss Aristoteles dem Menschen vorbehält, den Abfall vom echten Sokrates zur Schau. Die Ableitung des Namens vom Schullocal Kynosarges[3]) ist zum mindesten ungenügend; nach Diog. VI, 13 ist sie nur von Einigen behauptet worden und eine innere Begründung muss mindestens hinzugekommen sein. Antisthenes hiess schon Ἁπλοκύων (ib.), und Diogenes antwortet auf die Frage: ποταπός εἴη κύων[4]): πεινῶν μὲν Μελιταῖος, χορτασθεὶς δὲ Μολοττικὸς τούτων οὓς ἐπαινοῦντες οἱ πολλοὶ οὐ τολμῶσι διὰ τὸν πόνον συνεξιέναι αὐτοῖς ἐπὶ τὴν θήραν. — Da haben wir ja auch die beiden antithetischen Hundetypen der Lykurgfabel als kynische Figuren, das melitäische Schoosshündchen als Typus der Weichlichkeit und Naschhaftigkeit, den Molosser als tüchtigen, nur für die πολλοί zu eifrigen Jagdhund. Auch πεινῶν stimmt zur τροφή als nothwendigen στοιχεῖα (Mem. § 1).

Vermuthlich haben die Kyniker den κύων auch in seiner andern Function, als Wächterhund (als φρουρητικὸν ζῷον — die τρίτη αἰτία der Aristotelesscholien s. oben) zum Lebensmuster verklärt. Das verband sich natürlich mit dem politischen Hirtenvergleich des Antisthenes, am besten in der Parallelschrift des Herakles: Kyros als ἀγαθὸς βασιλεύς, d. h. ποιμήν, ein Motiv, das wieder in der Einleitung der Cyropädie nachklingt[5]). Ich möchte vermuthen, dass Antisthenes eben den κύων als κατάσκο-

---

[1]) Vgl. Diog. VI, 11 f. 105.
[2]) Gnomol. Vatic., Wiener Stud. IX, p. 183; vgl. Dümmler, Philol. 50. S. 292.   [3]) Suid. Antisth.   [4]) Diog. VI, 55.
[5]) Cyr. I, 1, 2. — Auch Plato vergleicht ja den bei ihm kynisch stilisirten zweiten Stand mit den Wächterhunden Rep. 375. 376. 416.

πος pries und so der Schriftentitel κύριος[1] ἢ κατάσκοποι sowohl in der Verbindung der beiden Begriffe wie im Plural des zweiten verständlich wird. Ueber die Bedeutung dieses Begriffs bei den Kynikern hat sonst Norden das Richtige gesehen[2]. Uebrigens passt auch der κατάσκοπος zu dem κύων διὰ τὸ παῤῥησιαστικόν τε καὶ ἐλεγκτικόν[3]) und der ἐλεγκτικὸς θεός mit dem Kyniker als göttlichen Abgesandten[4]) spiegelt sich ja wieder in dem kynischen Sokrates als Mahner zur ἐπιμέλεια ἀρετῆς ὥσπερ ἀπὸ μηχανῆς θεός und in dem antisthenisch gefärbten, im Dienste des Gottes stachelnden, prüfenden Sokrates der platonischen Apologie[5]). Der Kyniker hat den ungriechischen Begriff der idealen Dienstbarkeit auch im πιστὸς ἐπίτροπος (vgl. S. 40) ausgeprägt und doch eigentlich auch im Herakles, der schon als Sklave des Eurystheus (wie Kyros ursprünglich Sklave des Astyages, Dio Chr. XV, 453 R) dem halbbürtigen Kyniker zur Illustration der wahren εὐγένεια willkommen war. Sicherlich treu nach dem Muster des Kynikers geschieht in Mem. II, 8 f. die Ehrenrettung des φύλαξ oder ἐπίτροπος, ja sie geschieht sogar in II, 9 (§§ 2. 7 f.) ausdrücklich nach der Analogie des Wächterhundes, der die καλοκἀγαθοί gegen die πονηροί schützt. Die vorgeahnten Begriffe des Beamten, überhaupt des Trägers einer Mission, der von ihrer Function durchleuchteten, hierarchischen Person gehören, wie die Verklärung der Arbeit, zu den vielen wichtigen, fruchtbaren Keimen nach klassischer Anschauung bei dem Kyniker. Uebrigens fand er die Hierarchie, das politische Hirtenthum mit dem πιστὸς ἐπίσκοπος[6]) eben im Orient, im Reich des Kyros, vorgebildet.

Die Ahnung eines Gottesreiches liegt in dem Idealstaat des romantischen Kynikers, der zum ἀρχικός erziehen will[7]). Der

---

[1]) Die grammatisch richtigere Variante Κῦρος (für den kynischen Etymologen wohl = κύριος) würde nach dem eben Gesagten erst recht passen.

[2]) Beitr. z. Gesch. d. griech. Philos. (Jahrb. f. class. Philol., XIX. Supplbd., S. 377 ff.). Was er von der antithetischen Charakteristik der κατάσκοπ᾿ ι sagt (S. 382), liesse sich eher von der andern Schrift περὶ κατασκόπου annehmen, wo Antisthenes vielleicht Dolon und Odysseus ebenso unter einen Begriff zusammennahm, wie nach Norden's ansprechender Vermuthung (385, 1) in der Schrift περὶ τῆς ῥάβδου die fünf bei Homer erwähnten ῥάβδοι.

[3]) Aristot. Schol. Philop. p. 35 Br. Vgl. Dio VIII, 278 R.

[4]) Norden a. a. O. S. 379 ff.

[5]) Vgl. I, 481 f. 493. 550.   [6]) Oec. IV, 6 ff.

[7]) Vgl. das ἄρχειν als kynische Kunst in der bekannten Anekdote vom Verkauf des Diogenes Diog. VI, 29. Weiteres bei Norden a. a. O. S. 375.

Weg aber zur ἀρχή des Kynikers ist die ἐγκράτεια, die Tugend der inneren Herrschaft, und der Weg zur ἐγκράτεια die παιδεία, namentlich der Jagd. Dieser Zusammenhang: Jagd — ἐγκράτεια — κρατεῖν durchzieht die so tief in Kynismus getauchte Cyropädie[1]) und kehrt als leidenschaftliches Bekenntniss wieder im Rahmen des Cynegeticus, wo Xenophon so begeistert dem Herakles des Kynikers folgt im Lob der παιδεία des Cheiron, des πόνος, in der Differenzirung nach den φίλοι und ἀντίπαλοι (ἐχϑροί)[2]), die am besten aus dem Hundevergleich verständlich wird[3]). Ich möchte annehmen, dass nicht die Erinnerung an Sokrates, sondern die Jagdverklärung des Antisthenes den Forstbesitzer von Skillus in dessen Bahnen führte. Der Herakles des Kynikers gab dem ἰδιώτης[4]) vielleicht erst den Muth zu schreiben, jedenfalls den Muth, von seiner Passion zu schreiben, und im Cynegeticus bekennt sich Xenophon zu den ἐνϑυμήματα der kynischen φιλόσοφοι[5]), die er später[6]) etwas kritischer ansieht. Der Jagdpädagoge Lykurg hatte, wie gesagt, seinen Platz im Herakles des Antisthenes, und er wirkt nach in Xenophon's Schrift de rep. Lac., wo er den Spartanern im Gegensatz zu andern griechischen Staaten möglichst häufige Jagden gesetzlich auferlegt[7]). Und jene lykurgische Fabel, in den ethischen Tendenzen und Terminis, in der antithetischen Methode, im Beispiel der Jagdhunde, so ganz aus dem Herzen des Kynikers erwachsen, spiegelt sich nun treulich im Anfang von Mem. II, 1, nur dass der am meisten plastische Zug — die beiden νέοι als Jagdhunde — unterdrückt ist, weil sonst „Sokrates" an „Lykurg", d. h. Xenophon an Antisthenes ein gar zu arges Plagiat begangen hätte. Zum Glück verräth sich der Plagiator doch, und es ist fast komisch anzusehen, wie das „kynische" Original Mem. § 4 durchschlägt, wo nach Aufzählung der einzelnen Momente der ἐγκράτεια die Gesammtfolgerung gezogen wird: da geht die Argumentation so selbstverständlich in die Thiersphäre über, als wäre nur von der Jagd die Rede gewesen, und es wird ausgeführt, dass der zur ἐγκράτεια Erzogene weniger von seinen Feinden gefangen werde als — andere Geschöpfe, die durch den Köder gelockt und bei Stillung ihrer Triebe belauert werden. Also die Tüchtigkeit der Jagdhunde liegt in der anerzogenen Enthaltsamkeit und die Un-

---

[1]) Vgl. z. B. I, 2, 10 f.; II. 1, 29; IV, 2, 46; VIII, 1, 34 ff.
[2]) Cyneg. XII f. Diog. VI, 11 f. 105.
[3]) Vgl. Plato, Rep. 376.   [4]) Cyneg. XIII, 4.
[5]) Cyneg. XIII, 6. 9.   [6]) Mem. I, 2, 19.   [7]) Rep. Lac. IV, 7.

enthaltsamkeit führt die Thiere auf der Jagd ins Verderben: das ist der Kern sowohl der „lykurgischen" wie der xenophontischen Argumentation, die von der Jagd auf die ἀρχή folgert.

Das ist nun das erste Moment der ἐγκράτεια als παιδεία (§ 1 f.): der ἀρχικός muss den Nahrungstrieb zu höheren Zwecken bezwingen lernen; die Cyropädie, die ja Kyros und die alten Perser als ἀρχικοί zeigt[1]), weiss das viel besser als die Mem. Als wichtiges Dekadenzsymptom des Reiches führt Xenophon an, dass die jetzigen Perser in der Essenszeit sich keinen Zwang mehr auferlegen. Früher war es Sitte, unterwegs weder zu essen noch zu trinken; das halten sie fest, aber sie machen ihre Tagereisen so kurz, dass ihre Enthaltsamkeit gar keine Bewunderung mehr verdient. Auch war es Sitte, nur einmal zu speisen, um den ganzen Tag zu πράξεις und zum διαπονεῖσθαι zu verwenden. Jetzt hält man zwar immer bloss noch eine Mahlzeit, aber man fängt mit denen an, die am zeitigsten frühstücken, und fährt mit Essen und Trinken fort, bis die Spätesten schlafen gehen[2]). Es fehlt eben die altpersische παιδεία. Da lernten die Knaben die ἐγκράτεια im Essen und Trinken theils durch das Vorbild der Aelteren, die nie zur Mahlzeit gingen, bevor sie entlassen wurden, theils durch die Bestimmung, dass sie zeitweilig beim Lehrer, nicht bei der Mutter speisten[3]). Aber die eigentliche hohe Schule für die ἐγκράτεια γαστρός ist den Persern die Jagd. Während des Jagens kommen sie nicht zum Frühstücken, und wenn sie die Jagd verlängern, nehmen sie einfach das Frühstück zur Hauptmahlzeit und verzehren in zwei Tagen die Speise für einen. Das üben sie für den Krieg[4]), und wirklich appellirt Kyros im entscheidenden Moment, als er die Bundesgenossen durch reich gedeckte Tische ködern will, an die auf der Jagd geübte persische Genügsamkeit[5]). Und der kynisch angehauchte Hystaspes stimmt bei: es wäre doch sonderbar, wenn wir auf der Jagd oft, ohne zu speisen, Ausdauer zeigen, um ein geringwerthiges Thier zu erhaschen: wenn wir jetzt aber, wo wir das Glück des ganzen Lebens zu erjagen suchen, uns durch Etwas hindern liessen, das über die Schlechten herrscht, den Guten unterthan ist, würden wir wohl Unwürdiges thun[6]). Nach dem grossen Sieg setzt Kyros diese Methode fort und betreibt die Jagd, um sich und die Seinigen

---

[1]) Cyr. I, 1, 6. I, 5, 7—14 etc.
[2]) Cyr. VIII, 8, 9. 11. Klingt diese Dialektik der Sünde nicht kynisch pointirt?   [3]) ib. I, 2, 8.   [4]) ib. 11.
[5]) ib. IV, 2, 45.   [6]) ib. 46.

in der Ertragung von Hunger und Durst zu üben¹). Denn diese
ἐγκράτεια sichert den Persern die Herrschaft²). Da haben wir
die kynische Programmfolge im Herakles: die ἀρχή-ἀρετή durch
die ἐγκράτεια, die ἐγκράτεια durch die Jagd. So mächtig drückt
der Einfluss des Antisthenes, der es fertig gebracht, aus dem
materiell gestimmten Herakles der Sage fast einen hageren Mönch
zu machen, auf Xenophon, dass er sich's einreden lässt, die Herrschaft werde erhungert und erdurstet, und die Jagd diene der
Askese. Er hat es ganz vergessen, dass die siegreichen Krieger
und die Jäger nicht gerade Kostverächter sind. Ist es derselbe
Xenophon, der an seiner skilluntischen Besitzung nichts mehr
zu rühmen hat, als dass sie die saftigsten Braten und Früchte
für festliche Bewirthung seiner Jagdgenossen liefere?³)

Aber es hat selten Jemand etwas dagegen einzuwenden, wenn
in seiner Passion eine Tugend gefunden wird. Doch der tüchtige
Praktiker ist auch sonst mit Antisthenes einverstanden, dass die
ἡδονή nach dem πόνος kommen soll⁴). Er lässt seinen Kyros,
diesen ἄριστος ἄρχων⁵), schwitzen⁶), und das Weib des Ischomachos wirthschaften⁷) vor dem Essen, und dieser selbst treibt
es sogar etwas arg mit dem Warten. Er macht des Morgens erst
nothwendige Besuche, dann einen Spaziergang auf das Feld zur
Inspection der Arbeiten, dann einen Ritt und zwar mit Hindernissen, dann wieder eine Fusstour, theilweise im Laufschritt —
alles, bevor er das Frühstück als erste und einzige Tagesmahlzeit
einnimmt⁸). Sein Weib hat als Grundlage der παιδεία in der
Ehe fast nur eine gute Erziehung τὰ ἀμφὶ γαστέρα mitgebracht —
μέγιστον παίδευμα καὶ ἀνδρὶ καὶ γυναικί⁹). Ich möchte annehmen, dass Antisthenes sich die τροφή als στοιχεῖα (Mem. II, 1, 1)
der παιδεία, die er so gründlich und¹⁰) wohl für beide Geschlechter gleich behandelte, nicht entgehen liess, und er konnte
ja, wie Xenophon, gerade an den Spartanern die gleiche Erziehung für Männer und Frauen und die rechte τροφή zeigen¹¹),
und thatsächlich fasst „Lykurg"¹²), wie die parallele persische
παιδεία, die event. nöthige Bezwingung und Einschränkung des

---

1) Cyr. VIII, 1, 34—38.   2) ib. VII, 5, 78.
3) Anab. V, 3, 8 ff.
4) Antisth. Frg., Winckelmann S. 59, 12.
5) Oec. IV, 18.   6) ib. 24.   7) ib. X, 11.
8) ib. XI, 14—18.   9) ib. VII, 6.
10) Nach Diog. VI, 12; vgl. Xen. Symp. II, 9 f., 12 f. Prot. 342 D.
11) Rep. Lac. I, 3 f. II, 1, 5 f. V, 3 ff.   12) ib. II, 5.

Nahrungstriebes ins Auge. Aber Xenophon der Stratege weiss ja selbst, wo sie nöthig ist; er weiss, dass Raschheit der Bewegungen, die aber nur dem von Bedürfnissen Unabhängigeren möglich ist, der halbe, oft der ganze Erfolg ist; er weiss, wie oft die Truppen,. namentlich auf asiatischen Feldzügen, ohne Wasser¹) und ohne Wein²) ausharren müssen; er hat es selbst erlebt, wie Soldaten vor Heisshunger hinfielen, ja auch umkamen³); er hat selbst Befehl gegeben, ihn eventuell mit militärischen Meldungen bei jeder Mahlzeit zu stören, und er hat es bewährt gefunden⁴). Darum bewundert er auch als Historiker die ἐγκρατεῖς. Die Phliasier halten durch Beschränkung auf die halben Rationen die Belagerung doppelt so lange aus. „So viel vermag die ἐγκράτεια γαστρός!"⁵) Die athenischen Reiter eilen den Mantineern sogleich zu Hülfe, ohne vorher etwas genossen zu haben. „Wer sollte nicht das brave Benehmen der Leute bewundern?"⁶) Jason wird als Feldherr gelobt, weil er in dringenden Fällen sich durch keine Mahlzeit im Wirken stören lässt⁷), und Teleutias schwört, lieber zwei Tage zu hungern, als dass seine Soldaten einen Tag Noth litten⁸). Xenophon, der in der Cyropädie eine politische Schrift liefern wollte und eine militärische geliefert⁹), denkt immer zunächst an den Strategen. Ob aber der ἀρχικός auch als Fürst und Staatsmann so schrecklich viel hungern und dursten musste?

Nach Hunger und Durst soll der ἀρχικός den Schlaf beherrschen (§.3): frühes Aufstehen, spätes Niederlegen und eventuell Nachtwachen werden gefordert. Wir wissen nicht, dass die Nachtsitzungen des englischen Parlaments im attischen Staatsleben ihre Vorbilder hatten. Wohl aber wissen wir, dass Xenophon als Feldherr bei jeder militärischen Nachricht sich aus dem Schlafe wecken liess¹⁰), dass er sich rühmte, für das Heer viele Nächte durchwacht zu haben¹¹), und wenigstens eine Nacht ist uns ja geschildert, in der seine wachsame Energie den namenlosen Xenophon als Retter des Heeres erstehen liess¹²). Auch hier liefern vor allem die alten Perser wieder die Illustration zum ἀρχικός der Mem.: die Knaben und Männer müssen bei Tages-

---

¹) Vgl. Anab. I, 5, 7. ²) Vgl. Cyr. I, 5, 12. VI, 2, 26 ff.
³) Anab. IV, 5, 7—11. ⁴) ib. IV, 3, 10.
⁵) Hell. V, 3, 21. ⁶) ib. VII, 5, 15 f. ⁷) ib. VI, 1, 15.
⁸) ib. V, 1, 14. ⁹) Vgl. Zeller a. a. O. S. 239.
¹⁰) Anab. IV, 3, 10. ¹¹) ib. VII, 6, 36.
¹²) ib. III, 1. Der Nachtdienst wird öfter erwähnt I, 7, 1. VI, 4, 27 etc.

anbruch vor den Staatsgebäuden erscheinen, die Jünglinge sogar dort zehn Jahre lang jede Nacht als Wächter bleiben; selbst die Verheiratheten durften nicht oft fehlen[1]). Darum darf Kyros vor dem Feldzuge den Persern zur Ermunterung sagen, dass sie bessere Schlafbezwinger als der Feind[2]) und mit der Nacht so vertraut seien wie Andere mit dem Tage[3]), und nach dem Siege fordert er zur Erhaltung der persischen Herrschaft, dass sie ihr Schlafbedürfniss besser als die Sklaven beherrschen sollen[4]). Kyros selbst befolgt des Vaters Mahnung: bei Nacht denke daran, was deine Untergebenen bei Tage thun sollen[5]), und auf dem grossen Nachtmarsch[6]) zeigt er sich überall als der sorgende Führer. Weil ihnen Nacht wie Tag gilt, wenn sie ihre Pläne durchführen wollen, halten die Arkadier sich für die Helden ihrer Zeit[7]), sind Agesilaos[8]), Klearch[9]) und Jason[10]) grosse Feldherren und der Schrecken ihrer Feinde; ja mit kynischer[11]) Paradoxie verliebt sich Sambaulas sogar in einen hässlichen Mann, weil er Tag und Nacht zum Dienst bereit ist[12]). Vgl. das Lob des auch Nachts kampfbereiten Odysseus Antisth. Frg. S. 43 W. Auch hier hatte der antisthenische Herakles Anlass, die Jagd zu preisen als gute Vorübung zum Kriege, weil sie früh aufzustehen nöthigt[13]), gute Wächter bildet und an schlechtes Lager gewöhnt[14]). Xenophon selbst ist von Herzen Soldat, Jäger und Oekonom — das sind gerade die Beschäftigungen, die den Schlaf beschränken. Auch der Landbau hat den Vorzug, dass er die Leute zeitig vom Lager treibt[15]), und Ischomachos ist ganz besonders ein Frühaufsteher[16]). Zur Schaffnerin[17]) und zum Verwalter[18]) kann er auch nur Leute von geringem Schlafbedürfniss brauchen. Denn ein Schlafender vermag weder selbst das Nöthige zu thun, noch andere dazu anzuhalten[19]). Welche Beschäftigung aber sollte den Sokrates veranlassen, seinen Schlaf zu be-

---

1) Cyr. I, 2, 4. 9.   2) ib. I, 5, 11.   3) ib. 12.
4) ib. VII, 5, 78.   5) ib. I, 6, 42.   6) ib. V, 3.
7) Hell. VII, 1, 25.   8) Ages. V, 2. VI, 6.
9) Anab. II, 6, 7.   10) Hell. VI, 1, 15 f.
11) Auch die Stellen Ages. V, 2: οὐ μὴν ὕπνῳ γε δεσπότῃ, ἀλλ' ἀρχομένῳ ὑπὸ τῶν πράξεων ἐχρῆτο, ib. VI, 6: νυκτὶ μὲν ὅσαπερ ἡμέρᾳ ἐχρῆτο, ἡμέρᾳ δὲ ὅσαπερ νυκτὶ und Cyr. I, 6, 42: bei Nacht denke an den Tag, bei Tag an die Nacht — gemahnen an kynische antithetische Rhetorik, zumal die eben citirten Stellen der Anab. und Hell. dagegen abfallen.
12) Cyr. II, 2, 30.
13) Cyr. I, 2, 10; vgl. Cyneg. VI, 4. 13. IX, 2. 17.
14) Cyneg. XII, 2.   15) Oec. V, 4.   16) ib. XI, 14.
17) ib. IX, 11.   18) ib. XII, 12.   19) ib.

schränken? Etwa das Verlangen nach grösserer Geselligkeit, die er stets aufsuchte?[1]) Auch der platonische Sokrates muss bisweilen den Schlaf abkürzen, nicht, weil er wie Ischomachos nothwendige Besuche zu machen hat, sondern weil ihn übereifrige Schüler schon früh aufstören[2]). Auch er vermag die Nacht zu durchwachen — nämlich beim Symposion.

Viertens soll der ἀρχικός an Enthaltsamkeit in den ἀφροδίσια gewöhnt werden, die ihn sonst hindern, die nöthigen Geschäfte zu betreiben. Krohn spottet, dass die ἀρχικοί Athens vor dem asketischen Sittenrichter wohl schlecht bestanden hätten. Aber das πράττειν τὰ δέοντα ist doch auch dem Xenophon wichtig genug, um hier, wenn auch schwächer, ins kynische Horn zu stossen. Er fürchtet von Ausschweifungen den Ruin des Oekonomen[3]), dessen Schaffnerin[4]) und Verwalter[5]) äusserst enthaltsam leben müssen, um mit Eifer „ihre Pflicht zu thun". Auch die Strategen Diphridas[6]) und Jason[7]) erhalten ein Compliment, dass sie, frei von Sinnenlust, eifrig „das Nöthige betreiben". Vor allem aber gehen die am meisten kynisch stilisirten Helden Xenophon's, der spartanische und der altpersische, hier wieder bis zur Paradoxie. Agesilaos giebt in einer Anekdote[8]) ein schwer glaublich gefundenes Zeugniss seiner sexuellen ἐγκράτεια und ein sichtbareres darin, dass er in Kriegszeiten nie in ein Privathaus einkehrte, sondern stets in Tempeln oder im Freien blieb[9]). Kyros, der gegenüber dem hedonischen Typus, dem Orgien feiernden Kyaxares, als braver Kyniker den πόνος der Welteroberung auf sich nimmt[10]), meidet die ihm als Beute zugefallene schöne Susierin, aus Angst, über ihrem Anblick „seine Geschäfte zu versäumen"[11]). Die Grundlage der παιδεία des Herakles, die Jagd, greift auch bei der ἐγκράτεια ἀφροδισίων durch, aber erst in § 4.

Vorher erscheint als fünfter Punkt der ἐγκράτεια des ἀρχικός das Stichwort des kynischen Herakles, das auch in dessen Echo, in Xenophon's Hymnus auf die Jagd, Cyneg. I. XII f., laut heraustönt: der πόνος. Durch das kynische Lob des πόνος fühlte Xenophon sein Leben gleichsam in Musik gesetzt. Aus der Masse

---

[1]) Mem. I, 1, 10.
[2]) Vgl. den Anfang des Protagoras und des Crito.
[3]) Oec. I, 13. 22.   [4]) ib. IX, 11.   [5]) ib. XII, 13 f.
[6]) Hell. IV, 8, 22.   [7]) ib. VI, 1, 16.
[8]) Ages. V, 4 ff.   [9]) ib. 7.
[10]) Diog. VI, 2; Cyr. IV, 1.   [11]) Cyr. V, 1, 8.

seiner Citirungen des πόνος greife ich nur solche heraus, die den Mem. specieller parallel gehen, und es ist bezeichnend, dass sie sich zumeist in den Schriften finden, die am sichtbarsten der Niederschlag der antisthenischen Lobschriften auf den πόνος, des Kyros und Herakles, sind. Die Combination des πόνος mit den andern Punkten der ἐγκράτεια (Hunger, Schlaf u. s. w.) ist noch durchgeführt namentlich in Cyr. I, 2, Rep. Lac. II ff., Ages. V und specieller angeführt Cyr. I, 5, 11 f. I, 6, 8. II, 3, 11 ff.[1]) III, 3, 8. VII, 5, 78. 80[2]). VIII, 1, 36. Cyneg. XII, 2. Rep. Lac. II, 5. 7. III, 2. Aber das Lob der so combinirten ἐγκράτεια fehlt auch nicht in den Hellenika: V, 1, 15 f. VI, 1, 15 f. VII, 5, 19 (Epameinondas!), und Xenophon hat ja militärische Situationen erlebt (z. B. Anab. V, 8, 2 f., vgl. VII, 6, 36), wo es wahrlich galt, πόνοι noch mit mannigfachen Entbehrungen zu ertragen.

Dass ferner gerade der ἀρχικός sich durch Philoponie auszeichnen soll, wird an den Musterexemplaren Kyros und (dem Herakliden) Agesilaos markanter als in den Mem. ausgeführt und überhaupt erst begründet: weil er, dem das Bewusstsein der Oeffentlichkeit die πόνοι erleichtert, dadurch sich bei den Untergebenen beliebt macht, sie tröstet, zum συμπονεῖν veranlasst u. s. w.[3]). Oefter wird hier mit kynischer antithetischer Energie eine Lebensauffassung bekämpft, die in der Aponie das Privileg der Herrscher sieht, und Kyros, der ja die Perser zum Volk der ἀρχικοί gemacht, verbietet sogar den zum δουλεύειν bestimmten die ἐλευθέριοι πόνοι[4]). Xenophon giebt es natürlich aus eigener Erfahrung dem Kyniker zu, dass die Strategen tüchtig und Vorbilder in den πόνοι sein müssen[5]), und lobt desshalb Teleutias[6]) und Jason[7]).

Endlich wird auch wie hier, Mem. § 3, gerade die Freiwilligkeit im πονεῖν gefordert, am lautesten natürlich im Cynegeticus, wo mit der Posaune des antisthenischen Herakles verkündet wird: Melanion zeichnete sich so sehr durch Philoponie aus, dass er die edelste Braut heimführte, obgleich er die Besten seiner Zeit zu Nebenbuhlern hatte[8]), und Menestheus zeichnete sich so sehr durch Philoponie aus, dass die Ersten der Griechen bekannten,

---

[1]) Ueber Pheraulas vgl. oben S. 24, Anm. 7.
[2]) Hier das echt kynische Dictum: οἱ γὰρ πόνοι ὄψον τοῖς ἀγαθοῖς.
[3]) Cyr. I, 6, 8. 25. V, 5, 18. VII, 5, 55. VIII, 1, 32. 37. Ages. V, 2. VII, 1. IX, 3. X, 1. XI, 10.
[4]) Cyr. VIII, 1, 43. [5]) Cyneg. XII, 8 f. Hipp. VII, 5.
[6]) Hell. V, 1, 15. [7]) ib. VI, 1, 6. [8]) Cyneg. I, 7.

ihm an Kriegstüchtigkeit nachzustehn[1]). Vor allem aber sind die beiden Schlusscapitel des Cynegeticus nichts als ein Panegyrikus für die φιλόπονοι und eine Anklage gegen die ἄπονοι, die nur Schaden anrichten, während die Rettung des Staates und alle menschlichen Errungenschaften nur den θέλοντες πονεῖν zu verdanken sind[2]). Die Kyropädie schlägt natürlich in diese Antithese ein; die ἐθελόπονοι erhalten überall Preise und grössere Antheile an Lohn und Ehre[3]), die ἄπονοι werden ausgeschlossen[4]), und dieselbe differenzirende Behandlung, die Xenophon der Feldherr und Gutsherr bewährt gefunden, lässt der ideale Oekonom oder Verwalter seinen Arbeitern[5]) und Jason seinen Söldnern angedeihen[6]). Die Etheloponie ist das Geheimniss der spartanischen Erfolge[7]), wie es ein Symptom für den Verfall des Perserreichs ist, dass die Etheloponie nicht mehr geschätzt, sondern gehasst wird[8]). Die Etheloponie ist ein Vorzug der Soldtruppen[9]), auch der Ackerbauer vor den Handwerkern[10]) und ein Kennzeichen des kriegstüchtigen Pferdes[11]). Dass sie die Soldaten zur Etheloponie begeistern können, ist ein Vorzug der tüchtigen Feldherrn vor den schlechten[12]). Man sieht, wie gut sich Xenophon in den kynischen Principien heimisch fühlen konnte.

Es kann wohl keine Frage sein, wir haben hier in Mem. II, 1 in allen Zügen das Programm der spartanischen παιδεία, wie sie der Kyniker idealisirt hatte. Zur attischen Sitte gehörte es wahrlich nicht, die hoffnungsvolle Jugend, die ἀρχικοί der Zukunft, an Hunger und Durst, Nachtwachen, Askese und Strapazen zu gewöhnen, und der echte Sokrates verstummt vor einer Erziehung, die so vorwiegend physischen Zwecken mit physischen Mitteln dient, vor diesem mechanischen ἐθίζειν (Mem. § 2), diesem Commandiren (προστιθέναι) von Pflichten (ib. 2 f.), dem wohl am besten spartanische Geisselhiebe Nachdruck gaben[13]).

Aber kommt nicht der sokratische Intellektualismus doch

---

[1]) Cyneg. I, 12. Vgl. ferner II, 3. VI, 16. 18.
[2]) Vgl. namentlich XII, 15. 17. XIII, 10 f.
[3]) Cyr. II, 1, 22. II, 2, 18. 20. II, 3, 4. VI, 2, 4 etc.
[4]) ib. II, 2, 22. 25. [5]) Oec. XIII, 11. [6]) Hell. VI, 1, 6.
[7]) Hell. V, 1, 16. [8]) Cyr. VIII, 8, 12. [9]) Hiero X, 6.
[10]) Oec. VI, 7. [11]) De re equ. III, 11 f.
[12]) Oec. XXI, 4 ff. 12. Weitere Schätzungen der Philoponie Oec. XIV, 10. Symp. IV, 15. VIII, 37 etc.
[13]) Vgl. Rep. Lac. II, 2.

noch zum Wort, wenn zuletzt (§ 3) ein μαθεῖν vom ἀρχικός verlangt wird? Oder soll etwa auch im μανθάνειν wie im Essen und Schlafen ἐγκράτεια geübt werden? Doch wir vergessen, dass es sich in II, 1 garnicht um das Thema der ἐγκράτεια bei Xenophon (§ 1), sondern um die παιδεία des Herakles bei Antisthenes handelt, der seinem Kentauren eine Sokratikerstirn geben will[1]), und dass auch Xenophon nichts dagegen haben kann, wenn vom ἀρχικός ausser Hungern und Schwitzen auch ein wenig Kopf verlangt wird. Nur erwarte man nicht das ethische Begriffswissen des Dialektikers Sokrates: es ist ein μάθημα ἐπιτήδειον πρὸς τὸ κρατεῖν τῶν ἀντιπάλων. Wir bleiben also in der Kampfsphäre, und die alten Perser, als sie in den Krieg um die Weltherrschaft ziehen, sind Musterexemplare der kynischen παιδεία: ἀσκηταὶ der καλὰ κἀγαθὰ ἔργα, die kundig sind nicht nur des ἱππεύειν, ἀκοντίζειν und τοξεύειν[2]), sondern auch πόνους als τοῦ ζῆν ἡδέως ἡγεμόνας, den Hunger als ὄψον nehmen und das Wassertrinken besser als die Löwen verstehen, während die Feinde ἰδιῶται κατὰ τὸν ὕπνον, κατὰ τοὺς πόνους und ἀπαίδευτοι sind darin, wie man sich gegen Freund und Feind zu verhalten hat[3]). Auch hier, wie Mem. § 3, gilt diese Kenntniss als wichtigstes, aber letztes παίδευμα. Aber die Kenntniss ist nicht so schwer zu nehmen: der Jagdhund hat sie ja auch als das philosophisch differenzirende Thier, und schliesslich liegt auch hier die kynische Jagderziehung des Cheiron zu Grunde. Denn die Jagd giebt nicht nur Gewöhnung und Uebung in der ἐγκράτεια und καρτερία[4]), sondern gerade auch μαθήσεις (εἰδέναι) für das Verhalten dem Feinde gegenüber[5]), und speciell Cyneg. XIII, 13 ff. wird ausgeführt, dass die Jäger σοφώτεροι werden den Feinden gegenüber, da sie auch ihre eigentlichen Gegner nur durch kluge Pläne fangen können.

Also Mem. und Cynegeticus-Herakles stimmen hier völlig überein; nur schämt sich Xenophon, in Mem. II, 1 das Hauptmittel der verlangten παιδεία zu nennen. Aber er denkt an die Jagd. Das verräth ausser der Uebereinstimmung zwischen beiden Schriften selbst bis auf den Ausdruck ἀντίπαλοι als

---

[1]) Vgl. Mem. I, 5, 4 f. IV, 5, 6. 11 f., wo auch ein Wissen auf der Grundlage der gepriesenen ἐγκράτεια ruhen soll.
[2]) Vgl. oben S. 54.   [3]) Cyr. I, 5, 11 f.
[4]) Cyneg. XII, 2, 15. Cyr. I, 2, 10.
[5]) Cyneg. I, 2. XII, 3 f. 15. 18.

Gesamtbegriff für die Feinde in Jagd und Krieg (Mem. II, 1, 3. 4; Cyneg. XIII, 14) schlagend die Fortsetzung der Argumentation in Mem. II, 1, die völlig in die Jagdsphäre hineingeräth und zwar direct, nicht etwa auf analogistischem Wege; denn es wird gefragt, ob der so Erzogene (offenbar der **Jagdhund**) nicht weniger von seinen Gegnern gefangen werde, als Jagdwild, das geködert wird durch Speise und Trank oder wie die Wachteln und Rebhühner durch die Stimme des Weibchens. Man hätte allerdings die Gegenüberstellung des *νέος* mit menschlichen Geschöpfen, namentlich dem anders erzogenen (§ 1), von Xenophon völlig vergessenen zweiten Jüngling erwartet. Krohn sucht durch Spott, Dindorf mit Andern durch Athetese § 4 todtzumachen, und er ist allerdings mit seiner scheinbar gewaltsamen Hereinziehung der Jagd unbegreiflich im Munde des Sokrates, verzeihlicher in dem des Verfassers des Cynegeticus und Forstbesitzers von Skillus. Hat Sokrates, der ausserhalb der Mauern nicht einmal spazieren geht[1]), auf der Agora seine Netze ausgespannt, dass ihm die Details der Rebhühnerjagd so nahe liegen? Xenophon aber spricht hier von der Jagd als Praktiker und Theoretiker, der selbst über die Einfangung exotischer Raubthiere gerade durch Köderung Bescheid weiss[2]). Speciell über die Methode des Vogelfangs lese man Cyr. I, 6, 39, wo ihre Kunstgriffe gegen den menschlichen Feind nachgeahmt werden sollen: Im strengsten Winter gingst du Nachts auf den Vogelfang aus — du hattest Vögel abgerichtet, um ihresgleichen zu berücken u. s. w. — Doch auch Xenophon hätte nicht gewagt, seine Jagderfahrungen unmotivirt in die *παιδεία* von Mem. II, 1 hineinspielen zu lassen, wenn es nicht im kynischen Original begründet wäre. Es ist nicht eine Abschweifung, dass er hier plötzlich von der Jagd spricht, sondern es ist eine Verschleierung, dass er bisher nicht davon gesprochen. Denn hier § 4 kommt es zu Tage, dass im Original, d. h. im antisthenischen Herakles die *νέοι* der *παιδεία* Jagdhunde sind.

Noch vernehmlicher spricht der Kyniker in § 5: es sei doch *αἰσχρόν*, dass Menschen dasselbe begegne, wie den *ἀφρονέστατα θηρία*, wenn die *μοιχοί* sich in *ἐπικίνδυνα* stürzen trotz der vielen einfachen Gelegenheiten, den Geschlechtstrieb zu befriedigen. Der ganze Inhalt von § 5 steht in schlagender Kürze bei Diog. VI, 4, anekdotenhaft ausgeschnitten aus einer Schrift des

---

[1]) Phaedr. 230 C D.   [2]) Vgl. Cyneg. c. XI.

Antisthenes: ἰδών ποτε μοιχὸν φεύγοντα, Ὦ δυστυχής, εἶπε, πηλίκον κίνδυνον ὀβολοῦ διαφυγεῖν ἐδύνασο. Auch Stellen wie Diog. VI, 51. 67. 89 zeigen, dass die Kyniker den μοιχός mit Vorliebe nicht sittlich anklagten, sondern wie Mem. § 5 ob seiner Thorheit verspotteten[1]). Das Princip der einfachsten sexuellen Befriedigung lässt ja Xenophon selbst den Antisthenes Symp. IV, 38 aufstellen, und diese Maxime liegt an sich schon dem ehefeindlichen Kyniker näher als dem verheiratheten Sechziger, als den wir uns Sokrates zur Zeit seines Umgangs mit Xenophon zu denken hätten.

Nach der Abschweifung von § 5 erinnert sich Xenophon in § 6 eines vergessenen Punktes der ἐγκράτεια des ἀρχικός. Ueberhaupt geht es mit den § 1 disponirten Punkten der ἐγκράτεια etwas durcheinander: erst hintereinander Punkt 1, 2, 4, 3, 7, dann ein Moment, das nicht zur ἐγκράτεια gehört (§ 3 Ende), dann wieder Punkt 1, 2, 3, endlich 5 und 6: Xenophon pflückt eben aus einem vorliegenden grösseren Original beliebig Momente heraus. Auch die Abhärtung gegen Kälte und Hitze tritt als eine Hauptforderung bei den Kynikern auf. Aber auch die Begründung der Mem.? Weil die meisten ἀναγκαιόταται πράξεις (Krieg, Ackerbau und andere nothwendige Dinge) unter freiem Himmel stattfänden, sei es eine grobe Nachlässigkeit, dass die Meisten nicht gegen Kälte und Hitze abgehärtet seien; dem ἀρχικός zieme es jedenfalls. Der paränetische Ton (πολλὴ ἀμέλεια, δεῖν) und die Uebungstendenz (ἀγυμνάστως, ἀσκεῖν namentlich an Mem. III, 12 erinnernd) sind xenophontisch, aber eben auch gerade kynisch. Die gepriesenen Berufe Krieg, Ackerbau u. dgl. sind die xenophontischen, aber auch Antisthenes muss sie gepriesen haben, nicht bloss weil in seinem Schriftenkatalog z. B. die Worte stehen: περὶ νίκης οἰκονομικός, sondern auch weil seine παιδεία durch die Jagd ja nur dann Sinn hat, wenn die Feldberufe, für die sie allein παιδεία sein kann, für die sie abhärtet etc., die wichtigsten, die echten Mannesberufe sind. Es zeigt den ganzen hypnotischen Einfluss des Kynikers, dass der sportlustige Xenophon die Jagd nicht ehrlich als seine Passion, als Selbstzweck eingesteht, sondern sie pädagogisch begründet. So sollen die alten Perser die Jagd als beste Vorübung für den Krieg betreiben, weil sie Hitze und Kälte ertragen lehrt[2].

---

[1]) Vgl. Zeller II, 1, 322, 1[4].
[2]) Cyr. I, 2, 10. VIII, 1, 36. Sonnengluth und Winterschnee spielen

Die Schätzung der Jagd ruht bei Antisthenes auf der Schätzung der natürlichen Lebensformen und Berufe. Der echte Sokrates appellirte an die bürgerlichen, industriellen Stadtberufe, der Kyniker, das Facit ziehend aus dem Sieg Spartas über Athen, greift zurück auf die natürlichen agrarisch-militärischen Unterlagen der Kultur, auf die ἀναγκαιόταται πράξεις. Dieses ἀναγκαιόταται zeigt wieder einmal, wie hier die Mem. aus einem grösseren Original extrahiren; denn es ruft nach einer Begründung. Wir finden sie Oec. IV, aber nicht als „sokratische", sondern als „persische" Weisheit. Und in der That passt hier der „Perserkönig" besser als Sokrates; denn jener kann selbst als Vorbild dienen in der militärischen und landwirthschaftlichen Thätigkeit, die er auch gerade wie Mem. § 6 als κάλλιστα καὶ ἀναγκαιότατα ἐπιμελήματα bezeichnet[1]). Er theilt Prämien aus erst an die Tapfersten, weil auch der Landbau nichts nützt ohne militärischen Schutz, in zweiter Reihe aber an die tüchtigsten Landwirthe, weil auch die Helden nicht ohne den Ackerbau leben könnten[2]). Damit begründet Kyros die ἀνάγκη, die in den Mem. dunkel bleibt. Woher citirt Xenophon (φασίν 4 φασὶ δέ τινες 15 λέγεται 16) diese Aussprüche des „Kyros", dem man den Theoretiker schon von weitem ansieht? Ich meine, aus dem Kyros des Antisthenes. Xenophon steht hier mit der Citirung des älteren Kyros auf fremdem, unsicherem Boden; darum schiebt sich ihm § 18 statt des βασιλεύς (§§ 4 ff.) der ihm besser bekannte jüngere Kyros unter, doch nicht ohne Reflexe vom Idealbild des älteren. Den Schwur, dass er nie esse, bevor er sich nicht durch πολεμικά oder γεωργικὰ ἔργα in Schweiss gebracht, dürfte wohl Kyros in die Hände des für πόνος begeisterten Kynikers geleistet haben, und wenn er darob als ἀγαθὸς ἀνήρ (vgl. Antisth. Frg. S. 39. 42. 65, 48 W. Diog. VI, 51. I 487) εὐδαίμων gepriesen wird (§§ 24 f.), so passt das am besten in ein Gespräch, das wohl der ältere Kyros mit Krösos bei Antisthenes über die εὐδαιμονία geführt haben dürfte — der βασιλεὺς φιλόπονος mit dem hedonischen βασιλεύς. In der wahrscheinlichen Copie dieses Gesprächs bei Xenophon schreibt sich Krösos die dem Weibe ziemende Lebensweise, d. h. Freiheit von Krieg und Erwerbssorgen zu[3]). Das stimmt wieder zu Oec. VII, 22 f.: Die Gottheit habe den Mann leiblich und

---

ja bei der Jagd eine wichtige Rolle, vgl. Cyneg. IV, 11. VIII, 1. IX, 20. X, 6 etc.

[1]) Oec. IV, 4—16.   [2]) ib. 15.   [3]) Cyr. VII, 2, 27 f.

seelisch zum καρτερεῖν der Hitze und Kälte, der Kriegsleistungen etc., d. h. für die Geschäfte draussen und das Weib für die Geschäfte drinnen eingerichtet — ich möchte annehmen, dass diese theoretische Differenzirung im Lob des πόνος, d. h. der männlichen καρτερία, bei Antisthenes eine Rolle spielte. οἰκότροφοι οὐδὲν ἧττον τῶν γυναικῶν heisst es von den ἄπονοι in der Diogenesrede bei Dio Chrys. or. VI (202 R), wo die καρτερία ψύχους καὶ καύματος als Vorzug des Kynikers gepriesen wird. Der Perserkönig dient hier als hedonische Folie und dieser Frontwechsel darf uns nicht irre machen; er ist schon in dem gut antisthenischen Agesilaus gegeben, wo c. IX der spartanische und persische βασιλεύς als Typen der ἀνδραγαθία und κακία erscheinen, speciell gegenüber dem ἀνὴρ ἀγαθός Agesilaos, der die göttliche Anordnung[1]) der Jahreszeiten so gut erträgt[2]), der vor Hitze und Kälte fliehende Perser mit den schwächsten θηρία verglichen wird[3]) und die Sorge für den οἶκος, für Jagdhunde und Kriegspferde als männliche Beschäftigung der weiblichen gegenübergestellt wird. Ja, in der Cyrop. selbst dient die Empfänglichkeit der jetzigen Perser gegen Hitze und Kälte[4]) den alten Persern zur Folie, die kriegstüchtig und herrschfähig sind, weil sie gegen Hitze und Kälte abgehärtet werden[5]), die einen durch die Jagd[6]), die andern durch die Noth[7]). Der Himmel ist ihr Haus, die Erde ist ihr Bett im Kriege[8]). Und mit den Mannen des Kyros wetteifern natürlich die Heraklessöhne, die von Lykurg erzogenen Spartaner in der Abhärtung gegen den Witterungswechsel[9]), und hier geben die andern Griechen die Folie[10]). Denn ohne Folie macht's nun einmal der Kyniker nicht.

Die Abhärtung der alten Perser und Spartaner dient im Wesentlichen der Kriegstüchtigkeit. Aber mit den πολεμικά sind die οἰκονομικά als ἀναγκαιότατα in merkwürdiger Weise verkoppelt nicht nur Mem. II, 1, 6, sondern auch öfter im Oeconomicus. Man hat hier die Marotte eines Interpolators sehen wollen, aber es liegt in dieser Verbindung ein Grundgedanke der Schrift, in den das Idealbild der Oekonomie wie in einen Rahmen eingehängt ist, ganz wie Xenophon im Cynegeticus

---

[1]) Später mehr davon, wie die Kyniker ihre Ethik theologisch zu sanktioniren suchten.
[2]) Ages. IX, 5; vgl. V, 3. [3]) ib. IX, 6.
[4]) Cyr. VIII, 8, 17. [5]) ib. VII, 5, 78. VIII, 1, 36.
[6]) ib. I, 2, 10. [7]) ib. II, 3, 13. [8]) ib. V, 2, 15.
[9]) Rep. Lac. II, 4. [10]) ib. II, 1.

sein Sportwissen durch den antisthenischen Rahmen (Cyneg. I. XII f.) ideal gehoben hat. Und wie er hier den Herakles citirt, so in Einleitung und Schluss des Oecon. mit der Verbindung der Oekonomie und Kriegskunst wohl den Kyros des Antisthenes. Oec. IV war es deutlich (s. S. 68), aber auch c. V ist die Abschätzung der Landwirthschaft als ἡδυπάθεια ἄνευ μαλακίας, als ἄσκησις καρτερίας, als ὠφελιμωτάτη ἐπιμέλεια, als διδαχὴ δικαιοσύνης, als männliche παιδεία echt antisthenisch, und schliesslich braucht Xenophon § 17 einen so verdächtig rhetorischen Ausdruck — τὴν γεωργίαν τῶν ἄλλων τεχνῶν μητέρα καὶ τροφόν —, dass er „Sokrates" das Citat eingestehen lässt: καλῶς δὲ κἀκεῖνος εἶπεν ὅς ἔφη, das an die comprimirende Bildersprache der Kyniker gemahnt, die solche Substantiva von dynamischer Bedeutung liebt [1]). Denn, heisst es V, 17 weiter, mit der Landwirthschaft blühen auch ·die andern τέχναι, und sie erlöschen bei Verödung des Bodens. Da haben wir wieder die Begründung für die ἀναγκαιοτάτη πρᾶξις der Mem. Die Landwirthschaft wird Oec. V, 13 ff. als παιδεία zum Kriege gepriesen und ihre Verbindung mit der Strategie ebenso auffällig hervorgedrängt, wie Oec. IV. XXI und Mem. III, 4. Die Einheit der Oekonomie und Strategie repräsentirt Mem. III, 4 Antisthenes [2]), Oec. IV Kyros und ib. XXI das βασιλικὸν ἦθος, das zum πονεῖν begeistert. Es ist eben die βασιλικὴ τέχνη, die Antisthenes im Kyros [3]), der Lobschrift auf den πόνος, entwickelt, und zwar zugleich als οἰκονομική und ἀρχική [4]), denn, heisst es Mem. III, 4, 12 echt antisthenisch, τὰ ἴδια (im οἶκος) καὶ τὰ κοινά (in der πόλις) καλῶς πράττειν sei eins und unterscheide sich· nur quantitativ. Damit stimmt nun wieder in dem antisthenischen Schluss des Cyneg. die merkwürdige Abwehr des Vorwurfs, dass die Jäger τὰ οἰκεῖα vernachlässigen [5]), zumal sie gegen κοινοὺς ἐχθροὺς zu Felde ziehen [6]). Aber, lautet die Antwort, die οἰκεῖα und die πολιτικά (κοινὰ τὰ τῶν φίλων!) sind als Interessen einheitlich, und die Einheit des

---

[1]) Vgl. z. B. Diogenes: φιλαργυρίαν μητρόπολιν τῶν κακῶν Dig. VI, 50.

[2]) Vgl. I, 389. 390, 1. Zum Dank für seine Schrift περὶ νίκης οἰκονομικός und für seine Kritik der attischen Strategenwahl (Diog. VI, 8) wird der Kyniker von Xenophon zum Strategen erhoben und scherzhaft als ἐπιστάμενος ἄλλο οὐδὲν ἢ χρήματα συλλέγειν und φιλόνεικος (Mem. III, 4, 1. 3) charakterisirt. Wenn man mehr dergleichen Neckereien in den von den Heutigen noch pathetisch genommenen Mem. erkennen würde, dürften sie minder langweilig erscheinen.

[3]) Vgl. Frg. S. 18, 3.

[4]) Vgl. Mem. IV, 2, 11 und I, 387 f. 536. 542.

[5]) Cyneg. XII, 10 ff.   [6]) ib. XIII, 15.

ökonomischen und kriegerischen Berufes hat wohl Antisthenes schon am κύων entwickelt, der zugleich Wächterhund und Jagdhund ist.

Der Kyniker ist ein Schwärmer für die agrarisch-militärischen Berufe als βασιλικαὶ τέχναι im Gegensatz zu den βαναυσικαὶ τέχναι [1]). Diese feudalistischen Berufe sind die männlichen, dorischen, während in der Weiberstube Athen [2]) die Künste und Handwerke gedeihen mit ihrem σκιατραφεῖσθαι [3]) — das ist der rechte Gegensatz zu den ὑπαίθρια ἔργα des Kriegs und der Landwirthschaft [4]). Vielleicht hat Antisthenes einen Repräsentanten der attischen βαναυσικαὶ τέχναι auftreten lassen, etwa den Schuster Simon, der bei ihm eine Rolle gespielt haben muss, und zwar eine freundliche, von demokratischer Sympathie dictirte [5]) — er konnte ihn eben wie Pheraulas (vgl. S. 24, 7) sprechen lassen: uns erzieht die Noth zum πόνος. Xenophon ist natürlich entzückt, dass der Kyniker ihm ein solches Piedestal errichtet und gerade seine beiden Lebensberufe, den militärischen und den ökonomischen, und gerade die Verbindung beider so erhebt. Er weiss nicht, ob er die Landwirthschaft [6]) oder den Kriegsdienst [7]) als die nobelste, wichtigste Beschäftigung preisen soll. Jedenfalls giebt er mit Freuden zu, dass die ὑπαίθρια ἔργα die ἀναγκαιότατα sind und καρτερία fordern und wirken. Er findet, dass der Landbau gegen den Wechsel der Witterung abhärtet [8]), und sein Liebling Teleutias will den Soldaten im Ertragen von Kälte und Hitze vorangehen [9]). Aber Xenophon hat ja auf der grossen Expedition in dem Lande, das sich dehnt von den vor Kälte bis zu den vor Hitze unbewohnbaren Gegenden [10]), die

---

[1]) Oec. IV, 3; vgl. Symp. III, 4 und Bd. I.
[2]) Antisth. Frg. S. 66, 51 W.   [3]) Oec. IV, 2.
[4]) Mem. II, 1, 6. Oec. VII, 20.
[5]) Das ergiebt sich auch wieder aus dem Briefwechsel der Sokratiker. Simon würde schon darum passen, weil als Beispiel für die βαναυσικὴ τέχνη meist die σκυτική gewählt wird; vgl. I, 500 f. Es liess sich da ausführen: wenn schon die σκυτικὴ διδακτή ist, wieviel mehr die βασιλική (vgl. Mem. IV, 2, 22. IV, 4, 5; Dio Chr. or. XIII, 431R etc.). Dabei konnte der Handwerker so gut wegkommen, wie Apol. 22 D im Gegensatz zu den πολιτικοί. Dass Oec. IV, 3 f. und in dem kynischen Alcib. I (vgl. I, 498 ff.) contrastirend mit den banausischen τέχναι das Lob des persischen resp. spartanischen βασιλεύς gesungen wird, zeigt, dass die βασιλική mit der βαναυσικῇ als Folie im antisthenischen Kyros resp. in dem damit eng verbundenen Herakles gepriesen wurde.
[6]) Oec. V, 11. VI, 8.   [7]) Hipparch. VIII, 7.
[8]) Oec. V, 4.   [9]) Hell. V, 1, 15.   [10]) Anab. I, 7, 6.

Extreme der Temperatur gründlich gekostet und den Werth der Abhärtung gegen die Unbilden der Witterung erfahren. Gleich bei seinem ersten Auftreten vor dem im Innern Asiens verrathenen und verzweifelten Heere ermuthigt er zum Kampf gegen einen Feind, der gegen Hitze und Kälte weniger abgehärtet sei [1]). Man lese nur, wie im asiatischen Thrazien vor Kälte Wasser und Wein erstarrten und den Griechen Nasen und Ohren erfroren [2]), wie in Armenien die Bivouakirenden unter dem Schnee sich nicht zum Aufstehen ermannen konnten, bis Xenophon ihnen voranging [3]), wie sie dann unter erstarrenden Winden tagelang durch klaftertiefen Schnee, der die Augen erblinden machte, unter schweren Verlusten marschiren mussten, wie Xenophon die hinsinkenden Truppen auch durch Drohungen und Schrecken nicht zum Vorwärtsgehen bewegen konnte und sie die Nacht ohne Feuerung zubringen mussten [4]) — man muss das alles lesen, dann wird man die Forderung der Mem.: da der Krieg unter freiem Himmel stattfindet, sollten sich Alle gegen die Fährlichkeiten der Witterung abhärten, noch mit andern Augen ansehen und finden, dass der hier dem ἀρχικός besonders auferlegten Verpflichtung das Benehmen des Xenophon in der Anabasis erst den rechten, ernsten Hintergrund giebt.

Mit den sechs Formen der ἐγκράτεια = καρτερία nebst der Kenntniss, wie man den Feind niederschlägt, erscheint nun die παιδεία zum ἀρχικός in Mem. II, 1 abgeschlossen. Man wird sie etwas dürftig finden, aber gerade aus der Dürftigkeit lugt wieder der antisthenische Herakles als Original hervor: es liess sich eben keine andere παιδεία aus der Jagd herausziehen und an den zwei Hunden exemplificiren. Man wird zugeben, dass die §§ 1—6 vorgeführte παιδεία eine naturalistisch-praktische ist, wie sie Rittern und Helden ansteht, dem kynischen Herakles und allenfalls dem Xenophon, aber vom Begriffswissen des Sokrates weit abliegt. Denn er hat doch wohl die Tugend zum Wissen gemacht, nicht gerade um sie als naturalistisch und praktisch, sondern um sie als geistig und theoretisch zu markiren. Wer aber trotzdem hier den echten Sokrates erkennen will, der wird kein anderes Argument behalten, als seinen blossen, durch Ge-

---

[1]) Anab. III, 1, 23.   [2]) ib. VII, 4, 3.
[3]) ib. IV, 4, 9—12.
[4]) ib. IV, 5, 3 f. 7. 11. 15 ff. 21. Vgl. auch Xenophon's Beschreibung Anab. V, 8, 14 f. und die Notiz V, 3, 3, dass die Hauptverluste der Griechen, ausser von den Feinden, ὑπὸ χιόνος kamen.

wohnheit liebgewordenen Glauben an die historische Treue Xenophon's. Oder soll etwa das einzige wirkliche Erklärungsmoment, das Zeller[1]) für die wichtige Rolle der ἐγκράτεια in den Mem. anführt, hier statthaben? „Ein Philosoph, welchem das Wissen für das Höchste gilt, muss natürlich vor Allem darauf ausgehen, dass der denkende Geist sich, durch keine sinnlichen Bedürfnisse und Begierden gestört, mit voller Freiheit der Erforschung der Wahrheit hingebe." Passt das wirklich auf Mem. II, 1?

2. Der hedonische Werth der ἀρχή (§§ 7—20).

Aristipp soll nun wählen zwischen der ἐγκράτεια des ἀρχικός und dem Gegentheil. Er ist zwar wohl über die Jugendjahre hinaus, aber Antisthenes betrachtet nun einmal alle Menschen unter dem Gesichtspunkt der παιδεία. Aristipp will sich zur τάξις des φῦλον der ἀρχικοί stellen. Jede φυλή stellt ihre τάξις zum Kriege und so hat der Ausdruck einen militärischen Anklang, den die Kriegsanalogistik des Kynikers suchte, und der Xenophon's Soldatenherz freute. „Lykurg" in der dem kynischen Herakles zugewiesenen Fabel will die Bürger εἰς σωφρονεστέραν βίον τάξιν führen. Die Stellungnahme des Aristipp in Mem. §§ 8 und 9 steht in Einklang mit der uns bekannten Richtung seiner Lehre und das kyrenaische Princip wird ja sogar in § 9 (βουλομένους ἥδιστα βιοτεύειν) deutlich ausgesprochen. Auch für die herrschaftsfeindliche, unpolitische Tendenz des Aristipp liessen sich Parallelen beibringen[2]), allerdings nicht für die hier gegebene nähere Begründung und die Schilderung des Politikerberufes. Aber es handelt sich um die Frage, ob Aristipp Anlass hatte, dies alles Sokrates zu erwidern, ob die ganze Debatte zwischen beiden überhaupt möglich war.

Die Voraussetzung der bisherigen Argumentation wird Gegenstand der jetzigen: dass der Idealmensch der ἀρχικός sei. Weil der ἀρχικός ἐγκρατής sein muss, darum soll man ἐγκρατής sein, hiess es bis § 7, und weil der ἀρχικός angenehmer lebt, darum soll man ἀρχικός sein, heisst es im Folgenden. Der Streit bewegt sich also im Hauptstock des Capitels weniger um die

---

[1]) S. 163.
[2]) Zeller 366, 8. Allerdings wollen diese Aeusserungen von Gleichgiltigkeit gegen den vaterländischen Boden (Stob. Flor. 40, 8) und von Missachtung der Tyrannis (ib. 49, 22) nicht viel beweisen. Er hat ja doch in Kyrene seine Schule gegründet und ist zum Tyrannen gegangen.

Antithese Asketismus oder Hedonismus als um ἀρχή oder nicht ἀρχή. Kann nun Sokrates so absolut zur ἀρχή als Lebensideal gedrängt haben? Er war nichts weniger als ἀρχικός, so unpolitisch, dass ihm daraus bei Xenophon[1]) wie bei Plato[2]) ein Vorwurf gemacht wird, und das Gros seiner Schüler, wie Xenophon selbst berichtet[3]), zog das Privatleben der ἀρχή vor. Man soll auch nicht vergessen, dass der Spross des Kodros, der Verwandte des Solon, der Neffe des Kritias und Charmides durch Sokrates statt ein Politiker ein Philosoph ward. Zwei Andere, die Xenophon als Ausnahmen nennt, Kritias selbst und Alkibiades, gingen wohl den Weg des ἀρχικός, aber wahrlich nicht den des ἐγκρατής, und nur ein Sokratiker könnte beides vereinigt haben — Xenophon. Er war ein ἀρχικός schon von Geburt, und dem einzigen Adelsberuf, der sich dem Offizier und Gutsbesitzer, Jäger und Sportsman Xenophon praktisch verschliesst, dem politischen, widmet er sich theoretisch in seinen Schriften. Die ἀρχή ist mindestens so sehr der Grundzug aller xenophontischen Lebenstendenzen, wie etwa die τέχνη Grundzug der sokratischen. Für Xenophon musste der ἀρχικός das absolute Lebensideal sein, und er freute sich, wenn der Kyniker den Begriff prägte als Einheit gerade seiner Berufe und die Vorzüge des Jägers, Feldherrn und Landwirths ineinanderspielen liess.

Aber nicht nur das siegende Princip der ἀρχή in Mem. II, 1 ist das des Xenophon, sondern, was wichtiger, die Antithese selbst, das Problem ἀρχή oder bequemes Privatleben hat in seiner Brust gearbeitet, trat zunächst schon als brennende Frage in sein Leben, als er sich entschliesst, der Einladung des Proxenos nach Asien zu folgen[4]), als ihm in Ephesos auf der Reise zu Kyros der zur Rechten schreiende Adler Macht und Ruhm, aber auch Arbeit und Mühen weissagt[5]), als ihn in der Nacht vor seinem ersten öffentlichen Auftreten und seiner Feldherrnwahl ein prophetischer Traum halb antreibt und halb ängstigt[6]), und endlich, als dem Schwankenden der Oberbefehl angetragen wird[7]). Das Princip der thatreichen ἀρχή ist zwar gewöhnlich das siegende, aber immer erst nach einigen Zweifeln, und im letzten Falle siegt sogar das Gegenprincip; er lehnt den Oberbefehl ab, der Mühen und Gefahren und keine Vortheile verspricht. Die

---

[1]) Mem. I, 6, 15. [2]) Gorg. 484 ff. [3]) Mem. I, 2, 48.
[4]) Anab. III, 1, 4 ff. [5]) ib. VI, 1, 23.
[6]) ib. III, 1, 12 ff. [7]) ib. VI, 1, 19—24.

fehlenden ἐπιτήδεια¹), die von der Menge auferlegten Strafen (δίκην ὑπέχειν)²), welche andere Führer und beinahe auch Xenophon erleiden, der Undank dieser Menge, deren Bedürfnisse der ἄρχων befriedigt, und das Missverhältniss zwischen den πράγματα, die er sich auferlegt, und den ἀγαθά, die er den Andern verschafft³) — dies alles kehrt hier Mem. §§ 8 u. 9 als Bedenken gegen den politischen Beruf wieder. Es sind allerdings lauter Dinge geschildert, die Jeder auch aus dem Verhalten der athenischen Demokratie abnehmen konnte; aber die trüben Erfahrungen Xenophon's mit den Griechen in den letzten Zeiten seiner Strategie, da sein Kolonieplan auftauchte, da sich die eigentliche Kriegführung mehr in Politik und Diplomatie umwandelte, da die turbulenten Heeresversammlungen an die Launen des attischen Demos erinnerten, haben wohl manche Züge in jener Schilderung verschärft. Zudem kehrt sowohl der Gedanke, dass der Leitende der ihm anvertrauten Menge Alles zu verschaffen sich bemüht oder bemühen soll, bei Xenophon sehr oft in Rücksicht auf den Feldherrn wieder, wie auch hierbei die Termini τἀπιτήδεια, δέοντα und dergl. παρασκευάζειν, πορίζειν⁴). Trotz des berühmten perikleischen Etatpunktes (πρὸς τὰ δέοντα), trotz des athenischen Getreideimports ist doch wohl die Versorgung der „Anderen" mit den δέοντα im Kriege noch actueller, noch mehr Sache des Leitenden, als im ruhigen Staatsleben, wo doch in normalen Zeiten die Bürger selbst für ihre Bedürfnisse sorgen⁵).

Aber wir finden das Problem, ob nicht der bequeme Lebensgenuss des Privatlebens als εὐδαιμονία den Mühen der Herrschaft vorzuziehen sei, mehrfach bei Xenophon litterarisch illustrirt. Cyr. VII, 2, 26 ff. nimmt Kyros dem besiegten Krösos die

---

¹) Anab. VI, 1, 23. ²) ib. V, 1, 8.
³) Vgl. namentlich die ganze Vertheidigungsrede des Xenophon vor den Soldaten Anab. VII, 6, 11 ff., nam. von § 24 an, bes. §§ 35. 39 und auch V, 8, 25.
⁴) Cyr. I, 6, 7. 10. 14. 18. II, 1, 15. IV, 2, 34. 37. 39. 47. IV, 5, 57 f. V, 4, 17. V, 5, 48. VI, 1, 23 f. VIII, 1, 9 etc.; Anab. II, 6, 8. III, 1, 20. VII, 2, 15; Oec. III, 8. VI, 8. VII, 19 f. XVI, 3. XX, 15; Ages. I, 29; Hipp. VI, 3. 6. VII, 9; Hell. V, 1, 14 f., wo Teleutias verspricht, den Soldaten τὰ ἐπιτήδεια ὡς πλεῖστα πορίζειν, bevor er selbst isst, etc. Auch das πράγματα παρέχειν Mem. § 9 kehrt oft in militärischer Bedeutung wieder, z. B. Cyr. IV, 5, 46. VI, 1, 14; Ages. VII, 7 etc.
⁵) Vgl. Vect. IV, 22 sich selbst τὰ ἐπιτήδεια πορίζειν.

Souveränetät, das Recht der Kriegführung, und der Mediatisirte preist seine εὐδαιμονία, dass er nun wie sein Weib lebe in den Annehmlichkeiten, aber nicht den Sorgen seiner früheren Stellung. Dann werden vielleicht noch schärfer zwei Brüder in derselben Situation gegenübergestellt, der Thronerbe und der zweite Prinz. „Ich glaube," sagt Kyros in der Testamentsrede Cyr. VIII, 7, 11 f., „dem Aelteren zwar eine grössere Herrschaft und die Königskrone zu hinterlassen, dir aber (dem Jüngeren) ein ungetrübtes Glück. Denn — du wirst Alles haben, was Menschen als erfreulich gilt. Aber schwerere Unternehmungen zu lieben, viele Sorgen zu haben und nie Ruhe halten zu können, getrieben von Ehrgeiz und von Nachstellungen, das ist mehr das Loos des Regierenden, und bedenke wohl, wie sehr das den Lebensgenuss stört." Endlich aber war ja die Frage ἀρχικός oder ἰδιωτικὸς βίος Xenophon wichtig genug, sie in einer eigenen Schrift diskutiren zu lassen. Der Hiero malt die Mühen, Lasten, Gefahren des Herrscherlebens und sein Minus an Genüssen weit greller und systematischer als hier die Mem. aus und so gründlich, dass die Argumente des Hiero gegen das Herrscherglück mehr Raum einnehmen als ihre Widerlegung durch Simonides.

Also das Problem erscheint bei Xenophon nicht nur als ein persönliches, sondern auf litterarische Typen gezogen, allgemein und principiell erfasst. Aber ich glaube von Xenophon eher, dass er im gegebenen Allgemeinen das Persönliche wiederfand, als dass er es selbst zum Allgemeinen aufzuweiten verstand. Im 5. Jahrhundert war das Problem sicher noch nicht allgemein. Die republikanische Freiheitssonne umspielte noch in vollem Glanze Sokrates. Aber schon am Ende des Jahrhunderts wuchs im Norden die thessalische und makedonische Fürstenmacht, im Westen stieg die sicilische Tyrannis auf, im Süden erhob sich die spartanische Hegemonie und im Osten die persische Monarchie zur alten Machtstellung, und überall schossen Usurpatoren auf: Dionys, Kyros d. J., Archelaos u. a., und suchten sich durch althellenische Kraft und Bildung zu stützen. Nach allen Seiten wurden die Sokratiker von der ἀρχή gelockt und mussten zu ihr Stellung nehmen. Kritias war nach Thessalien gegangen, Plato, Aristipp und Aeschines gingen zu Dionys, Xenophon zu Kyros und Agesilaos, und auch Antisthenes entschied sich wenigstens theoretisch für Sparta und die alte persische βασιλεία, aber um so heftiger gegen die Tyrannis. Antisthenes wird Plato vorangegangen sein in der Verketzerung des Archelaos[1]) und Xenophon in der Verdammung der den Kritias „verderbenden" thessalischen ἀνομία[2]). Antisthenes wird auch seinen Sokrates mit Emphase die Einladung des Archelaos[3]) und wohl ebenso der thessalischen Fürsten[4]) haben ablehnen lassen. Der alte Bayle hatte vielleicht nicht so unrecht, die ganze Anekdote von der Ablehnung der makedonischen Einladung zu bezweifeln. Für die angegebenen Gründe der Ablehnung hat man längst Antisthenes als Quelle vermuthet[5]); aber wenn er die Worte erfunden hat, kann auch leicht das Ganze nur als Gesprächsepisode in seinem Dialoge Archelaos gleichsam hypothetisch, wie wohl bei späteren Kynikern ein Antrag Alexanders an Diogenes, gespielt haben, zumal Plato und Xenophon von der apologetisch so brauchbaren Affaire schweigen[6]). Es sei eine Schande, antwortet der kynische Sokrates[7]), nicht in gleicher Weise Gutes wie Böses vergelten zu können. Wir wollen diese Worte möglichst dick anstreichen; denn wir haben hier eben jene Vergeltungstheorie des anti-

---

[1]) Gorg. 470 ff. 525. Vgl. Dümmler, Akad. 13. 95. Hagen, Philol. 50, 384 und im kynischen Alc. II, 141.

[2]) Mem. I, 2, 24; vgl. I, 382. Auch Plato schilt im Crito, wo er, wie ich glaube, stark unter antisthenischem Einfluss steht, die thessalische ἀνομία und εὐωχία (53 CDE).

[3]) Aristot. Rhet. II, 23, 1398 a²⁴; Diog. II, 25.

[4]) Die vergeblichen Einladungen der Fürsten Archelaos, Skopas und Eurylochos werden Diog. II, 25 zusammen citirt. Zudem enthielt der antisthenische Archelaos nach Athen. V, 220 D eine καταδρομή gegen den Rhetor Gorgias, der eben damals in dem feudalen Thessalien sehr gefeiert wurde. Die Skopaden, die ihren Ruhm nicht grossen Thaten, sondern ihren Reichthümern verdanken (Kritias bei Plut. Cim. 10), werden schon darum dem Kyniker nicht sympathisch gewesen sein, und Protagoras-Antisthenes reibt sich auch Prot. 338 an Simonides als Verherrlicher des Skopas. Vielleicht ist die ganze Erzählung von den thessalischen Einladungen nur ein Weiterspinnen des Motivs von des Sokrates Ablehnung der φυγή nach Thessalien. Plato's Darstellung im Crito war hier nicht die einzige; Diog. II, 60 wird als richtigere Tradition behauptet, dass nicht Kriton, sondern Aeschines Sokrates im Gefängniss zur φυγή geraten und für Plato's Abweichung seine Freundschaft mit Aristipp als Grund angegeben. War die andere vielleicht die antisthenische Darstellung?

[5]) Bernays, Phokion S. 36. 114 f., dem Zeller S. 58 zustimmt.

[6]) Was namentlich Mem. I, 2, 56 ff. beim Vorwurf tyrannischer Gesinnung auffällig ist. Auch die Art wie Plato Gorg. 470 D Archelaos vor Sokrates erwähnen lässt (Ἀρχέλαον — ὁρᾷς —; Sokr.: Εἰ δὲ μή, ἀλλ' ἀκούω γε — — οὐ γάρ πω συγγέγονα τῷ ἀνδρί) sieht nicht wie eine Bestätigung, sondern eher wie eine Leugnung der Beziehungen zwischen Beiden aus.

[7]) Aristot. a. a. O.

sthenischen Sokrates mit dem Mannesideal des φίλους εὖ ποιῶν und ἐχϑροὺς κακῶς ποιῶν, das ihm der xenophontische Sokrates freudig zugiebt, aber der platonische entschieden bestreitet[1]). „In Athen," antwortet Sokrates weiter auf die Einladung des Archelaos[2]), „kosten 4 Maass Weizengraupen einen Obolos und frisches Quellwasser garnichts." Man sieht, dieser Sokrates ist der fertige Kyniker, und der kynischen Phantasie dürften auch die versprochenen Schätze[3]) entstammen, mit denen ihn Archelaos und die thessalischen Fürsten vergeblich lockten. Denn es konnte für den Kyniker nichts Schöneres geben, als seinen Helden mit abwehrender Gebärde vorzuführen gegen die Verführung durch Schwelgerei und Reichthümer, die sich ihm in der Tyrannis verkörperte.

Aber war nicht Archelaos ein βασιλεύς? Antisthenes hat in seiner Schrift Ἀρχέλαος ἢ περὶ βασιλείας jedenfalls diesen Begriff behandelt und wohl gezeigt, dass βασιλεύς nicht der τὸ σκῆπτρον ἔχων, durch Gewalt oder Betrug zur Herrschaft Gekommene sei (Mem. III, 9, 10), sondern der die βασιλικὴ τέχνη habe. Archelaos ist nur dem Namen nach König, in Wahrheit ein Tyrann, und nun wird der Antithetiker Antisthenes wieder einmal eine διαφορά gegeben haben: βασιλεία sei die ἀρχὴ ἑκόντων τῶν ἀνθρώπων καὶ κατὰ νόμους und Tyrannis die ἀρχὴ ἀκόντων καὶ μὴ κατὰ νόμους (Mem. IV, 6, 12). Die διαφορά hat Schule gemacht, Plato wiederholt sie in dem stark kynischen Politicus[4]) und Aristoteles[5]). Sie zeigt sich vielleicht garnicht so populär[6]), wenn man die Anwendung prüft; jedenfalls gab Antisthenes den beiden Kriterien eine neue Begründung. Dass die Tyrannis deshalb eine ἀκόντων ἀρχή sei, weil sie nicht τὸ τῶν ἀρχομένων συμφέρον, sondern ihr eigenes συμφέρον suche, kann nicht erst Aristoteles behauptet haben, schon weil diese διαφορά nach dem συμφέρον der ganzen Thrasymachosdebatte mit dem antisthenischen Hirtenvergleich, mit der falschen These vom δίκαιον als

---

[1]) Mem. II, 6, 35. IV, 2, 12 ff. etc.; Plato Rep. I.; Crit.; Clit.; vgl. I, 396 f. Auch im Gorg. trennt sich hier Plato protestirend von Antisthenes, und vielleicht hat dieser Protest so viel Eindruck gemacht, dass der kynische Sokrates später den Feindeshass aufgiebt (Clit. 410).

[2]) Sen. de benef. V, 6, 2 ff.

[3]) Dio Chr. XIII, 432 R; Diog. II, 25.   [4]) 291 E. Vgl. I, 389. 549.

[5]) Polit. IV, 10. Uebrigens citirt ja Aristoteles auch in derselben Schrift (III, 8) Antisthenes. Ueber die kynische Antithese ἑκών und ἄκων s. später, auch über dieselbe politische διαψορά bei dem Tyrannendiener Aristipp (Stob. Flor. 49, 18).

[6]) Wie Zeller (Sitz.-Ber. der Berl. Akad., 1887, S. 1137 f.) annimmt.

ἀλλότριον zu Grunde liegt[1]). Dass der νόμος das βασιλικόν vom τυραννικόν scheidet, versichert auch Xenophon Cyr. I, 3, 18, und es stammt natürlich weder aus Persien, noch von Xenophon, sondern vom antisthenischen Kyros, dass die persischen νόμοι so hoch selbst über der Willkür des βασιλεύς stehen[2]); auch in seinem anderen Idealstaat Sparta konnte der Kyniker die βασιλεία durch die νόμοι Lykurgs sanctionirt und gebunden zeigen. Schon dass dadurch der Perserkönig als Grosskönig[3]) wie Astyages zum Tyrannen würde[4]), beweist, dass das Kriterium des νόμος mehr doctrinär als populär ist. Zudem kann ja der Tyrann auch νόμοι für sich erlassen. Hier muss nun jene Kritik des νόμος-Begriffs einsetzen, die wir in der gut antisthenischen Alkibiadesdebatte Mem. I, 2, 40 ff. finden. Trotz aller νόμοι ist die Tyrannis βία = ἀνομία[5]). Denn es kommt nicht auf die γραφόμενοι νόμοι an (Mem. ib.), sondern, kann man nach Diog. VI, 11 mit Antisthenes fortfahren, auf den νόμος ἀρετῆς, d. h. auf das νόμιμον = δίκαιον[6]). Die idealen νόμοι sind die gerecht für alle, zum allgemeinen Besten[7]), d. h. zum συμφέρον der Beherrschten erlassenen, deshalb von Allen freiwillig anerkannten (Mem. I, 2, 44 f.) — so mündet das zweite Kriterium in das erste.

Aber damit (mit dem νόμιμον = δίκαιον) ist jene Verschiebung des Tyrannenbegriffs von einem staatsrechtlichen zu einem ethischen Begriff eingetreten, die Zeller[8]) mit Recht den Philosophen, aber mit Unrecht zuerst dem Plato zuschreibt, der jedenfalls vor den sicilischen Reisen nichts davon gewusst hat. Sokrates aber hatte wohl noch kaum einen actuellen Anlass zu der aus den Mem. citirten διαφορά, und der daraus sprechende Tyrannenhass wird für ihn schon durch die eine Thatsache mehr als zweifelhaft, dass drei seiner Hauptschüler sich zu Dionys begaben. Des Kynikers Tyrannenhass aber kann sich nicht an

---

[1]) Vgl. I, 394 und die sokratische Rede Dio Chr. or. III, 112 f. R, wo der βασιλεύς τῷ συμφέροντι (vgl. I, 497) τῶν ἀρχομένων ἐπιμελεῖται im Gegensatz zu dem eigensüchtigen Tyrannen. Wie oft bringt Dio Chr. unter Berufung bald auf Homer, bald auf Sokrates, bald auf Diogenes, bald auf Herakles — also lauter kynische Autoritäten! — die Antithese der βασιλεία und τυραννίς, und zwar eben nach den Gesichtspunkten vor Allem der φιλανθρωπία, des νόμος und des πόνος im Gegensatz zur ἀδικία, τρυφή, ἡδονή etc. (Vgl. or. I, 49 ff. 68 ff. III, 112 ff. R. IV. LXII etc.)

[2]) Cyr. I, 2, 2 ff. I, 3, 18. VIII, 5, 24 ff.
[3]) ib. VIII, 5, 24. [4]) ib. I, 3, 18; vgl. Arist. a. a. O.
[5]) Mem. I, 2, 45. Cyr. I, 3, 17. [6]) Cyr. ib.
[7]) ib. I, 2, 2. [8]) a. a. O. S. 1140.

dem „König" Archelaos entzündet, sondern muss sich erst von einem nominellen Tyrannen auf ihn übertragen haben. Ich glaube, der moralische Fluch, der auf dem Tyrannennamen liegt, datirt im letzten Grunde davon her, dass dem Kyniker die Brust schwoll, als er seine vornehmeren oder anspruchsvolleren sokratischen Genossen an den Hof des Dionys wandern sah, um ihr Glück zu machen. Dieses Glück! Worin bestand es denn, was sie suchten? In Schätzen und Schwelgerei, antwortet der zürnende Kyniker. δι' ἀπορίαν soll Aeschines zum Tyrannen gegangen sein und δῶρα erhalten haben[1]). Plato, dem man Habsucht nicht nachsagen konnte, muss sich noch von Diogenes schelten lassen, dass er aus Freude an der πολυτέλεια und den Σικελικαὶ τράπεζαι nach Syrakus gereist sei[2]). Aristipp aber will garnicht aufhören, den Tyrannen anzubetteln, und in den verschiedenen Variationen, in denen er seine Geldbedürftigkeit bekennt, sind die antithetischen Pointen auffallend. Dionys soll Antheil geben von dem, was er hat, er Antheil bekommen von dem, was er nicht hat (Diog. 77). Der Weisheit wegen kam er zu Sokrates, des Geldes wegen zu Dionys (78). Plato braucht ein Buch, er Geld von Dionys (81). Endlich auch in folgender Anekdote:

Aristipp (D. II, 69).	Antisth.Frg.S.58,7W.	Plato Rep. 489 B.
ἐρωτηθεὶς ὑπὸ Διονυσίου διὰ τί οἱ μὲν φιλόσοφοι ἐπὶ τὰς τῶν πλουσίων θύρας ἔρχονται, οἱ δὲ πλούσιοι ἐπὶ τὰς τῶν φιλοσόφων οὐκέτι, ἔφη, „ὅτι οἱ μὲν ἴσασιν ὧν δέονται, οἱ δ' οὐκ ἴσασιν".	Ἀντισθ. ἐρωτηθείς, τί δή ποτε οὐχ οἱ πλούσιοι πρὸς τοὺς σοφοὺς ἀπίασιν, ἀλλ' ἀνάπαλιν, εἶπεν, ὅτι οἱ σοφοὶ μὲν ἴσασιν, ὧν ἐστιν αὐτοῖς χρεία πρὸς τὸν βίον· οἱ δὲ οὐκ ἴσασιν· ἐπεὶ μᾶλλον σοφίας ἢ χρημάτων ἐπεμελοῦντο.	οὐ γὰρ ἔχει φύσιν — τοὺς σοφοὺς ἐπὶ τὰς τῶν πλουσίων θύρας ἰέναι, ἀλλ' ὁ τοῦτο κομψευσάμενος ἐψεύσατο.

---

[1]) Diog. II, 61.
[2]) ib. VI, 25. Die Sprödigkeit des kynischen Sokrates gegen Archelaos erscheint vergröbert in der Aufforderung des Perdikkas und der Ablehnung des Diogenes (ib. 44), und wenn dieser die πολυτέλεια des Kallisthenes bei Alexander κακοδαιμονία nennt (ib. 45), so spiegelt sich darin das Urtheil des Antisthenes über die Höflinge. Seine drei sokratischen Genossen erscheinen (νὴ τὸν Ἡρακλέα!) als παράσιτοι des sicilischen Tyrannen Luc. de paras. 31 ff., Plato als der ungeschickteste dabei, der Gourmand Aristipp als der geschickteste.

Aber wir können diese Parallele noch weiter verfolgen:

Aristipp ib. 70.	Antisth. D. VI, 6.	Plato ib.
εἰπόντος τινὸς ὡς ἀεὶ τοὺς φιλοσόφους βλέποι παρὰ ταῖς τῶν πλουσίων θύραις, „καὶ γὰρ οἱ ἰατροί, φησί, παρὰ ταῖς τῶν νοσούντων· ἀλλ' οὐ παρὰ τοῦτό τις ἂν ἕλοιτο νοσεῖν ἢ ἰατρεύειν". Vgl. die Tyrannis als νόσος Stob. Flor. 49, 22.	ὀνειδιζόμενός ποτε ἐπὶ τῷ πονηροῖς συγγενέσθαι, Καὶ οἱ ἰατροί, φησί, μετὰ τῶν νοσούντων εἰσίν, ἀλλ' οὐ πυρέττουσιν.	τὸ δὲ ἀληθὲς πέφυκεν, ἐάν τε πλούσιος, ἐάν τε πένης κάμνῃ, ἀναγκαῖον εἶναι ἐπὶ ἰατρῶν θύρας ἰέναι.

Die drei Sokratiker beziehen sich hier sichtlich auf einander. Plato kritisirt nur, und wie es nach der genaueren Uebereinstimmung (der Ausdruck ἐπὶ τὰς θύρας und die Beziehung des ἰατρός zum πλούσιος!) scheint, kritisirt er Aristipp, bei dem auch die Anekdoten mehr Farbe haben, als bei dem Kyniker, der mit dem Geständniss, der Reichen zu bedürfen, aus der Rolle fällt[1]). Aber wie erklärt sich dann seine merkwürdige Uebereinstimmung mit Aristipp und dessen auch antisthenisch klingender Stil? Am besten wohl so, dass Aristipp in einer Schrift des Antisthenes die Aeusserungen that, die deshalb beiden zugeschrieben werden konnten. Der Kyniker muss die σοφοί nicht nur bei den πλούσιοι, sondern speciell bei den τύραννοι kritisirt haben, denn er hat den sophokleischen Vers citirt: σοφοὶ τύραννοι τῶν σοφῶν συνουσίᾳ, und Plato muss diese Kritik kennen, denn er hat ihr den Fehler nachgemacht, den Vers als euripideisch zu citiren[2]). Wenn noch bei Diod. XV, 7, 1 den von Dionys verkauften Plato die Freunde loskaufen und heimsenden φιλικὴν νουθεσίαν ἐπιφθεγξάμενοι, διότι δεῖ τὸν σοφὸν τοῖς τυράννοις ἢ ὡς ἥκιστα ἢ ὡς ἥδιστα ὁμιλεῖν, so dürfte ihm diese freundliche Zurechtweisung mit dem gorgianischen Anklang[3]) wohl zuerst vom Kyniker zu Theil geworden sein, der

---

[1]) Vielmehr war Antisthenes sicher wie Plato und vor Plato der Ansicht, dass der Mächtige zum Weisen kommen soll. Daher kommt auch in der kynischen Tradition Alexander zu Diogenes, allerdings οὐκ ἐπὶ θύρας τοῦ Διογένους· οὐ γὰρ ἦσαν αὐτῷ θύραι (Dio Chr. IV 147 R) — man sieht, die Beziehung ist klar. Uebrigens wird die Anekdote auch Simonides bei Hiero zugeschrieben (Arist. Rhet. II, 16. Stob. Flor 91, 31) — so kann sie in dem kynischen Vorbild des xenophontischen Hiero gestanden haben.

[2]) Antisth. Frg. S. 54, 19 W; Plato Rep. 421 B. Vgl. Dümmler, Akad. S. 16.   [3]) Vgl. Mem. I, 6, 5.

auch in dem apokryphen Brief an Aristipp beginnt: Οὐκ ἔστι τοῦτο φιλοσοφεῖν τὸ παρὰ τυράννοις εἶναι. Aristipp in der ironischen Antwort beklagt sein trauriges Geschick, beim Tyrannen schwelgen zu müssen, und moquirt sich auch in dem Brief an Aeschines über des Kynikers Widerwillen gegen die Tyrannengunst. Antisthenes hat, wie wir sahen, im Herakles den Agon gegen den Hedoniker geführt, und wenn nun in seinem Briefe an ihn der αὐτάρκης gepriesen und die Gunst der Mächtigen zum Gelderwerb verschmäht wird: οὔτε γὰρ χρήματα ἀναγκαῖα — οὔτε — οὕτω ποριζόμενα καλά. οὔτε φίλοι γένοιντο ἂν οἱ πολλοὶ ἀμαθεῖς ὄντες, καὶ ταῦτα τύραννοι — so kann, wer auf die Worte achtet, darin eine negative Ergänzung der Sätze des Herakles finden: τὸν σοφὸν — φίλον τῷ ὁμοίῳ. τῷ γὰρ σοφῷ ξένον οὐδὲν οὐδ᾽ ἄπορον (vgl. oben die ἀπορία, die Aristipp und Aeschines zu Dionys führt) —. αὐτάρκη τὴν ἀρετὴν πρὸς εὐδαιμονίαν. κρεῖττον — μετ᾽ ὀλίγων ἀγαθῶν — ἢ μετὰ πολλῶν κακῶν — — τἀγαθὰ καλά[1]). Darum, fährt der Briefschreiber Antisthenes fort, rathe ich dir, Syrakus und Sicilien zu verlassen. Man weiss nicht, ob Aristipp über Antisthenes (τῷ σοφῷ οὐδὲν ἄπορον) oder Antisthenes über Aristipp sich lustig macht, wenn von diesem Folgendes erzählt wird[2]): ᾔτει Διονύσιον ἀργύριον, καὶ ὅς, „ἀλλὰ μὴν ἔφης οὐκ ἀπορήσειν τὸν σοφόν." ὁ δ᾽ ὑπολαβών, „δός, εἶπε, καὶ περὶ τούτου ζητῶμεν". δόντος δέ, „ὁρᾷς, ἔφη, ὅτι οὐκ ἠπόρηκα". Jedenfalls ist klar, dass Antisthenes die σοφοὶ παρὰ τυράννοις befehdete, dass er seinen nach Syrakus wandernden sokratischen Genossen vermuthlich das Bild seines gegen Fürstengunst spröden Sokrates vor Augen hielt[3]), dass er aber vor Allem mit Aristipp (dem übrigens Diog. II, 84 mehrere kynisch-asketischen Angriffen antwortende Schriftentitel zugewiesen werden) einen Kampf führte über die ἀπορία des σοφός und die schwelgerische εὐδαιμονία bei Tyrannen (wie auch Aristipp in dem ironischen Briefe an den Kyniker wiederholt seine κακοδαιμονία dessen εὐδαιμονία

---

[1]) Diog. VI, 11 f. 105.

[2]) Diog. II, 82. Aehnlich verhält es sich (ib.) mit dem Sophoklescitat, das Jeden, der zum Tyrannen geht, für einen δοῦλος erklärt und das der Kyniker sicherlich gegen Aristipp citirt hat, dieser aber verballhornt.

[3]) Antisthenes wird wohl auch seinen Sokrates im Widerstand gegen die 30 athenischen „Tyrannen" (zu Plato's Aerger namentlich gegen Kritias) gezeigt haben, die dem Kyniker als Typen der verhassten πλεονεξία erscheinen mussten (vgl. I, 382 und Späteres). Schon Polykrates zieht aus den 30 „Tyrannen" eine Pointe (Arist. Rhet. II, 24. 1401a ³³).

gegenübergestellt). Antisthenes zeigt gerade, dass die ἀπορία am meisten bei den Tyrannen zu Hause ist, die aus ἀπορία Viele ausrauben und tödten, ja ganze Städte in die Sklaverei führen[1]), kurz, schlimmer als die Henker[2]) sind. Wer die Zeitgeschichte bedenkt, findet, das Bild passt wesentlich auf Dionys d. Ae., und man sieht, mit welchem Hass sich der Kyniker an dieser Figur festgesogen hat. Es ist ja auch klar, dass zu Xenophon's Hiero sein jüngerer Landsmann Modell gestanden und zu seiner systematisch vorgeführten ἀπορία und κακοδαιμονία der Kyniker die düstern Farben geliefert hat — es sind dieselben, die auch Diogenes bei Dio Chr. für die Schilderung des Tyrannenelends verwandte.

Aber mit der Tyrannis war ja noch nicht die ἀρχή verschmäht; im Gegentheil: der Kyniker ist ja ein fanatischer Schwärmer für die ἀρχή (vgl. oben); die Themata περὶ βασιλείας, περὶ τοῦ ἄρχειν, περὶ πολιτείας, die Antisthenes in vier Schriften behandelte, wird man bei Aristipp[3]) vergeblich suchen. Auch hier stehen sich Kyniker und Kyrenaiker wie Stoiker und Epikureer gegenüber: als der politische und der unpolitische Denker. Aber der Kyniker schwärmt nur für die rechte ἀρχή; er hat hier die διαφορά des βασιλεύς und τύραννος aufgestellt, deren mächtige Wirkung man noch bei Dio Chrysostomus sehen kann (vgl. S. 79, 1), und er hat den Kampf um die ἀρχή eudämonistisch geführt, weil er ihn gegen den unpolitischen Tyrannengünstling und Hedoniker Aristipp führte. Diese beiden praktischen Individualisten mussten sich ja im Punkte der εὐδαιμονία, als Idealerfüllung des praktischen Individuums feindlich treffen, und all ihr Streit drehte sich schliesslich um die εὐδαιμονία — der Briefwechsel der Sokratiker ist ein gutes Echo dafür. Auch bei Xenophon wird darum in den S. 75 f. aufgeführten gut kynischen Antithesen die ἀρχή hedonistisch gemessen; zunächst in dem Gegensatz des Kyros und Krösos, den sich Antisthenes sicherlich im Kyros nicht hat entgehen lassen, dann in der Differenzirung zweier Brüder, die der Kyniker wohl als die mar-

---

[1]) Bei Xenophon Symp. IV, 36.
[2]) Antisth. Frg. S. 59, 14 W. Geht das auf die Tradition (Cic. Tusc. V, 20. Plut. Dion 3), dass die Rheginer dem Verschwägerung mit ihrer Stadt suchenden Dionys nur die Tochter des Henkers geben wollten? Vgl. zu dem genannten Frg. auch Mem. III, 9, 13 und dazu (κράτιστοι σύμμαχοι) wieder Antisthenes b. Diog. VI, 12.
[3]) Diog. II, 83 ff. Vielleicht waren die Φυγάδες sogar antipolitisch.

kanteste bevorzugt[1]). Endlich hat er auch nicht nur für den Jammer des Tyrannen, sondern ebenso für das versöhnende Gegenbild des idealen Herrschers in Xenophon's Hiero die Vorlage geliefert.

Auch in den Mem. wird die Argumentation für die ἀρχή hedonistisch geführt, und wenn man sich den Kopf zerbrach, das für Sokrates unverdächtig zu machen — für Antisthenes ist die hedonistische Argumentation durch Xenophon (Symp. IV) bezeugt; sie kam ihm eben im Kampfe gegen Aristipp, den es zu übertrumpfen galt. Der Kyrenaiker will kein ἀρχικός sein, sondern ᾗ ῥᾷστά τε καὶ ἥδιστα βιοτεύειν (Mem. § 9), und „Sokrates" will nun § 10 untersuchen, πότεροι ἥδιον ζῶσιν οἱ ἄρχοντες ἢ οἱ ἀρχόμενοι. Krohn spottet wieder über den nun folgenden „Silberblick der Weltgeschichte". Der Ethnograph Sokrates mag lächerlich sein, aber der Ethnograph Xenophon ist in Asien gebildet worden, und wenn sein Nachweis hier unerlaubt kurz ausfällt, so erklärt er sich wohl als Auszug aus einer grösseren Darlegung des Kynikers, des Entdeckers der vitae parallelae (vgl. S. 52), der mit Vorliebe Völkervergleichung treibt[2]). Mit einer gewissen systematischen Vollständigkeit werden Beispiele von herrschenden und beherrschten Völkern aus allen drei Erdtheilen genannt; die Griechen müssen die Vertretung Europas den Skythen überlassen und folgen hinterher nicht als ἄρχοντες, höchstens als κρατοῦντες[3]) — natürlich, sie lassen sich ja nicht so bequem antithetisch in Herrschende und Beherrschte auseinanderschlagen. Es ist bezeichnend, dass hier die Griechen verlegen hinter Persern, Karthagern, Skythen als Lebensidealen zurücktreten müssen, bezeichnend für den unsokratischen Geist des Kynikers, in dem schon ein hellenistischer Horizont heraufdämmert. Kyros wächst empor und überschattet Sokrates. Sicherlich im Geiste des Antisthenes hat Xenophon in seinem Hauptwerk, das der hier § 10 zuerst erwähnten Perserherrschaft gewidmet ist, es ausgesprochen, dass der Weg zur ἀρχή auch der Weg zur ἡδονή sei. Cyr. IV, 2, 22 ermahnt Kyros zu energischem Vorgehen gegen den Feind: εἰ ἡδέως βουλόμεθα

---

[1]) Vgl. noch die Hundefabel S. 50 f. und Antisthenes selbst bei Xenophon Symp. IV, 35.
[2]) Vgl. Dümmler, Akademika S. 260 und Diog. VI, 73.
[3]) κρατεῖν ist wichtig — darum streichen es natürlich unsere Editoren.

καὶ δειπνῆσαι καὶ νυκτερεῦσαι καὶ βιοτεύειν τὸ ἀπὸ τοῦδε κ. τ. λ. (vgl. Mem. § 9), und in der grossen Rede am Schluss des VII. Buchs verheisst er den siegreichen Persern, wenn sie die Herrschaft festhalten, das angenehmste Leben, wobei in zehn Zeilen (ib. 80 ff.) sechsmal das ἡδύ (resp. meist ἥδιστον) citirt wird. So beleuchtet die Cyropädie den Text der Mem.

Aristipp giebt die sehr verständliche Antwort, dass er weder den Weg der Herrschaft, noch den der Sklaverei wähle, sondern den mittleren Weg der Freiheit. „Sokrates" aber antwortet in dürren Worten, dass es einen solchen Weg der Freiheit, ein Mittleres zwischen Herrschaft und Sklaverei nicht gebe. Man braucht solche Behauptung nur mit einiger Aufmerksamkeit zu lesen, um das Unglaubliche derselben im Munde des Sokrates einzusehen. Also Sokrates der Athener sagt, es giebt keine Freiheit, der bürgerlichste Denker sagt, es giebt kein bürgerliches Privatleben, sondern nur Herrschaft oder Sklaverei, der grosse Intellectualist, der Vergeistiger des Staatslebens, sagt, es giebt nur das Recht des Stärkeren, und er, der der Tyrannei, wenn sie ihn lockte und wenn sie ihm drohte, gleicherweise widerstanden haben soll wie dem Ansturm der Demokratie, der als Märtyrer starb, weil er dem eigenen Denken folgte und nicht bitten wollte, er sagt hier mit dürren Worten: es giebt nur Wölfe und Schafe und man müsse mit den Wölfen heulen. Aber die Kluft zwischen dem echten und dem xenophontischen Sokrates ist hier nicht durch Worte auszumessen: es muss genügen, den Text hierher zu setzen und zu fragen, ob die Gestalt des Sokrates in eine so geschilderte Welt überhaupt hineingehört: „Wenn du aber unter Menschen nicht herrschen willst, noch beherrscht werden und auch nicht einmal den Herrschenden freiwillig dich dienstbar erweisen: so meine ich, musst du sehen, wie im öffentlichen und im Privatleben die Stärkeren die Schwächeren zu quälen und zur Sklaverei niederzudrücken wissen. Oder weisst du nicht von Denen, die, wenn andere gesäet und gepflanzt haben, die Ernte rauben und die Bäume abschlagen und auf alle Art die Schwächeren, die nicht dienen wollen, bedrängen, bis sie sie dazu zwingen, die Sklaverei dem Krieg mit den Stärkeren vorzuziehen? Und weisst du nicht, dass auch im Privatleben die Tapferen und Mächtigen die Unmännlichen und Schwachen unterdrücken und aussaugen?" Würden nicht alledem die leidenschaftlichen Gegner des Sokrates bei Plato, Kallikles und Thrasymachos begeistert zustimmen? Wird sich wohl Jemand finden, der nachweist, dass die hier in so offenen, starken Ausdrücken hingestellte Herrschaft der Faust, der rohen Gewalt eigentlich identisch ist mit der sokratischen Herrschaft des Wissens? Plato hat offenbar einen anderen Sokrates, nicht den Sohn des Sophroniskos geschildert, sonst könnte er nicht in der doch sehr persönlich zugespitzten Rede des Kallikles dem Sokrates genau dieselben Vorhaltungen machen lassen, die hier Sokrates dem Aristipp macht. Kallikles wie Sokrates bei Xenophon drängen zur ἀρχή als der einzig wahren Lebensrichtung, Beide erklären das Leben des ἀρχικός für genussreicher, Beide bekennen das Princip vom Recht des Stärkeren als lebensgültig, lassen ihn nach dem Faustrecht den Schwächeren berauben, z. B. um die Ernte (Mem. § 13) oder um Rinder (Gorg. 484 B C). Aber „Sokrates" ist noch sophistischer als Thrasymachos und Kallikles. Diese behaupten die factische Gültigkeit des Rechts des Stärkeren nicht unbedingt, Thrasymachos überhaupt nur für das grosse, politische Leben, und Beide lassen jenes durch die entgegenstehenden Menschensatzungen nicht frei zur Geltung kommen. Sie sind sich auch der Paradoxie ihrer Lehren bewusst. „Sokrates" aber findet das Recht des Stärkeren unbedingt und überall factisch gültig.

Wem aber wird das Faustrecht am ehesten so absolut lebensgültig erscheinen und die Welt ein so kriegerisches Gesicht zeigen, wem anders als dem kampffreichen Odysseus des asiatischen Rückzugs, als dem leidenschaftlichen Kriegsmann, der überall das Schwert locker in der Scheide sitzen sah? Auch als er das Schwert mit dem Pfluge und der Feder vertauschte, blieb Xenophon im Herzen Soldat. Er will in der Kyropädie eine politische Untersuchung geben und giebt einen Feldzug. An militärischen Vergleichen und Gesichtspunkten ist der Oeconomicus unendlich viel reicher als die anderen Schriften an ökonomischen. In der „Reitkunst" ist fast nur von einem Kriegspferde die Rede und zum Schluss von der Bewaffnung des Cavalleristen. Landbau und Jagd werden mit grossem Aufwand an Worten gepriesen, weil sie kriegstüchtig machen. Thukydides erzählt wahrlich nicht von Friedenszeiten, aber er giebt Politik, während die Hellenika namentlich in den späteren Büchern Kriegschronik geben. Bei jenem scheint der Sturm der Ereignisse in einer fast friedlichen Ordnung und moralischen Durchgeistigung, die das Schwert nur als Instrument in der Hand grosser politischer

Gesichtspunkte und Gegensätze wirken lässt. Bei Xenophon ist das Dreinschlagen naiver Selbstzweck und aus dem wilden Spiel der Kriegswirren heben sich höchstens die Gestalten einiger tüchtiger Feldherren und tapferer Haudegen heraus. Es ist ein ewiges Vergewaltigen des Schwächeren durch den Stärkeren, und es wird uns bei der Erzählung dieser Guerillakämpfe auch nicht das kleinste Lanzenstechen erlassen. Aber der turbulente Charakter dieses Zeitgemäldes rührt nicht nur von der xenophontischen Beleuchtung her: er lag wirklich in der Zeit, und Xenophon hatte in der Peloponnes den damaligen Hauptschauplatz der Wirren in der Nähe. Er spricht Vectig. V, 8 von der jetzigen ταραχή in Griechenland und schliesst die Hellenika mit den trostreichen Worten: ἀκρισία δὲ καὶ ταραχὴ ἔτι πλείων μετὰ τὴν μάχην ἐγένετο ἢ πρόσθεν ἐν τῇ Ἑλλάδι. Man darf auch nicht vergessen, dass Xenophon's militärische Laufbahn von der Verbindung mit Kyros bis zu der mit Agesilaos nicht eigentlich durch ein patriotisches Interesse verklärt war, dass er als ein antiker Condottiere zu betrachten ist und sein berühmter Rückzug als ein grosses Abenteuer, bei dem der schwerste Kampf ums Dasein das Faustrecht zur Geltung brachte und die Vergewaltigung zahlreicher Völkerschaften den Weg der Rettung ebnete. Ja, sein Zug gegen den Perser Asidates am Schlusse der Anabasis (VII, 8) muss als ein einfaches Raubritterstück bezeichnet werden.

Uebrigens findet sich bei Xenophon auch theoretisch das Recht des Stärkeren anerkannt. So sagt Kyros in der oft citirten Mahnrede VII, 5, 72 f.: sie hätten nun Land, Leute und Schätze, und es glaube keiner, er sei in fremdem Besitz. „Denn es ist ein ewiges Gesetz in der ganzen Welt: Person und Habe der Einwohner einer feindlichen Stadt wird Eigenthum der Eroberer. Es ist also nicht Ungerechtigkeit, wenn ihr das, was ihr besitzt, behaltet, sondern Menschenfreundlichkeit, wenn ihr ihnen etwas lasset," und ferner 79: „wir dürfen nie von Waffen entblösst sein, wohl wissend, dass, die immer Waffen zur Hand haben, Alles, was sie wünschen, als ihr Eigenthum betrachten dürfen." Das ist ganz der Kyros, der es sehr thöricht fand, dass die alten Perser ihre Waffentüchtigkeit nicht ausgenützt haben (I, 5, 8 ff.), denn „man übe nicht, um unaufhörlich zu kämpfen, sondern um, tüchtig geworden, sich und dem Staate Reichthum, hohes Glück und grosse Ehre zu erwerben" (§ 9). Dass hier Mem. § 13 das Recht des Stärkeren gerade am Raub der Ernte veranschaulicht wird, ist bei Xenophon sehr natürlich. Man lese Oecon. V, 7: „Es muntert aber der Acker die Bauern auch dazu auf, das Land mit den Waffen zu vertheidigen, weil er, frei daliegend, seine Früchte dem gewährt, der die Macht hat, sie zu nehmen", ferner V, 13: „Wenn aber etwa die mit dem Landbau sich Beschäftigenden und darin tüchtig und männlich sich Schulenden auch einmal von einer Heeresmasse ihrer Erzeugnisse beraubt werden sollten, so können sie, falls nicht ein Gott entgegen ist, als Wohlausgerüstete an Leib und Seele auf die Felder Derer gehen, die ihnen Schaden brachten, und dort sich holen, wovon sie leben können. Oft aber ist es im Kriege sogar **sicherer, mit den Waffen die Nahrung zu suchen, als mit den ländlichen Geräthen**." Im Hipparchicus (VIII, 7 f.) verweist Xenophon, wo er die Kriegsübung als die wichtigste, beste Beschäftigung hinstellt, auf die Art, wie die Seeräuber ihren Unterhalt gewinnen. „Aber auch zu Lande gezieme es sich wenigstens den ihrer Nahrung Beraubten, zu plündern; denn entweder müsse man arbeiten oder von fremder Arbeit leben; sonst könne man weder leben, noch Frieden halten."

Man muss die bisherigen, auf der historischen Treue Xenophon's fussenden Darstellungen des Sokrates durchaus unvollständig nennen, weil sie die hier so ausführlich erörterten Punkte, die das Gesammtbild beeinflussen müssen, nicht entsprechend herausgestellt haben: Sokrates drängte mit aller Macht zur Lebensrichtung und zum Lebensberuf des *ἀρχικός*, Sokrates liess nur die Wahl übrig zwischen Herrschaft und Dienstbarkeit und Sokrates erkannte das Recht des Stärkeren als factisches Lebensprincip an. Der Intellectualismus ist hier völlig zurückgetreten. Die *ἐγκράτεια* ist die Schutz- und Trutztugend im wilden Kampfe ums Dasein. Es ist eine waffenstarrende Welt der Parteiung, in der kein moralischer Hauch weht, es ist ganz die dualistische Welt Xenophon's, wie wir sie noch kennen lernen werden, in der es nicht eigentlich Menschen, sondern nur Herren und Diener, Freunde und Feinde giebt, und als oberster Grundsatz gilt: nütze den Freunden und schade den Feinden.

Aber ist es wirklich nur die Welt Xenophon's und hat sich nicht vielmehr auch hier die xenophontische Erfahrung wiedergefunden in der Theorie des Kynikers? Der heraklitische Kriegsgeist der Philosophie hat sich auf ihn fortgeerbt. Der Kampf ist dem *παλαιστικός* die Grundform, die Heimath seiner Weltanschauung;

im Denken kennt er nur Antithesen und im Leben sieht er nur Freund und Feind; kein anderer Philosoph redet so viel von ἐχθροί[1]), und mit seiner Fassung des Guten als οἰκεῖον, des Bösen als ἀλλότριον ist schon die starke Repulsionstendenz gegeben. Vor Allem lebt und webt der „Herakles" ganz in der heissen Kampfatmosphäre; was anders als Kampf ist denn der πόνος, in dem der Schüler des Kentauren seine ἰσχύς und seine ἀρετὴ τῶν ἔργων entfaltete und mit dem Eroberer Kyros zusammenging? Im Herakles wohl hatte der Kyniker seinen Namen sich gegeben von dem Thier, das Freund und Feind so scharf scheidet, und in den Herakles setzt man die Worte: συμμάχους ποιεῖσθαι τοὺς εὐψύχους ἅμα καὶ δικαίους· ἀναφαίρετον ὅπλον ἡ ἀρετή· κρεῖττόν ἐστι μετ' ὀλίγων ἀγαθῶν πρὸς ἅπαντας τοὺς κακοὺς ἢ μετὰ πολλῶν κακῶν πρὸς ὀλίγους ἀγαθοὺς μάχεσθαι· προσέχειν τοῖς ἐχθροῖς etc. (Diog. VI, 12). τεῖχος ἀσφαλέστατον φρόνησιν und auch die folgenden Sätze ib. 13 versetzen uns in eine kriegsstarrende Sphäre, in der erst die Kampfsprache des Kynikers verständlich wird. Die Scheidung des φίλον (= οἰκεῖον = ἀγαθόν) und des ἐχθρόν (= ἀλλότριον = κακόν) reisst so tief hinein in die kynische Welt, dass sie Recht und Moral zerreisst. Die δίκη wird relativ, wird eine andere gegen Freund und Feind — so lehrt der kynische[2]) Gerechtigkeitslehrer Cyr. I, 6, 31 und Mem. IV, 2, 15 f., wo ausdrücklich die Beraubung und Knechtung der feindlichen Stadt durch den Eroberer als δίκαιον bezeichnet wird — das ist ja der ἀίδιος νόμος, von dem Cyr. VII, 5, 73 (vgl. S. 86) die Rede ist, und Antisthenes liess ja wohl im Herakles den Weisen den νόμος ἀρετῆς im Gegensatz zu den κείμενοι (nicht ewigen) νόμοι befolgen (Diog. VI, 11). Dem Weisen gehört Alles, auch das Fremde kraft seiner αὐτάρκεια und ἰσχύς (πάντα γὰρ αὐτοῦ εἶναι τὰ τῶν ἄλλων Diog. 11), und der Kyniker hat gerade seinen Herakles dieses Recht des Stärkeren ausüben lassen und sich dafür sicher auf das bekannte,

---

[1]) Vgl. ausser dem bald im Text zu citirenden z. B. Frg. S. 62, 35. 64, 43 W.

[2]) Vgl. I, 395 ff. Der Vertreter der δικαιοσύνη διδακτή Cyr. I, 6, 31 f. spricht als παλαιστικός und διορίζων seinen Relativismus ganz im kynischen Stil aus: ἐδίδασκεν — μὴ ψεύδεσθαι, καὶ μὴ ἐξαπατᾶν καὶ ἐξαπατᾶν etc. Vgl. Diog. VI, 29: ἐπῄνει τοὺς μέλλοντας γαμεῖν καὶ μὴ γαμεῖν, καὶ τοὺς μέλλοντας καταπλεῖν καὶ μὴ καταπλεῖν etc. Und eine echt kynische Paradoxie haben wir in der Forderung: der tüchtige Feldherr müsse den Feinden gegenüber ein Betrüger, Dieb und Räuber sein, worüber Kyros charakteristisch ausruft: o Herakles! (Cyr. 1, 6, 27, vgl. I, 397).

ganz moralisch gemeinte[1]), dem Faustrecht an unserer Stelle Mem. II, 1, 13 so gut entsprechende, gerade auf Herakles exemplificirende Pindarcitat berufen: ἄγει δικαιῶν τὸ βιαιότατον | ὑπερτάτᾳ χειρί τεκμαίρομαι | ἔργοισιν Ἡρακλέους, ἐπεὶ ἀπριάτας —. Auch Polykrates, der ja den antisthenischen Sokrates anklagt[2]), hat sich das Citat ebenso wie den Relativismus des δίκαιον begreiflicherweise nicht entgehen lassen, um diesen Sokrates zum τυραννικός umzukehren[3]), und auch Plato kritisirt den Kyniker, indem er es den Gorgianer Kallikles für seine wirklich tyrannische Lehre ausnützen lässt[4]), während er es doch später, zum Protagorasmythus, d. h. Antisthenes, freundlicher stehend, richtig anzuwenden weiss[5]). Zum Ueberfluss deutet auch Dio Chr. or. 75 p. 406 R in einem gorgianisch stilisirten, sichtlich kynischen[6]) ἐγκώμιον νόμου auf das pindarische Heraklescitat.

Uebrigens ist das Recht des kynischen Weisen auf Alles nicht so gefährlich. Das πάντα τῶν σοφῶν wird ermässigt durch das κοινὰ τὰ τῶν φίλων[7]). Man ist so φιλάνθρωπος, den Anderen noch etwas zu lassen[8]), und der antisthenische Held Kyros ist στρατηγικώτατος, aber noch stolzer auf seine φιλανθρωπία, weil ihm das εὖ ποιεῖν ἀνθρώπους lieber ist, als das κακῶς ποιεῖν[9]) — ich zweifle nicht, dass Xenophon im Ideal der stoischen φιλανθρωπία dem Kyniker folgt[10]), der wirklich eine solche Versöhnung nöthig hatte, da er sich erst von Plato sagen lassen muss, dass das Recht des Stärkeren zum Standpunkt des Kallikles und des absichtlich halb kynisch, halb antikynisch stilisirten Thrasymachos (I, S. 394) führe, und dass eine höhere Moral jedes Uebelthun auch dem Feinde gegenüber verpönt[11]).

---

[1]) Vgl. Dümmler, Prolegom. z. Platon's Staat (Basler Rectoratsprogr. 1891) S. 34 und v. Wilamowitz, Herakles I², 97, 179.

[2]) Vgl. I, S. 481 und Schanz, Platon's Apologia S. 51.

[3]) Liban. p. 30; vgl. Schanz a. a. O. S. 43.   [4]) Gorg. 484.

[5]) Leg. 714 E; vgl. Dümmler a. a. O. S. 34. 36.

[6]) Vgl. Dümmler a. a. O. S. 35.

[7]) Diog. VI, 72.   [8]) Vgl. Cyr. VII, 5, 73.

[9]) Vgl. Cyr. VIII, 4, 7 f.; theilweise stimmt auch das Kyrosfragment S. 18, 3 W damit überein.

[10]) Cyr. VIII, 4 wird ja auch gerade das κοινὰ τὰ τῶν φίλων illustrirt! Bei Dio Chr. in den kynischen Antithesen ist die φιλανθρωπία das Hauptkennzeichen des βασιλεύς gegenüber dem τύραννος I, 50. III, 112. IV, 150 R. Vgl. auch Epictet diss. 3, 24, 64. Bernays, Lukian S. 100 ff.

[11]) Rep. 1; Crit. 49; vgl. I, 396. Nennt es doch Antisthenes einen Schimpf, Schädigungen nicht zu vergelten (vgl. oben S. 77).

Aristipp will weder den Weg der Herrschaft noch der Knechtschaft, sondern einen mittleren Weg der Freiheit gehen, der am ehesten zur Glückseligkeit führe. Ja, meint Sokrates, wenn dieser Weg nur nicht durch Menschen führte, und Menschen müssen immer Hammer oder Amboss sein. Ich glaube, dass dieser Satz in Athen vor der Wende zum 4. Jahrhundert kaum denkbar war und die ganze Grösse des Umschlags ermessen lässt, der es auch machte, dass die Philosophen, die im 5. Jahrhundert nach der freien πόλις drängten, im 4. theoretisch und praktisch den Halt der ἀρχή suchen. Auch der kynische ἀρχικός (= βασιλεύς) wehrt sich so verzweifelt gegen den τυραννικός, weil er ihm so gefährlich ähnlich ist, nur auf der Spitze ins Sociale umschlägt. Es ist wirklich die Sprache des Verfechters der ἀρχή und ἰσχύς, wenn hier die grosse Antithese in der Welt der ἄνθρωποι aufgespannt wird, von denen die κρείττονες die ἥττονες κοινῇ καὶ ἰδίᾳ zwingen[1]). Und es ist vor Allem der kynische Antithetiker, der die μέση ὁδός leugnet. Wie ihm Alles zwischen ἀρετή und κακία gleichgültig ist (gerade im Herakles!)[2]), wie er nur Weise und Thoren, Freund und Feind kennt, so kennt er eben auch nur ἄρχοντες und δοῦλοι. Welche Mühe hat Plato im Meno, Lysis, Symposion, Sophistes die Kategorie des μέσον durchzudrücken! Von der Rolle, die das Bild der ὁδός[3]) und namentlich der zwei ὁδοί bei den Kynikern spielt, haben wir später zu reden. Antisthenes und Aristipp trafen sich im Ideal der εὐδαιμονία als ἐλευθερία; nur die ὁδοί beider dahin sind entgegengesetzt. Uebrigens giebt hier § 12 „Sokrates" ausser dem ἄρχειν und ἄρχεσθαι noch eine dritte Möglichkeit zu: τοὺς ἄρχοντας ἑκὼν θεραπεύειν. Im Munde des Sokrates ist das unglaublich, aber für Antisthenes hat das einen guten, ja nothwendigen Sinn, und zwar einen doppelten. Ist der ἄρχων ein ἀγαθὸς βασιλεύς wie Kyros, so ist der ἑκὼν θεραπεύων sein πιστὸς ἐπίτροπος (vgl. S. 40), der ἐγκρατής sein muss, sein idealer φίλος etwa wie Chrysantas Cyr. VIII, 4, 11 gezeichnet wird. Ist aber der ἄρχων der Tyrann, so ist es um so schlimmer, dass Aristipp ihm (sc. Dionys!) zu Diensten sein muss.

Aber der Kyrenaiker will sich nicht binden, er will überall als ξένος leben (§ 13). Doch Sokrates lächelt mit der Miene des

---
[1]) Ueber ἄνθρωποι, κοινῇ καὶ ἰδίᾳ vgl. öfter in Bd. I.
[2]) Diog. VI, 105.
[3]) Vgl. inzwischen Diog. VI, 31. 104. Mem. I, 7, 1 und dazu I, 518 f.

kynischen δεινὸς παλαιστικός[1]) über das δεινὸν πάλαισμα des Gegners (§ 14) und kommt ihm dafür — auch nach antisthenischer Passion — mit Mythologie. Allerdings müssen sich dem nachskizzirenden Xenophon die Linien etwas verschoben haben, denn Krohn spottet mit Recht: „Seit der Zeit der mythischen Strassenräuber sollen zwar die Reisenden unbehelligt sein (§ 14); aber da mit einem neuen Satze eine neue Aera anhebt, sind wieder die Landstrassen am meisten gefährdet" (§ 15). Doch die pessimistische Stimmung der Schilderung §§ 14 f. ist sicher echt. Es ist eine böse Welt des ewigen ἀδικεῖν, das hier „Sokrates" in 13 Zeilen siebenmal, wie Kallikles damit dem Unpolitischen drohend, citirt. Xenophon findet sie ganz natürlich, der Kyniker aber braucht diese Welt des ἀδικεῖν, in der auf officielle Garantien und Versprechungen kein Verlass ist (§ 15), um daraus gerade die Nothwendigkeit der πολιτικὴ resp. βασιλικὴ τέχνη abzuleiten[2]). Da ist nun § 14 die Rede von den politischen Machthabern, die sich durch Gesetze, Coterien, Mauern, Rüstungen und auswärtige Bündnisse zu schützen suchen und doch Anfechtungen zu erdulden haben. Soll das Sokrates in der attischen Republik gesagt haben? Ich meine, es ist ganz der schwarzfärbende Stil, in dem der xenophontische Hiero die Leiden des Tyrannen schildert, der sich durch Creaturen, Leibwachen etc. zu schützen sucht und doch fortwährend in Gefahr schwebt, von den Bürgern vergewaltigt zu werden[3]). Hinter der Schilderung § 14 steht das düstere Bild der sicilischen Tyrannis, wie es nicht Sokrates, sondern Antisthenes entworfen, um Aristipp zu zeigen: diese κακοδαιμονία ist dein Ideal, dein Halt und Hort, und im Daseinskampf des stets bedrohten Tyrannen wirst du zertreten werden. Man muss nur im XIV. Buch Diodor's nachlesen, wie sich Dionys durch grosse Fortificationen (7, 2 f. 10, 4. 18), durch den Panzer unter dem χιτών, durch ganz unerhörte Waffenformen, durch Söldner, durch Freigelassene und Fremde, durch immer neue Bündnisse zu schützen sucht und trotzdem fortwährend gefährdet ist[4]). Jetzt erst wird klar, warum

---

[1]) Diog. VI, 4 und Bd. I öfter.
[2]) Clit. 407 D; Dio Chr. VI, 205 Schl. XIII, 427 R; vgl. I, 494. Nur der fahrende Weise, der Kyniker wandert sicher διὰ λῃστῶν Dio 6. 217 R.
[3]) Vgl. nam. Hiero II—VI. VIII, 8—10. X, 1.
[4]) Die beständigen, mannigfachen und künstlichen Schutzmittel, die Damoklesfurcht, das Misstrauen gegen die nächsten Angehörigen, die Hinrichtungen und Confiscationen aus Habsucht (vgl. oben S. 83) — das sind die allgemeinen Tyrannenzüge, die ursprünglich Antisthenes von Dionys d. Ae.

der antisthenische Herakles von den wahren τείχη, ὅπλα und σύμμαχοι redet: weil er die falschen, äusseren der sicilischen Tyrannis vor Augen hat. Die wahren Mittel der ἀρχή sind ἀρετή, φρόνησις, φιλία: sie machen den Tyranhen zum βασιλεύς, den κακοδαίμων zum εὐδαίμων. Dies Recept hat Xenophon's Hiero von Antisthenes.

Ob Aristipp etwa seine Sicherheit auf seine Unbrauchbarkeit als Sklave baue, fragt „Sokrates" weiter (§ 15); denn Niemand wolle einen Sklaven im Hause haben, der nicht am πονεῖν, sondern an der πολυτελεστάτῃ διαίτῃ Freude habe — wir kennen zur Genüge diese kynische Melodie, in die der δεσπότης Xenophon freudig einstimmt. Aber die δεσπόται verstehen schon den zum Sklaven unbrauchbaren ἀκρατής brauchbar zu machen durch Leibesstrafen. Wer wird in Athen einen Aristipp, einen Philosophen als Sklaven verkaufen? Einen Sinn erhält diese müssige Reflexion wieder erst, wenn man den sicilischen Tyrannen dahinter sieht, dessen Launen die Sokratiker zu spüren hatten, der ja auch Plato als Sklaven verkaufen liess. Den Kynikern sieht es ähnlich, sich die Philosophen im Sklavenzustand vorzuführen und den rechten Weisen triumphirend aus der Passion hervorgehen zu lassen — daher die reiche Literatur über des Diogenes πρᾶσις[1]). Den ἀκρατεῖς gönnen sie ein tüchtiges κολάζεσθαι.

entnommen und zum Theil ihm übertreibend angedichtet, die dann in Xenophon's Hiero, in der kynischen Literatur und den uns überlieferten Anekdoten von Dionys fortwirken. Selbst in Diodor's Geschichtschreibung spielt das hinein, wenn er XIV, 2 die athenischen 30 τύραννοι (vgl. oben S. 83, 3), die διὰ τὴν ἰδίαν πλεονεξίαν (vgl. oben S. 78 f. 82, 3) dem Vaterlande grossen Schaden, sich aber „ewige Schande" zuzogen, mit Dionys zusammenstellt, obgleich er εὐτυχέστατος (aber der kynische Herakles — Diog. VI, 105 — τύχῃ μηδὲν ἐπιτρέπει), und daran die Moral knüpft, dass die Reiche τηροῦνται εὐνοίᾳ καὶ δικαιοσύνῃ, καταλύονται δὲ ἀδικήμασι καὶ μίσει. Vgl. auch die Anklagerede gegen den mordenden (ib. 66, 5) Tyrannen: καὶ κρατεῖ τῆς πόλεως οὐκ ἐπ' ἴσης βραβεύων τὸ δίκαιον, ἀλλὰ μόναρχος πλεονεξίᾳ κρίνων πράττειν πάντα (65, 3).

[1]) Die Kyniker wollen den Menschen nur nach seinem inneren Werthe, gleichsam wie er nackt aus dem Wasser gezogen wird, messen und erfinden deshalb entsprechende Situationen. Daher auch die Mahnung des Antisthenes, sich nur zu erwerben, ἃ καὶ ναυαγήσαντι συγκολυμβήσει (Diog. VI, 6). Wenn nun von Aristipp genau dasselbe citirt wird (Galen. protr. c. 5), so genügt zur Erklärung wohl kaum eine tieferliegende Uebereinstimmung der beiden Individualisten, sondern man muss annehmen, dass in einer Schrift des Antisthenes Aristipp die (ihm an sich wenig zusagende) Mahnung, wenn nicht ausgesprochen, so doch erhalten hat. Vgl. übrigens die Seefahrtsanekdote Diog. II, 77. Ael. IX, 20 etc. vielleicht

Vielleicht schimmert sogar in der Aufzählung der Delicte mit den entsprechenden Strafen hier Mem. § 16 eine halb verwischte alliterirende Rhetorik durch, die dem Gorgianer Antisthenes ansteht: *λαγνείαν° λιμῷ* | *κλέπτειν κωλύουσιν ἀποκλήοντες* | *δραπετεύειν δεσμοῖς* | *ἀργίαν ἐξαναγκάζουσιν.* Uebrigens weiss auch der Kyniker Krates, dass der Hunger ein Mittel gegen die Geschlechtslust ist[1]). Der Oekonom Xenophon behandelt natürlich die Besserung der Sklaven durch Züchtigung als eine Hauptaufgabe des Gutsherrn und der Gutsherrin[2]). Doch möchte ich annehmen, dass er wieder die doctrinären Principien von den Kynikern hat, z. B. die *θηριώδης παιδεία* der Sklaven nach dem Muster der *κυνίδια*[3]) (Belohnung durch Leckerbissen, Bestrafung durch leibliche Züchtigung[4]) und die *διδακτὴ δικαιοσύνη*[5]), zu der er die Sklaven *ἐμβιβάζειν* (vgl. I, 521) will, theilweise nach drakonischen und solonischen Gesetzen, die Leibesstrafen für die verschiedenen Delicte aussetzen, viel lieber aber nach den *νόμοι βασιλικοί*, die nicht nur *τοὺς ἀδικοῦντας* strafen, sondern auch *τοὺς δικαίους ὠφελοῦσι*. Woher kommen diese merkwürdigen *νόμοι βασιλικοί*? Man hat an den idealen belohnenden und bestrafenden Kyros von Oec. IV gedacht. Aber woher stammt dieser wieder? Wir haben wirklich hier wie dort eine sehr ungenirte Citirung des antisthenischen Kyros und seiner idealen Theorie vom *βασιλικόν*[6]).

In Xenophon's Kopf scheint wirklich auch hier Mem. § 16 bei den Erziehungsstrafen der antisthenische *βασιλεύς* als gegebene Association mitzuspielen, denn anschliessend daran citirt jetzt plötzlich § 17 Aristipp (nicht „Sokrates") die *βασιλικὴ τέχνη* als bekannten Terminus, dessen Ursprung doch nur aus dem antisthenischen Kyros verständlich ist (vgl. oben S. 70). Dass die *εἰς τὴν βασιλικὴν τέχνην παιδευόμενοι* die *εὐδαιμονία* erlangen, ist dem Kyniker Hauptdogma. Allerdings ist diese kynische *βασιλικὴ τέχνη* stark asketisch, sie besteht — darin hat

aus Aristipp's Schrift *Ναυαγοί* und als Antwort auf die Polemik des Kynikers, der wohl von dem nackt bei den Phäaken landenden Odysseus ausging. Die häufigen Parallelcitate bei Antisthenes und Aristipp (vielleicht auch oben S. 78, 5) sind eben nur so zu erklären, dass sich Beide gegenseitig polemisch citirt haben.   [1]) Diog. VI, 86.

[2]) Oec. V, 15. VII, 41. IX, 14 f. XII, 16. 19. XIII, 6—9. XIV, 4 ff. XXI, 10.

[3]) die *ἀνθρώπων καὶ τῇ γνώμῃ καὶ τῇ γλώττῃ ὑποδεέστερα* heissen (XIII, 8) — wieder ein gorgianischer Anklang!

[4]) XIII, 6 ff.   [5]) XIV, 3 ff. Vgl. oben S. 70.

[6]) Vgl. oben S. 70 und 90, 9.

Aristipp Recht — hauptsächlich im Hungern, Dursten, Frieren, Wachen, und der Kyrenaiker findet keinen Unterschied, ob Einer freiwillig oder unfreiwillig Peitschenhiebe bekomme, hungere, friere etc., höchstens den, dass der freiwillig Leidende ein Narr sei. Dindorf u. A. haben natürlich wieder den Satz gestrichen, in dem dies rhetorisch am pointirtesten zum Ausdruck kommt. Simon (ep. Socr.) droht Aristipp mit Antisthenes als σωφρονιστής und schreibt weiter: μέμνησο μέντοι λιμοῦ καὶ δίψης· ταῦτα γὰρ δύναται μέγα τοῖς σωφροσύνην διώκουσιν — hier Mem. § 16 wird demselben Aristipp von „Sokrates" mit σωφρονίζειν λιμῷ gedroht. Aristipp ferner beklagt im Briefe an Antisthenes voll Ironie seine κακοδαιμονία in Folge der ihm gebotenen πολυτέλεια in Essen, Trinken und Kleidung und preist des Kynikers asketische εὐδαιμονία, während er sich selbst anklagt: schon so alt geworden καὶ φρονεῖν δοκέων, πεινῆν καὶ ῥιγοῦν καὶ ἀδοξεῖν οὐκ ἠθέλησα — hier Mem. § 17 versichert er ernsthaft, dass er dem θέλοντι πεινῆν καὶ ῥιγοῦν etc. nicht εὐδαιμονία, sondern ἀφροσύνη zuspreche, die Antisthenes in seinem Briefe ihm gerade zugesprochen. Der Briefwechsel der Sokratiker ist natürlich apokryph, aber er weiss doch noch mehr von ihnen als wir, und dass darin in mehrfacher wörtlicher Uebereinstimmung Antisthenes und Aristipp sich genau so gegenübertreten, wie Mem. II, 1 Sokrates und Aristipp, ist doch nur so zu erklären, dass die Correspondenz und Xenophon aus einer Quelle und zwar einer Schrift des Antisthenes schöpfen, vermuthlich aus dem Herakles; denn an die zuletzt citirte Stelle aus Aristipp's Brief schliesst sich gerade seine oben S. 50 erwähnte Anspielung auf den ihm feindlichen Herakles. Von den im Briefe Aristipp's erwähnten asketischen Forderungen hat der eitle Xenophon nur das ἀδοξεῖν weggelassen. Aber der Epistolograph hat Recht. Zwischen lauter Aussprüchen des Kynikers, die man längst in den Herakles versetzt hat, heisst es Laërt. Diog. VI, 11: τήν τε ἀδοξίαν ἀγαθὸν καὶ ἴσον τῷ πόνῳ — das muss in einer Schrift gestanden haben, die den πόνος als ἀγαθόν feiert, also im Herakles oder Kyros.

Die διαφορά des ἑκών und ἄκων, die Aristipp Mem. § 17 leugnet, musste gerade der kynische Voluntarismus in antithetischer Pointirung verfechten[1]), und speciell diese διαφορά,

---

[1]) Will er doch den Vorzug des ἑκών vor dem ἄκων sogar beim Unrechtthun aufrecht erhalten I, 403 ff.! Vgl. oben S. 78.

gegenüber dem ἄκων πονῶν den ἑκὼν πονῶν herauszuarbeiten war ja der ganze Sinn und Zweck der antisthenischen Heraklesschrift, die den πόνος, den bisher nur als κακόν, λυπηρόν, als unfreiwilliges Leiden beklagten, auch als ἀγαθόν, d. h. als freiwillig übernommene Leistung feiert. Doch der Kyniker muss die διαφορά des ἑκούσιος und ἀκούσιος dem Hedoniker gegenüber hedonisch begründen, und „Sokrates" antwortet darum § 18: Dem freiwillig Entbehrenden (im Gegensatz zum Gezwungenen) ständen doch, wenn er will, wieder alle Genüsse offen, und ausserdem würden die freiwilligen πόνοι in Hoffnung auf Gewinnste und Erfolge freudig ertragen. In der schon mehrfach Mem. II, 1 parallel citirten Rede des Kyros Cyr. VII, 5, 72 ff. ist eine ähnliche Controverse angedeutet: die Perser sollen auch nach dem Siege die καρτερία weiter üben. „Denkt aber Einer, was nützt es uns, das Ziel unserer Wünsche erreicht zu haben, wenn wir weiter hungern, dursten u. s. w. sollen, so wisse er, dass das Glück um so mehr erfreut, je mehr πόνοι vorangingen; der πεινήσας wird die ἥδιστα σῖτα geniessen" u. s. w. u. s. w. Daraus spricht das Dogma des Antisthenes: ἡδονὰς τὰς μετὰ τοὺς πόνους διωκτέον, ἀλλ' οὐχὶ τὰς πρὸ τῶν πόνων[1]). Der διαφορά der Mem. verwandt ist die Tröstung der δέσποινα Oec. IX, 16, dass ihr ebenso viel, ja mehr Geschäfte als den (gezwungen arbeitenden) Sklaven auferlegt seien, da doch nur ihr die Nutzniessung von Allem freistände. Von der Bedeutung der ἐθελοπονία war schon die Rede (oben S. 63 f.) und wird noch mehr die Rede sein. Der Kyniker hat mit dem πόνος die Arbeit geadelt und damit eine Sache des δοῦλος als des ἄκων zu einer Sache des ἐλεύθερος als des ἑκών gemacht. Dass diese Begriffe in der διαφορά zusammengehen, drückt Xenophon Cyr. VIII, 1, 4 sicherlich gut kynisch aus: τοσοῦτον δὲ διαφέρειν δεῖ τῶν δούλων ὅσον οἱ μὲν δοῦλοι ἄκοντες τοῖς δεσπόταις ὑπηρετοῦσιν, ἡμᾶς δ', εἴπερ ἀξιοῦμεν ἐλεύθεροι εἶναι ἑκόντας δεῖ ποιεῖν ὃ πλείστου ἄξιον φαίνεται εἶναι.

Mit dem Lob des πόνος, das Mem. §§ 18 ff.. beherrscht, tritt das Thema des antisthenischen Herakles noch entschiedener hervor, und wenn dort die Erziehung zum πόνος durch die Jagd geschieht, so bricht das auch beim xenophontischen Sokrates durch, der wahrlich eher xenophontisch als sokratisch ist und § 18 den ἑκουσίως πονῶν mit den Jägern vergleicht. Zwar seien

---

[1]) Frg. S. 59, 12 W.

solche ἆθλα τῶν πόνων (Jagdbeute!) μικροῦ τινος ἄξια, aber πόνοι für Erwerbung tüchtiger Freunde und Schädigung der Feinde (die ja bei Antisthenes mit den φίλοι σύμμαχοι immer zusammengeht![1]), für eigene grosse Förderung u. s. w. lohnten sich schon. Genau dasselbe, nur mit concretem Inhalt, wird Cyr. IV, 2, 46 versichert. Kyros fordert, dass die Perser, um die Bundesgenossen zu gewinnen, zu deren Gunsten auf den nächsten Genuss der Beute verzichten, und Hystaspes findet es δεινόν, wenn sie auf der Jagd oft Entbehrung geübt hätten, um ein θηρίον zu erbeuten, καὶ μάλα μικροῦ ἴσως ἄξιον, jetzt aber, wo es das θηρᾶν des ganzen Lebensglücks gilt, — — Es handelt sich hier wie auch Mem. §§ 18 ff. nach dem Muster des θηρία θηρᾶν um den Verzicht auf augenblickliche Genüsse, um durch den πόνος später um so grösseren Gewinn zu erlangen. Dass dies genau das ist, was der Kynismus Aristipp vorgehalten hat, zeigt Diog. II, 66: (Aristipp) ἀπέλαυε μὲν γὰρ ἡδονῆς τῶν παρόντων, οὐκ ἐθήρα δὲ πόνῳ τὴν ἀπόλαυσιν τῶν οὐ παρόντων· ὅθεν καὶ Διογένης βασιλικὸν κύνα ἔλεγεν αὐτόν. Man sieht, wie wichtig hier das Jagdmotiv ist und wie diese Polemik im Kynismus wurzelt; nur scheint die Bedeutung des βασιλικόν bei Diogenes gegenüber Antisthenes' Kyros und Mem. § 17 in's Ironische umgesprungen zu sein, wie auch ähnlich die Vergleichung mit dem Perserkönig Dio or. VI.

Die Männer der πόνοι werden ferner (Mem. § 19) δυνατοὶ καὶ τοῖς σώμασι καὶ ταῖς ψυχαῖς καὶ τὸν ἑαυτῶν οἶκον καλῶς οἰκοῦντες καὶ τοὺς φίλους εὖ ποιοῦντες καὶ τὴν πατρίδα — das ist in allen Stücken genau das ritterliche Lebensideal Xenophon's, das der καλοκἀγαθός Ischomachos Oec. XI, 8—12 ausspricht, aber auch ebenso genau der Inhalt der von Antisthenes verherrlichten βασιλικὴ τέχνη oder Kalokagathie[2]). Und all' dies Herrliche als Resultat der παιδεία durch den πόνος verheissen eben die antisthenischen Lobschriften auf den πόνος. Die beiden Schlusscapitel des Cynegeticus, in denen ja speciell der Herakles nachklingt, preisen noch weit gründlicher als die Mem. die (14 mal citirten) πόνοι auch in Rücksicht auf Leib und Seele[3]), Freunde und Feinde[4]), auf Hausverwaltung[5]) und Staat[6]). Des

---

[1]) Vgl. oben S. 89 f.   [2]) Vgl. I, 500. 536. 542 etc.
[3]) Cyneg. XII, 9; vgl. ib. 1. 5. XIII, 11.
[4]) ib. XII, 2—6. 8—10. 13. XIII, 12—15. 17.
[5]) ib. XII, 10 f. XIII, 11.
[6]) ib. XII, 9—11. 13. 15. XIII, 11 f. 17.

Kynikers Lob des Herakles hat Xenophon ja auch im Lob des Herakliden Agesilaos nachgeahmt und illustrirt und in ihm dasselbe Lebensideal — eine körperlich und seelisch kräftige Natur in thatreichem Verhalten gegen Freund und Feind und den Staat — von Ages. c. IV an in breitester Ausführung gegeben, wo auch der Held des πόνος dafür wie Mem. § 19 f. Zufriedenheit, Preis und Ruhm erntet[1]), und ihm auch wie Mem. ib. das uneigennützige Thun, die Entbehrungen, überhaupt die πόνοι Lust und Freude sind[2]). Xenophon schätzt sehr die antisthenischen ἡδονὰς μετὰ τοὺς πόνους, und mit sicher kynischer Wendung spricht er von den πόνοι als τοῦ ζῆν ἡδέως ἡγεμόνες[3]). Die Früchte allerdings der Mühen möchte er nicht missen[4]). Aber die ἡδοναί wirken als Hoffnungen voraus und darum schon in den πόνοι mit: so heisst es wie Mem. § 19 πονεῖν ἡδέως Cyr. I, 5, 12: πάντα πόνον ἡδέως ὑποδύεσθαι und VII, 5, 55: ἥδιστα συμπονεῖν. Die Cyropädie liefert hier schon darum viel Parallelen, weil sie ganz besonders von der andern antisthenischen Lobschrift auf den πόνος, vom Kyros abhängig ist; aber auch Hell. I, 1, 16 lässt Xenophon den idealisirten Teleutias zu den Soldaten sagen: ἡδέως μὲν συμπονῶμεν, ἡδέως δὲ συνευδαιμονῶμεν, und Anab. I, 9, 19 spricht er von den Oekonomen unter dem auch ideal gefärbten jüngeren Kyros, die ἡδέως ἐπόνουν, weil sie vom πόνος Gewinn zogen.

§ 20: ἔτι δὲ αἱ μὲν ῥᾳδιουργίαι καὶ ἐκ τοῦ παραχρῆμα ἡδοναὶ οὔτε σώματι εὐεξίαν ἱκαναί εἰσιν ἐνεργάζεσθαι, ὥς φασιν οἱ γυμνασταί. Wieder meldet sich die grosse Mahnrede der Cyrop. mit der gleichlautenden Versicherung, dass die ῥᾳδιουργία und τὸ αὐτίκα ἡδύ den σώματα εὖ ἔχοντα schädlich seien[5]). Die ῥᾳδιουργία, die für den Kyniker so recht den antithetischen Begriff zum πόνος abgeben musste, wird noch öfter bekämpft[6]), ebenso die gefährliche Lust des Augenblicks (τὸ παραχρῆμα Cyr. IV, 2, 39, τὸ παραυτίκα ib. II, 2, 24). Ueber die hier

---

[1]) Ages. V, 3. VI, 8. IX, 5. 7. X, 2—4. XI, 15 f.
[2]) ib. IV, 1. V, 3. IX, 3 f. (ἡδύ, ἀγάλλεσθαι, χαίρειν etc.). Vgl. nam. XI, 9 den kynischen Ausspruch: die ἀρετή war ihm keine καρτερία, sondern eine εὐπάθεια (vgl. Dümmler, Philol. 54. 583 f.).
[3]) Cyr. I, 5, 12.
[4]) ib. I, 5, 9 f. Vergl. auch sonst für die Verbindung der ἡδονή mit dem πόνος Cyr. II, 2, 18 ff. III, 3, 8: μεγάλας ἡδονάς — οἱ πόνοι παρέχονται.
[5]) ib. VII, 5, 75 f.
[6]) ib. I, 6, 8. II, 1, 25; Ages. XI, 6; Rep. Lac. II, 2. IV, 4. V, 2.

zu Grunde liegende kynische Seelentheorie später mehr. Man sieht aus den Citaten (Cyr., Ages., Rep. Lac.), dass sie in der Sphäre der beiden antisthenischen Lobschriften auf den πόνος liegen, deren zur Genüge charakterisirte Sprache namentlich Ages. XI, 6 deutlich ist: τῇ δὲ βασιλείᾳ (!) προσήκειν οὐ ῥᾳδιουργίαν (!) ἀλλὰ καλοκἀγαθίαν (!) und übereinstimmend Cyr. I, 6, 8: τὸν ἄρχοντα (!) οὐ τῷ ῥᾳδιουργεῖν (!) χρῆναι διαφέρειν (!) τῶν ἀρχομένων, ἀλλὰ τῷ — φιλοπονεῖν (!). Gegen die ῥᾳδιουργία der Knaben ernennt „Lykurg" einen κύριος ἐπισκοπῶν [1]), und weil er weiss, dass die φιλόπονοι im Gegensatz zu den ἄπονοι kräftige Körper haben, sorgt er für tüchtige Gymnastik [2]). Im Uebrigen wird Xenophon die sich trainirenden γυμνασταί hier Mem. II, 1, 20 wie I, 2, 19. 24 nicht blos als freundlicher Nachbar von Olympia citiren, sondern es handelt sich wieder um die kynische Parallele der Körpergymnastik mit der Seelenbildung (vgl. S. 22 ff.), denn § 20 heisst es weiter: (ἡδοναί) οὔτε ψυχῇ ἐπιστήμην ἀξιόλογον οὐδεμίαν ἐμποιοῦσιν — den Commentar, die ausführliche Erörterung hierzu liefern wieder die Schlusscitate des Cynegeticus, d. h. sie schöpfen sie aus ihrem Original, dem Herakles des Antisthenes. Da wird im Gegensatz zu den κακαί oder ἄκαιροι ἡδοναί, die keinen Lernstoff abgeben, nicht σοφούς machen, das διδάσκεσθαι, παιδεύεσθαι, πολλὰ καὶ καλὰ μανθάνειν durch die πόνοι zunächst der Jagd gar dringend empfohlen [3]).

αἱ δὲ διὰ καρτερίας ἐπιμέλειαι τῶν καλῶν τε κἀγαθῶν ἔργων ἐξικνεῖσθαι ποιοῦσιν, ὥς φασιν οἱ ἀγαθοὶ ἄνδρες — so schliesst Mem. § 20 in lauter Grundbegriffen des Antisthenes! Οὗτος ἡγήσατο τῆς Ζήνωνος καρτερίας, sagt L. D. VI, 15, und die καρτερία ist ja die patientia et duritia, die nach Cicero [4]) Antisthenes maxime adamarat. Die ἐπιμέλεια ist ihm Hauptbegriff der Protreptik, Function der ἀρετή [5]). Die Kalokagathie ist ihm pädagogisches Ziel [6]); die ἀρετή ist ihm τῶν ἔργων [7]), und wenn hier Mem. § 20 die rechte Erziehung σώματι εὐεξίαν durch Gymnastik und ψυχῇ ἐπιστήμην bieten muss, um das Ideal der ἀγαθοὶ ἄνδρες zu erreichen, so stimmt

---

[1] Rep. Lac. II, 2. Ueber die kynischen Termini κύριος und ἐπίσκοπος vgl. oben S. 56.
[2] Rep. Lac. V, 8 f.
[3] Vgl. nam. Cyneg. XII, 4. 8. 15 f. 18 f. 22. XIII, 13 f.
[4] De orat. III, 17, 62.
[5] Vgl. I, 493 u. öfter.
[6] Frg. S. 62 Nr. 34 W; Xen. Symp. III, 4.
[7] L. D. VI, 11.

das genau zu Antisth. Frg. S. 65 Nr. 48 W: *Δεῖ τοὺς μέλλοντας ἀγαθοὺς ἄνδρας*[1]) *γενήσεσθαι, τὸ μὲν σῶμα γυμνασίοις ἀσκεῖν, τὴν δὲ ψυχὴν παιδεύειν.*

Schon der griechische Schöpfer der Moralpredigt (vgl. S. 46) liebte es, ihr gern einen Text unterzulegen, am liebsten einen, der sich leicht einprägte, also einen poetischen, und die moralisirende Ausdeutung der Dichter ist ja ein Hauptthema antisthenischer Schriftstellerei. Darf man zweifeln, dass der citatenfreudige Kyniker als Panegyriker des *πόνος* die bekannten Dichterstellen von Mem. § 20 brachte, die am besten die *ἀρετὴ ἐπίπονος* feiern? Wenn Plato Rep. 364 auch die Prosaisten tadelt, die das Hesiodcitat von Mem. § 20 anwenden[2]), so wird er wohl nicht Sokrates getadelt haben, sondern namentlich Antisthenes, mit dem sich schon das I. Buch der Republik kritisch beschäftigt (vgl. I S. 393 f.), und der hier am Anfang des II. von der Polemik gegen die utilitarisch-eudämonistische Begründung der *ἀρετή* am meisten getroffen wird. Zudem kann jenes Hesiodcitat am besten das kynische Bild von der *ὁδὸς ἀρετῆς* (vgl. S. 91, 3) angeregt haben. Sehr kynisch und wie eine Paraphrase zu Mem. § 20, namentlich zu seinen Dichterworten, sieht auch die Stelle Cyr. II, 2, 24 aus, wo gegenüber der *πονηρία διὰ τῶν παραυτίκα ἡδονῶν πορευομένη* der steile Weg der *ἀρετή* gezeigt wird und selbst die Ausdrücke *ὄρθιος, μαλακά* etc. wiederkehren. Des böotischen Dichters *ἔργα καὶ ἡμέραι*, aus denen das Citat entnommen, werden dem Landwirth Xenophon viel Freude gemacht haben, und das Bild von der durch Strapazen auf steilem Boden zu erobernden *ἀρετή* ist ihm auch seinen sonstigen Berufsinteressen und Erfahrungen nach sympathisch[3]). Hesiod, Antisthenes und Xenophon[4]), die drei Lobredner des *οἰκονομικός*, schätzen den Schweiss, aber im Lob des *ἱδρώς* kommt eben nur das Ideal der Willensethik zum concentrirten Ausdruck, das die Worte *αἱ διὰ καρτερίας ἐπιμέλειαι τῶν καλῶν τε κἀγαθῶν ἔργων* Mem. § 20 bezeichnen, über deren kynischen Charakter wir nicht mehr zu

---

[1]) Vgl. zu dem kynischen Terminus L. D. VI, 51; Dio Chr. XIII, 427. 431 R.

[2]) Nicht bloss falsch anwenden, wie Zeller (Archiv f. Gesch. d. Ph. VII, 106) meint. Zu den Epicharmcitaten Mem. ib. verweist v. Wilamowitz treffend auf Hell. VI, 1, 15, „damit man das Athetiren lasse" (Herakles I¹, 29, 54).

[3]) Cyneg. XII, 2 ff.; Cyr. I, 2, 10. VIII, 1, 35; De re equ. nam. c. VIII; Oec. XI, 17; Hipparch. I, 18 ff.; Rep. Lac. II, 3.

[4]) Cyr. II, 1, 29. II, 2, 30. VIII, 1, 38; Oec. IV, 24. XI, 18 etc.

reden haben. Aber welche Rolle die Functionen der kynischen Willensethik: (καλὰ) ἔργα, καρτερία (das hier § 20 zur Abwechslung für den vorher viermal citirten πόνος gesetzt ist) und ἐπιμέλεια bei Xenophon spielen, das verlangt noch eine besondere Betrachtung.

3. ἐπιμέλεια, πόνος, ἔργον als Grundbegriffe der Willensethik.

Das erste Moment der Willensethik ist, dass sie überhaupt die That sucht, die kynische ἀρετὴ τῶν ἔργων. Im Glanz der καλὰ ἔργα, die Antisthenes' Herakles und Kyros gefeiert, und von denen hier § 20 die Mem. sprechen, spiegelt sich der Held der Anabasis. Oefter weist der mahnende Xenophon die Soldaten auf κάλλιστα ἔργα — so nennt er den ganzen Rückzug der Zehntausend[1]), so nennt er auch einzelne Episoden[2]). Ein μέγα ἔργον nennt er die Erringung der persischen Herrschaft und ein μεῖζον ἔργον ihre Erhaltung durch ἐπιμέλεια, πόνος und καρτερία[3]). „Grossthaten" — ist es nicht das Lebensideal, das Zethos-Kallikles im Gorgias dem Amphion-Sokrates entgegenhält? Nicht bloss kriegerische Heldenthaten, ἔργα (πράττειν) überhaupt schätzt der Praktiker Xenophon und vertheidigt den darob von Polykrates verklagten kynischen Sokrates (Mem. I, 2, 57), der auch hier wieder mit dem böotischen Dichter unattischen Geist beschworen — der echte Attiker riecht nicht gern den Schweiss der Arbeit. Als ἔργα preist Xenophon auch seine Friedensberufe: die Jagd[4]) und namentlich den Landbau, und der Oeconomicus strotzt wie keine andere Schrift von Schilderungen ἔργα[5]). Dabei wird der wirklichen Förderung der ἔργα die ῥᾳδιουργία gegenübergestellt[6]). Aber es gehört zu diesem Gegensatz schon ein Moment, mit dem das kynisch-xenophontische ἐργάζεσθαι über die meisten τέχναι hinausgeht.

Dieses zweite Moment, das zum ἔργον hinzukommen muss, ist die physische Kraftanspannung der Mühe und Strapaze, ist die καρτερία, der πόνος — so will es die Theorie des Kynikers und sie bestätigend Xenophon's Praxis. Landbau und Jagd bilden das καρτερεῖν und sind darum die beste Vorbereitung zum

---

[1]) Anab. III, 1, 24. [2]) ib. VI, 3, 17.
[3]) Vgl. wieder die Rede Cyr. VII, 5, 72 ff., nam. 76.
[4]) Cyneg. XII, 1. 4. XIII, 17. [5]) Vgl. Oec. nam. VI f. XX.
[6]) ib. XX, 17. 19.

Kriege[1]). Ueber den πόνος mag man das bereits S. 62 ff. Beigebrachte vergleichen. Ein Blick in Xenophon's Schriften zeigt, dass der πόνος physisch, als Sache der Muskeln zu nehmen ist, und zeigt weiter, dass er dominirt, wo man auch sonst Abhängigkeit von den kynischen Lobschriften auf den πόνος vermuthen kann. Zunächst dringt er aus Antisthenes' Kyros in die Cyropädie, die ihn noch öfter bringen würde, wenn sie nicht zum Theil zu historisch detaillirt wäre. Dass hier von 79 Citirungen des πόνος (resp. πονεῖν) 61 auf die beiden ersten und letzten, d. h. die mehr descriptiven, dogmatischen Bücher fallen, dass er in den mehr historisch-militärischen Schriften: Cyr. III—VI, Anab., Hell., d. h. also gerade dort, wo der πόνος Geschichte macht, wo am meisten militärische Leistungen, Leistungen im πονεῖν zu berichten sind, wo sie selbstverständlich sind, dass er dort mehr zurücktritt, das zeigt eben, dass die Betonung des πόνος Sache der Theorie ist. In den Ruhepunkten der Handlung, wo die militärische Theorie zu Wort kommt, erscheint er am häufigsten: I, 5 (Kyros' Rede vor dem Heeresauszug), I, 6 (Gespräch über die Feldherrnpflichten), II, 1 (Heeresorganisation), II, 2 (Zeltgespräche), III, 3 (vor der Schlacht).

Bei seinem stark physischen Charakter ist das πονεῖν nicht nur Pflicht des Feldherrn[2]), sondern auch des Soldaten; jener soll eben mit seiner Philoponie die Untergebenen anstecken[3]). Denn Alles, was Kampf heisst, fordert den πόνος[4]) zum Erfolg[5]). Darum führt Kyros seine Perser ἱκανοὺς πονεῖν[6]) in die Schlacht, und ohne ihre grosse Philoponie[7]) hätten sie auch den an πόνοι reichen Krieg[8]) nicht siegreich überstanden. Diese Fähigkeit und Willigkeit zum πόνος wird erzielt nicht durch Reden[9]) — dann wäre er ja ein geistiges Moment —, sondern durch Uebung, die durch Wettkämpfe mit Prämien und Ausschliessung der ἄπονοι gefördert wird[10]). Nach seinem Antheil am πόνος soll jeder mit Beute belohnt werden[11]). Ich zweifle nicht, dass die daran sich knüpfende demokratische Reform[12]) und die darin ausgesprochene ungriechische, sociale Tendenz, die schliesslich

---

[1]) Cyr. IV, 2, 46; Oec. V, 4; Cyneg. XII, 3.
[2]) Vgl. die Stellen S. 63.
[3]) Cyr. I, 6, 25. VII, 5, 55.
[4]) I, 5, 10 f.
[5]) II, 2, 18. III, 2, 5. III, 3, 8.
[6]) I, 6, 26. II, 1, 29. III, 3, 9.
[7]) I, 5, 12. VIII, 4, 14.
[8]) VII, 2, 11. VII, 5, 47. 71.
[9]) III, 3, 50 f.
[10]) II, 1, 22. II, 2. 25. VI, 2, 4.
[11]) II, 2, 20. II, 3, 4.
[12]) II, 1, 19.

den Menschen nur nach seiner Arbeitsleistung werthet, und die auch die gemeinsamen πόνοι als Mittel zur Verträglichkeit preisen lässt[1]), dem kynischen Lobredner des πόνος besonders wichtig war. Er forderte wohl für die Plebejer gleiche Rechte wie für die „Gebildeten", weil sie durch die Noth, die harte Arbeit, den βίος ἐπίπονος so gut zum πόνος erzogen seien[2]), wie diese durch das treffliche Mittel der Jagd[3]). Beide Erziehungsmethoden aber zeigen den πόνος als physische Leistung, als anhaltende, schweisstreibende[4]) Muskelspannung, als Strapaze des Laufes, Marsches, Rittes, des Lastentragens u. dgl. Bei dem auch ursprünglich physischen ἀσκεῖν (vgl. S. 26) geht die intensive Bethätigung auf die Wiederholung, beim πονεῖν auf die einmalige andauernde Leistung, so dass man von einem ἀσκεῖν im πονεῖν und umgekehrt sprechen kann. Doch wird πονεῖν auch öfter mit ἀσκεῖν parallel gestellt und namentlich ἐκπονεῖν als militärisches oder gymnastisches Ueben mit ihm synonym gebraucht[5]). Nur in den Compositis (ἐκπονεῖν, διαπονεῖν, ἐπιπονεῖν, προπονεῖν) bedeutet πονεῖν auch die intensive Betreibung überhaupt[6]). Sonst aber ist der πόνος wesentlich die physische[7]) und namentlich die militärische[8]) Kraftentfaltung.

In derselben Bedeutung steht der πόνος im Oeconomicus als andauernde, intensive physische Leistung in Krieg, Jagd, Gymnastik und sonstiger Körperanspannung[9]) (der laufende Ischomachos! die schwitzenden Ruderer!), am wenigsten merkwürdigerweise in der allerdings meist minder strapaziösen, eigentlichen ökonomischen Thätigkeit[10]). Wenn nicht Xenophon nament-

---

[1]) Cyr. II, 1, 29.   [2]) II, 3, 11—14. VII, 5, 67; vgl. S. 71.
[3]) II, 1, 29. VIII, 1, 36. VIII, 6, 12. VIII, 8, 12.
[4]) II, 1, 29. VIII, 8, 8.
[5]) I, 5, 7. 9 f. 1, 6, 26. II, 1, 29. II, 3, 4. 14. III, 3, 50. 57. IV, 3, 11. V, 1, 30. VIII, 1, 32. 37; vgl. Hipparch. II, 9. VIII, 6 σὺν ἱδρῶτι.
[6]) II, 3, 4. III, 1, 28. V, 4, 17. VI, 1, 24. VIII, 1, 23. 37. VIII, 2. 2. 5. 24. VIII, 8, 9. Vgl. Ages. XI, 7. 9; Rep. Lac. X, 7; Cyneg. X, 21; De re equ. V, 10; Hipparch. IX, 1.
[7]) Vgl. noch II, 1, 19. IV, 5, 22 und namentlich das ἐκπονεῖν als „Ausarbeiten" der genossenen Speisen I, 2, 16. I, 6, 17. VIII, 8, 9.
[8]) Daher oft πόνος mit κίνδυνος zusammensteht: IV, 2, 1. 39. V, 5, 18. VII, 5, 55. VIII, 4, 14 etc.; Oec. VI, 7. XIII, 11. XIV, 10. XXI, 4; Vectig. V, 8.
[9]) V, 5. VI, 7. VII, 32. 40. XI, 12 ff. XXI, 3 ff.
[10]) VIII, 21. XV, 3. XVIII, 2. XX, 25 — also nur 4 von 20 Fällen im Oecon.!

lich durch die kynischen Tendenzen so oft vom Thema abgezogen würde, wäre auch im Oeconomicus nicht so viel vom πόνος die Rede. Der πόνος ist physisches und namentlich militärisches Princip und als Princip eben nur theoretisch betont, zuerst vom Kyniker. Daher ist er auffallend häufig in den militärisch-theoretischen (Hipparch., De re equ.) und vom Herakles abhängigen (Cyneg., Agesil., Rep. Lac.) Schriften, selten dagegen in den blos historischen und den andern theoretischen Schriften. Die Schrift de vectigal. z. B. bringt ihn nur einmal, der Hiero dreimal — VII, 1 und IX, 11 ähnlich wie Mem. § 18 f.: dass die Menschen für μικρὰ ἆθλα[1]) und die τιμή vielen, ja jeden πόνος auf sich nehmen. Auch für die Mem. selbst ist es charakteristisch, dass von den 30 sonst sehr vereinzelten Erwähnungen des πόνος etwa die Hälfte auf das eine Kapitel II, 1 fallen —, weil es eben den kynischen Herakles copirt. Andererseits operiren, wie gesagt, sehr viel mit dem physisch-militärischen πόνος die Schrift de re equ. und noch mehr der Hipparchicus, die namentlich bei den Pferden Fähigkeit, Abhärtung und Willigkeit im πονεῖν fordern[2]). Der Hipparch, der selbst πονεῖν ἱκανός sein muss[3]), soll auch strategisch das πονεῖν in Rücksicht ziehen: πονεῖν ist sicherer als Kampf gegen eine Ueberzahl[4]), obgleich eine Minderzahl mehr bedeuten kann, wenn sie eine Elitetruppe im πονεῖν ist[5]). Auch die Seeräuber, weil im πονεῖν geübt, leben ja von weit Stärkeren[6]). Doch fürchtet Xenophon auch das ὑπερπονεῖν[7]) — man sieht, er hat sich im Hipparchicus, wenn auch schon hie und da der kynische ἀρχικός durchsickert, noch den praktischen Blick bewahrt gegenüber dem Fanatiker des πόνος, in dessen Bann er in seinen drei herakleischen Schriften steht — so kann man wohl die Schriften zum Lobe des Agesilaos[8]), des Lykurg[9]) und des Cheiron nennen.

Der echte Agesilaos würde sich doch gewundert haben, dass Xenophon ihn ganz begräbt im πόνος, ihm keine Eigenschaft so oft bescheinigt, als seinen Eifer und seine Kraft zum πόνος[10]), die er auch seinen Soldaten mittheilt[11]) im Gegensatz zu den aus

---

[1]) Ueber die auch auffallend ähnliche Stelle Hipp. I, 26 später!
[2]) De re equ. III, 4. 11 f. VI, 10 f. VII, 19. X, 13. XI, 12 f.; Hipparch. I, 3. VIII, 2 ff.
[3]) Hipp. VII, 5.   [4]) ib. IV, 14.   [5]) ib. VIII, 16.
[6]) ib. VIII, 8.   [7]) ib. IV, 1.   [8]) Vgl. Ages. I, 2.
[9]) Vgl. Rep. Lac. X, 8.
[10]) Ages. V, 3. VII, 1. IX, 3. X, 1. XI, 10.   [11]) ib. II, 8.

Aponie im Wagen fahrenden Persern[1]). Und ebenso strotzt das alte Sparta von πόνοις. Lykurg stärkt sowohl die Knaben[2]) wie die Jünglinge[3]) wie die Männer[4]) möglichst in πόνοις und weckt ihre Philoponie, weil die τῷ σώματι πονοῦντες stark und brauchbar werden, die ἄπονοι nicht[5]). Mehr noch aber ist in der dritten, vom Herakles des Antisthenes abhängigen Schrift, im Cynegeticus der πόνος allbeherrschendes Leitmotiv. Agesilaos und die Spartaner thaten doch wohl noch Anderes als πονεῖν, aber die Jagd pries der Kynismus nur, weil sie im πονεῖν übt, und sie lebt ganz vom πόνος. Schon der Jagdhund, den der Kyniker in seinem Namen als sein Vorbild bekannte (vgl. S. 54), muss mit πόνοις verfolgen, und die Fähigkeit zu den πόνοι bestimmt die Wahl der Racen und der Abrichtungsmethoden[6]). Auch der Netzwächter muss Herr über die πόνοι sein[7]), aber das Entscheidende ist, wie öfter eingeprägt wird, dass der Jäger nur durch grössere φιλοπονία das Wild besiegt[8]). Doch die Jagd pries ja eben der Kyniker nur als παιδεία zum πόνος, der allgemeinere Bedeutung hat, und der πόνος-Begriff ist es, der die eigentliche Fachschrift von der Jagd mit den wichtigen allgemeineren Schlussbetrachtungen c. XII f. verkettet, die man aus Unkenntniss der kynischen Beziehungen und der Art Xenophon's athetirt hat. Schon der Anfang der Schrift liess aus dem πόνος der Jagd ein mittelalterliches Heldenideal emporsteigen: Melanion und Menestheus erhob ihre Philoponie zu den ersten Rittern ihrer Zeit[9]). Am Schluss wird die Jagd auch als beste Schulung zum Krieg erklärt, weil sie die πόνοι ertragen lehrt[10]). Doch der πόνος steigt höher zu allgemein ethischer Bedeutung. Die Besten sind die, in denen die πόνοι aus Seele und Leib alles Schimpfliche und Böse entfernt und die Liebe zur Tugend erhöht haben[11]). Die Besten sind die ϑέλοντες πονεῖν[12]) oder ἐπίπονοι[13]), die sich durch die πόνοι schulen lassen[14]). Ihnen gegenüber stehen als die bösen Buben die trägen Lüstlinge, die aus Scheu vor dem πονεῖν nicht die Bildung διὰ τὸ ἐπίπονον, die eben nur durch

---

[1]) Ages. I, 28.   [2]) Rep. Lac. II, 5.   [3]) ib. III, 2.
[4]) ib. IV, 7.   [5]) ib. V, 8. VIII, 4.
[6]) Cyneg. III, 3. IV, 10. VI, 16. VII, 1 f. IX, 1. 6.
[7]) ib. II, 3.   [8]) ib. VI, 8. 18. IX, 10. 20. XIII, 13 f.
[9]) ib. I, 7. 12.   [10]) ib. XII, 2. XIII, 11.
[11]) ib. XII, 9.   [12]) ib. XII, 17.   [13]) ib. XIII, 10.
[14]) ib. XII, 15. 22.

πόνοι zu gewinnende Heldentugend anstreben¹), und die Habsüchtigen, die als πονεῖν οὐ δυνάμενοι den Staat nicht retten könnten²).

Mit dem Ideal des πόνος hat die kynisch-xenophontische Ethik den Punkt erreicht, der dem Wesen des echten Sokrates am meisten abgewandt ist. Cheiron und Sokrates als Erzieher, Philoponie und Philosophie als Ideal — und doch hat sie der Kyniker in einem Athem genannt! Dass die Jagd sein Heimathsfeld ist, zeigt erst recht wieder, dass der πόνος ein physisches Princip ist, und es kann keine Frage sein, dass er das Lebensprincip des Xenophon ist, die Grundfunction in allen seinen praktischen Berufen und Passionen; aber wohl erst der Kyniker hat ihm wie mit Zauberschlag die Einheit aller seiner Functionen im πόνος aufgedeckt. Der Kyniker hat den πόνος verklärt — das ist seine unsterbliche Grossthat, die ihm die Geschichte wahrlich nicht genug gedankt hat. Sie hat ihn zum Hanswurst der Philosophie gemacht, und er hat mit dem πόνος den härtesten Ernst des Lebens verklärt, er hat eine der tiefsten geistigen Furchen gezogen, in der die Stoa nur seine Saat geerntet hat. Die Stoa hat den Sang, den er begonnen, mit lautem Chor fortgeführt; aber weil er ihn dem Sokrates zu Ehren gesungen, vergass man über dem Ruhm des Besungenen und der Masse der Singenden — den Componisten. Es ist ein gewaltig anschwellender Strom, der von Antisthenes' Herakles ausgeht und durch die Stoa einmündet in das Christenthum. Antisthenes hat im Herakles und Kyros den πόνος aus einem κακόν zu einem ἀγαθόν erhoben, aber man darf ihn nicht missverstehen; er hat damit nicht das Leiden verklären wollen — das lag ihm fern —, er hat nur das Leiden zu einem Leisten erhoben; statt die Passion an sich zu preisen, hat er daraus eine Action gemacht, aus dem Müssen ein Wollen oder Sollen.

Der echte Grieche schämte sich nicht zu weinen — ἀεὶ δ' ἀρίδακρυες ἀνέρες ἐσθλοί! Sophokles liess seinen Philoktet jammernd daliegen und seinen Aias klagen: πόνος πόνῳ πόνον φέρει, der Kyniker aber liess seinen Herakles kräftig ausschreiten im πόνος, unverwundbar von den tela fortunae³). Der alte Grieche verwarf den πόνος, indem er den

---

¹) Cyneg. XII, 15 f. 18 f.   ²) ib. XIII, 11.
³) Von solcher principiellen Herausarbeitung des naturalistischen

πένης missachtete und den πονηρός verdammte; der Kyniker aber heiligte den πένης als πονῶν. Auch dem Kyniker war die εὐδαιμονία das τέλος, aber er hat, indem er den πόνος als Mittel verklärte, die Spannweite der Kultur gedehnt, in der sich die Mittel zu den Lebenszwecken immer mehr vergrössern und vervielfältigen. Die griechische Ethik war bisher substanzialistisch; die alte ἀρετή als Macht, Ehre, Reichthum, aber auch als Kalokagathie, als Wissen war ein Besitz des Menschen; der Kyniker aber hat die Tugend aus der Substanz in die Function gesetzt, aus dem Haben in das Handeln, aus dem Sein und Denken in das Wollen — und diese Thatsache soll man mit beiden Händen herausheben aus allem philologischen Detail, das ja nur lebt für die Möglichkeit, solche allgemeinen Fakta herauszuheben.

Aber ist denn nicht der πόνος ein physisches Princip? Wäre er nur physisch, so wäre er kein ἀγαθόν, kein frei Gewolltes. Physisch ist der πόνος nur ein Leiden, ein κακόν, und für den Magen ist es gleichgültig, ob er freiwillig oder unfreiwillig hungert. Nur für das wollende Bewusstsein besteht die διαφορά, die der Kyniker vertieft (vgl. S. 95 f.), ist der πόνος ein ἀγαθόν, und hier ist der Punkt, wo Antisthenes wieder von Sokrates abhängt. Sokrates musste erst das Bewusstsein und damit die Bedeutung des Subjects so herausgearbeitet haben, damit der Kyniker das bewusste Subject so in Function setzen konnte, dass es als Wille das Physische umsetzt, aus Leiden Leisten macht. Antisthenes hat der φρόνησις ἰσχύς gegeben, das war sein Grundgedanke; er wollte vor Allem das von Sokrates accentuirte Bewusstsein innerviren lassen in die Leiblichkeit, in die Muskeln strömen lassen als Kraft physischer Stählung. Der πόνος blieb physisch, und er blieb πόνος, d. h. ein Ertragen — der Kyniker war kein Lehrer zur positiven Freiheit, zur Schöpferthat, sondern nur zur Freiheit als Unabhängigkeit, zur Kraft der Abwehr, des σώζεσθαι und καρτερεῖν. Den negativen, passiven Zug hat der Kyniker nicht verleugnet, er trug im

---

πόνος ist bei Plato selbst in derjenigen Schrift nicht die Rede, die diesen Begriff noch am häufigsten citirt. In der Republik ist das πονεῖν sehr oft ganz oder vorwiegend geistig zu verstehen (486 C 526 C 531 AD 535 BC 536 D etc.), und das geistige πονεῖν wird auch nicht ohne Schärfe neben dem körperlichen hervorgestellt (vgl. nam. 504 D 535 D). Vor Allem heissen πόνοι noch oft rein passiv „Leiden" (462 D 519 D 619 D 620 C etc.), in den kynisch-xenophontischen Schriften, so viel ich sehe, nur Cyr. I, 4, 21. III, 2, 20.

geistigen Antlitz die ernste Falte, in der sich sorgend die Zukunft ankündigte, den Sterbezug von Hellas. Der Kyniker hat den πόνος zur Action erhoben und zugleich, indem er die Action als πόνος fasste, sie zur Passion herabgesetzt. Er hat den πόνος vergeistigt und zugleich gerade, indem er dem geistigen, dem sokratischen Bewusstsein die Kraft des πόνος gab, es in's Physische herabgesetzt.

Der πόνος ist ein physisches Princip und darum noch nicht das letzte Wort der Willensethik. Wie das ἔργον das äussere Ergebniss, der Ausdruck ist, nach dem die Willensethik hindrängt, so ist der πόνος das, was der Mensch leiblich vom ἐργάζεσϑαι spürt; denn der Kyniker schätzt nur das ἔργον, das mit πόνος, d. h. mit physischer Intensität, Willensinnervation geschieht. Aber es fehlt der Anschluss an das geistige Subject, es fehlt die psychische Kraft und Function des Willens selbst zur Intensität, die sich eben dann physisch in πονεῖν umsetzt: das ist die ἐπιμέλεια. πόνος und ἐπιμέλεια unterscheiden sich als physische und geistige intensive Willensfunction oder Energie, wie sich ähnlich, nur nicht so bestimmt, das meist mit σῶμα verbundene (vgl. S. 25) ἀσκεῖν und das der ἐπιμέλεια verwandte μελετᾶν unterscheiden. πονεῖν können auch die Untergebenen bis zu Jagdhunden und Pferden herab (s. S. 104 f.), aber das kynisch-xenophontische Ideal ist der ἀρχικός, und seine Function ist die ἐπιμέλεια. αἱ δὲ διὰ καρτερίας (= πόνου) ἐπιμέλειαι τῶν καλῶν τε κἀγαϑῶν ἔργων ἐξικνεῖσϑαι ποιοῦσιν — das umfasst das Lebensprincip der kynisch-xenophontischen ἀγαϑοὶ ἄνδρες (Mem. § 20). Xenophon nennt seine Beschäftigungen: Jagd, Krieg, Landbau ἐπιμέλειαι (ἐπιμελήματα)[1], und das Moment des πρέπον, des καλόν für den ἐλεύϑερος spielt dabei eine grosse Rolle[2]. Eigentlich sind die ἐπιμέλειαι Xenophon's noble Passionen gegenüber den von Sokrates geschätzten bürgerlichen τέχναι. Sokrates hat eben den rationalen Menschen vor Augen, der Meister wird, Xenophon den wollenden Menschen, der Herrscher wird. Das ἐπιμέλεσϑαι, das bei Xenophon eine so grosse Rolle spielt[3], ist die allgemeine Grundfunction der ἀρχή, die Action, die der Herr richtet auf Alles, was ihm untersteht.

Den idealen Herrn (βασιλεύς) hat Antisthenes sicher im Kyros gezeichnet, und als dessen Leistung liess sich doch sicher mehr

---

[1] Cyneg. I, 5. 12. 17; Oec. IV, 4. V, 1. 11 etc. Nur in dem sokratisirenden Anfang des Oeconomicus ist die Oekonomie τέχνη.

[2] Oec. IV, 1. 4. V, 1. 11.   [3] Vgl. die Liste Bd. I S. 492.

die ἐπιμέλεια hervorheben, als der nur zur Parallele mit Herakles an ihm gepriesene πόνος. Das Bild des kynischen Kyros reflectirt sich in der Cyropädie, die 96mal die ἐπιμέλεια (dazu 33mal das gegensätzliche ἀμελεῖν, 17mal das verwandte μέλει μοι) citirt. Aber hier muss man erklären, warum diese grosse Zahl nicht grösser ist: weil eben auch die ἐπιμέλεια als Princip theoretisch ist und darum in den historischen Partien der Cyr., wo sie gerade concret sich entfaltet, zurücktritt. Daher fällt mehr als die Hälfte jener Zahl auf die mehr descriptiven Bücher I (21) und VIII (30), und zunächst kommt Buch V (16) mit seinen vorbildlichen Marsch- und Rüstungsordnungen, namentlich c. 3 f.[1]). Und im I. Buch wieder vertheilt sich der Gebrauch von ἐπιμέλεσθαι ganz auf c. 2 (Beschreibung der persischen Staatseinrichtungen) und c. 6, das Gespräch über die Feldherrnpflichten, das unseren Terminus am häufigsten in der Cyr. nöthig hat (14mal, nächst ihm VIII, 1, das die civile ἀρχή des Kyros beschreibt). I, 6 zeigt, für wie viele Dinge der Feldherr zu sorgen hat: für die Tüchtigkeit der Soldaten, für ihren Gehorsam, ihren Unterhalt, für Aerzte, für die rechte Taktik, für Göttergunst und für das „Nöthige" i. A. Etwa 25mal erscheint dann in den folgenden Büchern der Feldherr und Herrscher Kyros als ἐπιμελόμενος[2]), und seine „Sorge" geht auf den Unterhalt, die Marsch- und Waffentüchtigkeit des Heeres, auf Krankenpflege, Kriegsrüstungen, Taktik und Heeresordnung, auf die Wahl seiner Umgebung, der Generäle und obersten Verwaltungsbeamten — seine wichtigste, nie Anderen überlassene ἐπιμέλεια[3]), auf das Gemeinwohl ebenso sehr wie auf einzelne Maassregeln und mit besonders kynischer Wendung[4]) auf die stete Uebung der ἀρετή seitens der ἀγαθοί. Auf dem Marsch eilt er bald hierhin, bald dorthin καὶ ἐπεμέλετο εἴ του δέοιντο[5]); er spricht von den Leuten, für die „wir", er und die andern Commandeure, sorgen müssen[6]), und nach Begründung seiner Herrschaft fordert er seine Granden auf, ihn zu beobachten, ob er ἐπιμελόμενος sei ὧν δεῖ[7]).

Ausser den „Sorgen" des Kyros wird in ca. 30 Stellen der ἐπιμέλειαι anderer ἄρχοντες gedacht, des Feldherrn als

---

[1]) Aehnlich fallen von den 33 ἀμελεῖν 9 auf Buch I und je 7 auf V und VIII.

[2]) Vgl. nam. Cyr. II, 1. V, 3—5. VI, 2. VII, 5. VIII, 1 f. 5.

[3]) ib. VIII, 1, 10. 12.   [4]) Vgl. Bd. 1, 493 u. oben S. 23 ff.

[5]) Cyr. V, 3, 59.   [6]) ib. VII, 5, 47.   [7]) ib. VII, 5, 85.

Typus, aller oder einzelner Generäle und Hofchargen, wie Hystaspes, Pheraulas, Gadatas[1]). Auch die Kadusier z. B. fordert Kyros auf, einen neuen ἄρχων zu erwählen, ὅστις ὑμῶν ἐπιμελήσεται[2]), und in der fertigen persischen Heeresorganisation „sorgen" (ἐπιμέλονται) die Dekadarchen für die Dekaden, die Lochagen für die Dekadarchen, die Chiliarchen für die Lochagen, die Myriarchen für die Chiliarchen, so dass Niemand ἀτημέλητος[3]) ist; man sieht, das System der Hierarchie ist hier mit voller Klarheit erfasst. Der grosse Organisator Kyros stellte aber auch die civilen Ressorts unter einzelne ἐπιμεληταί (Steuerinspectoren, Schatzmeister, Oberküchenmeister, Oberstallmeister, Oberjägermeister u. A.)[4]). Rechnet man weiter einige Stellen, in denen andere höhere Instanzen, wie Gesetze und Götter, „sorgend" auftreten[5]), oder ein Herr für sein Pferd, seine Diener, sein Haus und Vermögen u. s. w. „sorgt"[6]), so bleiben nur wenige Stellen, in denen kein eigentliches Subordinationsverhältniss zwischen dem „Sorgenden" und dem „Versorgten" deutlich wird, also die ἐπιμέλεια nicht eigentlich als typische Function der ἀρχή erscheint. Das ἐπιμέλεσθαι drückt dann allgemein die Willens- und Wirkensintensität in irgend einer bestimmten Richtung aus, geht auch auf die Freunde und Bundesgenossen[7]) und wird auch Untergebenen zugeschrieben[8]). Man „sorgt" für seine Gesundheit, für Medicin[9]), und namentlich in den Reden wird auch das kynische ἐπιμέλεσθαι für Tugend und Tüchtigkeit citirt (ὅπως καλὸς κἀγαθός, ὅπως ὡς βέλτιστοι, ἀρετῆς ἄσκησιν, σωφροσύνης[10]). Endlich steht auch die ἐπιμέλεια als blosse Willensintensität an sich; es bedarf der Energie[11]); es geschieht mit Absicht[12]); eine Rede ist der Beherzigung werth[13]). Also die ἐπιμέλεια bedeutet immer eine Willensinnervation, und wenn eine Person als Object genannt ist, so steht sie zu der „sorgenden" fast ausnahmslos im Ver-

---

[1]) Die meisten Stellen Cyr. I, 6. V, 3. VI, 3.
[2]) V, 4, 22.   [3]) VIII, 1, 14.   [4]) VIII, 1, 9.
[5]) Vgl. nam. I, 2, 2—10. I, 6, 46. VIII, 7, 3.
[6]) I, 6, 7. IV, 5, 39. 46. VIII, 1, 15. VIII, 3, 40—50. VIII, 6, 17 etc.
[7]) IV, 2, 37 ff. V, 1, 18. VIII, 2, 13. VIII, 3, 50.
[8]) V, 5, 48. VI, 3, 3.
[9]) I, 6, 16. VIII, 2, 24. VIII, 8, 18.
[10]) I, 6, 7. V, 2, 20. VII, 5, 70 f. VIII, 6, 10.
[11]) IV, 2, 40. VII, 5, 75 f. 80.   [12]) V, 3, 47.
[13]) V, 4, 37. VIII, 2, 11.

hältniss der Subordination, derart, dass *ἐπιμέλεσθαι* der officielle Ausdruck für die Function des *ἀρχικός* ist.

Von den nicht sokratischen Schriften Xenophon's bringt das *ἐπιμέλεσθαι* am häufigsten (vgl. die Liste I, 492) natürlich der Hipparchicus, eben weil er geradezu vom *ἀρχικός* handelt. Nicht nur der einzelne Reiter hat viel für das Pferd zu „sorgen"[1]), auch der Reiteroberst hat für Nahrung und Brauchbarkeit der Pferde[2]) ebenso zu „sorgen", wie für seine Leute, deren Kriegstüchtigkeit, Einquartierung und Verproviantirung, für die nöthige Recognoscirung und die rechte Taktik[3]), kurz die ganze Schrift enthält Anweisungen, wofür der Hipparch zu „sorgen"[4]) hat, und schliesst mit der Mahnung an ihn, zu „sorgen", dass das hier Gerathene ausgeführt wird[5]). Natürlich ist auch der ideale *ἀρχικός* Agesilaos sehr „sorgsam" für die Marschtüchtigkeit seiner Soldaten und andere Dinge[6]), und weiter „sorgen" die verschiedensten Instanzen und Personen für das heranwachsende Geschlecht, für das Kriegswesen, für ihre häuslichen Angelegenheiten u. A. m.[7]). In dieser grossen Mehrzahl der Fälle entspricht die *ἐπιμέλεια* wieder der Function der *ἀρχή*. Dann wieder einige Fälle, in denen sie die Willensrichtung auf die verschiedensten Objecte (Frieden, Gesundheit, Reitkunst, Jagd u. s. w.[8]), auch auf die kynische *ἀρετή*[9]) bezeichnet, endlich andere, wo sie die Willensintensität ohne nähere Bestimmung, als Sorgfalt, Absichtlichkeit[10]) ausdrückt.

Eine besondere Besprechung verdient hier der Oeconomicus, der das Wort *ἐπιμέλεια* absolut häufiger und relativ mehr als doppelt so häufig wie jede andere xenophontische Schrift anwendet. Mit ihren 102 Citirungen der *ἐπιμέλεια* steht diese kleine Schrift, die genau den halben Umfang der Mem. hat, wohl einzig da in der erhaltenen Literatur. Dabei fehlt die *ἐπιμέλεια* charakteristischerweise sowohl in den halbwegs sokratischen

---

1) De re equ. II, 2 f. IV, 3. 5. IX, 3; Hipp. I, 13. VIII, 16.
2) Hipp. I, 3 f. 3) ib. I, 12. IV, 5 f. VI, 3. VII, 3.
4) ib. I, 9. 5) ib. IX, 2.
6) Ages. I, 19 ff. II, 8. VII, 7.
7) Cyneg. XII, 6. 10; Vectig. II, 1 f.; Hipp. I, 8; Rep. Lac. III, 5. V, 8. XII, 7. XIII, 1; Ages. I, 22; Hiero IX, 1 f.
8) Vectig. V, 9 f.; De re equ. II, 1; Rep. Lac. III, 3. IV, 6 f. V, 7. XIV, 5; Cyneg. I, 5. 12. 17 etc.
9) Rep. Lac. X, 4.
10) Vectig. III, 6; Cyneg. XIII, 13; Hipp. VII, 9; Hiero IX, 11.

ersten drei Capiteln (von zwei Fällen in c. II abgesehen) wie in den specialistischen, mehr das eigentliche ἐργάζεσθαι des Landbaus behandelnden cc. XVI—XIX. Die Fälle lassen sich ziemlich glatt eintheilen in die „Sorgen" der drei herrschenden Instanzen der Oekonomie, des Oekonomen selbst[1]), der Hausherrin[2]) und des Verwalters oder Inspectors[3]); ferner der zur Parallele herangezogenen ἄρχοντες: des Perserkönigs und seiner Phrurarchen und Satrapen[4]), sowie des Feldherrn[5]) und der Bienenkönigin[6]), endlich der Eltern und Vormünder für Kinder und Mündel[7]) und des Herrn für sein Pferd[8]). Gegenüber dieser Hauptmasse stehen nur wenige Fälle, in denen nicht der ἀρχικός, noch überhaupt eine höhere Willensinstanz als Subject des ἐπιμέλεσθαι deutlich ist. Allerdings ist auch hier wenigstens der ἐλεύθερος oder καλοκἀγαθός als Subject vorauszusetzen, so bei den Bemühungen um Stärke und Kriegstüchtigkeit, um Staat und Freunde, um die Redekunst[9]).

Zwei Gebrauchsformen des Wortes ἐπιμέλεια muss man unterscheiden: ἐπιμέλεια als Willensfunction, als Thätigkeit, Beruf des „Sorgens" und ἐπιμέλεια als Willensintensität, Willensaccent, Tugend der „Sorgfalt". Und in beiden Formen zeigt sich die ἐπιμέλεια in engster Beziehung zum Lebenstypus des ἀρχικός wie in deutlichem Gegensatz zur Sokratik. Eben die Beschäftigungen, die dem gutsituirten Kritobulos „ziemen", die der Perserkönig am höchsten schätzt, am liebsten betreibt, die eigentlichen Herrenberufe, namentlich Krieg und Landbau, heissen ἐπιμέλειαι. Und zwar heissen sie so, weil sie Xenophon als Thätigkeit, „von oben", auf Grund blosser Willensautorität, als Berufe nicht der Ausführung, sondern der Leitung und Verwaltung betrachtet. Darum heissen die Vertreter des obersten oder eigentlichen Herrn, die mit dessen Function betraut sind, ausdrücklich ἐπιμεληταί[10]). Der Gutsverwalter ist der statt des Herrn ἐπιμελούμενος[11]), und ἡ τούτου ἐπιμέλεια heisst einfach seine Verwaltung, da sie auch schlecht sein kann[12]). Die ἐργαζόμενοι

---

[1]) 27mal nam. Oec. V. VII. XI. XV. XX, ausserdem II, 18. XII, 2.
[2]) Für Kleiderbereitung, Küche, Pflege kranker Diener, Besserung der Dienstboten, Ordnung etc. ca. 15mal ib. VII—X.
[3]) ib. XII—XV. [4]) 13mal in c. IV.
[5]) 4mal in c. XX. [6]) ib. VII, 34.
[7]) ib. II, 9. VII, 5. IX, 19. [8]) ib. XI, 17.
[9]) ib. IV, 3. VI, 9. X, 5. XI, 11. 20. 22.
[10]) ib. IV, 7. XII, 14. [11]) ib. XII, 4.
[12]) ib. XIV, 2.

und ἐπιμελόμενοι¹) stehen sich als Arbeiter und Werkführer (Aufseher, Leiter) gegenüber, und in Persien ist der Satrap ein ἔργων ἐπιμελούμενος²). Xenophon nennt die Oekonomie eine ἐπιμέλεια.³) — eben weil er sie weniger als τέχνη wie als Leitung schätzt und beschreibt, weil er wesentlich Idealbilder der drei leitenden Instanzen, des Gutsherrn, der wirthschaftenden Herrin und des Verwalters gibt; dort, wo wirklich technische Handgriffe beschrieben werden (c. XVI—XIX), fehlt das Wort ἐπιμέλεια. Zwar ziemt dem καλοκἀγαθός auch die Sorge für seine Körperkraft⁴), aber die Gymnastik ist Ausführung ohne besondere Leitung; zwar ist auch der militärische Beruf eine ἐπιμέλεια des καλοκἀγαθός⁵) und die Leitung ist da wichtig genug, aber der Feldherr muss doch auch Antheil haben an der ebenso wichtigen soldatischen Tüchtigkeit; in der Landwirthschaft aber gibt es für den Freien nur die eine Function der Leitung, daher die ἐπιμέλεια der specifische Terminus der Oekonomie und daher am häufigsten im Oeconomicus. So ist hier in charakteristischer Zusammenstellung die Rede von den παρασκευάσματα (resp. dem ἐκπονεῖν) für die Körperstärke, von den ἀσκήματα für die Kriegstüchtigkeit und von den ἐ π ι μ έ λ ε ι α ι für die ökonomische Wohlfahrt, den Reichthum⁶).

Weil nun die ἐπιμέλεια als Leitung und Verwaltung im Gegensatz zur ausführenden Arbeit eine blosse Willensbewegung ist, liegt gerade nur in der Willensfunction ihre Entfaltungsmöglichkeit, ihre Grösse eingeschlossen. Die Leitung und Verwaltung ist Willensbethätigung und fordert Willenskraft, und die beste Leitung ist die höchste Willensenergie. Das ist die ἐπιμέλεια nicht mehr bloss als Function der Leitung, sondern als Intensitätsgrad dieser Function, als Tugend der Sorgfalt, des Eifers, der Energie. Wie sich die ἐπιμέλεια als Verwaltung besonders bei dem eigentlichen Verwalter zeigt, der nicht der Herr, sondern als dessen Stellvertreter eben bloss Verwalter ist, so auch die ἐπιμέλεια als Tugend. Der ἐπιμελητής muss ἐπιμελής sein; das ist eine seiner wesentlichsten Eigenschaften⁷), und namentlich c. XII handelt davon, welche Naturen sich eignen, zur Tugend der Sorgsamkeit und damit zu Verwaltern erzogen zu werden. Aber zur ἐπιμέλεια,

---

[1] Oec. IV, 2. VII, 22; vgl. Cyr. I, 6, 5.
[3] ib. V, 1. 6. X, 10. XII, 15. XV, 6. 8.
[5] ib. IV, 4 ff.
[7] ib. XII, 9—19. XIII, 1. XV, 1. 5.

[2] Oec. IV, 10.
[4] ib. XI, 11. 20.
[6] ib. XI, 12 f. 19.

zur Verwaltungstugend erziehen kann der Herr nur, wenn er selbst ἐπιμελής ist[1]). Die ἐπιμέλεια bringt Gewinn[2]), und so ist sie auch für den δεσπότης und die δέσποινα eine sehr wichtige Tugend[3]). Es ist z. B. sehr wesentlich für den ökonomischen Erfolg, ob der Herr für das rechtzeitige Erscheinen der Arbeiter ἐπιμέλεια zeigt oder nicht[4]). Als Bedingung für Tüchtigkeit und Erfolg in der Oekonomie wird öfter zusammen mit der ἐπιμέλεια das Wissen genannt[5]) und namentlich dort, wo die eigentliche ökonomische Technik eingeführt wird[6]). Aber — das ist sehr wichtig — die ἐπιμέλεια wird an Bedeutung weit über das Wissen gestellt. Schon I, 16 ff. tritt gegenüber der sokratischen Wissensbetonung die ἀμέλεια als Grund des ökonomischen Ruins mit einiger Schärfe hervor, und z. B. XII, 6 zeigt sich zwischen der Gesinnung und ihrer wirklichen Bethätigung eine durch die Willensenergie, die ἐπιμέλεια auszufüllende Kluft. Doch der eigentliche Gegensatz des Wissens und der ἐπιμέλεια kommt erst c. XX zum Austrag. Der Text ist zu wichtig, um ihn nicht möglichst vollständig hierherzusetzen.

Sokrates: „Gut, wenn in der That die Geschäfte der Landwirthschaft leicht zu lernen sind (wie in den vorhergehenden Capiteln nachgewiesen), und Allen ihre Pflichten gleicherweise bekannt sind, wie kommt es, dass sich nicht Alle in gleicher Lage befinden, sondern die Einen genug und sogar Ueberfluss, die Anderen nicht das Nöthige und sogar Schulden haben?" Ischomachos: „Das will ich dir sagen: Nicht das Wissen oder die Unwissenheit der Landleute ist es, was die Einen in Fülle leben, die Anderen Mangel leiden lässt. Auch dürftest du, wenn die Rede darauf kommt, nicht hören, dass das Hauswesen eines Menschen zu Grunde ging, weil er nicht gleichmässig säete oder weil er die Reihen nicht gerade pflanzte, oder weil er die Weinstöcke aus Unbekanntschaft mit dem für sie geeigneten Boden in unergiebiges Land setzte, oder weil er nicht wusste, dass es gut sei, den Brachacker vor der Saat zu bearbeiten, oder weil ihm der Werth des Düngers unbekannt war. Aber weit eher kann man hören: der Mann bekommt kein Getreide von seinem Acker, denn er kümmert (ἐπιμελεῖται) sich nicht um dessen Bestellung oder Düngung, oder der Mann erhält keinen Wein,

---

[1]) Oec. XII, 17—19.
[2]) ib. XII, 15. XX, 16. 22 etc.
[3]) ib. VIII, 1. IX, 17 etc.
[4]) ib. XX, 16.
[5]) ib. XI, 8. XIII, 1 f.
[6]) ib. XV, 2. 6. 8.

denn er kümmert sich ($\dot{\varepsilon}\pi\iota\mu\varepsilon\lambda\varepsilon\tilde{\iota}\tau\alpha\iota$) nicht um die Pflanzung neuer und den Ertrag der vorhandenen Weinstöcke, oder er erhält keinen Wein und keine Feigen: denn er kümmert sich ($\dot{\varepsilon}\pi\iota\mu\varepsilon\lambda\varepsilon\tilde{\iota}\tau\alpha\iota$) nicht darum. Das ist es, Sokrates, was die hierin sich auszeichnenden Landleute **weit öfter in die Höhe bringt als die, welche irgend eine technische Erfindung** ($\sigma o \varphi \acute{o} \nu$ $\tau \iota$ $\varepsilon \dot{\iota} \varsigma$ $\tau \grave{\alpha}$ $\dot{\varepsilon} \varrho \gamma \alpha$) **gemacht zu haben glauben. Ebenso sind die Feldherrn** in gewissen Geschäften nicht wegen des Unterschiedes ihrer Einsicht ($\gamma \nu \acute{\omega} \mu \eta$) besser oder schlechter, sondern offenbar in Folge ihrer verschiedenen Sorgsamkeit ($\dot{\varepsilon} \pi \iota \mu \varepsilon \lambda \varepsilon \acute{\iota} \alpha$). Denn, was ebensowohl alle Feldherrn wie die meisten Laien **wissen**, das **thun** die einen von den Anführern, die anderen nicht. So **wissen** z. B. Alle, dass es in Feindesland besser ist, in solcher Ordnung zu marschiren, in der es sich eventuell am besten kämpfen lässt. Obgleich das Alle **wissen**, handeln die Einen danach, die Anderen nicht. Dass es besser ist, Posten bei Tag und Nacht vor dem Lager auszustellen, **wissen Alle**. Aber auch hierfür sorgen ($\dot{\varepsilon}\pi\iota\mu\varepsilon\lambda o\tilde{\upsilon}\nu\tau\alpha\iota$) die Einen, die Anderen sorgen ($\dot{\varepsilon}\pi\iota\mu\varepsilon\lambda o\tilde{\upsilon}\nu\tau\alpha\iota$) nicht. Ebenso wäre es schwer, Einen zu finden, der nicht **wüsste**, dass beim Marsch durch einen Engpass die geeigneten Punkte besser vorher zu besetzen sind. Dennoch sorgen ($\dot{\varepsilon}\pi\iota\mu\varepsilon\lambda o\tilde{\upsilon}\nu\tau\alpha\iota$) die Einen dafür, die Anderen nicht. Aber es **kennen** auch Alle den Werth des Düngers für die Landwirthschaft, und sie sehen, dass er von selbst entsteht; dennoch sorgen ($\dot{\varepsilon}\pi\iota\mu\varepsilon\lambda o\tilde{\upsilon}\nu\tau\alpha\iota$) die Einen, dass er gesammelt wird, die Anderen vernachlässigen es. Auch Werth und Methode der Bodenmelioration **kennen Alle**, aber auch dafür sorgen ($\dot{\varepsilon}\pi\iota\mu\varepsilon\lambda o\tilde{\upsilon}\nu\tau\alpha\iota$) die Einen, die Anderen nicht. Es bleibt Keinem die Ausflucht, er **kenne** den Boden garnicht — denn es ist weit leichter und sicherer, mit der Erde zu experimentiren als mit lebenden Wesen, oder die Ausflucht, er **verstehe** sich nicht auf die Landwirthschaft — denn sie ist leicht zu lernen. Ausserdem weiss Jeder, dass die Erde Gutes gewährt, wenn sie Gutes empfängt. Also ist die Landwirthschaft der beste Prüfstein für die Seelen, für die Guten und für die Trägen (§§ 1—15). Der ökonomische Erfolg hängt sehr wesentlich von der vollen eifrigen ($\dot{\varepsilon}\pi\iota\mu\varepsilon\lambda\varepsilon\tilde{\iota}\sigma\vartheta\alpha\iota$) Ausnützung der Zeit ab. **Das, was die Hauswesen zu Grunde richtet, liegt also weit öfter hierin (in der Sorglosigkeit, Trägheit) als in einer auch noch so grossen Unwissenheit**" (16—21).

Es ist klar, Xenophon steht hier jenseits der Sokratik, und er kann als Praktiker nicht anders stehen. Die sokratische ἐπιστήμη, die τέχνη, mit der der Oeconomicus begann, ist hier am Ende völlig verschlungen von der Macht der ἐπιμέλεια. Also das Wissen spielt im Landbau eine geringe Rolle: selbst der Laie hat wenig daran zn lernen, und das Wenige lernt er leicht vom Zusehen. Das lehren die cc. XV—XX, und noch XX, 24 f. wird eine ökonomische Lehre nicht erlernt oder ergrübelt, sondern von der Liebe zum Landbau und der Praxis eingegeben. Und so tief der Factor des Wissens herabsinkt, so hoch erhebt sich die ἐπιμέλεια zum entscheidenden Princip der Oekonomie. Aber nicht bloss der Oekonomie, sondern auch der Strategie (XX, 6—9), und diese beiden Hauptinteressen Xenophon's werden ja gerade vereinigt auf das Princip der ἐπιμέλεια nicht bloss als Function der Leitung (c. IV), sondern auch als Tugend der Energie (c. XX). Ja, die Landwirthschaft wird gepriesen überhaupt als ein Prüfstein der Seelen, gerade weil sie im Erfolg nicht wie die anderen eigentlichen τέχναι die Wissenden und Unwissenden scheidet, sondern die wirklich Guten (ἀγαθοί) und Schlechten (κακοί), die Energischen und Trägen. Braucht man mehr, um die Kluft zu sehen zwischen der sokratischen Wissensethik und der xenophontischen Willensethik? Und es ist ja klar: Xenophon ist der Mann der leitenden Berufe, der „Herr", und sein mächtigster, sein eigentlichster Lebensfactor ist der Wille. Aber der sokratische Typus ist der „Meister", der die τέχνη kennt. Was ist dem Schuster die Energie?

Man kann·den Oeconomicus die Schrift vom Ideal der ἐπιμέλεια nennen, aber die Gegenüberstellung der ἐπιμέλεια mit dem Wissen kehrt in andern Schriften wieder. Dass der Perserkönig zu seinem Vortheil, zum Schaden der Griechen stets den Streit unter ihnen schürt, **sehen Alle ein**: aber kein Anderer als Agesilaos hat je dafür gesorgt (ἐπεμελήθη), dass das Perserreich durch Empörung und˙Abfall von Provinzen Schaden nehme[1]). Agesilaos hält es für schlimmer, wissend als unwissend ἀμελεῖν τῶν ἀγαθῶν[2]). Dann eine Stelle im Hipparchicus[3]), die inhaltlich wie formal genau in die eben citirte Erörterung (Oec. XX, 6—9) hineinpasst: Nützlich ist es, zum Angriff wie zur Vertheidigung bei Uebergängen zu warten, damit die Letzten ihre Pferde nicht erschöpfen, indem sie den Voranziehenden nachzukommen

---

[1]) Ages. VII, 7. [2]) ib. XI, 9. [3]) IV, 5.

suchen; das **wissen** nun fast Alle (Hipparchen), aber dafür zu sorgen (*ἐπιμελόμενοι*) können sich nicht Viele entschliessen. Ebendort heisst es IX, 2: Von allen Mahnregeln scheint mir die wichtigste, für die Ausführung von Allem, das als gut erkannt, zu sorgen (*ἐπιμελεῖσθαι*), denn das recht Erkannte trägt keine Frucht weder im Landbau noch in der Schifffahrt noch in der Leitung (*ἀρχή*), wenn man nicht für seine Verwirklichung sorgt (*ἐπιμελεῖσθαι*).

Wer dem Begriff *ἐπιμέλεια* ernstlich in's Auge sieht, dem leuchtet daraus eine Tiefe entgegen, von der Xenophon nichts ahnte, als er seine Praxis darin wiederfand. Eine ungemessene Welt von Zukunft vergräbt sich in dem einen Worte *ἐπιμέλεια*. Zunächst die Ueberwindung des antiken Substanzialismus durch den vom Kyniker begonnenen Dynamismus, der eine Umbildung der Auffassung gleichsam aus dem Anatomischen in's Physiologische bedeutet. Nicht auf das Sein und Haben kommt es mehr an, sondern auf das Leisten, Functioniren. Selbst die sokratische Tugend des Wissens verblasst vor der *ἐπιμέλεια* als reiner Tugend des Willens, als blosser Functionskraft. Es bedarf nicht vieler *λόγοι* und *μαθήματα* zur *ἀρετή*, verkündet Antisthenes, nur der *ἰσχύς* für die *ἔργα*. Nicht nur der *πτωχός*, auch der am Geiste Arme kam zum ersten Mal mit Bewusstsein zum Wort durch den Kyniker, den Cicero magis acutus quam eruditus findet[1]). Die Tugend ist Sache des Willens — ist das nicht die Emancipation der Moral von der Wissenschaft, in die sie doch Sokrates geradezu gesetzt hat?

Die *ἐπιμέλεια* ist eine substanzlose Tugend, eine Tugend der blossen Accentuirung, eben der blossen Willensinnervation; sie besteht nicht für sich, sie lebt nur für Anderes, und hier schlägt nun die individual-ethische Bedeutung der *ἐπιμέλεια* als Energie, Eifer, Sorgfalt, gleichsam als Accent in die sociale Function um; die *ἐπιμέλεια* braucht eine Richtung, ein Object, sie ist die Sorge, d. h. der Wille für Etwas. Ihre Betonung hängt in der Tiefe zusammen mit jener Theorie des Antisthenes, die das Absolute, Substanzielle in Relationen auflöst, alle *ἀγαθά* und *καλά* nur als *ἀγαθά*, *καλά πρός τι* behauptet. Die Auflösung der starren Substanzen in Functionen oder Prozesse und Beziehungen — das ist ja die Modernisirung des Weltbildes, seine Umschaffung aus der naturalen in die kulturelle Fassung. Der heraklitische

---

[1]) epist. ad Att. XII, 38.

Relativismus gibt natürlich die Unterlage der neuen Lehre, aber das Füreinander, das Sich-Verhaken der Dinge bedeutet doch mehr. *ἐπιμέλεσθαι* ist das blosse Functioniren der Seele für ein Anderes; man denke, welche Perspective sich eröffnet, zumal wenn noch die (wie später zu zeigen) auch vom Kyniker betonte *φιλία* in die *ἐπιμέλεια* eintritt! Der Kyniker hat nicht nur mit der *ἐπιμέλεια* als Willensfunction der Moral (gegenüber Wissenschaft und Kunst) ihre besondere Heimath im Individuum gewiesen, sondern ihr auch mit der *ἐπιμέλεια* als Function der Beziehung die sociale Richtung gewiesen. Mit der socialen Willensmoral aber tritt der Kyniker aus der griechischen Sphäre heraus. Er hat als Moralist Hellas überlebt; er hat in der sorgenden Energie des stoischen Römers gesiegt; er hat der christlichen Moral am meisten vorgearbeitet, und was wir heute Tugend nennen, ist nicht das Wissen des Sokrates, nicht die *μεσότης* des Aristoteles, nicht die Lust Aristipp's und Epikur's, auch nicht die altgriechische *ἀρετή*, sondern am ehesten das, was der Kyniker Tugend nannte, der der erste reine Moralist, der erste Prediger und Mönch auf griechischem Boden war.

Der Mensch soll zunächst sich selbst, seine eigne Vervollkommnung zum Gegenstand seiner *ἐπιμέλεια* machen, lehrt der Kyniker, und die von ihm gepredigte *ἐπιμέλεια αὑτοῦ, ψυχῆς, ἀρετῆς, εὐεξίας* etc. (I, 487ff. II, 36), die auch Xenophon's am meisten kynische Schriften verkünden[1]), zeigt eben die *ἀγαθά* als Producte des Strebens, als Sache des Willens, übersetzt das Ethische in's Functionale, das eben der treibenden Bewegung der Mahnung zugänglich ist[2]). Mit dem Princip der *ἐπιμέλεια* ist die Paränese, die Protreptik gegeben.

Weiter aber ist mit der *ἐπιμέλεια* als Sorge für Jemanden der Anfang der socialen Ethik gegeben — auch das spiegelt sich in den Mem.[3]), die II, 2—10 das *ἐπιμέλεσθαι* auffallend häufig (29mal) bringen: es sind die Capitel, die von der Eltern- und Bruderliebe und der Freundschaft handeln und uns in der kynischen Socialethik beschäftigen werden. Neben den sorgenden Eltern und Freunden erscheinen, da nun einmal die *ἐπιμέλεια*, die Kategorie des Füreinander in das Weltbild ein-

---

[1]) Mem. I, 2, 2. 4. 8. I, 3, 11. I, 6, 1. III, 12, 8. IV, 5, 10. 12. IV, 7, 9. IV, 8, 6. 11 etc. Cyr., Rep. Lac. s. oben S. 110 f.

[2]) Daher namentlich *ἐπιμέλεσθαι* mit *προτρέπειν*, vgl. I, 461.

[3]) Cyr. s. oben S. 110; vgl. S. 112.

gezogen, auch die ϑεοί als ἐπιμελούμενοι[1]). Mit der kosmischen Durchführung der ἐπιμέλεια ist die Teleologie gegeben. Mit der ἐπιμέλεια ist das τέλος überhaupt gegeben, die Betrachtung des Lebens vom Zweck aus, vom Ende der Function. Denn ἐπιμέλεσϑαι ist ja die Function, die nur für ihr τέλος lebt, Streben nach einem Ziel, Sorge für ein Zukünftiges — damit erhält alles Leben eine Richtung im Sinne des πρό —, das νοεῖν wird πρόνοια (auch hier ist sicher Xenophon [I, 124 ff.] und die Stoa von Antisthenes abhängig); der Kyniker, zur ἐπιμέλεια treibend, wird zum προτρέπων, προβιβάζων (I, 506 ff. 521) und die ganze Vorwärts- und Fortschrittsrichtung moderner Lebenstendenz ist schon in der ἐπιμέλεια angelegt.

Wir sind mit der Macht der ἐπιμέλεια noch nicht zu Ende. ἐπιμέλεσϑαι heisst sich geistig in Function setzen, sich einsetzen für etwas. Damit ist das Lebensinteresse eines Menschen, der Punkt, von dem aus sein Wirken zu beurtheilen ist, aus ihm heraus verlegt und an das τέλος seiner ἐπιμέλεια gehängt, an den Gegenstand seiner Sorge, für den er lebt. Damit aber ist der Begriff des Berufes gewonnen. Antisthenes hat ihn sicherlich zunächst am höchsten Beruf, am βασιλεύς, entwickelt, und der ἀγαϑὸς βασιλεύς soll als ποιμὴν λαῶν ἐπιμελόμενος sein für das Wohl seiner Untergebenen[2]). In der βασιλικὴ τέχνη vereinigte er (zumal durch die Parallelisirung der Menschenleitung mit der Hirtenkunst) den politisch-strategischen Beruf als ἐπιμέλεια τῶν κοινῶν mit dem ökonomischen als ἐπιμέλεια τῶν ἰδίων (Mem. III, 4, 12. Oec. IV. XX f.). Also der Begriff, auf den er alle diese Berufe vereinigt, an dem er eigentlich allein Interesse hat, ist die ἐπιμέλεια. Die Griechen waren Antimonarchisten, weil sie eigentlich nur den Tyrannen begriffen, d. h. die Monarchie nur als Macht, nicht als Amt. Antisthenes zeigte gegenüber dem Tyrannen, dem Willkürherrscher, dem blossen egoistischen Gewalthaber, dass der βασιλεύς wie der στρατηγός und οἰκονομικός eine Function hat für Andere, dass

---

[1]) Mem. I, 1, 19. I, 4. IV, 3, wo ja die ἐπιμέλεια ϑεῶν ausdrücklich das Thema giebt; vgl. Cyr. I. 6, 46. VIII, 7, 3. Auch die νόμοι ἐπιμελόμενοι, die Cyr. I, 2, 2 ff. für den fehlenden Lykurg der Perser eintreten, dürften kynisch sein. Vgl. über die kynische Personification des νόμος, die ja schon in dem pindarischen νόμος βασιλεύς liegt, inzwischen Dümmler, Proleg. z. Platon's Staat S. 35.

[2]) Mem. III, 2. Die ἐπιμέλεια für τὸ τῶν ἀρχομένων συμφέρον oder die φιλανϑρωπία ist das Charakteristicum des kynischen βασιλεύς bei Dio Chr. I, 49 ff. III, 112 R. Vgl. oben S. 79, 1. 90, 10.

er ἐπιμελόμενος ist. Er hat, indem er die Herrschaft für die Beherrschten da sein liess, sein demokratisches Gelüst befriedigt, aber er hat doch gerade, indem er ihn herabsetzte, den Monarchen gerettet und den germanischen Amtsbegriff der Monarchie in der Antike vorbereitet.

Der Monarch als Träger einer Function, als ἐπιμελόμενος — aber wenn er nur der Träger war, dann liess sich die Function, die ἐπιμέλεια von seiner Person ablösen und übertragen auf seinen Vertreter. Damit ist der Begriff des Functionars oder Commissars, des Beamten, des Verwalters, des ἐπιμελητής gewonnen. Die Griechen verstanden das nicht, sie dachten zu substanziell, sahen nur die concrete Person und sie verstanden es nicht, sie der Function unterzuordnen, sie verstanden den Beamten nicht, sie bezahlten ihn nicht, sie misstrauten ihm, sie liessen ihn jährlich wechseln, d. h. sie verleugneten den Beamten als Beruf, sie wussten nichts von indirecter, repräsentativer Verwaltung, sie sahen immer nur die Macht und nicht das Amt, die Person und nicht die Function. Aber in einer grossen ἀρχή war der Beamtentypus gegeben, und Antisthenes hat sicherlich in seinem Kyros nicht nur das Bild des ἀγαθὸς βασιλεὺς ἐπιμελούμενος, das Xenophon in der Cyropädie und — sehr unmotivirt — im Oeconomicus (c. IV) gibt, sondern auch das ganze „persische" System der ἐπιμεληταί[1]) und die militärische Hierarchie als Stufenleiter der ἐπιμελούμενοι[2]) vorgezeichnet. Warum zieht denn der Oeconomicus die Typen des Grosskönigs, des Feldherrn, der Phrurarchen und Satrapen bis herab zur Bienenkönigin (VII, 34) — ohne Thiervergleich geht's ja nicht — scheinbar an den Haaren herbei? Weil eben unsern Kyniker die ἀρχή in jeder Form, der Oekonom, dem er eine Schrift widmete, auch nur als Form der ἀρχή interessirte.

Nach dem Bankerott der attischen Demokratie strebte Antisthenes eine Wiedergeburt der ἀρχή überhaupt auf der Grundlage der ἐπιμέλεια an. Die ἀρχή soll ihr Antlitz sorgend Denen zuwenden, die ihr unterstehen. Was der erste Kyniker will, ist eine sociale Monarchie, das Patriarchalprincip in Staat, Heer und οἶκος, aber mit demokratischem Oele gesalbt, auch hier wieder eine Mischung von reaktionärer Romantik und socialer, radikaler Zukunftspolitik. Aber neben dem κύριος ἐπιμελόμενος hat er

---

[1]) Vgl. Cyr. VIII, 1, 9. Oec. IV, wo 14 Paragraphen 16mal von der ἐπιμέλεια sprechen. [2]) Vgl. nam. Cyr. VIII, 1, 14.

den eigentlichen ἐπιμελητής, den ἐπίτροπος der ἀρχή, den κύων des Hirten (vgl. oben S. 55), den Beamten, den Verwalter sanctionirt, in griechischen Augen gerechtfertigt. Er hat sicher mit demokratischer Befriedigung die Function der ἀρχή, die ἐπιμέλεια von der Person abgelöst und gezeigt, dass auch das Weib[1]) und der Sklave als ökonomische Verwalter hochstehen können (Oecon.), und dass andererseits auch der arme Freie als ἐπιστάτης (Mem. II, 8) oder als κατάσκοπος (II, 9) ebenso wie als ἐργαζόμενος (II, 7) nicht erniedrigt werde. Xenophon hat diese Typen vom Kyniker aufgenommen, hat selbst im Oeconomicus von den verwaltenden Weibern und Sklaven (Gutsherrin, Inspector, Wirthschafterin) und ihrer παιδεία mehr gesprochen, als vom Oekonomen und der eigentlichen Landwirthschaft, hat also seine reichere Erfahrung in die Schemata des kynischen Theoretikers gepresst. Auch Mem. III, 1—7 hat er die leitenden Berufe, die er allerdings mehr militärisch als politisch versteht, auf den Begriff ἐπιμέλεια hin fixirt, der in diesen Capiteln (in jedem 3—7mal) zusammen 30mal (dazu 6 ἀμελεῖν), d. h. am häufigsten in den Mem. citirt wird[2]). Ist es nicht begreiflich, dass der militärische und ökonomische ἄρχων Xenophon sich in dem Idealporträt des kynischen ἄρχων wiederzufinden meinte und sich gern seiner Gutmüthigkeit versichern und in die Tugendtoga der ἐπιμέλεια hüllen liess, selbst wenn er dabei etwas zuviel Demokratie in Kauf nehmen musste? Geahnt hat ja auch dieser Halbrömer nicht, welch eine neue Welt in der ἐπιμέλεια, im Begriff des Amtes, des socialen Berufes steckt. — Hier mag diese allgemeine Charakteristik genügen; die specielle, material-

---

[1]) Ἀνδρὸς καὶ γυναικὸς ἡ αὐτὴ ἀρετή Diog. VI, 12. Trotzdem glaube ich, dass der Gorgianer Menon (Men. 72 A) dem antisthenischen Individualismus aus dem Munde spricht: καθ' ἑκάστην γὰρ τῶν πράξεων καὶ τῶν ἡλικιῶν πρὸς ἕκαστον ἔργον ἑκάστῳ ἡμῶν ἡ ἀρετή ἐστιν· ὡσαύτως καὶ ἡ κακία (vgl. Antisth. Frg. S. 25), und ihm gemäss die ἀνδρὸς ἀρετή bestimmt als ἱκανὸν εἶναι τὰ τῆς πόλεως πράττειν, καὶ πράττοντα τοὺς μὲν φίλους εὖ ποιεῖν, τοὺς δ' ἐχθροὺς κακῶς, καὶ αὐτὸν εὐλαβεῖσθαι μηδὲν τοιοῦτον παθεῖν (vgl. oben S. 77. 89 f.) und die γυναικὸς ἀρετή als τὴν οἰκίαν εὖ οἰκεῖν etc. (71 E). Die Betonung derselben ἀρετή für beide Geschlechter hat beim Kyniker emancipatorische Tendenz und bedeutet, dass die παιδεία (Xen. Symp. II, 9 ff.), die ἀρετή διδακτή (δικαιοσύνη, σωφροσύνη Men. 73 A B), die ἀρετή als ἄρχειν οἷόν τε εἶναι τῶν ἀνθρώπων (Men. 73 C und Diogenes!) für beide gilt.

[2]) z. B. in den folgenden 7 Capiteln desselben Buchs nur 5mal, darunter III, 9, 11 zweimal, weil vom ἄρχων die Rede ist.

reichere Begründung der socialen *ἐπιμέλεια* beim Kyniker gehört in die Besprechung der Socialethik.

Aber bereits hier festzuhalten ist die *ἐπιμέλεια* als Princip der kynischen Willensethik, das über die sokratische Wissenstugend hinausgeht, ja sie geradezu schlägt. Die *ἐπιμέλεια*, nicht das Wissen entscheidet — das lehrt die eben ausführlich citirte Erörterung Oec. XX. Sie sieht bloss aus wie ein Protest des Praktikers Xenophon gegen den Theoretiker Sokrates, und es scheint dort nur Xenophon's persönliche Neigung beim Ueberspringen vom Oekonomen auf den Feldherrn im Spiele zu sein. Wenn man näher zusieht, bemerkt man den rhythmischen antisthenischen Rhetorenstil [1]), findet man System in der steten Hervorkehrung der *ἐπιμέλεια* gegenüber dem Wissen, System in der Concentrirung der verschiedenen Berufe der *ἀρχή* im Ideal der *ἐπιμέλεια*. Man sieht, dass ein Original zu Grunde liegen muss, wenn hier der Oeconomicus mit der Forderung der *ἐπιμέλεια* über das Wissen hinaus zugleich auf den Feldherrn und der Hipparchicus mit derselben Forderung zugleich auf den Landwirth hinweist (IX, 2), wenn Hipparch. IV, 5 auch wieder mit der Antithese *ἐπιμέλεια* gegen Wissen inhaltlich und stilistisch so völlig einschlägt in Oec. XX, 8 f., als ob die Stelle nur durch ein Versehen in eine andere Schrift versetzt wäre. Man wird sich weiter erinnern, dass der Hipparchicus auch sonst an andere theoretische Schriften Xenophon's starke Anklänge zeigt (namentlich über seine Beziehungen zu Mem. III, 3 werden wir noch zu reden haben), dass sich sogar wörtliche Parallelen finden, wie:

Hipparch. I, 26	Hiero IX, 11 [2])
ἆθλα — ὑπὸ τοῦ ἱππικοῦ — — — προτρέπειν εἰς φιλονεικίαν. δῆλον δὲ τοῦτο καὶ ἐν τοῖς χοροῖς ὡς μικρῶν ἄθλων ἕνεκα πολλοὶ μὲν πόνοι, μεγάλοι δὲ δαπάναι τελοῦνται.	ὁρᾷς ἐν ἱππικοῖς καὶ γυμνικοῖς καὶ χορηγικοῖς ἀγῶσιν ὡς μικρὰ ἆθλα μεγάλας δαπάνας καὶ πολλοὺς πόνους καὶ πολλὰς ἐπιμελείας ἐξάγεται ἀνθρώπων;

---

[1]) So beginnt die Rede des Ischomachos XX, 2: Ἐγὼ δή σοι λέξω, ὦ Σώκρατες (der allerdings hier belehrt werden musste). οὐ γὰρ ἡ ἐπιστήμη οὐδ' ἡ ἀνεπιστημοσύνη τῶν γεωργῶν ἐστιν ἡ ποιοῦσα τοὺς μὲν εὐπορεῖν, τοὺς δὲ ἀπόρους εἶναι. Dann werden die Beispiele mit dem immer fast wörtlich genau wiederkehrenden Refrain gegeben: τόδε γιγνώσκουσι πάντες. ἀλλὰ καὶ τούτου οἱ μὲν ἐπιμελοῦνται, οἱ δ' οὐκ ἐπιμελοῦνται. Vgl. §§ 7 ff. 12.

[2]) Es ist gerade jene Stelle von den μικρὰ ἆθλα πίνων, die wieder mit Mem. § 20 zusammengeht (vgl. oben S. 97. 104). Vgl. auch Cyr. I, 2, 1.

Das Choregenbeispiel spukt noch in andern Schriften. Antisthenes als χορηγός erscheint Mem. III, 4, wo gerade der Strategen- und Oekonomenberuf in der ἐπιμέλεια vereinigt werden. Xenophon leistet sich den Scherz, den Kyniker zum Choregen zu machen, offenbar weil er an diesem paradoxen Beispiel die allgemeinen Eigenschaften des ἄρχων entwickelt hatte, die er am Feldherrn und Oekonomen wiederfand (vgl. oben S. 70, 2).

Ist es wirklich nur Xenophon, der findet, dass es bei der ἀρχή weniger auf das Wissen als auf die ἐπιμέλεια ankommt? Ist es nicht Grunddogma des Antisthenes, dass die ἀρετή, die ihm doch ἀρχή war, weniger der μαθήματα als der ἰσχύς bedürfe[1])? Spricht nicht ganz antisthenischer Stil und antisthenische Tendenz aus der doch für Xenophon viel zu geschraubten Ethisirung der Landwirthschaft in der grossen Rede Oec. XX, 13 ff.: ῥᾷον γῆς πεῖραν λαμβάνειν παντὶ ἀνθρώπῳ ἢ ἵππου, πολὺ δὲ ῥᾷον ἢ ἀνθρώπου; οὐ γὰρ — ἐπὶ ἀπάτῃ δείκνυσιν, ἀλλ' ἁπλῶς ἅ τε δύναται καὶ ἃ μή[2]) σαφηνίζει τε καὶ ἀληθεύει. δοκεῖ δέ μοι ἡ γῆ καὶ τοὺς κακούς τε κἀγαθοὺς τῷ εὔγνωστα καὶ εὐμαθῆ πάντα παρέχειν ἄριστα ἐξετάζειν. — γῆν δὲ πάντες οἴδασιν ὅτι εὖ πάσχουσα εὖ ποιεῖ· ἀλλ' ἡ ἐν γεωργίᾳ ἐστὶ σαφὴς ψυχῆς κατήγορος κακῆς. Wenn hier in stark rhetorischer Personificirung die Erde als ethisches Muster in der ἀλήθεια, in der Dankbarkeit (= Gerechtigkeit) u. s. w. gepriesen wird, so stimmt das zu dem gut kynischen Schluss des Cynegeticus[3]), wo die Jagd σώφρονάς τε γὰρ ποιεῖ καὶ δικαίους διὰ τὸ ἐν τῇ ἀληθείᾳ παιδεύεσθαι und es als κράτιστον gepriesen wird, παρὰ αὐτῆς τῆς φύσεως τὸ ἀγαθὸν διδάσκεσθαι, δεύτερον δὲ παρὰ τῶν ἀληθῶς[4]) ἀγαθόν τι ἐπισταμένων μᾶλλον ἢ ὑπὸ τῶν ἐξαπατᾶν τέχνην ἐχόντων — es ist die Naturerziehung, die den Kynikern über die μαθήματα geht. Vor Allem ist hier Oec. XX die ethische ἐξέτασις, die so stark markirte διαφορά[5]) der ἀγαθοί (πράττοντες) und κακοί (μὴ πράττοντες, ῥᾳδιουργοῦντες) echt kynisch. Der κύων ist ja διακριτικός (vgl. oben S. 55. 57), und das richtige διακρίνειν der φαῦλοι von den σπουδαῖοι ist ja nothwendig für den Bestand

---

[1]) Diog. VI, 11.

[2]) Zu ἵππος, ἄνθρωπος, ἀπάτῃ, ἁπλῶς, ἅτε δύναται καὶ ἃ μή vergl. zahlreiche Stellen in Bd. I.

[3]) XII, 7. XIII, 4.   [4]) Vgl. Dio Chr. VIII, 275 R.

[5]) Oec. XX, 5 f. 16 ff. steht 10 mal διαφέρει — das ist die antithetische Hauptader der Argumentation, die Antisthenes überall durchscheinen lässt (vgl. Bd. I S. 355. 392. 497 u. öfter).

der πόλις[1]) und, da in der antisthenischen βασιλικὴ τέχνη der πολιτικός mit dem οἰκονομικός und στρατηγικός zusammengeht, auch für den Bestand des οἶκος und des Heeres[2]). Vielleicht hat der Kyniker gerade den Gegensatz σπουδαῖος und φαῦλος, auch κρείττων und χείρων bevorzugt, weil darin mehr die ἀρετή als dynamischer Vorzug, als ἐπιμέλεια und ἰσχύς zum Ausdruck kommt.

Die ἀρετή bedarf nicht vieler μαθήματα, sie bedarf nur der ἰσχύς — damit bekennt sich Antisthenes zum ethischen Dynamismus, Energismus. Die ἰσχύς ist das concentrirte Princip der Willensethik; sie umfasst die geistige und physische Energie, die Kraft der ἐπιμέλεια und die Kraft zum πόνος. In der geistigen Willensenergie, der ἐπιμέλεια, liegt die specifische ἀρετή des ἀρχικός, aber er muss zugleich die physische Willensenergie aufwenden. ἐπιμέλεια und πόνος sind zusammen nöthig für die Erhaltung der Herrschaft, für den Krieg, die Jagd u. s. w.[3]), oder da καρτερεῖν dem πονεῖν synonym ist, kann man auch sagen: die kynisch-xenophontischen Idealberufe sind, wie es Mem. § 20 heisst, ἐπιμέλειαι διὰ καρτερίας[4]); die geistige Energie stählt die physische durch Uebung. In der Uebung liegt ein intensives Functioniren des Willens wie im ἐπιμέλεσθαι und im πονεῖν, nur dass da gleichsam die Intensität des Willenstones nicht in der Stärke, sondern in der Vibration, in der Wiederholung liegt. Aber ἐπιμέλεια, πόνος (καρτερία) und ἄσκησις — diese eng zusammengehenden Termini[5]) der Willensethik — fordern, wie auch Mem. § 20 zeigt, noch eine Ergänzung, einen Abschluss, Ausdruck, auf den sie hinstreben: die That. Die ἀρετή der ἰσχύς ist ja die ἀρετή τῶν ἔργων, die εὐπραξία. Da der ἐπιμελόμενος ἄρχων das eigentliche ἐργάζεσθαι meist den Untergebenen überlässt (vgl. oben S. 113), steht als Ausdruck seiner concreten Thätigkeit das bei Xenophon so viel gebrauchte[6]) σκευάζειν (namentlich κατα- und παρασκευάζειν). Und die Sprache der von der inneren und oberen ἐπιμέλεια durch πόνος und ἄσκησις zum ἔργον (πράττειν, σκευάζειν) heraus- resp. herabführenden Willensethik ist die Sprache des Willens: der Imperativ, die Mahnung zum Soll. Ich habe die Vorliebe Xenophon's

---

[1]) Diog. VI, 5.
[2]) Diog. VI, 6. Vgl. Mem. III, 1, 9. Cyr. II, 2, 26 etc.
[3]) Cyr. VII, 5, 80. Cyneg. XIII, 13 etc.
[4]) Vgl. Hipp. IV, 5. Oec. V, 4. Cyneg. I, 12. XII, 3 etc.
[5]) Vgl. nam. Oec. XI, 12 f. 19.   [6]) Vgl. die Liste S. 43, 2.

für imperativische Wendungen und seinen paränetischen Stil registrirt¹): auch hier folgt er seiner eigenen Natur und steht doch zugleich im Banne des kynischen Protreptikers. Die Willensethik, wie sie sich in den genannten Formen repräsentirt, ist kynisch und xenophontisch. Denn Xenophon, der Praktiker, fand sich wieder in der musculöse Anspannung fordernden praktischen ἀρετή des Kynikers. Und Xenophon der ἀρχικός fand sich wieder im kynischen Ideal des ἀρχικός. Antisthenes hat zuerst die Moral als Moral, d. h. als praktische Idealität, verselbständigt und hat die ἀρχή verinnerlicht; der innere Herrscher aber heisst Wille, und Wille ist nichts anderes — darum erscheint die neue Willensethik im Gewande der ἀρχή²).

b. Die Prodikosfabel.
1. Der Autor der Fabel.

Wenn wir jetzt an die Prodikosfabel §§ 21—34 herantreten, so scheint auf den ersten Blick ein unlöslicher Komplex von Streitfragen aufzusteigen. Xenophon berichtet, dass Sokrates erzählt, was Prodikos sagt — diese drei Namen repräsentiren schon drei verschiedene Möglichkeiten für die Autorschaft des vorliegenden Textes. Aber jene Möglichkeiten multipliciren sich dadurch, dass dieser ja auch gemeinsames Product von zwei oder drei Autoren sein kann und sich als Copie einer Nachbildung oder als Nachbildung einer Copie oder wieder einer Nachbildung ergeben kann. Oder wenn Sokrates ausscheidet, ist vielleicht ein anderer Vermittler zwischen Prodikos und Xenophon zu suchen, der auch wieder Copist oder Bearbeiter gewesen sein kann. Und endlich könnte man noch die Echtheitsfrage hinzunehmen, die ja Einige verneinen, und der für Sokrates und Xenophon eintretende Interpolator kann auch wieder eine treue

---

¹) I, S. 462 ff.
²) Die so oft schon als Parallele zu Mem. II, 1 citirte, ausnehmend kynische Kyrosrede am Schluss von Cyr. VII, die die Perser zur Erhaltung der ἀρχή und zur ἀνδραγαθία und καλοκἀγαθία ermahnt, ist ein Muster jener musculösen Sprache der Willensethik und bringt in kaum 4 Seiten (mit der Einleitung ib. 70 f.) 6mal die ἐπιμέλεια (dazu 2 ἀμελεῖν), 7mal den πόνος, 6mal die Uebung, 6mal παρα(κατα-)σκευάζειν und 18 imperativische Ausdrücke (δεῖ, χρή, -τέον, dazu 3 προσήκει), zur Hälfte gerade in Verbindung mit ἐπιμελεῖσθαι, πονεῖν, καρτερεῖν, ἀσκεῖν.

oder freie Ueberlieferung bieten. Sicher scheint nur, dass einerseits Prodikos ein sehr bekannt gewordenes ethisches σύγγραμμα περὶ Ἡρακλέους verfasst hat und dass andererseits der vorliegende Text nicht ganz wörtlich zu sein beansprucht (ὡδέ πως λέγων, ὅσα ἐγὼ μέμνημαι § 21, οὕτω πως Πρόδικος — ἐκόσμησε μέντοι τὰς γνώμας ἔτι μεγαλειοτέροις ῥήμασιν ἢ ἐγὼ νῦν § 34). Aber zwischen der Aufnahme eines thematischen Motivs und der nicht ganz wörtlichen Ueberlieferung liegt eine so weite Scala von Möglichkeiten in Bezug auf das Maass der Bearbeitung, dass die Frage der wirklichen Autorschaft noch offen bleibt.

Nun wird allerdings eine Verbindung zwischen Prodikos und Sokrates bei Plato öfter erwähnt. Doch man sollte annehmen, dass der Begründer der Wortdefinitionen dem Begründer der Begriffsdefinitionen weit eher die fragende Methode des τί ἐστι mitgetheilt hat als moralisirende Fabeln, wie auch bei Plato sich Prodikos dem Sokrates wesentlich als Meister in Wortdefinitionen zeigt[1]). Auch will das ironische Lächeln, das der platonische Sokrates auf den Lippen hat, wenn er den Prodikos nennt, schlecht stimmen zu der Art, wie dieser hier als vielbewunderte Autorität eingeführt wird. Doch selbst wenn Plato die spottende Nüance erfunden hat, bleibt es denn nicht ein unglaubliches Factum, dass Sokrates den Sophisten hier nicht etwa als Zeugen wie Epicharm und Hesiod citirt, sondern sich auf ihn wie auf die höchste Meisterinstanz völlig zurückzieht und seine Rede als Haupttrumpf, als krönenden Abschluss der Argumentation vorbringt? Ist es denn nicht eine Ungeheuerlichkeit, dass die längste Rede des Sokrates in den Mem. das Geistesproduct des Prodikos ist? Ziemt das dem „Reformator der Philosophie", dem „Sophistengegner" Sokrates? Krohn allein hat diese Unwahrscheinlichkeit gesehen und sie gross genug gefunden, um die Unechtheit des ganzen Stücks zu erweisen. „Womit soll in dem vorliegenden Capitel Aristipp zu allerletzt von seiner Akolasie geheilt werden? Mit einer sophistischen Prunkrede. Also, wenn alle Stränge reissen, besiegelt Xenophon das Armuthszeugniss seines Meisters und lässt ihn mit dem Feuerwerk der Gegner leuchten"[2]). Aber weshalb die Athetese, da die Unwahrscheinlichkeit nur für Sokrates gilt, noch nicht für Xenophon?

---

[1]) Prot. 341 A etc. Charm. 163 D; vgl. Crat. 384 B.
[2]) Sokrates u. Xenophon S. 124.

Oder ist z. B. der begeisterte Agrarier Sokrates im Oeconomicus wahrscheinlicher als hier der Prodikeer?

Aber, kann man weiter fragen, wenn erst Prodikos mit seiner Rede Aristipp verstummen macht und seine Akolasie kurirt, warum schickt Sokrates den Unbändigen nicht einfach zu Prodikos, die Rede zu hören, die er so Vielen immer vorträgt (§ 21) und noch schöner als „Sokrates" (§ 34)? Wenn er auch Andere, die für seine Methode unempfänglich, an Prodikos weist[1]), warum sollte sich der „stets fragende" Sokrates hier zur Nachahmung einer langen sophistischen Prunkrede zwingen? Als ob dem reichen Aristipp diese ἔμμισθος ἐπίδειξις[2]) des Prodikos nicht viel leichter zugänglich war als dem armen Sokrates, der nur die Publica des Prodikos hören konnte[3])! Wenn nun aber gar dessen Heraklesrede, die auch Plato[4]) zu erwähnen scheint, aufgeschrieben war, was werden wir wohl eher hier wiederfinden, das weitverbreitete Original des Prodikos oder die aus dem Kopfe gegebene Nacherzählung des Sokrates, die Xenophon einmal beim Gespräch mit Aristipp angehört haben will? Auf wen macht der vorliegende Text den Eindruck der Improvisation und nicht vielmehr den der fertigen Ausarbeitung? Selbst wenn also Sokrates sich soweit selbst verleugnet hätte, die Hauptwirkung auf seinen Schüler in der Nacherzählung einer sophistischen Prunkrede zu suchen, so würde doch die sokratische Behandlung hier kaum noch Spuren hinterlassen haben, und wirklich sprechen hier alle Historiker nur von dem Autor Prodikos und dem Nacherzähler Xenophon[5]).

Ist es nun denkbar, dass die Fabel des Prodikos auch ohne Vermittlung des Sokrates zu Xenophon gelangt sein kann? Nun, man könnte sagen, er habe sich mit dem Keer als Lobredner des οἰκονομικός und vielleicht[6]) auch in religiösen Reflexionen gefunden. Zudem verbürgt Aristophanes die Popularität des Pro-

---

[1]) Theaet. 151 B.
[2]) Philostr. vit. soph. p. 482.
[3]) Crat. 384 B.
[4]) Symp. 177 B.
[5]) Auch schon die meisten Alten: Cicero, Quinctilian, Athenäus etc., vgl. Welcker's Rhein. Mus. I (Kl. Schr. II, 393 ff.), 600, Anm. 240. Nur Varro hat seinen Hercules Socraticus, der sich aber anders erklärt (siehe später). Teichmüller (Literar. Fehden II, 51) will ausdrücklich nicht Sokrates, sondern Xenophon die Armseligkeit der Fabel auf Rechnung setzen.
[6]) Vgl. nam. Oec. V, 3. 10 mit Themist. Or. 30. 349 und dazu Welcker a. a. O. 607 f.

dikos in Athen; nach Mem. § 21 und Plato Symp. 177 B scheint sein σύγγραμμα in Vieler Munde gewesen zu sein, und Philostratos [1]) will sogar wissen, dass er in Theben und noch mehr in Sparta, wohin ja Xenophon enge Beziehungen hatte, geschätzt war und zwar als heilsamer Lehrer der Jugend gerade wegen seiner berühmten Vorlesung über Tugend und Untugend; ja, es heisst ausdrücklich: Als Xenophon in Böotien gefangen sass, habe er einen Bürgen gestellt, um die Reden des Prodikos anzuhören [2]). Nun hat man allerdings gegen den nach Theben und Sparta wandernden Prodikos des Philostrat berechtigtes Misstrauen [3]), und auch mit den sonstigen Spuren von Uebereinstimmung zwischen Prodikos und Xenophon hat es eine eigne Bewandtniss (s. später). So wird die Brücke schwankend zwischen Beiden. Aber fragen wir nur erst, wie sie gebaut sein, wieviel sie tragen muss. Was hat denn hier Xenophon von Prodikos?

Man hat ganz allgemein [4]) den vorliegenden Text wie selbstverständlich als treue Reproduction des σύγγραμμα des Prodikos angesehen und ihn auch als charakteristisch für diesen in Motiv und Tendenz, in Gedanken und (namentlich unter Berufung auf Spengel) auch in der Sprache behandelt. Welcker z. B. findet (Rhein. Mus. I, 563) die Wortkunde des Prodikos und vielfach den Redecharakter des Originals beibehalten. „Wenn durch Herabstimmung des Tons, die auch die Abkürzung erforderte, Xenophon die Erzählung in Uebereinstimmung mit dem Uebrigen gebracht hat, so verräth sich, wie mir scheint, weder eigene Behandlung des Gegenstandes, noch eine Spur sokratischer Ironie, woran Böttiger, Hercules in bivio p. 17 denkt" (a. a. O. Anm. 173). Selbst der Skeptiker Krohn freut sich S. 119, dass uns dadurch ein Ueberbleibsel sophistischer Aretalogie gerettet ist. Denn man habe es nicht mit einer Nachbildung, sondern mit einer wenn auch unvollständigen Copie zu thun. Und S. 124: „Zwar thut er (der Interpolator) äusserst vornehm: ὡδέ πως λέγων ὅσα ἐγὼ

---

[1]) p. 483.   [2]) Philostr. 496.
[3]) Welcker a. a. O. 7 f. Zeller I [5], 1161, 4. Heinze, Prodikos aus Keos (Ber. d. sächs. Ges. d. Wissensch. 1884) S. 316, 4.
[4]) Z. B. Zeller I, 1062, 4. 1064, 3. 1123. 1124, 3 [5]. Ueberweg-Heinze, Grundr. I [8], 107. Aber man vergleiche die ganze Literatur. Nur Blass bestreitet die treue Wiedergabe in der Form, und Diels (Aufs. z. E. Zeller's 50 jähr. Doctor-Jubiläum, S. 252) erklärt es aus der Scheu des antiken Künstlers vor dem Fremden, dass „Xenophon die Epideixis des Prodikos in eigenen Worten wiedergibt".

μέμνημαι. Als feiner Stilist wünscht er den Anschein, die Epideixis mit Kennerblick variirt zu haben". Krohn findet selbst in einem Ausspruch Xenophon's Cyrop. II, 2, 24 die Tendenz des Mythus wieder, die ihn spartanisch anmuthet (S. 124). Und das soll gegen Xenophon sprechen?

Wenn wir hier durchaus eine Reproduction der prodikeischen ἐπίδειξις haben sollen, so muss man doch fragen, was eigentlich Xenophon damit bezweckte, in einer Lobschrift auf Sokrates diesen die seitenlange Rede eines Sophisten wiedergeben zu lassen. Warum sagt er nicht einfach (§ 20): und darauf erzählte Sokrates des Prodikos weitverbreitete Fabel von Herakles? Hat man für ein so langes Citat in der antiken Literatur eine Parallele? Im Phädrus wird eine Rede des Lysias reproducirt — wenn es überhaupt eine Reproduction ist! —, weil sie kritisch vernichtet und von den sokratischen Reden übertroffen werden soll. Hier aber tritt die reproducirte Rede autoritativ als Abschluss der Erörterung auf, die sokratische Argumentation überschattend, und sie ist — darüber kann kein Zweifel sein —, was Aufwand an Pathos und Stilistik betrifft, das reichste, vollendetste, ausgefeilteste Stück der Mem. Und das alles zu Ehren des Prodikos und als abschwächende Reproduction seiner Rede? Ich denke, Philostratos braucht das richtige Wort: Ὁ τοῦ Γρύλλου φιλοτιμεῖται πρὸς τὸν τοῦ Προδίκου Ἡρακλέα. Der Autorenehrgeiz ist hier betheiligt, und Xenophon's mehrfachen Versicherungen, dass Prodikos nicht ganz so spreche, bedeuten in der Sprache des antiken Autors Aufforderungen, das Gebotene als eigenes Product zu würdigen. Der griechische Historiker sagt ὧδε — nicht einmal ὧδέ πως — und erdichtet lange Reden seiner Helden.

Aber was wissen wir denn von dem σύγγραμμα des Prodikos, um die Uebereinstimmung des xenophontischen Textes mit ihm behaupten zu können? Wir wissen, dass es einen Titel hatte (Ὧραι)[1], den Xenophon hier garnicht nennt und der trotz aller Auslegungsversuche und selbst in der Deutung von Welcker[2] auf unseren Text nicht recht passen will, jedenfalls weder

---

[1] Suid. Art. Prod., Schol. Aristoph. Nub. 360.
[2] Rh. M. I, 576 ff., wo er auch die Deutungen Anderer citirt. Ὧραι als „Jugend" sagt über die Fabel blutwenig, und dass Pr. durch die verschiedenen „Lebensalter" Herakles gelobt habe, ist aus der Fabel kaum zu entnehmen. Und das sind noch die besten Deutungen!

seine ethische Idee noch seine Fabel ausdrückt. Ferner sagt Plato Symp. 177, dass Prodikos eine prosaische Lobrede auf Herakles verfasst habe; aber eine Lobrede auf Herakles, wie man das Lob des Salzes oder des Eros kündet (vgl. Symp. ib.), ist doch der Streit zweier Frauen um den noch thatenlosen, stumm dasitzenden Jüngling in den Mem. nicht zu nennen. Was die Späteren über das prodikeische σύγγραμμα noch sagen, geht zum Theil ausdrücklich auf Xenophon zurück, und jedenfalls lässt sich aus keinem dieser späteren Zeugen schliessen, dass ihm das Original des Prodikos vorgelegen habe [1]).

Doch die Sprache in der xenophontischen Ueberlieferung zeigt vielleicht den Stil des Prodikos? Das ist von Spengel [2]) behauptet und nachzuweisen versucht worden. „Locum si accurate inspexeris, quod recentiorum nemo fecit, Prodicum ut vocabulum suo quodque poneretur loco valde annisum esse ex his quoque perspiciemus et multa vocum subtilia discrimina latent. En; adsunt illa ex Platone et Aristotele supra laudata vocabula, quorum nexus, quid auctor voluerit, satis declarat: § 24 *πρῶτον μὲν — κεχαρισμένον ἢ σιτίον ἢ ποτὸν εὕροις, ἤ τι ἂν ἰδὼν ἢ ἀκούσας τερφθείης, ἢ τίνων ἂν ὀσφραινόμενος ἢ ἁπτόμενος ἡσθείης, τίσι δὲ παιδικοῖς — εὐφρανθείης* — —. Alia quoque nobis aliunde ignota discrimina hac occasione notabo: § 22 *κατασκοπεῖσθαι — ἐπισκοπεῖν — θεᾶται — ἀποβλέπειν*, § 29 *ἐπὶ τὰς εὐφροσύνας — διηγεῖται — ἐπὶ τὴν εὐδαιμονίαν ἄξω —*, § 33 *οἱ νέοι χαίρουσιν, οἱ δὲ γεραίτεροι ἀγάλλονται καὶ ἡδέως μέμνηνται —, φίλοι — θεοῖς, ἀγαπητοὶ — φίλοις, τίμιοι πατρίσιν*, § 28 — *θεοὺς ἵλεως —, θεραπευτέον θεούς, — ὑπὸ φίλων ἀγαπᾶσθαι — φίλους εὐεργετητέον, ὑπὸ πόλεως τιμᾶσθαι, πόλιν ὠφελητέον, ὑπὸ τῆς Ἑλλάδος θαυμάζεσθαι, τὴν Ἑλλάδα εὖ ποιεῖν* etc., quae omnia cum multis aliis in illa fabula non variandi et exornandi modo gratia, sed rite et severe distincta, ut quod de una re usurpatum verbum, alteri adhaerere non posset, a Prodico elata sunt.

Soweit Spengel. Dem kann man einfach das neuere und hier kritisch gründlichere Urtheil von Blass gegenüberstellen [3]). „Unsere Paraphrase bei Xenophon bezeichnet sich ausdrücklich als eine Wiedergabe bloss des Sinnes; die Worte, sagt dort Sokrates, seien bei Jenem noch grossartiger. Uebrigens ist auch

---

[1]) Vgl. Welcker ib. 578, 202. 600, 240.
[2]) *Συναγ. τεχν.* p. 57 f.
[3]) Att. Beredsk. I, 30 [2].

bei Xenophon die Sprache poetisch genug, und ferner finden sich dort ganz gorgianische Antithesen, Parisa und Paromoia (Anm. 5: Poetisch z. B. § 33 ὅταν δ' ἔλθῃ—τέλος bis θάλλουσι. Dies ist schon Antithese mit Paromoion; aber noch ausgeprägter treten diese Figuren auf § 31 ἀπόνως μὲν λιπαροί bis βαρυνόμενοι und so auch § 32); nähme man nun an, dass Xenophon die Schrift des Prodikos vor sich hatte und benutzte oder auch nur denselben charakterisiren wollte, so würde man diesem einen solchen Stil zuzuschreiben haben. Hierzu scheint auch Philostratos uns aufzufordern, indem er auf eine Charakteristik von Prodikos' Beredsamkeit deshalb verzichtet, weil Xenophon dieselbe hinreichend darstelle. Spengel, der in Betreff der Absicht des Xenophon Aehnliches voraussetzt, will auch Unterscheidungen von Synonyma in der Rede entdecken; aber in der That finden sich diese Synonyma wohl nebeneinander gebraucht, aber nicht unterschieden, und eben dies muss uns auf die andere Ansicht führen, die auch die naturgemässe ist, dass Xenophon nicht entlehnte noch copirte, sondern eine auf seine Weise geschmückte Erzählung mit Anklängen an die bekannte und beliebte gorgianische Beredsamkeit der des Prodikos entgegensetzte. Denn wenn Prodikos bei Plato spricht, so gebraucht er nur solche Antithesen, die aus dem Streben nach Unterscheidung und Entgegensetzung der synonymen Wörter hervorgehen (siehe Prot. 337 A ff.), und ausserdem wird dieser Sophist niemals unter den Verehrern der gorgianischen Figuren genannt. Bleiben wir also bei der einfachen Annahme stehen, dass Prodikos zwar natürliche Redefertigkeit und eine schöne und geschmückte Sprache besass, aber der künstlichen Beredsamkeit des Gorgias sich so wenig wie Protagoras und Hippias befleissigte."

Sollte Blass hier nicht das Rechte getroffen haben? Thatsächlich lassen sich die Spengel'schen Wortgruppen wesentlich in solche eintheilen, die garnicht Synonyma sind, wie namentlich im letzten Beispiel, und in solche, die derart synonym sind, dass man keine Verschiedenheit ihres Gebrauchs ahnen und Sp. auch nicht entfernt nachweisen kann, dass sie non variandi et exornandi modo gratia gesetzt, sondern so unterschieden werden, dass quod de una re usurpatum verbum, alteri adhaerere non posset[1]). Der Gebrauch der Synonyma allerdings macht die

---

[1]) Vgl. nam. die Synonyma in §§ 24. 33, auch εὐεργετεῖν und εὖ ποιεῖν in § 28 etc.

Sprache charakteristisch, aber, wie Aristoteles in der von Sp. selbst herangezogenen Stelle[1]) sagt, charakteristisch für den Poeten und gerade nicht für den Sophisten. Für Prodikos charakteristisch ist nicht der Gebrauch, sondern die Unterscheidung der Synonyma, und hier lässt sich nicht einmal ein im Sinne der Unterscheidung prononcirter Gebrauch nachweisen (schon die drei- und mehrfache Häufung der Synonyma spricht dagegen), geschweige, dass jene Gegenüberstellungen eines Positiven und Negativen („Disput und nicht Streit", „geschätzt, nicht gelobt" u. dgl.) oder gar dahinter jene die Gegenüberstellung definitorisch begründenden Sätze auftreten, wie in der Probe, die Plato vom Stil des Prodikos gibt[2]). Xenophon zeigt diesen gorgianischen Gebrauch, die Variirung der Prädikate, die rhythmische Vertheilung der Synonyma auf verschiedene Objecte auch sonst in gehobener Sprache, vor Allem, was zu beachten ist, im Agesilaus. Z. B. XI, 13: ἐκεῖνον οἱ μὲν συγγενεῖς φιλοκηδεμόνα ἐκάλουν, οἱ δὲ χρώμενοι ἀπροφάσιστον, οἱ δ' ὑπουργήσαντές τι μνήμονα, οἱ δ' ἀδικούμενοι ἐπίκουρον, οἵ γε μὴν συγκινδυνεύοντες μετὰ θεοὺς σωτῆρα. Vgl. auch viele andere Stellen in demselben Cap. des Ages. Ja, es finden sich hier ausdrückliche Gegenüberstellungen von Synonymen, die weit mehr an die Art des Prodikos erinnern, so § 4: ἤσκει δὲ ἐξομιλεῖν μὲν παντοδαποῖς, χρῆσθαι δὲ τοῖς ἀγαθοῖς. § 8: νομίζων τοὺς μὲν καλῶς ζῶντας οὔπω εὐδαίμονας, τοὺς δὲ εὐκλεῶς τετελευτηκότας ἤδη μακαρίους; oder ib. X, 1: ὁ δὲ καρτερίᾳ μὲν πρωτεύων ἔνθα πονεῖν καιρός, ἀλκῇ δὲ ὅπου ἀνδρείας ἀγών, γνώμῃ δὲ ὅπου βουλῆς ἔργον oder selbst in den Mem. IV, 2, 35: πολλοὶ μὲν διὰ τὸ κάλλος — διαφθείρονται, πολλοὶ δὲ διὰ τὴν ἰσχύν — περιπίπτουσι, πολλοὶ δὲ διὰ τὸν πλοῦτον — ἀπόλλυνται, πολλοὶ δὲ διὰ δόξαν — πεπόνθασιν. Mit demselben Recht wie Mem. II, 1, 24 könnte man in hundertfach bei Cicero wiederkehrenden rein rhetorischen Figuren (cum quiescunt, probant; cum patiuntur, decernunt; cum tacent, clamant — or. in Cat. I, 8 oder: qua laetitia perfruere? quibus gaudiis exsultabis? quanta in voluptate bacchabere ib. 10) prodikeische Synonymik erkennen.

Schon Welcker[3]) wies auf Xen. Symp. IV, 22 und Plato Phileb. 19C, wo εὐφραίνειν und τέρψις wie hier § 24 gebraucht sind. Aber betrachte man z. B. auch Hiero c. I, wo viele der

---

[1]) Rhet. III, 2. [2]) Prot. 337.
[3]) a. a. O. 172, Anm.

hier in ihrem Gebrauch beobachteten Termini auftreten (*εὐφρο-σύνη* §§ 2. 18. 19. *ἀγαπητός* 28. *ἅπτεσθαι* 36 etc.). Da steht z. B. ganz wie hier in Bezug auf Liebesgenüsse *εὐφραίνειν* (28. 29), aber auch *ἥδεσθαι* (30. 36), ferner sowohl *ἥδεσθαι* wie *εὐφραίνειν* bei Genüssen des Sehens und Hörens, wo hier *τέρπεσ-θαι* (4. 14—16), und dieselben Worte bei den Freuden des Essens und Trinkens (16. 20. 21), wo hier *κεχαρισμένον*, und dafür *ἀχάρι-στος* beim Geruch (24), wo hier *ἥδεσθαι*. In den ersten 5 Paragraphen von Ages. c. IX finden wir noch mehr von den hier (Mem. 24) gebrauchten Synonymen: die *εὐφροσύνη* gegenüber den *τέρψοντα* § 4, das *εὐφραίνειν* diesmal (§ 5), wie Prodikos verlangt, in geistiger Beziehung. Die Differenzirung von *χαίρειν* und *ἀγάλλεσθαι* (Mem. § 33), die Spengel auch als auffallend notirt, findet sich genau, nur ausdrucksvoller hier (Ages. IX) § 4: *καὶ ταῦτα οὐ μόνον πράττων ἔχαιρεν, ἀλλὰ καὶ ἐνθυμούμενος ἠγάλλετο*. Aber viel grössere Feinheiten und Abwechslungen, wirkliche Antithesen der Synonyma sind hier zu bemerken, z. B. § 1: *ὁ μὲν τῷ δυσπρόσοδος εἶναι ἐσεμνύετο, ὁ δὲ τῷ πᾶσιν εὐπρόσοδος εἶναι ἔχαιρεν*, ähnlich die Contraste von *ἀγάλλεσθαι* und *σεμ-νύεσθαι* § 1, *ἀβρύνεσθαι* und *χαίρειν* § 2, dann *ἡδέως* für Essen und Trinken, *ἀσμένως* für Schlafen, *ἀλύπως* für Leben etc. Vgl. ferner die schöne Parallele Oec. V, 10: *τίς δὲ οἰκέταις προφι-λεστέρα ἢ γυναικὶ ἡδίων ἢ τέκνοις ποθεινοτέρα ἢ φίλοις εὐχα-ριστοτέρα*; und Cyr. VII, 5, 81: *ἡδίστων σίτων τεύξεται, ἡδίστων ποτῶν ἀπολαύσεται* etc. *εὐφραίνειν* mit *ἥδεσθαι* (*ἡδύ*) in einem Satz als Synonyma Symp. VIII, 18. Cyr. VII, 5, 80. Oec. IX, 19. XII, 23 etc. *εὐφραίνειν* und *χαρίζεσθαι* (wie hier *κεχαρισμένον*) contrastirend in Bezug auf das Essen Cyr. IV, 2, 39, *ἥδιον* mit *παιδικά* Oec. XII, 14, mit *ὀσμοί* und *θεάματα* ib. V, 3, *ἥδεσθαι* mit *ἰδών* und *ἀκούσας* ib. III, 9.

Wir finden also öfter bei Xenophon dieselbe Differenzirung der hedonischen Ausdrücke wie Mem. § 24, öfter auch eine andere, bisweilen eine feinere. Aber kann man vielleicht beweisen, dass Xenophon wenigstens in der Prodikosfabel principiell verfährt und nicht bei einer Wiederholung die Synonyma vertauscht hätte? Nein, aber, wie Heinze schon gesehen[1]), widerstreitet die Vertheilung der Begriffe *χαίρειν*, *ἥδεσθαι*, *τέρπεσθαι* in § 24 dem Gebrauch in § 33. Aber vielleicht lässt sich die Vertheilung der Synonyma § 24 durch andere Zeugnisse als

---

[1]) Sächs. Ber. 1884. 327.

prodikeisch erweisen? Allerdings wird Prodikos eine Unterscheidung der hedonischen Synonyma zugeschrieben[1]), aber der Gebrauch Mem. § 24 widerstreitet den näheren Angaben sowohl des platonischen Protagoras[2]) wie des Phädrusscholiasten[3]). Also das einzige Experiment, das wir an der Prodikosfabel bei Xenophon selbst und durch andere Quellen über den principiellen und prodikeischen Charakter der dortigen Synonymik machen können, ergibt ein negatives Resultat. Das ist das Facit der formalen Prüfung: Das Einzige, was wir von Prodikos' Sprache wissen, ist die scharfe Synonymik; die „Synonymik" aber der Fabel bei Xenophon kommt erstens noch sonst bei ihm vor und sogar schärfer, ist zweitens nicht principiell, nicht ohne Widerspruch in sich selbst, widerspricht drittens in dem einzigen gemeinsamen Beispiel der sonst überlieferten prodikeischen Synonymik und ist viertens überhaupt keine Synonymik, sondern gorgianische Parallelistik.

Doch vielleicht weist der Inhalt der Fabel entscheidend auf Prodikos. **Aber es hat noch Niemand einen allgemein sophistischen oder gar specifisch prodikeischen Zug darin entdecken können.** Im Gegentheil, man hat erst seine Vorstellung von Prodikos nach unserer Fabel geformt; man hat andere Ueberlieferungen von Prodikos für unecht erklärt, weil sie ihr zu widersprechen schienen[4]); man ist ihr zu Liebe an dem traditionellen Begriff der Sophistik irre geworden, und was hat man mit alledem gewonnen? Widersprüche, nichts als Widersprüche. Man muss wehmüthig lächeln, wenn man sieht, wie sich hier unsere besten Männer in Cirkeln winden. Man lese z. B. Welcker's Vertheidigung gegen Brandis, Hermann, Zeller. Es war nun einmal herrschende Tradition, an der bis jetzt Niemand zu rütteln wagte, dass die „Sophisten" Antimoralisten sind und Sokrates Antisophist. Und nun stellt sich

---

[1]) Arist. Top. 112b²³.

[2]) Wie schon Blass S. 31, 1 gesehen. Der xenophontische Prodikos bezieht εὐφραίνεσθαι sinnlich wie ἥδεσθαι, speciell auf die ἀφροδίσια, der platonische (Prot. 337 BC) bezieht εὐφραίνεσθαι geistig im Gegensatz zum sinnlichen ἥδεσθαι, das namentlich auf das Essen geht, wofür der xenophontische Prodikos wieder χαίρειν hat.

[3]) Wie schon Heinze S. 328 gesehen. χαίρειν geht bei dem Scholiasten auf die Seele, bei Xenophon auf Essen und Trinken, εὐφραίνεσθαι bei Jenem auf das Gesicht, bei Diesem auf Wollust.

[4]) Heinze, Sächs. Ber. 1884. 332, vgl. 318; in Ueberweg's Grundriss I⁵, 107.

hier bei dem „treuen Zeugen" Xenophon Sokrates unter die Aegide eines Sophisten und citirt von ihm ein Stück, das man mit aller Kunst der Interpretation nicht unmoralisch finden konnte, da es den Sieg der *ἀρετή* über die *κακία* feiert. So hatte also Welcker Recht, Prodikos als Vorläufer des Sokrates zu „retten"? Aber vor dem Vorwurf des Sophistenretters zieht sich der feinsinnige Forscher erschreckt zurück. Nun suchte man ein herabdrückendes Merkmal für die Fabel des „Sophisten" und man fand — den Eudämonismus. Schade nur, dass man den Eudämonismus als Merkmal so ziemlich der ganzen populären[1]) und wissenschaftlichen antiken Ethik, ganz besonders aber — und seit Dissen sogar in utilitarischer Verschärfung — als Lehre des xenophontischen Sokrates anerkannte[2]). Und vor Allem: ist die „sokratische" Argumentation des übrigen Capitels, namentlich §§ 7—20, etwa weniger eudämonistisch, ist nicht vielmehr die Prodikosfabel nur der vollendete Ausdruck, die Krönung, der Kopf des Capitels? Es gibt keine innere Scheidung zwischen seinen beiden Hälften, zwischen „Sokrates" und „Prodikos". Man hat auch theils naiv ungenirt, theils verschämt Stellen der Fabel für „Sokrates" citirt, und man kann getrost einen Preis darauf setzen, **einen Gedanken** darin zu finden, den die Fabel im Widerspruch mit andern Sätzen der Mem. allein hätte. Es bleibt dabei: das Beste, das man dem Prodikos zuschreibt, ist zugleich das Beste, die vollendetste Aussprache des xenophontischen Sokrates, den man den echten nennt. Also die Moral des „Prodikos" und des „Sokrates" sind eins, und das ist nicht unsere Folgerung, sondern

---

[1]) Zeller gibt auch zu, dass sich „von sophistischer Bezweiflung der sittlichen Grundsätze" in der Prodikosfabel nichts findet und „dass sich die halb eudämonistische Begründung der sittlichen Ermahnungen im Vortrag über Herakles vom Standpunkt der gewöhnlichen griechischen Sittlichkeit nicht entfernt" (S. 1124 mit Anm. 5). Da sich dem armen Sophisten nicht Entfernung von der geltenden Moral vorwerfen lässt, wirft ihm Zeller das Gegentheil vor: er habe keine neuen Gedanken, und die Fabel sei nur eine neue Einkleidung des bekannten Hesiodcitats. Wie steht dann aber Sokrates da, der gar nur einen Abklatsch dieser Populärweisheit Anderer als höchsten Trumpf seiner Ueberzeugung **vor einem Hauptschüler** ausspielt!

[2]) Gerade Heinze z. B., der die eudämonistische Tendenz als charakteristisch für Prodikos auf Grund der Fabel festhalten will (a. a. O.), hat am besten gezeigt, dass sie auch Grundtendenz des (xenophontischen) Sokrates ist (d. Eudämonism. i. d. griech. Philos., Abh. d. sächs. Ges. d. Wiss. 1883, c. 6).

das wird uns ja vorgeführt: „Sokrates" bekennt sich im längsten Dialog der Mem. zur moralischen Fabel, zum Idealprogramm des „Prodikos". Und da wagt die Geschichte der Philosophie noch zu scheiden zwischen „Sokrates" und den „Sophisten"?

Dieser wahrhafte Skandal für die Wissenschaft, der die Unmöglichkeit der Tradition aufdeckt, hat bis heute bestanden und es gibt keine Rettung aus ihm, wenn man nicht zugesteht: die Rede des Prodikos im Munde des Sokrates ist fingirt. Aber was ist fingirt: dass Sokrates oder dass Prodikos redet? Es ist klar, dass sich diese Fictionsmöglichkeiten nicht ausschliessen, sondern stützen; denn wenn Prodikos fingirt sein kann, warum nicht auch Sokrates? Im Munde des echten Sokrates zeigte sich die Prodikosrede undenkbar, aber auch den echten Prodikos muss man streichen, man müsste denn einräumen, dass so ziemlich die ganzen Memorabilien echten Prodikos geben, denn die Fabel steht ja mit ihrem Gedankengehalt nicht wie ein fremder Spross da in den Mem., sie ist vom selben Fleisch und Blut, desselben Geistes Kind und ein Kind, auf das wohl der Vater am stolzesten war; sie gibt die Quintessenz der Capitel von der ἐγκράτεια und gibt Gedanken, die mehr oder minder in allen Capiteln wiederkehren, den vollendetsten Ausdruck, sie ist, fast kann man sagen, der Kern der Memorabilien. Und der gehört dem Prodikos?

Aber wir sind noch nicht ganz zu Ende mit den Unmöglichkeiten für Prodikos. Nach Mem. § 21 haben wir hier eine Rede, die der Sophist sehr oft vorträgt. In demselben Athem aber spricht Xenophon vom σύγγραμμα des Prodikos περὶ Ἡρακλέους, und Plato Symp. 177 B stimmt damit überein. Handelt es sich aber um eine Schrift des Prodikos, was will dann Xenophon mit seiner Fabel? Copirt er nur den Prodikos, warum verweist er nicht einfach auf dessen vorliegende Schrift und belastet überflüssiger Weise seinen Helden mit einer Recapitulation ad majorem Prodici gloriam? Weicht er aber von Prodikos wesentlich ab, wie kann er es wagen, sich auf dessen Schrift zu berufen, an der ihn doch die Leser controliren konnten? Man kann doch nicht angesichts des Originals eine freie Variation für eine treue Copie ausgeben. Ja, aber wenn er das prodikeische Original weder copirt noch verändert haben kann, was dann? Eine vergessene, paradox erscheinende Möglichkeit bleibt noch übrig: er hat überhaupt kein prodikeisches Original vor sich gehabt. Aber wie darf Xenophon einen λόγος des Prodikos fingiren? Genau so wie er und Andere die λόγοι Σωκρατικοί fingirten: Prodikos war ihm wie Sokrates literarische Figur. Aber Sokrates war ihm gegeben, Prodikos dagegen citirt er[1]) kaum aus persönlicher Bekanntschaft, noch, wie wir eben sahen, aus dem Original seiner Heraklesschrift. Also muss er den Heraklesschriftsteller Prodikos aus zweiter Hand haben; und er muss ihm hier als literarische Figur gerade in Verbindung mit Sokrates überliefert sein, also von einem Sokratiker.

Prodikos muss eine Heraklesschrift verfasst haben, weil sonst die ganze Tradition keinen Ansatz hatte und weil die Späteren einen zu unserer Fabel kaum passenden Titel citiren. Es ist nun anzunehmen, dass unsere Fabel garnicht in dieser Schrift stand, dass aber in einem sokratischen Dialog der als Heraklesspecialist bekannte Prodikos auftrat, ein neues σύγγραμμα περὶ Ἡρακλέους ἐπιδεικνύμενος. Wer das für unmöglich erklärt, der erklärt überhaupt die fictive μίμησις, auch die λόγοι Σωκρατικοί und die gesammte unechte Literatur für unmöglich. Kann man nicht beide combiniren? Konnte nicht im λόγος Σωκρ. Jemand auch ein σύγγραμμα vortragen[2])? Und sollte nicht hierin der Keim der unechten Literatur liegen? Der Drang nach Vereinfachung führt im sokratischen Dialog zur Ablösung der epischen Einkleidung[3]), führt dann, wie Hirzel treffend ausführt[4]), durch den Uebergang des Briefes, des halbirten Dialogs, zur monologischen Schrift, aber — muss man hinzufügen — durch den unechten Brief zunächst zur unechten Schrift; denn im Dialog wie in der Briefform lässt doch der Autor Andere

---

[1]) Trotz Philostratos! Denn seine Angabe (vgl. oben S. 128) ist natürlich ad hoc erfunden. „Prodikos" muss mit seiner ἔμμισθος ἐπίδειξις auch in die Heimath des jungen Herakles gegangen sein; Xenophon (der sie nicht in Athen hören konnte) war in Theben und musste als Gefangener einen Bürgen stellen, bloss um Prodikos zu hören. Wir haben es leicht, das durchsichtige Gewebe zu zerreissen, aber man vergesse nicht, dass die Alten diese Verbindung von Prodikos und Xenophon zurechtzimmerten, weil sie, kritischer wie die Neueren, nicht an Sokrates als Nacherzähler der Fabel glauben wollten.

[2]) Vorlesungen von Schriften (Zeno, Anaxagoras!) werden bei Plato öfter erwähnt; die Lysiasrede, der Theätet z. B. werden vorgelesen und an fremden Vorträgen ist bei dem Autor des Symposion, Protagoras, Menexenus etc. kein Mangel. Auch der Axiochus citirt einen Vortrag des Prodikos bei Kallias, und Aeschines hat in seinem Dialog Kallias die διδασκαλία des Prodikos illustrirt (Athen. V, 220 BC).

[3]) Theaet. 143 C.

[4]) Der Dialog I, 305 ff.

sprechen. So ergibt sich als Consequenz aus dem λόγος Σωκρ. die unechte Literatur. Aber sollte so früh schon und fast zu seinen Lebzeiten eine Schrift des Prodikos fingirt worden sein? Man thut immer, als ob die antiken Autoren „unechter" Schriften Verbrecher wären und sich als Fälscher schämen müssten, während sie doch nur Schriftsteller in einer bestimmten künstlerischen Form sind, die der Zeitgenosse wohl verstand. Xenophon citirt Mem. II, 1 eine Schrift des Prodikos, aber einer echten Schrift (des Prodikos) gegenüber hatte er weder Anlass zur Copie noch Freiheit zur Variation; doch Prodikos als literarische Figur mit einer fingirten Schrift auftretend war herrenloses Gut, das Jeder bearbeiten, war Typus, den Jeder in der μίμησις variiren konnte. Wenn Dio Chrysostomos Reden des Diogenes variirt, sind es Schriften des Diogenes selbst oder Schriften der Kyniker, in denen Jener als Figur auftritt, die er variirt? Der antike Schriftsteller nennt nicht zugleich Autor und Schrift, die er nachahmen will: er hängt entweder einem Autornamen eine „unechte" Schrift an oder er concurrirt mit seinem ungenannten Vorbild in demselben Gegenstand, und hier gehört eben Prodikos wie Sokrates mit zum Gegenstand. Prodikos, wie ihn Xenophon citirt, ein σύγγραμμα vor Vielen vortragend, ist nicht der historische, sondern eine bereits überlieferte Figur. So allein durch Dazwischenkunft eines ungenannten Vorbildes, in dem Prodikos die Fabel vortrug, die Xenophon nachahmt, in dem der Heraklesschriftsteller zugleich als sokratische Autorität literarische Figur geworden, heben sich alle die Schwierigkeiten: dass hier Prodikos ganz als höherer Sokrates das beste Stück der Mem. liefert, dass seine Schrift als Original citirt wird, ohne dass sie copirt oder variirt sein kann, u. a. kleine Schwierigkeiten, die ich nicht erst vorgeführt. Das ungenannte Vorbild, mit dem hier Xenophon in der „sokratischen" Prodikosfabel concurrirt, ist der Herakles des Antisthenes.

Die Verbindung des Antisthenes mit Prodikos ist uns ja viel sicherer als die des Xenophon; denn jene bezeugt Xenophon[1]) und diese Philostratos! Auch die Erwähnungen des Prodikos bei Plato haben alle eine mehr oder minder deutliche Beziehung auf Antisthenes. Merkwürdig ist zunächst der Gegensatz zwischen dem verspotteten Prodikos bei Plato und Aeschines[2])

---

[1]) Symp. IV, 62.   [2]) Athen. V, 220 B C.

und dem Prodikos σοφός bei Xenophon[1]), sowie im Axiochus (366 C) und Eryxias (397 D)[2]). Aber noch merkwürdiger ist, dass Plato seinen gering geschätzten Prodikos so oft als Lehrer und Erzieher des Sokrates citirt[3]), Xenophon aber, der den Prodikos Mem. II, 1, 21. 34 so hochstellt, von einer solchen Beziehung nichts sagt, sondern im Symposion eher das Gegentheil andeutet. Sokrates nennt sich[4]) einen αὐτουργὸς τῆς φιλοσοφίας im Gegensatz gerade zu dem Prodikosschüler Kallias und scherzt[5]) über den „Kuppler" Antisthenes, der dem Kallias den Prodikos als Lehrer zugeführt habe, wie ihm selbst andere werthvolle Bekanntschaften. Was bedeuten nun die platonischen Anspielungen? Heinze stimmt mit Recht Zeller gegen Welcker zu, dass Prodikos als Lehrer des Sokrates bei Plato stets ironisch zu nehmen sei: „Ueber seine Schülerverhältnisse zu Prodikos spricht der platonische Sokrates nur in spöttischen Ausdrücken, in denen nichts von Pietät gegen den sogenannten Lehrer hervorleuchtet, wohl aber dies, dass Sokrates zu Prodikos in keinem wesentlich näheren Verhältniss gestanden hat nach der Auffassung Platons als zu den übrigen Sophisten"[6]). Und nach anderer Auffassung? Die Ironie über den „sogenannten" Prodikosschüler setzt doch voraus, dass irgendwo ernsthaft Sokrates so genannt worden, und wer kann wohl den Prodikosschüler Sokrates, den Plato und Aeschines durch ihren Spott und auch Xenophon bestreitet, eingeführt haben, — wer anders als Antisthenes, der Verkuppler des Lehrers Prodikos (Symp. IV, 62)? Es liegt ja so klar: Aeschines verhöhnt Prodikos als παιδεύων und διδάσκαλος beim Kallias (Athen. V, 220 B C), Plato verspottet Prodikos als Sokrateslehrer auch beim Kallias (Prot.), Xenophon neckt Antisthenes, dass er Prodikos als Lehrer beim Kallias eingeführt: die andern Sokratiker protestiren eben gegen Antisthenes, der Prodikos bei Kallias[7]) als Lehrer auch des Sokrates auftreten liess. Und der Kyniker hat vermuthlich in seinen Dialogen Sokrates genau so von Prodikos lernen lassen

---

[1]) Mem. II, 1, 21. Symp. IV, 62.
[2]) Dass hier σοφός als σοφιστής zu verstehen ist, bestreitet Heinze (Sächs. Ber. 319, 4) mit Recht gegen Zeller (1062, 1).
[3]) Vgl. Men. 96 E. Prot. 341 A. Charm. 163 D. Crat. 384 B. Hipp. mai. 282 C.   [4]) Symp. I, 5.   [5]) ib. IV, 62.
[6]) a. a. O. S. 320.
[7]) Auch im Axiochus gedenkt „Sokrates" eines Vortrags, den er von Prodikos bei Kallias gehört.

wie Plato seinen Sokrates von Parmenides, von Pythagoreern, von Diotima u. s. w., oder Xenophon den seinen von Ischomachos.

Nun wird Prodikos bei Plato zumeist als Lehrer der ὀνομάτων ὀρθότης verspottet. So heisst es von den antisthenischen Sophisten Euthydem und Dionysodor, dass sie der Methode des Prodikos folgen [1]), der da sage: πρῶτον περὶ ὀνομάτων ὀρθότητος μαθεῖν δεῖ. Das stimmt genau überein mit dem Ausspruch des Antisthenes [2]): ἀρχὴ παιδεύσεως ἡ τῶν ὀνομάτων ἐπίσκεψις — natürlich das Programm seiner Schift περὶ παιδείας ἢ περὶ ὀνομάτων. Hier musste er bei solcher Uebereinstimmung der Tendenzen und Studien wohl seinen Sokrates zum Schüler des Prodikos machen. Als Anklang an diese onomatologische παιδεία zeigt sich nun auch des platonischen Sokrates spöttische Bemerkung, dass Prodikos ihn οὐχ ἱκανῶς πεπαιδευκέναι [3]). Im Charmides [4]) ferner wird des Kritias streng **antisthenische** Auffassung des ἀγαθόν = οἰκεῖον und des πράττειν = ποιεῖν des ἀγαθόν auf die διαίρεσις ὀνομάτων des Prodikos zurückgeführt; auch Prodikos als ἡμέτερον ἑταῖρον citirt Sokrates vor Hippias [5]) wohl ironisch im Sinne des Antisthenes, der ja Prodikos und Hippias „verkuppelt" [6]), und auch des Sokrates Klage, dass er über die ὀρθότης ὀνομάτων nur die Drachmenrede des Prodikos habe hören können [7]), würde durch die Beziehung auf den mit seiner Armuth kokettirenden Antisthenes noch ironischer klingen. Man kann also getrost annehmen, dass hinter dem Onomatologen Prodikos bei Plato stets der Onomatologe Antisthenes steckt. Oder wie sollte er diesen citiren?

Aber Antisthenes trägt die Prodikosmaske noch weiter bei Plato. Die Onomatologie ist die ἀρχή der παιδεία (Antisth. Frg. S. 33, 1 W). Schon als παιδεία hängt sie mit der Dichter-, speciell Homerkunde zusammen [8]), die wieder in die μουσική einschlägt. Die γράμματα und die μουσική — das sind die beiden Schuldisciplinen, die Antisthenes zu verinnerlichen suchte [9]). Und nun heben sich allerlei Schwierigkeiten, aus leeren, todten Platostellen steigen lebendige satirische Motive auf. Wie löst sich

---

[1]) Euthyd. 277 E.
[2]) Arrian. Epictet. Diss. I, 17.
[3]) Men. 96 D. Vgl. I, 359.
[4]) Charm. 163 D.
[5]) Hipp. mai. 282 C.
[6]) Xen. Symp. a. a. O.
[7]) Crat. 384 B.
[8]) Vgl. über diese enge Verbindung bei Antisthenes Dümmler, Antisth. S. 39.
[9]) Vgl. unten S. 144.

der Widerspruch, dass der platonische Sokrates oft genug sich einen Prodikosschüler nennt und, was man lange nicht genug beachtet, Lach. 186 B C E so energisch wie möglich bestreitet, der Schüler namentlich eines Sophisten zu sein? Es gibt nur eine Lösung: Plato bestreitet sonst gerade durch ironische Citirung, hier aber ernsthaft den antisthenischen Prodikosschüler Sokrates. Wie löst sich das Räthsel, dass Nikias im Laches mit seiner Erklärung der $ἀνδρεία$ gleichzeitig als Sokratiker[1]) und Prodikeer[2]) auftritt und zum Ueberfluss noch mit Protagoras übereinstimmt[3])? Es gibt nur eine Brücke zwischen Sokrates, Prodikos, Protagoras: Antisthenes, der Sokrates zum Prodikeer gemacht hat und als Protagoras von Plato kritisirt wird[4])? Wie kommt es,

---

[1]) Lach. 194 D.   [2]) ib. 197 D.
[3]) Schon Spengel ($Συναγ. τεχν.$ 50) und Welcker (Rh. Mus. I, 438 f.) haben die Uebereinstimmung bemerkt. Dass die drei Sophisten im Protagoras (315) homerisch eingeführt werden, stimmt erst recht dazu, dass Plato in ihnen die homerische $παιδεία$ des Antisthenes verspottet.
[4]) Für Alle, die sich über diese Deutung entsetzen, kann man ruhig so lange taub sein, bis sie eine andere Erklärung dafür gefunden haben, dass Sokrates im Laches sich selbst schlägt, seine eigene von Nikias ausgesprochene Definition der Tapferkeit widerlegt — eine andere Erklärung als eben die, dass hier der antisthenische Sokrates getroffen wird. Mit feinem Lächeln macht hier Plato zum Repräsentanten des $ἀνδρεῖος = σοφός$ und $φρόνιμος$ (194 D 197 C) — das sind ja des Kynikers gefärbte Termini der Wissenstugend! — den attischen Cunctator, der durch seine $προμήθεια$ das sicilische Unglück verschuldet, und stellt ihm einen mit kynischer Grobheit losfahrenden Haudegen gegenüber, der ihn am meisten ärgert durch die Consequenz, dass der den Kynikern verhasste $μάντις$ der wahre $ἀνδρεῖος$ (= $σοφός$) sein müsste (195 E). Man sehe sich einmal die Rede des Nikias 181 E—182 D für das $μάθημα$ der Waffenkunst an: das Thema schlägt in die militärische $παιδεία$, die Xenophon in der Cyropädie (vgl. z. B. I, 2, 12) nach dem Muster des kynischen Kampflehrers niedergelegt. Der Stil ist der kynisch-rhetorische, der die $ὠφέλιμα$ aneinanderreiht (vgl. nam. 181 E 182 A). Der erste Vortheil, dass dadurch der Jugend, die in der $σχολή$ gefährliche Neigungen habe, ein starker $πόνος$ aufgelegt werde (181 E), kehrt genau wieder in der $παιδεία$ des kynischen Lykurg (Rep. Lac. III, 2). Auch dass der $πόνος$ dieser Uebung der $εὐεξία σώματος$ dient, war (nach dem Früheren) den Kynikern wichtig, und dass dem $ἐλεύθερος$ am meisten $τοῦτο τὸ γυμνάσιον καὶ ἡ ἱππικὴ προσήκει$ und das $γυμνάζεσθαι$ in diesen $περὶ τὸν πόλεμον ὀργάνοις$ allein eine Uebung in dem $ἀγών$ ist, in dem „wir" (d. h. die Freien) $ἀθληταί$ sind — diese Worte des Nikias mit dem leisen Protest gegen die athletische Gymnastik sind gar nicht zu verstehen, wenn man nicht die kynischen Sätze dahinter sieht. Die Waffenübungen sind $ὄργανα ἐλευθερίας$, und die Sklaven dürfen an der Kriegstechnik keinen Antheil haben (Cyr. VII, 5, 78 f.). Der Kyniker

dass Sokrates 180 CD erst von Nikias gerühmt wird, weil er ihm Damon als Lehrer für seinen Sohn empfohlen, dann aber dessen Beziehungen zu Damon und durch diesen zu Prodikos

fordert die Gymnastik als *προσῆκον*, aber nur zur *εὐεξία*, nicht zur eigentlichen Athletik, sondern die wahren Kampfübungen, die wahre Athletik sind ihm eben die Waffenübungen, die Diogenes lehrt (Diog. VI, 30. 70). Was soll hier (Lach. 182 A) noch die *ἱππική* als Sache des *ἐλευθερος*? Auch der Kyniker zählt die Reitkunst zu seinen *μαθήματα* (Diog. VI, 30), und bei den alten Persern soll es gar für ein *αἰσχρόν* gelten, wenn ein *καλοκἀγαθός* nicht zu Pferde gesehen wird (Cyr. IV, 3, 22 f.). Bei der Empfehlung des Reitens redet hier (ib. 13—22) leise carrikirend Xenophon viel von der Jagd und den Hippokentauren. Sollte nicht Antisthenes bei der Jagderziehung des Kentauren die *ἱππική* empfohlen haben? Dann werden von Nikias die Vortheile der Waffenkunst beim *μάχεσθαι* sowohl *μετὰ πολλῶν* wie *μόνος πρὸς μόνον* hervorgehoben (182 A). Der Waffenkundige werde nicht *εἰς ὑπό γε ἑνός* noch *ὑπὸ πλειόνων* besiegt, sondern ist überall der Ueberlegene (ib. B). Das erinnert auffallend an die antisthenischen Declamationen, wo Aias sich rühmt, *μόνος* gegen die Feinde zu stehen, und der kundige Odysseus im Massenkampf und *μόνος*, nach jedem *τρόπος, καὶ πρὸς ἕνα καὶ πρὸς πολλούς* zu kämpfen gerüstet ist (vgl. Antisth. Frg. S. 40 f. 43). Der kynische Weise ist im Kampfe den *πολλοί* immer überlegen. Weiter gemahnt Nikias mit dem phrasenhaft behaupteten *παρακαλεῖν* des Ehrgeizes von der Waffenkunst zur *στρατηγική* sehr an die antisthenische Protreptik zum *ἀρχικός*; ferner die These, dass *αὕτη ἡ ἐπιστήμη πάντα ἄνδρα* im Kriege *θαρραλεώτερον καὶ ἀνδρειότερον* mache (182 C), an Mem. III, 9, 2, dass *πᾶσαν φύσιν μαθήσει πρὸς ἀνδρείαν αὔξεσθαι* und noch wörtlicher an die Widerlegung des wohl antisthenischen Sokrates Eth. Eud. 1230a: *οὔτε δι' ὃ θαρραλεώτερον ἀγωνίζονται τοῦτο ἀνδρεία*. Und endlich wird nun mit verschämter Miene, hinter der der satirische Schalk lugt, als *σμικρότερον* gerühmt, dass der Waffenkünstler *εὐσχημονέστερος* werde und dadurch *δεινότερος τοῖς ἐχθροῖς* (182 CD). Auch Xenophon lacht über den Kyniker, wenn er Sokrates um der *εὐσχημοσύνη* willen *γυμναζόμενος* tanzen lässt (Symp. II, 16 ff.; später mehr darüber). Dann aber achte man auf das *γοργιάζειν* im Stil der Nikiasrede. Nur drei Kennzeichen, die in den antisthenischen Declamationen wiederkehren: die Vorliebe für das volle *πάντα* (6mal in 182 BC, 10 mal in der Rede des Odysseus, Frg. S. 41—43 oben), für Wiederholungen (*διατρίβειν διατριβάς* Lach. 181 E, *γυμνάζονται γυμναζόμενοι, μάχῃ — μάχεσθαι, μόνον πρὸς μόνον, ἀμυνομένῳ — ἀμύνασθαι* 182 A, *ἑνὸς εἶς, μαθών — μαθήματος* 182 B, *αὐτὸν αὐτοῦ — αὕτη, εὐσχημονέστερον — εὐσχημονέστερον — εὐσχημοσύνην, δοκεῖ — δοκεῖ* 182 CD; *δίκῃ δικαστῶν, δικάζουσι — δίκη — δικάσωσιν* in der Rede des Aias, *ὑμᾶς ὑμεῖς, μάχην μεμάχησθε, κινδύνοις ἐκινδύνευον* in der Rede des Odysseus) und für *καί — καί* (vgl. z. B. den Anfang von Lach. 182 C *καί — καὶ μαθήματα πάντα καὶ ἐπιτηδεύματα πάντα καὶ καλὰ καὶ πολλοῦ ἄξια ἀνδρὶ μαθεῖν τε καί* etc. und in der Rede des Odysseus *καὶ εἰμὶ στρατηγὸς καὶ φύλαξ καὶ σοῦ καὶ τῶν ἄλλων ἁπάντων καὶ οἶδα τά τ' ἐνθάδε καί* etc. *καὶ ἔγωγε καὶ σὲ καί* etc. *πολύτλαν τε καὶ πολύμητιν καὶ πολυμήχανον καὶ πτολίπορθον καί* etc.). Unsere Textkritiker streichen natürlich

ironisirt und dem Laches preisgibt (197 D)? Es war eben der antisthenische Sokrates als Verkuppler des Damon und Prodikos citirt, und der platonische lächelt darüber. Sokrates gibt nicht umsonst bei Xenophon[1]) dem Kyniker die Rolle des Kupplers zurück: es war sicher nur der antisthenische Sokrates, vielleicht negativ angeregt durch des Ameipsias Konnos, der spät noch selbst in die Schule des Musikers Damon und des Prodikos ging und andere hineinschickte[2]).

Dass Plato auch wieder ironisch die Wortdifferenzirung des Prodikos als μουσική citirt[3]), hat wohl bei dem kynischen Onomatologen, der auch περὶ μουσικῆς schrieb, einen guten und tieferen Sinn: es ist ihm eine τέχνη — die der Harmonie und zugleich der Differenzirung, eben die Kunst τὸ ἁρμόδιον ἑκάστῳ zu finden (Antisth. Frg. S. 24 f. W). So verkuppelt er Damon den Musiker und Prodikos den Differenzirer, und wenn Laches in sichtlich pointirtem Stil (188 C ff.) für das ἁπλοῦν καὶ διπλοῦν (vgl. Antisth. Frg. ib.), für die ἁρμονία λόγου καὶ ἔργου πάσης παρρησίας (!) ἀξία schwärmt und überhaupt das Leben als gebildeter Musiker auffasst, sollte hier nicht der grosse Satiriker den alten Draufgänger den Kyniker spielen lassen[4])? Man

---

dem Nikias manche Gleichklänge. Er spielt seine Rolle auch nach der grossen Rede im kynischen Stil fort. Vgl. den Gorgianismus 188 B: οὖν οὐδὲν ἄηθες οὐδ' αὖ ἀηθές, dann 195 E f. in 3 Zeilen 5 εἶτε, 4 ἤ, 197 B in 2 Zeilen 5 καί. Weiteres über den antisthenischen Charakter seiner Rede s. S. 144, Anm. 3.

[1]) Symp. IV, 61.
[2]) Laërt. Diog. II, 19. 32; Theaet. 151 B; Lach. 180 C D. Namentlich Euthyd. 272 C, wo sich Sokrates als Greis bei den antisthenischen Klopffechtern auf die Schulbank setzen will wie bei dem Musiker Konnos, ist der Spott des Sokrates über die ihm zugewiesene Rolle des ὀψιμαθής deutlich genug. Noch lustiger ist Theaet. 151 B. Sokrates (d. h. zugleich Plato) weist die Unbegabten [an Prodikos καὶ ἄλλοι σοφοὶ καὶ θεσπέσιοι ἄνδρες, d. h. Antisthenes, der hier zugleich mit seiner Prodikosempfehlung (Symp. IV, 62) und dem Geistesniveau seiner Schüler verspottet wird.
[3]) Prot. 340 A.
[4]) Antisthenes hat ja von des Sokrates Tapferkeit bei Delion gefabelt (Athen. V 216 B), wo Laches eben seine ἀρετὴ τῶν ἔργων kennen gelernt haben will (181 B 188 E). Der derbe Veteran muss dem Kyniker zu Liebe nicht nur μισόλογος sein (wie die kynische ἀρετὴ τῶν ἔργων nicht vieler Worte bedarf, Diog. VI, 11, und die lakonische Weisheit βραχύλογος ist, Prot. 343 B), sondern er muss auch φιλόλογος sein, χαίρων ὑπερφυῶς λόγων (Lach. 188 C ff.) und auf seine alten Tage sich mit Antisthenes ὀψιμαθής und Solon für höchst lernlustig (ib.) und πάντα ἐπίστασθαι für ἀγαθόν erklären (182 D). Allerdings will er nur von Guten lernen (189 A), vermuthlich weil Antisthenes Theognis (vgl. Xen. Symp. II, 4) citirt.

beachte nur, dass Laches in der Vorliebe für die dorische Tonart und die Verwerfung der lydischen (ib. D) mit dem platonischen Sokrates Rep. 398 f. übereinstimmt, der aber μὴ καινόν zu thun behauptet, wenn er die Tonarten der μαλακία und ἀργία, überhaupt der πολυχορδία verwirft zu Gunsten der καρτερία gegen die τύχη, der διδαχή und νουθέτησις zur σωφροσύνη, wenn er speciell das Flötenspiel (vgl. dazu Antisthenes öfter Bd. I und später) abweist und νὴ τὸν κύνα (!) die Stadt mit alledem vom τρυφᾶν wieder zu reinigen behauptet, d. h. sie zu dem Naturstaat („Schweinestaat") vor dem τρυφᾶν zurückführt (373 D E), den man als den kynischen Idealstaat erkannt hat. Und wenn nun anschliessend daran (400) Sokrates bei der Auswahl der moralischen Rhythmen (im Gegensatz zur Musik der ἀνελευθερία, ὕβρις, μανία!) sich für incompetent erklärt und Damon befragen will (400 BC), kann er wohl deutlicher hier auf eine Schrift verweisen, aber sicher nicht Damons selbst, sondern des Kynikers (περὶ μουσικῆς!), der jenen als „Sokrateslehrer" die Musik moralisch abschätzen lässt und seine Weisheit vom Orpheus und Agathokles, dem Lehrer des Damon[1]), herleitet[2]). Wenn Nikias Lach. 200 B mit Damon καὶ μετ' ἄλλων über die ἀνδρεία berathen will, so ist damit Antisthenes gemeint, der den Musiker zum Moralisten gemacht hat. Man mag sich nur den Kopf zerbrechen, wie es kommt, dass Laches (188 D) ganz wie der Kyniker Diogenes die wahre ἁρμονία sucht nicht für die λύρα, sondern für den βίος (Diog. VI, 27. 65), dass Diogenes (ib.) wieder Protagoras (326 B) die Hand reicht in der Betonung der ἁρμονία ψυχῆς, und dass wieder Protagoras hier mit dem Sokrates der platonischen Republik (400) ganz einig ist in der Begeisterung für die in die Seelen dringende εὐαρμοστία und εὐρυθμία — es gibt für dieses verwirrende Zusammentreffen heterogener Typen nur eine einfache Erklärung: Antisthenes hat wohl in περὶ μουσικῆς die musikalische ἁρμονία als παιδεία verinnerlicht; ihm folgt Diogenes; Protagoras und Laches lässt eben Plato antisthenisch sprechen und er selbst beruft sich auf den Kyniker (d. h. auf seinen Damon), wo er seine παιδεία bringt (Rep. ib.)[3]).

---

[1]) Lach. 180 D.   [2]) Prot. 316 D E.
[3]) Man beachte, dass auch Protagoras und Laches dies bei der παιδεία vorbringen und offenbar auch Diogenes, der a. a. O. 29 mit Protagoras-Antisthenes 325 D ff. darin auffallend übereinstimmt, dass das Lernen der

In die Musik schlägt, wie gesagt, die Homerkunde ein[1]). Der Sohn des Nikias, dem Sokrates Damon als Lehrer empfohlen haben soll, ist als literarische Figur des Antisthenes durch Xen. Symp. ziemlich gesichert, wo er dreimal mit ihm über die *παιδεία* durch Homer zusammengeräth. Sein Vater, *ἐπιμελούμενος*, wie er *ἀνὴρ ἀγαθός* werde, zwingt ihn, den ganzen Homer auswendig zu lernen (III, 5 f.). Antisthenes schimpft nur über die Rhapsoden, aber sonst gehört Homer und das Gedichtelernen[2]) zur *παιδεία* des Kynikers, der eben in der bekannten Paränese (I, 482 ff.) die Väter auffordert, *ἐπιμελεῖσθαι* nicht um Reichthum, sondern wie ihre Söhne *ἄνδρες ἀγαθοί* werden; doch der xenophontische Nikeratos ärgert den Kyniker, indem er gerade als *ὑπὸ Ὁμήρου πεπαιδευμένος* unter offener Verhöhnung des *μηδενὸς προσδεῖσθαι* und des seelischen Reichthums sich als *φιλοχρηματώτατος* bekennt[3]), wie er vorher auch unter Berufung auf Homer statt des kynischen *πόνος* die Zwiebel empfahl als *ποτῷ ὄψον*, wodurch es ihnen besser schmecke und sie sehr gefördert würden (IV, 7). Nikeratos rühmt sich, durch Homer, diesen *σοφώτατος*, die Kunst des *οἰκονομικός*, *δημηγορικός*, *στρατηγικός* zu verstehen und Antisthenes schlägt ein mit dem Ideal des *ἀγαθὸς βασιλεύς*, worauf Nikeratos carrikirend noch das Ideal des Kutschers anhängt (IV, 6). Wenn nun Plato mit der scharf kritisirten homerischen *παιδεία* die *παιδεία* des Protagoras und Prodikos und der *ἄλλοι πάμπολλοι* (!) zum Oekonomen und Staatsmann vergleicht (Rep. 600 C D, vgl. Bd. I), so wissen wir, dass er hier nur die antisthenische *παιδεία* kritisirt[4]).

γράμματα ebenso wie der Musik nicht Selbstzweck sei (vgl. Antisth. Frg. S. 33, 2), sondern der *σωφροσύνη*, der Innerlichkeit diene; auch in der Forderung des Gedichtelernens sind sie einig (Prot. ib. Diog. VI, 31). Die Musik macht die Seelen der *παιδευόμενοι ἡμερώτεροι*: so weit geht noch Protagoras-Antisthenes 326 B mit Sokrates-Plato Rep. 410 f. zusammen. Aber Plato kraft seines mehrtheiligen Seelentypus behauptet ib., dass die Gymnastik und Musik dem *θυμοειδές καὶ φιλόσοφον*, also beide der Seele dienen, und polemisirt gegen eine Theorie, die behauptet (410 C 411 E), dass die *μουσική* die *ψυχή*, die Gymnastik das *σῶμα* bilde: diese Theorie ist der Kynismus (Antisth. Frg. S. 65, 48. Diog. VI, 70).

[1]) Die Schrift *περὶ μουσικῆς* steht unter den Homerschriften des Antisthenes. Darum gehört der Lehrer Damon zur homerischen *παιδεία*. Auch Antisth. Frg. S. 24 f. W wird das Princip des *ἁρμόδιον* eben in der Homer-Interpretation entwickelt. [2]) Vgl. Diog. VI, 31.

[3]) IV, 45. Vgl. Antisthenes ib. 43: *οὔτ' ἀριθμῷ οὔτε σταθμῷ*, Nikeratos 45: *σταθμῷ καὶ ἀριθμῷ*.

[4]) Das wird wohl jetzt Dümmler (Antisthenica 26 ff.) allgemein zu-

Plato treibt öfter ein wunderbar raffinirtes, neckisch dramatisches Spiel mit Antisthenes, indem er ihn spaltet und die verschiedenen Seiten, Elemente seiner Natur als Personen gegeneinander führt und damit seine Widersprüche zeigt, so auch im Laches[1]), im Charmides (vgl. I, 487 ff.) und namentlich im

gestanden werden. Plato wendet sich Rep. 598 D ausdrücklich gegen die Theorie, dass Homer πάσας τέχνας und πάντα τὰ ἀνθρώπεια τὰ πρὸς ἀρετὴν καὶ κακίαν verstehe: Antisthenes hilft Symp. IV, 6 gerade constatiren, dass Homer für alle Künste und περὶ πάντων τῶν ἀνθρωπίνων σοφώτατος sei, und hat zuerst die These aufgestellt (vgl. Norden a. a. O. 383), Homer habe περὶ ἀρετῆς καὶ κακίας geschrieben.

[1]) Nikias und Laches repräsentiren trefflich die beiden Seiten und Typen der Tugend, in deren Vereinigung das Charakteristische, aber eben auch das Zweifelhafte, Schwankende der antisthenischen und ja noch der stoischen Lehre liegt: φρόνησις und ἰσχύς, λόγος und ἔργον treten sich in ihnen gegenüber. Laches bestimmt die ἀνδρεία als καρτερία (192 B C), Nikias als σοφία (194 D ff.), beide Bestimmungen sind antisthenisch und beide werden vom platonischen Sokrates kritisirt. Ja, er widerlegt auch ihre Vereinigung in der φρόνιμος καρτερία (192 E ff.) und macht sich lustig über die ἁρμονία λόγου καὶ ἔργου (193 E). Wer es schwer glaublich findet, dass der kritisirte Antisthenes „gespalten", in mehreren Personen carrikirt sein soll, vergisst völlig, dass ja die Satire Plato's nicht die Person, sondern die dialogischen Schriften des Kynikers trifft und ihr damit schon die Mehrzahl der Personen als Gegenstand gegeben ist. Zumal Laches und Nikias repräsentiren eine echt antisthenische σύγκρισις, ja wir können mehr sagen: der Gegensatz des Laches und Nikias ist derselbe wie der des Aias und Odysseus bei Antisthenes, und die Parallele geht bis in Einzelheiten. Dazu stimmt auch die Behandlung der Frage als Homerinterpretation, und die Berufung auf den σοφὸς ποιητής (Schluss der Odysseusrede). Der antisthenische Aias fordert, wie Laches, das ἔργον zu berücksichtigen, ohne das die πολλοὶ καὶ μακροὶ λόγοι werthlos sind. Und gegenüber dieser Tapferkeit der ἰσχύς und des θάρσος vertritt Odysseus wie Nikias die ἀνδρεία als σοφία und ruft Aias zu: διότι γὰρ ἰσχυρὸς εἶ, οἴει καὶ ἀνδρεῖος εἶναι καὶ οὐκ οἶσθα ὅτι σοφία περὶ πόλεμον καὶ ἀνδρείᾳ οὐ ταὐτόν ἐστιν ἰσχῦσαι etc. Aber οὐ ταὐτόν ἐστιν τὸ ἄφοβον καὶ τὸ ἀνδρεῖον versichert auch Nikias dem Laches (197 B), und οὐ ταὐτὸν εἶναι θάρσος τε καὶ ἀνδρείαν sagt der antisthenische Protagoras (351 A) und beide in Ausführungen, die im Stil prodikeische Diffenzirungen carrikiren. Sokrates fährt Lach. 196 E eine ganze Menagerie vor — οὐ παίζων, d. h. natürlich erst recht παίζων. Wenn er auch die Consequenz, dass die These ἀνδρεία = σοφία allen Thieren ἀνδρεία abspricht, ernsthaft festnagelt, so verkündet doch der Schalk: was nur ὀλίγοι ἀνθρώπων ἴσασι wegen der Schwierigkeit, es zu erkennen, das kann nicht ein Löwe oder ein Tiger oder irgend ein Eber wissen. Unter den ὀλίγοι ἄνθρωποι, die es wissen, ist eben, wie Xen. Ages. XI, 9 (vgl. Dümmler, Philol. 54. 583), Antisthenes zu verstehen, für den der Gegensatz gegen die πολλοί charakteristisch ist. Hier scheidet Nikias die ἀνδρεία — σοφία so exclusiv

Protagoras, wo er im Sinne des Kynikers bald Protagoras, bald Prodikos, bald Sokrates — letzteren allerdings nur ironisch —

von den πάνυ πολλοί (197 B), dass Laches Recht hat: es könne dann höchstens ein Gott tapfer sein (196 A), und in der That ist ja die Tugend des kynischen Weisen selten und göttlich. Nikias kann die krommyonische Sau nicht für tapfer halten (196 E). Der Kyniker liebt es, θηρία und speciell die ὗς (ib. D E, vgl. I, 382) und besonders mythische θηρία zum Vergleich heranzuziehen; zudem vergleicht der antisthenische Odysseus Aias, der seine Thorheit für Tapferkeit hält, mit einem ὗς ἄγριος. Er freue sich ὥσπερ οἱ παῖδες, dass man ihn ἀνδρεῖος nenne, aber er sei es nicht. Auch hier stimmt Nikias ein, der die παῖδες nicht ἀνδρεῖοι nennen will (197 A B), und wenn er 195 C ff. die ὑγίεια etc. für ἀμφίλογα ἀγαθά erklärt, so reicht er dem kynischen Sokrates Mem. IV, 2, 31 ff. die Hand. Hier sei es gestattet, einen Zweifel zu äussern, ob die im I. Bande als echt sokratisch behandelte Definition der Tapferkeit als Wissen der δεινά καὶ μὴ δεινά nicht auch schon antisthenisch gefärbt ist. Schon das δεινόν (vgl. Bd. I, 360, 1 u. öfter) und die Hinzufügung des negativen Moments sieht danach aus. Die ἀνδρεία als φυσικόν würde dann neben der διδακτή bei Antisthenes wie von Aias neben Odysseus und wie Mem. III, 9, 1 ff. verfochten sein. Die aristotelisch-peripatetischen Ethiken, die sich an jener „sokratischen" Definition der Tapferkeit reiben, scheinen hier wie öfter den kynischen Sokrates zu citiren, und damit stimmt eben, dass Plato die Definition Nikias zuweist, den er mit entschiedener Achtung behandelt, aber doch von Sokrates kritisiren lässt und stark antisthenisch stilisirt. Der Kyniker könnte Plato für diesen Nikias die Anregung oder auch die Antwort gegeben haben, indem er vielleicht schon Plato ob seines sicilischen Unglücks mit Nikias verglich (Luc. paras. 34). Das steife und stumpfe Lehrstück Laches bekommt erst klare, belebte Züge, wenn man es satirisch zu deuten weiss, aber die Satire wäre nicht vollständig, wenn nur Laches und Nikias antisthenisch sprechen und nicht schon die Einleitung die Spitze zeigte. Am meisten trieft Lysimachos von kynischer Weisheit, und es ist prachtvoll zu sehen, wie der alte Esel (vgl. 189 C), ähnlich wie Kephalos in der Rep., je älter, desto lernlustiger 201 B, sogleich für die παρρησία (178 A 179 C) und das ἁπλῶς εἰπεῖν (178 B) schwärmt, und wohl weil die εὐγένεια παρρησίας θησαυρός (vgl. S. 51, 1), vom πάππος Aristides und vom πάππος Thukydides redet (179 A) und von dem höchst braven Vater des Sokrates (181 A), wie ferner dieser Dummkopf als weiser Tugendheld den Dialog einleitet, indem er die Fahne der kynischen Protreptik, die ja stark auf ἀνδρεία geht (vgl. des Antisthenes προτρεπτικὸς περὶ ἀνδρείας), entrollt, entschlossen nicht wie die πολλοί (179 A) und wie die berühmten Staatsmänner (179 C) die Söhne τρυφᾶν zu lassen, sondern ἐπιμελεῖσθαι für ihre möglichste Tüchtigkeit, und sie mahnend nicht ἀμελεῖν αὑτῶν (ganz wie die kynische Paränese Clit., Dio Chr. etc., vgl. I, 481 ff.). Seine Rede fliesst über von den oben charakterisirten Eiferworten der kynischen Ethik — achtmal spricht er in der ersten Rede von ἐπιμελεῖσθαι, ἀμελεῖν, μέλειν (vgl. noch 187 CD); sein ganz verschlafener Genosse Melesias hat vielleicht seinen Namen davon oder ist wenigstens deshalb aus seiner Ruhmlosigkeit von Plato hier

reden lässt. Wie amüsant wirkt es, wenn im Protagoras Antisthenes gegen Antisthenes geführt wird und Sokrates sagt (341 A):

hervorgezogen worden, der das Satirikerrecept der Personenduplication an Lysimachos und Melesias wie an Euthydem und Dionysodor bethätigt. Fast scheint es, als ob hierbei die höchst überflüssige und für attische Sitte auffällige Erwähnung des συσσιτεῖν der alten Dummköpfe und des παρασιτεῖν der μειράκια (179 B) ein Hieb ist gegen den kynischen Lobredner der spartanischen Syssitien, bei denen Lykurg ἀνέμιξε παιδεύεσθαι τοὺς νεωτέρους ὑπὸ τῆς τῶν γεραιτέρων ἐμπειρίας (Xen. Rep. Lac. V, 5). Die Lakedämonier spielen hier auch sonst eine ebenso autoritative Rolle (182 E 183 B), wie Homer (191 A B 201 B). Sie werden auch Mem. III, 9, 2 im Contrast zu den Antisthenes erst recht naheliegenden Thrakern und zu den skythischen Bogenschützen (vgl. Lach. 191A) citirt, und hier Mem. III, 9, 1 ff. wird nicht nur der Begriff der ἀνδρεία — ein Hauptthema des Antisthenes — echt kynisch nach der ethnographischen διαφορά der νόμοι oder ἔθη gesucht, sondern es tönen hier als Zwar und Aber in φύσις, ἰσχύς, καρτερία einerseits, μάθησις des Waffengebrauchs andererseits und vor Allem im Lob der ἐπιμέλεια deutlich und ernst die antisthenischen Stimmen wieder, die im Laches satirisch klingen. Amüsant ist es, wie hier mit dem schon stoisch anmuthenden Biedermannspathos des Kynikers die ἄξιοι gepriesen werden (179D 180D 181 B 188CE etc.), aber auch der φθόνος bei der ἐπιστήμη ganz wie von Protagoras-Antisthenes (Prot. 316D ff.) gefürchtet wird (Lach. 184B). Dass Nikias die ἀφθονία der Mittheilung (200 B) von Antisthenes hat, vgl. Symp. IV, 43. Gar lustig ist es ferner, wie namentlich von Lysimachos nach dem δίκαιον (181 C 200 D etc.) Alle zu φίλοι, ἑταῖροι, κοινωνοί und σύμβουλοι verkuppelt werden (180E 181BC 187CD 189C etc), worin Sokrates ironisch einstimmt, das Freundschaftsinteresse und die Gemeinsamkeit der Berathungen unaufhörlich betonend (186B 187B 194C 196 C 197 E) und dabei den ἡμέτερος ἑταῖρος Damon verkuppelnd mit dem (Hipp. mai. 282C, vgl. oben S. 140, auch als ἡμέτερος ἑταῖρος citirten) Prodikos (197 D). Man höre nur, wie unerträglich breit, wie gorgianisch gedrechselt (vgl. S. 142, Anm.) sofort die kynisch paränetische Suada aus dem altersschwachen Munde tönt; ὑμᾶς δὲ ἡμεῖς ἡγησάμενοι καὶ ἱκανοὺς γνῶναι καὶ γνόντας ἁπλῶς ἂν εἰπεῖν etc. 178 B oder das καί — καί — τε — καί in der höchst überflüssigen Specialisirung der καλὰ ἔργα 179C, εἴτε — εἴτε 180 A und namentlich 179 E: ἔδοξε δὴ χρῆναι αὐτούς τε ἐλθεῖν ἐπὶ θέαν τἀνδρὸς καὶ ὑμᾶς συμπαραλαβεῖν ἅμα μὲν συνθιατάς, ἅμα δὲ συμβούλους τε καὶ κοινωνούς etc. Vgl. 181 A: καὶ ἄλλως καὶ δὴ καὶ ὅτι κοινεῖα τά τε σὰ ἡμῖν ὑπάρξει καὶ σοὶ τὰ ἡμέτερα (das kynische κοινὰ τὰ τῶν φίλων, wobei Plato boshaft den communistischen Philister erst das Nehmen, dann das Geben betonen lässt) und das väterliche Wort an Sokrates: οὗτος μέντοι ὁ ἔπαινός ἐστι καλός, ὃν σὺ νῦν ἐπαινεῖ ὑπ' ἀνδρῶν ἀξίων πιστεύεσθαι καὶ εἰς ταῦτα, εἰς ἃ οὗτοι ἐπαινοῦσιν (vgl. Antisth. Frg. S. 53, 17), und dann geht es fort καί — καί — 7 καί in 3 Zeilen von 181 C. Antisthenische Anspielungen enthalten wohl noch das σόφισμα des Fechters 183 D, der gesuchte δεινότατος περὶ νέων τροφῆς 186E, die σχολή von den Staatsgeschäften zu geistigen Interessen (187, vgl. Xen. Symp. IV, 44 f.),

Du, Protagoras (der ja Antisthenes ist), verstehst zwar Vieles, aber das verstehst du nicht, wohl aber ich, der ich ja Schüler des Prodikos bin (nämlich bei Antisthenes). Antisthenes-Sokrates wird von Antisthenes-Prodikos über den Gebrauch von δεινός als Lobesprädicat zurechtgewiesen (341 A B; vgl. I, 360, 1), Antisthenes-Prodikos aber wird mit seiner Alles beweisenden, Begriffe umkehrenden Onomatologie von Antisthenes-Protagoras geschlagen (341), und dieser wieder wird mit der Voraussetzung, dass der Verbleib der Tugend kein besonderes Problem ist neben dem schweren Gewinn der Tugend, also mit der kynischen These von der unerschütterlichen Tugend von Antisthenes-Prodikos und Antisthenes-Sokrates widerlegt, der mit antiquarischen, lakonischen und anderen Tendenzen den Dichterinterpreten spielt. Der Kyniker preist mit vollen Backen den Weisen, verkuppelt ihn als Lehrer und mit uralten Vorläufern und hebt ihn schliesslich zum Gott empor: darum spricht der grosse Ironiker von Προδίκου σοφία θεία τις πάλαι (Prot. 340 E), von Prodikos πάσσοφος (wie auch die antisthenischen Sophisten Euthydem und Dionysodor genannt werden) καὶ θεῖος (Prot. 315 E), von Prodikos καὶ ἄλλοι σοφοὶ καὶ θεσπέσιοι ἄνδρες (Theaet. 151 B) — man sieht hieraus und aus allem Früheren: Prodikos ist für Plato wesentlich ein Gegenstand, mit dem er Antisthenes neckt.

Sollte es sich nicht endlich auch Symp. 177 B so verhalten, wo er vom βέλτιστος Πρόδικος den ἔπαινος Ἡρακλέους citirt? Meint man denn wirklich, dass Plato des todten [1]) Prodikos ὦραι citire, der vielleicht Herakles garnicht gelobt hat, dass er aber hier, wo er den Eroscultus in Concurrenz stellt, zum Heraklescultus, seinen wichtigsten Nebenbuhler in Athen vergisst, der in seiner Hauptschrift und nicht nur in dieser, der in seinem ganzen ethischen Schwärmen auf ein ἐπαινεῖν Ἡρακλέα ausging? Die Unmöglichkeit, dass Plato auf Prodikos schlägt, wenn er Antisthenes meint, werde ich zugeben, sobald man mir zeigt, wo Plato offen auf seinen kynischen Hauptconcurrenten schlägt und wie der Dramatiker ohne Masken auskommen kann. Und hier citirt er ja, wie ich glaube, für den Autor nur dessen autoritative Figur: eigentlich nicht viel anders, als wenn Aristoteles für Plato Sokrates citirt. So finden wir bei den Sokratikern

---

vielleicht auch das Aushalten beim κυνηγέσιον 194 B, die προμήθεια 185 A 197 B 198 E und φιλοτεχία 194 A, μωρός 197 B etc.

[1]) Oder steinalten, da ja 385 der terminus post für das Symposion ist.

Prodikos immer nur antisthenisch, eben weil Antisthenes prodikeisch war. Prodikos ist ihm Figur, weil er ihm Autorität ist, und so könnte an sich Xenophon seinen Herakles doch wieder von Prodikos haben, nur eben durch Vermittlung des Antisthenes. Dass der Kyniker Prodikos färbte, wie er Sokrates färbte, ist an sich wahrscheinlich, nur eben was prodikeisch, was antisthenisch ist an diesem Herakles, wie beide nebeneinander stehen, wenn die Kupplerbande fallen, was beide mit ihrem Herakles wollten, das bleibt noch zu untersuchen.

Das alte echte Wesen des Herakles steht jetzt für jedes historische Stilgefühl untrüglich fest[1]): Herakles der Dorer, Herakles der wandernde Sieger, der Held, der Mann κατ' ἐξοχήν, dessen Leben Kraft und That ist! Was war dieser Herakles dem 5. Jahrhundert, der ἀριστεία Athens? Allerorten in Attika lodern ihm Altäre, aber wie einem fremden Gott. Der begeisterte Anruf des thebanischen Dichters war einsam verhallt; als derben Fluch ruft der Athener: Herakles! Im classischen Jahrhundert des echten Hellas, das den Menschen verklärte, bleibt der Uebermensch im Dunkel als der Ungeformte. Die grossen bildenden Künstler suchen ihn nicht und finden keinen neuen Ausdruck für sein Wesen, selbst die Vasenmaler vernachlässigen seine reichen Sagenstoffe. Im Schwerterklang der panhellenischen Perserkriege, im Glanz, in der Gedanken- und Gestaltenfülle des humanistischen Athen, im freien, lebendigen Wettkampf der ἀρετή feiert der Geist Joniens, feiert die sonnig klare, leichtbewegte, bunte Welt Homer's ihre Auferstehung, die nicht Raum hat für den absoluten Helden Herakles. Kein mächtiges Epos hat sich seiner angenommen, ihn so bemeistert, dass es mit ihm dauernd populär wurde, keine Tragödie bis fast zum Ende des Jahrhunderts hat sich ihn zum Helden erkoren, und wenn seine schwere Gestalt über die attische Bühne schritt, so freute man sich zu lachen über den grossen Ungeschliffenen, über den Sklaven der Omphale, den Vielfrass und Trinker Herakles[2]).

---

[1]) Wie es das Meisterwerk v. Wilamowitz' fixirt hat. Vgl. darin für die folgenden Zeilen I² nam. S. 27 ff. 35 f. 40 ff. 50. 66 ff. 88. 95 ff.

[2]) Bei Jon, Achaios, Sophokles, Euripides u. A. und wohl schon bei Phrynichos, vgl. v. Wilamowitz 71 f. 98 f. (wo die „ebenso merkwürdige wie augenfällige Thatsache" registrirt wird, dass damals Herakles „in Athen auf der Bühne ernsthaft garnicht darstellbar" war) 155. Ueber den schwerfällig begreifenden, trunkenen Herakles in Euripides' Alkestis und Auge vgl. Fahlnberg, De Hercule tragico Graecorum S. 25 f. 30.

Man lachte über ihn, bis man über ihn weinte. Als der Abend kam für das Jahrhundert der Freiheit und Aufklärung, als düstere Wolken heraufzogen und die attische Herrlichkeit durch Dorerkraft wankend wurde, als die Romantik die Classik abzulösen begann, als die Charaktere an πάϑος anschwollen und die Kämpfe wilder wurden, als in den Wechselfällen des peloponnesischen Krieges der νοῦς des Anaxagoreers Perikles das Steuer abzutreten schien an die dunkle τύχη des Antiphon[1]), als die greisen Häupter der beiden jüngeren Tragiker den Eiseshauch des Pessimismus spürten, da trugen sie den Uebermenschen schlafend, in gebrochener Kraft auf die Bühne und zeigten seinen Wahnsinn und sein grauenvolles Sterben. Gewiss, es liegt im Wesen der Tragödie, den Starken schwach zu zeigen, aber eben weil sie den Starken schwach sehen wollten, schufen die Attiker die Tragödie. Tragödie, Giganten- und Titanenfall und Kentauromachie, der Sturz der Könige und Tyrannen und das Scherbengericht — es sind ja alles nur Ausdrucksformen, in denen urhellenischer, attischer Geist seinen Hass gegen die Macht, gegen die dunkle Kraft, gegen den δεινός entlädt. Als der attische Geist siegreich waltete, da spielte er mit der Kraft, da machte er Herakles zum burlesken Helden des Satyrspiels. Als er aber an seiner Selbstherrlichkeit irre wurde und die Dorerfaust kam über den attischen Geist, als dunkle Mächte das Staatsschiff auf- und niederschwanken machten, da konnte, da musste man den Helden der Kraft ernst nehmen, da im Gewittersturm trat der Ungeformte aus dem Dunkel hervor, da konnte Herakles tragisch werden, weil eine stärkere Kraft waltete, die man noch mehr hasste als ihn: die Blitze des Zeus, die Schicksalsmacht. Ist es nicht, als ob die beiden Heraklesdramen des Sophokles und Euripides in ihrem grellen Wechsel von höchster Freude und tiefstem Leid das Gewitter und den Wogengang des grossen Krieges in sich trügen? Mit wahrer Wollust lassen sie den stärksten Baum zu Boden reissen, um der Macht zu fluchen, die ihn gefällt. „Und Alles ist Werk des Kroniden", so ringt es sich zum Schluss selbst aus der harmonischen Seele des Sophokles, und grollend blickt Hyllos auf die „Schmach" der Olympier. Der euripideische Herakles aber ballt die Faust gegen den Himmel zu Lästerungen, wie sie auch die attische Bühne vielleicht nicht gehört.

---

[1]) Darüber später.

Wie aber sollen wir darin die Alten verstehen und wie in dem Widerspruch, dass sie den Blutdunstberauschten (Eur. Her. 966 ff.), der als Jungfrauenräuber Oechalia zerstört, schuldig finden und zugleich die Götter anklagen? Es ist die echt hellenische Seele, die in beiden die Kraft, die Macht hasst, aber in den Göttern die stärkere, in ihnen die Giganten, die Tyrannen des Himmels. Aber so wild würde der Hass nicht auflodern, wenn nicht damals die Hand der Götter, der poetischen Repräsentanten des Schicksals, in harten Schlägen sich fühlbar machte. Wie musste die Schicksalsmacht wüthen, wenn selbst die rohe Herkuleskraft schwach befunden wurde! Welch schwerere Anklage gegen die Götter liess sich ersinnen, als wenn ein Herakles tragisches Mitleid weckte! So stieg er vom Soccus auf den Kothurn, so ward aus dem Naturburschen der Dulder. In den zerstörenden Flammen des Krieges, aus dem vulkanischen Boden, der Kleon und Alkibiades, Kritias und Theramenes gebar, stieg Herakles $\mu\epsilon\lambda\alpha\gamma\chi o\lambda\iota\varkappa\acute{o}\varsigma$ hervor[1]). Man taumelte von himmelhochjauchzender Lust zur Todesverzweiflung, und als Kind beider ward damals die $\tau\acute{v}\chi\eta$ geboren. Im wilden Individualismus schieden sich die Temperamente der Frohlockenden, Geniessenden, der $\epsilon\vec{v}\tau v\chi\epsilon\tilde{\iota}\varsigma$ und der Geschlagenen, Schwerblütigen, der $\delta v\sigma\tau v\chi\epsilon\tilde{\iota}\varsigma$, der Pessimisten. Damals, als an dem fein geschärften subjectiven Bewusstsein die $\tau\acute{v}\chi\eta$ rüttelte, ward die Anschauung Stimmungssache, begann man durch farbige Brillen zu sehen, rosige und schwarze. In den $\delta\acute{v}o$ $\lambda\acute{o}\gamma o\iota$ $\dot{\alpha}\nu\tau\iota\varkappa\epsilon\acute{\iota}\mu\epsilon\nu o\iota$ emancipirte sich, triumphirte die Rhetorik. Aus dem Zeichen des $\tilde{\eta}\vartheta o\varsigma$, des $\sigma\tau\acute{\alpha}\sigma\iota\mu o\nu$ $\gamma\acute{\epsilon}\nu o\varsigma$ traten Politik, Kunst, Leben über in das wechselreiche, wild bewegte $\pi\acute{\alpha}\vartheta o\varsigma$.

Nicht auch die Philosophie? Aristoteles (Rhet. II, 15) nennt als Typen des $\sigma\tau\acute{\alpha}\sigma\iota\mu o\nu$ $\gamma\acute{\epsilon}\nu o\varsigma$ Perikles, Kimon und Sokrates — das sind die Früheren, als Typen des Anderen Alkibiades und Dionys d. Aelt. Sokrates weiss noch nichts von $\pi\acute{\alpha}\vartheta o\varsigma$. In seinen älteren Schülern Antisthenes und Aristipp traten die $\delta\acute{v}o$ $\lambda\acute{o}\gamma o\iota$ $\dot{\alpha}\nu\tau\iota\varkappa\epsilon\acute{\iota}\mu\epsilon\nu o\iota$ des Subjectivismus auseinander, aber das $\pi\acute{\alpha}\vartheta o\varsigma$ ist schon bemeistert durch sokratische Einsicht zu künstlichem Ethos. Ich denke mir dazwischen einen Philosophen des

---

[1]) Herakles als $\mu\epsilon\lambda\alpha\gamma\chi o\lambda\iota\varkappa\acute{o}\varsigma$ erscheint zwar in Ansätzen schon früher (gerade schon bei Homer und Hesiod), aber doch hat damals der beherrschend hervortretende Dulderzug den Heraklescharakter umgeformt. Vgl. v. Wilamowitz S. 91 ff.

reinen πάθος, der Passionsklage, des Pessimismus, an den sich die Heraklestragik des Euripides anlehnt, von dem Antisthenes den schwerblütigen Ernst eingesogen, einen Philosophen, der heimisch ist, wo die Sentimentalität der griechischen Lyrik heimisch war, also auf einer Insel und auf einer kleinen, abhängigen, die weniger der kraftvollen That als der gefühlsschwelgenden Meditation Raum gab, wo die subjectivsten Künste zur Blüthe kamen, Musik (Pythokleides!) und Lyrik, und zwar elegische, reflexive Lyrik (Simonides!) und der Pessimismus eine gewisse Tradition hatte [1]) und dort aus diesem stimmungsvollen Dunstkreis aufsteigend einen Philosophen, der im peloponnesischen Kriege stark auf Athen wirkte, und so komme ich auf Prodikos von Keos. Wer da sagt, das sei Phantasie, bedenke Folgendes: Prodikos, Euripides, Antisthenes schreiben einen Herakles. Glaubt man nun ernstlich, dass die drei Herakleen in Athen ganz unabhängig von einander auftraten? Um 420, als des Euripides Herakles auf der attischen Bühne stand, konnte schon Aristophanes von Prodikos dem bekannten Sophisten sprechen. Euripides, der die Tragödie mit der Sophistik vermählte, hat Prodikos geschätzt[2]) wie ihn Antisthenes schätzte. Sollte also nicht der euripideische Dulder Herakles, als ernster Held eine neue Figur auf der attischen Bühne[3]), durch den keischen Sophisten angeregt sein? Den düsteren, schwermüthigen, leidenden, sentimentalen Grundzug hat dem Prodikos ja auch Plato (Prot. 315 C—316 A) bezeugt, wenn er ihn am deutlichsten in der Hadesbeleuchtung der Sophisten als den unendlichen Dulder Tantalos vorführt, eingehüllt in sehr viele Felle und Bettdecken, im Gewölbe liegend, wo man bei der Tiefe seiner Stimme nur ein dumpfes, unverständliches Getöse vernimmt, auf den Lagern neben ihm der weichliche Tragiker Agathon und sein Liebhaber, der Apologet der Schwelger (Xen. Symp. VIII, 32),

---

[1]) Vgl. Welcker, Rhein. Mus. I, S. 614 ff.
[2]) Gell. XV, 20, 4. Vita Eurip. ed. Elmsl. Vgl. Dümmler, Ak. 161. 257, 1.
[3]) Zwar war auch hie und da schon ein ernster Herakles auf der Bühne erschienen, aber er war nicht Held und nicht tragisch, er griff nur episodisch ein in fremden Sagen als deus ex machina, als der typische Retter in der Noth, so auch in seiner einzigen Scene bei Aischylos, im befreiten Prometheus. Vgl. Fahlnberg a. a. O. S. 21 ff., der nur den hier non invito Jove handelnden Herakles zu künstlich zu verselbständigen sucht und S. 18 ff. v. Wilamowitz' These nicht widerlegt hat, dass die Trachinierinnen des Sophokles erst durch den euripideischen Herakles angeregt seien (S. 153 ff.).

Pausanias. Den weichlichen Zug bei Prodikos hat Plato verschärft, um dem Kyniker seine Autorität zu verleiden. Aber wenn er auch den Prodikeer Antisthenes treffen will, gerade die Carrikatur setzt voraus, dass das Pathos der Hypochondrie, der düstere Leidenszug, der dem Kyniker so imponirte, ebenso wie die Wortdifferenzirung dem echten Prodikos gehören.

Der Pessimist Prodikos würde nun weiter bestätigt werden durch den pseudoplatonischen Axiochus. Die neueste Forschung, die sich mit diesem so „armseligen" Dialog merkwürdig viel beschäftigt, hat sich hierüber in zwei Lager geschieden. Heinze [1], Rohde [2]), Feddersen [3]), v. Wilamowitz [4]), Brinkmann [5]) erklären die hier dem Prodikos in den Mund gelegten Aeusserungen für rein fingirte, die den echten Prodikos garnichts angingen, Zeller [6]), Buresch [7]), Dümmler [8]), Gomperz [9]), Immisch [10]) aber wollen (mit Welcker) [11]) sie für diesen in Anspruch nehmen. Man mag nach den letzten Erörterungen [12]) wohl die Ausführung im Einzelnen für Prodikos preisgeben, und ich wünschte, man hätte beim Sokrates des Xenophon ebensogut wie bei dem des Axiochus verstanden, dass Einleitungen wie φράσαιμι ἄν σοι ταῦτα ἃ μνημονεύσω (Ax. 366 D, vgl. Mem. I, 8, 1) und ἤκουσα δέ ποτε καὶ τοῦ Προδίκου λέγοντος (369 B, vgl. Mem. I, 4, 2. II, 4, 1. II, 5, 1. Oec. I, 1) keine Riegel gegen Fictionen sind. Andererseits wird man doch zugeben müssen, dass die Citirung des Prodikos hier irgend einen Grund haben muss. Wer soll es denn sein, auf dessen Schultern Sokrates hier, wie es scheint, lächelnd abschiebt, was er nicht verantworten will? Und wenn Prodikos

---

[1]) Ueber Prodikos aus Keos, Ber. d. sächs. Gesellsch. d. Wiss. 1884, S. 832.   [2]) Psyche S. 589.

[3]) Ueb. d. pseudoplat. Dialog Axiochus. Realschulprogr. Cuxhaven 1895, S. 29.

[4]) Gött. gel. Anz. 1895, S. 978 f.

[5]) Rhein. Mus. 51, S. 444ff.   [6]) Ph. d. Gr. I, 1124, 2⁵.

[7]) Consolat. Hist. crit. (Leipz. Stud. IX), S. 8 f. 30, 1.

[8]) Akademika S. 158. 281.

[9]) Griechische Denker I, 344. 468.

[10]) Philol. Stud. zu Plato. I. Axiochus., 1896, S. 52 ff. Anm. 2.

[11]) Rhein. Mus. I, 608 ff. (Kl. Schr. 2, 497 ff.). Doch wollen namentlich Zeller, Buresch und Immisch die Grenzen des Prodikeischen im Axiochus enger ziehen.

[12]) Vgl. was v. Wilamowitz und Brinkmann gegen Immisch anführen, der übrigens selbst (S. 26. 53 Aum.) die Prodikosrede nicht als stilistisch treu ansieht.

Maske ist, so muss doch die Maske passen. Denn Prodikos bedeutet doch etwas und ist kein Domino zum Allerweltsgebrauch und noch keine typische Gesprächsfigur wie Sokrates. Also wird wenigstens das Thema: Lob des Todes und Lebenspessimismus prodikeisch sein. Oder soll dies Thema erst dem späten[1]) Verfasser des Axiochus gehören oder doch zur Zeit des Prodikos unmöglich sein? Im Gegentheil! Das Aufblühen der Consolationenliteratur fällt gerade zusammen mit seiner $\mathring{\alpha}\varkappa\mu\acute{\eta}$, und wir müssen den Ursprung der wesentlichen $\tau\acute{o}\pi o\iota$ auf diesem Gebiet am Ende des 5. Jahrhunderts suchen, damals als Antiphon seine $\tau\acute{\epsilon}\chi\nu\eta$ $\mathring{\alpha}\lambda\nu\pi\acute{\iota}\alpha\varsigma$ und Alkidamas sein Lob des Todes schrieb, damals als die Rhetoren sich auf die $\lambda\acute{o}\gamma o\iota$ $\grave{\epsilon}\pi\iota\tau\acute{\alpha}\varphi\iota o\iota$ warfen und die Philosophen auf die Hadesschriften, damals als der Geist sich im Leben so rauh gestossen fühlte, dass er von der Politik, von der Bühne, von der Strasse sich in die Studirstube der Literatur und ins Jenseits flüchtete.

Das geht Beides nothwendig zusammen, denn Literatur und Transcendenz bedeuten beide Abkehr vom Leben, Ueberwindung des Lebens. Nur aus dem Lebenspessimismus erklärt sich das erwachende schreibende Zeitalter, und nur der Schreibende konnte dem Ausbau der idealen Welt sich hingeben. Es lag im Interesse der damals aufkommenden Rhetoren und Sophisten, dieser Doctoren, Schreiber und Pfaffen, das Leben zu discreditiren und sich als Pförtner einer besseren Welt wichtig zu machen. Man wird damals theologisch zugleich merkwürdig skeptisch und merkwürdig empfänglich und empfindlich. Man verhöhnt auf der Bühne gleichzeitig Götter und Atheisten. Anaxagoras, Protagoras, Sokrates werden der Asebie angeklagt und mit Sokrates kann sich Euthyphron über die Athener beklagen. Wenn man bedenkt, dass die Athener wegen der Mysterien- und Hermokopidenfrevel Alkibiades entsetzten und dem Mantiker Nikias Alles überliessen, kann man sagen: sie haben ihr Reich, ihr Glück verscherzt aus Frömmigkeit. Gleichzeitig flucht der euripideische Herakles den ungerechten Göttern und erklärt alles Unrecht der Götter sammt den wichtigsten Legenden für Dichterlüge (v. 1341 ff.). Kritias führt im Peirithoos

---

[1]) Mit Ausnahme von Buresch setzen ihn alle Neueren spät; Immisch: bald nach 306, Dümmler: etwas jünger als Bion, v. Wilamowitz: nach dem 3. Jahrh., nur nicht nach Posidonius, Gomperz: nachalexandrinisch, Susemihl: zu Teles', Corssen (und wohl auch Usener): zu Posidonius' Zeit, Maass, Aratea 127, 23: nach 290, Steinhart: Kaiserzeit.

in den Hades und erklärt im Sisyphos, also auch angesichts des Hades, die Götter für eine schlaue Erfindung der Politiker. Protagoras weiss nicht, ob Götter sind, Demokrit setzt sie zu sterblichen Dämonen herab und entgöttert die Natur, Antisthenes leugnet den Polytheismus, aber alle drei schreiben περὶ τῶν ἐν ᾅδου und der Kyniker noch περὶ τοῦ ἀποθανεῖν, περὶ ζωῆς καὶ θανάτου. Der Mysterienglaube nahm einen neuen Aufschwung, und ein Strom der Orphik ergoss sich in die Theorie, wovon Plato und Antisthenes starke Spuren zeigen (vgl. Späteres). Denn die Sokratiker, die ihren Meister sterben gesehen, waren die berufenen Erben der Consolatoren und Fortbildner der Transscendenz, und die Schlussperspectiven der Apologie und Republik, des Phaedo und Gorgias hatten sicher ihre Parallelen bei dem älteren Hadesschriftsteller und Mythologen Antisthenes. Wie aber erklärt sich der Widerspruch von transscendenzsüchtiger Stimmung und religiöser Skepsis! Er erklärt sich am Ende des 5. Jahrhunderts wie in dem geistig verwandten Zeitalter des 18. Jahrhunderts v. Chr., als auch die moralische Kritik die Religion zersetzte und zugleich die aufstrebende Mystik an die Thore des Jenseits pochte, als man geneigt war, an Gott zu zweifeln und an die Unsterblichkeit zu glauben, als die Aufklärer Hume, Lichtenberg und Lessing die Seelenwanderung vertheidigten, wie heute der Antichrist Nietzsche die Palingenesie erneuern wollte. Individualistische, subjectivistische Zeitalter und Richtungen befehden naturgemäss in der Gottheit die Autorität, die objective, concentrative Macht und schätzen in der Unsterblichkeit die Verklärung der Persönlichkeit.

Aber wir können nicht nur das allgemeine Thema der Consolation, den transscendenzsüchtigen Pessimismus, sondern auch speciell namentlich die Anlage des eigentlichen „Vortrags des Prodikos" über die Leiden der Lebensalter (366 D ff.) wirklich in seine Sphäre heraufverfolgen. In der spätantiken Literatur sind die Parallelen zu einzelnen Stücken, Sätzen, ja Wendungen[1]) des Axiochus auffallend reichlich gesät, aber ich möchte daraus weniger folgern, dass der dürftige Dialog, als dass sein Original grossen Eindruck gemacht, dass es Motive nach allen Seiten sandte, bis sie in den Eklekticismus eines Cicero, Plutarch und noch Späterer einmünden. Man hat in den paar Seiten des Dialogs sophistische und akademische, kynische und epikureische

---

[1]) Vgl. Brinkmann, Rhein. Mus. 51 S. 442 f.

und noch andersartige Züge gefunden¹). Zwar die Späteren können wenig beweisen; die Zugehörigkeit zu einzelnen Schulen, die nicht nur im Kampfe, sondern auch im Austausch leben, ist bisweilen recht äusserlich, bei der Erschöpfung der Speculation markiren sich die Individualitäten wesentlich als Erneuerer und Vermittler, und die Vermittler dürften häufiger gewesen sein, als wir wissen. Die bestimmtesten Anklänge an den Axiochus glaubt man bei dem Akademiker Krantor, bei dem Kyniker Krates und bei Epikur zu finden — damit rücken wir also an die Wende des 4. und 3. Jahrhunderts.

Indessen die speciellen Beziehungen zu Krantor verschwinden, sobald man sie greifen will²). Zunächst handelte seine Schrift, deren Spuren wir bei Cicero und Plutarch begegnen, über ein anderes Thema, nicht περὶ θανάτου, von der Furcht vor dem eigenen Tode, sondern περὶ πένθους, von der Trauer über den Tod Anderer. Sodann ist Krantor sicher nicht der Schöpfer der consolatorischen τόποι, sondern man kann sich wohl diesen eifrigen und ersten akademischen Commentator³) kaum abhängig⁴) und im wörtlichsten Sinne eklektisch genug denken. Mehrmals erscheint er in der plutarchischen Trostschrift ad Apoll.: 115 B beruft er sich auf πολλοὶ καὶ σοφοί

---

¹) Ausser den von einigen für Prodikos angeführten Momenten sieht in dessen Hauptrede Immisch eine echte Sophistenrede (Anm. S. 52 ff.). Als Verfasser der Schrift sucht er einen Akademiker zu erweisen. Dümmler nennt sie kynisch (Ak. 78, 2. 169. 243. 282). Usener, Epicur. 391. 395, Heinze, Grundr. I, 107⁸, sächs. Ber. 1884, 382, Rohde, Psyche 538, Brinkmann 445, v. Wilamowitz 979, Gercke, tiroc. phil. Bonn. 31, Immisch 24 ff., Feddersen 11 ff. u. A. finden Epikur citirt. Corssen, Rhein. Mus. 36, 513, vgl. Susemihl, Alex. Lit. I, 20, Anm., und Maass, Aratea 127 deuten auch auf stoische Spuren. Dazu kommt noch Buresch (S. 12 ff.), von Immisch (S. 4 ff.) und Feddersen (S. 9 ff.) treffend widerlegte Erneuerung der alten These, dass wir den Axiochus des Aeschines vor uns haben. Endlich mag Busolt's Annahme (Philol. 50. 393. Gr. Gesch. II², 225, Anm.) registrirt sein, dass die Δράκοντος πολιτεία Ax. 365 D von Aristoteles Ἀθ. πολ. abhängig ist. Obgleich sie Aeschines und den stoischen Ursprung bestreiten, wagen doch die Meisten nicht, den so buntschillernden Dialog einer bestimmten Schule zuzuweisen.

²) Selbst Immisch (S. 71), der den Axiochus am liebsten aus Krantor's Nachlass edirt sehen möchte, ist vorsichtig genug, dies nur als eine vage Möglichkeit und nirgends einen directen Hinweis auf diesen Akademiker zu behaupten.

³) Diog. IV, 24. Prokl. Tim. p. 24.

⁴) Vgl. Susemihl, Alex. Lit. I, 121.

ἄνδρες, 104 C auf die ἀρχαία φιλοσοφία, 102 CD protestirt er, wie sich aus dem Vergleich mit Cic. Tusc. III, 6, 12 ergibt, gegen andere Consolatoren. Also was wir aus Krantor lernen, ist, dass er bereits eine reiche Trostliteratur vor sich hat. Wenn man nun den Bereich seiner Autorschaft aus Cicero und Plutarch möglichst zu erweitern sucht, so hat man zwar abstract Recht, öfter auch den ungenannten Krantor als ihre Quelle zu vermuthen, aber wenn nun Plutarch daneben z. B. noch Aristoteles, Theophrast und Demetrios den Phalereer, Diogenes den Kyniker, Plato und des Krantor Schüler Arkesilaos citirt, Cicero noch Andere, z. B. den Kyrenaiker Hegesias (Tusc. I, 34), so können sie doch ebensogut aus diesen selbst geschöpft haben oder ihre directe Quelle Krantor muss eben sehr eklektisch gewesen sein. Aber gesetzt, man hätte Recht, wenigstens die gemeinsamen τόποι Cicero's und Plutarch's von Krantor herzuleiten[1]), was kann es beweisen, dass einige auch im Axiochus wiederkehren? Gerade diese kehren auch bei Anderen wieder, die nicht später sind als Krantor. Die Anekdoten vom Tod als Göttergnade (Axioch. 367 C. Plut. ad. Apoll. 108 E ff. Cic. Tusc. I, 47, 113) kann zwar, wie Feddersen S. 12 ff. gegen Buresch (51 f.) zeigt, Krantor nicht aus dem Axiochus geschöpft haben, aber darum braucht noch nicht das Umgekehrte stattzuhaben, vielmehr können hier beide die „so bekannten Schulbeispiele" aus Pindar resp. Herodot aliisque compluribus (vgl. Cic. und Plut. a. a. O.) geschöpft haben. Andere Specialpunkte (das Leben zur Miethe, der Tod trifft weder die Lebenden noch die Todten, das Todtsein berührt uns so wenig wie ein Factum vor unserer Geburt) gehören nicht nur zugleich dem Axiochus und Krantor (wenn sie ihm überhaupt gehören!), sondern, wie Buresch (S. 54 f. 60 ff.) selbst ausführt, auch dem Epikur.

Aber wenn der Axiochus so laut epikureische Töne anschlägt, mit dem οὐράνιος λόγος 370 greift er doch weit darüber hinaus. Wohin? Immisch, der im 3. Abschnitt seiner Schrift am besten den (ob nun bewussten oder unbewussten) Gegensatz mancher Partieen des Axiochus gegen Epikur klarlegt, hat in ausserordentlich geistreicher und gelehrter Weise den Dialog mit seinem scheinbar unerträglichen Nebeneinander von Materialismus und Spiritualismus so textlich umzugestalten und zu erklären gesucht, dass daraus ein Gegeneinander wurde und der akademische Löwe die epikureische Schlange verschlang,

---

[1]) Vgl. dagegen Susemihl a. a. O. 120.

Allein es ist zu fragen, ob wirklich die Einheit so theuer erkauft werden muss[1]), ob die nur sehr allgemeinen Anklänge des Axiochus an die Akademie ihn lokalisiren lassen, ob wirklich nur diese die Göttlichkeit und Unsterblichkeit des Menschengeistes gelehrt. Nein, es gab ja eine chimärische Richtung, die wirklich den idealistischen Löwen und die materialistische Schlange in einem Leibe vereinigte: die kynisch-stoische.

Gegen wen protestirt denn Krantor Plut. 102CD (vgl. Cic. Tusc. III, 6, 12)? Gegen die Lobredner einer rauhen und strengen ἀπάθεια beim Verlust eines Sohnes. Es ist klar, dass der Akademiker hier auf eine kynisch-stoische Literatur hinblickt, die ihm also voranging in der Consolation, und der doch wahrlich an sich das Predigen und Preisen männlicher Ueberwindung der Trauer am ehesten zukommt. Und jene sich mehrenden Fälle unerschütterlicher Väter, die statt der Thränen nur den Refrain kennen: ich wusste, dass ich einen Sterblichen gezeugt[2]), sind doch eher für die kynisch-stoische ἀπάθεια als

---

[1]) Es kostet, wie v. Wilamowitz a. a. O. 977 constatirt, drei Umstellungen, drei Lücken (eine Doublette) und das Zugeständniss, dass trotzdem nichts Geschlossenes, Fertiges, nur „eine übel angefertigte Redaction" herauskomme.

[2]) Es sind innumerabiles viri, wie Hieronym. ad. Heliod. consol. epist. 60 c. 5 sagt, die hier in der reichen Consolationenliteratur vorgeschlagen werden; am häufigsten würden Perikles und Xenophon genannt. Der Name Xenophon's, des Halbkynikers, dessen Typus sich in Onesikritos (Diog. VI, 84), Persäus (vgl. Hirzel, Unters. zu Cicero II, 61 ff.) u. s. w. fortpflanzt, dessen Sokratik Zeno bewundert, ist natürlich von kynisch-stoischer Seite hochgehoben worden, Perikles, Anaxagoras (und Telamon) sind als die ältesten natürlich die Grundbeispiele, die die Erfindung des τόπος, wenn sie reif genug sein sollen, ihn zu belegen, etwa für das Ende des 5. Jahrhunderts datiren. Und wirklich bringt ja das Periklesbeispiel, das übrigens bei Cicero und darum vielleicht auch bei Krantor fehlt, Protagoras εἰπὼν οὕτως Plut. a. a. O. 118E. Sprach Protagoras von Perikles in seiner Schrift oder als Dialogfigur? Dann aber wohl bei Antisthenes, der sich für die Söhne des Perikles interessirt (vgl. I, 502, 2) und von Plato nicht ohne Grund als Protagoras persiflirt wird (vgl. I, 357 ff.). Sein erkenntnisstheoretischer Grundsatz: οὐκ ἔστιν ἀντιλέγειν, den der satirische Plato von πολλῶν (!) καὶ πολλάκις gehört haben will, stammt ja von Protagoras (Diog. IX, 53) und von ἔτι παλαιοτέροις (!) Euthyd. 286 C, nämlich von den ῥέοντες, Heraklit und den antisthenischen Urphilosophen (wiederum ἔτι παλαιότεροι!) Homer und Hesiod, gegen die Plato im Theätet (179 E ff.) die Eleaten heranführt. Dieses Schauspiel (nur mit dem entgegengesetzten Effect als der eleatisirende Plato) bot schon der Protagoreer Antisthenes. Er widerlegte Zeno's Leugnen der Bewegung durch Auf- und Abgehen (Antisth. Frg. 35, 4, vgl. Diog. VI, 39), aber er selbst ging natürlich nicht

für die akademische μετριότης erfunden. Krantor wird sich,

in seinem Dialog, sondern er übertrug die Rolle des Antieleaten doch wohl am besten Protagoras. Oder zweifelt vielleicht heute noch irgend Jemand daran, dass die Philosophenzusammenkünfte à la Parmenides von den Sokratikern frei erfunden wurden? Antisthenes hat sicherlich den Philosophencongress bei Kallias erfunden, den der platonische Protagoras und der Kallias des Aeschines persifliren. Antisthenes hat Hippias und Prodikos bei Kallias eingeführt (Xen. Symp. IV, 62), hat ihn wohl auch mit Protagoras und Zenon verkuppelt (vgl. auch Theaet. 165 A. Alcib. I, 119 A), und Aeschines fand es nöthig, bei Kallias den „Sophisten" Anaxagoras herabzudrücken (Athen. V, 220 BC), für den Antisthenes auch sonst etwas übrig gehabt haben muss (s. später). Die Debatte Mem. I, 2, 40 ff., die mit dem Bekenntniss des Perikles schliesst, dass er auch seinerzeit δεινός im σοφίζεσθαι gewesen sei und es geübt habe, wies auf antisthenischen Ursprung. Nun soll (λέγεται) in dem so stark mit antisthenischem Material operirenden Alcib. I (118 C, vgl. Bd. I, 496 ff.) Perikles seine politische Weisheit aus der συνουσία mit πολλοὶ καὶ σοφοί, darunter Anaxagoras und Pythokleides und im Alter noch mit Damon geschöpft haben. Auch Plut. Perikles erscheinen als seine Lehrmeister Anaxagoras, Pythokleides, Damon und Zenon von Elea (c. 4). Natürlich hat hier ein Doctrinär der παιδεία seine Erfindungen spielen lassen. Wo standen denn die verdächtigen λόγοι des hier garnicht zenonischen Zeno (c. 5) und des Protagoras (c. 36) über resp. mit Perikles? Plutarch citirt im ersten Capitel Antisthenes, wahrlich nicht blos zur Verachtung des Flötenspiels. Natürlich ist das Vordrängen der an sich sehr gleichgültigen Musiklehrer des Perikles tendenziös, und es ist interessant, dass Aristoteles als Historiker Damon, den Perikles nur als antisthenischer ὀψιμαθής hätte hören können (vgl. Alc. I a. a. O.), verdächtig findet und sich mit Pythokleides begnügt (Plut. a. a. O. 4). Der Unsinn, dass (bei Plutarch) ausdrücklich der Musiker in der Staatskunst Perikles unterrichtet (wie der Fechtmeister den Kämpfer!), erklärt sich nur bei dem Kyniker, dem die Politik eine μουσική, eine Kunst der εὐαρμοστία, der φιλίαι (vgl. I, 494 und Symp. IV, 64), und die wahre Musik die politisch-ökonomische Verwaltungskunst ist (vgl. Diog. VI, 104). Darum wird hier eben Plut. Per. 4 bei der musikalischen παιδεία mit derselben Motivirung Damon zum Geheimsophisten gemacht wie Pythokleides von Protagoras-Antisthenes Prot. 316 f.

Plut. Per. c. 4:
Ὁ δὲ Δάμων ἔοικεν ἄκρος ὢν σοφιστὴς καταδύεσθαι μὲν εἰς τὸ τῆς μουσικῆς ὄνομα πρὸς τοὺς πολλοὺς ἐπικρυπτόμενος τὴν δεινότητα, τῷ δὲ Περικλεῖ συνῆν — —. Οὐ μὴν ἔλαθεν ὁ Δάμων τῇ λύρᾳ παρακαλύμματι χρώμενος, ἀλλ' — ἐξωστρακίσθη.

Plato Prot. 316 DE 317 A:
φοβουμένους τὸ ἐπαχθές — προκαλύπτεσθαι μουσικὴν δὲ Ἀγαθ. — πρόσχημα ἐποιήσατο, μέγας ὢν σοφιστής, καὶ Πυθοκλείδης — καὶ ἄλλοι πολλοί. — φοβηθέντες τὸν φθόνον ταῖς τέχναις ταύταις παραπετάσμασιν ἐχρήσαντο· οὐ γὰρ λαθεῖν τοὺς δυναμένους ἐν ταῖς πόλεσι πράττειν, ὧνπερ ἕνεκα ταῦτ' ἐστὶ τὰ προσχήματα· ἐπεὶ οἵ γε πολλοί etc.

Die Verfolgung des Damon bei Plutarch gehört nun als natürliche Illu-

wenn er die Trauer beim Tode eines Sohnes für natürlich, das Nichttrauern für ἔξω τοῦ δυνατοῦ erklärt und die μετριοπάθεια empfiehlt (Plut. 102 C D), auf seinen Meister Plato berufen haben, der Rep. 603 E auch davon spricht, wie sich der brave Mann υἱὸν ἀπολέσας benimmt: Nichttrauern ist ihm ἀδύνατον, μετριάσει δέ πως πρὸς λύπην. Plato erwägt natürlich nicht absichtslos die Möglichkeit der Nichttrauer beim Tode eines

stration in die Begründung des platonischen Protagoras, dass die Maskirung nicht schützt und deshalb von ihm abgeworfen wird. Wohl die Furcht vor dem Anachronismus hielt Plato ab, Damon zu nennen. Ich möchte wohl wissen, wie man es erklärt, dass Plutarch in anderer Verbindung und darum aus anderer Quelle dasselbe ernsthaft vorbringt, was der platonische Protagoras persiflirt (vgl. übrigens auch Prot. 311 C gegen Plut. Per. 2 Anf.). Die Lösung ist, dass Beide Antisthenes citiren. Und wenn Plutarch ib. fortfährt, Damon sei in der Komödie gefragt worden, ob er wirklich, wie man behaupte, als Cheiron den Perikles erzogen habe, kann sich das nicht schon auf den antisthenischen Herakles beziehen? Zenon und die beiden Musiker machen auch Anaxagoras als ihren Collegen in der παιδεία des Perikles verdächtig. Zwar das Factum des Umgangs steht fest, aber bei Plutarch ist er wieder lächerlich tendenziös zur ethischen Pädagogik gestempelt. Perikles wird von Anaxagoras erzogen etwa wie die spartanischen und persischen Jungen bei Xenophon. Er vertreibt ihm das Lachen, lehrt ihn den Mantel tragen und bringt ihm noch andere, negative (vgl. S. 181) Eigenschaften bei (ἄθρυπτος πρὸς οὐδὲν ἐκταραττόμενος, ἀθόρυβος etc.), die Jedermann in grosses Staunen setzen, was mit einem typisch kynischen testimonium von πραότης und ἀπάθεια illustrirt wird (c. 5). Natürlich dient ihm die Physik des Anaxagoras nur zur Zerstörung der δεισιδαιμονία und zur wahren εὐσέβεια gegen die Mantik (c. 6, vgl. c. 35 das „philosophische Schulbeispiel"). Und nun lesen wir c. 38 von dem schönen Ende des Perikles, der auf dem Sterbebette zahllose Lobreden als στρατηγῶν καὶ νικῶν hört, aber weil dabei zu viel τύχη mitspielt, als seinen höheren Ruhm die φιλανθρωπία oder vielmehr die negative Tugend des μὴ ἀδικεῖν, die eben nach Antisthenes froh sterben lässt (s. später), preist, ganz wie der kynische Kyros Cyr. VIII, 4, 7 f. den Ruhm des φιλανθρωπότατος höher schätzt als den des στρατηγικώτατος. Sollte nicht Antisthenes jenes Rührstück gebracht haben in einer Consolationsschrift neben der Plut. ad Apoll. 118 E citirten Lobrede des „Protagoras" auf den nicht trauernden Vater Perikles? Er hat in jener kynisch tendenziösen Historie von Anaxagoras hauptsächlich τὸ ἀξίωμα τοῦ ἤθους gelernt (Plut. Per. 4), also war Anlass, auch für diesen ein consolatorisch brauchbares Meisterstück vorzubringen — die Tradition lässt, wohl je nachdem der Kyniker auf den Weisen exemplificiren wollte, bald Anaxagoras seine Söhne klaglos begraben, bald von ihnen mit eigenen Händen begraben werden; bei Diogenes prügelt man sich um dies Geschäft. Ueber eine weitere Spur von Anaxagoras in der Rolle des Consolators s. später. Telamon (der Stammvater des Alkibiades!) lieferte dann dem Antisthenes das ihm immer nöthige mythische Muster — und so sind in seiner Schrift die drei Grundbeispiele der Consolation am besten vereint.

Sohnes, er braucht dieselben Worte wie Krantor natürlich kritisch nach derselben Richtung [1]): also wird bereits Antisthenes den trauernden Vätern die ἀπάθεια gepredigt haben, in der er seiner Schule voranging (Diog. VI, 15). Oder glaubt man, er habe in seinen Specialschriften über den Tod den Paränetiker und Apotreptiker verleugnet und nicht gegen Trauer und Todesfurcht geeifert?

Der Kyniker, der nicht aufhörte, den Vätern die Sorge um das Seelenheil ihrer Söhne zu predigen (vgl. Bd. I 482 ff.) hat sicherlich im Tod der Söhne den Fall der schwersten Prüfung fixirt. Man achte auf die beiden Schulbeispiele der Euthanasie, die schon am Ende des 5. Jahrhunderts aus Pindar und Herodot zur Verfügung standen. Plutarch und Cicero bringen πρῶτα (primum) den Fall Kleobis und Biton — natürlich weil Krantor περὶ πένθους zunächst das Beispiel von Söhnen brauchte. Der Axiochus bringt 367 C erst den Fall der pythischen Tempelerbauer, der das Problem reiner ausprägt. οἱ θεοὶ τῶν ἀνθρωπείων ἐπιστήμονες gewähren den frommen εὐξάμενοι τὸ κράτιστον den Tod. Sollte das nicht der kynische Sokrates angeführt haben, der Mem. I, 3, 2 ηὔχετο πρὸς τοὺς θεοὺς ἁπλῶς τἀγαθὰ διδόναι, ὡς τοὺς θεοὺς κάλλιστα εἰδότας ὁποῖα ἀγαθά ἐστι, ganz wie Diogenes über die εὐχὰς ἀνθρώπων schilt, die das ihnen gut Scheinende erflehen, nicht die wahren ἀγαθά (Diog. VI, 42)? Das ist zugleich das Thema des kynischen Alcibiades II, wo der Werth der erflehten Güter am Tode gemessen wird (141, vgl. deutlicher noch Alc. I, 105. Mem. I, 2, 16). Das entspricht jener kynischen Discreditirung der irdischen Güter als ἀμφίλογα, bei der Euthydem nicht weiss, was er von den Göttern erflehen soll (Mem. IV, 2, 36). Weiss denn der Arzt, ob dem Menschen nicht Sterben besser ist denn Leben, fragt der dort kynische Nikias im Laches (195 C D, vgl. oben S. 141 ff.). Wer da meint, hier sei dem Kyniker zu viel zugeschrieben, der lese Antisth. Frg. S. 64, 41 (Diog. VI, 5): ἐρωτηθεὶς τί μακαριώτερον ἐν ἀνθρώποις, ἔφη, εὐτυχοῦντα ἀποθανεῖν. Diese vielsagenden Worte des Kynikers sind ein Thema, zu dem als natürliche und nothwendige Illustration die Erzählungen von Agamedes und Trophonios, von

---

[1]) Zumal sich Plato im Anschluss daran (604 A) gegen die ebenso rigoristische These des Kynikers wendet, dass dasselbe Verhalten geheim und öffentlich gelten solle (als kynische Hauptthese Schol. Aristot. p. 23 Br. mit Homercitaten, vgl. Cyr. VIII, 1, 31).

Kleobis und Biton und von Krösos¹) gehören. Der lydische König wünscht sich Söhne und das Orakel verspricht sie ihm, aber der eine Sohn ist stumm, der andere stirbt in der Blüthe der Jahre (Cyr. VII, 2, 15 ff.). Dass diese Betrachtung kynisch, zeigt Diogenes: ϑυόντων τινῶν τοῖς ϑεοῖς ἐπὶ τῷ υἱὸν γενέσϑαι, ἔφη, περὶ δὲ τοῦ ποδαπὸς ἐκβῇ οὐ ϑύετε (Diog. VI, 63). Bei Krösos, den sich der kynische Kyrosschriftsteller sicher nicht entgehen liess, haben wir also wieder den trauernden Vater, die Götter, die allein wissen, was den Menschen frommt, und speciell den pythischen Orakelgott, bei dem sich Agamedes und Trophonios Anrecht auf Lohn erwerben, der im Alcib. I und II eine Rolle spielt, an dessen Mahnung zur Selbsterkenntniss Krösos (Cyr. VII, 2, 20), Alkibiades (Alc. I 124 AB), der schwankende Euthydem (Mem. IV, 2, 24) und der Leser der plutarchischen Trostschrift (116) verwiesen wird. Dahin gehört natürlich auch die sichtlich von einem Theoretiker als Variation erfundene Erzählung von Pindar, der auch das delphische Orakel nach dem ἄριστον ἀνϑρώποις fragt und, auf seine Erzählung von Agamedes und Trophonios verwiesen, als Antwort den Tod empfängt (Plut. 109 A B). Mehr noch als Krösos (Cyr. VII, 2, 17) hatte ja ein anderer Barbarenkönig Apollo beleidigt: Midas, der ihm den Marsyas vorzog. Krösos wünschte sich Kinder und Sieg und wird vom Schicksal gestraft. Sollte Antisthenes, der einen Midas schrieb, nicht das Schicksal dessen geschildert haben, der sich das für den Kyniker zweifelhafteste der Güter, Gold wünschte? Sollte nicht Antisthenes dem Aristoteles jenen Midas geliefert haben, der an Silen²) die berühmte Frage stellt und zur Antwort erhält: das Beste für den Menschen sei, nicht geboren zu werden, das Nächstbeste, früh zu sterben³)?

---

¹) Dem ja bei Herodot I, 31 gerade diese als Beispiel vorgehalten werden. Auch die Söhne des Tellos (ib.) geben ein treffliches Schulbeispiel und scheinen für die entsprechende Xenophonanekdote vorbildlich gewesen zu sein.

²) Aus dem antisthenischen Midas, wo der Silen die Rolle resp. die Autorität des Sokrates spielte, dürfte seine berühmte Vergleichung mit diesem Halbthier stammen (s. später). Dass die Thraker die Midas- und Silensagen mitgebracht (v. Wilamowitz, Herakles I², 8), kann bei Antisthenes mitsprechen.

³) Die spielende Frage nach dem ἄριστον ἀνϑρώποις ist alt, aber, wie es scheint, in der rhetorisch-pointirten Verbindung mit dem Comparativ von den Kynikern besonders gepflegt. Das Beste (auch die σοφία) überlassen sie den Göttern, aber das Nächstbeste geben sie den Weisen; vgl.

Aristoteles bringt das unter den Götterurtheilen für den Pessimismus. Dabei ist auffallend, dass sowohl Aristoteles wie Krantor und nach ihm Plutarch gar so eifrig versichern, wie unzählig, wie allgemein, wie uralt, wie in Aller Munde die Stimmen der Weisen, der Götter, der verschiedenen Völker für den Pessimismus seien (Plut. 104 C D 108 E 109 D 115 B – E). Immisch darf wohl S. 9 mahnend den Historiker der Trostliteratur darauf hinweisen, aber zu schwer darf man jene Versicherungen nicht nehmen, gerade weil sie so aufdringlich sind. Man braucht sich nicht die ganze ältere Speculation in Thränen gebadet vorzustellen. Die Späteren wollten hier wohl an Kenntniss dem Antisthenes nicht nachstehen, der in seinem hyperbolischen Stil wieder einmal ethnographisch ein Princip in's Uralte und Allgemeine projicirt. Er hat sicherlich seinen Sokrates in den Schätzen der *πάλαι σοφοί* wühlen lassen (Mem. I, 6, 14 und Bd. I 526 ff.). Man muss nun einmal in seinem Kopfe weniger philosophische Kritik als associationseifrige Phantasie suchen; er ist ein Allegoriker im wörtlichsten Sinn: er begreift Alles nicht organisch, sondern attributiv, durch ein Anderes Danebenstehendes, eben associativ, darum liebt er Vergleiche, Allegorien, Bilder, Mythen, darum folgt er der Dichterphantasie und citirt eine Autorität über die andere. Als echter Rhetoriker braucht er fortwährend simile, contraria und testes, die Orientirung am „Andern". So kann man sicher sein, dass der citatenreiche Charakter der Trostschriften und gerade jenes *θαυμάζειν Ὅμηρον καὶ Εὐριπίδην*, das dem Krantor nach seiner Trostschrift nachgesagt zu sein scheint (Diog. IV, 26) und auch bei Plutarch so auffallend hervortritt, schon auf Antisthenes zurückgeht, der seinen Homer behandelt wie der Theologe die Bibel und sich gleich anderen Kynikern mit Euripides bewusst

---

Xen. Mem. I, 6, 10 *τὸ θεῖον κράτιστον* (nichts bedürfen), *τὸ δ' ἐγγυτάτω τοῦ θείου* etc. wenig bedürfen (dasselbe Diogenes, Diog. VI, 105), ferner *ἀνθρωπίνη — τοῦ θείου ἐγγυτέρω* Hiero VII, 4, vgl. auch *ἐγγυτάτω μανίας* Mem. III, 9, 6. Endlich in einer auf Antisthenes bezüglichen Stelle Phileb. 16 C (vgl. Dümmler, Philol. 50. 291, 6) *ἐγγυτέρω θεῶν*. Ganz nach jenen superlativischen Anfragen an den delphischen Gott ist ja auch die sicherlich ursprünglich antisthenische Geschichte von Chärephon construirt, der vom Orakel die Antwort heimbringt, Sokrates sei der weiseste resp. tugendhafteste der Menschen, wohlgemerkt der Menschen, denn darauf beruht die Pointe in den Nacherzählungen bei Plato (Apol. 21 ff.) und bei dem hier treuer kynischen Xenophon (Apol. 14 ff., vgl. Schanz, Plato's Apol. S. 80), und auf dem von Antisthenes betonten delphischen *γνῶθι σαυτόν*.

und unbewusst so eng berührt[1]), dass die Fabel von der Mitarbeiterschaft des Sokrates an des Tragikers Werken von dem kynischen Sokrates abstrahirt scheint. Und haben wir nicht auch im Axiochus, wo der Citatenreichthum angedeutet ist (367 D 368 A), ganz die antisthenische Verhimmelung der Dichter, οἳ στόμασι θειοτέροις θεσπιῳδοῦσιν, und namentlich des ἀξιολογώτατος Homer? Neben den Dichtercitaten dienen als testimonia die Anekdoten und die Mythen (Ἀντισθ. ἔνια διὰ τῶν μύθων ἀπήγγελλε Jul. or. VII, 209 A, vgl. 215 C 217 A). Rhetorik, Dichterbehandlung und Mythus — das sind die im Axiochus wiederkehrenden Hauptformen, in denen Plato Protagoras-Antisthenes charakterisirt. Oder wird man in die Lehrbücher setzen: Plato hat die Methode der Mythen vom echten Protagoras?

Dem in die Ferne schweifenden und dabei stets Halt suchenden, im Grunde echt gläubigen Geiste des ersten kynischen Predigers war die Legende heilig. Man hat den Magier Gobryas des Axiochus neben den Armenier Er der Republik gestellt[2]). Es liegt ein tiefer Sinn in diesen Stimmen aus dem Orient: der Schlussmythus bedeutet in Wahrheit den Sieg des Glaubens über das Wissen, d. h. einen Abfall vom echten Hellenenthum. Der Kyniker hat zuerst die Philosophie vor dem Mythus knieen lassen: auch hier hat er den fremden Geist heraufbeschworen, der Hellas überwinden sollte. Auch hier suchte er sich am Anderen zu orientiren und ward so zum Ethnographen und setzte neben sein Herakleslob seine Kyrosschriften. Aber auch im idealen Orient forderte er παιδεία und als Lehrer Persiens boten sich die μάγοι. Xenophon in der Κύρου παιδεία spricht so merkwürdig andeutend und sogar lächelnd von diesen persischen Tugendlehrern[3]): er blickt eben auf ihre grosse Rolle in des Antisthenes Kyrosroman; ernsthaft aber als Mitbegründer der Grösse des Kyros kehren sie wieder im kynischen Alcibiades I und der σοφώτατος, der Lehrer des βασιλικόν (vgl. Antisth. Frg. 18, 3), διδάσκει die μαγεία des Zoroaster (122 A). Nun führt aber Suidas als Schrift des Antisthenes einen Μαγικός an: ἀφηγεῖται δὲ περὶ Ζωροάστρου τινὸς μάγου εὑρόντος τὴν σοφίαν. Danach hat man bei Denen, die nach Laert. Diog. Prooem. 1 f. 5 die εὕρεσις der Philosophie den Barbaren, zuerst

---

[1]) Dass Kyniker mit Vorliebe mit euripideischen Stücken exemplificiren, vgl. Dümmler, Ak. 278, Anm.
[2]) Immisch S. 60, Welcker S. 612, Feddersen S. 27.
[3]) Cyr. I, 6, 6 ff. I, 3, 16 ff.

den Magiern zuschreiben, an Antisthenes zu denken, aus dem der aristotelische *Μαγικός* geschöpft hätte[1]) und der somit als der erste Historiker der Philosophie, von dem wir wissen, anzuerkennen ist. Als Archaistiker suchte er den Ursprung der Philosophie und suchte ihn in der alten, traditionenreichen Kultur des Orients: der Lydier Xanthos (Diog. ib. 2) dürfte ihm Material geliefert haben. Da wird nun in der Magierdiadochie ib. Gobryas genannt — das ist die Magierautorität des Axiochusmythus, und denselben Namen borgt Xenophon wohl von seinem kynischen Vorbild für

---

[1]) Man muss sich die Verdächtigung des antisthenischen und aristotelischen *Μαγικός* nicht gar so leicht machen und erklären, warum er Jenen zugesprochen wurde. Kann etwa Aristoteles dem Antisthenes nicht ebensogut einen *Μαγικός* nachschreiben wie einen *Προτρεπτικός*? Finden wir nicht bei diesen Beiden auch sonst die ersten Spuren einer Beschäftigung mit der Genesis der Philosophie? Später mehr davon. Weist nicht Aristoteles bereits auf eine ihm vorliegende theologisch-phantastische Urgeschichte der Philosophie (Met. I, 983 b 27 ff. 984 b 18 ff., vgl. S. 170, 3)? Oder verbietet der Schriftencatalog bei Laërt. Diog. einen antisthenischen *Μαγικός*? Man sehe doch nur die schwankenden Listen z. B. bei Aristipp oder Diogenes. Und wenn hier bei Antisthenes nur in der Hälfte der *τόμοι* die Schrifttitel zugleich Namen zeigen, so können doch auch die anderen (sicherlich dialogischen) Schriften daneben Namen getragen haben und vielleicht eine der Todesschriften den Namen *Μαγικός*. Oder lag vielleicht ein *Μαγικός* dem eifrigen Kyrosschriftsteller (der darin bei den Kynikern keine Nachfolge hat) nicht nahe und der Zeit, die so viele griechische Gesandte, Aerzte, Söldner in das noch blühende Perserreich wandern sah, nicht näher als den folgenden Jahrhunderten? Hatte doch Xanthos längst die Magierchronologie geliefert! Liess doch Aeschines damals den Magier Zopyros an Sokrates seine Physiognomik treiben! Ob wohl Antisthenes, der Autor des *φυσιογνωμονικός*, bei dem dies Interesse viel tiefer wurzelt (s. später), nicht davon erzählt hat? Der Name Zopyros sieht aus, als ob ihn ein Grieche im Hinblick auf den magischen Feuercult erfunden, aber Herodot lässt bereits einen Perser Zopyros nach Athen kommen (IV, 43), den Enkel jenes Zopyros, der für Darius die Scheinrolle des vergewaltigten Ueberläufers spielte (III, 153), die in abgeschwächter Form Xenophon dem Araspes für Kyros zumuthet. Nun wird Alcib. I 122 A B gerade im Contrast zu der (in Antisthenes' Kyros verherrlichten) Lehre des *βασιλικόν*, die der Perserkönig von den Magiern empfangen, dem Alkibiades ein altersschwacher thrakischer Sklave Zopyros als Pädagoge zugewiesen, den ihm, wie uns ausdrücklich gesagt wird (Plut. Alcib. init.), Antisthenes nicht zugewiesen hat. Ist etwa dies Ueberspringen des Magiernamens in die möglichst unmagische Sphäre eine Bosheit gegen den alten thrakischen Sklavensohn Antisthenes? Des kynischen Menipp Scherze werden einem Zopyros zugeschrieben (Diog. VI, 100); schon Strattis schrieb eine Komödie *Ζώπυρος περικαιόμενος*, die vielleicht eine Persiflirung des '*Ηρακλῆς περικαιόμενος* von Spintharos war (Meineke, Hist. crit. 226).

einen gut kynisch sprechenden Mann, der viele weise Sprüche συγγεγραμμένα besitzt (Cyr. VIII, 4, 14 ff.) und — wieder das Consolationsmotiv! — den frühen Verlust eines Sohnes beklagt.

Merkwürdig, was alles jene orientalisirende Geschichtsschreibung, die Antisthenes begann, den barbarischen Urphilosophen zuschreibt! Da sind die *Γυμνοσοφισταί* u. s. w., die αἰνιγματωδῶς philosophirten (Diog. 6) — erinnert das nicht auffallend an die Urgeschichte der Philosophie, die Protagoras-Antisthenes gibt und Plato verspottet (Prot. 316 f. 342), an jene alten heimlichen *σοφισταί*, die sich sogar hinter die γυμναστική verstecken oder als Poeten αἰνίττονται, wie es der Kyniker, der eben als eifriger Interpretirer die Dichter zu dunklen Philosophen machte, zu Plato's Amüsement (Rep. 332 C. Charm. 162 A. Theaet. 180 A etc.) behauptete? Das ist antisthenische Geschichtsschreibung, überall hinter Allegorien und Masken Anlehnung für das Alte und Bekannte zu suchen. Natürlich betreiben die Gymnosophisten und die anderen heimlichen Urphilosophen hochethische Dinge (offenbar die drei Kardinaltugenden): σέβειν θεούς, μηδὲν κακὸν δρᾶν, ἀνδρείαν ἀσκεῖν (!) und — was hier wichtig — das Princip der Consolationen, das θανάτου καταφρονεῖν wird ihnen zugeschrieben (Diog. ib.). Götterehrungen, θυσίαι und εὐχαί bilden die magische Wissenschaft (Diog. ib., vgl. Alcib. I 122 A. Cyr. VIII, 1, 23. VIII, 3, 11). Dass sie Götterbilder verwerfen (Diog. 6. 9), stimmt zu Antisth. Frg. 23, 2, und dass sie Blutschande mit Mutter und Schwester für recht halten (Diog. 7), zu Antisth. Frg. S. 17, 1 (auch wieder Alkibiades!). Ebenso werden ihre λόγοι περὶ δικαιοσύνης (vgl. Cyr. Alcib. I ib.) und ihre Prophezeiungen[1]) von Antisthenes gerühmt sein und in der Verwerfung der Leichenverbrennung (vgl. Cyr. VIII, 7, 25), des Putzes und Goldschmuckes, der Betten (vgl. Cyr. V, 2, 15: Gobryas!), der πολυτέλεια, des ὄψον, der γοητεία μαγεία Diog. 7 f. stimmen sie auffallend mit den Kynikern überein, und sie tragen auch einen Rohrstock als Stachel wohl der παιδεία[2]).

Welche Perspective eröffnet sich hier: das Zeugniss ist aufgedeckt, dass die kynische Askese ein fremdes Reis am Baume von Hellas oder doch unter bewusstem Einfluss des Magierthums

---

[1]) Dass sich die Polemik des Isokrates c. soph. § 2 gegen die Lehrer der Zukunftskenntniss auf Antisthenes bezieht, ist ja anerkannt (vgl. I, 488).

[2]) Vgl. Cyr. I, 3, 16 und oft bei den Kynikern, s. unten.

aufwuchs. Aber man hüte sich, darum sie eine orientalische Pflanze zu nennen: denn Antisthenes hat sicher nur empfangen, um zu geben. Er hat die Magier, die, wie es die Tradition noch durchschimmern lässt (s. vor. S.), ihrer Wissenschaft nach nur Theologen sind, zu ethischen Philosophen gemacht. Oder ist das Phantasie? Der *Μαγικός* des Aristoteles kennt sie bereits als solche, die Cyropädie, der Alcib. I spricht von den persischen Tugendlehrern — sollte es der *Μαγικός* des ersten Kynikers, d. h. des ersten Fanatikers der *ἀρετή*, der Zoroaster den Erfinder der Weisheit nennt, nicht gethan haben? Die Lectüre des Xanthos, der schon die Magier chronologisirt, vielleicht auch der „Persischen Geschichten" des Dionysios von Milet oder Charon von Lampsakos konnten genügen, seine Phantasie anzuregen. Und glaubt man, dass er aus Freude am damaligen persischen Sultanat seinen Kyroscultus getrieben und dass nicht ein tieferes Element von Askese und Lehre dahintersteckt? Nun aber achte man, wie in dem Axiochusmythus eine magische Dogmatik steckt, die schon Aristoteles (sicher nicht zuerst!) als solche citirt. Die Magier lehren die Unsterblichkeit und die Antithese eines *ἀγαθὸς δαίμων* = Zeus und eines *κακὸς δαίμων* = Hades. Der Axiochusmythus scheidet die Residenz des Zeus und die des Hades, und die der *ἀγαθὸς δαίμων* leitete, geniessen die Seligkeit, die Bösen büssen in der Hölle. Ob sich wohl der kynische Mythologe, der fanatische Antithetiker, der Autor des *Μαγικός*, des Kyros die Anknüpfung an den persischen Dualismus entgehen liess? Schien er nicht in Riesenlettern, in kosmischer Resonanz die kynische Lehre kundzuthun, dass Tugend und Sünde die Angelpunkte des Lebens, die Pole der Welt sind? Ob wohl der Kyniker, der Entsagung predigte, auf den Himmel verzichtete? Und ob wohl er, der zeitlebens zur Züchtigung der Bösen als der Feinde auszog, nicht die Schrecken der Hölle als furchtbarste Waffe aufgriff? Der erste griechische Prediger war auch der erste Denker von moral-theologischer Weltanschauung.

Die Urgeschichte der Philosophie spielte natürlich nicht bloss im Orient. Antisthenes, dessen Schriften zum grossen Theil Parallelen sind, dessen Hauptschriften das barbarische (d. h. persische) und hellenische (d. h. dorische) Ideal coordiniren, hat einerseits die persischen Magier als älteste Philosophen gefeiert (Suid., vgl. Diog. Pr. 1. 8 f.) und muss wohl zugleich Plato im Protagoras Grund gegeben haben zu der carrikirenden Vorführung der Kreter und Lakedämonier als ältester Philosophen (342 A ff.).

Schon die (von dem Satiriker nicht verwerthete) Nennung der Kreter lässt ein bestimmtes Original durchblicken, das wohl auch Epimenides unter die sieben Weisen gezählt hat (Diog. Pr. 13). Vielleicht geht nun auf Antisthenes auch die andere, wieder geographische Dichotomie, die Eintheilung der eigentlichen griechischen Philosophie in die ionische und italische Philosophie zurück, wobei es dann, da Thales unter den σοφοί stand, dem anderen ἀρχηγός, Pythagoras, zufiel, sich zuerst φιλόσοφος zu nennen — wohlgemerkt, in einem Dialog, den Heraklides Ponticus bereits kennt (Diog. 12 f., vgl. später). Vor den' δύο ἀρχαί (Diog. 13) der bekannten Philosophie stand also auch in Hellas die Urphilosophie, und man muss staunen, wie hier, was Laërtius Diogenes als Ansicht Einiger vorträgt und was bereits Plato im Protagoras satirisch nimmt, zusammengeht. Er moquirt sich überhaupt über das Aufgraben der ἀρχαί der σοφία und das Diadochiensuchen (ἔτι παλαιοτεροί!, vgl. Prot. ausser 316 f. 342 auch 341 A, Euthyd. 286 C, Theaet. 179 E etc.). Zu den Urphilosophen, die sich aber noch nicht Philosophen nannten, gehören die sieben Weisen (vgl. Diog. 13. Prot. 343 A, wobei wieder die Anknüpfung an das delphische Orakel 343 B, vgl. oben S. 163), ferner die Dichter Homer, Hesiod u. s. w. (wobei schon Antisthenes ein Kratinoscitat für die Dichter als σοφισταί gebracht haben kann, Prot. 316 D, Diog. 12), dann aber auch die Orphiker, voran Orpheus und Musäus (Prot. ib. Diog. 3. 5). Plato vergleicht schon vorher (315 A) Protagoras-Antisthenes mit Orpheus. Nicht nur im Protagoras, auch Crat. 402 B C erscheinen in der Persiflirung des Kynikers Homer, Hesiod und Orpheus als Philosophen und zwar Herakliteer vor Heraklit[1]). Laërt. Diog. Pr. 5 und Jul. VII, 215 sprechen von Einigen, die Orpheus zum ἀρχαιότατος φιλόσοφος machen, und Julian führt ib. auf ihn die Mythographie auch des Antisthenes zurück[2]). Und sicherlich hat er stark aus der Orphik und ihren Todesphantasien geschöpft. Darum erscheinen in der Urphilosophie bei Laërt. Diog. 3 ff. so unmotivirt die Traditionen vom Tode des Musäus und des Orpheus, des düsteren Philo-

---

[1]) Vgl. was Dümmler Antisth. 37 beibringt, dass Antisthenes und nach ihm Zeno Homer und Hesiod als Philosophen classificirt haben.

[2]) Vgl. den göttlichen Orpheus Dio Chr. I, 62 R. Interessant ist, dass auch der Magiername Zopyros (vgl. oben S. 166, 1) unter den Orphikern erscheint (Suid. Ὀρφεύς) und unter den Pythagoreern bei Jambl. (Pyth. 26) — offenbar hat die tendenziöse Urgeschichte der Philosophie hier wieder eine Brücke gebaut zwischen Orient und Occident.

sophen, und dem vielbeklagten, frühverstorbenen Linos wird ein Gedichtanfang zugeschrieben (*Ἦν ποτέ τοι χρόνος* etc.), auf den der Kyniker Diogenes anspielt (*ἦν ποτε χρόνος* etc. Diog. VI, 56), und der Anfang des Protagorasmythus (*Ἦν γάρ ποτε χρόνος* Prot. 320 C), auch mit der folgenden Lehre von der Mischung der Stoffe (ib. D), die Anaxagoras daher haben soll (Diog. 4), was nur so ein confundirender Mystiker wie Antisthenes behaupten konnte. Der Kyniker hat den Weisen vergöttlicht und darum die Philosophie in's Theologische hineinprojicirt, wo sie mit der alten Mystik verschwimmt. Er hat Zoroaster und Orpheus zu den ältesten Philosophen gemacht, und wenn Diog. 1 neben ihnen als Spitzen der Urweisheit Zamolxis, Atlas und Ochos nennt, so wird man sich erinnern, dass der Ursophist Atlas eine Figur des Antisthenes ist[1]) und dass ihn Plato als Schüler des göttlich-königlichen thrakischen Zauberers Zamolxis kritisirt[2]). Und der ob seines thrakischen Ursprungs verspottete Kyniker wird begeistert die Thraker Orpheus und Zamolxis als Urphilosophen gepriesen haben.

Wenn wir nun das ganze Weltpanorama der Urweisheit überschauen, das der aristotelische *Μαγικός* kaum zuerst[3])

---

[1]) Vgl. Dümmler, Ak. 192. · [2]) Charm. 156 D, vgl. I, 487 f.

[3]) Es sei an dieser Stelle gestattet, in den ersten Capiteln der Metaphysik einige Spuren aufzuweisen, dass Aristoteles hier einen Vorläufer hat und eine wohl antisthenische Urgeschichte der Philosophie kritisch benutzt, mehr in stofflichen Zuthaten als für die Grundgedanken und den Plan der Entwicklung. Im ersten Capitel ist ausser der an die Antistheneskritik im Meno und Theätet gemahnenden *διαφορά* des den *λόγος* besitzenden Theoretikers und des Empirikers (vgl. auch Men. *ἐπιστήμη = διδακτόν* mit Met. 981b 7) auffallend das (von Antisthenes bevorzugte) Beispiel der Bienen, denen Aristoteles anderswo nicht so sicher das Gehör abspricht, ferner das an Plato's Gorgias (resp. Antisthenes' Archelaos) gemahnende Poloscitat, dann die Schulbeispiele des Sokrates und Kallias, der sicher nicht aus Plato's Protagoras so populär war, das Suchen nach dem *εὑρετής* der *σοφία* (vgl. Antisth. *Μαγικός* Suid.) *μὴ πρὸς ἡδονήν* etc. und die von Herodot abweichende Erklärung der egyptischen Erfindung der Mathematik aus der *σχολή* der *ἱερεῖς*, die für Antisthenes der höchste Besitz ist als Grundlage des geistigen Lebens (Xen. Symp. IV, 44). Im zweiten Capitel sind mir die Begründungen der Lobesprädicate der *πρώτη σοφία*: *μόνη ἐλευθέρα, ἀρχικωτάτη* und *θειοτάτη* als kynisch verdächtig, zumal in der hie und da bedenklich rhetorischen Argumentation (z. B. *ἡ γὰρ θειοτάτη καὶ τιμιωτάτη*, vgl. Diog. VI, 104. Mem. I, 6, 10) Simonides citirt und dabei derartig willkürlich ergänzt wird, dass die Lehre von Mem. I, 1, 8. 13. 15. IV, 6, 7 Schl. IV, 7, 6 herauskommt, die eben zu der Namengebung *φιλόσοφος* bei „Pythagoras" in der Urphilosophie ·(vgl. S. 169) geführt hat und die der Kyniker brauchte, um die frühere Naturphilosophie

entrollt hat, das alle Hauptvölker der Erde umfasst, wenn wir den Urphilosophen Zoroaster mit seinen Magiern Askese, Todes-

---

abzuweisen: die Götter haben die höchste, die absolute, die kosmische Weisheit für sich behalten, den Menschen bleibt bloss die *ἀνθρωπίνη σοφία*, die *φιλοσοφία*. Aristoteles scheint das auch garnicht als seine Originalansicht zu geben, sondern als eine fremde, die er *δικαίως* ausgesprochen findet. Zugleich wird es ib. eine Dichterlüge genannt, dass die Gottheit *φθονερός* sei. Natürlich, die Dichter sagen ja *τὰ μὲν δόξῃ* nach Antisthenes (Dio 53. 276 R), der die Gottheit ethisch rein und bedürfnisslos wissen will und ganz besonders den *φθόνος* verpönt. Dann stammt wahrscheinlich die auch dort Met. I, 2 (982 b 12), aber auch schon von Plato (in dem stark die Urphilosophie kritisirenden Theätet) vorgebrachte Ableitung der *ἀρχή* der Philosophie aus dem *θαυμάζειν* von Antisthenes, für den der Affect der *ἀπορία* der Anfang der *σοφία* ist (vgl. Mem. IV, 2), die seine Phantastik gern vom Wunderbaren, darum Mythischen herleitet. Dass dies zusammenhängt, sagt Aristoteles ib. 982 b 11 ff. Die ersten Philosophen waren *τὰ πρόχειρα τῶν ἀπόρων θαυμάσαντες. ὁ δ᾽ ἀπορῶν καὶ θαυμάζων οἴεται ἀγνοεῖν. διὸ καὶ φιλόμυθος ὁ φιλόσοφος πώς ἐστιν. ὁ γὰρ μῦθος σύγκειται ἐκ θαυμασίων.* Sieht der *φιλόσοφος φιλόμυθος* wirklich nach Aristoteles und nicht eher nach dem kynischen Mythologen aus? Von den *πρόχειρα τῶν ἀπόρων*, erzählt unser Historiker weiter, ging man zur Betrachtung der Gestirne über. Erinnert das nicht an die von Plato (auch wieder im Theätet) erzählte Anekdote von Thales, der über der Betrachtung der Sterne *τὰ πρόχειρα* übersah und in den Brunnen stürzte, worüber eine thrakische Magd lachte, was man längst auf den Halbthrakier Antisthenes bezog und mit um so mehr Recht, als Diogenes (Diog. VI, 28) Aehnliches tadelt: *τοὺς μαθηματικοὺς ἀποβλέπειν μὲν πρὸς ἥλιον καὶ τὴν σελήνην, τὰ δ᾽ ἐν ποσὶ πράγματα παρορᾶν*. Danach hat Antisthenes in Thales das Abgehen von den *πρόχειρα* und damit den Anfang der Naturphilosophie markirt, die er natürlich verwarf, aber gerade darum kritisch behandelte — woher soll auch die Kritik der Naturphilosophen Mem. I, 1, 11 ff., die ihre Widersprüche, demnach ihre Besonderheiten kennt und sie mit kynischer Grobheit *μωραίνοντας* und *μαινομένους* schilt, stammen? Dem in's Kosmische *πλανώμενος* Thales liess sich der andere *ἀρχηγός* Pythagoras (vgl. oben S. 169), den Antisthenes Frg. S. 25 als Muster citirt, als der erste *φιλόσοφος* gegenüberstellen. Es ist nun interessant, zu sehen, wie Aristoteles souveräne Seitenblicke wirft auf eine Behandlung der Philosophiegeschichte — sie halb skeptisch liegen lassend, halb gleichgültig mitnehmend —, die fanatisch in alten Mystikern und Dichtern Vorläufer der Philosophen sucht: *εἰσὶ δέ τινες, οἳ καὶ τοὺς παμπαλαίους (!) καὶ πολὺ πρὸ τῆς νῦν γενέσεως καὶ πρώτους θεολογήσαντας οὕτως οἴονται περὶ τῆς φύσεως ὑπολαβεῖν.* Und danach soll Thales seine *ἀρχή* von den Dichtern haben, die Okeanos und Tethys preisen und beim Styx schwören lassen; *τιμιώτατον μὲν γὰρ τὸ πρεσβύτατον, ὅρκος δὲ τὸ τιμιώτατόν ἐστιν* (Met. 983 b [27]) — wie merkwürdig diese rhetorische Dialektik im Dienste der Mystik! Plato moquirt sich bereits (wieder im Theät. 180C!) über die *ἔτι παλαιότεροι*, die mit Okeanos und Tethys schon das Wasserprincip des Thales vorweggenommen haben sollen, Aristoteles aber fährt ruhig fort: *εἰ μὲν οὖν ἀρχαία*

verachtung und Unsterblichkeit lehren sehen, wenn wir weiter als Urphilosophen neben dem gedrückten ewigen Himmelsträger

τις καὶ παλαιὰ τετύχηκεν οὖσα περὶ τῆς φύσεως ἡ δόξα, τάχ' ἂν ἄδηλον εἴη

und hält sich an Thales. Bald darauf zwei neue Vorstösse jener tendenziösen, mystisch-poetische Prioritäten heraufschraubenden Geschichtsschreibung! Da spricht Aristoteles 984 b [23] davon, dass man schon Hesiod und Parmenides mit ihren Erosversen als Verfechter des dynamischen Princips ansehen könne, aber ihn lässt wieder die Prioritätsfrage kalt, und er will es dahingestellt sein lassen. Nun erscheinen dieselben Citate von Hesiod und Parmenides für den Eros bei Plato Symp. 178 B mit der Begründung: τὸ γὰρ ἐν τοῖς πρεσβύτατον εἶναι τῶν θεῶν τίμιον, was auffallend anklingt an die von Aristoteles (s. vor. S.) wiedergegebenen Worte: τιμιώτατον μὲν γὰρ τὸ πρεσβύτατον. Natürlich citirt hier Aristoteles nicht den dümmsten der platonischen Symposionsredner (der übrigens garnicht den Eros als allgemein dynamisches Princip nimmt), sondern, was Plato dadurch persiflirt, was Aristoteles tiefsinnig, aber gleichgültig citirt, geht wieder auf jene phantastische Urhistorie zurück, die eben alle Philosophie schon bei den alten Dichtern verkapselt findet. Antisthenes ist unermüdlicher Dichterinterpret, und er ist, wie wir noch sehen werden, fanatischer Dynamiker. Darum erkennt er freudig im Eros der Dichterphilosophen das Erwachen des dynamischen Princips. Aber der lichte Eros genügt nicht dem kynischen Antithetiker, der als παλαιστικός die Zähne zeigt. Darum glaube ich, dass er Aristoteles auch den Uebergang vom Eros des Hesiod und Parmenides zum Dualismus des Empedokles vorgezeichnet: weil es mehr Böses und Hässliches als Gutes und Schönes gibt (Aristoteles ist sonst nicht so pessimistisch!), darum habe Empedokles, wenn man seine Lehre nicht nach seinem halbkindischen, stammelnden Ausdruck, sondern nach dem tieferen Sinn nehme (wieder Antisthenes der Geheimnisskrämer und Interpretirkünstler!), die φιλία als αἰτία des Guten und das νεῖκος als die des Bösen aufgestellt. Das gerade ist antisthenisch, die Differenzirung des φίλον und ἐχθρόν als die des ἀγαθόν und κακόν zu betonen. Aristoteles spricht es ja garnicht als seine, sondern als eine fremde Behauptung aus, die in gewissem Sinne nicht ganz unberechtigt sei, dass Empedokles als der Erste (wieder das phantastische Suchen des εὑρετής!) das Gute und Böse zu Principien gemacht habe. Wer anders wird wohl den Empedokles so ethisch interpretirt haben als der Kyniker? Natürlich hat er die Naturphilosophen grob angefasst (wie Aristoteles im Folgenden), dass sie ihre richtigen (d. h. hineininterpretirten) Principien sehr dunkel und unklar ausgesprochen (auch der delische Taucher, den „Sokrates" für Heraklit verlangt, gehört in dies Capitel) und dass sie „wie ungeübte Kämpfer" (!) die richtigen Principien falsch, d. h. nicht, wie der Kyniker sie interpretirt, ethisch-teleologisch, sondern physikalisch angewandt. Und da wird auch Anaxagoras seinen Hieb bekommen haben bei Antisthenes so gut wie bei Plato und Aristoteles (ib.); Mem. IV, 7, 7 f. haben wir ja auch Anaxagoraskritik. Aber natürlich hat ihn der Kyniker in seiner grobfärbenden Sprache als den ersten Nüchternen unter Taumelnden gepriesen, weil er den νοῦς statt der τύχη hervorgestellt (Met. 984 b [15]). Oder hat der kynische Verächter der τύχη nicht den νοῦς mit seinem ganzen Fanatismus hervorgedrängt (vgl. Antisth. Frg. 60, 19. 64, 45) und vermuthlich wie Mem. I, 4, 8. 17 (vgl. Cyr. VIII, 7, 20) und

Atlas den Zauberer und Seelenarzt Zamolxis Unsterblichkeit
verheissen sehen[1]), wenn wir des Urphilosophen Orpheus und
seiner Genossen Todesklagen hören und die pessimistischen
Aeusserungen der „Sophisten" Homer und Hesiod, dann begreifen wir, woher Aristoteles, Krantor, Plutarch u. A. es haben,
dass die ganze uralte Philosophie der Völker sich pessimistisch
vom Leben abwende und Seligkeit im Jenseits verheisse (Plut.
120 B, vgl. oben S. 164). Dann begreifen wir aber auch, dass
diese Urphilosophie zum grossen Theil wie der Sophist Atlas die
Ausgeburt eines phantastischen Kopfes ist, dass die ganze Urgeschichte der Philosophie concipirt ist aus einem Gesichtspunkt, dass sie vorgeführt worden als archaische Sanction, als
geschichtlicher Nimbus, als testimonium des consensus gentium für
das Dogma der Lebensabwendung und der Berufung zum höheren
Leben. Die kynische Askese ruht auf pessimistischem Grunde,
sie beginnt damit, in's Fleisch zu schneiden, um die Seele zu
retten, das Leben zu negiren, um den Himmel zu gewinnen.
Antisthenes verheisst als Prophet die Unsterblichkeit[2]) — wie
Zoroaster und Zamolxis[3]).

Und nun vergleiche man die Worte des Magierfreundes
Antisthenes, der als höchstes Glück des Menschen die Euthanasie preist (Diog. VI, 5) und von dem es heisst: τοὺς βουλομένους ἀθανάτους εἶναι ἔφη δεῖν ζῆν εὐσεβῶς καὶ δικαίως
(Diog. ib. 6), mit dem Unsterblichkeitsmythus des Magiers im
Axiochus, der da schliesst: οἶδα, ὅτι ψυχή — ἀθάνατος —
ὥστε — εὐδαιμονεῖν σε δεῖ βεβιωκότα εὐσεβῶς (Ax.

wie bei Aristoteles Anaxagoras im Gegensatz zur τύχη den νοῦς aus dem
Mikrokosmos in den Makrokosmos projicirt? Nun erzählt Aristoteles wieder
achselzuckend (984 b [18]), dass man dem Anaxagoras in seinem νοῦς-Princip
einen Vorläufer gegeben habe in Hermotimos, der offenbar — „eine durchaus fabelhafte Gestalt der Vorzeit, welche nur der müssige Scharfsinn
späterer Gelehrten mit Anaxagoras zusammengestellt hat" (Zeller). Der
„spätere", d. h. zwischen Anaxagoras und Aristoteles lebende Gelehrte,
der diese mystische Priorität behauptet, dürfte wieder einmal Antisthenes
sein. Und um die Reconstruction seiner Philosophendiadochien auch nach
der anderen Seite zu vervollständigen, möchte ich vermuthen, dass er zuerst
Archelaos, den Schüler des Anaxagoras, zum Lehrer des Sokrates gemacht
hat, als den ihn Plato und nach Athen. V 220 BC auch wohl Aeschines
nicht kennt.   [1]) Charm. 156 D.

[2]) Vgl. Diog. VI, 6 und die längst auf Antisthenes bezogenen Stellen
Isocr. c. soph. §§ 2. 4. Plat. Charm. 156 D. Euthyd. 289.

[3]) Neben der thrakischen verspottet Plato die hyperboreische Mystik
(Charm. 158 B), die im Axiochus anklingt (371 A).

372 A). Der Lohn der εὐσέβεια ist die Euthanasie — das ist ja die Lehre der überall, auch Ax. 367 C citirten Zwillingslegenden. Der εὐσεβεῖς (und φιλάνθρωποι — wie es bei Plutarch 120 A B kynisch heisst) wartet das Paradies und ihnen ἐστί τις προεδρία — das steht nicht nur Axioch. 371 CD, das ist gerade die Lehre der Urphilosophen (Plut. 120 B). Und zwar wird im Axiochus ganz besonders τοῖς μεμνημένοις die grösste Seligkeit verheissen[1]). Diog. VI, 4 heisst es von Antisthenes: μυούμενός ποτε τὰ Ὀρφικά, τοῦ ἱερέως εἰπόντος, ὅτι οἱ ταῦτα μυούμενοι πολλῶν ἀγαθῶν ἐν ᾅδου μετίσχουσι, Τί οὖν, ἔφη, οὐκ ἀποθνήσκεις; Hier scheint der Axiochus geradezu dem Antisthenes und überhaupt dem kynischen Hierophantenhass zu widersprechen. Aber der Kyniker, der sich gerade einmal in die Mysterien aufnehmen lässt und dabei ungläubig den Kopf schüttelt, das ist natürlich nur ein Product des Anekdotenschneiders. Das Apophthegma zeigt, dass in einem Dialog des Antisthenes — und er schrieb ja περὶ τῶν ἐν ᾅδου — ein Orphiker selige Freuden im Jenseits verheisst und der zu Bekehrende fragt: warum stirbst du nicht? Nun aber achte man, dass dieselbe Frage von Axiochos an Sokrates gerichtet wird (366 B), der hier ebenso das Leben anklagt, wie er später die himmlische Seligkeit des Mysten preist. Und

---

[1]) und dabei der kynische Held Herakles dafür citirt, dass die Weisen den Tod überwinden. Das dürfte der Axiochus aus derselben orphischen Weisheit haben, wie Eurip. Her. 613. Denn früher wird es nicht erwähnt, dass Herakles als Myste den Kerberos besiegt (vgl. Fahlnberg a. a. O. S. 16). Wie darf also ein κατήχους λόγω·· und zum mindesten (d. h. abgesehen davon, dass er selbst ein Myste ist) ein Athener, also ein Mann aus der Mysterienstadt, an der allgemeinen orphischen Lehre zweifeln, dass das Leben eine παρεπιδημία ist und dass der brave Mann frohgemuth dem Tode entgegengehen kann (Ax. 365 B) — das scheint der Sinn des sonst unverständlichen Appells an den Ἀθηναῖος. Dass dies nationale Moment der Mysterien die Kyniker kritisch interessirte, vgl. S. 175, Anm. 6. Axiochos kann als γεννήτης τῶν θεῶν dabei ein besonderes Vorrecht beanspruchen, wohl wegen der wenigstens für das 5. Jahrhundert bekannten Verbindung des Geschlechts mit dem eleusinischen Cult (vgl. v. Wilamowitz a. a. O. 984, 1). Alkibiades rühmt sich Alcib. I 121A seiner Abstammung von Zeus und der erst ob der Verhöhnung des eleusinischen Cults Angeklagte, dann ob seiner glänzenden Wiederherstellung Gepriesene (Plut. Alcib. 34) eignete sich zur Anknüpfung theologischer Fragen, wie Alcib. II zeigt, und war von Antisthenes (vgl. Frg. 17, 1) im Kyros wohl wie im Alcib. I mit dem Magierthum confrontirt worden. In Alkibiades verkörperte sich dem Kyniker der Traum der ἀρχή und sein Geschlecht, das auf einen von ihm cultivirten Homerhelden zurückging, war ihm das romantische in Athen.

offenbar gehören die beiden Farben, das düstere Leben und das rosige Jenseits zusammen, um jene Frage zu wecken, und so stimmen Axiochus und Antisthenes wunderbar zusammen, denn auch bei dem Kyniker kann es doch mit der Frage nicht zu Ende gewesen sein. Aber der Kyniker ein Mysterienfreund? Ja, man muss ihn nur richtig verstehen. Er hasst die Priester, aber er schätzt die Mysterien schon um des αἰνίττεσθαι willen, des Reizes der geheimen Urweisheit und des odi profanum volgus, er hasst die Mantiker[1]), aber er schätzt die Prophetie[2]), er leugnet die vielen Götter[3]), aber er schwärmt für das Göttliche, er verachtet die Rhapsoden[4]), aber er liebt die Dichter, er verhöhnt die Athleten, aber er fordert die Gymnastik[5]), er schilt die Tyrannen, aber er will die ἀρχή, er bekämpft bis auf's Blut die σοφισταί, aber er ist ein φιλόσοφος — überall verficht er eine Sache gegen ihre jeweiligen officiellen Repräsentanten, weil sie deren tieferer Bedeutung nicht genügen. Der tiefere Sinn, den er in die Dinge hineinträgt, ist ein ethischer. So ethisirt er die Mysterien[6]) wie den Cultus[7]) und so war ihm natürlich das Dogma vom Todtengericht, vom Paradies für die Tugendhaften und der Hölle für die Bösen hochwillkommen[8]).

Die Schilderung des Paradieses Ax. 371 CD erinnert in den materiellen, landschaftlichen Zügen an die pindarische[9]), die auch Plutarch an das Paradiesesdogma der Urphilosophen anschliesst (120). Natürlich ist das Paradies (Ax. ib.) modernisirt durch

---

[1]) Vgl. Diog VI, 24.
[2]) Vgl. oben S. 167, 1. 173, 2. Deshalb auch die Schätzung der ethischen Weisheit des delphischen Orakels (vgl. oben S. 163).
[3]) Frg. 22, 1.   [4]) Xen. Symp. III, 6.
[5]) Vgl. S. 35, 1.
[6]) Vgl. Diogenes: ἀξιούντων Ἀθηναίων μυηθῆναι αὐτὸν καὶ λεγόντων ὡς ἐν ᾅδου προεδρίας οἱ μεμυημένοι τυγχάνουσι (vgl. Axioch. 371 D: ἐνταῦθα τοῖς μεμυημένοις ἐστί τις προεδρία) antwortet er, es wäre lächerlich, wenn Agesilaos und Epameinondas (die Nichtathener!) ἐν τῷ βορβόρῳ schmachten müssten, während einige erbärmliche Mysten auf den Inseln der Seligen weilten (Diog. VI, 39). Darum schickt der Axiochus nur die Reinen und Frommen ins Paradies und die Bösen in die Hölle.
[7]) Vgl. Mem. I, 3, 3 und Krates Jul. or. VI, 200 A.
[8]) Der Kyniker Menedemos ging als Erinnye herum λέγων ἐπίσκοπος (vgl. diesen Terminus oben S. 56) ἐξ ᾅδου τῶν ἁμαρτανομένων, ὅπως πάλιν κατιὼν ταῦτα ἀπαγγέλλοι τοῖς ἐκεῖ δαίμοσιν Diog. VI, 102.
[9]) Wenn auch das Rhythmische, das Dieterich (Nekyia 121), Buresch (19 f.), Immisch (7) darin finden, wie v. Wilamowitz zeigt, Schein ist.

διατριβαὶ φιλοσόφων und θέατρα ποιητῶν und κύκλιοι χοροί, durch μουσικὰ ἀκούσματα und συμπόσια εὐμελῆ, die übrigens Plato ein Greuel sind (Prot. 347 C ff.); Antisthenes aber liebt Philosophendebatten mit poetischen Recitationen bei sang- und tanzreichen Symposien (s. später). Er liebt die Musik und hat über sie geschrieben; sie ist ihm (mehr mit Schopenhauer als mit Leibniz) heimliche Philosophie (Prot. 316 E), ihm, dem Anhänger des Urphilosophen Orpheus, dessen Leier den Hades besiegte. Darum erscheint zu Beginn des Dialogs der Sohn des Axiochos mit dem Musiklehrer Damon, den wohl Antisthenes mit Sokrates und dem ja auch im Axiochus wichtigen Prodikos verkuppelt (vgl. oben S. 143), und mit Charmides, der auch sonst als Versuchsobject für die thrakische Mystik dient[1]) und im Chor des sophistischen Orpheus erscheint[2]).

Man hat den Anfang des Axiochus als Copie des Anfangs der Republik hingestellt, aber der Anfang der Republik ist ja concipirt als Satire auf ein kynisches Original, strotzt ja von Anspielungen auf Antisthenes (vgl. Bd. I 393 ff.) und, wie sich jetzt zeigen lässt, gerade als halbthrakischen Mystiker. Glaubt man etwa, dass der Künstler Plato absichtslos das Fest der thrakisch-mystischen Göttin zum Ausgangspunkt nimmt, als ob er Sokrates nicht ebenso gut zum Häringsfang nach dem Piräus schicken konnte — wo Antisthenes wohnte? Und wer empfängt uns beim Eingang des Redeturniers? Ein rechtes Gegenbild des Axiochos, der alte Kephalos — in dem Plato das Ideal des Kynikers belächelt, ein Greis, der, schwach am Körper, an den

---

[1]) Charm. 156 D.
[2]) Prot. 315 A. Gerade dass diese im Sinne des Antisthenes fein ausgewählten Nebenpersonen im Axiochus stumm bleiben, überflüssig erscheinen, zeigt, dass er auf ein altkynisches Original zurückgeht, in dem sie eine Rolle spielten. Da sagt man nun immer (Immisch 60 ff., Rohde 538, 1, Feddersen 23 ff., v. Wilamowitz 978), der Verfasser des Axiochus habe die Personen aus Plato. Als ob bei Plato Axiochos, Kleinias, Damon (als sein Musiklehrer), Charmides als sein Liebhaber, Prodikos in solcher Rolle und ein Magier aufträten! Als ob nicht dafür bei Plato mehrere Hundert anderer Personen aufträten, die unser Autor nicht gewählt hat! Gerade die Auswahl zeigt eine Kenntniss, die über Plato hinausreicht, die ihn vielleicht garnicht braucht. Man müht sich zu erklären, dass der Autor sich über die attische Localität und Personenverhältnisse (z. B. die Beziehungen des Axiochosgeschlechts zu den Mysterien) so gut unterrichtet zeigt. Das Einfachste ist doch, dass er ein altsokratisches Original copirt, und da es nicht der Axiochus des Aeschines und nicht ein platonisches ist, wird es wohl ein kynisches sein.

λόγοι Freude hat, ja voll ist von lehrreichen Geschichten und guten Sprüchen, der mit den Genüssen des Lebens freudig abgeschlossen hat und froh ist, der Begierden, der *μαινομένων δεσποτῶν* (!) los und ledig zu sein, der nicht wie die andern Greise klagt, sondern bekränzten Hauptes dem Tode entgegengeht, eingedenk der Mythen vom Hades, eingedenk seines Pindar, süsser Hoffnung voll, weil er *δικαίως καὶ ὁσίως* gelebt (vgl. Antisth. Frg. 64, 42 und oben S. 173) — in Allem also das Gegentheil des Axiochos (vgl. nam. Ax. 364 B 365 A ff. 369 D), in Allem nach dem Herzen des Kynikers und doch ein alter Schwätzer. Der Hades steigt ihm auf — vielleicht aus Altersschwäche, setzt Plato boshaft hinzu (330 D); seine *εὐσέβεια* ist ein Opfereifer, der davonläuft, wenn die *λόγοι*, die er doch schätzt, ernsthaft werden, und seine *δικαιοσύνη*, für die er am liebsten sein Geld aufwendet[1]), ruht auf falschen Begriffen. Man halte die beiden Eingangsbilder der Republik und des Axiochus nebeneinander. Hier der jammernde, zähneklappernde, dort der lächelnde Greis; hier ruft der Sohn weinend, schreiend (*βοῶν*) — der Kyniker schreit immer[2]) —, dort ruft er scherzend, zum Feste ladend den Sokrates; hier kommt er eilig im Bewusstsein einer heiligen Mission (Ax. 364 C), eben wie der kynische Sokrates *ὥσπερ ἐπὶ μηχανῆς* (*τραγικῆς*) *θεός*[3]), als der zürnende Strafprediger, als Seelenarzt und Heilsverkünder und bleibt stets der pathetische Paränetiker, dort kommt er und freut sich über den Alten und plaudert und lächelt ironisch. Wie Tragödie und Komödie stehen sie nebeneinander, aber das Satyrspiel folgt der Tragödie, nicht umgekehrt; Plato setzt das kynische Original des ernsten Axiochus voraus.

Und noch eins, das unbedeutend, aber vielleicht nicht gleichgiltig ist. Wohin geht Sokrates bei Beginn des Axiochus? *Ἐς Κυνόσαργες* auf der *εὐθὺ ὁδός* — der Kynismus behauptet unaufhörlich der gerade Weg zur Tugend zu sein (Diog. VI, 104). *Λύκειον καὶ Ἀκαδημία*, die Lehrstätten des Aristoteles und Plato erscheinen 367 A als Plagestätten für den Jüngling. Und damit man's ja nicht vergisst, schickt auch der Schluss des Dialogs Sokrates *ἐς Κυνόσαργες* — und wirklich, der Sokrates des Axiochus ist bei dem Kyniker in die Schule gegangen.

---

[1]) Wie umgekehrt, um Antisthenes zu necken, Kallias Xen. Symp. IV, 1 f.

[2]) Vgl. Antisth. Frg. 23, 2. Dio XIII, 424 R etc.

[3]) Clit. 407 A. Dio XIII, 424 R. Vgl. I, 481 ff.

Einleitung und Schluss zeigten also im Ganzen und Einzelnen kynischen Charakter. Dem Schlussmythus für die ἀθανασία, die ja Antisthenes predigt, geht ein theoretisches Stück voraus (370 B ff.), in dem zwei Argumente für die Unsterblichkeit stecken: der Mensch könnte nicht sich über die stärkeren Thiere erheben, nicht Städte und Staaten gründen, nicht den Gang der Himmelskörper, der Jahreszeiten etc. bestimmen, εἰ μή τι θεῖον ὄντως ἐνῆν πνεῦμα τῇ ψυχῇ. Und nun vergleiche man erstens den kynisch beeinflussten Sokrates in den theologischen Capiteln der Mem.: ἀνθρώπου γε ψυχή — τοῦ θείου μετέχει (IV, 3, 14) und durch die Antheilnahme der Gottheit, die dem Menschen die κρατίστη ψυχή einhauchte, vermag er der Thiere Herr zu werden, das Kommende zu bestimmen und für die Jahreszeiten vorzusorgen, in Staaten und Verfassungen zu leben (I, 4, 13 f. IV, 3, 10 ff.). Und zweitens vergleiche man den Mythus des Protagoras-Antisthenes, wo es heisst: ὁ ἄνθρωπος θείας μετέσχε μοίρας und er allein von den lebenden Wesen gelangt διὰ τὴν θεοῦ συγγένειαν zur Kultur. Und zwar besteht der göttliche Antheil darin, dass ihnen Prometheus, nachdem alle körperlichen Vorzüge an die Thiere vergeben sind, die ἔμπυρος σοφία des Hephaistos verschafft und Hermes die πολιτικὴ τέχνη (αἰδώς und δίκη) bringt, durch welche beide sie Kleidung und Nahrung, Sieg über die stärkeren Thiere und das Leben in geordneten Staaten gewinnen. Ich bin neugierig, wie man diese Uebereinstimmung des platonischen Protagoras und des xenophontischen Sokrates erklärt, wenn beide die historischen sind: natürlich ist Sokrates bei Protagoras in die Schule gegangen! Dazu kommt noch, dass der platonische Sokrates in einer auf den Kyniker bezüglichen Stelle[1]) von der These spricht, die Seele sei θείας τινὸς καὶ ἀτύφου μοίρας φύσει μετέχον. Im Protagorasmythus sind die Vermittler des göttlichen Antheils, der beiden σοφίαι und τέχναι Prometheus, Hephästos und Hermes. Prometheus ist ein Ursophist bei Antisthenes[2]), mit Hephästos und Hermes aber erreichen wir den Anschluss an das noch nicht citirte Stück der Urphilosophie bei Laërt. Diog., an die ägyptische. Hephästos[3]) ist da der ἄρχων φιλοσοφίας (Diog. Pr. 1), und Hermes, der im Mythus die πολιτικὴ τέχνη, die

---

[1]) Phaedr. 230 A, vgl. I, 547. Uebrigens gemahnt dort die idyllische Scenerie des Phädrus leise an das Paradies des Axiochus.

[2]) Vgl. Dümmler, Ak. 192.

[3]) Der Sohn des Nil heisst er hier — das stimmt zu der Annahme, dass die Aegypter zu der Erfindung der mathematisch-astronomischen Wissen-

δίκη bringt, ist da der Einführer der νόμοι ὑπὲρ δικαιοσύνης (Diog. 11). Die Uebereinstimmung ist zu auffallend, um zufällig zu sein.

---

schaften (vgl. Diog. 11) durch die Nilüberschwemmungen gekommen seien (vgl. Herodot II, 109); deren Fruchtbarkeit bringt sie auf die σοφία περὶ τὸν βίον, von der Protagoras spricht. Insgesammt sind es die Naturwissenschaften, die Hephästos mit seiner vom Himmel gekommenen ἔμπυρος τέχνη — die Sterne sind πῦρ bei den Aegyptern (Diog. 11) — repräsentirt im Unterschied von der moralisch-politischen Weisheit des Hermes. Die ägyptische Urphilosophie ist auch sonst (Diog. 10 f.) im gleichen Sinne präparirt und rationalistisch gedeutet wie die übrige. Der phantastische Cultus wird zum αἰνίττεσθαι (vgl. oben S. 167). Ἀγάλματα errichten sie τῷ μὴ εἰδέναι τὴν τοῦ θεοῦ μορφήν (vgl. Antisth. Frg. S. 23, 2); Sonne, Mond und überhaupt τὰ εὔχρηστα τῶν ζῴων θεοὺς ἐδόξασαν — dass die Menschen der Vorzeit das ihnen Nützliche, Sonne, Mond, Flüsse (Nil!) u. s. w., vergöttlichten und so z. B. das Feuer zum Hephästos machten, ist ja die Lehre des Prodikos und vielleicht wieder des antisthenischen; denn der kynische Mythendeuter, der die Vielheit der Götter nur für Menschensatzung erklärt, muss wohl den Polytheismus so weginterpretirt haben, wenn er nicht zugleich ein Vorläufer des Euhemeros war, was bei seiner Tendenz zur Apotheose (z. B. des Herakles), zum Personencultus überhaupt mehr als wahrscheinlich ist. Immisch 11 und v. Wilamowitz 981 haben mit Recht Maass (Aratea 127 f.) widersprochen, dass der Axiochus 371 A erst die ägyptischen Tafeln von Panchäa bei Euhemeros copirt habe. Eher könnte schon Antisthenes wie an die persische so an die ägyptische „Urphilosophie" angeknüpft haben, und Isis und Osiris mögen ihm wie Apollo und Artemis als die antithetischen Gottheiten willkommen gewesen sein wie Axioch. ib. Zeus und Hades resp. Ormuzd und Ahriman: darum erklärt eben die „Urphilosophie" (vielleicht auch in Berufung auf die mannweiblichen orientalischen Gottheiten, vgl. Gomperz 77. 432) den Geschlechtsunterschied der Gottheiten nach dem tieferen Sinn für irrelevant (Diog. Pr. 6). Nicht vergessen ist natürlich in der ägyptischen Urphilosophie der Unsterblichkeitsglaube. Nun soll ja auch Pythagoras den Seelenwanderungsglauben von Aegypten haben, aber es ist bezeichnend, dass nicht Herodot, sondern erst Isokrates in dem tendenziösen Busiris 11 von seiner Reise nach Aegypten spricht (vgl. Cic. de fin. V, 29, 87). Dazwischen liegt wohl jene fictionenreiche Construction der Urphilosophie, die Pythagoras zum Sohne des Hermes machte (Diog. VIII, 4 nach Heraklides Ponticus citirt, vgl. oben S. 169. 171), offenbar um an den „ägyptischen" Weisheitsgott anzuknüpfen. Weiter soll da Pythagoras im Gespräch von Hermes zwar nicht die ἀθανασία — man sieht, das ist immer das thematische Motiv der Urphilosophie —, aber die Seelenwanderung mit Erinnerung erlangt haben. Und nun macht er folgende Lebensstationen durch (Diog. VIII, 4 f.): als Aithalides — was garnicht nach der sphärischen Kosmologie des Pythagoreer aussieht, sondern nach dem Mythus der vom Himmel herabgekommenen ἔμπυρος σοφία construirt scheint —, dann als homerischer Held Euphorbos, als Hermotimos (Hermes!), das ist der mystische Vorläufer des Anaxagoras (vgl. oben S. 173), und als delischer Fischer Pyrrhos (d. h. der Feuerfarbene, ähnlich Aithalides) — alles Typen, die den italischen Philosophen wahrlich nicht nahe liegen, sondern an

Was Antisthenes mit seinem Anschluss an die orientalische Urweisheit will, ist klar. Im frommen Orient ist der Himmel offen, und der Kyniker will mit seinem Heraklesideal, mit seiner ἀθανασία dem Menschen den Himmel aufschliessen. Wenn er die Philosophie hinüberführt zur orientalischen Priesterweisheit, wenn er ihre Diadochieen führt bis zur mystischen Urzeit, bis zum fern verschwimmenden Horizont, wo der Himmel die Erde berührt, bis zur göttlichen ἀρχή, so will er mit einem Wort den **Philosophen zum Propheten** machen. Darum knüpft er dort an, wo der griechische Geist noch am ehesten mystisch und prophetisch war, an die Orphik und an das delphische Orakel (vgl. oben S. 163), das seinem Sokrates die Krone der Weisheit reichen muss und ihn in den Dienst des Gottes stellt. Der Kyniker vergöttlicht den Weisen und macht ihn zum Missionar (vgl. oben S. 56) und Prediger ὥσπερ ἀπὸ μηχανῆς θεός. Der Kyniker lehrt: die Weisen stehen im Bunde mit den Göttern, sind gottbegnadet, haben Antheil am Göttlichen (Diog. VI, 72). Die Weisen, die Orphiker, die Dichter, kurz die Genies sind ihm θεῖοι, worüber Plato das satirische Lächeln nicht los werden kann [1]), denn der echte Hellene kennt keinen Personencultus. Die höhere menschliche Geistescultur, das ist der kynische Gedanke, ist nicht möglich ohne göttliche Inspiration — ohne göttliches πνεῦμα, sagt der Axiochus. Ist das so fernliegend? Der antisthenische Protagoras bei Plato und der antisthenische Sokrates bei Xenophon bezeugen beide: die Cultur beweist, dass die menschliche ψυχή am Göttlichen Theil hat, göttlich begnadet ist. Da aber dieser zur Culturschöpfung nöthige Antheil ein dynamischer, functioneller, eine Kraftbegabung ist, so lag es bereits der materiell-bildlichen Sprache und auch materialistischen Anschauung [2]) des Kynikers nahe, diesen influxus

---

jenen erinnern, der alle Weisheit bei Homer fand, der in seiner Urphilosophie jenen theologischen Vorläufer des Anaxagoras construirt hatte und dessen Sokrates wohl einen delischen Taucher für die Lectüre des Heraklit als Mittler brauchte (vgl. S. 172). Die alte, mystisch und mythisch umwobene Cultstätte mit Orakel war ihm als Sitz der Urweisheit willkommen, und als solche erscheint Delos ja gerade Axioch. 371A. Vielleicht hat er auch die Consolationsweisheit an die für Sokrates den Tod bedeutende Ankunft des Schiffes aus Delos angeknüpft (Crit. 44. Phaed. 58).

[1]) Aber er vergleicht Antisthenes auch ernsthaft mit einem Seher: Phileb. 44B 51A, vgl. Zeller 308, 1. Dümmler, Ak. 152, 1.

[2]) Vielleicht ist mit Dümmler (Ak. 200) Phaed. 77DE eine Verspottung der materialistischen Psychologie des Kynikers zu erkennen, bei der man

divinus nach der materiellen Function der Seele, die nicht erst Anaximenes als πνεῦμα fasste, einen pneumatischen zu nennen [1]). Die ältere Stoa nennt bereits die Seele πνεῦμα. Man versichert immer, dass die Worte des Axiochus hier anders klingen als die vom stoischen πνεῦμα [2]) — aber akademisch klingen sie doch noch weniger. Doch es spricht einiges dafür, dass der Kynismus bereits die Seele als πνεῦμα fasste (s. auch später) und zwar gerade in seiner Consolationsliteratur. Von Diogenes wird mehrfach erzählt (Diog. VI, 76 f.), dass er nach Ansicht der Schüler sich vom Rest des Lebens losgemacht — τὸ πνεῦμα συγκρατήσας [3]). Die vielen Todesanekdoten der Kyniker sind natürlich aus der Dogmatik ihrer Todesschriften herausgezogen und diese von Diogenes bekommt erst Sinn als Bekenntniss einer pneumatischen Psychologie.

Und nun folgt noch die Charakteristik der ἀθανασία in c. XI (370 C D) — rhetorisch nennt sie der davon angesteckte Axiochos, und so ziemt sie dem kynischen Gorgianer, der dabei nicht für die Menge und für's Theater [4]), sondern für die reine ἀλήθεια [5]) sprechen will und mit seinem Bekehrungseifer Axiochos zum neuen Menschen, zum καινός macht, was wirklich nur ein Kyniker fertig bringt. Man spricht von den vielen neutralen Worten, in denen hier das Ideal geschildert wird: ἀκράτους, ἄπονοι, ἀστένακτα, ἀγήρατα, ἀσαλεύτῳ, aber es finden sich ja dieselben oder ähnliche und weit mehr in der Idealität des Antisthenes: ἀτυφία ist ihm τέλος (Frg. 48, 7), die ἀδοξία ἀγαθόν (46, 3); er schätzt die ἡδονὴ ἀμεταμέλητος (52, 11); die ἀρετή gilt ihm als ἀναφαίρετον ὅπλον (47, 5) und ἀναπόβλητος (15, 2), die φρόνησις als ἀκλινὲς καὶ βάρος ἔχον ἀσάλευτον (55, 22) und als τεῖχος ἀσφαλέστατον ἐν ἀναλώτοις λογισμοῖς (47, 5), der

---

fürchten müsse, dass die Seele des Sterbenden bei heftigem πνεῦμα verwehe. „Vielleicht ist unter uns ein Kind, das diese Furcht hat" — Antisthenes, der im Phädon anwesend, hasst gerade die Todesfurcht als kindisch — „Wir müssen einen tüchtigen ἐπῳδός suchen (vgl. Charm. 155 E 156 E ff. 158 B und I 487 ff.), πολλή — ἡ Ἑλλάς und reich an ἀγαθοὶ ἄνδρες, πολλὰ δὲ καὶ τὰ τῶν βαρβάρων γένη (vgl. oben S. 164 ff.), und wir dürfen weder Geld noch πόνοι schonen", heisst es ib. E in lauter antisthenischen Anspielungen.

[1]) Vgl. auch Axioch. 371 C: οἷς δαίμων ἀγαθὸς ἐνέπνευσεν.
[2]) Immisch 10. Gercke 31. Brinkmann 448.
[3]) Vgl. Plut. Plac. 12, 350: ἡ ψυχὴ συγκρατεῖ ἡμᾶς.
[4]) Vgl. etwa Antisth. Frg. 54, 20. Diog. VI, 64.
[5]) Die Ἀλήθεια des Antisthenes ist gerade stark rhetorisch (Diog. VI, 1). Vgl. Dio VIII, 275 R. Cyneg. XII, 7. Diog. VI, 42 etc. für die Schätzung der ἀλήθεια.

σοφός als ἀναμάρτητος (15, 2) und die τείχη ψυχῆς als ἀσάλευτα καὶ ἀρραγῆ (Diels doxogr. 591). Vgl. ferner ἄρρηκτα καὶ ἄτρωτα (42), δυσβάστακτον (55, 22), ἀκώλυτον, ἀνανάγκαστον (55, 23), ἀγήρως (homerisch S. 26 f.). An ganz besonders kynischen[1]) Stellen bei Xenophon schwärmen Sokrates und der sterbende Kyros für den Himmel und jener nennt ihn ἀτριβῆ καὶ ἀγήρατα (ἀναμαρτήτως, Mem. IV, 3, 13) und dieser ἀτριβῆ καὶ ἀγήρατον καὶ ἀναμάρτητον καὶ ἀδιήγητον (Cyr. VIII, 7, 22). Dieser Kyros auf dem Todtenbette wird ganz nach dem kynischen Ideal, ganz als das Gegenbild des Axiochos herausgestrichen. Fern von Todesfurcht fordert er auf, sich mit ihm zu freuen, dass er beim Göttlichen wohnen, jedenfalls ἐν τῷ ἀσφαλεῖ sein und kein Leid mehr erfahren werde, und ihn selig zu preisen (ib. 27). Wenn er vom θνητὸν σῶμα gelöst ist, lebe der Geist ἄκρατος καὶ καθαρός fort (19 f.). Und so verheisst Sokrates dem Axiochos, dass er frei von der Körperhaft, wie es der Kyniker als Orphiker nennt, ἡδονὰς ἀκράτους, nicht mehr durch das θνητὸν σῶμα mit allen möglichen Leiden gemischte, sondern reine ἀπόλαυσις erlangen werde. Antisthenes bekämpft ja die ἀπολαύσεις, die kurzen ἡδοναί, denen sich lange Leiden anhängen (Frg. 58, 8); die reuelose ἡδονή (52, 11), die Lust nach den πόνοι (59, 12) preist er. Aber eben weil es im Leben keine ungemischte Freude gibt, bekämpft er praktisch die ἡδονή (58, 8, vgl. 52, 12). Das Ideal des Kynikers ist negativ; darum ist er negativ in seinen Ausdrücken, er drängt überall die κακία als Thema neben die ἀρετή; das nothwendigste Wissen ist ihm τὸ κακὰ ἀπομαθεῖν (Frg. 62, 32); er hat fortwährend als Zuchtmeister zu schlagen, als Seelenarzt zu schneiden und zu brennen; er ist sozusagen der Erste in Griechenland, der den Teufel an die Wand gemalt, der erste Exorcist, und das Ende seiner Weisheit ist Reinheit und Freiheit. Der Kynismus ruht auf der düsteren Anschauung, dass das κακόν das Wesentliche in der Welt. Keine Freude ohne Leid, die ἡδονή nur die Negation der λύπη: diese These noch des modernen Pessimismus bestreitet der Meister der Akademie dem Kynismus, speciell dem „Seher" Antisthenes[2]) — zum Zeichen,

---

[1]) Vgl. auch Dümmler, Philol. 54. 582.
[2]) Phileb. 44 B 51 A. Vgl. Zeller II, 1⁴, 307 f. Wie Antisthenes gerade bei dem zur Consolation gehörigen Pessimismus „Seher" sein kann, mag man aus Xen. Apol. 30 entnehmen: er hat sich wohl wie der sterbende „Sokrates" auf Homer berufen für das ἐν καταλύσει τοῦ βίου προγιγνώσκειν τὰ μέλλοντα.

dass er gerade im Contact mit der Mystik jenes pessimistische Dogma bekannt —, ganz wie im Axiochus, wo neben den Zukunftsverheissungen für das Jenseits der Nachweis geliefert wird, dass es kein Leben gibt ἄμοιρον τῶν ἀνιαρῶν.

Damit kommen wir zur Prodikosweisheit des Dialogs. Nun ist zunächst der Zusammenhang zwischen ἀθανασία und Pessimismus klar: soweit wird man dem Verfasser nicht Widerspruch und Confusion vorwerfen dürfen. Die Schatten des Diesseits und das Licht des Jenseits bedingen sich gegenseitig: darin klingt die eben besprochene Stelle 370 CD zusammen mit 366 A. Weil in der Körperhaft die ἥδοντα flüchtig und mit mehr Schmerzen gemischt, die Leiden aber πολυχρόνια und ohne Freudenantheil (vgl. Antisth. Frg. 58, 8: die ἡδονή ist zu meiden, denn die μικρά und ὀλιγοχρόνιος ἡδονή büsst man mit schweren Leiden), darum sehnt sich die Seele nach dem Himmel, der hier wieder wie 371 CD in ziemlich materiellen Farben durchschimmert. Man wundere sich nicht: der Kyniker ist ja eigentlich nur ein auf den Kopf gestellter Hedoniker. Er ist ein ebenso fanatischer Eudämonist wie Aristipp; er hat nur aus der Noth eine Tugend gemacht und behauptet krampfhaft, genussreicher zu leben wie der reiche Kallias (Xen. Symp. IV, 37 ff.). Sein im Leben eingeschnürter Glücksdrang schlägt in der χρῆσις φαντασιῶν, die ihm allein geblieben als Sphäre seiner Freiheit (Antisth. Frg. 55, 23), zu fast muhammedanischen Paradiesesträumen aus, von denen der vornehme Plato nichts weiss. Der kynische Geschmack, der schon im Leben den πόνος als ὄψον schmeckt und in der Liebe der Hässlichen schwelgt, dürstet nach der himmlischen δίαιτα und χορεία (366 A).

Von Prodikos will Sokrates die pessimistische Weisheit gelernt haben (366 C) — Antisthenes hat Sokrates zum Schüler des Prodikos gemacht. Um ein paar Drachmen Honorar soll Prodikos nur gelehrt haben; man hat hier an die verschiedene Abstufung seines Honorars im Cratylus (384 B) erinnert[1]) — der Cratylus kritisirt Antisthenes, der übrigens auch für geringes Honorar lehrte[2]). Prodikos berief sich dabei, heisst es hier im Axiochus, auf das Princip der Gegenseitigkeit — ein Hauptprincip des Antisthenes (s. später) —, für das er Epicharm citirt, der auch bei Xenophon gerade vor der Prodikosfabel für deren Grundidee citirt wird, und in der plutarchischen Trostschrift für

---

[1]) Steinhart 76. Feddersen 25. Immisch 60.   [2]) Vgl. I, 516.

die Grundidee des Axiochus, wie wir bald sehen werden. Prodikos σοφός (wie bei Xenophon) soll bei Kallias den grossen Vortrag gehalten haben — Antisthenes hat Prodikos σοφός bei Kallias eingeführt (Xen. Symp. IV, 62). Und nun der Vortrag, der seine genaueste Parallele bei einem Kyniker hat. Ist denn aber wirklich die Einführung des Prodikos hier so spöttisch, wie man etwas zu rasch nach platonischen Analogieen angenommen, bloss weil vom Honorar die Rede ist? Kann nicht z. B. in dem hier ausgezogenen Original Antisthenes, der es ebenso nöthig hatte, Honorar zu fordern wie sich deshalb (angesichts der Liberalität eines Sokrates und Plato) zu vertheidigen, Prodikos ob seiner (übrigens bescheidenen) Forderungen haben angreifen und dann mit der sicher ernst gemeinten epicharmischen Vergeltungstheorie (vgl. oben S. 77) antworten lassen? Aber man vergleiche doch genauer: Plato im Cratylus spricht spottend von Vorträgen des Prodikos zu 1 und zu 50 Drachmen, der Axiochus von solchen zu $διμοίρου$, zu 2 und 4 Drachmen. Kann nun ernstlich die Scala des Axiochus eine Copie des Cratylus sein, scheint nicht vielmehr Cratylus eine Carrikatur aufzutischen der garnicht extremen und darum eben auch garnicht lächerlichen Honorarstufen des Axiochus? Da aber der Cratylus nicht den Axiochus carrikiren kann, muss er dessen jedenfalls nicht platonisches Original carrikiren. Aber — und das ist doch das Wesentliche, gerade Unplatonische — ich sehe nirgends, dass der Verfasser des Axiochus sachlich Prodikos preisgibt, sondern nur, dass „Sokrates" die „prodikeischen" Lehren vertritt, die in die seinigen eingehen, äusserlich kaum zu scheiden und innerlich untrennbar verknüpft, wie noch deutlicher werden wird.

Und nun vergleiche man mit dem Vortrag des Prodikos (366 D ff.) die Argumentation des Krates bei Teles, Stob. Flor. 98, 72: Keine $ἡλικία$ ohne Leiden ist das Thema des Prodikos und des Krates, und wenn Krates sogar von Ueberwiegen der Leiden über die $ἡδοναί$ spricht, so hat der Axiochus 366 A dasselbe behauptet. Das Leiden beginnt mit dem Leben. Der Säugling schreit, weil er leidet, und er leidet, weil seine Bedürfnisse nicht erfüllt und missverstanden werden. Das sagt Prodikos und Krates stimmt ein und bringt schlagende Beispiele. Dann setzt die Parallele sich fort:

Axiochus 366 D ff.:

ὁπόταν δὲ εἰς τὴν ἑπταετίαν ἀφίκηται πολλοὺς πόνους διαντλῆσαν ἐπέστησαν παιδαγωγοὶ καὶ γραμματισταὶ καὶ παιδοτρίβαι τυραννοῦντες· αὐξομένου δὲ κριτικοί, γεωμέτραι, τακτικοί, πολὺ πλῆθος δεσποτῶν.

ἐπειδὰν δὲ εἰς τοὺς ἐφήβους ἐγγραφῇ, κοσμητὴς καὶ φόβος χειρῶν, ἔπειτα Λύκειον καὶ Ἀκαδημία καὶ γυμνασιαρχία καὶ ῥάβδοι καὶ κακῶν ἀμετρίαι· καὶ πᾶς ὁ τοῦ μειρακίσκου χρόνος ἐστὶν ὑπὸ σωφρονιστάς κ. τ. λ.

Krates:

εἰ δ' ἐκπέφευγε τὴν τιτθήν, παρέλαβε πάλιν ὁ παιδαγωγός, παιδοτρίβης, γραμματοδιδάσκαλος, ἁρμονικός, ζωγράφος. προάγει ἡλικία· προσγίγνεται ἀριθμητικός, γεωμέτρης, πωλοδάμνης (ὑπὸ τούτων πάντων μαστιγοῦται), ὄρθρου ἐγείρεται, σχολάσαι οὐκ ἔστιν·

ἔφηβος γέγηνε· ἔμπαλιν τὸν κοσμητὴν φοβεῖται, τὸν παιδοτρίβην, τὸν ὁπλομάχον, τὸν γυμνασίαρχον· ὑπὸ πάντων τούτων μαστιγοῦται, παρατηρεῖται, τραχηλίζεται κ. τ. λ.

Hierauf kommen bei Prodikos wie bei Krates neue Gegenstände des φοβεῖσθαι, so dass gegenüber dem späteren Lebensalter das frühere seine Schatten verliert und rosig erscheint. Und die Last des Mannesalters repräsentirt in beiden Darstellungen hauptsächlich der Kriegsdienst; endlich das schwer zu ertragende Alter, das die Greise wieder zu Kindern macht, wie es hier und dort nach Citaten heisst. Diese schlagende Uebereinstimmung ist längst bemerkt worden [1]), aber fast Niemand hat Ernst damit gemacht, dass doch nun der Axiochus mit einem Hauptstück in der kynischen Sphäre festgenagelt ist, gegen das alle entfernten akademischen Analogieen nicht aufkommen können. Man hat den Verfasser des Axiochus einen confusen Kopf gescholten, statt dass man von diesem festen Punkte ausgehend sich gefragt hätte, ob die Schrift mit e i n e r Zeile der kynischen Lehre widerspricht. Ist es denkbar, dass Epikur in diesem Dialog als Prodikeer bekämpft werden soll [2]), wo die Hauptrede des Prodikos gerade mit einer kynischen, antihedonistischen Rede (περὶ τοῦ μὴ εἶναι τέλος ἡδονήν Stob. a. a. O.) zusammengeht? Man hat aber auch bereits gesehen, dass die übereinstimmende Argu-

---

[1]) Schon von Welcker und anderen Aelteren, vgl. Buresch S. 16, v. Wilamowitz, Antigonos (Philol. Unters. III, 295, 6), Susemihl (Al. Lit. I, 22), Rohde, Psyche 588, 1, Dümmler, Ak. 169, Feddersen S. 12 ff.
[2]) Immisch S. 22. 52 ff.

mentation des Axiochus und Krates älter als diese ist, dass der Verfasser der Epinomis den Inhalt ihres ersten Theils citirt als allgemein bekannt (ὥς φαμεν πάντες und λέγω δ' οὐδὲν σοφὸν, ἀλλ' ὅπερ ἅπαντες Ἕλληνες τε καὶ βάρβαροι γιγνώσκομέν τινα τρόπον 973 D)[1]) — da haben wir wieder jenen tendenziösen Consensus aller Orientalen und Griechen im Pessimismus[2]), den eben Antisthenes in seiner Urphilosophie construirt hat. Dümmler ferner führt Akad. 170 an, dass bereits Aristoteles Nic. 1102 b[5] einen (im Axiochus fehlenden) τόπος der kratetischen Argumentation (dass die Hälfte des Lebens, die Zeit des Schlafes, hedonisch ausfällt) citirt, und vor Allem, dass uns ein Fragment des Antisthenes gerettet ist (Frg. 52, 14), das des Menschen Leiden von der Wiege beginnen lässt und sicher einer Gesammtschilderung der Leiden der verschiedenen Lebensalter entstammt[3]).

Aber auch sonst hat das Ganze wie das Einzelne einen gut antisthenischen Charakter. Zunächst hatte Antisthenes (mehr noch wie Krates) das stärkste Interesse, gegen Aristipp, gegen das τέλος der ἡδονή in solcher Weise das Leben selbst sprechen zu lassen. Dann verräth sich die rhetorische Schule in dem parteiischen Anschwärzen, in dem einseitigen Herausarbeiten der gesuchten Schatten und Nichtsehenwollen der Lichtseiten, auch in der associativen Methode (vgl. oben S. 164), die Schrecken an Schrecken reiht und Schlag auf Schlag den Hörer mehr erschüttert als überzeugt. Der Kyniker prügelt auch den Hörer und Frg. 52, 14 (s. Anm. 3) zeigt ja, dass Antisthenes gerade den Lebenspessimismus in dem gesucht rhetorisch-poetischen Stil des Axiochus vortrug.

Dann ist es für ihn als Fanatiker der παιδεία bezeichnend[4]), dass im Axiochus die Zeit vom 7. bis 20. Jahre für ihre πόνοι so viel Raum beansprucht wie alle anderen Lebensalter zusammen, während z. B. die längste und wichtigste Lebenszeit, das Mannes-

---

[1]) Vgl. Steinhart (Müller's Plato 8, 77), Gercke 51, 1, Immisch 9.

[2]) Merkwürdig, dass auch Schopenhauer für seinen Pessimismus den Consensus sucht, sich stark auf die indische Urweisheit und mit Vorliebe auf die grossen Dichter beruft und gerade die Musik als tiefste Kunst des Ausdrucks feiert (vgl. oben S. 143 f.).

[3]) Demetr. de eloc. 261: ποιητικὸν δὲ δεινότητός ἐστιν καὶ τὸ τέλει τιθέναι τὸ δεινότατον παραλαμβανόμενον γὰρ ἐν μέσῳ ἀμβλύνεται, καθάπερ τὸ Ἀντισθένους· σχεδὸν γὰρ ὀδυνήσει ἄνθρωπος ἐκ φρυγάνων ἀνάστάς.

[4]) Dass der Kyniker das Lob der παιδεία auch bei der Consolation gesungen, zeigt Diog. VI, 68: sie sei τοῖς πρεσβυτέροις παραμυθία.

alter, bloss mit 1—2 Zeilen wegkommt. Und gerade in der
Schilderung des Knaben- und Jünglingsalters weisen Axiochus
und Krates durch die genaueste Uebereinstimmung am bestimmtesten auf eine gemeinsame Quelle. Die anderen Lebensalter
erscheinen eigentlich nur wie ein Anhängsel zur παιδεία, die
garnicht aufhören will: bei Krates fürchtet noch der 20jährige
die Schläge des Gymnasiarchen. Ueberhaupt erscheint hier der
Mensch — echt kynisch — als der reine Prügelknabe, der aus
dem φόβος nicht herauskommt. Zweimal heisst es bei Krates:
ὑπὸ πάντων τούτων μαστιγοῦται, ja noch schlimmer: τραχηλίζεται.
Im Axiochus heisst es schon vom Kinde: πληγὴν ὀδυνᾶται (vgl.
das Antisthenes-Fragment: σχεδὸν ὀδυνήσει ἄνθρωπος ἐκ φρυγάνων
ἀναστάς); das Jünglingsalter wird beherrscht von den ῥάβδοι,
deren Schläge sich harmonisch auflösen in die Schlachtenhiebe
des Mannesalters. Antisthenes hat die ῥάβδος in einer besonderen Schrift verklärt, und der Stock kam nicht aus den Händen
des Kynikers, des Allerweltspädagogen. Antisthenes rechtfertigt
sich, dass er seine Schüler geradezu gewaltsam behandelt[1]), und
Anekdoten darüber, dass er bei Diogenes mit dem Prügeln begann,
noch bevor er ihn als Schüler annahm, sind ja vielfach überliefert (vgl. Frg. 56, 4). Die Erzieher werden im Axiochus als
πολὺ πλῆθος δεσποτῶν[2]) und als τυραννοῦντες bezeichnet: das
ist die schwärzeste Farbe, die der kynische Freiheitsfanatiker
auf seiner Palette hat. Aber kann denn der Lobredner der
παιδεία sie so anschwärzen? Man vergisst, dass sie ja nur
hedonisch so übel wegkommt und dass dadurch in Wahrheit nicht
die παιδεία, sondern die ἡδονή als Criterium verurtheilt wird.
Für den, der die ἡδονή κακόν und den πόνος ἀγαθόν nennt, verlieren die πολλοὶ πόνοι (366 D) der παιδεία ihre Schrecken.
σωφρονισταί (Ax. 3ü7A) werden die Erzieher genannt wie Antisthenes
σωφρονιστής (vgl. S. 95), und wie Viele und inwiefern auch die
διδάσκαλοι und selbst die Musiklehrer sich um die σωφροσύνη
des Jünglings bemühen, das steht in der grossen Rede des
Protagoras-Antisthenes Prot. 325 C ff. 326, und da liest man mit
Staunen eine ganz ähnliche Schilderung der strengen, vielfachen,
langdauernden παιδεία: Ἐκ παίδων σμικρῶν ἀρξάμενοι, μέχρι
οὗπερ ἂν ζῶσι, καὶ διδάσκουσι καὶ νουθετοῦσιν. Wenn das Kind
besser versteht (der sprachliche Mangel wird auch im Axiochus

---

[1]) Frg. 56, 4, vgl. die ῥάβδος ib. 3.
[2]) Vgl. die Leidenschaften als Heer der δέσποιναι Oec. I, 19 ff.

für das erste Lebensalter betont), dann unterweisen es die Amme, der παιδαγωγός und die Eltern, und wenn es nicht gehorcht, dann biegen sie es zurecht (εὐθύνουσιν) wie ein verbogenes und gekrümmtes Holz mit Drohungen und Schlägen. Dann schicken sie den Zögling zu den Lehrern, die ihm γράμματα, Musik und Anstand beibringen, ihn Gedichte zu lernen zwingen u. s. w. Hierauf schicken sie ihn εἰς παιδοτρίβου, um ihn gymnastisch abzuhärten. Und die Reichsten schicken ihre Söhne am frühesten zu den Lehrern und befreien sie am spätesten von ihnen[1]). Und dann kommt der Staat und bringt mit seinen Zwangsgesetzen, seinem κολάζειν und εὐθύνειν durch die δίκη die Männer zur Raison — man sieht, „Protagoras" verkündet dieselbe παιδεία ἐπίπονος wie der „Sokrates" des Axiochus, wie Krates und wie ja auch Xenophon Cyneg. XII, 16, und der alle diese unter einen Hut bringt, ist Antisthenes. Aber im Axiochus muss ich hier noch eine unbeachtete Zeile anstreichen. Wenn die Jünglinge von den Lehrern loskommen, dann kommen die διαλογισμοί, τίνα τὴν τοῦ βίου ὁδὸν ἐνστήσεται — so heisst es hier 367 A im Vortrag des Prodikos. Aber das ist ja genau das Thema der Prodikosfabel bei Xenophon — der junge Herakles, selbständig geworden, geht mit sich zu Rathe, welchen der beiden ὁδοί er für sein Leben einschlagen soll (Mem. II, 1, 21). Und wenn sie nicht prodikeisch sind, kynisch ist das διαλέγειν, sind die beiden ethischen ὁδοί sicherlich[2]).

Die πόνοι des Mannesalters werden repräsentirt durch den Kriegsdienst — das ist natürlich für den Lakonisten Antisthenes, dem der Mensch ein Kämpfer ist; er hat die καρτερία in πόνοις gerade für den Kriegsdienst gepriesen[3]), hat vom ἀνὴρ ἀγαθός

---

[1]) Diese Worte des „Protagoras" und die ganze Parallele der von ihm verkündeten παιδεία ἐπίπονος sollte man bedenken, ehe man den Axiochus mit seiner παιδεία in späte Zeiten verweist (v. Wilamowitz 984, Susemihl 22, Anm., Brinkmann 444). Es soll garnicht bloss die obligatorische, allgemeine παιδεία skizzirt werden; „Sokrates" spricht zu dem vornehmen Axiochos und auch Krates spricht mit dem πρεσβεύειν, στρατηγεῖν, χορηγεῖν, ἀγωνοθετεῖν im Mannesalter doch offenbar nicht von jedem Bürger, sondern von dem Reichen, dem Hochstehenden. Man betont, dass der Axiochus nicht die giltige attische παιδεία am Ende des 5. Jahrhunderts gibt. Weiss man, ob er eine spätere gibt und wann der Areopag sich wieder in die παιδεία mischte (Ax. 367 A), der übrigens der kynisch-xenophontischen Reaction moralisch gewaltig imponirt (Mem. III, 5, 20) und ja auch in Isokrates' Areopagiticus als Hort der alten παιδεία ἐπίπονος (vgl. nam. 45) gepriesen wird?

[2]) Vgl. I 352. 355 etc., oben S. 91. 177 und später.

[3]) Sonst hätte er doch nicht seine Lobschriften auf den πόνος gerade

Tapferkeit, ἀρετὴ τῶν ἔργων gefordert und seinen Sokrates tüchtig in's Feuer geschickt[1]). Endlich die Leiden des Alters (Ax. 367 B): die Natur wie eine Wuchrerin nimmt Gesicht, Gehör, oft Beides; dann lähmt sie, drückt und beugt die Glieder. Der Kyniker Bion hat zur Empfehlung des Selbstmordes ein ganz ähnliches Bild, das doch zugleich den Vergleich des Axiochus resp. seiner Vorlage älter erscheinen lässt[2]). Von Krates heisst es, dass er κυφὸς διὰ γῆρας in den Hades gegangen sei (Diog. VI, 92), von Diogenes, dass er βουλόμενος λοιπὸν ὑπεξελθεῖν τοῦ βίου sich den Tod gegeben (ib. 77) wie auch Metrokles (ib. 95) und Menipp (ib. 100) — das ist natürlich alles anekdotenhaft herausgeholt aus den Consolationsschriften der Kyniker, die zur Befreiung von der Todesfurcht die Leiden des Alters ausmalen und darum als πεισιθάνατοι und als Selbstmordcandidaten erscheinen. Wie nun hier durch solche Schilderung „Sokrates" den Axiochos tröstet, so tröstet derselbe (eben kynische) Sokrates sich selbst vor dem Tode Mem. IV, 8, 8, Xen. Apol. 6: Wenn ich länger lebte, müsste ich τὰ τοῦ γήρως ἐπιτελεῖσθαι (darin liegt eigentlich schon der Wuchervergleich!) und vom Gesicht und Gehör einbüssen und auch vom Verstand, und wie könnte ich dann noch ἡδέως leben? Xen. Apol. 27 tröstet Sokrates, noch an Gesicht, Haltung und Gang φαιδρός, die Freunde: da er keine ἀγαθά, sondern nur κακά vom Leben zu erwarten hätte, sei er nicht zu beklagen. Und Xenophon versichert ihm von §§ 32 f., dass er βίου τὸ χαλεπώτατον aufgab für den leichtesten Tod und dass er Seelenstärke zeigte, da er in der Erkenntniss, dass Sterben ihm besser als Leben, nicht πρὸς τὸν θάνατον ἐμαλακίσατο (wie Axiochos 365 B), sondern heiter ihn erwartete und zahlte. Wie er schon früher am meisten bewundert wurde ob seines εὐθύμως ζῆν, so war auch sein Tod schön (Mem. IV, 8, 2) — hier haben wir bereits jenes εὐθύμως, in dem

---

nach dem Kämpfer Herakles und dem Eroberer Kyros benannt. Vgl. auch die früheren Ausführungen über den πόνος. Man glaube nur nicht, dass die kynische Kriegsromantik nur Bild und nicht auch That war. Wie Xenophon mit Kyros, so zog der Diogenesschüler Onesikritos mit Alexander zu Felde (Diog. VI, 84), und noch von den römischen Kaisern wird ein Kyniker ausgezeichnet, weil er auf Winterfeldzügen durch Kraftproben der καρτερία den Soldaten ein gutes Exempel gab (Dio Cass. 77, 19).

[1]) Vgl. Frg. 51, 10 oben S. 143, 4.
[2]) Stob. Flor. V, 67: ἐκ τοῦ σωματίου ἐξοικίζομαι, ὅταν ἡ μισθώσασα φύσις τοὺς ὀφθαλμοὺς ἀφαιρῆται, τὰ ὦτα, τὰς χεῖρας, τοὺς πόδας. Vgl. dazu Gomperz a. a. O. S. 468.

Immisch Epikur citirt finden will[1]). Dieser sterbende Sokrates schwelgt in εὐδαιμονία — an solcher Folie erkennt man den kynischen Axiochus. Der Sokrates der platonischen Apologie, der scheidet mit der offenen Frage, ob Leben besser als Sterben, war Xenophon offenbar nicht φαιδρός, nicht dick genug mit dem Rosenroth der kynischen εὐδαιμονία angestrichen; darum schreibt er ausdrücklich protestirend seine Apologie (§ 1), um Sokrates erklären zu lassen, dass für ihn besser sei, zu sterben als zu leben — denn sonst wäre seine μεγαληγορία gar zu unvernünftig, meint Xenophon. Gibt es einen naiveren Eudämonismus?

In dem Gedanken, dass namentlich gegenüber den Altersbeschwerden der θάνατος αἱρετώτερος (Apol. 1), bringt nun der Axiochus die Anekdoten von den früh gestorbenen Götterlieblingen und anschliessend die Stimmen der göttlichen Dichter über den Werth des Lebens. D. h. er begnügt sich mit dem namentlich für Antisthenes ἀξιολογώτατος Homer — im Original standen wohl noch Andere (wie bei Plutarch), auf die er abbrechend hinweist (368 A). Aber auf das eine Citat (γήραος οὐδόν) spielt auch Plato (Rep. 328 E) in der Kephalosepisode an, was wieder auf eine gemeinsame Unterlage des Axiochus und des Anfangs der Rep. hindeutet.

Nun folgt die Anklage des Lebens nach den Berufen[2]), deren vier als Beispiele gebracht werden. Zuerst der niedrigste, das Handwerk, zuletzt der höchste, der politische (resp. strategische). Wir kennen die antisthenische Antithese zwischen den βάναυσοι τέχναι, deren Druck den Menschen nicht die σχολή zur καλοκαγαθία gestattet, und der πολιτική = βασιλικὴ τέχνη. Die eudämonistische Discreditirung der ersteren war für Antisthenes leicht, aber auch für den Politikerberuf, den preiszugeben ihn mehr Worte kostet, hat er die Anklage bereit, wenn er ihn nämlich wie hier im Axiochus als πρὸς ὄχλον ζῆν fasst und lauter Beispiele aus dem Schicksal der Staatsmänner in der attischen Demokratie anführt. Hatte doch Antisthenes in seinem πολιτικός eine καταδρομὴ ἁπάντων τῶν Ἀθήνησι δημαγωγῶν geliefert (Athen. V, 220 D)! Verbrenn' dich nicht an der Politik, mahnt

---

[1]) S. 28, obgleich der Terminus gerade hier bei Epikur zweifelhaft ist (v. Wilamowitz S. 982).

[2]) Vgl. über ein dem Krates zugeschriebenes Epigramm im Sinne dieses Lebenspessimismus Buresch S. 36.

er Frg. 59, 13[1]), und Diogenes nennt die *δημαγωγούς ὄχλου διακόνους*[2]). Nur ein Kyniker kann den *δῆμος μαινόμενος* (Ax. 368 D) und einen zusammengeschwemmten Haufen (369 A) nennen — das Verächtlichste für ihn[3]). Vor dem politischen wird der ökonomische Beruf besprochen — Antisthenes verbindet ihn ja mit jenem und hat ihn im *Οἰκονομικός* gepriesen. Auch in der Anklage hier (Ax. 368 C) wird doch der *γεωργία* ein *γλυκύ* zugesprochen — das erinnert an den rhetorischen Hymnus Xen. Oec. V, wo die *γεωργία* gar idyllische *ἡδοναί* gewährt und dabei zur *καρτερία* erzieht, Gerechtigkeit lehrt: natürlich, so stand es im antisthenischen Oeconomicus, wie ja auch Xenophon hier mit einem Ausdruck sich auf eine fremde Quelle beruft (vgl. oben S. 68. 70). Doch wird auch hier (Oec. V, 18) wie im Axiochus die schädigende Macht der *τύχη* in der Landwirthschaft nicht verkannt: darum eben findet „Sokrates" Oec. V, 19 f. wie Mem. I, 1, 7 f. Mantik, Gebete etc. nöthig für die Oekonomie wie für Anderes, und dieses andere Zweifelhafte bestimmt er in den Mem. auffallend ähnlich wie der Kyniker Diogenes.

Mem. I, 1, 8:

οὔτε τῷ πολιτικῷ δῆλον εἰ συμφέρει τῆς πόλεως προστατεῖν, οὔτε τῷ καλὴν γήμαντι, ἵν' εὐφραίνηται, δῆλον εἰ διὰ ταύτην ἀνιάσεται, οὔτε τῷ δυνατοὺς ἐν τῇ πόλει κηδεστὰς λαβόντι δῆλον εἰ διὰ τούτους στερήσεται τῆς πόλεως.

Diogenes (L. D. VI, 29):

ἐπῄνει τοὺς μέλλοντας γαμεῖν καὶ μὴ γαμεῖν, καὶ τοὺς μέλλοντας καταπλεῖν καὶ μὴ καταπλεῖν, καὶ τοὺς μέλλοντας πολιτεύεσθαι καὶ μὴ πολιτεύεσθαι, — καὶ παρασκευαζομένους συμβιοῦν τοῖς δυνάσταις καὶ μὴ προσιόντας.

Diogenes drückt eben damit das *ἀμφίλογον*, den zweifelhaften Werth dieser Lebensacte aus, und der kynische Sokrates bittet deshalb die Götter nur um das Gute. Diogenes spricht von den *μέλλοντες καταπλεῖν καὶ μὴ καταπλεῖν*, und das ist nun das vierte Berufsleid, das der Axiochus (368 C) anführt: die *τύχη*, die Gefahren der Seefahrer, die *μήτε ἐν τοῖς τεθνηκόσιν* seien, *μήτε ἐν τοῖς βιοῦσιν* — wie Bias sagt, aber vermuthlich nicht bei Bias, sondern bei einem Verehrer der sieben Weisen, dem Bias in den ihm zugewiesenen Hauptdictis: omnia mea mecum porto und *οἱ πλεῖστοι κακοί* mindestens ebensogut zugesagt hat wie dem

---

[1]) Vgl. gegen die attische Demokratie auch Diog. VI, 8.
[2]) Diog. VI, 24. 41; vgl. 34.
[3]) Vgl. Diog. VI, 32. 60 und τοὺς πλείστους μαίνεσθαι 35.

Heraklit (vgl. später). Der Kyniker malt die Macht der τύχη aus, um den Weisen um so höher darüber triumphiren zu lassen. Weist der Axiochus die zweite καταδρομὴ τοῦ βίου nach den Berufen auch dem Prodikos zu[1])? Das γλυκὺ γεωργίας 368 C erinnert, wie schon Immisch gesehen, an das dem Prodikos zugeschriebene Lob des Landbaus — genügt das zum Beweise? In dem παύομαι 368 A, πολλὰ ὑπερβαίνω 368 C zeigt sich „Sokrates" selbständig über den Stoff verfügend. Ich glaube, die richtige Antwort in solchen Vexirfragen, über die sich eine ganze Streitliteratur entwickeln kann, ist: der Autor weiss es selber nicht. Er hat sich das Herausfallen aus der citirten Rede in die eigene hier so wenig überlegt wie das Herausfallen aus der Erzählung in den reinen Dialog im Anfang der Schrift. Jetzt aber am Ende der Rede gegen die Berufe (369 C) wird ganz ohne Vermittlung der vernachlässigte Prodikos mit einem neuen τόπος heraufbeschworen. Offenbar fand der abhängige Autor in seinem Original keinen Anlass, die letzte Rede auch dem Prodikos in den Mund zu legen und liess sie einfach verlaufen ohne Abgrenzung des geistigen Eigenthums, und offenbar erklärt sich auch der schroffe Uebergang am einfachsten durch Wegfall eines episodischen Stückes der Vorlage. Beides ist so leicht möglich, da vermuthlich das bei Kallias spielende Original (366 C) reicher an sprechenden Personen und an dramatischer Bewegung war.

Und nun des Prodikos Ausspruch, der dem Epikur gehören soll: ὁ θάνατος οὔτε περὶ τοὺς ζῶντάς ἐστιν οὔτε περὶ τοὺς μετηλλαχότας. Es ist keine Frage, der Ausspruch steht in ähnlicher Fassung bei Epikur, Diog. X, 124 ff. (vgl. Lucr. III, 842 ff.). Ὁ θάνατος οὐδὲν πρὸς ἡμᾶς. ἐπειδήπερ ὅταν μὲν ἡμεῖς ὦμεν, ὁ θάνατος οὐ πάρεστιν· ὅταν δ' ὁ θάνατος παρῇ, τόθ' ἡμεῖς οὐκ ἐσμέν. οὔτ' οὖν πρὸς τοὺς ζῶντας ἐστιν οὔτε πρὸς τοὺς τετελευτηκότας. Und wegen dieser Uebereinstimmung hat man Prodikos den Ausspruch aberkannt, hat man den Axiochus spät datirt, hat man entweder den sonst orphisch transcendenzsüchtigen, hier „epikureisirenden" Autor einen Wirrkopf gescholten[2]) oder

---

[1]) Zeller 1124, 2, Buresch 9, Immisch 52 ff. bejahen es, v. Wilamowitz 979 verneint es.

[2]) Nicht nur Meiners, Corssen, Gercke, Feddersen u. A. haben einen unerträglich groben Widerspruch zwischen spiritualistischen und materialistischen Tendenzen in dem Dialog gefunden, auch Usener (scriptor dum Epicurea cum Platonicis Orphicisque componit, ne sentit quidem quam

Epikur hier citiren lassen, um ihn nachher durch den akademischen Spiritualismus bekämpfen zu lassen. Aber wo ist denn der Kampf? „Sokrates" begründet zunächst den Ausspruch genau so wie Epikur:

Sokrates Ax. 369 B:	Epikur Diog. X, 125:
Ὅτι περὶ τοὺς ζῶντας οὐκ ἔστιν, οἱ δὲ ἀποθανόντες οὐκ εἰσίν.	ἐπειδήπερ περὶ οὓς (ζῶντας) μὲν οὐκ ἔστιν, οἱ δ' (τετελευτηκότες) οὐκέτι εἰσίν.

Und nach der Begründung des Sokrates empört sich Axiochos gegen diese Rhetorik (des Epikur?!)[1]). Dann vertheidigt Sokrates den Satz wie Epikur:

Sokrates Ax. 369 E:	Epikur Diog. X, 124:
συνάπτεις γὰρ ἀνεπιλογίστως τῇ στερήσει τῶν ἀγαθῶν ἀντεισάγων κακῶν αἴσθησιν, ἐκλαθόμενος ὅτι τέθνηκας. Vgl. 370 A.	μηδὲν πρὸς ἡμᾶς εἶναι τὸν θάνατον, ἐπεὶ πᾶν ἀγαθὸν καὶ κακὸν ἐν αἰσθήσει, στέρησις δ' ἐστὶν αἰσθήσεως ὁ θάνατος.

Also spricht Sokrates ernsthaft als Epikureer, und wir müssen zu der Confusionstheorie zurückkehren, die in Wahrheit die Verzweiflung an der Erklärung ist? Der Satz steht bei Epikur, aber wo steht es geschrieben, dass er sein Specialeigenthum ist? Ist er etwa vor dem Ende des 4. Jahrhunderts nicht möglich? Er hat denselben Stil, ja er ruht in gewissem Sinne auf demselben inneren Princip wie der Satz des Eleaten Zenon: τὸ κινούμενον οὔτε ἐν ᾧ ἐστι τόπῳ κινεῖται οὔτε ἐν ᾧ μὴ ἔστιν (Diog. IX, 72). Wichtiger ist, dass wir bei dem Kyniker Diogenes (Diog. VI, 68) lesen: ἐρωτηθεὶς εἰ κακὸς ὁ θάνατος, πῶς,

---

pugnantia sociaret, Epic. 57), v. Wilamowitz (Vf. des Ax. ein armer Schächer, der Epikureisches und Mystisches in einem Athem vorbringt und weder schreiben noch denken kann, 977, vgl. 981). Und dieses flüchtige Conglomerat (Rohde, Psyche 538, 1), dies „geringe Machwerk" eines „Anfängers" und „armseligen Scribenten", von dem man nur möglichst gering denken kann, mit seinen „Albernheiten", seiner „Unzahl von Verkehrtheiten" (v. Wilamowitz 978 ff., Rohde 538, 1, Gomperz 468, Heinze 333, Gercke 31, Feddersen 9), heisst bei Boeckh und Buresch 8. 9 liber aureus, wird von Immisch gar feinsinnig gedeutet, von diesen wie von Aelteren bekannten Autoren zugeschrieben und von der späteren Antike und der Renaissance mit Vorliebe citirt.

[1]) Vgl. v. Wilamowitz 982 gegen Immisch.

εἶπε, κακός, οὗ παρόντος οὐκ αἰσθανόμεθα; Darin steckt ja in nuce der ganze Satz des Epikur sammt seiner Begründung: der Tod trifft uns nicht, da wir ὅταν παρῇ, als Todte der αἴσθησις beraubt sind. Und zwar stand der Satz des Diogenes als Consolationsprincip (θάνατος οὐ κακός) doch wohl in seiner Schrift περὶ θανάτου — sollte er nicht auch bei seinem Meister Antisthenes in dessen Todesschriften gestanden haben? Der Aorist in dem Titel der einen (περὶ τοῦ ἀποθανεῖν) und die Antithese in dem der andern (περὶ ζωῆς καὶ θανάτου) sind auch bezeichnend. Es handelt sich eben nicht um den leidensvollen Act des Sterbens (wie bei Zenon nicht um den Bewegungsmoment), sondern um zwei ganze fertige Zustände, Ja und Nein, das fühlende Leben und das Nichtfühlen nach dem Tode: darauf beruht die Consolation nicht nur bei Epikur, sondern offenbar schon bei den Kynikern.

Nun aber ist nicht nur das Princip auch kynisch, sondern die Ausführung Ax. 365. 369 B—370 A trägt specifisch kynische Züge. Von Kleinigkeiten, wie z. B. ἀποπλανώμενος (s. später) und der Skylla resp. dem Kentauren als Beispielen drohender Irrealitäten[1]), will ich nicht sprechen. Das kynische Denken lebt und webt in Gleichnissen, und charakteristischer ist der Kämpfervergleich 365 A. Der Zustand des Axiochos wird nämlich nicht sokratisch einfach als Unwissenheit bezeichnet,

---

[1]) Wem lagen sie näher als dem kynischen Lobredner des skyllabedrohten Odysseus und des Kentaurenkämpfers Herakles? Cheiron ist nicht nur bei Antisthenes, sondern noch bei Diogenes eine beliebte Figur (Diog. VI, 51. 59). Brinkmann S. 445 f. findet, dass Skylla und Kentaur als typische Chimären erst nacharistotelisch seien und speciell der Kentaur als Beispiel der σύνθεσις erst in der stoischen Logik auftrete. Auch hier kann die Stoa den Kynikern folgen. Der Kentaur erscheint als συμπεφυκός resp. σύνθετον in kynischer Didaktik Cyr. IV, 3, 17 ff. und bei Diogenes Dio IV § 130, die Skylla ebenso Rep. 588 C; aber diese (schon von Brinkmann citirte) Stelle steht im Zusammenhang mit Phaedr. 229 D ff.: in beiden Stellen ist zugleich von der mehrgestaltigen Seele und den mehrgestaltigen Fabelwesen die Rede. Aber Plato lehnt es im Phädrus ab, die ἀλήθεια dieser Fabelwesen durch Deutung aufzulösen, sondern überlässt das einem δεινὸς καὶ ἐπίπονος καὶ οὐ πάνυ εὐτυχής (πόνος gegen τύχη!) ἀνήρ, d. h. Antisthenes. Ob dieser, der die Einheit der Seele festhält, nicht Plato's mehrtheiligen Seelentypus mit einer Chimäre, einem συμπεφυκός der Fabel verglichen hat? Musste nicht der Mythendeuter Antisthenes, der die Drachen zu Leidenschaften macht, gerade die Irrealität der Ungeheuer als Ungeheuer betonen? Alle Deutung beruht doch auf Unglauben.

sondern als Schwäche, Weichlichkeit und Feigheit — ganz im Sinne der dynamischen Ethik des Kynikers, auf deren Boden die „sokratische" Tröstung allein erwachsen sein kann; denn sie ruht auf der Antithese der Kraft und des πάθος; sie geht hervor aus dem Bedürfniss des Zuspruchs (ἐνδεὴς παραμυθίας 365 A). Axiochos kennt ja die συνεχεῖς εὐλογίαι (365 A), die καρτεροὶ λόγοι (C) — auch das Rationale ist dynamisch gefärbt! —, aber er hat sie vergessen; dahin ist τὸ ἄρρατον θάρσος; er ist ἀσθενής und μαλακὸς τὴν ψυχήν. Wenn der λόγος fort ist, soll man sich ruhig aufhängen, sagt der Kyniker[1]). Ὡς γὰρ ἀγωνιστὴς δειλός, ἐν τοῖς γυμνασίοις γενναῖος φαινόμενος, ὑπολέλοιπας ἐν τοῖς ἄθλοις — wirft „Sokrates", der Moralprediger, dem Axiochos vor. Natürlich, der Kyniker will die Gymnastik als Kraftübung, aber er hasst die Athletik als blosse gymnastische Schaustellung, die sich im Kampfe nicht bewährt[2]). Wie, die den Körper nicht üben, schwach werden, sagt Xenophon Mem. I, 2, 19, oder noch genauer ib. 24: ὥσπερ οἱ τῶν γυμνικῶν ἀγώνων ἀθληταὶ ῥᾳδίως πρωτεύοντες ἀμελοῦσι τῆς ἀσκήσεως, so kann Jemand (ib. 21) die νουθετικοὶ λόγοι vergessen und dadurch die σωφροσύνη verlieren. Das ist der Zustand des Axiochos, und so muss er sein als Objekt für die kynische Paränetik.

Aber nun die Hauptsache. Wie kann der Kyniker die Betonung der Sterblichkeit mit der im Axiochus ebenso betonten Unsterblichkeitslehre vereinigen? Durch seine Fixirung des Gegensatzes von σῶμα und ψυχή (νοῦς). Was ist denn der Fehler des Axiochos, des τῷ σώματι ῥωμαλέος, ἀσθενὴς δὲ τὴν ψυχήν (365 A), dessen νοῦς das Grab fürchtet (C)? Dass er dem seelenlosen Leichnam eine Seele giebt, dass er sich vor dem Verlust der Seele fürchtet und damit den Verlust selber wieder beseelt (370 A). Aber das ist Geschwätz (365 E). Der Leichnam hat kein Bewusstsein, hat und ist also kein Ich; als Todte sind wir nicht mehr. Widerstreitet das der Unsterblichkeit? Nein, die Lösung liegt in den Worten:

---

[1]) Der rhetorische Antisthenes hat Frg. 64, 45 sicherlich λόγον (nicht νοῦν) ἢ βρόχον zum Leben gefordert, wie Diogenes, und nach Analogie seiner sonstigen Wortspiele.

[2]) Diog. VI, 30. Dio Chr. IX; vgl. oben S. 142 Anm.

Ax. 365 E:

τῆς συγκρίσεως
ἅπαξ διαλυθεί-
σης καὶ τῆς ψυχῆς
ἐς τὸν οἰκεῖον
ἱδρυθείσης τόπον τὸ
ὑπολειφθὲν σῶμα,
γεῶδες ὂν καὶ
ἄλογον, οὐκ ἔστιν
ὁ ἄνθρωπος. ἡμεῖς
μὲν γάρ ἐσμεν ψυχή,
ζῶον ἀθάνατον ἐν
θνητῷ καθειργμέ-
νον φρουρίῳ.

Der sterbende Kyros
Xen. Cyr. VIII, 7, 19 f.:

οὐδὲ τοῦτο πώποτε
ἐπείσθην ὡς ἡ ψυχὴ
ἕως μὲν ἂν ἐν θνητῷ
σώματι ᾖ ζῇ, ὅταν δὲ
τούτου ἀπαλλαγῇ, τέ-
θνηκεν· — οὐδέ γε ὅπως
ἄφρων ἔσται ἡ ψυχή,
ἐπειδὰν τοῦ ἄφρονος
σώματος δίχα γένηται,
οὐδὲ τοῦτο πέπεισμαι·
ἀλλ' ὅταν ἄκρατος καὶ
καθαρὸς ὁ νοῦς ἐκ-
κριθῇ, τότε καὶ φρονι-
μώτατον αὐτὸν εἰκὸς
εἶναι. διαλυομένου δὲ
ἀνθρώπου δῆλά ἐστιν
ἕκαστα ἀπιόντα πρὸς τὸ
ὁμόφυλον πλὴν τῆς
ψυχῆς.

Plut. cons. ad Apoll.
15 p. 110 A B:

καλῶς οὖν ὁ Ἐπί-
χαρμος „συνε-
κρίθη", φησί, „καὶ
διεκρίθη καὶ
ἀπῆνθεν ὅθεν
ἦνθε πάλιν, γᾶ μὲν
εἰς γᾶν, πνεῦμα
δ' ἄνω. τί τῶνδε
χαλεπόν; οὐδὲ ἕν."

Das ist die kynische Lehre vom Tode, und Antisthenes berief sich dafür auf die hier durchtönende Orphik und auf Epicharm (vgl. oben S. 169. 183 etc.). Am Anfang seines Mythos, wo Protagoras-Antisthenes das orphische Gedicht zu copiren scheint, klingen auch die Worte Epicharm's an: τυποῦσιν αὐτὰ (die sterblichen Wesen) γῆς ἔνδον ἐκ γῆς καὶ πυρὸς μίξαντες καὶ τῶν ὅσα πυρὶ καὶ γῇ κεράννυται. Bei Epicharm haben wir das oben vermisste seelische πνεῦμα, hier das Feurige — beides sind die stoischen Bestimmungen der Seele. Der αἰθήρ ist σύμφυλος der Seele, ihre Heimath, nach der sie sich sehnt (Ax. 366 A), ihr οἰκεῖος τόπος, nach dem sie zurückkehrt (365 E), πνεῦμα δ' ἄνω, sagt Epicharm, nämlich zum göttlichen Aether — das ist das θεῖον, in das die Seele des Kyros eingeht (a. a. O. 27). Es ist mit einem Wort im naivsten, materiellsten Sinne der Himmel, in den die Seelen eingehen: das verheisst der kynische οὐράνιος λόγος; darum tadelt der kynische Sokrates den Anaxagoras, den er sonst gelten lässt[1]), dass er die Sonne ent-

---

[1]) Der Kyniker glaubt wie Anaxagoras an den Vorzug des νοῦς (vgl. oben S. 172 unten) und wie dieser an die absolute Mischung der σώματα: πάντ'

göttlicht, rein physikalisch als feurigen Stern erklärt (Mem. IV, 7, 7). Es sei hier die Vermuthung ausgesprochen, dass das göttliche Urfeuer des Heraklit, den wohl der kynische Sokrates (welcher sonst?) gelesen (Diog. II, 22; vgl. oben S. 172 Anm.), nicht erst den Stoikern, sondern schon ihren kynischen Vorläufern geleuchtet hat, und es wäre wunderbar, wenn der phantastische Autor des *Μαγικός* und des Kyros nicht auch an den persischen Feuercult angeknüpft hätte (s. unten). Die „Urphilosophie" constatirt, dass auch die Aegypter die Wesen der Erde durch Mischung mit dem Gestirnfeuer erklären und die Sonne göttlich verehren (Diog. Pr. 10 f.), und dass die Magier wohl ähnlich denken (ib. 6) und das *πυρὶ θάπτειν* für *ἀνόσιον* halten. Natürlich, denn das ist ein Eingriff in die *διάλυσις* oder *ἔκκρισις* beim Tode: die Seele geht in den Aether, und das *θνητὸν σῶμα* soll zu seinem *ὁμόφυλον* gehen (Cyr. VIII, 7, 20), *γᾶ εἰς γᾶ*, wie Epicharm sagt; denn der Leib ist *γεῶδες* (Ax. 365 E). Darum fordert Kyros, dass man seinen Leichnam der Erde wiedergebe (*τῇ γῇ ἀπόδοτε*) — *ὡς τάχιστα* und möglichst einfach, und das fordert er übereinstimmend mit dem kynischen Sokrates Mem. I, 2, 53. Vgl. Sokrates Eth. Eud. 1235 a [87]: *τῆς ψυχῆς ἐξελθούσης, ἐν ᾗ μόνη γίγνεται φρόνησις, τὸ σῶμα τοῦ οἰκειοτάτου ἀνθρώπου τὴν ταχίστην ἐξενεγκότας ἀφανίζουσιν*. Begründung: *τὸ ἄφρον ἄτιμον* (Mem. 55). Das *ἄφρον* (resp. *ἄλογον*) *σῶμα* kehrt Ax. 365 A und Cyr. VIII, 7, 20 wieder, wo der *νοῦς*, vom Körper befreit, *φρονιμώτατος* wird. Die Pietätlosigkeit gegen den Leichnam ist aber eine bekannte Eigenheit der Kyniker[1]), und sie ist offenbar nur der extreme Ausdruck für die Antithese *σῶμα* = *γεῶδες* = *ἄφρον* = *ἀλλότριον* und *ψυχή* = *θεῖον* = Sitz der *φρόνησις* = *αὐτός*. Was ist der fanatische Hauptstolz des Antisthenes? Xenophon lässt es ihn sagen: dass er alles in seiner *ψυχή* besitzt und dass ihm das

---

ἐν πᾶσιν καὶ διὰ πάντων (Diog. VI, 73). In dieser Lehre von der Mischung der Stoffe macht die „Urphilosophie" Anaxagoras zum Adepten der Orphik (Diog. Pr. 4). Diese höhere Absonderung des *νοῦς* von den sich mischenden *σώματα* bekennt ja auch der kynische Sokrates Mem. I, 4, 8 und der sterbende Kyros Cyr. VIII, 7, 20, und vermuthlich hat der Kyniker wegen dieser Lehre Anaxagoras als Consolator brauchbar gefunden (vgl. oben 161 Anm. 172 f. Anm.). Dass die Lehre von der Mischung der Stoffe und die Gleichgültigkeit gegen den Leichnam bei den Kynikern zusammengehören, zeigt Diogenes, der Diog. VI, 73 um jener willen Menschenfleisch zu essen nicht *ἀνόσιον* findet.

1) Vgl. nam. Diog. VI, 52. 79.

Aeussere werthlos ist[1]); auch der naturalistische Diogenes accentuirt energisch die ψυχή gegenüber dem Materiellen[2]). Der kynische Alcib. I lehrt die Identität der ψυχή und des Selbst, und der Kyniker hört nicht auf ἐπιμέλεια ψυχῆς = αὑτοῦ zu predigen (vgl. Bd. I 487 ff.). Darum soll man den Leichnam auch des οἰκειότατος hinauswerfen, weil mit dem Tode das οἰκεῖον, die Identität der Person aufgehört hat. Das ist des Kynikers Glaubensbekenntniss, das der Axiochus ausspricht (365 E): τὸ ὑπολειφθὲν σῶμα, γεῶδες ὂν καὶ ἄλογον, οὐκ ἔστιν ὁ ἄνθρωπος. ἡμεῖς μὲν γάρ ἐσμεν ψυχή. Die Todten sind nichts, d. h. der Leichnam ist irdischer Staub, das kann der Kyniker sagen, ja mit Macht herausschreien und doch an die Unsterblichkeit glauben. Gerade weil er den νοῦς vergöttlicht, drängt er den Leib in die Erde. Worauf geht denn die Todesfurcht, das Grauen des Axiochos, das „Sokrates" durch jene Theorie zerstreuen muss? Er ängstigt sich, verfaulend in der Erde zu liegen, ein Opfer der Würmer etc. (365 A). Und nun sehe man den sterbenden Kyros: er freut sich, er findet es selig, möglichst schnell mit der Erde wieder eins zu werden (Cyr. VIII, 7, 25). Aber Kyros giebt hier nur einen schwachen Abklatsch vom echten Kynismus. Diogenes will unbeerdigt hingeworfen werden, damit jedes Thier an ihm Antheil habe, oder mit etwas Staub in eine Grube gestossen oder in den Ilissos geschleudert werden, um seinen Brüdern (den Thieren) nützlich zu sein (D. 79). Es ist klar, das ist der forcirte Gegensatz zum Würmer scheuenden Axiochos — die beiden gehören zusammen, und damit ist der Dialog in allen seinen Theilen als kynisch erkannt.

Aus drei Hauptstücken baut er sich auf: 1. der Todes- resp. Leichnamsverachtung, die epikureisch, aber zugleich und namentlich in den specielleren Zügen des Axiochus kynisch[3]) ist, 2. dem

---

[1]) Symp. IV, 34. 41. 43. 64; vgl. noch Frg. 60, 21. 63, 36.
[2]) Diog. VI, 27. 58. 65. 67 etc.
[3]) Und dann natürlich auch stoisch. Schon dass der Neokyniker Epiktet als festes Dogma citirt: οὐδὲν πρὸς ἡμᾶς καὶ ὁ θάνατος οὐ κακός, diss. I, 9,13 (geradezu unter Berufung auf Diogenes ib. I, 24, 6, vgl. IV, 1, 30), sollte hindern, hier bloss an Epikur zu denken. Vgl. den wahren Kyniker ib. III, 22, 21 (auch 60): τὸ σωμάτιον οὐδὲν πρὸς ἐμέ. — θάνατος; ἐρχέσθω ὅταν θέλῃ. Und weiter für Diogenes' Abweisung der Todesfurcht Jul. 181 A B. Ael. VIII, 14. Stob. fl. 86, 19. Zur kynischen Polemik gegen die Bestattungsriten, in der sich eben die Leichnamsverachtung ausspricht, bringt jetzt einen neuen Quellenaufschluss Prächter, Philol. 57. 504 ff.

hedonisch negativen Lebenspessimismus, der kynisch ist[1]), aber antiepikureisch und auch von der Akademie nicht voll zugestanden (Plato: Philebus, Krantor: Plut. ad Apoll. 104 C), 3. dem οὐράνιος λόγος, der akademisch, aber zugleich — und wieder in specielleren Motiven des Axiochus — kynisch ist[2]). Nur im Kynismus lösen sich alle Discrepanzen seines Inhalts, und kynisch ist er in der Form und Methode, im Auftreten und der Sprache seiner Personen, namentlich des paränetischen Sokrates. Als Kyniker kann der schwer angeklagte Verfasser des Axiochus sich reinigen. Lücke auf Lücke schliesst sich[3]), und wenn trotzdem die Form noch vielleicht Brüche und Ecken zeigt und den Inhalt nicht bewältigt, so beweist das eben, dass wir die Copie eines grösseren Originals vor uns haben. Durch seinen äusseren Charakter als sokratischer Dialog kam der Axiochus in das corpus Platonicum und dadurch[4]) bei den Späteren zu dem Autornamen des Plato. Aber sollten wir nicht von den Alten lernen, die ὁμολογουμένως[5]) ihn dem inneren Charakter nach dem Plato und damit doch wohl dem Geiste der Akademie absprechen? Müssen denn alle unechten sokratischen Schriften akademisch sein, und sollte von der sicher ebenso reichen kynischen Sokratik nichts erhalten sein? Oder fühlte sich die kynisch-stoische Schule nicht als die geistige Leibgarde des idealen Weisen Sokrates? Ist es nicht an sich wahrscheinlich, dass sokratische Dialoge späterer, aber gerade noch nicht phantastischer Zeit (und gerade so gut orientirte wie der Axiochus) von Originalen der Sokratiker abhängig sind, und da wir auch ohne das Veto der Alten ihn nicht platonisch finden würden, da er aristippisch so wenig wie epikureisch ist, und auch dem Axiochus des Aeschines nicht entsprochen haben kann, liegt es nicht am nächsten, an den Kyniker zu denken? Wäre der Axiochus sicher akademisch,

---

[1]) S. Nachweise jetzt noch bei Prächter, a. a. O. 506.

[2]) Der Kyniker beruft sich mit Vorliebe auf Euripides, und thatsächlich liess er sich für manche Tendenzen des Axiochus (das körperliche Leben als Schicksalsdarlehn, der Leib der Erde wiederzugeben — zur natürlichen Auflösung, die Seele in der Aetherheimath) citiren. Vgl. Dümmler, Kl. Schr. I, 162 f.

[3]) Buresch 13 sieht Ax. 369B eine Lücke, Feddersen 10 sucht sie durch Erklärung zu schliessen; Immisch findet die Wiederholung 365 D f. 369E f. unerträglich, v. Wilamowitz 980 findet sie garnicht so dumm, vor Trostbedürftigen oft nöthig; dagegen findet er (ib.) 370B eine Lücke, die aber wieder Brinkmann 447 ff. durch seine Deutung verschwinden macht.

[4]) Vgl. Immisch S. 2.   [5]) L. D. III, 62.

dann müsste man mit Immisch den verzweifelt kühnen Weg der Textumgestaltung[1]) beschreiten und eine Polemik gegen Epikur herauszuziehen suchen. Man könnte eher an der entsprechenden Stelle bei Epikur eine Polemik gegen die Tendenzen des Axiochus finden. Da heisst es Diog. X, 124 ff.: Die rechte Erkenntniss hebe den πόθος nach der ἀθανασία auf und die Sehnsucht nach dem Tode als der ἀνάπαυσις τῶν ἐν τῷ ζῆν κακῶν. Sie zeige, dass οὐδέν ἐστι ἐν τῷ ζῆν δεινόν (οὔτε γὰρ αὐτῷ προσίσταται τὸ ζῆν). Ὁ δὲ παραγγέλλων τὸν μὲν νέον καλῶς ζῆν, τὸν δὲ γέροντα καλῶς καταστρέφειν, εὐήθης ἐστὶν οὐ μόνον διὰ τὸ τῆς ζωῆς ἀσπαστόν, ἀλλὰ καὶ διὰ τὸ τὴν αὐτὴν εἶναι μελέτην τοῦ καλῶς ζῆν καὶ τοῦ καλῶς ἀποθνῄσκειν. πολὺ δὲ χεῖρον καὶ ὁ λέγων, κάλλιστον μὲν μὴ φῦναι, φύντα δ' ὅπως ὥκιστα πύλας Ἀΐδαο περῆσαι. εἰ μὲν γὰρ πεποιθὼς τοῦτο φησί, πῶς οὐκ ἀπέρχεται ἐκ τοῦ ζῆν; Wo finden sich denn all die hier bekämpften Lehren so gut zusammen als im Axiochus: die Lehren vom πόθος ἀθανασίας, von den ἐν τῷ ζῆν κακά und vom Tod als ἀνάπαυσις[2]), das Citat zu Gunsten eines frühen Todes? Und μελέτη τοῦ καλῶς ζῆν für den νέος und τοῦ καλῶς ἀποθνῄσκειν ist ja für den Kyniker das Lebensprogramm des Philosophen[3]). Die Frage: warum stirbst du nicht?, die hier von Epikur, von

---

[1]) Aber ich finde, dass dadurch der Text nicht verständlicher, sondern noch lückenhafter, brüchiger wird. Um nur Einiges anzuführen: die μεταβολή εἰς ἀγαθόν und Sokrates καὶ ταῦτα φροντιστής ὤν etc. 366 B erscheinen kaum verständlich, wenn man vorher die positiven Unsterblichkeitsverheissungen streicht. Nach οὐ φευκτάς; 369 B klafft eine grosse Lücke; denn unmöglich passt die Entrüstung des Axiochos (369 D) auf die Discreditirung der Berufe, zu der er soeben den stärksten Beitrag geliefert (369 A B). Und nun soll Sokrates alle seine bisherigen Reden, d. h. fast zwei Drittel des Dialogs, das eigentlich Wissenschaftliche, Ausgeführte darin, ohne Widerlegung, einem Affekt des seelenschwachen Axiochos zu Liebe als epikureischen φλύαρος völlig preisgeben, obgleich die vorangehende hedonische Aburtheilung des Lebens sowohl im Ganzen wie in Einzelheiten (vgl. Immisch selbst) möglichst unepikureisch ist, und obgleich die ganze Transcendenzsehnsucht, das γεῶδες καὶ ἄλογον σῶμα, die ungemischten Freuden des Jenseits, von denen der positive Sokrates spricht, den Nachweis der ἀναισθησία des todten Körpers, der gemischten Freuden des Lebens (366 D ff.) und den ganzen Pessimismus des „φλύαρος" nothwendig fordern.

[2]) Vgl. zu diesem Ausdruck eines teleologischen Gedankens Mem. IV, 3, 3.

[3]) Vgl. Antisth. ausser Frg. S. 64, 41. 42 Plut. de Stoic. repugn. c. XIV. Tel. p. 45, 8. Weiteres unten. Diogenes L. D. 65. 68 (παιδείαν τοῖς μὲν νέοις σωφροσύνην, τοῖς δὲ πρεσβυτέροις παραμυθίαν). Diog. ep. 39.

Axiochós 366 B und in einem Dialog des Antisthenes (Frg. 64, 40) der pessimistischen und transcendenzsüchtigen Dogmatik entgegengehalten wird, dürfte eben zuerst von kyrenaischer Seite dem Kyniker vorgeworfen sein, der sie zur Erwiderung aufgriff[1]).

Noch einige Spuren des kynischen Originals des Axiochus, das oder dessen Nachbildungen Epikur bekämpft. Plut. cons. ad Apoll. 107 D wird „Sokrates" citirt, der für die Bedeutung des Todes drei Möglichkeiten aufstellt. Man hat hier Plato Apol. 40 C ff. als selbstverständliche Quelle angenommen. Aber es ist doch merkwürdig, dass angesichts der klar vorangestellten Disposition bei Plato: δυοῖν γὰρ θάτερόν ἐστι τὸ τεθνάναι [2]) Plutarch ein noch dazu 109 E wiederholtes τρίτον bringt. Der äussere Unterschied ruht auf einem inneren. Plato sagt ἐστι, Plutarch spricht vom παραπλήσιον. Aber der Tod als Schlaf, als Wanderung bedeutet doch ursprünglich einen Vergleich, und Plato, in der Apologie auch sonst von Antisthenes abhängig, konnte mit dem Fallenlassen des Vergleiches die drei Möglichkeiten in zwei zusammenziehen. Der Kyniker liebt es zu vergleichen, und gerade den Vergleich des Todes mit dem Schlaf dürfte er aus seinem geliebten Homer geschöpft haben. Plutarch (nicht Plato) bringt a. a. O. die Stellen und beruft sich zum Ueberfluss noch auf den kynischen Diogenes, dass der Schlaf der Bruder des Todes sei (vgl. Diog. VI, 77). Warum citirt hier auch Plutarch „Sokrates" und nicht, wie sonst immer in dieser Schrift, für den platonischen Sokrates Plato? Nur 106 B erscheint noch Sokrates, aber mit einem Ausspruch, den man bei Plato vergebens sucht. Sollte es nicht zur akademischen Politik des Krantor gehören, Plato's Namen so oft als möglich die Ehre zu geben, mit Sokrates aber den Kynismus zu citiren?

Aeschines hat es nöthig gefunden in seinem Kallias die παιδεία des Anaxagoras und Prodikos zu diskreditiren (Athen.

---

[1]) Auch Diogenes muss Ael. X 11 auf die Frage antworten: τί οὖν οὐκ ἀποθνήσκεις; Er hat das muthige Sterben als μίαν μηχανὴν πρὸς ἐλευθερίαν, gepriesen Epict. diss. IV 1, 30. Zur Consolation, speciell für den Tod als Erlöser vom beschwerlichen Alter vgl. noch das Antisthenesfragment in Wachsmuths Wiener Apophth. 96: Ὁ αὐτὸς Διονυσίου λυπουμένου, ὅτι θνητός ἐστι „ἀλλὰ σύ γε, ἔφη, προελθόντος τοῦ χρόνου λυπηθήσῃ μηδέπω ἀποθνήσκων".

[2]) Dass sonst auch alle Späteren der platonischen Zweitheilung folgen, s. Gercke a. a. O. 31 ff. Dass aber die Dreitheilung nicht ein Versehen Plutarchs ist, zeigt Corssen Rhein. Mus. 36. 514 aus Cic. Tusc. I 92.

V, 220), vermuthlich, weil Antisthenes sie als Lehrer des καλῶς ζῆν καὶ ἀποθνήσκειν bei Kallias gepriesen¹). Beide eigneten sich offenbar zum Zwecke der Consolation als Pessimisten vorgeführt zu werden, und so mag der nie lachende Anaxagoras (Ael. V. H. VIII, 13) sammt seinen vielen consolatorisch brauchbaren Todes- und Begräbnissanekdoten (Diog. II, 10 f. 13 f.) aus derselben kynischen Quelle stammen²) wie der ewig weinende Heraklit mit seinen poetischen Vorläufern (vgl. oben S. 159, 2. 169). Schon die eine dieser Anekdoten spricht deutlich durch ihre Parallelen:

Gorg. Palam. 1:

ἡ μὲν κατηγορία καὶ κρίσις οὐ περὶ θανάτου γίγνεται· θανάτου μὲν γὰρ ἡ φύσις φανερᾷ τῇ ψήφῳ κατεψηφίσατο τῶν θνητῶν κ. τ. λ.

Xen. Apol. Socr. 27³):

πάλαι ἴστε ὅτι .. κατεψηφισμένος ἦν μου ὑπὸ τῆς φύσεως ὁ θάνατος.

Diog. II, 13 Anaxagoras:

εἰπεῖν περὶ μὲν τῆς καταδίκης, ὅτι ἄρα κἀκείνων κἀμοῦ πάλαι ἡ φύσις κατεψηφίσατο.

Diog. II, 35 Sokrates:

πρὸς τὸν εἰπόντα, "θάνατόν σου κατέγνωσαν Ἀθηναῖοι" „κἀκείνων, εἶπεν, ἡ φύσις". οἱ δὲ τοῖτ' Ἀναξαγόρου φασί.

Bei einem gorgianisirenden Sokratiker hat offenbar Sokrates Anaxagoras mit dem Palamedescitat als Muster für sich sprechen lassen: so sind in einer antisthenischen Quelle die drei Weisenverfolgungen vereinigt, und so erklären sich die Versio-

---

[1]) Vielleicht stammt das Dialogstück Arist. Rhet. III, 2. 1405a¹⁸, in dem Kallias sich einem ἀμύητος gegenüber rühmt, nicht Bettelpriester (der kynische πτωχός!), sondern Fackelpriester (Mysterienpriester) zu sein, aus der Polemik der Sokratiker, bei denen auch sonst nach Xen. Symp. VIII, 40, Hell. VI 3, 3. 6 Kallias gerade als Myste eine Rolle gespielt haben muss.

[2]) Auch sonst dürfte Antisthenes Anaxagoras nach seiner Art gefärbt haben. Wenn Anaxagoras bei Aristoteles und Späteren als Subjektivist, als Leugner des Satzes vom Widerspruch, als Verfechter der Vernunft als Kriterium und der ἐλευθερία als τέλος, als erster Moralinterpret des Homer erscheint, so sieht Zeller mit Recht in alledem spätere Deutung (1016 ff.). Aber es sind eben sämmtlich antisthenische Tendenzen, durch die das Bild des Anaxagoras hindurchgegangen zu sein scheint.

[3]) Zwischen diesen beiden Stellen hat schon Dümmler (Philol. 50. 296) eine Abhängigkeit gesehen.

nen¹). Vgl. den Kyniker Demetrios, der Nero sagt: ἀπειλεῖς μου θάνατον, σοὶ δ' ἡ φύσις (Epict. I, 25, 22) und Diog. ep. 28, 5: ἡ δὲ φύσις τῷ ἔργῳ πάντας ὑμᾶς τιμωρεῖται· ὁμοίως γὰρ πᾶσιν ὑμῖν θάνατος ἐπικρέμαται. Das auf Heraklit zurückgehende Dogma des Anaxagoras: ἅπασα αἴσθησις μετὰ λύπης liess sich trefflich gegen das Leben, für die ἀναισθησία des Todes verwerthen. Und nun liest man in den gräko-syrischen Philosophensprüchen über die Seele (übersetzt von Ryssel, Rhein. Mus. 51 S. 538) 30: „Anaxagoras sagt: der Tod, der dem Menschen dem Augenschein nach bitter erscheint, ist bei näherer Untersuchung sehr schön: er verschafft Ruhe dem Greisenalter, das keine Kraft hat, und dem Jünglingsalter, das Schmerzen umlauern, und dem Knabenalter, dass es sich nicht abquält und abmüht und baut und pflanzt und einrichtet für andere; er bezahlt Schuldner von den Gläubigern, die Kapital und Zins fordern", — — hierauf nach Empfehlung heiteren Sinnes: „dies legt Zeugniss ab, wie ruhig und herrlich die Wohnung der Unterwelt ist". Man erkennt mit Staunen die Lehren des Axiochus wieder, namentlich in einiger Verzerrung das Stück Ax. 366 D — 367 B. Sollte die armselige Quelle den Namen des Anaxagoras wirklich erfunden haben und nicht vielmehr beweisen, dass er in der Consolationsliteratur eine Rolle gespielt hat? Der nun Sokrates zum Prodikeer machte, konnte ihn auch (zumal mit Euripides zusammen) zum Anaxagoreer machen²). Und wie Anaxagoras den Perikles zum antisthenischen Consolationsmuster erziehen musste³), so hatte auch Prodikos seinen politischen Schüler, der die Sokratiker interessirt: Theramenes. Es ist bezeichnend, dass auch der Axiochus 368 D seiner als Anstifters jenes Feldherrnprocesses gedenkt, den sichtlich ein Sokratiker — wie dies bei Xenophon Hell. I, 7 die Reden des Sokrates und des (auch Ax. 369 A erwähnten) Euryptolemos verrathen — für den Cultus des νόμος ausgeschlachtet hat⁴). Aeschines ist es kaum, obgleich

---

¹) Ueber Antisthenes als Erfinder des Sokrates-Palamedesvergleichs s. I 417. Die Weisenverfolgungen und die nachherige Reue (auch das Weinen der Athener bei Euripides' Palamedes, vgl. oben S. 164 f. 199, 2) dürften überhaupt für die affektvollen, Kampf und Bekehrung suchenden Kyniker ein Lieblingsthema der Erfindung gewesen sein.
²) Diog. II 45. Vgl. oben S. 164 f. 173 Anm.
³) Vgl. oben S. 159, 2.
⁴) Vgl. oben S. 77 ff. 89. Die Mahnung zum νόμος in der Rede des Euryptolemos, nam. 25 ff., steigert sich 29 zu der an den Crito (vgl.

er — sicherlich nicht ohne Anlass — gerade an Theramenes die *παιδεία* des Prodikos diskreditirt (Athen. V, 220). Doch wir sehen, dass die Tradition bei Xenophon[1]) eine ebenso philosophisch-tendenziöse Theramenes freundliche Wendung nimmt[2]) und zum

---

77, 2) erinnernden Wendung: *τοὺς νόμους, δι' οὓς μάλιστα μέγιστοί ἐστε.* Bezeichnend ist auch 25 die theologische Wendung: *κατὰ τὸν νόμον εὐσεβοῦντες καὶ εὐορκοῦντες*; vgl. dazu Mem. I, 1, 18, und zu Hell. a. a. O. 22 Mem. I, 2, 62 f. Anzumerken sind endlich der Ausspruch: *αἰσχρὸν* (!) *γὰρ μοί ἐστιν* (*τὸν ἐμοὶ προσήκοντα*) *περὶ πλείονος ποιεῖσθαι ἢ τὴν ὅλην πόλιν* und ausser der *φιλανθρωπία* 18 (vgl. S. 90) die antithetisch pointirten Schlusssätze § 38 mit der Mahnung zur *δικαιοσύνη* den *πονηροὶ ἄνθρωποι* zum Trotz und den charakteristischen Worten: *εὐτυχία, ἀτυχεῖν, ἀγνωμονεῖν, ἀδυναμία.*

[1]) An deren sachlicher Glaubwürdigkeit auch Busolt zweifelt (Hermes 33 S. 77).

[2]) Es ist zugleich eine Kritias feindliche Wendung, die gerade antisthenisch ist (vgl. I, 382. II, 77). Der Kyniker brauchte neben dem schwach politischen Sokrates einen Censor, einen Wortführer der besseren *ἀρχή* gegenüber dem „Tyrannen" Kritias. Es kommt zu einem echt antisthenischen Agon zwischen Theramenes und Kritias. Jeder Satz schon in dem Vorgefecht Hell. II, 3, 15 ff. ist eine theoretische Pointe. Theramenes verficht die Sache der *καλοὶ κἀγαθοί* (15. Vgl. 12. 19. 38. 49. 53) — das ist die kynische Idealsache — und verbietet Unschuldige zu tödten. Kritias erwidert: als *πλεονεκτεῖν βουλόμενοι* müssten sie ihre Gegner bei Seite schaffen und er sei *εὐήθης* (!), wenn er meine, sie seien weniger Tyrannen, weil sie 30 und nicht einer seien (16) — hier liegt der kynische Begriff des Tyrannen zu Grunde als des *πλεονεκτεῖν βουλόμενος*, der Unschuldige tödten muss (vgl. Xen. Symp. IV, 36, Antisth. Frg. 59, 14, oben S. 78 ff. 83) und wie wir hier sehen hier, wie sich daraus die Namengebung der 30 „Tyrannen" ergiebt (vgl. oben S. 82, 3). Den *ἀδίκως* Hinrichtenden sagt nun Theramenes (17), sie könnten sich nicht halten ohne *κοινωνοὶ ἱκανοί* — das stimmt zu der antisthenischen Theorie von den Bundesgenossen, die auch der Tyrann nöthig hat (vgl. oben S. 89. 92 f.). Als nun die Dreissig 3000 Bürger als Theilnehmer am Regiment auswählen, findet es Theramenes 1. *ἄτοπον*, dass die *βέλτιστοι κοινωνοί* gerade 3000 sein sollten, als ob es ausser diesen keine *καλοὶ κἀγαθοί*, *σπουδαῖοι* und unter ihnen keine *πονηροί* geben könne, und 2. widerspruchsvoll, dass sie zugleich eine Gewaltherrschaft und eine (doch schwächere) Minoritätsherrschaft aufrichten wollten (19). Man bedenke, dass Antisthenes das *διακρίνειν* der *φαῦλοι* und *σπουδαῖοι* (Frg. 61, 23) und die Symmachie der Guten gegen die Schlechten (vgl. oben S. 89) als politisches Erforderniss erklärt. Die Kritik des Theramenes erinnert an diejenige, die „Sokrates" nach dem politischen Hirtenideal des Antisthenes den Dreissig zu Theil werden lässt (Mem. I, 2, 32). Aber noch mehr erinnert nun der Vorwurf des Theramenes (22): die Dreissig seien ungerechter als die Sykophanten, die doch die Opfer ihrer Habsucht leben liessen, während jene aus Habsucht *μηδὲν ἀδικοῦντας* tödten, an Antisth. Frg. 59, 14: die Henker seien *εὐσεβέστεροι* als die Tyrannen; denn sie

Schluss (Hell. II, 3, 56) werden von dem Verurtheilten erst ein kynisch derbes, mit Worten spielendes Apophthegma,

---

tödteten Schuldige, die Tyrannen aber μηδὲν ἀδικοῦντας. Und nun plaidirt, wie es auch die antisthenische Synkrisis fordert, erst die schlechtere Partei in der langen Rede des Kritias, in der zunächst nur die Forderung der πίστις (vgl. oben S. 40) mit der Sentenz δεινότερον προδοσία πολέμου etc. (29) angestrichen sein mag. Theramenes findet hierauf natürlich Kritias durch die thessalische παρανομία verdorben (36) — ganz wie in der antisthenischen Kritik Mem. I, 2, 24 (vgl. S. 77) — und hält ihm ganz nach der antisthenischen ethischen Kampf- und Bundestheorie entgegen (43), dass nicht die ἐχθροὺς κωλύοντες πολλοὺς ποιεῖσθαι und συμμάχους πλείστους διδάσκοντες κτᾶσθαι (vgl. Antisthenes Xen. Symp. IV, 64) die Feinde ἰσχυρούς machen, sondern πολὺ μᾶλλον οἱ ἀδίκως τε χρήματα ἀφαιρούμενοι καὶ τοὺς οὐδὲν ἀδικοῦντας ἀποκτείνοντες. Sie verrathen οὐ μόνον τοὺς φίλους ἀλλὰ καὶ ἑαυτοὺς δι' αἰσχροκέρδειαν — vgl. dazu 33 die Anklage des Kritias gegen den τοῦ μὲν πλεονεκτεῖν ἀεὶ ἐπιμελούμενος, τοῦ δὲ καλοῦ καὶ τῶν φίλων μηδὲν ἐπιτρεπόμενος: hier wie dort dieselbe politische Diskreditirung der πλεονέκται in ihrem Verhältniss zu Freund und Feind wie in der Herakleiscopie Cyneg. XIII, 10 ff. Die beiden Opfer der Dreissig, die Theramenes 39 beklagt, sind den Sokratikern wichtig (Apol. 32 CD, oben S. 145). Es ist der kynische Grundgegensatz des Sozialen, des φίλον und ἐχθρόν, der in Theramenes und Kritias hier hervortritt. Gegenüber Kritias, der in der schweren antisthenischen Rhetorik 47 ἐν μὲν τῇ δημοκρατίᾳ πάντων μισοδημότατος, ἐν δὲ τῇ ἀριστοκρατίᾳ πάντων μισοχρηστότατος heisst (vgl. die Superlative Mem. I, 2, 12) — die Wortbildungen mit μισο- entsprechen bei den Kynikern denen mit φιλο- (vgl. Lach. 188 C und dazu oben S. 143, 4 und später) — geht Theramenes möglichst auf das ἀρέσκειν aus, namentlich τῇ πόλει (15. 47): aber die Kunst des möglichsten ἀρέσκειν und am meisten τῇ πόλει ἀρέσκειν ist es ja gerade, die Sokrates bei Xenophon selbst dem Antisthenes zuweist (Symp. IV, 57 ff. 60 f. 64). Theramenes den εὐμετάβολος (32), der wegen des ἁρμόττειν ἀμφοτέροις den Beinamen Kothurn verdient (31. 47), kann nur einer durch das Princip des Opportunismus rechtfertigen: Antisthenes, der Relativist, der den πολύτροπος und πολυμετάβολος als Künstler des ἁρμόζειν rechtfertigt (Antisth. Frg. S. 25) und auch den Staatsmann als Künstler des ἁρμόζειν bestimmt (vgl. S. 160 Anm.). Dass aber wirklich Theramenes als Muster des politischen Opportunismus in einer philosophischen Tradition aufgestellt worden, zeigt Plut. praec. ger. reip. 32, 4. Interessant ist nun, dass Aristoteles Ἀθ. πολ. und Diodor in den entsprechenden Partien derselben tendenziösen Tradition folgen wie Xenophon, ja zum Theil wörtlich dieselben Pointen bringen: z. B. die theoretischen „Fehler" der Dreissig Hell. 19 kehren Ἀθ. πολ. 36 wieder und die charakteristische Probe, dass sie nicht nur περὶ ἀνθρώπους ἀδικώτατοι, ἀλλὰ καὶ περὶ θεοὺς ἀσεβέστατοι, Hell. 53 erscheint auch Diod. XIV, 4, 7. Aber sie können doch nicht aus Xenophon geschöpft haben (vgl. v. Wilamowitz, Aristot. u. Athen I, 166, Busolt, Hermes 33, 71 ff.) denn ihr Bild hat einige Züge mehr und ist zugleich consequenter. Aristoteles sagt 28: Des Theramenes Charakterbild schwanke in Gunst und

dann ein Witzwort gegen Kritias, das beim Kyniker Teles Sokrates in derselben Lage gegen Alkibiades ausspricht[1]), erzählt, beides nur, um daran das Lob zu knüpfen, dass ihm τοῦ θανάτου παρεστηκότος μήτε τὸ φρόνιμον (!) μήτε τὸ παιγνιῶδες[2]) ἀπολιπεῖν ἐκ τῆς ψυχῆς: so erschien also wohl Theramenes bei Antisthenes als würdiger Schüler des Consolators Prodikos[3])[4]).

Hass der Parteien und Xenophon liefert den faktischen Beweis; denn sein Theramenes — das mögen sich die Xenophonapologeten gesagt sein lassen — geht völlig auseinander; er spielt in Hell. I, 7 und II, 2 die Rolle des perfiden Intriguanten und II, 3 die des unschuldigen Helden. Vielleicht holt Xenophon den früheren Theramenes πονηρός (I, 7, 4. 33) aus dem Kallias des Aeschines oder aus der Rede des Kritias in der Synkrisis. Aristoteles (28. 32) aber und Diodor (XIII, 38, 2. 42, 2. XIV, 4, 1 etc.) halten von Anfang an ihren Theramenes in den kynischen Prädikaten des τῷ βίῳ κόσμιος, τῇ φρονήσει διαφέρων, dessen καλοκἀγαθία der πλεονεξία und παρανομία feindlich, und vor allem des tüchtigen Staatsmanns und Bürgers. Sein bei Xenophon so bedenkliches Benehmen im Feldherrnprozess erscheint hier als Nothwehr seiner Freunde, und es verschwindet hier die bei Xenophon so gehässige Deutung der Verhandlungen mit Lysander. Dass namentlich Diodor, abwechselnd von der sicilischen und der athenischen „Tyrannis" erzählend, in seinem Moralisiren kynisch-stoisch beeinflusst ist, zeigte sich schon oben S. 92, 4, und sein Stoisiren ist jetzt durch Busolt (N. Jahrb. f. Philol. 1889. 297 ff.) erwiesen und gerade für die Einleitung des XIV. Buchs (vgl. S. 304). Hier speciell aber wird es deutlich, dass er zuletzt von einer sokratischen Quelle abhängt, die weder Plato, noch Xenophon, noch Aeschines ist: durch das, was er XIV, 5, 1 ff. über den Tod des Theramenes und sein Verhältniss zu Sokrates erzählt (vgl. unten Anm. 3).

[1]) Tel. p. 12, 4. Die Verwechslung, die Hense p. XVII. XXXVI und 12 nicht erklären kann, begreift sich doch am ehesten, wenn die Theramenesepisode in einem sokratischen Dialog stand und nun, wie es öfter geschah, auf Sokrates übertragen wurde, was er von jenem erzählt. Cic. Tusc. I, wo ja die sokratische Consolation letzte Hauptquelle ist, kehrt 40, 96 f. die Theramenesepisode wieder und anschliessend das Lob des todesfreudigen Sokrates.

[2]) Es ist derselbe consolatorische Stil, der am sterbenden Theramenes das παιγνιῶδες rühmt und Anaxagoras auf dem Todtenbette das παίζειν der παῖδες ausbitten lässt (Diog. II, 14).

[3]) Wie Antisthenes sonst noch Theramenes als Consolationsmuster ausnützte, ihn als Philosophen die vom Tode rettende τύχη klagend und die Tod bringende ruhig hinnehmen lässt, zeigt Plut. cons. ad Apoll. 105 B (vgl. Cic. Tusc. I, 40). Theramenes wird beim Einsturz seines Hauses allein von allen Tischgenossen gerettet und darob allgemein beglückwünscht ruft er mit μεγάλῃ τῇ φωνῇ (des Kynikers, vgl. Hell. II, 3, 56): ὦ τύχη, εἰς τίνα με καιρὸν ἄρα φυλάττεις; und bald darauf folterten ihn die „Tyrannen" zu Tode. Und dazu als Ergänzung Diodor XIV, 5, 1 ff., wo es von dem Ver-

Excurs.
Plato's Phaedo und Antisthenes.

Zur Abrundung der antisthenischen Consolation ist es angebracht, ihr Verhältniss zur classischen Consolationsschrift des Plato zu untersuchen, und ich meine allerdings: der Phaedo ist

---

urtheilten heisst: *ἔφερε γενναίως τὴν ἀτυχίαν, ἅτε καὶ φιλοσοφίας ἐπὶ πλέον μετεσχηκὼς παρὰ Σωκράτει*. Die Menge wagt trotz allen Mitleids Theramenes nicht zu helfen; nur Sokrates ὁ *φιλόσοφος* mit zwei Freunden suchen ihn zu retten; doch Theramenes verbietet es; er lobt ihre *φιλία* und *ἀνδρεία*, möchte aber um keinen Preis so gute Freunde mit in den Tod ziehen — hier erkennt man Antisthenes, den Geschichtsfälscher zu Ehren des Sokrates und anderer Helden (Athen. V, 216 B). Wie leicht die Geschichtstendenzen Diodors in die kynische Consolation münden, sieht man aus dem Einleitungscapitel des XIV. Buchs: Der schlechte Herrscher mag *ἀνεπιτίμητος* sein, die Nachwelt zieht doch die *ἀλήθεια μετὰ παρρησίας*(!) hervor; die *φαῦλοι* könnten nicht *ἀθάνατον εἰκόνα* ihres Lebens hinterlassen, und die *μνήμη* ist zu fürchten, selbst wenn *μηδέν ἐστι πρὸς ἡμᾶς τὰ μετὰ τὸν θάνατον, καθάπερ ἔνιοι τῶν φιλοσόφων θρυλοῦσιν*. Die Debattenmotive des Axiochus und des Antisthenes Verheissung der *ἀθανασία* für das tugendhafte Leben (Frg. 64, 42) klingen hier durch.

⁴) Auch mit seinen sonstigen Citaten bleibt Prodikos in der kynischen Sphäre stehen. Vor allem wird wohl heute dem Eryxias, der damit beginnt, die Weisen allein für die Reichen, und damit endet, die sogenannten Reichsten für die Elendesten zu erklären, niemand akademischer, sondern jeder kynischen Charakter zusprechen (vgl. auch Steinhart, Plato VII, 14). Vgl. namentlich 393 E f.: das *πλεῖστον ἄξιον κτῆμα*, durch das einer *βέλτιστα διαπράττοιτο τά τε αὐτὸς αὐτοῦ πράγματα καὶ τὰ τῶν φίλων* ist die *εὐδαιμονία* = Wissen der *κακὰ καὶ ἀγαθά*, sodass die *σοφώτατοι* = *ἄριστα πράττοντες* = *εὐδαιμονέστατοι* = *πλουσιώτατοι*. Man fand längst, dass Prodikos in seiner kleinen Scene 397 D — 399 A „sokratisch" rede (vgl. Heinze, Sächs. Berichte 1884 S. 333), d. h. er findet im Sinne des kynischen Relativismus (der p. 400 wieder einmal stark ethnographisch zeigt, dass *οὔτε καλά τε καὶ αἰσχρὰ πᾶσι τὰ αὐτά, ἀλλ' ἕτερα ἑτέροις*) den Reichthum nur gut für die *καλοκἀγαθοί*, die ihn zu gebrauchen wissen, schlecht für die Unwissenden und Bösen; er beruft sich auf einen kühn gedeuteten Dichter; er erklärt die Tugend für *διδακτόν*, erbittet von den Göttern nur ihm *ἀγαθὰ δοῦναι*, d. h. Eupraxie und Kalokagathie, kurz, spricht ganz wie Antisthenes und scheint der *πρὸς τὴν φιλοσοφίαν* unempfänglichen Menge *μαίνεσθαι* als *σοφιστής καὶ ἀλαζών*, im Gegensatz zu (dem natürlich unfreundlich behandelten, vgl. S. 204, 2) Kritias, der Beifall findet. Auch Welcker (Rhein. Mus. I, 604 ff.) vergleicht hier zu Prodikos hauptsächlich Antisthenes und die jüngeren Kyniker Metrokles, Bion, Teles, und dass er daneben noch Xenophon und den *προτρεπτικός* des Euthydem heranzieht, spricht nachgerade nicht gegen Antisthenes. — Zwei andere noch wichtige Prodikoscitate werden im Folgenden in ihrer kynischen Verwerthung aufgezeigt.

garnicht zu verstehen ohne Antisthenes. An sich ist es wahrscheinlich, dass der ältere Sokratiker, dem seiner ganzen Richtung nach die Consolation näher lag (vgl. oben S. 159) und wichtig genug für drei Schriften (im VII. Bd.) erschien, Plato voranging [1]). Nimmt man die Personenangabe Phaed. 59 B C historisch, so ist Antisthenes als Zeuge der früher berufene sokratische Consolationsschriftsteller; und ist sie tendenziös, so würde sie bedeuten, Plato erkenne auf diesem Gebiet den „anwesenden" Antisthenes an, aber nicht den „abwesenden" Aristipp, so dass beide schon gestritten haben müssten. Und in der That geht ja Plato in der Anerkennung der ἀθανασία mit dem Kyniker zusammen; wir aber sind verpflichtet, gemäss der Notiz Athen. XI, 508 C, auch nach Abzug aller Uebertreibung, literarische Anlehnungen des Plato an ihn (nicht mehr bloss feindliche Anspielungen) zu suchen, und sie sollten doch am ehesten zu finden sein, wo Antisthenes von Plato zum einzigen Mal genannt und als treuer Sokratiker anerkannt wird: im Phaedo.

Zunächst war die pythagoreische Sphäre, in die er durch die Partner Echekrates, Simmias, Kebes für das unverdorbene Auge ziemlich abrupt hineingestellt ist, sicherlich in einer Schrift, die der Phaedo concurrirend voraussetzt, begründet. Nun wies schon sein Princip der Lebensordnung den Kynismus auf den Pythagoreismus, wie ja beide bald in Diodor von Aspendus (Diog. VI, 13. Athen. IV, 163 D ff.) verschmolzen und auch in der Kaiserzeit zusammen auftraten. Der Kynismus hat sicher sehr bald den Pythagoreismus in Beschlag genommen, und die pythagoreisirende Richtung, die Schmekel in der späteren Stoa verfolgt hat, greift sicher höher hinauf. Zenon schrieb Πυθαγορικά und wie Posidonios (Galen. de plac. Hipp. et Plat. IV p. 401, 11 ff. Müll.) Plato nur die Unsterblichkeitslehre des Pythagoras ausführen lässt, so dürften auch andere übertriebene Nachrichten von der Abhängigkeit Plato's von den Pythagoreern aus nicht akademischer Quelle stammen.

Die Copie eines stark kynischen Pythagoras haben wir in den Fragmenten des X. Buchs des stoisirenden Diodor. Da tritt er uns entgegen als φιλόσοφος der παιδεία, als bestrickender göttergleicher Redner, als ἀποτρέπων ἀπὸ τῆς πολυτελείας καὶ τρυφῆς und von der διαφθορὰ σώματος καὶ ψυχῆς (X, 3). Wir

---

[1]) Nachrichten wie z. B. Laert. D. II, 35. 60. 76 zeigen schon, dass auch andere Sokratiker als Plato über den Tod des Meisters schrieben.

lesen Antisth. Frg. S. 25, dass der Kyniker Pythagoras als individualisirenden Sprecher gleich Odysseus gepriesen hat — ganz wie den Sokrates (Mem. IV, 6, 15; vgl. IV, 1, 3). Dikäarch (bei Porphyr. vit. Pyth. 18) berichtet Aehnliches, scheint aber Antisthenes missverstanden zu haben, wenn er Pythagoras *κελευ-σθείς ὑπὸ τῶν ἀρχόντων* zu Knaben, Jünglingen und Frauen passend sprechend lässt; denn Antisthenes lässt ihn auch zu *ἄρχοντες* sprechen, und hier wird eben jenes Gespräch mit dem Tyrannen von Phlius hingehören, das den Namen des *φιλόσοφος* fixirt hat. Antisthenes lobt ihn ja a. a. O. als *δεινὸς διαλέγεσθαι* (vgl. auch Dikäarch a. a. O. *διαλεχθείς*, und Pythagoras *διαλεγόμενος* haben wir auch bei Diodor a. a. O. 9, 9) und dazu gehörte die Begründung des Namens *φιλόσοφος* (ib. 10, 1). Wir können hier geradezu Memorabilien reconstruiren von diesem sokratischen Pythagoras. Da lesen wir z. B. bei Diodor X, 9, 6: Pythagoras mahnt, beim Opfern nicht mit *πολυτέλεια* zu kommen, sondern wie mit reiner Gewandung, so auch *τὴν ψυχὴν ἁγνεύουσαν*. Das ist ja ziemlich genau, was Sokrates Mem. I, 3, 3 (vgl. III, 8, 10) mahnt, und noch genauer copirt die Mahnung des Pythagoras bei Diodor a. a. O. 7 f.: *τοῖς θεοῖς εὔχεσθαι δεῖν ἁπλῶς τὰ ἀγαθὰ τοὺς φρονίμους*, da die Unvernünftigen das *κατὰ ἀλήθειαν ἀγαθόν* nicht kennen und Güter wie Schönheit, Reichthum zweifelhaft seien, den Sokrates Mem. I, 3, 2 (vgl. IV, 2, 36); ja, Pythagoras verwechselt sich hier so sehr mit dem kynischen Sokrates, dass er Euripides citirt (vgl. S. 164 f. 199, 2). Beide Cultusregeln kehren wieder bei Krates (Jul. or. VI, 200 A), und „Sokrates" leitet sie Alcib. II, 148 E—150 A echt kynisch unter Berufung auf Homer und die Lakedämonier vom *προφήτης* des Ammon her: sollte nicht Antisthenes die ägyptische Reise des Pythagoras behauptet haben, die vielleicht (Zeller gegen Chaignet, Gomperz!) noch nicht Herodot, aber bereits Isokrates kennt, der sichtlich einen Panegyriker der ägyptischen Philosophie und des Pythagoras als Zeitgenossen in Athen vor Augen hat (*ὄντων — οὐχ οἷον ἀπιστεῖν· — καὶ νῦν — σιγῶντας θαυμάζουσιν*) und Pythagoras dort *τήν τ' ἄλλην φιλοσοφίαν* (!) und gerade, was hier wichtig, *τὶ περὶ τὰς θυσίας καὶ τὰς ἁγιστείας* etc. holen lässt und zwar im Busiris (28 f.), wo er die Schriften der Sokratiker ausdrücklich erwähnt und mit deren Gegner Polykrates concurrirt. Vermuthlich hat Antisthenes in seiner orientalisirenden Urgeschichte der Philosophie, die den consensus aller Völker in der Mystik behauptet, den Generalmystiker Pythagoras zu allen Völkern als *μαθητής* herumgeschickt[1]), sicherlich noch zu den Magiern (vgl. oben 166, 1) — was Aristoxenos ὁ *μουσικός* (Hippol. Ref. I, 2 p. 10. 12 D. VI, 23) aus Antisthenes *περὶ μουσικῆς*, wo ohne Zweifel vom Pythagoreismus die Rede war, haben kann — und zu den Thrakiern, um Orphiker zu werden (der mystische Thrakier Zalmoxis, unter dessen Maske Antisthenes im platonischen Charmides persiflirt wird, soll ja den Geten (Herodot IV, 95 etc.) und den Druiden die Unsterblichkeitslehre des Pythagoras beigebracht haben). Bei Dio Chr. 47. § 4 ff. erscheint der *ἐκ Σάμου τυραννουμένης ἑκών* entweichende Pythagoras mit den kynischen Autoritäten Herakles und Homer (*τῷ τρόπῳ φιλόσοφος*!) und dem Stoiker Zenon als Beispiel, dass der Prophet in seinem Vaterlande nichts gilt, um so mehr bei Fremden, was Antisthenes wohl an seinen Schülern erfahren haben mag. Ob er nicht auch, die kynische Wanderlust theoretisch vorwegnehmend[1]), sonst noch Ἑλλήνων τοὶς σοφωτάτοις nach Aegypten geschickt hat (von denen es Plut. de Is. et Os. 10, Diodor I, 96 u. a. melden): natürlich seinen weisen Homer, den *εὑρετής* und Sokrates-ahn Dädalus, die alten *σοφοί* Bias, Solon, Thales, Kleobulos (vgl. später), aber auch seinen Consolator Anaxagoras, dann namentlich die Mystiker Orpheus, Musäos, Melampus, Pherekydes und endlich Lykurg, der wohl von Ammon die *νόμοι*, auch die oben aus Alcib. II citirten lakedämonischen Kultusregeln holen sollte? Pythagoras selbst muss natürlich in Sparta und Kreta die gepriesenen *νόμοι* studirt und sie den Gesetzgebern Zaleukos und Charondas mitgetheilt haben, was Diodor von Poseidonios, also der Stoa hat (Sen. epist. 90, 6), während Ephoros Zaleukos ein Jahrhundert vor Pythagoras ansetzt und Timäos überhaupt seine Existenz bezweifelt (Busolt a. a. O. 308), und den kretischen Mystiker Epimenides ebenso wie den (auch desshalb von Plato Charm. 158 B verspotteten) hyperboreischen Mystiker Abaris und in Delos Pherekydes gehört haben, dazu noch den Homeriden Hermodamas. Antisthenes hat natürlich nicht alle Motive erfunden; die Orphik hat hier vorgearbeitet (vgl. Diels, Par-

---

[1]) Vielleicht mit der Begründung, die in der kynisch-stoischen Diatribe und bei Jamblichos nachklingt (vgl. Wendland, Philo u. d. kyn.-sto. Diatr. S. 45), dass es doch sonderbar (!) sei, wenn man, wie die Kaufleute, um materiellen Gewinns (!) willen Länder und Meere durchreise (vgl. dies Motiv Luc. Cyn. 8 und auch sonst in der kynischen Bekämpfung des Luxus, s. unten), aber nicht um der Weisheit willen, die doch, kann man mit Antisthenes hinzufügen, der wahre Reichthum ist.

menides S. 12 ff.); aber in seiner Urphilosophie laufen all die scheinbar wirren Fäden der Pythagoras-Tradition zusammen als Tendenzen: die orientalisirende, die homerisirende, die dorisirende (vgl. die Verspottung der lakedämonisch-kretischen „Urphilosophie" Prot. 342), die antiquarische der Diadochieenbildung, die $νόμος$-verehrende, die mystische. Ausserdem gab es da noch vieles Einzelne und Persönliche, das die Phantasie des Kynikers locken musste: der ethische Gegensatz von Sybaris und Kroton, die Gestalten des Athleten Milo, der „Tyrannen" Polykrates, den Pythagoras nicht ertragen kann, und Phalaris, dem er wieder $διαλεγόμενος$ mit $παρρησία$ (!) antwortet (Jambl. 215 ff.), und Pythagoras als ethisirender und heilender Musiker (Stellen bei Zeller 321, 2) und als Erfinder der Physiognomik (im Interesse der $παιδεία$ Hippol. Refut. I, 2 p. 10 D) war sicherlich in den antisthenischen Schriften $περὶ μουσικῆς$ und $φυσιογνωμονικός$ gepriesen.

Dass die Philosophenherrschaft politisch wohlthätig, hat der Kyniker, dessen $τέχνη$ das $ἀνϑρώπων ἄρχειν$ ist, wohl schon vor Plato, aber eben in kynischer Art ethnographisch an dem Beispiel der Pythagoreer, Druiden, Magier, ägyptischen Priester u. s. w. bewiesen (vgl. Dio Chr. 49 § 6 ff.), die ja sämmtlich Lehrer oder Schüler des Pythagoras sein sollen. Man mache sich nur klar, dass Antisthenes die Brücke zwischen dem Orient und Hellas möglichst fest und vielbegangen sein lässt. Er weiss warum: er will die Philosophen zu Propheten, zu theologischen Adepten machen. Er weiss, dass es eine Hingabe des Hellenischen an das Orientalische bedeutet, wenn er die Dialektik mit dem Mythus krönt, und wenn er menschliche Wissenschaft der göttlichen unterstellt. So erklärt sich jenes Gespräch bei Aristoxenos (Euseb. praep. ev. XI, 3, 8), wo Sokrates, der das menschliche Leben als Gegenstand seiner Untersuchung nennt, von einem ihm in Athen (!) begegnenden Inder belehrt wird, dass Einsicht im Menschlichen nicht ohne Kenntniss des Göttlichen möglich ist. Der gute Inder konnte dem Magier die Hand schütteln, der speciell aus Syrien nach Athen gekommen zu sein scheint, um auch gegenüber Sokrates den Propheten zu spielen (Aristoteles bei L. D. II, 45). Hirzel (Rhein. Mus. 45, 419 ff.) hat darin Recht, dass in diesen Orientalenbegegnungen Methode liegt, und dass solche unzweifelhaften Fictionen nur in Dialogen möglich sind. Aber darum braucht es nicht ein Dialog des Aristoxenos gewesen zu sein, so wenig wie Aristoteles in einem Dialog den Magier erfunden haben müsste, sondern beide können anekdotenhaft citiren, was in den entsprechenden Dialogen eines Sokratikers (wie Antisthenes' *Μαγικός* und *περὶ μουσικῆς*) ausgeführt war, und auch der lächerliche Zopyros des Phaedon (Hirzel 421) kann gerade einen ernsthaft gefeierten bei Antisthenes voraussetzen. Der platonische Sokrates, der oft genug halb zustimmend, halb ironisch die orientalische Weisheit citirt, blickt sichtlich auf einen andern, und es ist klar: weil eben in all jenem Orientalisiren der Sokratik Methode liegt, geht es von einem Sokratiker aus, dem Verfasser der Kyrosschriften u. s. w. Auch die Nachrichten von des Sokrates leidenschaftlich sinnlicher Naturanlage, von seiner Bigamie (s. später) u. s. w. erklären sich aus dialogischen Motiven beim Kyniker, und Hirzel braucht sich nicht abzumühen, hier bei dem ihm selbst unglaubwürdigen Aristoxenos einen historischen Kern zu suchen. Doch mit Recht führt er weiter aus, dass der Alcibiades I — z. Th. auch der Axiochus — ganz der Forderung jenes Inders entsprechend, entschieden im Wissen das Menschliche vom Göttlichen abhängig sein lässt. Aber daraus folgt nicht, dass der Alcib. I Sokrates gegen den Vorwurf des Inders vertheidigen soll; denn der ist natürlich ursprünglich für Sokrates so ungefährlich und zum Dialog gehörig wie die Vorwürfe der Diotima, sondern es folgt, dass der Inder und der Alcib. I derselben Quelle entstammen. Und Alcib. I ist ja ebenso kynisch (vgl. I, 496 ff.) wie der Axiochus. Vgl. über die indischen Brahmanen, ihre Lehrweisheit, Gottesliebe, *δικαιοσύνη, ἀνδρεία, ἐγκράτεια*, ihre *πόνοι* und *καρτερίαι* (!) Dio Chr. or. 13 § 32. 35 § 22. 49 § 7 A und über die indischen Gymnosophisten oben S. 167. Das Gespräch des Inders mit Sokrates erinnert, wie schon Hirzel S. 428 bemerkt, an das des Pythagoras mit dem Tyrannen bei Heraklides Pontikos (der von der Magierbewunderung angesteckt ist, Strab. II, 98). Es stellt eben auch bei der Bestimmung der Philosophie das Menschliche unter das Göttliche, weil es eben aus derselben kynischen Quelle stammt. Thatsächlich finden wir diese Erhebung der göttlichen Weisheit in einem Antisthenesfragment (Themist. *π. ἀρετῆς*. Rhein. Mus. 27 S. 450, vgl. Diog. ep. 22), wo Herakles von Prometheus ebenso belehrt wird wie dort Sokrates vom Orientalen (s. darüber unten).

Um zu Pythagoras bei Diodor zurückzukehren: Aristoteles kennt schon die Parallelisirung des Streites zwischen Pythagoras und Kylon mit den Fehden des Sokrates mit Antiphon (Mem. I, 6!) und Antilochos (Diog. II, 46. VIII, 49). Die weitere Liste der φιλονεικίαι, d. h. der echt kynischen Synkrisen, zeigt dort lauter gut antisthenische Autoritäten von Homer und Hesiod (vgl. über diesen Streit weiter unten) bis Anaxagoras und Simonides. Kylon erschien da natürlich als βίαιος, στασιαστὴς καὶ τυραννικός (Diod. X, 11, 1); Pythagoras dagegen ist da ganz der kynische Sokrates: διαλεγόμενος πρὸς βίου σώφρονος ζῆλον καὶ πρὸς ἀνδρείαν τε καὶ καρτερίαν, ἔτι δὲ τὰς λοιπὰς ἀρετάς (ib. 9, 9).

Von seinen Mahnungen zur Frömmigkeit hier, parallel Mem. I, 3, war bereits die Rede, und es gehört hierzu noch die auch sonst antisthenische (oben S. 171 Anm.) Schätzung des ὅρκος als πίστεως (vgl. S. 40) ἐνέχυρον, ἀλλ' αἰσχροκερδείας (!) καὶ ἀπάτης (!) δέλεαρ (ib. 9, 1 f., vgl. Mem. I, 1, 18) im Gegensatz zur Gewissenlosigkeit des Lysander. Nach der Frömmigkeit predigen die Mem. die ἐγκράτεια, und so erscheinen auch hier pythagoreische Uebungen der ἐγκράτεια (5, 2); eifrig kämpft der kynische Pythagoras (7, 1 f.) gegen die menschenverderbende πολυτέλεια, empfiehlt ἕνεκεν τοῦ ἀγαθὰ θηρᾶσθαι (!) τὰ κατὰ ἀλήθειαν (!), rohes Fleisch zu essen und Wasser zu trinken (wie Diogenes Diog. VI, 31. 34. 37), schilt die unphilosophischen Leute, die nicht auf die vermeintlichen ἡδέα verzichten können, für das πολυπραγμονεῖν (!) περὶ τῶν ἀλλοτρίων (vgl. Antisth. Frg. S. 55, 23) immer zu haben sind, aber für die παιδεία (!) ἀκαιρεῖν φασι, ὥστε ἀσχολεῖσθαι μὲν εὐσχολοῦντας, σχολὴν δ' ἄγειν οὐ σχολάζοντας (7, 3; vgl. zu dieser gorgianisirenden Betonung der σχολή Mem. III, 9, 9, Antisth. Symp. IV, 44). Für die ἀφροδίσια hat Pythagoras (9, 3) ein ähnliches paradoxes, asketisches συμφέρον (!) bereit wie Sokrates Mem. I, 3, 14 und Antisthenes Symp. IV, 38 f., in dessen Apophthegmen man die Stelle 9, 4 suchen möchte: ὅτι Πυθαγόραν φασὶν (!) ὑπό τινος ἐρωτηθέντα (wieder der διαλεγόμενος!) πότε χρηστέον ἀφροδισίοις, εἰπεῖν, ὅταν ἑαυτοῦ θέλῃς ἥττων γενέσθαι. Das Beispiel von πρᾳότης 7, 4 (vgl. Mem. III, 13) wird nicht bloss als pythagoreisch erzählt. Auch die Uebung der μνήμη zur Selbsterkenntniss und φρόνησις (5, 1) ist im Sinne der Kyniker (zur μνήμη vgl. Diog. VI, 31). Ein weiteres Hauptthema der Mem., die Freundesliebe, wird auch hier (3, 4 f. 4, 1 ff. zugleich gegen den Tyrannen Dionys! 8, 1 ff.) panegyrisch ausgesponnen, und es ist doch wichtig, dass das kynische κοινὰ τὰ τῶν φίλων (Diog. VI, 72) auch dem Pythagoras zugeschrieben wird (Diog. VIII, 10. Cic. leg. I, 12. Porph. 33). Gewiss ist die Socialtendenz gut pythagoreisch; aber von den specifischen und wissenschaftlichen Tendenzen der Πυθαγόρειοι ist hier wenig die Rede, sondern namentlich von dem redenden Pythagoras, dem sich eben die antisthenischen Fictionen leicht anheften liessen. Natürlich erscheint Pythagoras hier in der phantastischen Tradition als Schüler des Pherekydes (2, 4), als Aegyptenreisender (6, 4) und als wiedererstandener Euphorbos (6, 2 ff.). Εἰ δὲ καὶ δεῖ πιστεύειν τοῖς ἱστορήσασι περὶ αὐτοῦ, παλαιοῖς (!) δὲ οὖσι καὶ ἀξιολόγοις (!), so erstreckte sich seine νουθέτησις (!) auch auf die ἄλογα ζῶα (!) — mit diesen charakteristischen Worten leiten Jambl. 60. Porph. 23 u. s. w. (vgl. Zeller S. 312) allerlei Wundergeschichten von Pythagoras ein. Wir kennen diese Citirweise (vgl. oben S. 164), und unser Kyniker, der gern auf die unvernünftigen Thiere exemplificirt und Pythagoras gerade als Redner vor variablem Publicum rühmt (Frg. S. 25), hat sicherlich auch noch den Moralprediger als Thierbändiger triumphiren lassen. Es ist wichtig, dass wir die eigentlichen Wundergeschichten von Pythagoras gerade vom 4. Jahrhundert an (Zeller 311, 3. 4[5]) nachweisen können. Vorher wird ihm selbst nur das orphische Dogma der Unsterblichkeit und Seelenwanderung zugeschrieben. Um die Wende des 5. zum 4. Jahrhundert dürfte aus dieser Mystik der archaisirende Geniecultus für seine Person die Präexistenzformen und die Prophetie herausgesponnen haben. Xenophanes (Diog. VIII, 36) sagt noch nichts von eigenen Wandlungen des Pythagoras; Herakleides Pontikos und die Peripatetiker haben die Tradition, an der eben die Betonung des Feurigen (Pythagoras als Aithalides, Pyrrhos, Pyrander — vgl. auch die Rolle des Feuers in den Versionen von seinem Tode) der pythagoreischen Psychologie fremd, auf magisch-heraklitische Beziehungen und noch manches auf Antisthenes weist (vgl. oben 179f. Anm.). Uebrigens erinnern die von Schleiermacher und Gomperz ganz, von Zeller und Diels theilweise als fremder Zusatz verworfenen Worte ἐκλεξάμενος ταύτας τὰς συγγραφάς in der bekannten heraklitischen Charakteristik des Pythagoras (Diog. VIII, 6) nicht erst an „tintenklecksende" Alexandriner, sondern an den kynischen Sokrates ἐκλεγόμενος aus den Schriften der πάλαι σοφοί (Mem. I, 6, 14).

Diels (Archiv III, 451 ff.) hat überzeugend dargethan, wie auch Rohde (Psyche II[2], 419) zugiebt, dass jenes als παιδευτικόν, πολιτικόν, φυσικόν disponirte Pythagorasbuch (Diog. VIII, 6) nicht altpythagoreisch, sondern eine späte Fälschung ist, als deren vornehmste Primärquellen Heraklides Pontikos, Timäos, Aristoteles und Aristoxenos erscheinen (S. 468). Von diesen ist aber nur der von Plato beansprucht, doch selbst in seiner geschichtlichen Existenz zweifelhafte (Zeller 338) Timäos Pythagoreer. Woher schöpfen die andern? Schon jene dreitheilige Disposition weist auf nichtpythagoreischen Ursprung (Diels 462. 467, 37). Bei Antisthenes finden wir zuerst alle drei Themata: die *παιδεία* als Elementarthema (Diog. VI, 15), den *πολιτικός* (Athen. V, 220 D), den *φυσικός* (Cic. de nat. deor. I, 13). Stark kynischen Charakter zeigten jene pythagoreischen Excerpte bei Diodor X, die mit denen von Diels herangezogenen aus der Pythagorasschrift bei Laërt. Diog. etc. (462 f.) übereinstimmen. Bei Antisthenes (Frg. S. 25) haben wir zuerst den redenden Pythagoras, und ich möchte mir die vom antisthenischen Geniecultus vollzogene Umlegung des Pythagoreismus von der Lehre auf die Person und ihre pädagogische Macht etwa so denken, wie jetzt der Herausgeber von Nietzsche's Werken in der Einleitung zum IX. Band die Schrift: „Schopenhauer als Erzieher" charakterisirt: „Nie ist eine Lobschrift auf einen Philosophen geschrieben worden, in der von dessen Philosophie so wenig die Rede ist. Von der Schopenhauer'schen Lehre wird überhaupt nicht gesprochen, N. betrachtet ausschliesslich Schopenhauer's Persönlichkeit, sein Ethos, die Bedingungen und Gefahren seiner Entwicklung, seine unmittelbaren persönlichen Wirkungen und knüpft daran Betrachtungen über die Erzeugung künftiger Philosophen" etc. Und nun denke man sich den so ethisch-persönlich genommenen Pythagoreismus entfaltet in der gorgianischen Rhetorik und der Mythographie des Antisthenes. Der antisthenische Pythagoras (Frg. S. 25) spricht passende *λόγους πρὸς παῖδας, πρὸς ἄρχοντας, πρὸς γυναῖκας, πρὸς ἐφήβους*: demnach haben wir jedenfalls das *παιδευτικόν* und das *πολιτικόν* jener Pythagorasschrift vertreten, und das *φυσικόν* war wohl (wie das Frg. des antisthenischen *φυσικός*) theologisch — das Erste, was Diogenes VIII, 9 aus der Pythagorasschrift anführt, ist die auch Diodor X, 9, 7 f. citirte kynisch-pythagoreische Gebetsregel (vgl. S. 209) — oder, was besser als *λόγοι πρὸς γυναῖκας* passen würde, es war (entsprechend dem Anfang des II. Antisthenes-Bandes: *περὶ ζώων φύσεως, περὶ παιδοποιΐας ἢ περὶ γάμου ἐρωτικός*) biologisch, sodass die drei Fragmente (bei Diod. X, 9, 3 ff. und bei Diog. VIII, 9 f., Diels 463), zwei über die Zeit der Begattung, das dritte über die *διαίρεσις* der Lebensalter in das *φυσικόν* gehören. Es ist wichtig, dass Isokrates zuerst von Pythagoras als Lehrer der *νεώτεροι* und *παῖδες* spricht, die von den Vätern freudig ihm anvertraut werden (Bus. 28 f.) — sichtlich nach einer panegyrischen Quelle und nach dem pädagogischen Ideal des Antisthenes. Des Aristoteles Pythagoreerschrift war sicher nur hypomnematisch (Diels 468, 39), und auch des Aristoxenos Πυθαγορικαὶ ἀποφάσεις waren wohl eine abhängige Sammlung und unhistorisch[1]). Aber wenn Pythagoras in den Schriften des Heraklides περὶ τῶν ἐν Ἅιδου und Ἄβαρις (Diels 468, 39. 469) und des Aristoxenos περὶ μουσικῆς auftrat, so bedenke man, dass Antisthenes περὶ τῶν ἐν Ἅιδου und περὶ μουσικῆς schrieb und bereits Plato Charm. 158 B auf die Figur des Abaris anspielt.

Bei Heraklides Pontikos erzählt Pythagoras von seinen früheren Existenzen (Diog. VIII, 4); kraft der ihm verliehenen fortlaufenden μνήμη (ib.) wird er nun auch dort, d. h. wohl in Heraklides' Schrift περὶ τῶν ἐν Ἅιδου als Zwischenstation die κατάβασις εἰς Ἅιδου berichtet haben[2]), von der Spätere wissen (Diog. VIII, 14. 21). Ob sie Heraklides erfunden hat? Den redenden Pythagoras finden wir zuerst bei Antisthenes, der auch περὶ τῶν ἐν Ἅιδου schrieb und als ἀθανασία lehrender (s. Stellen 173, 2) Mythograph einen Hadeszeugen brauchte. Nun soll, heisst es specieller Diog. VIII, 21, Pythagoras im Hades Homer und Hesiod wegen ihrer Götterfabeln haben büssen sehen. Dieser Rationalismus[3]) passt für unsern kynischen Dichterkritiker und Deisten (Frg. S. 22 f.), und ferner soll er im Hades die schlechten Ehemänner κολαζομένους (!) gesehen haben und desshalb (?) von den Krotoniaten geehrt worden sein. Wird das nicht erst verständlich, wenn man den antisthenischen Pythagoras (Frg. S. 25) vor sich hat, der passende Reden für alle, auch für die Frauen hält? Das stimmt wieder vortrefflich zu Diog. VIII, 41: dass die Männer, gerührt gerade durch seine Hadeserzählungen, ihm ihre Frauen als

---

[1]) „Was von pythagoreischer Moral und moralischer Paränese und Erziehung, meist in völlig rationalistischem (!) Sinne, von Aristoxenos berichtet wird, hat kaum geschichtlichen Werth." Rohde, Psyche II², 164, 2.

[2]) Vgl. Diels, Archiv III, 469. Rohde (a. a. O. 418—421) will diesen natürlichen Zusammenhang bei Heraklides nicht zugeben; aber er sieht, dass Heraklides, der περὶ τῶν ἐν ᾅδου schrieb, auch die Vorgeburten des P. aufgeführt, dass P. bei Her. selbst erzählend aufgetreten zu sein scheint, dass er beides, Vorgeburten und Hadesfahrt, kraft seiner μνήμη zu erzählen weiss, dass beide Legenden vor Heraklides resp. dem 3. Jahrhundert nicht sicher nachweisbar, namentlich nicht in einer pythagoreischen Schrift, dass die eine grossentheils, die andere vielleicht ein literarisches Produkt ist, dass möglicher Weise in einem Bericht über die Vorgeburten auch von τὰ ἐν ᾅδου die Rede war (wobei aber doch wohl der Autor das fruchtbarere Thema zum Titel erheben konnte). Mehr Zugeständnisse brauchen wir nicht.

[3]) Vgl. Diels, Parmenides S. 15.

Schülerinnen zuführten, und dass die Tugend lehrbar, auch für Frauen, ist ja antisthenisches Dogma (Frg. S. 46). Und wenn nach dieser Tradition (Diog. a. a. O.) Pythagoras sich schauspielerhaft aus dem Hades kommend präsentirt haben soll, so bedenke man, dass von einem Kyniker dasselbe als Mittel der κόλασις berichtet wird (Diog. VI, 102). Die Wunderdichtung von dem Hadeszeugen bekommt eben erst Sinn als Effectstück und Kunstgriff der kynischen Moralrhetorik. Vgl. die stoisirenden Historiker Diod. I, 2, 2 und Polybios VI, 56, dass die ἐν ᾅδου μυθολογία der παλαιοί die Menschen zur εὐσέβεια und δικαιοσύνη führe (vgl. Antisth. Frg. 64, 42).

Nun haben wir aber eine hoffentlich überzeugende Spur von Antisthenes' mythischer Verklärung des Pythagoreismus. Unter Aeschines' Schriften erscheint ein Telauges. Was in aller Welt will der treue Sokratiker von dem mythischen Sohne des Pythagoras? Es ist eine Spottschrift, hören wir, und Telauges erscheint in dürftiger, zerrissener Tracht mit Bettelranzen (Athen. V, 220 A. Demetr. de eloc. 170); Mark Aurel aber (VII, 66) vertheidigt Telauges als καρτερικώτατος. Das ist zu deutlich, als dass man nicht schon hinter Telauges den kynischen Pythagoristen erkannt hätte (Hirzel, Dialog I, 136, 4); zudem wird (Prokl. zu Crat. 21) Hermogenes vorgeworfen, dass er nicht besser für seinen Freund Telauges sorge, und Hermogenes ist der Freund des Antisthenes (vgl. Winckelmann, Antisth. Frg. S. 48 f. Anm.). Ob nicht bei Aeschines Antisthenes-Telauges von Sokrates hören musste, dass durch die Löcher seines Mantels seine Eitelkeit leuchte (Diog. II, 37)? Der Name des „Fernhinleuchtenden" gehört in eine Reihe mit Aithalides, Pyrrhos etc. und, was bezeichnend ist, mit dem phliasischen (s. unten) Vatersnamen des Pythagoras, Marmakos. Man sieht, hier ist alles Tendenzconstruction. Wie die Präexistenznamen die Feuerseele des Pythagoras zu den Göttern heraufsteigern sollen, so dient die leere Figur des Telauges nur, die Diadochie auch abwärts glänzend fortzusetzen, als Nachfolger des Vaters zu Xenophanes oder Empedokles überzuleiten (Diog. Pr. 15. VIII, 43) und allenfalls noch als Träger des mystischen ἱερὸς λόγος (Jambl. 146). Aber es ist beachtenswerth, dass diese ganz schwache Tradition von Telauges nur auf „einige" Quellen zurückgeführt wird (Diog. VIII, 43. 55. Jambl. 146. Porph. 4). Ich meine, Aeschines kannte diese „einige". Warum verhöhnt er im Telauges auch den Sokratiker Kritobulos (Athen. a. a. O.)? Vielleicht giebt es einen Fingerzeig, dass bei dem abhängigen Xenophon Symp. IV, 17 Kritobulos gerade die pythagoreische Viertheilung der Lebensalter in Verbindung mit einem heraklitischen Relativismus vorbringt, wie sie in Lukian's βίων πρᾶσις und im apokryphen Pythagorasbuch wiederkehrt (Diels 464 ff.) und, wie ich glaube, bei dem antisthenischen Pythagoras begründet war, der ja auch individualisirend zu den Lebensaltern spricht (Frg. S. 25). Und dazu würde stimmen, dass man auch die Prodikosrede des Axiochus nach einer Viertheilung der Lebensalter und der Berufe disponirt fand (Immisch S. 52 ff. Anm.). Dass sein Herakles τετράγωνος die Feste seiner Geburt und Apotheose am 4. hat, hätte der Mystiker Antisthenes auch anführen können. Doch diese Vermuthungen sind nebensächlich.

Wenn die Dichter der mittleren Komödie, Alexis, Antiphanes, Kratinos d. J. u. a. so oft die Πυθαγορίζοντες und Πυθαγορισταί (nicht so sehr die Πυθαγόρειοι!) verspotten (L. D. VIII, 37 f. Gell. Noct. Att. IV, 11. Ath. II, 60 C. III, 122 F. IV, 161 A B D E. VI, 238 C etc.), glaubt man, dass sie die halb erloschene unteritalische Schule actuell genug finden? Man nehme sich nur die Mühe, die Stellen zu lesen. Was verspotten sie denn? Nichts grundlegend Pythagoreisches, sondern die pythagoreischen Frauen und die aufdringliche Rhetorik (der antisthenische Pythagoras als vielseitiger Redner auch vor Frauen!), den (kynischen, vgl. S. 209) νόμος der bescheidenen Opfer und die Mystik, kraft deren sie sich einbilden, nach dem Tode δι' εὐσέβειαν göttliche Tischgenossen zu werden, vor Allem aber,' was fast in allen Stellen wiederkehrt, das „Ertragen" der Kälte und Hitze, des Schmutzes, der dürftigen Kost ohne ὄψον, der Ungewaschenheit, der armseligen Tracht ohne Schuhe, der Schlaflosigkeit u. s. w., das Wassertrinken, die ganze Bedürfnisslosigkeit, die aus der Noth eine Tugend macht und zur αὐτάρκεια (vgl. Ath. IV, 161 A) führt. Mit einem Wort: jene Pythagoristen sind Kyniker oder die Kyniker Pythagoristen. Das auch genannte, übrigens nicht absolute (vgl. Zeller 318, 5) vegetarische Princip kehrt praktisch bei den Kynikern wieder, und theoretisch mag man es nicht nur mit der Thierschätzung zusammenstellen, sondern auch bedenken, dass es auf derselben Gleichsetzung alles Lebenden beruht, wenn Diogenes den Menschenfresser rechtfertigt (im Thyestes) und nach seinem Tode seinen Brüdern, den Würmern, zur Nahrung vorgeworfen sein will. Warum lässt der Komiker Ath. IV, 161 B einen Pythagoreer gerade κυνοφαγεῖν? Das Bohnenverbot ist nach Krische (theol. Lehren 35) von der Orphik auf Pythagoras übertragen. Das Bohnengericht muss bei den Kynikern (L. D. VI, 48. 86. 94. Krates, Stob. III p. 45 Hs. Flor. 97, 31, Linsen Athen. IV, 157 B) und zwar gerade auch im antisthenischen Herakles eine grosse Rolle gespielt haben; denn ep. Socr. p. 17 Or. will Aristipp dem Antisthenes grosse, weisse Bohnen senden, damit er sie nach der Declamation des Herakles den Jünglingen zu naschen gebe. Wenn man den Kyniker L. D. VI, 94 richtig versteht, findet man ihn über die Bohnen in Uebereinstimmung mit Pythagoras L. D. VIII, 24. Uebrigens behauptet auch von Pythagoras Aristoxenos, dass er Bohnen geradezu empfohlen habe (vgl. Zeller a. a. O.). Hat er diese abweichende Kunde (wie manches Andere noch) etwa von dem Kyniker?

Man beachte, dass Plato Rep. 600 A B in der auf Antisthenes zielenden (vgl. Dümmler, Kl. Schr. I, 31 ff.) Discreditirung der homerischen παιδεία von dem als Meister einer ὁδός(!) βίου geschätzten Pythagoras spricht und vielleicht auch nicht absichtslos von dem παιδεύων Kreophylos (vgl. Diog. VIII, 2. Jambl. 11). Vor allem aber muss hier für die kynische Pythagoristik auf die Lehre verwiesen werden, die Plato Gorg. 493 von einem μυθολογῶν κομψὸς ἀνήρ, ἴσως (!) Σικελός τις ἢ Ἰταλικός und ἐκ τοῦ αὐτοῦ γυμνασίου (natürlich Kynosarges!) citirt, und die man, die sichtliche Anspielung verkennend, grob pythagoreisch genommen hat. Wir haben noch davon zu sprechen; inzwischen sei auf Dümmler, Akad. 86 ff., verwiesen, der überzeugende kynische Parallelen beibringt, und es sei erinnert, dass hier das kynische Ideal der absoluten Bedürfnisslosigkeit auf dem Grunde jenes transscendenzsüchtigen Pessimismus vorgeführt wird, den Plato und die Akademie zu weitgehend finden (vgl. oben S. 159 ff.), dass echt antisthenisch die mythologischen und mystischen Vorstellungen allegorisch, moralisch-geistig genommen werden durch kühne Etymologien: σῶμα = σῆμα[1]), πιθανόν τε καὶ πειστικόν von πίθος, ἀνόητοι = ἀμύητοι (vgl. oben S. 174 f.), Ἄιδης = ἀειδές (s. unten) und ebenso antisthenisch an zwei Männern (vgl. Mem. II, 1 Anf.) die Antithese des κόσμιος βίος (!) μετὰ πολλῶν πόνων (!) εὐδαίμων (!) und des unglücklichen ἀπλήστως (!) καὶ ἀκολάστως (!) ἔχων βίος vorgeführt wird. Ich wüsste kaum eine Stelle, die so das kynische Grunddogma mit seinen Wurzeln aufdeckt. Uebrigens kann sich schon Antisthenes hier, wie so oft, auf eine Euripidesstelle berufen haben, an die sich Gorg. 492 E

---

[1]) Dieselbe Deutung kehrt ja auch bei der Kritik der antisthenischen Etymologie im Cratylus (400 B) wieder.

eben das pythagoreische Dogma anschliesst, die urpessimistisch das Leben Tod, den Tod Leben nennt, darum in des Antisthenes Synkrisis περὶ ζωῆς καὶ θανάτου passen würde und, was vielleicht nicht gleichgiltig, aus einem Drama stammt, in dem die Viertheilung der Lebenswandlung und die Seherkunst eine wichtige Rolle spielt.

Mit der Rückschau des „Pythagoras" über dies Leben hinaus hängt die Vorschau zusammen. Pythagoras und einige andere παλαιοὶ φυσικοί, sagt der stoisirende Diodor XVIII, 1, der es zunächst von Poseidonios hat (Busolt a. a. O. S. 307), lehrten die ἀθανασία und damit zusammenhängend das προγιγνώσκειν τὰ μέλλοντα, speciell bei dem χωρισμός der Seele vom Leib, womit Homer übereinstimmt, der den sterbenden Hektor weissagen lässt. Antisthenes hat sich stets auf Homer berufen. Antisthenes, wie Plato und Isokrates auf ihn weisen, hat ausdrücklich nicht nur die ἀθανασία, sondern auch die Prophetie gelehrt (s. Stellen I, 488). An ihn und seine historische Autoritätensucht wird man denken, wenn man sich überlegt, dass die Traditionen über Vorhersagungen von Naturereignissen, die bei Thales, Pythagoras, Anaxagoras und anderen σοφοί vor dem Ende des 5. Jahrhunderts wiederkehren, doch wohl am besten von einer Hand redigirt waren. Nun sehen wir den apollinischen Propheten Pythagoras wie auf Commando bei den Autoren des 4. Jahrhunderts auftauchen: bei Andron (Euseb. pr. ev. X, 3, 4), Xenokrates, Eudoxos (Jambl. 7), Aristoteles (Ael. II, 26), Aristoxenos (Diog. VIII, 8). Sollten die es alle aus Herakides Pontikos haben und der alles aus seinem Kopfe? Allerdings mag Pythagoras, der Göttersohn und Wunderprophet, weniger in seinem Vaterlande und am besten auch in der zeitlichen Entfernung mindestens eines Jahrhunderts gedichtet sein, und ich meine, bei Antisthenes haben wir alle Elemente zu einer Dichtung, die natürlich die Benützung älterer, z. Th. urreligiöser (vgl. Diels, Parm. 15) Motive nicht aus-, sondern einschliesst und ein Prophetisches im historischen Pythagoras voraussetzt, zu einer Dichtung vom hyperboreischen Apoll, der sich seinem Priester Abaris offenbart, vom göttlich verehrten Sohn Apolls, der auch durch den Mund der delphischen Priesterin ihm seine Lehre mitgetheilt u. s. w. Bei Antisthenes haben wir die Bewunderung für Pythagoras, die Vergöttlichung des Weisen, die Mythographie, die exotische Mystik (vgl. auch· Plato's Verspottung des phantastischen Abaris Charm. 158 B), die Lehre der Prophetie und die Verehrung des

Delphischen Orakels (s. unten; die Priesterin vielleicht zugleich als Beispiel der γυνὴ μαθητική; desshalb von Plato Men. 81 A für die Transscendenzdogmatik auch weise Frauen, Priesterinnen citirt). Pythagoras als besonderes Wesen neben den beiden anderen λογικὰ ζῷα, Gott und Mensch, bei Aristoteles (Jambl. 31) stammt wohl aus derselben Tradition, die den Weisen einerseits vergöttlicht, andrerseits gerade mit Pythagoras als Philosophen von den Göttern differenzirt und ihn ausser den Menschen auch die ἄλογα ζῷα erziehen lässt. Wie der rückschauende Pythagoras in einer früheren Existenz der Sohn des Hermes (wohl des Psychopompos, vgl. L. D. VIII, 31, und auch die pythagoreischen Fabelnamen Hermotimos, oben S. 173 Anm., und Hermodamas, der pädagogische Homeride, oben S. 210) sein soll, mit dem er an die ägyptische Urphilosophie anknüpft (vgl. oben S. 179 Anm., der kynisch-stoische Philosoph als zweiter Hermes Epict. diss. III, 1, 39. III, 20, 12. Krates Jul. VI, 200 A), so wird Pythagoras als Prophet und μουσικός Sohn des Apollo[1]). Jene kaum altpythagoreische Tradition scheint nun auch die Tendenz gehabt zu haben, Pythagoras in den mutterländischen Weihestätten heimisch zu machen, und ist dabei mit Dichterfreiheit verfahren. Nicht nur soll er von Apoll seine Weisheit in Delphi empfangen haben, sondern ihn auch an seiner ionischen Hauptcultstätte in Delos verehrt (Jambl. 25. 35. 151) und dort Pherekydes treulich gepflegt und bestattet haben (nach Heraklides, Dikäarch etc. Diodor X, 3, 4. Diog. VIII, 40. Jambl. 184. 252. Porph. 15. 55), der Weihen in Eleusis u. s. w. (Jambl. 151) theilhaftig geworden sein und auch in Phlius heimisch gewesen sein, vielleicht um ihn dort dem mystischen Cult der Demeter Persephone und Artemis und zugleich den schon kosmopolitisch Umhergeschleuderten auch dem dritten hellenischen Stamm, dem achäischen, anzureihen (Paus. II, 13, 2 ff.; vgl. Steinhart, Plato V, 558).

Wie die andern mystischen Beziehungen erscheint auch der ganze phliasische Pythagoreismus als tendenziöse Erfindung verdächtig. Dass Pythagoras nach Einigen Phliasier war (Porph. 5),

---

[1]) Krische und Göttling werden wohl Recht haben, dass unter den Homerhelden gerade der unscheinbare Euphorbos für die Präexistenz des Pythagoras gewählt ist, weil diesem dadurch die Abstammung von Apollo sicher ist. Aber damit ist die Legende kenntlich als Tendenzconstruction eines eifrigen Homerschriftstellers. Uebrigens passt die ψυχὴ Ἀπολλωνιακή des Pythagoras ja auch zur Construction seiner „leuchtenden" Präexistenznamen (S. 179 unten. 217).

widerstreitet der Haupttradition, die ihn zum Samier macht, und wenn nun auch wieder „Einige" bei Diog. VIII, 1 und Paus. II, 13, 2 den Phliasier mit dem Samier durch genealogische Brücken künstlich zu vereinigen suchen, so sollten die Neueren (Zeller 296, 2) sich nicht dadurch täuschen lassen; denn 1. widersprechen die beiden Genealogieen einander, 2. ist die bei Pausanias chronologisch unmöglich, und die bei Diogenes widerstreitet schon mit dem Namen des Vaters der Hauptversion. Die Tradition vom Phliasier Pythagoras wird man jedenfalls bei dem zu suchen haben, der das Gespräch mit dem Tyrannen von Phlius über den Philosophennamen erfunden hat. Nun tauchen bei dem nicht tendenzfreien, unhistorischen (oben S. 216) Aristoxenos, dem μουσικός, plötzlich am Anfang des 4. Jahrhunderts als „letzte" Pythagoreer vier Phliasier auf. Aber der Pythagoreismus ist in Phlius so wenig zu Hause, dass alle vier in merkwürdiger Einigkeit Schüler der Unteritaliker Eurytos und Philolaos heissen (Diog. VIII, 46), einer von ihnen, Diokles, auch als Sybarit (Jambl. 267) und ein anderer auch als Tarentiner (Jambl. ib.) oder Lokrer (Cic. Fin. V, 29, 87) bezeichnet wird. Dieser andere, zu dem übrigens in Phlius auch eine pythagoreische Namensschwester construirt wird (Jambl. a. a. O.), ist jener Echekrates, an den der Phaedo gerichtet ist, und den der 9. platonische Brief mit Vatersnamen, auch in italisch-pythagoreischer Beziehung, aber als (in Athen weilenden) νεανίσκος erwähnt, was mit dem Phaedo schlecht zusammengeht (vgl. Steinhart IV, 558. VIII, 330 f.). So ist also Echekrates, wenn auch nicht in seiner Existenz, so doch in seinen Daten so verdächtig wie der ganze phliasische Pythagoreismus, und jedenfalls muss er als literarische Figur irgendwo originaler und reicher fixirt gewesen sein als in der blossen Rahmenrolle des Phaedo. Echekrates ist bei Plato herausgerissen aus einem grösseren Zusammenhang, der bei Aristoxenos wiederkehrt: das phliasische Quartett der τελευταῖοι Πυϑαγόρειοι (die vier Lebensalter als Zuhörer?) bildet mit dem auch in seinen Personalien zweifelhaften Xenophilos dem μουσικός, der bald Cyzicener, bald Thrakier (!) und zugleich Schüler der Italiker heisst, in Athen gelebt haben und zu 105 Jahren noch vollauf gesund gewesen sein soll (vielleicht aus Diadochieenrücksichten!), die Schule des Krotoniaten oder Tarentiners oder Metapontiners Eurytos oder Eurysos, von dem es unechte Fragmente giebt. Charakteristisch ist ein auf die nachlebende Seele als Harmonie (Phaedo!) anspielendes Apophthegma, das dem Eurytos zu-

geschrieben wird (Jambl. 139. 148). Die Tradition über diesen
ethisch-mystischen Zweig des Pythagoreismus stammt, wie meist
ausdrücklich gesagt wird, aus Aristoxenos, der die Pythagoreer
in seinen Tendenzen sprechen liess (vgl. Zeller II, 2, 884[4]). Da
aber die Tradition schon im Phaedo durchbricht und um den
Anfang des 4. Jahrhunderts localisirt ist, so wird bereits der
kynische Vorgänger des Aristoxenos im Thema περὶ μουσικῆς
diese orphisch-ethische Pythagoristik, etwa anknüpfend an Telauges
als Träger des ἱερὸς λόγος, haben spielen lassen. Und vielleicht
hat Antisthenes die Fabel vom esoterischen Pythagoreismus auf-
gebracht, um seine Fictionen als Geheimweisheit vortragen zu
dürfen; denn in der Consequenz der pädagogischen Differenzirung
der Hörer, die der antisthenische Pythagoras (Frg. S. 25) als
guter Sokratiker (Mem. IV, 1, 3) für nöthig hält, liegt ja das μὴ
εἶναι πρὸς πάντας πάντα ῥητά, das Aristoxenos als pythagoreisches παιδευτικόν bringt (Diog. VIII, 15 und anschliessend
daran gerade ein Apophthegma des Xenophilos!). Die Freude
unseres Kynikers am αἰνίττεσθαι that dann das Uebrige.

Plato zeigt nun durch die Wahl aller drei Partner im Phaedo,
dass er mit dieser gefärbten Pythagoristik sich auseinandersetzen
will. Der Phliasier Echekrates wird nur als Pythagorist (88 D)
und, wenn man will, als σμικρὸν νοῦν ἔχων (102 A) charakterisirt.
Er lässt sich über Athen belehren, als ob er nie dort gewesen (wie
schon Steinhart gesehen), und will doch Xanthippe und Apollodoros
kennen. Echekrates sagt ἐκεῖθεν 57 A und Phaedon δεῦρο 58 B
von Athen, so dass der Ort des Einleitungsgesprächs zu schwanken
scheint, auch die Zeit, da τὰ νῦν 57 A für den elischen Krieg zu
früh, für den korinthischen zu spät ist — man sieht, wie frei
und schattenhaft Plato alle Daten nimmt. Simmias und Kebes
werden von allen Neueren, als sei es selbstverständlich, als Pythagoreer gezählt. Bei Xenophon (Mem. I, 2, 48. III, 11, 17) werden
sie eher als praktische Leute im Sinne des kynischen Ideals und
treue Sokratiker mit Antisthenes gelobt. Die dem Simmias
zugewiesenen Schrifttentitel (L. D. II, 124) sehen auch — ausser
bezeichnender Weise περὶ μουσικῆς — nicht gerade pythagoreisch,
sondern ethisch-praktisch und z. Th. geradezu kynisch-stoisch aus
(περὶ ἐπῶν, περὶ ἀνδρείας, περὶ γραμμάτων, περὶ τοῦ ἐπιστατεῖν,
περὶ πρέποντος, περὶ αἱρετοῦ καὶ φευκτοῦ, περὶ φίλου, περὶ
τοῦ εὖ ζῆν, περὶ χρημάτων, περὶ ἐπιμελείας etc.). Die Tafel des
Kebes ist als kynisch-stoisches Machwerk allgemein anerkannt.
Aus den Pythagoreern des Phaedo hat man all das kaum heraus-

gezogen, sondern es ist deutlich, dass Simmias und Kebes in einer andern, breiteren Tradition heimisch waren, von einer anderen sokratischen Dichtung als classische Figuren cultivirt wurden. Nicht umsonst macht Plato die sarkastische Bemerkung über Simmias als häufigen Redepartner Phaedr. 242 B. Zum mindesten setzt der platonische Phaedo eine Beziehung seiner Personen voraus, wie sie jene nicht allgemeine, z. B. von L. D. II, 105 abweichende, Tradition gab, nach der auf Sokrates' Mahnung Kebes Phaedon loskaufte (Gell. II, 18. Macrob. Sat. I, 11, 41. Lactant. de falsa sap. III, 25, 15). Welche sokratische Richtung erzählte gern von der $\pi\varrho\tilde{a}\sigma\iota\varsigma$ und hatte ein Interesse, aus Sklaven Philosophen zu machen? Vielleicht giebt es auch einen Fingerzeig, dass Athenäus IV, 156 D von einem Kyniker des sehr seltenen Namens (vgl. Prächter, Ceb. tab. 4) Kebes spricht.

Wunderbar umspielt die Orphik den Phaedo, aber wie unbewusst mitklingend, und ein schärfer horchendes Ohr kann da Reminiscenzen heraushören aus einer Parallelschrift, in der das hier Anklingende und Variirte thematisch gesetzt ist. Da ist vor Allem das apollinische Motiv, das schon die Erzählungen vom delischen Schiff und vom Dichter Sokrates bestimmt: sie wären überflüssig, wenn sie nicht tendenziös sind, ja der dichtende Sokrates wäre unverständlich. 60 D wird er als eine bereits bekannte Figur eingeführt, entweder nun historisch bekannt oder aus einer andern Tradition, die jedenfalls keine platonische Schrift ist. Wie denkt man sich's eigentlich historisch, dass der Erzrationalist Sokrates ohne Anlage oder Antrieb zur Poesie, bloss aus Aberglauben, plötzlich vor seiner Hinrichtung anfängt, Verse zu drechseln? Und der Sokrates, dem noch die Philosophie auf den Lippen schwebt, wenn er den Schierlingsbecher ansetzt, soll vor dem Tode gezweifelt haben, ob er mit der Philosophie die rechte musische Kunst geübt habe (61 A)? Ich sehe jetzt, dass von allen Neueren (vgl. noch Ziegler, Neues Correspondenzblatt 1897, Heft 7, S. 271) Schanz, Hermes 29. 597 ff., allein ein Auge hatte für diese Unmöglichkeit und die Fiction vom dichtenden Sokrates sehr fein bloss aus Plato zu erklären sucht. Doch Plato führt eben diese Figur als eine bereits bekannte vor, und es sieht aus, als ob er sich über eine Tradition vom dichtenden Sokrates lustig machen oder sie abschwächen wolle. Und es giebt auch Spuren dieser älteren Tradition: Plut. de aud. poet. 16 C formt Sokrates nur äsopische Fabeln, weil er, heisst es sichtlich originaler als bei Plato und gut kynisch, als *ἀγωνιστής* (!) *ἀληθείας* (!) *τὸν ἅπαντα βίον* (!) nicht *εὐφυής* für das *ψεῦδος*, das der Poesie nöthig — man denke an das antisthenische Interpretationsprincip, dass die Dichter *τὰ μὲν ἀληθείᾳ* sagen, anderes nicht (Dio 53 § 5). Diog. II, 42 (dazu Athen. XIV, 628 F, vgl. O. Müller Dor. II, 329) werden sogar die Anfänge der beiden sokratischen Dichtungen citirt, die mehr enthalten, als der Phaedo angiebt. Als wollte Plato den bloss Aesop nachdichtenden Sokrates verspotten, lässt er ihn zugleich 60 C eine äsopische Erfindung scherzend aus dem Aermel schütteln. Antisthenes, der orientalisirende Mythograph mit seinem moralistischen Thiercultus, war geradezu gestossen auf die Fabeln des Aesop und all die Motive dieser legendären Persönlichkeit: der exotische Sklave, der ungerecht Getödtete, die Beziehung zur thrakischen Sklavin, zu Delphi, zu Krösos, zu den sieben Weisen sind wie geschaffen für die Phantasie unseres Kynikers (vgl. oben S. 163. 169. 171 Anm. etc. und Späteres) und z. Th. sogar von ihm geschaffen. Zwischen Herodot und Alexis jedenfalls ist der mit den Weisen Gespräch pflegende Aesop erfunden (vgl. seine brav antisthenischen Antworten Diog. I, 69 und Späteres). Gleich hier möchte ich bemerken, dass, der auf den Vorwurf, seine Mutter sei eine Phrygierin, antwortet: *καὶ ἡ τῶν θεῶν* (Antisth. Frg. 66, 52. Plut. de exil. 18) natürlich nicht, wie es bei der apophthegmatischen Ausschlachtung herauskommt, Antisthenes selbst ist, den man darum sogar zum Phrygier gemacht hat (Clem. Alex. Strom. I, 354), sondern bei Antisthenes Aesop eben im Symposionsdisput mit den Weisen. Oder weiss man einen besseren *Φρύξ* einzusetzen? Dio Chrys. spricht or. 72 (§ 13 A) von denen, die Aesop als *σοφὸς καὶ φρόνιμος* und *νουθετῶν τοὺς ἀνθρώπους* gleich Sokrates und Diogenes citiren (vgl. die moralischen Fabeln ib. und or. 33 § 16). Auch die Nennung des Euenos zeigt hier Phaed. 60 D ff. den lächelnden Plato und enthält wieder eine ironische Anspielung auf einen Bewunderer des Euenos, der ihn zum *κάλλιστος* in der Rhetorik (Phaedr. 267 A), zum *σοφός* in der *παιδεία* (Apol. 20 B) und hier zum *φιλόσοφος* gemacht, als den ihn Plato anspricht (61 C). Die Ablehnung der Concurrenz mit Euenos hier hat doch nur Sinn, wenn eine Beziehung zwischen Sokrates und Euenos von anderer Seite behauptet worden. Und wirklich machte ja eine charakteristische Tradition den Euenos (wohl wie Prodikos und Damon) zum Lehrer des Sokrates in der Poesie (Max. Tyr. diss. 38 p. 225 R), und wenn man dazu kam, zwei Dichter Euenos von Paros zu unterscheiden, von denen man bald

den einen, bald den andern als den sokratischen ansprach, so
dürfte sich das am besten aus Fictionen erklären, die früh dem
Euenos angeheftet wurden.

Wenn es Strabo X, 717 B heisst: μουσικὴν ἐκάλεσεν ὁ Πλάτων — eben Phaedo 61 A — καὶ ἔτι πρότερον οἱ Πυθαγόρειοι τὴν
φιλοσοφίαν, so wird man den Terminus φιλοσοφία = μουσική
nicht bei den echten Pythagoreern, sondern bei dem kynischen
Pythagoristen zu suchen haben, der περὶ μουσικῆς schrieb, die
Dichter als Philosophen erklärt und Orpheus als Urphilosophen.
In der Orphik war ihm die Philosophie als transscendenzsuchende
Mystik und die Mystik als μουσική gegeben. Das Urthema der
antisthenisch-sokratischen Consolationsschrift war sicherlich der
„Schwanengesang" des Meisters auf Apoll, der ihn für den
weisesten erklärt, ihm das γνῶθι σαυτόν geliefert, ihn als seinen
Apostel erkoren wie Pythagoras, Lykurg etc. Weil Antisthenes
den Dichter zum Philosophen und den Philosophen zum Propheten
macht, darum ist ihm Apoll, in dem die Einheit des μουσικός
und προφήτης gegeben ist, auch der Berufsgott des φιλόσοφος.
Der apollinische, offenbarungs-, d. h. orakel- oder traumgläubige
Sokrates steht im Phaedo und ja auch, wie wir schon fanden, in der
Apologie und im Crito unter dem Einfluss des Antisthenes, und dieser
apollinische Sokrates verdankt Apoll und seiner delischen Feier
noch eine Gnadenfrist, die er benützt, die μουσική zu treiben,
beginnend natürlich mit einem Hymnus auf Apoll. Das ist die
Sokrateslegende rein aus dem apollinischen Motiv herausgesponnen,
die bei Plato nur so historisch klingt, weil sie, skizzenhaft angedeutet, z. Th. eher mit Lächeln als mit Schwung nacherzählt
wird, aber nacherzählt eben einer andern Sokratesschrift. Der
apollinische „Schwanengesang" erscheint dann 84 E ff., aber wieder
nicht mit der Wärme und Rundung originaler Behandlung, sondern mit lächelnder Anspielung meint Sokrates, sie hielten ihn
für einen schlechteren Mantiker als die Schwäne, deren Mitsklave
er bei Apoll sei und die von den Menschen verleumdet würden
wie auch Nachtigall, Schwalbe und Wiedehopf, dass sie διὰ λύπης
sängen (vgl. Diogenes Dio IX § 19), während doch kein Vogel singt,
wenn er dürstet oder friert — das ist natürlich Alles nicht ernst zu
nehmen, sondern Sokrates spiegelt sich hier bei Plato in der Rolle,
die er bei Antisthenes hat, und mit Absicht geschieht es an dieser
Stelle. Denn es wird eben jetzt an die gute Laune, den Schwanenmuth
des antisthenischen Sokrates appellirt, da die nun von Simmias
und Kebes vorzubringenden ἀπορίαι gerade gegen ihn gerichtet

sind, für seine Consolation, seine Unsterblichkeitsdogmatik tödtlich sind. Hier kann man nun deutlicher erkennen, dass der apollinische Sokrates nicht im Phaedo, sondern anderswo original gewachsen ist, weil gerade im Phaedo das Motiv in seiner höchsten Spitze abgebrochen wird. Denn der Zielpunkt der apollinischen Tendenz, der Kerngedanke der Philosophie als Seelenpflege = μουσική, ist natürlich das Dogma von der Seele als Harmonie, und dieses Dogma wird eben im Phaedo widerlegt. Zeller findet die Lehre von der Seele als Harmonie (des Leibes — denn davon ist im Phaedo und Aristot. de an. I, 4 die Rede) dem ursprünglichen Pythagoreismus widersprechend und will sie Philolaos nicht zutrauen (S. 445). In der That ist ein Zeuge wie Macrobius der Erste, der sie Pythagoras und Philolaos zuspricht. Warum hat man nicht Ernst damit gemacht und für den Phaedo hinter den Pythagoreermasken andere, wirkliche Verfechter dieser Lehre gesucht? Aristoteles nennt als pythagoreisch nur die Sonnenstäubchenseelen (de an. I, 2), die zu der Harmonieseele schlecht passen. Diese Lehre aber von der Harmonieseele berichtet er (sowohl de an. I, 4 wie Polit. VIII, 5), ohne die Pythagoreer zu nennen, und dass sie auf der Fassung des Leibes als κρᾶσις aus ἐναντία beruht (vgl. Arist. de an. I, 4), stimmt eher zur ionischen als zur pythagoreischen Philosophie. Wohl aber steht die Lehre unserem kynischen Pythagoristen an, der principiell das ἁρμόζειν betont (vgl. oben S. 205 Anm.), und sie wird deutlich genug von den Kynikern verkündet. Vgl. Diogenes L. D. VI, 27: ἐθαύμαζε — τοὺς μουσικοὺς τὰς μὲν ἐν τῇ λύρᾳ χορδὰς ἁρμόττεσθαι, ἀνάρμοστα δ' ἔχειν τῆς ψυχῆς τὰ ἤθη und ib. 65: ἰδὼν ἄφρονα ψαλτήριον ἁρμοζόμενον: „οὐκ αἰσχύνῃ, ἔφη, τοὺς μὲν φθόγγους τῷ ξύλῳ προσαρμόττων, τὴν δὲ ψυχὴν εἰς τὸν βίον μὴ ἁρμόττων;" Aber verträgt sich denn das ἁρμόζειν der Seele zur Tugend und φρόνησις damit, dass die Seele schon Harmonie ist? Eben diesen Widerspruch wirft der Phaedo 93 f. der Lehre von der Seele als Harmonie vor. Plato zeigt, dass sich mit der Seele als Harmonie gerade das nicht verträgt, was der Kyniker am meisten betont: der Gegensatz der ἀρετή (als ἁρμονία) und der κακία (als ἀναρμοστία) (93. 94 A) und die Seele als φρόνιμον den πάθη des Leibes entgegentretend, als ἡγεμονεύουσα, δεσπόζουσα, κολάζουσα, νουθετοῦσα (94 B ff.), und dass sogar sein θεῖος Homer dagegenzeugt (94 D f.). Simmias müsse wählen zwischen der platonischen Lehre von der ἀνάμνησις und der Lehre von der Seele als Harmonie, und er lässt diese fahren, weil er sie angenommen ohne Beweis, nur μετὰ εἰκότος τινὸς καὶ εὐπρεπείας (vgl. in dem antikynischen Euthyd. 305 E) ὅθεν καὶ τοῖς πολλοῖς δοκεῖ ἀνθρώποις, also nach λόγοις ἀλαζόσι, die leicht trügen (92 C D) — das sind gerade für Antisthenes sehr harte Worte. Aber noch schwerer traf es ihn, dass Plato schon durch die leichte Hand des Simmias der Seele als Harmonie die ἀθανασία nimmt und zeigt, wie etwas ἀόρατον καὶ ἀσώματον καὶ πάγκαλον καὶ θεῖον im Gegensatz zum γεῶδες und ξύνθετον sein kann (85 E f.), eben ganz den bekannten antisthenischen negativen (vgl. oben S. 181 f.) und hyperbolischen Lobesprädikaten der Seele im Gegensatz zum gemischten und γεῶδες σῶμα (vgl. Axioch. 365 E 370 C ff.) entsprechen und doch sterblich sein kann, dass also Antisthenes mit all seiner Panegyrik und Analogistik der Seele keinen Unsterblichkeitsbeweis geliefert hat. In der Sache allerdings stimmt Plato mit Antisthenes überein; der Phaedo geht sicherlich parallel der antisthenischen Consolationsschrift zunächst in der Verwerthung der orphischen Transscendenzlehre [1]).

Die Wirksamkeit des Philolaos in Theben könnte leicht so fictiv sein wie die des Prodikos. Μαρτυρέονται καὶ οἱ παλαιοὶ θεολόγοι τε καὶ μάντιες, sagt Philolaos Clem. Strom. 2, 518 — das ist die bekannte Citirweise des Antisthenes (S. 164. 171). Er habe es von Philolaos gehört, sagt Kebes, ἤδη δὲ καὶ ἄλλων τινῶν (61 E) — das ist kein absichtsloser Zusatz —, aber etwas Klares habe er noch nicht gehört, lässt ihn Plato 61 D E boshaft anfügen. Da wird nun zunächst das θαυμαστόν constatirt (das θαυμάζειν als Anfang des Philosophirens spielt im Phaedo eine grosse Rolle — auch ein antisthenisches Motiv, vgl. oben S. 171 Anm.), dass das Sterben allein ἁπλοῦν sein soll, alles Andere aber, ganz wie es der kynische Relativismus fordert, für den Menschen bald βέλτιον, bald nicht. Vom Selbstmord heisst es nun: οὔ φασι θεμιτόν (61 C E). Wen citirt hier Plato? Man kann sagen, ὁ ἐν ἀπορρήτοις λεγόμενος λόγος (62 B) ist die orphische Poesie; doch Plato lehnt ihn als zu mystisch ab, lobt aber ib. die Lehre (εὖ λέγεσθαι) von den θεοὶ ἐπιμελόμενοι (!) (vgl. oben S. 119) und von den Menschen als κτῆμα der Götter — das ist jedenfalls die Anschauung des theokratischen Kynikers[2]), der sich als Diener (s. unten) der

---

[1]) Vgl. für die orphischen Tendenzen des Antisthenes Dümmler, Akad. 87. 133.

[2]) Auch Diogenes verbietet dem Weisen den Selbstmord (Ael. X, 11). Vgl. in Epiktets Ethik (Bonhöffer S. 30) das Leben als Posten, der zu halten ist, bis Gott als Feldherr ruft.

Alles besitzenden Götter (L. D. 72. Diog. ep. 10) fühlt. Plato schliesst sich darin dem Lehrer des Axiochos, d. h. dem Kyniker an, dass es Sache des φρόνιμος (!), nicht des ἄφρων (62 D E) sei, εὔελπις (!) dem Tode entgegen zu gehen, zumal es ὥσπερ γε καὶ πάλαι λέγεται (wieder die antisthenische Citirung der Urphilosophie!) nach dem Tode den ἀγαθοί besser gehe als den κακοί (63 C). Zwar, dass er zu ἄνδρας ἀγαθούς (!) komme, wolle er nicht so bestimmt behaupten, wohl aber, dass er zu θεοὺς σοφούς τε καὶ ἀγαθούς (!) als πάνυ ἀγαθοὺς δεσπότας (!) komme (63 C). Ich meine, es ist deutlich, dass hier Plato auf die Schrift eines Vorgängers blickt, der bereits die orphisch-pythagoreischen Lehren ethisirt hat, und zu dem er sich mehr oder minder zustimmend verhält, wie er die Gesellschaft der ἄνδρες ἀγαθοί im Himmel nicht so sicher behaupten will, d. h. die Heldenapotheose und die paradiesischen Weisensymposien des Kynikers nicht einfach mitmacht. Was man modernen Autoren zugesteht, dass sie sich anregen und citiren, sich kritisch aneinander orientiren, das sollte man bei Plato und Antisthenes, die sich so nahe stehen, selbstverständlich finden. Die Lockerheit der antiken Eigenthumsbegriffe und die dramatische Einkleidung haben es nur verschleiert: Plato steht in der Consolation auf den Schultern des älteren Antisthenes, d. h. er nimmt, wie so oft, die antisthenische Lehre mit als Material, um sie kritisch zu behauen zum Postament für seine eigene höhere, bessere Lehre.

So dürfte vor Allem Plato die Lehre, dass das Leben des Philosophen eine μελέτη (!) θανάτου sei, als Grunddogma des pessimistischen Kynikers aufgenommen haben, der sich so stolz φιλόσοφος und Lehrer der ἀθανασία nannte und immer Uebung forderte. Die Darlegung (64 ff.) setzt ein als starke Paradoxie, mit jener Pose des φιλόσοφος gegen die πολλοί, ohne die der Kyniker nicht leben kann. Er markirt am schärfsten die Antithese σῶμα und ψυχή und bestimmt und begrüsst deshalb wie die Stoa (Plut. de stoic. rep. 39, 2) den Tod als die Scheidung beider, ganz wie es hier geschieht. Vor Allem aber trägt der sterbelustige Philosoph kynische Züge, weil sein θανατᾶν in erster Linie in der Askese besteht — Plato natürlich nimmt diesen Hauptpunkt, das Absterben des Philosophen in Bezug auf die διὰ τοῦ σώματος ἡδοναί etwas kurz (64 D f.). Thatsächlich finden wir nun die Forderung dieser μελέτη θανάτου als Leitmotiv der kynischen Consolation energischer im 39. Diogenesbrief durchgeführt (vgl. auch ep. 22, wo Diogenes an den Tod zu denken mahnt: τὰς κενὰς ἐλπίδας ἱπταμένας περὶ τὸ σωμάτιον ἀποφυσῶ), der sogleich beginnt mit dem kategorischen Befehl zum μελετᾶν ἀποθνήσκειν, τοῦτ' ἔστι χωρίζειν τὴν ψυχὴν ἔτι ζῶν ἀπὸ τοῦ σώματος, was ausdrücklich bereits als Lehre der οἱ περὶ Σωκράτη (also für den Kyniker namentlich des Antisthenes) citirt wird. Für den Fall, dass wir nicht μελετήσωμεν ἀποθνήσκειν, wird weiterhin mit einem schlimmen Ende gedroht, das in den schwarzen Farben der kynischen Consolationspredigt beschrieben wird. Ὅταν δὲ μελετήσωμεν τὴν καλὴν μελέτην, ist das Leben süss und der Tod nicht bitter und der Weg leicht — und die Seele ὡς μεμελετηκυῖα καὶ μόνη ζῆν οὐκ ἀηδίζεται καταλιποῦσα τὸ σῶμα — ταῦτά σοι ἕψεται μελετήσαντι ἀποθνήσκειν —. Hier im Diogenesbrief hängt Alles einfacher, gröber und fester zusammen, wird praktisch, paränetisch genommen, was bei Plato nur sporadisch und theoretisch behandelt wird: die Consolation und die Jenseitsverheissungen, die hegemonische Seelenauffassung, die asketische Abweisung der körperlichen ἡδοναί, womit der Brief abbricht, und die am Anfang des Briefes an die μελέτη θανάτου geknüpfte erkenntnisstheoretische Anwendung der antisomatischen Tendenz: in den Sinneswahrnehmungen hänge die Seele noch am Körper; demnach ist hier im Phaedo auch der andere Beleg für das Sterben des Philosophen: der Leib ἐμπόδιον der φρόνησις (!) und wie die Dichter ἀεὶ θρυλοῦσιν(!)[1] in den Wahrnehmungen trügerisch (65 A B), anti-

---

[1] Der Ausdruck ist nicht ganz verständlich, wenn nicht Plato eine Stellensammlung (des Dichterinterpreten Antisthenes) vor sich hat, und wenn nicht philosophische Dichter gemeint sind, wie Epicharm und Parmenides (s. über dessen Citirung bei Antisth. oben S. 172), die so für die Vernunft-, gegen die Sinneserkenntniss geeifert. Vermuthlich waren zum Bilde des idealistischen φιλόσοφος auch die bekannten sinnespessimistischen Aeusserungen von Prosaikern wie Heraklit und Anaxagoras herbeigerufen, die Antisthenes stark interessirten. Man sollte die Fragmente der älteren Philosophen nicht nur nach den Autoren sammeln, sondern auch nach den Themarten, nach den Tendenzen, für die sie als Belegstellen erhalten sind, und da weisen z. B. die vielen erhaltenen antisensualistischen Fragmente auf einen frühen tendenziösen Sammler. Diog. ep. 39 giebt hier vielleicht gerade durch eine sonst dunkle Stelle noch einen Fingerzeig: διασκέπτου τί κατὰ φύσιν καὶ τί κατὰ νόμον· ἐν τούτῳ γὰρ μόνῳ χωρίζεται ψυχὴ ἀπὸ σώματος, ἐν δὲ τοῖς ἄλλοις οὐδαμῶς, ἀλλὰ καὶ ὅταν βλέπῃ καὶ ὅταν ἀκούῃ καὶ ὅταν ὀσφραίνηται καὶ ὅταν γεύηται, σύνεστιν ὥσπερ μιᾶς αὐτῷ κορυφῆς ἐξημμένη. Was soll hier κατὰ νόμον? Und die Verbindung mit der These, dass die verschiedenen Sinnesempfindungen nicht rein, sondern gemischt sind? Könnte hier nicht im Original Demokrit citirt sein: νόμῳ γλυκὺ καὶ νόμῳ πικρόν, νόμῳ θερμόν, νόμῳ ψυχρόν, νόμῳ χροιή· ἐτεῇ δὲ — (Sext.

sthenisch — Plato fügt nur freudig ergänzend hinzu, dass auch die Ideen von den Sinnen abliegen.

Die folgende Charakteristik des φιλόσοφος ἀποθανατίζων (66 ff.) ist nun ganz im rhetorischen Stil des Kynikers gehalten — man erschrecke nicht davor, Plato in fremdem Fahrwasser zu sehen: er fängt absichtlich damit an, womit Antisthenes aufhört. Es ist nun hier viel von einem λόγος die Rede — μετὰ τοῦ λόγου 66 B, ὥστε τὸ λεγόμενον ὡς ἀληθῶς etc. C, ὡς ὁ λόγος σημαίνει E, ὅπερ πάλαι ἐν τῷ λόγῳ λέγεται 67 C —, der den Uebersetzern viel Kopfzerbrechen machte: sollte nicht Plato hier einen λόγος des Antisthenes citiren? Wir kennen schon aus dem Axiochus und Cyr. VIII, 7, 20 die Lobpreisung des vom Körper befreiten νοῦς καθαρός als kynisch; hier wird nun auch die von der σώματος ἀφροσύνη κεκαθαρμένη φρόνησις mit einer Wort- und Bildfülle gepriesen und der Jammer des Leibes mit so erschütternden Schlägen geschildert (vgl. auch wieder Diog. ep. 39), dass man Plato die Absicht und die Freude anmerkt, in dem musikalischen Stil des Kynikers sich zu wiegen und zu zeigen. Wieviel Schrecken werden dem Leibe nachgesagt: ἐρώτων καὶ ἐπιθυμιῶν καὶ φόβων καὶ εἰδώλων παντοδαπῶν καὶ φλυαρίας ἐμπίπλησιν ἡμᾶς πολλῆς. καὶ πολέμους καὶ στάσεις καὶ μάχας παρέχει 66 B. (πανταχοῦ παραπῖπτον) θόρυβον παρέχει καὶ ταραχὴν καὶ ἐκπλήττει C. Man zähle nur in diesem λόγος die καί und die Negationen (namentlich als lapidare Satzschlüsse: οὐδέποτε οὐδέν (66 C), ζῶσι δὲ οὔ (E), πρότερον δ᾽ οὔ (67 A)), die langen Worte und die Gleichklänge (μὴ καθαρῷ γὰρ καθαροῦ 67 B etc.). Dann sind noch von Antisthenes bevorzugte Wendungen: das Bild vom ἀτραπός 66 B (sonst ὁδός) — Diog. ep. 39 genauer beschrieben, vgl. auch Diog. Anton. et Max. s. de morte p. 878 die ὁδός in den Hades —, der Werth der σχολή im Gegensatz zu μυρίας ἀσχολίας B D, der Fluch der Habsucht C und das δουλεύειν den leiblichen Begierden D (Hauptthema wieder Diog. ep. 39 l), Philosophen als ἐρασταὶ φρονήσεως E 68 A, die der Einsicht ἐγγυτάτω (!) sind, wenn sie vom Körper möglichst gelöst sind (vgl. Cyr. VIII, 7, 20 f. u. oben S. 197), der Tod des Weisen (wie im Axiochus)

Emp. adv. math. VII, 135). Wir haben Spuren, dass der Kyniker auch sonst Sätze der Theoretiker für seine ethischen Tendenzen verwerthet hat und speciell den (so brauchbar gemachten) Demokrit als Consolator agiren liess. Vielleicht wird durch diese kynische Antithese von φύσις (und das ist der Tod, vgl. oben S. 202) und νόμος (als Subjectivität, der die Empfindungen unterliegen) das θαυμάζειν Phaed. 62 A verständlich, dass der Tod allein absolut sei, alles Uebrige relativ, bald besser, bald schlechter.

als ἀποδημία μετὰ ἀγαθῆς ἐλπίδος 67 C (vgl. Diog. ep. 39 als ἀποδημία ohne Betrübniss mit guten Aussichten) und als Lösung aus den Fesseln des Leibes D (62 B hatte Plato diese Auffassung als zu mystisch abgelehnt!), das γελοῖον des φόβος vor dem Tode D E, vielleicht auch der Hinweis auf die Mythen von Orpheus u. a. 68 A (vgl. oben S. 169 und Späteres). Vor Allem aber möchte ich als kynisch ansprechen (worüber aber auch später noch ausführlich zu handeln ist) die principielle Terminologie der menschlichen Neigungscharaktere: φιλόσοφος, φιλοσώματος (gegen den sich gerade Diog. ep. 39 richtet, vgl. nam. § 3), φιλοχρήματος, φιλότιμος 68 B C und die absolute Schätzung der φρόνησις als einziges νόμισμα entgegen der Ansicht der πολλοί (vgl. des Diogenes παραχάραξον τὸ νόμισμα!) und mit Abweisung der Werthung der ἡδοναί und überhaupt der πάθη (68 C—69 B). Diese radicale, principiell antihedonische Schätzung der φρόνησις als absolutes Gut ist kynisch und schon darum nicht platonisch, weil sie von Plato Rep. 505 B und im Philebus als eine fremde (auch von Zeller als kynisch erkannte) Ansicht behandelt und nicht anerkannt wird. Ohne die φρόνησις soll alle Tugend sklavisch und schattenhaft und krank und unwahr sein, mit der φρόνησις aber ist alles zu kaufen: καὶ ἀνδρεία καὶ σωφροσύνη καὶ δικαιοσύνη καὶ ξυλλήβδην ἀληθὴς ἀρετή —, καὶ προσγιγνομένων καὶ ἀπογιγνομένων καὶ ἡδονῶν καὶ φόβων καὶ τῶν ἄλλων πάντων τῶν τοιούτων (69 B): das ist die Rhetorik des Kynikers und sein Fanatismus, der zum Leben Vernunft oder einen Strick fordert (Frg. 64, 45; über den kynischen Kaufvergleich später). Das mahnt wieder daran in den von den peripatetischen Ethiken kritisirten Aeusserungen des „Sokrates": οὐδὲν ἰσχυρότερον ἐπιστήμης (Eth. Eud. 1246 b [84]) und ἀρετή = λόγος· οὐδὲν γὰρ ὄφελος εἶναι πράττειν τὰ ἀνδρεῖα καὶ δίκαια, μὴ εἰδότα καὶ προαιρούμενον τῷ λόγῳ (Magn. Mor. 1198 a [10]) den kynischen Sokrates zu erkennen. Nun aber endet der rhetorische λόγος hier wieder mit der orphischen Resonanz (69 C ff.), d. h. eben mit jener vom Kyniker inscenirten ethisch-philosophischen Umbildung der Orphik, die in Wahrheit πάλαι αἰνίττεσθαι soll (C) — man sieht, wie Plato Antisthenes nach dem Munde redet —, dass der Ungeweihte im Schlamme liegen (vgl. das kynische Bild S. 175, 6), der τετελεσμένος aber, und das sollen eben die ὀρθῶς φιλοσοφοῦντες sein, die κεκαθαρμένοι eben durch die φρόνησις = ἀρετή, bei den Göttern als ἀγαθοῖς δεσπόταις wohnen, wie die Mystiker sagen. Es ist ganz die Perspective des Axiochus, nur klarer und mit dem Unterschied, dass, was dort krönende Schlussperspective, für Plato nur der Anfang der Paramythetik ist (70 B), die Thesis, die erst bewiesen werden muss.

Es ist nun selbstverständlich, dass die Todes- und Hadesschriften des Antisthenes, deren Titel wir kennen, Beweise für die ἀθανασία enthalten haben, die er, wie wir wissen, gelehrt hat; auch der Axiochus deutet auf πολλοὺς καὶ καλοὺς λόγους περὶ τῆς ἀθανασίας τῆς ψυχῆς 370 B. Hat Plato diese kynischen Beweise nicht gekannt oder nicht berücksichtigt? Ich meine, es ist das Natürliche, dass er erst seinen Vorgänger sprechen lässt, um zu zeigen, dass seine Argumente nicht genügen. Man hat über die Zahl der platonischen Beweise im Phaedo gestritten; aber man vergass, dass diese Beweise nicht zu zählen, sondern zu wägen sind. Sind sie wie Gottesbeweise oder Beweise für die Kugelgestalt der Erde hintereinander aufgezählt, jeder für sich genügend und alle sich verstärkend? Nein, die 84 C beginnende Skepsis schwemmt ja die ganze Argumentation vor dem „letzten" Beweise weg. Demnach sind die sog. früheren Beweise garnicht dem Plato zuzurechnen, der sie als ungenügend preisgiebt; und dass aus ihnen ein Anderer spricht, wird indirect auch dadurch deutlich, dass Plato nur eins aus der früheren Argumentation gerettet sein lässt (91 E f.), und das ist ein specifisch platonisches: die Lehre von der ἀνάμνησις.

Der sog. 1. Beweis (70 C—72 D) hat auch sichtlich keinen platonischen Charakter, sondern ruht, wie man längst bemerkt hat, auf naturphilosophischer Grundlage, ohne doch selbst naturphilosophisch zu sein. Denn er dient — und darin erkennt man wieder Antisthenes — zur Begründung des mystischen παλαιὸς λόγος von der Wiederkehr aus dem Hades (70 C) und das Gesetz vom Werden der ἐναντία ἐκ τῶν ἐναντίων, das das Werden ζώων πάντων καὶ φυτῶν in den physikalischen δύο γενέσεις (αὔξησις und φθίσις, ψύχεσθαι und θερμαίνεσθαι etc.) umfasst, reicht bis in's Ethische (δικαιότερον ἐξ ἀδικωτέρου). In dem ἐναντία ἐξ ἐναντίων steckt eben jener Heraklitismus, der Antisthenes zum extremen Relativisten macht und ihn in der Erkenntnisstheorie bis zur Leugnung des Widerspruchs, in der Ethik bis zum ἀγαθὸν ἀμφίλογον (vgl. zu Mem. IV, 2, 31 ff. I, 412 ff.) führt. Schleiermacher und Ritter waren in der Erkenntniss des kynischen Heraklitismus bereits weiter als die meisten Heutigen, und es ist nicht nur mit Schleiermacher in dem Heraklitausleger Antisthenes L. D. IX, 15, sondern auch in dem Herakliteer gleichen Namens L. D. VI, 19 unser Kyniker zu erkennen. Es wäre nicht der einzige Fall, dass die Alten in der Differenzirung zu weit gingen. Der kynische Dynamiker hat, wie wir noch sehen werden, jene Vergleichung mit Wegen und Gängen sehr gepflegt, die hier in den Ausdrücken ἀνταποδώσομεν, χωλὴ φύσις 71 E, εὐθεῖα γένεσις, ἀνακάμπτοι etc. 72 B anklingt. Auch die Parallele des Todes mit dem Schlafe, die hier methodisch verwerthet ist, kennen wir bereits als kynisch (S. 201), und der eifrige Mythograph hat den absoluten Schlaf durch Endymion veranschaulicht, was Cic. Tusc. I, 92 einfacher herauskommt als bei Plato (72 C). Der Heraklitismus des Antisthenes ist durch Anaxagoras hindurchgegangen; darum handelt es sich bei den δύο γενέσεις um διακρίνεσθαι und συγκρίνεσθαι (72 C, vgl. 71 B) vgl. oben 196, 1. Man vergleiche zu diesem 1. Beweis die kynische Consolation in den Briefen des Diogenes, der eins sicher weiss: τὴν μετὰ τὴν γένεσιν φθοράν (ep. 22) und ep. 25: ὥσπερ δὲ τὰ πρὸ τῆς γενέσεως παρακεχώρηται τῇ φύσει, οὕτω καὶ τὰ μετὰ τὸ ζῆν ἐπιτρεπτέα ταύτῃ· αὐτὴ γὰρ ὡς ἐγέννησε καὶ διαλύσει — hier sind die zwei Wege der φύσις als zusammenhängend markirt. Aber, wie gesagt, die Naturphilosophie steht dort nur im Dienste der Mystik, und das Citat des Anaxagoras: ὁμοῦ πάντα χρήματα (72 C), ist ja dasselbe, mit dem er in der auch der Consolation dienenden Urgeschichte der Philosophie als Plagiator der Orphik bezeichnet wird (Laërt. Diog. Procem. 4, vgl. oben S. 170). Uebrigens liegt es wie ein leises Lächeln Plato's schon auf der Citirung des Endymion und Anaxagoras und namentlich auf der Schlussversicherung 72 D: οὐκ ἐξαπατώμενοι (durch wen?) ὁμολογοῦμεν (wem?), sondern es sei wirklich der Fall, dass die Todten in den Lebenden auferstehn und die Seelen der Todten fortleben und es den Guten besser, den Schlechten schlechter geht. Scheint es nicht, als ob Plato nicht bloss auf die eigene Darstellung, sondern auf eine fremde Vorlage zurückblickt? Und sollte sich das nicht auch verrathen in dem merkwürdigen Versehen Plato's, der hier mehr zugiebt, als seine Argumentation bisher enthielt. Die besten Erklärer wussten sich mit dem letzten „und" nicht anders als durch Streichung abzufinden. Aber wenn nun in dem καὶ ταῖς μέν γ' ἀγαθαῖς ἄμεινον εἶναι, ταῖς δὲ κακαῖς κάκιον die kynische Vorlage durchschlägt? Vgl. Diog. ep. 39, wo die Schlechten alles Furchtbare, die Guten τιμὴ ἐν ᾅδου erwartet. Uebrigens taucht das Princip des „ersten" Beweises 103 A noch einmal auf. Aber nicht „Sokrates", sondern „einer der Anwesenden" ἀνδρικῶς (!) ἀπομνημονεύων bringt es vor und zwar als Einwand gegen die Ideenlehre. Schon Dümmler (Akad. 202) hat gesehen, dass dieser, den Plato nicht nennen will, nur Antisthenes sein kann und hat damit diese für alle bloss immanente Erklärung unverständliche Episode durchschaut. Der Kyniker reclamirt damit den „ersten" Beweis für sich, und Plato antwortet, dass sein früheres ὁμολογεῖν ihn nicht in einen Widerspruch verwickle, sofern das ἐναντία ἐξ ἐναντίων für die Dinge, aber nicht für die Begriffe gelte.

Die συζυγία τῶν ἐναντίων (71 C) hat aber noch eine tiefere Bedeutung. Die 30. Rede des Dio Chrysost. bringt § 10 ff. den unverkennbar altkynischen (vgl. Dümmler, Akad. 92 f. u. s. unten) δυσχερέστατος λόγος eines „Bettelpriesters", eines ὀψὲ παιδείας ἀληϑοῦς ἠσϑημένος (§ 25 Antisthenes ὀψιμαϑής!), πάνυ ἀνδρικῶς (!) ἑπόμενος τῇ εἰκόνι (!). Da wird nun eben in jenem tiefpessimistischen Tenor, den Plato und die Akademie zu weitgehend finden (62 B, vgl. oben S. 199), das menschliche Leben als eine von den Göttern auferlegte Kerkerstrafe geschildert. „Im Gefängniss des Lebens, aus dem keiner entfliehen darf, sind alle Menschen an eine Kette gefesselt; die Ringe dieser Kette heissen abwechselnd Lust und Leid und folgen einander mit Nothwendigkeit, so dass auf eine grosse Lust stets ein grosses Leid folgt. Die grösste Lust aber sei der Tod; desshalb gehe ihm auch das grösste Leid vorher. Ausserdem gebe es noch Fussfesseln, die für unvernünftige Menschen schwer und drückend seien, für besonnene leicht, und die φιλόπονοι finden eine schwer zugängliche Feile, λόγος genannt, durch die sie die Ringe Lust und Leid mühsam möglichst dünn feilen. Wenn auch die Kette nicht ganz abzufeilen geht, so wandelt ein solcher im Vergleich mit den Andern doch wie ein Freier umher, und wenn ihn das Geschick ruft, folgt er leicht, da ihn die Fessel nicht drückt. Von diesen haben sich die Götter mitunter Beisitzer gewählt wegen ihrer Tugend und Weisheit, indem sie ihnen die Strafe ganz erliessen." Hier haben wir nun die urwüchsige, eben kynische Consolation: der Tod als höchste Lust kraft jener nothwendigen Copulation von Lust und Leid, die nur der wichtigste Fall des heraklitisch-antisthenischen Weltgesetzes von der συζυγία ἐναντίων ist. Das ist ja, wie wir sahen, das eigentliche Argument des antisthenischen Pessimismus und der Sinn seines Kampfes gegen die ἡδονή, dass die Freude im Leben nicht rein zu geniessen ist, sondern unweigerlich zusammenhängt mit dem Leid (vgl. oben S. 183 ff.); darum sucht er nicht die ἡδονή, der λύπη oder πόνος folgt, sondern er sucht mit der Miene des

freudig bergansteigenden Till Eulenspiegel den πόνος, dem die
ἡδονή folgt (Frg. 59, 12). Aber jetzt erkennen wir, wie sehr der
Phaedo an der antisthenischen Consolationsschrift orientirt ist, wie
er mit ihr als Material spielt. Denn die συζυγία ἐναντίων, die den
1. Beweis beherrscht, klingt bereits in der Ouverture an: Sokrates
beginnt 60 B C das Gespräch mit der Constatirung des θαυμαστόν
(über das θαυμάζειν als Anfang der Philosophie vgl. S. 228),
wie das ἡδύ so nothwendig mit seinem ἐναντίον, dem λυπηρόν,
zusammenhängt, dass sie sich folgen, als ob der Gott (der Kyniker
redet immer von dem θεός!) die unverträglichen mit den Enden
verknüpft habe, was ein äsopisches Fabelmotiv gäbe. Das Bild
für das Gemischte der Empfindungen finden wir wörtlich in
der kynischen Consolation wieder. Man vergleiche Phaed. 60 B:
ὥσπερ ἐκ μιᾶς κορυφῆς συνημμένω, Diog. ep. 39: σύνεστιν ὥσπερ
ἐκ μιᾶς αὐτῷ κορυφῆς ἐξημμένη. Aber noch feiner ist das
Lächeln der platonischen Anspielung: Sokrates constatirt 60 B
das θαυμαστόν der Verkettung des ἡδύ und λυπηρόν (wörtlich
wie in der Fabel bei Dio Chrys. § 21 die ἀνάγκη des ἀκολουθεῖν
des ἕτερον τῷ ἑτέρῳ), indem er den Fuss reibt, den die Elfmänner
heute an seinem Todestage von der Fessel befreit haben. Das
ist die Fussfessel, von der bei Dio der kynische Bettelpriester
sprach: der sterbende Weise wird von der Kette des Lebens
frei, die aus den Ringen Lust und Leid besteht, und die er, wie
es auch der Phaedo im Folgenden durchführt, als ἀποθανατίζων
durch den λόγος schon im Leben dünn gefeilt. Das hat alles
in der kynischen Consolationsrede einen ursprünglichen tendenziösen Zusammenhang; aber man kann hier Plato's Kunst
bewundern, der des Antisthenes steife Symbolik in lebendige
dramatische Motive umsetzt und auflöst, die für uns den Reiz
der Zufälligkeit haben, die aber zugleich auf die kynische Vorlage anspielen, aus der sie gepflückt sind. Man mag gross von
Plato denken, wenn man ihm den Phaedo als völlig selb-
ständiges Werk in den Armen lässt; man denkt richtiger, wenn
man darin eine Concurrenzschrift sieht; aber man denkt richtig
und gross zugleich von Plato, wenn man erkennt, dass er im
Phaedo mit Antisthenes spielt, ihn kritisch benützt, ihn aufsaugt.
So ist überhaupt die Sokrateslegende und Sokratesdogmatik gewachsen: jeder Sokratiker hat die Fictionen seines Vorgängers
nicht bei Seite geschoben, sondern darauf weitergebaut.

Aber wir sind noch nicht fertig mit der συζυγία ἐναντίων:
sie wirft im Phaedo ihren Schatten noch weiter voraus; sie ist

bereits in den Rahmen des Gesprächs verwoben: bereits Phaedon constatirt ja 58 E 59 A dasselbe ϑαυμάσιον oder ἄτοπον (vgl. 60 BC) der Verbindung der ἡδονή und der λύπη und zwar als Grundstimmung des Dialogs. Plato hat sie wahrlich eingehalten, hat jene Stimmung des Genies nach Schopenhauer, die tristitia in hilaritate und hilaritas in tristitia, den wahren Humor, der unter Thränen lacht, den ganzen Phaedo durchleuchten lassen. Ich glaube nicht, dass der Kyniker diesen Ton getroffen hat; sein Sokrates blieb sicher der steife Rhetor ἀπὸ μηχανῆς τραγικῆς; aber ich glaube, dass er — auch darin dem modernen Pessimisten verwandt — für seinen Geniehelden das παίζειν ἅμα σπουδάζων principiell gesucht hat (später darüber mehr!), wobei allerdings die παιδιά ziemlich gewaltsam und burlesk ausfiel; Plato hat sicherlich gelacht, aber nicht über Sokrates, als er ihn zum Schlusse des Symposions die doctrinäre These verfechten liess, dass Tragödie und Komödie die Sache eines Dichters seien. Die Verschmelzung der tragischen σπουδή mit der παιδιά, der Stimmung der λύπη und der ἡδονή blieb den Sokratikern ein Ideal, ein Incommensurables, ein ἄτοπον, und darum gerade möchte ich annehmen, dass dies ἄτοπον in der Person des echten Sokrates gelegen hat. Wenn dem so ist, dann hat ihn nur Plato verstanden. Der platonische Sokrates versteht — erhaben zu lächeln, und darum ist er der echte, mag auch alles im Phaedo fingirt sein wie das Sterben selbst, das, wie man längst constatirte, der Schierling unmöglich so ruhig vor sich gehen liesse. Mit seiner vornehmen Milde (man zähle nur, um das Aeusserlichste und Kleinste zu nennen, die ἴσως in seinen Reden) lächelt der Sokrates des Phaedo herab auf die Rolle, die ihm Antisthenes zugewiesen, und spielt mit ihr wie mit einem Maskenkleid. Wer die Vorstellung, dass Plato so viele stoffliche Motive von dem Kyniker aufgenommen, erschreckend findet und der Selbständigkeit Plato's zu nahe tretend, vergisst, dass er sich darin zum phantastischen ἐκλέγων und orientalisirenden Mythographen Antisthenes ähnlich verhält wie manch' classisch formender und vertiefender neuzeitlicher Dichter zu morgenländischen Fabelstoffen oder wie Mozart, wenn er seiner Zauberflötenouvertüre ein Thema seines Concurrenten Clementi zu Grunde legt.

Im Gegensatz zum „ersten" antisthenischen Beweis durch die συζυγία ἐναντίων ist der „zweite" auf Grund der ἀνάμνησις (72 E — 77 A) rein platonisch; aber er wird ungenügend befunden (77 BC), weil er nur die Präexistenz, nicht die Postexistenz der Seele beweist. Bonitz hat es richtig gefühlt, dass die sog. beiden ersten Beweise sich hier ergänzen sollen, d. h. in unserm Sinne: Plato bietet sich dem Kyniker als Verbündeter an mit der Ideenlehre, die aber dieser nicht zugiebt.

In der wiedererwachten Skepsis wird nun der „dritte" Beweis mit deutlich persiflirenden Wendungen als antisthenisch angekündigt (77 D ff.). Vgl. oben S. 180, 2, wo namentlich von der Verspottung der pneumatischen Seele hier die Rede war. Vielleicht ist unter uns ein Kind, heisst es, das wir überreden müssen, dass es nicht den Tod wie einen Popanz ($μορμολύκειον$, vgl. Epiktet diss. II, 1, 17 und Diogenes Jul. VII, 238 A) fürchte, und durch fortwährende Zaubergesänge exorciren müssen. Das sind die $ἐπῳδαί$ des Mystikers Antisthenes, die Plato auch im Charmides verspottet (155 E 156 f. 175 E f. vgl. I, 487 f.), und über die selbst Xenophon lacht (Mem. III, 11, 16 f.). Der kynische Bettelpriester bei Dio Chrysost. hält seine Consolationsrede vor einem $παῖς$ (§ 20), wie der antisthenische Pythagoras auch zu Kindern spricht; des Pythagoras mystischer Sohn Telauges wird von Aeschines bei Kallias als kynisch bettelhaft charakterisirt (vgl. oben S. 217) und in dem Fragment bei Aristoteles Rhet. 1405 a [15] lehnt Kallias den Bettelpriester ab. So stimmen die Spuren zusammen: der antisthenische Bettelpriester bei Kallias, als Exorcist der kindischen Todesfurcht auftretend, wird hier von dem neckenden Plato als der verlangte $ἀγαθὸς ἐπῳδός$ herbeicitirt, und nun tönt es mit lauten kynischen Fanfaren: $πολλὴ μὲν ἡ Ἑλλάς, ἐν ᾗ ἔνεισί που ἀγαθοὶ ἄνδρες$ (das kynische Ideal!), $πολλὰ δὲ καὶ τῶν βαρβάρων γένη$ (die consolatorische Urweisheit ist ja bei Antisthenes zur Hälfte orientalisch, vgl. oben S. 164 ff.), die man alle nach einem solchen $ἐπῳδός$ gründlich durchsuchen muss (die pythagoreische Mystik gilt ihm ja als kosmopolitisches Sammelproduct!), wobei man weder Geld schonen dürfe, noch $πόνοι$ (!), da es kein $εὐκαιρότερον$ gebe sein Geld anzuwenden — nämlich für den reichen Kallias bei Antisthenes, wie auch Plato wieder persiflirend den alten Schwachkopf Kephalos für sein Geld keine bessere Verwendung finden lässt, als sich von der Todesfurcht zu befreien, die ihn wie die Kinder (!) aufschreckt (Rep. 330, vgl. oben S. 176 f.); denn die Greise werden ja zu Kindern (Axioch. 367 B). Die bei der bisherigen immanenten Phaedoerklärung beharren, mögen nur weiter ohne jeden Anhalt in dem zu beruhigenden $παῖς$ Apollodor oder sonstwen vermuthen und sich im Uebrigen darüber ausschweigen, was die Scherze des c. XXIV mit dem Rufen nach dem $ἐπῳδός$ bedeuten.

Aber es scheint doch wohl irrig, dass damit der „dritte" Beweis als antisthenisch angekündigt werden soll: denn er beginnt ja mit der Ideenlehre. Doch man lasse sich nicht täuschen; denn Plato hat den Anfang des Beweises in seinem Sinne verändert. Er will 78 B untersuchen, was zerstörbar ist, was nicht, und findet, dass nur das Zusammengesetzte zerstörbar ist, das Einfache nicht. Und nun sollte man die Ausführung erwarten: einfach aber ist, im Gegensatz zum Leib, die Seele; aber Plato macht eine Wendung: einfach ist, was sich gleichbleibt, und sich gleichbleibend und demnach μονοειδές sind — die Ideen. Die Ideen aber sind mit der Seele als οὐχ ὁρατά verwandt, und während sie durch die (körperliche) Sinneswahrnehmung verwirrt wird, fühlt sie sich bei der νόησις der Ideen in ihrem Element. Warum macht Plato diese Wendung? Ich glaube nicht nur, um dem Kyniker ein Kukuksei in's Nest zu legen, auf diesem Umwege die Ideenlehre in den Beweis einzuschmuggeln, sondern auch weil Plato die Seele als μονοειδές garnicht so zugiebt wie Antisthenes. Allerdings möchte ich (ganz entsprechend den Ergebnissen der englischen und deutschen Sprachstatistik, vgl. Gomperz, Zeitschr. f. Philos. u. philos. Kr. 109, S. 175) den Phaedo parallel dem Symposion (seinem paidiastischen Seitenstück gemäss jener συζυγία ἐναντίων) hinter den Meno setzen, der zuerst die ἀνάμνησις liefert, und vor Phaedrus und Republik, die zuerst die dreitheilige Seele bringen, und zwar die Republik sichtlich als neue Entdeckung, der Phaedrus aber schon mit einer Anspielung auf Antisthenes, dem sie sicherlich Τυφῶνος πολυπλοκώτερον erschien (230 A). Der Phaedo würde also noch in die Reihe der mehr persönlich-sokratischen und zugleich stark an Antisthenes orientirten Dialoge gehören. Aber wenn auch der Phaedo noch nicht die Dreitheilung der Seele fixirt, das Problem dürfte doch so weit schon in Plato gearbeitet haben, dass es ihm den Muth benahm, den Beweis so glatt auf die Einfachheit der Seele zu bauen.

Man hat bereits erkannt, und Rohde (Psyche II² S. 278. 286 f., 4; vgl. auch Dümmler, Kl. Schr. I, 242) hat es wohl am besten ausgesprochen, dass die individuelle Unsterblichkeit überhaupt sowohl mit Plato's Seelenauffassung wie mit seiner Ideenlehre, die nur dem Allgemeinen ewige Realität giebt, schwer vereinbar ist. Gewiss ist der verzweifelte, mehr logisch consequente als psychologisch richtige Ausweg Teichmüller's (Stud. z. Gesch. d. Begr. 115. 142. Lit. Fehden II, 135 ff.), darum für Plato die Lehre der persönlichen Unsterblichkeit zu leugnen, angesichts der unbestreitbaren Bekenntnisse (namentlich im Phaedo) abzuweisen. Aber soviel ist doch sicher, dass diese schwer anzugliedernde Unsterblichkeitslehre nicht selbständig am Baume des Platonismus gewachsen sein kann, sondern ihm als fremdes Reis eingefügt sein muss. Demnach ist überhaupt die Consolation, die auf dem Unsterblichkeitsdogma ruht, als Bedürfniss und literarischer Zweck nichts ursprünglich Platonisches, sondern dem Phaedo originaler von aussen gegeben und vorgebildet. Rohde hat richtig gesehen, dass Plato in seiner Unsterblichkeitslehre eine religiöse, mystische Lehre vertieft hat, dass seine transscendente Seele von den Theologen stammt (S. 276, 4. 278—282. 288, 1. 290, 1); aber er hat sie nicht direct von ihnen. Ich glaube nicht, dass ein Plato vor der Dogmatik der Mysterienpriester die Segel strich und ihr zu Liebe seinem System eine bedenkliche Biegung gab. Nein, ein Philosoph hat hier die Brücke gebildet, der mit Vorliebe sich auf die ϑεολογήσαντας beruft (vgl. Dümmler, Antisth. 37. Akad. 4, 1 und oben S. 171 Anm.), dessen Grundtendenz es ist, die Orphik zu verarbeiten, die Philosophie religiös zu machen und den Weisen zu vergöttlichen, und dessen Lehre in ihrem Individualismus der persönlichen Unsterblichkeit entgegenkommt und gerade die beiden Punkte des Platonismus nicht anerkennt, die ihr im Wege stehen: die zusammengesetzte Seele und die Ideenlehre. Antisthenes hat (ähnlich wie bei Rhapsodie und Dichtung) die Mysterienpriester verspottet und die Mystik aufgenommen, ihr Aeusserliches bekämpft und ihr Innerliches ethisch vertieft. Die Forderung der Katharsis, von der nur der Phaedo soviel spricht, ist sicherlich ursprünglich theologisch[1]), aber sie ist philosophisch umgedeutet. „Nicht die Befleckung, die von der Berührung unheimlicher Dämonen droht, gilt es zu verhüten, sondern die Trübung der Erkenntnisskraft — und des damit als gleichzeitig gesetzt gedachten Wollens des Erkannten — durch die Sinnenwelt und ihre wilden Triebe. Statt nach ritualer Reinheit ist zu streben nach der Reinhaltung der Erkenntniss vom Sinnentrug, nach der Sammlung, dem Zusammenziehen der Seele auf sich selbst" (281 f.). Es ist bezeichnend, dass Rohde für all diese theologischen Lehren von Plato wesentlich den Phaedo citirt. Aber die Verinnerlichung

---

[1]) Vgl. Rohde 281. Vielleicht ebenso das Ideal des τέλειος, mit dem der Kyniker seinen steilen Tugendweg als die wahre mystische τελετή bezeichnet (vgl. Max. Tyr. diss. 39, 3).

der Dämonen, die Einheit von Erkennen und Wollen, der Hass gegen die Sinnenlockungen, die Forderung, sich auf sich selbst zurückzuziehn, all das ist mehr noch als platonische — kynisch-stoische Grundlehre[1]) (s. Näheres unten). Es ist durchaus irrig, zu meinen, dass der Kyniker Mysterienfeind an sich ist; er billigt die Dogmen, aber befehdet die Riten. Er will statt der äusseren Formen den ethischen Sinn setzen. Er spottet, dass die Weihen einen Dieb in den Himmel bringen sollen und der Mangel der Weihen einen Epameinondas in die Hölle (L. D. VI, 39. Plut. d. aud. poet. 4. Jul. VII, 238 A); er spottet über den, der mit Weihwasser seine Sünden abwaschen zu können meint (L. D. 42), aber durch die kynische Askese ἐκκεκάθαρται ἡ ψυχὴ κακῶν (Diog. ep. 46) — da haben wir beim Kyniker die mystische Reinigung des platonischen Phaedo und zwar dort gegen Plato gewandt. Der Kyniker lehrt original mit der Mystik die persönliche Unsterblichkeit, d. h. die der Götter und der Weisen und Guten, in die er die Reinen der Mystik umdeutet. Plato aber lehrt ursprünglich nur die Unsterblichkeit der Ideen, und erst auf dem Umweg über die Ideen kommt er zur persönlichen Unsterblichkeit. Aber er biegt zu ihr um, nicht weil ihm die Orphik imponirt hat, sondern weil er sieht, wie ethisch fruchtbar die Vertiefung der Orphik bei Antisthenes ist, und zeigen will, dass auch auf dem Standpunkt der Ideenlehre eine Consolation möglich ist und einem Sokrates der Himmel blüht. Wer genauer zusieht, findet auch, dass Plato nicht die Mystik, sondern einen ethischen Interpreten der Mystik citirt (vgl. oben S. 228 f. und unten). Und es ist ja auch nicht nur das Religiöse, sondern z. Th. auch das Philosophische, die Beweise des Dogmas, die sich schwer mit der Hauptlehre Plato's vertragen und von ihm kritisirt werden, ihm also in einer philosophischen Vorlage gegeben sein müssen.

Vor Allem ist es eben der Beweis aus der Einfachheit der Seele, der für Plato nur auf Umwegen brauchbar wird. Für den Individualisten Antisthenes aber, der weder ewige Ideen, noch Seelentheile kennt, ist es natürlich, aus der punktuellen Einfachheit der Seele auf ihre Unvergänglichkeit (ἀδιάλυτον 80 B) zu schliessen, wie der Kyniker gerade das διαλύεσθαι des Körpers durch den Tod betont (vgl. oben S. 196 f.). Und so heisst es mit echt kynischen,

---

[1]) Der asketische Individualismus der Kyniker hat dem echt mystischen (vgl. Rohde 288, 1) Anachoretenthum (ἀναχωρεῖν Phaed. 83 A) sicher mehr vorgearbeitet als Plato.

an den Axiochus erinnernden Wendungen von der Seele, dass sie im Irdischen πλανᾶται (!) καὶ ταράττεται (!) ὥσπερ μεθύουσα (s. die kynischen Ausführungen dieses Bildes unten) als reine φρόνησις (!) im καθαρόν ihre Sphäre hat (79 CD), im ἀειδές, wie hier 80 CD (vgl. 79 B) Ἅιδης gedeutet wird. Nun ist aber diese etymologische Deutung von Hades die des Antisthenes, dem die Stoiker folgen (Dümmler, Kl. Schr. I, S. 9), und sie wird ausdrücklich von Plato im Cratylus 403 f. abgelehnt. Die Phaedoerklärung steht also vor der Wahl, entweder anzunehmen, dass Plato sich widerspricht, oder zuzugeben, dass er mit der Argumentation, in die die Deutung Ἅιδης = ἀειδής so wichtig hineinspielt, nicht seine Ansicht giebt, sondern Antisthenes citirt. Schon darin liegt, dass dieser auch die Gebiete des ὁρατόν und οὐχ ὁρατόν geschieden (79 A, vgl. auch unten), und der eifrige Dichotomiker hat da sicherlich seinen Grundgegensatz Leib und Seele hineinvertheilt. Vgl. in stoisch-pythagoreisirender Auslassung L. D. VIII, 31 (s. Schmekel, Philos. d. mittl. Stoa 429): φρόνιμον ἀθάνατον, ψυχὴ ἀόρατον. Ferner Mem. I, 4, 9 (vgl. IV, 3, 14), Cyr. VIII, 7, 20: οὐδὲ γὰρ τὴν σαυτοῦ σύ γε ψυχὴν ὁρᾷς, ἣ τοῦ σώματος κυρία ἐστίν; so existiren auch die unsichtbaren göttlichen κύριοι. Diese Zusammenstellung der Seele mit dem Göttlichen als dem Herrschenden (ἄρχειν, δεσπόζειν, ἡγεμονεύειν) im Gegensatz zum δουλεύειν und ἄρχεσθαι des Leibes erscheint nun auch hier 80 A und ist ein Hauptmotiv der kynischen Consolation Diog. ep. 39. Es ist ja eben die Lieblingsantithese des Kynikers, der mit dem hegemonischen Seelenbegriff sicher dem Stoiker voranging.

So ergeben sich nun nach den Methoden des phantastischen Analytikers, der eben der Kyniker war, in lauter Identitäten oder Analogieen und Dichotomieen oder Antithesen zwei Schlachtreihen: ἀθάνατον = ἀδιάλυτον = μονοειδές = φρόνησις = ψυχή = οὐχ ὁρατόν = θεῖον = κύριον etc. und andererseits θνητόν = ξύνθετον = πολυειδές = πλανώμενον = ὁρατόν = σῶμα = ἀνόητον (vgl. oben S. 197) = zum ἄρχεσθαι bestimmt etc. Ist das wirklich die Beweismethode des echten Plato? Bemerkenswerth ist übrigens, dass Plato dem Resultat dieses Beweises aus dem ὁμοιότατον (80 B): dass die Seele ἀδιάλυτον, hinzufügt: ἢ ἐγγύς τι τούτου. Ist es eine eigene Salvirung Plato's oder eine Andeutung, dass der Kyniker ähnlich manchen Stoikern die Unsterblichkeit der Seele, die, wie man kynisch sagen kann, bloss ἐγγυτάτη τῷ θείῳ ist, nicht absolut behauptete? Und wirklich operirt das Folgende 80 C f. mit dem nur zum Ueberleben berechtigenden Vorzug der Seele vor dem Leib. Wenn schon der Leib, wie namentlich die Einbalsamirung in Aegypten (auf das der kynische Pythagorist und Kenner exotischer Bestattungssitten gern hinblickt, vgl. oben S. 179. 198, 3. 209) zeigt, lange nach dem Tode fortbesteht, wie sollte die Seele, die in die hohe, reine, unsichtbare Sphäre aufsteigt, in den Hades ὡς ἀληϑῶς, zum ἀγαϑὸς καὶ φρόνιμος ϑεός, sogleich zu Grunde gehen, wie die πολλοί sagen? Nein, καϑαρά, selbständig geworden, geht sie ein zu dem ὅμοιον, d. h. zum ϑεῖον καὶ ἀϑάνατον καὶ φρόνιμον, εὐδαίμων, πλάνης καὶ ἀνοίας καὶ φόβων καὶ ἀγρίων ἐρώτων καὶ τῶν ἄλλων κακῶν τῶν ἀνϑρωπείων (so pessimistisch!) ledig, nach der mystischen Lehre ὡς ἀληϑῶς bei den Göttern wohnend. Man sieht, wir sind hier mitten in der angekündigten ἐπῳδία und ganz im οὐράνιος λόγος des Axiochus und der sonstigen kynischen Consolationsperspective. Das mehrfache ὡς ἀληϑῶς bedeutet natürlich, dass die orphischen Vorstellungen in's Geistige umgedeutet sind. Die sich reinigende, geweihte Seele ist die ὀρϑῶς φιλοσοφοῦσα als μελετῶσα τεϑνάναι. Dagegen werde die vom Körper befleckte philosophiefeindliche Seele, die den Begierden und Lüsten dient, mit dem Leiblichen, dem γεῶδες, verwachsen, im Irdischen (im ὁρατόν) festgehalten als ὁρατή, als Gespenst aus Angst vor dem ἀειδές = Ἅιδης (wieder die antisthenische Deutung!) um die Gräber πλανᾶσϑαι, bis diese schlechte Seele wieder zur Strafe an einen Körper gebunden wird, wobei die Männer der γαστριμαργία (vgl. Antisth. Frg. 56, 1) und φιλοποσία etc. zu Eseln, die tyrannischen zu Wölfen u. dgl. und, die die πολιτικὴ ἀρετή = σωφροσύνη καὶ δικαιοσύνη (vgl. I, 494) gepflegt, zu Bienen (vgl. Epict. III, 22, 99) u. dgl. oder wieder zu Menschen werden. Meint man nun ernstlich, dass Plato all das glaubt, was er sich hier als so selbstverständlich einräumen lässt, nicht etwa in der Wahrscheinlichkeitsdichtung eines fremden Mythus vorträgt? Er wird eben aus der ἐπῳδία des Kynikers citiren, dem nicht nur die Einzelheiten bis zur Verthierung der Seelen zusagen, sondern vor Allem der dogmatische Kern von der ψυχή, der die Leidenschaften als verderbliche, fremde, leibliche Schlacken anhaften, was sich mit Plato's Seelentheorie schlecht verträgt, sodass „manche Platoniker, denen künstliche Auslegungen missfielen, das Eingehen der Menschenseele in Thiere geleugnet haben", vgl. Rohde (a. a. O. 276, 4), nach dem Plato die Lehre von Theologen und Pythagoreern angenommen hat — ich meine, von dem kynischen theologisirenden Pythagoristen. Wie nahe die Vorstellung von der Verthierung der

Seelen der forcirten kynisch-stoischen Ethik liegt, zeigt Antisthenes' Bearbeitung des Kirkemythus, ferner Epiktet: der Sünder verliert den Menschen und wird zum Wolf, zur Schlange, Wespe u. s. w. (diss. II, 9, 3. IV, 1, 119. IV, 5, 16) und Kleanthes bei Stob. ecl. II, 212 (vgl. auch Diog. ep. 39, 3; Dio IX § 19).

Zu den Göttern aufsteigen, heisst es weiter in diesem οὐράνιος λόγος 82 C ff., aber darf nur der παντελῶς (!) καθαρός, d. h. die ὀρθῶς φιλοσοφοῦντες (die kynische Weisenapotheose!), die aller (!) leiblichen Begierden sich enthalten und καρτεροῦσι (!) — nicht weil sie wie die πολλοί (!) oder φιλοχρήματοι (!) die πενία fürchten (die ja für den Kyniker kein κακόν ist) oder die ἀδοξία (die ja sogar ἀγαθόν, vgl. Antisth. Frg. 46, 3) wie die φίλαρχοί τε καὶ φιλότιμοι — wieder die kynische Terminologie der Neigungen (vgl. S. 205. 232)! — nein, sie, οἷς τι μέλει τῆς αὑτῶν ψυχῆς (das Hauptthema der kynischen Paränesen! vgl. I, 482 ff.) gehen nicht den Weg der Unwissenden, sondern folgen ihrer Seele (immer der Wegvergleich!). Die Philosophen erkennen nun (82 E) die Seele im Leibe ἀτεχνῶς διαδεδεμένην καὶ προσκεκολλημένην, ἀναγκαζομένην δὲ ὥσπερ δι' εἱργμοῦ — σκοπεῖσθαι — καὶ ἐν πάσῃ ἀμαθίᾳ κυλινδουμένην (das bekannte kynische Bild!) — sind diese geschwollenen Worte Plato's Sprache? Aber es kommt noch anders. Die Philosophie παραμυθεῖται (!) ψυχήν, zeigt ihr, dass die Sinne μεσταὶ ἀπάτης (!) und ermahnt (!) sie, sich auf sich selbst zurückzuziehn, nur sich selbst zu trauen und jedes Ding für sich allein zu betrachten und sich der solcher Lösung vom Leibe entgegenstehenden Affecte zu enthalten. Was hier zunächst auffällt, ist, dass die Aufzählung dieser Affecte 83 B, die nicht absichtslos ist, schon weil sie wiederholt wird, genau der stoischen Eintheilung der πάθη entspricht: τῶν ἡδονῶν τε καὶ ἐπιθυμιῶν καὶ λυπῶν καὶ φόβων. Ist es nun wahrscheinlicher, dass Plato oder dass Antisthenes hier der Stoa voranging? Und dafür soll noch später Material beigebracht werden. Aber man sagt, Plato verfechte hier die Ideenlehre gegen den Empirismus. Nun haben ja bereits Naturphilosophen gegen die Erkenntniss der Sinne geeifert und der kynische Herakliteer, der Fanatiker des νοῦς oder λόγος und Panegyriker des Hades = ἀειδές hat gewiss auch die Sinne der βάρβαροι ψυχαί gescholten. Aber zugegeben: die Forderung, αὐτὸ καθ' αὑτὸ τῶν ὄντων zu betrachten, gehe auf die Ideenlehre und nicht auf den ganz anders gemeinten erkenntnisstheoretischen Individualismus des Antisthenes, und das οὐχ ὁρατόν, das er ja bei Seele, Gott und Hades anerkennt, gehe auf die

Ideen, die er gerade als nicht ὁρατά leugnet (Frg. 34, 3), dann ist es eine wunderschöne Perfidie Plato's, in der Philippika des Kynikers gegen die leiblichen πάθη ihm zu sagen, dass das πάντων μέγιστόν τε κακὸν καὶ ἔσχατον πάθος dabei jenes Kleben am Leiblichen ist, das die Ideen leugnet.

Und nun heisst es weiter 83 D, genau entsprechend dem kynischen Mythus bei Dio Chr.: jede ἡδονή und λύπη fessele die Seele an das leibliche Gefängniss, während doch Plato sonst nicht so antihedonisch und pessimistisch ist. Die Seele aber mit dem Leib ὁμότροπός τε καὶ ὁμότροφος (ist Plato oder Antisthenes Gorgianer?) kann nicht rein in den Hades kommen, sondern muss bald wieder in einen andern Leib ἄμοιρος τοῦ θείου (vgl. zu diesem antisthenischen Ausdruck oben S. 178) τε καὶ καθαροῦ καὶ μονοειδοῦς συνουσίας — es ist die kynische Weisenapotheose in der aus dem Axiochus bekannten Perspective. Sie ist von den platonischen Mythen schon darum etwas abweichend, weil sie auf der antisthenischen Etymologie Hades = ἀειδές ruht. In das Reich des ἀειδές, d. h. des Unkörperlichen, darf kein vom Körper Befleckter, so dass der Hades der Himmel ist, nicht die Unterwelt. Aus diesem Grunde, nicht wie die πολλοί (!) denken, sind die Philosophen κόσμιοι καὶ ἀνδρεῖοι (!) — man sieht, der „dritte" Beweis geht zusammen mit der 64 ff. behandelten μελέτη θανάτου (vgl. speciell 68 C ff.), und wenn die eine Betrachtung kynisch ist, muss es auch die andere sein. Die Seele, heisst es wiederum genau wie in dem kynischen λόγος bei Dio Chr., darf sich nicht durch die ἡδονή und λύπη immer von neuem fesseln lassen, so ein Penelopegewebe spinnen (Antisthenes kann den Homer nicht entbehren!), sondern muss in sich eine Meeresstille herstellen, ἑπομένη τῷ λογισμῷ (vgl. Heraklit b. Sext. Emp. VII, 133 und Antisth. Frg. 47, 5. 64, 45), τὸ ἀληθὲς καὶ τὸ θεῖον καὶ τὸ ἀδόξαστον (!) betrachtend καὶ ὑπ' ἐκείνου τρεφομένη (vgl. zu diesem hier öfter auftretenden antisthenischen Bild I, 488 und Norden, Jahrb. f. Phil. Suppl. 19, S. 369) — hier drängen in fünf Zeilen 84 A mindestens ebensoviel verschiedene Vergleiche: ein Zeichen wohl, dass hier Plato die bildreiche Rhetorik des Kynikers abgekürzt hat. Uebrigens erscheint jene antisthenische Deutung Hades = ἀειδές, die für den 3. Beweis so wichtig ist, in Verbindung mit dem κύκλος γενέσεως, auf dem der 1., ja auch antisthenische Beweis beruht, bei Simplic. 39 zu Parmenides Frg. 13 Diels: καὶ τὰς μὲν ψυχὰς πέμπειν ποτὲ μὲν ἐκ τοῦ ἐμφανοῦς εἰς τὸ ἀειδές, ποτὲ δὲ ἀνάπαλίν φησιν. Das sagt aber nicht mehr Parmenides (vgl. Diels S. 109, der dazu Phaed. 79 B und die Schrift de victu 4 vergleicht), und es wird sich später zeigen, dass Antisthenes an dies Parmenidescitat vom Eros anknüpft.

Man sage, dass alle die hier behaupteten antisthenischen Einzelbeziehungen Phantasie seien, so bleibt doch noch das Ganze: Plato ruft zur Einführung des „dritten" Beweises ironisch einen ἀγαθὸς ἐπῳδός herbei; er lässt die starke Dogmatik mit erstaunlicher Scrupellossigkeit ausströmen und widerlegt dann den Beweis völlig. Und trotzdem soll er dem Plato gehören? Ja, wie soll der Dramatiker deutlicher sagen, dass hier ein Anderer, eben ein anderer „Sokrates" spricht? Die folgende Widerlegung ist schlagend; sie trifft die ganze attributive Methode des Kynikers. Die blosse Einstellung von σῶμα und ψυχή in die antithetischen Prädicatsreihen (vgl. nam. 80 A B) beweist nichts für die Unsterblichkeit der Seele: denn es kann etwas die aufgezeigten Eigenschaften der Seele besitzen, ἀόρατον καὶ ἀσώματον καὶ πάγκαλον καὶ θεῖον (85 E ff.), auch ἰσχυρόν sein und doch nicht ἀθάνατον (87 f.). Wie Plato dem antisthenischen Sokrates im Clitopho sagt: du lobst die Gerechtigkeit, aber du erklärst sie nicht, so hier: du lobst die Seele als θεῖον, πάγκαλον, ἰσχυρόν etc., aber du beweisest nicht ihre Unsterblichkeit. Analogieen beweisen nicht; denn Vergleiche (εἰκόνες, die der Kyniker liebt) hinken und können durch Vergleiche geschlagen werden, wie Simmias und Kebes zeigen. Dass des Simmias Widerlegung Antisthenes trifft, war früher gesagt. Aber auch der Nachweis des Kebes, dass die ἰσχύς der Seele nicht die Unsterblichkeit verbürge, trifft ihn, der so ausnehmend den Werth der ἰσχύς betont und, wie die φρόνησις, ἀρετή etc., auch die Seele dynamisch, darum auch hegemonisch nimmt. Der dynamische Vorzug, führt Kebes aus, macht die Seele nur πολυχρονιώτερον, nicht ewig, und in der stoischen Schule ist ja wirklich diese Consequenz gezogen worden, vielleicht auch schon in der kynischen. Dass Kebes wirklich auf die antisthenische Lehre, nicht bloss auf die Ausführung des dritten Beweises hinblickt, zeigt schon die 87 D nur angedeutete heraklitisirende Auffassung vom ῥέον σῶμα: eine Seele könne mehrere Leiber verbrauchen, zumal schon der lebende Leib in fortwährender Wandlung begriffen ist. Darauf beruht ja die kynische Gleichbehandlung des ganzen Leichnams mit abzuschneidenden Nägeln, Haaren und kranken Gliedern (Mem. I, 2, 53 f.). Alles Leibliche ist als werthloses ἀνόητον leichthin preiszugeben, ist nur vergängliche Schlacke der Seele.

Aber wenn nicht die Einführung des Beweises, nicht seine Durchführung und nicht seine Widerlegung ihn als antisthenisch charakterisirten, so wäre es das, was dieser Widerlegung vorangeht und folgt, die Stimmungsaufnahme der ἀπορία. Wie die Citirung des Schwanenvergleichs 84 E ff. an die principiell gute Laune des kynischen Consolators angesichts des Hinstürzens seiner Argumente appellirt, ist schon oben gesagt. Dann aber, als unter den Schlägen der Thebaner der οὐράνιος λόγος, die Hochburg kynischer Consolation, hingesunken und die volle Schwüle der ἀπορία selbst die Rahmenfigur Echekrates ergreift, da lächelt Sokrates: die Sokratik stirbt nicht mit den Argumenten eines Sokratikers; denn dem Aelteren kommt der Jüngere zu Hülfe; dem kynischen „Herakles" bietet sich Plato als Iolaos an zur Rettung der Unsterblichkeit (89 C). Ueber dem hingesunkenen lauten ἐπῳδός steigt noch ein anderer Sokrates auf — so ἡδέως καὶ εὐμενῶς καὶ ἀγαμένως (89 A), d. h. so beschämend für den Kyniker, der aus Zorn darüber, logisch geschlagen zu sein, gegen die Logiker losschlägt. Darum wendet sich Plato im Folgenden 89 C—91 C gegen die μισόλογοι oder die περὶ τοὺς ἀντιλογικοὺς λόγους διατρίψαντες. Man lasse sich nun von unsern Erklärern belehren, dass der milde Sokrates hier ohne allen Grund plötzlich gegen die bösen Sophisten eine lange Philippika halte. Wer aber nicht an Teufel und Gespenster glaubt, erinnere sich (mit Dümmler, Ak. 200), dass Antisthenes einen ἀντιλογικός schrieb und einen Σάθων ἢ περὶ τοῦ ἀντιλέγειν, der gerade gegen Plato gerichtet ist (Athen. V, 220 D. Diog. III, 35). Diese Schriften predigen: es giebt kein Widerlegen, und dass sich Plato dagegen wendet, ist in diesem Moment erhabener Spannung nur dann keine unangebrachte Abschweifung, wenn eben Antisthenes widerlegt worden ist und ihm Plato den Rückweg des οὐκ ἔστιν ἀντιλέγειν abschneiden will.

Und nun kennzeichnet Plato die antisthenische Antilogik als μισολογία (vgl. über das Wort und die Berechtigung der μισολογία bei Antisthenes oben S. 143, 4), die er dem kynischen Eiferer gegen die πάθη als das schlimmste πάθος vorhält (89 C D). Sie sei wie die μισανθρωπία — und Plato schildert nun wirklich keinen fremden Sophisten, sondern wir sehen den immer Affect schäumenden Kyniker, wie er sich mit Begeisterung an einen Menschen hängt, und wenn dann sein Vertrauen ein paar Mal getäuscht worden, alle Menschen als Taugenichtse hasst. In diesem Umschlagen von einem παντάπασι zum entgegengesetzten erkennt Plato Mangel an τέχνη im πιστεύειν und χρῆσθαι ἀνθρώποις — und Antisthenes hatte sogar περὶ πίστεως geschrieben und war so stolz die Kunst des ὁμιλεῖν ἀνθρώποις zu lehren (vgl. auch Frg. 65, 49)! Der wahrhafte Menschenkenner wisse, dass das Extrem der Schlechtigkeit ebenso wie das der Tugend schwach vertreten sei, dass die Mehrzahl mittleren Schlages ist, wie auch das σφόδρα der Grösse und Kleinheit bei Menschen oder Hunden (!) selten ist. Wen trifft diese Bemerkung, die Plato selbst als nicht zur Sache gehörig bezeichnet (90 B)? Sicherlich doch den, der immer auf die πολλοί schlägt und die Kluft zwischen den wenigen Weisen und Tugendhelden und der Masse der Thoren und Schurken aufweitet. Der Kyniker preist ideal die φιλανθρωπία und nennt die realen Menschen ὄχλος (Diog. VI, 40. 60). Und weiter deckt Plato die Psychologie des Kynismus auf: die μισολογία beruhe wie die μισανθρωπία auf getäuschtem Vertrauen und Mangel an τέχνη. Die Antilogiker hielten sich zuletzt allein für weise; die Dinge aber liessen sie in ewiger Flucht, wie im Euripos ἄνω καὶ κάτω στρέφεσθαι. Der Kundige weiss, dass die Antilogik des kynischen μόνος σοφός in jenem Heraklitismus wurzelt, den Plato am besten im Theaetet charakterisirt; hier behandelt er sie als οἰκτρὸν πάθος des Kynikers, der die λόγοι beschuldige statt der eigenen ἀτεχνία (90 C D). Aber ist es nicht tactlos, dass Plato den sterbenden Sokrates polemisch werden lässt und die Polemik des Kynikers herausfordert? Er entschuldigt sich auch; er zeige sich jetzt οὐ φιλοσόφως, ἀλλὰ φιλονείκως (!) ὥσπερ οἱ πάνυ ἀπαίδευτοι (91 A) — so nennen ja Plato und Aristoteles den kynischen Fanatiker der παιδεία, wie eben der φιλάνθρωπος μισάνθρωπος gescholten wurde. Also Plato erklärt seine Polemik nur für Revanche und baut im Uebrigen dem kynischen μόνος σοφός goldene Brücken durch eigene Bescheidenheit. Wir glauben noch nicht ὑγιῶς ἔχειν ἀλλ' ἀνδριστέον (!) ὑγιῶς ἔχειν — das Kriterium des ὑγιές zieht sich hier durch (89 D E 90 C E): Antisthenes fühlt sich als ἰατρός der kranken Welt berufen. Mag ich, fährt Plato fort (91 A B C), jetzt ebenso streitsüchtig erscheinen (wie der Kyniker), ich unterscheide mich von ihm, sofern ich nicht auf Bekehrung, Ueberredung ausgehe. Ich bin kein Rhetor, heisst das, wie der Gorgianer Antisthenes (vgl. Frg. 65, 49); wehrt euch, dass ich nicht im trügerischen Feuereifer der Beredsamkeit wie die Biene in euch den Stachel zurücklasse (wie es von Perikles' Beredsamkeit hiess). Kümmert euch nicht um mich, sondern um die Wahrheit. Mir liegt auch wesentlich an der eigenen Ueberzeugung; die Bekehrung anderer ist mir nur πάρεργον. Damit hat Plato einen Strich gemacht zwischen seiner wissenschaftlichen Tendenz und der Paramythetik des Kynikers: der Phaedo ist mehr als eine Consolationsschrift.

Sokrates widerlegt nun den Einwand des Simmias. Es hätte genügt, zu zeigen, dass die Lehre von der Seele als Harmonie sich nicht mit der ἀνάμνησις verträgt, die Simmias keinesfalls aufgeben will (92); aber es folgt noch eine directe Widerlegung der Annahme der Harmonieseele (93 f.), weil, wie gesagt, der Kyniker sie lehrt, ohne die ἀνάμνησις anzuerkennen. Nach einigen homerischen, theologischen und sonstigen charakteristischen Anspielungen (95 B) geht es gegen Kebes, der die leibliche Existenz als eine νόσος und das Leben als ein ταλαιπωρεῖσθαι bezeichnet haben soll (95 D); aber nicht Kebes, sondern Antisthenes hat sich so pessimistisch geäussert. Die nun folgende geistige Entwicklungsgeschichte habe ich in meiner Dissertation über „die geistige Entwicklung und die schriftstellerischen Motive Plato's" für Sokrates zurückgewiesen und für Plato in Anspruch genommen. Es scheint mir noch jetzt, dass die einstige Entwicklung des echten Sokrates hier zu skizziren, Plato ganz fern lag; aber auch für ihn selbst möchte ich historisch nicht mehr viel daraus entnehmen. Man begreift sie am besten, wie schon Bonitz (Plat. Stud. 310 Anm.) vermuthete, als eine Construction ad hoc: das Ziel ist die Ideenlehre; die kritische Geschichte der Naturphilosophie und die wichtige Rolle des Anaxagoras sind, wie wir sahen, in der Consolationsschrift des Antisthenes bereits gegeben; nur hat wohl erst die platonische Kunst das Ganze in ein persönliches Erlebniss des Sokrates verwandelt. Ich glaube, wie gesagt, dass bereits Antisthenes, der Verfechter des νοῦς vor Plato und Aristoteles, Anaxagoras heraushob und ihm zugleich den Mangel an Teleologie vorwarf, die dem kynischen Utilitarier und Deisten Bedürfniss war. Auch bewegt sich die Kritik 99 B C etwas dunkel, z. Th. in antisthenischen Wendungen und Anspielungen. Die wie im Finstern tappenden πολλοί (!) ἀλλοτρίῳ (!) ὀνόματι (!) προσχρώμενοι werden gescholten; nach der δύναμις (!) des Besten fragen sie nicht und sprechen ihr nicht δαιμονίαν ἰσχύν zu, sondern glauben an einen Atlas (der antisthenische Ursophist, Dümmler, Ak. 192; vgl. oben S. 170 ff. zu Diog. Pr. 1) ἰσχυρότερον καὶ ἀθανατώτερον und glauben nicht, dass in

Wahrheit τἀγαϑόν καὶ δέον das All ξυνδεῖν καὶ ξυνέχειν; vgl. Mem. IV, 3, 13: ὁ τὸν ὅλον κόσμον συντάττων τε καὶ συνέχων, ἐν ᾧ πάντα καλὰ καὶ ἀγαϑά ἐστι und Cyr. VIII, 7, 22 (in der Consolation): ϑεοὺς πάντα δυναμένους, οἳ καὶ τήνδε τὴν τῶν ὅλων τάξιν συνέχουσιν — ἀναμάρτητον.

Ein Anzeichen, dass hier Plato auf den Kyniker recurrirt, möchte ich auch darin erblicken, dass er vorher (98 E) Sokrates beim Hunde schwören lässt; denn ich glaube, dass der sog. Lieblingsschwur des Sokrates immer so zu verstehen ist. So z. B. im Gorgias 461 A, wo er auf die antisthenische Parallelschrift, den gegen den Rhetor Gorgias gerichteten Archelaos (Athen. V, 220 D) hinweist, 466 C, wo Polos ein Citat des Antisthenes auf den Kopf stellt (vgl. Xen. Symp. IV, 36. Frg. 59, 14) und 482 B, wo es sich um einen Streitpunkt der Sokratiker handelt (das ἀδικεῖν, vgl. I, 396 f. und Späteres) und Plato dem Gegner eine ἀναρμοστία (!) vorwirft. Wer diese Erklärung gesucht findet und im Hundeschwur nur den volksmässigen Ton des Sokrates erkennen will, der lese nur hier Gorg. 482 B den Schwur: μὰ τὸν κύνα τὸν Αἰγυπτίων ϑεόν (vgl. Teles p. 27, 8 H). Ist das volksmässig? Ist das ernsthaft zu nehmen und ohne eine Beziehung ausserhalb des Gorgiastextes zu verstehen? Bezeichnend ist, dass Aristophanes die Schwüre bei Hund und Gans kennt (Wespen 82, Vögel 521), aber nicht im Munde des Sokrates. Kratinos (Χείρωνες XI. Mein.) spottet über Leute, die als grössten Schwur Hund und Gans haben, von Göttern aber schwiegen. Also lag ein Princip darin? Der platonische und auch der xenophontische Sokrates wissen nichts davon; denn sie schwören oft genug bei Zeus und Hera. Aber eine andere Tradition (Schol. Aristoph. Av. 521. Schol. Plat. Bekk. p. 331. Zenob. V, 81. Suid. Rhadamanthys) sagt, dass Rhadamanthys zuerst die Schwüre bei den Göttern verbot und die bei Hund, Gans u. dergl. einführte, und dass dies auch die ὅρκοι des Sokrates seien, von dem es noch speciell (mit der principiellen Ablehnung des Götterschwurs) Philostr. VI de vit. Apoll. p. 291 berichtet. Und nun wird das Verbot, bei den Göttern zu schwören, auch Pythagoras zugeschrieben (Diog. VIII, 22. Jambl. 150). Aber was haben Pythagoras, Rhadamanthys und Sokrates mit einander zu thun? Der Einzige, der hier eine Brücke bauen kann, ist der Pythagorist und Unterweltsmystiker Antisthenes[1]). Der Thiercultus blüht ja in der kynischen

---

[1]) Dass sich Antisthenes mit der Bedeutung des Eides beschäftigte, zeigt schon das S. 171 f. Angeführte (vgl. auch Dümmler, Antisth. 37).

Schule[1]). Der Stoiker Zenon schwört bei der Caper (vgl. Lehrs, Plato's Phaedrus und Gastmahl, Anhang), und die jüngeren Stoiker haben die übereinstimmende Ablehnung des Götterschwurs (Epikt. Man. 33, 5. Sen. Frg. 474, 9. M. Aurel 3, 5) doch wohl nicht direct von den Pythagoreern übernommen (Bonhöffer, Die Ethik des Stoikers Epiktet 113, 31). Plato greift bloss den Hundeschwur an einigen charakteristischen Stellen auf, weil er dadurch zugleich auf den Kyniker hinweist. Es ist Bosheit, wenn er Sokrates Gorg. 482 B μὰ τὸν κύνα τὸν Αἰγυπτίων θεόν schwören lässt, weil er dadurch den Hundeschwur in den verpönten Götterschwur verwandelt unter ironischer Berufung auf die orientalisirende Mystik des kynischen Pythagoristen, und es ist Bosheit, wenn er Phaed. 103 A den dunklen „Anwesenden", der, wie gesagt, unverkennbar Antisthenes ist, gerade beginnen lässt: πρὸς θεῶν!

Der Kyniker tritt da als Gegner der Ideenlehre auf, wird aber mit dem Vorwurf der Confusion heimgeschickt, die schon vorher 101 E den ἀντιλογικοί (also der Schrift des Antisthenes) vorgehalten worden, wobei der Kyniker es hören muss, dass er, im Bewusstsein seiner Weisheit alles durcheinandermischend, doch an sich selbst Gefallen finde — und allerdings thront ja bei ihm über den heraklitischen Wogen das weise Subject. Plato aber möchte es laut hinausrufen (ib. C μέγα ἂν βοῴης, wie der Kyniker und hier ihm zum Trotz!), dass ihm die Ideenlehre die Welterklärung sei und alles Andere κομψείας, die er σοφωτέροις überlasse (101), mag er sich auch damit ἁπλῶς καὶ ἀτέχνως καὶ

---

[1]) Zu dem Hahnopfer am Schluss des Phaedo ist nicht nur die Tradition von Pythagoras zu vergleichen, der ein Hahn gewesen sein will (vgl. noch L. D. VIII, 34), sondern auch der Kyniker Diogenes, der im Tempel gerade auch des Aeskulap einen Kampfhahn weiht (vgl. Bernays, Luk. u. die Kyn. 95 Anm. 16), dessen Tapferkeit übrigens dem Kyniker Vorbild ist (Dio 15 § 2, vgl. seinen Sokr. L. D. II, 30 und Dio 10 § 30). Sollte so nicht Plato doppelten Grund haben, nach dem Agon des Phädo einen Streithahn zu opfern? Jedenfalls erscheint dieser letzte Sokrateswunsch, dem Plato nur eine besondere Wendung gegeben, noch in anderer, naiverer Version aus einem altsokratischen Dialog Socr. ep. 14, 9. Vgl. Hirzel (Dialog I, 194), der (ib. 192—196) weitere auch auf andere Sokratikerschriften weisende Varianten über Sokrates' Ende hervorhebt und mit Recht es kaum denkbar findet (194), dass dieser seine letzten Reden nur den beiden Thebanern widmete und so alte und hervorragende Schüler wie der leidenschaftliche Antisthenes stumm dabei sassen. Das wusste auch Plato. Zeigt das nicht schlagend, dass auch im Phaedo die wichtige Rolle des Antisthenes nur verhüllt sein kann?

ἴσως εὐήθως verhalten — das sind Scheltworte, die Antisthenes gegen Plato's Verfechtung der Ideen gebraucht zu haben scheint, wie bereits Dümmler, Akad. 204 gesehen. Die Vertheidigung der Ideenlehre gegen kynische Angriffe ist hier sehr angebracht; denn der „vierte und letzte", in Wahrheit einzig entscheidende Beweis ist echt platonisch und steht und fällt mit der Ideenlehre. Er ist, mit einem Wort, ontologisch: es liegt im Begriff der Seele als des (den Leib) belebenden Princips, dass ihrer Natur der Tod widerspricht wie dem Feuer die Kälte. Nachdem nun Plato seinen besseren Beweis gegen den Kyniker durchgesetzt hat, vereinigt er sich wieder mit ihm im Resultat, quod erat demonstrandum, und betont mit ihm (107 C ff.) als Consequenz der ἀθανασία die ἐπιμέλεια ψυχῆς, als einzige ἀποφυγὴ κακῶν und σωτηρία, d. h. Consolation, dass die Seele βελτίστη τε καὶ φρονιμωτάτη werde, als einzigen Weg in den Hades die παιδεία τε καὶ τροφή u. s. w. — und Plato hat nicht nur durch die kurz skizzirende Behandlung, sondern auch durch ein doppeltes λέγεται angedeutet, dass er hier citirt; aber natürlich war es nicht die Orphik, die den Werth der παιδεία u. dgl. betont, sondern Antisthenes, und an ihn gemahnt auch die Dichterkritik und Mythen- und Ritendeutung 108 A und der Gegensatz der den Göttern folgenden φρόνιμος ψυχή und der ἐν πάσῃ ἀπορίᾳ πλανωμένη, von leiblichen Begierden verunreinigten Seele (108 A B C)[1]). Man vergesse nicht, dass Plato mit dem Kyniker einig ist in der festen Behauptung der ἀθανασία, dass derselbe transscendenzsüchtige Idealismus, der den Kyniker zum Consolator macht, Plato zum Schöpfer der Ideenlehre macht, zum Schöpfer zweier Welten (auch im Phaedo zweier Erden), die aber nicht, wie beim Kyniker, in Himmel und Hölle verdampfen, sondern als

---

[1]) Man könnte hier 107, wo aus der Unsterblichkeit gefolgert wird, dass nicht der Tod, sondern nur die Besserung Erlösung von den κακά verspricht, einen Widerspruch finden gegen das antisthenische Wort: δεῖν κτᾶσθαι νοῦν ἢ βρόχον (vgl. auch Diogenes, Ael. X, 11); da ist es nun interessant, dass bereits von Plutarch dieser Widerspruch gerügt wird bei Chrysipp, von dem man auf Antisthenes zurückschliessen kann.

Plut. de Stoic. repugn. c. 14:

Ἀντισθ. μὲν γὰρ ἐπαινῶν ὅτι τοὺς μὴ νοῦν ἔχοντας εἰς βρόχον συνήλαυρεν, αὐτὸς ἔψεγεν αὐτὸν εἰπόντα μηδὲν εἶναι τὴν κακίαν πρὸς τὸ ἐκ τοῦ ζῆν ἡμᾶς ἀπαλλάττειν.

Phaed. 107 C:

εἰ μὲν γὰρ ἦν ὁ θάνατος τοῦ παντὸς ἀπαλλαγή, ἕρμαιον ἂν ἦν τοῖς κακοῖς ἀποθανοῦσι τοῦ τε σώματος ἅμα ἀπηλλάχθαι καὶ τῆς αὑτῶν κακίας μετὰ τῆς ψυχῆς.

Original und Copie fester und hellenischer dastehn. Weil die Transscendenz zuerst beim Kyniker als Consolation aufging, darum trägt die originalste Entwicklung der Ideenlehre bei Plato das Gewand der Consolation. Der Phaedo lehrt: die paramythetische Rhetorik versagt, und die sonstigen Beweise versagen; die wahre Consolation ist die Ideenlehre.

2. Prodikos' Ὧραι und der kynische Herakles.

Prodikos muss irgend einen Anlass geboten haben, ihm (und z. B. nicht Gorgias oder Hippias) die Rolle des Consolators zu übertragen (so gut wie Anaxagoras doch wenigstens in jene Dogmatik seinen νοῦς, sein ὁμοῦ πάντα χρήματα[1]), seine αἰσθήσεις μετὰ λύπης etc. lieferte), und diese Prädestination zum Consolator wird eben in dem gelegen haben, wofür ihn der kynische Axiochus vor Allem zu citiren weiss: im Pessimismus. Der aber ist vor dem Ende des 5. Jahrhunderts schon durch Eur. Thes. Suppl. 196 gesichert: ἔλεξε γάρ τις ὡς τὰ χείρονα πλείω βροτοῖσίν ἐστι τῶν ἀμεινόνων, wobei man allerdings noch schwanken kann, ob hier Prodikos oder Antiphon (über diesen später!) citirt ist. Aber in Aristophanes' Tagenisten, deren erstes Fragment Stob. flor. 121, 18 über die Vorzüge des Pluton Prodikos zugerechnet wird, ist er in der Rolle des πεισιθάνατος anerkannt. Es ist auch durchaus möglich, dass bereits der Zerleger Prodikos zu der These kam: der Tod trifft uns nicht (nämlich weder die Lebenden, noch die Todten), und es ist auch begreiflich, dass diese These, deren Verträglichkeit mit dem Pessimismus schon Schopenhauer's zustimmende Citirung beweist, vom Kynismus wie vom Epikureismus aufgegriffen wird; denn sie dient ja dem, was beide suchen: der Freiheit des Individuums und der Bekämpfung der Todesfurcht. Die feindlichen Parteien konnten im Pessimismus sich treffen, wie auch Bion zeigt; denn eben weil sie das Subject, die Macht des Individuums betonen, drücken beide die Welt herab. Die pessimistische Dissonanz aber kann eine tragische wie eine komische sein. Als mit dem Ende des 5. Jahrhunderts der Geist der Zeit nicht mehr so laut auf der

---

[1] Dessen kynischen Niederschlag jetzt auch Gomperz, Gr. D. II, 130, erkennt. Vgl. auch die Uebereinstimmung von Anaxagoras Gnom. Vat. 115 und Diogenes Anton. et Max. s. de morte p. 878.

Bühne des Lebens wie aus den Coulissen der Literatur sprach, wurden die Kyniker Erben der Tragiker. Der antisthenische Sokrates spricht ἐπὶ μηχανῆς τραγικῆς. Diogenes und Krates werden Tragödien zugeschrieben, Menippos schrieb eine *Νεκυία*. Der Kyniker citirt gern die Tragiker und liebt Theatervergleiche[1]), und Krates will durch den Anblick des Telephos auf der tragischen Bühne zur kynischen Lebensweise bekehrt sein. Pessimismus und Asketismus berühren und begründen sich ja mannigfach als theoretisch und praktisch verneinende Richtungen. Diogenes bei Dio bringt das Beispiel des ötäischen Scheiterhaufens zu Gunsten des Selbstmords. Andererseits hat man längst innere Berührungen der neueren Komödie mit Lehren Epikur's bemerkt, der ja auch mit Menander befreundet ist. Die Komödie war dem Antisthenes sicherlich ein Dorn im Auge; griff sie doch an Sokrates die Eigenschaften auf, die der Kyniker zum Princip erhob, und in der Art, wie er dies als phantastischer Prediger that, wird er den Komikern sicherlich Stoff zum Lachen gegeben haben. Er aber hielt sich an den Tragiker Euripides, und Krates, der gleich Prodikos die Lebensalter pessimistisch abschätzt, schliesst mit einem freien Citat aus dem Herakles (V. 637).

Die Leiden des letzten Lebensalters kann hier Euripides nicht an Herakles selbst schildern; aber er lässt ihn 1266 ff. das pessimistische Facit seines Lebens ziehen: vom Kampf in der Wiege durch die μυρίους πόνους, die den ἡβῶντα erwarten, bis zum letzten πόνος — hier kann nun sehr wohl der Pessimist Prodikos für Euripides vorbildlich gewesen sein und Herakles als treffliches Beispiel vorgeführt haben, dass des Menschen, auch des Besten, Leben in allen seinen Stufen voller πόνοι, eitel Mühe und Leiden ist[2]). Man könnte das in seinen Ὧραι suchen, die demnach (mit Cougny) als „Lebensalter" (aber des Herakles!) zu deuten wären; aber es wird sich ein anderer Inhalt für diesen Titel wahrscheinlicher zeigen. Jedenfalls dürfte Prodikos den Typus des Herakles *πονηρότατος* (Hesiod Frg. 159 f.) erneuert und principiell und allgemein menschlich erfasst haben. Euripides

---

[1]) Antisth. Frg. 54, 19 f. L. D. VI, 38. 64. 87. Diog. Gnom. Vat. 201. Diog. ep. 34, 1 (die Tragiker als Lehrer der griechischen σοφία), vgl. 33, 1 und in der auf Antisthenes zurückgehenden Rede Dio XV § 10 (s. unten). Weiteres s. bei Dümmler, Akad. 3 ff. (Bühne und Schauspieler als kynisches Lebensvorbild) u. unten.

[2]) Höchstens könnte des Euripides ostentativer Protest gegen den Selbstmord (1146 ff. 1347 f.) gegen den keischen πεισιθάνατος gerichtet sein.

spricht in seiner Heraklestragödie von πόνος und πονεῖν so auffallend viel wie manche darin charakteristische xenophontische Schrift (vgl. oben S. 102 ff.); aber er spricht eben anders davon. Er spricht von den πόνοι als Leiden und Nöthen der Menschen (V. 126. 597. 725 etc.). Zwar Herakles darf sich seiner πόνοι als Thaten und Siege rühmen (356. 575. 1410); aber es sind μυρίοι πόνοι (1275 f. 1353), deren Ende man ersehnt (427), die man eben doch erdulden und kosten musste (22. 1353), und das Drama zeigt, was das Facit der μυρίων πόνων ist, wie er den letzten πόνος ἔτλη τάλας (1279), zeigt also den πολύπονον (1192) als den Unglücklichsten der Sterblichen (1015. 1196 f.). Es ist gerade der Sinn der Tragödie, dass die gerühmten, stolzen πόνοι sich als unendliche, am Ende erdrückende Leiden herausstellen. Steckt nicht ein Princip in dieser Betonung des schlimmen πόνος[1])? Und wenn Antisthenes seinen Herakles schreibt, wesentlich um zu zeigen, dass ὁ πόνος ἀγαθόν (Diog. VI, 2), — sieht das nicht aus wie die Antwort auf den Herakles eines andern Philosophen, der den πόνος als κακόν vorgeführt? Dieser Andere wäre Prodikos, und an solcher Folie konnte erst die grosse Paradoxie des Kynikers in voller Schärfe und mit gutem Grunde hervortreten. Wenn aber erst der Kyniker den πόνος als ἀγαθόν gezeigt hat, dann kann die Prodikosfabel bei Xenophon nicht von Prodikos stammen.

Wer da meint, der Kyniker folge eben doch nur dem Prodikos, der behauptet damit, dass die Denkentwicklung rein mimetisch, in gerader Linie, in lauter Nachzeugungen, dogmatischen Diadochieen verläuft, während sie doch ebensosehr in Reactionen und Differenzirungen sich bewegt und bewegen muss, der behauptet ferner, dass Sokrates für Antisthenes nichts bedeute. Nicht etwa, dass Sokrates das Lob des πόνος gesungen hätte! Aber zwischen dem πόνος = κακόν und dem πόνος = ἀγαθόν liegt die sokratische Betonung des Bewusstseins. Das Bewusstsein ist, wie gesagt (vgl. oben S. 107), das Befreiende, das den nun einmal real als Leiden empfundenen πόνος aus dem Passiven in's Active umlegt, das als κακόν Gegebene als ἀγαθόν setzt. Es ist die Erkenntniss, die den πόνος mindestens als Mittel zum Zweck werthet. Herakles, der grösste der Menschen, konnte Prodikos

---

[1]) Die Reminiscenz, die nach v. Wilamowitz 153 Sophokles' Trachinierinnen mit dem euripideischen Herakles verbindet, lautet πόνων (Soph. μόχθων) μυρίων ἐγευσάμην. Vgl. aber auch Philokt. 1419: ὅσους πονήσας καὶ διεξελθὼν πόνους ἀθάνατον ἀρετὴν ἔσχον.

klagen, hatte unendliche, schwere πόνοι zu überstehen. Ja, aber, konnte Antisthenes fortfahren, der πόνος ist für den Weisen ein ἀγαθόν, und er machte Herakles zum Sokratiker. So erst, indem er Prodikos und Sokrates vereinigte, erstand sein Lebensdogma: ὁ πόνος ἀγαθόν. Man darf sich nicht wundern, dass es bei dem abkürzenden und unkritischen Xenophon bereits Prodikos vorträgt. Aber auch schon der kynische Dialogiker konnte ja die Synthese Sokrates = Prodikos nur so vollziehen, dass er den Einen den Andern belehren liess, und da ist es nach analogen Fällen klar, dass die beherrschende Gesprächsfigur den Vortragenden als Lehrer hinter sich hatte, und also Sokrates wieder als Prodikeer erschien. Jedenfalls ist es unmöglich, dass ein Herakles des Prodikos auf späte Zeiten überging, und der Kyniker, dem Prodikos empfehlenswerthe Autorität (Symp. IV, 62) und Herakles das Ideal seines Lebens ist, unberührt davon und müssig dabeistand; vielmehr ist es fast selbstverständlich, dass der Herakles des Prodikos von der kynischen Heraklesprophetie aufgesogen wurde, durch sie hindurchgehend populär wurde. „Herakles", sagt v. Wilamowitz mit Recht, „ward doch nur durch Prodikos der πανάρετος ἀνήρ", d. h. genauer durch unsere Fabel. Doch um von dem Inhalt der Fabel: ὁ πόνος ἀγαθόν noch nicht zu sprechen, wenn nicht die Verbindung von Sokrates und Prodikos, so fordert Herakles als idealer Menschentypus den Kyniker.

Man erinnere sich der bekanntesten Daten dafür, wie sehr der Kynismus äusserlich und innerlich an Herakles hing. Antisthenes, Ἡρακλεωτικός τις ἀνὴρ τὸ φρόνημα (Euseb. pr. ev. XV, 13, 7), lehrt im Kynosarges, Attika's wichtigstem, altem Heraklesheiligthum[1]); nicht weniger als drei Heraklesschriften werden von ihm verzeichnet, und am häufigsten von seinen Werken und gerade für die Grundlagen der kynischen Lehre (vgl. L. D. VI, 2. 104 f.) wird ein Herakles citirt. Diogenes bezeichnet Herakles als sein Lebensmuster (L. D. VI, 71), das er in all seinem Thun und selbst in der Tracht nachahme (Luc. v. auct. 8), und er soll eine Heraklestragödie geschrieben haben. Und noch die Stoiker feiern Herakles als den Weisen und den unbesiegten Kämpfer (Sen. de const. 2, 1), und Kleanthes heisst ein zweiter Herakles (L. D. VII, 170); der Kyniker Peregrinus treibt die Heraklesnachahmung bis zur Selbstverbrennung. Ja, man wollte im Kynismus weder Ἀντισθενισμός, noch Διογενισμός sehen, sondern es erklären οἱ γενναιότεροι

---

[1]) Vgl. Dettmer, de Hercule Attico S. 15 ff. 31.

τῶν κυνῶν ὅτι καὶ ὁ μέγας Ἡρακλῆς, ὥσπερ οὖν τῶν ἄλλων ἀγαθῶν ἡμῖν τις αἴτιος κατέστη, οὕτω δὲ καὶ τούτου τοῦ βίου παράδειγμα τὸ μέγιστον οὗτος κατέλιπεν ἀνθρώποις Jul. or. VI, 187 C. Nicht Antisthenes, sondern Herakles, heisst es, sollte der wahre Gründer des Kynismus sein und die Kyniker die wahren Herakliden.

Man bedenke, wie sehr dieser neuerweckte Heraklescultus im Geist des 4. Jahrhunderts steht, das er inaugurirt. Das στάσιμον γένος des 5. Jahrhunderts löst sich in bewegtere Charaktere; statt der thronenden, klaren Himmelsgottheiten Zeus, Hera, Athena und der festen Kämpfer, die Phidias und Polyklet verherrlichten, tritt im Jahrhundert des Praxiteles und Lysipp das sich beugende und bewegende Genre voran und die impulsiveren Charaktere, die mehr als Mittler und Dämonen irdisch und in der Menschenbrust wirken, Aphrodite und Eros, Hermes, Dionysos, Pan und Herakles[1]). Die Zeit ward sensibler und muskulöser zugleich — das geht zusammen, wie Aristipp und Antisthenes sich ergänzten, und Dionysos und Herakles als eng verbündete Kameraden galten. Aber Herakles ward König von Hellas, und seine Faust hielt Attika am Boden. Das Jahrhundert begann mit dem Triumph Spartas, und der Kyniker feierte die Herakliden von Lykurg bis Agesilaos[2]). Eine andere Heraklesstadt trat das Erbe der Herrschaft an, und Diogenes pries Epameinondas[3]). Dann belehrte er, wenn auch vielleicht nur in der Dichtung seiner Schüler, Alexander, und bald wanderte Herakles, als dessen Spross und Nachfolger sich dieser fühlte, auf den Münzen der makedonischen Herrscher[4]) durch die Welt. Und es kam die Zeit, da der Neukyniker, der sich Stoiker nannte, segnend zu Rom sprach, und nun erst stieg der siegreiche Herakles zur Sonnenhöhe und sass fest auf dem Thron der Weltherrschaft. Schon Pompejus, Cäsar (vgl. nam. Diodor), Mark Anton u. a. suchten oder erfuhren den Vergleich mit Herakles, und die Kaiser

---

[1]) Erst gegen 400 zeigt sich in der Heraklesbildung ein stärkeres Vortreten des Stirnbeins über der Nase und ein etwas erregter, wildkräftiger Ausdruck. Furtwängler, Roscher's myth. Lex. S. 2162.

[2]) Wie ja auch Isokrates im Archidamos die Ansprüche der Spartaner durch die Heraklessage begründet.

[3]) L. D. VI, 39. Plut. de aud. poet. 4. Vgl. Epameinondas als φιλόσοφος ἐν πολιτείᾳ bei Dio Chr. or. 32 § 5 f. 72 § 2 f. A. Auch in dem im 4. Jahrhundert zur ἀρχή ansteigenden Thessalien wollten edle Geschlechter, wie die Aleuaden, Herakliden sein.

[4]) Die ja namentlich Speusipp als Herakliden verherrlicht.

spielten den neuen Hercules nicht nur bei Horaz oder Martial; sie spielten ihn fast sämmtlich auf ihren Münzen (wo Hadrian sogar in der Scenerie der Prodikosfabel erscheint!); sie spielen ihn z. Th. (Caligula, Nero, Commodus, Caracalla) sogar lebendig in der Löwenfelltracht und in Thierkämpfen, ja Commodus lässt sich, vom Senat zum Hercules ernannt, opfern; noch Diocletian erklärt sich als Heraklide; von seinem Mitkaiser vererbt sich der Beiname Herculius, und noch die christlichen Kaiser prägen Herculesmünzen [1]).

Aber der altgriechische Herakles sass nicht nur auf dem Thron; er griff auch gerade hinab in die untersten Lebensschichten, und eben in dieser socialen Antithese interessirte er die Kyniker. Herakles, dem schlechteren Mann unterthan und doch zugleich der gewaltigste der Menschen! Die Letzten werden die Ersten sein — das war der Gedanke des Kynikers, der in dem heruntergekommenen Gymnasium der νόθοι beim Heraklesaltar lehrte [2]), und er wies seinen Bettelranzen als Löwenfell und seinen Wanderstab als Herculeskeule, und er freute sich, dass der Gewaltige statt der stolzen Herren- und Bürgerwaffen, Schild, Schwert und Lanze, auch die Waffen der Niederen und Armen, der Naturmenschen, Pfeil und Bogen, wie die skythischen Staatssklaven, und sogar die verachtete Schleuder, ja die blossen Hände gebrauchte [3]). Diogenes (L. D. 30) lässt natürlich seine Schüler τοξεύειν und σφενδονᾶν lernen (bezeichnender Weise neben der Herrenkunst des ἱππεύειν), und die Cyropädie zeigt mit kynischer Tendenz, dass die Plebejer, die bisherigen Bogenschützen, sich den geübten adligen Schwert-

---

[1]) Vgl. Roscher's myth. Lex. S. 2980—3002. 2183. 2917. 2943 etc.

[2]) Vgl. Dettmer a. a. O. S. 20.

[3]) Der kynische Relativist wird sich wohl hier das Lob des πολύτροπος im Kampfe nicht haben entgehen lassen. Herakles weiss sich ja auch gegenüber den Verwandlungskünstlern Nereus, Acheloos, Theoklymenos zu verhalten wie Odysseus gegen Proteus. Aus dem antisthenischen Herakles, wo nach den Fragmenten der Bogenschütze Cheiron als Erzieher des Achill erscheint, stammt sicherlich die sophistische Elenktik des Cheiron gegen Achill, der den Bogen eine feige und unadlige Waffe nennt, Dio or. 58 (vgl. Dümmler, Kl. Schr. I 146). Antisthenes hat sich dabei wohl wieder einmal auf Euripides berufen, in dessen Rede Herakles ja auch Lykon mit seiner Verachtung des Bogens sophistisch widerlegt (V. 159 ff. 188—203). Zu Antisthenes stimmt also vortrefflich die (kynisch ethnographische) Argumentation Mem. III, 9, 2, die die skythische Tapferkeit der spartanischen parallel setzt. Zur antisthenischen Variabilität der Tapferkeit vgl. noch seinen Odysseus, oben S. 142. 148 u. Symp. II, 12.

trägern als gleichwerthige Kampfgenossen anreihen (vgl. S. 54 etc.). Ging doch damals ein demokratischer, aufweitender Zug durch das Heerwesen, mit dem sich die Peltastik und das exotische Söldnerthum hob. Die Masse bedeutete etwas, aber schliesslich doch nur in der Hand des Dictators, der die $ἀρχή$ baute.

Das Volk konnte seinen Herakles noch in besonderem Sinne verstehen. Wie dereinst schon von der demokratischen Opposition die Fackel der Orphik entzündet und getragen wurde und im Cultus des leidenden Gottes Dionysos das von der Noth der Tage gedrückte Volk Trost suchen konnte (vgl. Gomperz, Griech. Denker I, 110 f.), so konnte es sich beim Wiederaufleben der Orphik, an dem der Kyniker so starken Antheil nahm, an den von Euripides und Prodikos erweckten grossen „Dulder" halten, dem sich auch in hartem Frohndienst Arbeit auf Arbeit häufte. Das Volk ruft nach einem starken Gott, und darum rief es nach Herakles. Er ist nicht mehr bloss der altdorische „Adelsgott"; sein Cultus blüht in Attika gerade beim niederen Volke, und in allen Dörfern lodern ihm Altäre (v. Wilamowitz 36. 98). Er taugte wahrlich zum Bauerngott — der Schützer der Fluren, der in sechs seiner zwölf Hauptthaten allerlei thierische Landplagen beseitigt, und nicht umsonst trägt er bisweilen das Füllhorn. Als Aufseher der Heerden und Schützer der Hirten erscheint er in älteren Darstellungen und nach der gewöhnlichen Auffassung auch in der Geryonsage. Der Vater hatte ihn in's Gebirge unter die Hirten geschickt, wo er nach Einigen ganz aufgewachsen sein soll, und ein Hirte erweist ihm auf dem Scheiterhaufen den letzten Liebesdienst und erbt seine Pfeile. Hirten und Bauern lauschen seinem Orakel[1]); die geplagten Winzer hatte er an Syleus, ihrem harten Herrn, gerächt, und die Schnitter sangen vom reichen Lityerses, dem faulen Arbeiter, aber fleissigen Fresser, der die Fremden zu harter Frohne zwang, bis er von Herakles getödtet ward, dem besten „Schnitter". War doch der Reiniger des Augiasstalls auch dem letzten Knecht ein Trost und Vorbild und der göttliche Bastard und Eurystheussklave zugleich der Gott der Freiheit und Gleichheit, der die Sklaven befreite (Herod. II, 113) und der Schützer der preisgegebenen Kinder, die man im Kynosarges aussetzte.

Er war ein Gott der Bauern, Tagelöhner und Knechte so gut wie ein Herrengott — die stehen eben zusammen auf einem

---

[1]) Dio Chr. I § 54 A.

Boden, in der patriarchalischen, agrarisch-feudalen, sozusagen dynamischen Cultur im Gegensatz zur städtischen, bürgerlichen, intellectuellen. Der Heraklescult des Kynikers begann die πόλις zu unterwühlen und damit die hellenische Classik. Sein bourgeoisfeindliches, agrarisches Ideal war romantisch-reactionär und wies zugleich auf die Zukunft. Wenn der Kyniker die Mauern und die Gesetze verachtete ausser denen der Tugend[1]), wenn er als Wanderer hinaustrat in's Land, den Oekonomen preisend und den Jäger[2]), mit den Gesten des Kriegers, in die weite Welt hinausblickend, dann ging neben ihm schon der Schatten dessen, der im 4. Jahrhundert langsam heraufkam[3]), der Schatten des Eroberers, des Weltreichsgründers. Die πόλις versank im grösseren Horizont der ἀρχή, und der Kyniker klagte nicht — wie viele Städte hatte Herakles zerstört!

Das kriegerische Herrenideal und das sociale Volksideal hatte Antisthenes ja auch in Kyros verbunden, den er ausdrücklich als Parallele zu Herakles behandelt (L. D. VI, 2). Der Eroberer wird βασιλεὺς ἐπιμελούμενος, Kyros ist στρατηγικώτατος und zugleich φιλανθρωπότατος (Cyr. VIII, 4, 7 f.). Aber es sind doch nun einmal zwei Ideale, von denen das eine vorantreten musste. Dem verweichlichten, habgierigen Bourgeois, den der Kyniker der Herakleskraft preisgab, stehen doch draussen auf dem Felde zwei gegenüber: der Mann in Waffen und der Mann des Pfluges; sie sehen sich an wie Krieg und Friede. Wem sollte der Kyniker des Lebens Krone reichen? Er liebte beide, und auch einem Xenophon, der beide in sich vereinigt, macht die Wahl

---

[1]) Antisth. Frg. 47, 5 f.

[2]) Vgl. die VII. Rede des Dio Chr., wo der Jäger, wie in Xenophon's Cynegeticus, und die auf altkynische Quelle (s. unten) zurückgehende Dissertation des Musonios Stob. flor. 56, wo ähnlich der Ackerbauer als Idealtypus den verdorbenen Städtern gegenübergestellt wird. Antisthenes wird im Herakles und Kyros die auch im Romulusroman abgefärbte Tradition vertreten haben, dass der Eroberer (wie der Prophet in der Einsamkeit, vgl. unten) in freier Natur unter den Hirten und als Jäger aufgewachsen sei. Die Tradition, dass Kyros von einem κύων genährt sei (Ael. v. h. XII, 42. [Dio] 64 § 23), steht nicht in Xenophon's Kyrosschrift, aber vermuthlich doch stand sie in der des κύων. Der antisthenische Herakles hört den gerechten Troglodyten Cheiron und ehrt den Pan (Frg. IV), den Geist der freien Natur. S. über den kynischen Pancultus unten.

[3]) Vielleicht ist es auch ein Zeichen des Hinauswachsens des staatlichen Interesses über das städtische im 4. Jahrhundert, dass auch Plato in den Leges weit mehr das „Land" berücksichtigt als in der Republik.

Beklemmungen. Er versichert am Schluss des Cynegeticus, wo er dem antisthenischen Herakles folgt, gar eifrig, dass der Jäger (= Krieger), der als Gegenbild des feigen Lüstlings und Capitalisten dasteht, doch zugleich ein guter Oekonom sein könne, und Oec. IV, 4 ff. (wo er dem antisthenischen Seitenstück zum Herakles, dem Kyros, folgt), dass der Perserkönig Kriegsdienst und Landbau als die höchsten Berufe besonders pflegte. Aber es musste eine Entscheidung geben, und darin eben, wie sie sich herausringt, kündigt sich ein neues Ideal an. Aus dem alten Heroentypus wächst ein anderer Herakles hervor, ein überhellenischer, der schliesslich nicht mehr Herakles ist. So ist es nöthig, auf diese Frage näher einzugehen; sie ist wichtig für Herakles, und sie berührt auch Prodikos.

Bei Maximus Tyrius dürfte wohl in den Grundtönen eine gut antisthenische Synkrisis durchklingen: diss. 29 beweist, dass die Krieger nützlicher seien als die Ackerbauer[1]), und diss. 30 beweist das Umgekehrte. Das letzte Wort behält natürlich Recht; Antisthenes hat sicherlich in seiner Lobschrift Οἰκονομικός[2]) diese Frage zum Austrag gebracht; darum gehören die im Katalog voranstehenden Worte περὶ νίκης unbedingt zum Titel. Nach dieser Schrift hat Xenophon Mem. III, 4 bewiesen, dass die tüchtigen οἰκονόμοι auch bessere στρατηγοί seien als ein alter Haudegen (vgl. oben S. 70). Der erwachende Socialgeist ist's, der den ökonomischen Beruf übergreifen lässt. Kyros ist stolz darauf, στρατηγικώτατος zu sein, aber — so entscheidet er — noch stolzer, φιλανθρωπότατος zu sein (Cyr. VIII, 4, 8), und das politische Ideal des Kynikers trägt social-agrarische Züge: es ist der Hirte[3]). Der Οἰκονομικός des Antisthenes, der keinen Fussbreit sein eigen nannte (Plut., Philos. esse c. princ. p. 86. Xen. Symp. III, 8), war natürlich kein technisches Repertorium, wie es Xenophon bieten konnte; es war sicherlich wieder ein romantischer Panegyricus, der auf theologische, altliterarische und ethnographische Instanzen blickte. Und nun haben wir wohl in schwacher Nachbildung eine so gezierte Rede,

---

[1]) Vgl. selbst im Stil der ethnographischen Argumentation z. B. diss. 29, 4: γεωργοῦσιν Ἀσσύριοι, πολεμοῦσι Πέρσαι· δουλεύουσιν Ἀσσύριοι, βασιλεύουσι Πέρσαι etc. mit Mem. II, 1, 10.

[2]) Und auch sonst, s. unten S. 268, 1 noch ein Zeugniss, dass diese Antithese und diese Entscheidung antisthenisch sind.

[3]) Vgl. zum kynischen Lob des Hirten namentlich Diog. ep. 44.

die zudem noch sociale Friedenskränze und orphische Weihen auf den braven Landmann herablässt. Themist. or. 30 beginnt die Empfehlung des Ackerbaus mit dem Lobe Hesiod's, der die λόγοι περὶ γεωργίας mit denen περὶ ἀρετῆς mischte, ὡς ταὐτὸν ὄν, γεωργίαν καὶ ἀρετὴν δι' ἀλλήλων καὶ ἅμα μαθόντες εἰδέναι (das konnte doch wahrlich nur der interpretirende Kyniker behaupten!), der nicht umsonst als σοφός (!) gelte und im Wettstreit mit Homer beim Grabe des Amphidamas von den Richtern den Kranz erhielt, weil Homer von Kriegen und Schlachten, er aber von Feldarbeit sang. Da haben wir dieselbe Synkrisis und dieselbe Entscheidung, und man vergesse nicht, dass die Prodikosfabel mit dem laudare Hesiodum anhebt, sich auf einem hesiodischen Motiv aufbaut.

Und bald wird Prodikos selbst citirt. Die göttlichen ἐπίκουροι γεωργίας werden herbeigerufen; dann heisst es: ἐπειδὴ καὶ τὰς ἐνιαυσίας (καὶ τὰς) ἀμοιβὰς οὐχ ὑπὲρ τούτου μόνον, ἀλλὰ καὶ ὑπὲρ πάντων ὧν ἐκ θεοῦ ἔχουσιν ἄνθρωποι παρὰ γεωργίας κομίζονται, σπονδὰς καὶ θυσίας καὶ δαῖτας καὶ ὅσα φύουσιν ἐκ τῆς γῆς Ὧραι· εἰ δὲ καὶ Διόνυσον παρακαλοῖμεν καὶ νύμφας καὶ Δήμητρος κόρην ὑέτιόν τε Δία καὶ Ποσειδῶνα φυτάλμιον, πλησιάζομεν ἤδη ταῖς τελεταῖς καὶ Προδίκου σοφίαν τοῖς λόγοις ἐγκαταμίξομεν· ὃς ἱερουργίαν πᾶσαν ἀνθρώπων καὶ μυστήρια καὶ πανηγύρεις καὶ τελετὰς τῶν γεωργίας καλῶν ἐξάπτει, νομίζων καὶ θεῶν εὔνοιαν ἐντεῦθεν εἰς ἀνθρώπους ἐλθεῖν καὶ πᾶσαν εὐσέβειαν ἐγγνώμενος. Man trenne nicht willkürlich das Prodikoscitat von dem Voranstehenden; dann ergiebt sich zunächst ein Zusammenhang mit einem andern, von Welcker (Rh. M. I, 633 f.) u. a. mit Unrecht selbständig genommenen Prodikoscitat. Sext. Emp. Phys. I, 18. 52. Cic. N. D. I, 42: Prodikos lehrte, dass die Alten Sonne, Mond, Quellen, Triften und überhaupt, was unserem Leben nütze, wegen der daraus fliessenden Wohlthat für Götter genommen, so wie die Aegypter den Nil und darum das Brod als Demeter, Wein als Dionysos, Wasser als Poseidon, Feuer als Hephästos vergöttlicht und so jedes Wohlthätige. Man sieht, es sind dieselben Namen und, nur anders verwerthet, derselbe Gedanke. Wem anders ist denn die Nützlichkeit der Naturdinge, die Wohlthaten der Demeter, des Dionysos u. s. w. zuerst aufgegangen als dem Landmann? Der Anfang der Frömmigkeit ist die Dankbarkeit des Bauern gegen die Natur, sagt Prodikos. Der echte?

Bei Themistius steht vor dem Prodikoscitat auffällig das

Wort Ὧραι, und in derselben Rede heisst es 350 C καὶ ταῖς ὥραις ἐξείη τὰ τούτων ἐκτρέφειν und ib. D ὁ παρὰ τῆς γῆς σὺν ταῖς ὥραις ἐπιμελούμενος. Sollte sich hier nicht eine neue mögliche Deutung des ja für Prodikos überlieferten Schrifttitels Ὧραι ergeben? Wenn man findet, dass in solche Ὧραι die Heraklesfabel der Mem. nicht passt, die späte Zeugen hineinsetzen, so wäre das Schlimmste, dass die späten Zeugen irrten. Themistius hat natürlich nicht Prodikos gelesen, und schon Welcker (637) hat vermuthet, dass dessen Spuren bei Antisthenes oder andern Sokratikern bewahrt seien. Da der xenophontische Οἰκονομικός Prodikos nicht nennt, sollte es nicht der antisthenische gewesen sein? Wie konnte denn Antisthenes die vielen Götter als menschliche Hypostasirungen erklären? (Frg. S. 22.) Dem Utilitarier lag hier die prodikeische Erklärung am nächsten, und wenn die Stoiker ebenso den Polytheismus als Vergöttlichung der Nutzenswerthe (Dionysos = Wein, Demeter = Frucht u. s. w.) deuteten, und schon Philodem hierbei an Prodikos erinnert, so wird eben der Kyniker die Brücke gebildet haben. Wer den Pantheismus des Kynikers recht versteht, begreift, dass er, trotz oder gerade mit dieser Erklärung, von den Wohlthaten der Götter sprechen kann — ganz wie die Stoiker. Der Ackerbau gehört zu den Thätigkeiten, in denen von der Götter Gunst τὰ μέγιστα abhängt (Mem. I, 1, 8), ganz wie beim Kriege, fügt der Oeconomicus V, 19 f. hinzu; darum müsse der Bauer fromm sein. Und er kann den Göttern die reichsten Opfer darbringen, die schönsten Feste feiern u. s. w., und darum ist die Landwirthschaft die Göttern und Menschen nützlichste und angenehmste Thätigkeit (Oec. V, 3. 10. XV, 4). Ausführlicher, den Vergleich mit dem Kriegsmann fortspinnend, spricht hier Max. Tyr. diss. 30, 5: ἑορταῖς γε μὴν καὶ μυστηρίοις καὶ πανηγύρεσι ποῖον πλῆθος ἐπιτηδειότερον; οὐχ ὁ μὲν ὁπλίτης ἑορταστὴς ἄμουσος, ὁ δὲ γεωργὸς ἐμμελέστατος; καὶ ὁ μὲν μυστηρίοις ἀλλότριος, ὁ δὲ οἰκειότατος; καὶ ὁ μὲν ἐν πανηγύρει φοβερώτατος, ὁ δὲ εἰρηναιότατος; Δοκοῦσι δέ μοι μηδὲ τὴν ἀρχὴν συστήσασθαι ἑορτὰς καὶ τελετὰς θεῶν ἄλλοι τινὲς ἢ γεωργοί· πρῶτοι μὲν ἐπὶ ληνῷ στησάμενοι Διονύσῳ χορούς, πρῶτοι δὲ ἐπὶ ἅλῳ Δήμητρι ὄργια etc. Da haben wir denselben prodikeisch-kynischen Ge-

---

[1]) Die andere mögliche Erklärungsweise, die euhemeristische, wird, mit jener utilitarischen gemischt, auch dem Prodikos und Persäos zugeschrieben Minuc. Fel. 21.

danken, und offenbar fliesst hier alles aus **einer** Quelle. Zu den hier genannten Mysterien und Weihen schlägt wieder Themistius ein 349 B: οὐ μὴν οὐδὲ Ὀρφέως τελετάς τε καὶ ὄργια γεωργίας ἐκτὸς συμβέβηκεν εἶναι, ἀλλὰ καὶ ὁ μῦθος τοῦτο αἰνίττεται (der kynische Interpretationsterminus!) πάντα κηλεῖν τε καὶ θέλγειν τὸν Ὀρφέα λέγων, ὑπὸ τῶν καρπῶν τῶν ἡμέρων ὧν γεωργία παρέχει πᾶσαν ἡμερῶσαι φύσιν καὶ θηρίων δίαιταν, καὶ τὸ ἐν ταῖς ψυχαῖς θηριῶδες ἐκκόψαι καὶ ἡμερῶσαι· καὶ τὰ θηρία γὰρ τῷ μέλει κηλεῖν ἐπιστεύθη θυσίας τε πάσας καὶ τελετὰς διὰ τῶν ἐκ γεωργίας καλῶν εἰς θεοὺς ἀνάγων. Wenn der Kyniker aus dem Landbau, d. h. aus dem Dionysos- oder Demetercultus die Religion ableitet, so erklärt er für die wahre Religion die Orphik, und er hat mit ihrer ethischen Sanctionirung eben doch den zukunftsreichsten religiösen Keim aus dem Untergrund des hellenischen Lebens an's Licht gehoben.

Wo hier die Grenze liegt zwischen dem, was Prodikos wirklich gelehrt und was im Anschluss daran Antisthenes ihn lehren liess, ist nur allgemein zu entscheiden. Die Mysterien lagen allerdings dem Attiker näher; aber wie Antisthenes als Mythograph mit Orpheus zusammengestellt wird (Jul. or. VII, 215), so wird Prodikos in seinen Wundervorträgen Nachahmer des Orpheus genannt[1]). Die religiöse Verklärung der ländlichen Idylle steht wohl dem insularen Verfasser der Ὧραι an, wenn die letzte Deutung richtig ist. Sprach er darin mit theologischer Färbung vom Blühen, aber auch vom Sterben der Natur, dann mochte er auch die Leier der Orphik rühren. Nicht umsonst blühte wohl auf Keos die elegische Dichtung und die Musik.

Die ländliche ἡμερότης wird schon der sentimentale Prodikos geschildert haben; aber die eigentlich ethische Wendung, der wirkliche Nachweis des „ländlich, sittlich!" gehört sicherlich dem Kyniker. Nach einem Paradestück kynischer Ethnographie (vgl. S. 84. 164 ff.), die das πονεῖν περὶ γῆν vom keltischen Norden bis

---

[1]) Allerdings bei Philostrat p. 483, der wohl auch an derselben Stelle den spottenden Gorgias aus einem sokratischen Sophistendialog hat, wo Prodikos gleich Sokrates (Mem. IV, 4, 6. Gorg. 490 E) sich seine altbackene Weisheit vorwerfen lassen muss. Vgl. die Kyniker als schlechte Nachahmer des Orpheus in dem παίζων λόγος des Phrygers Αἰσώπου συγγενοῦς (vgl. oben S. 225) bei Dio Chr. 32 (p. 285 f. A). Im Pessimismus, im Unsterblichkeitsglauben, in der Naturbeseelung, in der vegetarischen Diät (s. unten) u. a. knüpfen sie ja auch sicher an die Orphik an.

zum äthiopischen Süden nachweist, werden Themist. 350 A die Bauern weiter gepriesen mit ihrem sanften Leben, wie sie, der Lebensnoth entrückt, zum Himmel aufblickten und die Götter ehrten καὶ δίκῃ καὶ νόμοις ἐχρήσαντο πρῶτοι — — εὐπορίᾳ βίον σοφίαν ἀσκοῦντες, wie es echt kynisch heisst. Auch die Betonung von δίκη und νόμος liess sich aus der Orphik ableiten, in der sie eine grosse Rolle spielen[1]). Aber die Orphik ist eben hier principiell verarbeitet. Ἐκ δὲ τῶν νόμων, heisst es Themist. ib. C, ἄνθρωποι τὸ δίκαιον εὗρον, d. h. also δίκαιον = νόμιμον, und das ist, wie wir noch deutlicher sehen werden, gerade die These des Kynikers. Und nun lässt der antike Rousseau[2]) die Tugend auf dem Felde wachsen. Dass im Lob des Landbaus die Förderung der δικαιοσύνη einen wichtigen τόπος ausmacht (ἀρετή und γεωργία sind ja eins, vgl. oben S. 262), zeigt auch Max. Tyr. diss. 30 (vgl. Oec. V, 12). In unserer Themistiusrede heisst es ib. D: die Bauern haben keine Zeit und auch keinen Anlass zum ἀδικεῖν, sie leben ja ἐν ἀφθονίᾳ; die Städter aber haben σχολή zur ἀδικία und ehren sie und werden Sykophanten. ὁ δὲ γεωργὸς ἁπλοῦν (!) καὶ γενναῖον ἐν ἀγαθὸν εἰδώς, ὃ παρὰ τῆς γῆς σὺν ταῖς ὥραις ἐπιμελούμενος (!) κομίζεται, πολυπραγμοσύνην (!) δὲ ἀρχὴν ἀδικίας (!) πεπιστευμένος εἶναι κτλ. Der so brav kynische Bauer lebt natürlich (351 A f.) erzfriedlich. Friede und Ungerechtigkeit sind Naturgegensätze wie Feuer und Wasser. Der Krieg und damit die φθορὰ γεωργίας kommen aus der ἀδικία. Den Gerechten trägt die Erde reiche Frucht; der Himmel ist ihnen gnädig, wie Homer und Hesiod singen, während er über die Ungerechten Unsegen ergiesst. So ist nichts den Menschen so nützlich als γηπονίας ἐπιμεληθῆναι (!), wenn τὸ αὔταρκες (!!) τίμιον ist, und das Kind der Demeter nennen die Dichter (!) den πλοῦτος (man spürt die Zeitstimmung, in der Kephisodot Eirene mit dem Plutos schuf!). Aber sollte der Kyniker den Plutos loben? Doch, er thut es, aber eben nur in dieser Synkrisis zu Gunsten der Friedenswerke, und so schlägt hier bestätigend Frg. 59, 15 ein: Ἀντισθένης ὁ Σωκρατικὸς εἰπόντος τινός, ὅτι ὁ πόλεμος ἀπολεῖ τοὺς πένητας, Πολλοὺς μὲν οὖν ποιήσει, ἔφη.

---

[1]) Gomperz a. a. O. 110. 438. Dümmler, Kl. Schr. I, 188.

[2]) Vgl. über Antisthenes als antiken Rousseau jetzt auch die schönen Ausführungen bei Gomperz, Griech. Denker II, 115. 117 f. Die bei Späteren erhaltene Idealschilderung des Thales Tempe ist vielleicht schon altkynisch (s. unten).

Alle τέχναι, wird zum Schluss ausgeführt, bedürfen des Landbaus, und auch der König, auch der Achämenide und Heraklide muss ihn schützen. Man wird zunächst sich erinnern, dass Oec. V der Perserkönig (den ja Antisthenes parallel dem Schützer der Fluren, Herakles, gepriesen) den Landbau besonders pflegt, und dass Xenophon ib. 17 ausdrücklich sich auf „jenen" beruft, der τὴν γεωργίαν als τῶν ἄλλων τεχνῶν μητέρα καὶ τροφόν charakterisirt (vgl. oben S. 70). Denselben Ausdruck hat Musonios in seinem Lob des Landbaus (Stob. flor. 56, 18), in dem er, wie wir später sehen werden, treuer als Xenophon Antisthenes folgt. Aber vor Allem finden wir das Original der Themistiusrede bereits kritisch berücksichtigt im II. Buch des platonischen Staats. Da tadelt Adeimantos 363 diejenigen, die in den Mahnreden der Väter an die Söhne (das ist ja der kynische Typus!) die Gerechtigkeit mit eben jenen Homer- und Hesiodcitaten preisen, nach denen die Götterhuld den Gerechten reichen Fruchtertrag giebt[1]). Das lesen wir nicht nur bei dem Nachahmer Themistius, sondern bei Antisthenes selbst, der Schol. ad. Odyss. ι 106 p. 416 Dind. die Erde den Kyklopen als δίκαιοι alles freiwillig spenden lässt; δίκαιοι müssen sie natürlich als Hirten sein. Vgl. auch das Paradies des Krates L. D. 85. Musäos und sein Sohn, sagt Plato weiter, haben den Gerechten noch Kräftigeres verheissen; sie setzen sie bekränzt in den Hades zum Symposion, als ob der beste Tugendlohn ewiger Trunk wäre, während sie dort die Ungerechten irgendwo in den Koth vergraben — das ist die Hadesprophetie des Kynikers. Und dazu die Sühnungen und Weihen des Musäos und Orpheus(!), von Göttersöhnen und ganzen Städten bezeugt (364 E 366 B)! Nein, sagt Plato dem Antisthenes, all diese theologisch-utilitarische, aus der Orphik und der alten Poesie saftige Güter verheissende Moralbegründung taugt nicht für edlere Naturen. Dass der enthaltsame Kyniker hier den Mund

---

[1]) Der βασιλεύς ist bei Homer auch schon gegeben. In derselben Rede wird auch dann das die Prodikosfabel bestimmende Hesiodcitat hergenommen — man sieht, wie hier Alles zusammenhängt. Vgl. bei Homer das Lob der von Milch lebenden nordischen Hirtenvölker, der „gerechtesten der Menschen", worauf sich natürlich Antisthenes berufen hat. Die Idealisirung der Naturvölker ist ja kynisch (vgl. Weber, Leipz. Stud. X, 127 ff.), und nach einigen Spuren (s. unten) scheint die Verherrlichung der nomadischen Skythen und der damit zusammenhängende Anacharsisroman (vgl. Dümmler, Kl. Schr. I, 219) bei Antisthenes stark niedergeschlagen zu sein.

so voll nimmt, begreift sich im Lob des Landbaus, wo dem Gerechten die Gaben des Dionysos und der Demeter blühen. Aber noch weiter beschäftigt sich dort Plato mit diesem Lob des Bauernlebens. Ist es nicht in dem anerkannt kynischen „Schweinestaat" (372) gegeben, der ja von dem platonischen Staat wie Dorf von Stadt verschieden ist? Lächelnd charakterisirt der urbane Geist das rusticale Ideal (das Xen. Oec. V ernst nimmt): „Und nähren werden sie sich, indem sie aus der Gerste Graupe bereiten und aus dem Weizen Mehl und dies kneten und backen und so die schönsten Kuchen und Brode auf Rohr und reinen Baumblättern vorlegen und selbst mit ihren Kindern schmausen, auf Streu von Taxus und Myrthen gelagert, Wein dazu trinkend und bekränzt den Göttern lobsingend" u. s. w. (die Dankbarkeit des Landmanns zeigte sich ja als der Anfang der Frömmigkeit) — dazu dann das dürftige ὄψον! „So werden sie ihr Leben in Frieden und gesund hinbringen" u. s. w. Der Anlass zum Krieg entsteht ja erst in der τρυφῶσα πόλις[1]), wie im Folgenden ausgeführt wird, übereinstimmend mit dem Enkomion bei Themistius. Der platonische Ritterstaat setzt ausdrücklich den Krieg und damit für den Kyniker das τρυφᾶν voraus. Die platonische δικαιοσύνη ist keine einfache Bauerntugend, sondern eine organische, gleichsam ständische Tugend, auf dem Verhältniss der Seelentheile und Kasten ruhend, die eben der Kyniker nicht anerkennt. Plato muss im Folgenden die Nothwendigkeit eines besonderen Kriegerstandes begründen — im Gegensatz zu Antisthenes, dem es Xenophon nachspricht, dass der Landmann, in πόνοι, ἐπιμέλεια etc. geübt, auch einen tüchtigen Krieger abgiebt (Cyr. Pheraulas. Oec. V, 4 f. 7 f. 13 ff. Mem. III, 4). Der ganze Naturalismus, die ganze vom goldenen Zeitalter träumende Romantik, der ganze Volkssinn des Kynikers kam hier in seiner Bauernschwärmerei zu Wort. Aus der Unterschicht des Staates spricht eine Stimme; die derben Hände der Arbeit strecken sich empor und fordern Recht und Frieden. Aus dem Patriarchalstaat holt Antisthenes den Zukunftsstaat hervor. Man betrachte nur das reactionär-revolutionäre, kriegerisch-

---

[1]) Uebrigens stimmt es zu der oben constatirten kynischen Pythagoristik, dass der „Schweinestaat" sichtlich nur vegetarische Kost geniesst (370 D E 372 A B C), während die von Plato fortgebildete τρυφῶσα πόλις Fleischnahrung fordert (373 C). Die Männer der πολυτέλεια und τρυφή, nicht die Linsenesser, stiften Unruhen, meint Krates (Plut. de san. tu. 7). Vgl. auch dessen vegetarischen und friedlichen Idealstaat L. D. 85.

friedliche Doppelantlitz: denn an ihm vollzieht sich die grosse Wandlung. Der κύων bietet zugleich Trutz den Feinden und Schutz den Freunden, als Jagdhund und Wächterhund. Krieger und Landmann, die Helden des Kynikers, gehen Arm in Arm; aber schon tritt der fromme Landmann dem rauhen Krieger[1]), das Volk der Arbeit dem glänzenden Helden voran; der sociale Friedensgeist des Episkopos beschattet, sänftigt, vergeistigt den wilden Jäger; immer tiefer senkt sich das Schwert, immer höher steigt der Hirtenstab. Im Kyniker bereitet sich die grosse Wandlung vor von der altgriechischen Welt der Agonistik zum neuen socialen, geistlichen Ideal. Als Uebergangsfigur ist er so wenig classisch. Mit den Gesten des παλαιστικός (Frg. 60, 20) will er Homiletiker sein (62, 29. 65, 49).

Und diese Umformung eben lässt der Kyniker seinen Herakles erleben. Aber wie konnte diese stärkste Ausprägung der Agonistik, dieser classische Typus der Faustkraft, der „blutdunstberauschte" Keulenschläger und Würger, der die Erde mit seinen zahllosen

---

[1]) Ael. III, 18 wird aus einem Dialog des Midas und Silen ein Mythus nacherzählt, der genau zu der obigen Synkrisis zwischen dem Landleben als Stätte gesegneten Friedens, als Heimath der Frömmigkeit und Gerechtigkeit und dem kriegerischen Leben stimmt. Es liegt doch wahrlich nahe genug, hier an den Midas des Dialogikers und Mythographen Antisthenes als Quelle zu denken; zudem folgt Aelian Theopomp, der allein Antisthenes lobt (L. D. VI, 14) und selbst Plato zu dessen Plagiator macht. Zwei Hauptstaaten sind im Wunderland, grundverschieden: Einer heisst Μάχιμος, der andere Εὐσεβής. Die Εὐσεβεῖς leben ἐν εἰρήνῃ καὶ πλούτῳ βαθεῖ und nähren sich mühelos von den Früchten der Erde; gesund, frei von Krankheit διατελοῦσιν, beschliessen sie ihr Leben lachend und in Freuden (wie die keischen Greise und wie Krates παίζων καὶ γελῶν ὥσπερ ἐν ἑορτῇ τὸν βίον διετέλεσε, Plut. de an. tranq. 4), und sie sind so ἀναμφιλόγως δίκαιοι, dass sogar die Götter sich oft zu ihnen herablassen. Die Männer aber der andern Stadt sind μαχιμώτατοι, stets im Kriege und παμπόλλων ἐθνῶν Herr geworden, ἀποθνήσκουσι δὲ τὸν ἄλλον χρόνον νοσήσαντες; sie sind ἄτρωτοι (vgl. dies seltene Wort Antisth. Frg. S. 42) σιδήρῳ. Des Goldes haben sie solche Fülle, dass es bei ihnen (ähnlich den idealen Spartanern) weniger gilt als Eisen. Sie rücken vor, bis sie erfahren, dass die Hyperboreer als die εὐδαιμονέστατοι gelten (offenbar nach Homer). Schon die Beachtung des verschiedenen Sterbens und der Lebenspessimist Silen verbürgen den Zusammenhang mit der Consolationsliteratur. Dazu stimmt auch, dass der unmittelbar anschliessende Mythus bei Aelian, an Phaedomotive anklingend (vgl. oben S. 235 ff.), die Menschen durch die Früchte der Ἡδονή und der Λύπη zugleich, nur in entgegengesetzter Weise zu Grunde gehen lässt: so pessimistisch über die ἡδονή urtheilte nur der Kyniker (vgl. oben 182 ff.).

Thaten erfüllte, die ebensoviel Mordthaten waren, wie konnte Hercules socialethischer Typus werden? Man musste diese Berserkerkraft zu Boden werfen, brechen durch den Zwang, aus Heldenthaten auferlegte Leiden machen, bis der πονηρότατος Gegenstand tragischen Mitleids ward. Das Leiden veredelt, und diese Umschaltung aus dem Motorischen in das Sensible war der Anfang der Vergeistigung. Aber dieser passive Herakles war noch nicht der kynische, der vielmehr herabsieht auf die Leute, die ihn ob seiner πόνοι und ἀγῶνες bemitleiden und als ἀθλιώτατος der Menschen erklären, desshalb seine πόνοι καὶ ἔργα ἄθλοι nennen, da der ἐπίπονος βίος ἄθλιος wäre (Dio Chr. VIII § 28). Antisthenes aber zeigt an Herakles, dass der πόνος ἀγαθόν und der πονηρότατος εὐδαιμονέστατος. Es war das eine neue Umschaltung, eine Rückkehr zum alten Kraftheros, der aber den Dulder in sich aufgenommen, eine Synthese jenes positiven und dieses negativen Herakles. Die Pessimisten sagten: seine Thaten sind ja für ihn Mühen, sind innerlich, in Wahrheit Leiden. Nein, sagte der Kyniker, auch das ist noch äusserlich; seine Leiden sind in Wahrheit Thaten; sein Wille überwindet die Leiden; damit ist das Motorische wieder über das Sensible gerückt, aber der ganze Schauplatz ist in's Innere verlegt. Es sind Heldenthaten, aber nicht mehr der Faust, sondern des Willens; es sind Kämpfe, aber weniger gegen den äusseren Feind als gegen den inneren, die menschliche Schwäche. Also den Dulder Herakles, der sich als die Kehrseite des Fausthelden aufthat, hat der kynische Tugendheld zur Voraussetzung und zum vis-à-vis, dem er antwortet. Herakles that so Grosses: das war der heroisch-epische, naive Standpunkt; und er musste dabei so viele Mühen erdulden: das war der tragisch-sentimentale Standpunkt; und trotzdem that er es: das war der ethische Standpunkt. Mit diesem „trotzdem" war das Interesse an der That, die Leistung in die Brust des Helden verlegt; die That ward Selbstüberwindung; der κρείττω αἱτοῦ, nicht mehr der κρείττων αὐτῶν ward der Bewunderung werth. Herakles, sagt Themist. or. XIII p. 169 D. 170 A im kynischen Sinne, war nicht desshalb Zeussohn, weil er Bestien besiegte, sondern weil er seine Leidenschaften und Triebe beherrschte. Wenn so einmal der Kampf vergeistigt war, so konnte bereits Antisthenes wie Kleanthes die Feinde seelisch deuten. Herakles vertrieb die Hirschkuh, d. h. die Feigheit, bezwang den Eber, Löwen und Stier als die grossen Leidenschaften, verscheuchte die Vögel, d. h. die windigen Hoffnungen, brannte der Hydra der Lust die Köpfe aus u. s. w. Die menschlichen Gegner brauchte er nicht allegorisch als Sünden, nur typisch als Sünder zu nehmen. Die äussere That blieb bestehen; aber sie wurde seelisch begründet; aus dem Raub der Rinder, der Rosse, des Gürtels ward eine Bestrafung des Protzen Geryones, des gewaltthätigen Schwelgers Diomedes und der Sirene Hippolyte, wie man es Dio Chr. VIII § 31 f. nachlesen mag. Indem so die Heldenlaufbahn eine κόλασις von Uebelthätern ward, stand der moralische Beruf des Herakles fest. Er war zwar ein Räuber und Mörder, aber er raubte im Namen des νόμος δικαιῶν[1]), und er mordete als δικαιότατος φονεύς[2]), und wenn in jener Synkrisis die δικαιοσύνη im friedlichen Landbau und der Krieg in der ἀδικία wurzeln soll, so giebt es für Herakles eine treffliche Entschuldigung: er gehört zu den Ausnahmen, zu den δίκαιοι, die kämpfen, aber nur σωφρονίζοντες τὸ ἄδικον πᾶν (Max. Tyr. diss. 30, 2).

Bereits lange vor Antisthenes hatte der griechische Geist an der Moralisirung des Herakles gearbeitet. Er konnte die Gewalt nur preisen, wenn sie die Gewalt hemmte: als Ordnungsmacht. Herakles in böotisch-dorischer Verklärung wahrte gegen die Gewaltthäter δίκη und νόμος, aber doch eigentlich mehr noch als Polizeigewalt wie als moralisches Ideal. δίκη und νόμος vertieften sich social in der Orphik, aber dann sank Herakles vor ihnen. Er, der Mörder, hatte die Mysterienreinigung nöthig: so dichtete der Attiker, der ihn klein sehen wollte, büssend, aufgenommen von Theseus, der auch erst mit dem kretischen Stier

---

[1]) Es deutet ja Mehreres darauf hin, dass sich der Kyniker auf das bekannte Pindarwort berufen (vgl. oben S. 90 u. unten) und es in einer Weise moralisch pointirt, die Plato zur entgegengesetzten Missdeutung reizt.

[2]) Peisandros von Rhodos soll Herakles so genannt haben. Aber v. Wilamowitz (S. 97 Anm. 179) will wohl mit Recht Olympiodor nicht ganz trauen und das Räthsel der Kleobuline in den dorischen διαλέξεις damit vergleichen. Das ist aber ja gerade einer ihrer stärksten Berührungspunkte mit dem Kyniker (vgl. I, 398 ff.), mag man sie selbst nicht als kynisch anerkennen, und der raubende, betrügende u. s. w. δίκαιος kehrt dort mit denselben Beispielen wieder wie Rep. I und Mem. IV, 2. Es passte gerade der jesuitisch teleologischen und relativistischen Ethik des Kynikers, den Mörder Herakles moralisch so weiss zu waschen wie den vielgewandten Schwindler und Dieb Odysseus, was Polykrates seinem Sokrates zum Vorwurf machen darf. Wenn M. Aurel 10, 10 den Soldaten im Wesen mit dem Räuber eins setzt, so sind die kynisirenden Stellen Mem. III, 1, 6. Cyr. I, 6, 27 zu vergleichen.

fertig geworden, und mit Stolz zeigte man auf der Agora den Altar des Mitleids, bei dem die Herakliden Schutz gesucht haben sollen. Erst Euripides spricht uns von dem in die attischen Mysterien aufgenommenen Herakles. Euripides ferner nennt ihn nicht nur Wohlthäter und Befreier von Theben (Her. 218 ff. 264 f.), sondern auch εὐεργέτης von Hellas (222 ff. 877. 1309 f.) und εὐεργέτης der Menschen (1252), als den ihn Sophokles noch nicht kannte (v. Wilamowitz 153). Aber der Herakles des Euripides ist noch kein moralisches Ideal; er ist nicht der wahre σωτήρ; an seinen Kindern hat er's gezeigt, dass seine Kraft grösser ist als seine Liebe, dass sie heute Rettung bringt und morgen, ja heute noch Tod, und zum Schlusse beugt sich der gebrochene Riese vor Theseus, dem Apostel der φιλία. Mag nun auch zu seinem Herakles δίκαιος der Kyniker bei Früheren Ansätze mehr noch gesucht als gefunden haben, es war doch noch ein Anderes, ob Herakles auch mehrfach Ungerechte tödtete, oder ob er ex professo τὸ ἄδικον πᾶν bestrafte. Jenes war einmal geschehen, war Erzählungsstoff für den Dichter ohne allgemeine Verbindlichkeit, dieses, das erst durch künstliche, eben erst kynische Mytheninterpretation bewiesen werden musste, hatte moralische Bedeutung. Herakles' ganzes Thun war nicht mehr zu verstehen aus der Willkür seiner Faust, noch aus der Knechtschaft bei Eurystheus, sondern aus einer geistigen Bindung, aus seiner Mission als Zuchtmeister der Menschen.

Der Kyniker gab Herakles wie Sokrates eine Mission und hat dadurch am meisten den Sagenstoff umgeformt. Dadurch wurde Herakles und wurden seine Gegner mehr als gewaltige Individuen. Je entschiedener der Kyniker den Finger legte auf die Schuld des Gegners als Grund der Heraklesthat, desto mehr bekam diese That vorbildliche Bedeutung, Allgemeingültigkeit, desto mehr wurden die Geschlagenen Typen. Die thierischen Gegner des Herakles aber, die sich moralisch nicht anklagen liessen, so lange sie Thiere blieben, mussten schon darum in Abstracta, d. h. erst recht in's Allgemeine aufgelöst werden. Und so bot auch hier der Kyniker in seinem Herakles wiederum ein Hauptmoment des geistlichen Stils: wie die Kriegssymbolik der Tugend (vgl. oben S. 25. 89), so die Thiersymbolik der Sünde. Hat er darum die realen Thaten des Schützers der Fluren geleugnet? Nein, er pries sie sicherlich wie nur irgend einer. Wie er in einem Athem Materialist und Idealist ist, wie er die Körperkraft bald preist und fordert, bald tief herabsetzt gegen die Geisteskraft, so schillert auch seine Sagenbehandlung zwischen Naturalismus und Symbolismus. Die Stoiker wussten sich schliesslich nicht anders zu helfen, als zwischen einem concreten und einem idealen Herakles zu unterscheiden. Aber nur mit der geistig gedeuteten Heraklesthat schuf der Kyniker das allgemein-menschliche, moralische Ideal[1]). Eine Heraklesfaust war nicht allen gegeben, Hydra und Löwe standen nicht immer zur Verfügung, und Vögel und Hirsche jagen konnte nicht Jedermanns Pflicht sein; aber Jedermann sollte einen Herakleswillen haben und kämpfen gegen Lüste und Begierden, eitle Hoffnungen und Feigheit.

„Die Allegorie verwandelt die Erscheinung in einen Begriff" (Goethe, Spr. i. Pr.). Nur ein Sokratiker konnte Herakles und seine Gegner abstract und allgemein deuten. Indem die beiden kynischen Ideale ineinanderflossen, Herakles in Sokrates, die That, die Kraft in das Denken einging, entstand zugleich als Leitfunction das Thatdenken, das geistige Handeln, die Innenkraft, d. h. der Wille. Aber so wenig der sokratisirte Herakles des Kynikers der echte ist, so wenig ist es der Willensethiker Sokrates. War nicht im Gegensatz zu den altgriechischen Functionen des Denkens und des (irrationalen) Begehrens der Wille (= praktische Vernunft) eine Entdeckung, darum mühsam durch Synthese als ἁρμονία λόγου καὶ ἔργου und persönlich als Sokrates-Herakles begriffen? Aber hängt nicht im Willen das eigentlich Sittliche? Es bedeutet eine neue Aera der Ethik, dass Herakles so moralisch und die Moral herakleisch ward. Es bedeutet, dass das Moralprincip aus dem idealen Sein und Wissen in das Wollen und Handeln übertrat; es bedeutet den Beginn der neuen voluntaristischen, praktischen Ethik, die das classisch-hellenische, ästhetisch-intellectualistische Ethos unterwühlt. Das Sittliche in seiner Selbständigkeit musste erst als Funke herausgeschlagen werden aus der starren altgriechischen ἀρετή, die den „Vorzug" bedeutete, ein Prädicat, eine Seinsqualität, wie es das sokratische Wissen nicht minder war als Schönheit, Stärke und Reichthum.

---

[1]) Und wahrlich! es gehörte antisthenische Interpretationskunst dazu, um aus dem Räuber und Würger, Fresser und Säufer Herakles, wie ihn noch und gerade das 5. Jahrhundert kennt, das höchste moralische Ideal zu machen. Greift man in die Fragmente der letzten grossen Heraklesmonographie (Herodor), die Antisthenes sicher gekannt hat (s. unten), so findet man z. B. das Gegentheil der sexuellen ἐγκράτεια (die 50 Töchter des Thestios! Frg. 7), der σωφροσύνη (zwei Mal μαινόμενος Frg. 8), der πρᾳότης (einen ungeschickten Schenken tödtend Frg. 31) etc. etc.

Aber es galt zu zeigen, dass das Sittliche nicht ein Privileg, sondern eine Leistung, nicht ein Göttergeschenk, sondern eine Arbeit aus der Eigen- und Innenkraft des Subjects, nicht ein Besitz, sondern ein Kampf ist. Wie aber konnte der Kyniker seine neue organische, actuelle, kämpfende Tugend verständlicher machen als durch das Bild des Helden der Kraft und That: das Sittliche bedarf eines inneren Herakles.

Noch die vorige, die sokratische Generation, das στάσιμον γένος, das zu fest und aufrecht stehenden Göttern betete, fragte nicht nach der δύναμις der Seele. Als aber Athen zu Grunde ging, nicht an Mangel an Wissen, sondern an Mangel an Kraft und Energie der Durchführung, als die äusseren Dinge schwankend und die Seelen nervöser bewegt wurden, da bedurfte es draussen und drinnen der Herrenfaust, und mit der ἀρχή der Herakliden erhob sich der innere Herakles, der Wille. Das Sittliche bedarf der Person, ihrer Selbständigkeit, Verantwortlichkeit. Der Wille ist die innere Actualität, die causale Kraft des Subjects, das, was die Person zur Person macht. Darum musste er, d. h. die neue voluntarische Ethik, an einer Person, und an einer möglichst actualitätsreichen, entdeckt werden. Mit Herakles αὐτάρκης entdeckte eigentlich der Kyniker für die Griechen erst die Person, das Subject, die causale Kraft. Individuen kannten sie als sociale Atome; aber das bestimmte Individuum als Eigenkraft, als originale Person, das Ich, das der antike Autor und Schauspieler versteckte und der Plastiker verstecken sollte, musste erst an der bestimmten Person Herakles, die aus ihrer Eigenkraft die Welt erfüllte, hervorgezogen werden. Die neumythologischen Tendenzen des Kynikers haben ihren guten Grund: die Wissenschaft hatte seit Thales die Person eliminirt, die der Mythus naiv schalten liess; der Kyniker erweckte sie, und sein Herakles steht in der Entwicklung der Philosophie so gut wie der sokratische Begriff und die platonische Idee; aber er steht an der Grenze der Wissenschaft, am Thor der Religion, die an der göttlichen Person hängt, und am Thor des Lebens. Denn mit dem Heraklesideal ward die Philosophie nothwendig Lebenssache, ἔργον, ward der Kynismus zur Secte, zum Orden. Er war nichts als imitatio Herculis.

Aus dem Grabe der attischen Herrlichkeit war das Ideal aufgeflogen, und über der lebensflüchtigen Sehnsucht spannte sich ein neuer geistiger Himmel. Plato hatte in der Idee das objective Ideal entdeckt, der Kyniker das eigentliche Ideal als Person, den

Helden und Heiligen, und schon darin liegt, dass die literarische μίμησις Σωκράτους primär antisthenisch ist. Es war eine Entdeckung, und eine der folgenreichsten, eine Lösung des Geistes aus der hellenischen Substantialität in die Function: das Ideal, das nicht wirklich und doch nicht ganz unwirklich ist, erschloss die Kategorie der Möglichkeit, es erschloss neben Vergangenheit und Gegenwart das Thor der Zukunft, es wies neben der ἀρχή das τέλος, zu dem die Handlung die Brücke bildete, und so wies es die Bedeutung der Handlung; das Ideal weckte eine neue, geistige Verbindlichkeit; es wies den Menschen über sich selbst hinaus, und der Wille erkannte im Ideal ein Ueberragendes und doch nicht einen fremden Gott und Herrn, sondern ursprünglich seinesgleichen. Herakles war aus einem Menschen, ja aus einem Sklaven ein Gott geworden. Die Bedeutung der Wandlung trat hervor; die Geschichte, dieses Material der Chronisten und Künstler, bekam Sinn und Werth von ihrem τέλος aus; der Autor des Herakles entdeckte die Vorbildlichkeit der Mythen und Epen, das goldene Zeitalter der Zukunft, die Geschichtsphilosophie[1]). Eine Vorahnung Augustin's liegt in dem ersten abendländischen Bekehrer.

Sokrates, der Ethiker des objectiven Wissens, nicht des Willens, nicht des kämpfenden Subjects, trieb keinen Personencultus, und am wenigsten mit Herakles. Sokrates belehrte höchstens die Sünde, Herakles schlug sie, ja mehr, er schlug sogar seine

---

[1]) Hirzel (Unters. z. Cic. II. Exc. VII) findet: wo uns im Alterthum der Gedanke einer zusammenhängenden, zu einem Ganzen geordneten weltgeschichtlichen Darstellung entgegentrete, er deutliche Spuren stoischen Ursprungs zeige, und Busolt (Jahrb. f. Philol. 1889 S. 298 f.) zeigt, dass neben Polybios Diodor den Einfluss der Stoa (namentlich des ja auch Geschichte treibenden Poseidonios) bekunde in der kosmopolitischen Geschichtsbetrachtung, in der Auffassung der Universalhistoriker gleichsam als Diener der Vorsehung, der Geschichte als Lehrmeisterin richtigen Handelns, in der steten Wiederholung, dass der Geschichtsschreiber die Guten loben, die Schlechten tadeln müsse, damit die φαῦλοι von der κακία ἀποτρέπωνται (!), die σπουδαῖοι (!) durch das Bild ewigen Ruhmes zu schönen Thaten gestachelt würden. Das gehört sicherlich alles der Stoa, aber eben auch schon dem Kynismus, der nicht minder, ja nur zu sehr, den Kosmopolitismus, die moralisch-praktische Teleologie der Geschichte herausgearbeitet hat. Die Einleitung Diodors, auf die schon Hirzel hinblickt, beruft sich auf Odysseus und Herakles, die Helden des Antisthenes, der zugleich an dem Barbaren Kyros die moralische These πόνος — ἀγαθόν illustrirt hat, was sich doch nur aus dem τέλος der Eroberung zeigen liess. Und haben wir nicht in der davon abhängigen Cyropädie das erste Beispiel einer in teleologischem Fanatismus zu Gunsten des moralischen Exempels gefälschten Historie?

Lehrer, Linos und Cheiron, vielleicht nach kynischer Deutung, weil sie ihn sophistischen Kram lehrten[1]). In dem kynischen

[1]) Darum sollten ihn Linos resp. Cheiron gerade in den Wissenschaften unterrichtet haben, was aus der Sage sonst nicht zu entnehmen ist. Antisthenes hat sicherlich Herakles so gut wie Kyros der besten παιδεία theilhaftig werden lassen und die Liste seiner verschiedenen Lehrer im Bogenschiessen, Ringen, Wagenlenken, in Musik, Waffen u. s. w. aufgezählt.] Dass Theokrit uns zuerst die Liste bringt, spricht nicht dagegen. Oder meint man, dass der Freund des Arat (dem wohl schon Persäus die Sokratik näher brachte) in Alexandria ohne Bücher lebte? Dass er die nützlichen Lehren Epicharm's (Epigr. 17) preist und den φυσιγνώμων σοφιστής, δεινὸς ἀπ' ὀφθαλμοῦ καὶ τὸ νόημα μαθεῖν (11), ist nebensächlich. Aber wenn Id. I v. 3 ff. der um Kyniska eifersüchtige Aeschines in seinem mageren Aussehen, seinem struppigen Bart und Haar spöttisch mit einem blassen, unbeschuhten athenischen Pythagoristen verglichen wird, so wird man sich erinnern, dass unter der Maske des gerade so beschriebenen Pythagoreers Telauges Antisthenes von Aeschines verspottet wurde (vgl. oben S. 217), und dies unmöglich zufällige Zusammentreffen zeigt gleichzeitig Theokrits Gelehrsamkeit und seine Parteinahme für den Kyniker. Und ist sie nicht selbstverständlich für den Hirtenfreund und Naturromantiker, der zugleich — eben wieder zum Beweise, wie diese Ideale zusammenhängen (vgl. oben S. 261 ff.) — das Lob des Herakles singt (Id. 24. 25. Epigr. 20) ganz wie der Kyniker? Bei der für das Epos überflüssigen, dogmatisch angehängten παιδεία (Id. 24, v. 132) des Herakles möchte ich ausser den γράμματα, die Linos lehrt (v. 103), unter den (nach kynisch-sokratischer Forderung) verschiedenen, passend gewählten Fachlehrern die παλαίσματα der πύκται δεινοὶ ἐν ἱμάντεσσιν hervorheben, die πάμμαχοι ἐξεύροντο σοφίσματα σύμφορα τέχνῃ (v. 110 ff. — wir kennen diese Sprache, die Plato im Euthydem u. ö. verspottet) und zum Schluss die derbe Kost, das dorische Brot, am Tage nur wenige Nahrung, ohne Feuer (frei nach dem feuerfeindlichen Diogenes bei Dio VI und den kynischen alten Persern der Cyrop.!), und endlich die dürftige Kleidung — ein merkwürdiger Schluss, wenn nicht Dogmatisches mitspielt! Id. 25 aber bringt neben dem unermüdlichen Jäger Herakles (v. 221) noch ein anderes antisthenisches Ideal, den ἀγαθὸς βασιλεύς — δήμου κηδόμενος, διὰ δὲ κρίνουσι θέμιστας 46 —, der, wie Kyros (Oecon. IV), zugleich ein eifriger Oekonom ist, wie Ischomachos alles inspicirend (108 f.), nach dem von Kyros bethätigten und im Oecon. vertretenen Spruche, dass auch den βασιλεῖς der οἶκος besser gedeiht bei eigener Sorgfalt (v. 58 f., vgl. oben 67 ff. 109 ff.), sodass die Gegenwart des Herrn die Arbeiter wetteifern lässt (v. 100 ff., vgl. Oecon. XXI, 9 f.) und die Götter Segen in Fülle gewähren (v. 114 ff., vgl. oben 265 f.). Die οἰκονομική gehört nach Antisthenes zur βασιλικὴ τέχνη. Principiell endlich, und zwar im kynischen Sinn, ist das Lob der κύνες, der treuen Wächter, die gegen den Fremden feindlich, gegen den Bekannten freundlich sind — darum eben das philosophische Thier der Kyniker (vgl. oben 54 f.) — und nur noch die rechte Differenzirung (natürlich der σπουδαῖοι und φαῦλοι verstehen müssten, um nicht bissig zu bleiben (68—83. Mem. IV, 1, 3, vgl. Antisth. Frg. 61, 23).

Sophistenhass steckt ein Rousseau'scher Hass gegen die Aufklärung, gegen die Salonweisheit der Bourgeoisie, gegen die intellectuelle Cultur des 5. Jahrhunderts, auf dessen Boden Sokrates steht. Der Wille erhebt sich über das Denken und verwirft die unpraktischen Wissenschaften. So triumphirte nun Herakles über die Sophisten, und Cheiron, Atlas, Prometheus, Antäos [1]) mussten sich zu dieser Rolle hergeben, zumal sich ihnen sonst moralisch nichts vorwerfen liess. Und doch musste Herakles weise werden; der Wille musste lernen, d. h. erzogen werden; das Subject musste sich objectiv erweitern. Das war das Neue am sokratisirten Herakles des Kynikers: die Person ward Begriff, und der Begriff ward Person. Der kynische Herakles war eine Person, aber von Weltbedeutung, ein Individuum von typischem Gehalt; doch damit trat er aus dem rein hellenischen Horizont heraus. Der echte Grieche begreift nicht die Repräsentanz; er sieht einen Widerspruch darin, dass irgend ein Wesen etwas bedeutet, ein Anderes, Allgemeineres darstellt, als es ist. Wenn

---

[1]) Vgl. Dümmler, Akad. 192. Auch die „Sophistin" Hydra (Euthyd. 297 C) verträgt sich mit der Hydra in Kleanthes' Deutung; denn die Sophisten sind, wie es in der Herakleskopie Cyneg. XII, 12. XIII, 1 f. etc. heisst, Lehrer der ἡδοναὶ κεναί und κακαὶ πολλαί, oder die ἡδοναί, unzählig wie Hydrazungen, sind selbst σοφισταὶ πείθοντες. Beim Hydrakampf hatte Antisthenes, wie Plato's Spott Euthyd. ib. zeigt, Iolaos als ἀδελφιδοῦν βοηθόν gelobt — offenbar nach dem bekannten homerischen Vers (vgl. Prot. 340 A. Rep. 362 D). So bot der Heraklesstoff auch Anknüpfung für eine kynische Predigt über die Symmachie weniger ἀγαθοί gegen die Hydramenge der Schlechten (L. D. VI, 11 f. — ein längst in den Herakles gesetztes Stück!), und speciell über die brüderliche Symmachie (vgl. Mem. II, 3. Cyr. VIII, 7, 16 und später über kynische Socialethik). — Wie die Hydraköpfe dürften auch die Kerberosköpfe geistige Bedeutung beanspruchen, und den getödteten Sophistenköpfen des Lustungeheuers die vielmehr an's Licht gebrachten Philosophenköpfe des κύων, des Wächters, entsprochen haben. Kleanthes wenigstens deutet die drei Köpfe als die an's Licht gebrachten drei Theile der Philosophie, und diese günstige Deutung des κύων schon weist auf kynischen Ursprung. Weder Cicero noch Sextus Empiricus kann verbieten, die bekannte Dreitheilung der Philosophie noch einem andern als Plato resp. Xenokrates zuzuschreiben. Antisthenes schrieb über die φύσις, Mehreres über „Dialektik" und noch mehr Ethisches, das der Onomatologe und Ethnograph vielleicht schon von ἔθος ableitete, wie es Dio 76 altkynisch preist (vgl. Dümmler, Kl. Schr. I, 192 u. unten). Doch kann hier auch das kynisch-pythagoreische tripartitum φυσικός, πολιτικός, παιδευτικός gemeint sein. Die Bindung resp. Zähmung des κύων gab hier, ebenso wie Herakles Ἱπποδέτης (Diod. IV, 18, Orchomenos, Diomedes!) dem Pädagogen Antisthenes beliebte Beispiele (I, 543 f.).

er das natürlich gefunden hätte, wäre die griechische Philosophie nicht entstanden, die das Allgemeine und Einzelne, Eine und Viele auszugleichen ringt. In der kynischen Allegoristik und Symbolik liegt eben ein orientalisirender Zug. Der Hellene begreift nicht den Monarchen, den Beamten (vgl. oben S. 119) als Vertreter der Staatsidee, als Träger einer allgemeinen Function. Er sah in Herakles bald den Gott, zu dem man als Helfer und Retter betet, bald den derben Riesen an Kraft, den man anstaunt oder verspottet, bald den Dulder, dessen Sklavendienst man beklagt.

So war es ein Neues, was er durch die Hand des Kynikers ward: Träger einer Mission, ja der ethischen Mission der Weltbefreiung, Messias. Aus der zwischen Gott und Unmensch schwankenden Gestalt erwuchs der Mittler zwischen Gott und Menschen, der Gottmensch, der bewies, dass den Besten der Himmel offen steht. Des Herakles rohe Gewalt und seine Mühen verschwanden, weil seine Thaten teleologisch als Mission begriffen wurden. Indem der Kyniker den alten Herakles ἀλεξίκακος und σωτήρ erneuerte, aber zugleich vergeistigte, erhob er ihn zum social-ethischen Ideal der Menschheit. Denn indem Herakles nicht mehr gegen den Löwen, sondern gegen die Sünde kämpfte, wirkte er nicht mehr für Nemea und Thespiä, sondern für die Menschheit. Was war nun Herakles den Kynikern? Der Gottessohn, vom Menschenweib geboren, ausgesandt als Heiland (σωτήρ) und Erlöser von allem Uebel und Reiniger von allem Bösen, der voll Menschenliebe (φιλανθρωπία), aller irdischen Lust entsagend, alles Schwere der Welt auf sich nimmt und am Ende, freiwillig sich dem Tode darbietend, aufsteigt zum Himmel, zur Seite des göttlichen Vaters. Man sieht, wer hier im kynischen Herakles seinen grossen Schatten vorauswirft. Das war noch ein anderer Eroberer als die Herakliedenfaust, die sich dreimal im 4. Jahrhundert siegreich über Hellas schwang. Wenn die Stoiker — und wer darf sagen, ob nicht schon die Kyniker? — ihren Gottessohn Herakles als den göttlichen Logos feiern, so kann man schon darin einen Hauch johanneischen Geistes spüren. Hat doch sogar Justin Herakles in das Christenthum einzuführen gesucht als den grössten Diener Gottes nächst Jesu, der auch das Erlösungswerk vollendet hätte, wenn er nicht in die Netze der ‚Omphale, der Lust gefallen wäre. Justin hat Recht: es klebt auch an dem kynisch gereinigten Herakles noch zu viel Materie; das irdische Blut liess sich nicht verleugnen; er war mehr der Parvenü des Himmels als der herabgestiegene Gottessohn, und vor Allem: ein Herakles konnte den Agonisten nicht ganz ausziehn. Er nahm nicht die Sünde der Welt auf sich, er kämpfte gegen sie: das ist wahrlich ein tiefgreifender Unterschied.

Und doch! Weiter als alle Wege des Vielgewanderten ist sein geistiger Weg vom Berserker zum Heiligen, vom Ideal der Kraft zum Ideal der Liebe, vom Leiblichsten zum Geistigsten, vom männlichsten Mann zum menschlichsten Menschen. In Herakles hat sich das Menschheitsideal gewandelt, und das Beste hat hier der Kyniker gethan, der in ihm den ersten sittlichen Typus schuf, der den Helden der alten Zeit, durch prodikeische Gefühlssentimentalität und sokratische Vernunft veredelt, nachgriechischen Zeiten entgegenführte. Denn dem classischen Hellas war eigentlich der Träger des Löwenfells, das die Plastik so gut zu verkleinern verstand, so fremd wie der Löwe selbst[1]). Die echt hellenische Politik, Kunst und Philosophie eliminirt die Kraft: hier bedeutet der kynische Dynamiker den Einbruch eines fremden, zersetzenden Elements. Eine ganze neue Welt beginnt in seinem Heraklescult heraufzukommen: die gegebene Existenz, die der Hellene formte und verklärte, sinkt in Verachtung; die Erde weitet sich dem Eroberer, dem Weltwanderer und Weltüberwinder, den der Kyniker (vielleicht schon mit Benützung exotischer Identifikationen) als ersten Kosmopoliten feiert, aber sie verdüstert sich zugleich dem Selbstüberwinder, und der Heiland steigt gen Himmel. Mit der vom Kyniker betonten Apotheose des Herakles beginnt die Umlegung des Lebensaccents der Menschheit, hebt die Jenseitssehnsucht, die grosse Melodie namentlich des Mittelalters, an. Die himmlische Seligkeit ist der Lohn der Mühen, und die Mühe ist gut, lehrt der grosse Herakles des Antisthenes. Der Arbeiter, der Praktiker, der wandernde Weltpionier Herakles aber legt zugleich den Grundstein der modernen Welt, und in alledem ist er der Antipode des echt hellenischen Geistes, der, um es noch einmal zu sagen, die Substanz formt, das Sein klärt. Der kynische Herakles aber trägt die emotionale Tendenz der nachhellenischen Welt in sich, die das Werden sucht und den Aufstieg, die That und die Arbeit in

---

[1]) Das Löwenfell, das in der Kunst am Ende des 5. Jahrhunderts auf den linken Arm herabsinkt, ist nicht ohne fremden (phönikischen) Einfluss zu erklären. Vgl. Furtwängler, Roscher's myth. Lex. S. 2143 ff. 2164. Ueber den Löwen als Vorbild der Kyniker s. unten.

ihren beiden Grenzpunkten: αἰτία und τέλος, der causalen Kraft und dem Zweck, dem Sollen, dem Ideal. Die hellenische Classik musste zu Grunde gehen: das war die Rache des Herakles, des Vergessenen, Verspotteten, Bedauerten, der dieser Cultur fehlte. Aber der kleine Kyniker hat so Grosses und Herrliches nicht stürzen gemacht; der philosophische Hund hat nur den Mond angebellt. Das strahlende Abendlicht des hellenischen Geistes heisst Plato, des Sokrates echter Erbe, in dem der urhellenische ästhetisch-intellectuelle Geist zum Himmel aufwuchs und das geklärte Sein, die Begriffe als Substanzen wie ewige Sterne leuchten liess. Und Plato's Thronerbe ist Aristoteles, der Philosoph der Form und des theoretischen Ideals, obgleich bei dem halbmakedonischen Vater des Hellenismus schon dynamische, functionale, teleologische Tendenzen hineinspielen. Im 4. Jahrhundert stand der Kyniker bei Seite mit seinen Unkenrufen. Aller Anfang ist klein und roh. Aber am Ende des Jahrhunderts nahm der stärkere Arm der Stoa das Heraklespanier aus den Händen des Kynikers, und als die dominirende Schule der nacharistotelischen Zeit trug sie es als Erbe der Antike der Zukunft entgegen.

Und doch ward damit zugleich Hellas an Herakles gerächt vom Kyniker, der auf der Brücke steht zwischen Orient und Occident, zwischen vorhellenischer und nachhellenischer Welt. Wie weit reichte doch die ἰσχύς Ἡρακλέους? In Dorern, Böotern, Thessalern, Makedonen brach sie in mehrfachen Stössen kriegerisch und geistig in das griechische Mutterland ein, und noch an anderen Orten hier und bis in die fernsten Colonien blühte das Heraklidenthum. Aus Lydien strömten neue Heraklessagen, und als Herodot nach Aegypten kam, fand er dort einen älteren Herakles, der einen noch älteren phönicischen hinter sich hatte, und es fand sich ein persischer und schliesslich ein indischer Herakles. Von den westlichen Colonien aus italischen Volksträumen geweckt stand schon Hercules da mit mächtigem Cult als Jovius, Domesticus, Silvanus, Genius, Patronus etc. Hercules, der latinische Stammvater, der Ahnherr der Fabier und (namentlich in der späteren Republik) vieler anderer gentes wuchs zum Typus römischer Kraft, zum Ausdruck des imperiums aus. Dem alten Hercules Victor bringen die Triumphatoren ihre decima, errichten sie Tempel und Statuen. Der Sieg des Hercules über Cacus ist das Vorbild aller römischen Siege; Livius stellt ihn an die Spitze der römischen Geschichte, und Vergil lässt ihn sogleich dem landenden Aeneas verkünden. Schon Augustus erhebt Hercules zum

Hausgott der Kaiser, die sich immer mehr mit ihm identificiren (vgl. oben S. 258). Und da der römische Kaiser die Grenze überschreitet, umrauscht ihn der deutsche Wald, dem Hercules heilig (Tac. ann. 2, 12), der den Germanen höchster Held und Schlachtparole ist (Germ. 3), wie ihn auch die Gallier als Stammvater und Allesüberwinder verehren. Ueberall erkannten Herrscher und Völker in Herakles ihr Höchstes, ihren Ahnherrn, eine Erscheinung ihres höchsten Gottes; nur der echte Hellene und namentlich der Attiker erkannte sich nicht wieder in Herakles. Lasse man die asiatischen Herleitungen des Herakles, nicht weil sie falsch sein müssten — hier macht auf beiden Seiten das Fachinteresse den Parteimann —, sondern weil sie überflüssig sind: Herakles reicht, so weit die Kraft reicht, und man verschmolz hier nach äusseren Kennzeichen identificirend. Ringsum bei den Völkern, die in Wirthschaft und Herrschaft aufgehend den Muskel rührten, regierte Herakles. Aus der ganzen kraftbewegten und kraftgebundenen, in Mühen gespannten Welt steigt das classische Hellas auf wie eine selige Insel, frei schwebend in reinen Formen, Gestalten, Gedanken, die Kraft verdünnend, dass sie entbehrlich scheint. Es war eine kurze Herrlichkeit, die eben doch der Kraft erliegen musste. Als der Geist der Geschichte schritt Herakles erobernd über sie hinweg, und was das spartanische, thebanische und makedonische Herakliedenthum begonnen, vollendete Rom. Als L. Mummius Achaicus durch seinen Sieg vom Jahre 145 der griechischen Freiheit den Todesstoss versetzt hatte, errichtete er dem Hercules ein Heiligthum. Aber nicht ohne Rache liess Hellas Herakles ziehn.

Wie Vielerlei, um es noch einmal zusammenzufassen, hatte der hellenische oder hellenisirte Geist versucht, um die Kraft aufzusaugen, um des Herakles Herr zu werden. Das Erste war die Vermenschlichung seiner Thaten, durch die er ja erst zum griechischen Agonisten geworden: denn der Herakles der 12 ἔργα hat ja nur mit Thieren und Dingen oder, wenn man vom Amazonengürtel absieht und den nach älterer Fassung getödteten Hesperidendrachen zählt, nur mit Thierischem zu thun; erst in den z. Th. späteren und mehr localen Parerga wachsen ihm menschliche oder (wie Cacus) vermenschlichte Gegner zu, die man auch bei den Hauptthaten mehr hervorzog. Aber die ursprüngliche thierische Perspective, so sympathisch sie dem Hundephilosophen sein mochte, zeigt doch eine unclassische, so recht irrationale Phantasiewelt, die dem Orient wenn nicht entnommen¹), doch verwandt ist. Gegen die vermenschlichten Gegner sollte dann der dorische Held die dorische Culturform (vgl. S. 4 f.), die Ordnung, die Polizeijustiz, δίκη und νόμος verfechten. Es war gewiss ein genialer, nicht ohne Sophistik möglicher Ausweg, die Gewalt durch die Gewalt, d. h. als Schützer gegen die Gewalt zu rechtfertigen; aber Herakles blieb noch δεινός, und es gab noch ein anderes Mittel von grandioser Ironie, die Kraft zu negiren: man beklagte sie; man beklagte die Mühen, in denen sie sich doch erst entfalten musste; man beklagte Herakles, man zeigte seine Ohnmacht, sein Leiden, seinen Wahnsinn, sein Sterben — es bleibt ein sprechendes Merkmal der griechischen Kunst, dass sie Herakles schon im 5. Jahrhundert so gern in der Umkehrung seines Wesens, in melancholischer Ruhe darstellte, und wenn man sagt, die Plastik ist nicht die Kunst der aktuellen Kraft, sondern des ruhenden Seins, so sagt man eben, wie sich das classische Volk der Plastik zum Heros der Kraft stellen musste. Aber nicht nur leidend, auch schuldig sollte die Kraft sein; die Heraklesthat ward als Busse erklärt, und der Attiker reinigte des Würgers Hände in seinen Mysterien, und weil er sich im Negiren der Kraft nicht genugthun konnte, zog er wieder eine Kehrseite hervor und lachte über den Tölpel der Kraft, und schliesslich ignorirte er ihn; aber die Herakleskraft rächte sich mit dem Schwerte. Doch der blossen dorischen Kraft so wenig wie dem reinen attischen Geist blieb der Sieg; der Kyniker wusste es: er rächte beide aneinander, indem er sie versöhnte, in seinem sokratisirten Herakles verschmolz. Er hat in Wahrheit Herakles überwunden, indem er ihn emporhob in den Himmel der Geistigkeit.

Dieser Herakles stand nicht bei Prodikos, schon darum nicht, weil er Sokrates voraussetzt, und man könnte vielleicht fortfahren: er war auch nicht sokratisch, weil er Prodikos voraussetzt. Die Erhebung des (objectiven) Denkens (bei Sokrates) und des (subjectiven) Gefühls durch Prodikos mussten der Entdeckung des Willens (als des sich objectivirenden Subjects) vorangehn: so war es im 18. Jahrhundert. Die Kant-Fichte'sche Willensmoral ringt sich empor einerseits aus dem Rationalismus resp. der Aufklärung, andererseits aus der Gefühlsmoral eines Hutcheson und Rousseau, die anfänglich Kant in ihre Kreise zog, wie viel-

---

¹) Was Furtwängler zwar nicht von dem Löwen, aber von dem Löwenfell und dem Seedämon zugiebt (Roscher's Myth. Lex. 2192 f.).

leicht Prodikos den Kyniker. Kant hat die Wertherstimmung, einen halb in's Mystische, halb in's Hedonische ausschlagenden sentimentalen Zeitgeist zur Folie; seine männlich strenge, autonome Ethik braucht die Gefühls- oder Neigungsmoral, gegen die sie reagirt. So hat der kynische Herakles αὐτάρκης den weichen Schwärmer Prodikos hinter sich, der dem Romantiker Aristophanes besser gefiel als Sokrates, der Rationalist.

In Zeitaltern des Individualismus pflegt neben der Aufklärung eine Gott und Natur wundersam verschlingende Mystik einherzugehen: so war's in der Renaissance und in der zweiten Hälfte des 18. Jahrhunderts (Mysterienbünde, Lavater, Hamann u. s. w.), und so stand neben Sokrates Prodikos, der dem Kyniker den dunklen Saft der Romantik in die klare sokratische Aufklärung goss. Die Verbindung der drei Elemente: Theosophie, Naturcult, Pessimismus bei Prodikos, namentlich in den Ὧραι, kann nicht Wunder nehmen; denn dieselbe Verbindung ist bei Hesiod gegeben; sie ist geradezu der Inhalt der Orphik, deren Nachahmer Prodikos gewesen sein soll (vgl. oben S. 264), und sie wird für ihn noch bewiesen durch jene Parabase in den 'Vögeln' des Aristophanes, die, mit der sichtlich carrikirenden Klage über die Armseligkeit und Vergänglichkeit des Menschenlebens beginnend, durch die Natur- und Götterweisheit der Vögel Prodikos schlagen will (V. 688 ff.). Auch in den Tagenisten des Aristophanes scheint Prodikos bei Kallias als entschiedener πεισιθάνατος zugleich von Göttern und vom goldenen Zeitalter, vom idyllischen, altväterlichen Leben gesprochen zu haben (vgl. Mein. II, 2, 1147 ff. Frg. 1. 2. 3. 14 f. 33. 41 und dazu Welcker, Rhein. Mus. I, 621). Und in den keischen Todessymposien, deren Tradition (Aelian III, 37, vgl. oben 268, 1) vielleicht erst aus Prodikos abgeleitet ist, ist doch auch der Todesgedanke idyllischfestlich umkleidet, und der Kyniker hat hier gewiss auch mit seiner Vereinigung von Tragik und Symposiastik angeknüpft (vgl. oben S. 237).

Wenn aber nun die Ὧραι des Prodikos die Orphik erneuerten, was hat dann Herakles darin zu suchen, und wo fand dann Antisthenes die Anknüpfung der Fabel, die er jedenfalls unter dem Namen d. h. als Vortrag des Prodikos brachte? Ich meine zunächst allgemein: Herakles, der Hirt und Erlöser von Landplagen, Herakles, der eleusinische Myste, und Herakles, der Dulder, hatte in den orphischen Ὧραι wohl Raum mindestens für eine beachtenswerthe Episodenrolle. Herakles gilt als dem

Apoll sehr wesensverwandt; die Kunst kennt ihn leierspielend und dem Orpheus zuhörend. Andererseits wird er an mehreren Orten, auch in Attika, zusammen mit Demeter und Kore verehrt; eine attische Vase, schon aus dem Anfang des 5. Jahrhunderts, bezeugt seine Zugehörigkeit zum eleusinischen Kreis, und er trägt gleich Pluton das Füllhorn (vgl. Furtwängler a. a. O. 2185 ff.). So war er in jeder Hinsicht, in theologischer wie musikalischer, agrarischer wie pessimistischer Tendenz reif für die orphischen ῏Ωραι. Aber es lässt sich vielleicht der Punkt aufzeigen, wo sich hier Prodikos und Antisthenes trafen und die Heraklesfabel entsprang. Jeder wird zugeben, dass sie abgeleitet ist aus dem Hesiodcitat, das ihr Mem. II, 1, 20 voransteht. Damit ist ja schon die mögliche Anknüpfung des Herakles in einer agrarischen Lobschrift gegeben; denn es stammt ja aus den „Werken und Tagen", auf die jedenfalls Prodikos' ῏Ωραι zurückblickten. Dasselbe Citat erscheint nun auch in Plato's Republik in der eben gekennzeichneten Kritik der prodikeisch-kynischen Lebensauffassung, die gerade getadelt wird, weil sie sich darauf beruft, und zum Ueberfluss sagt noch Plato, auch hier nicht entfernt an den historischen Sokrates denkend, Prot. 340 D: καὶ ἴσως ἂν φαίη Πρόδικος ὅδε καὶ ἄλλοι (!) πολλοί καϑ᾽ Ἡσίοδον, und nun kommt wieder das Citat von der schwierigen Tugend. Aber es lässt doch offenbar eine doppelte Verwerthung zu: eine pessimistische und eine ethisch-paränetische. Dem Pessimisten Prodikos, der es für seinen Dulder Herakles brachte, konnte es nun der Kyniker — darauf deutet Plato Prot. ib. hin — aus dem Munde nehmen; d. h. Antisthenes, der Verehrer des Prodikos, beruft sich auf ihn, der jene Hesiodstelle (allerdings pessimistisch) für Herakles verwerthet, und er nimmt dies zum Anlass, ihm auch die gerade daraus abgeleitete, aber ethisch gewandte Fabel in den Mund zu legen. Denn das ist ja das Verfahren der sokratischen Dramatiker, dass sie an ein thatsächliches, gegebenes Motiv anknüpfen, aber es nach Belieben weiterführen. **Prodikos gab also mit dem hesiodisch beleuchteten Herakles nur das Thema der Fabel, aber nicht einmal die Tendenz der Durchführung.** Wie soll er auch die Fabel gebracht haben? Xenophon setzt das Hesiodcitat aus der Prodikosrede heraus, ihr voran. Aber dass Prodikos die Fabel ohne das Hesiodcitat brachte, ist kaum denkbar; denn sie ruht auf ihm als seine Illustration. Und dass er die Fabel mit dem Hesiodcitat brachte, ist ebensowenig denkbar; denn es würde alle Illusion zerstören, wenn er sagte: ich will euch nun zur Illustration dieses Citats eine Fabel erfinden. Wohl aber kann er den schweren Tugendweg mit den bekannten Mythen von Herakles belegt haben. Die Illusion des neuen Mythus ist im Original der Mem. nur zu retten, wenn er auch dort bereits als (fictives) Citat erschien und selbständig neben dem Hesiodcitat, aber aus anderem Munde (ganz wie bei Xenophon), und zwar aus dem des Prodikos, nicht weil dieser die Fabel, sondern weil er die Voraussetzung dazu gegeben, das Hesiodcitat mit dem Beispiel der Heraklesmühen.

3. Die Grundzüge der Fabel.

Wir gehen nun auf die Grundzüge der Fabel ein — und jeder Zug weist auf Antisthenes. Als Ἡρακλέους παίδευσις ὑπ' ἀρετῆς wird der Inhalt Mem. § 34 viel zu anspruchsvoll bezeichnet, was schon auf eine grössere originale Behandlung zurückweist. Doch Ἡρακλῆς, παιδεία und ἀρετή — diese drei Dinge hat Antisthenes wie keine andern und keiner wie Antisthenes cultivirt. Aber abgesehen von seinen andern Schriften über Herakles, παιδεία (in 5 Büchern) und die Tugenden hat er jedenfalls in einer Schrift die drei Begriffe vereinigt: καὶ τὴν ἀρετὴν διδακτὴν (also Product der παιδεία) εἶναι, καθά φησιν Ἀντισθένης ἐν τῷ Ἡρακλεῖ (L. D. VI, 105). Wenn man die L. D. VI, 104 f. aus dem antisthenischen Herakles und Euseb. praep. ev. XV, 4, 16 als Ἡράκλεια δόγματα citirten Stellen betrachtet und, wie es längst geschehen[1]), die parallelen und anschliessenden ἀρέσκοντα L. D. VI, 10–12 auch in den (wohl „grossen") Herakles verweist, so galt diese Schrift der ἀρετή, und war unerschöpflich als Beschreibung und Panegyricus der ἀρετή: die ἀρετή ist das τέλος des Lebens; die ἀρετὴ διδακτή ist ἀναπόβλητος; die ἀρετή ist ἀναφαίρετον ὅπλον; die ἀρετή ist αὐτάρκης πρὸς εὐδαιμονίαν, μηδενὸς προςδεομένη ὅτι μὴ Σωκρατικῆς ἰσχύος; die ἀρετή ist ἰσχυρόν τι καὶ πάγκαλον χρῆμα ἀρετὴ καὶ οὔτε ποτὲ ἐνδέουσα πρὸς εὐδαιμονίαν οὔτε ποτὲ αὐτῆς ἀφαιρουμένη etc.; die ἀρετή ist τῶν ἔργων μήτε λόγων πλείστων δεομένη μήτε μαθημάτων; die ἀρετή ist die politische Norm des σοφός; die ἀρετή ist dieselbe für Mann und Weib. Dazwischen noch die hier ein-

---

[1]) Vgl. Müller, de Antisth. vita et scriptis 42 f. Winckelmann, Antisth. Frg. S. 15. Weber, Leipz. Stud. X, 245 f.

schlagenden Lobesbestimmungen des ἀγαθός, σοφός etc. Und diese als ὅπλον, als Sache der ἰσχύς und der ἔργα, nicht der λόγοι ausgemalte ἀρετή ist natürlich ganz auf Herakles zugeschnitten. Die übrigen Fragmente des antisthenischen Herakles handeln von der παιδεία: in Frg. III Winck. Ἀντισθένιος Ἡρακλῆς παρῄνει τοῖς παισὶ διακελευόμενος; Frg. IV und V sowie die beiden von Dümmler (Kl. Schr. I, 140 f. 144) beigebrachten (Gnomol. Vatic. 11 in Wiener Stud. IX, 183 und Schol. ad German. Arat. p. 178 Breysig) sprechen sämmtlich von Cheiron, dem grossen Pädagogen der Urzeit, und Gnom. Vat. a. a. O. wird der gelobt, der um der παιδεία willen selbst einem Thier zu dienen erträgt. Und der bei Dio Chrysostomus öfter auftretende Herakles, der seit Dümmler's und Weber's Nachweisen doch wohl immer mehr als kynisch und gerade antisthenisch[1]) anerkannt wird, zeigt sich als πεπαιδευμένος, als Ideal der ἀγαθὴ παιδεία (or. 1 §§ 61. 4 § 31), als Zeussohn διὰ τὴν ἀρετήν (2 § 78), als bewunderter Held der ἀρετή (60 § 3. 69 § 1) und als μεγάλους πόνους πονήσας ὑπὲρ τῆς ἀρετῆς (31 § 16), womit auch der Anschluss an das specielle Thema des antisthenischen Herakles: πόνος ἀγαθόν (L. D. VI, 2) gegeben ist.

Mit der παιδεία als Hauptmotiv ist ja der antisthenische Herakles auch bereits als Jüngling gegeben, und als solcher musste er gerade dem Lehrer im Kynosarges entgegentreten: der jugendliche Herakles war in den Gymnasien als Heros und Muster der Palästriten zu sehen, und die attische Jugend feierte ihn beim Eintritt in's Ephebenalter[2]). Und nun sehen wir den jungen Herakles bei Xenophon ἐξελθόντα εἰς ἡσυχίαν καθῆσθαι ἀποροῦντα. In diesem einen Motiv: „hinaus in die Stille!" steckt eine ganze Welt. Ist es wirklich eine hellenische Welt? Sagt das der Sokrates, der vor den Thoren der Stadt ein Fremder ist, weil sich sein Lerntrieb an die Menschen hält (Phaedr. 230 D)? Das ist die Welt, in der die Mystik und Prophetie gedeiht. Die mystischen Propheten Pythagoras, Epimenides, die Antisthenes bewundert, lässt die Tradition sich in Höhlen zurückziehen[3]), wie übrigens Herakles selbst bei Antisthenes (Frg. IV)

---

[1]) Dümmler, Akad. S. 192. Kl. Schr. S. I, 141 ff. Weber, Leipz. Stud. X, 236 ff., für Antisthenes namentlich S. 248 ff.

[2]) Vgl. Welcker, Rh. M. I, 580. Preller's Mythol. II, 260².

[3]) Ueber Pythagoras, den als Unterweltsprophet ein Kyniker nachahmt (L. D. VI, 102), vgl. Jambl. 27 (auch μονάζειν 14). Die Tradition von Epimenides bot für den Kyniker (vgl. oben 210 f.) allerlei Reiz: er ist be-

seine Weisheit aus der Höhle des Cheiron holt. Man hat hier neben Prodikos Babrios gestellt[1]), bei dem die Wahrheit in der Wüste wohnt. Aus der Wüste holt der Orient seine beste religiöse Kraft, und der kynische Asket und Menschenverächter steht dem Anachoreten wahrlich schon nahe genug[2]).

Herakles am Scheidewege! Das ist das Wichtigste: mit der Prodikosfabel ist die Wahlfreiheit ausgesprochen, die Frage der Willensfreiheit und damit das specifisch Moralische zuerst in die Philosophie classisch eingeführt. Das giebt der Fabel ihre ewige

---

dürfnisslos in der Nahrung, von der Natur lebend (L. D. I, 114), lässt sich das Haar wachsen (ib. 109), wählt statt des goldenen Lohns φιλία καὶ συμμαχία (111), ist ein heftiger Tyrannenfeind und Freund der νόμοι und ἐλευθερία, wie es in der Correspondenz mit Solon nachklingt (64 ff. 113), ist in der philosophischen Agonistik zu nennen (IX, 18, vgl. II, 46 u. oben S. 212 f.), ist γνωστικώτατος als Prophet (L. D. I, 114 f.) und θεοφιλέστατος (110), lässt θύειν τῷ προσήκοντι θεῷ und βωμοὺς ἀνωνύμους aufstellen (110), und eine göttliche Stimme heisst ihn nicht den Nymphen, sondern Zeus den Tempel bauen (115) — klingt das nicht an den antisthenischen Deismus an, der den Polytheismus indifferent setzt? Wer hat den so fabelhaften Epimenides mit dem internationalen Lehrer Pythagoras verbunden (L. D. VIII, 3. Jambl. 104. 135. 222. Porph. 29) und gegen die Haupttradition unter die Philosophen gesetzt (L. D. Pr. 13. I, 42)? Ich glaube, der kynische Entdecker der kretischen Urphilosophie. Jene deistischen Tendenzen passen zu dem Schwur des Rhadamanthys (vgl. oben S. 250). Minos hat in der sokratischen Literatur eine Rolle gespielt; ebenso Epimenides (L. D. III, 62), der auch bei den Lakedämoniern verehrt wird (ib. I, 115) und über den kretischen Cult und Idealstaat, über Rhadamanthys und Minos geschrieben haben soll (112), und da die Urphilosophie sich mit dem Tode beschäftigt (vgl. oben 170 ff.), so muss, vielleicht um das Todtengericht auf Kreta beisammen zu haben, der — in Athen das Heiligthum der σεμνοὶ θεοί stiftende (112) — Epimenides sich Aeakos nennen (114). Dass sich Antisthenes mit der Entsühnung Athens durch E. beschäftigt, dafür kann uns später Plato noch eine Andeutung geben. Die Tradition über ihn bei L. D. schwankt mehrfach — ein Zeichen, wie viel hier construirt wurde. Eine Version nennt als Vatersnamen Phaistios (109, vgl. oben 214); nur eine bringt die Entsühnung mit Kylon in Verbindung (110). „Einigen" gefiel's offenbar nicht, dass er in der Jahrzehnte langen Einsamkeit nichts Besseres zu thun wusste, als in der Höhle zu schlafen, und so soll er medicinische Forschungen gemacht haben (I, 112).

[1]) O. Hense, Die Synkrisis in der antiken Literatur, Freiburger Prorectoratsrede 1893 S. 17, der auch ib. 18 andere spätere Parallelen zur ἡσυχία des „Prodikos" bringt.

[2]) Ich glaube desshalb, dass der ekstatische Mystiker Sokrates des platonischen Symposion vom Kyniker angeregt ist, der am meisten die von Plato bisweilen belächelte Tradition des sokratischen δαιμόνιον gepflegt haben wird und zwar in jener Auffassung als Subject, als δαίμων, die man bei Späteren findet und Mühe hatte (vgl. Zeller II, 1 S. 75 ff.[4]) vom echten Sokrates fern zu halten.

Bedeutung, das lässt sie nachklingen bis in die christliche Antike[1]), ja bis in die nüchternste Gegenwart[2]). Das trennt sie auch von dem angeblichen Vorbild, dem doch ästhetischen Paris-Urtheil und auch von dem doch wesentlich dialektischen Streit der beiden λόγοι bei Aristophanes. Nicht bloss auf das Schauspiel des Parteistreits, sondern auf die Entscheidung in der Brust des Menschen kommt es an, denn: tua res agitur; nicht der Geschmack, nicht das Urtheil, sondern der Wille entscheidet. Der die Prodikosfabel geschrieben, glaubt an die Macht des Willens. War es Prodikos, der weichliche Pessimist, dem das Leben wie ein Alb aufliegt, voll von beklagenswerthen πόνοι? Oder war es der erste Kyniker, der vielmehr die ἰσχύς und αὐτάρκεια feiert? In der These seines Herakles: πόνος ἀγαθόν liegt es gerade, dass der Wille Herr bleibt über das von Prodikos beklagte Schicksal. Das ist ja der ganze Sinn der kynischen Umformung des Heraklesstoffes: dass sie aus Leiden Thaten, aus Schicksalsacten Willensacte, aus auferlegtem Zwang freie Wahl gemacht hat. Die Facta der Mythen blieben bestehen; nur eins kam hinzu, das den Mythen fehlt, weil es eben das Wesen der neuen Auffassung selbst ausspricht: die Fabel von der freien Wahl des Herakles. Die Frage der Willensfreiheit steht in der classischen griechischen Philosophie noch auffallend zurück. Es ist wie mit der individuellen Unsterblichkeit und dem reinen Subjectivismus. Der Hellene scheut noch das reine Subject; er steckt es als Person, Autor, Original literarisch-künstlerisch hinter Masken und Typen. Die originale Kraft ist ihm δεινή, und seine ganze Cultur ist bewusst antidynamisch[3]). Der Wille aber ist ja das reine Subject als Person, als Autor der Handlung, als δύναμις. Der Kyniker hat namentlich in Herakles die Person, im οἰκεῖον, in der αὐτάρκεια etc. das individuelle Subject[4]), in der ἰσχύς, ἐγκράτεια etc. das Dynamische betont[5]). In der Prodikosfabel, die auf den

---

[1]) Vgl. Norden, N. Jahrb. f. Philol. Suppl. XIX, 387 f.; doch siehe zu einigen dort genannten Stellen später.
[2]) Vgl. z. B. Stuart Mill's Selbstbiographie übers. v. Kolb S. 38.
[3]) Vgl. Archiv f. Geschichte d. Philos. IX, 51 f.
[4]) Dagegen nimmt Protagoras das Subject noch abstract typisch als ἄνθρωπος, mag dies nun als jedes Individuum oder als Gattung zu verstehen sein. Der Kyniker differenzirt sich energisch von den ἄνθρωποι und polemisirt gegen den protagoreischen Satz (vgl. Gercke N. Jahrb. f. d. kl. Altert. I, 586 f.).
[5]) Auch z. B. in der Vorliebe für dynamische Prädicate wie θεῖος, δεινός etc., die der Urhellene Plato desshalb mit ironischem Beigeschmack citirt, wie er ihn auch belehrt, dass δεινός doch eigentlich ein κακόν bedeute (Prot. 341 A B).

Willen abgestellt ist, erkennen wir den Einbruch eines fremden Elements in die hellenische ästhetisch-intellectuelle Typenanschauung, eben jenes Elements, das in dem halbhellenischen Kynismus lebt und sich in der halbhellenischen Stoa fortpflanzt.

Die zwei Wege unserer Fabel wies der böotische Dichter, auf den (von Prodikos abgesehen) der kynische moralisirende Dichterinterpret und Verfasser des Oeconomicus wahrlich Grund hatte hinzublicken [1]). Zwei Wege finden sich bekanntlich auch Jerem. 21, 8, aber wörtlich und concret als Wege des Lebens und des Todes. In der altchristlichen Literatur erscheinen dann mindestens seit dem 2. Jahrhundert[2]) die Wege des Lebens und des Todes bisweilen zugleich (ja in der ältesten Stelle — Barn. 18, 1, dazu 19, 1. 20, 2 — primär) als Wege des Lichts und der Finsterniss symbolisch-moralisch genommen. Nun ist es interessant, wie sich Laktanz über ihr Verhältniss zu den griechischen Wegen ausspricht. Div. instit. epit. c. 54 (p. 734 Brandt): Duas esse humanae vitae vias nec philosophis ignotum fuit nec poetis, sed eas utrique diverso modo induxerunt. Philosophi alteram industriae, alteram inertiae esse voluerunt: sed hoc minus recte, quod eas ad sola vitae huius commoda retulerunt. Melius poetae, qui alteram justorum, alteram impiorum esse dixerunt. Sed in eo peccant, quod eas non in hac vita, sed apud inferos esse aiunt. Nos utique rectius, qui alteram vitae, alteram mortis, et hic tamen esse has vias dicimus. Ausführlicher spricht Laktanz von diesem Unterschied im VI. Buch der divin. inst., und wie er da im 3. und 4. Capitel das Bild der zwei Wege ausspinnt und immer wieder darauf zurückkommt (cc. 7 f. 9, 16. 24, 1. VII, 1, 20 f.), lässt erkennen, wie dies Motiv in der Wurzel über Hellas und die Philosophie hinausgeht, in die Religion[3]) und tief in die Predigt

---

[1]) Vgl. I, 490 und zu Mem. I, 2, 57. I, 3, 3 u. a. unten.

[2]) Vgl. A. Harnack, Die Lehre der zwölf Apostel, mit Anhang von O. v. Gebhardt, Texte und Untersuchungen II. Text S. 3 Anm. zu I, 1. S. 17 Anm. zu V. Prolegom. 16, 26. 21. 83. 158. 178 f. 226. 277. 285 f.

[3]) Vgl. Clem. Strom. V, 5, 31: πάλιν αὖ δύο ὁδοὺς ὑποτιθεμένου τοῦ εὐαγγελίου καὶ τῶν ἀποστόλων ὁμοίως τοῖς προφήταις ἅπασι καὶ τὴν μὲν καλούντων „στενὴν καὶ τεθλιμμένην" τὴν κατὰ τὰς ἐντολὰς καὶ ἀπαγορεύσεις περιεσταλμένην, τὴν δὲ ἐναντίαν τὴν εἰς ἀπώλειαν φέρουσαν „πλατεῖαν καὶ εὐρύχωρον", ἀκώλυτον ἡδοναῖς τε καὶ θυμῷ, καὶ φασκόντων „μακάριος ἀνήρ, ὃς οὐκ ἐπορεύθη ἐν βουλῇ ἀσεβῶν καὶ ἐν ὁδῷ ἁμαρτωλῶν οὐκ ἔστιν". ὅ τε τοῦ Κείου Προδίκου ἐπί τε τῆς ἀρετῆς καὶ τῆς κακίας μῦθος πρόεισιν. „In der rabbinischen Forschung lautet die Frage nicht" (wie bei den Griechen): „welches ist das höchste Gut, sondern welches ist der rechte, gute Weg, den der Mensch gehen soll." Lazarus, Ethik des Judenthums I, 125. Norden

einschlug, weil es eben aus ihr entstanden (s. unten). Die weitere Schilderung der Wege bei Laktanz zeigt sich aber für jeden Leser ganz unzweifelhaft abhängig von den philosophi (vgl. namentlich den ordo der Güter und Uebel nach dem hesiodischen Schema), die er vorangehen lässt (vgl. die vor. S. Anm. 3 citirte Clemensstelle: Προδίκου μῦθος προέεισιν), und die eigentlich nur verbessert werden müssen. Allerdings die Fassung der Wege als Wege des Lebens und des Todes (und auch des Lichts und der Finsterniss, vgl. VI, 3, 17. 8, 5. 9, 16) stammt nicht von den philosophi. Laktanz vermisst bei ihnen namentlich den Zug in's Transscendente (vgl. nam. VI, 3, 9 ff.) und Theologische. Es fehlen der unsterbliche Führer und Verführer (VI, 3, 14. 4, 19 ff. 7, 3 ff.); es fehlt überhaupt die Betonung der Wege als göttlicher Einrichtung (VI, 4, 3. 11 f. 17 ff. 24), die übrigens bei Hesiod v. 289 f. nicht fehlt. Auch die Unterweltswege bei den Dichtern sind ja gegebene, concret vorgestellte Schicksalswege; die philosophischen Wege als Lebenswege aber sind bildliche Wege des menschlichen Willens. So bleibt die eigentliche Ausbildung der moralischen Symbolik der Lebenswege, die in der altchristlichen Literatur theologisch und eschatologisch niederschlug, an den Philosophen hängen. Aber an welchen?

Nach den physikalischen δύο ὁδοί des Heraklit, nach den logischen des Parmenides nun die ethischen δύο ὁδοί! Aber es scheint, dass diese schöne Parallele zum allgemeinen Gang der griechischen Philosophie gestört wird durch die Nachricht, dass bereits Pythagoras an dem Buchstaben Y die Scheidung der menschlichen Lebenswege veranschaulicht habe[1]), wie es ein altes Gedicht erklärt (Anth. L. V, 140 B, 1076 M): „Littera Pythagorae discrimine secta bicorni Humanae vitae speciem praeferre videtur. Nam via virtutis dextrum petit ardua callem Difficilemque aditum primum spectantibus offert, Sed requiem praebet fessis in vertice summo. Molle ostentat iter via lata, sed ultima meta Praecipitat captos volvitque per aspera saxa." Jahn, der dies Gedicht citirt (zu Persius S. 155 f.), zweifelt so wenig wie andere, dass bereits Pythagoras diese so treu hesiodische Schilderung im Bilde des Buchstabens Y fixirte. Und nun soll dazu stimmen, dass dessen

---

(Ant. Kunstprosa 477) findet das Wegegleichniss im Matthäusevangelium jüdisch (doch s. unten S. 292, 2), aber in der Fassung bei Späteren, z. B. Hieronymus und Ambrosius, schon von der Prodikosfabel beeinflusst.

[1]) Serv. ad Virg. Aen. VI, 136, vgl. Persius sat. III, 56 „Samios ramos", Auson. eid. XII, de litt. monos. 9, Isid. Orig. I, 3.

Joël, Sokrates. II.

alte Form Ϥ noch den steilen rechten Weg veranschaulicht (ib. 156). Aber Kirchhoff's Tafeln zeigen bei der älteren Form vielmehr die Ausbiegung nach der rechten Seite, und wenn auch die Alten in solchen Dingen schwanken, so lässt sich doch darauf nicht die principielle Unterscheidung der Schenkel bauen. Die Alten treiben auch garnicht die Parallele so weit. Zudem spricht eher gegen Pythagoras, dass als ältere Form V weit verbreiteter und gerade für Samos überliefert ist[1]), während die Pointe des Vergleichs gerade in der Gabelform liegt, also die Stammlinie nothwendig ist, wie es Serv. ad virg. Aen. VI, 136 zeigt: Novimus Pythagoram Samium vitam humanam divisisse in modum Y litterae; scilicet quod prima aetas incerta sit, quippe quae adhuc se nec vitiis nec virtutibus dedit. Bivium autem Y litterae a juventute incipere, quo tempore homines aut vitia i. e. partem sinistram, aut virtutes i. e. dextram partem sequuntur. Das sagen auch die philosophi bei Laktanz: dicunt enim humanae vitae cursum Y litterae similem, quod unus quisque hominum cum primae adulescentiae limen adtigerit et in eum locum venerit, partis ubi se via findit in ambas, haereat nutabundus ac nesciat, in quam se partem potius inclinet. Man braucht das nur zu lesen, um zu erkennen, dass dies Buchstabensymbol die Prodikosfabel in nuce ist. Entweder hatte der Autor des Symbols die Fabel oder der Autor der Fabel das Symbol. Und ich meine: so wenig dieser — Prodikos ist, so wenig ist jener — Pythagoras oder eher noch weniger. In welcher Schrift es Pythagoras wohl niedergelegt hat! Und ob es Laktanz aus Pythagoreerhänden empfangen hat? Ich denke, es stand in jenem kynischen Pythagorasbuch, im Abschnitt παιδευτικόν (vgl. oben S. 215); denn wir haben hier zweifellos den Pythagoras des Antisthenes, den predigenden Pädagogen, der πρὸς παῖδας λόγους παιδικούς bringt καὶ πρὸς ἐφήβους ἐφηβικούς (Antisth. Frg. S. 25 W)[2]). Laktanz tadelt gerade VI, 3, 15 f.,

---

[1]) Vgl. Kirchhoff's Stud. z. Gesch. d. griech. Alph.⁴ Tafel I, Col. IX.
[2]) „Archytas" bei Stob. flor. 7, 70 (Hense 105) spricht auch von zwei Lebenswegen, dem traurigen des Odysseus und der εὐδαιμονεστέρα des Nestor. Diese „pythagoreische" Antithese findet sich als Gegensatz des einfachen Nestor und des windungsreichen Odysseus gerade bei dem Homerschriftsteller Antisthenes und gerade dort, wo er Pythagoras reden lässt (Frg. S. 24 f.), und ist so bereits von Plato im Hippias kritisirt (s. unten). Zu εὐδαιμονεστέρα vgl. Diogenes bei Dio VI § 1 und Teles p. 6 f. (s. unten). Weber, Leipz. Stud. X, 186, 1 meint, dass die Pythagoreer mit ihren ὅμοια wohl Anleihen bei den Kynikern gemacht haben, und thatsächlich sind z. B. der wörtlich antisthenische Pythagorasausspruch: ἰσχὺς καὶ τεῖχος καὶ ὅπλον

dass die philosophi den Wegvergleich nur pädagogisch auf pueri und adulescentes und nicht auf alle Menschen anwenden. Sollte nicht darum eben hier der antisthenische Pythagoras citirt sein? Vielleicht citirt Plato schon den „pythagoreischen" Wegvergleich: Pythagoras werde als Erfinder einer ὁδὸς βίου gepriesen, heisst es Rep. 600 A B in der bekannten Kritik der homerischen παιδεία des Antisthenes! Und das Spiel mit dem Y ist Antisthenes wohl zuzutrauen, dem eifrigen Pädagogen, Pythagoristen, Symbolisten, dem das Wortstudium Anfang der παιδεία ist (Frg. S. 33, 1), der moralische Wortspiele und Illustrationen durch Buchstaben liebt (vgl. neben Mem. IV, 2, 13 seine Definition aus den στοιχεῖα im Theätet![1]). Laktanz spricht nicht von Pythagoras, sondern von den philosophi, die den Wegvergleich und zugleich das Buchstabensymbol bringen, und tadelt sie, dass ihr bivium nur hinauslaufe auf industria und inertia oder frugalitas und luxuria (div. inst. VI, 3, 6 ff. inst. epit. 54, 1). Passt das nicht sichtlich auf die Kyniker? Für die kynische Tugend sind auch die μαθήσεις ἐπίπονοι (div. inst. ib.) nothwendig. Das Ganze läuft eben auf eine Empfehlung des πόνος hinaus, resp. der ἡδονὴ μετὰ τοὺς πόνους (Antisth. Frg. S. 59, 12). Div. inst. VI, 3, 4: quae omnia eo proferuntur, ut appareat in virtutibus capiendis labores esse maximos, in perceptis autem maximos fructus et solidas atque incorruptas voluptates. Auf der erreichten Höhe der Tugend hören die Mühen auf —, dazu gehört aber jene unverlierbare Tugend des Weisen, die nur der Kyniker lehrt. Diese Lehre

---

σοφοῦ ἡ φρόνησις und Weber's Liste genauer Uebereinstimmungen „pythagoreischer" und (bei Stob.) „sokratischer" Sprüche schlagend. Aber sie beweisen eher und erklären sich leichter dadurch, dass Antisthenes in sokratischen Dialogen Pythagoras reden liess (wie es in Plato's Gorgias noch im Echo nachklingt). — Clem. Strom. V, 5, 31 stellt bei den Citaten für das bivium Prodikos und Pythagoras zusammen: ὅ τε τοῦ Κείου Προδίκου ἐπί τε τῆς ἀρετῆς καὶ τῆς κακίας μῦθος πρόεισιν καὶ Πυθαγόρας οὐκ ὀκνεῖ ἀπαγορεύειν τὰς λεωφόρους ὁδοὺς βαδίζειν, προστάττων μὴ δεῖν ταῖς τῶν πολλῶν ἕπεσθαι γνώμαις ἀκρίτοις καὶ ἀνομολογουμέναις οὔσαις. Auch hier klingt bei Pythagoras die antisthenische Sokratik durch in der Forderung des ὁμολογεῖν (Mem. IV, 6, 15), in den negativen Prädicaten (vgl. oben 181 f.) und vor Allem im Hass gegen die πολλοί, die auch bei Diogenes ep. 12 (vgl. ep. 30) nicht die σύντομος ὁδός gehen, die Antisthenes weist.

[1]) Sollte darum nicht er, der erste Philosophiehistoriker (vgl. S. 170, 3), nach dem wohl eine Quelle des Laert. Diog. Ἀντισθένης ἐν ταῖς τῶν φιλοσόφων διαδοχαῖς benannt ist, wie eine andere (π. παλαιᾶς τρυφῆς) den Wahlnamen Aristipp's trägt (vgl. v. Wilamowitz, Phil. Unt. I, 222), zuerst die physikalischen Elemente στοιχεῖα benannt haben? Die Naturphilosophen hatten ja andere Termini, und dieser riecht philologisch.

persiflirt und kritisirt Plato in Anknüpfung an die Hesiodverse und die Prodikosfabel Prot. 339 ff., vgl. nam. 340 D[1]). Dass aber der Kyniker den Wegvergleich auch dem Pythagoras zuwies, dafür wird sich später eine deutliche Spur ergeben.

Das Bild des Weges ist ja älter als der Kynismus[2]), aber es kann keine Frage sein, dass wesentlich ihm der moralische „Weg" zugehört. Der Kynismus heisst geradezu σύντομος ἐπ' ἀρετὴν ὁδός[3]) — das ist offenbar sein Programm, und darin liegt seine Wirkung, die ihm Nachfolge schafft. Wir fanden die σύντομος ὁδός bereits in der kynischen Paränese Cyr. I, 6, 22 in genauer Parallele mit Mem. I, 7, 1 (vgl. I, 518 f.), und in unserem Kapitel selbst wiesen bereits die ὁδοὶ διὰ δουλείας und δι' ἀρχῆς = ἐλευθερίας[4]) (§ 11) auf den Kyniker (oben S. 85 ff.)[5]). Krates

---

[1]) Es ist vielleicht nicht gleichgültig, dass Prot. 341 Prodikos χαλεπόν = κακόν nimmt, im Gegensatz zu Protagoras (Antisthenes). Es stimmt das zu dem Gegensatz πόνος = κακόν und πόνος = ἀγαθόν (vgl. oben 255).

[2]) Vgl. Diels, Parmenides S. 47, der namentlich an Herodot I, 11 und II, 19 erinnert, ὁδός = μέθοδος bei den Philosophen verfolgt und die Hypostase des Weges in den Evangelien von den Griechen herleitet. Parmenides schöpft aus der Orphik, und mit dem Bild des Weges kommt nun einmal, wie sich immer mehr herausstellen wird, der Kyniker dem Orient entgegen. Es bleibt noch eine Meerestiefe dazwischen. Jes. 35, 8: „Und es wird daselbst Strasse und Weg sein, heiligen Weg nennt man ihn; ihn ziehet nimmer ein Unreiner, ihnen nur gehört er, wer des Weges geht, auch Unkundige gehen nicht irre". Das steht so recht im Gegensatz zum kynischen Weisenstolz, der die πολλοί hasst (S. 290 Anm. 2 Schl.), zur Forderung der παιδεία, die allein den rechten Weg findet; aber es stimmt zu Laktanz' Tadel der philosophi div. inst. VI, 3, 7. 15 f.

[3]) L. D. VI, 104. VII, 121. Vgl. Jul. VII, 225 B. Luc. vit. auct. 11. Plut. amat. c. 16. Stob. ecl. I, 274 etc.

[4]) Die ὁδοί der δουλεία und ἐλευθερία Diod. VII, 14 (vgl. übrigens auch den entsprechenden Titel im 3. τόμος des Antisthenes) stimmen trefflich zum Kynismus von Mem. II, 1. Es ergab sich (oben S. 50 ff.) als Original schon für die ersten Theile des Capitels der antisthenische Herakles zugleich als Lobschrift auf den spartanischen Staat, wo Lykurg an zwei Jünglingen die zwei Methoden der παιδεία illustrirt, die eben weiterhin auf die Wege der ἀρχή = ἐλευθερία und der δουλεία führen. Und bei Diodor werden dieselben Wege Lykurg für Sparta von der Pythia beschrieben (nicht mehr für die παιδεία, sondern offenbar für die spartanischen Männer). Recht im Sinne des Antisthenes ist nicht nur das Lob Spartas, sondern die Zurückführung seiner Blüthe auf die νόμοι, die wieder auf die Person eines Urweisen zurückgehn, der wieder aus göttlicher Quelle schöpft. Das von Antisthenes cultivirte delphische Orakel (vgl. oben 225 u. unten) fordert für das ὠφελεῖν(!) Spartas, im Gegensatz zum φευκτὸς δόμος die ἀνδρεία und ὁμόνοια — s. über diese antisthenischen Ideale (und über das πειθαρχεῖν) oben und Näheres später. Sie allein können ἐλευθερίαν φυλάττεσθαι, heisst es

vergleicht Gnom. Vat. 381 das Benehmen eines eitlen Jünglings ὁδῷ λείᾳ καὶ πλατείᾳ δι' ἧς πολλοὶ εὐχερῶς ὁδεύουσιν, was nur verständlich ist aus einer weitergreifenden Uebertragung der hesiodischen zwei Wege auf den kynischen Gegensatz des asketischen und hedonischen Lebens[1]). Diogenes spricht ep. 12 (p. 238 Hercher) von der σύντομος ὁδὸς ἐπ' εὐδαιμονίαν, die aber οἱ πολλοί, wenn sie die χαλεπότης sehen, aus μαλακία scheuen; ep. 37 (p. 252 H) sieht er sich παρὰ Ἀντισθένει παιδευόμενος durch Askese ἐν τῇ ὁδῷ τῇ φερούσῃ ἐπ' εὐδαιμονίαν, ἣν — — ἐν τόπῳ ὀχυρωτάτῳ καὶ ἀποκρημνοτάτῳ μίαν ὁδὸν προσάντη καὶ τραχεῖαν ἱδρύσασθαι. Diese ὁδός sei διὰ τὸ δύσκολον nur mit Mühe, nackt, ohne das Gepäck der reichen Schwelger zu erreichen, was wieder mit der von den philosophi stammenden Schilderung bei Laktanz auffallend zusammengeht (vgl. nam. div. inst. VII, 1, 20 f.). Ἐγώ τοι, heisst es weiter im Diogenesbrief, παρ' Ἀντισθένει πρῶτον ἀσκήσας ἐσθίειν τε καὶ πίνειν ἧκον τὴν ἐπ' εὐδαιμονίαν ὁδὸν σπεύδων ἀπνευστί, und am Ziel führt er Gespräch mit der Εὐδαιμονία. Noch deutlicher tritt der hesiodische Wegvergleich, auf dem das Pythagorassymbol und die Prodikosfabel ruht, ep. 30 (p. 244 f. H) hervor: Diogenes wird Schüler des Sokratikers, der die εὐδαιμονία lehrt. ὁ δὲ ἐτύγχανε τότε σχολάζων περὶ ταῖν ὁδοῖν ταῖν φερούσαιν —, ἔλεγε δὲ αὐτὰς εἶναι δύο καὶ οὐ πολλάς, καὶ τὴν

---

bei Diodor, als die wahren τείχη, würde der Kyniker, auf Sparta blickend, hinzufügen. Die andern bei den πολλοί geltenden ἀγαθά nützten nichts(!). Denn Alles gehöre den Gebietenden und Freien, nicht den Unterworfenen. Hier geht Diodor ganz zusammen mit den kynischen Argumentationen Mem. II, 1, 10 ff. und in der Kyrosrede am Schluss von Cyr. VII, 5, wo die Uebung der Tapferkeit einzige φυλακή und ὄργανον ἐλευθερίας ist und dem tapferen Sieger und Herrn Alles gehört.

[5]) Auch Protagoras - Antisthenes wählt die der gefährlichen Lüge ἐναντίαν ὁδόν (Prot. 317 B). Ganz im Geiste jener kynischen Antithesen ist auch der Gegensatz zwischen der ἁπλουστέρα κ.τ.λ. ὁδός bei den Persern und dem hedonischen πλανᾶσθαι der medischen πολυτέλεια (Cyr. I, 3, 4 f.). Dazu stimmt ferner der kynische Charakter der Aporie des Euthydem (Mem. IV, 2, 21. 23), der die rechte ὁδός verfehlt. Zu dem kynischen πλανᾶσθαι vgl. I. 498. Dio IV, § 34. 115. X § 30. Anton. p. 875. Epict. diss. II. π. κιν. III, 22, 23. Stob. III, 104, 6 M. flor. 80, 6 etc. Mit der concreten ὁδός gerade mahnend parallelisirt Diogenes die ὁδὸς βίου Stob. flor. IV, 84. Vgl. ferner Diog. ep. 39, 1 f., die ὁδὸς σύντομος πρὸς τὸ εὐμνημόνευτον bei Diogenes L. D. VI, 31, ἐφόδιον bildlich bei den Kynikern Antisth. Frg. 61, 26. Plut. I p. 210 Bern. und die rechte ὁδός in der kynischen Apostrophe Epict. diss. III, 22, 26.

[1]) Vgl. ausser den oben genannten Stellen noch Diog. ep. 44. Crat. ep. 6. 16. 21.

μὲν σύντομον, τὴν δὲ πολλήν· ἐξεῖναι οὖν ἑκάστῳ ὁποτέραν βούλοιτο βαδίζειν(!). Antisthenes führt die Schüler zur Akropolis und zeigt die beiden Wege, den einen kurz, steil, schwierig, den andern lang, leicht, bequem. „αἱ μὲν εἰς τὴν ἀκρόπολιν" εἶπε „φέρουσαι ὁδοί εἰσιν αὗται, αἱ δὲ ἐπὶ τὴν εὐδαιμονίαν τοιαῦται· αἱρεῖσθε δὲ ἕκαστος ἣν ἐθέλετε (das Thema der Fabel!), ξεναγήσω δ' ἐγώ". Und er bereitet nun Diogenes, der allein den steilen, schwierigen Weg wählt, zur Askese vor. Denn ohne den doctor frugalitatis, so schlägt wieder Laktanz VI, 3, 8 ein, ist der rechte Weg nicht zu finden. Die Briefe schöpfen Factisches direct oder indirect aus den Originalschriften, und es ist unmöglich, dass sie das Bild vom schwierigen Tugendwege, von den zwei Wegen überhaupt, also das hesiodische Motiv mit der Quintessenz der Prodikosfabel, so entschieden auf die ersten und gerade auf den ersten Kyniker zurückführen, wenn es nicht bei ihm zu finden war.

Das Bild der ὁδός ist für den Kynismus von tieferer und allgemeiner Bedeutung und darum nothwendig. Es liegt darin eben jene Umschaltung des Ethischen aus der Substanz in die Function, aus der hellenischen Tugend des Seins und Besitzes, zu dem auch das Wissen gehört, in die Tugend als Entschluss, als Streben, als Handlung, gleichsam aus der ruhenden in die gehende Seele. Der Wille ist die seelische Bewegungskraft, und die kynische Willensethik begründet eine kinetische Terminologie. Die Tugend bedarf einer Wendung des Willens, einer Umkehr, sie wird gefördert durch ein richtiges προτρέπειν, resp. ἀποτρέπειν. Es ist wohl keine Frage, dass das Bild des moralischen Weges in die Sprache der Protreptik gehört, und daran schliesst sich naturgemäss der Begriff des „Ziels", des τέλος offenbar jenes „Weges". L. D. VI, 104: ἀρέσκει δ' αὐτοῖς καὶ τέλος εἶναι τὸ κατ' ἀρετὴν ζῆν, ὡς Ἀντισθένης φησὶν ἐν τῷ Ἡρακλεῖ. Es liegt kein Grund vor zu zweifeln, dass wir hier ein Citat des Antisthenes haben, das erste, das den wichtigen Terminus τέλος bringt[1]). Er entspricht ja in gewissem Sinne der ἀρχή der Vorsokratiker; doch er ist nicht einfach ihr punktueller Gegensatz; denn die ἀρχή ist real, das zukünftige τέλος aber, als noch irreal, setzt ein Bewusstsein voraus, in dem es wohnt — das ist das Sokratische daran —, doch nicht ein bloss theo-

---

[1]) Plato bringt ihn Gorg. 499 E; aber gerade der Gorgias schliesst sich im Antihedonismus, eben im τέλος stark an Antisthenes an, wie Dümmler (Akad. 87. 95) und Hirzel (Dialog I, 125 f.) bereits gesehen.

retisches, sondern ein wollendes Bewusstsein, das die Praxis sucht, auf den „Weg" blickt, und die Beziehung πρός τι ergab sich schon als grundlegend für die kynische Anschauung (vgl. I, 447). Der Kyniker war Relativist und Utilitarier, d. h. praktischer Teleologe, und so brauchte er den „Weg" und das „Ziel". Mit dem zielbewussten Gehen ist als Gegensatz in der kynischen Sprache das πλανᾶσθαι (s. S. 293 Anm. 4) gegeben; damit sind bereits die zwei ethischen Wege bestimmt, der weite Umweg und die eben vom Kyniker empfohlene συντομωτάτη ὁδός, die nach dem (schon deshalb betonten) τέλος[1]) bemessen sein muss. Aber dieser rechte, kurze Weg muss dafür steil sein; er führt durch πόνοι, und es ist gerade das Thema des antisthenischen Herakles, dass der πόνος ἀγαθόν ist, doch offenbar als Mittel, als rechter Weg zur gepriesenen ἀρετή. Es ist die Schrift vom guten Wege, und Vielgewanderte sind die Helden des ersten Kynikers: Herakles, Kyros, Odysseus, wie die späteren Kyniker aus Princip Wanderer werden. In der Betonung des Willens, als der Kraft der Wahl und der Bewegung, ist das Motiv der zwei Wege schon angelegt. Man bedenke, dass dies Bild nicht so sehr einem bloss contradictorischen Gegensatz zwischen einem Positiven und Negativen, Sein und Nichtsein, Wissen und Unwissenheit ansteht, sondern eben dem moralischen als einem conträren Gegensatz des Guten und Schlechten, sodass die Entscheidung nicht schon objectiv feststeht, sondern das Subject zwischen zwei Positivitäten, zwei wirklichen Richtungen zu wählen hat. In der Betonung des Schlechten als eines Positiven liegt vielleicht die ganze Eigenart und Hauptleistung des Kynismus, der für das Sündenbewusstsein den Boden bereitete. Antisthenes, der περὶ ἀδικίας καὶ ἀσεβείας schrieb, dem aus Dichtung und Wirklichkeit überall Gestalten der κακία entgegentraten, sah in der ἀρετή und κακία die beiden Grundfelsen, zwischen denen nur das Meer der ἀδιάφορα fluthet. Ihm markirten sich am schärfsten die zwei Wege, — aber auch die zwei Gestalten.

Die hellenische Cultur ist von Grund aus agonistisch[2]) und plastisch: soweit wurzelt unsere Fabel als Synkrisis tief im hellenischen Geist. Die bildende Kunst musste personificiren, und man hat hier mit Recht hingewiesen, dass schon in der

---

[1]) Mit dem τέλος ist wohl auch das kynische und stoische (vgl. Bonhöffer, Ethik des Epiktet 144 ff.) Ideal des τέλειος ἀνήρ gegeben, und nach dem τέλ ο des Tugendweges wird dann die mystische τελετή ethisirt (vgl. oben 240, 1).
[2]) Vgl. Archiv f. Gesch. d. Philos. IX, 54.

archaischen Kunst Frau *Δίκη* auftaucht, die *Ἀδικία* züchtigend[1]). Doch gehört der Disput der *ἀρετή* und *κακία* wohl noch eher in das von Debatten widerhallende Athen, in den aristophanischen Richterstaat, dem die Götter selbst ihren Streit zur Entscheidung gaben (Mem. III, 5, 9 f.), in die Blüthezeit forensischer Rhetorik, in die Sturmestage der Grossstadt, wo der Ehrgeiz am heftigsten nach Kränzen der *ἀρετή* griff (Mem. III, 5, 3) und die beginnende Corruption das moralische Raisonnement weckte, — eher als in die lyrische Sphäre der kleinen Insel. Nur einem Volke von Heliasten konnte Aristophanes den Streit des *δίκαιος* und *ἄδικος λόγος* bieten, und die literarischen Parallelen, die Welcker zur Prodikosfabel beibringt, entstammen dem attischen Drama. Hense zeigt S. 24 ff., wie der Agon urwüchsig schon in der älteren Komödie liegt, die der Prodikosfabel den Boden bereitete, ohne dass man sie aus ihr ableiten dürfte, und er hat Recht (S. 15. 24): das originale Motiv der Fabel liegt vielmehr in der Figur des Herakles und seiner Wahlentscheidung. Aber mag man nun bei der Fabel Herakles betonen oder den zwischen den Gegensätzen wählenden Willen, mag man Anregungen suchen in den Mythen, in den äsopischen Fabeln, in der attischen Komödie, in den Redekämpfen bei Euripides (Antiope, Hiketiden), in einem philosophischen Popularisirungsstreben, in der epideiktischen, enkomiastischen Rhetorik[2]), man stösst nirgends auf Prodikos, aber immer auf Antisthenes, den Heraklesschriftsteller, Antithetiker und ersten Willensphilosophen, den Mytheninterpreten, der auch die äsopische Fabel pflegt[3]), der als Sokratiker Erbe der attischen Dramatiker ist, den Bühnenvergleich liebt, sich ebenso für Euripides wie für seine Gegensätze Theorie und Praxis[4]), Tyrannis und Freistaat interessirt, den ersten Volksprediger, der den Lehrer der Rhetorik nicht verleugnen kann. Will man in der Antithese *Ἀρετή* und *Κακία* prodikeische Unterscheidung von Synonymen finden? Eher denke man an des Protagoras *δύο λόγοι περὶ παντὸς πράγματος ἀντικείμενοι ἀλλήλοις* (L. D. IX, 51), an des Gorgias rhetorische Streitkunst (Gorg. 456), die in utramque partem disputat (Cic. Brut. 12, 47), und an des Sokrates kritisch

---

[1]) Vgl. Hense, die Synkrisis, Freiburger Prorectoratsrede 1893 S. 11 f.
[2]) Vgl. für alles Hense S. 15. 21—30.
[3]) Vgl. oben S. 225. Plato neckt ihn Phaed. 60 C gerade mit einer Antithese als äsopischem Fabelthema.
[4]) Ueber den kynischen Bühnenvergleich s. Dümmler, Akad. 3 ff. Der Streit der Antiope spielt gerade in dem von Antisthenes abhängigen Gorgias eine Rolle.

schlagende Dialogik. Aber Protagoras hat eben Antisthenes tief beeinflusst, und Gorgias und Sokrates sind seine Lehrer. Der synkritische Geist ist in Hellas am stärksten in Attika lebendig; er vertieft sich in Athen am meisten in der Sokratik; er spitzt sich in der Sokratik am schärfsten zu bei dem Elenktiker Antisthenes (Xen. Symp. IV, 2 ff. V, 5). Aber die Synkrisis ist ein Mischproduct der Dialektik und Rhetorik. Indem bei Antisthenes der volle Strom gorgianischer Rhetorik in die kritisch scharfe sokratische Dialogik einging, entstand genau die literarische Form unserer Prodikosfabel: ein rhetorischer Disput, ein sich Ueberbieten der Parteien im Wechsel breitgesponnener Plaidoyers. Auch der Stil verräth nichts von Prodikos, sondern offenkundig den Gorgianer (vgl. oben S. 131), und er hat seine Parallelen bei Xenophon gerade, wo kynischer Einfluss am sichtbarsten ist, im Agesilaus (vgl. oben S. 132).

Blicken wir auf das xenophontische Stück, das am meisten vom antisthenischen Herakles zehrt, ja ohne ihn räthselhaft bleibt. Cyneg. XII f. werden mit den Lehren der φιλόσοφοι (unter denen ja Xenophon Mem. I, 2, 17 die Kyniker versteht) der πόνος und die παιδεία des Cheiron gepriesen — die Themata des antisthenischen Herakles! — und der Herakles der kynischen Fabel bei Dio or. I, der nicht mit schädlichen σοφίσμασι erzogen ist, nicht die ἡδοναί und die πλεονεξίαι wählt, sondern τῇ ψυχῇ πρόθυμος καὶ τὸ σῶμα ἱκανὸς πάντων μάλιστα ἐπόνει und als politischer σωτήρ, βοηθός und φύλαξ ersteht (§ 61 ff. 84), beherrscht sichtlich als ungenannte Idealgestalt im Hintergrunde den damit wörtlich übereinstimmenden und ohne diesen persönlichen Halt zusammenhanglos erscheinenden Epilog des Cyngeticus. Da heisst es nun XII, 19 ff. im Anschluss an den Hinweis auf die Cheironische Erziehung: „Vielleicht würden die Menschen, wenn die ἀρετή körperlich zu schauen wäre, sie weniger vernachlässigen, in dem Bewusstsein, dass, wie jene sichtbar ist, sie auch von ihr gesehen würden. Denn wer von dem Geliebten gesehen wird, der übertrifft immer sich selbst und sagt und thut nichts Schimpfliches und Schlechtes, damit es nicht von jenem gesehen wird[1]). Die von der ἀρετή sich nicht beobachtet glauben, thun dagegen viel Schlechtes und Schimpfliches, weil sie jene nicht sehen; sie aber ist überall gegenwärtig, da sie unsterblich ist, und ehrt, die sich in ihr auszeichnen (die ἀγαθοί) und demüthigt die κακοί. Wenn

---

[1]) Dass der Herakles des Antisthenes auch gerade die Bedeutung des ἔρως in der Cheironischen Erziehung behandelte, ergeben die Fragmente IV u. V bei Winck.

sie also wüssten, dass der Blick der ἀρετή auf ihnen ruht, so
würden sie die πόνοι und παιδεύσεις aufsuchen, durch die sie
mühevoll gewonnen wird, und würden um sie selbst sich bemühen." Die hier plötzlich lebendig gewordene ἀρετή wirkt
geradezu erschreckend; sie ist sichtlich aus einem grösseren
Rahmen herausgeholt, aus einer Lobschrift auf die ἀρετή sammt
πόνος und παιδεία, eben aus dem antisthenischen Herakles.

Bacon knüpft an diesen echt antiken Gedanken, dass die
Menschen die Tugend lieben würden, wenn sie sie sehen würden,
die Mahnung an den Redner, die Tugend zu malen. Bacon hat
Recht. Die plastische Personification der Tugend, ja die ganze
„Fabel" des Prodikos, deren Ursprung man in den alten Mythen
und sogar im Orient gesucht hat[1]), ist keine Fabel, sondern
ein rhetorischer Kunstgriff. Dem kynischen Gorgianer
steht sie an[2]), und es ist klar, dass ein Attiker die Rhetorik erst
recht zu dramatischer Anschaulichkeit drängte. Um die Sokratik
zu charakterisiren, lässt Aristophanes Begriffe dramatisch werden,
und wer darf sagen, dass die zweite, nicht mehr zum Abschluss gekommene Redaction der „Wolken", der erst der Streit der λόγοι
angehört, nicht schon die antisthenische Sokratik berücksichtigen
konnte? S. Späteres. Der Gorgianer am besten giebt die Rhetorik,
der Sokratiker die Dramatik und stellt die Begriffe heraus, der
Kyniker endlich, der derbe Plastiker der Predigt, personificirt die
Begriffe; denn seine Lehre ist Umbildung der Sokratik in's Persönliche, Subjective, Romantische, wie er aus dem sokratischen Wissen
den idealen Weisen herausarbeitet. Antisthenes ist Gorgianer,

---

[1]) Was nach dem Früheren auch noch am ehesten zu Antisthenes
stimmen würde. Buttmann, Mythologus 254 f. hat die ihm „völlig klaren"
Spuren des orientalischen Ursprungs der Fabel nicht angegeben. Er hatte
den richtigen Instinct, dass ein ungriechisches Element darin steckt, wofür ja auch das laute Echo bei den Kirchenschriftstellern spricht, aber er
vergass, dass dabei auch der griechische λόγος Pathe stand, der Begriffe
sehen, reden und kämpfen lässt. Wenn Athenäus im Parisurtheil Aphrodite als Ἡδονή und Athene als Φρόνησις und Ἀρετή deutet (XV, 687 C),
so wirkt da eben die kynische Antithese nach, aber es folgt daraus nicht
mit Welcker (579), dass in einem Mythus „vor Prodikos Athene und Aphrodite die Stelle der Arete und Kakia eingenommen haben". Vgl. Hense
a. a. O. 15. Norden, der noch eine Synkrisis von Demetrius Phalereus anführt, findet mit Recht das Genre schon halb asianisch (Ant. Kunstpr. 130 f.).
Ueber die grosse Rolle der Allegoristik in der Kirche vgl. Bornemann, die
Allegorie. Freiburg 1899.

[2]) Der mir auch in Plato's Crito die Rede der νόμοι angeregt zu
haben scheint. Spuren des gorgianischen Enkomionrecepts, das sich auf
den νόμος, ἔρως u. a. anwenden liess, s. bei Dümmler, Kl. Schr. I, 192, 2.

Sokratiker, Kyniker — ihm wie keinem ziemt jener rhetorisch-dramatische Agon der ethischen Begriffe, die sich Prodikosfabel nennt. Wer einsieht, dass die sog. Fabel des Prodikos bloss in den Reden besteht und leer an Handlung ist, erkennt, dass hier nicht ein ursprünglicher Mythus, nicht das Werk eines Dichters, sondern eines Theoretikers vorliegt. Wenn der Kyniker einen „Mythus" erfindet, so muss es eine Personification von Begriffen sein, denn nichts Anderes sind ja nach seiner Deutung die Mythen. Sicherlich von ihm (s. unten) hat der xenophontische Oeconomicus die gast- und menschenfreundliche, dankbare Landwirthschaft (V, 8. XV, 4. XIX, 17), die dankende, lehrende, ehrliche Erde (V, 12. XVII, 9 f. XX, 13 f., vgl. Antisthenes in Schol. ad Odyss. ι 106 p. 416 Dind.), den lehrenden Weinstock (XIX, 18). Dass hier die Personificationen sich häufen, stimmt wohl zusammen mit seiner Deutung der ersten Götter als Personificationen agrarischer Werthe. Antisthenes lässt aber auch das Erz und die $Τύχη$ sprechen (Frg. S. 9. 63, 36); andere Kyniker personificiren das Gold, die $Εὐτέλεια$, $Σωφροσύνη$, $Πενία$, die $Πράγματα$ u. s. w. Vgl., was Weber über die kynischen $προσωποποιΐαι$ gesammelt hat (Leipz. Stud. X, 161 ff.). Ferner tritt Diog. ep. 37 am Ende des steilen antisthenischen Tugendweges die $εὐδαιμονία$ redend auf —, also fast die Situation der Prodikosfabel. In der Diogenesrede Dio IV, § 85 ff. wird geradezu das Princip der Personification ethischer Typen ausgesprochen, nach dem Vorbild der Künstler, die Flüsse, Städte u. s. w. als weibliche Figuren darstellen.

Aber all die andern Begriffe sind ja eigentlich dem Kyniker „gleichgültig" gegenüber den beiden, die gerade die Typen der Prodikosfabel sind: $ἀρετή$ und $κακία$ (L. D. VI, 105). Keine Philosophie hat diese Begriffe, ihr Nebeneinander und Gegeneinander so forcirt wie die kynische, dass selbst die Stoa, die die $ἀδιάφορα$ graduirt, nicht nachkommen konnte. Ob andere die Prodikosfabel erfinden konnten oder nicht, Antisthenes musste auf sie kommen. Er hat die $ἀρετή$ nach Xen. Cyneg. XII, 19 ff. sicher als eine unsichtbare, richtende Unsterbliche vorgeführt und sie jedenfalls $βραχυλόγος$ oder (wie Wachsmuth will) $βραχυτάτη$ genannt (s. folg. S.). Diogenes spricht von den Werken der $ἀρετή$, von ihrer Farbe, ihrer Rede, von der Nahrung, der Wohnung und von den Decken der $ἀρετή$[1]). Kann man weitergehen im Personificiren? Damit ist aber auch die $κακία$ gegeben, gerade nach der Methode des Antisthenes, die überall in Definitionen,

---

[1]) L. D. VI, 45. 54. 70. Stob. flor. 93, 35 und folg. S. Anm. 2.

Interpretationen, Abschätzungen die κακία, τὰ μή —, das ἐχθρόν und ἀλλότριον neben dem lobenswerthen positiven Gegenpart herausstellt und zum ersten Mal in den Dichtungen nicht bloss die ἀρετή, sondern ἀρετή und κακία dargestellt findet[1]), überhaupt nach der ganzen kynischen Ethik, die dem Willen seine Stellung gegeben hat als einem Herakles zwischen αἱρετέα und φευκτέα. Zudem aber hat Antisthenes jedenfalls die einzelnen Formen der κακία personificirt und gerade im Herakles, wo er die Bestien als verschiedene Laster deutet. Solche Personification liegt ja in dem kynischen Grunddogma von den „knechtenden" Begierden (vgl. nam. L. D. VI, 66), das wohl nicht erst Diogenes zur gewaltigen Dämonologie der Leidenschaften bei Dio Chr. IV § 82 ff. nam. § 101—115 (vgl. Luc. Cyn. 18) entfaltet hat. Sicherlich vom ersten Kyniker hat Xenophon die ähnliche ganze Mythologie ethischer Begriffe Oec. I, 18 — II, 1. Da erscheinen Trägheit, Naschhaftigkeit, Trunksucht u. v. a. als „böse Herrinnen", die den Menschen vom Guten abziehn, ihn seelisch und leiblich knechten und ruiniren, seine Jugend, sein Vermögen als Opfer fordern und ihn einem elenden Alter überlassen, gegen die man kämpfen muss wie gegen Feinde, die betrügerisch als Freuden auftreten und sich mit der Zeit selbst den Betrogenen enthüllen — kurz, allerlei Züge erscheinen da, die bei der κακία der Fabel wiederkehren. Zum Ueberfluss aber haben wir ein Wort des Antisthenes, das ἀρετή und κακία in ihrem Gegensatz gerade persönlich charakterisirt: Ὁ αὐτὸς (Antisth.) ἔφη τὴν ἀρετὴν βραχυλόγον εἶναι, τὴν δὲ κακίαν ἀπεραντο[λόγον][2]).

Der Kyniker ist recht eigentlich der Streiter im Denken; er kann nur in Gegensätzen denken. Wie sehr die Antithese von Begriffen und Personen im Grundwesen des Kynismus wurzelt[3]), zeigen neben allem früher Beigebrachten auch so viele antisthenische Schriftentitel, wie περὶ ἐλευθερίας καὶ δουλείας, περὶ δόξης καὶ ἐπιστήμης, περὶ ζωῆς καὶ θανάτου, περὶ φρονήσεως ἢ ἰσχύος, „Lysias und Isokrates", „Aias und Odysseus"[4]), und vor

---

[1]) Vgl. Norden, N. Jahrb. f. Philol. Suppl. XIX, 383.

[2]) Aus Wachsmuth's Samml. Vat. 12 (Wien. Stud. 99), vgl. Weber, Leipz. Stud. X, 261. Diogenes spricht vom προκόσμημα κακίας L. D. 72. Vgl. die Personification der ἀρετή Diog. ep. 27 und auch Krates, Anton. et Max. s. de benef. et grat. (Mull. 35) οὐ γὰρ θεμιτὸν ἀρετὴν ὑπὸ κακίας τρέφεσθαι.

[3]) Vgl., was alles Diogenes von Grundbegriffen ἀντιτίθησι L. D. 38.

[4]) Zwei Parteien vor einer urtheilenden Instanz, also die Situation der Prodikosfabel, würden wir hier auch vermuthen können, selbst wenn die unter diesem Titel erhaltenen Declamationen unecht wären. Aber

allem bieten (vgl. Norden 382) die Titel Helena und Penelope, Herakles und Midas ethische Gegensätze gleich der ἀρετή und

Radermacher (Rhein. Mus. 47. 569 ff.), in den Atheteseneifer der früheren Generation zurückfallend, bezweifelt auch den Titel. Auf den Inhalt der Declamationen, der nur aus einer geschlossenen Theorie zu verstehen und mir genau zu Antisthenes zu stimmen scheint (vgl. v. Wilamowitz, Gött. Progr. S.-S. 1893 p. 19 f.), will ich hier nicht eingehn, da R. nur formale Gründe gegen die Echtheit anführt, ohne zu sagen, warum die Alexandriner, die noch Antisthenes lasen, sie als echt nahmen, während wir, die wir kein echtes Stück zur Vergleichung haben, die Täuschung durchschauen. Was aber R. anführt, scheint mir nicht gegen, sondern zumeist für Antisthenes zu sprechen. Die Declamationen sind allerdings nicht bedeutend und unterhaltend. Aber hätte Antisthenes wirklich wie Plato geschrieben (dem übrigens auch schon blosse Werthprädicate manche echte Schrift geraubt haben), dann wäre mehr von ihm erhalten, und zudem gehören diese rhetorischen Uebungsstücke doch vermuthlich in die früheste, unreife, rhetorische Epoche des Antisthenes. R. gesteht zu, dass es keine späte Fälschung sein kann: sicher nur nach Euripides, aber nicht zu lange. Er sieht darin Erzeugnisse aus der ersten Periode der Rhetorenschulen; aber wir wissen ja, dass Antisthenes ursprünglich Schüler und Lehrer der Rhetorik war (L. D. VI, 1 f.). R. findet, dass der Redefluss durch das Anhängen einzelner Glieder entstehe und in ermüdender Einförmigkeit verlaufe: wir sahen, wie der Stil (namentlich das καί — καί) zugleich mit dem Inhalt der Declamationen von Plato im Laches persiflirt wird (oben S. 142. 146 f. Anm.), und wie er sich allgemein aus der durchaus associativen Denkweise unseres Kynikers ergiebt. R. constatirt weiter poetische Färbung der Sprache, auffällige Wortstellung. Aber diese poetische Färbung findet man wahrlich stark genug in den Fragmenten des Antisthenes wieder, und über den Bilderreichthum des kynischen Predigers ist kein Wort zu verlieren. Demetr. de eloc. 261 citirt Antisthenes für ein Beispiel effectvoller Wortstellung. Und endlich das Hauptargument: eine Entdeckung von Blass sehr glücklich erweiternd, findet R. in den Declamationen ein Dutzend Trimeter und bei leichten Aenderungen noch weit mehr. Daraus will er folgern, dass die Declamationen eine poetische Vorlage voraussetzen, ja nur prosaische Umschreibungen zweier ῥήσεις einer Tragödie sind, was die Autorschaft des Antisthenes ausschliessen solle. Aber wie sehr die Tragödie in der älteren Atthis abfärbt, hat v. Wilamowitz gezeigt. Dass die Declamationen sich grossentheils in Trimetern bewegen, ist zweifellos; aber gerade das ist doch mit der Absicht einer blossen Umschreibung aus der poetischen in die prosaische Form unverträglich: denn am ehesten wäre dann doch die Versform zerstört worden; sie erklären sich eher unbewusst anklingend in einem Geist, der viel in Rhythmen lebt. Nun wissen wir ja, wie Antisthenes in den Dichtern lebt, wie seine Schriftstellerei grossentheils Gedichtinterpretation ist, wie sein Argumentiren von Citaten strotzt. Wir wissen, dass das Versememoriren zur kynischen Pädagogik gehört (L. D. VI, 31) und ferner, wie nahe sich die Kyniker den Tragikern fühlten, wie gern sie vom Theater sprachen (vgl. oben 254, 1), wie oft sie sich namentlich

κακία der Fabel, und zwar wie Antisthenes beide fasst: die ἀρετή als ἐπίπονος, die κακία als ἡδονή. Gerade der antisthenische Herakles ist dem Lob des πόνος (L. D. VI, 2) und der Bekämpfung des kyrenaischen Hedonikers gewidmet (ep. Socr. 17 Or. vgl. oben S. 50), und Herakles bleibt dem Kyniker der Mann des πόνος, der Kämpfer gegen die ἡδονή (Luc. v. auct. 8). Jeder Leser der Prodikosfabel muss zugeben, dass der Gegensatz der ἀρετή und κακία als der des πόνος und der ἡδονή ausgefochten wird. Herakles bot, abgesehen

mit Euripides bewusst und unbewusst berührten (vgl. oben 165. 199, 2 auch kritisch, vgl. Antisth. Frg. 54, 20) und R. glaubt in den Declamationen gerade den Einfluss euripideischen Stils zu erkennen. - Wir wissen endlich, dass Antisthenes auswendig citirte; denn nach Frg. 54, 19 kam es vor, dass er wieder einmal Euripides zu citiren glaubte, während er Sophokles' Aias im Kopfe hatte. Vgl. gegen R. noch v. Wilamowitz a. a. O. und Norden (Ant. Kunstprosa I, 53, 3), der treffend auf Cic. or. III 189 f. verweist. Man lese bei ihm nach, wie sich bei Heraklit und Herodot Versformen finden (jambische Trimeter auch in der hippokrat. Samml.! S. 44 f.), wie sie bei Späteren entdeckt wurden und werden (53, 3. 235, 2), gerade auch bei der zeitgenössischen Rhetorik (Thrasymachos, Isokrates 43. 53, 3) und bei Plato, wo er diese imitirt (74. 110). Und Antisthenes ist Rhetor. Auch in dem ja kynischen Axiochus fand man Rhythmen (oben S. 175, 9 u. Norden 125). Man kann die Metrenjagd bis in die Gegenwart fortsetzen. Ein Beispiel für viele: W. Jordan's Roman „Zwei Wiegen" enthält zahlreiche Stellen von dieser Art: Rascher in vierter Classe reist er — als einst — der regierende Fürst, und in dritter sogar mit diesem im nämlichen Schnellzug. Auch Prosaiker lassen sich in stark poetischen Epochen leicht anstecken. Heine sieht gerade in den poetischen Anklängen in Börne's Stil ein Zeichen, dass er nicht dichte. Oder die Rhythmen können bei dem kynischen Erben der Tragiker (s. oben 254) halb bewusst sein, wie in Schleiermacher's Monologen, wo die Jambenrhythmik des Egmontmonologs u. a. nachgebildet ist (Dilthey, Leben Schl. S. 452): „Ich wollte ein bestimmtes Silbenmaass überall durchklingen lassen, im 2. und 4. Monolog den Jamben allein, im 5. den Daktylus und Anapäst und im 1. und 3. habe ich mir etwas Zusammengesetztes gedacht. Das gestehe ich aber gern, dass der Jambe stärker gewesen ist als ich und sich im 2. und 4. Monolog etwas unbändig aufführt." Wird nun ein Zukunftsphilologe die „Monologen" als Prosaumbildung einer Dichtung für unecht erklären? — R. hält sich besonders an die Stelle, wo Aias mit einem ὑς ἄγριος und παῖδες verglichen wird (s. über diese gut antisthenischen Vergleiche oben S. 147) und monirt die dazwischenliegende Bemerkung, die mich aber eher bestärken könnte, in Plato's Apologie den Einfluss des Antisthenes zu erkennen:

Odysseus	Apol. 41 C D
οὐκ οἶσθα ὅτι τὸν ἄνδρα τὸν ἀγαθὸν οὔθ' ὑπ' αὐτοῦ χρὴ οὔθ' ὑφ' ἑτέρου οὔθ' ὑπὸ τῶν πολεμίων κακὸν οὐδ' ὁτιοῦν πάσχειν;	ὑμᾶς χρὴ ἕν τι τοῦτο διανοεῖσθαι ἀληθές, ὅτι οὐκ ἔστιν ἀνδρὶ ἀγαθῷ κακὸν οὐδὲν οὔτε ζῶντι οὔτε τελευτήσαντι, οὐδέ —

von seinen Kämpfen, mehrfache Gelegenheit, ihn ethisch zu differenziren, z. B. von Iphikles und Eurystheus. Jedenfalls hat Antisthenes — das hat schon Welcker gesehen — in Midas ein Gegenbild zu Herakles aufgestellt, und der phrygische König, von dessen fabelhaften Schätzen, Rosengärten und dionysischen Beziehungen die Sage viel erzählt, giebt gerade den Typus der Ueppigkeit, der hedonischen κακία gegenüber des Herakles ἀρετὴ τῶν ἔργων. Aber solcher Typen gab es näherliegende. Omphale konnte bei Antisthenes hier Herakles und Midas verknüpfen, doch nur äusserlich und wohl erst künstlich[1]). Aber es ist doch merkwürdig, dass die bekannteste[2]) Tradition über Midas auf zwei Wahlentscheidungen geht, in denen er falsch wählt zu eigenem Schaden und falsch gerade in kynischem Sinn. Er wählt das Gold, als ihm die Glückswahl offen steht, und er entscheidet für Marsyas resp. Pan gegen Apollo[3]). Sollte ihm nicht Herakles in jener antisthenischen Schrift als Mann der rechten Wahl gegenüberstehen? Ob nun in diesem oder dem „grossen Herakles" Antisthenes das Original der xenophontischen Fabel brachte, wage ich nicht zu entscheiden; aber es spricht manches dafür, dass er sie mehrfach und in Variationen brachte, wie Plato z. B. die Unterweltsmythen.

Thatsächlich reizt die Fabel zu Variationen: das beweisen die zahlreichen Nachbildungen. Zunächst noch bei Xenophon selbst[4]) finden wir allerdings weniger Nachbildungen der Fabel als Illustrationen, und zwar gerade in den am meisten kynischen Schriften. Die Kyrupädie ist wie ein grosses Bilderbuch zur

Die Stelle mit der wohl hineinpassenden Selbstmordprophezeiung antwortet der Aiasstelle: κἀγὼ μὲν οὐκ ἂν ἀνασχοίμην κακῶς ἀκούων, οὐδὲ γὰρ κακῶς πάσχων. Vgl. dazu Antisth. Frg. 18, 3: Βασιλικόν, ὦ Κῦρε, πράττειν μὲν εὖ, κακῶς δ' ἀκούειν und Frg. 62, 33: παρεκελεύετό τε κακῶς ἀκούοντας καρτερεῖν μᾶλλον ἢ εἰ λίθοις τις βάλλοιτο.

[1]) Vgl. Athen. XII, 516 B, wo die Charakteristik des Midas echt kynisch ist: τοῦ μὲν Μίδου ὑπ' ἀνανδρίας καὶ τρυφῆς (καὶ) ἐν πορφύρᾳ κειμένου καὶ ταῖς γυναιξὶν ἐν τοῖς ἱστοῖς συνταλασιουργοῦντος, Ὀμφάλης δὲ κ.τ.λ. τὸν μὲν ὑπὸ ἀπαιδευσίας κεκωφημένον τῶν ὤτων ἐξελκύσας, ὃς διὰ τὴν τοῦ φρονεῖν ἔνδειαν τοῦ πάντων ἀναισθητοτάτου ζῴου τὴν ἐπωνυμίαν ἔσχε.

[2]) Aber z. Th. nicht ursprüngliche (vgl. Kuhnert, Roscher's mythol. Lex. S. 2956 ff.). Doch gerade Antisthenes' Μίδας kann die Tradition zur moralistischen Interpretation fortgebildet haben.

[3]) Ueber des Antisthenes Apollocult und Flötenhass s. oben S. 226 u. Plut. Per. 1. Die Habsucht des Midas war für den Kyniker oft Gegenstand der Verachtung (Luc. dial. mort. II, 1. XX, 2).

[4]) Vgl., was Welcker (S. 594 ff.) im Symposion finden will.

Prodikosfabel; entweder ist Xenophon hier ein fanatischer Prodikeer, oder die Prodikosfabel ist nicht von Prodikos. Antisthenes hat auch im Kyros das Lob des πόνος gesungen (L. D. VI, 2), und die Kyrupädie führt nun ihren Helden als Vertreter der ἀρετὴ ἐπίπονος in steten Contrasten an den andern Königen vorbei als Vertretern der φιλήδονος κακία, an Astyages, an dem Armenier, dem Assyrier, an Kyaxares, Krösos, und die Antithese der ἀρετή mit einzelnen πάθη wird ausgesponnen zwischen Kyros und Araspes, Hystaspes und Gobryas, Pheraulas und dem Saker u. s. w. Noch schärfer treten sich in dem vom antisthenischen Herakles abhängigen Agesilaus (c. IX) der Spartanerkönig und der Perserkönig als ἀρετὴ φιλόπονος und hedonische κακία gegenüber, und die Parallele mit der Prodikosfabel wird sich noch im Einzelnen zeigen. Auch beim Hiero liegt sie auf der Hand: es liegt ihm der gut kynische Gegensatz der Tyrannis und der βασιλεία zu Grunde, die in den Farben der hedonischen κακία und der ἀρετή erscheinen. Aber auch die späteren Parallelen und Variationen der Prodikosfabel — und ich meine, das ist einer der stärksten Beweise — weisen alle mehr oder minder auf kynischen Einfluss zurück, sodass man neuerdings bereits stark vermuthet, dass Antisthenes die Prodikosfabel in's Kynische „umgestaltet", „übersetzt" habe[1]). Worin wohl diese Umgestaltung oder Uebersetzung bestanden haben mag? Man wird schwerlich in Xenophon's Darstellung einen Zug der Fabel finden, der unkynisch wäre[2]), und die Betrachtung im Einzelnen wird dies bestätigen. Man sagt, der kynische Grundgegensatz sei πόνος und ἡδονή, und betont namentlich, dass hier statt der Ἡδονή die Κακία genannt sei[3]). Aber ich weiss nicht, was von der Fabel bei Xenophon übrig bleibt, wenn man die Ἀρετή nicht

---

[1]) Kaibel, Hermes 25. 589 f. Wendland, Neu entd. Frgm. Philo's 141. O. Hense, Die Synkrisis in d. ant. Lit. 32. „Aber das Nähere," heisst es ib., „entzieht sich schon desshalb jeder sicheren Muthmassung, weil wir über Ausdehnung und Form des Dialogs innerhalb der antisthenischen Schriften nicht unterrichtet sind." Doch L. D. VI, 1 giebt den Fingerzeig, dass Antisth. von Gorgias τὸ ῥητορικὸν εἶδος ἐν τοῖς διαλόγοις hatte, also gerade jene Mischung des Epideiktischen und Dialogischen bot, die nach Hense für die synkritische Diatribe bezeichnend ist.

[2]) Natorp hat es Archiv f. G. d. Ph. III, 526 geradezu im Allgemeinen ausgesprochen, dass die Prodikosmoral des xenophontischen Sokrates zugleich die des Antisthenes sei.

[3]) Wendland, S. 140, 2. 142 f. Vgl. Welcker S. 598.

als ἐπίπονος, die *Κακία* nicht als φιλήδονος auffasst. Das sind die Prädicate, mit denen jene Subjecte eben auftreten. Nicht um *Ἀρετή* und *Κακία* als solche wird gestritten (die *Κακία* heisst auch so nur bei ihren Feinden, § 26), sondern um den Werth des πόνος, um den schweren Weg der *Ἀρετή* und den hedonischen Anspruch der *Κακία*. Auch für die Kyniker ist doch nun einmal κακία Gegensatz zur ἀρετή (L. D. VI, 105, vgl. oben S. 299 f.). Wäre die *Κακία* nicht als ἡδονή zu fassen, wie könnte die Prodikosfabel als Haupttrumpf gegen Aristipp ausgespielt werden? Die Alten wussten, wie sie Xenophon's *Κακία* zu nehmen hatten. In den späteren Citirungen der Prodikosfabel heisst die Gegnerin bald *Κακία*, bald Voluptas. Nun wird man meinen, *Κακία*, wo Xenophon, Voluptas, wo die „kynische Uebersetzung" Quelle ist. Aber gerade, wo die Gegnerin Voluptas genannt wird, ist ausdrücklich Xenophon citirt[1]), und gerade, wo statt Xenophon nur Prodikos erwähnt ist, steht *Κακία*[2]).

Welcker zweifelt nicht, dass die Späteren die Fabel nur nach Xenophon citiren, auch wo sie ihn nicht nennen. Die Erwähnungen Jul. II, 56 D und Clem. Strom. V, 5, 31 sind zu kurz und allgemein, um das zu beweisen. Clem. Strom. II, 20 (II p. 215 Dind.) citirt zwar Mem. II, 1, 30, aber als eigenartig unter Xenophon's, nicht Prodikos' Namen. Doch andere Erwähnungen bei denselben Autoren beweisen eher, dass sie nicht bloss oder überhaupt nicht aus Xenophon schöpfen (über Jul. VII, 217 A s. später). Von Clem. Paedag. II, 10, 110 hat es bereits Wendland (a. a. O. 142) constatirt, und Basil. de leg. libr. gentil. 4 finden sich in einem stark antisthenischen λόγος προτρεπτικός[3]) auch andere Worte für die Schilderung der beiden Frauen (namentlich τρυφή für die *Κακία*![4]), und die *Ἀρετή* giebt statt

---

[1]) Athen. XII, 510 C ist nur *Ἀρετή*, nicht die Partnerin genannt. Cic. de off. I, 32, 118, ad fam. V, 12, 3 und Quinctil. IX, 2, 36 heisst sie nach Xenophon Voluptas und nur Justin. Apolog. II, 11 κακία. Clem. Strom. II, 20 heisst es: καὶ ὁ Ξενοφῶν ἄντικρυς κακίαν λέγων τὴν ἡδονήν.

[2]) Clem. Paedag. II, 10, 110 (87 S), Strom. V, 5, 31, Philostr. p. 482, ep. 73 p. 486 H (wo gerade Prodikos von Xenophon differenzirt wird), Basil. de leg. libr. gentil. 4, Themist. or. 22. 280 a, Jul. II, 56 D steht überall mit Prodikos κακία. Ib. 217 A sind die Namen nicht genannt. Nur Max. Tyr. diss. 20, 1 macht eine Ausnahme: hier wird die Ἡδονή des Prodikos ohne Xenophon citirt.

[3]) Vgl. das Nähere bei Norden a. a. O. S. 383 f. Anm. 3.

[4]) Vgl. τρυφή auch Philostr. p. 482, wo die ἐπίδειξις, nicht nach Xenophon, ἔμμισθος genannt wird.

der allgemeinen Lehren bei Xenophon eine mehr auf Herakles zugeschnittene Prophezeiung, an der es der antisthenische Herakles sicher nicht fehlen liess: ὑπισχνεῖσθαι — ἱδρῶτας μυρίους καὶ πόνους καὶ κινδύνους διὰ πάσης ἠπείρου τε καὶ θαλάσσης. Ἆθλον δὲ τούτων εἶναι θεὸν γενέσθαι, ὡς ὁ ἐκείνου λόγος. Also Bas. erfindet das nicht, sondern entschuldigt sich, dass seine Quelle so Heidnisches giebt; aber Xenophon ist es nicht, der das giebt. Endlich in Varro's Hercules Socraticus vermuthet Welcker selbst nach den Fragmenten eine freie Nachbildung — wessen? Nothwendig (direct oder indirect) eines Sokratikers, der über Herakles geschrieben, d. h. des Antisthenes oder des Xenophon in Mem. II, 1. Nun stimmen die Fragmente z. Th. genau zur Fabel, aber nicht zur xenophontischen Fassung. Non. II, 210 Müll.: In omnibus rebus bonis quotidianis: cubo in Sardianis tapetibus. Daran schliesst sich ib. 204: Cubo in Sardianis tapetibus, chlamydas et purpurea amicula. Das spricht doch offenbar Κακία = Voluptas, aber nicht bei Xenophon, der die Rolle der Κακία um diese Lockungen verkürzt hat und sie als Anklagematerial der bei ihm wahrlich nicht βραχυλόγος Ἀρετή zuschob. In der originalen Synkrisis waren die Rollen sicherlich besser vertheilt. Sollte Varro, dessen stoische Quellen (zunächst Posidonius) heute anerkannt sind, nicht indirect aus dem andern, grösseren Hercules Socraticus schöpfen, dem antisthenischen, der demnach auch die originale Prodikosfabel barg? Das dritte Fragment (Non. I, 246 M: Qui sutrinas facere inscius, nihil homo agis) schliesst jedenfalls Xenophon als Quelle völlig aus, verträgt sich aber mit Antisthenes, der im Herakles weit mehr gab als die Fabel und den Schuster Simon irgendwie herangezogen haben muss (vgl. oben S. 71). Vier Sokratikerbriefe (9. 11. 12. 13), die natürlich aus den Schriften schöpfen, bezeugen die enge Verbindung des Kynikers mit dem Schuster, der seine παρρησία nicht verkauft (L. D. II, 123). Sie bezeugen namentlich ihre Gesinnungsgemeinschaft in der einfachen, enthaltsamen Lebensweise und ihren Gegensatz zu Aristipp: in drei Briefen verspottet Aristipp diese Beziehungen des Schusters und des Kynikers, im vierten droht Simon dem Hedoniker mit Antisthenes. Nun hat aber Antisthenes im Herakles die Askese gegen Aristipp verfochten; sollte er also nicht dort eben Simon gegen den Schwelger ausgespielt haben? Aber es wird noch deutlicher. Antisthenes, heisst es, cultivirt den Simon (ep. 11), geht zu ihm (ep. 9. 13); das heisst natürlich, dass er seine Figuren zu ihm gehen lässt, die ep. 13 genannt werden: Sokrates,

Alkibiades, Phädrus, Euthydem und die Staatsmänner. Weder der platonische noch der xenophontische Sokrates geht zu Simon. Wohl aber zeigen sich wieder die platonische Apologie und Mem. IV, 2 von Antisthenes abhängig, wenn dort Sokrates die Handwerker besucht und weiser findet als die Staatsmänner und hier Sokrates mit dem werdenden Staatsmann Euthydem (vgl. ep. 13) im ἡνιοποιεῖον[1]) Gespräch führt: so wirft Simon seinen Schatten, auch wo sein Name nicht genannt ist. Es ist ja klar, warum Antisthenes den Sokrates bei Simon gegen Aristipp ausspielt; alle vier Briefe geben wiederholt die Antithese: Aristipp geht in den Dienst des schwelgenden Tyrannen, Sokrates wie Antisthenes, d. h. der antisthenische Sokrates, geht als freier Demokrat (ep. 9, 2) zum puritanischen Schuster. Wahrlich eine kynische Antithese! Er geht διαλεγόμενος (ep. 9, 4), und es liegt nun nahe, dass der antisthenische Herakles als sokratischer Dialog, in den die Prodikosfabel eingeflochten, in der Schusterwerkstatt spielt. Ep. 13, 2 neckt Aristipp den Antisthenesfreund Simon, der Prodikos so gut zu fragen verstehe. Was hat der Schuster mit Prodikos zu thun und sein Fragen mit Antisthenes, wenn er nicht bei Antisthenes Prodikos fragte? Dieser Brief des Aristipp an Simon beginnt: Οὐκ ἐγώ σε κωμῳδῶ, ἀλλὰ Φαίδων, λέγων γεγονέναι σε κρείσσω καὶ σοφώτερον Προδίκω τῶ Κείω, ὃς ἔφα ἀπελέγξαι σε αὐτὸν περὶ τὸ ἐγκώμιον τὸ εἰς τὸν Ἡρακλέα γενόμενον αὐτῷ. Damit ist zunächst bezeugt, dass Prodikos mit seiner Heraklesfabel in einem Sokratikerdialog eine Rolle spielte, und zwar in Verbindung mit Simon, den Phädon desshalb verspottete. Oder muss Phädon hier der Erfinder sein[2]) und kann nicht sein Simon der Simonfigur eines andern Sokratikers antworten? Nicht umsonst wird doch in allen vier Briefen Simon dem Kyniker angehängt. Aristipp schreibt ep. 9, 4: Antisthenes möge nach dem Vortrag seines Herakles Bohnen essen; das Uebrige möge er mit Simon discutiren. So soll der arme Schuster beide Heraklesse, den des Prodikos und den des Antisthenes, bewältigen? Man sieht es deutlich genug, dass beide identisch sind. So erklärt sich im antisthenischen Herakles die in den Briefen so krause, unverständliche Verbindung der Namen Aristipp, Simon, Prodikos, Herakles, Antisthenes etc.

---

[1]) Vgl. den im σκυτεῖον lesenden Krates Stob. III, 201 M.
[2]) Vgl. dagegen schon Dümmler, Antisth. 37, 1. Zum Kynismus Simon's vgl. auch Hirzel, Dialog I, 104, 4.

Wer spätere Parallelen zur Prodikosfabel sucht, bleibt im Wesentlichen auf der kynischen Strasse: daran erkennt man die Herkunft der Fabel. Die Geschichte der Synkrisis verläuft hauptsächlich in der Geschichte des Kynismus[1]), weil sie in der Geschichte der Predigt verläuft, deren Schöpfer und Träger auf griechischem Boden der Kyniker ist. Die Predigt ziemt nicht akademischer Vornehmheit und peripatetischer Wissenschaftlichkeit. Sie spricht zum Willen, der die Kraft der innern Wendung ist und in jeder Brust wohnt; darum spricht sie mahnend und volksmässig. Kann der Skeptiker predigen, der nur zum Verstande spricht, oder der Hedoniker, der nicht zu mahnen braucht? Und es ist ja klar, dass dagegen jener, der gegen die Convention die Paradoxie verficht, der die Umwerthung der Werthe, die Willenswendung sucht und — nicht umsonst Sophistenschüler — die im Herzen der Hörer schwächere Sache zur stärkeren machen will, eben in der Predigt den Kampf geben und möglichst lebendig, handgreiflich vorführen muss für ein südliches Volk. Vom Theater fand der λόγος den Weg zur Kirche als kynische Strassenpredigt[2]); darum hängt dieser noch das Dramatische an. Man fasse die Prodikosfabel als dramatische Predigt, und man wird sie am richtigsten fassen. Das grosse Publicum, an das ein Plato niemals denkt, gehört dazu: das deuten Xenophon (πλείστοις ἐπιδείκνυται § 21) und Philostratos p. 482 an.

Die Kyniker preisen die Mühe gegenüber der Lust, die Armuth gegenüber dem Reichthum u. s. w. Mit der Para-Doxie ist die Synkrisis als natürliche Form gegeben. Wenn Ennius[3]) eine Streitrede zwischen Tod und Leben bringt, so möchte ich das (wohl indirecte) Vorbild bei Antisthenes (περὶ ζωῆς καὶ θανάτου) suchen. Wir haben die Armuth synkritisch verfochten bei Bion, der, wie man heute weiss, gleich Ariston, Teles[4]) u. a. überhaupt die Synkrisis reichlich verwerthet hat

---

[1]) Selbst der Terminus Synkrisis als Streitrede erscheint zum ersten Mal bei einem späten Kyniker. Hense a. a. O. S. 5.

[2]) Ueber den gern auf dem Kothurn wandelnden Kyniker vgl. oben S. 254, des Menedemos ἐμβάται τραγικοί werden L. D. VI, 102 vermerkt und Bion heisst ib. IV, 52 θεατρικός, wie Wachsmuth Sillogr.² p. 75 f. vermuthet, als Meister in Prosopopoiien, aus denen ja die Synkrisis besteht. S. noch über das Verhältniss des Kynikers zur Tragödie unten.

[3]) „sicher nach griechischem Vorbild," Hense a. a. O. 21.

[4]) Die Synkrisis, auch die Prodikosfabel zählt v. Wilamowitz (Antigonos von Karystos S. 294 f.) zur Unterhaltungsliteratur (vgl. dagegen

und auf seine Quellen, die Kyniker des 4. Jahrhunderts, Antisthenes, Diogenes, Krates, Metrokles, zurückschliessen lässt, während jene Jungkyniker des 3. Jahrhunderts im Verein mit den „allegorienfreundlichen" älteren Stoikern die Synkrisis auf die Späteren vererbten¹). Kleanthes bringt ein Zwiegespräch zwischen Leidenschaft und Vernunft (Galen. de Hippocr. et Plat. phil. V, 6) und „malt" ausserdem die Voluptas in herrlichem Königsschmuck, bedient von den Tugenden (Cic. de fin. II, 69), offenbar in der epikureischen Contrastrede, die widerlegt werden soll, wie es in der streng kynischen Themistiusrede π. ἀρετῆς (Rhein. Mus. 27, 446, s. später) geschieht, wo übrigens ebensowenig wie Augustin. de civ. d. 5, 20 Kleanthes als Erfinder des Gemäldes genannt wird. Auch Chrysipp ferner giebt eine certatio der virtus und voluptas totumque discrimen summi boni in earum comparatione positum putat (Cic. de fin. II, 44). Der Stoiker hat den Hedoniker und die Masse gegen sich (Cic. ib.) — das drängt ihn, sein summum bonum in der Synkrisis zu verfechten. Aber bereits der Kyniker hat noch entschiedener dasselbe τέλος gegen dieselben Gegner zu verfechten und thut es doch wohl mit denselben

---

Weber, Leipz. Stud. X, 170 ff.), weil directer Appell an das Publicum durch die μίμησις (doch des Dialogs) schlechthin ausgeschlossen sei, im Gegensatz zu den moralphilosophischen Tractaten des Teles. S. 806 f. aber zeigt gerade „die dialogische Form", die „fast durchgehends die Ausdrucksweise bestimmt", dass wir es bei Teles „nicht mit moralphilosophischen Tractaten, sondern mit Vorträgen, und zwar vor einem Publicum von Anfängern, zu thun haben". Es ist bei ihm „durchgehende Manier", den Dialog in den Vortrag zu mischen und „die philosophischen Schriften des Seneca, die für die Recitation bestimmt sind, und ganz besonders — viele der Vorträge des Dion von Prusa" zeigen die dialogische Form „womöglich noch ausschliesslicher". „So besorgte der Philosoph sich in halb dialogischer Darstellungsweise seinen Widerpart selber, zum Gewinne des fasslichen und packenden Vortrages und zur Befriedigung auch des dialektischen Triebes, der so gewaltig im Hellenenvolke ist" (312). „Die ganze Literaturgattung ist durch eine Kreuzung des philosophischen Dialoges mit der rhetorischen Epideixis entstanden" (807). Gerade diese Kreuzung zeigt eben die Synkrisis und das ῥητορικὸν εἶδος ἐν τοῖς διαλόγοις zeigt zuerst Antisthenes (L. D. VI, 1). Er bereits hat die „moralisirende Parānese" (die Mischung des Rhetorischen und Dialogischen trat ja besonders in seinem Protreptikos hervor L. D. ib.), die „Auslegung heiliger Worte", Verse aus Homer und Euripides u. s. w. — kurz, ich bin es zufrieden, wenn die Darlegungen dieses Bandes den Typus des kynischen Predigers, den v. Wilamowitz so meisterhaft an Teles entwickelt, zu Antisthenes heraufrücken.

¹) Hense a. a. O. 33 f.

Mitteln. In jenen ethischen Antithesen sind doch die älteren Stoiker nur die Erben der Kyniker.

Aber die Allegoristik der Güter bei dem Akademiker Krantor (Sext. Emp. adv. math. XI, 51 ff. 556 ff. B) ist keine Antithese. Wie da Reichthum, Lust, Gesundheit und Tugend vor den $\Pi\alpha\nu\acute{\epsilon}\lambda\lambda\eta\nu\epsilon\varsigma$ auftreten und in umgekehrter Reihenfolge Preise erhalten, das giebt ein Stück Güterlehre, eine altgriechische Abschätzung der positiven Wünsche, eine Scala der substantiellen Eigenschaften, aber keine Pflichtenlehre, keine Prüfung des Willens, keine Wegentscheidung zwischen Ja und Nein. Wie soll man den Weg der Gesundheit gehen? Hier kann man erkennen, wie diese graduelle, rein positive, substantielle akademische Ethik auf echt griechischem Boden steht, und dagegen die Antithese der Prodikosfabel im kynischen $\dot{\alpha}\delta\iota\acute{\alpha}\varphi o\varrho o\nu$ wurzelt, das keine Rede übrig lässt als das Ja der $\dot{\alpha}\varrho\epsilon\tau\acute{\eta}$ und das Nein der $\varkappa\alpha\varkappa\acute{\iota}\alpha$. Sextus fügt an Krantor's $\vartheta\acute{\epsilon}\alpha\tau\varrho o\nu$ der $\dot{\alpha}\gamma\alpha\vartheta\acute{\alpha}$ unmittelbar die Bemerkung, dass die Stoiker die $\acute{\upsilon}\gamma\acute{\iota}\epsilon\iota\alpha$ nicht als $\dot{\alpha}\gamma\alpha\vartheta\acute{o}\nu$, sondern als $\dot{\alpha}\delta\iota\acute{\alpha}\varphi o\varrho o\nu$ betrachten, und vielleicht hat Krantor gerade mit seiner Allegorien scala die Allegorien antithese der Kyniker resp. der Stoiker kritisch berücksichtigt, zugleich nachgeahmt (vgl. die kynische Entwerthung des $\pi\lambda o\tilde{\upsilon}\tau o\varsigma$, der $\acute{\upsilon}\gamma\acute{\iota}\epsilon\iota\alpha$ u. s. w. in Mem. IV, 2) und bekämpft, wie er auch in der Schrift $\pi\epsilon\varrho\grave{\iota}\ \pi\acute{\epsilon}\nu\vartheta o\upsilon\varsigma$ ihren Extremen entgegengetreten, doch dabei in ihren Wegen wandelnd, vom Thema bis zu den Homer- und Euripidescitaten (vgl. oben S. 164), die auch hier bei Sextus nicht fehlen. Nehmen wir ib. 58 das entscheidende Schlusswort der $\dot{\alpha}\varrho\epsilon\tau\acute{\eta} = \dot{\alpha}\nu\delta\varrho\epsilon\acute{\iota}\alpha$: „$\dot{\epsilon}\mu o\tilde{\upsilon}\ \mu\grave{\eta}\ \pi\alpha\varrho o\acute{\upsilon}\sigma\eta\varsigma - \dot{\alpha}\lambda\lambda o\tau\varrho\acute{\iota}\alpha\ \gamma\acute{\iota}\nu\epsilon\tau\alpha\iota\ \dot{\eta}\ \varkappa\tau\tilde{\eta}\sigma\iota\varsigma\ \tau\tilde{\omega}\nu\ \pi\alpha\varrho'\ \acute{\upsilon}\mu\tilde{\iota}\nu\ \dot{\alpha}\gamma\alpha\vartheta\tilde{\omega}\nu\ \epsilon\tilde{\upsilon}\xi\alpha\iota\nu\tau\acute{o}\ \tau'\ \ddot{\alpha}\nu\ o\dot{\iota}\ \pi o\lambda\acute{\epsilon}\mu\iota o\iota\ \pi\epsilon\varrho\iota o\upsilon\sigma\iota\acute{\alpha}\zeta\epsilon\iota\nu\ \acute{\upsilon}\mu\tilde{\alpha}\varsigma\ \pi\tilde{\alpha}\sigma\iota\ \tau o\tilde{\iota}\varsigma\ \dot{\alpha}\gamma\alpha\vartheta o\tilde{\iota}\varsigma\ \dot{\omega}\varsigma\ \mu\epsilon\lambda\lambda\acute{\eta}\sigma o\nu\tau\epsilon\varsigma\ \acute{\upsilon}\mu\tilde{\omega}\nu\ \varkappa\varrho\alpha\tau\epsilon\tilde{\iota}\nu$", so erinnert dies an das wohl einer Synkrisis entstammende Wort des Antisthenes: $\pi\varrho\grave{o}\varsigma\ \tau\grave{o}\nu\ \dot{\epsilon}\pi\alpha\iota\nu o\tilde{\upsilon}\nu\tau\alpha\ \tau\varrho\upsilon\varphi\acute{\eta}\nu,\ \dot{\epsilon}\chi\vartheta\varrho\tilde{\omega}\nu\ \pi\alpha\tilde{\iota}\delta\epsilon\varsigma,\ \ddot{\epsilon}\varphi\eta,\ \tau\varrho\upsilon\varphi\acute{\eta}\sigma\epsilon\iota\alpha\nu$ (L. D. VI, 8). Zu der kriegerischen Entscheidung passt die Fassung der $\dot{\alpha}\varrho\epsilon\tau\acute{\eta}$ als $\dot{\alpha}\nu\delta\varrho\epsilon\acute{\iota}\alpha$, die aber ebenso kynisch ist wie die bei Krantor damit zusammenhängende Bezeichnung der andern Güter als $\dot{\alpha}\lambda\lambda\acute{o}\tau\varrho\iota\alpha\ \varkappa\tau\tilde{\eta}\sigma\iota\varsigma$[1]).

Die Folgezeit liess Krantor auf seinem Seitenpfad allein, und die echte ethische Synkrisis geht wieder in der Stoa weiter. Panätius scheint die Prodikosfabel copirt zu haben[2]), und Posidonius lobt die Synkrisis des Kleanthes (Galen. de plac. Hippocr.

---

[1]) Ueber den $\pi\lambda o\tilde{\upsilon}\tau o\varsigma\ \chi\omega\varrho\grave{\iota}\varsigma\ \dot{\alpha}\varrho\epsilon\tau\tilde{\eta}\varsigma$ vgl. auch Antisthenes Frg. 57, 6.
[2]) Wendland a. a. O. 141 f. Hense a. a. O. 35.

et Plat. 476). Im letzten Jahrhundert v. Chr. giebt dann der Kyniker Meleager ein Beispiel, wie in seiner Schule die Synkrisis spasshaft (doch wohl noch moralisirend) verwerthet wurde (Athen. IV, 157 A); aber eben der Spass setzt voraus, dass dort der Typus in ernster Pflege schon feststand.

Man hat ferner bereits erkannt, und es ist in allen Zügen sichtbar, dass die grosse Synkrisis der $ἀρετή$ und $ἡδονή$ bei Philo de sacr. 5, 19—10, 45 (p. 209 ff. C), die noch im Einzelnen zu vergleichen sein wird, nicht aus Xenophon, sondern aus kynisch-stoischer Quelle geschöpft ist (Wendland a. a. O. 140 ff.); aber es ist keine „stoisch-kynische Bearbeitung", sondern man kann eben sehen, wieviel reicher aus dieser Quelle diese Synkrisis fliesst, wie original sie im kynischen Lob des $πόνος$ und Kampf gegen den Hedonismus wurzelt.

Wir bleiben in derselben Linie mit der Synkrisis der Virtus und Voluptas vor Scipio bei Sil. Ital. XV, 18—128. Das Ungriechische der Prodikosfabel kommt eben darin zu Tage, dass ihr Motiv, ähnlich wie überhaupt die kynisch-stoische Richtung, so stark bei Orientalen und Römern niederschlug. Die Rede der Voluptas hat wenig Aehnlichkeit mit der entsprechenden bei Xenophon, und ebensowenig die der Virtus, die mit ihrem allegorischen Gefolge und Aussprüchen wie: Nec bona censendum, quae Fors infida dedisse atque eadem rapuisse valet. — nec ferro mentem vincere nec auro, die stoische Abstammung verräth. Der sonstige „starke Beisatz stoischer Moral" in den Punica, der stoische Tod des philosophirenden Dichters und seine Beziehungen zu Stoikern wie Cornutus und dem kynisirenden Epiktet[1]) weisen auch sonst deutlich genug, wo das Muster seiner Synkrisis zu suchen ist, und man hat auch bereits gesehen, dass hier eine stoische Virtus gegen eine epikureische Voluptas redet[2]).

Silius Italicus war früher Redner, und es bestätigt die rhetorische, paränetische Abstammung der Prodikosfabel, dass noch drei Reden- oder Predigtschreiber der späteren Kaiserzeit, „die echten Nachkommen der (doch wohl kynischen) Wanderprediger des 3. Jahrhunderts" (v. Wilamowitz a. a. O. 313) sie als Muster aufgreifen: Maximus Tyrius und Themistius bringen die Synkrisis zwischen $φιλία$ und $κολακεία$, Dio Chrysostomus zwischen

---

[1]) Epictet. diss. III, 8, 7. Vgl. Bücheler, Rhein. Mus. 35. 390 f. Teuffel, Gesch. d. röm. Lit. 776⁵. Schanz, Gesch. d. röm. Lit. II, 304.

[2]) Vgl. Capelle, de Diog. epist. S. 39.

βασιλεία und τυραννίς. Die Nachahmer der Prodikosfabel können nicht deutlicher den kynischen Charakter ihres Musters erweisen als durch diese Antithesen. Nichts ist dem Kyniker, dem der Weise βασιλεύς und φίλος τοῖς ὁμοίοις ist, verhasster als Tyrannis und Schmeichelei (vgl. nur bei Antisthenes Frg. S. 16, 3. 45. 49. 56, 2. 59, 11. 14. Diogenes L. D. VI, 50 f. Krates 92). Für Dio's Kynisiren ist heute Material genug beigebracht (s. noch unten). Ueber den kynischen Charakter der Fabel Dio or. I § 58—84 A und überhaupt über den Herakles βασιλεύς hat schon Weber (a. a. O. 243—251) das Nöthige gesagt. Herakles als Repräsentant der βασιλεία und ἀρχή (Dio or. 1 § 60. 84, or. 30 § 27, or. 47 § 4 etc.), der die Herrschaft (ἄρχειν, κρατεῖν) wählt und nicht das τρυφᾶν und die ἡδοναί (Luc. Cyn. 13. Dio or. 1 § 65 am Anfang der Fabel) — das erinnert an die in der ersten Hälfte von Mem. II, 1 ausgebreitete Antithese der ἀρχή resp. βασιλικὴ τέχνη und des hedonischen Lebens und deutet wieder darauf hin, dass auch jener Theil des Kapitels auf den Herakles des Kynikers zurückgeht. Der Herakles in der Fabel Dio or. I ist nicht der Herakles der πολλοί, sondern das kynische Ideal, das unter kritischer Zurechtstutzung der Tradition gewonnen wird, Heerführer und βασιλεύς über die ganze Erde und alle ἄνθρωποι, in rechter Weise πεπαιδευμένος, nicht durch unnütze Sophismen schlimmer ἄνθρωποι. Die ihm zugeschriebene Tracht wird echt kynisch als blosses Zeugniss gedeutet, dass er Gold, Silber und Kleiderpracht geringschätzt; er vertraute αὑτοῦ πάντα εἶναι καὶ οὐδὲν ἀλλότριον (vgl. Antisth. L. D. VI, 11: πάντα αὑτοῦ εἶναι τὰ τῶν ἄλλων, 12: τῷ σοφῷ ξένον οὐδέν). Weiterhin zeigt er sich als αὐτουργός und φιλόπονος, wird εἰς ὁμιλίας ἀνθρώπων ἀγαθῶν geführt und wählt das ἄρχειν, nicht wie die πολλοί die ἡδοναί und πλεονεξίαι. Aber sein Vater Zeus denkt an die vielen bösen Beispiele von τρυφή und ἀκολασία ἐν ἀνθρώποις und schickt Hermes aus, der den jungen Herakles an einen entlegenen Ort führt, wo zwei sehr verschiedene Wege hinaufführen, der eine zur βασίλειος ἄκρα, dem Zeus heilig, der andere zur τυραννικὴ Τυφῶνος ἐπώνυμος. Nach dieser Einleitung, treu im kynischen Stil, folgt eine Beschreibung der beiden feindlich thronenden Frauen, in der sich der ganze kynische Tyrannenhass entladet, und von der noch später mehrere Züge heranzuziehen sind. Hier sei nur noch auf die kynische Typengalerie hingewiesen: als Gefolge der βασιλεία natürlich die δίκη (vgl. den Mythus des „Protagoras"), die εὐνομία, εἰρήνη und der λόγος ὀρθός (als antisthenischer Terminus seit der Deutung des Theätet anerkannt, vgl. L. D. VI, 73) als σύμβουλος (vgl. I, 524 u. L. D. VI, 86), während die Tyrannis, die die πολλοί suchen, ἐπιβουλεύοντες καὶ ἀδελφοὶ ἀδελφοῖς (vgl. I S. 494. 500 u. später), ganz auf die δόξα, ἀλαζονεία und τρυφή hin zugeschnitten, von der ἀνομία, στάσις, κολακεία δουλοπρεπής καὶ ἀνελεύθερος u. s. w. umgeben ist. Am Ende steht der richtig wählende Herakles als Schützer der ἀρχή, Tyrannenzüchtiger und Heiland der Menschen.

Auch die Parallelen bei Max. Tyr. 20 und Themist. 22, die noch im Einzelnen heranzuziehen sind, kynisiren nicht nur im Thema. Maximus und Themistius erklären ausdrücklich die Prodikosfabel nachzubilden — ohne Xenophon zu nennen, und die Scenerie der zwei Bergwege, die sie ebenso wie Dio haben, stimmt entschieden mehr zu der antisthenischen Demonstration (Diog. epist. 30). Dass das Lob der φιλία mit der Schilderung als θήρα, mit den Homercitaten, mit der rein moralistischen Auffassung, nach der die echten d. h. nicht schmeichelnden Freunde bessern, die Schmeichler verderben, die Guten an sich Freunde sind u. s. w.[1]), echt kynisch ist, darüber später mehr (vgl. inzwischen Antisth. Frg. S. 15, 2. 16, 3. 31 f. 56, 2. 59, 11. 64, 43), und nach den Fragmenten II und III W muss Antisthenes das Thema φιλία und κολακεία im Herakles behandelt haben. Bei dem Halbstoiker Maximus, der auch sonst die Gegenreden liebt (vgl. 5 f. 13 f. 28 f.), sind auch starke, speciell kynische Einflüsse längst constatirt[2]), und Themistius bekennt sich ja selbst ausdrücklich

---

[1]) Vgl. auch Max. a. a. O. 6: καὶ ὁ μὲν (φίλος) ἰσοτιμίας κατὰ τὴν ἀρετήν, ὁ δὲ (κόλαξ) πλεονεξίας κατὰ τὴν ἡδονήν — ὁ μὲν ὡς κοινῶν κήδεται, ὁ δὲ ὡς ἀλλότρια λυμαίνεται, auf jener Seite ἀλήθεια, ὁμιλία (vgl. L. D. VI, 6. 14 f. Stob. I, 30), κοινωνός, φίλος θεοῦ, auf dieser ἀπάτη u. s. w. Hier klingen die bekannten kynischen Werthbegriffe, Antithesen und Lehren (von der Götterfreundschaft der Weisen, der κοινωνία der Guten L. D. VI, 12. 72 u. s. w.) an.

[2]) Vgl. Hobein, de Max. Tyr. quaest. S. 83 ff. Unter den kynischen Motiven, die sich aber noch sehr vermehren liessen (vgl. oben S. 261 ff.), ist hier mit Recht das (bei ihm bis zum Ueberdruss oft gebrauchte) Bild der ὁδός zur Tugend betont; doch mit Unrecht wird die Zweizahl der Wege auf Xenophon zurückgeführt. Als ob nicht in der altkynischen σύντομος ὁδός schon eine Differenzirung läge, die auch bereits in den Hesiodversen gegeben ist! Bei Max. Tyr. finden wir das Wegebild 39, 3 am treuesten nach Hesiod's Worten und zugleich nach dem Kynismus: μία δέ πού τις στενὴ καὶ ὄρθιος καὶ τραχεῖα καὶ οὐ πολλοῖς(!) πάνυ ὀδεύσιμος, ἐπ' αὐτὸ ἄγει τὸ τῆς ὁδοῦ τέρμα; nur σὺν πολλῷ πόνῳ καὶ ἱδρῶτι(!) erreichen die ἐπίπονοι ψυχαί das Ziel; auf der Höhe aber

zur kynischen Morallehre gerade in jener Rede (π. ἀρετῆς Rhein. Mus. 27. 488 ff. 21. 25. 28. 33 etc.), die das ὁδός-Motiv der Prodikosfabel weiter ausspinnt und dabei auch einmal die Tugend selbst sprechen lässt (40).

Ein weiteres erzkynisches Thema behandelt die σύγκρισις πλούτου καὶ ἀρετῆς (Stob. flor. III, 91, 33 p. 177 f. M. 93, 31 p. 186 ff. M.), die man dem Teles zuschrieb, offenbar schon wegen des unverkennbar kynischen Gepräges [1]). Es handelt sich hier um eine Antithese, durch die der Reichthum als Gut negirt wird (p. 187, 21 M.), nicht, wie bei Krantor, um eine Comparation mehrerer Güter. Xenophon wusste im Symposion für Antisthenes kein charakteristischeres Lieblingsthema zu finden als den Gegensatz des (äusseren) Reichthums und der Tugend (als des inneren Reichthums). Vgl. Antisth. Frg. 57, 1. Diogenes Stob. III, 93, 35. Im Gefolge des πλοῦτος zeigt jene Synkrisis natürlich die τύχη (während die ἀρετή τύχῃ μηδὲν ἐπιτρέπει Antisth. Herakles L. D. VI, 105 [2]), und die ebenso vom Kyniker missachteten πάθη: ἡδοναί, ἐπιθυμίαι, ἔρως, auch ἐλπίδες (s. später) und εὐχαί (vgl. oben S. 162 f. 209) und die verhasste τρυφή. Auch die ὑγίεια und, obgleich das Gegentheil der τρυφή, die οἰκονομία, scheinen dem πλοῦτος zu folgen. Die Gegenrede für die ἀρετή läuft ganz in dem Geleise, in dem sich schon Xenophon in den jetzt als kynisch erkannten Partien des Agesilaus und Cynegeticus bewegt und im Symposion Antisthenes selbst sprechen lässt: φιλοπονία, αὐτουργία, πίστις, φιλία etc. werden in's Feld geführt gegen die aus dem Reichthum folgende τρυφή mit den πολυτελῆ ἔδη und κακαὶ ἡδοναί, der ἀλαζονεία, κολακεία etc. Er macht unersättlich (vgl. Antisthenes Symp. IV, 36 f.), er verweichlicht gegen Kälte und giebt mit allem Bettencomfort keinen Schlaf (vgl. ib. 37 f.), er scheidet Brüder und wirkt Feindschaften (vgl. ib. 35. 64 und später), macht eher undankbar (vgl. ib. 3) u. s. w. Es kehrt hier verschwommener eine Argumentation des „Sokrates" wieder:

---

hört das πονεῖν auf. Gerade altkynisch sieht hier auch die Fassung dieses Wegzieles als der wahren mystischen τελετή aus (vgl. 240, 1) und die Illustration der ἀπατηλαί (!), die ἐπὶ κρημνὰς καὶ βάραθρα (!) führen, durch Sirenen, Lotophagen u. s. w. Oder sollte sich die antisthenische Moralinterpretation der Odyssee dies haben entgehen lassen?

[1]) Vgl. Weber, Leipz. Stud. X, 167 f., der auch die Uebereinstimmung der Synkrisis mit den Lehren des Teles zeigt.

[2]) Vgl. den Diogenesschüler Monimos: τὸν πλοῦτον — εἶπε τύχης ἔμετον εἶναι Stob. III, 93, 36. Vgl. auch die folgende Anm.

Sokrates Stob. III, 93, 37:	Synkrisis ib. 187 M. Z. 6 ff.:
ἐάν τε γὰρ θέλωσι χρῆσ- θαι τῷ πλούτῳ τῇ ἡδυ- παθείᾳ διαφθείρονται· ἐάν τε τὸ πλουτεῖν φυλάττειν, τῇ φροντίδι· ἐάν τε κτή- σασθαι, τῇ ἐπιθυμίᾳ.	ταπεινὸς ἐκ φροντίδος. χρώμενος μὲν ἄσωτός ἐστι, μὴ χρώμενος δὲ ἄθλιος. δυστυχεῖ μέν τις δι᾿ αὐτὸν ταῖς εἰς τὸ πορίζειν ταλαιπωρίαις· φθείρεται δὲ ἄλλος εἰς ἡδονὰς ἀπὸ τῶν περιττῶν πόνων. κόρον δὲ οὐκ ἔχει τοῖς κτησα- μένοις κ. τ. λ. 189, 17 ff. φροντίδες αἰσ- χραί, κακαὶ μὲν ὀρέξεις, κακαὶ δ᾿ ἡδο- ναί, πόθος δ᾿ ἀκόρεστος αὐτῷ πρόσ- εστιν.

Sollte dieser Sokrates, der weder bei Xenophon, noch bei Plato zu finden ist, nicht der kynische sein?[1]) Sein Nachweis, dass τὸ πλουτεῖν καὶ τὸ χαίρειν κεχώρισται (Sokr. Stob. a. a. O.), kommt der These des Antisthenes zu statten, dass πλοῦτος χωρὶς ἀρετῆς keine ἡδονή hat (Frg. 57, 6), und den schroffen Gegensatz der Ziele ἀρετή und πλοῦτος, d. h. das Thema der Synkrisis, bekennt Antisthenes, dem φιλάργυρος οὐδεὶς ἀγαθός (Frg. 58, 10) und Diogenes (Stob. a. a. O. 35), der die φιλαργυρία μητρόπολις πάντων τῶν κακῶν nennt (L. D. VI, 50), und wenn in der Syn- krisis zum Schluss aus dem Reichthum bloss αἱ πλεῖσται τῷ ὄντι πονηρίαι καὶ μυρία τῶν κακῶν abgeleitet werden, so liegt das nur daran, dass die Habsucht schlimmer ist als der Reich- thum. Darum gilt doch das eben nur kynische ἀγαθόν οὐκ ἔστιν ὁ πλοῦτος (187, 22).

Nachdem ἀρετή, βασιλεία, φιλία gegenüber den Teufelsmächten κακία = ἡδονή, τυραννίς, κολακεία, πλοῦτος in der kynischen Synkrisis gesiegt haben, würde uns doch von der Idealwelt des Antisthenes ein Wesentliches, Charakteristisches fehlen, wenn nicht auch seine vielgepriesene παιδεία triumphirte. Dies Schau- spiel ist uns mehrmals überliefert in einigen noch übrigen Paralle- len der Prodikosfabel. Es spricht wahrlich nicht gegen, sondern für deren rhetorischen und kynischen Ursprung, dass sich in ihrer Form auch Lukian, der überhaupt die Gegenreden liebt[2]), ver-

---

[1]) Auch Bion ib. 34 stimmt damit: καταγελάστους εἶναι τοὺς σπουδά- ζοντας περὶ πλοῦτον, ὃν τύχη μὲν παρέχει, ἀνελευθερία δὲ φυλάττει (vgl. den Kynismus Cyr. VIII, 2, 23), χρηστότης δὲ ἀφαιρεῖται. So dürfte auch das Sokrateswort ib. 30: dass ποδήρεις ἐσθῆτες (!) τὰ σώματα (!), ὑπέρμετροι περιουσίαι τὰς ψυχὰς (!) ἐμποδίζουσι, kynisch sein.

[2]) Vgl. Bruns, Rhein. Mus. 43 S. 99.

sucht. Der einstige Rhetor wird Satiriker, indem er gleichzeitig mit Diogenes und Epikur kokettirt. Mehr als mit allen Dogmatikern hat er sich mit den Kynikern beschäftigt, die er in den Todtengesprächen geradezu verherrlicht, und selbst wo er sie verspottet, folgt er der kynischen Satire Menipp's[1]). Auch Meleager hatte ein Beispiel gegeben, wie die Kyniker selbst die Synkrisis carrikirend behandelten. Lukian hängt sie im „Traum" in einen lustigen Rahmen. Die leichte Persiflage setzt hier nothwendig ein Original als Gegenstand voraus, und dieses zeigt sich mit jedem Zuge deutlicher als kynisch. Das beginnt mit dem Familienidyll, der Berathung des Vaters mit den Freunden, was der Junge werden soll — diese Sorge der Väter für die Söhne ist ja ein Lieblingsthema des Antisthenes (vgl. I, 482 ff. u. später, s. auch Antisth. Frg. 65, 49), und Plato scheint im Laches eine solche Berathung lächelnd nachzubilden (vgl. oben S. 147). Den Meisten erscheint natürlich die παιδεία καὶ πόνου πολλοῦ καὶ χρόνου μακροῦ: die lange παιδεία ἐπίπονος hat gerade der Kyniker als nothwendig und die Menge abschreckend betont, und Xenophon hat es ihm nachgesprochen (Cyneg. XII f., vgl. oben 186 ff.), wie er auch die gesuchte ἀρίστη τῶν τεχνῶν καὶ ῥᾴστη ἐκμαθεῖν καὶ ἀνδρὶ ἐλευθέρῳ πρέπουσα (Luk. 2, 3) in der Oekonomie gefunden zu haben glaubt (Oec. V, 11. XVIII, 10. XXI, 1 etc.), vermuthlich nach Antisthenes' Oeconomicus.

Doch das mag alles Täuschung sein. Die Frage ist: sieht die geträumte Synkrisis der Παιδεία und Ἑρμογλυφία kynisch aus? Der Sieg der παιδεία in der Synkrisis kam sicherlich aus dem Herzen des Antisthenes, der recht eigentlich die Philosophie zur Erziehung machte, 5 Bücher περὶ παιδείας schrieb, sie da von ihrer ἀρχή an entwickelte (Frg. S. 33), der παιδεία wegen die tiefste Erniedrigung lobte (Gnom. Vat. 11) und mit dem Lob der παιδεία bei andern Kynikern kräftige Nachfolge fand[2]). Aus dem lukianischen ἐνύπνιον des ἀπαίδευτος ist es vielleicht zu verstehen, dass Antisthenes die ἀπαιδεύτους ἐνύπνια ἐγρηγορότα nennt (Gnom. Vat. 3). Aber die Herabsetzung der Bildhauerkunst? Darin, meinte man, verrathe sich das Barbarenblut in den Adern Lukian's[3]). Barbarenblut hätte auch Antisthenes zu bieten; aber die Wahl gerade der Bildhauerkunst muss doch einen tieferen Grund haben, und ich

---

[1]) Vgl. Bruns, Rhein. Mus. 43 S. 87, 1. 161. 164. 170. 175 f. 188. 190. 193 ff.
[2]) Stob. IV, 199, 75 M. L. D. VI, 68. 98 etc. s. unten.
[3]) Krämer, Jahrb. f. Philol. 94 S. 441. Chamberlain, d. Grundl. d. 19. Jahrh. I, 299 f.

meine, er ist zu entnehmen einer versteckten Stelle in der Rede der *Παιδεία* (12, 18): ὁ δὲ Σωκράτης — καὶ αὐτὸς ὑπὸ τῇ ἑρμογλυφικῇ ταύτῃ τραφείς, ἐπειδὴ τάχιστα συνῆκε τοῦ κρείττονος καὶ δραπετεύσας παρ' αὐτῆς ηὐτομόλησεν ὡς ἐμέ, ἀκούεις ὡς παρὰ πάντων ᾄδεται. Sokrates passt hier so gut als Muster für die Situation unseres träumenden Jungen, einfach weil sie auf Sokrates zugeschnitten ist, weil die Synkrisis offenbar im Original die Bekehrung des Sokrates von der väterlichen Bildhauerkunst zur Philosophie behandelte. Das Original war ein sokratischer Dialog. Wer hat die Tradition vom Charitenplastiker Sokrates verbreitet? Da es nicht Plato, nicht Xenophon war, sollte es nicht die kynische „Leibgarde" des idealen Weisen gewesen sein, die vom Ideal so gern das Persönliche tradirte und das Persönliche gern zum Ideal verklärte? Jedenfalls hat Antisthenes den Gegensatz zwischen dem idealen Beruf der *παιδεία* und der *βάναυσος τέχνη*, als die hier die Plastik schon eingeführt wird (Luk. 1, 2), betont (Antisth. bei Xen. Symp. III, 4, vgl. Oec. IV, 2 f. u. oben S. 71). Lukian hat für seine Persiflage die Exemplificationsfigur Sokrates neutralisirt, indem er sie zurückschob.

Οὐ πράως οὐδὲ προτρεπτικῶς, wie es doch der Kyniker verlangt, sondern mit Schlägen, wie es doch auch gerade wieder der Kyniker machen soll (vgl. S. 187), beginnt nun Luk. 3, 6 der Oheim seine Kunst zu lehren und der heulende Schüler versinkt in den Traum der Synkrisis, der als *ϑεῖος* mit einem Homercitat eingeführt wird (5, 8). Aehnlich der sterbenden ist die schlafende Seele *ϑειοτάτη* und sieht die Zukunft voraus, sagt Xenophon in einer stark antisthenischen Stelle (Cyr. VIII, 7, 21, vgl. S. 196 f.). Es sprach schon manches dafür, dass Antisthenes dem Traume prophetische Bedeutung beilegte (vgl. S. 226), nun haben wir auch das Homercitat, das ja bei ihm gerade nicht fehlen darf. Nach der Erzählung lässt der des trockenen Tons wieder satte Lukian rufen: o Herakles, wie langweilig ist dieser Traum (17, 21). Schon bei Plato scheint der ironische Schreckensruf: Ἡράκλεις stets auf den Kyniker anzuspielen (vgl. I, 394, 2 u. später, s. auch L. D. VI, 41). Damit man hier nicht in Herakles ein leeres Wort sehe, heisst es Luk. ib. weiter: ὄνειρος — τάχα που τριέσπερος, ὥσπερ ὁ Ἡρακλῆς καὶ αὐτός ἐστι. Es ergab sich oben die Vermuthung, dass Antisthenes im Herakles den Streit zwischen dem höheren Beruf und der *βάναυσος τέχνη* ausfocht. Was wärmst du, heisst es ib. 22 weiter, alte, verjährte Träume wieder auf? Hältst du uns für Traumdeuter? Auch Xenophon (der Xenophon der Anabasis, nicht der Prodikosfabel!) habe mit seiner Traumerzählung ein χρήσιμον geboten. Ich will, heisst es nun, dass οἱ νέοι πρὸς τὰ βελτίω τρέπωνται, und vor Allem, dass eine unedle Natur sich nicht durch Armuth von der παιδεία abschrecken lasse (17 f. 22 f.). Musste nicht gerade der kynische Pädagoge so sprechen?

Der Traum selbst beginnt schon 6, 8, die Synkrisis persiflirend, damit, dass die zwei Frauen mit kynischer Zudringlichkeit und kynischem βοᾶν den Jüngling fast zerreissen. Es spielt nun in dem Streit zwischen der Steinmetz- oder Bildhauerkunst und der Παιδεία der von Antisthenes im Aias und Odysseus, in einem Herakles und sonst oft verfochtene, für ihn charakteristische Gegensatz von ἰσχύς und φρόνησις, ἔργον und λόγος, der hinausläuft auf den Gegensatz von σῶμα und ψυχή. Die derbe Kunst der Meisterhand, die Plastik, verheisst dem Adepten starke Glieder, und statt der λόγοι Ruhm (wie alle den zerstörten Text ergänzen) durch ἔργα (7, 9 f.). Demgegenüber verspricht ihm die Παιδεία (10, 14 f.), während er als Künstler μόνον ἐργάτης καὶ τὸν λέγειν δυνάμενον θεραπεύων (9, 13), eine bewundernswerthe δύναμις τῶν λόγων (12, 17. 13, 18)[1]) und verheisst ihm, die ψυχή, ὅπερ κυριώτατόν ἐστι, mit dem wahren κόσμος zu schmücken. Vgl. Antisthenes, dessen Odysseus Penelope als περίφρονα, nicht als τῷ σώματι καὶ μόνῳ κάλλει κεκοσμημένην lieben und desshalb der auf ihre Körperschönheit stolzen Kalypso vorziehen muss (Frg. S. 26), auch Stob. IV, 193, 33: ἐρωτηθεὶς ὑπό τινος ποῖος στέφανος κάλλιστός ἐστιν, εἶπεν, ὁ ἀπὸ παιδείας, und Diogenes Stob. IV, 201, 92: ἡ παιδεία ὁμοία ἐστὶ χρυσῷ στεφάνῳ, L. D. VI, 68: τὴν παιδείαν εἶπε τοῖς μὲν νέοις σωφροσύνην, τοῖς δὲ πρεσβυτέροις παραμυθίαν, τοῖς δὲ πένησι πλοῦτον, τοῖς δὲ πλουσίοις κόσμον εἶναι. In allem κόσμος seines Hauses steht Diog. ep. 38, 5 der ἀπαίδευτος als ἀκόσμητος da, und die Forderung, statt der Schwelgerei und des σῶμα κοσμεῖν den wahren κόσμος in der ἀρετῇ ψυχῆς zu suchen,

---

[1]) Solche Schätzung der λόγοι ist aus der rhetorischen Vergangenheit nicht bloss, wie man meint, des Lukian, sondern auch des Antisthenes (L. D. VI, 1, vgl. Gnom. Vat. 4. 7) verständlich. Vgl. nur Frg. 65, 49: Ἀντισθένης ἐρωτηθεὶς ὑπό τινος τί διδάξει τὸν υἱόν, εἶπεν, Εἰ μὲν θεοῖς μέλλει συμβιοῦν, φιλόσοφον, εἰ δὲ ἀνθρώποις, ῥήτορα (vgl. Xen. Mem. III, 3, 11. Oec. XI, 22 ff.).

klingt noch öfter in den Diogenesbriefen an (20. 46. 51). Vgl. *προκόσμημα κακίας*, L. D. VI, 72. Dass die *παιδεία* nicht nur *σωφροσύνην* giebt, sondern auch den *πένης* emporbringe, versichert sie auch bei Lukian (10, 14. 11, 15), wobei das Pochen auf ihre glänzende Tracht (11, 15) vielleicht eher satirisch, dem Kyniker zum Trotz, eingefügt ist, obgleich er auch solche Dinge wie *προεδρία* (ib.) seinem Helden gönnt (oben S. 174) und nach Diogenes die *παιδεία τιμὴν ἔχει καὶ πολυτέλειαν* (Stob. IV, 201, 92). Selbst die kynische *παιδεία* als Greisentrost ist angedeutet. Denn sie besteht ja in der Lehre des *τὰ μέλλοντα προορᾶν* und der *ἀθανασία*, wodurch gerade Antisthenes den Spott des Plato und Isokrates auf sich zieht, und so verspricht auch bei Lukian die *παιδεία*: *καὶ τὰ μέλλοντα προόψει μετ' ἐμοῦ* (10, 15) und verheisst die *ἀθανασία* und auch nach dem Tode die *ὁμιλία* mit den *πεπαιδευμένοι* und *ἄριστοι* (12, 17). Die *ἀθανασία* verheisst Antisthenes (L. D. VI, 6) den *εὐσεβεῖς* und *δίκαιοι*; *εὐσέβεια, δικαιοσύνη*, aber auch *πραότης, καρτερία* und andere Tugenden des kynischen *σοφός* gehören zum *κόσμος* der *παιδεία* (Luk. 10, 14). Natürlich darf die Kenntniss der Thaten und Reden der *παλαιοὶ ἄνδρες* nicht fehlen, auf die der citatenreiche, romantische Kyniker immer blickt (Luc. Cyn. 14). Vor allem aber spricht eben hier in der Rede der *παιδεία* der kynische Seelenstolz, ja Seelenhochmuth, der aus der *ψυχή* allen Adel, Ruhm, Glanz und Reichthum (Antisth. Xen. Symp. IV, 34 ff. Diogenes Stob. IV, 201, 92) zieht, und all dieser schönen Dinge bar, die sich aus der *παιδεία* als Seelenpflege ergeben, steht der Bildhauer da als *τῷ σώματι πονῶν* und auf das *σῶμα* seine ganze Lebenshoffnung setzend, *ταπεινὸς τὴν γνώμην*, ungeachtet, eine unedle Kunst treibend, als einer aus der Menge, *οὔτε φίλοις ἐπιδικάσιμος οὔτε ἐχθροῖς φοβερὸς οὔτε τοῖς πολίταις ζηλωτός*, als *βάναυσος καὶ ἀποχειροβίωτος* geltend (9, 13 f.), von sklavischer Haltung, Werkzeuge in den Händen haltend, *κάτω νενευκὼς εἰς τὸ ἔργον, χαμαιπετὴς καὶ χαμαίζηλος* — —, *ἀνακύπτων δὲ οὐδέποτε οὐδὲ ἀνδρώδες οὐδὲ ἐλεύθερον οὐδὲν ἐπινοῶν* (13, 18). Dazu vergleiche man Xen. Oec. IV, 2 f.: *αἵ γε βαναυσικαὶ καλούμεναι καὶ ἐπίρρητοί εἰσι, καὶ εἰκότως μέντοι πάνυ ἀδοξοῦνται πρὸς τῶν πόλεων* — *ἀναγκάζουσαι καθῆσθαι καὶ σκιατραφεῖσθαι,* — *καὶ αἱ ψυχαὶ πολὺ ἀρρωστότεραι γίγνονται. καὶ ἀσχολίας δὲ μάλιστα ἔχουσι καὶ φίλων καὶ πόλεως συνεπιμελεῖσθαι αἱ βαναυσικαὶ τέχναι. ὥστε οἱ τοιοῦτοι δοκοῦσι κακοὶ καὶ φίλοις χρῆσθαι καὶ ταῖς πατρίσιν ἀλεξητῆρες εἶναι.* Dazu im Folgenden der Gegensatz der dem *ἐλεύθερος* ziemenden und geachteten τέχναι. Xenophon schöpft, wie gesagt, aus Antisthenes, der den Gegensatz der βαναυσική[1]) und βασιλικὴ τέχνη (= παιδεία) ausgebildet hat. Vermuthlich im Kyros — βασιλικαί ursprünglich die vom persischen βασιλεύς geehrten und betriebenen τέχναι (vgl. Oec. IV). Der Terminus βασιλικὴ τέχνη, auch in den Mem., setzt die Confrontirung mit einer andern τέχνη voraus. In der kynischen βασιλεία des Weisen fassen sich alle stolzen Verheissungen der παιδεία bei Lukian zusammen.

Dass aber gerade die Plastik als verächtliche βαναυσικὴ τέχνη gegenüber der παιδεία als Königskunst figuriren soll, ist allerdings unhellenisch, aber um so eher kynisch gedacht[2]). Vielleicht hat schon Plato dagegen protestirt. Luk. 9, 14 heisst es: Selbst ein Phidias und Polyklet möchte keiner werden, da ihre Kunst als plebejisch gilt, etwas Unfreies hat (vgl. 13, 18). In der Einleitung des Protagoras, wo Plato den Uebereifer zu der auch vielverheissenden παιδεία des Protagoras (= Antisthenes) ironisirt, heisst es gerade umgekehrt: als Kunstschüler ein Polyklet oder Phidias zu werden, kann der freie Jüngling wohl wünschen, aber durch die παιδεία das zu werden, was Protagoras ist, schämt er sich, obgleich doch dem Sophisten bei Plato Alles zu Theil wird, was die Παιδεία bei Lukian verheisst (11, 15 ff.): beneidet, geehrt, gelobt zu werden, von den Vornehmen und Reichen (Kallias!) bewundert, ἀρχῆς καὶ προεδρίας ἀξιούμενος· κἂν ποι ἀποδημῇς — οὐδ' ἐπὶ τῆς ἀλλοδαπῆς ἀγνὼς καὶ ἀφανὴς ἔσῃ, sondern alle weisen mit Fingern nach dir, bewundern deiner Rede Macht u. s. w. Man lese die Schilderung des Protagoras und frage sich, ob nicht Plato auf solchen antisthenischen Triumph der παιδεία herabblickt. Aber wir haben directe Zeugnisse, dass Lukian im Triumph der παιδεία über die Bildhauerkunst von einem sokratischen Original abhängig ist, das nicht platonisch und xenophontisch, also wohl kynisch ist, und Antisthenes selbst schlägt mit einer Stelle ein.

---

[1]) Vgl. Diogenes L. D. VI, 70 und bei dem Stob. flor. 56, 18 vom Kynismus abhängigen Musonius (s. unten) den Vorzug der die ψυχή freigebenden Beschäftigung gegenüber den τὸ σῶμα und damit auch τὴν ψυχήν zu sehr belastenden.

[2]) Vgl. kynische Verachtung der bildenden Kunst Mem. III, 8, 10. Oec. IX, 2. Diog. ep. 38, 4. L. D. 35 ärgert sich der wahre Banause Diogenes, dass man das Werthvollste am geringsten schätze und umgekehrt, da man für eine Statue Tausende zahle, für ein Maass Mehl 2 Heller.

Die Grundzüge der Fabel.

Sokrates L. D. II, 33:

ἔλεγέ τε θαυμάζειν τῶν τὰς λιθίνας εἰκόνας κατασκευαζομένων τοῦ μὲν λίθου προνοεῖν ὅπως ὁμοιότατος ἔσται, αὐτῶν δ' ἀμελεῖν, ὡς μὴ ὁμοίους τῷ λίθῳ φαίνεσθαι. Anschliessend daran die Aufforderung an die Schönen, ἄξιοι zu werden, an die Hässlichen, sich durch παιδεία zu verschönen[1]).

Sokrates Stob. flor. IV p. 288 M:

Ὁ αὐτὸς ἐσπουδακότα τινὰ τῶν γνωρίμων καταμαθὼν ὅπως ἂν αὐτῷ ἡ εἰκὼν ὁμοία γένηται, ἔφη πρὸς αὐτόν „σὺ ὅπως μέν σοι ὁ λίθος ὅμοιος γένηται ἐσπούδακας, ὅπως δὲ μὴ αὐτὸς λίθῳ ὅμοιος γένῃ οὐ φροντίζεις."

Antisthenes L. D. VI, 9:

πρὸς τὸ παρασχηματίζον αὐτὸ τῷ πλάστῃ μειράκιον, „εἰπέ μοι, φησίν, εἰ φωνὴν λάβοι ὁ χαλκός, ἐπὶ τίνι ἂν οἴει σεμνυθῆναι; τοῦ δ' εἰπόντος, „ἐπὶ κάλλει" „οὐκ αἰσχύνῃ οὖν, ἔφη, τὰ ὅμοια γεγηθὼς ἀψύχῳ;"[2])

Luk. 13, 18 f.:

τὰ μὲν ἔργα ὅπως εὔρυθμα καὶ εὐσχήμονα ἔσται σοι προνοῶν, ὅπως δὲ αὐτὸς εὔρυθμος καὶ κόσμιος ἔσῃ, ἥκιστα πεφροντικώς, ἀλλ' ἀτιμότερον ποιῶν σεαυτὸν τῶν λίθων.

Zu der Forderung der Eurhythmie bei Lukian vgl. des Diogenes Tadel gegen die Musiker, dass sie für die Harmonie der Saiten, aber nicht für die Harmonie der ψυχή sorgen (L. D. VI, 27. 65. Vgl. auch ib. 64. Stob. fl. 5, 41). Wir haben also einen durchgehenden Concurrenzkampf der kynischen παιδεία als Seelsorge gegen die ästhetische und technische Cultur der Hellenen[3]). Darum gerade

---

[1]) Vgl. Diogenes L. D. VI, 58. Anton. et Max. de pulchr. p. 566.

[2]) Eine ähnliche Parallele zwischen geistiger Bildung und Plastik, nur eben als Vergleich, nicht als Concurrenz genommen, spricht der kynische Sokrates Stob. flor. 81, 13 aus: Ὁ λόγος ὥσπερ πλάστης ἀγαθὸς καλὸν τῇ ψυχῇ περιτίθησι σχῆμα. Schärfer kommt schon das Gegenüber Diog. ep. 18 heraus: dass er ein Mensch ist, erkennst du ἐκ τῶν εἰκόνων; dass er ein φιλόσοφος ist, διὰ βίου καὶ λόγου.

[3]) Malerei und Musik werden wieder im Protagoras 318 B C mit der παιδεία des Prot. verglichen. Vgl. noch die Werthung der παιδεία gegenüber Webekunst und Hausbesitz bei späteren Kynikern (L. D. VI, 95. 98).

nennen Antisthenes und Diogenes die παιδεία den schönsten στέφανος und κόσμος[1]). Selbst der στέφανος des Olympiasiegers findet keine Gnade vor den Augen des kynischen Seelenkämpfers (Diog. ep. 31, 1. 4), der die Plastik schon hasste, weil sie seinen oft bekämpften Concurrenten, den körperstolzen Athleten verherrlichte[2]).

Die παιδεία triumphirt auch in der Synkrisis der Tafel des Kebes, an deren kynisch-stoischem Charakter niemand zweifelt. Man setzt sie in eine Zeit, in der, wie man zugiebt, zwischen Stoa und Kynismus nicht viel Unterschied blieb[3]). Trotzdem soll (Prächter 50 f. 63) sich der Autor mehr noch als Stoiker wie als Kyniker verrathen, weil 31, 6 die Armuth nicht dem Reichthum vorgezogen, sondern die Gaben der τύχη anzunehmen gestattet wird und weil nur die falsche παιδεία, aber gerade

---

[1]) Zur Missachtung der kostbaren στέφανοι der Schwelger s. unten. Bei Stob. IV περὶ ἀγωγῆς καὶ παιδείας zeigt sich in häufigen Aussprüchen der ältere Kynismus für die παιδεία interessirt (Antisthenes: 33. 34. 68. 76. Diogenes: 61. 74. 75. 87. 92. 118. Monimos: 88). Aber woher fliessen so reichlich Sokratescitate: 38. 44. 45. 46. 53. 54. 79. 85. 98. 99. 101. 102. 103? Es ist doch auffallend, dass man kein einziges von ihnen bei Plato oder Xenophon findet, und so dürften sie wohl einer kynischen Lobschrift auf die παιδεία entstammen, zumal sie sich z. Th. auffallend mit kynischen Lehren berühren, namentlich auch in der Betonung des Seelischen und der pointirten Gegenüberstellung mit concreten Werthen, 44: πανήγυρίς ἐστὶ ψυχῆς ἡ παιδεία· πολλὰ γάρ ἐστιν ἐν αὐτῇ ψυχῆς θεάματα καὶ ἀκούσματα (vgl. Antisth. Xen. Symp. IV, 43 f.), 45: der Wettkampf in φιλοπονεῖν und φρόνησις dem im Stadion gegenübergestellt (vgl. Xen. Resp. Lac. X, 3), 46: πλούσιος ἀπαίδευτος als χρυσοῦν ἀνδράποδον (vgl. Diogenes L. D. VI. Frg. 53: τὰς μὲν πόλεις ἀναθήμασι, τὰς δὲ ψυχὰς μαθήμασι κοσμεῖν δεῖ (vgl. oben S. 318), 79: ἐπιστήμη=ἐπιμέλεια ψυχῆς (1, 487 ff.). Schlechtigkeit durch schlechte Erziehung und schlechten Umgang (vgl. Mem. 1, 2, 24 ff. u. später). 85: Ταῖς μὲν πόλεσι τὰ τείχη, ταῖς δὲ ψυχαῖς ὁ ἐκ παιδείας νοῦς κόσμον καὶ ἀσφάλειαν παρέχει (vgl. Antisthenes Epiphan. adv. Haeres. III, 1089 B C Pet. Diels doxogr. 591: τὰ δὲ τείχη τῶν πόλεων εἶναι σφαλερὰ πρὸς τὸν ἔσω προδότην, ἀσάλευτα δὲ τὰ τῆς ψυχῆς τείχη καὶ ἀρραγῆ). 98 (vgl. L. D. II, 33 s. vor. S. und Diogenes VI, 65). 99 (παιδεία, ἀρετή etc. ἥδιστον ἐν τῷ βίῳ; über den Hedonismus später), ebenso hyperbolisch 103. 101 (Vergleich, wo Fische, Grünzeug und wo Kalokagathie käuflich sei, vgl. Antisth. Frg. S. 45, 1. Xen. Symp. III, 4. L. D. VI, 95). 102 (Protest gegen πολυμάθεια, die für die ψυχή sei, was Unkraut für die Pflanzung).

[2]) In den zwei weiteren Parallelen zum Wegbild der Prodikosfabel erklärt Lukian ausdrücklich den sogleich zu besprechenden Kebes zu copiren (Rhet. did. 6. de merc. cond. 42).

[3]) Drosihn, die Zeit des Πίναξ Κέβητος. Neu-Stettin 1873. S. 13. Prächter, Cebetis tabula qu. aet. conscr. Marburg 1885. S. 40 f. 46 ff. 63.

darum nicht die eruditio überhaupt verworfen wird, während der Kynismus das litterarum studium heftig angriff. Aber 31, 6 verpönt die Schätzung der Gaben der flüchtigen $Τύχη$; mehr will auch der Kyniker nicht. Er widerlegt ihre Nothwendigkeit, ihren Werth; er stösst sie nicht principiell zurück. Antisthenes verachtet nur den Reichthum ohne $ἀρετή$ (Frg. 57, 6), er trinkt den Thasischen Wein (Symp. IV, 41), wie auch Diogenes den Wein, die Lais und die Geldgaben nicht abweist, die ihm die $τύχη$ bietet (L. D. VI, 54. Athen. XIII, 588 E etc.). Nothwendigkeit und Werth der $παιδεία$ hat nach allen obigen Citaten keine Richtung so fanatisch verfochten wie gerade der Kynismus, allerdings auch keine so fanatisch manche Unterrichtsstücke abgewiesen: aber gerade darum musste der Kynismus auf die Scheidung $Παιδεία$ und $Ψευδοπαιδεία$ verfallen. Die Wissenschaften werden in der Tafel wie Mem. IV, 7 nur utilitarisch geschätzt, sofern sie $χρήσιμα\ πρὸς\ τὸ\ συντομωτέρως\ ἐλθεῖν$ (33, 4) und die $ὁδός\ σύντομος$ (vgl. 31, 6. 32, 3 f.) ist ja gerade auch in den Augen der Stoiker der Kynismus (L. D. VI, 104). Zur Pseudopaideia werden natürlich die andern Richtungen (wie Hedoniker, Peripatetiker), sowie die andern Geistesberufe (Poesie, Musik, Rhetorik) und Wissenschaften (wie Mathematik, Astrologie, Grammatik) gezählt, die der Kyniker discreditirt, aber nur, sofern sie nicht ethisch bezogen sind (13, 1 f. 33 f., vgl. L. D. VI, 27 f. 104). Es sind dieselben, die Protagoras - Antisthenes Prot. 318 E von seiner $παιδεία$ abweist. Zum $βελτίους\ γενέσθαι$, lautet die kynische Begründung, sind die Wissenschaften nicht nothwendig, da manche Grammatiker, Mathematiker u. s. w. unwissend $περὶ\ ἀγαθῶν\ καὶ\ κακῶν$, $ἀκρατεῖς$, $φιλάργυροι$ etc. sind (33 f.). Am ersten nöthig ist bei den $μαθήματα$ das Ablegen der $πάντα\ κακά$ (14, 3 f. 19, 4) — ganz wie Antisthenes L. D. VI, 7 f. Stob. IV, 193, 34 M lehrt. Die Kritik der Pseudopaideia entspricht der Zerstörung der Wissenseinbildung, des $παιδεία$-Stolzes, den nach der antisthenischen Protreptik Mem. IV, 2 (vgl. IV, 1) liefert. Wie hier läuft sie hinaus auf einen nothwendigen Zustand der Zerknirschung (34, 4 f.) und den Nachweis der Unwissenheit in Bezug auf die $ἀγαθά$ und $κακά$, da (36 ff., vgl. 8) die von der Menge geschätzten $ἀγαθά$ der $Τύχη$ ebensogut $κακά$ sind, wie (vgl. Antisth. Frg. 55, 23) $δόξα$ (vgl. L. D. VI, 11. 105), Kinder (vgl. L. D. VI, 63 u. oben S. 163), Herrschaft und Sieg (vgl. Mem. I, 1, 8 u. oben S. 163. 191), $εὐγένεια$ (vgl. Antisth. Frg. 66, 52 f. L. D. VI, 105), Gesundheit, die oft $οὐ\ συμφέρον$ (vgl. Mem. IV, 2, 32), $πλοῦτος$, da er ohne Kenntniss des

Gebrauchs οὐ συμφέρει, oft aus Verbrechen fliesst und nicht er, sondern die παιδεία σπουδαίοις ποιεῖ (vgl. Mem. IV, 2, L. D. VI, 68. 105 und viele andere kynische Stellen), endlich das ζῆν, da ἀποθανεῖν καλῶς καὶ ἀνδρείως besser ist als κακῶς ζῆν und also ζῆν und ἀποθανεῖν so wenig wie Schneiden, Brennen u. s. w., das oft Kranken nützt (vgl. Mem. I, 2, 54), an sich gut oder schlecht, ὠφέλιμον oder βλαβερόν, αἱρετόν oder φευκτόν (vgl. den Axiochus). Τὸ φρονεῖν (dem die Gerechtigkeit anhaftet — vgl. Antisth. Symp. III, 4 δικαιοσύνη als ἀναμφιλογώτατον) μόνον ἀγαθόν, τὸ δὲ ἀφρονεῖν (ohne das keine Tyrannis wäre!) κακόν (41 f.). So apodiktisch spricht nur der Kyniker, gegen dessen These ἀγαθόν = φρόνησις Plato anerkanntermaassen Rep. 505 polemisirt. Prächter streicht hier σπουδαῖος an, das erst Aristoteles und die Stoiker als Adjectiv zu ἀρετή gebrauchten (S. 44, 1), aber bereits Antisthenes liebt es (Frg. S. 16, 2. 61, 23, vgl. 65, 46); ferner (S. 43) φευκτός, das weder platonisch noch xenophontisch, sondern stoisch sei, aber es ist auch bereits antisthenisch (L. D. VI, 8), und dass es bei Simmias (L. D. II, 124) und im Axiochus (369 B) erscheint, spricht nach dem Früheren zu Gunsten des Kynikers, wie eine andere von Pr. angemerkte Parallele zum Axiochus (κριτικοί 366 E, tab. Ceb. 13, 2). Auch ἐφόδιον für den geistigen Besitz (32, 4) ist antisthenisch (L. D. VI, 6, vgl. Diog. ep. 37, 4 ff., wo die antisthenische σύντομος ὁδός als Ursprung der Uebertragung deutlich wird). Auffallend, und wohl in derselben Richtung charakteristisch ist der wiederholte Ausruf „Herakles!" (3, 4. 12, 1. 19, 1) bei den Verheissungen, die wieder mit den dicken Pinselstrichen des Kynikers hier schwarz, dort rosenroth malen.

Es sind die bekannten kynischen Heilstypen und Hassgestalten, die sich da gegenübertreten. Da ist die böse Ἀπάτη, die πάντας τοὺς ἀνθρώπους zu πλάνος und ἄγνοια bringt, mit ihrem buntgestaltigen Gefolge der Δόξαι, Ἐπιθυμίαι, Ἡδοναί (5 f.). Da ist die blinde, rasende, taube Τύχη (7 ff.), deren Gaben die Ἀκρασία anlocken, die Ἀσωτία, Ἀπληστία und Κολακεία, die eine ἄπονος Ἡδυπάθεια verheissen, bis der Ernüchterte merkt ὅτι οὐκ ἤσθιεν, ἀλλ' ὑπ' αὐτῆς κατησθίετο (vgl. zu dieser Lieblingswendung des Antisthenes seine Frg. S. 56, 2. 58, 8. 61, 22)[1]) und, zu Verbrechen verleitet, der Τιμωρία, Λύπη,

---

[1]) Dazu passt auch (3) das Verschlungenwerden von der Sphinx, die echt antisthenisch als ἀφροσύνη gedeutet αἰνίττεται, τί ἀγαθόν, τί κακόν, τί

Ἀθυμία u. s. w. anheimfällt. Der *Τύχη* darf man nicht trauen; sie giebt ohne *λογισμός*; ihre Gabe ist nicht *ἀσφαλής*, *βεβαία* und *ἀμεταμέλητος* wie die der *Παιδεία*, wie die Einsicht der *συμφέροντα* und wie der Weg der *παιδεία* (7, 3. 18. 26, 1. 31 f.) — diese stete Betonung der *ἀσφάλεια* ist nur das ferne Echo von Antisthenes' Worten: *τύχῃ μηδὲν ἐπιτρέπειν* (Frg. 15, 2), *φρόνησις ἀσφαλέστατον*, begründet in eigenen *λογισμοῖς* (Frg. 47, 5), die *φρόνησις* fest, unerschütterlich, während die *ἀφροσύνη* unbeständig ist (Frg. 55, 22); nur wenn sie *ἀμεταμέλητος*, ist die Freude *ἀγαθόν* (Frg. 52, 11). Bei der *παιδεία* etc. wohnt das Heil (*μακάριος καὶ εὐδαίμων, ἐν παντὶ τῷ βίῳ σώζεσθαι* 3, 4. 6, 2. 11, 2. 20, 4) — der Kyniker fühlt sich immer nur als der Ringer nach dem Glück, und der Sieg im *ἀγών* wird natürlich gemäss der antisthenischen Symbolik über *Ἄγνοια*, *Πλάνος*, *Φιλαργυρία*, *Ἀκρασία* etc. als *τὰ μέγιστα θηρία* (!) erfochten (22 f. 26)[1]). Und der Siegeslohn ist der schöne *στέφανος* (21, 3. 22, 1. 23, 4. 27, 2); darum nennt eben Antisthenes den *κάλλιστος στέφανος* den *ἀπὸ παιδείας* (Stob. IV, 193 M). Demgegenüber wartet der *Ἡδυπάθεια* die *κακοδαιμονία*, das *ἀθλίως ζῆν* oder, wie es schon Antisthenes verbildlicht, ein Gebundenwerden, *δουλεύειν, ταράττεσθαι* und namentlich *πλανᾶσθαι* (5, 3. 6, 2 f. 10, 4. 11, 2. 19, 5. 23, 1. 24, 2 f. 25, 2. 27 f.). Der *πλάνος* ist ja der nothwendige Gegensatz zur *σύντομος ὁδός* des Kynismus, und die *ἀληθινὴ παιδεία* wird hier als die rechte *ὁδός* des Lebens durchgeführt (4, 3. 5, 1. 12, 3. 14, 3. 15 f. 21, 2 etc.). Die Männer der *ἡδυπάθεια* etc. *οὐχ εὑρίσκουσι ποία ἐστὶν ἡ ἀληθινὴ ὁδὸς ἐν τῷ βίῳ* (6, 3. 24, 3) — und ganz ähnlich: *οὐ γὰρ εὑρίσκουσι διὰ τὸ μὴ πονεῖν οἷον χρὴ τὸν ἀγαθὸν εἶναι* heisst es von den *ἀπαίδευτοι* in dem vom antisthenischen Herakles abhängigen Epilog des Cynegeticus (XII, 16), und wenn man hier den Gegensatz beachtet des *ἐν τῇ ἀληθείᾳ παιδεύεσθαι* (XII, 7) und der auffallend heftig bekämpften trügerischen (*ἐξαπατᾶν*!) *παιδεία* der Sophisten, die nur nach dem *δοκεῖν*, aber nicht in Wahrheit *χρήσιμα*, sondern *κενά* und *κακά* lehren (XIII, 1—9), dann klingt hier im Cynegeticus sichtlich eine Synkrisis der wahren und falschen *παιδεία* aus dem antisthenischen Herakles nach — als

---

οὔτε ἀγαθὸν οὔτε κακόν (vgl. oben S. 167). Auch Diogenes hat in seiner Tragödie Oedipus die Sphinx als *Ἀμαθία* gedeutet (vgl. Dio IV § 31).

[1]) Echt kynisch klingt auch der Satz: *τὸ γὰρ εὐωχεῖσθαι βοσκημάτων τρόπον ἀπόλαυσιν μεγίστων ἀγαθῶν ἡγοῦνται εἶναι* (28, 3).

Original der Kebestafel, die nicht zufällig von den Lastern als μέγιστα θηρία spricht. Zudem wird die rechte ὁδός zur παιδεία als steil, wenig begangen, aber oben erfreulich beschrieben (15 f.) und das Wegziel, die Höhe der εὐδαιμονία mit der Akropolis verglichen (21) — ganz wie bei Antisthenes Diog. ep. 30. Ἐγκράτεια und Καρτερία (in deren Betonung Antisthenes vorangeht L. D. VI, 15) ermuthigen (16, vgl. 27, 3), und eine Reihe von kynischen Lieblingstugenden, voran die Ἀνδρεία, umgeben die Ἐπιστήμη (20, 3). Auf der andern Seite stehen natürlich Ἀκρασία, Φιλαργυρία, Ἀλαζονεία u. dgl. (19, 5. 23, 1. 24, 2). Weiter passen am besten für den Kyniker das Bild des ἰατρός für die moralische Reinigung (19) und die Rolle des befehlenden Δαιμόνιον (24, 3. 30—33)[1]). Endlich die Einführung der μυθολογία 2, 2, ganz im antisthenischen Stil beginnend: ξένος τις πάλαι (!) ποτὲ ἀφίκετο δεῦρο, ἀνὴρ ἔμφρων (!) καὶ δεινὸς (!) περὶ σοφίαν, λόγῳ τε καὶ ἔργῳ (!) Πυθαγόρειόν τινα καὶ Παρμενίδειον ἐζηλωκὼς βίον (!), ὃς τό τε ἱερὸν τοῦτο καὶ τὴν γραφὴν ἀνέθηκε τῷ Κρόνῳ. Dass für die Kyniker der ideale βίος unter der Aegide des Kronos stand, ersieht man aus Diog. ep. 12 (p. 247 H) und Luc. δραπ. 17 (vgl. Dümmler, Akad. 242 f.). Am wichtigsten sind die Worte Πυθαγόρειος und Παρμενίδειος. Der kynische Charakter der Kebestafel ist unzweifelhaft; lässt sich zeigen, dass sie auf ein älteres kynisches Original, auf Antisthenes zurückgeht, so haben wir darin die deutliche Spur gewonnen, dass Antisthenes das Motiv der Prodikosfabel dem Pythagoras anhängte (vgl. oben 290 ff.). Denn was führt hier Pythagoras und Parmenides zusammen als Autoritäten der Kebestafel? Eben das Motiv der Prodikosfabel: das allegorische bivium. Nun zeigt die Tafel nichts Pythagoreisches; was sehr natürlich ist: Antisthenes hat ja eben nur seinem redenden Pythagoras das Symbol des bivium in den Mund gelegt. Wohl aber zeigt sie Abhängigkeit von Parmenides. Wird man dem Autor unserer Tafel Lektüre des Eleaten zutrauen? Er sagt garnicht, warum sein Mann Πυθαγόρειος καὶ Παρμενίδειος sein soll — das ist erborgte Gelehrsamkeit. Man hat wohl von dem „seichten Fälscher" allgemein den Eindruck, dass er kein Erfinder ist, sondern eine gute Vorlage verwässert hat. Schon der Name Kebes weist in die Sokratik und, wie sich zeigte (oben S. 223 f.), in die kynische. Antisthenes kennt Par-

---

[1]) Vgl. oben S. 286, 2; zum δαιμόνιον bei Diogenes s. Jul. or. VII, 212 D und Weber, Leipz. Stud. X, 160 f.

menides (Antisth. Frg. S. 35, 4 W), und wenn dieser in der Zweitheilung und Allegoristik Hesiod folgt (Diels, Parmenides S. 10), so wäre es nicht das einzige Mal, dass sich Antisthenes auf Hesiod und Parmenides zusammen beruft (vgl. später beim Eros). Nun ist es keine Frage, dass die Kebestafel die Antithesen des Hesiod und des Parmenides, die moralischen und die Erkenntnisswege combinirt — die kynische παιδεία ist eben moralisch-intellectuell. In dem Gegensatz der ἀληθινὴ παιδεία und der Ψευδοπαιδεία (Ceb. tab. cc. 11 ff. 15 f. 32 ff.) mit der wichtigen Rolle der Δόξαι wirkt sichtlich das eleatische Lehrgedicht, und jetzt begreifen wir erst, warum der den antisthenischen Herakles ausschreibende Schluss des Cynegeticus das ἐν τῇ ἀληθείᾳ παιδεύεσθαι (XII, 7) von der φύσις und von den ἀληθῶς ἀγαθόν τι ἐπισταμένων (XIII, 4) fordert, im Gegensatz zu der auf das δοκεῖν statt auf das Sein gehenden sophistischen παιδεία: Antisthenes' Herakles hat eben darin an Parmenides angeknüpft. Es ist doch nicht Zufall, dass die Antithese von Sein und Schein zusammen mit dem Wegvergleich (beides parmenideisch!) in der kynischen Paränese wiederkehrt: die beste, σύντομος ὁδός sei, darin in Wahrheit gut zu werden, worin man gut δοκεῖν will (Cyr. I, 6, 22. Mem. I, 7, 1)[1]). Und nun zeigen die Parallelen: falsche und wahre παιδεία, trügerische ἡδονή und ἀρετή, Tyrannis und βασιλεία, κολακεία und φιλία denselben Gegensatz von Schein und Sein, sodass in der Anlage dieser ganzen Antithetik Parmenides durchscheint. Aber Antisthenes hat eben den logischen Gegensatz des Eleaten in's Moralische einschlagen lassen.

Es fehlt nur noch, dass sich auch die Gemäldeform von der Kebestafel auf Antisthenes zurückführen liesse. Nun erscheinen ja die Ἡδονή und die Tugenden auch bei Kleanthes gemalt (Cic. de fin. II, 69), vielleicht auch bei andern (Themist., Rhein. Mus. 27 S. 446. Augustin. de civ. d. 5, 20). Auch die bildlichen Darstellungen der Prodikosfabel (Welcker 601) weisen dahin, und Clem. Paedag. II, 10, 110. 87 S spricht sogar von Prodikos ἀρετῆς καὶ κακίας εἰκόνας ὑπογράφων. Xenophon's Forderung, dass die ἀρετή körperlich sichtbar werde (Cyneg. XII, 19), stammt, wie gesagt, aus Antisthenes' Herakles, aus dem Xenophon kurz vorher (18) Cheiron citirt. Und nun spricht Diogenes von einem

---

[1]) Vgl. den Gegensatz von δόξα und ἀλήθεια auch bei Diogenes (L. D. VI, 42, s. auch ib. 83 und Diog. ep. 10), der bei Antisthenes die **wahre** παιδεία findet (Dio VIII § 1).

gemalten Cheiron (L. D. VI, 51). Aber mehr: in Wachsmuth's Wiener Apophthegmensammlung 100 heisst es von Antisthenes: Ὁ αὐτὸς θεασάμενος πίνακι (ἐγ)γεγραμμένον Ἀχιλλέα Χείρωνι τῷ Κενταύρῳ διακονούμενον „εὖγε, ὦ παιδίον", εἶπεν, „ὅτι παιδείας ἕνεκα καὶ θηρίῳ διακονεῖν ὑπέμεινας". Also hat bereits Antisthenes die παιδεία in Anknüpfung an ein Gemälde behandelt.

Zur Bestätigung ihres kynischen Charakters erscheint die παιδεία-Antithese auch in der Diogenesrede Dio or. IV und zwar mit Exemplification auf Herakles § 29 ff. A[1]) (vgl. auch or. I § 61): διττή ἐστιν ἡ παιδεία, ἡ μέν τις δαιμόνιος, ἡ δὲ ἀνθρωπίνη (vgl. über diesen Gegensatz die kynische Pythagoristik oben S. 212); ἡ μὲν οὖν θεία μεγάλη καὶ ἰσχυρὰ καὶ ῥᾳδία, ἡ δὲ ἀνθρωπίνη μικρὰ καὶ ἀσθενὴς καὶ πολλοὺς ἔχουσα κινδύνους καὶ ἀπάτην οὐκ ὀλίγην —. καλοῦσι δὲ οἱ πολλοὶ ταύτην μὲν παιδείαν, καθάπερ οἶμαι παιδιάν (der kynische Kapuziner liebt ja Wortspiele), καὶ νομίζουσι τὰ πλεῖστα γράμματα εἰδότα — καὶ πλείστοις ἐντυγχάνοντα βιβλίοις, τοῦτον σοφώτατον καὶ μάλιστα πεπαιδευμένον: die alte kynische Polemik gegen die falsche παιδεία der blossen γράμματα und βιβλία (L. D. VI, 3. 5. 27 etc. Mem. IV, 2, 1). Sie hindert nicht, heisst es übereinstimmend mit Kebes 33 f., die μοχθηρία, δειλία und φιλαργυρία. Der Typus aber der τὰς ψυχὰς ἀνδρεῖοι, die der ἀγαθὴ παιδεία theilhaft geworden, ist Herakles, ὀλίγα ἀκούσας καὶ ὀλιγάκις, αὐτὰ τὰ μέγιστα καὶ κυριώτατα, καὶ μεμύηται καὶ φυλάττει ἐν τῇ ψυχῇ (vgl. Antisth. 47, 6. 60, 21 etc.). Diese wahre Weisheit wird nun nach Antisthenes' Herakles (L. D. VI, 105. Frgm. 47, 5. 55, 22. Mem. I, 2, 19) als unverlierbar und unzerstörbar (hier bei Herakles durch Feuer, bei Odysseus durch Wasser, Frg. 61, 26) verfochten. Darauf § 32 ff. wieder ein Seitenblick auf die bösen σοφισταί (vgl. schon § 28), der Gegensatz der rechten ὁδός und des πλάνος, der Vergleich mit den Jagdhunden u. s. w., kurz, die antisthenische Heraklesperspective, die wir nachgerade kennen[2]).

---

[1]) Vgl. über die kynische Quelle dieser Rede Weber, Leipz. Stud. X, S. 154 ff. und speciell über den antisthenischen Charakter dieses Abschnitts ib. 238 ff.

[2]) Noch in einigen künstlerischen Nachwirkungen der Prodikosfabel, deren Welcker gedenkt, spiegeln sich die alten antisthenischen Gegensätze: Hadrian auf Münzen zwischen Βασιλεία und Τυραννίς oder Justitia und

Ziehen wir das Facit: die ganze Reihe der Parallelen zur Prodikosfabel, die sich von Antisthenes und Xenophon fast durch alle Jahrhunderte bis zu den Zeiten des Themistius verfolgen liessen, verlief in den Bahnen des Kynismus, resp. einer Stoa, die dabei in keinem Schritt Abweichung vom Kynismus verräth. Selbst der lächelnde Lukian gehört hinein, und nur Krantor fiel aus der Reihe; aber gerade dadurch, dass auch seine Synkrisis selbst herausfiel und eben gar keine Synkrisis oder wenigstens keine Parallele zur Fabel ist, bestätigte er die Regel, und um so mehr, als er doch zugleich kritisch und abhängig auf die kynisch-stoische Synkrisis hinzublicken scheint. Die ganze Reihe besteht nur aus Variationen eines kynischen Typus; aber die Variationen selbst sind kynisch; sie sind nicht fremde Uebertragungen, sie hängen zusammen, sie liegen ineinander: im Gefolge der *Βασιλεία* resp. *Τυραννίς* erscheint bei Dio I § 82 die *Φιλία* resp. *Κολακεία*, die dem *πλοῦτος* in dessen Synkrisis mit der *ἀρετή* folgt, und andererseits heisst es bei Maximus (a. a. O. § 7): *τυράννῳ οὐδεὶς φίλος, βασιλεῖ δὲ οὐδεὶς κόλαξ· βασιλεία δὲ τυραννίδος θειότερον*. Ferner wird Herakles zur *Βασιλεία* geführt *πεπαιδευμένος ἁπλῶς, οὐ πολυτρόπως οὐδὲ περιττῶς σοφίσμασι* (Dio I § 61) und abgewandt von den *ἡδοναί* und *πλεονεξίαι*, der *τρυφή, ἀκολασία* (ib. 65), während *Παιδεία* und ihr Gegenpart bei Kebes (vgl. auch Dio IV, 30 f.) mit der *ἀνδρεία*, resp. der *φιλαργυρία*, den *ἡδοναί* und anderen Formen der *Κακία* zusammenstehen und Xenophon eben die *παίδευσις* durch die *Ἀρετή* erzählt (§ 34); kurz, all diese Fabeln citiren gleichsam und ergänzen sich gegenseitig, und all ihre Themata (der Triumph der *ἀρετή, βασιλεία, παιδεία, φιλία*) weisen auf Antisthenes, der sie im Herakles behandelt (vgl. oben S. 284 f. 312 f.), bei dem sie alle begründet sind und aus dem Grundwesen des Kynismus entstammen. Bedarf es noch stärkerer Zeichen, dass er den Typus der Prodikosfabel geschaffen hat?

Die Fassung bei Xenophon zeigt sich dabei als farblosere Nachbildung mit allerlei Ritzen und Lücken, und es ist schon jetzt deutlich, dass z. Th. die Citirungen (vgl. oben 305 f.), jedenfalls aber die Parallelen und Nachbildungen der Prodikosfabel auf

---

Vis, ein Ephebe (auf einer Böttiger'schen Vase) zwischen Telete oder Mystis und Terpsis oder Hedone (vgl. Herakles *μεμύηται* Dio IV § 31 und die kynische Mystik oben S. 175. 240). Ueber das unter dem Einfluss des Kleanthes von Mnasalkas antihedonisch gewandte Grabepigramm auf Aias aus dem sog. Peplos des Aristoteles vgl. Hense a. a. O. S. 37.

eine bessere Quelle zurückgehen, da sie mehrfach übereinstimmend
Züge geben, die Xenophon nicht giebt, und die z. Th. im Original
angelegt sein müssen, auf eine Quelle, die alt ist und, wie alle
Nachwirkungen zeigen, in kynisch-stoischer Richtung ausströmt,
und die schon darum nicht Prodikos ist, weil dessen Schriften
verschollen waren, wie Dio or. 54 sagt, der keinen λόγος des
Prodikos kennen will, obgleich er doch selbst in or. I eine der
Hauptparallelen der Prodikosfabel bringt. Ich will hier, um
nicht vorzugreifen, nur einige schon behandelte Züge nochmals
nennen, in denen die Späteren nicht Xenophon folgen, sondern
Echteres geben. Reichere Verzweigungen mögen erst später gewachsen sein; aber entscheidend ist, dass Xenophon gerade an den
Wurzeln der Fabel versagt und Andern nachsteht. Als solche Wurzeln der Fabel zeigen sich das Hesiodcitat von den zwei Wegen, die
Allegoristik und die in sie hineingearbeitete Heraklesfigur. Die
Hauptfigur Herakles ist bei Xenophon zum Schemen geworden,
zum blossen unpersönlichen Zuhörer. Weder berücksichtigen die
Verheissungen sein individuelles Schicksal, wie bei Basil. de leg.
libr. gentil. 4 (der es aus seiner Quelle hat, s. oben 306), noch wird
seine Wahlentscheidung berichtet wie bei Dio I, 84. Basil. ib.
Max. Tyr. 20. Die Allegoristik beschränkt sich bei Xenophon
auf die beiden Hauptgegnerinnen; dagegen führen nicht weniger
als vier Paralleldarstellungen: Dio, Cebes, Silius Italicus und
Philo, eine allegorische Gefolgschaft beider Frauen vor, alle, wie
man bereits erkannt hat, unabhängig von einander einer gemeinsamen älteren kynischen oder stoischen Quelle folgend, die
demnach neben Xenophon feststeht[1]). Vor Allem aber ist das
Motiv der ὁδοί bei Xenophon zwar § 21 angelegt, doch sonst
todt liegen gelassen. Die Wege werden nicht beschrieben[2]), wie
es doch bei Hesiod gegeben ist, und wie es bei Dio I, Cebes,
Themistius 27 und Diog. ep. 30 und 37 (von Antisthenes selbst)
geschieht. Nur § 29 darf die Κακία sagen, dass der Tugendweg

---

[1]) Vgl. Capelle, de Cynic. epist. S. 39. Wendland a. a. O. Keil,
Hermes 28 S. 354 f. Anm., der mit Recht das Versehen bei Dio I, dass im
Gefolge der Tyrannis ἀντὶ Φιλίας Κολακεία erscheint, während die Φιλία
im Gefolge der Βασιλεία garnicht genannt war, nur aus der ungenauen
Benützung einer älteren Quelle erklärt. Welcker (Kl. Schr. II, 438 f.) will
bereits im Menon in der Schilderung der Tapferkeit mit dem Gefolge von
Eigenschaften eine Berührung mit dem Herakles des „Prodikos" erkennen.

[2]) Wie bereits Prächter (Ceb. tab. qu. aet. etc. p. 99) bemerkt.

beschwerlicher, ja länger sei — ohne widerlegt zu werden, sodass Xenophon zu dem Irrthum Anlass gab, dass er's wirklich so meine[1]). Jedenfalls geben auch hier die späteren Zeugen das Präcisere und Originalere. Wo ist endlich bei Xenophon die Berghöhe, die doch auch Hesiod verlangt? Bei Dio I, Silius Italicus und Diog. ep. 37 (Antisthenes!) findet sie sich[2]), und wenn Diog. ep. 30 (vgl. Ceb. 15, 2 f.) Antisthenes die zwei Wege zur Akropolis zeigen lässt, so weiss man[3]), dass dies aus alter Quelle stammt; denn die archäologische Forschung hat die zwei Burgsteige entdeckt, während zu Pausanias' Zeit (I, 22, 4) nur μία ἔσοδος bekannt war. Schon nach L. D. VI, 104 ist anzunehmen, dass Antisthenes die σύντομος ὁδός im Herakles gezeigt hat, und naturgemäss hat er in dieser Lobschrift auf den πόνος (L. D. VI, 2) den Weg der Mühen als den geraden Weg zum Ziel empfohlen.

Alles: die Heraklesfigur, die Themata παιδεία, ἀρετή, der allegorische Mythus, das Bild der ὁδοί, Sokrates als Prodikeer, die gorgianische Rhetorik im Dialog, die agonistische Form wie der moralische urkynische Inhalt der Synkrisis ἀρετή ἐπίπονος gegen κακία φιλήδονος, die Anwendung gegen Aristipp (gegen den gerade der Herakles gerichtet ist), die innere Gemeinschaft der Fabel mit dem übrigen Kapitel II, 1, zu dem sie sich als natürliche Krönung, nicht als fremde Zuthat verhält, zumal sich im Gegensatz der beiden Frauen nur der Gegensatz der beiden verschieden zu erziehenden Jünglinge vom Anfang des Kapitels wiederholt, und vieles andere oben Besprochene, zuletzt auch die ganze Reihe der Parallelen — alles weist mit Fingern auf Antisthenes als Autor der Prodikosfabel. Für gar zu ängstliche Gemüther, die es schön fänden, wenn sie das auch schwarz auf weiss läsen, kommt zum Ueberfluss noch ein antikes Zeugniss, das den Typus der Prodikosfabel auf den Namen Antisthenes tauft. Nachdem Julian (or. VII, 217 A, vgl.

---

[1]) Capelle a. a. O. 31, der nicht beachtet, dass die Κακία nicht im Namen Xenophon's spricht und im Folgenden hedonisch als πολυπράγμων erscheint gegenüber der einfachen Methode der Ἀρετή.

[2]) Auch die Rolle des Hermes, dort wie bei Dio I, ist sicher alt (vgl. auch Krates Jul. VI, 199); denn sie stimmt zur stoischen Deutung des Hermes als λόγος und zu seiner Rolle in den menippeischen dial. mort. Lukian's (vgl. Capelle 35) und auch in der antisthenischen Urphilosophie (vgl. oben 179. 221).

[3]) Vgl. von Wilamowitz bei Capelle 34 citirt.

209 A 215 C) in der Erzählung moralisirender Fabeln Antisthenes, Xenophon und Plato nachzuahmen empfohlen, räth er weiter ἀντὶ μὲν Ἡρακλέους μεταλαμβάνειν Περσέως ἢ Θησέως τινὸς ὄνομα καὶ τὸν Ἀντισθένειον τύπον ἐγχαράττειν, ἀντὶ δὲ τῆς Προδίκου σκηνοποιΐας ἀμφὶ τοῖν ἀμφοῖν τούτοιν θεοῖν ἑτέραν ὁμοίαν εἰσάγειν εἰς τὸ θέατρον. Also die *Prodikou skēnopoiïa* für Herakles gehört zum Ἀντισθένειος τύπος, und Julian räth nur, sie für Perseus und Theseus zu variiren. Prodikos wird hier nicht als Autor bezeichnet, wie er auch vorher nicht mit als Muster empfohlen wird. Prodikeisch heisst die Fabel, wie die Dialoge sokratisch heissen. Der wirkliche Autor, d. h. der den Typus begründet (nicht etwa bloss nachgebildet hat), ist laut genug bezeichnet durch das Wort: Ἀντισθένειος τύπος.

---

4. Die Fabel im Einzelnen.

a. *Die Beschreibung der Frauen.*

Die nähere Betrachtung der Fabel lehrt, dass ihr Inhalt hinausreicht nicht nur über „Prodikos" — denn ihre Uebereinstimmung mit den übrigen Memorabilien ist zu sichtlich, um. grosser Nachweise zu bedürfen —, sondern auch über „Sokrates" — denn andere xenophontische Schriften schlagen überall mit Parallelen und oft principiell schärferen ein — und endlich auch über Xenophon — denn die Parallelen finden sich wesentlich dort, wo er am sichtlichsten unter kynischem Einfluss steht, namentlich in der Κύρου παιδεία, im Οἰκονομικός und in der Lobschrift auf den lakedämonischen Staat (nicht umsonst zugleich antisthenische Titel und Tendenzen!). Die kynischen Zeugnisse stimmen auch bis in's Einzelne damit zusammen und zeigen, wie die Fabel mit jeder Faser in der kynischen Theorie wurzelt. So ist es zunächst beim äusseren Auftreten der beiden Frauen, wo auch die Beschreibungen anderer Schriftsteller sich zugleich so übereinstimmend und so selbständig gegenüber Xenophon verhalten, um gerade spüren zu lassen, wie er eine kynische Vorlage benützt und zugleich vereinfacht, in ihren starken Farben mildert. Wir wollen die Parallelfabeln lassen und uns nur an die Beschreibungen der Ἀρετή und Κακία (oder Ἡδονή) halten:

Die Beschreibung der Frauen.

Mem. § 22 f.:

καὶ φανῆναι αὐτῷ δύο γυναῖκας προσιέναι μεγάλας, τὴν μὲν ἑτέραν εὐπρεπῆ τε ἰδεῖν καὶ ἐλευθέριον φύσει, κεκοσμημένην τὸ μὲν χρῶμα καθαρειότητι, τὰ δὲ ὄμματα αἰδοῖ, τὸ δὲ σχῆμα σωφροσύνῃ, ἐσθῆτι δὲ λευκῇ, τὴν δὲ ἑτέραν τεθραμμένην μὲν εἰς πολυσαρκίαν τε καὶ ἁπαλότητα, κεκαλλωπισμένην δὲ τὸ μὲν χρῶμα ὥστε λευκοτέραν τε καὶ ἐρυθροτέραν τοῦ ὄντος δοκεῖν φαίνεσθαι, τὸ δὲ σχῆμα ὥστε δοκεῖν ὀρθοτέραν τῆς φύσεως εἶναι, τὰ δὲ ὄμματα ἔχειν ἀναπεπταμένα, ἐσθῆτα δὲ ἐξ ἧς ἂν μάλιστα ἡ ὥρα διαλάμποι· κατασκοπεῖσθαι δὲ θαμὰ ἑαυτήν, ἐπισκοπεῖν δὲ καὶ εἴ τις ἄλλος αὐτὴν θεᾶται, πολλάκις δὲ καὶ εἰς τὴν ἑαυτῆς σκιὰν ἀποβλέπειν. ὡς δ' ἐγένοντο πλησιαίτερον τοῦ Ἡρακλέους, τὴν μὲν πρόσθεν ῥηθεῖσαν ἰέναι τὸν αὐτὸν τρόπον, τὴν δ' ἑτέραν φθάσαι βουλομένην προσδραμεῖν τῷ Ἡρακλεῖ καὶ εἰπεῖν.

Philo de sacr. Ab. et Ca. 20 f. 26:

δύο γὰρ ἡμῶν ἑκάστῳ συνοικοῦσι γυναῖκες ἐχθραὶ καὶ δυσμενεῖς ἀλλήλαις — ἡ μὲν οὖν προσέρχεται πόρνης καὶ χαμαιτύπης τὸν τρόπον τεθρυμμένη, κεχλασμένῳ τῷ βαδίσματι ὑπὸ τρυφῆς τῆς ἄγαν καὶ χλιδῆς, σαλεύουσα τὼ ὀφθαλμώ, οἷς τὰς τῶν νέων ἀγχιστρεύεται ψυχάς, θράσος μετ' ἀναισχυντίας ἐμβλέπουσα, τὸν αὐχένα ἐπαίρουσα, πλέον τῆς φύσεως ἑαυτὴν ἐνορθιάζουσα, σεσαρυῖα καὶ κιχλίζουσα, περιέργῳ ποικιλίᾳ τὰς τῆς κεφαλῆς τρίχας ἀναπεπλεγμένη, ὑπογεγραμμένη τὴν ὄψιν, ἐγκεκαλυμμένη τὰς ὀφρύς, θερμολουσίαις ἐπαλλήλοις χρωμένη, ἔρευθος εἰργασμένη, πολυτελεῖς ἐσθῆτας ἐπηνθισμένας ἄκρως ἀμπεχομένη, περιβραχιόνια καὶ περιαυχένια καὶ ὅσα ἄλλα χρυσοῦ καὶ λίθων πολυτελῶν δημιουργηθέντα κόσμος ἐστὶ γυναικεῖος περικαθειμένη, μύρων εὐωδεστάτων ἀποπνέουσα, τὴν ἀγορὰν οἰκίαν νομίζουσα, τριοδῖτις σοβάς, χήτει γνησίου κάλλους τὸ νόθον μεταδιώκουσα. Dazu das Gefolge der Laster.

ἡ ἑτέρα — nach der Rede der εὖ καὶ ποικίλως ἐπ' ἀπάτῃ τετεχνιτευμένη — παρελθοῦσα ἐξαίφνης ἐπιφαίνεται ἐλευθέρας καὶ ἀστῆς προσφερομένη πάντα, σταθερὸν βάδισμα, ἠρεμαιοτάτην ὄψιν, χρῶμα καὶ τὸ αἰδοῦς καὶ τὸ σώματος ἀκιβδήλευτον, ἀψευδὲς ἦθος, ἀνόθευτον βίον, ἀποίκιλον γνώμην, λόγον οὐ φέναξα, διανοίας ὑγιοῦς ἀληθέστατον μίμημα, σχέσιν ἄπλαστον, οὐ σεσοβημένην κίνησιν, μετρίαν ἐσθῆτα, τὸν χρυσοῦ τιμιώτερον φρονήσεως καὶ ἀρετῆς κόσμος. Dazu das Gefolge der Tugenden.

Clem. Paedag. II, 10, 110. 87 S:

ἀρετῆς καὶ κακίας εἰκόνας ὑπογράψοντα τὴν μὲν γὰρ αὐταῖν ἀμελῶς ἱσταμένην ἐποίησεν καὶ λευχείμονα καὶ καθάρειον, τὴν ἀρετήν, αἰδοῖ μόνῃ κεκοσμημένην — τοιαύτην εἶναι χρὴ τὴν πιστὴν ἐνάρετον μετ' αἰδοῦς —, θατέραν δὲ τοὐναντίον εἰσάγει, τὴν κακίαν, περιττῇ μὲν ἐσθῆτι ἠμφιεσμένην, ἀλλοτρίῳ δὲ χρώματι γεγανωμένην, καὶ ἡ κίνησις αὐτῆς καὶ ἡ σχέσις πρὸς τὸ ἐπιτερπὲς ἐπιτηδευομένη ταῖς μαχλώσαις ἔγκειται σκιαγραφίᾳ γυναιξίν.

Basil. de leg. lib. g. 4. 178a:

εὐθὺς μὲν οὖν καὶ σιωπώσας ἐμφαίνειν ἀπὸ τοῦ σχήματος τὸ διάφορον. Εἶναι γὰρ τὴν μὲν ὑπὸ κωμωτικῆς διεσκευασμένην εἰς κάλλος, καὶ ὑπὸ τρυφῆς διαρρεῖν, καὶ πάντα ἑσμὸν ἡδονῆς ἐξηρτημένην ἄγειν ταῦτά τε οὖν δεικνύναι — τὴν δ' ἑτέραν κατεσκληκέναι καὶ αὐχμεῖν, καὶ σύντονον βλέπειν.

Philostr. p. 482:

ἡ ἀρετὴ καὶ ἡ κακία φοιτᾶσαι παρὰ τὸν Ἡ. ἐν εἴδει γυναικῶν ἐσταλμέναι, ἡ μὲν ἀπατηλῷ τε καὶ ποικίλῳ, ἡ δὲ ὡς ἔτυχεν.

Max. Tyr. 20, 1:

ἡ μὲν αὑτῷ σοβαρὰ τῶν ἡγεμόνων, ἡ δὲ εὐσχήμων ἰδεῖν, βαδίζουσα ἠρέμα, φθεγγομένη μουσικῶς, βλέμμα πρᾷον, ἀμπεχόνη ἄνετος· ἡ δὲ δευτέρα, θρυπτική, ἐπίχριστος, χλανιδίοις ἐξηνθισμένη, βλέμμα ἰταμόν, βάδισμα πτακτόν, φωνὴ ἄμουσος.

Was zunächst auffällt, ist, dass die andern Beschreibungen z. Th. nur wenige einzelne oder halbe, z. Th. gar keine Worte mit Xenophon gemein haben. Und sie sollen doch aus ihm schöpfen? Dagegen sprach schon (vgl. oben 305 f. 329 f.), dass die kurzen Mittheilungen über die Prodikosfabel Mehreres enthalten, das Xenophon nicht giebt. Clemens scheint die Tradition des Gemäldes vor sich zu haben (εἰκόνας ὑπογράφοντα), Philostratus spricht von der ἔμμισθος ἐπίδειξις, Basilius (wie auch Philo)[1]) vom Gefolge der κακία und von der Verheissung für Herakles, Maximus Tyrius (wie auch Basilius) von dessen Wahlentscheidung und setzt die ἡγεμόνες der ὁδοί als Hauptmotiv heraus (ἐπὶ διττὰς ὁδοὺς ἀρετὴν καὶ ἡδονὴν ἐπιστήσας ἡγεμόνας ἑκατέρᾳ τῇ ὁδῷ· ἡ μὲν — τῶν ἡγεμόνων —. διττὰς ὁδοὺς — καὶ ἡγεμόνας ταῖν ὁδοῖν). Aber auch bei der Beschreibung der Frauen zeigt es sich, dass hinter den Unterschieden der Worte feinere des Inhalts stecken. Xenophon's Schilderung ist vielleicht wohlthuender, weil sie nur einige thatsächliche Züge giebt; aber das ist nicht das Ursprüngliche. Die andern strecken überall noch die schwere Hand der Theorie heraus, die doch nun einmal die Fabel geschaffen hat, die Fäden der Tendenz, die kynischen Schlagwörter. Philo betont erst in mehreren Zeilen den feindlichen Gegensatz der Frauen, Basilius beginnt damit, dass sie auch schweigend τοῦ σχήματος τὸ διάφορον verriethen. Das sind principielle Gesichtspunkte, für die Construction der Fabel grundlegend, die ihr Autor gehabt haben muss, die aber Xenophon weglässt. Der Tugendhafte, führt der Kyniker bis in's Einzelne aus (Luc. Cyn. 16 f.), hat sein ἴδιον σχῆμα und seine besondere Tracht, unterschieden vom Schwelger. Welche andere Schule als die kynische hat eine besondere Idealtracht? Der gute Kuppler d. h. Antisthenes (Symp. IV, 61) versteht sich auf gefällige Haltung, Frisur und Tracht (ib. 57). Mit dem auch äusserlich sichtbaren Contrast sind als Keime der Fabel bezeichnet die für Antisthenes so wichtige Antithetik und seine Aesthetik, von der wir noch sprechen, der das Aeussere Ausdruck des Inneren ist, wie seine Ethik die ψυχή herrschen lässt. Auf diesem Princip ruht seine Dichter und Mythendeutung, seine Bildersymbolik, sein φυσιογνωμονικός, sein pädagogischer Eros (s. später), und darauf ruht auch die Allegoristik der Fabel, die Zeichnung der Frauen.

Die Κακία ist nun zweifellos, wie selbst Xenophon's Zeichnung spüren lässt, von Anfang an als Hure aufgefasst. Die

---

[1]) und die Parallelen bei Kebes, Dio und Silius Italicus, s. oben S. 330.

Die Beschreibung der Frauen. 335

Schwelger, die den Gegensatz zum kynischen ἀνὴρ ἀγαϑός darstellen, haben Tracht und Haltung von männlichen Huren (Luc. Cyn. 17). Die πόρνη ist dem Kyniker der verhassteste Typus [1]), schon weil sie ihm tief Verhasstes, ἡδονή mit ἀπάτη, vereinigt. Philo drängt sofort den πόρνης τρόπος hervor und malt sie mit mehr als kynischem Fanatismus als χαμαιτύπη, τριοδῖτις σοβάς, nennt sie Ἡδονή — vgl. Clem. ἐπιτερπές, Basil. ἑσμὸν ἡδονῆς, spricht von ihrer τρυφή — vgl. Basil. τρυφῆς, Philostr. τρυφήν, von ihrer ἀπάτη — vgl. Clem. μαχλώσαις, σκιαγραφίᾳ, Philostr. ἀπατηλῷ, schildert ihre Tracht als ποικίλος, πολυτελής (je zwei Mal), περίεργος — vgl. Clem. περιττῇ, Philostr. ποικίλῳ, Max. χλανιδίοις ἐξηνϑισμένη. Xenophon hat von all diesen kynischen Terminis — πόρνη, ἡδονή, τρυφή, ἀπάτη, ποικίλος, πολυτελής etc. — nichts, und doch liegen sie sichtlich als Leitbegriffe seiner Schilderung zu Grunde. Die Beschreibung der vom Kyniker oft bekämpften (s. unten) reichen, bunten Tracht der Κακία bei den späteren Schilderern sucht man bei Xenophon vergebens [2]), und doch setzt er sie voraus als Gegensatz zur ἐσϑῆς λευκή der Ἀρετή. Auch sonst ist bei ihm die doch nothwendige Antithese in der Schilderung nicht so durchgeführt wie bei den andern, namentlich Philo und Maximus (vgl. z. B. den Gegensatz des festen und wechselnden Blicks und Ganges). Die πολυσαρκία καὶ ἁπαλότης und die ὄμματα ἀναπεπταμένα der xenophontischen Κακία fordern doch eigentlich das κατεσκληκέναι καὶ αὐχμεῖν καὶ σύντονον βλέπειν der Ἀρετή des Basilius — aber so hat nur der rauhe, magere, gespannt blickende [3]) Kyniker seine ἀρετή gezeichnet; man kann es Xenophon nicht übel nehmen, wenn er auf diese Schönheitszüge verzichtet. Er greift sichtlich aus einer principiellen Vorlage, deren Charakter die andern Beschreibungen besser gewahrt haben, das ihm Passende heraus, und man muss anerkennen: er greift nur plastische Züge, während Philo in seiner Zeichnung oft mehr an das Princip als an das Auge appellirt. Aber das Geistige, das sich äusserlich ausdrücken

---

[1]) Vgl. Antisth. Frg. 59, 11. Diogenes L. D. VI, 61 ff. 66. Stob. flor. 65, 15 etc. Krates πόρνη τάλαντον, φιλοσόφῳ τριώβολον L. D. VI, 85, vgl. ib. 86. 89 f. Athen. XIII, 591 B. Stob. III, 16, 10 Hs.

[2]) Zu der ὥρα διπλάμπων passen z. B. schlecht die χλανίδια des Maximus.

[3]) Vgl. das σχῆμα αὐχμηρόν und λάσιον des Kynikers Luc. Cyn. 17 und den kynischen Herakles Dio 8 § 30 A λιπρός, ὀξὺ βλέπων, λιμοῦ πνέων, den kynischen Pädagogen Diog. ep. 29, 1 δριμύτατα μὲν βλέποντα, ὀξύτατα δὲ βαδίζοντα. Diogenes ἀνέβλεψε γοργόν Dio 4 § 14 und der Kyniker Luc. catapl. 3 ist δριμὺ ἐνορῶν.

soll — vgl. bei Philo *νομίζουσα*, *ἦθος*, *βίος*, *γνώμη*, *λόγος*, *διάνοια* —, und die vielen negativen Prädicate der *Ἀρετή* (*ἀκιβδήλευτος*, *ἀψευδής*, *ἀνόθευτος*, *ἀποίκιλος*, *ἄπλαστος*) sind eben gerade schon antisthenisch (vgl. oben S. 181. 335).

Gerade die Uebereinstimmungen mit den anderen Beschreibungen kehren nun auch in anderen, am meisten kynischen Schriften Xenophon's ohne Prodikos und Sokrates wieder. Zunächst das Scheinwesen der *Κακία*.

Mem. § 22:
τὸ δὲ σχῆμα ὥστε δοκεῖν ὀρθοτέραν τῆς φύσεως εἶναι

κεκαλλωπισμένην δὲ τὸ χρῶμα ὥστε λευκοτέραν τε καὶ ἐρυθροτέραν τοῦ ὄντος δοκεῖν φαίνεσθαι.

Philo:
πλέον τῆς φύσεως ἑαυτὴν ἐνορθιάζουσα.

Xen. Oecon. X, 2:
ἐντετριμμένην πολλῷ μὲν ψιμυθίῳ ὅπως λευκοτέρα ἔτι δοκοίη εἶναι ἢ ἦν, πολλῇ δ' ἐγχούσῃ, ὅπως ἐρυθροτέρα φαίνοιτο τῆς ἀληθείας, (ὑποδήματα δ' ἔχουσαν ὑψηλά, ὅπως μείζων δοκοίη εἶναι ἢ ἐπεφύκει).

Cyrop. VIII, 1, 41:
ὥστε δοκεῖν μείζους εἶναι ἢ εἰσί[1]). *καὶ ὑποχρίεσθαι δὲ τοὺς ὀφθαλμοὺς προσίετο, ὡς εὐοφθαλμότεροι φαίνοντο ἢ εἰσί, καὶ ἐντρίβεσθαι, ὡς εὐχροώτεροι ὁρῷντο ἢ πεφύκασιν.*

Die Cyropädie liefert hier zugleich einen historischen, der Oeconomicus erst den principiellen Hintergrund zu den Worten der Prodikosfabel. Der Kyrosschriftsteller, der kynische Todfeind aller *ἀπάτη* und aller Hypercultur hat sicherlich über das Blendwerk der medisch-neupersischen Toilettirkunst (vgl. ausser Cyr. VIII, 1, 41 noch ib. I, 3, 2. VIII, 3, 14. VIII, 8, 20) den Stab gebrochen. Oec. X wird die Verwerfung des Toilettentrugs offenbar aus der kynischen Theorie heraus von Ischomachos begründet und an der *παιδεία* einer *ἀνδρικὴ γυνὴ διδακτή* entwickelt, wie sie Antisthenes annimmt (vgl. Frg. S. 46, 1 f.), wobei die *ἀρετή* des lebenden Weibes dem gut kynischen Sokrates mehr Freude macht als eine von Zeuxis gemalte Schönheit (§ 1).

---

[1]) Die scheinbare Grösse der *Κακία* haben auch die abkürzenden Mem. insofern mit aufgenommen, als sie beide Frauen *μεγάλας* auftreten lassen; denn die *Ἀρετή* ist natürlich *μεγάλη* wie die *Βασιλεία* bei Dio I § 70 A und das Frauenideal auch nach Xenophon (Anab. III, 2, 25), vgl. Antisth. Frg. 26, wo sich die Verführerin Kalypso ihrer Grösse rühmt.

Die für Xenophon viel zu doctrinäre Beweisführung vergleicht zunächst die Schminke als *ἀπάτη* über das *σῶμα* mit der *ἀπάτη* über die *χρήματα*, die in der ehelichen Gemeinschaft die Liebe *ἐκ τῆς ψυχῆς* aufheben würde. Antisthenes stellt *σῶμα* und *χρήματα* zusammen als die nächste Beziehung des Menschen, als Gegenstand der weiteren *ἐπιμέλεια* nach der *ψυχή* (vgl. I, 492 ff.). Geradezu auf den antisthenischen Grundgegensatz des Eigenen und Fremden führt nun im Folgenden Ischomachos den Vorzug der natürlichen Farbe der Gesundheit und Stärke vor der Schminke zurück (vgl. auch Clem. a. a. O. Schminke als *ἀλλότριον χρῶμα*), und dass die Berührung des eigenen Leibes des Gatten angenehmer ist als die der Schminke, begründet er dreifach antisthenisch, nämlich zugleich relativistisch, teleologisch und mit Thierparallelen: es sei göttliche Einrichtung — vgl. Diogenes: die Menschen fälschten durch Salben die göttliche Lebenseinrichtung L. D. VI, 44 —, dass, wie den Pferden der Pferdeleib, den Rindern die Rinder, Schafen die Schafe, so den Menschen der reine Menschenleib das Angenehmste sei. (Ganz ähnlich ist der Protest des Kynikers gegen die künstliche *ὑγρότης* und *λειότης σαρκός*: die Gottheit habe, wie den Pferden das Haar und den Löwen die Mähne, so dem Manne den Bart der Anmuth und des Schmuckes wegen gegeben, heisst es Luc. Cyn. 14, und man soll nicht [ib. 10 f. 14] *παρὰ φύσιν* sexuell sich verhalten, sich färben und enthaaren.) Zudem gehe die Schminke leicht ab, und als Mittel nicht dem *δοκεῖν* nach, sondern *τῷ ὄντι* (vgl. *τοῦ ὄντος δοκεῖν* Mem. § 22 und denselben Gegensatz Mem. I, 7 und dazu I, 518 f.), *τῇ ἀληθείᾳ* (!) *εὐχροωτέραν φαίνεσθαι* empfiehlt nun Ischom. statt der Schminke echt kynisch die Arbeit, die wirthschaftliche *ἐπιμέλεια* als Gymnastik. So will's der Kyniker: statt der *ἀπάτη* die *ἀλήθεια, φύσις, καθαρειότης* und statt der *ποικιλία* die *ἐσθής λευκή* — vgl. Oec. X, 2 f. 7—12 *καθαρός, ἀλήθεια* (je drei Mal), *ἐπεφύκει*, Mem. § 22 *φύσει — καθαρειότητι — ἐσθῆτι λευκῇ — φύσεως*, Philo a. a. O. *φύσεως*, Clem. *λευχείμονα καὶ καθάρειον*. Auch die *Βασιλεία* bei Dio I § 70 erscheint *ἐσθῆτι λευκῇ κεκοσμημένη σκῆπτρον ἔχουσα οὐ χρυσοῦν οὐδὲ ἀργυροῦν, ἀλλ' ἑτέρας φύσεως καθαρᾶς* im Gegensatz zu der sehr buntfarbig beschriebenen *ἐσθής παντοδαπή* und den *χρώματα παντοδαπά* der *Τυραννίς* § 81, und auch auf dem Kebesgemälde sind die schlimmen Figuren *πεπλασμέναι καὶ πιθαναί* (5, 1) und wie Hetären (!) geschmückt (9, 1), die guten tragen *ἁπλῆν, ἀκαλλώπιστον, ἀτρύφερον* (!) *στολήν*, sind *ἄπλαστοι, κεκοσμημέναι ἐλευ-*

θέρως καὶ ἀπεριέργως (18, 1. 20, 2. 21, 3). Vgl. Antisthenes gegen das γύναιον κεκοσμημένον (L. D. VI, 10) und Diogenes, der seine Zöglinge ἀκαλλωπίστους gehen lässt (ib. 31), gegen den (περιττῶς) καλλωπιζόμενον eifert (ib. 54. Stob. III, 6. 36 H); vor Allem aber finden wir bei Krates Gnom. Vat. 38, 1 den Protest gegen den καλλωπιζόμενος gerade in Verbindung mit dem hesiodischen Wegemotiv der Fabel. Antisthenes hat bereits, wie es heisst (L. D. VI, 13), die mehr als schmucklose Tracht des Kynikers getragen und sie jedenfalls gepriesen, wohl im Herakles, mit dessen Tracht sie ja verglichen wird. Wenn hier Mem. § 22 die eitle, scheinsüchtige Κακία ein Gewand trägt, aus dem am meisten die Jugendblüthe durchscheint, so klingt es wie eine Antwort, die Antisthenes auf diesen Tadel erhält, wenn ihm vorgeworfen wird, dass aus den absichtlich hervorgekehrten Löchern seines Mantels seine φιλοδοξία durchscheine (L. D. VI, 8)[1]). Die ganze Schilderung der Κακία Mem. § 24 ff. erinnert an die Ἀπάτη, die den Verehrer der Ἡδονή leitet, in der Diogenesrede bei Dio IV § 114 A: πάνυ ὡραία καὶ πιθανή, κεκοσμημένη κόσμοις πορνικοῖς μειδιῶσα καὶ ὑπισχνουμένη πλῆθος ἀγαθῶν, ὡς ἐπ᾽ αὐτὴν ἄγουσα τὴν εὐδαιμονίαν. Vgl. für die letzte Wendung Mem. § 29.

Ἐλευθέριον φύσει, κεκοσμημένην τὸ μὲν χρῶμα καθαρειότητι, τὰ δὲ ὄμματα αἰδοῖ, τὸ δὲ σχῆμα σωφροσύνῃ — so heisst's von der Ἀρετή in den Mem., so auch ähnlich bei Philo, in den andern xenophontischen Schriften und bei den Kynikern[2]). Von der Reinheit der Farbe war die Rede. Der Kyniker stellt nicht umsonst die ἐλευθερία über Alles (nach dem Vorbild des Herakles L. D. VI, 71) und nennt die Schamröthe die Farbe der ἀρετή (ib. 54). Antisthenes scheint der αἰδώς eine hohe ethische Bedeutung gegeben und ihr Verhältniss zur σωφροσύνη untersucht zu haben (vgl. I, 489); das Lob der αἰδώς ist hier schon durch die Auffassung der Κακία als πόρνη gegeben. Αἰδώς und σωφροσύνη als κόσμος oder, wie Philo sagt, τὸν χρυσοῦ τιμιώτερον φρονήσεως (!) καὶ ἀρετῆς κόσμον, — das erinnert an des Kynikers παιδεία als schönster κόσμος und στέφανος (s. oben S. 318); es ist ja sein Princip, den „wahren" Schmuck, Reichthum, Mauerschutz u. s. w. in den Tugenden der ψυχή zu suchen. Vgl. Antisth. Frg. S. 26 die Erklä-

---

[1]) Dass der Blick durch die Mantelöffnung des schönen Charmides (156 D E) Sokrates so zu Kopf steigt, ist natürlich ironisch gemeint und gehört zur Persiflirung des Antisthenes in diesem Dialog (vgl. I, 487 ff.). Die von Diogenes zurechtgewiesenen Jünglinge nehmen die Mäntel εὐκόσμως (Diog. ep. 2).

[2]) κεκοσμημένη ἐλευθέρως ist die Εὐδαιμονία der Kebestafel 21, 3.

rung, dass Odysseus die *περίφρων* Penelope der Kalypso vorzieht, die *τῷ σώματι καὶ μόνῳ κάλλει κεκόσμηται*[1]). Vgl. die Forderung, statt zu schwelgen, *ψυχῆς ἀρετῇ κοσμεῖσθαι* Diog. ep. 46 (vgl. 20) und vor Allem Krates Plut. conj. praec. c. 26 p. 346 Bern. Stob. flor. 74, 48: *Κόσμος ἐστίν, ὡς ἔλεγε Κράτης, τὸ κοσμοῦν· κοσμεῖ δὲ τὸ κοσμιωτέραν γυναῖκα ποιοῦν· ποιεῖ δὲ τοιαύτην οὔτε χρυσός, οὔτε σμάραγδος, οὔτε κόκκος, ἀλλ' ὅσα σεμνότητος, εὐταξίας, αἰδοῦς ἔμφασιν περιτίθησι.* Antisthenes hat im Herakles sicherlich die spartanische, im Kyros die altpersische ideale *παιδεία* zugleich mit dem *ἔρως* (vgl. S. 297, 1) behandelt. Darum finden sich die Parallelen Xenophon's im Symposion (wo die antisthenische Antithese des wahren und falschen *ἔρως* behandelt wird, s. später!), in der Cyropädie und in der Schrift de rep. Lac. Symp. I, 8 heisst es, dass die mit der *αἰδώς* und *σωφροσύνη* verbundene Schönheit königlich wirke, und dass die vom *σώφρων ἔρως* Begeisterten *τὰ σχήματα εἰς τὸ ἐλευθεριώτατον ἄγουσι.* Ib. VIII, 16

---

[1]) Auffallend stimmt mit all jenen kynisirenden Beschreibungen der Brief der Melissa an Klearete (Epist. Pythag. Or. S. 62) zusammen. Natürlich sind die Pythagoreer nicht bei Prodikos in die Schule gegangen, sondern wir haben hier wieder ein Beweisstück kynischer Pythagoristik. Der antisthenische Pythagoras predigt ja den Frauen (Frg. S. 25), und nach der Verspottung in Aeschines' Telauges (Athen. V, 220 A) muss Antisthenes gerade als Pythagorist gegen den Kleiderluxus aufgetreten sein. Aus dem Briefe sehen wir, dass das *ἐλευθέριον* im Gegensatz steht zum Charakter der Hetäre, wieder ein Zeichen, dass die *Κακία* der Mem. als solche gemeint ist. Man vergleiche den Hauptinhalt des Briefes: — *τῷ γὰρ ἐσπουδασμένως ἐθέλειν τι ἀκοῦσαι περὶ γυναικὸς εὐκοσμίας, καλὰν ἐλπίδα διδοῖ, ὅτι μέλλοις πολιοῦσθαι κατ' ἀρετάν* (wer denkt bald bei der Toilette an die *ἀρετή*?). *Χρὴ ὦν τὰν σώφρονα καὶ ἐλευθέραν τῷ κατὰ νόμον*(!) *ἀνδρὶ ποτήμεν ἀσυχίᾳ κεκαλλωπισμέναν, ἀλλὰ μὴ πολυτελῶς· ἥμεν δὲ τᾷ ἐσθᾶτι λευκοείμονα καὶ καθάριον καὶ ἀφελῆ, ἀλλὰ μὴ πολυτελῆ καὶ περισσάν. Παραιτητέον γὰρ αὐτὰν τὰν διαυγῆ καὶ διαπόρφυρον καὶ τὰ χρυσόπαστα τῶν ἐνδυμάτων· ταῖς ἑτάραις γὰρ τάδε χρήσιμα ποττὰν τῶν πλεόνων θήραν*(!) *τᾶς δὲ ποθ' ἕνα τὸν ἴδιον* (wieder die Betonung des Eigenen!) *εὐαρεστούσας γυναικὸς κόσμος ὁ τρόπος πέλει καὶ οὐχ αἱ στολαί. Εὔμορφον γὰρ τὰν ἐλευθέραν ἀδέσθαι τῷ αὐτᾶς*(!) *ἀνδρί, ἀλλ' οὐ τοῖς πλησίοις. Ἔχοις δ' ἂν ἐπὶ τᾶς ὄψιος ἐρύθημα μὲν σημεῖον αἰδοῦς ἀντὶ φύκεος* (vgl. Diogenes L. D. VI, 54 *ἐρυθρεῖν* als Farbe der Tugend!), *καλοκἀγαθίαν*(!) *δὲ καὶ κοσμιότητα καὶ σωφροσύναν ἀντὶ χρυσῶ καὶ σμαράγδω. Οὐ γὰρ ἐς τὰν τᾶς ἐσθᾶτος πολυτέλειαν φιλοκαλεῖν δεῖ τὰν γλιχομέναν τᾶς σωφροσύνας, ἀλλ' εἰς τὰν οἰκονομίαν τοῦ οἴκου· ἀρέσκειν τε τῷ αὐτᾶς*(!) *ἀνδρί, — πιστεύων γὰρ χρὴ τῷ τᾶς ψυχᾶς κάλλει τε καὶ πλούτῳ* (über den *πλοῦτος ψυχῆς* vgl. Antisthenes Symp. IV, 34 ff., *κάλλος ψυχῆς* z. B. Diogenes L. D. VI, 58) *μᾶλλον ἢ τῷ τᾶς ὄψιος καὶ τῶν χρημάτων. Τὰ μὲν γὰρ φθόνος καὶ νοῦσος παραιρέεται, τὰ δὲ μέχρι θανάτω πάρεντι ἐντεταγμένα.*

wird die *μορφῇ τε ἐλευθερίᾳ καὶ ἤθει εὐδαίμονι* erblühende Seele gepriesen und II, 3, 4 werden gegenüber den salbenduftenden Weibern die als *ἐλευθέριοι* anmuthenden, nach der gymnastischen Arbeit riechenden Männer gelobt, deren Salbe, die *καλοκἀγαθία* nicht von den *μυρόπωλοι* zu beziehen sei. Vgl. über den kynischen Vergleich der *καλοκἀγαθία* mit der käuflichen Waare oben S. 232. 322, 2. Diogenes, der Salbenhasser (L. D. VI, 44. Athen. XIII, 565 C. Stob. III, 44 Hs), sagt einem *μυριζόμενος* (L. D. 66): „*βλέπε μὴ ἡ τῆς κεφαλῆς σου εὐωδία δυσωδίαν σου τῷ βίῳ παράσχῃ*". Die *Ἡδονή* bei Philo ist natürlich *μύρων εὐωδεστάτων ἀποπνέουσα* und der *φιλήδονος* in der Diogenesrede Dio IV § 110 *μύρου καὶ οἴνου ἀποπνέων*. Vor Allem aber vergleiche man zu der ganzen Beschreibung den Brief an Antisthenes (ep. Socr. 9, 1 f.), wo Aristipp sich ironisch *κακοδαιμονῶν* nennt, da er *ὁσημέραι ἐσθίων καὶ πίνων πολυτελέα καὶ ἀλειφόμενός τινι τῶν εὐωδεστάτων μύρων καὶ σύρων ἐσθῆτας μαλακάς*, während Antisthenes *ὡς πρέπει ἐλεύθερον* einfach lebt. Dass dies aus dessen Herakles stammt, zeigt ib. 4.

Und nun die *αἰδώς* in der altpersischen und spartanischen *παιδεία*! Für das pointirte Nebeneinander von *αἰδώς* und *σωφροσύνη* hier Mem. § 22 ist die echt antisthenische Differenzirung dieser beiden verwandten Begriffe Cyr. VIII, 1, 31 zu vergleichen. Oder spricht dort auch Prodikos? Kyros bringt grossentheils durch eigenes Beispiel seine Perser dahin, dass sie die *αἰδώς* und *σωφροσύνη* im äusseren Verhalten mit peinlicher Strenge wahren (VIII, 1, 27 f. 30. 33. 42)[1]). Allgemein gilt es, dass *μᾶλλον τοὺς αἰδουμένους αἰδοῦνται τῶν ἀναιδῶν οἱ ἄνθρωποι*, und die Frauen, die man *αἰδουμένας* sieht, nöthigen mehr Achtung ab (VIII, 1, 28), — das stammt natürlich alles aus einer theoretischen Verherrlichung der *αἰδώς*. Auch in Sparta fördert Lykurg die sexuelle *αἰδώς* (de rep. Lac. I, 5), und es ist der Ruhm der lakedämonischen Erziehung, dass sie die Knaben *αἰδημονεστέρους* macht (ib. II, 10. 14. III, 4), schamhafter selbst als die Jungfrauen in den Gemächern (! III, 5), sodass offenbar wurde, dass das männliche Geschlecht auch im *σωφρονεῖν* das weibliche übertreffe (ib. 4). Wer kann so übertreiben, wenn nicht ein predigender Fanatiker? Denn nicht die *Ἀναίδεια*, sondern die *Αἰδώς* ist ihnen Göttin, — so heisst es Symp. VIII, 35 etwas abrupt, offenbar aus derselben grösseren Erörte-

---

[1]) Das klingt bei dem jüngeren Kyros nach (Anab. I, 9, 3. 5).

rung¹), von den Lakedämoniern. Da haben wir den Keim einer neuen Synkrisis im *Ἀντισθένειος τύπος*.

Von den Zügen der *Κακία* ist noch die *πολυσαρκία καὶ ἁπαλότης* zu erwähnen — recht das Gegentheil der als *εὔσαρκοι καὶ εὔρωστοι* (vgl. Luc. Cyn. 4) gepriesenen Spartaner, die nicht dick, sondern schlank machende Nahrung wählen, jede Verweichlichung meiden und eifrig Gymnastik treiben, ja selbst für die Weiber anordnen (de rep. Lac. I, 4. II, 1 ff. 5 f. V, 8); das Gegentheil auch des kynischen Ideals, des mageren, rauhen Asketen (vgl. Basil. oben S. 333 u. Luc. Cyn.), der seine Zöglinge bei dürftiger Nahrung abhärtet (L. D. VI, 31) und die Hypertrophie bekämpft (Stob. III, 6, 37 Hs. L. D. VI, 28 etc.). Auch der wahre *ἔρως* geht nicht auf den verweichlichten Jüngling (Symp. VIII, 8)²).

Vor Allem aber zeigt die *Κακία* das Gegentheil der *αἰδώς* und *σωφροσύνη*, und auch hier antwortet Schlag für Schlag die *παιδεία* des Kynikers oder des spartanisch und altpersisch kynisirenden Xenophon. Die *Κακία* der Mem. hat die Augen weit aufgeschlagen; die spartanischen Jünglinge (Resp. Lac. III, 4) halten den Blick zu Boden gesenkt. Die *Κακία* hat ein halboffenes Gewand; spartanische Jünglinge (ib.) müssen selbst die Hände im Himation bergen (im Gegensatz zur medischen Tracht des Kyros Cyr. VIII, 3, 14). Die *Κακία* sieht sich um, ob sie ein Anderer beschaut, und blickt oft nach ihrem Schatten; die spartanischen

---

¹) Man werfe nur nicht die kynische *ἀναίδεια* ein! Zunächst darf man Antisthenes weder mit seinen Dialogfiguren noch mit den jüngeren Kynikern einsetzen. Noch die *παιδεία* des Diogenes lobt die Schamröthe (L. D. VI, 54), weckt die *αἰδώς* Alexander's (ep. 33, 4), tadelt das schamlos hinknieende Weib (L. D. VI, 37, vgl. auch Jul. VI, 197) und fordert züchtigen Gang (L. D. 31), und noch Krates spricht vom *κόσμος αἰδοῦς* Stob. flor. 74, 48. Ὁ Κυνικὸς δ' ἀντὶ πάντων ὀφείλει τὴν αἰδῶ προβεβλῆσθαι (Epictet diss. III, 22, 15). Vgl. Jul. VI, 199 A den Kyniker Plut. d. def. orac. 7, der das Verschwinden der *Αἰδώς* aus dem Leben beklagt. Die Schamlosigkeitsanekdoten erklären sich ganz anders (s. später) und beweisen zunächst nur, dass der Kynismus sich mit der *αἰδώς* viel beschäftigt hat. Und allerdings wird er auch bei der *αἰδώς* (wie bei *ἔρως*, Mystik, Dichterbehandlung, Athletik und allem Möglichen!) das Falsche, bloss Aeusserliche bekämpft haben zu Gunsten der wahren *αἰδώς*, die mit der *σωφροσύνη* zusammengeht (vgl. Cyr. VIII, 1, 31. L. D. VI, 37). Wie aber sollte der erste griechische Moralprediger und Asket Schamlosigkeit an sich gepredigt und geübt haben!

²) Nur als kynische Figur denkbar (s. später) ist auch der tanzende Sokrates, der dadurch seine Korpulenz verlieren und seine Glieder zu gleichmässiger Stärke bringen will (Symp. II, 16—19).

Jünglinge dürfen sich nicht umschauen, ja sie wenden die Augen weniger, als wenn sie aus Erz wären (R. L. III, 4 f.); auch bei den alten Persern gilt es für unanständig, sich umzuschauen (Cyr. VIII, 1, 42); auch der Kyniker lässt seine Schüler καθ' ἑαυτοὺς βλέποντας ἐν ταῖς ὁδοῖς gehen (L. D. VI, 31); auch die Βασιλεία bei Dio I § 71 wendet nicht den Blick, im Gegensatz zu der wild herumschauenden Τυραννίς (§ 79 f.). Die Κακία sucht der im gleichen Gang bleibenden Ἀρετή zuvorzukommen und eilt, Herakles anzureden. Die spartanischen Jünglinge gehen still und bleiben ruhiger wie Steine (R. L. III, 4 f.). Der Kyniker lässt seine Schüler schweigend gehen (L. D. VI, 31, vgl. Stob. III, 34, 16 Hs.). Die von Diogenes Zurechtgewiesenen gehen ἥσυχοι (Diog. ep. 2). Die αἰδώς und σωφροσύνη der alten Perser besteht in der Zähmung körperlicher und seelischer Regungen und in der Vermeidung alles aufgeregten Wesens[1]). Die Βασιλεία zeigt ruhiges Gleichmaass, während die Τυραννίς stets die Haltung und Stimmung wechselt (Dio I § 71 f. 80 f.). Der Gegensatz des Constanten und Wechselnden in Gang und Blick ist, wie gesagt, in den Beschreibungen bei Philo und Basilius noch deutlicher, — weil sie treuer kynisch sind.

β. Die Rede der Κακία.

Ὁρῶ σε, ὦ Ἡράκλεις, ἀπορο ῦντα (vgl. I, 406), ποίαν ὁδὸν ἐπὶ τὸν βίον τράπῃ — so beginnt die Κακία in den nun bekannten antisthenischen Begriffen. ἐὰν οὖν ἐμὲ φίλην ποιήσῃ (die Κακία ist ja vom Kyniker als Hetäre gedacht!), τὴν ἡδίστην τε καὶ ῥᾴστην ὁδὸν ἄξω σε. Nur die ῥᾴστην ὁδόν kann man schon bei Hesiod finden; mit der ἡδίστη aber stellt das kynische Programm die Κακία sogleich als Ἡδονή vor, und sie entwickelt auch bald ein hedonisches System in echt antisthenischer Rhetorik mit gorgianischer Färbung. Vgl. die Parallelistik: τερπνῶν ἄγευστος — χαλεπῶν ἄπειρος (über das ἀ priv. bei Antisth. oben S. 181), οὐ πολέμων οὐδὲ πραγμάτων, — ἢ σιτίον ἢ ποτὸν εὕροις, ἢ τί ἂν ἰδὼν ἢ ἀκούσας τερφθείης, ἢ τίνων ἂν ὀσφραινόμενος ἢ ἁπτόμενος (6 ἢ in 2 Zeilen — vgl. Plato's Persiflirung dieses antisthenischen Stils oben S. 142 f. 148), ἡσθείης — εὐφρανθείης (vgl. über diese „Synonymik" oben S. 130—134), καὶ πῶς ἂν μαλακώτατα καθεύδοις, καὶ πῶς ἂν ἀπονώτατα — τυγχάνοις.

---

[1]) Vgl. für diese äussere σωφροσύνη noch Cyr. I, 4, 4. V, 2, 17.

Πρῶτον μὲν γὰρ οὐ — ἀλλά —, es folgt aber auch inhaltlich kein *δεύτερον*. Xenophon (vgl. I, 45) hat vielleicht von Antisthenes die Pose des Systematikers, und für den kynischen Romantiker, der den Mund voll nimmt und gern ab ovo beginnt, hat allerdings das *πρῶτον* noch einen eigenen Reiz. *πρῶτον μὲν γὰρ οὐ πολέμων οὐδὲ πραγμάτων φροντιεῖς* — solche Glücksverheissungen illustrirt wieder die Cyropädie in ihren kynischen Antithesen des wahren und falschen *βασιλεύς*. So lässt Kyros dem besiegten Krösos alles: *μάχας δέ σοι καὶ πολέμους ἀφαιρῶ* (Cyr. VII, 2, 26). Und Krösos, das Gegenbild von Kyros, dankt voll Freude, dass er jetzt das seligste Leben führen werde wie bisher sein Weib, das Antheil hatte *τῶν ἀγαθῶν καὶ τῶν μαλακῶν καὶ εὐφροσυνῶν πασῶν*, aber nicht *φροντίδων καὶ πολέμου* (ib. 27). Vgl. die Schilderung des von Antisthenes als Gegenbild zu Herakles gebrandmarkten Midas *ὑπ' ἀνανδρίας καὶ τρυφῆς (καὶ) ἐν πορφύρᾳ κειμένου καὶ ταῖς γυναιξὶν ἐν τοῖς ἱστοῖς συνταλασιουργοῦντος* (Athen. XII, 516 B) und den syrischen König in der Diogenesrede Dio IV § 113, der sich um Kriegswesen und Geschäfte nicht kümmert. Das *πολέμων* und *πραγμάτων* in den Mem. stammt eben aus dem kynischen Königsideal.

Darum hat die nun folgende Schilderung des hedonischen Lebens ihre Parallelen im Leben des unglücklichen Tyrannen, im Hiero, und im Leben der schlechten Herrscher (Cyr. I, 6, 8), das aufgehe im luxuriösen Speisen, reichen Besitz, langen Schlafen und *πάντα ἀπονώτατα διάγειν* — wie hier Mem. vom angenehmen Essen und Trinken, Schlafen u. s. w. und *ἀπονώτατα πάντων τυγχάνειν* die Rede ist. Uebrigens entspricht die Reihenfolge der Genüsse hier in der Fabel, soweit sie nicht für die Askese ausfallen, den Punkten der *ἐγκράτεια* im Anfang des Capitels, der ja auch auf den *ἀρχικός* geht: Speise, Trank, Liebesgenuss, Schlaf, *πόνος (ἀπονία)*. Vor Allem aber bringt Xenophon Hiero I, 4 ff. schärfer, anthropologisch begründet, dieselbe Aufzählung der *ἡδοναί*, die dann erst näher ausgeführt werden, um das Leben des Herrschers auf alle Sinne einzeln abzuschätzen: Gesicht (I, 10—13), Gehör (14 f.), Geschmack (Speisen und Getränke 16—25), Geruch (24), (Gefühl d. h.) Liebe, und zwar (namentlich 19—36) wie hier Mem. § 24 als ein *εὐφραίνειν* mit *παιδικοῖς*. Das Uebrige wird dann als luxuriöse Einrichtung zusammengefasst, und schliesslich kommt, was hier der erste Punkt, steter Krieg als Gegensatz des hedonischen Lebens. Man vergleiche die Fabel mit Hiero und dann beide mit den kynischen Stellen:

Xenophon.

Prodikosfabel § 24:

διοίσει τί ἂν κεχαρισμένον ἢ
σιτίον ἢ ποτὸν εὕροις ἢ τί
ἂν ἰδὼν ἢ ἀκούσας τερ-
φθείης, ἢ τίνων ἂν ὀσφραινόμενος ἢ ἁπτόμενος
ἡσθείης, τίσι δὲ παιδικοῖς
ὁμιλῶν μάλιστ᾽ ἂν εὐφρανθείης
καὶ πῶς ἂν μαλακώτατα
καθεύδοις, καὶ πῶς ἂν
ἀπονώτατα τούτων πάντων
τυγχάνοις.

Hiero I, 4—6:

Τοὺς μὲν δὴ ἰδιώτας ἔγωγε,
ὦ Ἱέρων, δοκῶ μοι καταμεμα-
θηκέναι διὰ μὲν τῶν ὀφθαλμῶν ὁράμασιν ἡδομένους τε
καὶ ἀχθομένους, διὰ δὲ τῶν
ὤτων ἀκούσμασι, διὰ δὲ
τῶν ῥινῶν ὀσμαῖς, διὰ δὲ
τοῦ στόματος σίτοις τε καὶ
ποτοῖς, τὰ δ᾽ ἀφροδίσια
δι᾽ ὧν δὴ πάντες ἐπιστάμεθα
τὰ δὲ ψύχη καὶ θάλπη καὶ
σκληρὰ καὶ μαλακὰ καὶ κοῦφα
καὶ βαρέα ὅλῳ τῷ σώματί μοι
δοκοῦμεν, ἔφη, κρίνοντες ἥδεσθαί τε καὶ λυπεῖσθαι ἐπ᾽ αὐ-
τοῖς· ἀγαθοῖς δὲ καὶ κακοῖς
ἔστι μὲν ὅτε δι᾽ αὐτῆς τῆς ψυχῆς
μοι δοκοῦμεν ἥδεσθαί τε καὶ
λυπεῖσθαι, ἔστι δ᾽ ὅτε κοινῇ
διά τε τῆς ψυχῆς καὶ διὰ τοῦ
σώματος. τῷ δ᾽ ὕπνῳ ὅτι μὲν
ἡδόμεθα δοκῶ μοι αἰσθάνεσθαι,
ὅπως δὲ καὶ ᾧ τινι καὶ ὁπότε,
ταῦτα μᾶλλόν πως, ἔφη, δοκῶ
μοι ἀγνοεῖν, καὶ οὐδὲν ἴσως
τοῦτο θαυμαστὸν εἰ τὰ ἐν τῷ
ἐγρηγορέναι σαφεστέρας ἡμῖν
τὰς αἰσθήσεις παρέχεται ἢ τὰ
ἐν τῷ ὕπνῳ.

Diogenes.

Dio VIII (7), § 21 f. A (die ἀρετὴ ἐπίπονος des Herakles und das antisthenische Kirkethema!):

τοιοῦτόν ἐστι τὸ χρῆμα τῆς ἡδονῆς, οὐχ ἁπλῶς ἐπιβουλευούσης,
ἀλλὰ πάντα τρόπον, διά τε τῆς
ὄψεως καὶ ἀκοῆς ἢ ὀσφρή-
σεως ἢ γεύσεως ἢ ἁφῆς, ἔτι
δὲ σιτίοις καὶ ποτοῖς καὶ
ἀφροδισίοις διαφθεῖραι πειρω-
μένης, ὁμοίως μὲν ἐγρηγορότας,
ὁμοίως δὲ κοιμωμένους, und im
Gegensatz dazu der πόνος.

Dio IV § 101 f. A (der Verehrer der ἡδονή, der weibischen Gottheit!):

ποικίλος καὶ πολυειδὴς καὶ περί
τε ὀσμὰς καὶ γεύσεις ἀπλήρωτος,
ἔτι δὲ οἶμαι περὶ πάντα ὁράματα, πάντα δὲ ἀκούσματα τὰ
πρὸς ἡδονήν τινα φέροντα, πάσας
δὲ ἁφὰς προσηνεῖς τε καὶ μαλακὰς λουτρῶν τε ὁσημέραι θερμῶν
— καὶ χρίσεων — ἐσθήτων μαλακῶν — ἀκρατέστατα περὶ τῆς τῶν
ἀφροδισίων μανίαν κ. τ. λ.
§ 112 A πόνων ἄπειρος.

Stob. III, 9. 46 H:

τὰ αἰσθητήρια τὰ τῆς φύσεως
θεοὺς ὑπολαμβάνων εἶναι, δικαίως
χρήσεται αὐτοῖς —. Καὶ γὰρ ἀπὸ
ἀκοῆς καὶ ἀπὸ ὁράσεως καὶ ἀπὸ
τῆς τροφῆς καὶ ἀπὸ τῶν ἀφροδισίων ἡδοναὶ ἔσονται τῷ δικαίως ἑαυτῷ χρωμένῳ.

Stob. III, 6. 17 H:

Διογένης κατεγέλα τῶν τὰ μὲν
ταμιεῖα κατασημαινομένων μοχλοῖς
καὶ κλεισὶ καὶ σημάντροις, τὸ δὲ
σῶμα τὸ αὐτῶν πολλαῖς θυρίσι καὶ
θύραις ἀνοιγόντων διά τε στόματος καὶ αἰδοίων καὶ ὤτων
καὶ ὀφθαλμῶν.

Es liegt sichtlich Methode in der differenzirenden Aufzählung der ἡδοναί; ich schrieb die Hierostelle ganz aus, damit man das System der ἡδοναί erkennt, dass eine Theorie der αἰσθήσεις hinter sich hat. Dergleichen wird Niemand Xenophon zutrauen: Dio und Stobäus zeigen, dass er es vom Kyniker hat. Antisthenes verräth sich hier wieder mit seinem Trieb zum Differenziren, zum διαλέγειν, mit seiner rhetorischen Freude an der Aufzählung, an der Reihenbildung καί-καί-ἤ-ἤ u. dergl. (vgl. oben S. 142 f. 148), vor Allem mit seinem Eifer, die ἡδονή zu brandmarken, indem er sie, wie es bei Dio heisst, nicht als ἁπλῶς wirkend, sondern als ποικίλος und πολυειδής vorführt[1]). So stempelt er die verhasste Sache mit dem verhassten Prädikat. Diese differenzirte ἡδονή der Fabel ist eben die vielköpfige Hydra, die Herakles tödtet. Aber es steckt noch ein tieferes Merkmal dahinter: der kynische Subjectivismus, dem σῶμα und ἡδοναί. = πάθη als ἀλλότρια sind. Antisthenes geht aus vom seelischen Subject als οἰκεῖον: darum beruht die Eintheilung der ἡδοναί auf der Frage nach dem Woher? oder Wodurch? (διά resp. ἀπό, vgl. vor. S. Diogenes bei Dio und Stob. und Simonides im Hiero), nämlich wodurch die ἡδοναί zum seelischen Subject kommen; darum spricht Diogenes von den Organen als πολλαῖς θυρίσι καὶ θύραις[2]) — vgl. dazu schon bei Antisthenes negativ dasselbe antihedonische Bild Frg. S. 58, 8 W: τὰς μὴ κατὰ θύραν εἰσιούσας ἡδονὰς ἀναγκαῖον μὴ κατὰ θύραν πάλιν ἐξιέναι· δεήσειν οὖν τμηθῆναι ἢ ἐλλεβορισθῆναι.

§ 25: Zur Erlangung der Mittel für das schwelgerische Leben legt die Κακία ihren Freunden keine Mühen (πονεῖν!) und Beschwerden auf — weder τῷ σώματι noch τῇ ψυχῇ, die der Kyniker immer differenzirt —, sondern sie öffnet ihnen ohne Scheu alle Quellen des Gewinns (κερδαίνειν). Die αἰσχροκέρδεια darf der Kyniker im Bilde der Κακία nicht fehlen lassen; es ist ja eine seiner oft variirten Hauptthesen, dass der Asket friedlich und

---

[1]) Noch einen weiteren wichtigen Grund der Differenzirung der ἡδοναί s. unten bei Besprechung von § 26.

[2]) Es wäre wohl möglich, dass die Kyniker die Seele als das οἰκεῖον mit dem οἶκος verglichen hätten (vgl. I, 448), — wie die Mystiker vom inneren „Bürglein", castellum sprechen, wie auch Plato Rep. VIII die ἡδοναί in die Burg der Seele einstürmen lässt und Antisthenes selbst den Vergleich mit den τείχη ψυχῆς mit Vorliebe ausgeführt hat. Vgl. Antisthenes Xen. Symp. IV, 34: νομίζω τοὺς ἀνθρώπους οὐκ ἐν τῷ οἴκῳ τὸν πλοῦτον καὶ τὴν πενίαν ἔχειν ἀλλ' ἐν ταῖς ψυχαῖς. Da wird die ψυχή in seiner Sprache leicht zum „wahren" οἶκος.

gerecht lebe und nicht aus der Armuth Noth und weiter *αἰσχροκέρδεια* entstehe, sondern aus der Begierde und Ueppigkeit (Antisth. Xen. Symp. IV, 35 f. Diogenes Stob. III, 10, 62, flor. 95, 12. 97, 26. 31. Diog. ep. 36. L. D. VI, 85. Jul. or. VI, 199 C etc.). Die starken Worte der Kyniker gegen die Habsucht, die sogar Grund aller Uebel sein soll, sind bekannt (Antisth. Frg. 58, 10. Diogenes L. D. VI, 50. Stob. III, 10, 45 Hs. Diog. ep. 50. Luc. Cyn. 15 etc.). Lohnsklaven, Parasiten u. dergl. finden keine Gnade vor Krates' Augen (L. D. VI, 85. Jul. or. VI, 199 C. Clem. Alex. Strom. II p. 429 P), und Zöllner und Sykophanten sind für Diogenes die schlimmsten Raubthiere (L. D. VI, 51, vgl. Anton. et Max. p. 226. Max. Tyr. 36 p. 143, 11. Jul. 181 A B. Diog. ep. 34, 3. 36, 2. 6). In der Diogenesrede Dio IV wird neben dem *φιλήδονος* der *φιλοχρήματος δαίμων* behandelt, der auch den schimpflichen und ungerechten Erwerb sucht (§ 91 ff. A). Dem Antisthenes sind die *ἄλφιτα δικαίως πωλοῦντες* lieber als die von Tyrannen *πάμπολλα* (!) *ἀργύρια* Nehmenden, d. h. Aristipp (Socr. ep. 9, 1. 11), und er wirft dem Hedoniker ausser der Schwelgerei vor, dass er es für *πλεονεξία* halte, *τὸ δύνασθαι κτᾶσθαι χρήματα πολλά* —. *Οὔτε γὰρ τὰ χρήματα ἀναγκαῖά ἐστιν, οὔτ' εἰ ἀναγκαῖα ἦν, οὔτω ποριζόμενα καλά* (ep. 8, Frg. S. 45). Nun ergab sich, dass der Briefwechsel für das Gefecht zwischen Aristipp und Antisthenes aus dessen Herakles die Waffen holt, und zugleich bestätigt Xenophon, wo er den Herakles copirt, dass Antisthenes dort gegen die *αἰσχροκέρδεια* kämpfte. Vor Allem im vielgenannten Schluss des Cynegeticus XIII, 10 ff. haben wir im Anschluss an den Triumph der cheironischen *ἀρετὴ ἐπίπονος* gegen Hedonistik und Sophistik die streng parallelistisch durchgeführte Antithese der *αἰσχροκέρδεια* und *φιλοπονία* von der Hand des kynischen Gorgianers[1]). *οἱ μὲν ἐπὶ τοὺς φίλους ἰόντες δύσκλειαν* —, *οἱ δὲ* — *ἐπὶ τὰ θηρία ἰόντες εὔκλειαν*: in diesem Stil geht es eine Seite hindurch fort. Jene schädigen Vaterland und Freunde, diese als Staatsretter und treffliche Helfer öffentliche Feinde (siehe Herakles!); jene nehmen die Beute mit schändlicher Frechheit, diese mit *πόνοις* — es kommt also gerade wie in unserer Stelle der Mem. auf den Gegensatz der Gewissenlosigkeit und des ehrlichen *πονεῖν* im Erwerb an, und der Herakles als polemische Lobschrift auf den *πόνος* muss sein Ideal auch

---

[1]) Die Contrastirung geht bis zur Stimme. Dümmler, der bereits Gorgianismen wie *καὶ τὰ σώματα καὶ τὰ κτήματα* (ib. 11) angestrichen, erinnert bei *εὐεπῆ* an die Rhetorenkritik Phaedr. 267 C.

gegen diese Folie gehalten haben. Gerade vom antisthenischen Herakles ist aber Xenophon, wie öfter betont (vgl. nochmals Dümmler, Philol. 54. 482 ff.), auch im (gorgianisirenden) Agesilaus abhängig, wo ein ganzes Capitel (IV) der Rechtlichkeit des Helden in Geldsachen gewidmet ist, der einen ehrenwerthen geringeren Besitz einem grösseren ungerechten vorzog (IV, 5), wie er auch seine Freude hatte an der Verarmung der αἰσχροκερδεῖς und am Gewinn der Gerechten (XI, 3) und lieber einen rechtlichen Vortheil mit Gefahren errang als αἰσχρὰ κέρδη ohne Gefahren (I, 36). Endlich wies mehrfach auf den Herakles das Idealbild des lykurgischen Sparta; in seinem modernen Gegenbild ist einer der schwärzesten Züge die Gewinnsucht (de rep. Lac. XIV, 3).

Natürlich stimmt damit die andere antisthenische Lobschrift auf den πόνος, der Kyros zusammen, und Xenophon folgt treulich mit der Cyropädie. Kyros hat weniger Freude an der Bereicherung als am Wohlthun (Cyr. VIII, 4, 31. V, 1, 28 etc.), lehnt oft die ihm zugetragenen Schätze ab (III, 3, 3. V, 2, 8. V, 4, 32 etc.), und seine Freunde (vgl. dasselbe von den φίλοι des Kynikers Luc. Cyn. 15) und Beamten sind ebensowenig gewinnsüchtig (VII, 4, 12 f. V, 2, 12. 20). Denn er glaubt, wenn er bei seinen Freunden auf Gerechtigkeit Werth legt, auch Andere von der αἰσχροκέρδεια abzubringen (VIII, 1, 26). Er ist kein Freund des Plünderns (IV, 2, 25. VII, 2, 5 ff. 11 ff.). Er hält nicht den für den εὐδαιμονέστατος, der das Meiste zu verwahren hat — sonst müssten die Mauerwächter die Glücklichsten sein (eine kynische Pointe, vgl. S. 315, 1 u. unten) —, sondern den, der κτᾶσθαί τε πλεῖστα δύνηται σὺν τῷ δικαίῳ καὶ χρῆσθαι δὲ πλείστοις σὺν τῷ καλῷ — so heisst's mit rhetorischem Klang (VIII, 2, 24). Als Folie des durch den πόνος idealen Kyrosreichs dient wieder das jetzige Perserthum, das keinen unredlichen Gewinn, keine Erpressungen scheut und die αἰσχροκέρδεια in Blüthe sieht (Cyr. VIII, 8, 6. 18). Es mag dahingestellt bleiben, ob der Kynismus schon die Anabasis färbt[1]), aber der jüngere Kyros macht's wie der ältere und wie Agesilaos: er begünstigt die redlich Vorwärtsstrebenden gegenüber den ἐκ τοῦ ἀδίκου φιλοκερδοῦντες (Anab. I, 9, 16. 19). Es mag persön-

---

[1]) Ob nicht doch jener φιλόσοφος, der à la Herakles mit der ἀρετή als einzigem ἀγαθόν die Macht des Grosskönigs besiegen will (Anab. II, 1, 12 f.), Xenophon heisst? Und wenn selbst die Lesart falsch ist, so bleibt es doch bestehen, dass hier sichtlich der Kynismus citirt ist.

licher Hass sein, wenn Xenophon in Menon einen Charakter zeichnet, der nur herrschen und gelten will, damit er straflos ἀδικῶν πλείω κερδαίνοι (II, 6, 21 ff.): er selbst ist natürlich unempfänglich gegen Bestechung und wahrt wider den eigenen Vortheil das Interesse der Soldaten gegen den Unterschleif des Herakleides (VII, 5—7), und der Heimkehrende lässt sich von dem opferbeschauenden Wahrsager bescheinigen: „Nun glaube ich dir, dass du keine Schätze besitzest. Aber ich weiss, wenn sich dir welche bieten würden, stände dir etwas im Wege, und wenn nichts Anderes, du dir selbst!" Xenophon nickt befriedigt (VII, 8, 3) und — macht sich auf, den reichen Asidates auszurauben (ib. 9 ff.). Ob nicht jenes „σὺ σαυτῷ" für Xenophon zu schön klingt und für den Hierophanten zu aufgeklärt? Um so besser passt es zum kynischen Subjectivismus, dem die wahre Mantik im δαιμόνιον der Seele und das wahre Schicksal in der αὐτάρκεια liegt und das αὐτὸς αὑτῷ oder αὑτοῦ das oft betonte punctum saliens ist (Antisth. Frg. S. 64, 44. 62, 29; vgl. Themist. Rh. M. 27 S. 447, 29. Diog. ep. 32, 2 etc.). Ferner sprach uns schon oben S. 204 ff. aus deutlichen Zeichen Antisthenes an in den Reden des Theramenes gegen Kritias und die „Tyrannen", die aus αἰσχροκέρδεια Unschuldige tödteten, ungerechter als die Sykophanten, und nicht bedächten, dass, wer δι᾽ αἰσχροκέρδειαν Verräther und Mörder werde, die Feinde stark macht (Hell. II, 3, 21 f. 43; vgl. II, 4, 40). Endlich scheint der Oeconomicus, wie sichtlich c. IV (vgl. oben S. 68 ff.), so XIV, 6 ff. den antisthenischen Kyros[1]) mit den sonst in ihrer Herkunft unverständlichen βασιλικοὶ νόμοι zu citiren, die besser noch als die altattischen Gesetze von der αἰσχροκέρδεια abschrecken. Dieser Vorzug der βασιλικοὶ νόμοι soll gerade in der Prämiirmethode[2]) bestehen, die in der Cyropädie sicherlich nach Antisthenes' Kyros eine so grosse Rolle spielt, und diese Erörterung wird abgeschlossen durch den echt antisthenisch mit dem Praefix φιλο- (s. später) differenzirenden Satz ib. 10: τούτῳ γάρ μοι δοκεῖ, ἔφη, ὦ Σώκρατες, διαφέρειν ἀνὴρ φιλότιμος ἀνδρὸς φιλοκερδοῦς, τῷ ἐθέλειν ἐπαίνου καὶ τιμῆς ἕνεκα καὶ πονεῖν ὅπου δεῖ καὶ κινδυνεύειν καὶ αἰσχρῶν κερδῶν ἀπέχεσθαι. Wieder die Antithese

---

[1]) Oder auch den Οἰκονομικός, da sich Antisthenes öfter selbst ausgeschrieben, seine Motive wiederholt zu haben scheint.

[2]) So kommen auch die von Simonides dem Herrscher vorgeschlagenen ἆθλα ἀλκῆς ἐν πολέμῳ, δικαιοσύνης, γεωργίας (Hiero IX, 6 f.) aus den βασιλικοὶ νόμοι des antisthenischen Kyros (vgl. Oec. IV, 7 ff. 15. XIV, 6 ff.).

des πόνος mit der αἰσχροκέρδεια, die im antisthenischen Herakles und Kyros und hier Mem. § 25 vorliegt! Der Oeconomicus führt auch deutlicher als hier die Mem. aus, wie ein Leben der Schwelgerei selbst die materiell Geschäftigsten bald in Noth bringt, Oec. I, 19 ff. (vgl. dazu Diogenes Dio IV § 104 A), wo überall noch kynisch massiver als Mem. § 24 die verschiedenen ἡδοναί als ἀπάται aufrücken.

Wenn hier Mem. § 25 die Κακία verspricht: οἷς ἂν οἱ ἄλλοι ἐργάζωνται, τούτοις σὺ χρήσει, so hat damit gerade der Kyniker, der anticapitalistische Verfechter des ἔργον und der αὐτάρκεια das ihm Verhassteste ausgesprochen. Wer nicht den Landbau oder den Krieg (Oec. V, 7. 13, vgl. Hipparch. VIII, 7) oder sonst eine nährende Kunst treiben will, denkt offenbar an ehrlosen Verdienst — heisst es Oec. XX, 15 in einer stark von Antisthenes befruchteten Gegend (vgl. oben S. 114 ff.). Denn ἢ γὰρ ἐργαστέον ἢ ἀπὸ τῶν εἰργασμένων θρεπτέον (Hipparch. VIII, 8); aber die ἀρετή duldet es nicht, ὑπὸ κακίας τρέφεσθαι — sagt der Kyniker (Krates Mull. Frg. 35).

§ 26. Auf die Frage nach ihrem Namen antwortet die Verführerin: meine Freunde heissen mich Εὐδαιμονία, meine Hasser benennen mich Κακία, — da begreift man, dass für Antisthenes die ὀνομάτων ἐπίσκεψις ἀρχὴ παιδεύσεως ist (Epictet. diss. I, 17), da sie moralisch so tief einschneidet. Εὐδαιμονία sucht auch der mit der Prodikosfabel bekämpfte Aristipp, aber als σύστημα ἐκ τῶν μερικῶν ἡδονῶν (L. D. II, 87), — damit haben wir einen neuen Grund, wesshalb Mem. § 24 die ἡδοναί einzeln vorgeführt werden: das thut nicht Prodikos, sondern Antisthenes polemisch gegen die complexe εὐδαιμονία des Aristipp. Die εὐδαιμονία aber des Hedonikers ist für den Kyniker Κακία.

γ. Die εὐγένεια bei Antisthenes.

„Ich kenne deine Erzeuger und deine Natur von deiner Erziehung her," beginnt die Tugend. Die Schätzung der Abstammung sieht nicht gerade dem Sokrates, eher dem Xenophon ähnlich[1]), der zum Helden erwacht, als er im Traum das ruhmverkündende Feuer aus dem Vaterhause aufsteigen sieht (Anab. III, 1, 11 f.). Hier scheint nun Antisthenes für Xenophon und für die Fabel zu versagen, und Immisch[2]) hat geistreich und

---

[1]) Vgl. Zeller, Archiv f. Gesch. d. Philos. III, 302.
[2]) Commentat. philol. f. Ribbeck. Leipzig 1888. S. 71—98.

literarisch weitblickend einen Gegensatz zwischen beiden Sokratikern combinirt, indem er für Xenophon die Echtheit der Schrift περὶ Θεόγνιδος vertheidigt und sie gegen den Kyniker gerichtet sein lässt. Der Sohn der thrakischen Sklavin, der den Stolz und Spott der Vollbürtigen zu pariren hatte (L. D. VI, 1. 4. II, 31. Plut. de exil. 3. 18. Gnom. Vat. 10), musste wohl, wie der ganze Kynismus (L. D. VI, 105), die εὐγένεια verachten, die Diogenes als Ausputz gerade der Κακία verhöhnt (VI, 72). Aus zwei Gründen aber kann Antisthenes die εὐγένεια nicht absolut verworfen haben. Zunächst als Romantiker, der den Nimbus des Uralten liebt, der Descendenzen der Philosophen sucht, nöthigenfalls construirt (vgl. oben S. 173. 179 f. 217) und wohl schon die Ahnen philosophischer Koryphäen διογενεῖς und διοτρεφεῖς nennt[1]). Schon die Tendenz, die gegenwärtige, moralisch zu bearbeitende Welt mit seiner mythischen Idealwelt zu verknüpfen, führt ihn zum Ahnencult. Bei seinem Lehrer Gorgias konnte er (wie Isokrates) den Ausgang von der laudatio gentis finden[2]), und Xenophon folgt ihm, das Lob des Agesilaos mit dem Preise seiner Abstammung von Herakles und von Königen beginnend (Ages. I, 2 ff.). Es ist auch antisthenische Auffassung (I, 499 f.), dass sich Leute wie Krösos und Alkibiades nicht mit den persischen und lakedämonischen Königen messen dürfen, die nur von Königen und schliesslich von Herakles und Zeus abstammen. Was Plato darüber denkt, sagt er höchst lustig Lys. 204 E 205, wo er als Altweibergeplärre die Lieder auf die Ahnen des edlen Lysis verlacht, das Singen vom vielgenannten Vater Demokrates, von dem allerdings die ganze Stadt (sc. ein politisch Lied) singt, von jener Heraklesbewirthung, wie der Ahn wegen der Verwandtschaft mit Herakles Herakles aufgenommen hat, er, der selbst von Zeus stammte und von des Demos-Stammvaters oder vielmehr des Stammvaters Demos Tochter. Der edle, vielbesungene Demokrates muss natürlich 204 E ein Aixoneer, d. h. ein Schmähsüchtiger (Lach. 197 C) sein. Wird man nicht nach inschriftlichen Zeugnissen suchen für dies hochadlige Geschlecht? Deutlich genug zeigt Plato, dass man durch Antisthenes' Ahnenconstruction die Plebs selbst (Demos, Demokrates) von seinem Ideal Herakles (nicht absichtslos hier in 3 Zeilen 3 Mal genannt) und Zeus herleiten

---

[1]) wie Themist. or. XXI p. 250 A, vgl. Immisch a. a. O. S. 77 u. Späteres. Diogenes hat in seinem Namen ein Zeichen seiner göttlichen Mission gesehen. Vgl. Norden, Jahrb. f. Philol. Suppl. XIX, 380.

[2]) Vgl. Immisch a. a. O. 86. Dümmler, Philol. 54 S. 578.

könne[1]). Der platonische Sokrates empfiehlt sich durch die Bekanntschaft seines Vaters nur dem Schwachkopf Lysimachos im Laches, und der Mutter Hebamme wie seines dädalischen Geschlechts gedenkt er nicht ohne Lächeln, eben weil Antisthenes gewichtig von ihnen gesprochen.

Antisthenes muss aber zweitens darum nach der εὐγένεια gefragt haben, weil er sich geradezu mit ihren Bedingungen beschäftigte, wenn nicht in der Schrift περὶ ζῴων φύσεως, so doch in der περὶ παιδοποιΐας ἢ περὶ γάμου ἐρωτικός, und nach den Spuren muss er hier positiv aufgetreten sein: Der Weise allein weiss, wen man lieben und heirathen soll (L. D. VI, 11. Xen. Symp. IV, 64), und diese Theorie von den passenden Ehen ward ihm zur fixen Idee, die Xenophon persiflirt (Cyr. VIII, 4, 18 ff., vgl. I, 495, 1). Der Zweck der Heirath aber ist ihm die τεκνοποιΐα (L. D. a. a. O.), und dazu muss man die εὐφυεστάτας heirathen (ib.), die durchaus nicht gerade als die schönsten zu verstehen sind. Dass auch Diogenes auf das physiologische Moment der εὐγένεια achtete, zeigt sein Dictum gegen einen, den sein Vater in der Trunkenheit gezeugt haben müsse, s. Plut. de lib. educ. c. 3. In dieser Schrift wies auf Antisthenes (vgl. oben S. 51) schon das Ausgehen von der παιδοποιΐα und den passenden γάμοι und dabei der Satz: καλὸς οὖν παρρησίας (!) θησαυρὸς εὐγένεια. Auch die Diogenesworte gegen den Sohn der Flötenspielerin (Gnom. Vat. 173) und den der Hetäre (L. D. VI, 62) weisen auf Beachtung der εὐγένεια.

Sehen wir uns jenes Stobäusfragment an, das einer Schrift Xenophon's gegen Antisthenes angehören soll. Die antisthenische Theognisschrift müsste danach die εὐγένεια behandelt haben, und ich zweifle auch nicht, dass sie es gethan, da Antisthenes' Interesse, die Stellung der Schrift im Katalog und die Theogniscitate bei den Sokratikern auf die Frage nach den Tugendbedingungen [2])

---

[1]) Immisch will (S. 86 f.) den Ausfall Plato's gegen die Adelsenkomien im Theätet stark auch auf Xenophon beziehen. Die einzig sichere Spur weist, wie I. weiss, auf Antisthenes (die Θρᾷττα θεραπαινίς 174 A C), auf den aber auch weiter 174 D ff. weisen: der wie ein ποιμήν (zunächst Schweinehirt!) gepriesene βασιλεύς, ἄγροικος καὶ ἀπαίδευτος ὑπ' ἀσχολίας, ὑπ' ἀπαιδευσίας οὐ δυναμένων εἰς τὸ πᾶν ἀεὶ βλέπειν und die Ahnenreihen bis zu Herakles! Wenn nicht der Alcib. I sichtlich kynisch wäre, könnte man denken, Plato polemisire hier im Theätet gegen sich selbst, gegen das Preisen der βασιλεῖς mit grossem Grundbesitz, stammend von Herakles u. s. w. (Alcib. I, 120 ff.). Ueber die σὺν αὐλητρίσι κῶμοι später.

[2]) Der Theognisvers, den Xenophon Mem. I, 2, 20. Symp. II, 4 citirt, ist der kynisch-stoischen Richtung wichtig (Diog. ep. 29. Stob. II, 339 f. M).

weisen. So ist also er in dieser Frage vorangegangen, von Lykophron abgesehen, den die Stobäusfragmente nur durch Aristoteles citiren. Sie bringen zwar auch nicht direct Antisthenes, aber sie verrathen ihn wohl in der Anlage, an die sich spätere Literatur reichlich angesetzt hat. Stob. 86—90 stehen zum Thema εὐγένεια 72 Citate, darunter 51 von Dichtern, darunter 33 von Euripides; unter den Prosaikern erscheint 3, resp. mit der Nennung bei Aristoteles 4 Mal Sokrates. Wir werden also als letzte Hauptquelle einen Sokratiker suchen, der nach den Stellen nicht Plato oder Xenophon ist, der Citate liebt, namentlich poetische — die Aristoteles Stob. 86, 25 schon übernommen — und namentlich von Euripides (vgl. oben S. 165. 199, 2), und der die Frage der εὐγένεια behandelt hat. Es ist also wohl unter Sokrates wieder der antisthenische zu verstehen. Hat man unter den Massen von Sokratescitaten bei Stobäus schon ein einziges bei Plato oder Xenophon wiedergefunden?[1]) Wohl aber tragen zum mindesten viele unverkennbar den Stempel des Kynismus. Aus dem Beispiel des Stobäus begreift man zwei Dinge, die zusammengehen: dass der populär gewordene Sokrates der kynische ist, und dass dafür Antisthenes, der ihn zuerst getragen, halb verschollen ist. Auch die hier einschlagenden Sokratesworte werden sich für Antisthenes passend erweisen, und das Thema hat, wie Diogenes- und Bioncitate zeigen, in der kynischen Literatur weiter gespielt, in die auch einige pointirte Abfertigungen der εὐγένεια (resp. des am meisten Antisthenes treffenden Vorwurfs der δυσγένεια), die unter den Namen ihrer Anekdotenhelden, nicht der Autoren stehen (86, 14 ff. 87, 12), am besten passen[2]). Ausser einem Stück aus dem stark antistheni-

---

[1]) Nur Stob. flor. 101, 20 steht ein Sokrateswort, das Mem. I, 3, 6 wiederkehrt. Aber auch dies einzige Xenophoncitat für Sokrates ist Schein, und bereits Hense (Rhein. Mus. 45 S. 545 f.) fand, dass „die Fassung ... nicht die unserer Xenophonhandschriften Mem. I, 3, 6 ist, sondern vielmehr diejenige, welche sich in Schriften findet, die nachweislich dem Musonius, d. h. einem Stoiker kynischer Färbung, nahestehen: Plut. de tuenda sanit. praec. p. 124 D. Clem. Alex. paed. II p. 173 P, p. 225, 27 D". Und allerdings ist der Ausspruch seiner Tendenz nach antisthenisch (s. später). Zudem fehlt in den Mem. die charakteristische, durch den Gorgianismus βρωμάτων — πωμάτων unterstützte Schärfe. Dagegen geht Stob. ib. ein wörtliches Citat aus den Mem. (I, 2, 4) voran, aber — wohlgemerkt — unter Xenophon's Namen.

[2]) I. hat in dem auch bei Stob. 86, 17 citirten Phalarisbrief an Axiochus(!) 120 (p. 444 Hercher) richtig Sokratikergeist aufgespürt, aber Plato und Xenophon selbst ausgeschieden (S. 80). Vgl. „Sokrates" Stob. mit L. D. II, 26 εὐγέ-

schen Alcibiades I (s. I, 496 ff.) sowie aus den Schriften des Aristoteles und Plutarch über εὐγένεια findet sich nur ein grösseres Fragment, eben jenes, das nach Immisch aus der Schrift des Xenophon gegen Antisthenes stammt. Ich möchte demgegenüber hierin gerade ein Fragment der antisthenischen Theognisschrift vermuthen[1]).

Für Antisthenes ist eine Theognisschrift durch den Schriftenkatalog bei L. D. sichergestellt, für Xenophon ist sie weder durch den Katalog noch sonst irgendwo genannt[2]), ausser unserer Stobäusstelle, wo nicht einmal alle Handschriften den Namen Xenophon bringen. Wie will nun I. das Verschollensein der xenophontischen Schrift erklären? Daraus, dass Xenophon sie aus Furcht vor der derben kynischen Polemik anonym erscheinen liess (S. 92 ff.). Ist es aber nicht wahrscheinlicher, dass der rechte Autorname (Antisthenes) später verschollen, als dass ein verschollener (weil versteckter) Autorname bei einem Spätling auftaucht? Und nun lässt sich ein Grund dafür nennen, dass der Name Antisthenes verschwand, und ein anderer Grund, dass der des Xenophon eintrat. Statt des Antisthenes ging eben sein Sokrates in die Literatur über. Ein kritischer Kopf aber musste daran Anstoss nehmen, wenn hier unter dem Namen des Gespräch pflegenden, unliterarischen Sokrates nicht wie sonst ein leicht tradirbares Apophthegma, sondern offenbar ein grösseres Schriftfragment citirt wurde. Es konnte nur einem schriftstellernden Sokratiker gehören, und Xenophon (populärer als Antisthenes) schien sich schon im ersten Satze zu verrathen: ὥσπερ εἴ τις ἱππικὸς ὢν συγγράψειεν περὶ ἱππικῆς. Aber das Vergleichsbeispiel des ἵππος oder ἱππικός ist 1. durch Theognis selbst gegeben und 2. ja auch sonst sokratisch (Plat. Apol. 20 AB), und zwar gerade antisthenisch (vgl. I, 543 f. L. D. VI, 8. Frg. S. 34, 3 und S. 57, 5 — Anti-

---

νειαν οὐδὲν σεμνόν — und hier σεμνύεσθαι — ἐπ᾽ εὐγενείᾳ εἰκός, ἐγὼ δέ — und das Folgende ist nun specifisch kynisch — μίαν εὐγένειαν ἀρετὴν εἶναι (vgl. Antisth. εὐγενεῖς = ἐναρέτους L. D. VI, 10), τὰ δ᾽ ἄλλα πάντα τύχην. — ὁ δ᾽ ἐξ ἀγαθῶν φαῦλος αὐτός τε ἑαυτοῦ — δυσγενέστερος. ὥστε ψυχῆς ἔπαινον αὔχει —.

[1]) wie schon Bergk gethan (Poet. lyr. Gr. II p. 497).
[2]) Die „eine leise Spur", die I. noch entdeckt haben will (S. 92 f.), die kallimachischen Verse in Lukian's ἔρωτες 48 f. gehen doch auf ein anderes Thema Xenophon's und sichtlich auf sein Symposion, wo das παιδοφιλεῖν Anlass und Hauptthema ist, und wo (IV, 15 ff.) I. selbst den Gedanken des 3. Verses wiederfindet.

sthenes selbst als ἱππικός[1]). Man nehme den ersten Satz: οὗτος δὲ ὁ ποιητής (Theognis) περὶ οὐδενὸς ἄλλου λόγον πεποίηται ἢ περὶ ἀρετῆς καὶ κακίας ἀνθρώπων, καὶ ἔστιν ἡ ποίησις σύγγραμμα περὶ ἀνθρώπων, ὥσπερ εἴ τις ἱππικός κ. τ. λ. Hier ist ja Alles antisthenisch: ausser dem Pferdevergleich und der Betrachtung der ἄνθρωποι vor Allem die moralische Deutung der Poesie und gerade die Deutung nach ἀρετὴ καὶ κακία (vgl. Norden, Jahrb. f. Ph. Suppl. 19. 383) und gerade die fanatische Ausschliesslichkeit dieser Auffassung des Dichters als moralischen τεχνίτης, die, wie I. wohl weiss (S. 91), Plato an dem Kyniker bekämpft. Plato tadelt seinen Interpretationseifer, von dem wir hier ein Beispiel haben; er führt gegen Antisthenes, wie I. richtig sieht (S. 91 f.), den Widerspruch der Dichter und gerade des Theognis (Men. 96 A) in's Feld: aus alledem folgt doch, dass Theognis dem Antisthenes eine Autorität ist, die der vorliegenden Interpretation werth ist, — und trotzdem soll Xenophon zur Feder greifen, um gegen ihn Theognis zu vertheidigen?

Der zweite Satz des Fragments lobt das πρῶτον ἄρχεσθαι vom εὖ γενέσθαι, — wir constatirten eben die Vorliebe des Antisthenes für die Pose des systematischen Anlaufs. ᾤετο γὰρ οὔτε ἄνθρωπον (! Theognis redet vom ἀνήρ) οὔτε τῶν ἄλλων οὐδὲν ἂν ἀγαθὸν εἶναι, εἰ μὴ τὰ γεννήσοντα ἀγαθὰ εἴη. Dieser Satz könnte zugleich als Motto über der antisthenischen Schrift περὶ παιδοποιΐας stehen — für den Werth einer Theorie der Zeugung. Dann der Hinweis auf die ἄλλα ζῷα, die nicht willkürlich, sondern μετὰ τέχνης gezüchtet werden, — dem Kyniker, der περὶ παιδοποιΐας anschliessend an περὶ ζῴων φύσεως schreibt (L. D. VI, 15), ist nicht nur der Thiervergleich stets sympathisch[2]), sondern er (und wer noch?) ist es, der die rechte Ehestiftung zur Kinderzeugung, also die Menschenzüchtung als eine τέχνη fordert, die nur der Weise verstehe. Und ausdrücklich diese τέχνη lässt Xenophon im Symposion durch seinen Sokrates dem Antisthenes zuweisen. Er hat damit gesagt, wem das Fragment gehört, das ein später Schreiber ihm selbst anhängt. Und nun werden mit echt antisthenischer Interpretationskunst die Theognisverse so gedeutet, dass der Dichter die Unwissenheit (!) der ἄνθρωποι (!) in Bezug auf ihren βίος (!) eben in der Züchtungskunst beklagt,

---

[1]) Auch Xen. Symp. II, 10 wird Antisthenes sichtlich mit dem ἱππικός-Vergleich geneckt. Vgl. noch Diog. ep. 29, 4 ὥσπερ ἵππον ἢ βοῦν κολάζοι τε ἅμα καὶ σωφρονίζοι.

[2]) Vgl. Antisthenes bei der εὐγένεια Gnom. Vat. 10.

sodass die ἄνϑρωποι degenerirten durch stete Mischung des Schlechteren mit dem Besseren. Solche Mischung ist allerdings in den Augen des Antisthenes ein Capitalverbrechen, das den Staat ruinirt (L. D. VI, 5. Frg. 61, 23). Die πολλοί aber, heisst es endlich, sehen in den Versen nur Tadel der Habsucht. Natürlich sieht das jeder, der nicht den Sinn verkünstelt, wie es Antisthenes, aber sicher nicht Xenophon that. Doch nach I. meint Xenophon unter πολλοί Antisthenes, der aber als der Urkyniker zeitlebens gegen die πολλοί geeifert und am entschiedensten den heraklitischen Satz unterschrieb: οἱ πολλοὶ κακοί, ὀλίγοι δὲ ἀγαϑοί. Und wenn er selbst in den Versen nur Tadel und Habsucht las, so musste ihm als „erbittertem Feind des Reichthums" gerade Theognis aus dem Herzen sprechen, — und trotzdem soll er ihn bekämpft haben? Es ist doch auch etwas verdächtig, dass das Wort εὐγενής bei Xenophon nicht vorkommt ausser 2 Mal in einer Verbindung mit Agesilaos (Hell. IV, 1, 7. Ages. I, 2), für dessen Cultus sich ja Xenophon fremde Farben leiht. Auch καλοὶ κἀγαϑοί erscheint in den Hellenika nur 1 Mal in Beziehung auf Agesilaos (V, 3, 9) und bezeichnenderweise urplötzlich 6 Mal in der so stark antisthenisch beeinflussten Theramenestragödie (II, 3), in die sich auch die meisten Fälle für βέλτιστοι (βελτίους) zusammendrängen[1]). καλοκἀγαϑός ist gerade das kynische Ideal (Antisth. Frg. 62, 34. Symp. III, 4. Plut. de aud. poet. c. 4 p. 51. de cap. ex inim. ut. c. 4 p. 213 B. Stob. III, 4, 111 Hs. L. D. 27. 70). In der Anabasis fehlt καλοὶ κἀγαϑοί wie βέλτιστοι ganz (nur ein adverbiales κάλλιστα καὶ ἄριστα gerade in der Sokratesepisode III, 1, 6); dafür sind die gerade von Antisthenes beherrschten theoretischen Schriften voll davon, namentlich die Mem. (43 Mal) und die Cyrop., wo auch oft βέλτιστοι, allein ἄριστοι, τετιμημένοι etc. vorkommt. Das sind aber die Ausdrücke, auf die I. den Gegensatz des oligarchischen Xenophon zu Antisthenes baut. Wo ist dieser Gegensatz? Indessen hat I. auch richtig gesehen, dass Xenophon den doch gegen die εὐγένεια gerichteten Satz, mit dem ein Hauptstück der Cyropädie, die demokratische Heeresreform, begründet wird, mit den Kynikern gemein hat. Denn der Satz, dass es bei der Auswahl der Kämpfer wie bei den Pferden auf die ἄριστοι, nicht auf die πατριῶται ankomme, kehrt Dio Chr. XV (65) § 30 A wieder, und bei Stob. stimmt damit das Wort des Bion zu

---

[1]) Auch in der Stoa wird ja καλοκἀγαϑός synonym mit tugendhaft und weise gebraucht, vgl. z. B. für Epiktet Bonhöffer, Ethik des Stoikers E. S. 59. 152, und in der Diss. über den Kynismus III, 22, 69. 87.

Antigonos von den besten Bogenschützen (86, 13) und des Antigonos (87, 12. Plut. reg. et imp. apophth. p. 31 Bern.), dass militärische Auszeichnung für ἀνδραγαθία οὐ πατραγαθία verliehen wird. Ob Antisthenes nicht auch davon sprach, als er (wie Plato) log, dass Alkibiades wegen seiner Vornehmheit den dem Sokrates gebührenden Tapferkeitspreis erhielt (Athen. V, 216 B, vgl. Symp. 220 E)? Jedenfalls sprach er bei der εὐγένεια vom Kämpfer: auf den Vorwurf, dass er nicht von Freien stamme, folgt die Antwort, er stamme auch nicht von zwei Kämpfern und sei doch Kämpfer (L. D. VI, 4).

Aber nun die Hauptfrage: wie vereinigt Antisthenes mit der im Wesen des Kynismus liegenden Verachtung der εὐγένεια ihre oben behauptete Schätzung? Darüber giebt zunächst L. D. VI, 10 (Antisth. Frg. S. 47, 6) Auskunft: ἀπεδείκνυε τοὺς αὐτοὺς εὐγενεῖς τοὺς καὶ ἐναρέτους. Darin liegt zugleich Anerkennung und Abweisung der εὐγένεια. Sie gilt, sofern sie eins ist mit der ἀρετή; sie gilt nicht als wirklicher äusserer Vorzug. Es ist eben immer dasselbe: bei der Wissenschaft, Kunst, Religion und bei der Herrschaft; es gilt davon und wird erhoben, was ethische Bedeutung hat, das Andere, das Selbständige, Positive daran wird herabgesetzt. Der „wahre" Adel wird auf Kosten des wirklichen erhoben. Aber bei näherem Zusehen verräth sich doch vielleicht in dem Festhalten des Wortes „Adel" eine geheime Sehnsucht nach den hochhängenden Trauben. Bei aller Vergeistigung soll doch noch ein Schimmer der Realität bleiben; die Mythen sollen doch nicht bloss Mythen, die Heraklesthaten doch nicht bloss innerliche, moralische sein (s. oben S. 271). Es liegt im Wesen des Symbolismus, dass die Idee überragt, aber die Erscheinung, an die sie anknüpft, nicht fehlen darf. Der kynische Romantiker und Symbolist preist die Abstammung von Zeus, von Herakles, von Königen: allerdings ist ihm διογενής, διοτρεφής im Grunde nur höchstes Lobesprädikat, der Ausdruck innerer Würdigkeit; Herakles ist ihm die Verkörperung der ἀρετή, und wenn er ihn als Zeussohn und König erhebt, so deutet er den göttlichen Ursprung als Theilnahme an der göttlichen ἀρετή[1]) und corrigirt die Tradition, damit der dienende Herakles König und wirkliche Könige Tyrannen werden. Denn auch die βασιλεία ist ihm eins mit der ἀρετή. So rühmt er, indem er die Abstammung von

---

[1]) Vgl. Dio II, 78. IV, 31 A und Weber a. a. O. S. 243. S. auch Themist. XIII, 169 D 170 A und andererseits Diog. ep. 41.

Zeus, Herakles und Königen rühmt, die Abstammung von der *ἀρετή*. Er rühmt die *ἀρετή*, aber zugleich doch die Abstammung, mag sie selbst nur romantischer Nimbus, symbolische Reduplication der *ἀρετή* sein. Die Verbindung der *εὐγένεια* mit der *ἀρετή* blieb gewahrt, und der Kyniker konnte nicht, wie die conciliantere Akademie, noch die Abstammung *ἀπὸ δυναστῶν* oder *ἐνδόξων* (L. D. III, 88 f.) oder gar wie Simonides *πλουσίων* (Aristoteles Stob. 86, 25) als *εὐγένεια* anerkennen.

Immerhin scheinen hier noch drei verschiedene Auffassungen der *εὐγένεια* dem Antisthenes zugewiesen; erst hiess es: nicht *εὐγένεια*, sondern *ἀρετή*, dann: *εὐγένεια* = (eigene) *ἀρετή*, endlich: *εὐγένεια* = Abstammung von der *ἀρετή*. Aber man sage nicht, dass diese drei unverträglich sind. Die erste und zweite, die Verachtung der *εὐγένεια* und ihr Aufgehen in der eigenen *ἀρετή*, passen gewiss und gingen thatsächlich zusammen nicht nur bei Antisthenes, der die *εὐγένεια* verspottet resp. die *δυσγένεια* vertheidigt und zugleich die *εὐγενεῖς* als *ἐναρέτους* erklärt (L. D. VI, 10), sondern auch bei Diogenes (*εὐγενείας διέπαιζε* als *προκόσμημα κακίας* L. D. VI, 72, vgl. ep. 31, 4, und *εὐγενέστατοι* = *οἱ καταφρονοῦντες πλούτου δόξης ἡδονῆς ζωῆς, τῶν δὲ ἐναντίων. ὑπεράνω ὄντες, πενίας ἀδοξίας πόνου θανάτου* Stob. 86, 19. 89, 4, vgl. noch Philo omn. libr. prob. p. 883). Aber wir haben alle drei Auffassungen der *εὐγένεια* bei den Stoikern: ihre Verachtung[1]) und ihre Anerkennung als *ἕξις οἰκεία πρὸς ἀρετὴν ἐκ γένους ἢ ἐκ κατασκευῆς* (Stob. II p. 108 Wachsm.). Doch warum erst von der Stoa auf Antisthenes zurückschliessen? Wir haben sie alle direct ausgesprochen auch bei dem antisthenischen Sokrates.

Zunächst der negative Standpunkt. L. D. II, 26, dort, wo auch Zeller kynische Färbung sieht, erklärt Sokrates: *πλοῦτον δὲ καὶ εὐγένειαν οὐδὲν σεμνὸν ἔχειν· πᾶν δὲ τοὐναντίον κακόν*, und daran schliesst sich die Vertheidigung des halbbürtigen Antisthenes: *σὺ δ᾽ ᾤου οὕτως ἂν γενναῖον ἐκ δυοῖν Ἀθηναίων γενέσθαι* (vgl. dazu Antisth. L. D. VI, 4. Gnom. Vat. 10). Ein guter kynisch-rhetorischer Schläger, der dem Sklavensohn wohlthat, ist dann auch das Sokrateswort, das den Vorwurf der *δυσγένεια* seitens eines *εὐγενὴς μοχθηρός* zurückweist: *ἐμοὶ μὲν τὸ γένος ὄνειδος, σὺ δὲ τῷ γένει* (Stob. 90, 12). Endlich wird man auch bei Plato und Xenophon vergeblich den Sokrates suchen,

---

[1]) Vgl. Welcker, Proleg. z. Theogn. S. 63 ff. Immisch a. a. O. S. 84 f. Wendland, Beitr. z. Gesch. d. griech. Philos. u. Relig. S. 51 ff.

der mit einem charakteristischen materiellen Vergleich den ἀνὴρ σπουδαῖος (vgl. oben S. 324) oder φίλος εὔνους nicht nach dem glänzenden γένος, sondern nach dem τρόπος wählt (Stob. 86, 23). Ob hier ursprünglich in der Parallele τροφή und τρόπος ein antisthenischer Gorgianismus klang, weiss ich nicht, jedenfalls stimmt zu diesem Wort ib. 16: *Ἀνάχαρσις*[1]) ὀνειδιζόμενος ὅτι Σκύϑης ἐστὶν εἶπε „τῷ γένει, ἀλλ' οὐ τῷ τρόπῳ," und 13: der Kyniker Bion empfiehlt auch bei der Wahl der φίλοι wer? und nicht woher? zu fragen. Zweitens die Identitätsauffassung: Σωκράτης ἐρωτηϑεὶς τί εὐγένεια „εὐκρασία" ἔφη „ψυχῆς καὶ σώματος" (Stob. 86, 20, vgl. Antisth. Frg. 65, 48. Diogenes L. D. VI, 70), und dazu endlich eine andere, eben die genealogische Definition, die aber auch, wie gesagt, die ἀρετή festhält, in dem Aristotelesfragment ib. 25: οἳ μὲν τοὺς ἐξ ἀγαϑῶν γονέων εὐγενεῖς εἶναι νομίζουσι, καϑάπερ καὶ Σωκράτης· διὰ γὰρ τὴν Ἀριστείδου ἀρετὴν καὶ τὴν ϑυγατέρα αὐτοῦ γενναίαν εἶναι. Das hat natürlich Aristoteles aus einem sokratischen Dialog, und zwar weder aus Plato noch aus Xenophon. Sollte nicht der arme, gerechte Aristides ein Mann nach dem Herzen des Kynikers gewesen sein? Thatsächlich wird Diog. ep. 36, 5 der trotz seines Finanzamtes arm gebliebene Aristides neben Sokrates als Beispiel citirt, dass Armuth nicht schändet[2]). Mit Recht hat man nun mit jenem ein anderes Aristotelesfragment zusammengestellt[3]), das ihm nach der Xanthippe Myrto zur Frau giebt, Aristides' „des Gerechten Tochter, die er ohne Mitgift nahm" (L. D. II, 26). Die Fabel von der Doppelehe des Sokrates scheint mir, wie anderes Unglaubliche, dem Gedankenspiel eines sokratischen Dialogs entnommen, auf den schon das erste Fragment wies. Antisthenes, der passende Ehen stiftet

---

[1]) Als Urphilosoph von ethnographischem Interesse wohl auch sonst bei Antisthenes citirt (vgl. oben S. 266, 1). Aber wir haben ein deutlicheres Zeichen, dass Anacharsis bei einem Sokratiker sich als δυσγενής schützen muss: L. D. I, 8 „ὀνειδιζόμενος ὑπὸ Ἀττικοῦ ὅτι Σκύϑης ἐστίν, ἔφη, ἀλλ' ἐμοῦ μὲν ὄνειδος ἡ πατρίς, σὺ δὲ τῆς πατρίδος". Das ist ja wörtlich (nur der Person entsprechend πατρίς und γένος vertauscht) das oben citirte Sokrateswort Stob. 90, 12. Aber wir wissen auch, wer an diesem Gespräch provocirend theilnahm: Thales rühmt sich, dass er als Hellene, nicht als Barbare geboren. Und dies Wort, heisst es ausdrücklich L. D. I, 33, weisen auch Einige dem Sokrates zu. Das bedeutet natürlich, dass Sokrates dies Weisengespräch erzählte. Es ist ein Weisensymposion in der Schrift eines Sokratikers, das noch deutlicher aus dem Dunkel hervortreten wird. Konnte der Halbthraker besser pro domo sprechen als durch den Mund des weisen Skythen?

[2]) Vgl. auch Teles p. 36, 8 H.   [3]) Immisch a. a. O. 79.

(L. D. VI, 11. Xen. Symp. IV, 64), musste an der Ehe seines Gesprächshelden Sokrates Anstoss nehmen (wie er es auch bei Xenophon Symp. II, 10 thut, wo gerade der Pferdevergleich mitspielt) und hat, wie später deutlich werden wird, die „böse" Xanthippe auf dem Gewissen. Hat vielleicht im Dialog etwa Aspasia, die ganz wie Antisthenes (a. a. O.) δεινή ist συνάγειν ἀνθρώπους εἰς κηδείαν — μετὰ — ἀληθείας (!Mem. II, 6, 36), Sokrates halb scherzend eine zweite, passendere Gattin genannt? Merkwürdig ist, dass vermuthlich gerade Antisthenes Myrto auch als ursprünglichen Namen der Aspasia nannte (vgl. Hirzel, Dialog I, 127, 4). Jedenfalls bildeten in dieser kynischen Schrift die Folie zu Sokrates jene glänzenden Freier der Töchter des Aristides, die nicht auf seinen βίος (!), seine δικαιοσύνη blickten und desshalb von der so ehrenvollen und würdigen Heirath abstanden, als nach seinem Tode bekannt wurde, dass er arm sei (Ael. v. h. X, 15). Der kynische Sokrates behandelte laut dem antisthenischen Schrifttitel das Heirathsthema[1]). Für den Kyniker ist die Heirath ein ἀδιάφορον (L. D. VI, 29), mit dem nach Antisthenes nur der Weise Bescheid weiss (L. D. VI, 11). Nach der Schönheit zu wählen ist so wenig rathsam wie nach der Hässlichkeit (Antisth. Frg. 60, 17. L. D. VI, 3. Gnom. Vat. 2. 189. Xen. Mem. I, 1, 8), und in eine mächtige Familie zu heirathen kann ebenso zum Schaden ausschlagen (Mem. ib.). Aber die εὐφυΐα ist nöthig zur Heirath (Antisth. L. D. VI, 11), und zwar sowohl als ἀρετή der ψυχή wie als ἀκμή σώματος (Mem. IV, 4, 23). Denn die Heirath geschieht nicht um des leichter zu habenden sexuellen Genusses willen, sondern τεκνοποιίας χάριν[2]) (Antisth. L. D. VI, 4. 11. Symp. IV, 38. Mem. II, 2, 4). Und da ist die wahre εὐγένεια = εὐκρασία ψυχῆς καὶ σώματος („Sokrates" Stob. 86, 20), und da gilt es: εὐγενεῖς = ἀγαθοὶ ἐξ ἀγαθῶν („Sokrates" ib. 25. Mem. IV, 4, 23). Darum, wegen der Vererbung, ist die Gattenwahl eine Sache gründlicher Erwägung (Mem. II, 2, 4. Antisthenes L. D. VI, 11. 15). Man sieht, wie gut hier der Sokrates des Xenophon und des Stobäus sich in Antisthenes einfügen.

---

[1]) das desshalb auch im Urweisengespräch eine Rolle spielt. L. D. I, 26. 70. 92 etc.

[2]) Auf diesem Gegensatz beruht der Rath des Antisthenes, sich für die blossen ἀφροδίσια an die dankbaren Mauerblümchen zu halten (Symp. IV, 38), während für die τεκνοποιία die εὐφυέστεραι gerade gut genug sind. Schon darum ist die willkürliche Conjectur ἀφυέστεραι unerlaubt, die zudem noch durch Frg. 60, 17 abgewiesen wird (vgl. Zeller, II, 1. 321, 3[4]).

Plato lässt im Laches den Sohn des Aristides, der also nach der Myrtofabel Sokrates' Schwager sein müsste, in seines Nichts durchbohrendem Gefühl jammern, dass auch der edelste Vater nichts nützt, wenn er nicht für seine Söhne sorgt. Das ist eben Antisthenes' Ansicht (vgl. I, 481 ff. II, 147 etc.), und darin liegt nun die Lösung. Die Abstammung von der $ἀρετή$ giebt eine gewisse Chance zur $ἀρετή$, aber sie genügt nicht. Auch des Aristides Sohn kann ein geistiger Jämmerling werden, auch die $εὐγένεια$, die Abstammung selbst von Herakles, so sagt seinen Spartanern der antisthenische Lykurg (oben S. 51 f.), nützt nichts ohne das $πράττειν$ des Herakles, ohne Ueben und Lernen der $καλά$. Das Wort von den $εὐγενεῖς = ἐναρέτους$ schliesst sich nicht zufällig L. D. VI, 10 unmittelbar an das von der $ἀρετὴ διδακτή$, die der Kyniker nach ib. 105 im Herakles verkündigte. Antisthenes, der mythisch-historisch und biogenetisch interessirte Romantiker, preist der Väter Erbe, aber mehr als andere fordert er, dass man es erwerbe, um es zu besitzen. Er schätzt die $εὐγένεια$ wie die $εὐφυΐα$[1]) (Frg. S. 57), nämlich als verheissungsvolle Anlage, Grundlage, die aber erst recht zur Vollendung der $ἀρετή$ der $παιδεία$ bedarf (I, 362. 541 ff. etc. II, 51 f.). Das gebt nun die Disposition für die antisthenische Schilderung der $ἀρετή$: erst $γενεά$, dann eigene $φύσις$ als Vorbedingungen, darauf als die Hauptsache die $παιδεία$ zu den $ἔργα$. So ist Dio I, 64 f. A in der kynischen Fabel erst die Rede von der göttlichen Abstammung des Herakles, dann heisst es vom Vater Zeus wie hier Mem. § 27 von der $Ἀρετή$: $ἐπιστάμενος$ $αὐτοῦ$ (des Herakles) $γενναίαν φύσιν$, und dann folgt seine Vorbereitung für die $ἔργα$, die rechte Wegleitung in Parallele zur Prodikosfabel mit ihrer $Ἡρακλέους παίδευσις$ (§ 34). Nach diesem Recept preist Xenophon bei Agesilaos erst die Abstammung von Herakles (I, 2 ff.), dann seine eigene Würdigkeit zur $βασιλεία$ (I, 5), bevor er auf die $ἔργα$ übergeht (I, 6). Als barbarisches Tugendideal neben dem Hellenen Herakles behandelt Antisthenes Kyros (L. D. VI, 2), und Xenophon folgt ihm getreulich, indem er die $Κύρου παιδεία$ zur Hauptsache macht; aber er folgt ihm auch darin, dass er einleitend zuerst sein $γενέσθαι$ (Cyr. I, 2), dann sein $φῦναι$ ($φύσις$ I, 2, 2) beschreibt und weiterhin, wie er $ἐπαιδεύθη$. In I, 3 und 4 entfaltet sich seine Natur in ihren Anlagen und entwickelt sich in der $παιδεία$ von der Geschwätzigkeit (vgl. nam. I, 4, 3), „hündischen" Zuthunlichkeit, „eberhaften"

---

[1]) die ja auch bei den Stoikern nicht identisch sind, Stob. II, 107 f. W.

Tollkühnheit des Knaben — alles Symptome der εὐφυΐα — zur Zurückhaltung des Jünglings und zur Männlichkeit. Man hört in den Thiervergleichen den Kyniker, und sie kommen ja auch seiner Demonstration gelegen. Er zeigt erst an seinen geliebten Hunden oder Pferden die Bedeutung der γενεά, der guten Race, und darum stimmt es so gut, dass er die Theognisverse lobt, aber eben daran nur das ἄρχεσθαι πρῶτον ἀπὸ τοῦ εὖ γενέσθαι, und, Esel und Schafe bei Seite lassend, nur die Pferde aufnimmt, weil er auf Höheres hinaus will über dies πρῶτον der γενεά. Das Zweite, die individuelle φύσις, die oft über die Race im Guten oder Schlimmen hinausschlägt, liess sich erst recht an Hunden und Pferden illustriren, und er freut sich der φύσις des Diogenes wie der ἱππικός über das feurige Ross (Antisth. Frg. S. 57). Und nun die Hauptsache: Diogenes bedarf des Antisthenes, gerade die εὐφυέστατοι Hunde und Pferde bedürfen der stärksten παιδεία, — so leitet sich die antisthenische Protreptik Mem. IV, 1, 3 f. ein, und der antisthenische Lykurg zeigte, dass die Race variabel ist und erst die παιδεία den Jagdhund macht[1]). Die drei Tugendbedingungen werden eben am besten von den beiden antisthenischen Weltidealen Herakles und Kyros erfüllt. Demgemäss wird in dem stark kynischen Alcib. I, 120 f. gezeigt, wie die spartanischen Herakliden und die Perserkönige an γενεά, im εὖ φῦναι wie im εὖ τρέφεσθαι, in der παιδεία den attischen Patrizier übertreffen. Und gehorsam malt Xenophon als Ideale der vollendeten ἀρετή Herakles und Kyros, πρῶτον ἐκ θεῶν γεγονώς, ἔπειτα διὰ βασιλέων πεφυκώς, ἔπειτα δ' ἐκ παιδὸς ἀρετὴν ἀσκῶν (Cyr. VII, 2, 24); darum entsprechen die ersten Worte der ὑπ' Ἀρετῆς Ἡρακλέους παίδευσις (Mem. § 34) ganz der Disposition der Cyropädie:

Prodikosfabel § 27:

Καὶ ἐγὼ ἥκω πρὸς σὲ — εἰδυῖα τοὺς γεννήσαντάς σε καὶ τὴν φύσιν τὴν σὴν ἐν τῇ παιδείᾳ καταμαθοῦσα.

Cyrop. I, 1, 6:

ἐσκεψάμεθα τίς ποτ' ὢν γενεὰν καὶ ποίαν τινὰ φύσιν ἔχων καὶ ποίᾳ τινὶ παιδείᾳ παιδευθείς.

---

[1]) Auch Themistios or. XXI p. 248, wo er das Theognismotiv ausspinnt, bringt unter den Thiervergleichen namentlich die Differenzirung der lakonischen und melitäischen Hunde, vgl. dazu Diogenes L. D. VI, 55. Dio Chr. VIII (7), 11 A.

δ. *Die erste Rede der* Ἀρετή.

Die Ἀρετή, die Herakles als ἀγαθὸς ἐργάτης zu sehen hofft — er repräsentirt ja die antisthenische ἀρετὴ τῶν ἔργων —, will ihn nicht mit Vorgaukeln von Genüssen täuschen. Das ἐξαπατᾶν der ἡδοναί kehrt in den ersten Capiteln des Hiero (vgl. nam. II, 3) wieder, wo die kynische Argumentation das ganze Tyrannenglück in allen einzelnen Genüssen als trüglich zerstört, und noch ähnlicher Oecon. I, 20 in der ebenso kynischen Hypostasirung der schlechten Leidenschaften zu Herrinnen, die sich als ἡδοναί geberden und mit der Zeit selbst den ἐξαπαθεῖσι sich als in ἡδοναί eingebackene Leiden enthüllen. Darin spiegelt sich auch die ἀπάτη als δεσπότης der ψυχαὶ πρὸς πόνους δειλαὶ καὶ ἀδύνατοι, δεδουλωμέναι δὲ ἡδοναῖς, πιθανὴ ὑπισχνουμένη πλῆθος ἀγαθῶν — ἕως ἂν εἰς τὸ βάραθρον καταβάλῃ λαθοῦσα — in der Diogenesrede Dio IV, 114 f. A. Und wenn in der Herakleskopie Cyneg. XII, 7 f. XIII, 2 die κεναὶ ἡδοναί der Tugenderziehung ἐν τῇ ἀληθείᾳ und durch den πόνος gegenüberstehen, so will die Ἀρετή unserer Fabel keine Lügenfreuden vorgaukeln, sondern μετ᾽ ἀληθείας (vgl. auch Diogenes a. a. O. 41. 59) das Leben schildern, wie die Götter τὰ ὄντα eingerichtet[1]): τῶν γὰρ ὄντων ἀγαθῶν καὶ καλῶν οὐδὲν ἄνευ πόνου καὶ ἐπιμελείας οἱ θεοὶ διδόασιν ἀνθρώποις. Hier greifen wir den antisthenischen Grundstock der Fabel, die Wurzeln, die bis zu Parmenides und Hesiod hinabreichen: πόνος und ἡδονή zugleich als Gegensatz von Sein und Schein, ἀλήθεια und ἀπάτη, und das Leitmotiv: τῆς δ᾽ ἀρετῆς ἱδρῶτα θεοὶ προπάροιθεν ἔθηκαν. Hier offenbart sich die grosse These des antisthenischen Herakles und Kyros, die den ganzen Kynismus beherrscht und Xenophon gefangen nahm: das Lob des πόνος und der ἐπιμέλεια[2]) als Grundbedingungen aller ἀγαθά und καλά (vgl. oben S. 101 ff.).

Wie sehr aber Xenophon in seiner ganzen Existenz von dieser These gepackt werden musste, zeigt erst ihre Spezialisirung im Folgenden, die wir zunächst in seinem Sinne betrachten wollen. Diese Aufzählung im Satztypus: Willst du — so musst du — § 28

---

[1]) Vgl. Diogenes L. D. VI, 44: die Menschen fälschen die göttliche Lebenseinrichtung.

[2]) Vgl. Epiktet's Lobrede auf den Kynismus III, 22, 44. 53. 77; ἐπιμέλεια ist auch sonst bei ihm terminus technicus für die pflichtmässige Bemühung um äussere Güter, vgl. Bonhöffer, d. Ethik des Stoikers E., Index, während ich das Wort ἐπιμέλεια z. B. im ganzen Phaedrus nur 246 E finde.

zeigt den xenophontischen Commandostil (vgl. I, 462 ff.) und die
Forderung der Eventualmaassnahmen, wie sie dem Feldherrn
und Oekonomen ansteht (vgl. z. B. Anab. III, 2, 39. Oec. VII, 36).
1) Willst du die Huld der Götter, so musst du sie ehren. 2) Willst
du die Liebe der Freunde, so musst du ihnen wohlthun. 3) Willst
du politische Ehre, so musst du politisch leisten, — und Xenophon illustrirt das auch alles mit seinem idealen Selbstporträt
Ischomachos (vgl. nam. Oec. XI, 9). Wie sehr das Vorangehen
der Götter und die Gegenseitigkeit zwischen Gnade und Cultus
xenophontisch sind, hatte Bd. I (Cap. 2) gezeigt; von der Gegenseitigkeit in der Freundschaft, überhaupt von den socialen Idealen
Xenophon's wird der folgende Theil sprechen. Schon hier sei
erinnert, dass sich dem aus Athen verbannten, siegreichen Condottiere der Begriff des Staates verschob. Der politische Trieb
mochte bleiben, aber er suchte die Anerkennung und die Förderung nicht gerade τῆς πατρίδος, sondern — wie hier die Fabel
eben sagt — τινὸς πόλεως. Im merkwürdigsten Gegensatz zu
Sokrates, der den Boden Athens nur verlässt, wenn er für Athen
kämpft, gehört Xenophon seinem Leben und Wirken nach dem
ganzen Hellas. Nicht dass er für die Vaterstadt kein Herz hatte —
die eine Erwägung: Soll ich einem Feldherrn aus einer anderen
Stadt die That überlassen? (Anab. III, 1, 14) und die Schriften
de vectigalibus und Hipparchicus beweisen das Gegentheil —, aber
weil für Xenophon der Boden der Demokratie zu eng war, weil
der Thatendrang in Xenophon noch mächtiger, in Sokrates noch
schwächer war als seine Vaterlandsliebe, darum ward Sokrates
der treueste Athener und Xenophon jener Panhellene, der, in
Athen geboren, mit dem Böoter Proxenos zu Felde zieht, ein
panhellenisches Heer siegreich durch alle Gefahren Asiens führt,
an der Seite des Spartanerkönigs kämpft, als spartanischer
Colonist in der elischen Landschaft, dicht bei dem panhellenischen
Olympia wohnt, später in Korinth eine Zuflucht findet: das ist
oberflächlich das, was wir wissen von dem Autor der — Hellenika.
In Xenophon's Munde versteht man weit besser die vierte Forderung der Ἀρετή: Willst du von ganz Hellas ob deiner Tugend
gepriesen werden, so musst du versuchen, Hellas wohlzuthun, —
eine starke Forderung in jenen Tagen der schlimmsten Zerrissen-
heit, da man den Ruhm in Hellas nur in Siegen über Hellenen
suchte. Xenophon aber war unter den Wenigen, die jene Forderung verfochten, und fast der Einzige, der sie, wenn Worte und
Versuche zählen, erfüllte.

Man lese in der Anabasis, wie die Rücksicht auf den Ruf in Griechenland und der panhellenische Geist ihn leiten. Während sonst nur einmal Klearch den persischen Parlamentär Phalinus auffordert, seinen griechischen Landsleuten gut zu rathen, weil man in Hellas davon sprechen werde (Anab. II, 1, 17), mahnt Xenophon bei seinem Auftreten an die Denkmäler der hellenischen Siege über Xerxes (III, 2, 11 ff.), mahnt er, als ein grösseres Corps sich eigenwillig separirt und in Gefahr gerathen, seine eigenen Truppen, vorwärts zu gehen und entweder eines rühmlichen Todes zu sterben oder die schönste That, die Rettung so vieler Griechen, zu vollbringen (VI, 3, 17), mahnt er später vor der Schlacht (VI, 5, 23 f.): Soldaten, bedenkt, dass wir vor den Thoren Griechenlands stehen! und VI, 6, 16: Es wäre traurig, wenn wir, statt die erhoffte Anerkennung und Ehre in Hellas zu ernten, von den Städten Griechenlands ausgeschlossen würden. VI, 6, 32—36 ist er sich bewusst, im Besitze des Ruhms bei den anderen Griechen zu stehen, mit dem Heere viele Siegesdenkmäler über die Barbaren errichtet und alles aufgeboten zu haben, um jede Feindschaft zwischen dem Heere und den Griechen zu verhüten. Am wichtigsten aber ist vielleicht Xenophon's Bekenntniss, dass er durch Anlegung einer Stadt im Pontus — wie er sagt — Griechenlands Gebiet und Macht zu erweitern plante (V, 6, 15). Mag er damit zugleich seinen Ehrgeiz verschleiern, er hat doch gemäss der Fabel versucht, Griechenland wohlzuthun, und hat Griechenlands Bewunderung geerntet. Die Freundschaft mit Agesilaos konnte den Panhellenismus Xenophon's verstärken, vielleicht auch umgekehrt. Jedenfalls preist er — εἴ γε μὴν αὖ καλὸν Ἕλληνα ὄντα φιλέλληνα (Ages. VII, 4) — die einzig dastehende grossgriechische Gesinnung und Politik des Agesilaos (VII, 3—7. VIII, 3 ff.), der einen Sieg über Griechen als Unglück beklagt, Griechen nicht als Sklaven verkauft und in Asien die griechischen Interessen nach Kräften fördert. Das πειρατέον der Mem. hat für Xenophon wie für Agesilaos leider seine tiefe Bedeutung. Aber der Satz: wer die Bewunderung Griechenlands suche, müsse versuchen, Griechenland wohlzuthun, wird Vectig. c. V geradezu zum politischen Programm Xenophon's. Er will die Wiederherstellung der athenischen Hegemonie und glaubt den Zeitpunkt dafür gekommen. Aber es sei irrig, dass sie nur durch Gewalt zu erreichen sei und Athen, wenn es den friedlichen Weg beschreite, unberühmter in Hellas werde (vgl. nam. § 2). Vielmehr beweise die Geschichte, dass die Athener die auf Achtung ruhende Hegemonie errungen hätten εὐεργετοῦντες τοὺς Ἕλληνας (§ 5 ff.), und sie würden sie wieder erringen durch Hellas erwiesene Wohlthaten.

Nach den vier socialen Idealen Xenophon's, die auf Götter, Freunde, Staat und Hellas, auf Gnade, Liebe, Ehre, Ruhm gehen, lässt die Ἀρετή vier individuelle Functionen folgen, die erst recht den xenophontischen Lebensinteressen entsprechen: 5) Soll dir der Boden reichliche Früchte tragen, so musst du ihn pflegen (θεραπευτέον), — so spricht der Landwirth Xenophon, der ja auch im Oeconomicus (mit kynischer Personificirung und Ethisirung der γῆ, vgl. oben S. 299 u. unten 371, 2) verkündet: γῆ εὖ πάσχουσα εὖ ποιεῖ oder τοὺς γὰρ ἄριστα θεραπεύοντας αὐτὴν πλεῖστα ἀγαθὰ ἀντιποιεῖ, darin ein Prüfstein für die Guten und Schlechten, da sie, gleich der Ἀρετή Mem. § 27 f., nicht betrügt, sondern ἀληθεύει (!), der ἐπιμέλεια die vollen Speicher, der ἀμέλεια aber den Schaden gönnend (V, 8. 12. XX, 4. 13 f. etc.). 6) Wenn du dich von Heerden bereichern willst, musst du dich um die Heerden kümmern, — das gehört zur Oekonomie (Oec. V, 3), und Xenophon spricht ja selbst von seinen Heerden und Weideplätzen (Anab. V, 3, 11). 7) Wenn du kriegerische Carrière zu machen und als Retter der Freunde und Besieger der Feinde auftreten zu können strebst — war das nicht genau Streben und Leisten Xenophon's? —, so musst du die Kriegskunst von den Kundigen lernen und dich in der Anwendung der Regeln üben. Ueber die Verbindung von Lernen und Uebung gerade für die πολεμικαὶ τέχναι s. oben S. 27. Speciell das Lernen der Strategie kennen wir aus Cyr. I, 6 und dem ganzen Hipparchicus. 8) Wenn dein Leib fähig sein soll, dem Willen zu gehorchen, so musst du ihn abhärten und üben mit πόνοι und ἱδρώς. Wir wissen, das geschieht am besten auf der Jagd (vgl. Cyneg. XII f., nam. XII, 2. 15. XIII, 11 u. oben S. 53—66. 96 f. 100. 103). Zum ökonomischen und militärischen Beruf kommt ja bei Xenophon der Sport als Lebensinteresse, und für diese xenophontischen Berufe werden hier die xenophontischen Lebensfunctionen gefordert: die ἐπιμέλεια für das ökonomische πλουτίζεσθαι, die ἄσκησις für die Kriegserfolge und die πόνοι für die Körperausbildung. Dieselben Beschäftigungen mit denselben Functionen weist er seinem Ideal Ischomachos zu: ein ἐκπονεῖν für die Körpertüchtigkeit, ein ἀσκεῖν für den Krieg und ein ἐπιμέλεσθαι für den πλοῦτος (Oec. XI, 12 f. 19).

Aber die Uebereinstimmung zwischen dem Lebensideal des Ischomachos und dem hier Mem. § 28 geschilderten geht weiter:

Oec. XI, 8: Ischomachos findet ganz wie die Ἀρετή, dass die Götter das Glück nur den ἐπιμελεῖς verleihen (vgl. den ersten Satz Mem. § 28), aber nicht unbedingt; darum **beginnt** auch er mit der Verehrung der Götter (also entsprechend Mem. Nr. 1), nur mit näherer Begründung; dann versucht er (πειρῶμαι, vgl. Mem. Nr. 4 πειρατέον) körperliche Tüchtigkeit zu erlangen (vgl. Mem. Nr. 8), Ehre im Staat (τιμῆς ἐν πόλει, vgl. Mem. Nr. 3 ὑπό τινος πόλεως τιμᾶσθαι), Wohlwollen bei den Freunden (vgl. Mem. Nr. 2), im Kriege ehrenwerthe Rettung (vgl. Mem. Nr. 7) und einen sich anständig mehrenden Reichthum (vgl. Mem. Nr. 5 u. 6). Es fehlt ihm also zum Herakles wesentlich Nr. 4: die Bewunderung Griechenlands. Götter, Freunde, Staat und Wirthschaft erscheinen auch Oec. ib. 10 f. als Thätigkeitsobjecte, aber noch deutlicher kehren dieselben Lebensinteressen ib. c. V wieder, wenn der Landbau als nützlich gerühmt wird für die Götterverehrung (§§ 3. 10), für den Staatsdienst (§ 5, vgl. IV, 3. VI, 9), für die Kriegstüchtigkeit (5. 7. 13. VI, 6 f. 10), für die Behandlung der Freunde (8. 10. 14, vgl. IV, 3. VI, 9), für die Körperausbildung (1. 4. 5. 8, vgl. IV, 2. VI, 5. 9), für die Viehzucht (4) und natürlich für die Gewinnung der Früchte und die ökonomische Bereicherung (1. 2. 8. 12 etc., vgl. VI, 4). Wenn der Hipparch (I, 1) zuerst opfern und die Götter bitten soll, dass er den Göttern am wohlgefälligsten, sich selbst, den Freunden und dem Staat am erwünschtesten, rühmlichsten und vielseitig nützlichsten sein Amt verwalte, so haben wir in diesem Satze eine Combination der 1), 2), 3) und 7) gezeichneten Interessen, und wenn sich der sterbende Kyros selig fühlt, weil er die höchste Gnade der Götter erfahren, an Kraft stets zugenommen, seine Wünsche stets erfüllt gesehen, seinen Besitz stets gewahrt, die Freunde glücklich gemacht, die Feinde unterjocht und das früher in Asien unbeachtete Vaterland auf die höchste Stufe gehoben hat (Cyr. VIII, 7, 3. 6 f.), so haben wir mutatis mutandis denselben Interessenkreis. Im Stil § 28 verwandt ist auch der Schluss des Hiero: Bereichere deine Freunde und du wirst dich selbst bereichern. Hebe den Staat und du wirst deine eigene Macht mehren etc. (XI, 13); vgl. auch die anderen Mahnungen des Schlusscapitels, die Freunde u. A. durch Wohlthaten zu übertreffen (ib.), den Staat glücklich zu machen (ib. 1. 7 f.) u. A. m., worauf dann die allgemeine Bewunderung und Liebe (9 ff.), die Besiegung der Feinde (13) u. dgl. in Aussicht gestellt werden. In der Lobschrift auf Agesilaos gehen im Wesentlichen sechs Gesichtspunkte durcheinander: Agesilaos in seiner Götterverehrung, in seiner körperlichen Abhärtung, als Wohlthäter seiner Freunde, als Förderer seines Vaterlandes, als Philhellene, als Sieger über die Feinde —, fehlt also nur die Oekonomie zu Xenophon's ganzem Idealkreis, der mit den acht Zielen der Ἀρετή merkwürdig getroffen und völlig ausgeschöpft ist.

Um von dem Oekonomen und Sportsman zu schweigen, höre man nur noch seine Erwägungen in der Anabasis: Er ist geneigt, den Oberbefehl anzunehmen, als er sich davon grössere Ehre bei seinen Freunden, grösseren Ruf in seiner Vaterstadt und auch der Armee nützlich zu werden verspricht; andererseits fürchtet er auch wieder für den erworbenen Ruhm und opfert desshalb den Göttern (VI, 1, 20 ff.); vgl. VII, 6, 32—36: im Besitz der Achtung des Heeres, für dessen Wohl er gesorgt, des Ruhms bei anderen Griechen, des Vertrauens der Lakedämonier u. s. w. fühlte er sich glücklich, zumal er unter πόνοι und Göttergunst viele Denkmäler des Sieges über Barbaren aufgerichtet.

Wo aber bleibt Sokrates in dem Idealkreis von Mem. § 28? Lassen wir den hochparänetischen Stil und die straffe Willensmoral des πόνος und der ἐπιμέλεια bei Seite, warum lauten die Beispiele nicht, wie sie der auch schon stark kynisch formulirte, intellectualistische Sokrates der Mem. geben würde: Wenn du von deinen Freunden geschätzt sein willst, musst du dich ihnen durch dein Wissen werthvoll und brauchbar zeigen; wenn du wegen deiner Tugend bewundert sein willst, musst du zuerst dich selbst erkennen; wenn du ein θεοφιλής sein willst, musst du ein μαθήσας und εὖ πράττων sein; wenn du die Ehre des Politikers suchst, musst du wissen, was Gerechtigkeit, was Volksherrschaft u. s. w. ist; wenn du ein tüchtiger Bildhauer oder Flötenspieler oder Arzt oder Steuermann oder Schuster oder Baumeister sein willst, musst du diese Berufe gründlich lernen? Man kann also fast sagen: es fehlt der gesammte sokratische Interessenkreis, sämmtliche sokratischen Themata und Berufsbeispiele und vor Allem das Grundprincip aller sokratischen Werthe: das Wissen. Oder soll das in einem der acht Beispiele miterwähnte Lernen der Kriegskunst vollgenügender Ausdruck des sokratischen Intellectualismus sein? Wenn dies sokratisch ist, was sich oben anders und einfacher erklärte, nun, so würde es eben beweisen, dass Xenophon auch ein wenig Sokratiker war.

Aber es giebt einen Typus, der den Idealkreis von Mem. § 28 noch besser, originaler repräsentirt als Xenophon, und in dem sich Xenophon erst wiedergefunden hat: das ist Herakles;

nicht der Herakles der Volkssage — der ist nicht das ausgesprochene ethische Ideal, nicht der Politiker, nicht der geschulte Stratege u. s. w., wie er § 28 verlangt wird, sondern der kynische Herakles, wie er uns namentlich in den dionischen Reden erhalten ist. Die *Ἀρετή* verkündet Herakles, dass die *ἀγαθὰ καὶ καλά* nur durch *πόνος* und *ἐπιμέλεια* zu erlangen seien: das eben ist gerade der ganze Sinn des antisthenischen „Herakles", dass er als Typus der *ἀρετή* den *πόνος* als *ἀγαθόν* erweisen soll (L. D. VI, 2), und auch im Speciellen entspricht der kynische Herakles ganz dem Programm der *Ἀρετή*: vor Allem in den Punkten 2—4 als der Mann, der durch die grösste sociale Leistung die grösste Anerkennung erreicht. Die Kyniker haben das *ἀγαπᾶσθαι, τιμᾶσθαι* und *ἐπ' ἀρετῇ θαυμάζεσθαι* des Herakles stark herausgearbeitet (Dio 31 (14) § 16. 47 (30) § 4. 69 (52) § 1 A. Luc. Cyn. 13 etc.), und zwar gerade, wie es in der Fabel § 28 verlangt wird, als Lohn der Wohlthaten. Sie schildern ihn *ἐπιθυμοῦντα — ὡς ἂν δύνηται πλεῖστα καὶ πλείστους εὖ ποιεῖν* (Dio I § 65 A), Gold und Kleiderpracht, unendliche Schätze und Heerden, ja ganze Königreiche und Staaten verschenkend: *ἐπίστευε γὰρ αὑτοῦ πάντα εἶναι καὶ οὐδὲν ἀλλότριον* — so heisst es zum Beweise, dass hier Antisthenes' Herakles citirt wird (L. D. VI, 11. Weber 245). *προσγενέσθαι δὲ τοῖς δοθεῖσι τὴν εὔνοιαν τῶν λαβόντων.* Er ist *τῆς γῆς καὶ τῶν ἀνθρώπων σωτήρ* (ib. 84 A) und thätig für die *κοινὴ σωτηρία* (31 (14) § 16 A Schl.). Der kynische Herakles erfüllt die Wünsche der *Ἀρετή* nicht nur im *πόνος*, nicht nur in der socialen Leistung und Geltung als solcher, sondern speciell darin, dass diese Leistung (was nicht ohne Umformung der Tradition möglich) politisch resp. strategisch ist zu Gunsten *τινὸς πόλεως* oder *Ἑλλάδος* oder der *φίλοι*. Er ist ein *ἄρχων ἐπιμελούμενος* der Vorzeit (Dio 30 (80) § 27 A), er besiegt Völker und macht sich zu ihrem König, verrichtet für Andere die kühnsten Heldenthaten — *οὕτω σφόδρα ἐπιεικῶς αὐτῷ χρῆσθαι τὸν πολίτην. τοὺς δὲ Ἀργείους καὶ Θηβαίους ἐπαινεῖν μὲν καὶ ἀγαπᾶν τὸν Ἡρακλέα* (47 (30) § 4 A). König *τῆς Ἑλλάδος ἁπάσης* und Schützer der *ἀρχή* (1 §§ 63. 84 A), wirkt er politisch segensreich als Tyrannenvernichter (1 § 63. 84. 5 § 21. 31 (14) § 16 A) und Züchtiger der *κακοῦργοι* (8 (7) § 35. 9 (8) § 17 A etc., vgl. Luc. Cyn. 13). Ferner, gemäss dem 7. Programmpunkt der *Ἀρετή*, erwirbt er sich grossen Kriegsruhm (31 (14) § 16. 47 (30) § 4 A etc.), befreit die Freunde und besiegt die Feinde, wovon ja auch die Mythen genug erzählten. Für den Kämpfer Antisthenes ist der Gegensatz der Freunde und Feinde grundlegend, und er hat gerade im Herakles seinen ethischen Helden als ἀξιέραστον und φίλον τῷ ὁμοίῳ vorgeführt (L. D. VI, 105); denn der Gute ist natürlich φίλος und σύμμαχος der Guten und μαχόμενος gegen πολλοὶ κακοί (L. D. VI, 11 f.), und so ist Herakles τοῖς ἀγαθοῖς βοηθῶν, τοὺς κακοὺς κολάζων (8 (7) § 30 A), er, der kynische Held der ἐλευθερία (L. D. VI, 71). Nur die Kyniker kennen den in der Fabel § 28 verlangten Feldherrn Herakles und bestreiten ausdrücklich die Tradition, dass er mit geringer Mannschaft (Dio 11 (10) § 57 A) oder gar allein ohne Heer (1 § 63 A) seine Siege errang, und Antisthenes hat sicher in der cheironischen Erziehung den Kriegsunterricht des Herakles behandelt, wie ja auch hier die Verbindung von μάθησις und ἄσκησις antisthenisch ist (vgl. oben S. 27).

Wie ihm neben dem Jagdhund der Wächterhund als Muster gilt, so preist Antisthenes neben dem Kämpfer den Hirten als politisches Ideal und schreibt als agrarischer Naturromantiker einen Οἰκονομικός, aus dem vermuthlich Xenophon die weise lehrende, ethisch feinfühlige, aufrichtige und gerecht, dankbar — eben den πόνος — lohnende Γῆ entnommen hat (vgl. oben S. 299 u. 370, 2). Die οἰκονομική gehört nach Antisthenes zum eigentlichen, höchsten Lehrobject, zur βασιλικὴ τέχνη, innerlich eins mit der politisch-strategischen τέχνη, die nur dasselbe κοινῇ leistet, was die Oekonomie ἰδίᾳ[1]). Dazu stimmt es vortrefflich, wenn nach den öffentlichen, socialen Leistungen die Ἀρετή in Nr. 5 und 6 die Privatwirthschaft, die Sorge für die Bodenfrüchte und die Heerden empfiehlt. Herakles als Held der Bauern und Hirten war ja schon eine gegebene Figur (vgl. oben S. 259), und auch der Kyniker rühmt ihn als Schützer der Fluren (vgl. z. B. Dio 47 (30) § 4 A). Bei der auch zum Ἀντισθένειος τύπος gehörigen Herakleswahl Dio 1 § 72 A (vgl. oben S. 312) ist die Umgebung der Βασιλεία μεστὰ καρπῶν τε καὶ ζῴων εὐθενούντων ἀπὸ παντὸς γένους, und ihr Sinnen und Trachten gehört nicht dem Golde, sondern τοῖς καρποῖς τε καὶ ζῴοις. Endlich 8. die Körperkraft konnten doch auch die Kyniker bei Herakles nicht vergessen, und sie haben ja wie hier die Ἀρετή die γυμνασία σώματος gefordert (Antisth. Frg. 65, 48. Gnom. Vat. ed. Sternb. 34. L. D. VI, 30. 70. Diog. ep. 37, 2); ja Diogenes führt dabei auch (L. D. ib.) specieller den Werth der γυμνασία für die ἀρετή, die εὐλυσίαν πρὸς τὰ τῆς ἀρετῆς ἔργα etc.

---

[1]) Vgl. oben S. 70 und für die Einheit der κοινά und ἴδια noch die Argumentation Diog. ep. 36, 2 f.

an, und wenn hier Mem. § 28 das σῶμα τῇ γνώμῃ (Gorgianismus?) ὑπηρετεῖν geübt werden soll, so ist gerade diese ὑπηρεσία σώματος unter dem Gedanken kynisch (vgl. oben S. 36), und so bezieht Diogenes auch den körperlichen πόνος auf die Seelenkraft als τέλος (Stob. III, 7, 17 H).

So schliesst das Programm der Ἀρετή in § 28 mit dem Worte, mit dem es begann: mit der Empfehlung des πόνος, d. h. mit dem Thema des antisthenischen Herakles. Dies Programm erfüllen, wie wir sahen, bei Xenophon am besten Agesilaos, Kyros und der καλοκἀγαθός des Oeconomicus; sie erfüllen es, weil aus ihnen, wie sich vielfach zeigte, das Echo spricht von Antisthenes' Herakles, Kyros und Οἰκονομικός. Und wenn es Xenophon (vielleicht mehr noch in Worten als in Thaten) so trefflich erfüllt, so begreift man eben, was ihn geistig zum Kyniker hinzieht. Jene Ideale aber sind eins bei Antisthenes: Herakles ist ihm βασιλεύς gleich Kyros und die βασιλικὴ τέχνη eins mit der καλοκἀγαθία und die οἰκονομική umfassend. In der antisthenischen βασιλικὴ τέχνη, in der ἀρετή δι' ἣν ἄνθρωποι πολιτικοὶ γίγνονται καὶ οἰκονομικοὶ καὶ ἄρχειν ἱκανοὶ καὶ ὠφέλιμοι τοῖς τε ἄλλοις ἀνθρώποις καὶ ἑαυτοῖς (Mem. IV, 2, 11, vgl. I, 387 ff. II, 71 etc.) erschöpft sich im Wesentlichen das Programm der Ἀρετή[1]), die es im echten Brustton kynischer Paränetik verkündet, getreu der antisthenischen Methode, die differenzirend aufzählt und immer relativ, nach Mittel und Zweck individualisirend, jedem Einzelnen das Passende zuweist (vgl. I, 444 ff.). Man mache sich doch endlich klar, dass es dem Altkyniker nicht darauf ankam, bettelhafte Sonderlinge, sondern Praktiker zu erziehen. Sonst hätte wahrlich Antisthenes nicht Rhetorik gelehrt, einen Οἰκονομικός[2])

---

[1]) Dass die Voranstellung des Göttercultus und das Princip der Gegenseitigkeit zwischen Göttern und Menschen gerade kynisch ist, s. unten und über das Specielle des kynischen Cultus inzwischen I, 554. II, 209.

[2]) Eine directe oder indirecte Nachbildung dieser antisthenischen Lobschrift möchte ich in dem Elaborat des anerkannt kynisirenden Musonios: περὶ γεωργίας ὅτι ἀγαθόν (Stob. flor. 56, 18. II p. 336 ff. M) erkennen. Lehrreich sind die Berührungen mit Xenophon, die sich eben aus der beiden gemeinsamen antisthenischen Quelle erklären; sie gehn bis in's Wörtliche: vgl. das Lobesprädikat für die bebaute Erde τροφός τε καὶ μήτηρ Stob. p. 338, 4 u. Xen. Oec. V, 17; aber gerade bei diesem Ausdruck gesteht Xenophon ein, dass er citirt, also eine agronomische Lobschrift vor sich hat. Die Wendung entspricht auch ganz der kynischen Verherrlichung der γῆ, die genügend Nahrung spendet (Diog. ep. 26. 33, 3. 36, 5. Plut. de vit. aere al. 7), auch das beste Lager bietet (s. die Stellen unten) und das beste Grab (vgl. oben S. 195 f.). Auch die weitergehende Personification der Erde als Vorbild der

und mehrere Staatsschriften geschrieben und allerlei Kriegshelden verklärt, hätte Diogenes nicht seine Zöglinge auf die Jagd geführt

---

δικαιοσύνη u. s. w., die bereits auf Antisthenes wies und ja nur ein Specialausdruck, ein Beispiel ist für die *φύσις* als Vorbild des kynischen Lebens, kehrt bei Musonios wieder. Antisthenes knüpfte sie wohl an den Vers an: *Κυκλώπων δ' ἐς γαῖαν ὑπερφιάλων ἀθεμίστων*, den er so verbessert, dass schliesslich die *γῆ* den *δίκαιοι* Alles spendet (Schol. ad Odyss. ι 106 p. 416 Dind.). Man vergleiche nun:

Xen. Oec. V, 4. 12:	Musonios Stob. II p. 337, 7 ff. M:
παρέχουσα δ' ἀφθονώτατα ἀγαθά — ἔτι δὲ ἡ γῆ — δικαιοσύνην διδάσκει· τοὺς γὰρ ἄριστα θεραπεύοντας αὐτὴν πλεῖστα ἀγαθὰ ἀντιποιεῖ.	*Ἀμείβεται γὰρ ἡ γῆ κάλλιστα καὶ δικαιότατα τοὺς ἐπιμελομένους αὐτῆς, πολλαπλάσια ὧν λαμβάνει διδοῦσα καὶ ἀφθονίαν παρέχουσα.*

In dieser *δικαιοσύνη* der *γῆ* haben wir aber gerade jenes **Princip der Gegenseitigkeit der Leistungen** ausgesprochen, **auf dem die Argumentation der Prodikosfabel** hier § 28 ruht, wie sie für diesen Specialpunkt lautet: *εἴτε γῆν βούλει σοι καρποὺς ἀφθόνους φέρειν, τὴν γῆν θεραπευτέον.* Kein Gut ohne *ἐπιμέλεια* und *πόνος*, lautet die These der Prodikosfabel, und auch Musonios zeigt, dass die Erde ihre Gaben nur spendet den *ἐπιμελόμενοι* (Stob. a. a. O.), den *φιλόπονοι* (ib. p. 337, 7), dem *βουλόμενος πονεῖν* (ib.11) und dass man auf dem Lande die Lehre empfängt: *ὅτι χρὴ πονεῖν* (p. 338, 31). Als Gegensatz dazu wird vom Kyniker die *μαλακία* bekämpft. Xenophon rühmt Oec. V, 4 in weiterer kynischer Ethisirung der Landwirthschaft, dass sie *ἀγαθὰ οὐκ ἐᾷ μετὰ μαλακίας λαμβάνειν*, und auch bei Musonios bilden die *μαλακοί* die Folie p. 337, 14 (vgl. dort auch noch kynischer *θρυπτικός*), p. 339, 15. Auch in der weiteren Verherrlichung des Landbaus, die übrigens bei Beiden z. Th. in einer Häufung paralleler rhetorischer Fragen geschieht (vgl. nam. Xen. Oec. V, 8 ff. Stob. p. 337, 15 ff. 338, 2 ff.), in denen der panegyrische Gorgianismus des Antisthenes nachklingt, gehen Xenophon und Musonios vielfach zusammen: die Landwirthschaft ist gesünder als das *σκιατραφεῖσθαι* (dies Wort haben Beide!) anderer, städtischer Berufe (Oec. IV, 2, vgl. V, 4. VI, 9. Stob. p. 338, 8, vgl. dazu oben S. 71); sie belastet nicht so sehr wie andere *ἔργα τὸ σῶμα*, dass auch die *ψυχή* niedergedrückt würde (Oec. IV, 2. VI, 5. 9. Stob. p. 337, 25 ff.); sie gewährt der *ψυχή* Musse (*παρέχει σχολήν*) zu höherer Thätigkeit (Oec. IV, 3. VI, 9. Stob. ib. 24, vgl. 338, 23 ff.); so ist sie *πρέπων* und *προσήκει* dem *ἐλεύθερος* (Oec. IV, 1. V, 1. 11. Stob. 337, 12. 18 f. 338, 9), eine männliche Thätigkeit (Oec. VII, 20 ff. Stob. 338, 6) und zeigt als passender, lehrreicher Beruf den *ἀνὴρ ἀγαθός* (Oec. IV, 25. Stob. 337, 15. 18 f. 339, 19. 25 f. 31), *καλοκἀγαθός* (Oec. VI, 8. VII ff. Stob. 338, 14) und *εὐδαίμων* (Oec. IV, 25. Stob. 338, 13), d. h. die kynische Idealität (s. unten); sie macht *αὐτουργούς*, so dass man sich nicht von Anderen nährt (Oec. V, 4. Stob. 337, 7. 338, 10 f. 17. 32), sie gestattet mehr Verkehr mit den Freunden und ein gemeinsames Geniessen (Oec. IV, 3. V, 10. VI, 9. Stob. 338, 27 ff. 339, 20—340, 2), sie erfreut die Götter (Oec. V, 3. 10.

(L. D. VI, 31) und als seine Kunst das ἄρχειν ἀνθρώπων bezeichnet, wäre er nicht als ἐπίτροπος der gute Dämon eines Stob. 337, 20. 338, 13), kurz Xenophon und Musonios erklären übereinstimmend, die Landwirthschaft allen anderen Erwerbs- und Lebensformen vorzuziehen (Oec. V, 12. Stob. 338, 2 f.). Aber hier zeigt sich auch der Unterschied zwischen dem Praktiker, dem Gutsherrn Xenophon, und dem kynischen φιλόσοφος, dem Musonios treuer folgt. Xenophon schildert die Landwirthschaft als solche, sein Held ist Landwirth wie er selbst; Musonios spricht vom φιλόσοφος und empfiehlt die Landwirthschaft nur als Erwerbszweig (πόρος, wie das Thema lautet) und Nebenbeschäftigung. Denn der arme kynische φιλόσοφος braucht nur ein kleines ἔργον, eben als Nebenbeschäftigung, um sich das nöthige Brot zu schaffen (vgl. Antisth. Xen. Symp. IV, 40). Nur das Nöthige, das ihm die Erde spendet, verlangt der Kyniker zum Leben (s. unten); darum preist Musonios die γῆ, dass sie πάντα τὰ ἀναγκαῖα πρὸς τὸν βίον bietet (337, 10, vgl. 338, 10). Aber es bleibt eine Nebenbeschäftigung, und sein Idealberuf ist nicht, wie bei Xenophon, das γεωργεῖν, sondern das ἅμα φιλοσοφεῖν καὶ γεωργεῖν (338, 1 f.). Die Hauptsache bleibt die φιλοσοφία (passim) und — echt antisthenisch — zugleich die παιδεία (337, 24. 338, 21. 339, 24); er hält es mehrfach für nöthig, die Landwirthschaft zu vertheidigen gegen den Vorwurf, dass sie das διανοεῖσθαι, λογίζεσθαι, φιλοσοφεῖν, διδάσκειν, μανθάνειν etc. hindere (337, 24. 29 ff. 338, 25. 340, 6 ff.), wie überhaupt die Abhandlung gleich der älteren, gerade antisthenischen Rhetorik einen apologetischen Ton hat und namentlich das vom Kyniker immer bekämpfte αἰσχρόν von der Landwirthschaft abwälzen will (337, 13. 15. 20). Er nimmt auch hier, wie der Kyniker, den Schimpf von der Arbeit und gerade von der körperlichen; desshalb spricht er weniger als der Junker Xenophon von der ἐπιμέλεια, die mehr dem Gutsherrn zukommt, als von πονεῖν und ἐργάζεσθαι. Der φιλόσοφος greift selbst zur Hacke, um zu zeigen, dass das ἔργον dem λόγος entspricht (338, 30 f.). Aber der λόγος darf nicht fehlen; denn der φιλόσοφος bleibt Pädagoge, dessen Ziel es ist, wie es mit echt kynischen Wendungen heisst, νέους προβιβάζειν εἰς φιλοσοφίαν (338, 22, vgl. I, 521 u. in dem antikynischen Euthydem 275 A u. öfter) und den ἀληθινοὶ ἐρασταὶ φιλοσοφίας zu nützen (338, 16 f.). Das kynische ὠφελεῖν (vgl. I, 521) zur Philosophie, παιδεία etc. tönt überall durch (338, 25 f. 339, 24. 26. 32). Der Bauernberuf ist χρησιμώτατος für den φιλόσοφος, heisst es zum Schluss; er verstattet ihm auch die ἀναγκαιότατα καὶ χρησιμώτατα(!) μαθεῖν (339, 8); denn die rechten Philosophen bedürfen nicht (οὐ δεῖ) πολλῶν μὲν λόγων und der Menge der Theoreme (339, 3 ff.). Das alles scheint ein Citat des Antisthenes, der Frg. 62, 32 das ἀναγκαιότατον μαθημάτων angiebt und Frg. 47, 6 erklärt: die Tugend sei τῶν ἔργων, μήτε λόγων πλείστων δεομένην μήτε μαθημάτων. Der λόγος lehrt nur (339, 2 f.) σωφροσύνη und δικαιοσύνη, d. h. die διδακτὴ ἀρετή des Antisthenes, und sein Hauptthema (Cic. de orat. III, 62) καρτερία. Antisthenes, nicht nur als Rhetor stets Antithetiker, kämpft als φιλόσοφος gegen die σοφισταί, die darum auch noch bei Musonios als die Vertreter des Schlechten erscheinen (338, 7. 339, 6), und zwar eben der unnützen Kenntnisse und des dem Kyniker verhassten städtischen Lebens (338, 7. 19. 27 f. 339, 22). Aus der städtischen Hyper-

οἶκος genannt worden (ib. 74) und von Phokion und vielen andern πολιτικοί gehört worden (ib. 76). Der Weise allein ist οἰκονομικός, χρηματιστικός, βασιλικός, στρατηγικός (Stob. ecl. II, 99. 108).

cultur will er zur Natur zurückführen (vgl. oben S. 260), und darum preist er den Ackerbau und neben ihm — vgl. wieder die Prodikosfabel § 28 — den Antisthenes besonders sympathischen Hirtenberuf: ἐγὼ τὴν ποιμενικὴν ἀσπάζωμαι μάλιστα 337, 32 f., vgl. 19 u. dazu oben S. 261. 266). Sehr lustig ist, wie Antisthenes (Schol. ad Odyss. ι 106 p. 416 Dind.) die homerische Fabel corrigirt, damit nur ja die Hirten gut dastehn, und nur Polyphem ungerecht sein lässt, die übrigen Kyklopen aber gerecht und reichlich von der Erde bedacht. Musonios weiss, dass dem Kyniker die Nahrung von der Erde (ἀπὸ γῆς) die liebste ist, weil sie κατὰ φύσιν ist (338, 4). Er hat auch sonst die kynischen Termini energischer und präciser hervorgehoben als Xenophon (s. die Stellen oben): den πόνος, den ἀνὴρ ἀγαθός (besonders häufig!), den θεοφιλής, den αὐτουργός. Das Ideal des Kynikers ist die αὐτάρκεια, die keiner fremden Hülfe, auch keiner Bedienung bedarf, und es ist genau seine Lehre, was Musonios 338, 9 ff. ausspricht: ἐλευθεριώτερον αὐτὸν αὑτῷ (vgl. Antisth. Frg. 64, 44) μηχανᾶσθαι τὰ ἀναγκαῖα ἢ παρ᾿ ἑτέρων λαμβάνειν, ἀλλὰ φαίνεται τὸ μὴ δεῖσθαι ἄλλου πρὸς τὰς χρείας τὰς αὐτοῦ πολὺ σεμνότερον ἢ τὸ δεῖσθαι. Vgl. 338, 31: χρὴ πονεῖν — μᾶλλον ἢ ἑτέρου δεῖσθαι τοῦ τρέφοντος. S. die kynischen Stellen unten und vgl. inzwischen Diogenes bei Dio X § 11: οὐ δεῖται πλείονος τροφῆς ὁ ἄνθρωπος ἢ δυνατός ἐστιν αὐτῷ πορίζειν. Xenophon denkt darüber wohl anders (Hipparch. VIII, 7 f.) und findet sicherlich die Sklaven nicht unnöthig. Der Kyniker ist nicht in der Lage, auf eigenem Boden den gepriesenen Pflug zu führen (Antisth. Xen. Symp. III, 8). Darum beginnt Musonios sogleich damit, dass man ja auch fremdes Land bewirthschaften und damit reichlich seine Nahrung finden könne. Antisthenes schrieb περὶ ἐπιτρόπου, und Diogenes war ein trefflicher ἐπίτροπος in fremdem οἶκος (L. D. 74). Verschieden von Xenophon beurtheilt der kynisirende Musonios auch den Socialwerth der Landwirthschaft. Jener freut sich der Musse für die φίλοι, dieser nimmt den Verkehr rein pädagogisch und preist sehr wortreich 339, 20 — 340, 10 das Landleben als die schönste Gelegenheit, Tag und Nacht vom engsten, ständigen Verkehr mit dem Lehrer zu profitiren — genau das, was der fanatische παιδεύων Antisthenes Symp. IV, 43 f. als sein höchstes Glück preist; dadurch, meint Musonios, bleibe kein gutes oder schlimmes Thun dem Tugendwächter verborgen; der Kyniker fordert, öffentlich und geheim dasselbe zu thun (Antisth. Frg. S. 9) und spielt den moralischen ἐπίσκοπος (vgl. Norden, Jhrb. f. Ph. Spl. 19, 378); die συνουσία(!) (vgl. zu den συνόντες des Musonios I, 533) auch beim Essen und Trinken sei erzielich werthvoll, — wir werden später sehen, wie wichtig die pädagogische Tischgenossenschaft dem Kyniker ist, dem Xenophon dieselbe pädagogische Begründung der spartanischen Syssitien nachspricht (de rep. Lac. V). Musonios beruft sich dafür — sicher nicht selbständig — ausführlich auf Theognis, über den Antisthenes speciell geschrieben hat, und vor Allem wird natürlich jener Vers citirt, den der Kyniker und nach ihm Xenophon (vgl. oben S. 352, 2) für die Genesis der Tugend besonders ausgenützt hat. Es geht bei Anti-

ε. *Antisthenes' Ponosschriften bei Dio III und bei Xenophon.*

Nun eine Wendung, die, durch ein Zwischenwort der *Κακία* § 29 hervorgerufen, dem abhängigen Xenophon Anlass giebt, auf den „Autor" (ὥς φησι Πρόδικος) und das Grundmotiv der Fabel von den zwei Wegen zurückzublicken. Im Gegensatz zu dem schwierigen und langen Weg der Ἀρετή ‘rühmt sich die *Κακία*: ῥᾳδίαν καὶ βραχεῖαν ὁδὸν ἐπὶ τὴν εὐδαιμονίαν ἄξω σε — wie die hedonische Ἀπάτη in der Diogenesrede Dio IV § 114 A: ὑπισχνουμένη πλῆθος ἀγαθῶν, ὡς ἐπ᾽ αὐτὴν ἄγουσα τὴν εὐδαιμονίαν. Dieser Einwand greift gerade der kynischen Ἀρετή an's Herz, muss sie zum grossen Schlage, zur Hauptrede reizen: denn die kynische Ἀρετή will ja gerade die σύντομος (nicht μακρὰ) ὁδός sein und gerade ἐπ᾽ εὐδαιμονίαν führen, die von den Kynikern eher mehr als von Anderen als τέλος festgehalten wurde (L. D. VI, 11. 44. 71. Diog. ep. 37 etc.). Im Innersten getroffen, greift nun die kynische Ἀρετή ihrerseits den Feind auf seinem eigensten Gebiet an. Auf die kyrenaische Lehre eintretend, der sich die εὐδαιμονία in die einzelnen ἡδοναί zersetzt, streitet sie der Gegnerin ein ἡδύ nach dem anderen ab. Ob Xenophon diese, nur zwischen Kyniker und Kyrenaiker mögliche Kampfsituation klar geworden ist?

Die kynische Ἀρετή forderte den πόνος, die *Κακία* nennt dies einen Umweg und behauptet direct zu den ἡδοναί zu führen, und nun widerlegt dies die Ἀρετή und zeigt, dass jedes wahre ἡδύ ein πράττειν, eben einen πόνος voraussetzt. Diese Grundthese der folgenden Ausführungen ist antisthenisch (Frg. S. 59, 12): Ἀντισθένους. Ἡδονὰς τὰς μετὰ τοὺς πόνους διωκτέον, ἀλλ᾽ οὐχὶ τὰς πρὸ τῶν πόνων. Antisthenes hat den Werth des πόνος an

---

sthenes nicht ab ohne Berufen bald auf Dichter, bald auf alte Beispiele, deren auch Musonios 337, 20. 338, 14 ff. einige bringt. Alt müssen sie sein, die der Kyniker würdig findet ζηλοῦν τε καὶ μιμεῖσθαι (338, 19, vgl. Luc. Cyn. 14), und gottgeliebt und göttlich sanktionirt (337, 20. 338, 14 ff.) wie die alten Helden, die Xenophon Cyneg. I, wie man weiss, aus dem antisthenischen Herakles citirt, und wie der kynische Sokrates. Ein Beispiel des Musonios ist Hesiod, an den ja auch unsere Fabel und der Kyniker in seiner Naturverklärung und sonstigen Idealität anknüpft. Ein Anderes ist der sonst wenig genannte, vom Gott für σοφός erklärte Myson, den aber Plato gerade in der Persiflirung der antisthenischen Lakonistik (vgl. Dümmler, Akad. 51, 1 und I, 359. II, 211 etc.) unter den sieben Weisen aufführt (Prot. 343 A). Man sieht, Musonios, der einen andern Hauptgesichtspunkt, z. Th. anderes Material und schärfere Termini und Alles noch treuer kynisch als Xenophon giebt, schöpft nicht aus diesem, wohl aber nach den Uebereinstimmungen Beide aus einer Quelle, die nur Antisthenes sein kann.

Herakles und Kyros illustrirt (L. D. VI, 2): darum klingt jene antisthenische These bei Xenophon am lautesten einerseits in der Prodikosfabel, andererseits in der Cyropädie nach; Kyros mahnt dringend und ist selbst am ehesten bereit zum προπονεῖν vor dem εὐφραίνεσθαι (Cyr. VII, 5, 80. VIII, 1, 32) und kann zum Ruhm seiner Truppen sagen: πόνους δὲ τοῦ ζῆν ἡδέως ἡγεμόνας νομίζετε ib. I, 5, 12, worin zugleich eine kynische Personification und der Wegvergleich steckt. Die tüchtigen Feldherren der Hellenika schätzen ebenso das προπονεῖν. Xenophon's Liebling Teleutias ermuntert seine Leute: ἡ πόλις — εὖ ἴστε ὅτι τἀγαθὰ καὶ καλὰ ἐκτήσατο οὐ ῥᾳθυμοῦσα, ἀλλ' ἐθέλουσα καὶ πονεῖν — νῦν — ἡδέως μὲν συμπονῶμεν, ἡδέως δὲ συνευδαιμονῶμεν (Hell. V, 1, 16), und in Iason's Musterheer haben Alle gelernt, ὅτι ἐκ τῶν πόνων καὶ τὰ μαλακὰ γίγνεται (ib. VI, 1, 15). Es ist nicht das erste Mal, dass uns in den (doch immer mehr theoretischen) Reden der späten Hellenika kynische Farben begegnen[1]). Doch stimmt natürlich auch Xenophon aus eigener Erfahrung zu: man sehe nur z. B., wie nach den Strapazen im Karduchenlande die Zehntausend μάλα ἡδέως die Ruhe und Erinnerung geniessen (Anab. IV, 3, 2).

Vor Allem wird der eigentliche Grundgedanke von Mem. § 30: die grössere Genussfähigkeit, hedonische Glückseligkeit des φιλόπονος gegenüber dem τρυφῶν in der III. dionischen Rede ausgeführt, die wir näher betrachten müssen, weil sie für das Verhältniss der Mem. und der andern hier gerade herangezogenen Schriften Xenophon's zu Antisthenes' Ponosschriften wichtige Aufklärungen bringt. Für den „sokratischen" Theil (§§ 1—42 A) hat man bereits durch Vergleichung mit dem Themistius Tugendrede auf eine kynische Quelle geschlossen[2]), und es ist ja auch fast selbstverständlich, dass der Kyniker den Gegensatz herausgearbeitet zwischen dem Sokrates πένης und dem Perserkönig, zwischen dem, der παμπληθεῖς πόλεις, πάμπολλα ἔθνη etc., und dem, der keine Scholle (§ 33, vgl. Antisth. Frg. S. 54, 21. Xen.

---

[1]) Es spricht doch für das Theoretische des Begriffs, dass πόνος (πονεῖν) in der Hellenika nur 8 Mal und zwar ausschliesslich in Reden (resp. 2 Mal in Erwägungen) erscheint: III, 5, 12. IV, 8, 9. V, 1, 16. 3, 8. VI, 1, 5. 15 (2 Mal). VII, 5, 19. Dasselbe gilt von der Anabasis, wo das Wort nur 4 Mal ausschliesslich in den zahlreichen Reden des Schlussbuches auftritt: VII, 3, 31. 6, 9. 36. 41. Vgl. dagegen die hohen Ziffern in den theoretischen Schriften, nam. im Cynegeticus (30) oben S. 102 ff.

[2]) Vgl. Bücheler, Rhein. Mus. 27 S. 451, 1. Weber, Leipz. Stud. X, 233 f.

Symp. III, 8) sein eigen nennt und doch stärker (ἰσχυρός!) und mächtiger ist als jener; denn er hat — das ist der höchste Stolz des Antisthenes Xen. Symp. IV, 34 ff. — seinen Besitz in der ψυχή (Dio § 2), d. h. er hat die ἀρετή und damit die εὐδαιμονία. Das ist aber die grosse Lehre des Antisthenes, wohl im Herakles: αὐτάρκη τὴν ἀρετὴν πρὸς εὐδαιμονίαν, μηδενὸς προσδεομένην ὅτι μὴ Σωκρατικῆς ἰσχύος. Die Themata des sokratischen Theils bei Dio sind die des Herakles resp. der andern antisthenischen Ponosschrift, des Kyros: ἀρετή (Dio §§ 3. 9. 11. 14. 17 f. 26. 42), εὐδαιμονία (1 f. 29. 39), πόνος (3 ff. 8. 19. 34. 40 — 9 Mal!), βασιλεία (denn nicht nur Kyros, auch Herakles ist für die Kyniker βασιλεύς, der aber eben seine Reiche verschenkt, s. Dio 1 § 62. 84. 47 (30) § 4 A); selbst von ἔπαινος und κολακεία, mit deren Behandlung §§ 12—24 Dio so persönlich die „sokratische" Erörterung zu durchbrechen scheint, war im Herakles laut Frg. III S. 16 W die Rede (vielleicht auch im Kyros: βασιλικόν — κακῶς ἀκούειν Frg. III S. 18). Als Gegentheil der κολακεία = ἀπάτη erscheint ja die urkynische παρρησία = ἀλήθεια und ἐλευθερία (§§ 2. 12 f. 19); die Κολακεία geht zudem als Parallele mit der Κακία, Τυραννίς etc. im Ἀντισθένειος τύπος zusammen (s. oben S. 329), und es klingt doch ebenso kynisch, wenn die ἡδοναί zu κόλακας und die πόνοι zu ἐλέγχους ἀρετῆς werden (§ 3) wie wenn die κολακεία zur αἰσχίστη τῶν κακιῶν wird, weil sie τὰ τῆς ἀρετῆς ἔπαθλα τῇ κακίᾳ δίδωσιν (17 f.). Man sieht, es sind ganz die Antithesen des Herakles, der kämpft gegen ἡδονή, τρυφή, ῥᾳθυμία und allerlei πάθη (3 ff. 14 ff. 19. 34. 40). Der da spricht, ist der uns aus den Mem. bekannte kynische Sokrates προτρέπων πρὸς ἀρετὴν καὶ βελτίους ποιῶν (§ 42, vgl. I, 454 ff. 505 ff. 520 ff.); natürlich geht's nicht ohne Homercitate (9. 31), und die ἀρετή wird nach den Kardinaltugenden (§§ 7. 10. 32) differenzirt unter specifisch kynischer Voranstellung der φρόνησις (vgl. nam. 6. 10. 21 etc.). Vor Allem aber wird der „wahre" König (39) ganz nach Antisthenes bestimmt als der gute Hirte (41), der νομίμως καὶ δικαίως ἐπὶ τῷ συμφέροντι τῶν ἀρχομένων ἐπιμελεῖται, ohne es vom eigenen συμφέρον zu scheiden (39, vgl. oben S. 78 f.). Gegenüber dem knechtenden φιλήδονος, φιλοχρήματος etc., der trotz Scepter und Tiara Tyrann ist (40 f.), steht der „wahre" König als φιλόπονος und φιλάνθρωπος[1]), ganz wie Herakles πάντων ἀνθρώπων

---

[1]) Vgl. den kynisch-stoischen König als Wohlthäter der Menschen noch Muson. Stob. fl. II, 271, 22 M. Schwartz, Rh. M. 40, 539.

σωτήρ καὶ φύλαξ und, ganz wie der xenophontische Kyros, nur den Feinden furchtbar, den Seinigen ein Vater, voll προνοια ὠφελῶν, Antheil gebend an seiner ἀρετή und εὐδαιμονία (5 f. 9. 39. 41). Ganz wie bei Herakles ist es eine ἀρετὴ τῶν ἔργων (5. 11. 19 etc.), ganz wie bei Kyros stärkt den guten βασιλεύς das Bewusstsein, dass seine ἀρετή von allen Menschen gesehen wird[1]), dass sie als Muster ansteckt und er πονῶν zum συμπονεῖν veranlasst (8 f. 11, vgl. Cyr. I, 6, 25. VII, 5, 55. VIII, 1, 21 ff. 7, 23).

Mit § 42 werden für die gleichen Lehren die Nachfolger des Sokrates (οἱ μετ' αὐτόν) citirt, und die Kyniker verrathen sich im Folgenden in immer markanteren Zügen, die zugleich den Kynismus der vorangehenden „sokratischen" Lehren bestätigen. Aber wir werden auch Xenophon mit überraschenden Parallelen einschlagen sehen, sodass man erkennt, wie er aus einem einheitlichen kynischen Gedankengewebe einzelne Fäden herausgezogen hat. § 42: αὐτὰ δὲ πρῶτα δηλοῖ τὰ ὀνόματα τὴν διαφορὰν τῶν πραγμάτων. Für Antisthenes ist eben die ὀνομάτων ἐπίσκεψις das Erste (Frg. S. 33, 1), und seine Methode geht auf die διαφορά (vgl. I, 355 u. öfter). Die Antithese zwischen der idealen βασιλεία und der verhassten Tyrannis ist für den Kyniker grundlegend, und die διαφορά wird nun hier 43 f. ganz nach Antisthenes (vgl. oben S. 78 f.), wie in der seinem τύπος entsprechenden Heraklesfabel Dio or. I und wie bei Xenophon Mem. IV, 6, 12 bestimmt: die βασιλεία als νόμιμος, die Tyrannis als βίαιος καὶ παράνομος. Von der weiteren Specialisirung der Verfassungen in einem späteren Abschnitt! Aber schon jetzt erräth man, dass der Kyniker keine andere als die hier bei Dio §§ 43—50 vorgeführte Liste aufstellen konnte. Aristokratie (Oligarchie) und Demokratie sind noch in Griechenland gegeben. Doch der Kyniker, dem das Moralische einziges Kriterium und Alles relativ ist gegenüber der ἀρετή und κακία (L. D. VI, 105), muss auch in die Politik seine ethische Antithetik tragen und folglich für jede Verfassung, da sie relativ ist, einen Typus der ἀρετή (vgl. hier 45. 47) und einen der κακία aufstellen. So erhalten wie seine βασιλεία auch Aristokratie und Demokratie ihr schwarzes Gegenbild[2]), und es ist ja klar, dass nächst der

---

[1]) Vgl. Diogenes ep. 46: die ἄνθρωποι ὠφελεῖν, dadurch dass ich ihnen als solcher φαίνομαι.

[2]) Auch als παράνομος von der νόμιμος differenzirt (§ 48); das beruht eben auf der antisthenischen These νόμιμον = δίκαιον; darin liegt die Lösung der Alkibiadeselenktik Mem. I, 2, 41 ff. Das Kriterium aller Dinge,

Tyrannis gerade der Kyniker die Plutokratie (§ 48) hassen muss; es ist ferner überliefert, dass Antisthenes die *δημαγωγοί* (§ 49) und die Volkswahl bekämpfte (Athen. V, 220 D. L. D. VI, 8). Es ist weiter nothwendig, dass der kynische Verächter der *πολλοί* der *ἀρετῇ δήμου* (§ 47) weniger traut als der der *ὀλίγοι*, demnach die wirkliche *ἀριστοκρατία* über die Demokratie stellt, und endlich — um auch das letzte Stück der Liste als kynisch einzufügen — wird der Schwärmer für die patriarchalische *βασιλεία* den Vorzug der Monarchie bewiesen haben wie hier, zunächst auf seinen geliebten Homer (§ 46) und dann — noch kynischer — auf die *φύσις*, die Thiere blickend, und man hat längst den Vergleich des Herrschers mit dem Hirten und der Bienenkönigin (§ 50, vgl. Xen. Mem. III, 2. Cyr. I, 1. V, 1, 24. Oec. VII, 32 ff. Plat. Rep. 520 B. Polit. 267 ff. Epict. π. κυν. III, 22, 35. 99. Muson. Stob. fl. III p. 5, 2 ff. M. Dio IV §§ 62 f. A) Antisthenes zugewiesen. Endlich § 50 der Hinblick auf die göttliche Monarchie des Alls, der gerade für den antisthenischen (schon stoisch anklingenden) Deismus nahe liegt.

Wichtig ist nun die Auffassung der Herrscherthätigkeit als *πρόνοια* (§§ 43. 50) — wie bei Xenophon (namentlich an Kyros gezeigt!), die § 52 der göttlichen Fürsorge parallel gesetzt wird — auch wie bei Xenophon (Bd. I S. 126). Er scheint aber nach Dio nicht nur in der Betonung der *πρόνοια* dem Kynismus zu folgen, sondern auch in der Voranstellung der Götterverehrung als *πρῶτον*(!) der Herrscherpflichten (§§ 51 ff.). Aber weiter! Die nun folgende Ethisirung der Frömmigkeit und speciell die Anschauung, dass die Götter nicht *θυσίαις χαίρειν τῶν ἀδίκων ἀνδρῶν*, sondern mit *καλοῖς ἔργοις* und *δικαίαις πράξεσιν* zu ehren sind, ist ja echt kynisch, kehrt bei Krates und — bei Xenophon wieder (Jul. or. VI, 200 A. Mem. I, 3, 3, vgl. I, 554)[1]. Und wenn der ideale *βασιλεύς* ausser den Göttern auch an die zu Heroen aufgestiegenen *ψυχαί* der *ἀγαθοὶ ἄνδρες* glaubt (§ 54), so glaubt er an den kynischen Herakles.

Noch deutlicher weist auf die antisthenischen Ponosschriften Kyros und Herakles der folgende Nachweis, dass jeder in *τῇ αὐτοῦ πράξει πονῶν ἥδεται* — ganz wie Mem. II, 1, 18 f. und Cyneget. XII f. (= Herakles) im Hinblick auf die *κυνηγεσία*

---

auch des juristisch-politischen, soll eben das Ethische sein, das *δίκαιον* das einzige absolute *ἀναμφιλογώτατον* (Antisth. Symp. III, 4).

[1]) Ferner würde die Lesart (bloss) *κατὰ δύναμιν* Dio § 53 zu Mem. I, 3, 3 stimmen.

und — wie im Oecon. — auf die γεωργία (Dio 56). τὸ αὑτοῦ (= οἰκεῖον) πράττειν (ib. 55) ist der antisthenische Ausdruck für das rechte, besonnene Thun (vgl. I, 489 f.). Für den βασιλεύς besteht es nach Dio ib. im ὠφελεῖν ἀνθρώπους — siehe Kyros und Herakles, die königlichen Ponoshelden! 6 Mal wird hier in 13 Zeilen §§ 56 ff. der πόνος (ἐπίπονον) hervorgestellt gegenüber dem φιλήδονος (!) etc. Die von der Gottheit eingesetzte ἀρχή (Diogenes! L. D. VI, 29 f.) und πρόνοια (!) des φρόνιμος (!) über den ἀνόητος ist keine ῥαθυμία, sondern eine ἐπίπονος ἐπιμέλεια (!) (Dio 62); vgl. Kyros (!): ἐγὼ δὲ οἶμαι τὸν ἄρχοντα οὐ τῷ ῥᾳδιουργεῖν χρῆναι διαφέρειν τῶν ἀρχομένων, ἀλλὰ τῷ προνοεῖν καὶ φιλοπονεῖν (Cyr. I, 6, 8). Nach einem Vergleich mit dem Steuermann, den der Kyniker sehr hoch stellt (L. D. VI, 24. 30 etc.), wobei er für die Nachtwachen des ἐπιμελούμενος (Dio 65) das Homercitat bereit hatte (Diogenes Theo Sophist. Progymn. c. V. Epiktet diss. III, 22, 92), wird Dio 66 f. die selbstlose ἐπιμέλεια des στρατηγός für Bewaffnung, Gesundheit, Ernährung, Rettung der Soldaten und Pferde vorgeführt — ganz wie bei Kyros, beim Hipparchen u. s. w. (vgl. oben S. 108 ff.) und Mem. III, 1—3.

Wenn es bisher noch zweifelhaft sein sollte, das Folgende macht es unwiderleglich, dass hier eine Lobschrift auf den πόνος zu Grunde liegt. Nachdem für den ἄρχων jeder Art, für den τεχνίτης, στρατηγός der nothwendige grössere πόνος erwiesen, werden Dio 68 f. Seele und Körper gegeneinander gehalten. Das Bindeglied der Argumentation ist nur der πόνος als Kennzeichen höheren Werths: πανταχῇ ἐπιπονώτερον ψυχὴ καὶ ταλαιπωρότερον σώματος, ὅμως δὲ θειότερον καὶ βασιλικώτερον (69). Dieselben Prädikate giebt auch Xenophon Mem. IV, 3, 14. Cyr. VIII, 7, 20 f. ganz nach dem Kyniker (vgl. oben S. 242 u. unten) der ψυχή gegenüber dem ἀνόητον σῶμα (Dio 68). Die pessimistische Auffassung der αἰσθήσεις und der Gedanke, dass der sich rasch auflösende Leib den Tod nicht empfindet (ib. 68 f.), sind uns gute Bekannte aus der kynischen Consolation. Der Kyniker als Ethiker des Willens, der seelischen Herrschaftsfunction liebt die Herrschaftsvergleiche und fühlt sich als seelischer βασιλεύς. Nach der ψυχή als βασιλικώτερον σώματος wird an einem anderen ἡγεμονικώτερον der Vorzug des πόνος gezeigt: am Manne im Vergleich zum Weibe, und wieder schlägt Xenophon ein:

Dio III §§ 70 ff. A:

ἰσχυρότερον καὶ ἡγεμονικώτερον ἀνὴρ γυναικός· ἀλλ' ἐκείναις μὲν τὰ πολλὰ τῶν ἔργων κατ' οἰκίαν ἐστί, καὶ ἄπειροι μὲν ὡς τὸ πολὺ χειμώνων διατελοῦσιν, ἄπειροι δὲ πολέμων, ἄπειροι δὲ κινδύνων. τοῖς δὲ ἀνδράσι προσήκει μὲν στρατεύεσθαι, προσήκει δὲ ναυτιλίας, ἀνάγκη δὲ ἐν ὑπαίθρῳ τὰ ἔργα διαπονεῖν.

Oecon. VII, 23:

ῥίγη μὲν γὰρ καὶ θάλπη καὶ ὁδοιπορίας καὶ στρατείας τοῦ ἀνδρὸς τὸ σῶμα καὶ τὴν ψυχὴν μᾶλλον δύνασθαι καρτερεῖν κατεσκεύασεν· ὥστε τὰ ἔξω ἐπέταξεν αὐτῷ ἔργα· τῇ δὲ γυναικὶ ἧττον τὸ σῶμα δυνατὸν πρὸς ταῦτα φύσας τὰ ἔνδον ἔργα αὐτῇ προστάξαι μοι δοκεῖ ὁ θεός. Vgl. Cyr. VII, 2, 28, wo auch, wie bei Dio, die Frage über die μακαρία des weibischen μαλακὸς βίος ohne Sorgen und Kriege durch einen asiatischen König illustrirt wird.

Dio hat zwar hier nicht die teleologische Wendung des Oeconomicus, aber merkwürdiger Weise holt er sie nach und überrascht uns nun §§ 73—82 durch eine volle Parallele zu Mem. IV, 3, 3—5. 8 f.; nur dass er die Sonne als θεός statt der Götter einsetzt. Die Sonne sorgt nur für die Bedürfnisse der Menschen, sie giebt uns das nothwendige Licht, sie lässt Alles wachsen und gedeihen auf Erden und schafft uns Nahrung. Die Nacht als nothwendiges ἀναπαυτήριον, die Bedeutung der Jahreszeiten und ihr erträglicher, weil allmählicher Wechsel — das alles wird bei Dio ganz wie in den kosmologischen Paragraphen von Mem. IV, 3 anthropologisch-teleologisch abgeleitet. Der Hauptgesichtspunkt ist τὸ ἡμῖν συμφέρον, und die Harmonie des unwandelbaren, herrlichen Kosmos wird auch wie in den Mem. gepriesen. Der θεὸς ὁ πάντων κάλλιστος καὶ φανερώτατος, die Sonne, zeigt sich stets als ἀνθρώπων ἐπιμελούμενος und φιλάνθρωπος (vgl. Mem. IV, 3, 5. 7 Schl.). Interessant ist nun, wie Xenophon das antisthenische Original durch Unterschiebung eines anderen Subjects für seine Tendenz verwandelt hat. Spuren davon, dass als ursprüngliches Subject garnicht die populären Götter, sondern die Sonne als sichtbare Gottheit fungirte, treten in Mem. IV, 3 hervor schon in dem merkwürdigen Ausgehen der ganzen teleologischen Argumentation vom Licht als πρῶτον, als erstem Lebensbedürfniss (§ 3) und anschliessend § 4 Anf.: ὁ ἥλιος φωτεινὸς ὢν τάς τε ὥρας κ. τ. λ. σαφηνίζων, ferner §§ 8 f.: der für uns so zweckmässige Lauf des ἥλιος, und § 14: Ἥλιος als sichtbar scheinender Repräsentant der Gottheit persönlich genommen.

So ist es nicht Willkür, dass die Teleologie der Mem. in
zwei abliegende Capitel vertheilt ist. Es liegen ihr ursprünglich bei Antisthenes zwei grössere, verschiedene und zwar moralpädagogische Reflexionen zu Grunde; Xenophon löste hier und
dort das für ihn Erbauliche heraus und gab beiden Stücken die
Wendung vom Menschlichen, Moralpädagogischen zum populär
Religiösen, zu blossen Frömmigkeitsmahnungen, deren anthropologisch-teleologische Einseitigkeit längst hätte auffallen sollen.
Doch die erste zoologische Teleologie (Mem. I, 4, in die aber
Xenophon, da er beiden gleiche Tendenz gab, mit IV, 3, 10
zurückfällt) dient bei Antisthenes, die Culturfähigkeit des Menschen,
des göttlichen Thieres, die διδακτὴ ἀρετή zu erweisen (vgl. Bd. I
S. 549). Die zweite, kosmologische (Dio 73—82. Mem. IV,
3, 3 ff. 8 f. 13 f.) gehört bei Antisthenes in das Lob des
πόνος. Beide aber weisen mit ihrem Thema in den Herakles[1])
oder in den Kyros, der ja auch das Lob des πόνος und wohl
eine Κύρου παιδεία, jedenfalls eine Lehre der βασιλικὴ ἀρετή
(Frg. S. 18, 3) enthielt. Das eben zeigt, dass Dio III, Mem.
II, 1 und Antisthenes' Herakles resp. Kyros eines
Stammes sind: alle erweisen den πόνος als glückbringend und zwar am βασιλεύς (Thema Dio's, Titel des
Kyros und des kynischen Herakles) oder ἀρχικός (von dem
Mem. II, 1 handelt, vgl. § 1). Dio zeigt, dass stets das Herrschende
mehr πόνος hat und doch glücklich in seiner Funktion ist: der
wachende Steuermann, der sorgende Feldherr, die Seele gegenüber dem Körper, der Mann gegenüber dem Weibe und nun
τὸ μέγιστον (§ 73): die göttliche Sonne, die in rastlosem Dienste
sich müht um das Wohl der Menschen, und nach ihrem Vorbild
soll auch der θεοφιλής (vgl. Diogenes L. D. VI, 72) und φρόνιμος (!) sich in der φιλανθρωπία (!) mühen und dann: οὐκ ἄχθεται
καρτερῶν (§§ 82 f.). Hier begreift man, wie die φύσις, und z. Th.
ja gerade die kosmische φύσις, als kynisch-stoisches Ideal praktisch
sein konnte[2]). Aber gerade zu den beiden antisthenischen Welt-

---

[1]) L. D. VI, 2. 105. Dazu stimmt auch, dass die zoologische Teleologie sich im Prometheusmythus zeigte (I, 547 ff.) und nach Themist. Rhein.
Mus. 27 S. 450 Prometheus im Herakles eine Rolle spielte (vgl. später).

[2]) Das πονεῖν der Sonne und Gestirne wird auch z. B. bei Philo
(De Cherub. 26 p. 155) behandelt; der ebenso stoisch beeinflusste Autor des
Phokylideischen Gedichts bringt ib. 162 f. geradezu das Prodikosthema mit
dieser kosmischen Beziehung: οὐδὲν ἄνευ καμάτου πέλει ἀνδράσιν εὐπετὲς
ἔργον | οὐδ' αὐτοῖς μακάρεσσι πόνος δ' ἀρετὴν μέγ' ὀφέλλει. Die

heilanden des πόνος hat das Sonnenideal besondere Beziehung. Sollte nicht bereits der kynische Mythenerklärer die doch nicht anhaltlose Sonnendeutung für seinen Herakles gehabt haben? Und Xenophon hat den auffälligen Helioscult des Kyros (Cyr. VIII, 3, 12. 24. 7, 3) auch nicht erfunden. Auch Dio 36 (19) §§ 39 ff. A bringt über den persischen Cult des φανερὸς ἥλιος (vgl. Dio III, 82) unter Berufung auf Zoroaster einen Magiermythus, in dem man bereits ein getreues Abbild der Kosmogonie der ältesten Stoa erkannt hat (Schwartz, Rh. M. 40, 239). Man sollte ihn aber bereits auf den kynischen Vater der Stoa zurückschieben, den eifrigen Mythographen (Jul. VII, 215) und Kyrosschriftsteller, dem man mit Recht und mindestens nicht ohne Grund einen Μαγικός zuschrieb (vgl. oben S. 166), zu dessen Zeiten allein eine Verherrlichung Altpersiens Sinn hatte, und der auch nach anderen Spuren (I, 499) sich für den Urphilosophen Zoroaster und die magische Theologie interessirt hat. Der sterbende Kyros, der Gnom. Vat. (Wiener Stud. XI) 378 die Freunde tröstet: θαρρεῖτε καὶ γὰρ ὁ ἥλιος δύνει, gehört sicherlich unter die Fragmente des antisthenischen Kyros. Uebrigens ist auch sonst der ἥλιος dem Kyniker praktisches Vorbild (L. D. VI, 63); eine besondere Schätzung der Sonne verräth auch der bekannte Wunsch des Diogenes vor Alexander (L. D. 38, vgl. Diog. ep. 33, 1) und noch Anderes[1]), vor Allem aber der ἥλιος als δίκαιον im kosmischen System des Antisthenes, wie Dümmler, Akad. 136 ff., nachgewiesen.

Treu nach Antisthenes heisst es nun Dio § 83: die πόνοι bringen Gesundheit, Rettung und guten Ruf — ganz der Inhalt der Herakleskopie Xen. Cyneg. XII f. —, die τρυφή das Gegentheil; die πόνοι werden durch sich selbst leichter, τὰς δὲ ἡδονὰς μείζους καὶ ἀβλαβεστέρας, ὅταν γίγνωνται μετὰ τοὺς πόνους. Das ist geradezu ein antisthenisches Citat (Frg. S. 59, 12):

μάκαρες sind die Gestirne. Vgl. Wendland, Neue Fragmente Philo's S. 144 f.

[1]) z. B. der Trost des Diogenes, dass die Sonne als πολυτελέστατον auf sein Grab fällt (Stob. flor. 123, 11), sein Abhärtungsprincip: ᾔδετο ἡλίῳ (Max. Tyr. diss. III, 9) und die wohl kynische Differenzirung der Sonne vom Feuer Mem. IV, 7, 6 f., wo ihre physikalische Untersuchung als unmöglich abgewiesen wird wie Diog. ep. 38, 1. Vgl. übrigens auch Luc. Prom. s. Cauc. (s. unten) c. 19: ἥλιος πῦρ καὶ οὗτός ἐστι πολὺ θειότερόν τε καὶ πυρωδέστερον, ferner in Epiktet's Panegyrikos auf den Kyniker diss. III, 22, 5. 22. 93 und in der kynischen Rede Dio 21 § 14 (vgl. unten).

Ἡδονὰς τὰς μετὰ τοὺς πόνους διωκτέον, vgl. Athen. XII, 513 A (Frg. 52, 11): Ἀντισθ. δὲ τὴν ἡδονὴν ἀγαθὸν εἶναι φάσκων προσέθηκε τὴν μεταμέλητον. Der τρυφῶν dagegen, heisst es Dio 83 f. weiter, der sich des πόνος entwöhnt, kann keinen πόνος mehr ertragen und keine ἡδονή mehr empfinden, sodass der φιλόπονος καὶ ἐγκρατής nicht nur herrschfähiger ist, sondern auch ἥδιον βιοτεύει als der ἐναντίος — ganz dasselbe sucht die erste Hälfte von Mem. II, 1 (vgl. nam. § 10) nachzuweisen; es ist derselbe Hymnus auf den πόνος, der hier wie dort durchklingt. Der den Schlaf beherrschende στρατηγός Dio § 85 A ist eine bereits bekannte kynisch-xenophontische Figur (s. Antisth. Frg. S. 43 u. oben S. 60 ff.).

Das weitere Plaidoyer für die εὐδαιμονία des βασιλεὺς ἀγαθός vermöge der ἀρετή (das Thema des Herakles und Kyros!) bewegt sich ganz in den antisthenischen Tendenzen und Begriffen und gleichzeitig in den stärksten Anklängen an Xenophon's Cyropädie, Agesilaus, Hiero und Mem. So wird daraus noch Manches für das Verhältniss der beiden Schriftsteller zu holen sein. Hier nur einige Proben. Die an dieser Stelle eingeschobenen §§ 58–61 A sprechen von der Nothwendigkeit der ἀνδρεία, ἐγκράτεια und φρόνησις, also dreier antisthenischer Haupttugenden, von dem ἡδίων βίος μετὰ ἀρετῆς des guten Königs, parallel der Ἀρετή der Prodikosfabel geschildert (s. später), gegenüber dem ἐπιβουλευτὸς βίος des Tyrannen. Wir sahen, dass Antisthenes diese Abschätzung im Herakles in der Polemik gegen Aristipp, den sicilischen Parasiten, vornahm (oben S. 80 ff.), und die Zerpflückung des Tyrannenglücks copirt Xenophon im Hiero, der desshalb hier einschlägt. Ueber die φιλία als κτῆμα κάλλιστον καὶ ἱερώτατον und ἥδιστον (Dio §§ 86 ff. 94 ff.) vgl. Hiero III, 1. 3–6. IV, 1 ff.; die den Herrschern nothwendigen Schutzmittel (Dio 92. 94 — vgl. Mem. II, 1, 14 und die schwere Armirung des Dionys!) und der Luxus aller Art, θεαμάτων, ἀκουσμάτων u. a. τέρψεις kehren Hiero I und II wieder. Der wahre, nützlichste Schutz und zugleich der höchste Genuss aber ist die φιλία (Dio 94 ff.).

Diese Lösung des Glücksproblems der ἀρχή in der Lobpreisung der φιλία, der Genossenschaft, des wahren ἔρως (99) ist im Hiero, in der Cyropädie gegeben und in Antisthenes' Herakles — s. die Fragmente: II. IV. V. Auch zu der Unterscheidung und Verbindung des ἥδιον und συμφέρον Dio 90 f. vgl. Antisthenes Symp. IV, 39. Dass wirklich auf ihn der

Hymnus auf die φιλία zurückgeht, beweist wieder ein wörtliches Citat:

Dio III § 97:
ποῖον δὲ συμπόσιον ἡδὺ
χωρὶς εὐνοίας τῶν παρόντων

Antisthenes Stob. III, 1. 28 H:
οὔτε συμπόσιον χωρὶς ὁμιλίας
— ἡδονὴν ἔχει.

Das Antistheneswort stammt (s. ib.) aus einer Lobpreisung der liebefähigen ἀρετή im Vergleich mit dem Reichthum (resp. der Tyrannis). Dio 110 tönt auch das kynische Schlagwort: κοινὰ τὰ τῶν φίλων (L. D. VI, 72). Und gleichzeitig läuft Xenophon hie und da parallel, vor Allem mit seinem Roman von Kyros als socialem βασιλεύς, dann wieder mit dem Hiero, mit dem Agesilaus und Cyneget., soweit sie Herakleskopien. Dass die εὔνοια nützlicher ist als Augen, Hände u. s. w., sofern man durch den φίλος in weitere Ferne wirken kann als durch die eigenen Sinne und Glieder (Dio 104 ff.), entspricht genau Mem. II, 3, 19 (vgl. I S. 118). Der Alles, bis auf die Gewänder herab, an seine Freunde austheilende, in der φιλία sich bereichernde βασιλεύς (Dio 109 ff.) ist ganz der xenophontische Kyros, nam. Cyr. VIII, 2 (vgl. VIII, 3, 3 f. und Hiero II, 13), und der kynische Herakles Dio I § 62 A. Die rechte Methode, Freundschaft zu gewinnen (Dio 129 ff.), kehrt auch in der Cyropädie wieder. Es gilt, die σπουδαῖοι zu φίλοι zu wählen (129, vgl. Antisth. Herakles Frg. II S. 15 W), und wie man Pferde und Hunde aus der Fremde bezieht, so soll man auch zum Freunde nicht den Nächsten oder gar den Schmeichler nehmen (129 f.) — vgl. zu diesem erzkynischen Gedanken oben S. 313. 356 f. u. unten. Aber besonders auffallend ist die Uebereinstimmung der Fragen Dio 132 (wer — sc. als der Herrscher — ist reicher an Schätzen, um sich dankbare Freunde zu gewinnen? Wessen Ehrbezeigungen fallen mehr in die Augen? Wessen Tafel steht in höherer Schätzung?) mit Hiero VIII, 3 ff. und mit Cyrop. VIII, 2, 7 ff. Selbst der dadurch gegebene Vorzug der φιλία vor der συγγένεια Dio 112 f. 119 ff. kehrt Cyr. VIII, 2, 9 wieder, und die γυνὴ κοινωνός und συνεργός ist ganz das Weib des Ischomachos. Die Antithese gegen den τύραννος tritt § 116 wieder hervor. Er ist der principielle Gegensatz des antisthenischen Herakles:

Dio III 116 f.:

Πάντων γὰρ ἀπορώτατός ἐστι φιλίας τύραννος· οὐδὲ γὰρ δύναται ποιεῖσθαι φίλους. τοὺς μὲν γὰρ ὁμοίους αὐτῷ, πονηροὺς ὄντας, ὑφορᾶται, ὑπὸ δὲ τῶν ἀνομοίων καὶ ἀγαθῶν μισεῖται. ὁ δὲ μισούμενος ἐχθρὸς καὶ ἄδικος ἄδικος.

Antisth. Herakles Frg. II S. 15 W:
ἀξιέραστόν τε τὸν σοφὸν καὶ φίλον τῷ ὁμοίῳ. L. D. VI, 12: τῷ γὰρ σοφῷ ξένον οὐδὲν οὐδ' ἄπορον. ἀξιέραστος ὁ ἀγαθός. οἱ σπουδαῖοι φίλοι· συμμάχους ποιεῖσθαι τοὺς εὐψύχους ἅμα καὶ δικαίους.

Den πάντων ἀπορώτατος φιλίας τύραννος schildert auch Xenophon Hiero c. II. Dass sich der ἀγαθὸς βασιλεύς auch die θεοί zu φίλοι macht (Dio 115), gehört zum kynischen Ideal (L. D. VI, 72, vgl. die Herakles- und Kyroskopien Cyneg. XIII, 17. Cyrop. I, 6, 4).

Dio § 118 liefert ein interessantes Zeugniss dafür, dass er, mit Xenophon im Speciellsten zusammentreffend, doch nicht von ihm abhängt: Dio tadelt den Perserkönig (!), dem nur ein Mensch, und zwar kein σπουδαῖος(!), vgl. Dio 57 (40) § 12 A, als „Auge" diene, als ob nicht τοῦ ἀγαθοῦ βασιλέως οἱ φίλοι πάντες εἰσὶν ὀφθαλμοί. Xenophon aber Cyr. VIII, 2, 10 ff. polemisirt gerade gegen Einen, der da glaube, dass der Perserkönig ein „Auge" und nicht viele gehabt habe. Sollte dies letzte Original des Dio nicht Antisthenes sein?

Und nun steigt nach dem φιλία-Motiv wieder das andere Hauptmotiv des Herakles und Kyros auf: der πόνος. § 123: Der ἀγαθὸς βασιλεύς μόνος τὴν εὐδαιμονίαν οὐχ ἡδυπάθειαν νενόμικε, πολὺ δὲ μᾶλλον καλοκἀγαθίαν, τὴν δὲ ἀρετὴν οὐκ ἀνάγκην, ἀλλὰ βούλησιν, τὴν δὲ καρτερίαν οὐ ταλαιπωρίαν, ἀλλ' ἀσφάλειαν. Vgl. hierzu Ages. XI, 6: τῇ δὲ βασιλείᾳ προσήκειν ἐνόμιζεν οὐ ῥᾳδιουργίαν, ἀλλὰ καλοκἀγαθίαν und XI, 9: μετ' ὀλίγων δέ μοι ἐδόκει ἀνθρώπων οὐ καρτερίαν τὴν ἀρετὴν ἀλλ' εὐπάθειαν νομίζειν; dies μετ' ὀλίγων hat Dümmler, Philol. 54. 583 f., als ein Compliment für Antisthenes gedeutet. Trotz der Verschiebung der Ausdrücke sagen hier Dio und Ages. sichtlich dasselbe. Dann Dio 123 f. wieder die Erhöhung der ἡδοναί durch die πόνοι, sodass die συμφέροντα und die ἡδέα zusammenstimmen (vgl. Antisth. Symp. IV, 39, oben S. 96 ff. u. unten); dann 124 f. das πονεῖν für die τὰς τέχνας ἐργαζόμενοι, die παλαίοντες, für alle μὴ σφόδρα ἀνόητοι (!), von denen sich der ἄρχων (vgl. oben S. 63 u. öfter) unterscheidet τῷ μὴ μάτην πονεῖν μηδὲ τὸ σῶμα μόνον αὔξειν, ἀλλ' ἕνεκα πράξεων (vgl. Diogenes L. D. VI, 70. Stob. III, 7, 17 und Jul. VI, 198 B: die τοῦ σώματος ἕνεκα πόνοι als ἄχρηστοι).

Joël, Sokrates. II.

Endlich stellt der Schluss der Rede, genau übereinstimmend mit Xen. Cyr. I, 2, 10 f. VIII, 1, 34 ff., vgl. Cyneg. XII, 1 ff., — also mit Nachklängen der antisthenischen Ponosschriften — den ἀγαθὸς βασιλεύς als eifrigsten Liebhaber der Jagd hin, die den Körper stärkt, die Seele ἀνδρειοτέρα (!) macht, in jeder Weise ein ἀσκεῖν (!) für den Krieg sei, im Reiten und Laufen, in der Gewöhnung an Hitze, Kälte, Hunger, Durst u. s. w., kurz an das καρτερεῖν μεθ' ἡδονῆς — das Ideal auch von Mem. II, 1 (nam. 18 ff.). Dabei tadelt Dio scharf die persischen Jagden in den παράδεισοι, und so schliesst die III. Rede wie sie beginnt: mit der Polemik gegen die persische Scheingrösse. Das ist das verdeckte Leitmotiv der ganzen Erörterung, das auch dazwischen einmal (beim Tadel des Perserkönigs § 118) hervorbricht. Es beweist, dass der sokratische und der spätere Theil ursprünglich eine Erörterung bilden, die aus der Zeit stammt, da solche Polemik gegen Persien noch actuellen Sinn hatte, d. h. vor Alexander. Und wem musste die persische Hypercultur verhasster sein als den Kynikern? Dio VI bringt uns ja eine Diogenesrede, in der noch entschiedener als in or. III der Nachweis vom Scheinglück des Perserkönigs als Hauptmotiv durchzieht (§ 1 ff. 7. 35 ff. 56 ff. A), und man entdeckt staunend bei Dio noch öfter Spuren einer offenbar kynischen feindlichen Auffassung derselben persischen Sitten, die Xenophon in der Cyropädie ohne Tadel oder lobend schildert; vgl. über das Auge des Königs Dio 3 § 118. 57 (40) § 12 A und Cyr. VIII, 2, 10 ff., über Parkjagden Dio 3. §§ 136 ff. A und Cyr. VIII, 1, 38, über die persische παιδεία Dio 13 (12) §§ 23 ff. A (in der „sokratischen" Apostrophe des Antisthenes, vgl. I, 481 ff. u. unten) und Cyr. I, 2. VIII, 1, wobei Dio ib. 24 echt kynisch das μὴ πτύειν ἐν τῷ φανερῷ verspottet, das Cyr. I, 2, 16. VIII, 1, 42 als Zeichen der Mässigkeit und Würde gilt, über den Wechsel der Residenzen Dio 6 §§ 1 ff. A und Cyr. VIII, 6, 22, über die aufrechte Tiara Dio 14 (64) § 23 A und Cyr. VIII, 3, 13.

So steht also Xenophon als Perserfreund gegen den perserfeindlichen Kynismus („Sokrates", Diogenes etc.)? Man vergisst zunächst, dass Xenophon auch wieder mit dem Kyniker zusammengeht und Agesil. IX, 1 ff. in auffallender, bis ins Einzelne gehender Parallele mit der Diogenesrede Dio VI eine ziemlich unmotivirte Vergleichung des Agesilaos mit dem Πέρσης [1]) bringt

---

[1]) Auch Dio 6 § 7 (vgl. 3 §§ 2. 118. 57 (40) § 12 A) spricht nur vom Πέρσης, da die antisthenische Vergleichung des echten und falschen βασι- Grunde liegt.

und dessen Lebensweise als *ἀλαζονεία* bekämpft. Die Exclusivität des Monarchen, Cyr. VII, 5, 37 ff. ausführlich begründet, wird hier Ages. IX, 1 f. getadelt; die reiche Tafel des Königs und die ihm von allen Seiten zuströmenden Genüsse, Cyr. VIII, 2, 2—7. 6, 23 bewundert, werden Ages. IX, 3 f. missachtet; der Wechsel der Residenzen wird ib. 5 mit einer Geringschätzung erwähnt, die von Cyr. VIII, 6, 22 weit absticht. So scheint also Xenophon mit sich selbst zu streiten. Aber er steht jedenfalls im Agesilaus unter fremdem, antisthenischem Einfluss, vgl. Dümmler, Philol. 54. 581 ff. Ist er nun in der perserfreundlichen Cyropädie noch selbständig? Doch der Gegensatz reicht ja in die Cyropädie hinein, deren Schlusscapitel Persien völlig preisgiebt. Zudem kennt sie bereits die kynischen Einwände und bestreitet sie garnicht, sondern biegt vor ihnen aus. Sie giebt z. B. VIII, 2, 10 ff. dem König viele *ὀφθαλμοί*, da der Kyniker an dem **einen** „Auge" Anstoss nahm; sie lässt den König nur im Nothfall im Park jagen (VIII, 1, 38) und lässt sogar I, 4, 11 den jungen Kyros, der auch sonst den Kyniker copirt, dessen Bedenken gegen die Parkjagden aussprechen. Vor Allem aber zeigt sich **derselbe Gegensatz beim Kynismus selbst.** Bei Dio, wo so viele kynischen Vorwürfe gegen die Perser geschleudert werden, steht or. 15 (65) § 22 A Kyros da als der, der sich und alle Perser *ἠλευθέρωσεν* und zum König ganz Asiens aufstieg. Dieser sich und Andere — „ohne Geld"! — „befreiende" und zum universalen *βασιλεύς* sich hinaufarbeitende Kyros ist dem Kyniker eine sympathische Parallelfigur zu dem auch aus der Dienstbarkeit sich zum Befreier und Weltkönig emporkämpfenden Herakles, und Antisthenes hat ja Kyros parallel Herakles gepriesen (L. D. VI, 2), andererseits aber in derselben Kyrosschrift den Persern *παρανομία* vorgeworfen (Frg. S. 17, 1 [1]), die ihm das Kriterium der schlechten *ἀρχή* war (vgl. oben S. 78 f.). So hat bereits Antisthenes die gegensätzliche Beurtheilung Persiens.

Da nun die schwarze Farbe für Persien sicherlich kynisch ist, so stammt vielleicht die Vergoldung von Xenophon, und die antisthenischen Kyroslobschriften hängen von der Cyropädie ab? So mag urtheilen, wer mit einem schwachen Erinnerungsbild an eine langweilige Lectüre die Cyropädie zu kennen glaubt und oberflächlich den Gefolgsmann des jüngeren Kyros neben den kynischen „Gassenphilosophen" hält. Man kann nicht falscher urtheilen; denn die Cyropädie strotzt von Kynismus; sie

---

[1]) Vgl. auch dazu Dio 21 (71) § 5 A.

ist kynisch vom Anfang, vom politischen Hirtenideal, bis zum Schluss, bis zur moralischen Anklage Persiens, sie ist kynisch im Einzelnen, wie wahrlich genug Parallelen zeigten und noch mehr zeigen werden, und sie ist kynisch in der ganzen Anlage und Tendenz, im Programm nicht nur der παιδεία: sie ist eine Lobschrift auf den antisthenischen ἀγαϑός βασιλεύς als den Mann der ἀρετή, als den Helden des πόνος, der ἐπιμέλεια und der φιλία. Antisthenes, weit älter als der zudem erst spät schreibende Xenophon, hat die Lobschrift auf Kyros als „sokratische" Schrift[1]) und, gemäss seiner ethnographischen Dichotomie, parallel der auf Herakles angelegt (L. D. VI, 2), der Programmschrift des Kynismus, die mindestens schon von Plato's Euthydem[2]) citirt wird, und die exotische Phantasie des Autors des Μαγικός schöpfte, wie schon sein erstes Kyrosfragment beweist, aus andern Quellen als der Cyropädie, die selbst den Fehler ihres viel zu engen Titels, die blosse Herausstellung der παιδεία von Antisthenes hat, der sie nach den Spuren im Alcib. I und seiner sonstigen Lehre der βασιλικὴ τέχνη (Kyros Frg. III S. 18 W) jedenfalls gründlicher behandelt hat. Glaubt man wirklich, dass gerade Xenophon, der durch persischen Verrath und durch die Ohnmacht des Riesenreiches ein Held wurde, die ethische und militärisch-politische Verherrlichung Persiens inaugurirt habe?

Ich sehe keine Brücke zwischen der Anabasis und der Cyropädie. Es ist zum Erstaunen, wie der Cyropädie jeder echte Localton und die reale Anschauung fehlt, wie sie der objectiven, der wirklich geschichtlichen Einzelzüge bar ist; es ist ein theoretisches Exempel, und Typen mit asiatischen Namen bewegen sich zu moralischer Abzweckung — das ist Alles. Solche Macht hatte der Kyniker über Xenophon, dass er ihm das eigene Auge nehmen und ein anderes einsetzen konnte. Ein fremdes Princip herrscht in der Cyropädie, nicht die Autopsie, die aus der Anabasis spricht. Dafür aber fehlen der Anabasis die ethischen Farben, die goldene wie die schwarze, — und das zeigt eben, dass sie beide fremde, kynische Farben sind. Die Anabasis idealisirt nicht das Perserthum, aber sie zeigt auch angesichts der griechischen Erfahrungen erstaunlich wenig Entrüstung und Verachtung. Xenophon spricht von persischen Sitten und Einrichtungen, vom Heerwesen, von den παράδεισοι (I, 2, 7) u. s. w.

---

[1]) Wenigstens lässt Alkibiades (Kyros Frg. I S. 17 W) Sokrates als Partner vermuthen.

[2]) Vgl. Dümmler, Akad. 191.

ohne lauten, ohne eigentlichen Tadel, und Bewunderung zeigt er eigentlich nur für den Prinzen, an dessen Empörung gegen den älteren Bruder er Theil nimmt, — derselbe Xenophon, der am Schlusse der Cyropädie in der grossen Testamentsrede VIII, 7 alle moralischen Register aufzieht für die Einigkeit der Brüder und die Herrschaft des älteren. Zeigt der Xenophon der Anabasis wirklich ein Bewusstsein vom Verfall des Perserreichs?

Die Cyropädie hat vom Kyniker das moralische Raisonnement mit den Complementärfarben des Urtheils, da sie sich bei ihm gegenseitig bedingen. Der Prediger der $ἀρετή$ braucht die Folie, und die Antinomie des Urtheils löst sich wie am Schlusse der Cyropädie: das alte Persien wird gegenüber dem jetzigen gepriesen. Der Moralist ist der erste Geschichtsphilosoph, weil er die Zeiten verschieden colorirt, weil er, mit dem Sollen hinausschreitend über die Gegenwart, ein goldenes Zeitalter diesseits oder jenseits hinausbaut. Antisthenes der Romantiker treibt den Cultus des Archaischen, des Exotischen und des Persönlichen, und Alles, was den armen, halbthrakischen Sklavensohn über Hellas und die Gegenwart hinausdrängt, all seine dunklen Zukunftsahnungen verkörpern sich ihm in Kyros dem Weltüberwinder und guten Hirten der Menschheit. Das liegt im Grundwesen des Kynismus und stammt sicher nicht vom Autor der Anabasis. Wohl aber ist es umgekehrt naheliegend, dass Antisthenes erst durch seine Kyrosschriften den aus Persien zurückgekehrten Xenophon anzog, bevor sein Einfluss ihn auch in den Kreis „sokratischer" Schriftstellerei hineinzog. Oec. IV zeigt, wie sich in Xenophon's Kopfe der jüngere Kyros mischt mit einem fremden, idealen persischen $βασιλεύς$, wie er also auch sonst auf den kynischen Kyros zurückgreift.

Merkwürdig ist nun, dass die Schrift de rep. Lac. Sparta genau nach demselben Recept behandelt wie die Cyropädie das Perserthum: der alte Idealstaat wird beschrieben, und zwar zurückgeführt auf einen idealen Begründer; am Schluss (Cyrop. im letzten, de rep. Lac. im vorletzten Cap.) kommt das Eingeständniss, dass die Beschreibung für den jetzigen Staat nicht mehr gilt, und nun werden in lauter einzelnen Antithesen das goldene Einst und das schwarze Jetzt miteinander verglichen. Diese völlige Parallele der beiden Schriften ist — schon nach ihrem so verschiedenen Umfang zu schliessen — nicht von Xenophon angelegt, aber sie ist nicht zufällig und erklärt sich am einfachsten bei Antisthenes: aus seiner Parallele der Kyros- und der Heraklesschrift. Denn im Herakles am ehesten hat er seinen Spartanismus bekannt: der Heraklesabstammung gedenkt der Lykurg, der im vollsten Sinne kynisch die παιδεία durch ἄσκησις begründet (Plut. Apophth. Lac., s. oben S. 50 ff.). Es entspricht dem antisthenischen Personencultus, dass alle Fäden der spartanischen wie der persischen Idealität in der Hand des einen Heros (Lykurg, Kyros) zusammenlaufen. Plutarch citirt Antisthenes für seinen Lykurg (c. 30), und Xenophon gedenkt X, 8 der Ansetzung des Lykurg κατὰ τοὺς Ἡρακλείδας. Bis dahin singt Xenophon, dem auch das θαυμάζειν der Anfang der (kynischen) Philosophie ist (de rep. Lac. I, 2. Cyr. I, 1, 6. Mem. I, 1, 1, vgl. oben S. 171 Anm. 228), nur ein z. Th. auffallend rhetorisches[1]) Loblied dem εἰς τὰ ἔσχατα μάλα σοφός (! I, 2) Lykurg für seine Anordnungen zur τεκνοποιία, παιδεία, ἐγκράτεια in der Lebensweise, zum πείθεσθαι, zur ἄσκησις der ἀρετή und der καλοκἀγαθία etc. — lauter Themata des Antisthenes, der auch hier dem realen Blick Xenophon's ein typisches Ideal vorgeschoben hat. Dann allerdings das lakedämonische Heerwesen c. XI ff. ist Xenophon persönlich interessant und bekannt. Aber das Schlusscapitel führt wieder, im Gegensatz zum τυραννικὸν φρόνημα (!), den bedürfnisslosen, selbstlos schenkenden ἀγαθὸς βασιλεύς des Antisthenes vor — ganz wie die Cyropädie; selbst der Treueid zwischen König und Volk (R. L. XV, 7) kehrt Cyr. VIII, 5, 25 ff. wieder und zuletzt kommt, gleich der Seligsprechung des Kyros und der Apotheose des Herakles, der Heroenaufstieg des spartanischen βασιλεύς, von dem Xenophon im Agesilaus ein Musterexemplar zeichnet.

Xenophon — das zu zeigen war der Zweck dieser Untersuchung — geht in weitem Maasse mit Dio und Beide mit kynischen Stimmen zusammen; wie aus den hier einschlagenden dionischen Reden sprechen aus der Cyropädie, aus der Schrift de rep. Lac. und dem Agesilaus, aus dem Rahmen des Cynegeticus, aus grösseren Partien des Oeconomicus (vgl. nam. c. IV und die Schlusscapitel) und aus dem Hiero — von dessen genauen Parallelen zur Diogenesrede Dio VI (mehr noch als III) später die Rede sein muss — der Kyros und Herakles des Antisthenes im Bilde der rechten ἀρχή als der ἐπίπονος und φιλάνθρωπος ἀρετή und der wahren εὐδαιμονία, und dasselbe spricht aus Mem. II, 1.

---

[1]) s. später, wo noch genug kynische Einzelzüge in dieser Schrift angemerkt werden.

Excurs.
Dio als Nachahmer anderer Sokratiker und Eklektiker (?).

Nach Abschluss der folgenden Abschnitte sehe ich jetzt, dass Wegehaupt, de Dione Xenophontis sectatore, Gött. Diss. 1896 S. 10 ff., die speciellen Parallelen Xenophon's zu Dio or. III fleissig gesammelt hat. Man mag hier im Einzelnen vergleichen. Wenn er nur nicht die völlige Abhängigkeit Dio's von Xenophon daraus gefolgert hätte! Dafür hat er entweder zu wenig oder zu viel bewiesen. Denn an wörtlicher Uebereinstimmung reicht keine der aufgewiesenen Parallelen an die von W. ausser Acht gelassene zwischen Dio § 97 und Antisth. Frg. 57, 6 (oben S. 385) heran; der gedanklichen Berührungen aber nennt er zu viele, ich zähle 66, und für viele noch mehrere Stellen Xenophon's, sodass man nicht weiss, aus welcher Dio geschöpft; im Ganzen sind es acht xenophontische Schriften, die alle bunt durcheinander citirt werden, derart, dass, wenn eine Schrift für zwei Diostellen hintereinander Original sein darf, sie es sicherlich in verschiedenen Capiteln ist. Man vergleiche nur den Anfang von W.'s Liste: Dio III nach dem Anfang aus Plato (?) § 2 = Xen. Ages. XI, 5; § 3 = Ages. V, 3; § 4 = Cyr. VIII, 1, 30; weiter = Hiero I, 14; § 5 = Ages. XI, 10; § 6 = Cyr. I, 1, 3; § 7 = Cyr. VIII, 1, 30; weiter = Cyr. VIII, 8, 5; § 8 = Ages. VII, 2; weiter = Ages. V, 3; § 9 Schl. = Anab. VII, 7, 41; § 11 = Cyr. I, 6, 25; § 18 = Hiero I, 15; § 26 f. = Mem. IV, 4, 5 ff.; §§ 32 ff. = Mem. II, 1; § 39 = Ages. VIII, 4; § 40 = Hiero VI, 3; § 41 = Cyr. VIII, 2, 14 etc. etc. Man wird zugeben, dass der arme Dio seine Collectaneen arg schütteln musste, um dieses Mosaik herzustellen. Viel einfacher erklärt sich Alles, wenn Xenophon und (wohl indirect) Dio eine gemeinsame Quellenschrift resp. Parallelschriften (wie Antisthenes seinen Herakles und Kyros angelegt hat) variirt haben. Dass Dio oft genug mehr und Principielleres giebt als Xenophon, sieht W. nicht, und wenn er es sieht, entschuldigt er es damit, dass Dio Xenophon ausschmücke. Bei näherem Zusehn zeigt es sich, dass die Parallelen, die W. anzuführen weiss, fast sämmtlich neben den Mem. nur die Cyropädie, den Hiero und Agesilaus betreffen, also Schriften vom guten βασιλεύς und schlechten Tyrannen, — und das ist wahrlich ein Hauptinteresse des Kynikers. Nur mit wenigen Parallelen schlagen hier noch Oeconomicus, Cynegeticus und Hipparchicus in dessen Ideal des φιλόπονος ἄρχων ein, und von den (nur!) drei Parallelen gerade der Anabasis ist eine (Dio § 110 f. = Anab. I, 9, 20 ff.) sehr allgemein, eine (§ 101 = II, 5, 9) W. selbst zweifelhaft und die dritte (§ 9 = VII, 7, 41) falsch; denn die ἀρετή wird hier als καλὸν κτῆμα für den Herrschenden, dort (theoretischer) gerade für den Nichtherrscher — denn für den Herrscher sei sie ἀναγκαῖον — bezeichnet. W. findet natürlich in der Diorede so Manches unzusammenhängend, unvollendet u. s. w., weil er eben die zu Grunde liegenden kynischen Gedanken nicht sieht. Ja, wichtige Abschnitte, wie § 123—127 von dem φιλόπονος βασιλεύς und § 133—138 von der Jagd, will er aus der echten Rede weisen, weil er nicht als Original die antisthenische Lobschrift auf den Ponos und damit auf die Jagd (s. oben S. 53 ff.) erkennt. Das Schlimmste ist, dass er die principiellen Differenzen zwischen Xenophon's Cyropädie, die ja Hauptquelle sein soll, und Dio in der Auffassung Persiens zu wenig beachtet, die allein schon genügen, Xenophon als Quelle Dio's hier auszuschliessen, ja z. Th. ein altes Original Dio's, dem Xenophon widersprechen konnte, geradezu fordern (vgl. oben S. 386 f.).

Aber nicht genug, dass Dio III aus dem halben Xenophon zusammengeplündert sein soll: W. vergleicht einen andern Sokratiker und findet, dass sich Dio zugleich mit platonischen Federn geschmückt und für or. III Stellen aus Republik I. V. IX, Leges, Alcibiades II, Gorgias und Phaedrus zumeist zu derselben Schilderung des guten Königs verwandt habe. Aber nicht genug damit: W. liest (S. 37 f.) Isokrates' Nicocles und findet auch hier zahlreiche Züge im Bilde des guten Fürsten, die mit Dio's ersten Reden, nam. der III., übereinstimmen und zugleich mit Xenophon, und schliesslich entdeckt er, Keil's Forschungen (Hermes 23. 357 ff.) verfolgend, viele auffallende Berührungen zwischen Isokrates, Xenophon (Hiero) und Aristoteles (Politik) und Alles in der Schilderung des guten Königs. Nun stürzt das Kartengebäude der Parallelen aus embarras de richesse in sich zusammen. Dass Dio von Isokrates stark beeinflusst sei, will W. trotz der Parallelen nicht glauben (vgl. auch Keil S. 363), und er kommt schliesslich zu dem Resultat, dass zwei oder drei Autoren unabhängig von einander über den guten König dasselbe gesagt haben. Damit hat ja aber W. selbst auch Xenophon's Einfluss auf Dio hier völlig in Frage gestellt. Doch er hat aus Misstrauen gegen die Parallelen zu früh verzweifelt: sie lassen sich auf eine Quelle zurückführen. Es muss ein älterer Autor sein, der über das ideale Fürstenthum speciell geschrieben —

das gilt nicht von Plato — und der von all den Andern gelesen worden ist. Xenophon ist von Plato, Isokrates und Aristoteles nirgends genannt, und wir haben kein sicheres Zeichen, dass dieser als Theoretiker secundäre Geist von ihnen beachtet worden ist. Antisthenes aber, älter als Xenophon, ist Königsschriftsteller κατ' ἐξοχήν (zwei Schriften περὶ βασιλείας, eine περὶ τοῦ ἄρχειν) und Urfeind der Tyrannis, ist von Plato und Isokrates stark und kritisch berücksichtigt, von Xenophon als eifriger Sokratiker vorgeführt und nachgeahmt, von Aristoteles gerade auch in der Politik citirt und von Dio nach W. selbst copirt und gerade in der III. Rede einmal wie keiner der Andern wörtlich citirt worden (s. oben S. 385). Die These, dass jede social wirkende Macht βασιλεία sei, von Isokrates im Proœm. zu Nicocles und von Xenophon in den Mem. nachgesprochen, ist wohl vom Kyniker nicht nur im Herakles (vgl. oben S. 78 f. 82. 312. 377 ff.), der nur für ihn βασιλεύς ist, sondern auch in seinen βασιλεία-Schriften entwickelt worden, und die Schilderung des Tyrannenelends, die Plato, Xenophon, Isokrates und Dio geben, ist nun doch einmal urwüchsig kynisch, und wir haben wahrlich kräftige Spuren davon (Antisth. Frg. 59, 14. L. D. 50. Diog. ep. 40, 4 etc.). Xenophon und Dio gestehn es ein, indem sie Antisthenes und Diogenes ihr Glück dem Elend des Tyrannen gegenüberstellen lassen (Symp. IV, 36. Dio VI), und Plato ist nicht umsonst als Freund des Dionys vom Kyniker verfolgt worden.

Die Berührung des Plato und Antisthenes ist gerade hier sichergestellt durch ein falsches Euripidescitat, das Beide haben und das wohl von diesem auf jenen übergegangen ist (vgl. S. 81). Aber es scheint mir einer besonderen Untersuchung werth, wie weit Antisthenes auch Isokrates beeinflusst hat. Die beiden Gorgianer haben sich nachweislich befehdet; aber zunächst stand Isokrates gegen Polykrates auf der Seite der ἐπαινοῦντες Σωκράτη (vgl. Isocr. Bus. 11, 6), und er, der wie Antisthenes nicht nur ῥήτωρ, sondern zugleich φιλόσοφος sein wollte, hat eben in der Concurrenz mit jenem sein philosophisches Ethos zu copiren gesucht. Darum spielt er, um hier nur ein paar antisthenische Schlagworte anzuführen, Nikokles gegenüber den ἐπ' ἀρετὴν προτρέπων (!) § 8 und παιδεύων (!) und differenzirt seine Fürstenerziehung von dem ὠφελεῖν (!) der τοὺς ἰδιώτας παιδεύοντες (§ 8), das leichter sei, weil die Noth des Tages sie vor dem τρυφᾶν (!) schütze (ein Lieblingsgedanke der Kyniker Stob. flor. 93, 35. 95, 11 f. 19 etc.), weil sie der παῤῥησία (!) zugänglicher (§ 2 f.) u. s. w. Trotz aller Ehren, Reichthümer und Machtvollkommenheiten, die den Tyrannen zu göttergleicher Höhe heben, drohen ihm doch viele φόβοι und κίνδυνοι, selbst im Verhältniss zu den Angehörigen, und selbst das ἁπάσης τῆς Ἀσίας βασιλεύειν sei etwas Zweifelhaftes (§ 5). Hat man nicht den Eindruck, dass Isokrates die kynischen Tyrannenschilderungen bei Dio gelesen hat? Und thatsächlich gesteht er § 4 ein, dass er eine Literatur über das Tyrannenglück vor sich hat: Viele streiten, ob Tyrannis oder Privatleben vorzuziehen sei. Er hat hier wahrlich nicht in erster Linie oder gar allein an Xenophon's Hiero gedacht, sondern an die eudämonistische Selbstvergleichung des Kynikers mit dem Perserkönig, der eben die göttergleiche Macht hat (vgl. Dio § 30) und ἁπάσης τῆς Ἀσίας βασιλεύς ist (vgl. Dio § 37 τῆς καλουμένης Ἀσίας ὅλης ἄρχει).

Abgesehen von Dio VI u. a. St. bringt ja auch Dio III die Abschätzung des Perserkönigs, die aber nach W. ebenso zweifellos aus dem Gorgias geschöpft sein soll wie das andere Sokratesgespräch ib. mit Hippias aus Mem. IV, 4. Ganz so „zweifellos" ist aber wohl Beides nicht. 1. ist die Themistiosrede π. ἀρετῆς, in der auch jenes eine wichtige Rolle spielt, nach W. selbst stark kynisch, sie ist es sogar ausdrücklich und principiell. 2. ist es doch an sich möglich, dass Antisthenes dasselbe erzählt wie Plato oder Xenophon, und warum will W. eine Uebereinstimmung mit Antisthenes durchaus verbieten, während er sie zwischen den beiden andern Sokratikern öfter für möglich hält? 3. giebt Dio Anderes und mehr als Xenophon und Plato, besser Begründetes, und 4. wurzeln beide Sokratesgespräche, und namentlich wie sie Dio giebt, mehr im Kynismus. Die wandelbaren λόγοι des πολυμαθής (!) Hippias gegenüber den einfachen „sokratischen" werden nur bei Dio § 27 f. tiefer begründet als Gegensatz des wechselnden ψεῦδος und der ἀλήθεια — gewiss ein kynischer Gegensatz! Aber der „sokratische" Satz hier, dass man in Wahrheit nur ταὐτὰ περὶ τῶν αἰτῶν sagen dürfe, ist ja gerade der Kernsatz der antisthenischen Logik (Frg. S. 36 f.), das Festhalten am ἁπλῶς λέγειν gegenüber dem ψευδὴς λόγος: es gebe nur einen, den οἰκεῖος λόγος über jedes, sodass εἰ μὲν περὶ τοῦ πράγματος τοῦ αὐτοῦ λέγοιεν, τὰ αὐτὰ ἂν λέγοιεν. Wenn man Verschiedenes sagt, οὐκέτι λέξειν περὶ αὐτοῦ τῷ εἶναι ἕνα τὸν λόγον τὸν περὶ αὐτοῦ τοῦ πράγματος. Diesen Satz verficht Antisthenes mit so fanatischer Consequenz, dass Plato und Aristoteles dagegen auftreten. Xenophon (Mem. IV, 4, 5) und Dio a. a. O.

bringen je vier Beispiele von τεχνῖται, aber nur im dritten stimmen sie überein. Doch Dio kann seine beiden ersten Beispiele (Arzt und Steuermann), die der Kyniker als Muster schätzt (Antisth. Frg. 56, 4. 61, 24 und I, 445, 2. 495, 2. 502, 2 etc. L. D. 24. 36. 86. Anton. et Max. p. 64. Diog. ep. 40, 1. 49. Luc. catapl. 7), passend für die These weiter ausführen, Xenophon nicht.

Nicht besser steht es mit der gewöhnlichen Behauptung, dass Dio das Sokratesgespräch über das Glück des Perserkönigs aus Gorg. 470 geschöpft haben soll. Ich will hier absehen von dem, was Weber aus Themistios beibringt; aber bei Plato sind es noch nicht drei Zeilen (z. gröss. Theil nur eine Frage des Polos), bei Dio sind es mehr als drei Seiten: das ist doch ein merkwürdiges „Schöpfen"! Zudem steht bei Plato ib. als das eigentliche fürstliche Hauptbeispiel neben dem Perserkönig Archelaos. Antisthenes schrieb einen Ἀρχέλαος ἢ περὶ βασιλείας gegen Gorgias (Athen. V, 220 D), und Dümmler hat mannigfache Verwandtschaft dieser Schrift mit dem platonischen Gorgias wahrscheinlich gemacht (Akad. 95, vgl. auch Hirzel, Dialog I, 125 f.). Wenn nun Plato seine Uebereinstimmung mit der Schrift des Antisthenes (den er nie offen citirt) ausdrücken will, wie kann er's, unter Wahrung der sokratischen Gesprächsform, anders machen, als dass er dasselbe thut wie Antisthenes, nur eben in Kürze, nämlich Archelaos moralisch vernichtet? Und nichts Anderes gilt von der Vernichtung des Perserglücks, die eben in ihrer Kürze sich als ein blosses Erinnern, eine blosse Berufung auf eine gründlichere Behandlung kennzeichnet, die ein Anderer (Antisthenes) diesem Motiv gewidmet hat. Oder darf Plato nicht auf seinen sokratischen Nachbar verweisen? Aber man sehe sich doch das Sokratesgespräch bei Dio an: wo steht bei Plato die Fortsetzung, die Dio §§ 29—41 erzählt? Und ist sie leere Zuthat von Dio's Hand? Nein, durch die dort gebrachten Einwände, Schilderungen der Xerxesmacht — abgesehen davon, dass sie bereits bei Isokrates nachklingen (s. vor. S.) — tritt erst die These des Sokrates in volles Licht; aus den dortigen Argumenten erst wird sie als reifes Resultat geboren und im wirklichen Gespräch entfaltet, diese gewaltige Paradoxie, die doch wahrlich mehr Worte verlangt und nicht ursprünglich als leere Behauptung hingeworfen sein kann wie im Gorgias. Und diese Paradoxie kam so recht aus der innersten Brust des Kynikers, für den es den höchsten Reiz hatte, dem Gewaltigsten der Erde die Krone vom Haupte zu reissen, sein Glück in den Staub zu treten und sein eigenes

Bettlerglück als wahres Königthum zu erheben. Ist in dieser Paradoxie nicht das Wesen des Kynismus ausgesprochen?

Aber W. will S. 51, wo er dies Sokratesgespräch, das bei Plato nicht wirklich steht, sondern nur erwähnt ist, dem Kynismus abstreitet, überhaupt nicht zugeben, dass Dio über Sokrates' Leben, Sitten und Philosophie kynischen Quellen folgt. Warum nicht? W. kann nicht leugnen, dass Dio viel Kynisches bringt (S. 46), dass er Antisthenes gelesen (S. 64 f.), dass Antisthenes nach Xenophon selbst (Symp.) fanatischer Sokratiker war. Wie macht's da wohl Dio, gegen die antisthenische Sokratik so völlig taub zu sein, wie W. behauptet? Die eigentliche Lobrede auf Sokrates (Dio or. 54 = A 37) trägt einen so deutlichen Stempel, dass v. Arnim schon im Register (S. 364) angiebt: eius vita coloribus Cynicis depingitur, und thatsächlich ist sie ganz auf den πένης Sokrates aufgebaut, der nicht, wie Andere, vom Reichthum einiger Schüler zehrt, sondern freigebig seine Weisheit mittheilt, — das ist gerade, was nach Xenophon selbst (Symp. IV, 43 f.) Antisthenes an Sokrates rühmt. W. erlaubt Dio über Sokrates aus Plato, Xenophon und eher noch aus Aeschines zu schöpfen, aber ja nicht aus Antisthenes, und was bei jenen nicht steht, soll Dio überhaupt nicht aus alten Sokratikern, sondern aus einem βίος Σωκράτους entnommen haben, weil vier dieser Nachrichten auch bei Laert. Diog. (II, 19. 25. 42) wiederkehren. Mit demselben Recht kann man auch Xenophon und Plato als Sokratesquellen abstreiten. Und der βίος Σωκράτους holte die Nachrichten, die bei jenen nicht stehn, aus der Luft? Uebrigens sind es sämmtlich solche, die uns schon früher als kynisch wahrscheinlich waren: Sokrates' Schülerschaft bei Archelaos (vgl. oben S. 173), sein Erlernen der väterlichen Kunst (vgl. oben S. 317), seine Einladung von König Archelaos, für die selbst Zeller Antisthenes' Archelaos als Quelle vermuthet (vgl. oben S. 77) und sein Hymnus auf Apoll und Artemis (vgl. oben S. 225 f.).

Einiges Andere bemüht sich W. S. 33 ff. künstlich aus schwachen Spuren, selbst nicht ohne Zweifel, auf Aeschines zurückzuführen. Aber Alles weist z. Th. mit demselben, z. Th. mit weit grösserem Recht auf den Kyniker. W. hält sich an Dio or. 55 (38 A), die Sokrates als Homeriden vorführt. Aber es gehört doch viel dazu, hier nicht an die Homerinterpretation zu denken, die der Sokratiker Antisthenes in zwei ganzen Bänden von Schriften lieferte, zumal hier der antisthenische Ὅμηρος διὰ μύθων παιδεύων erscheint, den schon Plato Rep. X bestreitet, und Sokrates mit homerischen Waffen ἀποτρέπων von der ἀλαζονεία etc. und als Beispiel gerade Dolon genannt wird, den, wie Alle anerkennen (vgl. Norden, Jahrb. f. Philol. Suppl. XIX, 383 f.), Antisthenes in der Schrift περὶ κατασκόπου behandelte, und Pandaros, den er vermuthlich in der Schrift περὶ ἀδικίας καὶ ἀσεβείας (auch im Iliasbande) wenigstens mit behandelte. In dieser Rede, die übrigens noch dazu der kynischen Lobrede auf Sokrates unmittelbar folgt, werden zum Schluss einige hart getadelte(!) Gesprächspartner des Sokrates genannt, die so, wie die Gespräche bei Dio angedeutet sind, nicht platonisch sind. Auch der von Vielen gestrichene Charmides hatte vermuthlich bei Antisthenes eine ungünstigere Rolle, als ihm sein Verwandter Plato wohl erst zur Abwehr zuweist, und auch das Liebesgespräch mit dem (von Xenophon arger Päderastie bezichtigten) Menon hat bei Plato keinen rechten Ansatz. Der von Sokrates verspottete Anytos steht für Antisthenes fest (Frg. 63, 38) und scheint auch sonst für diesen den eigentlichen Sokratesgegner abgegeben zu haben (s. unten). Wenn W. dafür Aeschines' Alkibiades, für das Lysiklesgespräch (auch für den Namen Rhodogune or. XXI, wo aber Antisthenes' Kyros benutzt ist, s. unten) dessen Aspasia und für ἀμνίων καὶ κωδίων dessen Telauges als Quelle conjicirt, so hat auch Antisthenes einen Alkibiades (den Plutarch in der angegebenen Schrift citirt) und eine Aspasia geschrieben und die Telaugesfigur bei Aeschines erst veranlasst (vgl. oben S. 217). Wo ist also irgend ein deutliches Zeichen, dass Dio Aeschines gelesen?

Um zu or. III zurückzukehren, so soll nach W. das Stück zwischen den (doch nun wohl kynischen) Sokratesgesprächen (§§ 3—11) xenophontisch mit ein wenig platonischer Färbung, aber nicht kynisch sein. Wir sehen aber vielmehr hier auf's Klarste, dass der in diesem Stück fünfmal genannte πόνος, also das Thema des antisthenischen Herakles (und Kyros und gerade auch in Verbindung mit dem Preise des ἀγαθὸς βασιλεύς), auch den ersten Theil der dritten Diorede beherrscht. πόνος resp. φιλοπονία als ἔλεγχος ἀρετῆς, ἀλήθεια, παρρησία, φρόνησις treten gegenüber ἡδονή, ἀπάτη, κολακεία, τρυφή — und das sollen unkynische Gegensätze sein? Die παλαιοί und Homer als Königslehrer (vgl. Antisth. Symp. IV, 6) sind Autoritäten des Antisthenes, und § 10 wird der ἀγαθὸς βασιλεύς gerade nach den vier stoischen Cardinaltugenden charakterisirt, die namentlich in der Betonung der φρόνησις statt der σοφία (Arist. Nic. 1141 b⁸, vgl. Dümmler, Akad. 247) auch die kynischen sind. Ferner soll Dio §§ 12—24 jene xenophontische, aber non cynica libertas rühmen, die über nichts schweigt, sondern wahr und echt redet. Dass Antisthenes' Herakles wie Dio hier die κολακεία bekämpft (s. oben S. 313. 376), brauchte W. nicht zu wissen, aber dass der Kyniker die hier gerühmte παρρησία und ἐλευθερία über Alles stellt (L. D. VI, 68. 71), hätte ihm doch schon einmal zu Ohren gekommen sein können. Nachdem die ersten Stücke der Rede nach W. viel Xenophon mit etwas Plato brachten, sollen die Schlussabschnitte wieder erst Xenophon und dann umgekehrt platonische Argumente mit z. Th. xenophontischen Beispielen geben. Um aber die Buntheit noch zu erhöhen, soll dazwischen für die Disposition der Verfassungen Aristoteles und für die folgende Deutung der Zeusnamen die Stoa Quelle sein. Aber W. hat umsonst die halbe Geschichte der alten Philosophie bemüht: wir haben oben S. 375 ff. gesehen, wie der ganze weitere Inhalt der Rede, „Früheres" wie „Späteres", von der „xenophontischen" Königsidealität bis zur „stoischen" Etymologie, aus einer Quelle fliesst, den antisthenischen Ponosschriften.

W.'s Behandlung der III. Rede ist hier ausführlicher besprochen, nicht weil seine immerhin fleissige Arbeit so besondere Beachtung verdiente, sondern weil sie typisch ist und einen guten Anlass giebt zu der für uns nöthigen Klarstellung, wie weit dort der Kynismus Quelle für Dio und demnach für unsere Erkenntniss Dio Quelle für den Kynismus ist. In diesem Sinne ist es angebracht, ja nothwendig, auch auf die Perspective für andere Reden, namentlich Königsreden Dio's einzugehen. Wie in der III. zeigt W. auch in der I. Königsrede ein wahres Kaleidoskop xenophontischer Reminiscenzen. In das tolle Durcheinanderwirbeln der Schriften Xenophon's (W. S. 2—8) sollen auch hier wieder platonische Motive aus Phaedo, Minos, Philebus, Leges, Symposion, Lysis und vor Allem aus mehreren Büchern der Republik (S. 27 f.) und schliesslich noch stoische Züge (S. 47) hineinschlagen. Was W. als stoisch feststellt, die Tugenden des Zeus als Königsvorbild und die entsprechende Erklärung seiner Beinamen (vgl. Zeller III, 1[8] S. 640), weist in dreifacher Weise auf den Vater der Stoa zurück, auf Antisthenes, den Etymologen, den Theologen, dem die kosmische Einheit eines Weltstaats und Gottesreichs und die Alles durchdringende πρόνοια (§ 42, s. unten) vorschwebt, und den Homerinterpreten; denn Zeus als Vorbild der διοτρεφεῖς βασιλεῖς wird ja hier auf Homer zurückgeführt (§§ 11 f. 14 f. 38. 47). Auf Homer blickt aber noch Einiges zurück, das W. platonisch findet (über den αὐλητής und den Musiker als Staatsmannslehrer s. oben S. 144. 160 und später), vor Allem aber, was ihm bald platonisch, bald xenophontisch scheint, aber heute fast allgemein als antisthenisches Dogma anerkannt ist: der König als Hirt (§§ 13. 28). Was in der I. Rede nur bisweilen durchbricht, ist das Hauptmotiv, auf dem sich die ganze II. Rede aufbaut: Homer als Königslehrer. W. will immer noch seinen Xenophon hereinziehen, aber Xenophon selbst bezeugt Symp. IV, 6, was für diese beiden Reden entscheidend ist, dass Antisthenes von Homer das βασιλεύειν lernen will. Schon E. Weber (Leipz. Stud. X, 232 f.) hat bemerkt, dass hier Nikeratos dieselben, von Antisthenes bestätigten Homerbeispiele bringt wie Dio, dass das Beispiel homerischer παιδεία Dio § 45 Diog. ep. 37, 4 wiederkehrt[1]). So sehr sich W. sträubt, in Dio II ebenso wie in I mit E. Weber (229 ff.) das Beispiel einer kynischen Homilie anzuerkennen, er muss doch zugeben, dass die ganze Rede die Art zeigt, die schon von Sophisten (??), dann am meisten von Antisthenes, dann von Stoikern besonders ausgebildet sei (48 f.), und R. Weber hat ja in Dioscurides' Buch περὶ τῶν παρ' Ὁμήρῳ νόμων eine weitgehende stoische Parallele zu Dio or. II aufgewiesen (Leipz. Stud. XI, 157 ff.). Ob es deren Quelle ist, sei dahingestellt. Dass die Stoa hier von Antisthenes' Homerschriften abhängig ist, wird Niemand bezweifeln, und es genügt, dass der Kynismus (ob direct oder indirect) auf Dio gewirkt. Die weitere Parallele in Philodem's Buch περὶ τοῦ καθ' Ὅμηρον ἀγαθοῦ βασιλέως (vgl. Bücheler, Rhein. Mus. 42, 198 ff.) zeigt, dass die Behandlung dieses Themas auch weitergriff, die als Erster und Einflussreichster jedenfalls Antisthenes geliefert hat. Für Xenophon weiss W. hier nicht viel beizubringen. Ueber das Kynische des ἅμα σπουδάζων παίζειν und der Gespräche zwischen Vater und Sohn s. unten. Der Hundevergleich im Anfang ist natürlich so erzkynisch wie der Stiervergleich, den W. selbst mit E. Weber Antisthenes zugestehen muss (S. 50). Am ehesten weiss er hier noch die Cyropädie heranzubringen.

Aber wenn dionische Reden Lob für Kyros haben, so können sie es ebensogut aus den Kyrosschriften des Antisthenes geholt haben. Thatsächlich sieht die Erwähnung des Kyros hier or. II § 77, zumal in der Zusammenstellung mit den Urkönigen anderer

---
[1]) Noch in Epiktet's Kynikerlob ist der Königserzieher Homer ein Hauptmotiv (diss. III, 22, 30—37. 72. 92).

Völker — wie auch sonst bei Dio, nam. or. 56 § 4 (vgl. [64] § 23) —,
nicht nach der Cyropädie aus, sondern zeigt den ethnographischen
Gesichtspunkt der Kyniker[1]), der auch für den Kyros des patri-
archalisch gesinnten Antisthenes bestimmend ist (L. D. VI, 2).
Aber weiter: Κῦρος vom κύων (!) genährt, als λυχνοποιός des
Astyages, der dann von ihm in goldenen (!) Ketten gebunden
wird, als Besieger der Meder und Befreier der Perser von den
knechtenden Medern (Dio or. 15 § 22. 25 § 5 [64] § 22 f. 80
§ 12) — wie verträgt sich das alles mit der Cyropädie? Es ist
klar: Dio hat ein Original vor sich, in dem den Persern weit
mehr ein kynisch niedriger Anfang und den Medern die Rolle
der dekadenten Schwelger zugewiesen ist und beide in einen
moralischen Gegensatz und kriegerischen Conflict gestellt sind,
aus dem natürlich die persischen Helden des πόνος als Sieger
hervorgehn, der aber die Handlung der Cyropädie sprengen
würde. Aber wer zu lesen versteht, sieht, dass Xenophon diesen
(eben antisthenischen) Gegensatz kannte[2]) und nur absichtlich
mit Familienpietät verkleistert hat. Zudem hat v. Wilamowitz,
Comment. grammat. III p. 12 f., dem Andere und auch W. folgten,
erkannt, dass or. XV, wo eben jene Kyrostradition durchbricht,
von Antisthenes abhängt. Wie aber Alles, was Dio über Kyros
sagt, sich mit der Cyropädie wenig verträgt, ja sogar streitet, so
steht auch nicht bei Xenophon, was er tendenziös von Krösos
(vgl. or. 10 § 26, sichtlich der Cyropädie widersprechend, 17 § 22.
78 § 32), von Kambyses, Zoroaster u. s. w. erzählt, und da er
auch sonst über die Perser Vieles bringt, was bei Xenophon
entweder nicht zu finden ist (wohl aber z. B. or. 10 § 30 in
Antisthenes' Kyros Frg. I S. 17) oder in anderer, ja entgegengesetzter Beurtheilung (s. oben S. 386) und Einiges sogar
so, dass Xenophon bereits vor den Argumenten ausweicht, die
Dio erst ausspricht, wie dieser noch das eine Spionenauge des
Königs tadelt, während Xenophon bereits aus demselben Bedenken mehrere Königsaugen constatirt, also damit Dio's Tadel
illusorisch macht, so folgere ich aus alledem, dass Dio die Cyro-

---

[1]) Vgl. z. B. L. D. VI, 73. Stob. flor. 123, 11. Luc. Cyn. 20.
[2]) wie er sich in der Cyropädie als durchaus abhängig bisher gezeigt
hat und noch immer mehr zeigen wird. Keil (Hermes 23 S. 356 f., 2) sagt:
„Mir ist es das Wahrscheinlichste, dass der Kyros des Antisthenes nichts
mit dem des Xenophon zu thun hatte. Der Kyniker muss den Perserkönig als unermüdlichen Mehrer des Reichs und Förderer der Wohlfahrt
der Unterthanen geschildert haben." Aber thut denn Xenophon in der
Cyropädie irgend etwas Anderes?

pädie überhaupt nicht gelesen hat (da nichts, was sich mit Namen controlliren lässt, dafür, aber Vieles dagegen spricht) und eine andere Quelle für Kyros und Persien (eben Antisthenes, direct oder indirect) benutzen muss.

Wie in der III. weist W. nach Keil's Vorgang auch in den ersten Dioreden Berührungen mit Isokrates' Nicoclea auf. Das deutet wieder auf einen Beide nährenden alten Autor der Königsreden, zumal Dio Isokrates ignorirt, also nicht aus ihm geschöpft haben kann (Keil a. a. O. 366. W. S. 33). Aber neben den Berührungen zeigen Keil (365) und W. (ib.) einen offenen Streitpunkt zwischen Dio's Quelle und Isokrates über die Schätzung Homer's als Königslehrer gegenüber Hesiod, Theognis und Phokylides: nun, Antisthenes, der Dichterkritiker, hat nicht nur Homer als Lehrer des $\beta\alpha\sigma\iota\lambda\epsilon\acute{u}\epsilon\iota\nu$ verfochten, sondern er hat bekanntlich auch sonst mit Isokrates gestritten. So bleibt für Xenophon als Quelle für Dio I und II im Wesentlichen nur, was W. gerade an unser Capitel erinnert. Aber von der Schlafbeschränkung des $\ddot{\alpha}\varrho\chi\omega\nu$ (I, 13) ist oben das Nöthige für den Kyniker gesagt, und I, 14, das „zweifellos" aus Mem. II, 1 stammen soll, verfolgt den Gedanken weit radikaler bis in die Thierwelt (!) hinein, beruft sich auf Homer (!) $\varkappa\alpha\grave{\iota}$ $\ddot{\alpha}\lambda\lambda\omicron\iota$ $\sigma\omicron\varphi\omicron\acute{\iota}$ (!) etc. und reinigt den $\beta\alpha\sigma\iota\lambda\epsilon\acute{u}\varsigma$ von all den Fehlern, die der Kyniker am meisten bekämpfte, und I § 21 spricht gerade das von Antisthenes gegenüber dem Hedonismus am $\dot{\alpha}\gamma\alpha\vartheta\grave{o}\varsigma$ $\beta\alpha\sigma\iota\lambda\epsilon\acute{u}\varsigma$ erwiesene $\dot{\alpha}\gamma\alpha\vartheta\acute{o}\nu$ des $\pi\acute{o}\nu\omicron\varsigma$ herrlich klar aus: $\varkappa\alpha\grave{\iota}$ $\mu\grave{\epsilon}\nu$ $\delta\grave{\eta}$ $\omicron\check{\iota}\epsilon\tau\alpha\iota$ $\delta\epsilon\tilde{\iota}\nu$ $\pi\lambda\acute{\epsilon}\omicron\nu$ $\check{\epsilon}\chi\epsilon\iota\nu$ (! vgl. oben 204, 2 u. unten) $\delta\iota\grave{\alpha}$ $\tau\grave{\eta}\nu$ $\dot{\alpha}\varrho\chi\grave{\eta}\nu$ $\omicron\dot{u}$ $\tau\tilde{\omega}\nu$ $\chi\varrho\eta\mu\acute{\alpha}\tau\omega\nu$ (!) $\omicron\dot{u}\delta\grave{\epsilon}$ $\tau\tilde{\omega}\nu$ $\dot{\eta}\delta\omicron\nu\tilde{\omega}\nu$, $\dot{\alpha}\lambda\lambda\grave{\alpha}$ $\tau\tilde{\eta}\varsigma$ $\dot{\epsilon}\pi\iota\mu\epsilon\lambda\epsilon\acute{\iota}\alpha\varsigma$ (!) $\varkappa\alpha\grave{\iota}$ $\varphi\varrho\omicron\nu\tau\acute{\iota}\delta\omega\nu\cdot$ $\ddot{\omega}\sigma\tau\epsilon$ $\varkappa\alpha\grave{\iota}$ $\varphi\iota\lambda\acute{o}\pi\omicron\nu\omicron\varsigma$ $\mu\tilde{\alpha}\lambda\lambda\acute{o}\nu$ $\dot{\epsilon}\sigma\tau\iota$ $\ddot{\eta}$ $\pi\omicron\lambda\lambda\omicron\grave{\iota}$ $\tau\tilde{\omega}\nu$ $\ddot{\alpha}\lambda\lambda\omega\nu$ $\varphi\iota\lambda\acute{\eta}\delta\omicron\nu\omicron\iota$ $\varkappa\alpha\grave{\iota}$ $\varphi\iota\lambda\omicron\chi\varrho\acute{\eta}\mu\alpha\tau\omicron\iota$ (!). $\dot{\epsilon}\pi\acute{\iota}\sigma\tau\alpha\tau\alpha\iota$ $\gamma\grave{\alpha}\varrho$ $\ddot{o}\tau\iota$ $\alpha\acute{\iota}$ $\mu\grave{\epsilon}\nu$ $\dot{\eta}\delta\omicron\nu\alpha\grave{\iota}$ $\tau\omicron\tilde{\iota}\varsigma$ $\dot{\alpha}\epsilon\grave{\iota}$ $\sigma\upsilon\nu\acute{o}\nu\tau\alpha\varsigma$ $\tau\acute{\alpha}$ $\tau\epsilon$ $\ddot{\alpha}\lambda\lambda\alpha$ $\lambda\upsilon\mu\alpha\acute{\iota}\nu\omicron\nu\tau\alpha\iota$ $\varkappa\alpha\grave{\iota}$ $\tau\alpha\chi\grave{u}$ $\pi\omicron\iota\omicron\tilde{u}\sigma\iota\nu$ $\dot{\alpha}\delta\upsilon\nu\acute{\alpha}\tau\omicron\upsilon\varsigma$ $\pi\varrho\grave{o}\varsigma$ $\alpha\dot{u}\tau\acute{\alpha}\varsigma$, $\omicron\acute{\iota}$ $\delta\grave{\epsilon}$ $\pi\acute{o}\nu\omicron\iota$ $\tau\acute{\alpha}$ $\tau\epsilon$ $\ddot{\alpha}\lambda\lambda\alpha$ $\dot{\omega}\varphi\epsilon\lambda\omicron\tilde{u}\sigma\iota$ $\varkappa\alpha\grave{\iota}$ $\dot{\alpha}\epsilon\grave{\iota}$ $\mu\tilde{\alpha}\lambda\lambda\omicron\nu$ $\pi\alpha\varrho\acute{\epsilon}\chi\omicron\upsilon\sigma\iota$ $\delta\upsilon\nu\alpha\mu\acute{\epsilon}\nu\omicron\upsilon\varsigma$ $\pi\omicron\nu\epsilon\tilde{\iota}\nu$. Dass endlich die Schlüsse der beiden Reden „zweifellos" offene Nachahmungen der Prodikosfabel sind, ist für die I. z. Th. schon oben S. 312 f. 330 und wird namentlich für die II. noch unten widerlegt. W. scheut sich nicht, den Herakles $\beta\omicron\upsilon\lambda\acute{o}\mu\epsilon\nu\omicron\varsigma$ $\ddot{\alpha}\varrho\chi\epsilon\iota\nu$ (Dio § 65) als Nachahmung parallel zu setzen mit Xenophon's „selbständig gewordenen" Jünglingen (§ 21); aber er weiss, dass der Herakles des Dio, der Herakles als guter $\beta\alpha\sigma\iota\lambda\epsilon\acute{u}\varsigma$ kynisch (S. 47, vgl. Weber's Nachweise S. 236 ff.), genauer in der I. Rede antisthenisch ist (vgl. Weber 248 ff.); er sieht, nach Prächter (Ceb.

tab. 99) und Capelle (de Cynic. epist. S. 31 ff.), dass die Situation Dio I originaler als bei „Prodikos" aus den Hesiodversen entwickelt ist (S. 8); er sieht S. 47 ebenso wie Capelle S. 39 ein, dass Dio noch eine andere (eine kynische oder stoische — Capelle[1]) a. a. O.) Quelle benutzen muss, da Xenophon das allegorische Gefolge der Frauen nicht giebt, — und trotz alledem soll Dio durchaus aus Xenophon schöpfen? Woher weiss man denn, dass die andere, ältere Quelle, die Keil (a. a. O. S. 354 f. Anm. 1) an einem Versehen Dio's noch sicherer erwiesen, nicht genügte?

Die IV. Rede (vgl. Weber 160 f.) muss W. nun einmal als Diogenesgespräch stehn lassen, und dieser sichere Name, der auch fast alle zunächst folgenden Reden beherrscht, weist doch ein wenig auch auf den Kynismus der vorangehenden Reden zurück. W. hat hier nicht das Mindeste aus Xenophon beizubringen, nur drei schwache Motive aus Plato oder Pseudo-Plato. Aber den Musterkönig Minos (§ 40) gab nicht erst der wenig gekannte Dialog, sondern das kynische Homerstudium (vgl. ib.), das Plato, wie man seit Dümmler's Antisthenica weiss, im Ion durchhechelte, dessen Spur (§ 93) desshalb wieder auf den Kyniker zurückweist, und wenn Dio den Namen des einen κάπηλος Sarambos (§ 98) durchaus aus Gorg. 518 C haben soll, so frage ich: woher hat er den des andern (ib.)? Es will mir aber scheinen, dass die Namen der bekanntesten Weinschenken in Athen auch den alten Kynikern schon zur Polemik bekannt waren (vgl. Diog. ep. 38, 1 und dazu Dio VIII, 9, auch Diog. ep. 43), und thatsächlich bringt Aristoteles Rhet. III, 10 einen Witz des κύων Antisthenes (Frg. 53, 16) über die attischen καπηλεῖα. Ja, seine Beschäftigung mit den κάπηλοι war so bekannt, dass im Brief des Aristipp an Aeschines satirisch davon die Rede ist.

Der V. Rede, die sogar περὶ λόγους φιλοπονία üben will und den μῦθος αἰνιττόμενος (!) bringt, aus dem Herakles als Befreier von den Begierdenthieren hervorwächst, wird W. wohl ihren kynischen Stempel lassen (vgl. Weber, Leipz. Stud. X, 253); denn er schweigt über sie. Dafür aber rächt er sich an der VI., der grossen Diogenesrede über die Tyrannis. Dio weist die Rede dem Kyniker zu, Xenophon legt die stärksten Parallelen dazu, die W. im Symposion aufweist (S. 27 ff.), dem Kyniker in den Mund, W. selbst sagt, dass schon der Anfang zweifellos auf

---

[1] der auch die Parallelen zu der Heraklespartie von Dio I in den Diogenesbriefen 10. 30. 37 etc. verfolgt hat (S. 31 ff. 45).

den Kyniker zurückgeht, dass schon Cicero die kynische Quelle kannte[1]), dass die Rede in der Hauptthese, im ganzen Genre kynisch und im Einzelnen nicht unkynisch sei — und bei alledem weist er sie (S. 17 ff.) als ein Gemisch aus Xenophon auf. Es ist ihm eben hier das Unglück passirt, sich zunächst in Xenophon so blindlings hineinzulesen, dass er sich garnicht gefragt, wie Dio auf den absonderlichen Gedanken kam, was er zumeist aus Xenophon's Hiero genommen, just Diogenes in den Mund zu legen. Erst S. 52 ff. ist ihm bei weiterer Umschau und Kenntnissnahme der ganze Kynismus der Rede aufgegangen, und nun scheint mir in der That nur die Wahl zu bleiben, ob hier der Kynismus xenophontisch oder Xenophon kynisch spricht. Im Symposion hat Xenophon die Antwort gegeben, indem er dem Kyniker giebt, was des Kynikers ist. **Die Uebereinstimmung zwischen Hiero und Dio VI beweist unzweifelhaft den Einfluss des Kynismus auf Xenophon.** Trotzdem will W. auch später noch Einiges von Dio VI für Xenophon retten. Das Tantalusbild § 55 soll aus Oec. XXI, 12 geholt sein, aber es wird sich bald zeigen, dass es dort vom Kyniker stammt. Dann sollen die Fische, die bei Dio § 18 sich am $\tau\varrho\alpha\chi\acute{v}$ reiben, um $\tau\grave{o}$ $\sigma\pi\acute{e}\varrho\mu\alpha$ $\mathring{\alpha}\pi o\beta\alpha\lambda\varepsilon\tilde{\iota}\nu$, unverkennbar den Autor verrathend, von den Schweinchen stammen, die sich Mem. I, 2, 30 an den Steinen reiben. Abgesehen davon, dass es verschiedene Thiere sind, dass beide zu verschiedenen Zwecken reiben, dass jener Thun als Vorbild, dieser als Schande angeführt wird, stimmt ja Alles, nämlich das Reiben, das aber in den Mem. auch kynisch ist (vgl. I, 351). Aber näher lag es wohl, zu erinnern, dass die Fische auch sonst dem Kyniker Vorbild sind (L. D. 29. Epict. IV, 1, 30 f.[2]). Immerhin erkennt W. an, dass die Vorführung des Thierlebens als Vorbild für das Menschenleben (§§ 21—34) a Cynicorum more alienum non esse. Aber im Folgenden will er wieder eine Spur der xenophontischen Quelle darin erkennen, dass Dio bald vom Perserkönig, bald vom Tyrannen spricht, was bei Xenophon ähnlich geschehe. Doch bei Xenophon geschieht es in verschiedenen Schriften, während gerade für den Kyniker der Perser als schlechter König ohne Weiteres $\tau\acute{v}\varrho\alpha\nu\nu o\varsigma$ ist. Im Uebrigen verweise ich auf E. Weber's (a. a. O. 85 ff.) gerade für

---

[1]) was zuerst Capelle beachtet hat, der auch zu dieser Rede die Parallelen in den Diogenesbriefen angiebt (S. 45 ff.). Ueber den Wettstreit des Diogenes mit dem Perserkönig s. die Stellen unten 458, 1.

[2]) Was bedeutet der diogenische Schrifttitel Ἰχθύας?

die VI. Rede besonders gründliche Aufdeckung der kynischen Quellen. Hahn, de Dionis orat. 6. 8—10, Gött. Diss. 1896, hat S. 23 ff. auch einige kynische Parallelen zu Dio VI genannt und schon einige sog. xenophontische Reminiscenzen bestritten; nur der Schnee (§ 11), der sonst nicht vorkomme, soll durchaus aus Mem. II, 1, 30 gefallen sein. Doch darüber und auch über den kynischen Pan werden wir bald zu reden haben. W. erkennt aber auch weiter an, dass Dio nicht einfach Xenophon's Hiero ausgeschrieben habe, da dieser eine andere Ordnung zeige; also habe Dio aus dem Gedächtniss citirt. Hierauf hat bereits v. Arnim, Leben u. Werke des Dio, S. 261, 1, treffend erwidert, dass das Operiren mit Xenophonreminiscenzen unwahrscheinlich sei, weil Dio, abgesehen von der ganz verschiedenen Anordnung der Gedanken, ein erhebliches Plus an Motiven zeige, also mindestens noch andere Declamationen in tyrannos benutzt haben müsse, wovon eine kynische nach Diog. ep. 29 sicher sei. Hahn, der darauf hingewiesen, nimmt für Dio VI sehr viele Quellen, und auch unkynische, an. Aber mit welchem Recht? Was ist denn unkynisch in dieser Rede? Das Einzige, das für eine Mosaikauffassung (aber noch nicht für unkynische Theile) sprechen könnte, und das auch Weber (97) und v. Arnim (263 f.) zur Annahme mehrerer, aber kynischer Quellen veranlasste, ist rein formal, die theilweise Wiederkehr der gleichen Motive und, was W. mit Recht beachtet hat: der Wechsel der dicta und facta, die von Diogenes erzählt werden. Das spricht allerdings gegen eine eigene Schrift des Diogenes, aber nicht gegen eine Kynikerschrift über Diogenes als fortlaufende Quelle. Würden nicht bei einem Benützer z. B. von Xenophon's Mem. für Sokrates auch dieser Wechsel der dicta und facta und die Wiederholung einiger Motive sich zeigen? Und haben nicht die Späteren Diogenes wie die Aelteren Sokrates behandelt? W. sieht diese Parallele und folgert daraus, dass Dio auf Diogenes übertragen konnte, was Xenophon von Sokrates sagt. Aber es verhält sich eher umgekehrt. Die Parallele greift weit, und ich möchte hier namentlich hinweisen auf Diogenes $\pi v \vartheta o \chi \rho \eta \sigma \tau o \varsigma$ (Jul. VI, 191, vgl. L. D. 20 f.), Asklepios opfernd (L. D. 38, vgl. oben S. 251, 2), an jedem Orte vor allen Menschen $\delta \iota a \lambda \varepsilon \gamma o \mu \varepsilon \nu o \varsigma$ (L. D. 22. Diog. ep. 6. 38, 3, vgl. Mem. I, 1, 10), und auf seine schlechte Vergangenheit (L. D. Anf.), die bei Sokrates wenigstens als Anlage behauptet wird, — und ich schliesse hier von Diogenes auf Sokrates zurück: diese Uebertragung oder Fortpflanzung zeigt, dass diese z. Th.

legendären Motive schon bei Sokrates in der kynischen Linie lagen.

In den beiden Diogenesreden Dio VIII[1]) und IX findet W. ausser ihm selbst Zweifelhaftem nur drei Xenophonspuren. Die Reden berühren sich in ihrer Schilderung der Lüste mit Oec. I, 20 ff. Gewiss, aber ist es wahrscheinlicher, dass der Kyniker für seinen Gigantenkampf gegen die $\dot{\eta}\delta o\nu\dot{\eta}$ die Waffen aus der verlorenen Xenophonstelle holte, oder dass in dieser sich ein kleiner Niederschlag jenes Kampfes findet? Dann soll § 3 der Thiervergleich (mit dem ἵππος — vgl. auch sonst bei Antisth. oben S. 354 f. — $\dot{\alpha}\nu\delta\varrho\varepsilon\tilde{\iota}o\varsigma$ (!) $\varkappa\alpha\dot{\iota}\ \varphi\iota\lambda\acute{o}\pi o\nu o\varsigma$ (!)), den Antisthenes $\pi\alpha\iota\delta\varepsilon\acute{\iota}\omega\nu$ für Diogenes braucht — aus Mem. IV, 1, 3 stammen. Ich verliere kein Wort darüber. Uebrigens ist es ein Omen für die Diogenesreden, dass Dio kurz vorher § 1 Xenophon als Lehrmeister des Diogenes leugnet. Endlich soll Diogenes Dio VIII, 21 die Interpretation des Kirkemythus aus Mem. I, 3, 7 haben. Falls es W. nicht genügt, dass Antisthenes laut dem Katalog über Kirke ein Buch geschrieben, sei er auf Jul. VI, 185 A verwiesen. Solche Curiosa ergeben sich, wenn man Xenophon zur Quelle für den Kynismus macht, und sie beweisen deutlich, dass das thatsächliche Verhältniss umgekehrt liegt. So wissen wir auch, was wir in der folgenden Diogenesrede (Dio X) von den Thiervergleichen und sonstigen „Reminiscenzen" aus Xen. Oec. I (W. S. 21) zu halten haben. Die grosse Aehnlichkeit von Dio § 17 ff. und Mem. IV, 2, 24 ff. ist um so begreiflicher, als Mem. IV, 2 ganz unter antisthenischem Einfluss steht (s. Bd. I); W. selbst vermisst bei Xenophon hier, was Capelle S. 41 mit Recht als Angelpunkt der ganzen Erörterung bei Dio bezeichnet, das Spiel mit dem Wort $\chi\varrho\tilde{\eta}\sigma\vartheta\alpha\iota$, — das aber passt gerade für den Gorgianer und Etymologen Antisthenes. Hahn hat a. a. O. S. 65 f. bereits darauf hingewiesen, dass Mem. IV, 2, 24 ff. nicht Quelle von Dio §§ 17 ff. sein kann[2]), dass, was Diogenes § 28 über Orakelbefragung sagt, nicht von Mem. I, 1, 9 stammt, sondern auch Plut. de def. or. von einem Kyniker gesagt ist und die Selbsterkenntniss auch sonst dringende Forderung der Kyniker ist. Trotzdem soll Dio einige colores

---

[1]) deren Kynismus auch wieder Weber ausführlich behandelt hat. Parallelstellen in den Diogenesbriefen bei Capelle S. 45 f. Zu Dio VII vgl. Weber 235 f. und zu IX, 14—21 Diog. ep. 31 und Norden, Jahrb. f. Philol. 18, 303 ff., Capelle 40. 43.

[2]) Vgl. auch Capelle 41, der zugleich die Aehnlichkeit von Dio X mit Diog. ep. 31 und 36 constatirt.

von Xenophon, auch wo er nicht Quelle ist, leihen, obgleich H. die colores der kynischen Quelle garnicht kennt; soll ferner Dio die (homerische!) Göttersprache § 23 von Platos Cratylus haben, als ob dieser nicht gerade damit auf Antisthenes einginge (vgl. Dümmler, Kl. Schr. I S. 44); sollen weiter Dio 24 ff. und Epictet. diss. III, 1, 16 ff., obgleich beide von Laios, Apoll und der Selbsterkenntniss reden, nicht auf eine (kynische) Quelle weisen, bloss weil Epiktet den Zusammenhang nicht deutlich macht, der übrigens schon in der auch sonst kynischen Sphinxdeutung liegt (vgl. Diogenes Oedipus u. oben S. 324, 1); soll endlich Dio § 29 ff. aus anderen als kynischen Quellen stammen, weil sich die Erwähnung der persischen Verwandtenehe nicht in stoischen Quellen nachweisen lässt; dafür aber steht sie Antisth. Frg. 17, 1. Wo also bleibt die „grosse Freiheit", mit der Dio hier Diogenes anders als nach kynischer Quelle reden lässt? Für or. XI und XII lässt W. Xenophon schweigen, und wenn Hagen § 32 mit or. III, 75 ff. vergleicht, so gilt eben, was von der III. Rede gilt (vgl. oben S. 374 ff.). Ueber III, 10, das er für § 59 anzieht, ist später zu handeln. Zu XI, 7 f. ist zu beachten, dass Antisthenes Homer als $αἰνιττόμενον$ nimmt und den Dichter nach Dio selbst $τὰ μὲν δόξῃ, τὰ δὲ ἀληθείᾳ$ sagen lässt (or. LIII, 5).

Und nun die kritische or. XIII! Dass das Thema $περὶ φυγῆς$ (zumal in der Fassung der Frage § 2: $πότερον χαλεπόν τε καὶ δυστυχὲς εἴη τὸ τῆς φυγῆς κατὰ τὴν τῶν πολλῶν δόξαν$(!) und in der Verbindung mit $πένεσθαι γῆρας$ etc. § 3) nun einmal nicht platonisch und xenophontisch, sondern kynisch ist, kann auch der ärgste Skeptiker nicht leugnen; darum brauchen noch nicht, wie W. verlangt, alle Kyniker das Thema wie Teles zu behandeln. Dass die Homer- und Euripidescitate § 4 f. 10 nicht kynisch sein **müssen**, ist W. zuzugeben; aber dass sich der Kyniker mit Vorliebe an Dichtern und gerade an diesen beiden orientirt, ist bekannt. Zudem fällt zwischen diese Beispiele die Deutung des Krösosorakels § 7, für die W. selbst mit Recht eine kynische Quelle vermuthet (vgl. Plut. $π. φυγῆς$ c. 15 u. I, 410, 3. 491. 551. II, 163 etc.). Auch die Dichterinterpretation mit Wortdifferenzirung von $αἰδώς$ und $αἰσχύνη$ ist antisthenisch (vgl. oben I, 489. II, 338 f.), und das Sterben fern von der Heimath § 6 giebt ein kynisches Consolationsmotiv (vgl. Anton. et Max. s. de morte p. 878). Dass Dio weiter (§§ 9 ff.) vom Orakel zur Philosophie berufen ist, mag eine Nachahmung des Sokrates sein, aber vermuthlich des kynischen Sokrates (s. S. 404 und unten), des Diogenes, der ja auch $πυθό$-

χρηστός ist (Jul. VI, 191); das Folgende macht es noch sicherer. Denn wenn er nun, diesem Orakel gehorsam, in dürftigem Gewande, wie ein Landstreicher und Bettler (vgl. z. B. Luc. Cyn. 1 f.), schliesslich als φιλόσοφος durch die Länder zieht (vgl. Diogenes Max. Tyr. diss. 3 p. 143, 11 D. Diog. ep. 34), den Menschen zum moralischen Nutzen, so ist doch wahrlich der Kyniker fertig, auch ohne dass er sein pessimistisches Resultat verkündet (§ 13): dass ihm die ἄνθρωποι (!) πάντες (!) ἄφρονες (!) schienen καὶ οὐδεὶς οὐδὲν (!) ὧν ἔδει (!) πράττειν (!) οὐδὲ σκοπεῖν ὅπως ἀπαλλαγεὶς τῶν παρόντων κακῶν (!) καὶ τῆς πολλῆς (!) ἀμαθίας (!) καὶ ταραχῆς (!) ἐπιεικέστερον καὶ ἄμεινον βιώσεται (!) κυκώμενοι δὲ καὶ φερόμενοι πάντες ἐν ταὐτῷ καὶ περὶ τὰ αὐτὰ (!) σχεδόν, περί τε χρήματα (!) καὶ δόξας (!) καὶ σωμάτων τινὰς ἡδονάς (!), οὐδεὶς ἀπαλλαγῆναι τούτων δυνάμενος οὐδὲ ἐλευθερῶσαι (!) τὴν αὑτοῦ ψυχήν (!). Ich erspare mir weitere Worte; denn wer hier nicht den Kyniker erkennt, der wird ihn nirgends erkennen.

Wir stehen unmittelbar vor der Sokratesapostrophe, und bisher sprach Alles, was überhaupt sprach, zu Gunsten des Kynikers, und noch Niemand hat irgend eine Spur zu Gunsten Plato's, Xenophon's oder irgend eines anderen Autors entdecken können. Dio schliesst an diese herbe Anklage gegen die ἄνθρωποι die Sokratesapostrophe an, doch offenbar, weil sie dazu passt, weil sie, wie Jeder sehen kann, desselben Geistes Kind ist, denselben Gedanken lauter verkündet und weiterführt. Wenn demnach die Einleitung kynisch war, ist schon darum anzunehmen, dass, was damit sowohl übereinstimmt wie unmittelbar zusammenhängt, auch kynisch ist. Aber nun soll die Sokratesapostrophe aus dem „pseudoplatonischen" Clitopho geschöpft sein, und W. wundert sich (S. 59), dass nicht bereits E. Weber und P. Hagen, die ja die unverkennbare Uebereinstimmung in beiden Schriften gesehn, diese Abhängigkeit erkannten. Sie waren vorsichtiger. Ueber diese Uebereinstimmung habe ich mich bereits I, 481 ff. ausgesprochen und dort wie Archiv IX, 64 ff. den Clitopho als echt platonische Kritik der antisthenischen Sokratik gedeutet. Ich habe noch von Niemandem erfahren, was sich ein „Fälscher", den aber bereits Xenophon Mem. I, 4, 1 kennt[1]) und zu widerlegen sucht, mit dieser Schrift und schon mit der Einführung gedacht hat, und warum die Alten so kurzsichtig waren, diese

---

[1]) was zuerst Kunert, quae inter Clitoph. et Plat. remp. interc. necessit. p. 14, beachtet hat.

antisokratische Schrift stets Plato zuzuweisen. Der Clitopho soll gegen Plato's Republik gerichtet sein? Dann muss der Fälscher unglaublich bornirt gewesen sein oder die Republik nie gelesen haben, wenn er nicht sah, dass deren Einleitung (Buch I. II Anf.) dem Clitopho in der Kritik der ungenügenden und bloss paränetischen Gerechtigkeitsbehandlung genau parallel geht und dass sich die ganze Republik auf dem hochgespannten Antrieb aufbaut, endlich das zu geben, was der Clitopho forderte und vermisste: die wirkliche Bestimmung der $\delta\iota\kappa\alpha\iota\sigma\sigma\acute{\nu}\nu\eta$. Dieser Clitopho redet Plato aus der Seele. Aber wie kann ein gut platonischer Dialog Sokrates kritisiren? Den historischen Sokrates — unmöglich! Aber gab es keinen andern? Und so schliesse ich, dass der Clitopho nur als Kritik eines nicht platonischen, aber auch literarischen Sokrates verständlich ist. Der Clitopho tadelt Sokrates als blossen $\pi\varrho o\tau\varrho\acute{\epsilon}\pi\omega\nu$ zur $\delta\iota\kappa\alpha\iota\sigma\sigma\acute{\nu}\nu\eta$: wir wissen, dass Antisthenes einen $\pi\varrho o\tau\varrho\epsilon\pi\tau\iota\kappa\grave{o}\varsigma$ $\pi\epsilon\varrho\grave{\iota}$ $\delta\iota\kappa\alpha\iota\sigma\sigma\acute{\nu}\nu\eta\varsigma$ schrieb, dass dieser Dialog stark rhetorisch war (Antisth. Frg. S. 20), wie hier die Sokratesapostrophe, dass darin Sokrates sprach (s. $\pi\varrho o\tau\varrho\epsilon\pi\tau$. Frg. I S. 20 f.), dass Plato oft genug, ohne ihn zu nennen, Antisthenes, d. h. den antisthenischen Sokrates kritisirt, — so schliesse ich, dass der gut platonische Clitopho unter Sokrates Antisthenes kritisirt. Die neueren Forscher können sich noch immer nicht von der Vorstellung befreien, dass Plato nicht der einzig anerkannte, älteste, eifrigste Verfechter des „Sokrates" war, und sie lesen's doch in Xenophon's Symposion, dass der Sokratesfanatiker $\varkappa\alpha\tau$' $\grave{\epsilon}\xi o\chi\acute{\eta}\nu$ Antisthenes war, den der jüngere Plato bereits vorfindet. Wenn Plato nur in majorem gloriam jedes Sokrates schreiben wollte, muss man auch so ziemlich alle anderen kleineren Dialoge athetiren. „Sokrates" muss es sich gefallen lassen, dass seine eigenen Definitionen (nach Plato oder Xenophon) z. B. im Laches und Charmides widerlegt werden (I, 488 ff. II, 141, 4) und er am Ende immer mit leeren Händen dasteht. Es sind eben alles Kritiken eines andern (antisthenischen) Sokrates. Xenophon antwortet Mem. I, 4, 1 auf den Angriff des Clitopho gegen den blossen Protreptiker Sokrates; man hat in dem protreptischen Sokrates dort den antisthenischen anerkannt (Zeller, Archiv VII, 102). Daraus ergiebt sich doch auch wieder, dass der Clitopho sich gegen den antisthenischen Sokrates richtet. Es wird wohl Niemand behaupten, dass der Sokrates, den der Clitopho kritisirt (abgesehen von dem Anklang der Apostrophe an die Apologie, worüber inzwischen I, 481 ff. zu vergleichen), der echt platonische sei. Wer lesen kann, sieht, dass der kenntnissreiche Kritiker hier in einer ganzen sokratischen Literatur wühlt und zahlreiche Motive herauszieht, die zum grossen Theil nicht platonisch und zum grossen Theil nachweislich antisthenisch sind.

Um von der Apostrophe noch abzusehen, so mag man nachher 407 E (vgl. 410 D) zur Mahnung, mit dem ἀσκεῖν σώματα die Sorge für die ψυχή, als das Herrschende gegenüber dem Beherrschten zu verbinden, Antisth. Frg. 65, 48 (Stob. fl. 7, 18. L. D. 67. 70. Philo Omn. libr. prob. p. 883, vgl. I, 487 ff.) und die entsprechende Lehre der Stoa vergleichen; zum Lyravergleich 408 A (ἀμουσία 407 C) L. D. VI, 27. 65 u. oben S. 321; zu der These ib., dass dem Einsichtslosen besser wäre, nicht zu leben, vgl. Antisth. Frg. 64, 45. Ael. X, 11, oder als Sklave statt als Freier, vgl. L. D. 74 f. u. unten; zu den παμπόλλοις (!) καὶ παγκάλως (!) λεγομένοις ὡς διδακτὸν ἀρετή die Hauptthese des Antisthenes im Herakles: τὴν ἀρετὴν διδακτὴν εἶναι, die der platonische Sokrates im Protagoras bezweifelt; die δικαιοσύνη als gepriesene τέχνη der ψυχή (409 A) s. Antisth. Symp. III, 4. IV, 2; näher bestimmt als das Nützliche (409 C) (während der platonische Staat gerade die utilitarische Begründung ablehnt), s. Antisth. Symp. III, 4 (δίκαιοσ. allein nicht βλαβερά) und über den sonstigen antisthenischen Utilitarismus das früher Gesagte; als Fähigkeit, φιλίαν ἐν ταῖς πόλεσι ποιεῖν (409 D, vgl. 407 C), — genau das, was Sokrates Symp. IV, 64 (vgl. 60 f.) Antisthenes zuweist, dem auch das weitere Lob der φιλία gehört (s. später); als ὁμόνοια (409, vgl. Harmonie der Brüder 407 C) s. Antisth. Frg. 61, 25 (im Gegensatz zu den wohl vom kynischen Mythendeuter an Thyest und Atreus illustrirten blutigen Kämpfen und Familienfehden aus Habsucht 407 C, vgl. dazu Luc. Cyn. 8. 15); aber ja nicht als δόξα, die der Kyniker ἠτίμαζεν (409 E); endlich als Fähigkeit, den Freunden zu nützen, den Feinden zu schaden (410 A), eine Bestimmung, die der platonische Sokrates mit ostentativer Festigkeit von sich abweist (Crit. 49), die aber dem Kyniker als rastlosem Kämpfer (Herakles!) mit der steten Scheidung der Freunde und Feinde nach dem Vorbild des κύων[1] genau entspricht. Wer den Clitopho aufmerksam liest, findet, dass er, namentlich nach der Apostrophe in raschen Ueberblicken über ganze Dialoge, summarisches Gericht hält über eine sokratische Literatur, die nicht die platonische und uns verloren ist,

---

[1] Als solchen διακριτικός (vgl. Antisth. Frg. 8. 9 f.) hat ihn wohl Antisthenes in der Schrift περὶ τοῦ κυνός am Beispiel des Argus vorgeführt, da sie unter den Homerschriften steht.

über eine Sokratik, die sich als Lehre der *ἀρετή* aufspielt, und die in Wahrheit nur Protreptik, Paränetik, Enkomiastik (*ἐγκωμιάζεις* 410 C) der Tugend ist und kein wirkliches Wissen giebt. Es ist eine Sokratik, die zugleich in der Rhetorik des Gorgias lebt, — und das eben ist die Sokratik des Antisthenes und namentlich im *προτρεπτικὸς περὶ δικαιοσύνης* (L. D. VI, 1). Im Clitopho hält Plato, der echtere Hellene und Sokratiker, Gericht über die kynische Predigt, — und dieser Clitopho sollte unplatonisch sein!

Ist nun der kritisirte „Sokrates" des Clitopho kynisch, so ist es auch der des Dio in or. XIII, — denn beide stimmen bis zum Wörtlichen zusammen, wie Alle gesehen haben (vgl. I, 482, W. S. 59 f.). Aber damit ist noch nicht bewiesen, dass Dio dem Clitopho folgt; denn warum sollen nicht zwei Autoren, die einen dritten citiren, unabhängig von einander ihn wörtlich citiren? Wie v. Arnim (256, 1) treffend bemerkt, muss der Clitopho zur Bekämpfung den *λόγος* genau wiedergeben, und Dio hält sich zu so genauer Wiedergabe verpflichtet, dass er Abweichungen vom Wortlaut entschuldigen zu müssen glaubt. Aber der Clitopho ist als Quelle für Dio's *λόγος* schon aus zwei Gründen kaum denkbar: 1. ist der *λόγος* im Clitopho noch nicht eine Seite (Hermann), der des Dio vier grössere Seiten (v. Arnim) lang, und die Uebereinstimmung beschränkt sich auf kaum eine halbe Seite. Was der Clitopho im Uebrigen bringt, vor und nach dem *λόγος*, existirt für Dio nicht. Beide erklären einen *λόγος* des Sokrates zu citiren, aber der Clitopho liefert sichtlich für jeden Leser nur einen Auszug, ein Referat, wie es für seinen kritischen Zweck genügt. Dieser sokratische *λόγος* existirte, — mit welchem Recht will man nun Dio, der viel mehr giebt als der Clitopho, durchaus vom Original absperren? Der *λόγος* macht wohl auf Jeden einen kynischen Eindruck (der bald noch deutlicher werden wird); dass Dio kynische Schriften las, bezweifelt Niemand. Weshalb nun in aller Welt zwingt man Dio hier, seinen reicheren Inhalt aus dem engen Brunnenrohr des Clitopho zu schöpfen, wo ihm der volle Strom des Kynismus floss? 2. aber ist das Verhalten beider Schriften zum *λόγος* entgegengesetzt: der Clitopho zersetzt denselben *λόγος* kritisch als ungenügend, den Dio mit Begeisterung vorträgt, und trotzdem soll Dio ihn gerade aus dem Clitopho nehmen? Im Clitopho führt der *λόγος* gerade in die *ἀπορία* hinein (409 Ende, 410 C), bei Dio rettet er gerade aus der *ἀπορία* (§ 14), und das soll Dio vom

Clitopho haben? Ich will nicht einmal fordern, dass man das Philosophische philosophisch ansieht, sondern nur, dass man nicht an den Worten klebt und sich überlegt, ob wohl anzunehmen ist, dass Dio die Begeisterung für einen „Sokrates" sich gerade dorther holt, wo dieser „Sokrates" kritisch vernichtet wird! Ich weiss nicht, wer lächerlicher dasteht, der Autor des Clitopho, der von „Sokrates" abziehen will und bei Dio die entgegengesetzte Wirkung erzielt, oder Dio, der seine Bekehrungsmittel gerade von dort holt, wo sie versagen. Es kommt doch nicht bloss darauf an, dass die gleichen Worte dastehn, sondern wie sie dastehn, und wenn man's nicht nöthig hat, wird man doch nicht das Zeugniss und Muster der Ueberzeugungskraft z. B. eines Politikers aus der Satire seines Gegners entnehmen. Wird Jemand gerade aus Plato's Phaedrus die Lysiasrede als classisch citiren? Und doch ist die Lysiasrede rhetorisch ausgeführt, der λόγος im Clitopho nur ein skizzirender Auszug, an dem sich kaum Jemand rhetorisch erbauen kann. Wie lächerlich wäre es auch, wenn hier Sokrates seinen eigenen λόγος, in extenso vordeclamirt, sich erst anhören muss!

Nun wendet man ein, dass, wenn Dio nicht aus dem Clitopho, sondern Beide aus einem Original geschöpft hätten, in diesem ja auch die Einführungsworte vor dem λόγος gestanden haben müssten. Wäre das so unmöglich? Dass die originale Schrift nicht bloss aus den kaum 30 Zeilen bestand, die der λόγος im Clitopho ausmacht, ist doch wohl anzunehmen, und wenn ein platonischer Dialog mehr enthält als einen λόγος des Sokrates, warum nicht auch ein antisthenischer? Und nun wissen wir gerade vom antisthenischen προτρεπτικός, dass er das Rhetorische innerhalb des dialogischen Rahmens enthielt (L. D. VI, 1). Zudem ist für diesen rhetorischen λόγος die Angabe des wie? wo? und wann? nothwendig und jene Einführung gerade wichtig als Charakteristik und verstärkende Resonanz, und da haben die Worte des Clitopho: πολλάκις — ὁπότε ἐπιτιμῶν τοῖς ἀνθρώποις — ὕμνεις λέγων (407 A) doch weit weniger originale Farbe und Kraft als die des Dio § 14: λόγον —, ὃν οὐδέποτε ἐκεῖνος ἐπαύσατο λέγων, πανταχοῦ τε καὶ πρὸς ἅπαντας βοῶν καὶ διατεινόμενος ἐν ταῖς παλαίστραις καὶ ἐν τῷ Λυκείῳ καὶ ἐπὶ τῶν ἐργαστηρίων (woher hat das Dio?) καὶ κατ' ἀγοράν. Dieser Hans in allen Gassen ist eben der kynische Sokrates, wie auch Diogenes an allen Orten spricht (L. D. 22) und dasselbe ἐβόα πολλάκις (L. D. 44). § 16: ὁπότ' ἴδοι πλείονας ἀνθρώπους ἐν τῷ αὐτῷ, σχετλιάζων καὶ ἐπιτιμῶν ἐβόα πάνυ ἀνδρείως τε καὶ ἀνυποστόλως. Dieses Ertönen zu allen Zeiten, an allen Orten, zu allen Menschen gehört zur Eindringlichkeit dieses eindringlichen λόγος, stand sicher im Original und ist keine Abstraction aus wirklich zahllosen Wiederholungen desselben λόγος des Sokrates; denn ein abstracter λόγος und zahllose Wiederholungen sind als solche nicht darstellbar und müssen eben erst als das, was sie sind, eingeführt werden. Hat Sokrates ernsthaft den ganzen λόγος auswendig gelernt und ihn überall aufgesagt? Nein, jene Wiederholung bedeutet eben nur ein Unterstreichen dieses λόγος mit jener Willensenergie, die eben der predigende, übende, kämpfende Kyniker auf das sokratische Denken drückte, und es kann im Original sogar in die Rede des Sokrates selbst mit aufgenommen sein: ich möchte es in alle Welt rufen, allen Menschen unaufhörlich und überall einprägen, oder, wie „Sokrates" Plut. de lib. educ. 7 sagt: ich möchte womöglich auf den höchsten Punkt der Stadt steigen und herausschreien: ὦ ἄνθρωποι, ποῖ φέρεσθε (das Folgende wie im Clitopho). Ich glaube, dass noch Keiner, der kundig und unbefangen an diesen polternden Sokrates herantrat, nicht einen fremden Sokrates und den kynischen Ton heraushörte. Selbst W. findet S. 62, dass hier Sokrates paene cynicum in modum als Tugendprediger auftritt. Warum hängt er an dem paene und scheut sich, seinem Eindruck gemäss das Kynische anzuerkennen? Demetr. de eloc. § 296 zeigt, wie dasselbe Thema, mit dem der λόγος des Kleitophon einsetzt, echter sokratisch, in platonischer Weise behandelt wird, nämlich rein dialogisch, nicht paränetisch, und der Euthydemus, der Antisthenes kritisirt, bestätigt es, dass dies nach Plato der rechte προτρεπτικὸς λόγος ist[1]), nicht der rhetorische und nicht der eristische, den Antisthenes neuestens versucht. Andererseits wird man sich den kynischen Sokrates, der doch nun einmal existirt hat und vorgestellt werden muss, kaum anders vorstellen als im Genre jenes λόγος. Βοῶν — wie hier (Dio ib.) Sokrates, ist nur der Kyniker (Antisth. Frg. S. 23, 2. L. D. 44. 83. Plut. de def. orac. 7 etc.), und er kommt immer scheltend, wie hier Sokrates, und schilt die ἄνθρωποι (ποῖ φέρεσθε, ὤνθρωποι bei Dio und Clit. Anfang des λόγος). Der Kyniker, der Kosmopolit und Verfechter der

---

[1]) Hirzel vergleicht passend das Verhältniss des προτρεπτικός im Euthydemus zu dem der „Sophisten" (d. h. vielmehr des Antisthenes) mit dem Verhältniss der platonischen ἐρωτικοί im Phaedrus zu dem des Lysias (Hermes 10 S. 75).

φύσις, spricht fortwährend von ἄνθρωποι, eben universal von der Rasse, wie er auch stets die Thiere zu ihrer Vergleichung bereit hat. Man sehe nur die vielen ἄνθρωποι z. B. in dem Diogenescapitel bei L. D. VI: 24 (2 Mal). 27. 30. 32 (2 Mal). 40 (3 Mal). 41. 42. 44. 47. 56. 60 (2 Mal). 69. 73. 74. 75. In der Kynikerdissertation des Epiktet (III, 22) erscheinen die ἄνθρωποι 20 Mal. Aber gerade auch die naturalistische Predigt des Kynikers wendet sich am besten an „Menschen"; liegt doch darin, wie in allem Natürlichen, bald etwas Verächtliches (vgl. L. D. 56 ἄνθρωπε), bald etwas Ideales; denn die wirklichen Menschen entsprechen nicht der φύσις, sind keine wahren ἄνθρωποι, was ihnen der Kyniker fortwährend versichert (L. D. 32. 40. 41. 62). Man hat bereits bemerkt, dass die Anrede ὦ ἄνθρωποι in der kynischen Diatribe häufig ist (Wendland, Beitr. z. Gesch. d. gr. Ph. u. R. S. 40. Hartlich, Leipz. Stud. XI, 314). Ich glaube, dass auch des Diogenes Menschensuchen mit der Laterne, das natürlich nicht als Factum, sondern als Dictum zu nehmen ist, mit dieser Anrede zusammenhängt. Diogenes ruft ἰὼ ἄνθρωποι (L. D. 32), aber die da kommen, sind ihm καθάρματα. Er will zu Menschen sprechen, aber er findet, dass es keine Menschen sind. Das ist ein passender Anfang der kynischen Scheltpredigt, s. den Anfang von Diog. ep. 28 und dazu Anm. 2 der folg. S. Mit diesem Anfang aber übertrumpft, d. h. setzt Diogenes einen andern Scheltprediger voraus, der wirklich zu „Menschen" sprach, und er übertrumpft eben wieder einmal den antisthenischen Sokrates.

Der λόγος war in der Antike populär und ist oft copirt worden; daraus folgt, dass er einem mächtigen, lebendig weiter gepflegten Sokratestypus entsprach, eben dem Kynismus. W. aber lässt alle Nachahmer aus dem Clitopho schöpfen. Der „unechte" Dialog hat diese grosse Wirkung? Und, was das Lustigste, gerade die entgegengesetzte, als er beabsichtigt: er wirbt für den Sokrates, von dem er abrücken will. Von den vier Parallelen, die Hartlich (Leipz. Stud. XI S. 232), dem W. folgt, anführt, sehe ich nur eine, die sicher aus dem Clitopho schöpft; aber sie thut eben mehr: sie citirt; Themistios or. 26. 320 D bringt als κηρύγματα Σωκράτους καὶ Πλάτωνος Wort für Wort den ganzen λόγος des Clitopho bis auf einige charakteristische Streichungen und Varianten: der Rhetor citirt ihn in seiner Rede περὶ τοῦ λέγειν und zeigt uns dabei wieder, was im ursprünglichen λόγος, der eben doch vorauszusetzen ist, so unrhetorisch nicht gestanden haben kann, indem er z. B. die Disjunction εἰ μαθητόν — εἰ ἀσκητόν Clit. 407 B und die Argumentation über Willensfreiheit ib. D — Beides kynisch-sokratische, aber länger zu erörternde Streitthemata[1]) — einfach weglässt. Aber was folgt sonst aus diesem Citat des Themistios weiter, als dass er den Clitopho als platonische Schrift gelesen hat, wie auch Plutarch eine Stelle daraus zweimal als platonisch citirt (vgl. W. S. 62)! Aber für Dio, der auch nicht Plato nennt, folgt daraus nichts, oder vielmehr springt gerade aus dem Vergleich mit Themistios der Unterschied einer selbständigen Parallele und einer wörtlichen Copie (des Clit.) in die Augen. Aber nun die anderen drei Parallelen in der bezeichnenden Anrede an die ἄνθρωποι: ποῖ φέρεσθε! Da ist es nun entscheidend, dass alle drei weder Plato nennen noch im Uebrigen eine wörtliche Copie des Clitopho zeigen und zwei davon in Quellenschriften über den Kynismus stehn: Luc. Κυνικός c. 18 und Epictet. diss. π. κυνισμοῦ III, 22, 26. Vielleicht steht auch die dritte: Plut. de lib. educ. 7, wo viel Kynisches sich findet, und die schon durch die Einführung sich vom Clitopho unabhängig zeigt (s. S. 412), nicht ganz unberechtigt bei Mullach vielmehr unter den Fragmenten des Kynikers Κράτης[2]). Aber

---

[1]) Jene These über Willensfreiheit wird auch Arist. Nic. 1153b[12] erörtert, wo bereits Zeller (315, 1) den kynischen Sokrates vermuthet hat.
[2]) Wenn Hartlich (Leipz. Stud. XI, 229 ff. 247 f.) noch Parallelen des λόγος bei Chrysipp und in Jamblichos' Protreptikos aufweist, so spricht doch die erste eher für kynischen Ursprung, und die zweite wird sich als eine überraschende Bestätigung dafür später herausstellen. Doch möchte ich auf eine weitere kynische Parallele hinweisen. Der 28. Diogenesbrief, den Norden, Beitr. 395 ff. (vgl. auch Capelle, de Cynic. epist. S. 25 ff.) als echt kynisch erwiesen hat, ist nichts Anderes als eine derbe Scheltpredigt, fast eine Carricatur unseres λόγος. Die Anrede ist nicht ἄνθρωποι, aber nur, weil die Hellenen bloss äusserlich ἄνθρωποι, ταῖς δὲ ψυχαῖς πίθηκοι sind. Man sieht aus diesem Anfang, dass dem Autor eine Rede an die ἄνθρωποι vorschwebt. § 6. 8 werden Sokrates und Antisthenes als Muster citirt. Κακία, ἀφροσύνη und ἄγνοια, ἀδικεῖν, steter Streit und Neid gegeneinander, kurz, all die Klagepunkte unseres λόγος werden den Hörern auch hier zur Genüge vorgeworfen. Vor Allem aber kehrt die Hauptthese des λόγος bei Dio und im Clitopho: dass nicht die παιδεία in Musik und Grammatik, sondern die παιδεία in der δικαιοσύνη noth thut, hier § 3 wieder: Ihr tödtet ungerecht; besser ist es, παιδεύειν als tödten; die Todten nützen nichts, aber der ἄνδρες ἀγαθοί (so nennt auch Dio § 28 das Ziel der παιδεία) bedarf es immer; ἀγραμμάτους μὲν καὶ ἀμούσους παιδεύετε γράμματα, τὰ καλούμενα μουσικά, ἵνα ὑπάρχωσιν ὑμῖν, ὅταν ποτὲ χρεία ᾖ τούτων, ἄνδρας δὲ ἀδίκους διὰ τί οὐ παιδεύσαντες χρῆσθαι τούτοις, ὁπόταν ᾖ χρεία δικαίων; das politisch Bedenkliche der ἀδικία wird in unserm λόγος betont und vor Allem dessen erstes Thema, die Werthlosig-

Luc. Cyn. 18 giebt gerade der Kyniker auch die Erklärung der Apostrophe ποῖ φέρεσθε: die Menschen sind φερόμενοι von den Begierden wie von rasenden Pferden und wissen nicht, wohin sie getragen werden.

Das ein- und aufdringliche Reden an allen Orten, das Schelten, das βοᾶν, die Anrede an die ἄνθρωποι und die Formel ποῖ φέρεσθε sind kynisch, so fehlt von der Einführung nur der Vergleich des Sokrates mit dem deus ex machina Clit. 407 A: ὥσπερ ἐπὶ μηχανῆς τραγικῆς θεός, Dio § 14: ὥσπερ ἀπὸ μηχανῆς θεός, Themist. a. a. O.: ὥσπερ θεὸν ἐκ τραγικῆς μηχανῆς, Epiktet. a. a. O.: ἐπὶ σκηνὴν τραγικὴν ἀνερχόμενον. Scheinen hier nicht doch die Späteren den Clitopho zu citiren? Sieht es nicht aus wie ein Spottvergleich aus dem Munde eines Gegners, wie eben im Clitopho? Man könnte sich auf die Möglichkeit zurückziehn, dass der wunderbar treffende Vergleich als geflügeltes Wort auch zu Denen gelangte, die den Clitopho nicht lasen. Aber es ist nicht nöthig, das anzunehmen. Die Bewunderer des λόγος, wie Dio und Epiktet, zeigen vielmehr, dass der Vergleich nicht satirisch, sondern ernsthaft ist, und er sieht in der That durchaus kynisch aus. Der Kyniker liebt das Vergleichen (s. Weber's Nachweise, Leipz. Stud. X, 173 ff.); er fühlt sich als der Repräsentant des θεός, der Gottgesandte auf Erden (s. oben S. 56 und unten, vgl. auch in jener diss. des Epiktet 23. 69. 82. 95), und endlich operirt er als echter Erbe der Tragiker (vgl. oben S. 254) gern mit Dramencitaten und Theatervergleichen. Er fühlt sich als Figur der Tragödie (L. D. VI, 38), ja L. D. VI, 102 tritt ein Kyniker als transscendente Wundergestalt in göttlicher Sendung mit ἐμβάται τραγικοί als Busspediger zu den Menschen[1]). Da haben wir den ἐπὶ μηχανῆς τραγικῆς θεός als kynische Figur, und er ist ja eben nur der Typus der gewaltigen, von oben[2]) tönenden, düsteren Resonanz, die der willensromantische Kyniker für seine Lehre forderte,

---

keit der Schätze, und wenn bei Dio der Siegesstolz der Athener gegenüber den Persern als unberechtigt erwiesen wird, so carrikirt der Schluss des 28. Briefes das dahin, dass die Barbaren vor den Hellenen den Vorzug erhalten.

[1]) Der Kyniker legt Werth auf seine Tracht und Haltung und hat darin seine Besonderheit so gut wie der τραγῳδός, Luc. Cyn. 16.

[2]) In diesem „von oben" nimmt der unhellenische kynische Prediger gleichsam das Princip der Kanzel und des Kirchthurms vorweg. Das ἀπὸ μηχανῆς des Dio ist echter als das ἐπὶ des Clitopho. Plut. de lib. educ. 7 will er jene Mahnung vom höchsten Punkt der Stadt herunterrufen; auch Themist. 26. 320 D will er auf ein hohes Podium steigen.

kurz gesagt der Autorität, der er göttlichen Nimbus gab; es ist
der Ausdruck des höchsten Pathos, das der Kyniker für diese
Predigt beansprucht. Im deus ex machina ist der Punkt erfasst,
wo allein die Antike die Predigt vernimmt, wo die Kunst sich
selbst in Prophetie auflöst, wo der absolute Sinn, die Moral der
Dichtung zu Wort kommt und zugleich die Macht, die über die
Geschicke erhaben ist. Ist das nicht Alles gerade, was der
Kyniker sucht? Aber wir können noch weiter gehn. Auf die
Tragödie als moralische Bekehrungsform für den Kynismus
weist es, dass Krates sich dem kynischen Leben ergeben haben
soll, als er im Drama des Euripides den Telephos im Bettler-
gewand sah (L. D. 87, vgl. Diog. ep. 34). Nun aber lesen wir
im λόγος bei Dio (§ 20) — nicht im Clitopho —: man solle
auf die Tragödie blicken, wo die reichsten Könige fallen, und
daraus die Lehre nehmen, dass die Sorge für Schätze nichts
nützt. So zeigt sich, dass das Vorbild der Tragödie, die am
eindringlichsten predigt, in den Kern des λόγος greift, also die
τραγικὴ μηχανή des Predigers tiefer im Original angelegt war und
Dio § 20 diesem näher steht als der Clitopho. Zum Ueberfluss
finden wir nun genau dieselbe Argumentation mit Beispielen der
Tragödie (sogar denselben: Ἀτρέας καὶ Ἀγαμέμνονας) Ael. v. h.
II, 11 im Gespräch zwischen Sokrates und Antisthenes. Dümmler
vermuthet, dass im Original, aus dem dies Apophthegma zurecht-
gemacht ist, Sokrates bei statt zu Antisthenes redet (Akad. S. 4).
W. will dies verbieten, denn wenn Sokrates zu Antisthenes rede,
sei es sicher nicht bei Antisthenes. Also muss Mem. I, 3, 8 ff.,
wo Sokrates bei Xenophon zu Xenophon redet, unecht sein?
Aber W. hat Dümmler nicht verstanden, der die jedenfalls nach-
trägliche Fassung des Apophthegmas vielmehr corrigirt. Die
Apophthegmen — und nicht erst diese — schieben oft den
Autor für seine Figur ein; sonst müssten ja die Autoren, namentlich Antisthenes und Diogenes, nach ihren Apophthegmen zu
urtheilen, in ihren eigenen Dialogen eine grosse Rolle spielen. Wir
werden sichere Beispiele solcher Uebertragungen kennen lernen
(vgl. oben S. 225). Bei wem aber sonst soll jener Sokrates, der
nicht platonisch und nicht xenophontisch ist, sich so als Genosse des Kynikers bekannt haben als beim Kyniker? Angesichts der Proscriptionen der Dreissig freut sich Sokrates mit
Antisthenes, dass sie beide nicht zu den Reichen und Mächtigen gehören, die da fallen wie die Könige in der Tragödie.
Die ἀναιροῦντες τύραννοι stimmen hier zu Antisth. Frg. 59, 14

und Antisth. Symp. IV, 36, und zu seiner sonstigen Brandmarkung der Dreissig als τύραννοι (vgl. oben S. 82, 3. 204, 2), und der Fall des Reichen und das Glück der Armut sind doch gewiss kynische Themata. Zudem hat Dümmler (Ak. 4 ff.) das Tragödienvorbild im alten Kynismus verfolgt und sichergestellt sowie noch einige Spuren für Antisthenes aufgewiesen. Die Ersten werden die Letzten sein, lernt der Kyniker aus der Tragödie, aber zugleich liegt darin, dass die Letzten die Ersten werden. Dass die Bühne ihm den König als Bettler zeigt, ergreift ihn so tief, weil er nun, der Bettler, sich als König fühlt. König Telephos wird Bettler, Odysseus aber ist König im Bettlergewande. Im Grunde, so lehren die kynischen Gleichnisse, ist das Leben ein Schauspiel, in dem die τύχη die Rollen vertheilt. Der Weise spielt gleich gut den König und den Bettler; denn die τύχη kann ja seinem Wesen nichts anhaben (vgl. schon das II. Heraklesfrg. des Antisthenes). Plato im Staat gestattet dem Philosophen nicht alle Rollen. Der Kyniker aber las gar gern ein griechisch Trauerspiel und liess den Pfarrer mit dem Komödianten gehn. Nicht er war der Faust unter den Sokratikern.

Wie der Ton und die ganze Einführung des λόγος und nun auch eine Hauptstelle (§ 20) ist ja das Thema „Seelenheil, nicht Reichthum" unzweifelhaft kynisch (vgl. die ἐπιμέλεια des Eigenen oder σοφίας, nicht χρημάτων als χρεία πρὸς τὸν βίον Antisth. Frg. 58, 7. Diog. ep. 29, 1. 38, 5. 40, 3. 5. Luc. Cyn. 18. Maxim. p. 758); genauer ist es die δικαιοσύνη, die nicht in den Schätzen, sondern im Innern wohnt, — also gerade, was Antisthenes in Xenophon's Symposion gegen den reichen Kallias verficht[1]). Und sogleich erscheinen in § 16 die aufgewiesenen Termini der kynischen Willensethik: δέοντα, πράττειν, ἐπιμέλεια, παιδεία, ἄσκησις, ὠφέλιμος. Viel klarer und consequenter, eben originaler als im Clitopho spielt sich nun der ganze λόγος bei Dio auf die παιδεία hinaus, die ja Antisthenes fortwährend im Munde führte, und noch specieller antisthenisch (vgl. oben S. 323 ff.) auf die Antithese der wahren und falschen παιδεία. Aber auch im Einzelnen lautet hier die Kritik der gewöhnlichen παιδεία der Musik-, Grammatik- und Ringlehrer, die keine ἐπιμέλεια αὑτοῦ ist und nicht wahrhaft nützt, echt kynisch. Namentlich L. D. 27[2]) zeigt

---

[1]) Vgl. das Lob der πενία und δικαιοσύνη als Schützer vor Unglück Diog. ep. 36. 40, 3.

[2]) Vgl. Sen. ep. 88, 7—9 und die Stellen Bion's bei Dümmler, Kl. Schr. I, 72. Auch Diog. ep. 35 enthält eine Kritik der Grammatik- und Ringlehrer.

sich ein Fragment dieser kynischen Scheltpredigt. Der Kyniker schilt die Musiker unnütz, weil sie die Saiten, aber nicht die Seelen (d. h. das Innere, Eigene) zu stimmen wissen (L. D. 27. 65. 73, vgl. Antisth. Frg. 65, 46), die Grammatiker, dass sie die Fehler des Odysseus, aber nicht die eigenen studieren (auch ib. 27) und durch das Lernen der γράμματα nicht σωφρονεστέρους machen (Dio § 17 und Antisth. Frg. π. παιδείας S. 33, 2, vgl. 60, 19. 21. L. D. 48. Diog. ep. 17); er verspottet die Athleten (vgl. Norden, Jahrb. f. Philol. 18, 298 ff.) und fordert als Ergänzung zur Körperübung Uebungen und Wettkämpfe der ψυχαί (auch L. D. 27. 30. 49. 60 ff. Epikt. III, 22, 58, vgl. auch Stob. flor. 4, 112. 5, 41 u. unten): es sei doch arg, dass, was für Citherspiel und Athletik geschehe, man nicht auch für die σωφροσύνη auf sich nehme. Der Kyniker erklärt den Athleten als ἄθλιος (Diog. ep. 31, 1) und bekehrt ihn vom äusseren Kampf zum Kampf der ψυχή (ib. 4). Nur dem kynischen Sokrates ist das Wissen bloss für die praktische Anwendung da (§ 18). Kynisch ist der Hass gegen die κάπηλοι (§ 17, vgl. oben S. 403), § 18 das Vorbild des Arztes (s. Antisthenesstellen I, 445, 2) und Steuermanns (beide zusammen z. B. L. D. 24), und den Protest gegen die Rhapsoden und das blosse ἀναγιγνώσκειν des Homer (§§ 17. 19) spricht Antisthenes Symp. III, 6 aus. Der kynische Weise ist allein der wahre οἰκονομικός und πολιτικός (§ 19, vgl. Stob. ecl. II, 99. 108), die beide eins sind. Vortrefflich hat v. Arnim, der S. 259 kynische Grundzüge dieses λόγος angiebt, die Versuche seiner „Zerlegung in Mosaiksteine" aus dem Clitopho, Xenophon u. A. und aus Dio's eigener Erfindung widerlegt (256 f.), da das grosse Plus Dio's gegenüber dem Clitopho nicht Einschiebsel sein kann, sondern auf's Engste mit dem, was auch Jener giebt, zusammenhängt, wie z. B. das sicher alte Motiv der Lehrerstadt und was sonst für die Unbrauchbarkeit der Grammatiker u. s. w. gesagt ist. Er zeigt auch, dass nicht Dio erst den Liedanfang aus Aristophanes' Wolken (v. 967) § 19 dem Satzglied, das auch der Clitopho 407 C bringt, vorgeschoben hat, um so weniger, als dann auch die ganze spätere Argumentation, die mit der Discreditirung der Persersieger § 23 auf dieselbe Aristophanesstelle v. 986 polemisch zurückgreift, von Dio hinzugefügt sein müsste. Aber er hat hier eher diese weitergreifende Polemik verdeckt. Und für wen war es näherliegend, ja Bedürfniss, gerade Aristophanes' Wolken, und darin gerade die Verherrlichung der altattischen παίδευσις, gegenüber Sokrates zu bekämpfen: für den eifrigsten Sokratiker, der zugleich der eifrigste Dichterkritiker und der eifrigste Verfechter einer neuen παιδεία in Athen war, oder für den wandernden Rhetor vor den Römern der Kaiserzeit? Nur sehe ich nicht, warum v. Arnim §§ 20 f. mit den poetischen Beispielen als Zusatz Dio's ausscheidet. Als Erfindung Dio's kann er sie nicht ansehn; denn er·erkennt mit Dümmler in den Theateranalogien ein altkynisches Motiv, und gerade § 20 ist durch die genaue Parallele bei Aelian (s. oben S. 416) als sokratisch-antisthenisch sichergestellt. § 21 zeigt sich wieder einmal Antisthenes als moralisirender Mythologe und als Homerinterpret, der bekanntlich den König als Hirten fasst. Auch das Palamedesbeispiel § 21 ist sicher alt. W. will es hier, wie auch einige andere Motive des λόγος, aus Mem. IV, 2 herleiten. Aber jede Zerstückelung ist unnöthig. Mem. IV, 2 ist, wie Bd. I zeigte, gerade eine Nachahmung des antisthenischen Protreptikos, den ja (auch nach v. Arnim) der λόγος des Dio copirt, und dafür sind die Berührungen nur willkommene Bestätigungen; zudem zeigt sich Xenophon hier gerade in der Deutung der Palamedestradition von Antisthenes abhängig (I, 417 f., vgl. II, 203, 1), und wenn er dadurch die praktische Bedenklichkeit der σοφία (im Gegensatz zur δικαιοσύνη, die auch Mem. IV, 2 Hauptmotiv) zeigen will, so weist er selbst Symp. III, 4 Antisthenes die Lehre zu, dass die δικαιοσύνη niemals, wohl aber die σοφία bisweilen schädlich sei, und womit wird dieser es wohl bewiesen haben? Da es sich aber hier speciell um die Bedenklichkeit der Kenntniss der γράμματα handelt, so bietet sich wieder nur Antisthenes (Frg. 33, 2). Passen nun §§ 20 f. schlecht in den λόγος? Sie sind gut antisthenisch, berühren sich z. Th. mit anderen alten Spuren des Protreptikos, sind durch das Tragödienmotiv in der Einführung (§ 14, s. oben 415 f.) und die Homerlectüre § 19 gewissermassen angekündigt, geben und illustriren sowohl das Anfangsthema § 16, dass der Erwerb der χρήματα nichts nützt (§ 20), wie die weiter durchgreifende These § 17, dass es nicht auf die παιδεία bloss in den γράμματα, in Musik und Ringen ankommt; denn die Tragödienhelden leiden nicht als ἀγράμματοι, ἀπᾴδοντες und οὐκ εἰδότες παλαίειν (§ 20), ja Thamyris kam gerade als ἐπιστάμενος κιθαρίζειν und Palamedes durch seine Lehre der γράμματα zu Fall (§ 21). Knüpft sich nicht an die falsche Moral der Komödie, in der das alte Lied als rechte παιδεία gepriesen wird, § 19 passend § 20 die rechte Moral der Tragödie, die zeigt, dass es auf das ἀπᾴδειν nicht ankommt? Die Beurtheilung der conventionellen Bildung musste auf die Poesie eingehn, und gerade Homer und die Tragiker sind die Lieblinge des Publikums (Isocr. Nic. § 49), sind auch nach dem Kyniker die Lehrer griechischer σοφία (vgl. nam. Diog. ep. 34); nur will er die rechte Moral aus ihnen gezogen wissen.

Weiter klagt die ῥήτορες als schlechte Muster der δικαιοσύνη (§ 22) auch der Kyniker an (L. D. 28. Anton. et Max. p. 933), wie auch Antisthenes über den ἐπίτροπος (§ 22) geschrieben hat (L. D. VI, 15). Nur der Kyniker kann so unpatriotisch, wie es nun (§§ 23 ff.) geschieht, den Ruhm der Persersiege aufheben und sie § 25 als blosses Werk der τύχη(!) hinstellen, und thatsächlich hat ja Antisthenes gerade die ῥήτορες und πολιτικοί der Athener (§ 23) arg mitgenommen (Athen. V, 220 D). Die Anklage gegen die persische παιδεία (§ 24) soll nach W. natürlich Dio aus der Cyropädie haben. Aber 1. hat Antisthenes auch über Persien geschrieben, 2. ist es bei Xenophon keine Anklage, sondern das Gegentheil, 3. steht bei Dio auch sonst, wie W. z. Th. zugiebt, was nicht bei Xenophon steht. Der Tadel der falschen Scham der Perser, die öffentlich vermeiden, was sie geheim thun, ist gerade echt kynisch (Antisth. Frg. S. 9 oben), und die Brandmarkung des Perserkönigs als eines Tyrannen von göttergleicher Macht auf goldenem Thron, mit Anspielungen auf Xerxes, stimmt zum kynischen Sokrates or. III und zu Diogenes or. VI. Und endlich wird § 27 f. echt kynisch unter Schelten auf die ἀμαθεῖς und ἀπαίδευτοι (vgl. § 24 ἀφρόνων καὶ κακοδαιμόνων) nochmals das praktische Ideal des ἱκανῶς παρεσκευασμένος πρὸς τὸν βίον ζῆν (ὀρθῶς) τε καὶ πράττειν κ.τ.λ. aufgerollt und das φιλοσοφεῖν sichtlich noch als junger Terminus bestimmt, ja festgelegt als ἐπιμέλεια αὑτοῦ(!) oder als Streben, καλοκἀγαθός oder, wie „Sokrates" es noch häufiger benannte, ἀνὴρ ἀγαθός (vgl. schon § 19. 22) zu werden. Wir wissen, dass nicht nur diese praktische Auffassung der Philosophie, sondern speciell die Idealtermini καλοκἀγαθός und ἀνὴρ ἀγαθός kynisch sind; für καλοκἀγαθός[1]) als τέλος der kynischen παιδεία s. zu den Stellen oben S. 355 noch Gnom. Vat. 187. 198. Diog. ep. 23. Epikt. π. κυν. III, 22, 69. 87 und für ἀνὴρ ἀγαθός Antisth. Frg. 65, 48. L. D. 27. 51. Jul. VI, 199. Plut. de an. tranqu. 20. Diog. ep. 28.

§ 29 erklärt sich nun Dio als steter Nachahmer dieses λόγος eines Mannes, den Apoll für weise erklärt (eine vom Kyniker

---

[1]) Im ganzen Phaedrus z. B. finde ich καλός καὶ ἀγαθός nur einmal als Prädikat des Pferdes 246 B.

besonders gepflegte Tradition¹) und Archelaos, obgleich von Weisen umgeben, einlud. Man hat längst hier für diese Beziehung des Sokrates zu Archelaos, für die Plato und Xenophon versagen, Antisthenes' Dialog als Quelle vermuthet (Zeller II, 1, 58. Hirzel, Dialog I, 124. Dümmler, Akad. 10, 2), — wir bleiben also in der Sphäre des Kynikers, dessen Tendenzen und Schlagworte nun auch im Folgenden leitend sind. Gegen τρυφή, ἀκολασία, πλεονεξία (§ 29. 32. 36) δέονται die Menschen παιδείας πολλῆς, κρείττονος καὶ ἐπιμελεστέρας (§ 29. 31), εἰ μέλλουσιν εὐδαίμονες ἔσεσθαι τῷ ὄντι κατ' ἀλήθειαν, ἀλλὰ μὴ δόξῃ τῶν πολλῶν ἀνθρώπων (31). Statt das Glück in Schätzen zu suchen würden sie die Tugend ihren Seelen einüben (31 f.) und, gleichgiltig, aus welchem Lande — denn der Kyniker ist Kosmopolit — einen Diagnostiker der νόσοι ψυχῆς nehmen (32, zu Plato's Lächeln über den exotischen Seelenarzt des Antisthenes im Charmides, vgl. I, 487 f.), und als Liebhaber der δικαιοσύνη und Verächter von Gold, Silber, Elfenbein, kostbarem Hausgeräth, Frauenschmuck, Dienerschaft u. a. Luxus und ὄψου καὶ μύρου καὶ ἀφροδισίων (33 ff., s. die kynische Diatribe gegen all diese τρυφή im Folgenden) εὐδαίμονες (!) οἰκῶσι καὶ ἄρχοντες (!) μάλιστα καὶ πρῶτον αὐτῶν (!), ἔπειτα καὶ τῶν ἄλλων ἀνθρώπων (!) — κατ' ἀλήθειαν (!). Dann § 35 das παραδοξότατον: dass die Frömmsten mit geringerer δαπάνῃ Opfer bringen — ganz die These des Kynikers (Jul. VI, 200 A). Dazu § 36 eine Berufung auf die exotische Mantik und ein Homerbeispiel, — kurz man sieht, dass or. XIII bis zum Schluss in den Bahnen des Kynikers läuft, auch wo sie ihn nicht geradezu, wie im λόγος des „Sokrates", copirt. Es spürt Jeder den Unterschied, wo ihn Dio angiebt, zwischen den gelösten Formen, dem Frescostil des Rahmens und dem echten ἀρχαῖος λόγος, der sachlicher, gründlicher durchgearbeitet, didaktisch, rhythmisch, Beispiel an Beispiel, Argument an Argument, vorwärts schreitet. Es ist ein Unterschied wie zwischen Renaissance und Barock, aber das Zweite ist eben aus dem Ersten entstanden.

Der neukynische Rahmen bestätigt, dass der alte λόγος kynisch ist. Da drängt sich der Inhalt, und ist es nicht überhaupt bei Dio, als ob aller Inhalt damals erfunden sei und es seit dem 4. Jahrhundert keine Thesen und keine Argumente mehr und kaum noch Beispiele gebe? Er weiss im Grunde nur den alten Inhalt in freiere, bauschigere Falten zu kleiden. Er ist in erster Linie Rhetor, in zweiter Moralist; zum Philosophen aber — das bekennt er in dieser Rede — wird er gedrängt und da weiss er sich nur durch Nachahmung der alten Protreptik zu helfen. Die alte Protreptik aber enthält von Anfang an die Elemente der Philosophie, Tugend und Rhetorik. Das hat Hirzel (Hermes 10. 72 ff.) erkannt, nur merkwürdiger Weise diese Philosophie und Tugend suchende Protreptik bereits den „Sophisten" zugeschrieben, obgleich er dafür keinen Anhalt hat als den platonischen Euthydem, der, wie auch Zeller anerkennt, stark gegen Antisthenes gerichtet ist[1]). In Antisthenes aber vereinigen sich zum ersten Mal die drei Elemente, in ihm als sokratischem *φιλόσοφος*, als eifrigstem Moralisten unter den Sokratikern und als Gorgiasschüler und Rhetoriklehrer[2]), und dazu stimmt es, dass wir von ihm zuerst einen *προτρεπτικός* kennen (vgl. Hirzel a. a. O. 74), und wir wissen, dass sich in dieser fünfbändigen Hauptschrift sokratische Dialogik mit Rhetorik mischte. Nun haben wir einen alten sokratischen *λόγος προτρεπτικός* bei Dio und im Clitopho, und da ist es doch fast selbstverständlich, dass er aus dem antisthenischen *προτρεπτικός* stammt, ob nun Dio vom Clitopho abhängig ist oder nicht, und ob der Clitopho echt ist oder nicht. Denn ist er echt, so ist der kritisirte Sokrates jedenfalls nicht der platonische, und für seine Unechtheit führt man gerade an, dass der Sokrates des Clitopho ein fremder, unhistorischer, uns durch Plato und Xenophon nicht bekannter sei (vgl. Hirzel, Hermes 10 S. 77, Dialog I, 118, 1. Hartlich, Leipziger Studien XI S. 231). Aber irgendwoher muss doch der Autor des Clitopho diesen protreptischen Sokrates haben! Denn es wäre doch sinnlos, das Object seiner so eifrigen Kritik erst zu erfinden. Hirzel sieht ein, dass hier eine literarische Protreptik kritisirt wird (Hermes S. 77, vgl. Hartlich a. a. O.), aber da es sich doch nun einmal nicht um eine „sophistische", sondern um eine Sokratesprotreptik handelt, erkennt er schliesslich (Dialog I, 118, 1. II, 90, 1), ebenso wie Kunert, Dümmler (Kl. Schr. I, 232) und v. Arnim, dass unser *λόγος* antisthenisch ist. Wenn H. nun Dio kynische Neigung

---

[1]) Wenn mir Zeller noch Archiv X, 565 gegen die fictive Auffassung des „Sophisten" Euthydem dessen Citirung bei Aristoteles entgegenhält, so habe ich diesen Einwand bereits I, 372. 374 berücksichtigt und gezeigt, wie sie sich mit Euthydem als antisthenischer Figur verträgt; denn als bloss platonische Figur habe ich ihn am wenigsten behauptet.

[2]) L. D. VI, 1. Gnom. Vat. 4. Dass es ihm auch nach der gorgianischen Epoche mit der Rhetorik Ernst war, bemerkt v. Arnim S. 78 mit Recht.

und seinem Sokrates kynische Färbung zugesteht (ib.), sollte er die weitere Consequenz ziehn und Dio aus der kynischen Quelle selbst und nicht aus dem hiefür unzulänglichen und feindlichen Clitopho schöpfen lassen. Diese Unzulänglichkeit hat v. Arnim klar erkannt und die λόγοι des Dio wie des Clitopho beide selbständig aus dem Προτρεπτικός des Antisthenes abgeleitet; nur sollte er noch den letzten Schritt thun und die Athetese des Clitopho aufheben. Denn wenn der kritisirte Sokrates der antisthenische ist, warum sollte nicht Plato der Kritiker sein? Was Plato gegen den noch oft bekämpften Kyniker auf dem Herzen hat, könnte nicht klarer ausgedrückt sein als im Clitopho. Ja, ich meine, der Clitopho ist für die Geschichte der Beziehung zwischen Plato und Antisthenes nothwendig. Es ist klar, dass es eine Zeit gab, in der die beiden Sokratiker noch einig waren, d. h. wohl der jüngere noch unter dem Einfluss des älteren stand, und weiterhin eine Zeit, in der sie polemisch zu einander standen, wofür nachgerade Zeugnisse genug erkannt sind. Dazwischen kann der nothwendige Bruch nicht anders gekommen sein, als es der Clitopho ausdrückt: Plato emancipirt sich mit einem „zwar — aber"; er erkennt die antisthenische Sokratik an als rhetorisch eindrucksvoll, desshalb elementar zur Erweckung wirksam, als nothwendiges Vorstudium, aber für die weitere Entwicklung ungenügend, für das Wissen versagend. Er hat naturgemäss seine Kritik zuerst mündlich verlauten lassen; Antisthenes ist, wie immer in solchen Fällen, von Allem nur das Nein zu Ohren gekommen — so liest man's auch in der actuellen Einleitung des Clitopho —, und Plato muss nun seinen neuen Standpunkt, seine Emancipation rechtfertigen, — müsste man nicht einen Clitopho hier erfinden, wenn er nicht da wäre?

Nun meint aber W., der Clitopho habe den Sokrates, den er kritisire, aus der Apologie. Das wird ihm nur Jemand zugestehn, der den Clitopho nicht gelesen hat; denn er würde gegen Windmühlen fechten, da die Apologie von seinem λόγος nur den Anfang hat und den wahrlich nicht mit dem wuchtigen, tragischen Pathos. Die Verwandtschaft zwischen der Paränese der Apologie und dem λόγος des Dio und Clitopho hat bereits Hagen, Philol. 50. 381, gesehn; aber sie erklärt sich umgekehrt. Die Apologie fällt in jene erste Epoche Plato's, in der er, wie es Dümmler (Ak. 95) und Hirzel (Dialog I, 125 f.) vom Gorgias erkannt, dem Kyniker zuneigt. Von ihm, obgleich schon einmal ein leises Lächeln sich regt (20 A B), hat sie den Paränetiker Sokrates, der nicht, wie v. Arnim hieraus noch entnehmen zu müssen glaubt (256, 1), historisch ist (s. Bd. I)[1]). W. erlaubt S. 62 f. nicht, dass der antisthenische *Προτρεπτικός* vor der platonischen Apologie geschrieben sei. Warum aber nicht? Wer begriffen hat, dass die Apologie nicht die historische Selbstvertheidigung sein kann (I, 477 ff., vgl. Schanz S. 68 ff. Gomperz 81 ff. Döring 53 ff. 544 ff.), wird dem älteren Sokratiker wenigstens die starke Möglichkeit des Vortritts einräumen, und zudem für eine Schrift, die noch starke Nachwirkungen seiner vorsokratischen gorgianischen Epoche zeigt (L. D. VI, 1). Wird doch der Protreptikos[2]) auch von der xenophontischen Sokratik vorausgesetzt; denn das Symposion citirt ihn II, 26 (vgl. Winckelmann, Antisth. Frg. S. 21) und die Mem. I, 4, 1. Oder wer sind hier sonst die *γράφοντες* vom Sokrates *προτρέπων ἀνθρώπους*(!)? Auch wer die hier sind, die eben aus dieser sokratischen (d. h. antisthenischen) Protreptik folgern, dass dieser (antisthenische) Sokrates nur zur Tugend anstacheln, aber nicht hinführen könne, ist klar: es ist der Clitopho, und wenn Hartlich aus leeren Gründen das bestreitet (Leipz. Stud. XI, 231), damit die Athetese gewahrt bleibe, muss er einen Clitopho vor dem Clitopho erfinden, auf den hier Xenophon anspielen könne.

Die Masse der übrigen Reden können wir kürzer abthun, zumal es in diesem Excurs nicht so sehr darauf ankommt, Dio's wirkliche Quellen zu zeigen, als falsche abzuweisen. Was Hagen, Wegehaupt u. A. hier an platonischen Originalstellen für Dio aufweisen, scheint mir zum grössten Theil zweifelhaft. Was aber W. aus Xenophon beibringt, ist noch dürftiger und insgesammt weit unsicherer. Ich kann nicht auf alles Einzelne eingehn, möchte aber doch den allgemeinen Erkenntnissgrundsatz auf-

---

[1]) Vgl. jetzt auch Schanz, Apol. 108 ff. Gomperz, Griech. Denker II, 86. Döring 545 f. Auf eine kleine Spur des antisthenischen Einflusses in der Apologie möchte ich hier hinweisen. Hirzel hat gezeigt (Dialog I, 124, vgl. Dümmler, Akad. 4), dass der erste Sokratesbrief aus Antisthenes geschöpft ist und in allen Einzelheiten zu ihm passt; nur die Wendung *ἐπεγείροντος ὥσπερ μύωπος* solle aus Apol. 30 E stammen. Ist es nicht einfacher anzunehmen, dass dies Bild, wie alles Andere hier, antisthenisch und vielmehr mit anderem Antisthenischen in die Apologie eingeflossen ist? Und ist es nicht ein echt kynisches Bild? Thatsächlich lesen wir es ähnlich bei Antisthenes Frg. S. 59 (Dio VIII § 3). In der von Manchen als antisthenisch anerkannten or. XV (s. später) wird ein junger Sohn des Kallias genannt, vgl. dazu Apol. 20 A.

[2]) Dümmler, Kl. Schr. I, 18, und v. Arnim a. a. O. 258 setzen unsern protreptischen *λόγος* aus Dio XIII mit beachtenswerthen Gründen bald nach der darin erwähnten Seeschlacht bei Knidos.

stellen, dass eine kynische Parallele weit schwerer wiegt als eine platonische oder gar xenophontische, nicht etwa bloss, weil Dio nun einmal doch am meisten Kyniker war, nein, abstract beweist eine platonische Parallele noch nicht für Plato, aber eine kynische (wenn sie sonst nicht vorkommt) schon für den Kyniker und nicht nur für sich, sondern sie öffnet die Möglichkeit, dass auch der weitere Zusammenhang vom Kyniker stammt. Was bei Plato und Xenophon nicht steht, zeigt, dass sie als Quellen nicht genügen, und weist auf andere Quellen; aber was bei Plato und Xenophon steht, kann auch in jenen andern gestanden haben, und wir werden dort die wirkliche Quelle eher vermuthen, wenn der Charakter des Motives oder der Zusammenhang mehr auf jene weist. Der Zufall, der uns nur Plato und Xenophon erhielt, zwingt noch nicht Dio, sich möglichst auf diese einzuschränken. Was für uns einfacher ist, ist es noch nicht für Dio. Für allgemeine, gedankliche Motive, die ebensogut kynisch wie platonisch sind, ist es für den Moralisten, der, wie man weiss, sich gern an die Kyniker hielt, entschieden bequemer, sich an deren Popularschriften zu halten als an platonische Schriften von der Art der Leges, Epinomis, des Philebus, Critias, Theaetet, Timäus, die man immer nur für einzelne Stellen bei schwachen Parallelen als Quelle zuweist, ohne dass er sonst deren Kenntniss verräth. Es giebt doch Gedanken genug, die Plato und Antisthenes gemein haben, und Stellen genug, in denen Plato, wie man's vom Cratylus und Euthydemus erkannte, auf Gedanken des Antisthenes eingeht, die er doch citiren muss, — und all das soll Dio von Plato, nicht vom Kyniker haben? Dabei macht keine Rede geschlossen entfernt den Eindruck der Abhängigkeit von Plato, wie viele einen kynischen Eindruck machen, sondern ein geschlossenes Gewebe bei Dio wird von den neueren Forschern immer nur zerrissen, um einen platonischen oder xenophontischen Fleck anzubringen, und die Reminiscenzenjägerei, die zumeist schon bei entfernten Aehnlichkeiten zuschlägt, hat so mehr den Reiz des Spiels und Zufalls als die Wahrscheinlichkeit für sich.

Für die XIV. Rede hat W. S. 22 f. wieder ein paar Xenophonbrocken bereit, obgleich sie schon nach dem Thema mit der XV. Rede zusammenhängt, für die er, v. Wilamowitz folgend, nach allerlei richtig gesehenen Spuren und auch gerade nach dem Titel Antisthenes als Quelle erkannt hat. Die beiden Reden sind, wie v. Arnim (Dio 279 f.) sagt, unsere besten und reichhaltigsten Quellen für die kynisch-stoischen Lehren von der

Freiheit resp. dem Königthum des Weisen, und speciell Odysseus, der scheinbare Bettler und wahre König (XIV § 22), ist doch die altkynische Idealfigur. Die Beispiele für das πείθεσθαι (über das eine besondere Schrift des Antisthenes auch im 3. τόμος zu finden ist) sind vom Choregenbeispiel an (vgl. oben S. 123 und unten) ebenso gut kynisch, und was § 23, wie schon § 8, über den Perserkönig gesagt ist, ist bei Xenophon z. Th. garnicht, z. Th. nicht in dieser kritischen Auffassung zu finden, die gerade der Kyniker gegen Persien zeigt (vgl. oben S. 386).

Von der XIV. bis zur XXI. Rede scheint Dio Xenophon vergessen zu haben, wenigstens versagt W.'s Liste[1]). Aber in or. XXI wird ihm der allgemeine Anklang von § 13 f. an Symp. I, 8—10 sofort zur Entlehnung. Doch die ästhetische Schätzung der αἰδώς ist auch kynisch (s. oben S. 340 f.) und kehrt genau bei Zeno wieder, wie auch das ganze Motiv der Rede und seine Behandlung das kynisch-stoische Muster verräth; s. näher v. Arnim S. 298, der auch das διασύρειν τὰ τῶν ἀνθρώπων als charakteristisch für den kynischen Philosophen vermerkt (292). Weiter aber scheinen mir auf den Kyniker und zum grossen Theil schon auf Antisthenes zu weisen § 3 der Protest gegen den lüsternen Tyrannen Kritias (vgl. I, 382. II, 204, 2) und gegen die Schätzung der weibischen Mannesschönheit (s. unten), ferner § 6 die Thierbeispiele, § 16 f. die Differenzirung des hellenischen und barbarischen Ideals (vgl. L. D. VI, 2), die Homerbeispiele u. a. m. Entscheidend aber ist Folgendes: § 3 ff. spielt Persien eine grosse Rolle, und zwar wieder in der kynisch feindlichen Beleuchtung. § 5 wird die persische Erziehung, im grössten Gegensatz zu Xenophon, als weiblich beschrieben und daraus die persische Blutschande erklärt, die Antisthenes im Kyros gegen Alkibiades παράνομον nennt (Frg. S. 17, 1), wie hier auch § 3. 6 solche sexuellen Freiheiten παράνομα sind. Nun entschuldigt sich aber Dio § 11 f. gerade, dass er nicht ὥσπερ οἱ σοφοί von Kyros und Alkibiades rede, sondern

---

[1]) Der ἱκανὸς αὐτῷ μάντις or. XVIII, 4 kann statt aus dem hier lächelnd anspielenden Phaedrus aus Antisthenes stammen, der nicht nur die Mantik lehrte, die αὐτάρκεια und das Dämonion betonte, sondern von Plato in jener Phädrusstelle als τὰ γράμματα φαῦλος (vgl. Antisth. Frg. 33, 2) geneckt werden konnte. Thatsächlich wird der ἱκανὸς αὐτῷ μάντις nicht bei Plato, sondern Cyr. I, 6, 2 in der Verdächtigung der officiellen Mantiker auch nicht gerade xenophontisch, wohl aber kynisch (Diog. L. D. 24) ernsthaft begründet.

ein modernes Beispiel wähle, obgleich die alten Bücher besser seien. Liegt darin nicht das Eingeständniss, dass er im Uebrigen von jener Schrift des Antisthenes abhängt? So braucht auch W. für den persischen Namen Rhodogune nicht Aeschines' Aspasia zu bemühen.

Bei XXIV sollte man wie bei XXIII die platonischen Parallelen lassen (zumal aus kynisirenden oder antikynisirenden Dialogen). Schon die Themata: über die εὐδαιμονία des σοφός sind kynisch. Or. XXIV giebt wieder einen Protreptikos gegen die πολλοί (!) ἄνθρωποι (!) über das wahrhaft Nützliche (!) für den ἀνὴρ ἀγαθός (!) καὶ φρόνιμος (!). Für die Ablehnung des ἔπαινος der Schlechten (§ 4) braucht man nicht im Crito zu suchen, denn sie ist viel entschiedener und häufiger vom Kyniker ausgesprochen (s. die Stellen unten), und für das Citat μεθόρια τῶν φιλοσόφων καὶ τῶν πολιτικῶν § 3 nicht Euthyd. 305 C heranzuziehn, denn es ist ja dort selbst Citat des „Prodikos", d. h. des Antisthenes (vgl. oben S. 138 ff. u. unten), da der historische Prodikos sich wohl weder φιλόσοφος genannt noch mit Isokrates kritisch beschäftigt hat. Für or. XXVI ist wirklich eine sichere Parallele in grösserem Zusammenhange von Hirzel, v. Arnim und Wegehaupt erkannt worden; nur ist sie kein platonischer Dialog, und ihre Zugehörigkeit muss ebenso erst noch untersucht werden wie die Art ihrer Beziehung zu Dio XXVI. Weil Dio XXIX, 5 im rhetorischen Nekrolog sich zu der Hyperbel versteigt, dass der Athlet Melankomas wohl noch bis in's späte Alter die Schönheit bewahrt hätte, soll er nach W. das durchaus aus Symp. IV, 17 haben, wo abstract gesagt wird, dass es auch eine Greisenschönheit giebt. Und für die Tröstung XXVIII, 13, dass der jung verstorbene Athlet später hässlicher geworden wäre, soll durchaus der 70jährige Sokrates Xen. Apol. 6 Modell gestanden haben, der bei noch höherem Alter sinnesschwach zu werden fürchtet. Ob sich wirklich ohne die Hilfe dieser Xenophonstellen der Widerspruch des Rhetors nicht erklären lässt? Χείρων ἔσῃ εἰς γῆρας ἀφικόμενος, weissagt Diogenes ep. 31, 4 einem Athleten. Um das ganz allgemeine Schönheitslob XXIX, 7 lässt W. Plato (Phaedr. 250 B D) und Xenophon (Symp. I, 8 ff.) kämpfen — wie die Sparten, die sich gegenseitig vernichten.

In or. XXX soll nach W. der erste λόγος kynisch, der mittlere platonisch, der letzte stoisch sein. Aber diese philosophische Chimäre verwandelt sich in ein normales Product, wenn man wieder einmal im Stoischen das Kynische erkennt —

wir werden bald Anlass haben, den λόγος im Einzelnen daraufhin anzusehn —, und wenn man näher prüft, was hier nach Hagen und Wegehaupt der Phaedo gegeben haben soll. Der 1. λόγος, der von W. nach dem Vorgang von Dümmler und Hagen mit Recht dem Kyniker zugewiesen und auch oben S. 235 ff. bereits in diesem Sinne gedeutet und verwerthet wurde, umfasst 15 Paragraphen, der 3., „stoische", in Wahrheit auch kynische (s. später), 17; für den mittleren bleiben nur 2, und für diesen weiss W. mit Hagen aus dem Phaedo nur 62 B beizubringen, wo aber Plato ja ausdrücklich fremde Gedanken citirt, und zwar nebeneinander überliefert die Grundgedanken sowohl des ersten wie des mittleren dionischen λόγος. Daraus ergiebt sich, dass mit dem ersten (den der Kyniker von der Orphik hat, vgl. oben S. 228 f.) auch der mittlere nicht original-platonisch, sondern kynisch ist. Thatsächlich ist auch der Gedanke der Sorge der Götter für die Menschen, wie sich bald genauer zeigen wird, vom Kyniker weit mehr als von Plato ausgebildet worden, dem auch aller einzelne Inhalt des mittleren λόγος fernbleibt, so dass dieser (§ 26 f.), der sich als Citat giebt, keinesfalls ein platonisches ist. Wie wichtig dem Kyniker die θεοφιλία, die συγγένεια θεῶν, kurz die θεία μοῖρα der Menschen ist (vgl. I, 547. II, 178 ff. 242), darüber bald Näheres. Die Götter, die τὰ σύμπαντα ἔσχον, und die Menschen als Colonie, μιμήματα der εὐδαίμονες θεοί, nach denselben νόμοι lebend, ihr Leben von den Göttern eingerichtet, — das ist die Anschauung des Kynikers, dem πάντα τῶν θεῶν ἐστι und die Weisen θεοφιλεῖς und Ebenbilder der Götter sind (L. D. 37. 51. 72), die ja die Lebenseinrichtung der Menschen bestimmt haben (L. D. 44), der μιμεῖται das selige Leben der Götter (L. D. 71. 105. Dio VI § 31), nach dem (θεῖος, s. später) νόμος ἀρετῆς lebt (Antisth. Frg. 47, 6) und auch sonst das Bild vom Gottesstaat hegt (vgl. oben S. 56). Man sage nicht, der Kyniker spreche pessimistischer und mehr vom Vorrecht der Guten und Weisen: auch hier ist das Menschliche ἀσθενῆ καὶ χείρονα, und dann ist es das goldene Zeitalter; später kommen die ἁμαρτήματα und ἀδικίαι. Ausserdem giebt es eine διαφορά unter den Menschen, und die Götter haben Aufseher, ἄρχοντας ἐπιμελησομένους (!), für die Menschen entsandt, Herakles voran und andere Götterabkömmlinge, — so lehrt der Kyniker, der sich als göttlicher Wächter und Gesandter fühlt (vgl. oben S. 56), zum ἄρχειν ἀνθρώπων berufen (L. D. 29. 74 etc.), in Herakles das Ideal seines Berufes sieht und die Gotteskindschaft δι' ἀρετήν betont (vgl. oben S. 357). Uebrigens fehlt diesem λόγος die abschliessende Pointe, für die er hier doch in der Consolation citirt sein muss: aus der Verbindung des Menschlichen mit dem Göttlichen folgt die Unsterblichkeit. Oder soll sich das erst aus dem Zusammenhang mit dem 3. λόγος ergeben? W. behauptet schliesslich, der allgemeine Consolationscharakter der Rede überhaupt, die Anknüpfung an die Reden eines mit Seelenfestigkeit gestorbenen Freundes müsse aus dem Phaedo stammen. Er scheint nichts von der grossen kynischen Consolation zu ahnen, die natürlich erst recht Seelenfestigkeit bewunderte, und zu der es auch stimmt, dass hier im Unterschied vom Phaedo ein Gespräch mit dem Vater, überhaupt mit Familiengliedern stattfindet. Nicht einmal § 6 zeigt wörtlichen Anklang an Phaed. 58 E. Aber ich finde doch eine allgemeine Parallele mit dem Phaedo darin, dass der 1. (als kynisch anerkannte) λόγος die συζυγία ἐναντίων bringt, auf der die Einleitungsmotive und der 1. Beweis des Phaedo ruhn (vgl. oben S. 233 ff.), der 2. die συγγένεια θεῶν, die im 3. Beweis des Phaedo eine Rolle spielt. Dass beide λόγοι kynisch sind, stimmt zu dem früheren Resultat (oben S. 233—247), dass der 1. und 3. Beweis des Phaedo antisthenisch sind, wie sie Plato dann als ungenügend zeigt. Jetzt wird auch klar, warum hier Dio so verschiedene λόγοι nacheinander bringt; man braucht nicht an verschiedene Richtungen zu denken, nicht einmal an verschiedene Schriften; es sind, wie es auch der kritisirende Phaedo zeigt, Beweise verschiedener Art gegeben, unter Berufung auf verschiedene (schon im Original fingirte) Autoritäten oder bloss nach verschiedenen Bedürfnissen, wie der antisthenische Pythagoras nach dem Publikum seine Transscendenzreden variirt (vgl. Antisth. Frg. S. 25 u. oben S. 216 f.).

Für die ein Buch füllende or. XXXI werden nur drei Parallelstellen aus Plato und Xenophon zusammen beigebracht, aber das Opferprincip § 15 hat Xenophon vom Kyniker (vgl. Crat. Jul. VI, 200 A und I, 554); dass die Guten θεοφιλεῖς sind (§ 58), hat der Kyniker wohl noch energischer als die Republik betont, und für den Schiffervergleich § 165 brauchte man auch nicht Xenophon zu bemühen, ebensowenig wie für den erzkynischen Arztvergleich or. XXXVI, 42. Die Phaedrusstellen (259 resp. 247 ff.), die Hirzel und Hagen heranziehen, haben mit Dio XXXII, 68 resp. XXXVI, 39 ff. nur schwache Aehnlichkeit, wohl aber weisen auf Antisthenes dort der redende Phryger und Orpheus (Plut. de exil. 18 und vgl. oben S. 169. 225 etc.) und noch entschiedener hier der Helioscult nach Zoroaster und den Magiern (vgl. oben S. 170 ff. 382 und unten). Das Lob der ὁμόνοια (XXXVIII, 11. XXXIX, 3 ff.) findet sich eben im kynischen λόγος des Clitopho, und speciell die Eintracht der Brüder (XXXVIII, 45) ist energischer noch als im Menexenos Antisth. Frg. 61, 25 empfohlen. Die Behauptung, dass or. XLIII, 8 ff. über Sokrates nur aus Plato und Xenophon schöpfen dürfe, ist schon oben widerlegt. Laut Athen. V, 216 B erzählt Antisthenes Vieles zu Ehren des Sokrates und Einiges ebenso wie Plato, — warum nicht auch dieses? Zudem fand Dio die Bezeichnung der Dreissig als τύραννοι (und τυραννίς) § 8 weder bei Plato noch bei Xenophon, aber vermuthlich bei Antisthenes[1]); dasselbe gilt § 10 vom Hymnus des Sokrates auf Apoll und Artemis (vgl. oben S. 224 f.) und von der Specialisirung seiner scheltenden (!) Reden. Endlich steckt in dem Tyrannenprotest § 8 das bekannte politische Hirtenideal des Antisthenes, das auch Dio XLVIII, 2 anklingt und im Anfang der Cyropädie copirt wird, den W., wie er selbst einräumt, als schwache Parallele anführt. Or. LIII nennt Dio Plato und Antisthenes, aber es ist klar, dass er hier als Bewunderer Homer's nicht auf Seiten Plato's, sondern des Antisthenes steht, wie er mit diesem (Symp. IV, 6) zum Schluss die βασιλικὴ τέχνη von Homer ableitet. Dass der Sokrates von or. LIV der kynische ist, ward oben gezeigt, und dass der Homeride Sokrates der folgenden Rede von Antisthenes' Homerstudien abstammt, bedarf keines Beweises. Der

---

[1]) Vgl. oben S. 82, 3. 204, 2 u. Hirzel, Dial. II, 90, 1. Noch Euripides und selbst Isokrates gebraucht τύραννος nicht principiell im Sinne des schlechten Gewaltherrschers (vgl. Dümmler, Kl. Schr. I, 198 f. 201 Anm.), wie ihn Antisthenes fixirt und überträgt. In der Hypothesis zu Sophokles' Oedipus tyrannus heisst es, dass nach dem σοφιστής Hippias der Name τύραννος erst zu Archilochos' Zeit den Griechen bekannt geworden, und zwar stamme er von den räuberischen Tyrrhenern. Homer und Hesiod sei das Wort noch fremd, ja Homer nenne einen πάντων παρανομώτατος Herrscher βασιλεύς. Die παρανομία ist das Kriterium der Tyrannis gerade bei Antisthenes, bei dem der σοφιστής(!) Hippias, dessen Schriften (im Gegensatz zu denen der Sokratiker) später verschollen waren (Dio 54, 1. 4), eine lehrhafte Rolle spielte (Symp. IV, 62), und der zugleich für die Dichter, und namentlich Homer, und für Etymologie stark interessirt war. Man hat vermuthet, dass Archilochos den Lyder Gyges als τύραννος bezeichnet habe (Müller, F.H.G. II, 62. Dümmler a. a. O. 198). Das wird Antisthenes gegen Krösos, den kynischen Typus des schlechten Herrschers, ausgenützt haben (vgl. Cyr. VII, 2), wie er vielleicht auch Plato in der gerade auf ihn kritisch zurückblickenden Einleitung der Republik zur Gygesfigur (als Beispiel der ἀδικία) angeregt hat.

Meno § 22 ist kaum der platonische (s. oben S. 397), und die einzige Stelle, für die W. (nach Ruhnken's Vorgang) seinen Xenophon anbringt, giebt als Themata des Sokrates geradezu eine Liste der bekanntesten kynischen Schlagworte und als seine Methode die kynische Lieblingsmethode: das Vergleichen. Als Curiosum erwähne ich weiter, dass der Protest gegen die δόξα (!) der πολλοί (!) nicht vom Kyniker, sondern aus dem platonischen Crito stammen soll, und das in der Interpretation eines Heraklesmythus!

Endlich in den letzten 20 Reden wird für Plato, ausser einem dürftigen Anklang in LX, 2 an Phaedr. 230 D, wo W. selbst an einer Reminiscenz zweifelt, nur LXXI, 2 genannt, wo v. Wilamowitz den Tausendkünstler Hippias von Hipp. min. 368 C wiedergefunden hat. So sicher hier die Quelle scheint, ganz ist sie es nicht. Denn der σοφός Hippias ist nach Symp. IV, 62 auch bei Antisthenes eine wichtige und nicht, wie bei Plato, bloss verspottete Figur. Hipp. min. ferner beschäftigt sich kritisch mit einer antisthenischen These (Frg. S. 24, vgl. I, 403 ff.), und andererseits ist in dieser Diorede, obgleich doch auch von Hippias, Homer und Odysseus die Rede ist, die Behandlung eine in Motiven und Argumenten so ganz andere als im Hippias, Homer ernst nehmende, dass es garnicht aussieht, als ob Dio die platonische Schrift vor Augen hatte. Dagegen ist das Thema: die διαφορά des φιλόσοφος gegenüber anderen Menschen, wie weit er Herr aller Künste ist, weil er, obgleich durchaus nicht allwissend, das συμφέρον kennt, resp. das δίκαιον, ohne das auch Dädalos' σοφία schadet (vgl. § 6 mit dem antisthenischen Protreptikos Mem. IV, 2, 33 und dazu I, 416 ff.), — all das ist gut kynisch, und unmittelbar an jenen vielgewandten Hippias (§ 2) schliesst sich § 3 der vielgewandte Odysseus in einer Charakteristik, die Antisth. Frg. S. 25 u. S. 43 sehr ähnlich wiederkehrt. Hippias, der Polyhistor (Prot. 318 E), Hippias, der Tausendkünstler und ποικίλους λόγους προσφέρων (Dio § 2 resp. Hipp. min. 368 C), und Hippias der πολυμαθής, der immer neue Antworten weiss und fordert (Mem. IV, 4, 5 f. Dio III, 27), — das sind offenbar Motive einer ursprünglich geschlossenen Charakteristik, die Plato, Xenophon und Dio zerstückt haben, indem sie sie benutzten.

Xenophon's Spuren hat W. nur in 6 von den letzten 20 Reden finden können, und einige erlasse man mir zu discutiren, weil die Anklänge gar zu dürftig sind und der kynische Einfluss, sowohl bei Xenophon wie bei Dio, einmal principiell erfasst, in den

Stellen gar zu deutlich ist. Beachtenswerth sind zunächst einige Parallelen in Dio or. LXXV f. zum Hippiasgespräch der Mem. Dümmler hat sie schon Akad. 254 ff. entdeckt, aber auch gezeigt, dass Xenophon nicht das Original ist, vielmehr eine Abschwächung des Originals vornimmt, während Dio ihm treuer bleibt. Ich will dabei noch garnicht auf den kynischen Charakter der Reden und die bereits antisthenischen Motive der Personification des νόμος, die auf Plato (s. den Crito) Eindruck gemacht, der Lobpreisung des νόμιμον als δίκαιον u. s. w. eingehn — es bleibt das einer späteren Erörterung, vgl. inzwischen schon oben S. 79 —, aber ich möchte doch hinweisen, dass auch hier Xenophon und Plato Bruchstücke bringen, die auf ein einheitliches Hippiasgespräch, wohl bei Antisthenes, zurückweisen. Denn das δίκαιον-νόμιμον Mem. IV, 4 ist doch wohl im Zusammenhang mit dem Hippiasprogramm φύσις gegen νόμος (Prot. 337 D) erörtert worden. Der platonische Hippias bei Kallias hat Antisthenes hinter sich, von dem nach Xenophon Symp. IV, 62 zuerst Hippias bei Kallias eingeführt worden ist. Bei Kallias aber erörtert Antisthenes das δίκαιον, und wenn er es als βασιλικόν fasst, wie ich zeigte, liegt schon darin das νόμιμον. Wenn er aber hier das δίκαιον absolut fasst, so ist damit ein Debattenmotiv gegen Hippias gegeben, der für das δίκαιον immer neue Bestimmungen hat (Mem. IV, 4, 5) und das νόμιμον Prot. a. a. O. conventionell, also zufällig menschlich, wechselnd findet. In diesen Relativismus schlägt wieder des Hippias Beachtung der νόμιμα βαρβαρικά ein (vgl. Dümmler, Akad. 259 f.), während beim Kyniker sich das Wissen des δίκαιον über die wechselreiche Weisheit des vielgewandten Hippias erhebt (Dio LXXI, s. vor. S.). Man sieht, wie hier alle Motive zu einer Erörterung zusammenschlagen, die nach allen Anzeichen im antisthenischen Προτρεπτικὸς περὶ δικαιοσύνης gegeben war.

Es bleibt nur noch eine, allerdings sehr auffällige Berührung mit Xenophon, die W. und v. Arnim bemerkt haben; Dio LXVI, 27 heisst es: ἀλλὰ καὶ μύρον δεῖ καὶ αὐλητρίδα γενέσθαι καὶ μειράκιον ὡραῖον καὶ Φίλιππον τὸν γελωτοποιόν. In Xenophon's Symposion wird c. II nach dem μύρον gerufen, die αὐλητρίς mit dem παῖς ὡραῖος (II, 1) erscheint, und der γελωτοποιός Φίλιππος spielt eine Hauptrolle. So citirt Dio sichtlich Xenophon? Doch ist es ja weniger Citat als Kritik; denn Dio rechnet ja hier die Ausstattung des xenophontischen Symposions zur δόξα der πολλοί. Wie verträgt sich das mit seiner Bewunderung und „Nachahmung" Xenophon's? Aber er erwähnt ja § 26 sogar den thasischen Wein, von dem Antisthenes Symp. IV, 41 spricht, — doch die Erwähnung geschieht in einem Citat des Kynikers Bion, den Gercke (Archiv V, 206) mit Recht als Quelle der ganzen Rede vermuthet hat; jedenfalls aber hängt das Bioncitat § 26 mit der weiteren xenophontischen Symposionsausstattung § 27 unmittelbar zusammen, und so ist die Lösung, dass Dio nicht Xenophon, sondern Xenophontisches (nicht einmal eine xenophontische Stelle) bei Bion citirt[1]).

Das aber ist für W. die Hauptstelle dafür, dass Dio Xenophon citirt, auch wo er ihn nicht nennt. Die 6 anderen S. 41 f. angeführten Stellen sind weit zweifelhafter, ja ohne jede Beweiskraft. Denn dass die (auch vom Kyniker geschätzte) Schönheit μετὰ αἰδοῦς durchaus eine Anspielung auf Symp. I, 8 sein soll, dass unbedeutende Wendungen wie πυκνὰ μεταστρεφόμενος und δι' ἐρήμων σταθμῶν πορευόμενον (von Diogenes) nur im Hinblick auf zwei Anabasisstellen erklärbar seien, wird Niemand zugeben. Das ἅμα σπουδῇ παίζειν ist eine so beliebte Methode der Kyniker (Demetr. de eloc. 170. L. D. 27. 83 etc., vgl. Weber 86 ff.), dass sie nach ihr σπουδογέλοιοι genannt werden und wahrlich Diogenes sie nicht aus dem Persien der Cyropädie zu beziehen brauchte[2]), und den Tadel des persischen Waffenluxus hat Dio nicht von Xenophon, sondern wohl dorther, wo er die übrige Kritik der persischen τρυφή gefunden (s. oben S. 386). Dass Dio für das (der kynischen Askese) wichtige ἀγρυπνεῖν ein halbes Jahrtausend auf Xenophon zurückgreifen muss (obgleich ἄγρυπνος bei Plato, ἀγρυπνία bei Herodot vorkommt), ist gerade so wahrscheinlich, wie dass er unter zahlreichen (bei Antisthenes beliebten, s. später) Bildungen auf φιλο- den φιλοστρατιώτης aus der Anabasis beziehen muss,

---

[1]) Dafür spricht auch, dass wir noch sonst bei Bion-Teles gerade Xenophon's Symposion und gerade auch die Antisthenesrede in c. IV citirt finden; s. das Nähere bei Gercke a. a. O. 209 f. und Hense, Teles' Fragmente XXXV f.

[2]) Auch der αὐτουργὸς τῆς σοφίας dürfte ein von Xenophon übernommener Idealbegriff des Kynikers sein, der den αὐτάρκης über Alles schätzt. Zudem steht er bei Dio (I, 9) in unverkennbar kynischer Charakteristik: ἄνδρες ἀλῆται (!) καὶ αὐτουργοὶ τῆς σοφίας, πόνοις (!) τε καὶ ἔργοις (!) ὅσον δυνάμεθα χαίροντες τὰ πολλά, τοὺς δ' αὖ λόγους παρακλήσεως (!) ἕνεκεν φθεγγόμενοι πρὸς αὐτοὺς καὶ τῶν ἄλλων ἀεὶ τὸν ἐντυγχάνοντα (!). Vgl. auch αὐτοδίδακτος ἀρετή (Diogenes Stob. fl. 95, 19), αὐτοδίδακτον ἐπικούρημα πρὸς φιλοσοφίαν (ib. 11) und in der gut kynischen Musoniospredigt Stob. 56, 18 αὐτουργικοὶ καὶ φιλόπονοι und weiterhin αὐτουργός.

oder die gewiss kühne Wendung κύνας ἄγειν (in einer dem philosophischen κύων sehr entsprechenden Stelle) nur in Xenophon's *Κυνηγετικός*, oder in dem überlieferten Agon zwischen Diogenes und dem Perserkönig das fast nothwendige εὐδιεινότατα (or. VI, 1)[1] nur auf der Hasenspur (Cyneg. V, 9) finden kann. Hat auch Diogenes' Zeitgenosse Aristoteles für dies Wort sich in Xenophon's Jagdregeln versenkt?

Die Hauptsache ist, dass, wie W. selbst S. 40 gesteht, **Dio Xenophon nirgends wörtlich citirt**, nirgends mit einem ὡς ἔφη τις oder ähnlicher Wendung oder auch ohne Ankündigung Xenophon's Worte wiederholt. Schon danach sind alle Angaben über Xenophon als Quelle Dio's zweifelhaft. Aber er nennt ihn doch bisweilen? W. wundert sich sehr, dass es nur 2 oder, um eine athetirte Rede mitzurechnen, 3 Mal geschieht. 2 Mal (or. VIII, 1 und LXIV, 18) wird er mit Anderen und nur mit einem Lebensdatum erwähnt; nur or. XVIII ist von dem Schriftsteller Xenophon die Rede. Aber hier wird er doch in den Himmel gehoben? Sieht man näher zu, so findet man, dass Dio nur die Anabasis einem Praktiker, einem höheren Beamten empfiehlt, weil da alle Arten von Reden, die in seiner Berufsthätigkeit vorkommen, durch Musterstücke vertreten seien (vgl. v. Arnim 139 f.). Die Lectüre der Anabasis rührt ihn zu Thränen, von anderen Schriften ist garnicht die Rede; der tiefe Eindruck beruht ausdrücklich auf der Mischung von λόγοι und πράξεις (auch § 16 ist wohl die Conjectur ἐτῶν statt ἔργων unnöthig), darauf, dass der Schriftsteller zugleich der Held ist (§ 17), was doch nur in der Anabasis gegeben ist. Xenophon fand bei der kynisch-stoischen Richtung Bewunderer und Nachahmer, wie Onesikritos und Persäos zeigen; es war eine Sympathie, die auf Gegenseitigkeit beruhte; denn er hatte sich dieser Richtung angeschlossen. Aber was schätzte sie an ihm? Seine Verbindung mit Sokrates war traditionell bekannt (wie Aeschines' Aspasia und einige Anekdoten beweisen, s. unten), er gab ein brauchbares Beispiel der φυγή und vor Allem als Held und Autor der Anabasis ein glänzendes Muster der Verbindung von λόγος und ἔργον. Das sind drei Dinge, die dem Kyniker wichtig sind, und sie enthalten

---

[1] In einem „pythagoreischen" Ausspruch Stob. flor. I, 70 (105 Hs.) wird von den nun als kynisch erkannten zwei Lebenswegen der des Nestor, im Gegensatz zu dem des Odysseus, εὐδιεινοτέρα genannt. Dieser Gegensatz ist Antisth. Frg. S. 24 f. angelegt (vgl. oben S. 290, 2). Vgl. auch εὐδία zweimal bei Teles π. αὐταρκείας p. 6 f. Hense.

Alles, was Dio in seinen drei Stellen über Xenophon sagt. Dass er ihn anders als von Hörensagen, durch Andere und aus der Anabasis kennt, dass er irgend eine andere Schrift Xenophon's gelesen hätte, darauf deutet keine einzige sichere Spur. Er empfiehlt als Muster für einen ἀνὴρ πολιτικός, für einen Civilbeamten (v. Arnim a. a. O.) die Anabasis, — wären nicht die Cyropädie oder Hiero passender gewesen? Warum nennt er sie nicht, da er sie doch nach W. so reichlich ausschöpft? Mögen ihm selbst ein paar Wortwendungen aus der Anabasis haften geblieben sein, gerade aus dieser Schrift weiss W. sonst relativ am wenigsten Originalstellen vorzuschlagen. Aber auch die andern Schriften Xenophon's fliessen, obgleich W. alle Schleusen aufgezogen, nicht gerade reichlich. Von or. XV—LXXX hat er nur für 19 Reden Xenophonstellen bereit, das ihm selbst zweifelhafte mitgerechnet, und zumeist ist es in jeder Rede nur ein Anklang an eine kleine Stelle. Soviel Parallelen (bei so grossen Textmassen auf beiden Seiten) wird man sich wohl ruhig verpflichten können auch sonst zwischen zwei beliebigen antiken Theoretikern zu finden. W. selbst fühlt sich beängstigt, dass so Specielles wie der nie unmässig lachende Fürst, den er erst für Xenophon in Anspruch nahm, sich bald auch bei Plato, bei Isokrates, bei Philodem findet. Er hätte auch darüber nachdenklich werden sollen, dass sich die Xenophonparallelen gerade nur in or. I. III und VI drängen und er für diese 3 Reden mehr beizubringen weiss als für die übrigen 77 zusammen. Hat Dio nachher die xenophontischen Schriften vergessen? Aber noch merkwürdiger ist, dass für diese 3 Reden Cyropädie, Agesilaus und Hiero überreich quellen, während sie für die späteren ganz oder fast ganz versagen und fast nur die Mem. (resp. die anderen Socratica) Parallelen liefern. Die Erklärung ist einfach: Cyropädie, Agesilaus und Hiero, sowie jene 3 dionischen Königs- und Tyrannenreden gehen gemeinsam auf Antisthenes' Herakles und Kyros zurück, während die Mem. (resp. das Symp.), wo sie mit Dio's späteren Reden Berührung zeigen, zumeist von Antisthenes' Προτρεπτικὸς περὶ δικαιοσύνης abhängig sind. Die Diogenesrede gegen die Tyrannis soll hauptsächlich Xenophon's Hiero copiren; aber W. selbst räumt ein, dass wir aus dieser Rede über Charakter, Art und Anordnung des Hiero, wenn er uns nicht erhalten wäre, nichts entnehmen könnten. Wenn aber beide von einem Baume plündern, und zwar Dio die Früchte erst noch durch andere Hände erhält, so besteht zwischen beiden gedankenarmen Autoren gerade die nöthige Distanz, um die Einheit des Gedankenmaterials und die Verschiedenheit der Verwerthung zu erklären. Das Resultat für Xenophon als Quelle Dio's ist also rein negativ. Nachweisbar ist nur die Lectüre der Anabasis, die aber natürlich ohne sichtbaren Einfluss auf die abstracten Reden bleibt. Alles Andere ist zum mindesten sehr zweifelhaft und erklärt sich weit sicherer aus kynischer Quelle. Indirect also ergiebt sich aus den von W. bei Dio gefundenen Parallelen doch ein positives Resultat für Xenophon, nämlich die schönste Bestätigung, dass er vom Kyniker abhängig ist.

Wie steht es mit Plato als Quelle Dio's? Er nennt ihn auch nicht gerade oft, doch ausser or. VIII, 1, wo er unter den anderen ἑταῖροι des Sokrates erscheint, doch wenigstens als Autor. Aber auch hier ergiebt sich bei näherem Zusehn eine merkwürdige Einschränkung der Citate: sie gehen sämmtlich nur auf eine Schrift, die Republik, und innerhalb dieser Schrift auf einen Gegenstand: sein Verhältniss zu Homer (II, 47. XXXVI, 26 ff. LIII, 2. 5). Damit haben sich jedenfalls die Kyniker viel beschäftigt; denn Plato's Homerkritik blickt, wie man Dümmler (Antisth. 29 ff., vgl. Weber 232) wohl jetzt zugesteht, auf Antisthenes' Behandlung des Homer zurück, die ihn als allgemeingiltige Autorität und besten παιδεύων interpretirt. Schon dass Dio an Plato gerade diesen Punkt herausgreift, ist kynisch, und bei aller (spätstoischen) Achtung vor dem Kritiker zeigt er, dass er dem Altkyniker folgt. Aber die anonymen Citirungen Plato's? Ganz sicher ist nur eine: VII, 130, und die geht auch auf die Republik und gerade auf einen Tadel ihres πολλαπλάσιος λόγος, — er hat hier sichtlich eine kynische Kritik der platonischen Republik vor Augen[1]). Dann scheint die Liste der Gesprächspartner or. LV, 12 (weniger die ib. 22, vgl. oben S. 397) platonische Dialoge zu berücksichtigen, obgleich sich die aufgezählten Figuren z. Th. direct, z. Th. indirect auch bei Antisthenes nachweisen liessen (Frg. 17, 1. 22, 5. 51, 10. 63, 38. Symp. IV, 62, zu Laches vgl. oben S. 143 ff., zu Thrasymachos I, 394. 483 u. a. unten). Er nennt die Namen etwas zaghaft (ἐξὸν ἀφελεῖν τὰ ὀνόματα). Sind es die platonischen Figuren, und sind diese blossen Namen ihm nicht indirect überliefert, dann würden wir ausser der Kenntniss der Republik noch die vom Protagoras, Laches, Meno, Gorgias und Euthyphro constatiren können. Dies zugegeben, bleibt noch zu bemerken: 1. dass es lauter

---

[1]) die auch Diogenes kritisirt zu haben scheint (Anton. et Max. p. 250).

elementare, populäre Dialoge sind, 2. dass es nur solche sind, die Antisthenes zustimmend (Gorgias, s. oben S. 424) oder kritisch (Rep. I, Protagoras, s. I, 357 ff. 393 f., Laches, s. oben S. 141 ff., Meno, Euthyphro, s. unten) concurrirend berücksichtigen, kynische Hauptthesen behandeln, den Kyniker also interessiren, 3. dass noch Niemand, was doch die Hauptsache wäre, ein Citat, die Spur eines Einflusses des Protagoras, Meno, Laches und Euthyphro sonstwo bei Dio auch nur vermuthungsweise behaupten konnte. Die dürftigen Gorgiasspuren, die man zu finden behauptet, haben sich oben S. 394 f. als nur scheinbare herausgestellt und erklären sich namentlich gerade aus der auch sonst von Dümmler und Hirzel festgestellten engen Berührung dieses Dialoges mit Antisthenes. Dann kommen vier blosse Wendungen, die mit einem ὥσπερ ἔφη τις oder dgl. als anonyme Citate eingeführt und thatsächlich bei Plato zu lesen sind. Aber abgesehen davon, dass Dio diese kurzen, sehr markanten Wendungen als geflügelte Worte nicht von Plato direct empfangen haben muss, können sie bei diesem selbst Citat sein, und die eine, Euthyd. 305 C, giebt sich ausdrücklich als solches; alle aber stimmen, wie sich ergab, auffallend gut zu Antisthenes: das königliche Hirtenideal nach Homer (vgl. S. 399) im Gegensatz zum ἑστιάτωρ und δαιτυμών(!) or. I, 13. Rep. I, 345 C[1]), das Prodikoscitat or. XXIV, 17. Euthyd. a. a. O. (s. oben S. 428), der αὐτῷ ἱκανὸς μάντις or. XVIII, 4. Phaedr. 242 C (s. oben S. 427, 1) und der Protreptiker als ἀπὸ τραγικῆς μηχανῆς θεός or. XIII, 14. Clit. 407, wo keinesfalls die Quelle Dio's zu suchen ist und, wie zugestanden wird, der kynische Sokrates charakterisirt ist (s. oben S. 409. 423). Giebt es doch genug Worte, die feindlichen Sokratikern gleichzeitig zugewiesen werden, ja selbst Lügen und Schnitzer (vgl. Antisth. Frg. 51, 10. 54, 19), die Plato und Antisthenes gemein haben. Wie soll man das verstehen, als dass einer den Andern citirt? Wie sollen sie sich kritisiren, ohne sich zu citiren? Und gerade mit Schlagworten, zumal sie versteckt kritisiren.

Was sonst noch Hagen und Wegehaupt als platonisch bei Dio behaupten — v. Arnim wagt nur noch die oben besprochene Hippiascharakteristik zu nennen, — ist oben in der Hauptsache als kynisch aufgezeigt worden. Aber selbst wenn es nicht als kynisch

---

[1]) Zudem copirt Rep. I gerade mit vielen Anspielungen einleitend den antisthenischen Sokrates, damit er sich hier ungenügend zeige und durch den Hauptstock der Republik übertrumpft werde (vgl. I, 393 ff. Archiv IX, 65 f.). Die echt kynischen Typen des δαιτυμών und ἑστιάτωρ erscheinen übrigens auch Dio XXX, 38 f. in einem λόγος, der sich bald als kynisch herausstellen wird.

erwiesen wäre: es ist nichts davon als Citat eingeführt, nichts wörtlich nachweisbar, es sind alles nur mehr oder minder schwache Anklänge, wie sie sich zwischen allen Autoren finden, das Meiste als Parallelen nicht sicher, geschweige als Abhängigkeitsbeweise, und vor Allem Alles nur einzelne Stellen und abgerissene Gedanken, keine weitergreifenden Zusammenhänge und äusseren oder inneren festen Kriterien. Das also ergiebt sich: Dio kennt Plato, soweit sich ein populär gestimmter Kyniker für ihn interessirt, er kennt die Republik, aber einseitig, und citirt sie als Plato's Specialansicht, er kennt vielleicht noch einige der elementaren Dialoge, aber er benutzt sie nicht. Mag er selbst ein paar bei Plato wiederkehrende Wendungen gebrauchen, die aber weder Plato aus sich noch Dio aus Plato geschöpft haben wird, mag man selbst platonische Reminiscenzen gefunden haben, was ich bezweifle, Quelle ist ihm Plato nicht, und noch Niemand hat eine dionische Rede oder auch nur den Abschnitt einer Rede gefunden, der Plato wirklich copirt oder auch nur im Gedankenverlauf oder in mehreren Motiven auf eine platonische Schrift zurückführbar wäre. Jetzt sieht man, wie Recht W. hat (S. 44): nächst Xenophon habe Dio Plato am meisten benutzt. In Wahrheit hat er Plato zwar ein paar Mal citirt, aber als etwas Fremdes, und nicht benutzt, Xenophon aber nicht einmal citirt, geschweige benutzt.

Und die übrigen Sokratiker? Aristipp, Eukleides und Aeschines nennt er nur einmal, und zwar zusammen unter den ἑταῖροι des Sokrates (VIII, 1). Dass er den Megariker und den Kyrenaiker als Autoren benutzt habe, wird bei seiner Richtung, und da keine Spur darauf weist, Niemand annehmen, und was W. zweifelnd als dürftige, anonyme Aeschinesspuren aufwies, zeigte sich viel sicherer als antisthenisch. Wie aber steht Dio zu Antisthenes? Wer Dio und die Alten überhaupt kennt, baut nicht auf ihre eigenen Quellenangaben. Sonst würde Plato ein blosser Berichterstatter des Sokrates, des Eleaten u. s. w. sein und die späte Literatur nur aus originalen Gedanken durchaus selbständiger Köpfe bestehen, die nur selten, nur für Kleinigkeiten einen fremden Autor citiren, nicht aus Bedürfniss, sondern aus Wissenseitelkeit. Dio könnte von Antisthenes sklavisch abhängig sein, ohne ihn je zu citiren. Zweitens liegt es speciell für Antisthenes ungünstig, dass sein Name fast ganz hinter dem des (laut Xenophon) von ihm fanatisch angebeteten Sokrates verschwunden ist, wie vielleicht der manches späteren Kynikers hinter dem des Diogenes, so dass, wie Stobäus zeigt (vgl. oben S. 352), der Sokrates des Plato oder Xenophon unter deren Namen, unter Sokrates aber der kynische citirt wird. Wenn Synesios von Dio λόγοι des Sokrates und des Diogenes kennt, so liegt es am nächsten, dass diese auf jüngere, jene auf ältere kynische Quellen zurückgehen. Sind jene nicht etwa unter or. III und XIII oder gar unter den λόγοι über Sokrates LIV f. verstanden, sondern, wie man annimmt (v. Arnim II praef. IX. Hahn a. a. O. S. 6), uns verloren, dann eröffnet sich noch eine grössere Perspective für Antisthenes bei Dio. Dass die eifrige Lectüre und das eindringende Studium der alten erhaltenen λόγοι Σωκρατικοί ihm Bedürfniss ist, bekennt er selbst (LIV, 4. XVIII, 13). Da er hier ausdrücklich (XVIII, 13 f.) von den ἄλλοι, nicht von Xenophon spricht, kann er darunter nur Antisthenes und Plato verstehen; aber von der Platolectüre zeigen sich nicht gerade viel Spuren, und für Antisthenes darf man nun nicht dasselbe folgern, sondern vielmehr umgekehrt: je weniger er von platonischer Sokratik zeigt, um so mehr muss er die antisthenische ergriffen haben. Was ihm Plato oder auch Xenophon gegeben haben, lässt sich controliren, begrenzen, und Behauptungen darüber lassen sich desshalb kritisiren: wie aber kann man angesichts der verlorenen Schriften nachweisen, dass etwas bei Dio nicht antisthenisch ist? Das Wenige und Aeusserliche, das zeitlich und persönlich, und das noch Geringere und Zweifelhafte, das innerlich Antisthenes widerstrebt, abgerechnet, ist die Möglichkeit für ihn unbegrenzt, könnten Dio's Reden fast lauter wörtliche Copien von Antisthenes' Schriften sein, und wir brauchten es nicht zu merken. Das ist das Dritte. Bei den winzigen Resten, die wir von dem als Vielschreiber berüchtigten (L. D. VI, 18) ersten Kyniker haben, kann es nur ein glücklicher Zufall sein, wenn wir ein Antisthenescitat bei Dio nachweisen können, und dann muss es hundertfach wiegen gegen ein Plato- oder Xenophoncitat; denn hundert gegen eins dürfte sich wohl gegen unsere Antisthenesfragmente verhalten, was er geschrieben, oder was wir von Plato und von Xenophon besitzen.

Und trotz dieser fast unüberwindlichen Schranken stossen wir bei Dio auf Citirungen des Antisthenes in jeder Form. Er nennt ihn nicht nur unter den anderen Hauptsokratikern (VIII, 1), sondern er weist ihm, und zwar als Autor, eine Aristie zu in dem Vorzug, den Diogenes seinen λόγοι gegenüber aller andern Sokratik giebt (VIII, 1. 4). Aber er bringt weiter von ihm wörtliche Citate (die für Xenophon ganz fehlen), und zwar sowohl mit Namen (VIII, 3. LIII, 5) wie mit anonymer Einführung. Dass or. XLVII, 25 mit ἔφη τις Frg. III des antisthenischen Κῦρος wörtlich citirt ist, hat man längst bemerkt, und ich möchte nur betonen, dass Dio hier das Antisthenescitat als Schlusseffect der Rede gewählt hat. Von vier weiteren anonymen Citaten, die bei Plato wahrscheinlich schon Antisthenescitate sind, will ich hier nicht reden (s. oben S. 437). Der φιλόσοφος ferner, der von Ismenias und der Schätzung des αὐλητής sprach (XLIX, 12), ist Antisthenes (nach dessen Frg. 65, 46 = Plut. Perikl. 1, zu dem Dümmler mit Recht Plut. conv. disp. II, 5 gestellt hat). Uebrigens ist auch die Stelle eingerahmt von zwei markanten Kynismen: das ἔργον des wahren φιλόσοφος ist nur die ἀρχή ἀνθρώπων (vgl. Diogenes!), und man dürfe den πεπαιδευμένος (!) nicht nach dem Aeusseren (!) beurtheilen; denn die Freier konnten auch Odysseus und Iros nicht unterscheiden (der Bettler Odysseus doch König — das ist der bekannte kynische Typus, vgl. Dio XIV, 22. Diog. ep. 7). Dann aber passen auch die anderen anonymen Citate gut zum Kyniker: die Einleitungswendung zum erzkynischen Mythus V, 4, die Charakteristik des für τὰ βασιλέως und τοῦ δεῖνος interessirten ἀνόητος XX, 3, der nicht τῆς αὑτοῦ (!) ψυχῆς (!) κύριος (!) ist[1]) oder, wie man nach dem Zusammenhang gemäss Antisth. Frg. 62, 29 ergänzen kann, nicht versteht, ἑαυτῷ ὁμιλεῖν, das Wortspiel mit den attischen κάνθαροι XXXII, 98 und die Leugnung, dass man die σοφία um einen Obolos feil auf dem Markte kaufen könne XLII, 5 (vgl. zusammen Symp. II, 4. IV, 41. 43, L. D. II, 48 u. oben S. 232. 322, 1. 340). Aber mag man die meisten der anonymen Citate für Antisthenes bezweifeln, — beim ersten ist es ja unmöglich —, entscheidender ist doch eine dritte Art von wörtlichen Citaten, die ohne Namen und Einführung in den Text eingewoben sind, entscheidender, weil sie erst volle Abhängigkeit beweisen und zeigen, dass Dio sich den anderen Autor ganz zu eigen gemacht, sich mit ihm amalgamirt hat. Und diese Art Citate fehlen für Plato, aber nicht für Antisthenes. Ich erinnere nur an die Uebereinstimmung von or. I, 62 mit Antisth. Frg. 47, 4 und III, 97 mit Frg. 57, 6 (vgl. oben S. 312. 384). Dazu kommt die Vorliebe für antisthenische Titel: περὶ βασιλείας (6 Reden), περὶ δόξης (3), περὶ δουλείας καὶ ἐλευθερίας (2), περὶ πίστεως, περὶ

---

[1]) Vgl. die kynischen und stoischen Stellen, die Capelle S. 23 gesammelt hat.

νόμου, πολιτικός (2), περὶ Ὁμήρου, für Homer- und Heraklesthemata, für antithetische Titel u. s. w., ferner das ῥητορικὸν εἶδος, das von den Sokratikern und von den Altkynikern Keiner wie der Gorgianer Antisthenes entfaltet hat (L. D. VI, 1), dazu Anderes, das er mehr als jene und diese betrieb: Dichter- und Mytheninterpretationen, etymologische Spielereien, Cultus des Protreptikers Sokrates, weiter die Anlage und die grundlegenden Beispiele der Reden aus zumeist voralexandrinischer Situation, der Kampf gegen die Tyrannis, die grosse, aber von Xenophon abweichende Rolle, die das Kyrosideal und das reiche und schwelgerische Persien spielt, dazu ein Zusammentreffen solcher Kriterien, wie z. B. or. XXI die Erwähnung von Kyros und Alkibiades als Beispiele eines alten Buches, von „persischer Blutschande" u. a., das auf Antisthenes weist (s. die Kyrosfragmente und oben S. 427 f.), und so noch vieles. Und bei alledem war noch garnicht von der Hauptsache die Rede, von dem grossen kynischen Gedankenmaterial, das als Leitmotive die Reden beherrschend durchzieht und sie unverkennbar oft bis in's Kleinste füllt und auch dem Blindesten und ärgsten Skeptiker sich noch ganz anders aufdrängt als die dürftigen, abgerissenen Platoparallelen und die Xenophonreminiscenzen, welche letzteren doch eben nur wieder für Antisthenes sprechen.

In diesem Excurs bin ich nicht entfernt darauf ausgegangen, das Antisthenische bei Dio aufzuzeigen, sondern ich habe mich nur an die Stellen gehalten, die Andere für andere Sokratiker in Anspruch nahmen, und was alles aus der Kritik dieser Ansichten vielmehr für Antisthenes abfiel, ist desshalb nur als Beispiel seines Einflusses anzusehn. Den kynischen Einfluss auf Dio erschöpfend zu behandeln, würde auch nach der werthvollen Arbeit E. Weber's, auf die hier verwiesen sei[1]), und nach den wichtigen Hinweisen Anderer für einzelne Reden ein Buch erfordern, das Rede für Rede prüfen müsste. Mag selbst eine antisthenische Schrift oft als directe Quelle Dio's zweifelhaft, bestreitbar sein, die kynische Quelle überhaupt ist es darum noch lange nicht, und ich glaube auch, dass ihm manches sicher Anti-

---

[1]) Weber hat ausser den ersten 10 Reden nur noch in 9 Reden (13. 20. 32. 53. 55. 57. 60. 71. 80) auf kynische Züge meist nur kurz hingewiesen. Sonst hat Dümmler noch am meisten gefunden (Akad. 1. 3. 88. 90. 192. 194. 201. 215. 232. 234. 254 ff., für or. 8. 12. 13. 26. 30. 63. 65. 75 f. 77 f. und Kl. Schr. I, s. Index). Was Andere an Einzelnem sahen, ist meist oben erwähnt.

sthenische — keinesfalls alles — erst aus der Hand späterer Kyniker oder Stoiker zukam.

Wer sind denn überhaupt, um nun auch indirect zum Resultat zu kommen, seine Quellen? Dass und wie weit die Sokratiker in Frage kommen, ist besprochen; aber er nennt genug frühere und spätere Philosophen. Dass sein Sokrates der kynische ist, ward oben deutlich (S. 396 f.). Dass er die „Vorsokratiker" nicht selbst gelesen, wird man wohl zugeben. Von den „Sophisten" sagt er's selbst or. LIV, 4, und es wird auch nur Persönliches, nichts Wörtliches von ihnen mitgetheilt. Ausser der besprochenen Charakteristik des Tausendkünstlers Hippias LXXI, 2. 5 und der — nicht platonischen — Entrüstung über die goldene Statue des Gorgias in Delphi neben der — auch den Kynikern verhassten (L. D. 60) — der Phryne in der athetirten Corinthiaca § 28 werden nur noch Gorgias, Polos, Hippias, Prodikos zusammen als Folie zu Sokrates XII, 4 und LIV, 1 genannt: das lässt einen Sokratiker, d. h. Plato oder Antisthenes, als Quelle erkennen, und für Antisthenes wird später noch Einiges anzuführen sein. Plato hätte vielleicht auch Protagoras genannt, aber or. LIV wird anschliessend nur von einem Abderiten erzählt, was nicht bei Plato steht. Dieser nennt überhaupt nicht Demokrit, dagegen spricht Manches dafür, dass er bei den Kynikern als Typus des θεωρητικὸς βίος, des Studiums der φύσις, der Weltreisen, des Kosmopolitismus, der Consolation, als neuer Solon gegen Xerxes[1]) u. s. w. eine Rolle spielte, und daher mag sich die Erhaltung und der auffallend an die Sokratik, und zwar eine individualistische Sokratik, erinnernde Charakter vieler sog. ethischer Fragmente Demokrit's erklären. Die Homerrede (or. LIII) beginnt mit einem Wort Demokrit's, das Homer ob der Fülle seiner weisen Worte in drei Ausdrücken eine göttliche Natur zuweist. Es ist klar, dass dies Wort bei dem Homerinterpreten Antisthenes, der auch sonst mit der Vergöttlichung rasch bei der Hand war, gestanden hat oder bei einem ebenso romantisch denkenden Nachfolger des Antisthenes. Sonst weiss Dio von den Vorsokratikern nur Persönliches zu berichten. Um von dem Ausspruch des Anaxagoras beim Tode seines Sohnes abzusehn, der in der athetirten or. XXXVII, 37 vor der anti-

---

[1]) der bei den Kynikern das Gegenbild eines guten Königs ist, vgl. ausser Dio Luc. dial. mort. 20, 2. Themist. Rh. M. 27, 450. Ueber den kynischen Demokrit vgl. noch Norden, Jahrb. f. Philol. 19 S. 378, 1.

sthenischen Midasfigur steht und aus der kynischen Consolation stammt (vgl. oben S. 159, 2. 163), drängt sich Alles in drei Stellen, wo schon die rein persönliche, tendenziöse und gruppenweise Nennung zeigt, dass hier nur die Namen bloss als Beispiele aus einer Quelle von bestimmter Färbung geschöpft sind. Or. LV, 1 ist in Rücksicht auf den Homeriden Sokrates, der nur von Antisthenes kommen kann, von philosophischen Diadochien die Rede, die Antisthenes sucht (vgl. oben S. 173. 179 f. 217). Für den παρ' αὑτοῦ (!) σοφός Heraklit, der statt bei Lehrern die allgemeine φύσις (!) studirt (charakteristisch neben dem Hirten und Musenschüler Hesiod!) interessirt er sich auch sonst (vgl. S. 233). Dann wird nur noch Pythagoras als Schüler des Pherekydes und Lehrer des Empedokles genannt (vgl. dazu oben S. 210. 217). Pythagoras ist beim Kyniker eine wichtige Figur (vgl. oben S. 208 ff.), und wie er zu den ἄρχοντες spricht (Antisth. Frg. S. 25), so erscheint er or. XLIX, 4 ff. mit den Pythagoreern als Lehrer der Politiker (denn die Königskunst ist Sache des Weisen) parallel den persischen Magiern (die Kyros lehren), ägyptischen Priestern u. a. barbarischen Weisen ganz wie in der antisthenischen Urphilosophie (vgl. oben S. 166. 178 f. 211). Auch die Beispiele des Solon, Aristides und des Perikles als Anaxagorasschülers dort sind antisthenisch resp. kynisch (vgl. oben S. 159, 2. 163. 358 etc.). Und erst recht ist es kynisch resp. in der Erweiterung stoisch, wenn endlich der göttergleich (!) geehrte Pythagoras or. XLVII, 5 f. neben dem φιλόσοφος (!) Homer (!) und vor Zenon (!) als Beispiel der φυγή (!) aus dem Vaterlande wegen der Tyrannis (!) erscheint (vgl. oben S. 210 f.). Auch die Schätzung der Siebenweisensprüche in Verbindung mit Sokrates, Diogenes und Delphi or. LXXII, 11 ff. weist in die kynische Sphäre (vgl. oben S. 225 u. unten), und das Wort des Kritias hat sicher Antisthenes (wer sonst?) in seiner Kritik angeführt (s. I, 382. II, 204, 2). So weisen auf ihn alle die tendenziösen Citirungen früherer Philosophen, und ob er nun oder seine kynisch-stoischen Nachfolger directe Quelle waren, jedenfalls wird wohl Alles, was Dio von jenen weiss, durch ihn hindurchgegangen sein.

Aber nun die späteren Philosophen, die über Antisthenes hinausweisen! Um von dem nur in zwei athetirten Reden erwähnten Anaxarch abzusehn, haben wir folgende Namenliste: Diogenes, Aristoteles, Bion, Zenon, Kleanthes, Chrysipp, Krates Heraklides Pontikos, Aratos, Persäos, Aristarch, Athenodor, Musonios, d. h. es sind mit zwei Ausnahmen ausschliesslich Männer kynisch-stoischer Richtung, die er citirt. Die Bekämpfung der ungenannten Epikureer XII, 36 f. fällt ja erst recht in diese Richtung. Die Kluft zwischen Kynismus und Stoa existirt nur in modernen Köpfen, und es ist Zeit, mit diesem Irrthum aufzuräumen, der die Altkyniker mit ihren späteren Carricaturen verwechselt. Das Wort Kyniker ist dem Epiktet heilig, und die Stoa blickt voll Bewunderung zu den Altkynikern auf, als deren Erbin sie sich betrachtet. Die Scheidung zwischen Dio als Kyniker und Stoiker ist leere Construction; denn der Stoiker schöpft ebenso aus kynischen Quellen. Heraklides Pontikos erwähnt er nur einmal, wo er überhaupt allein grosse Gelehrsamkeit zeigt, unter den Homerschriftstellern or. LIII, mit Demokrit, Antisthenes, Plato, Aristoteles, Zenon, Persäos, Aristarch und späteren Grammatikern. Er wird seine Namenweisheit wohl aus einer jüngeren Quelle haben, und die Uebereinstimmung der Homerinterpretation für die $\beta\alpha\sigma\iota\lambda\iota\varkappa\dot\eta$ $\tau\acute\epsilon\chi\nu\eta$ or. II mit einer stoischen Schrift (s. oben S. 399) zeigt darin seine Abhängigkeit. Hier or. LIII, wo er doch die Homerauffassung des Antisthenes, Plato, Zenon und Persäos näher charakterisirt, nennt er eben nur den Namen des Heraklides und des Aristoteles, $\dot\alpha\varphi'$ $o\dot{v}$ $\varphi\alpha\sigma\iota$ (!) $\tau\dot\eta\nu$ $\varkappa\varrho\iota\tau\iota\varkappa\dot\eta\nu$ $\tau\epsilon$ $\varkappa\alpha\dot\iota$ $\gamma\varrho\alpha\mu\mu\alpha\tau\iota\varkappa\dot\eta\nu$ $\dot\alpha\varrho\chi\dot\eta\nu$ $\lambda\alpha\beta\epsilon\tilde\iota\nu$, $\dot\epsilon\nu$ $\pi o \lambda\lambda o\tilde\iota\varsigma$(?) $\delta\iota\alpha\lambda\dot o\gamma o\iota\varsigma$ $\pi\epsilon\varrho\dot\iota$ $\tau o\tilde{v}$ $\pi o\iota\eta\tau o\tilde{v}$ $\delta\iota\acute\epsilon\xi\epsilon\iota\sigma\iota$, $\vartheta\alpha\upsilon\mu\acute\alpha\zeta\omega\nu$ $\alpha\dot\upsilon\tau\dot o\nu$ $\dot\omega\varsigma$ $\tau\dot o$ $\pi o\lambda\dot\upsilon$ $\varkappa\alpha\dot\iota$ $\tau\iota\mu\tilde\omega\nu$. Diese geschwollene und doch leere Angabe ist verdächtig, und fast sieht es aus, als ob es nur mündliche Dialoge mit Alexander wären, wie sie sich die kynisch-stoische Anschauung nun einmal vorstellt nach dem Princip, dass der Weise die Königskunst eben nach Homer lehrt. Die Anekdoten von Alexander's Homerschwärmerei schlagen hier gut ein. In or. II giebt Dio naiv eine Probe, wie Aristoteles (nach kynisch-stoischem Recept) Alexander die Königskunst noch gelehrt haben müsste, und dabei gesteht er zum Schluss ein, dass er nicht weiss, ob Aristoteles durch Homerexegese oder auf andere Weise lehrte. Wenn aber nicht Unkenntniss liegt in dem $\delta\iota\delta\acute\alpha\sigma\varkappa\epsilon\iota$ $\epsilon\tilde\iota\tau\epsilon$ $\ddot{\text{O}}\mu\eta\varrho o\nu$ $\dot\epsilon\xi\eta\gamma o\acute\upsilon\mu\epsilon\nu o\varsigma$ $\epsilon\tilde\iota\tau\epsilon$ $\ddot\alpha\lambda\lambda o\nu$ $\tau\varrho\acute o\pi o\nu$, wie Rohde findet (vgl. Weber a. a. O. 231), mindestens eine Andeutung Dio's, dass er nicht Aristoteles folgt. Er lobt ihn, ganz als ob er ihn nicht gelesen hätte. Er ist ihm nur der typische Weise, der den König lehrt, und als Zeichen des Erfolges wird angeführt, dass ihm Philipp zum Dank die Restauration seiner Vaterstadt bewilligt. Sein Verhältniss zu Alexander und zu seinem Vaterlande, seine zweifelhafte Homerverklärung und endlich das Gerücht, dass er der erste Philologe gewesen sei, —

das ist alles, was Dio von Aristoteles erwähnt (or. II. XLVII, 9 ff. LIII, 1). Das sind lauter Dinge, die den Kyniker resp. Stoiker tendenziös interessirten. Aber liegt in diesem rein Persönlichen, Zweifelhaften, Indirecten nur die Spur einer wirklichen Kenntniss des Philosophen Aristoteles? Und verrathen Dio's Reden irgendwo sonst solche Kenntniss? oder die Kenntniss irgend eines Platonikers, Aristotelikers oder sonstigen Philosophen ausserhalb der kynisch-stoischen Schule? Wo ist der Eklektiker Dio, von dem man so gern spricht? Mag man ihn dahin oder dorthin zu stellen versuchen, er hat es selbst gesagt, wohin er gehört, indem er zum Helden seiner Reden wie keinen Zweiten Diogenes machte. Diogenes und Homer — das zeigen schon die Redentitel — sind in erster Reihe seine Götter und in zweiter Sokrates und Herakles: diese vier aber sind die Heiligen der Kyniker.

5. *Die kynische Diätetik bei Xenophon.*

Die Κακία kennt kein ἡδύ, denn sie arbeitet nicht, und heisst es in unserer Fabel § 30 weiter, sie wartet nicht das Verlangen nach den ἡδέα ab, sondern füllt sich mit Allem an, bevor sie danach verlangt, isst, bevor sie hungert, trinkt, bevor sie durstet. Essen und Trinken nicht ohne Bedürfniss und nicht ohne πονεῖν vorher und nachher — das ist die erste Forderung der kynischen Diätetik. Der Kyniker kann sich nun einmal mit der ἡδονή nur durch den πόνος (προπονεῖν und ἐκπονεῖν) versöhnen, und da ihm, wie der Kampf im Philebus zeigt (vgl. Zeller II 1[4], 307 ff.), alle Lust negativ, nur Aufhebung einer Unlust ist, so heisst das in specieller Anwendung: die ἡδονή des Trinkens und Essens setzt Durst und Hunger voraus, der besonders durch den πόνος geweckt wird. Dieser Satz kehrt bei Xenophon in vielfachen Variationen und Illustrationen wieder, aber bezeichnend genug wesentlich in den Schriften, die am meisten von den beiden grossen antisthenischen Lobschriften auf den πόνος abhängig sind (nicht in Hellenika, Anabasis, Hipparch., de re equ., Vectig.).

Im idealen Heraklidenstaat hob Lykurg bei den Mahlzeiten das unnöthige Zechen auf und gestattete nur, bei Durst zu trinken, in der Meinung, dass dies der unschädlichste und angenehmste (ἥδιστον) Trunk sei (de rep. Lac. V, 4) und der ideale Heraklide Agesilaos trank und ass Alles, was er hatte, ἡδέως, weil er φιλόπόνος war (Ages. IX, 3)[1]). Der andere antisthenische Ponosheld hat bei Xenophon einen breiteren Niederschlag in der Cyropädie erfahren. Kyros sorgt, dass die Soldaten nie ohne Schweiss zum Essen kommen, und sucht sie durch Jagden, Spiele und sonstige Bewegungen in Schweiss zu bringen, um Appetit und Gesundheit zu fördern (Cyr. II, 1, 29); ja, er wendet diesen diätetischen Grundsatz auf sich selbst, auf seine Satrapen und sogar auf seine Rosse an (VIII, 1, 38. VIII, 6, 12). Auch im Oeconomicus muss der arme Kyros immer nur schwitzend zu Tisch kommen (IV, 24) und der καλοκἀγαθός Ischomachos macht's natürlich nicht anders (XI, 18). Diesen kynischen Cultus des ἱδρώς scheint Xenophon Symp. II, 17 zu belächeln, wo er vom tanzenden Sokrates erzählt, der seinen Appetit reizen will, — eine Figur, die nur dem Kyniker zu verzeihen ist. Der kynische Sokrates Diog. ep. 32, 1 (vgl. 37, 2) bezieht die Zuspeise nicht von den Köchen, sondern von den Gymnasien, und Diogenes isst und trinkt nur nach dem πονεῖν (Luc. vit. auct. 9). Uebrigens rühmt Xenophon auch das gymnastische ἐκπονεῖν der genossenen Speisen in Lakedämon (Resp. Lac. V, 8 f.) und im alten Persien (Cyr. I, 2, 16. I, 6, 17), während die Perser der Verfallzeit den πόνος meiden und essen und trinken nicht zur bestimmten Zeit, sondern von früh bis Abends (VIII, 8, 9). Am wichtigsten ist wieder die Rede des Kyros VII, 5, 80: Hunger, Durst, Anstrengung sollten seine Sieger nicht scheuen; denn der Genuss erfreue um so mehr, je mehr Anstrengung ihm vorangegangen: Anstrengung sei die Würze des Lebensgenusses. **Wo kein Bedürfniss, sei auch das Kostbarste nicht angenehm.** Es hänge von ihnen ab, sich den Genuss so angenehm wie möglich zu machen, eben durch Anstrengung; dann würden sie, wenn sie hungern, die angenehmste Speise haben, wenn sie dürsten, die angenehm-

---

[1]) Beide Stellen aus den Heraklidenschriften haben übrigens einen rhetorischen Anklang, der über den Historiker Xenophon hinausweist: σφάλλουσι μὲν σώματα, σφάλλουσι δὲ γνώμας (de rep. Lac. V, 4), πᾶν μὲν τὸ παρὸν ἡδέως ἔπινε, πᾶν δὲ τὸ συντυχὸν ἡδέως ἤσθιεν (Ages. IX, 3). Vgl. dazu, was man beim Kyniker Krates lernt: der früher ὄψον μὴ τὸ τυχόν etc. forderte, wird mit der διαίτῃ παρούσῃ zufrieden (Stob. flor. 97, 31), und Diogenes ὢν ἔτυχε πιμπλάμενον (Luc. vit. auct. 9), wie übrigens auch die Kyniker χρῶνται σκέπαις ταῖς τυχούσαις (L. D. VI, 105). Der Körper werde nicht schwächer, wenn er sich ἀπὸ τῶν τυχόντων nährt, so lehrt der Kyniker (Luc. Cyn. 4) und schilt (ib. 17): τὰ μὲν παρόντα φέρειν οὐκ ἐθέλετε, τῶν δὲ ἀπόντων ἐφίεσθε.

sten Getränke. Hier ist deutlich das allgemeine Princip ausgesprochen, dass erst das Bedürfniss den Genuss ermöglicht und ihn erhöht. Vgl. Cyr. I, 2, 11: Die Jünglinge haben als ὄψον, was sie auf der Jagd erlegen; haben sie nichts derart, so nehmen sie Kresse. Sollte der Eine oder der Andere glauben, Essen und Trinken schmecke ihnen nicht, wenn sie bloss Kresse zum Brot haben und lauteres Wasser, so bedenke er, wie süss Brei ($μᾶζα$) und Brot dem Hungrigen, Wasser dem Durstigen schmeckt; der Hunger heisst mehrmals pointirt das ὄψον der Perser (I, 5, 12. IV, 5, 1. 4) — man spürt die kynische Zunge, für die wir bald das Menu: $μᾶζα$, Wasser und Hunger, kennen lernen werden. In ethischer Antithese zum Meder meidet auch der Vater des Kyros das Trinken ohne Durst und dadurch die Schäden der Trunkenheit (I, 3, 11). Endlich kommt's natürlich bei der kynischen Messung des Tyrannenglücks heraus. Hiero sagt: Du hast sicherlich die Erfahrung gemacht, dass, je mehr man sich über das Bedürfniss hinaus Ueberflüssiges vorsetzen lässt, um so rascher der Ueberdruss am Essen eintritt. Die besten Speisen schmecken nur, solange der Appetit danach vorhanden ist — Hiero I, 19 f. Ferner ib. 30: Wer von Durst nichts weiss, findet im Trinken keinen Genuss.

Die kynische Abhängigkeit der Mem. und der andern Schriften in dieser Diätetik bedarf keines langen Nachweises. Xenophon gesteht sie selbst ein, indem er sie als Eigenprogramm Antisthenes in den Mund legt. Symp. IV, 41: Denn auch, wenn ich mir einmal etwas zu Gute thun will, dann kaufe ich mir nicht die Kostbarkeiten vom Markte, denn die sind theuer, sondern hole sie mir aus der Vorrathskammer des Appetits. Und es schafft mir einen ungleich grösseren Genuss, wenn ich erst das Bedürfniss abwarte und dann zulange, als wenn ich irgend etwas Kostbares so geniesse, wie ich jetzt diesen thasischen Wein trinke, nicht aus Durst, sondern weil ich von ungefähr dazu gekommen bin. Das Beispiel vom thasischen Wein kehrt in der VI. Rede des Dio wieder, wo Diogenes genau dieselbe diätetische Theorie entwickelt. Die Thoren meinten, dass er für sein leibliches Wohl schlecht sorge, weil sie ihn oft dürsten sahen; aber er sei gesünder als die, die sich immer anfüllen, und die Speisen schmecken ihm besser ($ἥδιον$). Die Reichen aber, da sie soviel Wein, als sie nur wollen, trinken können, kennen den natürlichen Durst nicht, ja, das Allerlächerlichste: sie sehnen sich nach Hunger und Durst. Er aber habe immer Hunger und Durst, bevor er etwas geniesse, und halte dies für das geeignetste und schärfste ὄψον (so hat also die Cyropädie den λιμός als ὄψον vom Kyniker!)[1]. Desshalb schmecke ihm seine μᾶζα ἥδιον als Andern das Kostbarste und das Wasser ἥδιον als Andern der thasische Wein etc. (§§ 8—12 A). Vgl. ferner für die diätetische Beziehung von ἡδονή und Bedürfniss Stob. III, 6. 40 H: *Διογένης ἐσθίειν ἔλεγε τοὺς ἀνθρώπους τοῦ ἥδεσθαι ἕνεκα, ἀποπαύεσθαι δὲ αὐτοῦ τούτου χάριν μὴ ἐθέλειν.* Und Bion bei Teles Stob. III p. 39: *ἢ οὐχ ὁ πεινῶν ἥδιστα ἐσθίει καὶ ἥκιστα ὄψου δεῖται; καὶ ὁ διψῶν ἥδιστα πίνει καὶ ἥκιστα τὸ μὴ παρὸν ποτὸν ἀναμένει*; Nach kynischer Auffassung besteht die Strafe des Tantalos im *ἐπιθυμεῖν πιεῖν μηδὲν δεόμενον* (Luc. dial. mort. X, 17).

Nun weisen aber einige Sokratiker- und Diogenesbriefe, wenn man sie vereinigt, mehrfach darauf hin, dass Antisthenes die asketische Diätetik im Herakles gegen Aristipp und in Verbindung mit dem Zweiwegemotiv behandelt. Vgl. Sokr. ep. 9 (Aristipp — den ganzen Tag essend, im Gegensatz zur asketischen Diät des Antisthenes, Herakles, *θέρμων*, vgl. oben S. 50), 12 (an Aristipp: *μέμνησο λιμοῦ καὶ δίψης*, Drohung mit Antisthenes), Diog. ep. 26 (Brotsack, Herakles), 30 (Antisthenes, zwei Wege, Wasser, Brot und Kresse als ὄψον), 32 (im Gegensatz zum schwelgenden Aristipp Sokrates das ὄψον nicht von den Köchen, sondern von der Gymnastik beziehend, — wie Kyros u. a. bei Xenophon), 37 (bei Antisthenes für die *ὁδὸς ἐπ᾽ εὐδαιμονίαν* gelernt, sich von Wasser, Brot und Kresse als ὄψον zu nähren). Ein Muster der *ἐγκράτεια* (Luc. Cyn. 13), *λιμοῦ πνέων* tödtet der kynische Herakles Diomedes als einen Trinker *δι᾽ ἡμέρας*, und Busiris *δι᾽ ὅλης ἡμέρας ἐσθίοντα* Dio VIII (7) §§ 31 f. A (vgl. Dümmler, Akad. 192), und in derselben Diogenesrede *περὶ ἀρετῆς* heisst es § 13 A: *Τοὺς πόνους — ἀνικήτους ὑπὸ ἀνθρώπων ἐμπεπλησμένων — καὶ τὰς μὲν ἡμέρας ὅλας ἐσθιόντων.*

Ἐμπεπλησμένων, heisst es hier bei Dio, — *ἐμπίμπλασαι* wirft die *Ἀρετή* der Prodikosfabel § 30 der *Κακία* vor. Mässigkeit im Essen und Trinken ist die zweite Forderung der kynischen Diätetik, die Antisthenes offenbar in den Parallelschriften Herakles und Kyros entwickelt, und die desshalb bei Xenophon am lautesten bei den Herakliden Lykurg und Agesilaos und beim Kyros der Cyropädie wunderbar einstimmig widerhallt. Ueber die herrliche Mässigkeit der alten Perser vgl. Cyr. I, 2, 8. 16

---

[1] Vgl. Dio VI, 12. Epict. fr. 28. Schw. Bion b. Teles p. 4, 18 H.

(sie nahmen nur so viel zu sich, als sie im Körper selbst verdauen und ausarbeiten konnten), V, 2, 16 ff. Als erste Gesundheitsregel für Kyros wie für das Heer gilt: μηδέποτε ὑπερπίμπλασθαι (denn das ist etwas Beschwerendes 1, 6, 17); selbst die beutebeladenen Sieger dürfen im Essen und Trinken das Maass nicht überschreiten, sondern nur so viel zu sich nehmen, um wach und nüchtern zu bleiben (IV, 2, 41 f.). Auch der ideale Oekonom (der ja den Perserkönig copirt, Oec. IV, 4 ff., und das ἦθος βασιλικόν hat ib., XXI, 10) nimmt nur so viel zum Frühstück, um den Tag weder allzu nüchtern noch allzu voll hinzubringen (Oec. XI, 18); seine Schaffnerin muss im Essen und Trinken die mässigste seiner Sklavinnen sein (IX, 11), und sein Verwalter darf kein Weinschlemmer sein (XII, 11). Schon der Knabe Kyros weigert sich, von dem Wein des Astyages zu kosten, da er die berauschende Wirkung wahrgenommen, die er sehr ergötzlich schildert, und das Vorbild seines Vaters hat, der nie berauscht sei, weil er nie über den Durst trinke (Cyr. I, 3, 10 f.). Xenophon giebt ein drastisches Zeugniss für die Mässigkeit der alten Perser, die da meinten, wenn man nicht zu viel trinke, werde Leib und Seele kräftiger erhalten. Jetzt aber trinken sie so viel, dass sie hinausgetragen werden müssen, wenn sie nicht mehr aufrecht hinausgehen können (VIII, 8, 9). Seit Artaxerxes und seine Umgebung sich dem Wein ergaben, vernachlässigten sie auch die Jagd (VIII, 8, 12). Agesilaos glaubte, vor Trunkenheit müsse man sich ebenso hüten wie vor Wahnsinn (μανία), vor übermässigem Essen ebenso wie vor Unthätigkeit. Dieser pointirende, gorgianisirende Agesilaos copirt Antisthenes, nur etwas confus: denn der nennt als Wirkung des Trunkes μανία (ep. Socr. 8 p. 617 H an Aristipp!)[1]) und offenbar als Wirkung der Uebersättigung ἀργία, die dem Verfechter des πράττειν und der ἔργα gründlich verhasst ist. Seine Ehrenportion bei gemeinsamen Mahlen theilte der gute Agesilaos aus, überzeugt, dass der König den doppelten Antheil erhalte, nicht um sich zu überfüllen, sondern um ehren zu können, wen er wolle (Ages. V, 1). Derselben Ueberzeugung musste natür-

---

[1]) Der antisthenische „Pythagoras" offenbart sich wieder einmal in der rhetorischen Pointe: τὴν μέθην μανίας εἶναι μελέτην Stob. III, 18, 22 Hs., und in dem Ausspruch: παντὸς καλοῦ κτήματος πόνος προηγεῖται (vgl. die πόνοι als ἡγεμόνες τοῦ ζῆν ἡδέως Cyr. I, 5, 12) ὁ κατ' ἐγκράτειαν Stob. III, 17, 7 (vgl. auch ib. 11) haben wir wieder das Thema der Prodikosfabel im Munde des „Pythagoras", aber auch eines erzkynischen.

lich schon Lykurg sein (R. L. XV, 4), und Kyros, der als König ein System daraus macht (Cyr. VIII, 2, 4), verschenkte schon als Knabe von den ihm gebotenen Speisen (ib. I, 3, 6 f.), was übrigens auch Diogenes thut, ein König in Fesseln (Philo omn. libr. prob. p. 883). Nach seiner Rückkehr aus dem schwelgerischen Medien erringt Kyros sich erst dann wieder die Achtung seiner persischen Altersgenossen, als sie sahen, dass ihm Essen und Trinken so gut wie ihnen schmecke, weil er durch vorherige πόνοι sich für die einfachen Speisen empfänglich gemacht, und, wenn man bei einem Feste etwas besser ass, von seinem Theil eher hergab als mehr verlangte (I, 5, 1). Auch die Perser an der Hoftafel wollten sich nicht mehr vorsetzen lassen als Andere, die in gleiche Gefahr gingen (V, 2, 19). Während Andere die Knaben so erziehen, dass sie ihnen zu essen geben, so viel der Magen aufnimmt (de rep. Lac. II, 1), verordnete Lykurg, dass sie sich nicht überfüllen und beschweren, wohl aber Mangel ertragen lernen, um im Kriege auch ohne Nahrung Strapazen aushalten und mit der bestimmten Ration längere Zeit auskommen zu können. Damit sie aber nicht zu sehr vom Hunger geplagt würden, durften sie stehlen, — auch eine militärisch-pädagogische Verordnung (ib. II, 5 ff.). Bei den Syssitien sollten die Lakedämonier weder sich überfüllen noch darben und nicht über den Durst trinken (V, 3 f.). Durch die Einrichtung der Syssitien, durch die Mischung der Altersclassen und die dadurch gebotenen Rücksichten, sowie durch den Zwang, noch den Heimweg ohne Fackeln anzutreten, machte Lykurg die Trunkenheit den Spartanern ebenso unmöglich, wie er durch Anordnung gymnastischer Uebungen sie hinderte, von den Speisen überwältigt zu werden (V, 5—8). Vgl. gegen Uebersättigung auch Symp. VIII, 15. In der Anabasis dagegen hat Xenophon für den unersättlichen Arystas nur ein Lächeln (VII, 3, 23 ff.) und weiss selbst dem Trunke gut zuzusprechen (ib. 29).

Die in den abhängigen Schriften Xenophon's hervortretende Diätetik hat Antisthenes noch öfter entwickelt. Schon die Titel περὶ οἴνου χρήσεως ἢ περὶ μέθης ἢ περὶ τοῦ Κύκλωπος (vgl. Winckelmann, Frg. I S. 28) und περὶ Κίρκης zeigen den Mässigkeitsapostel. Wenn er übrigens auch mit Agesilaos (V, 1) die Trunkenheit als μανία bekämpfte (vgl. Antisth. Frg. S. 45. Socr. ep. 8 p. 617 H und Krates L. D. VI, 89: ἐξ ἀσωτίας γὰρ καὶ μέθης μανίαν ἀπεργάζεσθαι), so liebte er doch als Freund der Symposien (Stob. III, 1, 22) die kleinen Becher, die er, zum Aerger des Isokrates (Hel. § 12), in seinem *Προτρεπτικός* verherrlichte (Winck. Frg. 1). Dahin gehört Athen. XI, 784 C Σωκράτης φησίν: οἱ μὲν ἐκ φιάλης πίνοντες ὅσον θέλουσι τάχιστ᾽ ἀπαλλαγήσονται, οἱ δὲ ἐκ βομβυλιοῦ κατὰ μικρὸν στάζοντες. Das Citat zeigt, wie genau diesen antisthenischen Sokrates in Tendenz und Stil der xenophontische Symp. II, 25 f. copirt: er rühmt zwar den Wein, der die Seelen erquickt, die Sorgen einschläfert, zur Heiterkeit stimmt, aber auch er ist ein Feind der Trunkenheit, die Leib und Seele schwanken macht, und zeigt in einem schönen hygienischen Naturbild, das in Geist und Stil an die Ausführungen des „Protagoras" 334 A ff. erinnert, dass mässige Befeuchtung, durch kleine Becher, die Menschen wie die Pflanzen zu schöner Entfaltung führt, gar zu reichliche Befeuchtung sie aber hindert, sich aufrecht zu halten. Zum Ueberfluss gesteht hier Sokrates § 26, einen Anhänger des gorgianischen Stils zu copiren, den eben Antisthenes im Protreptikos entfaltete[1]). Auch Diogenes schüttet beim Symposion den grossen Becher als gefährlich aus[2]). Und ebenso fordert der Kyniker γαστρὸς κρατεῖν[3]), denn die πολλὴ τροφή wirke νόσους πολλάς[4]). Er hasst die Hypertrophie im eigentlichen Sinn, tadelt in allerlei Variationen das Uebermaass der Nahrung, die ἀπληστία, die Gefrässigkeit[5]), verspottet geradezu die Wohlgenährten[6]), schilt den Bauch die Charybdis des Lebens[7]) und eifert namentlich gegen die Unmässigkeit bei Festesschmäusen[8]), was sich bereits der junge Kyros zu Herzen genommen hat (s. vor. S.).

Zum ἡδέως Essen, muss sich die Κακία weiter sagen lassen, brauchst du ὀψοποιίας und zum ἡδέως Trinken πολυτελεῖς οἴνους. Nach der quantitativen ist (drittens) die qualitative ἐγκράτεια diätetische Forderung des Kynikers. Er hört nicht auf, gegen die πολυτέλεια zu predigen[9]), und hasst die Köche[10]) und überhaupt das künstliche ὄψον. Er nährt sich

---

[1]) L. D. VI, 1.   [2]) Anton. et Max. p. 302.   [3]) Stob. III, 5, 39.
[4]) Stob. III, 6, 37, vgl. den kynischen Sokrates Ael. v. h. XIII, 27.
[5]) Antisth. Frg. 8. 58, 8. Diogenes L. D. VI, 26. 28. 43. Stob. III, 6, 40 H. flor. 97, 31. Luc. Cyn. 8. Diog. ep. 46 etc.
[6]) L. D. VI, 47. 49. 57. Anton. et Max. p. 254.   [7]) L. D. VI, 51.
[8]) Antisth. Frg. 8. 56, 1. L. D. VI, 28. Plut. de prof. in virt. 5.
[9]) Antisth. Xen. Symp. IV, 41. L. D. VI, 25. 45. 53. 57. Plut. de prof. in virt. 5. de san. tu. 7. Ael. v. h. XIII, 26. Socr. ep. 9, 1. Diog. ep. 32. Stob. III, 1, 98 p. 88. 43 f. flor. 97, 31. Jul. or. VI, 198. Luc. Cyn. 2. 8 etc.
[10]) L. D. VI, 86. Diog. ep. 32. Stob. III p. 44 H etc.

von Brot[1]), das er sehr schätzt[2]), geniesst Wasser statt Wein[3]) und als ὄψον oder auch Hauptnahrung Kresse, Bohnen, Feigen u. a. Früchte und Kräuter[4]). Getreulich befolgen wieder diese Diät Xenophon's ideale Perser und Spartaner. Die persischen Knaben bringen als Speise ἄρτον, als ὄψον κάρδαμον und einen Becher mit, um ihren Durst aus dem Flusse zu löschen (Cyr. I, 2, 8). Mit ἄρτος, κάρδαμον und Wasserbecher rüstet Antisthenes Diogenes für den Tugendweg aus[5]). Die persischen Jünglinge haben als ὄψον ihre Jagdbeute; sonst nehmen sie auch Kresse (I, 2, 11). Auch Diogenes führt ja seine dürftig genährten Schüler auf die Jagd[6]). Vor dem Auszug rühmt Kyros seine Perser: Hunger gilt euch (wie den Kynikern! s. oben S. 448) als ὄψον, Wassertrinken könnt ihr besser als die Löwen (!) vertragen (I, 5, 12). Vgl. die Kyniker, die Wasser trinken wie die Thiere (Luc. Cyn. 5) und wie die Löwen leben (ib. 14 f.), und nun findet sich auch zur Bewährung der ἐγκράτεια die nöthige Einöde, die auf einem langen Marsch statt Wein nur Wasser bietet (Cyr. VI, 2, 25 ff.). Den Bundesgenossen bereiteten sie einen glänzenden Siegesschmaus, dem diese sich ganz hingaben; sie selbst aber erbaten für sich nur die Hälfte der Brote; ὄψον und Getränke brauchten sie nicht; jenes war ihnen der Hunger, dieses das Flusswasser (IV, 5, 1—7, vgl. Hunger, Brot, Wasser als Diät des Diogenes Dio VI § 12 A). Glaubt man ernstlich, dass es persischer oder xenophontischer Geschmack sei, angesichts der reichsten Beute den Sieg mit dieser Zuchthauskost zu feiern? Aber die kynische ἐγκράτεια soll sich gerade beim Fest bewähren (s. vor. S.). Als Gobryas ihre einfachen Speisen sah, hielt er die Perser erst für uncivilisirt; als er aber ihre Mässigkeit und Zurückhaltung beim Essen sah, bewunderte er ihre παιδεία V, 2, 16 ff. Und parallel

---

[1]) Plut. de prof. in virt. 5. Antisth. Frg. 68, 37. Porph. de abst. I, 47. Stob. flor. 97, 31. Max. Tyr. diss. III, 9. Diog. ep. 32. 34. 37, 4. 38, 4. 44. Crat. ep. 14. Jul. a. a. O. Ael. a. a. O. etc. [2]) L. D. VI, 35.

[3]) L. D. VI, 31. 90. Diog. ep. 6. 30, 4. 32. 37, 4 ff. 44. Dio VI § 13. 22 A. Stob. III p. 69 H. Max. Tyr. III, 9. Luc. vit. auct. 9. Cyn. 5. Crat. ep. 14 etc.

[4]) L. D. VI, 25. 48. 50. 58. 61. 105. Stob. III p 39. 44 f. flor. 97, 31. Dio VI § 13. 22 A. Athen. IV, 158 B. Plut. de san. tu. 7. Ael. v. h. XIII, 26. Socr. ep. 9. Diog. ep. 26. 30, 4. 36, 5. 37, 4 ff. etc. Vgl. den kynischen Schweinestaat Plat. Rep. 372 B.

[5]) Diog. ep. 30, 3 f. 37, 4 ff. Antisthenes hat noch den Becher, Diogenes wirft ihn weg (L. D. VI, 37. Diog. ep. 6). Κάρδαμον als ὄψον hat wohl Antisthenes im Kyros empfohlen, denn es ist specifisch persisch (Ael. v. h. III, 34).

[6]) L. D. VI, 31.

geht die spartanische *παιδεία*. Die Knaben dort sollten Mangel ertragen lernen, damit sie weniger eines ὄψον bedürfen und sich an jede Speise halten (R. L. II, 5), und bei den Syssitien sollte der Tisch nicht leer sein, aber auch nicht πολυδάπανος (V, 3), und hier konnte Niemand durch Prasserei und Schwelgerei sich und sein Haus zu Grunde richten (V, 4), wie die Oekonomen oft die Sklaven sind von bösen Herrinnen, der eine von Leckereien, ein Anderer von Völlereien (Oec. I, 22). Vgl. den Hohn der Kyniker über die Schwelger, die Haus und Vermögen verlieren (L. D. VI, 47. 67. Stob. III, 16, 10 Hs.), und die diogenische Schilderung des δεδουλωμένος ὑφ᾿ ἡδονῆς und δαιμόνων καὶ φιλοψῶν καὶ φιλοίνων, der aus ἀκρασία sein Vermögen verschwendet, bei Dio IV § 103 f. A.

Es sind verschiedene Gesichtspunkte, unter denen der Kyniker und nach ihm Xenophon statt der πολυτέλεια den εὐτελὴς βίος, die λιτὴ τροφή[1]) empfiehlt. Die Einfachheit ist **naturgemässer** — das verficht der Kyniker doctrinär[2]), aber schon darin folgt ihm Xenophon: die πολλὰ μηχανήματα der Küche scheinen ihm πάνυ — παρὰ φύσιν εἶναι ἀνθρώποις[3]). Auf dem Naturprincip beruhen die kynischen Thierparallelen. Diogenes findet die Thiere klüger und glücklicher als die Menschen, da sie ihren Durst an Quellen, ihren Hunger mit Kräutern stillen[4]). So erst versteht man das Lob der Perser bei Xenophon: sie seien grössere Wassersäufer als die Löwen[5]). Aber der Kyniker schaut nicht nur auf dies Heraklesthier[6]), er treibt das Naturprincip bis zum Extrem, er ist mit seinen Bettelbrocken zufrieden, nach dem Vorbild der Maus[7]). Er bedauert, dass die Quellen nicht auch Brot spenden[8]), er nährt sich vom Meer und der Erde[9]), die gar viel gegen den Hunger wachsen lässt[10]). Dies Naturprincip führt in's Religiöse (über den Cultus der spendenden Erde vgl. oben S. 299. 370, 2 und Cyr. VIII, 7, 25). Die Gottheit hat uns in der Natur einen reichen

---

[1]) L. D. VI, 21. 31. 37. Antisth. Xen. Symp. IV, 42. Jul. or. VI, 199. Luc. Cyn. 2. 8. 11. 15. Diog. ep. 15. 27. 46.
[2]) Vgl. φύσις nam. Dio VI § 22 A. Diog. ep. 6. 36, 5. 37, 3 f. Luc. Cyn. 5. Weiteres bei Weber.
[3]) Hiero I, 22.   [4]) Dio VI, 13. 22 A. Diog. ep. 36, 5.
[5]) Cyr. I, 5, 12. Vgl. dazu vor. S.
[6]) Antisth. Gnom. Vat. 10. L. D. VI, 45. 75. Luc. Cyn. 14 f. Dio IV § 14. VIII § 30. Diog. ep. 26 etc.
[7]) Ael. v. h. XIII, 26. Plut. de prof. in virt. 5. L. D. 22.
[8]) L. D. VI, 90. Athen. X, 422 C.
[9]) Diog. ep. 26. Luc. Cyn. 8.   [10]) ib. 36, 5.

Tisch bereitet (Luc. Cyn. 7 ff. u. später). Andererseits begründet der Kyniker durch anaxagoreische Naturspeculation, durch den Satz: πάντ' ἐν πᾶσι καὶ διὰ πάντων, also im Brot ist Fleisch, im Gemüse Brot, die diätetische Adiaphorie[1]) und damit den Unwerth der πολυτέλεια, den Trost der ἐγκράτεια, und selbst darin folgt ihm Xenophon Cyr. VI, 2, 26 ff.: wir geniessen schon im Brot und andern Speisen Wasser, und so können wir allmählich vom Wein- zum (kynischen) Wassertrinken übergehen, wobei wieder echt kynisch die göttliche Natureinrichtung Muster sein soll, die uns den Wechsel der Jahreszeiten durch Uebergänge erträglich macht, wieder ein Stück Teleologie der Mem. nicht zur Frömmigkeitsmahnung, sondern — originaler — vorbildlich für die ἐγκράτεια citirt (vgl. oben S. 381)!

Wie die Einfachheit der Speisen natürlicher ist, so ist sie auch gesünder; die πολυτέλεια aber bewirkt beschwerliche Corpulenz, geistige Stumpfheit, Krankheit, frühen Tod[2]). So lehrt der Kyniker, und Xenophon folgt ihm hier im hygienischen Gesichtspunkt[3]), der ja auch πόνοι vor und nach dem Essen fordern liess[4]).

Mehr noch als die Gesundheit sucht der Kyniker in der diätetischen Einfachheit eben die Einfachheit selbst, die εὐπορία, den kurzen, geraden Weg. Er hasst die πολυτέλεια, weil er überall das ἁπλοῦν sucht. Er befriedigt sein Nahrungsbedürfniss auf dem nächsten Wege: ohne besondere Orte, Geräthe, Speisen und Vorbereitungen. Er scheut sich nicht, selbst die Esswaaren vom Markt zu tragen[5]). Er isst und trinkt überall ohne Gêne[6]), auch ohne kostbares Service, ohne Becher und Schüssel[7]), ohne die Künsteleien der Köche[8]), ja überhaupt Ungekochtes[9]), kurz ohne das μηχανᾶσθαι und παρασκευάζειν der Κακία der Prodikosfabel; er isst und trinkt Alles, was da ist und nicht erst schwer und in der Fremde zu erlangen[10]), und bedauert nur, dass die

---

[1]) L. D. VI, 73 (vgl. Gomperz, Gr. D. II, 130).
[2]) L. D. VI, 49. 53. 57. Dio VI, 8. 22. Luc. Cyn. 4. 9. Gall. (menippeisch) 23. Stob. III, 6. 37. Epict. diss. π. Κυν. III, 22, 87. Max. diss. 36. 143 f. Diog. ep. 28, 5. 34, 3.
[3]) Cyr. I, 6, 17. Resp. Lac. V, 4.
[4]) Cyr. II, 1, 29. Resp. Lac. V, 8 f. Oec. IV, 24. X, 11.
[5]) Antisth. Frg. 8. 64, 44. Vgl. L. D. VI, 36 und Gnom. Vat. 384.
[6]) L. D. VI, 34. 58. 61. 64. 67. 69. Gnom. Vat. 175. 196.
[7]) L. D. 37. Diog. ep. 6. 37, 3 f. Sen. ep. 90, 11.
[8]) L. D. VI, 86. Diog. ep. 29, 2. 32 etc.   [9]) L. D. VI, 34.
[10]) L. D. VI, 25. Stob. flor. 97, 31. Dio VI, 13 etc. Luc. Cyn. 1. 6 ff. 9. 15. 17.

Quellen nicht auch Brot spenden und der Hunger nicht so einfach loszuwerden ist wie das sexuelle Bedürfniss [1]). Denn er ist zufrieden, wenn er nur Hunger und Durst stillt, und kauft keine πολυτελῆ vom Markt [2]); er braucht sich nicht wie die Κακία πολυτελεῖς οἴνους (d. h. Thasier, Chier, Lesbier) [3]), zu beschaffen. Und wieder schlagen hier des Antisthenes' Herakles- und Kyrosschriften bei Xenophon nieder. Die Antithese der Prodikosfabel und zugleich der ersten Seiten der Diogenesrede Dio VI kehrt wieder zwischen dem Herakliden Agesilaos und dem Πέρσης. Wie viel leichter und wohlfeiler sich Agesilaos die εὐπάθεια verschaffte (vgl. Antisthenes, Xen. Symp. IV, 41: ὅταν ἡδυπαθῆσαι βουληθῶ, οὐκ ἐκ τῆς ἀγορᾶς τὰ τίμια ὠνοῦμαι, πολυτελῆ γὰρ γίγνεται)! Für den Perser reisen Leute auf der ganzen Erde herum und suchen, was er etwa mit Lust trinken könnte. Unzählige bereiten künstlich zu, was ihm etwa schmecken könnte. Agesilaos aber als φιλόπονος trank und ass Alles, was sich gerade bot, mit Lust, ja, schon der Gedanke, dass er mitten unter Genüssen lebe, machte ihm Vergnügen; bei dem Barbaren aber, wenn er ohne Beschwerde leben sollte, sah er, dass man von den Grenzen der Erde zusammenschleppen müsse, was ihn ergötzen solle (Ages. IX, 3 f.). Vgl. Luc. Cyn. 8: ἀπὸ περάτων γῆς ἐμπορευόμενοι τὰς ἡδονάς κ. τ. λ. Bei aller Schätzung belächelt doch Xenophon auch ein wenig den asketischen Doctrinarismus des Kynikers, wie es schon die Antisthenesrede im Symposion zeigt. Astyages lässt dem jungen Kyros die verschiedensten Leckereien und Brühen und die ausgesuchtesten Bissen vorsetzen. Aber Kyros beklagt nur die Mühe, die sein Grossvater habe, nach allen diesen Schüsseln die Hände ausrecken und die verschiedenen Speisen kosten zu müssen. Er findet die reiche medische Tafel auch nicht besser als die heimische Diät. Bei uns ist der Weg zur Sättigung viel einfacher (ἀπλουστέρα!) und gerader; denn uns führt Brot und Fleisch zu diesem Ziel; ihr aber kommt erst durch viele Krümmungen bergauf und -ab irrend (πλανώμενοι!) ebendahin (Antisthenes fordert ja auch gerade für seine σύντομος ὁδός zum Glück die einfache Diät, Diog. ep. 30. 37, 4 ff.). Koste doch, wie gut es dir schmeckt. Aber Grossvater, du ekelst dich ja vor diesen Speisen; denn du reinigst sogleich deine Hand

---

[1]) L. D. 46. 69. 90. Athen. X, 422 C.
[2]) Antisthenes Xen. Symp. IV, 37. 41. Stob. III p. 44 Hs.
[3]) Antisth. Xen. ib. 41. Diogenes Dio VI, 12 f. A und nach Nauck u. Hense Stob. III p. 39 Hs.

nach ihrer Berührung, was du beim Brot nicht nöthig findest. — So iss wenigstens Fleisch, um zu wachsen. Als Kyros die Menge Fleisch von wilden und zahmen Thieren sah, vertheilte er sie unter die neidischen Höflinge, die ihm gefällig gewesen (Cyr. I, 3, 4 ff.). Der Kyniker lebt, wie sich zeigte, im Wesentlichen als Vegetarianer[1]), und Diogenes scheint fast nur zweierlei Fleisch nicht zu verachten: rohes (L. D. VI, 34) und Menschenfleisch (ib. 73)[2]). Wie erklärt man sich nun die Entstehung einer solchen Scene, diesen merkwürdigen Knaben, der sich durchaus gegen Leckerbissen sträubt und mit so schulmeisterlicher Dialektik? Xenophon neckt hier den Kynismus als altkluge Knabenweisheit.

Und doch liebt er ihn, wie er Kyros liebt, und wettert gleich dem Kyniker gegen die Schwelgerei des neuen Persien. Von den gekochten Speisen, die zur Mahlzeit dienen, hat man die früher erfundenen beibehalten, aber immer neue dazu ersonnen. Ebenso ist es mit der Zuspeise ($ὄψον$), denn für Beides haben sie neue Erfinder (Cyr. VIII, 8, 16); jetzt haben die Grossen ihre Bäcker, Köche, Mundschenke u. s. w. (VIII, 8, 20). In dem erbeuteten Zelte des Teribazos, konnte Xenophon bestätigen, fanden die Griechen Bäcker und Mundschenken (Anab. IV, 4, 21), und der unbestechliche Arkadier Antiochos berichtet aus Persien, der König habe zwar Bäcker, Köche, Mundschenken u. dgl. in grosser Zahl, aber keine Männer, die mit den Griechen kämpfen könnten (Hell. VII, 1, 38). Dieser Antiochos spottet hier über die goldene Platane und die ganze $ἀλαζονεία$ des Königs (vgl. Ages. IX, 1), fast wie ein Kyniker (vgl. Dio VI § 37 A. 57 (40) § 12 A). Gerade aus jenem Bericht der Hellenika über die verschiedenen griechischen Gesandtschaften beim König sieht man, dass solche Kritik des Perserthums damals noch vereinzelt war, vielmehr in jener Zeit, da der Grosskönig Schiedsrichter war und sein Gold die griechische Politik bestimmte, ein staunender Respect vor den Schätzen und der Machtfülle des Grosskönigs bei den Griechen herrschte, und so konnte der Kyniker einen originalen Reiz darin finden, gemäss seinem asketischen Ideal die $εὐδαιμονία$ des Persers zu bestreiten. Die dem Kyniker so verhasste $πολυτέλεια$, die kulinarische Künstelei war in Persien professionell ausgebildet. Im Gorgias, wo Plato nach allen Anzeichen stark dem

---

[1]) Doch kauft Antisthenes $ταρίχον$ Frg. S. 64, 44. Vgl. aber den Spott über die Fleischkost der Athleten L. D. 49.

[2]) Vielleicht hat auch wieder einmal der Kyniker an die Urzeit nach der Orphik angeknüpft (Fg. 247 Abel).

Kyniker sich anschliesst (s. oben S. 395), schilt er die ὀψοποιικὴ κολακεία (p. 464 f.), während er in der Republik den vegetarisch-asketischen kynischen „Schweinestaat" belächelt (372 A)[1]), und er muss, nach einigen Angriffen zu schliessen (L. D. VI, 25. 58), die Kyniker gerade in der Diätfrage geärgert haben. Sie hassen nicht nur die Köche (s. oben S. 451), sondern überhaupt die ὑπηρέται τρυφῆς und ἡδονῆς (vgl. Dio III § 40. IV § 102. X § 10. Stob. flor. 97, 31. Diog. ep. 37, 4. Max. p. 758. Antisth. Frg. 64, 44. Luc. Cyn. 17). Die natürliche αὐτάρκεια des Menschen fordert schon, dass er selbst für seine Nahrung sorge, wie auch Diogenes bei Dio X (9) 11 A die Ueberflüssigkeit[2]) des Sklaven damit begründet, dass οὐ δεῖται πλείονος τροφῆς ὁ ἄνθρωπος ἢ δυνατός ἐστιν αὐτῷ πορίζειν.

Für den Praktiker Xenophon ist natürlich ein Hauptgesichtspunkt zu Gunsten der diätetischen ἐγκράτεια das militärische, politische und ökonomische Interesse (Cyr. I, 5, 12 ff. VII, 5, 78. VIII, 1, 37 ff. VIII, 6, 12. de rep. Lac. II, 5 ff. V, 4. Oec. I, 22. IX, 11. XII, 11); sie prädestinirt zu Sieg und Herrschaft (Cyr. I, 2), und ihr Mangel ist das sicherste Symptom militärisch-politischen Verfalls (ib. VIII, 8). Man glaube nicht, dass dem Autor des Kyros und Herakles dieser Gesichtspunkt fehlte. Antisthenes ἡγήσατο — ἐγκρατείας καὶ — καρτερίας — ὑποθέμενος τῇ πόλει τὰ θεμέλια (L. D. VI, 15). Als Mittel zur ἀρχή gerade pries er die ἐγκράτεια (vgl. oben S. 48 ff.). Sie schütze, so lehren die anderen Kyniker mehr negativ, vor Mangel und Dürftigkeit (Stob. flor. 97, 31) — der ökonomisch ruinirte Schwelger ist gerade eine beliebte Spottfigur der Kyniker (L. D. 47. 67. Stob. III, 6, 9 f. Hs. flor. a. a. O. Gnom. Vat. 169) —, vor kriegerischen Verwicklungen (Diog. ep. 46), und nicht aus ihr, sondern aus der πολιτέλεια kommen die politischen Gefahren, Hader und Streit (Plut. de san. tu. 7. Athen. IV, 158 B. Jul. VI, 198. 199 A. Porph. de abstin. I, 47. Luc. Cyn. 8 etc.). Aber auch die Bewohner des antisthenischen Schweinestaats sind in ihrem dürftigen βίος εὐλαβούμενοι πενίαν ἢ πόλεμον (Plat. Rep. 372 C).

Der Weg zur Königstugend ist für Antisthenes zugleich der Weg zum Glück. Die ἄρχοντες leben ἥδιον, verkündet unser Capitel (II, 1, 10), und gerade unsere Stelle predigt den hedonischen

---

[1]) Vgl. Zeller a. a. O. 326 Anm. 893.

[2]) für die sich der Kyniker wohl mit Chrysipp wieder auf seinen Homer berufen hat, vgl. Athen. I, 18 a. Schon Antisthenes trägt sich selbst seine Nahrung vom Markt (Frg. 64, 44).

Vorzug der diätetischen ἐγκράτεια. Der hedonische Gesichtspunkt ist für Xenophon wahrlich nicht der letzte: vgl. das ἥδιον ἐσθίειν und πίνειν des Enthaltsamen und sich Uebenden Cyr. I, 2, 11. VII, 5, 51. Ages. IX, 3 f. de rep. Lac. V, 4. Symp. II, 17. Hiero I, 17 ff. Man sieht, es ist wieder der Xenophon der abhängigen Schriften. Am deutlichsten spricht der Hiero. Er führt aus, dass der Fürst an seiner reichbesetzten Tafel weniger Genuss hat als der Bürger an seiner einfachen. Denn erstens beruht die Freude daran nur in dem Hinausgehen über das Gewöhnliche. Der Bürger erhält an Festtagen einen Zuwachs, der Fürst nicht, und darum stumpft sich sein Gefühl gegen die Tafelgenüsse ab. Also auch ein Grund, der aus der Relativität des Genusses hergenommen ist. Zweitens stellt sich an der reicheren Tafel leichter der Ueberdruss am Essen ein. Zuletzt werden noch die vielen künstlichen Machwerke angeführt, die den Herrschern vorgesetzt werden: scharfe, beissende, herbe und ähnliche, jedenfalls für Menschen widernatürliche. „Hältst du diese Leckereien für etwas Anderes als für Gelüste eines verweichlichten und durch Ueppigkeit verzärtelten Geschmacks? Wissen wir doch beide, dass, wer ἡδέως speist, dieser Künsteleien nicht bedarf", Hiero I, 17—23[1]). Vgl. übrigens auch § 25: wer stets eine Auswahl von Speisen hat, nimmt nichts mit Lust zu sich, und wem sich etwas nur selten bietet, der geniesst es mit Freude. Xenophon scheint auch anzudeuten, dass er mit der Polemik gegen die σοφίσματα (!) τρυφῆς (!), die ἀνθρώποις (!) παρὰ φύσιν (!) seien (vgl. nam. § 22 f.), in den Bahnen der Kyniker wandelt; denn Simonides[2]) sagt bald darauf: er kenne geachtete Männer ἑκόντας μειονεκτοῦντας καὶ σίτων καὶ ποτῶν καὶ ὄψων κ. τ. λ. ἀπεχομένους (II, 1). Selbst wenn das kein Compliment für den Kynismus wäre, so weist ja Xenophon selbst Symp. IV, 39. 41 die entschiedenste hedonische Argumentation (ἡδέα, ἥδεσθαι, ἡδίω, ἡδυπαθῆσαι, ἡδονήν) Antisthenes zu, der nur zu viel Genuss zu haben glaubt, und auf dessen Relativitätstheorie (Bd. I) ja die hedonische Schätzung, der Lustwerth der doch negativen ἐγκράτεια ruht. Der Hiero hat seine Parallelen in der III. und noch mehr in der

---

[1]) Vgl. noch Hiero VI, 6 f. und dazu Cyr. III, 1, 24, wo in der auch sonst stark kynisch beeinflussten Debatte wohl die antisthenische Lehre von der sklavisch machenden Furcht mitspielt (Stob. III, 8, 14 Hs.).

[2]) der auch Diog. ep. 51 als kynische Autorität citirt wird, und zwar gerade mit dem Spruch, über den Plato im Protagoras (mit Antisthenes) debattirt.

VI. dionischen Rede, wo auch gezeigt wird, dass der Tyrann μήτε ἐσθίοντα ἥδεσθαι κ.τ.λ. (§ 36 A), während Diogenes ἥδιον seine μᾶζα ass und Wasser trank als Andere τὰ πολυτελέστατα (§§ 9. 12 A). Der Tyrann ist hier der Perserkönig, und so bildet diese Diogenesrede, d. h. der Kynismus, die Brücke zwischen dem Hiero und Ages. IX. Auch Max. Tyr. diss. III, 9 zeigt die ἡδοναί des Diogenes in seiner einfachen Lebensweise gegenüber orientalischen Herrschern und führt ihn als den einzigen reinen ἡδόμενος vor[1]). Der Kyniker missachtet im Tyrannenglück zugleich die Tyrannengunst (vgl. oben S. 80 ff.). Antisthenes verficht im Herakles seine ethisch-asketische εὐδαιμονία gegenüber der κακοδαιμονία des sicilischen Parasiten Aristipp, trotz seines ἐσθίειν καὶ πίνειν πολυτελέα (Socr. ep. 9, vgl. oben S. 448), und muss doch hedonisch gemessen haben, wie auch Diogenes dasselbe Parasitenthum Aristipp's sehr unlustig findet (ep. 32) und Kallisthenes als πολυτελῶν bei Alexander κακοδαίμων nennt (L. D. VI, 45). Es ist der Weg zur εὐδαιμονία, der bei Antisthenes durch die einfache Diät geht (Diog. ep. 30. 34. 37, 4 ff.); gerade um des ἥδεσθαι willen soll man sich im Essen einschränken (Stob. III, 6, 40 Hs.). Diogenes kann von seiner Asketennahrung sagen: οὐκέτι ταῦτα ὡς ἀσχήματα ἤσθιον καὶ ἔπινον ἀλλ' ὡς ἡδονάς (ep. 37, 6). Denn αὐτὴ τῆς ἡδονῆς ἡ καταφρόνησις ἡδυτάτη προμελετηθεῖσα καὶ ὥσπερ οἱ συνεθισθέντες ἡδέως ζῆν, ἀηδῶς ἐπὶ τοὐναντίον μετίασιν, οὕτως οἱ τοὐναντίον ἀσκηθέντες ἥδιον αὐτῶν τῶν ἡδονῶν καταφρονοῦσι (L. D. VI, 71). So energisch hat der Kyniker den hedonischen Gesichtspunkt herausgearbeitet.

Um spätere Wiederholungen zu vermeiden, sei es gestattet, vorgreifend hier noch eine andere Stelle der Mem. zur kynischen ἐγκράτεια in Parallele zu setzen. Es zeigt sich, dass bei Xenophon Sokrates dasselbe diätetische Programm befolgt wie Prodikos, Lykurg, Kyros, Agesilaos, Ischomachos u. s. w., nämlich nach Xenophon selbst das Programm des Antisthenes (Symp. IV, 37 ff.). An der Mem. I, 3, 5 ff. berichteten Grundthatsache, dass

---

[1]) Vgl. zur hedonischen εὐδαιμονία des Diogenes noch Gnom. Vat. 181. Stob. flor. 103, 20. Diog. ep. 39, 2. 4 (ἡδὺς ὁ βίος) und zu seinem Glückswettkampf mit dem Perserkönig Luc. vit. auct. 9. dial. mort. XI, 3. Gnom. Vat. 201 (Missachtung der Schätze des Midas und Krösos ib. 181). Epiktet diss. III, 22, 60. Jul. VI, 195 B. Diog. ep. 38, 4. 40, 8, ferner Weber a. a. O. S. 260 und die von Capelle, de Cynic. epist. zuerst beachtete älteste Stelle Cic. Tusc. V, 32, 92.

Sokrates einfach und sparsam lebte, wird nicht zu zweifeln sein. Aber war denn das so merkwürdig bei seinem äusserst geringen Vermögen (Oec. II, 3), seinem ruhigen Temperament, in dem reifen Alter, in dem er seinen Hauptschülern begegnete, bei seiner ganz dem Denken geweihten, dem πάθος und allem Aeusseren auffallend abgewandten Natur? War es so merkwürdig, dass es ihm nicht natürlich sein konnte, sondern ein Princip, für das er predigend und kämpfend in die Posaune stossen musste? Zunächst fehlt der Beweis, dass Sokrates einfacher lebte als die mit drei Obolen täglich befriedigten athenischen Proletarier, denen Weizenbrot und Fleisch Festkost war. Selbst der Kyniker verficht seine Diät als attisch und demokratisch gegenüber den Höflingen und Parasiten[1]). Allerdings gab es noch einen Grund, die ἐγκράτεια des Sokrates zu beachten: weil sie weit abstach von der Lebensführung der jungen Aristokraten, die, von der wunderbaren Persönlichkeit dieses Plebejers angezogen, mit ihm im engsten Verkehr standen. Dieser social durchdringende Einfluss des Sokrates macht gerade seine Bedeutung aus, die durch die Anklage wegen Jugendverführung noch mehr illustrirt wird. Der Kyniker durfte sich unangefeindet seinen etwas abenteuerlichen Schülern widmen; aber dieser ärmste der Sokratiker sog doch aus dem lebendigen Beispiel des Meisters seinen Proletarierstolz und baute darauf die Theorie vom seelischen Reichthum.

Von der kynischen Sokratespanegyrik giebt hier ein Beispiel die bei Plato und Xenophon vergebens gesuchte Pointe: der Unterschied des Sokrates von anderen Menschen bestehe darin, dass er isst, um zu leben, diese aber leben, um zu essen (Stob. III, 17, 21 Hs.). Und Xenophon folgt hier wieder Antisthenes in der Schilderung des Mustermenschen Sokrates Mem. I, 3, 5: τήν τε ψυχὴν ἐπαίδευσε καὶ τὸ σῶμα (vgl. Antisth. Frg. 65, 48) zu einer Lebensweise, dass, wenn nichts Ausserordentliches eintrat, er ge-

---

[1]) L. D. VI, 57 (auch 25). Socr. ep. 9. Diog. ep. 32, vgl. ep. 1. 23 u. 29, auch Epict. diss. IV, 1, 30 f., und die Art, wie Diogenes Stob. III p. 44 Hs. (Plut. de an. tranqu. 10 ist es der — demnach antisthenische — Sokrates) das als πολυτελής verklagte Athen in eine εὐτελὴς πόλις verwandelt, indem er statt nach den Preisen von Salben, Delikatessen und Schafwolle nach denen von Bohnen, Feigen u. s. w. fragt. Vieles, was bei den Kynikern auffällig scheint, konnte man auch sonst bei niederen oder armen Leuten in Athen sehn: die Tracht des Tribon, das Weglassen des Unterkleides, das Uebernachten in öffentlichen Bauten, ja das Wohnen im Fass, vgl. Zeller 317, 5. 318. 318, 5.

trost und sicher leben konnte, ohne wegen eines solchen Verbrauchs in Verlegenheit zu kommen; denn er war so *εὐτελής* (vgl. Diogenes L. D. VI, 21. 37), dass kaum einer so wenig erarbeitete, um nicht den für Sokrates genügenden Lebensunterhalt zu beschaffen. Antisthenes erklärt, so viel zu besitzen, dass er es selbst kaum finden kann; trotzdem hat er genug, um es durch Essen zum Nichthungern, durch Trinken zum Nichtdursten zu bringen; das Liebste ist ihm, dass, wenn ihm einer seine jetzige Habe wegnehme, er kein so schlechtes Handwerk wüsste, um sich nicht dadurch die ihm genügende Nahrung zu beschaffen. Man ziehe nur seinen Schluss daraus, dass hier Symp. IV, 37. 40 Antisthenes von sich dem Sokrates (vgl. § 34) fast wörtlich dasselbe erzählt, was Mem. I, 3, 5 Xenophon von Sokrates erzählt!

Mem. I, 3, 5:	Antisth. Symp. IV, 40:
οὐκ οἶδ᾽ εἴ τις οὕτως ἂν ὀλίγα ἐργάζοιτο ὥστε μὴ λαμβάνειν τὰ Σωκράτει ἀρκοῦντα.	οὐδὲν οὕτως ὁρῶ φαῦλον ἔργον ὁποῖον οὐκ ἀρκοῦσαν ἂν τροφὴν ἐμοὶ παρέχοι.

Und nun läuft Sokrates Mem. I, 3, 5 ff. weiter im genügend bekannten antisthenischen Stil und Schema: Speise nahm er nur so viel zu sich, als er *ἡδέως* ass, und zum Essen kam er stets so vorbereitet, dass der Hunger nach Speise ihm *ὄψον* war. Zwar ist nicht gesagt, ob er sich diese Vorbereitung, den Hunger als *ὄψον* (vgl. nam. Cyr. I, 5, 12. IV, 5, 1. 4), wie Kyros, Agesilaos, Ischomachos und die alten Perser auf der Jagd oder bei militärischer oder ökonomischer Bethätigung verschaffte, aber auch von Antisthenes und Diogenes ist das nicht gesagt, die genau die gleichen Maximen haben (Symp. IV, 41. Dio VI, nam. § 12 A *ὄψον λιμός* etc., vgl. oben S. 448, und geniessen nach dem *πονεῖν* Antisth. Frg. S. 59, 12 und Diogenes Luc. vit. auct. 9). Als Getränk schmeckte (*ἡδὺ ἦν*) Sokrates Alles — wie Agesilaos (Ages. IX, 3), Kyros (Cyr. I, 5, 1), den alten Persern (I, 2, 11. I, 5, 12. IV, 5, 1. 4) und — den Kynikern (s. die Stellen oben), weil er nie trank, ausser wenn er Durst hatte, — ganz wie der alte Kambyses (Cyr. I, 3, 11), die Spartaner (de rep. Lac. V, 4) und wieder Antisthenes (Symp. IV, 37. 41) und ganz entgegengesetzt dem starken Trinker Sokrates im platonischen Symposion. § 6: Entschloss er sich aber einmal einer Einladung zum Gastmahl zu folgen — Diogenes z. B. lehnt bisweilen ab (L. D. VI, 34. ep. 38, 3) —, so war ihm das, was für die Meisten sehr schwer ist, sich vor dem *ἐμπίμπλασθαι* zu hüten, etwas ganz Leichtes — ganz wie Kyros

(Cyr. I, 6, 17), Agesilaos (Ages. V, 1), Ischomachos (Oec. XI, 18) und den spartanischen Jünglingen und Männern (de rep. Lac. II, 5. V, 3 ff.), d. h. ganz, wie es der Kyniker fordert (die Stellen s. oben S. 451). Denjenigen aber, die dies nicht vermochten, gab er den Rath, sich vor den Speisen und Getränken zu hüten, die zum Essen verlocken, ohne dass man Hunger, und zum Trinken, ohne dass man Durst hat, denn das wären die Dinge, die Magen, Kopf und Geist zu Grunde richten. Es ist schon S. 352, 1 darauf hingewiesen, dass dies Sokrateswort charakteristischer, gorgianisch pointirt in Schriften kynischer Färbung erscheint. Die Vermeidung des Essens und Trinkens ohne Bedürfniss hat als erste Forderung der kynischen Diätetik oben ihre Belege erhalten; auch die Gefahr der leiblichen und seelischen Schädigung kehrt dabei öfter wieder, und zwar hat hier Xenophon speciell für den Rausch einen festen Terminus, der den engen Zusammenhang, im letzten Grunde die gemeinsame Quelle der ethischen Schriften Xenophon's zeigt.

Cyr. I, 3, 10 (in dem kynische Lehren copirenden Gespräch): der junge Kyros sieht, während sein Vater nie über den Durst trinkt und dadurch nie schlimme Erfahrungen macht (ib. 11), Astyages und seine Meder im Rausch unfähig ὀρϑοῦσϑαι und *καὶ ταῖς γνώμαις καὶ τοῖς σώμασι σφαλλομένους*. Ferner Cyr. VIII, 8, 10: Die alten Perser hatten das Zutrinken bei den Symposien gesetzlich verboten, offenbar in der Ueberzeugung, τὸ μὴ ὑπερπίνειν ἧττον ἂν καὶ σώματα καὶ γνώμας σφάλλειν, während die jetzigen Perser μηκέτι ὀρϑούμενοι herausgetragen werden müssen. Auffallend stimmt mit Sokrates und den alten Persern Lykurg überein. De rep. Lac. V, 4: Er hob die nicht nothwendigen πόσεις auf, αἳ σφάλλουσι μὲν σώματα, σφάλλουσι δὲ γνώμας, und erlaubte nur bei Durst zu trinken, weil er dies für den unschädlichsten und angenehmsten Trunk hielt. Uebrigens sorgte er auch durch die Syssitien, dass die Spartaner wegen des Heimwegs genöthigt waren, ὑπὸ οἴνου μὴ σφάλλεσϑαι. Der wiederholte Gebrauch derselben Redensart und der rhetorische Anklang dabei de rep. Lac. V, 4 (s. oben Anm. S. 446) weisen auf ein Citat, und dies wird deutlicher bestimmt durch die Citirung Symp. II, 26: bei zu vielem Einschenken ταχὺ ἡμῖν καὶ τὰ σώματα καὶ αἱ γνῶμαι σφαλοῦνται, — es ist die Stelle, wo Sokrates gesteht, mit einem Anderen im gorgianischen Stil zu sprechen, was nach L. D. VI, 1 (vgl. S. 451) auf den antisthenischen Protreptikos zielt, für den

Die kynische Predigt gegen die *μαλακία* und der Prometheusmythus. 463

nach Frg. I (Winck. S. 20 f.) die Temperenz als Motiv feststeht. Es ist auch deutlich, worin die gleichzeitig seelische und körperliche Wirkung nach Antisthenes besteht. Die seelische Wirkung war ihm die *μανία* (vgl. oben S. 449 f.), die körperliche die Unfähigkeit zum *ὀρϑοῦσϑαι*, wie es nicht nur Cyr. I, 3, 10. VIII, 8, 10 etc., sondern auch der echt antisthenische (vgl. oben S. 451) Naturvergleich Symp. II, 25 betont. Die Schwelger brauchen Stützen (Luc. Cyn. 17 u. unten). Die *ὀρϑότης* ist aber ein Vorzug des Menschen vor den Thieren (Mem. I, 4, 11, vgl. hierzu die antisthenische Etymologie Dümmler, Akad. 135). Das könnte den Uebergang zum Folgenden geben (I, 3, 7). Scherzend sagte er auch, er glaube, dass Kirke durch solche Ueberfüllung die Verwandlung in Schweine bewirkt. Odysseus aber sei durch Hermes und durch seine eigene Enthaltsamkeit, die ihn nicht über die Sättigung hinaus geniessen liess, der thierischen Verwandlung entgangen. Wir haben natürlich hier ein Stück der allegorisch-moralischen Homerinterpretation des Antisthenes (vgl. Dümmler, Kl. Schr. I S. 37. Antisth. S. 30), der dem Kirkethema sogar eine besondere Schrift widmete, von der bei Dio öfter Spuren eben im Sinne der Mahnung zur Mässigkeit auftreten[1]).

ζ. *Die kynische Predigt gegen die μαλακία und der Prometheusmythus.*

„Im Sommer," muss die *Κακία* weiter hören, „läufst du nach Schnee umher" — um *ἡδέως* zu trinken. *Διὰ τρυφήν* suchen die Menschen Schnee, nach dem Niemand durstet, — so heisst es in der sehr ähnlichen kynischen Synkrisis Stob. III p. 39 Hs., wo die Conjectur *Χῖον* statt *χιόνα* unnöthig ist. Jedenfalls aber ist, was die *Κακία* thut, das Gegentheil der diätetischen *εὐπορία*

---

[1]) Dio VI § 62. 8 (7) § 21. 78 (61) § 34 A. — Vielleicht nennt platonische Bosheit in der Republik den Idealstaat des Antisthenes gerade darum Schweinestaat, weil dieser das Schwein abweist als Luxusthier (Rep 373 C), und weil es dem kynischen Kirkeinterpreten das Gegentheil der Askese und auch sonst das Verächtlichste bedeutet. Man kann die *τροφή* des „Schweinestaats" als kynisch belegen: *ἄλφιτα, μάζας, ἄρτους* (s. die Stellen oben S. 448. 452) und als *ὄψον ἅλας* (L. D. VI, 57. Diog. ep. 37, 4), *ἐλάας* (L. D. VI, 25. 50), *λάχανα* (L. D. VI, 58. Stob. III p. 39 Hs., flor. 97, 31. Gnom. Vat. 192), *σῦκα* (L. D. VI, 61), *κυάμους* (Stob. III p. 45 Hs.), *μύρτα* (Stob. ib. 44). — Ein passendes Gegenbild zur Kirke ist für die kynische Deutung Medea, die nach Diogenes die verweichlichten und durch *τρυφή* verdorbenen Menschen durch *πόνοι* und Schweiss wieder *ἰσχυροὺς* und frisch macht (Stob. III, 29, 92 Hs.). Spielt Plato Euthyd. 285 B C darauf an?

des Kynikers, der auch den verdorbenen Menschen vorwirft, dass sie „zugleich des Schnees und des Feuers[1]) bedürfen" (Dio VI § 11 A), im Sommer nach dem Winter, im Winter nach dem Sommer, bei Hitze nach Kälte, bei Kälte nach Hitze verlangen (Luc. Cyn. 17), — in dieser Wendung kommt das Widernatürliche solcher Bedürfnisse noch pointirter heraus. Es betrifft zwar hier zunächst nur die Verwöhnung des Gaumens, aber es hängt doch mit der Empfindsamkeit gegen Hitze und Frost zusammen, die der kynische Asket gleichartig und gewöhnlich gleichzeitig mit der eigentlich diätetischen τρυφή bekämpft (L. D. VI, 23. 31. 87. Luc. Cyn. Dio III § 136. VIII § 16 A), und die desshalb hier anschliessend besprochen werden mag. Der kynische Sokrates[2]) (Diog. ep. 32, 1) — d. h. genauer Antisthenes, wie es von ihm auch ausdrücklich heisst: πρῶτος (L. D. VI, 13. Luc. fugit. 20) — trug nichts als einen doppelt genommenen τρίβων, denselben im Sommer und Winter ohne Chiton und empfiehlt diese Tracht Diogenes (L. D. VI, 6), und zwar zum ἀσκεῖν zugleich gegen Sommerglut und Winterkälte (Diog. ep. 30, 3), und Diogenes lässt auch seine Zöglinge ἀχίτωνας gehn (L. D. VI, 31, vgl. Luc. Cyn. 1. 17. 19 f.). Xenophon kennt Antisthenes als Begründer des Abhärtungsprincips und lässt ihn Symp. IV, 37 f. (vgl. dazu Luc. Cyn. 4 f. 14. 16) sich rühmen, dass diese Armentracht (Luc. Cyn. 5) ihm genüge, um weniger zu frieren als der reiche Kallias, und dass die Wände ihm wärmende χιτῶνες, die Dächer dicke Oberkleider sind. Natürlich gab ihm die Heraklestracht die beste Anknüpfung für diese Askese, und es ist sicherlich der antisthenische Herakles, der bei Dio VIII (7) § 30. 60 (43) § 7 f. A und Luc. Cyn. 13 f. gerühmt wird: stets γυμνός (vgl. die Schätzung des γυμνός auch bei Diogenes Epict. diss. I, 24, 7), ohne Obergewand, ohne Decken und Mantel, ohne Schuhe, nur mit dem Löwenfell bekleidet, achtet er nicht Hitze noch Kälte, aber durch das Nessosgewand zur μαλακία und ἀσθένεια verführt, nimmt er sich das Leben. Wir kennen diese Interpretationsmethode, und wie hätte der kynische Moralist sich anders mit dem Nessosmythus abfinden sollen?

---

[1]) während der Kyniker die Köche hasst und sogar ungekochtes Fleisch isst (s. oben S. 451. 456).

[2]) Ein anderer Sokrates tadelt gerade den schäbigen τρίβων des Antisthenes L. D. VI, 8 (vgl. oben S. 217. 338). Natürlich ist es beim Kyniker nicht bloss ein Eifern für die καρτερία, sondern auch gegen die πολυτέλεια in der Tracht (vgl. oben bei der Einführung der Κακία und gegen die πολυτέλεια χλαμύδος Gnom. Vat. 177, vgl. Luc. Cyn. 1. 8 f. 14. 17).

Die καρτερία des antisthenischen Herakles vererbt sich wieder auf Xenophon's ideale Spartaner: Lykurg gestattet ihnen nur **einen** Mantel das Jahr hindurch, um sie gegen Hitze und Kälte abzuhärten (de rep. Lac. II, 4), — ganz wie der kynische Sokrates und Antisthenes (s. vor. S.). Die schwarze Folie dazu bilden die verkommenen Perser. Im Winter genügt es ihnen nicht, Kopf, Leib und Füsse zu bedecken, sondern sie stecken noch die Hände in Pelz und Handschuhe. Im Sommer genügt ihnen nicht der (natürliche!) Schatten der Bäume und Felsen, sondern sie schaffen sich noch einen künstlichen (Cyr. VIII, 8, 17). Aus dieser antithetischen Parallelistik spricht wieder der Rhetorenstil des ersten Kynikers. Ganz in seinem Sinn wird auch diese Antithese bei Xenophon lebendig zusammengefasst in zwei Herrschern, dem echten βασιλεύς, natürlich dem spartanischen Herakliden Agesilaos, und dem verdorbenen Perser. Agesilaos meinte, dass der ἄρχων οὐ μαλακίᾳ ἀλλὰ καρτερίᾳ (!) den Bürgern es zuvorthun müsse, und schämte sich darin wenigstens nicht πλεονεκτεῖν: im Sommer an Sonne, im Winter an Kälte[1]) (Ages. V, 2 f.). Da ist's nicht mehr weit zu den Exercitien des Diogenes, der im Sommer die Hitze, im Winter den Schnee aufsucht (L. D. VI, 23. 34), — das ist der principielle, demonstrative Gegensatz zu unserer Κακία. Agesilaos war sich freudig bewusst, die göttliche Einrichtung ohne Beschwerde ertragen zu können (vgl. den Kyniker, der fähig ist, Kälte und Hitze zu ertragen und τοῖς τῶν θεῶν ἔργοις μὴ δυσχεραίνειν Luc. Cyn. 17), während er den Perserkönig vor Hitze und Kälte fliehen sah, aus innerer Schwächlichkeit nicht der ἄνδρες ἀγαθοί(!)[2]), sondern der schwächsten Thiere βίος nachahmend (Ages. IX, 5). Das erhält erst durch Dio or. VI § 32 f. Erklärung und nähere Begründung, wie überhaupt die aphoristische Agesilausstelle auf diese Diogenesrede (und damit auf ein kynisches Original) zurückweist, die vom Residenzwechsel des Perserkönigs[3]) ausgeht und gerade hedonisch seinen βίος wägt und zu leicht be-

---

[1]) Der Witz mit dem πλεονεκτεῖν beruht darauf, dass der Kyniker den „Tyrannen" eben als den πλεονεκτῶν bestimmt im Gegensatz zum socialen βασιλεύς (s. oben S. 402, 2 u. später). Dies Motiv mit dem Gegensatz μειονεκτεῖν tönt hier aus Xenophon's Original öfter durch (Ages. IV, 5. VII, 2; vgl. dazu Luc. Cyn. 15).

[2]) Der ἀνὴρ ἀγαθός ist, wie schon gesagt (s. oben S. 420), das Ideal aller Kyniker, vgl. noch Antisth. Aias, Luc. Cyn. 16. 20. L. D. VI, 51. Jul. or. VI, 199.

[3]) Vgl. übrigens den βίος des Perserkönigs als Typus der vom Kyniker zu behandelnden Schwelgerei auch Diog. ep. 38, 4.

findet, was in Ages. IX (vgl. nam. 4 und auch 5 εὔφραινε, ἀλύπως) ziemlich unmotivirt nachklingt. Die Uebereinstimmung geht wieder beim Rhetorischen in's Wörtliche:

Xen. Ages. IX, 5:
φεύγοντα μὲν θάλπη. φεύγοντα δὲ ψύχη.

Dio VI § 27 A:
φεύγειν μὲν τὸν ἥλιον[1]), φεύγειν δὲ τὸ ψῦχος.

Die Bezeichnung der Jahreszeiten als κατασκευὴ τῶν θεῶν Ages. IX, 5 (vgl. Luc. Cyn. 11. 17) zeigt wieder (s. oben S. 381) die Teleologie im Dienste der Askese. Die Götter, predigt der Kyniker immer wieder (ἐβόα πολλάκις), haben den Menschen τὸν βίον ῥᾴδιον gegeben, aber die Menschen haben es verkünstelt mit ihrem Raffinement (L. D. VI, 44). Die weichlichen Schwelger sind unzufrieden mit den göttlichen Einrichtungen (Luc. Cyn. 17) und behandeln die göttlichen Gaben wider ihre Bestimmung (ib. 7 f. 11. 14. 17). Doch die Weisen, die Freunde, Genossen und Ebenbilder der Götter (L. D. 37. 51. 72), ahmen eben den ῥᾴδιος βίος nach, den laut Homer(!) die Götter führen (Dio VI § 31 A). Der Kyniker folgt auch in der Tracht dem Vorbild der Götter (Luc. Cyn. 20) und der Natur (ib. 4. 11. 14). Die Einheit des Göttlichen mit dem Natürlichen ist kynisch-stoisches Grunddogma; darauf beruht jene Teleologie, darauf auch die Hitze- und Schneeexercitien des Diogenes, der im Eifer, sich der Natur anzuschmiegen, bis zur Unnatur geht, darauf der Protest gegen die, welche παρὰ φύσιν von τοῖς τοῦ θεοῦ κατασκευάσμασι Gebrauch machen (Luc. Cyn. 11) und z. B. den Bart scheren, den Gott den Männern zum Schmuck gegeben (ib. 14). Der λόγος soll die Menschen nur dahin bringen, wohin die φύσις schon die Thiere gebracht hat; aber aus μαλακία lassen sich die Menschen nicht genügen an den von der Natur gebotenen Thierfellen und Höhlenwohnungen (Diog. ep. 36, 5). Prometheus, so fährt Diogenes fort, werde desshalb mit Recht bestraft, weil er mit dem Feuer den Menschen die ἀρχὴ μαλακίας καὶ τρυφῆς brachte und sie dem Naturleben der Thiere entfremdete (Dio VI, § 25 ff. A)[2]).

Aber steht dieser gerichtete Prometheus des Kynikers nicht im Widerspruch zu dem Wohlthäter im Protagorasmythus, den

---

[1]) In diesem Wort zeigt sich Dio wohl treuer kynisch als Xenophon. Denn Diogenes ᾔδετο ἡλίῳ (Max. Tyr. III, 9) und treibt einen wahren Sonnencultus (s. oben S. 382).

[2]) Auch Soph. 232, wo er von den Antilogikern und Ringkampftheoretikern vom Stile des Protagoras καὶ πολλῶν ἑτέρων spricht, denkt er an Antisthenes ἀντιλογικός und παλαιστικός.

wir doch in Bd. I für Antisthenes in Anspruch nahmen? Gomperz (Griech. Denker II, 7 S. 123 ff.) hat diesen Widerspruch fein herausgearbeitet: „Protagoras" zeigt die Hilflosigkeit der ungeflügelten, unbehaarten und sonst ungeschützten Menschen im Vergleich zu den Thieren und lässt desshalb Prometheus den Menschen das εὐπορία gewährende Feuer bringen; Diogenes (vgl. ausser Dio auch Diog. ep. 36, 5) bestreitet gerade diese Hilflosigkeit der Menschen im Vergleich mit den Thieren, sieht im Feuer die ἀρχὴ τρυφῆς und rechtfertigt damit die Bestrafung des Prometheus. Gomperz hat hier eine zweifellose Beziehung erkannt. Diogenes bei Dio setzt unbedingt den Protagorasmythus voraus. Aber auch eine feindliche Beziehung, auch dass der Mythus die kynische Polemik herausfordert, spräche zu Gunsten der Auffassung, dass der platonische Protagoras auf den ersten Kyniker zielt. Wie ist nun die Differenz zwischen „Protagoras" und Diogenes zu verstehen? Man wird sagen: Plato giebt eben den historischen Protagoras, gegen den der Kyniker polemisirt. Was wohl Plato damit bezweckte, dem todten Sophisten ein schönes Märchen nachzuerzählen, das er weder kritisirt noch sonst, wie etwa Xenophon die Prodikosfabel, für sich verwerthet. Oder wollte er Protagoras durch diesen Mythus lächerlich machen?

Die Beziehung des Antisthenes zu Protagoras ist sicher (vgl. I, 357 f.), und Plato führt den Kyniker im Euthydem als Protagoreer (286 C. L. D. IX, 53), im Theätet als Antiprotagoreer vor. Sicher ist auch laut dem Fragment bei Themistius (s. unten), dass Antisthenes Prometheus behandelt hat. Hat nun Plato mit seinem „protagoreischen" Prometheus den antisthenischen copiren oder ihm widersprechen wollen? Ich gestehe, hier lange geschwankt zu haben, da mir der Mythus nach einigen Hauptzügen, wie die ganze Protagorasrolle, sichtlich antisthenisch, nach andern, die Gomperz aufwies (vgl. auch Dümmler, Akad. 241), ebenso sichtlich das Gegentheil schien, bis ich begriff, dass er in der That Beides ist und sogar Beides sein muss, wenn Plato's Vorführung einen Sinn hat. Er lässt seinen Gegner reden und widerspricht ihm nicht — wie ist das anders zu verstehn, als dass die Rede zwar der ganzen Anlage nach dem Gegner gehört, ihn charakterisirt, aber doch schon Plato's Kritik in sich enthält? Der Mythus, der so bezeichnend orphisch-anaxagoreisch beginnt (vgl. L. D. VI, 56 u. oben S. 170), enthält die antisthenische Teleologie (vgl. I, 547 f. u. unten) und zugleich die Discreditirung dieser Teleologie. Die Teleologie ist bei den Kynikern wie bei den Stoikern anthropocentrisch; hier aber lässt Plato zeigen, dass eigentlich für die Menschen schlechter gesorgt ist als für die Thiere. Das wandten Epikur u. a. Spätere gegen die Stoiker ein (vgl. Norden, Jahrb. f. Ph. Suppl. XIX, 436); kann es nicht schon Plato (vielleicht mit Epikur's kyrenaischem Vorläufer) gegen den Kyniker gesagt haben? Nach göttlicher Anordnung geschah die Formung und Ausrüstung der lebenden Wesen. Ja, sagt Plato, aber es scheint, dass dabei nicht Prometheus, sondern Epimetheus die Hand im Spiel hatte. Spürt man denn garnicht den Humor dieser Erfindung? Epimetheus vertheilt sehr schön ganz im Sinne des antisthenischen Relativismus — οἰκεία ἑκάστῳ — die δυνάμεις, bis er — οὐ πάνυ τι σοφός! — plötzlich merkt, dass er für den Menschen keine mehr übrig hat, und nun in der lustigen, dreimal versicherten ἀπορία(!) stiehlt Prometheus das Feuer — eine kühne Mythencomplication, wie sie Antisthenes liebte, aber hier wahrlich nicht antisthenisch. Denn hier war der Werth der Thaten geradezu umgekehrt. Der Raub des Feuers wurde zur rettenden That, die entschädigte für die Mängel der Menschenbildung. Das war wie ein Hohn auf die kynische Auffassung, für die der Raub des Feuers gerade die vollkommene Menschenbildung, die göttliche Natureinrichtung verdorben hatte. Der Feuerraub schafft dort εὐπορία (Prot. 321 E), und der Kyniker hatte ihn gerade verwünscht, weil er τρυφή schaffe und damit die εὐπορία aufhebe (vgl. oben S. 466 f.). Prometheus wird dort (322 A) nur δι' Ἐπιμηθέα, also unschuldig bestraft, und der Kyniker hatte gerade das Recht der Strafe für den Feuerraub gezeigt. So machte der satirische Schalk in Plato aus Schuld Verdienst und aus Verdienst Schuld. Doch mit c. XII (322 A) werden die Menschen die vollkommensten, gottverwandten ζῶα, die aber der Feuerraub nicht vor dem διαφθείρεσθαι schützt, — das ist wieder die Perspective des Antisthenes. Gomperz sieht zwar auch noch 322 A B einen Gegensatz des Kynikers bei Dio zu „Protagoras". Bei diesem wird als der Zweck der ersten Städtegründungen der gemeinsame Schutz gegen Unrecht angegeben. „Ganz im Gegentheil!" so erwiderten die Kyniker: „das städtische Leben war der Anbeginn alles Unrechts; hier hat Lug und Trug und jede schlimmste Unthat so sehr ihren Ursprung gehabt, als ob eben dies der Zweck der Städtegründungen gewesen wäre." Aber ich finde, dass „Protagoras" und der Kyniker bei Dio in ihren Sätzen dieselbe Theorie zeigen: die Menschen leben ursprünglich isolirt; das Interesse des Schutzes führt sie zusammen, und der gemeinsame Schutz ist der Zweck der Städtegründung; aber sie erreichen den Zweck nicht, denn sie vergewaltigen einander. „Protagoras" (322 B): ἐζήτουν δὴ ἀθροίζεσθαι καὶ σώζεσθαι κτίζοντες πόλεις· ὅτ' οὖν ἀθροισθεῖεν, ἠδίκουν ἀλλήλους —. Diogenes (Dio § 25): εἰς δὲ τὰς πόλεις συνελθόντας, ὅπως ὑπὸ τῶν ἔξωθεν μὴ ἀδικῶνται, τοὐναντίον αὐτοὺς ἀδικεῖν —. Der Unterschied ist nur, dass „Protagoras" das Heilmittel angiebt in der τέχνη πολιτική, in der von Zeus stammenden δίκη und αἰδώς, und damit wäre wohl auch Diogenes, der τεχνίτης des ἄρχειν, der Königsredner bei Dio, der auch hier nach der δικαιοσύνη ruft (§ 29, vergl. Diog. ep. 36, 6), einverstanden. An die göttliche δίκη (und αἰδώς) glaubt der Kyniker (vgl. Diog. ep. 45. Plut. d. def. orac. 7) so gut wie der Stoiker.

Der Mythus des „Protagoras" gehört in die grosse Rede für die ἀρετὴ διδακτή, die Antisthenes im Herakles verfocht (L. D. VI, 105), wo er auch Prometheus hineinzieht (Themist. Rhein. Mus. 27, 450). Der Mythus gehört seiner Anlage nach dem Kyniker, nur dass diesem Plato den Streich spielt die Accente zu verschieben, indem er Epimetheus die Rolle des Bildners zuwies, die bei Antisthenes Prometheus hatte. Das mag eine kühne Hypothese sein, aber sie lässt sich noch wahrscheinlicher machen und ist jedenfalls nicht schlechter als die gewöhnliche Annahme, die Plato einen zwecklosen, salzlosen Auszug aus einer alten Sophistenschrift zutraut und nicht den grossen Satiriker ahnt, der jede Zeile mit Berechnung schreibt.

Machen wir uns die mögliche Genesis des Mythus klar. Norden zeigt („Beiträge", Jahrb. f. Philol. Suppl. XIX S. 455 f.), dass unser ältester Zeuge für den Mythus vom Menschenbildner Prometheus eben Protagoras bei Plato ist, und er vermuthet, mit Recht an das Beispiel der Prodikosfabel erinnernd, dass die philosophische Speculation den Mythus so umgeformt und verbreitet hat. Was aber die philosophische Speculation damit sagen wollte, bleibt unklar, solange man die platonische Form als ernste und ursprüngliche nimmt. Wohl aber ist das Motiv des Mythus und gerade das philosophische Motiv sofort klar, sobald man die Zwischenfigur des Epimetheus ausschaltet und den Mythus einfacher und schon darum ursprünglicher nimmt: die Götter übertragen Prometheus die Bildung der Geschöpfe, das heisst aber nichts Anderes als: die Menschenbildung ist ein Werk der göttlichen πρόνοια = προμήθεια. Das ist das bekannte stoische Dogma, das aber schon Xenophon in den Mem. ausführt, weil er's vom Kyniker hat[1]). Die Stoa operirte eifrig mit dem Prometheusnamen im Sinne der *πρόνοια* (vgl. Flach, Glossen u. Scholien z. Hesiod's Theog. S. 59, Norden a. a. O. S. 422. 456). War etwa Antisthenes nicht Mythologe und nicht Etymologe genug, um hier wieder einmal Vorläufer der Stoa zu sein?[2]) Uebrigens spielt auch Diogenes bei Dio § 29 mit dem Namen Prometheus. In Prometheus, dem Menschenbildner, verkörpert Antisthenes seine Teleologie — das ist die einfache dogmatische Wurzel dieses Mythus. Oder meint man wirklich, dass die platonische Fassung die ursprüngliche ist und nachträglich Epimetheus gestrichen worden? Wer beide Fassungen nebeneinander hält, sieht, dass die platonische die andere voraussetzt, dass der in so salopper, äusserlicher Weise eingeführte Bildner Epimetheus nur die Carricatur des Bildners Prometheus ist, d. h. die platonische Kritik der antisthenischen Teleologie. Plato zeigt, dass er auch die Mythen kennt, indem er die Jammerfigur Epimetheus aufgreift, und die Kyniker wussten, was sie thaten, indem sie, wie Diogenes bei Dio zeigt (*ἔλεγον τινες — ἀντέλεγεν*), gegen Plato's Protagoras polemisirten, — es war eine Antwort.

Die Ursprünglichkeit des Bildners Prometheus wird aber noch dadurch sicherer, dass er ausser der dogmatischen Wurzel noch einen populären Anhalt hat. Weiske (Prometheus und sein Mythenkreis S. 507) sagt: „den Anlass zu der Dichtung, dass Prometheus den ersten Menschen formte, gab wahrscheinlich die Verehrung des Prometheus als eines Schutzpatrons der Thonbildner im Kerameikos zu Athen und die dort ausgestellten Thonmodelle und Terracottas von allerlei Form, besonders auch in Menschengestalt, irdene, meist bunt bemalte Götterbilder, Büsten und Puppen, wie sich deren viele bei Athen in den Gräbern finden." Norden hält diese Erklärung für sehr möglich, und auch bei Preller I, 72[3] wird attischer Ursprung der Fabel vermuthet. Für Weiske's Erklärung spricht vielleicht, dass bei Plato (Prot.) die *ἔμπυρος τέχνη* betont und das Feuer ausdrücklich nur als nothwendige Zugabe zur *τέχνη* bezeichnet wird; allerdings hat

---

[1]) Beachtenswerth ist, dass auch der Beiname der Athena *Πρόνοια* (Aeschylos, Herodot etc.) zuerst bei den attischen Schriftstellern des 4. Jahrhunderts in *Πρόνοια* umgedeutet erscheint (vgl. Dümmler, Kl. Schr. II, 55).

[2]) Vgl. auch Jul. VI, 182 C. Die stoische Deutung der Prometheussage haben wir Plut. *π. τύχης* c. 3 (vgl. Dümmler, Akad. 212). Sollten sich die allegorische Deutung des Feuerraubs und die scheinbare Anlehnung an Plato's Protagoras (Dümmler 212. 215) nicht einfacher dadurch erklären, dass bereits Plato hier Antisthenes berücksichtigt, als dass die Stoa von diesem abweicht?

schon Aeschylos Prometheus als Erfinder der Künste gepriesen. Entschiedener weist es nach Attika, wo Prometheus ganz besonders und zwar im engen Verein mit Athena und Hephästos verehrt wurde (Robert-Preller I, 91, vgl. Dümmler, Kl. Schr. II, 53, Hirzel, Sächs. Ber. 1896. 324), wenn er bei Plato nicht wie sonst von Zeus stiehlt, sondern in das κοινὸν οἴκημα der Athena und des Hephästos eindringt, ἐν ᾧ ἐφιλοτεχνείτην. Weder die dogmatische Wurzel, die auf den Vorläufer der Stoa weist, noch die populär-attische lassen an den historischen Protagoras denken[1]), der damit als Autor der Fabel abgethan ist.

Wie aber können beide Erklärungen nebeneinander bestehn? Ich meine, der populäre attische Cultus gab der Fabel erst einen nothwendigen Anhalt[2]), aber noch nicht den Ursprung. Robert (Preller's Mythol. 81, 6) wendet schon ein, dass sie dem attischen Autochthonengefühl widerstreitet, und vor Allem — der grosse attische Tragiker kennt nicht den Menschenbildner Prometheus, der also erst nach Aeschylos geschaffen ist. Und hier bleibt die einfachste Erklärung das Dogma des Kynikers von der organisirenden göttlichen πρόνοια, die er als Mythologe und Etymologe personificirt in dem nach göttlichem Auftrag bildenden Prometheus. Wie er bildet — dafür lag's wahrlich dem Kyniker, der auf dem attischen Markt, beim Volk der Arbeit zu Hause ist und die τέχνη schätzt[3]), nahe, an Prometheus als den göttlichen Töpfer vom Kerameikos anzuknüpfen. Doch noch eins fehlt, und das ist wichtig. Der Töpfer bildet nur Erde, Körperliches. Wer den Töpfer zum Menschenbildner macht, denkt schon den irdischen Leib getrennt von der nachher von Gott eingehauchten Feuerseele, — das zeigte sich oben (vgl. S. 472) als die Theorie des Antisthenes und das weist zugleich über den populären Ursprung hinaus. Der Leib ein Werk des Töpfers: vielleicht hängt damit auch bei dem (pythagoreisirenden) Kyniker der Vergleich des Leibes mit dem πίθος zusammen (vgl. oben S. 219), der ja das schwerste Werk der κεραμεία ist (Plat. Lach. 187B), und darin wieder (doch weit weniger wahrscheinlich) könnte es seinen tieferen Sinn haben,

---

[1]) ebensowenig die attische παιδεία, die in der weiteren Rede des „Protagoras" beschrieben wird.

[2]) Vgl. Luc. Prometh. in verb. c. 2, wo es ausdrücklich als attisch bezeichnet wird, die Töpfer Προμηθέας zu nennen. Dümmler, Kl. Schr. II, 85, erklärt auch die Sage von der Beihilfe des Prometheus oder Hephästos bei der Athenageburt aus Cultriten der Handwerkerzünfte.

[3]) Vgl., wie er sich selbst in der Lebensweise auf die arbeitenden τεχνῖται beruft, Gnom. Vat. (Wiener Stud. X) 196.

dass Diogenes (d. h. seine Seele) im πίθος wohnt. Die θεία μοῖρα des Menschen, von der „Protagoras" 322 A etwas unvermittelt spricht, ist die Feuerseele[1]). So hatte vielleicht auch bei Antisthenes der Menschenbildner Prometheus einen tieferen Zusammenhang mit dem πυρφόρος, der er ursprünglich, etymologisch ist (vgl. Kuhn, Herabkunft des Feuers u. Göttertranks S. 18 f.). Vielleicht aber musste die Seele, um sie noch höher vom Leib zu differenziren, nicht von Prometheus, sondern von den Göttern (Zeus oder Athena) selbst stammen, wie ja die andere Version lautet. Jedenfalls weist die Bildung der ζῶα aus Mischung von Erde und Feuer (Prot. 320 D) auf einen nicht populär anschaulichen, sondern philosophischen Ursprung des Mythus.

Autochthonie und Zeugung durch die Olympier sind die urwüchsig hellenischen Erklärungen der Menschenentstehung. Der Schöpfungsgedanke aber ist „verhältnissmässig jung" bei den Griechen und noch im 5. Jahrhundert nicht nachweisbar, wohl aber seit dem 4. (vgl. Robert-Preller, Mythol. I, 78. 81). An der Wende der beiden Jahrhunderte mag man den nicht mehr naiv dichtenden Autor suchen. Stimmt es nun nicht zu den sonstigen ungriechischen Tendenzen, die Antisthenes inaugurirt, wenn er im Protagorasmythus, wenn auch nur halb, den religiösen Schöpfergedanken ausspinnt? Und dieser Gedanke schwoll an im Niedergang der Antike. Der Menschenbildner Prometheus, von dem Hesiod und Aeschylos schweigen, ist für Philemon und Menander, Heraklides Pontikos und Kallimachos bereits eine bekannte Figur und wird schliesslich zum gewöhnlichen Typus (vgl. ib. 81). Wo er uns zum erstenmal citirt wird, bei Philemon (Stob. III, 2, 26 Hs.: ὁ Προμηθεύς, ὃν λέγουσ' ἡμᾶς πλάσαι καὶ τἆλλα πάντα ζῷα), verräth er auch nicht populären, sondern philosophischen Ursprung. Er ist Bildner nicht nur der Menschen, sondern auch der Thiere, — darin zeigt sich, dass er für die anthropocentrische Teleologie erfunden ist; denn er soll eben den Vorzug der Menschen vor den Thieren herstellen. Ferner individualisirt (ἑκάστῳ!) er dort die Thiere nur nach den γένη, bei den Menschen aber nach den Individuen — soviel σώματα(!), soviel τρόποι(!). Auch der Prometheus des „Prota-

---

[1]) Vgl. die Prometheusdeutung Jul. 182 C D. Man vergleiche die πρόνοια als πῦρ αἰθερῶδες bei den Stoikern, z. B. Epiktet (s. Bonhöffer, Ethik des Stoikers Ep. S. 244 ff.), und Antisthenes' kosmisches System, wie es Dümmler, Akad. S. 136 ff. aus dem Cratylus feststellt. Zur ἔμπυρος τέχνη bei Plato vgl. das stoische πῦρ τεχνικόν und dazu Dümmler, Akad. S. 212.

goras" individualisirt — das gehörte zu seinen antisthenischen Zügen. Jedem das Passende — das ist ja der Grundzug auch der Teleologie der Mem., die sich mit dem Protagorasmythus mehrfach berührt. Bei näherem Zusehn zeigt sich ein Ueberraschendes, das erst den antisthenischen Prometheus als Typus der πρόνοια bestätigt: wie die Teleologie von Mem. IV, 3 in ihrer Anlage erst deutlich wird, wenn man das von Xenophon nur verschleierte, bei Antisthenes ursprüngliche Subject, den Ἥλιος als Muster des πόνος resp. ἐπιμελεῖσθαι hervorzieht (vgl. oben S. 380 ff.), so wird das andere teleologische Capitel Mem. I, 4 erst klar, wenn man den antisthenischen Prometheus als Subject ergänzt.

Warum beginnt hier „Sokrates" mit der abrupten Frage nach den bewundernswerthen Künstlern? Warum spricht er sogleich von Bildnern, als ob Aristodem nicht auch Dichter genannt hätte? Warum geht er nun aus von der Frage, ob die Bildner der εἴδωλα ἄφρονά τε καὶ ἀκίνητα oder die der ζῷα ἐμφρονά τε καὶ ἔνεργα bewundernswerther sind? Warum spricht er weiter von den ζῷα, nicht bloss von den Menschen? Die Antwort auf Alles ist, dass er an Prometheus denkt als den σοφὸς τεχνίτης, den πλάστης der ζῷα. Man sieht, diese ganze Teleologie ruht auf einer Analogie! Antisthenes ist der ewig Vergleichende, der associativ Denkende, der Symboliker (vgl. oben S. 164): das stimmt zu seinem Orientalisiren. Aber hier kann man noch klarer sehen, wie sich im Kopfe des ersten Kynikers Hellenisches mit Fremdem mischt. Er ist im Gegensatz zum hellenischen Formalismus Dynamiker; er ahnt den Gott des Orients, der schafft, aber er kann ihn nur fassen im Bilde des echtesten Hellenen, des weisen Künstlers, der formt. Gott als Töpfer — das konnte nur ein Kyniker ersinnen. Und auch darin steht er im Uebergang: er spricht nicht von Gott als Schöpfer des Himmels und der Erde, aber auch nicht bloss von einem τεχνίτης der Menschen, sondern von einem halbgöttlichen, göttlich beauftragten Organisirer, vom Bildner der Menschen und der Thiere. Wann hätte auch der Kyniker auf die Perspective der Thiere verzichtet?

Der Töpfervergleich setzt nicht so sehr Gott als den Menschen herab. Ed. v. Hartmann sagt, wo er die theistische Moral discreditiren will (Selbstzersetz. d. Christenth. S. 29): „Solange ich einen Gott glaube, der mich sammt der Welt geschaffen, und dem ich gegenüberstehe wie das Gefäss dem Töpfer, solange bin ich nichts gegen ihn, ein Scherbe in seiner Hand."

Und darin liegt wohl der letzte Grund, wesshalb die Griechen den Schöpfergedanken nicht fassten: sie dachten zu hoch von sich, von den Menschen und wollten sie nur als Autochthonen oder als Götterenkel erklären. Im Protagorasmythus carrikirt Plato den Gedanken der Menschenbildung, und ist es nicht bezeichnend, dass er ihn im Symposion dem grossen Komödiendichter in den Mund legt, und dass der Menschenbildner Prometheus uns zuerst bei zwei andern Komikern begegnet: Philemon und Menander? Dem echten Hellenen ist der geschaffene Mensch eine komische Figur. Eher giebt er das missachtete Weib als Automaten preis, und es ist ebenso bezeichnend, dass er die schlimme Pandora geschaffen sein lässt. Mag Galatea ein Kunstgeschöpf sein, — wird sich darum Pygmalion auch dafür halten? Auch die Töpfer werden sich am wenigsten mit ihren eigenen Fabrikaten verglichen und schon darum nicht den Mythus geschaffen haben. Um ihn zu schaffen, muss man nicht nur niedrig vom Menschen, sondern auch sehr hoch von Gott denken. Und das sollen zuerst bei den Griechen die Töpfer vom Kerameikos gethan haben? Wer aber war ein grösserer Menschenverächter als der Kyniker? Und wer hat wie er in jenen Zeiten die göttliche Allmacht verkündet: Alles gehört den Göttern, und Alles ist voll von Gott (L. D. VI, 37)? Endlich sprach der Grieche nur von localer oder göttlicher Descendenz, weil er als Individualist nur von einzelnen Stämmen und Geschlechtern sprach. Aber zum Gedanken der Menschenbildung muss man das universale γένος erfasst haben, und auch das ist keine Weisheit vom Kerameikos. Doch der Kyniker resp. der kynische Sokrates (vgl. Zeller S. 168, 5[4]) hat sich zuerst als Allmensch begriffen, zuerst den „Menschen" gesucht, d. h. als Ideal aufgestellt und schon bei seiner Vorliebe für zoologische Argumente stets vom ἄνθρωπος gesprochen, worin ihm wieder die Mem. folgen, in denen ich 195 mal dies Wort gefunden.

Doch um zu Mem. I, 4 zurückzukehren, — warum spricht Xenophon zunächst garnicht von den θεοί, sondern erst bei der Anwendung auf die Cultusmahnungen? Warum spricht er ausdrücklich nur von dem ἐξ ἀρχῆς ποιῶν ἀνθρώπους (§ 5), von den σοφοῦ (!) τινος δημιουργοῦ (!) καὶ φιλοζῴου τεχνήματα (!) und μηχανήματά τινος ζῷα βουλευσαμένου (§ 7)? Weil ihm der antisthenische Prometheus vorschwebt, der σοφὸς τεχνίτης der ζῷα. Warum spricht er nur von den ζῷα, nicht von den Pflanzen oder Gestirnen? Warum geht er von der Leibesbildung aus und bleibt auch nachher anthropologisch, als ob es keine andere, selbst anthropocentrische Teleologie und keine andern Gottesbeweise gebe? Weil eben Prometheus nur Bildner der $\zeta \tilde{\omega} \alpha$ ist. Warum spricht er so dringend und doch so unbestimmt von den *προνοίας ἔργα* und den *προνοητικῶς πεπραγμένα* § 6? Weil Prometheus bei Antisthenes als die wirkende *πρόνοια = προμήθεια* gedeutet ist. So erklären sich am einfachsten die vielbesprochenen verdächtigten Worte *δημιουργός* und *πρόνοια* und der scheinbare Monotheismus. Doch § 17 ist er echt, — denn Antisthenes ist ja auch Monotheist (Frg. S. 22), und nur der Vorläufer der Stoa konnte so von der Weltvernunft sprechen, wie es dort geschieht. Auch darin kommt der Kyniker der Teleologie entgegen, die den einheitlichen Plan und damit die innere Einheit der Gottheit, aber zugleich ein pantheistisches Durchdringen der Welt fordert, wie eben der Kyniker lehrt: Alles ist voll von Gott (L. D. VI, 37). Und wenn Mem. I, 4 zum Schluss die Allgegenwart der Götter preist, die auch das geheime Unrecht sehn, so ruht auch das auf der kynischen Lehre, die den allgegenwärtigen Gott die heuchelnde Schamlosigkeit im Rücken sehn lässt (L. D. VI, 37). Auch im Protagorasmythus hat man den pantheistischen Hintergrund bemerkt (Dümmler, Kl. Schr. I, 194). Aber an Prometheus persönlich gemahnt es wieder, wenn es ib. § 13 heisst: *οὐ τοίνυν μόνον ἤρκεσε τῷ θεῷ τοῦ σώματος ἐπιμεληθῆναι, ἀλλὰ καὶ τὴν ψυχὴν κρατίστην τῷ ἀνθρώπῳ ἐνέφυσε*[1]).

· Doch wir haben ja noch directe Spuren, dass die Teleologie, wie sie der abhängige Xenophon giebt, bis in's Speciellste auf den Namen Prometheus durchgeführt war. Die hintere Localisation der *ὀχετοί* für die *ἀποχωροῦντα* (Mem. I, 4, 6) ist ein teleologischer *τόπος*, der auch bei Späteren, wie Norden 434, 2 mit Recht findet, hauptsächlich nach stoischen Quellen ständig wiederkehrt. Gewöhnlich steht als Subject wieder der ungenannte *θεός* (oder *φύσις*), aber Claudian de consul. Honor. 228 ff., hat, sicher nicht aus eigener Erfindung, Prometheus, und in Frg. VIII (Bücheler) der varronischen Satura spricht Prometheus: retrimenta cibi qua exirent, per posticum callem feci. Auch bei Antisthenes spricht Prometheus, und man hat bereits bei ihm und bei Varro einen ähnlichen Verlauf und Ausgang des Gesprächs vermuthet (Ribbeck,

---

[1]) Der xenophontische Nachweis, dass die Thiere um der Menschen willen geschaffen seien, kehrt ja auch bei der Stoa wieder (Zeller III, 1, 172[2]) und bei Plut. π. τύχης c. 4, wo kurz vorher die stoische Prometheusdeutung steht.

Gesch. d. röm. Dichtung I S. 254). Thatsächlich lässt sich die Berührung Beider, d. h. die Abhängigkeit Varro's von Antisthenes, weiter aufzeigen. Frg. IX des varronischen Prometheus handelt von der Nothwendigkeit der Augen (also dem 1. Punkt der Teleologie der Mem.), und der Gesprächspartner will sie dort offenbar durch die Möglichkeit einer reinen Vernunfterkenntniss widerlegen. Von dieser aber handelte auch Antisthenes im Herakles, — Norden behauptet entgegengesetzt, sodass die Aehnlichkeit nur eine scheinbare sei (434, 1). Doch warum vergleicht er Prometheus bei Varro mit Herakles bei Antisthenes? Soviel ist klar: Antisthenes bringt eine Widerlegung der reinen Vernunfterkenntniss, und er konnte für sie im Herakles kaum einen passenderen Platz finden, als den sie bei Varro hat; so ist auch darum die Prometheusteleologie für Antisthenes' Herakles wahrscheinlich[1]). Oder glaubt man, dass Varro diesen erkenntnisstheoretischen Ausfall ersonnen? Lag er nicht gerade dem ersten Gegner der Ideenlehre am allernächsten? Und widerlegten nicht die Kyniker die platonischen Ideen gerade als $οὐχ\ ὁρατά$ (Antisth. Frg. S. 34, 3. L. D. VI, 53), für die also die Augen (vgl. ib.) überflüssig wären? So stimmen der Teleologe Prometheus und Antisthenes als Gegner der Ideenlehre nothwendig zusammen; aber sie stimmen auch darin zusammen, dass sie doch $οὐχ\ ὁρατά$ zugeben, nämlich das Göttliche, von dem Antisthenes sagt (Frg. S. 23, 2): $ὀφθαλμοῖς\ οὐχ\ ὁρᾶται$. Sein Prometheus bei Themistius fordert auf, mit dem Denken über das Irdische hinauszugehen. Die Teleologie der Mem. zeigt, dass im Gespräch die Unsichtbarkeit der Götter als Einwand behandelt wurde, und zeigt zugleich die Lösung (Mem. I, 4, 9. IV, 3, 13f.). Die Seele ($θεία\ μοῖρα$ nach Antisthenes und durch Prometheus!) ist ja auch unsichtbar,

---

[1]) Auch die Predigt des Kynikerschwärmers Epiktet (der Diogenes über Sokrates stellt) $περὶ\ προνοίας$ (I, 6) beginnt mit dem Lob der $δύναμις$ für die $ὁρατά$ und zeigt hierin, ferner in der sexuellen Anlage des Menschen u. A. das $ἔργον$ eines $τεχνίτης$, der mit Phidias verglichen wird, und der auch die andern $ζῷα$ zweckmässig eingerichtet, aber den Menschen Vorzüge gab, auch ihnen allein individuelle Triebe. Da haben wir die Künstlerteleologie der Mem. und doch im Einzelnen ganz anders ausgeführt; das letzte erinnert an das, was Philemon schon von Prometheus zu sagen wusste, und bestätigt, dass er darin einem Philosophen folgt (s. oben S. 472), auf den im letzten Grunde auch Epiktet zurückgeht; und wenn dieser weiterhin ib. Herakles als Muster der Askese vorführt, so zeugt auch das dafür, dass diese Teleologie im Zusammenhange mit der Askese ursprünglich in einer (antisthenischen) Heraklesschrift verkündet worden.

und man kann zwar die Gestalten der Götter nicht sehen (vgl. Antisth. Frg. 23, 2), aber ihre δυνάμεις aus ihren ἔργα, aus den γιγνόμενα erkennen. Gilt das auch von den Ideen? Aristoteles war sicher nicht der Einzige, der ihnen dynamischen Mangel vorwarf. Unsere Neueren lassen sich irreführen durch die Vorstellung, dass Prometheus nicht im Sinne des Antisthenes sprechen könne. Aber es geschieht doch nun einmal[1]), und warum soll es unmöglich sein? Offenbar weil bei Antisthenes Herakles, der „Gegner" des Prometheus, der Held ist, und dann, weil der „Sophist" Prometheus nach dem Kyniker mit Recht bestraft wird. Darum bestreitet Norden die Nachahmung des antisthenischen Prometheus bei Varro; darum sehen Bücheler (Rhein. Mus. 27. 450 und Dümmler (Philol. 50. 289 ff.) in der antisthenischen Prometheusrede bei Themistius einen hochmüthigen Sophistenvorwurf, gegen den Herakles dort gerechtfertigt werden musste; darum endlich will Weber a. a. O. 241 ff., dem die Rede einen besseren Eindruck macht, sie Prometheus nicht zutrauen und sieht sich zu dem Gewaltstreich genöthigt, die Personen bei Themistius umzukehren: „Herakles sprach zum Prom." statt „P. sprach zum H."

Doch sehen wir uns die Rede an (Themist. π. ἀρετῆς Rhein. Mus. 27. 450): „Prometheus sprach zum Herakles: Sehr verächtlich ist deine Handlungsweise, dass du um weltliche Dinge dich bemühst, denn du hast die Sorge um das Wichtigere unterlassen, denn du bist kein vollendeter Mann, bis du das gelernt, was höher ist als die Menschen, und wenn du dies lernst, lernst du auch das Menschliche; wenn du aber allein das Irdische lernst, bist du irrend wie die wilden Thiere. Der aber, dessen Interesse an den Dingen dieser Welt ist, und der die Denkkraft seiner Intelligenz und seine Klugheit auf diese schwachen und engen Dinge beschränkt, ist nicht ein Weiser, wie Antisthenes sagt, sondern gleicht dem Thier, dem der Koth behaglich. Denn erhaben sind alle himmlischen Dinge, und erhabene Gedanken müssen wir über sie haben." So soll nun bei Antisthenes der falsche Prophet sprechen, der von Herakles widerlegt werden muss? Dann hätte Themistius wahrlich anders citirt oder er, der sich in dieser Rede für den kynischen Lebensweg entscheidet, müsste hier für den Kyniker den Antikyniker citiren, müsste auf

---

[1]) Erwägenswerth ist doch noch, dass der leere Sophist Prometheus der Stoa widerspräche, die also dann von Antisthenes gründlich abgewichen sein müsste (Dümmler, Akad. 215).

den „Gegner" hereingefallen sein, den Antisthenes sprechen lässt. Aber ich finde, dass dieser Prometheus vortrefflich im Sinne des Antisthenes spricht, vor Allem gerade in der Einstellung der menschlichen Weisheit als abhängig unter die göttliche (vgl. oben S. 212; übrigens spricht auch Plato Soph. 232 von Antilogikern, die göttliche Dinge behandeln, vgl. oben S. 466, 2), und Antisthenes nennt Frg. 65, 49 das συμβιοῦν θεοῖς den Lehrgegenstand seiner Philosophie. Auch die pessimistische Betrachtung des Irdischen steht Antisthenes an (vgl. oben S. 173), und die Sprache zeigt das sonore Pathos, das der platonische „Protagoras" wunderbar copirt, und jene Paränetik ἀπὸ μηχανῆς τραγικῆς, die der Clitopho kritisirt. Wie der Kyniker ist dieser Prometheus bald mit der Verachtung bei der Hand; „irrend wie die wilden Thiere" sind die Unwissenden — πλανώμενοι sind sie beim Kyniker (vgl. oben S. 293, 5), der stets mit den Thieren vergleicht. Und hier geschieht es noch specieller: er „gleicht dem Thier, dem der Koth behaglich", — das Schwein ist das Verächtlichste gerade für den Kyniker (vgl. oben S. 463, 1), und es bleibt ein Schimpfwort im Munde seiner Nachfolger, die gegen die epikureischen „Schweinchen" eifern. Damit man aber wieder sieht, wie Varro's Prometheus vom antisthenischen abhängt, lese man dort Frg. XIII: in tenebris ac suili vivunt, nisi non forum hara atque homines qui nunc sunt plerique sues sunt existimandi. So derb, so voll Verachtung von der Masse der Menschen spricht nur der Kyniker oder der Nachahmer des Kynikers.

Doch man wird noch immer den Kopf schütteln, dass Prometheus, der „Sophist" und „Gegner" des Herakles, die Sache des Antisthenes führen soll. Aber ist denn jeder Gesprächspartner schon ein „Gegner"? Kann er nicht ein Lehrer des Helden sein? Ist Diotima, die Sokrates kräftig ausschilt, seine „Gegnerin"? Thatsächlich ist die Rede des Prometheus die echte kynische Paränese, mit dem αἰσχρόν beginnend (sehr verächtlich ist deine Handlungsweise) die rechte ἐπιμέλεια fordernd (denn du hast die Sorge um das Wichtigere unterlassen) als ein Lernen, um ein τέλειος ἀνήρ zu werden — vgl. oben S. 240, 1 — (denn du bist kein vollendeter Mann, bis du das gelernt, was höher ist als die Menschen, und wenn du dies lernst, lernst du auch das Menschliche); endlich die Ausführung der beim Kyniker nie fehlenden Antithese (wenn du aber allein das Irdische lernst, bist du irrend u. s. w.)! Denn du bist kein vollendeter Mann, bis du das gelernt, — diese Worte allein schon beweisen, dass hier kein „Gegner", sondern ein *παιδεύων* spricht. Ist denn etwa im Mythus Prometheus Gegner des Herakles wie Diomedes, Busiris oder Geryones? Nein, er tödtet ihn ja nicht, sondern im Gegentheil, er befreit ihn; also muss er ihm doch der Wohlthat werth erschienen sein. Und handelte nicht der antisthenische Herakles eben von der *παιδεία* (vgl. oben S. 284 f.), die doch auch in der Prodikosfabel und bei Dio dem jungen Herakles erst zu Theil werden muss?

Aber wir haben (abgesehen z. B. von Schol. Greg. Naz. vol. 38 p. 480 M, wo der Menschenbildner Prometheus als *σοφὸς παιδεύων* erscheint) das directe Zeugniss einer sicherlich antisthenischen Mythendeutung, nach der Herakles vor der Prometheusbefreiung und den Sophistengesprächen durchaus noch kein vollendeter Mann war, sondern sich ungebildet und unwissend gerade über das Göttliche zeigt, also des Prometheus Vorwurf verdient, nachher aber zum kynisch-stoischen Ideal fortschreitet. Plut. de ei ap. Delph. 6: *Ὁ δὲ Ἡρακλῆς οὔπω τὸν Προμηθέα λελυκὼς οὐδὲ τοῖς περὶ Χείρωνα καὶ Ἄτλαντα σοφισταῖς διειλεγμένος, ἀλλὰ νέος ὢν καὶ κομιδῇ Βοιώτιος ἀναιρῶν τὴν διαλεκτικὴν καὶ καταγελῶν τοῦ E τὸ πρῶτον, τὸ δεύτερον ὑποσπᾶν ἔδοξε βίᾳ τὸν τρίποδα καὶ διαμάχεσθαι πρὸς τὸν θεὸν ὑπὲρ τῆς τέχνης· ἐπεὶ προιών γε τῷ χρόνῳ καὶ οὗτος ἔοικε μαντικώτατος* (vgl. oben S. 426, 1 u. unten) *ὁμοῦ γενέσθαι καὶ διαλεκτικώτατος* (vgl. Mem. IV, 5, 12 u. dazu unten). Prometheus war ja durch Name und Mythen für die Lehre der Weissagung prädestinirt[1]), die Antisthenes verhiess (vgl. oben S. 167, 1. 173, 2), und vielleicht spielt darum auch die Mantik, die ja auch ein *προνοεῖν* ist (Mem. IV, 3, 12), in der Teleologie der Mem. eine solche Rolle (I, 4. 15. 18. IV, 3, 12). Die Mantik ruht ja auch für die Stoiker auf der Teleologie, auf der Prädestination, der göttlichen Ordnung der Welt (vgl. Zeller III, 1, 338 ff.). Die *πρόνοια θεῶν*, sagt der Kyniker Plut. d. def. orac. 7, hat die Orakel eingerichtet. Xenophon hat nur diesen Zusammenhang nicht begriffen.

---

[1]) Er ist auch bei Lukian ein *γενναῖος σοφιστής* und *μάντις προγιγνώσκων* (Prometh. s. Cauc. 4. 20). Bei Lukian sehn wir wieder den launischen Nachhall ernster philosophischer Debatten. Bemerkenswerth sind unter den Vorwürfen, gegen die Prometheus sich rechtfertigen muss, die Götterähnlichkeit der Menschen (c. 12. 17, vgl. dazu unten) und die Bildung der Weiber (17), die — nach Varro's Fragmenten — auch sonst beanstandet zu sein scheint. Auch in dem Hirtenvergleich für die *ἐπιμελούμενοι θεοί* (16) steckt wohl ein tieferes Motiv.

Antisthenes der Erzieher und Prediger ist wohl der erste Grieche, der als Vorläufer Augustin's die Wandelbarkeit, die Entwicklung der Seele erfasst hat. Er hat wohl den Sokrates erfunden, der erst seine sinnliche Natur niederkämpfen muss, und er hat auch Herakles vom reinen Thor durch Mitleid wissend (Dio VIII § 33 Prometheus ἐλεήσας, den er vom Leide erlöst) fortschreiten lassen gleich dem stoischen προκόπτων zum τέλειος ἀνήρ. Konnte er den Dreifussraub anders deuten wie als Jugendstreich, als Unwissenheit in Bezug auf den Orakelgott? Nach der Plutarchstelle, die dies zeigt, steht Herakles zu Prometheus in demselben Verhältniss wie zu (dem ja auch im Mythus mit dem befreiten Titanen verbundenen) Cheiron, dessen παιδεία Antisthenes im Herakles gepriesen[1]). Das passt zu dem Herakleslehrer Prometheus in dem Fragment bei Themistius, und so stimmt Alles dahin zusammen, dass bei Antisthenes Prometheus

---

[1]) Vielleicht ist auch die Höhle des Cheiron, in der er Herakles unterrichtet (Antisth. Frg. 16, 4), das Vorbild der Höhlenwohnungen, die der Kyniker empfiehlt (vgl. oben S. 466). Winckelmann will dort für τιμῶν τὸν Πᾶνα unter Berufung auf die obige Plutarchstelle τιμῶν τὸν Ἄτλαντα lesen; doch kann der Hirt Herakles auch Pan als Lehrer ehren, der Dio VI § 20 kurz vor Cheiron und Prometheus als Lehrer der Hirten erscheint, und zwar in der Mastrupation, die ja auch Diogenes empfiehlt, und gerade nach dem Vorbild der Hirten (ep. 44). Auch die Stoa weiss dies von Pan zu melden (Cornut. c. 27. Heraclit. c. 25). Vgl. ferner, was Weber, Leipz. Stud. X, 113 f., beibringt, dann das Gebet an Pan Phaedr. 279, das schon Winckelmann (Antisth. Frg. S. 50) auf Antisth. bezog, und dessen pantheistische Deutung des Pan, der mit dem λόγος gleichgesetzt wird, Crat. 408 C D (Dümmler, Akad. 133 f.). Pan als Typus des Naturlebens musste den Kyniker anziehn. Herodor von Heraklea soll schon laut Frg. 24 Herakles als μάντιν καὶ φυσικὸν γενόμενον und als Schüler des Atlas in der Astronomie vorgeführt haben. Danach wäre er hierin ein Vorläufer des Antisthenes. Seine Deutungen in den übrigen Fragmenten, auch in dem über Prometheus (23) sind allerdings historisch-rationalistisch, nicht wie die antisthenischen symbolisierend. Immerhin kann er Antisthenes den Muth der Deutung überhaupt und eine Erweiterung der Heraklesbeziehungen in's Exotische, Demokratische und Didaktische vermittelt haben: wenigstens zeigen die Fragmente Herakles als παιδευθείς von Hirten, als Schüler des phrygischen Barbaren Atlas und des Skythen Teutaros, wie sie auch von seinen skythischen Waffen sprechen und von seiner δουλεία bei Omphale. Dass der eifrige kynische Heraklesschriftsteller seinen letzten wichtigen Vorläufer in diesem Thema literarisch nicht gekannt habe, ist undenkbar. Des Herodoros Sohn Bryson hat zudem Beziehungen zur Sokratik, s. die Stellen bei Winckelmann, der in dem von Antisthenes empfohlenen Ἡρακλεώτης ξένος (Xen. Symp. IV, 63) Bryson vermuthet (Antisth. Frg. S. 31). Warum soll es nicht dessen Vater gewesen sein? Doch s. unten.

dem Herakles die göttliche πρόνοια d. h. die Teleologie (und Mantik) lehrte. Wie aber konnte dieser Erzieher Prometheus straffällig werden? Vermuthlich, weil er zu weit gegangen und den Menschen auch eine σοφία mitgetheilt, die ihnen wahrlich die Götter nicht aus Neid (Dio VI § 25 A) vorenthalten haben. Auch die Mem. sprechen warnend von einer nicht zu überschreitenden Grenze der menschlichen σοφία und πρόνοια gegenüber der göttlichen Allwissenheit: I, 1, 6. 8 f. 12 f. IV, 6, 7. 7, 6. 10. Ein Uebermaass von Wissen (und προμήθεια Dio VI § 29 A) ist auch für die Menschen schädlich. Es scheint mir, dass Mem. IV, 7 hier einen Auszug aus der Herakles-παιδεία liefert, im indirecten Bericht alles Mythologische abstreifend. Das Capitel stellt als Ideal den αὐτάρκης ἐν πράξεσιν auf (§ 1): das ist Herakles, wie ihn Antisthenes preist: αὐτάρκη — τὸν σοφόν, αὐτάρκη — τὴν ἀρετήν — τῶν ἔργων (L. D. VI, 11). Dieses praktische Ideal erfordert nicht zu viel Wissen — das ist der Tenor von Mem. IV, 7, und das lehrt Antisthenes ib.: τήν τε ἀρετὴν τῶν ἔργων εἶναι, μήτε λόγων πλείστων δεομένην μήτε μαθημάτων. Trotzdem aber muss dieser Idealmensch ὀρθῶς πεπαιδευμένος sein und **ein gewisses Maass von den ἐπιστάμενοι in den Specialia lernen** (Mem. ib. § 1 Schl. § 2 Anf.), — auch Herakles ist πεπαιδευμένος in der ἀγαθὴ παιδεία (Dio I § 61. IV § 31 A), zwar οὐ περιττῶς σοφίσμασι (Dio I a. a. O.), aber doch fortschreitend in der Bildung durch Gespräche mit den Specialisten (Plut. de Ei ap. Delph. 6. Antisth. Frg. S. 16, 4). Mem. IV, 7 führt nun die Specialfächer bis zur Mantik vor und zeigt in jedem das erlaubte Maass der Bildung; wir kennen einige der ἐπιστάμενοι, von denen der antisthenische Herakles lernt, die aber, eben weil sie Specialisten sind und ihr Wissen berufsmässig oder über das praktische Maass hinaus treiben, σοφισταί sind: Prometheus, Cheiron und Atlas (Dio 8 § 33. 58. § 2 A. Plut. a. a. O., vgl. Cic. Tusc. V, 3, 8). Atlas, natürlich Specialist der Astronomie, kann von der Himmelskugel nicht loskommen, während Herakles zu neuen Thaten weitereilt, wie Antäos, in dem Dümmler nach Theaet. 169 B den Sophisten der Geometrie vermuthet (Akad. 192), von der Erde nicht frei werden kann. Der Specialtrieb der Geometrie und Astronomie, heisst es auch Mem. a. a. O. 3. 5, nimmt das ganze Leben in Anspruch und hält von Nützlichem ab. Die Hauptsache ist die Praxis, wie sie Herakles repräsentirt. Auch in der Medicin, heisst es Mem. § 9, nützt die eigene Erfahrung mehr als die Theorie, die aber — wohlgemerkt — auch von den

Wissenden gelernt werden soll. Auch die Heilkunde des Cheiron, heisst es Dio IV § 24, nützt nichts, wenn die Menschen schlecht sind. Auch was Prometheus ihnen mittheilte, so fährt Dio ib. § 25 fort, ist den Menschen zum Schaden ausgeschlagen; denn sie haben die σοφία nicht für die Tugend, sondern für die ἡδονή angewandt (§ 29).

Antisthenes der Erzieher lehrt die Wandlung des Menschen, kennt Fortschritt, aber auch Verfall. Und so klingt es überall durch: die alten Spartaner nach der Einrichtung Lykurg's waren Muster, die jetzigen sind es nicht; die Perser des Kyros waren Helden, die jetzigen sind Schwelger; homines qui nunc sunt plerique sues sunt — so tönt das Echo in Varro's Prometheus (Frg. XIII). Die Alten (παλαιοί), predigt der Kyniker Luc. Cyn. 14, waren besser als ihr; sie wollten als Männer erscheinen und hielten es für weibisch, den von Gott als Mannesschmuck verliehenen Bart sich scheeren zu lassen. Die Alten sind mir Muster und Vorbild, nicht die Jetzigen mit ihrem gepriesenen Tafel- und Toilettenluxus und sonstigem widernatürlichen Raffinement (ib.). Die göttliche Vorsehung hat den Menschen ein leichtes Leben eingerichtet, aber die Menschen haben es verdorben mit ihren Künsteleien — das ist die Lehre des Kynikers (L. D. VI, 44, ausgeführt in Dio VI), und das bedeutet ihm der Prometheusmythus. Und zwar Beides liegt in ihm: die ursprüngliche treffliche κατασκευή der Menschen durch die göttliche πρόνοια und der Verfall in der Hypercultur. Beides gehört zusammen: die Teleologie und die Askese, das Lob der alten Ordnung und der Tadel der neuen Unordnung, die sich eben wieder in die alte Ordnung wandeln soll. Rückkehr zur einfachen Natur, die eben die göttliche Ordnung ist, fordert der Kyniker, und so ist die Prometheusteleologie ein integrirendes Stück seiner Puritanerpredigt. Des Maximus Tyrius 36. Rede bestätigt auch diesen Zusammenhang. Sie handelt vom Vorzug der kynischen Lebensweise und beginnt mit dem — damit auch wieder als kynisch bestätigten — Mythus von Prometheus dem Menschenbildner. Im Auftrag des Zeus bildet Prometheus Geschöpfe mit den bekannten Vorzügen: ὀρθότης, γνώμη etc. (vgl. Mem.), kurz, götterähnliche (vgl. Mem. I, 4, 14) Wesen, und diese Menschen führen nun ein „leichtes Leben" — eben den ῥᾴδιος βίος, den der Kyniker nach Homer den Göttern (Dio VI § 31), aber nach göttlicher Anordnung ursprünglich auch den Menschen zuweist (L. D. VI, 44). Die Erde, heisst's bei Maximus weiter, giebt ihnen Nahrung, die

Die kynische Predigt gegen die μαλακία und der Prometheusmythus. 483

Nymphen bieten ihnen Quellen zum Trunk u. s. w., mit einem Wort, sie führen ganz das Leben der Kyniker (vgl. S. 453. 493); wie zu Zeiten des Kronos, heisst es hier (vgl. dazu oben S. 326)! Und dann als Gegenbild die verdorbene Menschheit der Gegenwart mit all ihren Luxusbedürfnissen — es ist wieder die Antithese des Kynikers, der nun auch als Verfechter der alten Einfachheit hoch erhoben wird, schliesslich über Plato und Xenophon, ja selbst über Sokrates.

Und er geht allerdings nicht den Weg der echten Hellenen, er ist ein Abtrünniger vom Volk des Humanismus, er theilt nicht den Culturstolz jenes sophokleischen Chorgesangs, er sieht in Prometheus nicht nur den Geist der Cultur, der σοφία, sondern zugleich den Geist der Hypercultur, der Sophistik und Hedonik, er preist nicht, wie Aeschylos, in ihm den Wohlthäter der Menschen, sondern er findet Heil und Unheil, Grösse und Schwäche der Menschheit in Prometheus verkörpert. Sein Lob erschallt — und darum schwillt seine Leber; aber auch nagenden Tadel verdient er — und dann schwindet sie; erst der kynische Idealmensch, der Befreier von allem τῦφος, ist sein Erlöser — das ist die kynische Deutung (Dio VIII § 33 A). Die Meinung der Griechen, die noch Aeschylos gestärkt hat, ist falsch: Prometheus leidet nicht durch die Rache des Zeus, der den Menschen das Feuer neidet, nein, er leidet gerechte Strafe (Dio VI, 25. 30 A), d. h. er leidet durch eigene Schuld (wie Herakles nicht durch Bestimmung, sondern aus eigener Wahl den mühevollen Weg der Tugend geht, vgl. oben S. 287) — so lehrt zum ersten Mal der Kyniker, und er hat damit für die Griechen den Sündenfall und das verlorene Paradies und in Herakles den Erlöser entdeckt. Durch die Leugnung des Götterneides und die Rechtfertigung der Prometheusstrafe ist der Mythus aus dem Tragischen[1]) in's Religiös-Sittliche umgeschlagen.

Die Prometheuskraft der griechischen Cultur ist im Kyniker gebrochen. Der Mensch wird klein gegen den Gott und Antisthenes in Wahrheit der πρῶτος θεολογήσας (vgl. oben S. 180. 240). Die höchste menschliche ἀρετή ist ihm einig mit Gott, θεοφιλής (vgl. L. D. VI, 72) und greift nicht nach göttlichen Kronen. Der stolzeste Aufschwung hellenischen Geistes wird ihm Hochmuth

---

[1]) Obgleich die Wirkung des leidenden Prometheus mit den vielsagenden (desshalb vielleicht nicht ergänzungsbedürftigen) Worten: ἐλεήσας καὶ φοβήσας angegeben wird (Dio VIII (7) § 33 A). Doch darüber ist das letzte Wort noch nicht gesprochen.

vor Gott und Sünde. In mythischen Gestalten brandmarkt er die hochgestiegenen Wissenschaften im Herakles als Empörung gegen Gott und als „Sophistik", und dort vielleicht zuerst ward diesem Namen der Schimpf angeheftet, der ihm geblieben (s. später). Auch darin ein Vorläufer aller Reactionäre, sieht der Kyniker in der kühnsten Wissenschaft eine sittliche Gefahr und setzt die höchste Theorie eins mit dem Raffinement der Lust. Doch die Sophistik, die auf die ἡδονή gerichtet ist, war ja in Aristipp gegeben, den der antisthenische Herakles bekämpft. Die wahre προμήθεια ist ihm die göttliche, die Welt durchwaltende, organisirende, während wohl Aristipp wie Epikur die ἐπιμέλεια des Göttlichen leugnet; bei den Menschen aber führt die προμήθεια zum Aberwitz der Sophistik und Fürwitz der Sünde, und sie ist von der göttlichen verschieden wie das irdische Feuer von der göttlichen Sonne (vgl. Dio VI § 25. 27. Luc. Prometh. s. Cauc. c. 19. Mem. IV, 7, 7). Indem der Kyniker die προμήθεια in's Göttliche als Weltordnung emporhebt, muss er sie im Menschlichen sinken lassen, und indem er sie auf der Erde herabzieht, muss er sie im Himmel preisen.

Die Verbindung der Teleologie oder Theodicee mit der Busspredigt, d. h. die Anklage der modernen Hypercultur als Abfall von der göttlichen Ordnung zeigt der Kyniker schon in dem bereits citirten Ausspruch, dass die Menschen das ihnen von den Göttern eingerichtete leichte Leben verdorben hätten durch ihre Salben, ihr Zuckerwerk u. Aehnl. (L. D. VI, 44). Auch den Diener- und Becherluxus bekämpft er teleologisch: die Hände (vgl. Luc. Cyn. 17 die Füsse) genügen und sind uns dazu von der φύσις angefügt worden (Diog. ep. 37, 4. Gnom. Vat. 185) — das gehört wieder zur Rechtfertigung der menschlichen Körperbildung, wie der Protest gegen das Abscheeren des Bartes, den der Gott(!) dem Manne zum anmuthigen Schmuck verliehen wie dem Löwen die Mähne (Luc. Cyn. 14). Wenn der Kyniker das Purpurfärben als widernatürliches Anwenden der τοῦ θεοῦ(!) κατασκευάσματα bekämpft (ib. 11), und wenn er den φαρμακόπωλος als θεοῖς ἐχθρός hinstellt (L. D. VI, 42), so werden auch damit die menschlichen Künsteleien als der göttlichen Anordnung widersprechend bezeichnet. Die paränetische Teleologie der Kyniker kehrt nun wie bei Maximus Tyrius so auch in Varro's Prometheus wieder. Frg. VII giebt ein Beispiel der Ordnung, für die der Mensch geschaffen wurde: cum sumere coepisset, voluptas detineret, cum sat haberet, satias manum de tabula tolleret. Die kynische Diätetik lehrt, dass die ἡδονή sich an das

Bedürfniss knüpft und die Sättigung das Maass des Essens geben soll (vgl. oben S. 445 ff. 448 ff.). Die Fragmente X ff. lassen wieder in das Gegenbild blicken: Luxus und Verweichlichung in Betten, Kopfbinden u. s. w. und die Lüsternheit des verwöhnten Roué „Goldschuh" — damit treffen wir uns wieder mit den letzten Anklagen gegen die *Κακία*.

„Damit du $ἡδέως$ schläfst, schaffst du (sc. *Κακία*) dir nicht nur $στρωμνὰς$ $μαλακάς$ an, sondern auch $κλίνας$ und $ὑπόβαϑρα$ dazu; denn nicht $διὰ$ $τὸ$ $πονεῖν$, sondern weil du nichts zu thun hast, verlangst du nach dem Schlaf." Wieder liefert dazu nach der einen antisthenischen Ponoslobschrift die Kyropädie die bessere Illustration im Gegensatz der altidealen und der verdorbenen Perser. „Es genügt den heutigen Persern nicht, unter ihr Lager weiche Betten zu breiten, sondern sie stellen auch die Füsse der Polster auf Teppiche, damit der Boden keinen Widerstand leiste, vielmehr die Teppiche nachgeben; übrigens haben sie auf den Pferden mehr Decken ($στρώματα$) als auf ihren Betten; denn es liegt ihnen nicht so viel am Reiten als an einem weichen Sitze", Cyr. VIII, 8, 16. Aus der Anabasis wäre höchstens anzuführen, dass Xenophon, der weiss, wie süss man nach den $πόνοι$ ruht (Anab. IV, 3, 2), im Zelte des Teribazos Bettstellen mit silbernen Füssen erbeutet (ib. IV, 4, 21). Und als Gegenbild dazu die alten Perser. Auf eine Streu hingestreckt, fragt Kyros den reichen Assyrier Gobryas: „Sage mir, glaubst du mehr Decken ($στρώματα$) als jeder von uns zu haben?" Gobryas: „Beim Zeus, ich weiss wohl, dass ihr mehr Decken und Lager und ein viel grösseres Haus habt als ich; denn ihr habt Erde und Himmel zum Haus und der Betten so viele, als Lagerstätten auf der Erde sind; als eure Decken aber betrachtet ihr nicht die Wolle, die die Schafe tragen, sondern das Gesträuch, das auf Berg und Feld wächst" (Cyr. V, 2, 15). Und vor einer grossen Expedition räth Kyros den Seinigen: „Statt der Decken nehmt ein gleiches Gewicht von Lebensmitteln mit. Wenn ihr aber keine Decken habt, so fürchtet nicht, unangenehm zu schlafen; und sollte es der Fall sein, so gebet mir die Schuld" (VI, 2, 30). Der gleiche Gegensatz wie zwischen den Persern von einst und jetzt zeigt sich nun wieder zwischen dem Perserkönig und Agesilaos: wieviel Mühe man sich giebt, um jenen zum Einschlafen zu bringen, lässt sich kaum sagen. Agesilaos aber, weil er $φιλόπονος$, konnte überall leicht einschlafen (Ages. IX, 3). Ja, wenn er, der seinen Schlaf von seinen Geschäften beherrscht sein liess, nicht das schlechteste Lager unter seinen Gefährten hatte, sah man deutlich, dass er sich schämte (ib. V, 2), — eine echt kynische Hyperbel! Wie die Cyropädie vom Kyros, so zehrt ja der Agesilaus und der Cynegeticus von der andern Ponosschrift des Antisthenes. Die Jagd, die ja zur kynischen παιδεία gehört (L. D. VI, 31), bildet zum Kriege, weil sie gewöhnt, auf hartem Lager liegen zu können (Cyn. XII, 2).

Die Abhärtung in dieser Hinsicht zählt wieder Xenophon selbst zum Programm des Kynikers, indem er Symp. IV, 38 Antisthenes sagen lässt: „Wenn ich zu Hause bin, dünken mir die Wände ganz warme Unterkleider und die Dachschindeln ganz dicke Oberkleider zu sein und mein Lager, fürwahr, leistet so gut seine Dienste, dass es Mühe kostet, mich nur aufzuwecken." Kostbare κλῖναι, sagt der Kyniker Luc. Cyn. 9 (vgl. Diog. ep. 28, 6), machen den Schlaf nicht ἡδίω, sondern oft können auf ihnen und auf prunkvollen στρώματα die sog. εὐδαίμονες keinen Schlaf finden, und süsser als ihr Schlaf ist der des Diogenes auf der Erde (ep. 37, 6). Der Kyniker hasst die kostbaren Wohnungseinrichtungen, die weichen κλῖναι, die μαλακὰ ἔρια, vor Allem die στρώματα als πολυτελῆ [1]). Selbst Sokrates ist ihm ein τρυφῶν, weil er noch etwas für ein Bett und Häuschen übrig hat[2]). Diogenes, heisst es, lebt ἄοικος[3]), wohnt und schläft nach dem Vorbild der Thiere, der Maus und der Schnecke[4]), wo es sich findet[5]), im Fass[6]). Antisthenes giebt ihm den Brotsack, damit er sein Haus überall mit sich herumtrage[7]). Er lagert sich wie die homerischen Helden und Lakedämonier auf Ochsenhäute und στιβάδας[8]). Denn die στιβάς lehrt καρτερία[9]) und τὸ ἐπ᾽ ἀστρώτῳ πέδῳ καθεύδειν λέγει (Diogenes) ὅτι μαλακωτάτη κοίτη ἐστίν[10]) — siehe die alten Perser und Agesilaos. Der Kyniker empfiehlt

---

[1]) L. D. VI, 26. 32. Plut. de prof. in virt. 5 p. 188 Bern. Diog. ep. 28, 6. 37, 3. 38, 4. Stob. III p. 44 Hs. Luc. Cyn. 1 f. 8 f. 13. 15.

[2]) Ael. v. h. IV, 11 (vgl. 27).   [3]) L. D. VI, 38.

[4]) ib. 22. Diog. ep. 16. Luc. Cyn. 5. Dio VI § 27 A u. öfter.

[5]) L. D. VI, 22. 105. Luc. Cyn. 4 f.

[6]) L. D. VI, 23. 105. Diog. ep. 16. Max. Tyr. III, 9. Sen. ep. 90, 11 etc.

[7]) Diog. ep. 30, 4.

[8]) ib. 37, 4 und dazu Weber a. a. O. S. 232 f. Clem. Paed. p. 182, 11 D als κυνικὴ κενοδοξία. Dio II § 45. Vgl. ferner Stob. p. 16, 1 Hense wieder den kynischen „Pythagoras"!

[9]) ib. 44. Die Bewohner des „Schweinestaats" sind κατακλινέντες ἐπὶ στιβάδων ἐστρωμένων μίλακί τε καὶ μυρρίναις, Plat. Rep. 372 B. Dafür tritt Diogenes in den στρώματα τὸν Πλάτωνος τῦφον, L. D. VI, 26.

[10]) Epictet. diss. I, 24, 7. Alexander zeigt sich als treuer Schüler des

als Hülle Schaffelle[1]), lagert sich in einem Winkel der Agora[2]) und sieht die schönen Tempel, Bäder und Gymnasien als seine Häuser an[3]). Aber auch wenn alle Häuser einstürzten und alle Schafe zu Grunde gingen, würde er darum nicht ἀοικότερος und γυμνότερος[4]); denn die Erde giebt ihm εὐνάς und das Laub στρωμνάς[5]), — wie heisst es von den alten Persern Xenophon's? Als Haus und Bett seht ihr die Erde und als Decken nicht die Schafwolle (die nach Diogenes πολυτελής ist[6]), sondern das Gebüsch an[7]). Cubo in Sardianis tapetibus; chlamydas et purpurea amicula — so spricht dagegen wohl die Κακία in den Fragmenten von Varro's Hercules Socraticus[8]), während Herakles gerade als οὐδὲν δεόμενος στρωμάτων ἢ χλανίδων ἢ ταπήτων sich zeigt[9]), bis ihn das verderbliche Nessosgewand verwandelt in einen ἐπί τε στρωμάτων καθεύδοντα καὶ μὴ θυραυλοῦντα τὰ πολλά, ὥσπερ εἰώθει πρότερον[10]). Aber dieser Herakles ist eben der antisthenische. Wie weit die asketische Tendenz der „Prodikosfabel" prodikeisch ist, kann man gerade hier daraus entnehmen, dass Plato den ja später, auch wegen seiner μαλακία verspotteten Sophisten wohl mit einem ironischen Seitenblick auf seinen kynischen Verehrer schildert, wie er, während alle schon in Bewegung sind, ἐγκεκαλυμμένος ἐν κωδίοις τισὶ καὶ στρώμασι καὶ μάλα πολλοῖς der Ruhe pflegt[11]) und erst von seiner κλίνη aufgestört werden muss[12]).

„Den Liebesgenuss erzwingst du vor dem Bedürfniss, alles Raffinement anwendend und Männer wie Weiber gebrauchend. Denn so erziehst du deine Freunde, des Nachts sie vergewaltigend und den brauchbarsten Theil des Tages verschlafend." Jedes Wort giebt hier wieder den schneidenden Contrast zum kynischen Ideal. Die kynische Predigt behandelt stets die sexuelle Akrasie als einen Hauptpunkt in einer Linie und im Zusammenhang mit den andern Schwelgereien. Sie bekämpft eben die ἡδονή in ihren verschiedenen Formen, wie sie durch die verschiedenen Organe oder Thore

---

Kynikers in der natürlich fingirten Aeusserung: ἄριστον εἶναι πρὸς κοίτην στρῶμα τὸν πόνον.

1) Diog. ep. 36, 5.
2) Plut. de prof. in virt. c. 5 p. 188 Bern.
3) Dio IV, 13. VI, 14. Stob. III p. 39 f. Hs. flor. 97, 31. L. D. VI, 22 etc.
4) Dio VI § 61 f.
5) Luc. vit. auct. 9. Cyn. 1. 15. Stob. III p. 39 Hs. Diog. ep. 37. L. D. VI, 98. Epictet. diss. III, 22, 48.
6) Stob. III p. 44 Hs.
7) Cyr. V, 2, 15. 8) Non. II, 210 Müll.
9) Dio 8 (7) § 80 A. Luc. Cyn. 13.
10) Dio 60 (43) § 8 A. 11) Prot. 315 D. 12) ib. 317 E.

der Sinne und dabei auch *διὰ αἰδοίων* eindringt, wie *σιτίοις καὶ ποτοῖς* auch *ἀφροδισίοις διαφθείρων* (Stob. III, 6, 17. 9, 46. Dio 8 (7) § 22 A). Vor Allem schildert sie gerade des Herakles Thatenlaufbahn als Kampf gegen die verschiedenen Begierdentypen, und nachdem er den Säufer Diomedes und den Schlemmer Busiris u. s. w. getödtet, muss er auch der Amazonen als der sexuellen Verlockung Herr werden (Dio ib. 31 f.). So wird auch Xen. Oec. I, 22 in der kynischen Dämonologie der Leidenschaften neben Prassereien, Völlereien und kostspieligen Prahlereien der *λαγνειῶν* gedacht, die den Oekonomen ruiniren. Antisthenes selbst behandelt bei Xenophon Symp. IV, 37 f. sein asketisches Verhalten in Bezug auf Hunger, Durst, Kälte, Schlaf und schliesslich auch in Bezug auf die *ἀφροδίσια*; Diogenes schilt die *τριδούλους γαστρὸς καὶ αἰδοίου καὶ ὕπνου ἥττονας* (Gnom. Vat. 195) und wünscht, wie das Liebesbedürfniss den Hunger befriedigen zu können (L. D. VI, 69. Athen. IV, 158 F), der ihm selbst wieder ein Mittel gegen die Liebe ist (Jul. or. VI p. 198), während nach ihm Schlaf und Trunk eine Verlockung zu den *ἀφροδίσια* sind (L. D. VI, 53. 59. Dio 8 (7) § 22). So greifen die verschiedenen Triebe und Begierden ineinander. Von all dem, was der Kyniker gegen die sexuelle Akrasie zu sagen hat[1]), interessiren uns hier nur die speciellen Parallelen zu den Worten der *Ἀρετή*.

„Den Liebesgenuss erzwingst du vor dem Bedürfniss", — so beginnt sie der *Κακία* auch die sexuelle *ἡδονή* zu bestreiten. Wir kennen bereits das kynische Dogma: alle *ἡδονή* setzt das Bedürfniss voraus (vgl. oben S. 445 ff.). Auch für die *ἀφροδίσια* wird das *δέεσθαι* (Mem.) gefordert (vgl. Antisth. Symp. IV, 38: *ἢν δέ ποτε καὶ ἀφροδισιάσαι τὸ σῶμά μου δεηθῇ*, vgl. Dio VI § 18 *δέωνται*), und Diogenes schilt die ausschweifenden Menschen, die *οἳχ ἥδονται ἀφροδισίοις*, weil sie das Verlangen danach nicht abwarten und desshalb die *ἡδονάς* nicht geniessen können (Dio VI § 12). Mit diesem Diogenes in der Tyrannenrede bei Dio geht, offenbar derselben antisthenischen Quelle folgend, wieder der xenophontische Hiero zusammen (vgl. oben S. 403 f.). Wie, wer von Durst nichts weiss, im Trinken keinen Genuss findet, so weiss auch, wer von Liebe nichts weiss, nichts von den süssesten Freuden des Liebesgenusses, sagt Hiero (I, 30) in jener Rede, in der er den erzwungenen Liebesgenuss (vgl. Mem. *ἀναγκά-*

---

[1]) Vgl. nam. L. D. VI, 60 f. 68. 89. Stob. III, 6, 36. Diog. ep. 44 und die Stellen gegen *μοιχοί* und Hetären oben S. 66 f. 335, 1.

ζεις) und die dem Tyrannen dafür zu Gebote stehenden reichen Möglichkeiten verachtet (I, 26—38).

Πάντα μηχανωμένη sucht ferner die Κακία den Liebesgenuss — recht im Gegensatz zum Kyniker, der sein Liebesbedürfniss auf möglichst einfache Weise befriedigen will, ohne Wahl der Person (Antisthenes Symp. IV, 38), des Orts (L. D. VI, 69. Dio VI § 17), ohne Aufwand von Zeit (vgl. Dio ep. 44), ja, wie die Fische, ohne Object (Dio VI § 18. Athen. IV, 158 F. L. D. VI, 69. Diog. ep. 42). In der rohen Mastrupation war eben doch sein Princip der αὐτάρκεια und der einfachsten Triebstillung ohne alle Umstände (εὐποριστέρα Diog. ep. 42, ῥᾴδιον Luc. Cyn. 10) erfüllt.

„Männer wie Weiber gebrauchend" treibt die φίλους ὑβρίζουσα Κακία der Mem. das ἀφροδισιάζειν. Den τρυφῶντες in den ἀφροδίσια wirft der Kyniker vor, dass sie gebrauchen πρὸς ἃ μὴ πέφυκεν (Luc. Cyn. 10). In der gut antisthenischen III. Rede Dio's (vgl. oben S. 375 ff.) wird der schlechte Herrscher geschildert als ὑβριστής, in den meisten und grössten Lüsten schwelgend und seine Untergebenen als Sklaven seiner Begierden nehmend (§ 40), nicht ἀφροδίσια ἥδιστα καὶ ἀνυβριστότατα findend bei Knaben und Weibern (§ 98), und in der folgenden Diogenesrede heisst es bei der Schilderung des φιλήδονος (IV § 102): διακονίας ἀκριβεῖς καθ' ἑκάστην ἐπιθυμίαν τε καὶ χρείαν περὶ ταῦτα πάντα δεινῶς ἐπτοημένος, μάλιστα μέντοι καὶ ἀκρατέστατα περὶ τὴν τῶν ἀφροδισίων ὀξεῖαν καὶ διάπυρον μανίαν θηλυκῶν τε καὶ ἀρρενικῶν μίξεων. Der Kyniker warnt oft vor der Päderastie (L. D. VI, 46 f. 53. 59. 62) und spottet über ihre Opfer (ib. 61); er will auch im Sexuellen die Grenze zwischen männlichem und weibischem Verhalten gewahrt wissen (Athen. XIII, 565 C. Stob. III, 6, 38. Luc. Cyn. 14. 17. L. D. VI, 46. 65. Philo omn. libr. prob. p. 883. Gnom. Vat. 171). Xenophon wirft dem ihm tödtlich verhassten Menon in der kurzen Charakteristik Anab. II, 6, 21 ff. nicht weniger als drei päderastische Verhältnisse vor, eins sogar mit einem Perser, obgleich er doch sonst in diesem Punkte auch den neuzeitlichen Persern nichts nachzusagen weiss (Cyr. VIII, 8). Andererseits ist ihm, der die päderastisch ausschweifenden Elier und Thebaner (de rep. Lac. II, 12) kennt, die Enthaltsamkeit des Agesilaos und der Spartaner so erstaunlich, dass er Misstrauen gegen seine Mittheilungen fürchtet (Ages. V, 6. de rep. Lac. II, 14). Und allerdings sind Agesilaos und die Spartaner als ethische Typen von ihm im kynischen Sinne stark heraufgeschraubt. Er beruft sich in Bezug auf Agesilaos, den schon nach L. D. VI, 39 die Kyniker bewunderten, auf die ὀλίγοι gegen die πολλοί (V, 6), d. h. auf Antisthenes (vgl. Dümmler, Philol. 54 S. 583). Der Agesilaos Hell. V, 3, 20, der sich so sehr für ἡβητικοὶ καὶ παιδικοὶ λόγοι interessirt, entspricht wohl mehr dem echten Bilde in Xenophon's Erinnerung als der ethisch strenge Typus in der pathetischen Lobschrift.

Glaubt man ernstlich an den sentimentalen Lykurg, der den ἔρως ψυχῆς als καλλίστη παιδεία bei den Spartanern eingeführt(?) hat (Resp. Lac. II, 13)? Dann verdiente man wahrlich Plato's Spott im Protagoras, der in der ironischen Bewunderung spartanischer Urphilosophie eben Antisthenes trifft. Der Kyniker hat alle Motive für jenen Lykurg bereit: er hat Spartas männliche Erziehung zum Ideal emporgehoben (L. D. VI, 27, vgl. ib. 59. Antisth. Frg. S. 65, 47. 66, 51); er hat, wie den wahren Reichthum, den wahren Adel u. s. w., so auch den wahren ἔρως in der ψυχή gesucht (vgl. L. D. VI, 58. Gnom. Vat. 176), und er hat endlich überall die παιδεία gesucht, die für Antisthenes Lebensberuf (vgl. auch v. Arnim a. a. O. S. 36 f.), Grundproblem und allgemeines Kriterium ist, — es charakterisirt die Mem., dass sie 25 Mal das Wort παιδεία bringen. Gerade im Herakles, wo er wohl auch das spartanische Heraklidenthum gepriesen, hat Antisthenes die παιδεία des seelischen ἔρως, der sich selbst durch einen thierischen Leib nicht abschrecken lässt, gefeiert (Frg. IV und V, vgl. Gnom. Vat. 11, Wiener Stud. IX p. 183). Jetzt versteht man erst, warum die Ἀρετή der Fabel die physische Päderastie als falsche παιδεία hinstellt. „Männer wie Weiber gebrauchend; denn so erziehst (οὕτω γὰρ παιδεύεις) du deine Freunde, indem du sie des Nachts vergewaltigst —". Es ist die kynische Antithese zur wahren παιδεία des seelischen ἔρως.

„Den brauchbarsten Theil des Tages aber verschlafend". Das ist dem kynisirenden Xenophon besonders widerwärtig. Es sind oben S. 60 f. seine Stellen dafür beigebracht, wie der rechte Praktiker, der ἀρχικός, um den es sich doch Mem. II, 1 immer handelt, den Tag ausnützen und den Schlaf einschränken muss. Auch der Kyniker lässt den rechten Herrscher (Theon. progymn. c. V p. 98 Sp. Epictet. diss. III, 22, 92) und Feldherrn (Dio III § 85 A) nicht schlafsüchtig sein und stellt ihm gegenüber den schlechten Herrscher τοῦ μαλακωτάτου πάντων ἀσθενέστερον, ὕπνον (Dio ib. 35). Der Kyniker selbst ist kein νυσταλέος καὶ ὑπνηλός (L. D. VI, 77), und vor Allem ist natürlich sein Herakles der immer Thätige, im

Gegensatz zu den athletischen Langschläfern ἄγρυπνος (Dio VIII (7) § 30).

Was Xenophon in dieser ganzen Predigt vom Original abgestrichen hat, ist der grosse kosmische Horizont der ἐγκράτεια, den er dilettantenhaft in den beiden theologischen Capiteln verselbständigt hat. Wohl die glänzendste, reichste und zugleich doch einfachste, echteste kynische Combination der Teleologie mit der Busspredigt haben wir in der 3. ᾠδή der Consolationsrede Dio XXX. Der kynische Charakter, der für die beiden ersten oben S. 235 ff. 428 f. gezeigt wurde, leuchtet hier aus dem Ganzen und allem Einzelnen hervor. Der λόγος beginnt § 28 mit der Teleologie, und man hat ihn hier als stoisch erkannt (vgl. a. a. O.). Aber das Loblied auf den κόσμος singen ja bereits bei Xenophon Sokrates (Mem. I, 4. IV, 3) und Kyros (Cyr. VIII, 7), — wie wir sahen, nach Antisthenes. Der Kosmos, heisst es hier, ist das herrlich und prunkvoll eingerichtete Haus, das uns die Götter eingerichtet. Xenophon spricht Mem. I, 1, 11 von dem καλούμενος ὑπὸ τῶν σοφιστῶν κόσμος. Er hat natürlich diese „Sophisten" nicht gelesen, aber der kynische Onomatologe hat sicherlich auch hier wieder einen Grund des καλεῖσθαι gesucht, und wenn „Pythagoras" zuerst die Welt wegen ihrer herrlichen Ordnung κόσμος genannt haben soll (Plut. Plac. II, 1), so wird es wohl wieder der antisthenische Pythagoras gewesen sein. Dazu stimmt auch die „pythagoreische" Weisheit des anerkannt kynisirenden Gorgias (vgl. oben S. 219. 395). Da heisst es 507 E anknüpfend an die kynische Lehre von der θεοφιλία als κοινωνία (Antisth. Frg. 47, 4): φασὶ δ' οἱ σοφοί — καὶ οὐρανὸν καὶ γῆν καὶ θεοὺς καὶ ἀνθρώπους τὴν κοινωνίαν συνέχειν καὶ φιλίαν καὶ κοσμιότητα καὶ σωφροσύνην, καὶ δικαιότητα, καὶ τὸ ὅλον τοῦτο διὰ ταῦτα κόσμον καλοῦσιν — οὐκ ἀκοσμίαν οὐδὲ ἀκολασίαν. Plato citirt, und wir haben hier die volle Vereinigung von Teleologie und Askese, das kynische Lebensideal in's Weltall projicirt, den ethisirten Kosmos, wie er allein das kynische Princip des Lebens nach der φύσις (vgl. Weber 98 ff.) erklärt und eben erst kynisch ist, wenn sich auch der Pantheist Antisthenes für die kosmische κοινωνία, die Götter, Menschen und Thiere bindet, mit mehr oder minder grosser Freiheit auf „Pythagoras", Empedokles und τῶν Ἰταλῶν πλῆθος berufen hat (vgl. Sext. Emp. adv. math. IX, 127).

Der Kyniker liebt die Uebertragung des κόσμος-Begriffs, interessirt sich für den κόσμος als Schmuck, aber als wahren Schmuck (eben im übertragenen Sinne, vgl. L. D. 68 und oben

S. 318. 322. 338 f.), und auch für den κόσμος als Welt; denn er nennt sich zuerst κοσμοπολίτης (L. D. 63, vgl. Zeller II, 1⁴, 168, 5) und findet im κόσμος den einzig wahren Staat (L. D. 72). Wenn aber der Kyniker, der ἄοικος ist, vgl. L. D. 38, den κόσμος als seinen οἶκος erklärt (Luc. Cyn. 15, vgl. Epict. III, 22, 22), so hat er damit schon den 1. dionischen Gedanken hier ausgesprochen, und dass die Welt von den Göttern für die Menschen angenehm eingerichtet sei, versichert er ja auch L. D. 44. Dass aber der Kosmos hier gar so prunkvoll beschrieben wird, geschieht wieder im echt kynischen Agon gegen die εὐδαίμονάς τε καὶ πλουσίους καλουμένους (vgl. über dies kynische Streitwort Capelle, de Cynic. epist. S. 26); denn der Kyniker, der die kostbaren Einrichtungen hasst (vgl. oben S. 486), will eben mit seiner wahren εὐδαιμονία, seinem wahren πλοῦτος, κόσμος all den hier geschilderten goldenen, malerischen (γραφαί, vgl. oben S. 320, 2), architektonischen (vgl. oben S. 487 u. Diog. ep. 28, 6) κόσμος der Reichen (vgl. noch besonders ib. 38, 4 f. 46) übertrumpfen; darum projicirt er den wahren Prunk in's Weltall als den wahren κόσμος. Und wieder wird die τέχνη θεῶν gepriesen (vgl. oben S. 473 f.) und nach dem kynischen Grundsatz πάντα τῶν θεῶν ἐστι (L. D. 72) ihr πλοῦτος. Für den Grundgedanken sei an Diog. ep. 37 erinnert, wo die erhabene Gastlichkeit der Götter, die Diogenes mit Freuden geniesst, gegenübergestellt wird dem wider die φύσις gehenden Luxus, den er als Gast des reichen Lakydes findet. Und nun beginnt § 29 die Beschreibung des Daseins als eines Festes, zu dem uns der βασιλεὺς θεῶν (vgl. oben S. 398 Zeus als Königsvorbild) geladen, und, ganz wie es in der Teleologie der Mem. heisst, haben uns die Götter das ἀπολαύειν ἁπάντων τῶν ἀγαθῶν (vgl. Mem. IV, 3 § 11) und ein φῶς für den Tag und ein geringeres für die Nacht (vgl. Mem. ib. § 3), Thiere und Gewächse zur Nahrung (vgl. Mem. § 10) gewährt. Die Hauptsache, das Leitmotiv fehlt in den Mem. trotz des mehrfachen ἀπολαύειν: der Festesgedanke und die Anlage auf das Ideal der Genügsamkeit, da die von den Göttern eingerichtete φύσις Alles ohne Künstelei bietet. Der Kyniker findet nicht nur, dass die Götter das Leben den Menschen bequem eingerichtet (L. D. 44), sondern er lebt in steten Genüssen (Max. Tyr. diss. 9) und bis zum Tode wie auf einem Feste (ὥσπερ ἐν ἑορτῇ τὸν βίον διετέλεσε Plut. de tranqu. an. 4). Süss ist ihm das Leben, und er blickt auf die Harmonie des Weltalls, schauend, was die Götter den mässigen Menschen bescheert haben (Diog. ep. 39, 2. 4). Entscheidender noch ist Plut. de an. tranqu. 20: Diogenes fragt Einen, der mit Eifer sich zum Feste rüstet, ob nicht der rechte Mann jeden Tag als ein Fest ansehe. Es ist klar, dass das Folgende die hierzu nöthige Begründung giebt, worin eben dies Fest bestehe, sodass ein Platocitat für eine Wendung nicht den kynischen Charakter des Ganzen aufheben kann. Glänzend ist das Fest, εἰ σωφρονοῦμεν. Ἱερὸν μὲν γὰρ ἁγιώτατον ὁ κόσμος ἐστὶ καὶ θεοπρεπέστατον. Dies Fest, das die Gottheit uns χορηγεῖ, ist nicht wie die Feste der πολλοί; es macht froh, ohne dass man sich Gelächter, Mimen und Tänzer kauft, und in dies Fest wird der Mensch mit seiner Geburt hineingeführt als θεατής lebendiger Kostbarkeiten, der Sonne und des Mondes und der Sterne und der stets frisches Wasser ausströmenden Flüsse und der in Gewächsen und Thieren Nahrung spendenden Erde. Es ist Jedem deutlich, dass wir hier bei Plutarch denselben λόγος wie bei Dio haben und hier unter dem Zeichen des Diogenes. Das frische Flusswasser und die fruchtbare Erde zielen auf die Diät des Kynikers, dem Erde und Meer Nahrung spenden (Diog. ep. 26, vgl. 36, 5). Siehst du nicht, fragt Krates (Plut. de vit. aere al. c. 7), wieviel die Erde und das Meer darbieten? Die Quellen und die Erde, sagt Diogenes ep. 33, 3, sind meiner Armuth Helfer. Vgl. auch Teles p. 4 H: Sind nicht alle Wege voll von Bohnen, alle Quellen voll von Wasser, die Erde u. s. w.? Und so weist auch Dio hier auf Erde und Meer, Felder und Fluren als einladende τραπέζας[1]). Es ist im Ganzen die Verklärung der φύσις, die das Wesen des Kynismus ausmacht (vgl. Weber, Leipz. Stud. X, 103—133). Dann § 31 der Tanz der Horen (vgl. oben S. 262 f. und bei Plut. a. a. O. das göttliche χορηγεῖν statt des erkauften Tanzes), die das Fest schmücken nicht mit Goldgehänge, sondern mit blumigen στέφανοι (vgl. S. 318. 322). Zum πόνος(!) der Jagd, des Landbaus und zum Hirtenthum § 30. 32 vergleiche, was oben S. 260 ff. über die kynische Idealisirung der Naturberufe gesagt ist. Der Wechsel der Jahreszeiten und die klimatische Verschiedenheit, denen sich der Kyniker anzuschmiegen weiss (oben S. 464 ff.), werden berührt.

---

[1]) Sollte nicht die Lobpreisung der ländlichen Natur auch in der Schilderung des Thales Tempe altkynisch sein, zumal sie Dio Chrysostomus brachte, ausserdem Aelian III, 1, wie Rohde, Griech. Roman 508, vermuthet, nach Theopomp, dem Bewunderer des Antisthenes? Auch die Verherrlichung des Landlebens in Dio's Euboicus scheint altkynisch (vgl. oben S. 260, 2), speciell die Schätzung der Jagd (vgl. oben S. 53 f.), der ὁμόνοια der Brüder (vgl. Antisth. Frg. 61, 25), der einfachen Mahlzeiten mit den unschuldigen Neckereien (s. unten) u. s. w.

Man wird den kynischen Vorzug des Weisen vor den Schwelgern vermissen, aber § 33 beginnt mit aller Energie die Differenzirung ἑκάστου(!) κατὰ αὑτοῦ(!) φύσιν(!), und man sieht, wie die Predigt gegen die Schwelger schon im Festesbild angelegt ist: die ἄσωτοι(!) καὶ ἀκρατεῖς(!) sehen nicht und hören nicht (im Gegensatz zu Antisthenes, der alles Sehens- und Hörenswerthe geniesst, Symp. IV, 44), sie vergraben sich in's Essen ὥσπερ ἐν συφεῷ ὗς — da ist es heraus, das kynische Schimpfwort (vgl. I, 351. II, 463, 1)! —, und dann schlafen sie. Einige lassen sich nicht am Vorhandenen genügen (ἀρκεῖσθαι τοῖς παροῦσιν, vgl. oben S. 446, 1. 454), sondern verlangen im Binnenlande Fische und haben πράγματα. Sind es nicht hier die bekannten Züge der kynischen Κακία: Essgier, Schlafsucht, Ungenügsamkeit, schwierige πολυτέλεια? Dann § 34 die ἄπληστοι(!) καὶ ἄθλιοι(!), die ängstlich zusammenraffen und doch ἐνδεεῖς abgehn (vgl. nam. Antisth. Symp. IV, 35 f.) und so lächerlich und schimpflich sich aufführen! Hier schlägt nun wieder eine Parallele ein, die von Neuem den kynischen Charakter des ganzen Bildes sicherstellt. Luc. Cyn. 6 ff. schilt der Kyniker die Gierigen, die beim festlichen Mahle eines reichen Gastgebers nicht nach den nächsten Gerichten greifen, sondern auch das Entferntere ohne Bedürfniss an sich reissen! Aber auch hier ist dies bescheidene Nehmen von reichen Gaben nur ein Bild für die Einfügung der Askese in die Teleologie; denn der Kyniker fährt ib. 7 fort: Gott gleicht jenem trefflichen Gastgeber; er hat gar πολλὰ καὶ ποικίλα καὶ παντοδαπά aufgetischt, nicht damit Alle Alles nehmen, sondern damit Jeder, der Starke und Schwache, Gesunde und Kranke, das ihm Passende (ἁρμόζοντα — ἕκαστος τοῖς καθ' ἑαυτόν) ergreife. Wir haben hier jenen individualistischen Relativismus des Antisthenes vgl. I, 444 f.), wie er ihn namentlich auch als Protagoras in platonischer Persiflage Prot. 334 A ff. docirt: denn das Gute sei ποικίλον und παντοδαπόν und für die Kranken ein Anderes u. s. w. Uebrigens wird das Bild des Gastmahls Luc. a. a. O. veranlasst durch einen Einwand, den sicher schon Antisthenes berücksichtigt hat; denn es liegt nahe, einen Widerspruch zu finden zwischen Teleologie und Askese: wozu die reichen Gaben Gottes, fragt der Gegner des Kynikers Luc. a. a. O. 5, wenn ihr wie die Hunde lebt? Und darauf der Kyniker: auch beim Gastmahl ist es nicht anständig, von Allem zu nehmen. Ihr aber, schilt der Kyniker Luc. ib. 8 weiter, gleicht dem δι' ἀπληστίαν καὶ ἀκρασίαν ἁρπάζοντι, der nach Allem greift; das heimische Land und Meer genügen euch nicht; von den Grenzen der Erde schleppt ihr eure Genüsse herbei, zieht τὰ πολυτελῆ den εὐτελῆ, τὰ δυσπόριστα den εὐπόριστα vor und wollt lieber mit πράγματα als ohne πράγματα leben, — also ganz wie bei Dio! Die Habsucht findet nun weiter bei Dio § 35 im Rahmen des Gastmahls ihr Bild im Würfelspiel, aber die Spieler würfeln um Gold und Silber und suchen das πλεονεκτεῖν(!). Das Lebensbild der πεττεία bringt auch Stob. flor. 124, 41 „Sokrates", und schon Dümmler (Kl. Schr. I S. 175, 1) hat vermuthet, dass es der kynische ist. Welcher auch sonst? Aber bei diesen συμπόται giebt's nun Lärm, Geschrei und unsinniges Benehmen; sie streiten und werden handgemein (ausser § 35 auch 39), — das ist ein immer wiederkehrender Zug bei den Gastmahlen in der kynischen Diatribe (vgl. auch bei Luc. a. a. O. das Verlangen nach Gold und Silber und den blutigen Streit!). Trunken aber, heisst es § 36, sind sie nicht vom Wein, sondern — und da schimmert das kynische Princip! — ὑφ' ἡδονῆς!

Aber es wird noch kynischer! Die Götter wollen beim Trinken τὸν ἑκάστου τρόπον prüfen und haben als Weinschenken Νοῦς und Ἀκράτεια. Da haben wir wieder eine Synkrisis nach dem Ἀντισθένειος τύπος. Nichts scheint dem Kyniker nöthiger, werthvoller für das Leben als der νοῦς (Antisth. Frg. 64, 45), nichts verderblicher als die Akrasie. Die φρόνιμοι(!) nehmen natürlich vom nämlichen Schenken, dem Νοῦς, σπανίως τε καὶ σμικραῖς κύλιξι καὶ πάνυ ἀσφαλῶς κεκραμένον. Hier liegt wieder die antisthenische Quelle zu Tage. Denn das Lob der μικραὶ κύλικες kehrt Symp. II, 26 wieder, und zwar ausdrücklich als ein Citat, nämlich des gorgianisirenden Antisthenes, wie bereits Winckelmann aus allen Daten erkannt hat (Antisth. Frg. S. 21). Jetzt sehn wir, dass Xenophon auch die anschliessende Aufforderung, rascher (θᾶττον) bis zur Hetzerei einzuschenken (a. a. O. S. 27), von Antisthenes hat; denn sie erscheint hier bei Dio § 38 ernsthaft, während Xenophon sie bereits durch seinen Spassmacher persiflirt. Natürlich geht sie nur von den ἑστιάτορες der Ἀκράτεια aus, die in ungemischter ἡδονή schwelgen, während den φρόνιμοι der Νοῦς aus dem κρατήρ der Σωφροσύνη (vgl. das Diogenesfest bei Plut. a. a. O., das glänzend ist, εἰ σωφρονοῦμεν, und beim kynischen Gastmahl Luc. a. a. O. 6 f. die Antithese des σώφρων und des μὴ φρόνιμος καὶ σώφρων) vorsichtig einschenkt und sie in der ἡδονή Temperenz halten lässt, um sie nicht zu Fall zu bringen (vgl. dazu Diogenes Anton. et Max. p. 302).

Es ist nicht nöthig, das echt kynische εἰκάζειν (vgl. Weber u. unten) hier noch näher zu verfolgen. Vom Weinrausch, mit dem der Lustrausch hier verglichen wird, curirt ein kurzer Schlaf; vom Rausch der ἡδονή aber nur der Schlaf des Todes (vgl. zu diesem Bilde oben S. 201 und Gnom. Vat. 160); denn dieser Rausch währt das ganze Leben (§ 39). Und allerdings, Antisthenes weiss keine andere Rettung für die Menschen ohne νοῦς als den Tod (Frg. 64, 45, vgl. Gnom. Vat. 386). Und jetzt haben wir wieder einen Beleg für den kynischen Charakter des Symposionbildes. Diog. ep. 28, 6 heisst es: Wenn ihr νοῦς (hier der Mundschenk!) habt, wie ihr ihn nicht habt, ἐὰν μεθύητε, kommt ihr gehorchend dem Sokrates (also wohl ein antisthenisches Original!) und mir zusammen ἡ σωφρονεῖν (hier das Ideal des Symposions!) μάθετε ἢ ἀπάγξασθε (ganz wie es hier soeben hiess!) οὐ γὰρ δυνατὸν εἶναι ἄλλως ἐν τῷ ζῆν, εἰ μὴ θέλετε, ὥσπερ ἐν συμποσίῳ, ἕως ἂν ὑπερπιόντες καὶ ὑπερμεθυσθέντες ὑπὸ ἰλίγγων καὶ στρόφων συνεχόμενοι ὑφ᾽ ἑτέρων ἄγησθε καὶ μὴ αὐτοὶ δύνησθε σωθῆναι. Es giebt, heisst es bei Dio § 40 weiter, auch ein ἐξεμεῖν ὑπὸ πλησμονῆς, und sehr gewaltsam und mit arger λύπη geschieht dies ἐκβάλλειν der ἡδονή (zu λύπη nach der ἡδονή vgl. oben S. 235 f.). Wenn es aber energisch geschieht, bringt es Erleichterung für das Leben. Doch der Wille zu diesem Vonsichgeben der ἡδονή ist selten, und zumeist wollen sie nicht aufhören und lechzen immer durstiger nach ungemischtem Wein. Dazu vergleiche man Antisthenes Frg. 58, 8, wo er die ἡδονή, deren ἀπληστία man büssen müsse, durch Brechmittel und Gewalt austreiben will, und namentlich seinen Brief an Aristipp (Frg. S. 45), dem er räth, die sicilischen τράπεζαι zu lassen und die ἡδονή, die nicht den φρόνιμοι zieme, sondern Nieswurz (vgl. Menippos Luc. dial. mort. X, 17) einzunehmen, der stärker sei als der Wein des Tyrannen; denn der errege viel Wahnsinn, jener aber befreie davon. Es ist klar, dass auch die antisthenische Schrift, aus der der Epistolograph schöpft, hier ebenso bildlich spricht und den Lustrausch genau so schildert und bekämpft wie Dio.

Der trunkene Polyphem, ἐς γαῖαν ὑπερφίαλος, ἀθέμιστος, Διὸς ὑπερόπτης wird bestraft, den andern, gerechten Kyklopen spendet die Erde Alles (so Antisthenes περὶ οἴνου χρήσεως ἢ περὶ Κύκλωπος und Schol. ad Odyss. ι 106 p. 416 Dind.). Die Schwelger, sagt Dio weiter, καταισχύνουσι καὶ ὑβρίζουσι τὴν χάριν τῶν θεῶν — hier rührt wieder die Busspredigt an die Teleologie. Die Mässigen aber geniessen die ἡδονή vorsichtig διὰ χρόνου (vgl. des Antisthenes

Rücksicht auf den χρόνος bei der ἡδονή oben S. 183). Wie ein ἄνθρωπος ἐλευθέριος (!), zum βασιλεύς oder δυνάστης geladen, trinkt und isst nur nach Bedürfniss (!), das Andere nicht ansieht (vgl. wieder in der kynischen Parallele Luc. a. a. O. den σωφρονέστερος am Tisch des Reichen, der die vielerlei Gerichte unbeachtet bei Seite lässt, nur das Nächste nimmt, das für sein Bedürfniss genügt, und κοσμίως isst, und Diogenes, der, oft zum δεῖπνον geladen, nur παρὰ τῶν μετρίων τὰ πρὸς τὴν φύσιν ἀποχρῶντα nimmt [ep. 38, 3]) und mit offenen Augen und Ohren alles Schöne aufnimmt (wie Antisthenes Symp. IV, 44, vgl. den Menschen als θεατής des Kosmos im Diogenesfest bei Plut. a. a. O. und Diogenes, der sich ep. 38 φιλοθεάμων nennt) und erkennt und nicht achtend des Gelages, Spiels und Lärms der andern mit einigen Gleichgesinnten sich unterredet, so geniessen die Mässigen, die μετὰ νοῦ (!) die ἡδονή mitnehmen, allein die Ökonomie und Ordnung der Welt, den einsichtsvollen Gang der Horen, die ganze Schönheit des Kosmos. Vgl. wieder Diog. ep. 39, 4: Süss ist ihm das Leben, und er geniesst die Harmonie des Weltalls schweigend und schauend, was die Götter ἀνθρώποις τοῖς μετρίοις bereitet haben, die sich fernhalten von kleinlichen Kämpfen, Habsucht, Trunk, Schmaus u. s. w., und Luc. Cyn.: der Kyniker geniesst die göttlichen Einrichtungen, die weichlichen Schwelger aber sind unzufrieden mit ihnen, namentlich mit dem Wechsel der Jahreszeiten (17). So ist die ἐγκράτεια geradezu an die Teleologie gebunden; sie ist die Einheit mit der göttlichen φύσις, der Genuss der kosmischen Ordnung — damit begründet der Kyniker sein asketisches Glück. Er begründet seinen Individualismus mit seinem pantheistischen Universalismus. Er nimmt dem Menschen alle Güter, Genüsse, Werthe, zerstört alle Conventionen, durchbricht alle kleineren Kreise und fügt den nackten Menschen ein in den grössten Kreis, und nachdem er ihm Alles genommen, giebt er ihm die Welt zu eigen. Πάντα σοφοῦ εἶναι, denn πάντα τῶν θεῶν ἐστι und den Weisen als θεοφιλεῖς κοινά, so heisst es Antisth. Frg. 47, 4. Verzichte auf Alles, dann geniessest du die Welt; dem αὐτάρκης blüht der κόσμος. Die Teleologie ist so der Halt, der Trost und Triumph der ἐγκράτεια und die ἐγκράτεια das Erkenntnissmotiv der Teleologie.

Das irdische Scheinglück glänzt am meisten bei Festen und Gelagen. Darum wird dem kynischen Weisen sein Leben zum wahren Fest, darum lässt er sein kosmisches Glück aus der Scenerie des Symposions aufsteigen. Der Symbolismus liegt im Wesen des Kynismus. Es ist nicht Zufall, dass hier Xenophon's

Symposion, das auf Antisthenes blickt, mehrere Parallelzüge bot; Xenophon hat nicht begriffen, dass die ἀξιοθέατα und ἀξιάκουστα dem unsäglich reichen Antisthenes (IV, 44) der Kosmos ist. Dio zeigt hier das Bild des Symposions so durchgeführt, dass es auf einen bestimmten, concreten Untergrund weist. Der Kyniker eifert nicht nur öfter gegen die Schwelgerei gerade bei Festen (vgl. oben S. 451), er zeigt sich öfter als Theilnehmer und Kritiker von Gastmählern und Gelagen (Symp. Antisth. Frg. 57, 6. L. D. 33. 59. Diog. ep. 2. Anton. et Max. p. 302) und steht verachtend vor einer kostbaren Haus- und Tischeinrichtung (vgl. oben S. 454 ff. 464 ff. 486 f.). Die Scenerie ist also gut kynisch. Wir werden später sehn, wie sich noch allerlei Anzeichen verdichten zur Reconstruction mindestens einer wichtigen Symposionsdarstellung bei Antisthenes. Wenn hier bei Dio der ἐλευθέριος beim βασιλεύς oder δυνάστης erscheint, so will damit der Kyniker nicht nur abstract seinen Männerstolz vor Königsthronen betonen, sondern es stand im Original als bestimmte Folie der Schwelger Aristipp an den τραπέζαις des sicilischen Tyrannen und als bestimmtes Ideal (wohl von Sokrates nacherzählt) das Gastmahl der Weisen (διαλεγόμενοι Dio § 42) bei einem wirklichen Herrscher. Doch darüber später.

Das Bild des Gastmahls als Bild des Lebens wird nun § 43 f. sehr schön, eben nach gutem Original, zu Ende geführt, und wunderbar schlingt sich in die kynische Temperenz die kynische Consolation. Das Fest ist zu Ende. Da werden die ἄσωτοι καὶ ἀκρατεῖς bewusstlos, krank, stöhnend herausgeschleppt, die andern aber gehn ὀρθοί τε καὶ ἀσφαλῶς auf eigenen Füssen, nachdem sie zu den Freunden geredet, leuchtenden, freudigen Angesichts, da sie nichts Unziemliches gethan. Das Bild des gezogenen und gestützten Schwelgers kehrt öfter wieder (s. oben S. 463. 496, vgl. namentlich Diog. ep. 28, 6: ὑπερπιόντες καὶ ὑπερμεθυσθέντες ὑφ᾽ ἑτέρων ἄγησθε) und noch wörtlicher der Gegensatz dazu: der ὀρθός und μὴ σφαλλόμενος (vgl. μὴ σφήλῃ Dio § 38) oben S. 462 f. Der kynische αὐτάρκης geht auf eigenen Füssen und verpönt jede Stütze, im Gegensatz zum Schwelger (Luc. Cyn. 4. 17). Der ἀκρατής zieht sich νόσοι zu und geht stöhnend aus dem Leben ohne klare Einsicht, — recht das Gegenbild der kynischen Consolation. Der die Tugend übt, erträgt den Tod leicht (Diog. ep. 31, 4). Οὐκ ἀηδής ist der reinen Seele der Tod; denn οὐκ ἀηδίζεται, den Leib zu verlassen, und reiche Ehre blüht ihr im Jenseits (Diog. ep. 39, 2 f.). Als Weg zur Freiheit preist Diogenes τὸ εὐκόλως ἀποθνῄσκειν (Epict. diss. IV, 1, 30). Freudig wie aus einem Feste scheidet der Kyniker aus dem Leben (Plut. de an. tranqu. 4, vgl. consol. ad Apoll. 34 καθάπερ ἐκ συμποσίου und dazu oben über die kynische Consolation), und hier haben wir wieder die Anknüpfung an den Consolator Prodikos, in dessen Heimath die Greise festlich bekränzt als Symposiasten sterben. Jetzt verstehn wir noch besser, wie in Dio's Consolationsrede dies Symposionbild (das auch die letzte Plutarchstelle zeigt) kommt, und wie sie zwei so grundverschiedene grosse λόγοι, den düsteren und den heiteren, in sich vereinigen kann. Diese beiden gehören zusammen kraft jener wunderbaren Mischung von tristitia und hilaritas, die auch die platonische Consolation im Phaedo constatirt, kraft jenes geheimnissvollen Bandes, das ἡδονή und λύπη aneinanderfesselt und schliesslich auch Phaedo und Symposion verkettet (vgl. oben S. 236 f.). Wenn hier bei Dio die σώφρονες aufrecht ἀπίασι mit Reden an die Freunde φαιδροί τε καὶ γεγηθότες ὡς οὐδὲν ἀσχημονήσαντες, so ist das ganz der Sokrates, wie ihn Xenophon von Antisthenes hat, der zum Tode ἀπήει καὶ — σχήματι καὶ βαδίσματι φαιδρός (Apol. 27, vgl. darauf den Gorgianismus vom Tod als ψήφισμα, s. oben S. 202) und den Freunden Muth zuspricht, ja, wie es Xenophon in's Derbe zieht, über seinen eigenen Witz auflacht (vgl. oben S. 206) und schliesslich dem Sohn des Anytos Schlimmes weissagt, der auch οἴνῳ ἡσθείς Tag und Nacht trinkt — —. Der Gott aber, schliesst Dio, der Alles sieht (vgl. Diogenes L. D. 37), Alle prüft, zieht die Besten zu sich herauf als συμπότας und giebt ihnen Nektar zu trinken, der noch reiner als der Trunk der σωφροσύνη ist, und in dem die wahre göttliche Seligkeit liegt. Damit man aber sieht, wie Dio aus seinem Original nur die Autorität weglässt, auf die sich der Mystiker Antisthenes wieder einmal berufen hat, und zugleich erkennt, wie Plato, den man auch in dieser Rede finden wollte, vielmehr den λόγος, den man erst für stoisch nahm, bereits bekämpft, lese man Rep. 363 C D (vgl. auch Phaedr. 276 D): Musäos aber und sein Sohn geben den „Gerechten" noch saftigere Freuden bei den Göttern; sie führen sie in den Hades τῷ λόγῳ (vgl. die reiche Ehre im Hades Diog. ep. 39, 3) und lagern sie und richten ein συμπόσιον der „Frommen" ein (den Gerechten und Frommen verheisst Antisthenes die Seligkeit, Frg. 64, 42) und lassen sie bekränzt die ganze Zeit trinken, als ob der schönste Lohn der ἀρετή ewiger Trunk wäre! Der arme Kyniker aber hält sich schadlos am Rausch der Seligkeit. —

Man hat gerade in jüngster Zeit einige Hauptvertreter der kynisch-stoischen Predigt herausgearbeitet: Teles (v. Wilamowitz), Ariston (Heinze, Hense), Philo (Wendland), Seneca[1], Epiktet.

---

[1] Ich möchte hier nur auf den 90. Brief hinweisen, weil er sich ja mit der kynischen Prometheusauffassung eng berührt. Norden (a. a. O. 421) hat bereits für die Verwerfung der Luxuskünste kynischen Einfluss vermuthet. Schon der Verfall des goldenen patriarchalischen Zeitalters, der βασιλεία in Tyrannis, die Bewunderung der 7 Weisen und der Gesetzgeber, des Solon, Lykurg und der „Pythagoreer" Zaleukos und Charondas als Weisen, — all dies dem Posidonius Zugestandene (§ 5 f.) war, wie wir im Einzelnen sahen, schon vom alten Kynismus verkündet. Er allein hat aber auch so radical allen Comfort abgewiesen, wie es hier Seneca mehr rhetorisch fortgerissen als ehrlich thut, dabei auf Diogenes als Vorbild blickend (§ 11). Da werden nicht nur Marmor und Gold, Purpur und Seide u. s. w. verpönt, sondern überhaupt alle Leistungen der Architekten, Weber u. s. w. ebenso wie der Köche, und wieder mit ethnographischem Ausblick wird auf Jene hingewiesen, die Kleidung und Wohnung, Schutz gegen Kälte und Hitze in Thierfellen, Höhlen, Gräben u. s. w. finden. Im glücklichen goldenen Zeitalter gab die Erde reichlich Nahrung, im Buschwerk kühlen Schatten, auf hartem Boden sanften Schlaf und unter dem Sternenhimmel das schönste Haus. Wir kennen diese kynische Idealität, und zwar gerade, wie sie hier gegeben wird, als teleologische Rechtfertigung der göttlichen Natureinrichtung, die nicht (wie der Protagorasmythus höhnt) den nackten Menschen als Stiefkind, der Künste bedürftig, herausgesetzt habe. Non fuit tam inimica natura ut quum omnibus aliis animalibus facilem actum vitae daret, homo solus sine tot artibus vivere (§ 16, vgl. § 14). Das war die Augmentation der Prometheusteleologie, deren Motto Diogenes (L. D. 44) ausspricht: die Götter haben den Menschen einen ῥᾴδιος βίος eingerichtet, aber die Menschen haben ihn verdorben mit ihrem Raffinement. Und so verkündet hier Seneca, dass die Natur auch den Menschen facilem vitae actum gegeben (a. a. O.), dass sie uns nichts Hartes und Schwieriges auferlege (§ 12) und der Weise facilis victu fuit (§ 10). Ad parata nati sumus: nos omnia nobis difficilia facilium fastidio fecimus (§ 16). Alles, was wir brauchen, opera levi parabilia erant: modus enim omnium prout postulabat necessitas(!) erat. — Sufficit ad id natura, quod poscit. A natura luxuria descivit (§ 17). Das Genügen am necessarium, das einfach(!) zu erlangen ist (vgl. noch § 13 f.), sodass οὐδεὶς ἄπορος (§ 38), der Hass gegen Lüste, Schwelgerei und Habsucht, die das Verderben gebracht, das unaufhörliche, den ganzen Brief beherrschende Lob der φύσις als der bestimmenden Macht, die das Ursprüngliche ist und zugleich das Ideal, zu dem man zurückkehren soll, — all das ist doch nun einmal original kynisch. Das Schwelgerleben wird auch hier bis zu den weichlichen musikalischen Ohrenschmäusen und den odores coquentium verfolgt (18. 27, vgl. später zur Fabel) und echt kynisch (s. später) als Sklaverei der Seele gegenüber den Begierden des Körpers gekennzeichnet (18). Schwelgerei und Habsucht schaffen auch hier die politische Verderbniss, in der die Zwietracht und das Recht des Stärkeren herrschen, während im goldenen Zeitalter die ὁμόνοια blüht und Waffen und Mauern überflüssig sind (27. 36. 40), — so schildert der Kyniker

(Bonhöffer), Dio Chrysostomus (v. Arnim), und es soll eben ein Hauptzweck dieser Arbeit sein, die Quellen dieses gewaltigen Stromes, den man erst im 3. Jahrhundert entspringen lässt, und der späterhin durch allerlei fremde Namen verdeckt wird, bis auf den ersten Kyniker zurückzuverfolgen. Wendland[1]) ist sich

den Gegensatz des tyrannischen Lebens und des patriarchalischen Schweinestaates (vgl. oben S. 92. 265 ff. 457 ff.). Es ist zugleich der alte Gegensatz der kynischen gegen die hedonische Philosophie: er will (§ 35) nicht die Philosophie, die die Bürger ausserhalb des Staates (vgl. Aristipp Mem. II, 1, 13), die Götter ausserhalb der Welt (nicht als durchdringende πρόνοια und im Sinne des kynischen πάντα πλήρη θεῶν L. D. VI, 37) stellt und die Tugend der Lust hingiebt, sondern die das Gute nur als honestum anerkennt, nicht als τύχη und Menschengnade, die (§ 27) vor Allem das Schlechte, die vanitates ausrottet (vgl. Antisth. Frg. 62, 32. 34), die ferner (28 f. 34) Selbsterkenntniss und Erkenntniss der φύσις giebt, der der Weise nicht wie die übrigen Geschöpfe oculis secutus est tardis ad divina (vgl. oben S. 477 Prometheus zu Herakles!), und die Welt zeigt als ingens omnium deorum templum (Diogenes: πάντα πλήρη θεῶν!), cuius vera simulacra verasque facies (im Gegensatz zu den äusserlichen, sichtbaren εἰκόνες, die Antisthenes bestreitet, Frg. 23, 2) mentibus protulit; nam ad spectacula tam magna hebes visus est (auch das ein Hauptthema der Prometheusteleologie, vgl. oben S. 476 f.); sie lehrt (wie Antisthenes) das Wesen der Götter und des Geistes, der genii (s. später), der Unterwelt und der unsterblichen Seelen, den βίου νόμος und gebietet, den Göttern zu folgen, die Schicksalsschläge als Bestimmung (s. später) aufzunehmen, und verbietet, falschen δόξαι zu gehorchen, sie fordert die rechte Schätzung der Werthe und verurtheilt die mit Reue gemischten voluptates (vgl. Antisth. Frg. 52, 11). Der Glücklichste sei, der das Glück (τύχη) nicht braucht (wie der αὐτάρκης Herakles Frg. II), der Mächtigste, der sich selbst beherrscht (§ 35), — kann man besser kynisch reden? Aber zu all diesen antisthenischen Heraklesthemata kommt nun noch die ἀρετή διδακτή (Herakles Frg. II): die Natur, heisst es § 44 ff., giebt nicht die virtus (wie Antisthenes die Erziehungsbedürftigkeit des εὐφυέστατος betont, vgl. oben S. 360); die Tugend ist nur durch Unterricht und Uebung zu erlangen (vgl. die antisthenischen Tugendbedingungen oben S. 22 ff. 369 etc.); Unschuld aus Unwissenheit ist nicht Tugend (darum stellt ja Antisthenes das freiwillige Fehlen über das unfreiwillige, vgl. zu Mem. IV, 2 I, 403 ff.). So bleibt nur noch die Hauptsache, der Protest gegen Posidonius, der wohl Plato folgt (vgl. oben S. 468), die wiederholte Versicherung, dass die Erfinder der Luxuskünste Leute von sagacitas, eines ingenii exercitati, acuti, periti, aber nicht Weise seien. Sind nicht jene die den ἡδοναί dienstbaren σοφισταί, von denen schon der antisthenische Herakles sprach? Und ist nicht Prometheus, der mit dem Feuer die schwelgerischen τέχναι bringt (Dio oben S. 466), ihr Urtypus? Muss andererseits nicht Aristipp, der das sokratische Wissensprincip mit der ἡδονή verbindet, die Erfinder der Luxuskünste als Weise gepriesen haben, und muss nicht Antisthenes gerade in dem gegen Aristipp gerichteten Herakles diese Ansicht bekämpft haben?

[1]) Philo u. d. kyn.-sto. Diatr., Beitr. z. Gesch. d. gr. Phil. u. Rel. S. 3. 7.

ziemlich klar über die Wirkung der kynischen Diatribe, deren Uebergang von ihrem „ersten" Vertreter Bion bis zur späteren Blüthe er skizzirt; sie „scheint die weite Verbreitung der stoischen Moral vermittelt, die geistige Atmosphäre der gebildeten Welt mit einer tieferen Sittlichkeit erfüllt und ihre ethischen Gedanken auch Kreisen vermittelt zu haben, die der Philosophenschule fern standen. — Und wenn neutestamentlichen Schriften manche Begriffe und Ideen, Stilformen und Vergleiche mit der philosophischen Literatur gemeinsam sind, so ist es nicht ausgeschlossen, dass die Diatribe schon auf Stücke der urchristlichen Literatur einen gewissen Einfluss ausgeübt hat, den man sich nicht einmal literarisch vermittelt zu denken braucht." Ich möchte hier nur darauf hinweisen, dass die Diatribe Philo's, die Wendland mit Musonios und Clemens übereinstimmend findet, schon mit der altkynischen Paränese die einzelnen Momente der Askese gemein hat.

Wenn Musonios als ἀρχὴν τοῦ σωφρονεῖν τὴν ἐν σιτίοις καὶ ποτοῖς ἐγκράτειαν behandelt, so stimmt das zu Mem. II, 1, 1. Mit der Diät hören wir stets den Kyniker die Mahnung zur Askese beginnen. Die Berufung auf das göttliche Vorbild der Bedürfnisslosigkeit, die Maxime des Essens bis zum Nichthungern, des Trinkens bis zum Nichtdursten, die Auffassung, dass man isst, um zu leben, nicht umgekehrt, all diese Sätze des Philo und Musonios (Wendland S. 8. 10 f. 13 f.) sind, wie sich zeigte, schon vom kynischen Sokrates, von Antisthenes und Diogenes gelehrt. Wir kennen ferner als altkynisch die von jenen (Wendland S. 9 ff. 12. 15. 21) empfohlene Kost: Brot, Wasser und als ὄψον nur Salz, Käse, Bohnen u. a. Früchte (vgl. oben S. 452), die Abneigung gegen die Fleischkost (Wendland S. 10. 13, vgl. oben S. 456 f.), gegen die Köche (W. 19 f., vgl. oben S. 452. 454), gegen die Zubereitung mit Feuer (W. 12, vgl. oben S. 454), gegen die μελίπηκτα u. dgl. (W. 18 f. 21, vgl. Diogenes L. D. VI, 44), die Vorwürfe gegen die Unmässigkeit, ἀσωτία, die Geist, Körper und Familie ruinire (W. 10. 13 f. 22, vgl. oben S. 454. 457), gegen den Wein als φάρμακον μανίας (W. 21, vgl. oben S. 449), der die Trinker zu Geschrei, Streit und unsinnigen Benehmen treibe, ja zu Kyklopen mache (W. 21 f., vgl. Antisthenes' Schrift περὶ οἴνου χρήσεως ἢ περὶ μέθης ἢ περὶ Κύκλωπος und Cyr. I, 3, 10 f.), und die Forderung einer Nahrung, die εὐτελής, nicht πολυτελής, εὐπόριστος, nicht δυσπόριστος und nicht für die ἡδονή von den Grenzen der Erde zusammengeholt ist (W. 12. 19 f., vgl. oben S. 455). Der

Nachweis, dass οὐδεὶς ἄπορος ist, da die Natur Alles bietet (W. 9. 11, vgl. oben S. 453 f. 487) und die Abweisung aller kulinarischen Genüsse als κολακεία (W. 10. 13) kommt aus dem Herzen des die ἡδονή, den κόλαξ und die Köche hassenden Kynikers, mit dem Plato im Gorgias verbündet ist. Ich brauche nicht zu sagen, wie gut das Vorbild Lykurg's als asketischen Gesetzgebers (W. 15, vgl. oben S. 51. 445. 450. 462. 465 etc.), die Anspielungen auf Homerverse und etymologische Scherze wie (die besonders verhassten) ἀθληταί = ἄθλιοι (W. S. 23, vgl. Diog. ep. 31, 1) zum älteren Kynismus passen.

Ganz nach dem Programm der kynischen Predigt, die wir auch in der Fabel haben, wird von Philo, Musonios u. s. w.[1]) nach dem diätetischen Luxus die πολυτέλεια in Kleidung, Wohnung und Hausgeräthen bekämpft, die verweichlichenden, bunten Gewänder werden abgewiesen, die reichen, elfenbeinfüssigen, weichen κλῖναι und στρωμναί statt der στιβάδες oder, wie es die indischen Gymnosophisten zeigen, des Lagers auf der Erde (W. 16 f. 25 ff., vgl. oben S. 167. 486 f.). Dann geht es mit Diogenes gegen die Salben und die kostbaren Becher (W. 29 f., vgl. oben S. 337. 454), und schliesslich trifft Philo die bekannte Entscheidung in der kynischen Antithese des κατεψευσμένος καὶ τετυφωμένος und des ἀληθὴς καὶ ἄτυφος βίος.

Man erräth nach allem Früheren, dass als nächster Punkt der ἐγκράτεια die ἀφροδίσια behandelt werden, und man wird sich der oben angeführten altkynischen Lehren erinnern, wenn (W. 33 ff.) Philo resp. Musonios und Epiktet die Päderastie, das Schminken dabei und die sonstige Verweiblichung des Mannes verpönen (vgl. oben S. 489), die Ehebrecher und Hetären arg mitnehmen (vgl. oben S. 66 f. 335, 1), auf den (physischen) ἔρως schlecht zu sprechen sind (vgl. oben S. 490. Dio VI § 16 f.), den Nutzen der Familie, der Geschwister betonen (Antisth. Frg. 61, 25) und als Zweck der Ehe die Kinderzeugung betrachten (vgl. oben S. 359). Auch Beschränkungen des ehelichen Verkehrs (W. 35) kommen schon in den kynischen Idealstaaten der alten Perser (Cyr. I, 2) und Spartaner (R. L. I, 5) vor. Wie der echte Kyniker (W. S. 38) sieht Philo allgemeinen Sittenverfall, Krieg und Unrecht überall (vgl. oben zu Mem. II, 1, 13 ff.) und fühlt den Drang, zu mahnen und zu schelten, zu vermitteln zwischen Städten und Menschen,

---

[1]) Vgl. auch Epiktet z. B. diss. I, 18, 3. III, 24, 37. man. 33, 7; zur diätetischen Einfachheit und Mässigkeit man. ib. diss. III, 12, 11 etc.

die sich befehden (Epictet. III, 22. Antisth. Symp. IV, 64. L. D. VI, 86 etc.). Auf all die einzelnen Züge bei Philo u. s. w. (W. 40 ff.), die schon beim älteren Kynismus auftreten, z. B. die Apostrophe an die ἄνθρωποι (vgl. oben S. 413), der Protest gegen die Schlemmereien bei religiösen Festen (vgl. oben S. 451, 8), die Urtheile über die Mysterien (vgl. oben S. 175) und die Athleten (vgl. oben S. 35, 1. 175), will ich nicht eingehn und nur erinnern, dass all die stoischen Sätze, die Philo verficht: vom Weisen als Besitzer aller Tugenden, als wahrhaft Schönem, Freiem, Reichem der Seele nach und darum allein wahrhaft Adligem, als wahrem König[1]), Herrn der Welt, die ihm von Gott verliehen, u. s. w., bereits altkynisch sind. Dazu kommen noch bei Philo die Consolation (W. 56 ff.)[2]) und die Lobrede auf den πόνος, die zur Genüge für Antisthenes behandelt sind. Wendland hat dann auch in der philonischen Schrift vom beschaulichen Leben (Jahrb. f. Philol. Suppl. XXII S. 704 ff.) und im phokylideischen Gedicht (ib. 712, 2) die Nachwirkung der kynisch-stoischen Diatribe aufgezeigt. Es stehn dort wieder Mässigkeit in Speisen, Verzicht auf Weingenuss, Einfachheit in Wohnung und Kleidung gegenüber den heidnischen Gelagen mit der „Trunkenheit der Gäste, den daraus folgenden Thätlichkeiten und Streitigkeiten, dem Luxus im Tafelgeräth und kostbaren Pfühlen, den vielen bedienenden Sklaven, ihrer üppigen Tracht, der Fülle der Speisen" und der Päderastie; die Polemik gegen Plato, gegen Sophisten und Rhetoren, die Citate von Homer, den sieben Weisen, der Protest gegen Habsucht u. a. 712, 2 Aufgezähltes passt gut zur kynischen Diatribe, und es bestätigt Früheres, wenn in diesem Zusammenhang auch die Anschauung vom Leben als Lehngut von Gott und die Schilderung der verschiedenartigen und zweckmässigen Ausstattung der Thiere erscheint (ib., vgl. oben S. 228. 428. 468. 472).

Wendland schliesst (Beitr. S. 62 ff.), dass schon im 1. Jahrhundert v. Chr. eine populäre Erbauungsliteratur die stoischen Gedanken in die Massen trug, und dass die Gemeinplätze, die Formen der Predigt gegen den Luxus sich schon bei Philo als festgeprägte, typische, traditionelle zeigen; ich meine, wie durch zwei, können sie auch durch drei und vier Jahrhunderte sich gleichgeblieben sein, und sie sind bereits auf die Stoiker von den Kynikern des 4. Jahrhunderts übergegangen.

---

[1]) Vgl. auch Zeller 315, 1[4].

[2]) Dass hier unter all diesen Kynismen Philo's die Consolation erscheint, bestätigt zugleich ihren ursprünglich kynischen Charakter.

η. *Die Aechtung der* Κακία (ϑεοφιλία, τιμή, ἔπαινος, πίστις *bei den Kynikern*).

§ 31: Obgleich eine Unsterbliche, ist die Κακία von den Göttern verstossen, während die Ἀρετή mit den Göttern verkehrt, bei den Göttern geehrt wird, an jedem göttlichen Werk Antheil hat (§ 32) und ihre Freunde zu φίλοι ϑεῶν macht (§ 33). Dass in der socialen Charakteristik der Κακία und der Ἀρετή das Verhältniss zu den Göttern das πρῶτον ist und diese überhaupt und speciell ihre Gunst eine grosse Rolle spielen, stimmt nach dem Früheren (Bd. I A) zu Xenophon's Anschauung. Indessen wird ja hier gerade mit der Vertheilung der Typen Ἀρετή und Κακία auf Gunst und Ungunst der Götter das Religiöse mit dem Ethischen so vereinigt, wie es eben nicht für Xenophon, sondern für den Sokrates charakteristisch ist, der sich inzwischen als der kynische herausgestellt hat, der aber von Plato kritisirt wird. Wenn dieser durch seinen Bruder die Lobredner der Tugend und Tadler der Untugend anklagen lässt als τὰς παρὰ ϑεῶν εὐδοκιμήσεις ἐμβάλλοντες (Rep. 363 A), wen trifft das mehr als hier unsere Fabel? Der ἀγαϑός, der εὖ πράττων ist ϑεοφιλής, wie es Mem. III, 9, 15 heisst, — das ist eine Hauptthese der Kyniker.

Das kynische Denken ist nicht wie das echt hellenische objectivirend, sondern es sucht das Subject, die Person, der gegenüber sich nun alles Uebrige in blosse Beziehung verwandelt. So ist es associativ und relativ, ein Denken des μετά und des πρός; daher auch die Ausbildung der Composita mit φίλος. Eine Hauptbeziehung des Menschen, die der Kyniker principiell erfasst hat, ist die zu den Göttern. Er sucht im Gegensatz zur hellenischen Philosophie, die gerade ein Emancipationsprocess vom religiösen Geist des Orients ist, eine Umkehr der Wissenschaft als ϑεολογῶν, er hat für die Griechen das Princip des Propheten und Apostels entdeckt, in den er den Philosophen wandeln will; er sucht den Menschen, den der Grieche aus dem Unendlichen herausgemeisselt, aus dem Göttlich-Absoluten befreit hat, wieder reuig zurückzuführen zum Göttlichen, Universalen; denn das Göttliche ist ihm das Universale, die φύσις[1]), das Allgegenwärtige, Allumfassende (L. D. VI, 37. Diog. ep. 10). Er will heiligen — das ist die Beziehung zum Göttlichen, die er in allen möglichen

---

[1]) Darauf beruht der Monotheismus des Antisthenes: κατὰ φύσιν, als naturalis kann es nur einen Gott geben (Philodem π. εὐσεβ. 1428 E c. Gomp. p. 72 col. 7a. Cic. de nat. deor. I, 18), weil eben die Natur nur eine ist.

Wendungen ausdrückt: als göttliche Berufung, Sendung (κατάσκοπος etc., vgl. oben S. 56), als Freundschaft, Verkehr, Zusammensein mit den Göttern, als Apotheose, als Gotteskindschaft, als Annäherung an das göttliche Vorbild u. A. m. Plato verspottet die Vergöttlichung des Weisen bei Antisthenes[1]). Die entscheidenden Stellen aber giebt zumeist Diogenes: er erklärt die σοφοί als φίλοι θεοῖς (L. D. VI, 37. 72, vgl. den Kyniker als φίλος θεοῖς Epictet. diss. III, 22, 95) und begründet (L. D. ib., vgl. Diog. ep. 10) die Macht des Weisen ausdrücklich durch die Göttergunst (κοινὰ τὰ τῶν φίλων), also theologisch; er steht unter göttlichem Schutz (Diog. ep. 45); er geniesst die Gastfreundschaft der Götter (ep. 37, 1 f.); er nennt die ἀγαθοὺς ἄνδρας θεῶν εἰκόνας (L. D. VI, 51), und er selbst ahmt am meisten das Leben der Götter und Heroen nach (Dio VI § 31 A. L. D. VI, 71, vgl. 105. Diog. ep. 30, 3. 34); er fühlt sich zu seinem königlichen philosophischen Beruf auf göttlichen, pythischen Rath erkoren (Epictet. III, 21, 19. Jul. or. VI, 199 B) und blickt auch sonst auf das delphische Orakel (L. D. 20 f., s. später)[2]). Vor Allem aber stimmt das gepriesene συνεῖναι θεοῖς der Fabel zu Antisthenes selbst, der geradezu das Ideal, das er lehrt, den Beruf des φιλόσοφος, im συμβιοῦν θεοῖς findet (Frg. S. 65, 49). Der Kyniker preist die Seele als θεία μοῖρα (vgl. I, 547. II, 178 ff. 242), begründet seine Askese damit, dass sie ἐγγυτάτω τοῦ θείου ist (L. D. 105. Luc. Cyn. 12), und lebt und trägt sich auch sonst nach dem Vorbild der Götter (Luc. Cyn. 12. 20); er geniesst überall die ὁμιλία πρὸς θεούς (Epictet. diss. III, 22, 22), ist Gesandter des Zeus, Herold und Wächter im Namen der Götter, Diener des Gottes, Theilhaber der Herrschaft des Zeus (ib. 23. 69 f. 82. 95. III, 24, 65)[3]), und Dio's kynische Königsreden fordern die θεία παιδεία (or. IV § 29) und preisen das kynische Ideal, den ἀγαθὸς βασιλεύς, als θεοφιλής (I §§ 43. 82. III §§ 45. 51. IV § 39 A etc.), als Herrscher von Gottes Gnaden (I §§ 12. 45. III § 51 A etc.). Minos ist natürlich nach Homer ὁμιλητής und ὀαριστής des Zeus (I § 38. IV § 39 A), und die διογενεῖς[4]) und διοτρεφεῖς βασιλεῖς werden zu Schülern und Nachahmern des Zeus (I § 38. IV § 27).

---

[1]) Vgl. Zeller II, 1, 326, 4. Norden, Beitr. 380. Dümmler, Antisth. 44 ff.

[2]) Diog. ep. 1 werden die Delpher gepriesen, mit denen καὶ θεοὶ πολιτεύονται.

[3]) Vgl. auch Diog. ep. 7 den οὐράνιος κύων — πρὸς θεῶν und ἐλεύθερος ὑπὸ τὸν Δία und die Erläuterung dazu bei Capelle, de Cynic. epist. S. 22.

[4]) wobei Diogenes mit seinem Namen spielt, vgl. Norden a. a. O.

Es wäre falsch, zu sagen, dass der Kyniker den Menschen im Gott, die Philosophie wieder in Theologie aufgehen liess; er steht auch hier als Mittler auf der Brücke zwischen Hellas und dem Orient, zwischen menschlichem und göttlichem Princip. Er hält den Menschen, den Weisen fest, aber nur als ethischen, und führt ihn zur Glorie. Der vergöttlichte Mensch gerade interessirt ihn; die Vermittlung, Beziehung zwischen Gott und Mensch sucht er, und der θεοφιλής scheint ihm Erkenntnissgrund für den θεός. Darauf deutet die derbe Antwort, mit der Diogenes einen Zweifler an seiner Gläubigkeit schlägt: wie sollte ich nicht an Götter glauben, da ich dich für einen θεοῖς ἐχθρός halte (L. D. VI, 42)[1])?

---

[1]) Vielleicht persiflirt Plato Apol. 27 diese Beweismethode. Oder soll die Sophistik — wer an δαιμόνια glaubt, glaubt an δαίμονας (= θεούς oder παῖδας θεῶν), folglich an Götter — dort ernsthaft sein? Ich finde, dass Plato den Kyniker mit seiner Forcirung des θεοφιλής und seinem Fehler, die Substanz aus dem Accidens zu begründen, noch ausführlicher kritisirt, und zwar im Euthyphro, den ich bei dieser Gelegenheit als eine satirische Recension des Antisthenes deuten möchte. Oder wie will man diesen Dialog verstehen? Wie sich Goethe über die Einfalt des sokratischen Partners im Ion gewundert hat, so hätte man sich längst über die Thorheit des Euthyphron wundern sollen. Muss wirklich ein Plato eine besondere Schrift loslassen, um einen Dummkopf lächerlich zu machen? Ist es nicht würdiger der platonischen Kunst und fast selbstverständlich für sie, dass in der Maske des Lächerlichen ein ernsterer Gegner steckt und der Kritik erliegt? Trägt nicht das ganze Gespräch den sichtbarsten Stempel der Fiction? Um nur eins, das Hauptmotiv, auf dem es ruht, anzuführen: glaubt irgend Jemand ernstlich, dass Euthyphro seinen eigenen Vater dem Blutrichter überwies, zumal um eines Mordes willen, der kein Mord ist, sondern höchstens eine Fahrlässigkeit, zudem noch gegen einen wirklichen Mörder? Das ist burleske Phantasie, wie sie Plato z. B. im Ion spielen lässt und in den Fechtern des Euthydem, die Eristiker werden, und wie man bereits in diesen beiden satirischen Dialogen mehr oder minder deutlich als kritisches Object Antisthenes erkannt hat, so wird es bald auch im Euthyphro geschehen.

Euthyphro ist Mantiker; man weiss, wie der Kyniker die officiellen Mantiker hasst und verspottet (L. D. VI, 24. Diog. ep. 38, 1 ff.), aber er ist zugleich ein Verehrer der Mantik so gut wie der Stoiker, aber eben wieder der wahren Mantik (vgl. oben S. 167, 1. 173 ff.); Antisthenes fühlt sich als Prophet, als προλέγων τὰ μέλλοντα (vgl. oben S. 173, 2), wie Euthyphro 3 C von sich rühmt. Plato kann Antisthenes, den er auch Phileb. 44 B 51 A mit einem Seher vergleicht (vgl. Zeller II, 1⁴, 308, 1), nicht schwerer treffen, als wenn er ihn als gewöhnlichen Mantiker behandelt, wie er ihn als Dichterinterpreten mit den ihm verhassten Rhapsoden zusammenwirft (vgl. Dümmler, Akad. 152). Euthyphro ist nicht erst hier von Plato aufgegriffen, sondern er wird auch im Cratylus öfter als bekannte Figur citirt, und zwar für die göttliche Inspiration des Mantikers, von der hier keine Rede ist, die aber

Die Heiligung, die Beziehung und Vereinigung des Menschen mit Gott vollendet sich in der Apotheose, die nach Dio III § 54f. A

Antisthenes wichtig war, wie Dümmler a. a. O. u. öfter ausgeführt hat, und von Plato auch sonst als antisthenisch kritisirt wird. Schon dass Euthyphro so selbstverständlich immer in die Kritik der ziemlich anerkannt antisthenischen Theorie im Cratylus hineingezogen wird, spricht dafür, dass er eben als antisthenische Figur bekannt war. Die platonische Satire lässt nun auch Euthyphro ganz mit antisthenischen Allüren auftreten; er schilt wie ein braver Kyniker fortwährend die unwissenden πολλοί und ἄνθρωποι, die unaufhörlich Unrecht thun und streiten (8 C, vgl. oben S. 503 f.), von denen er sich stark differenzirt (3 B 4 E f. 5 E f. 6 B 8 C), die seine Prophetie auslachen (3 C), wie z. B. Isokrates die des Antisthenes (oben S. 167, 1. 173, 2), sodass er in seiner Paradoxie — mit einem Lieblingsausdruck des Kynikers — als μαινόμενος erscheint (3 C 4 A), wie Diogenes μαινόμενος Σωκράτης). Er spricht wie Antisthenes vom Kothurn herab, mit pathetischer Geste predigend und docirend, den Mund voll nehmend und genau mit jener antithetischen und parallelistisch associirenden, gorgianisirenden Rhetorik, die Plato z. B. im Laches persiflirte (vgl. oben S. 142 f. 148). Man höre Euthyphro 4 B: Γελοῖον(!), ὦ Σώκρατες, ὅτι οἴει τι διαφέρειν, εἴτε ἀλλότριος εἴτε οἰκεῖος ὁ τεθνεώς, ἀλλ' οὐ τοῦτο μόνον φυλάττειν, εἴτε ἐν δίκῃ ἔκτεινεν ὁ κτείνας εἴτε μή, καὶ εἰ μὲν ἐν δίκῃ, ἐᾶν, εἰ δὲ μή, ἐπεξιέναι, ἐάν περ ὁ κτείνας συνέστιός σοι καὶ ὁμοτράπεζος ᾖ κ. τ. λ. 5 D: λέγω τοίνυν, ὅτι τὸ μὲν ὅσιόν ἐστιν ὅπερ ἐγὼ νῦν ποιῶ, τῷ ἀδικοῦντι ἢ περὶ φόνους ἢ περὶ ἱερῶν κλοπὰς ἤ τι ἄλλο τῶν τοιούτων ἐξαμαρτάνοντι ἐπεξιέναι, ἐάν τε πατὴρ ὢν τυγχάνῃ ἐάν τε μήτηρ ἐάν τε ἄλλος ὁστισοῦν, τὸ δὲ μὴ ἐπεξιέναι ἀνόσιον. 8 C: καὶ ἄλλοθι καὶ ἐν τοῖς δικαστηρίοις. ἀδικοῦντες γὰρ πάμπολλα πάντα ποιοῦσι καὶ λέγουσι. 14 B: τόδε μέντοι σοι ἁπλῶς(!) λέγω, ὅτι ἐὰν μὲν κεχαρισμένα τις ἐπίστηται τοῖς θεοῖς λέγειν τε καὶ πράττειν εὐχόμενός τε καὶ θύων, ταῦτ' ἔστι τὰ ὅσια, καὶ σώζει τὰ τοιαῦτα τούς τε ἰδίους οἴκους καὶ τὰ κοινὰ τῶν πόλεων· τὰ δ' ἐναντία τῶν κεχαρισμένων ἀσεβῆ, ἃ δὴ καὶ ἀνατρέπει ἅπαντα(!) καὶ ἀπόλλυσιν. Ἁπλῶς, wie es auch der Kyniker fordert, ist das gerade nicht gesagt; denn die rosig und tiefschwarz differenzirte Prophezeiung der Folgen ist hier bei der blossen Definition ganz überflüssig, aber dem kynischen Prediger fliesst immer der Mund über und gerade von solcher Verheissung. Als kynisch kennen wir auch die Einheit der ἴδια und κοινά und des λέγειν und πράττειν (ib. und in der vorher citirten Stelle). Im Vollbewusstsein seiner göttlichen σοφία steht Euthyphro da und weiss Wundersames, Erschütterndes (6 B C) zu melden wie der unhellenische kynische Prophet, den Plato belächelt. Sokrates will von seiner Weisheit zehren, aber am Ende fühlt er sich in seiner Hoffnung betrogen, nun ein besseres Leben zu leben (βίον ἄμεινον βιωσοίμην 16 A), wie es der Kyniker als Resultat seiner παιδεία verheisst.

Aber nun der eigentliche Gesprächsinhalt und vor Allem das Motiv des Dialogs! Was soll die tolle Anklage des Sohnes gegen den Vater? Als concreter Fall ist sie unverständlich. Sie kehrt auch in der ersten versuchten Definition des ὅσιον als theoretischer Fall wieder und ist eben

Die Aechtung der Κακία (θεοφιλία, τιμή, ἔπαινος, πίστις bei d. Kynikern). 509

allen ἄνδρες ἀγαθοί zu Theil wird und ib. ausdrücklich als festes Dogma gleich dem Glauben an die Götter statuirt ist. Das für

nur von Plato als scenisches Einleitungsmotiv vorausgenommen. Der Fall ist nur verständlich als paradoxe, extreme Consequenz, durch die eine doctrinäre Theorie lächerlich gemacht werden soll, und trägt alle Zeichen der Construction an sich. Er könnte ja auch so gefasst sein, dass die Anklage des Sohnes gegen den Vater wenigstens einigermassen begreiflich wird; hier aber liegt Alles — offenbar absichtlich — so, dass sie möglichst krass und unglaublich wird. Desshalb muss es eine Anklage auf Mord, also auf den Tod des Vaters sein; desshalb muss andererseits die Schuld des Vaters möglichst gering erscheinen, fast verschwinden; der Getödtete muss nicht ein οἰκεῖος, sondern irgend ein fremder Tagelöhner sein, und schlimmer: er muss selbst ein Mörder sein, so dass er den Tod verdient hat; die Tödtung muss eine unbeabsichtigte sein; der Vater hat keine Hand gerührt, sondern der Andere muss bloss durch langes Liegen in Fesseln draufgegangen sein; zum Fesseln muss der Vater berechtigt sein, weil jener ihm einen οἰκέτης erschlagen, und das lange Fesseln erklärt sich daher, dass die Sache sich auf dem Lande ereignet und der Vater nach dem Gericht schicken musste. Man wird zugeben, der Fall ist so verschmitzt, dass die Anklage des Euthyphro gegen seinen Vater möglichst närrisch erscheint; aber die These des Euthyphro ist garnicht närrisch. Er sagt 4 B: Es wäre lächerlich, wenn es einen Unterschied machte, ob der Getödtete ein Fremder oder Angehöriger ist, sondern darauf allein muss man achten, ob, der getödtet hat, es zu Recht oder zu Unrecht that, und wenn zu Recht, soll man ihn lassen, wenn zu Unrecht, ihn zu Gericht bringen, und wenn er dein Haus- und Tischgenosse ist. Ferner 5 D: ich behaupte also, dass es fromm ist, den Thäter jedes Verbrechens zu verfolgen, und wenn es der Vater oder die Mutter ist. Das ist nicht die These eines abergläubischen Dummkopfs wie Euthyphro, sondern eines Doctrinärs. Gab es eine solche Doctrin? Ich meine, man wird hier an die bekannte These der Stoa denken müssen, dass es dieselbe Sünde ist, ob man seinen Vater oder einen Sklaven ungerecht tödte (Cic. parad. III, 24. de fin. IV, 76). Dass der Vatermord bei den Stoikern das typische Extrem ist, an dem sie die Gleichheit aller Sünden erweisen, zeigt auch z. B. Epict. diss. I, 7, 31. Nun ist zwar bei Euthyphro der Vater nicht Object, sondern Subject des Mordes, aber darauf kommt es nicht an, und Euthyphro entwickelt ja selbst: es ist gleichgiltig, sowohl wer getödtet ist, ob ein Angehöriger oder ein Fremder (4 B), als auch wer getödtet hat, ob der Vater oder sonst Jemand (5 D). Euthyphro vertritt also genau die These der Stoa von der Gleichheit (damit der gleichen Sühnebedürftigkeit) aller Sünden, und zwar mit derselben extremen Consequenz, dass es gleichgiltig ist, ob es sich beim Mord um den Vater oder einen Andern handelt. Plato bekämpft also in Euthyphro einen Vorläufer der Stoa, und als Zeitgenosse bietet sich nur Antisthenes. Oder kann man's ihm nicht zutrauen? Sind die Kyniker minder doctrinäre Fanatiker als die Stoiker? Scheiden sie nicht noch radicaler Tugend und Sünde als Absoluta ohne alle Zwischengrade? Sünde bleibt Sünde! eifert der kampflustige Prediger. Ist der Fall Euthyphro nicht nur eine Anwendung des Satzes, dass vor der δίκη die Familienbande zurückstehn müssen, die der Kyniker

ihn so bedeutungsvolle Princip der Apotheose hat Antisthenes natürlich, was wieder für unsere Fabel wichtig, vor Allem an doch auch sonst missachtet? Und thatsächlich lesen wir als Satz des Antisthenes L. D. 12: δίκαιον περὶ πλείονος ποιεῖσθαι τοῦ συγγενοῦς. Kann nun Plato die These des Kynikers boshafter satirisch treffen, als wenn er aus dem vom Kyniker gebotenen Extrem Ernst macht und wirklich einen Narren als Ankläger des eigenen Vaters vorführt und zugleich den Fall so anlegt, dass die Sünde des Vaters möglichst zurücktritt? Ἡράκλεις! ruft Sokrates (4 A), als er von der Anklage hört, — dieser Ausruf ist bei Plato wie bei Xenophon immer das Signal, dass eine Paradoxie des Kynikers citirt wird (vgl. S. 317 und unten). Zur weiteren Bestätigung dient, dass Cicero für das Paradoxon (III) einen Sokrates citirt, der nicht der gerade widersprechende platonische sein kann, also der antisthenische ist. Ferner aber sehn wir ja auch Mem. I, 2, 49 f., dass ein Sokrates, gegen den Polykrates schreibt, d. h., wie sich ergab, der antisthenische Sokrates die These aufstellt, der Weise solle den Thoren fesseln und so der eigene Sohn den Vater, wenn er thöricht oder närrisch ist. Hier haben wir, zumal bei dem kynischen Zusammenhang von Thorheit und Sünde, denselben Fall: der stets den Wissenden spielende Euthyphro belangt den eigenen Vater, weil er Unrecht gethan. Wie „Sokrates" gerade auf das τὸν πατέρα δῆσαι (Mem. ib.) kommt? Ich finde die nächste Erklärung in Antisthenes' Mytheninterpretation. Es galt, eine Deutung dafür zu finden, dass Zeus den eigenen Vater gefesselt hat, und der antisthenische Sokrates bringt es fertig, auch aus diesem bedenklichen Mythus eine Moral zu ziehn, nämlich die Lehre, dass man auch den eigenen Vater fesseln soll, wenn er schuldig ist, und Kronos hat ja seine Söhne verschlungen und seinen Vater entmannt. Thatsächlich lesen wir nun, dass sich Euthyphro 5 E f. für sein eigenes Thun auf Zeus beruft, τῶν θεῶν ἄριστον καὶ δικαιότατον, von dem man annimmt, dass er τὸν αὑτοῦ πατέρα δῆσαι, weil dieser mit Unrecht(!) seine Söhne verschlungen habe u. s. w., wobei Euthyphro die δίκη wie Antisthenes erst hineindeutet. Aber mehr. Wir lesen dasselbe Beispiel bei Dio or. 14 § 21: Wenn man Hesiod und Homer und andern σοφοὶ ἄνδρες — das sind sie für Antisthenes! — trauen darf, so ist Kronos gefesselt worden, und zwar nicht ὑπ' ἐχθροῦ ἀδίκως, sondern ὑπὸ τοῦ δικαιοτάτου καὶ φιλτάτου, δῆλον ὅτι ὡς βασιλικὰ καὶ συμφέροντα ἐκείνῳ δρῶντος. οἱ δὲ τοῦτο μὲν ἀγνοοῦσι —. Also Dio stimmt hier auf's Genaueste in der Verwerthung der Zeusthat als Beispiel und ihrer Rechtfertigung mit dem lächerlichen Euthyphro gegen den platonischen Sokrates zusammen, und das in einer Rede, deren Kynismus man schon erkannt hat (s. oben S. 425 f.) und leicht nachweisen kann (s. unten). Wie aber soll eine so specielle Uebereinstimmung, die unmöglich zufällig ist, anders zu erklären sein, als dass Euthyphro kynisch redet? Offenbar ist der Fall Zeus das ursprünglichere Motiv und der Fall Euthyphro ihm erst nachconstruirt. Das zeigt sich schon darin und giebt auch wieder die Erklärung dafür, dass der Fall bei der Bestimmung des ὅσιον, nicht des δίκαιον verhandelt wird, dass er einem μάντις begegnet und von diesem als wissendem Theologen geführt wird. Plato protestirt nun hier 6 A ff. wie in der Republik gegen die unmoralischen Göttermythen, wie sie bei Dichtern u. s. w. zu

Herakles ausgeführt, den er eben als den geborenen Mittler und Gottmenschen zu seinem Ideal erkor, wie vielleicht auch nicht

finden sind, und zeigt eben mit dem Fall Euthyphro, zu welcher Narrheit auch ihre moralische Deutung führen kann. Wir wissen, dass Antisthenes die Mythen und Dichtungen als göttliche Weisheit verehrt und moralisch interpretirt hat, und haben damit wieder einen Beweis, dass Plato in Euthyphro Antisthenes kritisirt. S. Weiteres über das Motiv des Euthyphro unten bei Antiphon.

Und nun die Definitionen, in deren erste der Fall des Euthyphro aufgenommen ist! Antisthenes bestimmt immer antithetisch neben dem Positiven zugleich das Negative (vgl. oben S. 300); so erklärt sich Euthyphro kundig des ὅσιον und des ἀνόσιον (4 E) und vergisst desshalb 5 D auch nicht das ἀνόσιον zu bestimmen (Antisthenes schrieb περὶ ἀσεβείας). Eine weitere Eigenheit der antisthenischen Definition ist, dass sie den Begriff in Einzelheiten zerlegt (vgl. I, 355 und die antisthenische Definitionslehre, die Plato's Theaetet kritisirt), wie hier Euthyphro in der ersten Definition 5 D ἤ — ἤ — ἤ u. s. w. differenzirt. Er ist sogar so begriffsstutzig, das ὅσιον hier nur durch einen einzelnen Fall zu definiren, und es ist ergötzlich zu sehn, wie mühsam ihm begreiflich gemacht werden muss, dass es sich um ταὐτόν ἐν πάσῃ πράξει τὸ ὅσιον αὐτὸ αὐτῷ, um αὐτὸ αὐτῷ ὅμοιον, um αὐτὸ τὸ εἶδος, um μίαν ἰδέαν des ὅσιον handelt (5 D 6 D E); aber es ist ja dieselbe Begriffsstutzigkeit, die Plato beim Kyniker bekämpft, der immer nur Einzelnes und keine Gattungsidee sehn will (vgl. Antisth. Frg. 34, 3. L. D. VI, 53). Im zweiten Definitionsversuch stellt nun Euthyphro eben den oben genannten kynischen Hauptbegriff θεοφιλής heraus. Der ὅσιος ist der θεοφιλής, der ἀνόσιος der θεομισής (7 A, vgl. den negativen Begriff oben S. 507). Plato kritisirt die Definition zunächst äusserlich, indem er lustig zeigt, dass das ὅσιον als θεοφιλές sehr variabel sein müsste, da dem einen Gott φίλον sein kann, was dem andern ἐχθρόν, — die Beispiele Zeus, Kronos und Uranos, Hera und Hephaistos sind absichtlich aus Streitmythen entnommen und das Ganze wieder ein Schlag gegen den Mythologen Antisthenes, da Plato ja die Streitmythen leugnet (vgl. dagegen z. B. Antisth. Frg. 28, 6)! Dann aber nach der corrigirten Fassung des ὅσιον als des von allen Göttern φιλούμενον packt Plato den Kyniker schärfer mit dem oben erwähnten Nachweis, dass damit nicht die Substanz (οὐσία), sondern nur ein Accidens (πάθος) des ὅσιον bestimmt sei (11 A). Ob Plato durch diese gründliche und ausführliche Zersetzung der (kynischen) θεοφιλία (6 E — 11) wirklich nur den jämmerlichen Euthyphro widerlegen wollte? Dem dreht sich schon das Mühlrad im Kopf herum, und seine Behauptungen laufen ihm davon wie die Figuren des Dädalos und die Schätze des Tantalos (11 C D). Hier persiflirt zugleich Plato in dem Namen die Gleichklänge des Gorgianers Antisthenes, spricht wie immer ironisch von der dädalischen Abstammung des Sokrates, die Antisthenes so ernst nimmt (vgl. oben S. 317. 351), und von Tantalos, der in der Predigt des kynischen Mythologen oft den schwarzen Mann spielt (vgl. oben S. 448 u. unten). Das Wissen ist für Antisthenes bekanntlich δόξα ἀληθής μετὰ λόγου (Arist. Met. VIII, 3. Plat. Theaet. 201 ff.). Der λόγος bindet die wahren Meinungen, dass sie nicht davonlaufen wie die Figuren des Dädalos (Meno c. 39). Es ist also das

zufällig bei Diogenes die Götterfreundschaft der Weisen dem Heraklesideal folgt (L. D. 71 f.). Der antisthenische Herakles Schlimmste, was gerade den antisthenischen Behauptungen passiren kann, dass sie so davonlaufen. Der Kyniker pocht auf die Festigkeit des Wissens, die Unverlierbarkeit der Weisheit. Nichts Aergeres für ihn, als wenn sie sich nun vergänglich zeigt wie die Schätze des tyrannischen Schwelgers Tantalos. *Τρυφᾷς*, sagt Plato dem Euthyphro (11 E), — das ist das furchtbarste Wort in der Sprache des Kynikers (vgl. nur Antisth. Frg. 62, 35), aber er versöhnt ihn: *τρυφᾷς ὑπὸ πλούτου τῆς σοφίας* (12 A) — denn der wahre *πλοῦτος*, das heisst die Weisheit, im Gegensatz zur *τρυφή*, ist der höchste Stolz und Genuss des Antisthenes (Symp. IV, 34 ff.). Welche Persiflage der antisthenischen Metaphoristik, wenn Plato hier tadelnd von einer *τρυφὴ τῆς σοφίας* spricht! Er spielt mit dem Kyniker wie die Katze mit der Maus.

Zum folgenden Definitionsversuch muss der weisheitgeschwollene Euthyphro erst geschoben werden. Was soll es bedeuten, dass Sokrates ihm eine Definition in den Mund schiebt, um sie ihm wieder zu nehmen? Was hat Plato für ein Interesse daran, eine Definition zu widerlegen, auf die er Euthyphro selbst erst gestossen hat? Es ist wieder klar, dass sie von einem Andern geboten ist, der hinter Euthyphro steht, und den Plato treffen will, auch wo dessen Schemen Euthyphro versagt. Die Definition des Euthyphro lautet: das *ὅσιον* ist das *δίκαιον*, soweit es sich auf die Pflichten gegen die Götter bezieht, im Unterschied vom übrigen *δίκαιον*, das sich auf die Behandlung der Menschen bezieht (12 E), sodass also die Frömmigkeit die Kenntniss des Cultus (*τιμή* etc.) ist (14 B C 15 A). Was lesen wir bei Xenophon Mem. IV, 6, 2 –6? Die Frömmigkeit ist die Kenntniss der Pflichten gegen die Götter (des *τιμᾶν θεούς*), die *δικαιοσύνη* die Kenntniss der Pflichten gegen die Menschen. Die Definition Euthyphro's ist also dieselbe wie die des xenophontischen Sokrates. Sie ist es 1. in der oberen Einheit des Frommen und Gerechten, 2. in der unteren Differenzirung beider nach den Objecten der Götter und Menschen, 3. in der Deutung der Frömmigkeit als Wissen, 4. in ihrer Beziehung bloss auf den Cultus. Die Uebereinstimmung zwischen Euthyphro und dem xenophontischen Sokrates erklärt sich nur so, dass Beide die Definition des Antisthenes aussprechen, der übrigens schon nach dem Titel seiner Schrift *περὶ ἀδικίας καὶ ἀσεβείας* einen Zusammenhang und eine Differenzirung zwischen dem Gerechten und Frommen gesucht haben muss. Der einzige Unterschied zwischen Euthyphro und Xenophon ist ein äusserlicher: dieser hat das *νόμιμον* als Oberbegriff, unter dem *δίκαιον* und *ὅσιον* coordinirt stehn, jener das *δίκαιον*, unter dem er das *ὅσιον* und das *δίκαιον* gegen die Menschen vereinigt. Aber dieser Unterschied fällt gerade bei Antisthenes dahin, der die Einheit des *δίκαιον* und *νόμιμον* lehrt (vgl. oben S. 79 etc. u. a. unten). Es ist nicht das einzige Mal, dass bei Plato eine Definition des xenophontischen Sokrates einem Andern in den Mund gelegt und von Sokrates gerade widerlegt wird: es geschieht auch z. B. im Laches (vgl. oben S. 141, 4) und Charmides (vgl. Archiv IX, 64) und ist eben nur so zu verstehn, dass Plato eine andere, die antisthenische Sokratik widerlegt, der Xenophon folgt; wie die Einleitung der Republik (und der Clitopho) die Behandlung

Die Aechtung der *Κακία* (*θεοφιλία, τιμή, ἔπαινος, πίστις* bei d. Kynikern). 513

besingt das Lob des *πόνος* (L. D. 2), und in dem anerkanntermaassen von ihm abhängigen Rahmen des Cynegeticus stehn die *φιλόπονοι* als *θεοφιλεῖς* (Xen. Cyneg. XIII, 17). Ebendort wird dem tugendreichen Cheiron und seinen Schülern — Antisthenes' Herakles pries gerade die *παιδεία* des Cheiron — das *τιμᾶσθαι*

der Gerechtigkeit bei Antisthenes kritisirt, der Laches und der Charmides seine Definitionen der Tapferkeit und Besonnenheit, so ist der Euthyphro geschrieben als **Kritik der antisthenischen Begriffsbestimmung der Frömmigkeit** und so auch in seinem negativen Resultat verständlich. In der Kenntniss des rechten *εὔχεσθαι καὶ θύειν* besteht nach Euthyphro die Frömmigkeit (14 B C), — wir sahen, dass der Kyniker gerade in Bezug auf das *εὔχεσθαι* und das *θύειν* Kritik übt und Normen aufstellt (vgl. oben S. 209 und s. unten). Zugleich wird die Frömmigkeit bei Euthyphro zur *θεραπεία* als Dienstbarkeit gegen die Götter (vgl. die stoische Frömmigkeit = *ἐπιστήμη θεῶν θεραπείας*), wie sie Sklaven gegen ihre *δεσπότας* zeigen (13 D), — der Kyniker betrachtet die Götter als unsere *δεσπότας*, in deren Gewalt wir stehn (vgl. oben S. 228. 428), und sich selbst als Diener der Götter (vgl. oben S. 506), — und endlich wird sie 14 E zur Wissenschaft vom Handelsgeschäft zwischen Göttern und Menschen, — damit charakterisirt Plato vortrefflich Antisthenes mit seinem Princip der Gegenseitigkeit, das er, wie wir noch sehn werden, aller *φιλία* zu Grunde legt, und das ja auch die hier indirect mitgetroffene Prodikosfabel § 28 zwischen Göttern und Menschen (Gnade und Cultus) fixirt, zugleich aber mit seinem praktischen Fanatismus, der immer nach dem *ὠφελεῖν* fragt, wie hier Plato 13 B C 14 E 15 A B, um den Kyniker mit seinen eigenen Waffen zu schlagen. Er fragt ironisch, ob die Frömmigkeit als Dienst der Götter diesen *ὠφέλεια* sei und also die Götter *βελτίους ποιεῖ*; denn darin besteht das immer pädagogisch genommene *ὠφελεῖν* des Kynikers. Auch sonst persiflirt er hier die antisthenische Methode; er macht seine Begriffsforderung 12 A ff. Euthyphro begreiflich durch ein Dichtercitat und eine prodikeische Differenzirung zwischen *αἰδώς* (von Antisthenes sicher differenzirt, vgl. I, 489 u. s. unten) und *δέος* (vgl. Prot. 358 E und S. 140 u. s. unten) und vergleicht dann 13 A B, eingedenk der kynischen Thieranalogien und gerade der antisthenischen Lieblingsbeispiele, die Behandlung der Götter mit der Behandlung der Pferde, Ochsen und Hunde — ganz wie Diogenes Dio X § 17 f. Obgleich alle Definitionen dahinstürzen, will doch Sokrates zum Schluss noch den *μάντις* nicht loslassen, so wenig wie Odysseus den Proteus (15 D) — Antisthenes schrieb *περὶ Πρωτέως*. Die Grundfehler, die für Plato die Definitionen des Euthyphro hinfällig machen, sind klar: es sind die Grundeigenschaften der individualistisch-relativistischen Philosophie des Antisthenes gegenüber der absolutistischen des Plato. Die erste Definition giebt nur Einzelnes, die späteren nur Relationen; denn das *φίλον* und das *ὠφέλιμον* (beide vom Kyniker so herausgearbeitet) wie auch das *νόμιμον*, das *ὑπηρετικόν* u. s. w. sind lauter Beziehungen, die noch einen Inhalt verlangen. Insgesammt: es fehlt die allgemeine und absolute Bestimmung, die Idee des *ὅσιον*, für die Antisthenes die Augen fehlen.

Joël, Sokrates. II.

ὑπὸ θεῶν zugeschrieben (I, 1 f.), — wie die Ἀρετή der Mem. (§ 32) von sich rühmt: τιμῶμαι δὲ μάλιστα πάντων καὶ παρὰ θεοῖς, und genau übereinstimmend steht Dio III § 51 der kynische Idealmensch als μεγίστης τυγχάνων παρὰ θεῶν τιμῆς. Den reinen Seelen, so verheisst Diogenes ep. 39, 3, blühe im Hades πολλὴ τιμή. Krates, der die Götter durch ἀρετή ehrt (Mull. Frg. 6), will τιμᾶν ἀρετήν der Εὐτελίη (ib. 4), also auch einer Tugendallegorie. Die ἡδονή in der Diogenesrede Dio IV gilt als eine Gottheit, die ihre Verehrer hat (τὴν θεὸν ταύτην προτιμῶν § 101 A) wie die Κακία der Mem., die auch ἀθάνατος ist (vgl. Cyneg. = Herakles XII, 21 ἀρετή — ἀθάνατος und Krates ἀθάνατος βασιλεία Frg. 10), während in der parallelen Fabel bei Dio Herakles nur die Βασιλεία = Ἀρετή als ἀληθῶς θεὸν τιμᾶν will (or. I §§ 73. 83 A).

Σύνειμι μὲν θεοῖς, σύνειμι δὲ ἀνθρώποις τοῖς ἀγαθοῖς, rühmt die Ἀρετή der Mem. von sich, — Antisthenes lehrt das συμβιοῦν θεοῖς und das συμβιοῦν ἀνθρώποις (Frg. S. 65, 49, vgl. auch Jul. or. VI, 188 B), und die Schätzung bei Göttern und Menschen wird auch seinem Ideal, dem ἀγαθὸς βασιλεύς, in der gut kynischen III. dionischen Rede (vgl. oben S. 374 ff.) zu Theil: ἀγαπώμενον μὲν ὑπὸ ἀνθρώπων, ἀγαπώμενον δὲ ὑπὸ θεῶν (§ 60), während der Tyrann τοὐναντίον μισούμενος ist (ib.) und der den Kynikern ebenso verhasste τρυφερός nicht Antheil hat οὔτε θεῶν οὔτε ἀνθρώπων τῶν ἀγαθῶν (Diogenes bei Dio IV § 22 A).

Von den ἀγαθοί wirst du verachtet (ἀτιμάζει), heisst es Mem. § 31 von der Κακία. Diese Atimie der Κακία und Anderes aus der folgenden Schilderung: das Angenehmste, Lob, hörst du nicht; welcher Wohlgesinnte könnte es wagen, in deinen Kreis zu treten; du schämst dich deiner Thaten, führst ein Leben voll Gram und Reue, während die Ἀρετή mit den ἀγαθοί verkehrt, bei Allen volle τιμή geniesst, eine sichere σύμμαχος im Kriege ist; die Aelteren freuen sich über die Ehrenbezeugungen der Jüngeren — das Alles erinnert an die Schilderung der „Atimie", der κακοί im kynisch idealisirten Sparta. Lykurg wird gepriesen, weil er die ἀρετή vor der κακία derart begünstigte, dass er ihr Leben, wie es mit den charakterisirten kynischen Argumentationsbegriffen hier heisst, ῥᾴων καὶ ἡδίων καὶ εὐπορωτέρα καὶ ἰσχυροτέρα, kurz zur εὐδαιμονία (vgl. oben S. 455 ff.) gestaltete (R. L. IX, 2 f.). Die εὔκλεια folgt am meisten der ἀρετή und alle wollen σύμμαχοι der ἀγαθοί sein (ib.). Während aber in anderen Staaten der κακός weiter mit dem ἀγαθός zusammenlebt, würde sich in Sparta Jeder schämen, mit dem κακός zusammen zu wohnen oder zu ringen. Bei Ballspielen und Chortänzen wird er bei Seite gestossen, vor Jüngeren muss er aufstehen und ausweichen, nirgends findet er Anschluss, kurz, er führt ein Leben so voller Schande, dass man den Tod vorziehen würde (ib. 4—6).

Xenophon's Panegyricus des Spartanerstaats ist von Antisthenes' Herakles abhängig (vgl. S. 389 f. 490 u. öfter), der ebenso wie sein Kyros die These verfochten haben muss: der $ἀρετή$ die $τιμή$, der $κακία$ die Atimie. Kyros drängt seine wohlgeübten Perser auf die Bahn der Eroberung durch die Erwägung, dass der Kämpfer sich übe, um sich und dem Staate Glück und $μεγάλας$ $τιμάς$ zu verschaffen, sonst sei der Aufwand von Mühe thöricht (Cyr. I, 5, 8 ff.). Zugleich beachte man, welche Rolle hier in der Fabel, in den Reden der $Ἀρετή$ die $τιμή$ spielt: § 27 $ἐντιμοτέραν$, § 28 $τιμᾶσθαι$, § 31 $ἀτιμάζει$, § 32 $τιμῶμαι$, § 33 $τιμαῖς — τίμιοι — ἄτιμοι$. Man wende nicht ein, dass der Kyniker ja die $ἀδοξία$ preist: die $δόξα$ ist da die falsche Geltung; gegen die $ἀληθής$ $δόξα$ ($σὺν λόγῳ$) hatte er ja auch erkenntnisstheoretisch nichts einzuwenden. Antisthenes behandelt im Herakles und Kyros das Lob des $πόνος$ und das $βασιλικόν$; ist es nicht selbstverständlich, dass er den Werth des $πόνος$ durch seine Folgen begründete, ihn als Mittel zur $τιμή$ pries und die $τιμή$ $μετὰ$ $πόνον$ mindestens ebensosehr anerkannte wie die $ἡδονή$ $μετὰ$ $πόνον$ (Frg. S. 59, 12), und konnte sein Ideal des $βασιλεύς$ ohne die $τιμή$ bestehen? Und so tönt es laut durch die dionischen Königsreden und bei Xenophon, wo das Echo des Herakles und Kyros klingt: Ehre der $ἀρετή$, Schande der $κακία$! Die $ἀγαθοί$ ehren die $Ἀρετή$, heisst es in unserer Fabel § 32, Herakles ehrt ($τιμῶν$) die $Βασιλεία$ = $Ἀρετή$ (Dio I § 73), während er die $ἀτιμάζουσα$ Tyrannis = $Κακία$ hasst (ib. 80. 83); auch Antisth. Herakles Frg. IV ist sein $τιμᾶν$ wohl ethisch. Die $ἀρετὴ τιμᾷ τοὺς περὶ αὐτὴν ἀγαθούς, τοὺς δὲ κακοὺς ἀτιμάζει$, heisst es Cyneget. (= Herakles) XII, 21. Vgl. beim Kyniker Krates $τίμιος εἰς ἀρετήν$ (Mull. Frg. 6) und $τιμᾶν ἀρετήν$ (ib. 4) und den $τιμῶντα τὴν ἀρετήν$ mit den Beispielen des Kyros, der spartanischen Könige u. s. w. bei Dio II § 77. Es ist natürlich, die Guten zu ehren ($τοὺς ἀγαθοὺς$ $πεφύκασιν οἱ ἄνθρωποι τιμᾶν$, Dio I § 27); vor Allem aber gehört es zu den Eigenschaften des $ἀγαθὸς βασιλεύς, τιμᾶν ἀγαθοὺς$ (ib. 17), wie er selbst, der wahre König, werth ist $τῆς μεγίστης$ $ἐν ἀνθρώποις τιμῆς$ (II § 69), während der Tyrann unwürdig ist der königlichen $τιμή$ (ib. 76) und werth der $ἀτιμία$ (I § 44). Die $τιμή$, die dem Tyrannen wird, ist eine erzwungene, die keine

Freude macht (Hiero VII). Der ideale Herrscher will Liebe gewinnen und nicht ὑπὸ ἀκόντων τιμᾶσθαι (Dio I § 27) und den Wohlthäter ehren die Menschen freiwillig, sehen ihn an als οἰκεῖον ἕκαστος ἀγαθόν, wie es Hiero VII, 9 gut antisthenisch heisst, und das ist das wahre τιμᾶσθαι. Man erkennt wieder die antisthenische Differenzirung der βασιλεία und Tyrannis nach dem ἑκών und ἄκων (vgl. oben S. 78).

Antisthenes stellte im Herakles und Kyros die Königserziehung dar und zu der ἀγαθὴ φύσις, die seine παιδεία voraussetzt (vgl. oben S. 360), scheint die φιλοτιμία gehört zu haben. Der ἀγαθὸς βασιλεύς ist φιλότιμος τὴν φύσιν (Dio I § 27); als ἀνθρώπων φιλοτιμότατος wird Alexander in dem protreptischen Gespräch mit Diogenes eingeführt (Dio IV § 4), wohl ursprünglich einer Nachbildung des Sokrates-Alkibiadesgesprächs, das vermuthlich sowohl den Herakles (hier zugleich als Cheiron-Achillgespräch mythologisirt) wie den Kyros des Antisthenes füllte. Zur γενναία φύσις auch des Herakles gehört es, dass er φιλότιμος ist (Dio I §§ 65. 69), und natürlich ist nun auch der als Heraklide stilisirte Agesilaos bei Xenophon φιλοτιμότατος πεφυκώς und auch der andere ideale βασιλεύς, Kyros, muss in der Jugend sich als besonders φιλότιμος zeigen (Cyr. I, 3, 3. I, 4, 1; vgl. die Anekdoten I, 3, 15. I, 4, 4). Ganz im Stil des Antisthenes, an seine zoologische Teleologie gemahnend, ist es, wenn Xenophon die der menschlichen Natur eingepflanzte (ἐμφύεσθαι) φιλοτιμία als διαφορά vor den andern ζῷα und als gottähnlichste (τοῦ θεῖον ἐγγυτέρω!) menschliche Freude bezeichnet (Hiero VII, 1 ff. Oec. XIII, 9). Den φιλότιμοι τῶν φύσεων wird eine höhere παιδεία zu Theil (Oec. XIII, 9).

Antisthenes zeigt sich hier wieder als der Vermittler zwischen hellenischem Geist und fremdem. Die Verbindung des sokratischen, echt griechischen Wissensprincips mit dem in ihm so lebendigen [1]), aber eben orientalisirenden Autoritätsprincip ergiebt seine Leidenschaft für παιδεία; das Einschlagen des orientalischen Absolutismus in den attischen Volksgeist der τέχνη ergiebt seine βασιλικὴ τέχνη, und die Verschmelzung der urhellenischen Agonistik [2]) mit dem Geist der Hierarchie ergiebt ein merkwürdiges System des Ehrgeizes, der Prämiirung von oben. Antisthenes hat namentlich im Kyros die βασιλικὴ τέχνη gelehrt (Frg. III S. 18) und Xenophon hat sie copirt namentlich in der Κύρου παιδεία und im

---

[1]) Vgl. v. Arnim a. a. O. S. 35.
[2]) Vgl. Archiv f. Gesch. d. Philos. IX, 54.

Oeconomicus, wo ausdrücklich Kyros (c. IV), die βασίλισσα (IX, 15), die βασιλικοὶ νόμοι (XIV, 6 ff.) und das βασιλικὸν ἦθος (XXI, 10) als Vorbild gepriesen werden, und an allen vier Stellen ist es das Prämienprincip, für das Kyros resp. das βασιλικόν vorbildlich ist. Auch der Kyros der Cyropädie ist eigentlich nur im Sinne des Antisthenes, der Götter und Könige zu τεχνῖται macht, der Mann der königlichen Kunst, ein grosser militärisch-politischer Pädagoge durch die φιλοτιμία. Das ist die Κύρου παιδεία: ein ganzes System für die Erweckung des Ehrgeizes bei Freunden, Offizieren, Soldaten, und die Schilderung seiner verschiedenen Methoden, durch allerhand Ehrerweisungen und Preise den Wetteifer zu Uebungen, zu Grossthaten, zur Tapferkeit und Dienstbarkeit u. s. w. zu stacheln, füllt grosse Partien der Cyropädie (nam. II, 1. II, 3. III, 3. VIII, 1—4). So ist es begreiflich, dass sein Heer μεστὸν φιλοτιμίας wird (III, 3, 59). Oec. XXI, 6. 10 steht es als doctrinäres Princip: in der Fähigkeit, den Ehrgeiz des ganzen Heeres zu entflammen, besteht die Feldherrngrösse, eben das antisthenische βασιλικὸν ἦθος (ib.). Zu diesem βασιλικόν gehört ja sowohl die militärisch-politische wie die ökonomische τέχνη (vgl. oben S. 70. 261. 369), und so fördert Kyros, der ideale Herrscher im Gegensatz zum schlechten Tyrannen und der ideale Oekonom, der selbst τιμὴ ἐν πόλει erstrebt (Oec. XI, 8), die militärische Tüchtigkeit, Landbau und Hauswirthschaft, ja selbst die δικαιοσύνη am meisten durch Prämien und τιμᾶν des Besseren (Oec. IV. IX, 13. 15. XIII, 9—12. XIV, 9. XXI, 5 f. 10. Hiero IX, 6 — zu dem kynischen Vorbild der χοροδιδάσκαλοι hier vgl. L. D. VI, 35 und oben S. 122 f.). Dem Kyniker ist das διακρίνειν der Guten und Schlechten äusserst wichtig, ja politisch nothwendig (Antisth. Frg. 61, 23. Epictet. diss. II, 3, 1). Aber man wundere sich auch nicht über die Prämien der δικαιοσύνη; sie ist die ἀναμφιλογωτάτη καλοκἀγαθία (Antisth. Xen. Symp. III, 4) und der Kyniker fordert Wettkämpfe in der καλοκἀγαθία so gut wie im Laufen und Ringen (διακαλοκαγαθιζομένους Stob. III, 4, 111 Hs., vgl. L. D. 70). Er hat den heftigsten Ehrgeiz des Hellenen, aber er hat ihn auf die Tugend geworfen. Das ist seine Besonderheit.

Man beachte, dass die διαφορά des φιλότιμος und des φιλοκερδής und φιλήδονος (Oec. XIII, 8 ff. XIV, 9 f.) ein System der πάθη voraussetzt, das Xenophon nicht erfunden, dass dieser Vorzug des φιλότιμος eben für das πονεῖν (das Thema des Herakles und Kyros!) hervorgehoben wird (ib.), dass die Antithese (ib.) der thierischen (!), sklavischen (!) παιδεία (!) durch Zwang und

Lüste und der des φιλότιμος als ἐλεύθερος(!) hinausläuft auf den kynischen Gegensatz der παιδεία, von dem das Capitel gegen den Hedoniker ausgeht (vgl. Mem. II, 1 ff. 16 f.), und dass der Sinn für das ἄξιον und προσῆκον, der die Stoa so staatstüchtig machte, doch auch den Sinn für Ehre stärkt. Und sollte er dem Vorläufer der Stoa ganz fremd gewesen sein? Ich meine, es war einer der Hauptzüge, die Xenophon in die Bahn des ersten Kynikers führten. Die angeborene φιλοτιμία, die einen Alkibiades, Agesilaos und Alexander hinaustrieb, hat ja auch Xenophon nach dem Orient geführt, von dem der Kyniker träumte, und er hat den jüngeren Kyros die Prämiirmethode des älteren anwenden lassen (Anab. I, 9, 14ff. 27f.). Wie eifrig Xenophon selbst den Ehrgeiz im Heere weckt oder ihn doch unter seinem Feldherrnstabe sich regen sieht, zeigt sich oft genug in der Anabasis (III, 1, 24. IV, 3, 29. 7, 11 f. 8, 12. 27 f. V, 2, 11 f. etc.). Er rühmt sich: ἐγὼ τιμῶμαι ὑφ' ὑμῶν (V, 7, 10), ehrt nach Kräften den ἄνδρα ἀγαθόν (V, 8, 25), spricht öfter den Soldaten davon, wie sie ἐντιμότεροι würden (V, 6, 32. VI, 3, 18 etc.), und dass es χαλεπόν wäre, wenn sie in Hellas nicht τιμή erlangten (VI, 6, 16). Natürlich suchen auch seine Lieblinge wie Agesilaos, Derkyllidas, Iphikrates, Jason (dessen — auch sonst kynisch erzogene — Soldaten wissen, dass ἡ πολεμικὴ ἀρετὴ ἐντιμότατον βίον παρέχεται, Hell. VI, 1, 6) als tüchtige Feldherrn durch ausgesetzte Preise den Wetteifer zu erhöhen. Der Hipparch ganz besonders soll die φιλοτιμία der Offiziere und Soldaten wecken (Hipp. I, 21. 23. 25 f. II, 2. VII, 3. IX, 3. 6, vgl. dazu oben S. 122), und die athenische Cavallerie wird gelobt, weil sie bestrebt ist τὴν πατρῴαν δόξαν zu retten (Hell. VII, 5, 22), die spartanische aber getadelt, weil sie aus ἥκιστα φιλότιμοι besteht (Hell. VI, 4, 11). Endlich empfiehlt Xenophon auch die Prämien als wichtiges Recept für die Staatswirthschaft (Vectig. II f.).

„Den allergrössten Ohrenschmaus, dein eigenes Lob, hörst du nicht, und die allergrösste Augenweide, eine edle That von dir, siehst du nicht." Es steckt hinter der ganzen hedonischen Beweisführung hier viel mehr Methode als der Nachahmer Xenophon verräth. Es liegt eben hier ein Original zu Grunde, in dem der Reihe nach die verschiedenen Sinnesgenüsse zweier entgegengesetzten βίοι nach ihrem wahrhaften hedonischen Werth abgeschätzt wurden. Diese sinnesphysiologische Systematik ist im Hiero c. I weit besser bewahrt, wo sich auch in den Genüssen des Essens, Trinkens, der Liebe u. s. w. (vgl. Mem. § 30) und dann in Bezug auf die *θεάματα* und *ἀκροάματα* ein Minus auf Seiten des schwelgerischen Tyrannenlebens ergiebt. Dass aber hier Mem. und Hiero auf einen Text zurückgehn, zeigt schon die Vergleichung eines Wortes:

Mem. § 31:	Hiero I, 14:
τοῦ ἡδίστου ἀκούσματος ἐπαίνου.	τοῦ ἡδίστου ἀκροάματος ἐπαίνου.

Wo aber das Original zu suchen ist, sagt Antisth. Frg. S. 53, 17:

Prodikosfabel § 31:	Schol. Porphyr. ad Horat. Sat. II, 2, 94:
τοῦ δὲ πάντων ἡδίστου ἀκούσματος, ἐπαίνου σεαυτῆς, ἀνήκοος εἶ	Hoc Antisthenes dixisse traditur. Is enim cum vidisset adolescentem luxuriosum acroamatibus deditum, ait, miserum te, adolescens, qui **nunquam audisti summum acroama, laudem tuam**.

Damit haben wir ein sicheres Kennzeichen, dass der xenophontischen Prodikosfabel ein antisthenisches Original zu Grunde liegt. Schneiden wir die natürlich spätere anekdotenhafte Einkleidung ab, so haben wir hier bei Antisthenes in dem einen Dictum alle Grundzüge wie bei Xenophon vertreten: eine Paränese vor einem Jüngling als Protest gegen den schwelgerischen, d. h. hedonischen Lebenstypus, in eudämonistischer Argumentation (miserum! *ὦ τλῆμον* Mem. § 30), die den Strebsamen den Schwelger in Genüssen übertrumpfen lässt (summum acroama!) und diese nach den Sinnen differenzirt (was soll sonst die Abschätzung der acroamata?), und zu alldem noch die Uebereinstimmung im Einzelnen: der grösste Ohrenschmaus das eigene Lob. Dass die Prodikosfabel hier *ἄκουσμα*, nicht (wie auch der Hiero) *ἀκρόαμα* setzt, geschieht, um in *ἡδίστου ἀκούσματος ἀνήκοος* die Parallele zu *ἡδίστου θεάματος ἀθέατος* herauszubringen, also für einen Gorgianismus, der erst recht auf Antisthenes weist (L. D. VI, 1). Die dionischen Königsreden gerade zeigen eine Vorliebe für solche Wortformen und hedonische Termini: *τί μὲν γὰρ σεμνότερον θ ε α μ α γενναίου καὶ φ ι λ ο π ό ν ο υ βασιλέως; τί δὲ ἥδιον* — (I § 34), *κάλλιστον καὶ ἥ δ ι σ τ ο ν ὁ ρ α μ ά τ ω ν φῶς* (III § 74), *θ ε α μ ά τ ω ν παντοίων καὶ ἀ κ ο υ σ μ ά τ ω ν τ έ ρ ψ ε ι ς* (III § 93) und (IV § 101) *π ά ν τ α ὁ ρ ά μ α τ α, π ά ν τ α δὲ ἀ κ ο ύ σ μ α τ α τὰ πρὸς ἡ δ ο ν ή ν τινα φέροντα* (vgl. Mem. *πάντων ἡδίστου ἀκούσματος, πάντων ἡδίστου θεάματος*), und auch hier bei Dio haben wir jene systematisch nach den Sinnen differenzirte Abschätzung des hedonischen *βίος*, die eben kynisch ist (vgl. S. 383. 458 f. 487 f. 528 f.) und bald noch zu vervollständigen sein wird.

Es ist nicht Zufall, dass hier neben den Mem. die dionischen Königsreden zu nennen sind, ferner der Hiero und die ihm parallele Diogenesrede, wo es auch vom Tyrannen und auch in der Abmessung seiner ἡδοναί heisst: ἐπαινούμενος δὲ οὐχ ἥδεται (Dio VI § 58)[1]). Vgl. zwei gerade stark antisthenische Königsreden: Dio II, 28 wird die Musik nur für Götterhymnen und ἀνδρῶν ἀγαθῶν (!) ἐπαίνους geschätzt und III (!), 60 wird die Wahl gestellt zwischen dem Königsleben μετὰ ἀρετῆς und ἐπαίνου und dem Tyrannenleben μετὰ πονηρίας und ψόγου. Dio XXI, wo Antisthenes' Kyros Quelle ist (vgl. oben S. 426 f.), heisst es § 2: ἡ ἀρετὴ ἐπαίνῳ αὔξεται. Die Ἀρετή ist nun einmal im Herakles und Kyros eins mit der φιλόπονος Βασιλεία; der Kyniker fühlt sich als der wahre König dem Tyrannen gegenüber, der ihm nun einmal der Typus der τρυφή und dessen Parasit der Hedoniker ist. Um die systematische Vernichtung des Tyrannenglücks und damit Aristipp's (auch Mem. II, 1) handelt es sich: glaubst du irgend eine ἡδονή zu besitzen? Ich habe sie in Wahrheit und in höherem Grade. Schwelgst du mit dem Tyrannen? Ich bin König[2]) und Lehrer der βασιλικὴ τέχνη. Bei dem Musterkönig Kyros kehrt der ἔπαινος als hedonischer Superlativ nach den niederen Sinnesvorzügen wieder. In der auch sonst stark kynischen Rede Cyr. I, 5 fährt er nach dem Lob der Perser als ἀσκηταὶ ἀρετῆς, die enthaltsam sind in Bezug auf Essen, Trinken, Schlaf u. s. w., § 12 fort: aber den allerschönsten und zum Kriege tauglichsten Schatz habt ihr in eurer Seele (der antisthenische πλοῦτος ψυχῆς!) niedergelegt: Lob macht euch mehr Freude (ἐπαινούμενοι χαίρετε) als alles Andere. Aehnlich dankt Kyros dem Gobryas, dass er ihm Gelegenheit gegeben, seine Tugend vor aller Welt zu zeigen und nun von den Menschen als δίκαιος ἀνὴρ ἐπαινεῖσθαι; aber auch seine Freunde würden alle Schätze (!) der Syrer nicht nehmen für die ἀρετή und die δόξα ἀγαθή (Cyr. V, 2, 10 ff.). Die ἐπαίνου ἐρασταί aber, heisst es I, 5, 12 weiter, nehmen nothwendig jeden πόνος und jede Gefahr ἡδέως auf sich.

Hier schlägt nun wieder zur Ergänzung und Aufklärung der Oeconomicus ein. Da handelt es sich c. XIII um die παιδεία des ἐπίτροπος und um die Fähigkeit das πείθεσθαι beizubringen, —

---

[1]) Vor diesen Worten steht: κακῶς ἀκούει. Vgl. zu dieser für Antisthenes wichtigen Wendung Frg. S. 16 (Κῦρος Frg. III), S. 39 unten und S. 62, 33.

[2]) Die stärksten Stellen bei Epictet. diss. III, 21, 19. 22, 57. 63. 75. 79; s. im Uebrigen über die Herrschaft des Weisen Weber, Leipz. Stud. X, 91 ff.

das sind drei antisthenische Schriftentitel, und zwar stehen die Schriften περὶ ἐπιτρόπου, περὶ τοῦ πείϑεσϑαι und οἰκονομικός zusammen am Schluss des III. Bandes. Ganz nach Antisthenes (Bd. I, 387 ff. und oben S. 70. 369) wird wieder die παιδεία zum ökonomischen Verwalter eins gesetzt mit der παιδεία zum ἀρχικός oder, noch bezeichnender, mit der βασιλικὴ παιδεία (XIII, 5). Ueber die von Homer abgeleitete und auf Zeus zurückgeführte kynische βασιλικὴ παίδευσις resp. τέχνη vgl. noch Dio II § 44. 59. IV § 21. 27. In dem Schlusscapitel des Oeconomicus wird auch die Kunst des ἐπίτροπος (XXI, 9), des Oekonomen, Feldherrn, Staatsmanns als ἀρχική (ib. 2) und idealer als βασιλική (10) vereinheitlicht (vgl. Stob. ecl. II, 99. 108), wie oft in den dionischen Königsreden der Steuermannskunst parallel gesetzt (3) und die Fähigkeit des ἀρχικός, Philotimie und Philoponie zu verbreiten, dreimal als ϑεία bezeichnet (5. 11 f.). Es fehlt für Antisthenes auch nicht die Differenzirung der παιδεία und ἀγαϑὴ φύσις als Bedingungen der Königstugend (11) und nicht der poetisch-rhetorische Stil (vgl. namentlich im Hymnus auf den rechten ἀρχικός § 8: καὶ μεγάλῃ χειρὶ εἰκότως οὗτος λέγεται πορεύεσϑαι — καὶ μέγας τῷ ὄντι οὗτος ἀνὴρ ὃς ἂν μεγάλα δύνηται γνώμῃ διαπράξεσϑαι μᾶλλον ἢ ῥώμῃ[1]). Ja, der Schlussvergleich des Tyrannen, der über ἄκοντες herrscht, mit Tantalus (allerdings dem besten mythischen Urbild des im Ueberfluss nothleidenden, frevelnden Tyrannen), der im Hades φοβεῖται μὴ ἀποϑάνῃ, wird erst verständlich, wenn man sieht, wie er in der Tyrannenrede des Diogenes extremer wiederkehrt (Dio VI § 55)[2]. Vgl. dazu, was Diogenes Stob. flor. 49, 27 von den Tyrannen sagt: ζῶσι μὲν γὰρ

---

[1] Die gorgianische Vorliebe des Antisthenes für solche Gleichklänge zeigt sich selbst in seinen spärlichen Fragmenten öfter: 56, 2. 60, 17. 19.

[2] Auch sonst scheint der Kyniker für den ihm verhassten Typus das Bild des Tantalus bevorzugt zu haben. Zweimal parodirt Krates die Tantaluseinführung bei Homer Od. XI, 581: Καὶ μὴν Στίλπων' εἰσεῖδον χαλέπ' ἄλγε' ἔχοντα | ἐν Μεγάροις, ὅϑι φασὶ Τυφωέος ἔμμεναι εὐνάς κ. τ. λ. (L. D. II, 118) und Plut. de vit. aere al. c. 7: siehst du nicht, wieviel die Erde darbietet und das Meer? Καὶ μὴν Μίκυλον εἰσεῖδον (χαλέπ' ἄλγε' ἔχοντα) | τῶν ἐρίων ξαίνοντα γυναῖκά τε συγξαίνουσαν | τὸν λιμὸν φεύγοντας ἐν αἰνῇ δηϊοτῆτι. Die Pointen gegen τῦφος, τρυφή und μαλακία sind deutlich, und das spricht eben wieder dafür, dass Plato im Protagoras mit der Einführung des weichlichen Prodikos: καὶ μὲν δὴ καὶ Τάνταλόν γε εἰσεῖδον (315 C) den Kyniker parodirt, auf den auch der Witz mit den Ταντάλου χρήματα in dem überhaupt gegen ihn satirischen Euthyphro (s. oben) 11 D zielt. Vgl. Tantalus auch Teles p. 25, 5 H, Hor. S. I, 1, 68 und vor Allem die Behandlung des Tantalus durch Menippos Luc. dial. mort. X, 17.

ἀηδέστερον τῶν πάνυ ἐπιθυμούντων τεθνάναι, τὸν δὲ θάνατον οὕτω δεδοίκασιν ὡς ἥδιστα διάγοντες ἐν τῷ βίῳ und Antisthenes Gnom. Vat. 5 gegen die Todesfurcht des Tyrannen. Alles weist hier wieder auf die antisthenische Antithese des ἀγαθὸς βασιλεύς und des τύραννος als Original zurück. Oec. c. XIII treten nun noch deutlicher die antisthenischen Beziehungen hervor: die Theorie vom ἔπαινος hängt zusammen mit der Theorie von der φιλοτιμία und diese wie im Hiero (VII, 1 ff.) mit der Lehre vom Vorzug des Menschen vor den Thieren (vgl. oben S. 468. 472). Vgl. nam. Oec. XIII, 8: καὶ τὰ κυνίδια δὲ πολὺ τῶν ἀνθρώπων καὶ τῇ γνώμῃ καὶ τῇ γλώττῃ ὑποδεέστερα (wieder ein Gorgianismus!). Es werden nun von Ischomachos φύσις und παιδεία differenzirt, für die παιδεία je nach den φύσεις verschiedene τρόποι angenommen und als Beispiel junge Hunde und Pferde genannt (§ 6—9), — alles ganz wie bei dem kynischen Sokrates Mem. IV, 1, 3 (vgl. I, 542 ff.). Der τρόπος der thierischen παιδεία, der durch κολάζειν resp. durch Gewährung sinnlicher ἡδοναί zu wirken sucht, wird den sklavischen Naturen gegenüber angewandt; die edleren Naturen, das sind die φιλότιμοι, werden durch das Lob aufgemuntert. Denn es giebt φύσεις, die nach ἔπαινος ebenso hungern wie Andere nach Speise und Trank (§ 9). Diese pädagogisch-psychologische Theorie vom ἔπαινος schliesst Oec. XIV, 9 f. echt antisthenisch ab: die Sklaven, die nicht um der Pleonexie, sondern um des ἔπαινος willen δίκαιοι sind, behandelt Ischomachos als ἐλεύθεροι und ehrt sie als καλοκἀγαθοί(!), denn darin bestehe die διαφορά(!) zwischen dem φιλότιμος und φιλοκερδής, dass Jener, um des ἔπαινος und der τιμή willen, zum πονεῖν und κινδυνεύειν[1]) bereit ist und sich schimpflichen Gewinns enthält. Im Cynegeticus-Herakles kehrt die Gegenüberstellung der φιλοκερδεῖς, die in Verruf kommen, und der Jäger, der φιλόπονοι, die ἔπαινος finden, wieder (XIII, 12). Antisthenes sieht im ἔπαινος das Attribut der ἀρετή, und er hasst gerade darum die Schmeichelei so tief, weil sie — so heisst es nun superlativisch wie Mem. § 31 — τὸ κάλλιστον καὶ δικαιότατον, τὸν ἔπαινον διαφθείρει καὶ τό γε πάντων δεινότατον τὰ τῆς ἀρετῆς ἔπαθλα τῇ κακίᾳ δίδωσιν (Dio III § 18, vgl. 24). Darum nennt Diogenes — auch wieder superlativisch — τὸ κάλλιστον ἐν ἀνθρώποις παρρησία (L. D. VI, 69). Die Schmeichelei verdirbt eben den Tyrannen auch die ἡδονή des ἔπαινος (Hiero I, 14 ff. und Dio VI § 58).

---

[1]) Vgl. zu dieser Wendung Oec. XIII, 11. XXI, 4. Cyr. I, 5, 21 und Antisth. Symp. IV, 35.

Dass sich Antisthenes gerade im Herakles mit dem Thema des ἔπαινος beschäftigte, zeigt Frg. III dieser Schrift bei Winckelmann (S. 16), das wohl mit dem oben citirten (Frg. S. 53, 17) zu verbinden ist, wie auch beide in dem Motiv paränetischer Jugenderziehung zusammentreffen. Hier preist er den ἔπαινος als summum acroama, und dort sucht er ihn gerade darum von der Schmeichelei reinzuhalten und verbietet desshalb dem Lobenden zu danken. Darum will er das Lob nur aus dem Munde der Guten (vgl. Frg. S. 61, 24. Gnom. Vat. 9. Diog. ep. 1. L. D. VI, 5), darum sind ihm die Schmähungen der Feinde und der Tadel der rechten Freunde die einzigen Besserungsmittel (Fr. 64, 43), und andere Fragmente (nam. 56, 2. 59, 11) zeigen seinen fanatischen Hass gegen die κολακεία[1]). Es scheint, dass alle diese zusammenhängenden Fragmente sich in die Paränese im grossen Herakles (Frg. III) über ἔπαινος und κολακεία einordnen. Es ist ja auch klar, dass diese in die eben im Herakles behandelte (vgl. oben S. 312. 329) Synkrisis zwischen der Βασιλεία und der — die κολακεία anziehenden — Tyrannis (vgl. Dio I § 82. VI § 58. Diog. ep. 29, 4) gehört. Dazu stimmt vielleicht, dass sich noch ein Antisthenesfragment gegen die κολακεία mit dem 10. Heraklesfragment Herodors zu berühren scheint. Der hier als Vater Bryson's citirte Herakleote lobt den Geier als δικαιότατος, weil er nichts Lebendes verzehrt. Antisthenes hat Herodor wohl gekannt (vgl. oben S. 480, 1) und er sagt Frg. 56, 2: κρεῖττον εἰς κόρακας ἢ εἰς κόλακας ἐμπεσεῖν· οἱ μὲν γὰρ νεκρούς, οἱ δὲ ζῶντας ἐσθίουσιν. Endlich aber weisen auf den Herakles als Ponoslobschrift die Parallelen und die Anknüpfung des ἔπαινος eben an den πόνος. Es handelt sich im Oecon. um das ἐπαίνου ἕνεκα πονεῖν (XIII, 9 ff. XIV, 10, vgl. XXI, 3—6 sechsmal das πονεῖν aus Ehrgeiz). Ἔπαινος und κολακεία behandelt Dio gerade in der am sichtlichsten aus einer kynischen Ponoslobschrift schöpfenden III. Rede (vgl. oben S. 374 ff.). Diogenes zählt sich zu den ἐπαινούμενοι κύνες πονοῦντες (L. D. VI, 33. 55) und dazu passt, dass Xen. Cyneg. XIII, 12 die Jäger als φιλόπονοι ἔπαινος finden. Und wenn sie hier den φιλοκερδεῖς gegenübergestellt werden, so stimmt das mit dem Agesilaus zusammen, der ja gerade ebenso wie der Schluss des Cynegeticus stark den antisthenischen Herakles copirt: Am Lob (ἐπαινούμενος) hatte er mehr Freude als am Geldgewinn (Ages. XI, 9 —

---

[1]) Vgl. bei den anderen Kynikern L. D. VI, 51. 86. 92. Diog. ep. 29, 4 etc.

gerade nach der Berufung auf Antisthenes, vgl. Dümmler, Philol. 54. 583). Es ist bezeichnend, dass auch sonst hier der ἔπαινος eine grosse Rolle spielt. Agesilaus heisst πολὺ ἐπαινετώτατος ὑπὸ πάντων ἀνθρώπων (VI, 8, vgl. Dio I § 33 vom guten βασιλεύς und Cyr. V, 2, 11 von Kyros); er ist bereit alle zu loben (ἐπαινεῖν VII, 3). Eigenlob Anderer sieht er an als ein Versprechen ἄνδρες ἀγαθοί (!) zu werden (VIII, 2). Aus Tadel und Lob glaubte er ebenso den Charakter des Kritikers wie den des Kritisirten zu erkennen (XI, 4). Lob freute ihn aus dem Munde derer, die auch zum Tadel bereit waren; παῤῥησία (!!) war ihm recht, aber vor Heuchlern hütete er sich (XI, 5), vgl. den ἀγαθὸς βασιλεύς Dio I § 33. Es steckt hier eine ganze psychologische Theorie vom ἔπαινος dahinter. Der Kyniker musste gar scharf das Loben und das Schmeicheln differenziren, und wer ihm wohl den Hass gegen die κολακεία, aber nicht die Schätzung des ἔπαινος zutraut, vergisst, dass der erste Kyniker ein Lehrer der Rhetorik war, der von Gorgias Enkomiastik gelernt und selbst auf's Eifrigste das ἐπαινεῖν Σωκράτη, Ἡρακλέα, Κῦρον etc. betrieb. Und Xenophon folgte ihm auf dieser Bahn: von ihm sicherlich (vgl. Antisth. Frg. 65, 49) hat er die Nothwendigkeit rhetorischer Uebungen, die eben im ἐπαινεῖν und μέμφεσθαι bestehn (Oec. XI, 22 ff.); von ihm die Anregung zur Epänetik des Sokrates, Kyros, der Herakliden Lykurg und Agesilaos, aber nicht von ihm hat er die Anregung zu jener Schrift, die, obgleich oder weil sie sich nicht epänetisch giebt[1]), gerade seinen eigenen Trieb zum ἔπαινος am stärksten bekundet: ich meine die Anabasis.

Dem Autor der Anabasis wird auch die Ἀρετή der Fabel aus der Seele sprechen, wenn sie als ἥδιστον θέαμα das καλὸν ἔργον (vgl. Dio III § 52) bezeichnet, — aber hat nicht Antisthenes im Herakles und an Herakles es zuerst principiell entwickelt, dass die ἀρετή τῶν ἔργων sei?

„Wer möchte deinen Worten trauen (πιστεύσειε)?" Nur bei dem nachbildenden, abkürzenden Xenophon scheint hier ein Sprung vom ἔπαινος zur πίστις. Bei Antisthenes machte wohl den passenden Uebergang der Gedanke, den Stob. II, 40 H⁸ Σωκρατικὸς ὁ

---

[1]) Doch spielt auch direct, im Einzelnen der ἔπαινος eine grosse Rolle: Xenophon lobt immer den καλῶς ποιοῦντα (Anab. V, 8, 25) und bescheinigt sich, dass er bei den Soldaten πολὺν ἔπαινον gefunden (VII, 6, 33), findet es χαλεπόν, wenn sie nicht ἔπαινος in Hellas erlangen (VI, 6, 16) und giebt den Meuterern zu erwägen: wenn sie den allgemeinen ἔπαινος zu erlangen glaubten, wer wohl solche Menschen ἐπαινέσειεν (V, 7, 33)!

Die Aechtung der *Κακία* (θεοφιλία, τιμή, ἔπαινος, πίστις bei d. Kynikern). 525

Κυνικός und weniger passend Gnom. Vat. 186 Diogenes ausspricht: οὔτε κακῶς λέγων ἐκεῖνον π ι σ τ ε υ θ ή σ ῃ οὔτε ἐκεῖνος σὲ ἐ π α ι ν ῶ ν (vgl. auch Diog. ep. 42: je mehr dich Andere tadeln, ἀξιοπ ι σ τ ό- τ ε ρ ο ς ἐ π α ι ν ῶ ν ἐγώ), oder der Hinweis auf den die ἡδονή des Lobes aufhebenden Schmeichler, wie es Dio III § 18 heisst: die κολακεία διαφθείρει τὸν ἔ π α ι ν ο ν, ὥστε μηκέτι δοκεῖν π ι σ τ ὸ ν μηδὲ ἀληθῶς γιγνόμενον κ. τ. λ. Der gute König, bei Xenophon illustrirt durch Agesilaos, freut sich auch nur an Lobrednern, die nicht Lügner und Heuchler sind (Dio I § 33. Ages. XI, 5). Die Tyrannis, die in der Fabel Dio I die Rolle der *Κακία* spielt, wird als ἀπιστοῦσα geschildert. Während der ἀγαθὸς βασιλεύς die πίστις der Götter, Freunde u. s. w. geniesst (III § 51. 86 ff.), muss der Tyrann, der der πίστις am meisten bedarf, sie am meisten entbehren, vgl. Hiero IV, 1 f. und in der parallelen Diogenes- rede Dio VI § 38, wo schon das Beispiel des Perserkönigs auf den antisthenischen Sokrates in or. III zurückweist. Namentlich im Hiero tritt die hier von den Mem. fallen gelassene hedonische Argumentation noch deutlicher hervor: ποία μὲν γὰρ ξυνουσία ἡδεῖα ἄνευ πίστεως — ποῖος θεράπων ἡδὺς ἀπιστούμενος κ. τ. λ. Der Begriff der π ί σ τ ι ς war für Antisthenes wichtig genug, um ihm eine besondere Schrift zu widmen (L. D. VI, 16), und namentlich in den dionischen Reden bezeugen ja zahlreiche Stellen, wie eifrig der Kynismus den verwandten Gegensatz der ἀλήθεια und ἀπάτη ausgesponnen hat (vgl. oben S. 327. 335. 397 etc.). Hier dürfte wohl wieder einmal der Agesilaus die Thesen des Antisthenes aussprechen in einer ganz seinen antithetischen Stil copirenden Stelle. XI, 4 f.: die von Freunden Betrogenen (ἐξαπατωμένους) tadelte er nicht, wohl aber die von Feinden Betrogenen; Miss- trauische zu täuschen (ἀπιστοῦντας ἐξαπατᾶν) hielt er für klug (σοφόν), Vertrauende (πιστεύοντας) aber zu täuschen für frevlerisch. Freimuth (παῤῥησία!) liess er sich gefallen, aber vor Heuchlern hütete er sich wie vor Hinterhalten. Verläumder hasste er mehr als Diebe, da er den Verlust von Freunden für schlimmer hielt als den von Schätzen (!!). Der Kyniker schätzt sehr die φίλοι (s. später), aber nur die aufrichtigen, nicht die schmeichelnden (Antisth. Frg. 64, 43. Gnom. Vat. 194. Plut. de adul. et am. 36. de prof. in virt. 11. Jul. VI, 199 C). Wenn der xenophontische Kyros die Lüge das Verhassteste nennt (Cyr. III, 1, 9), so wird es der antisthenische erst recht gethan haben, der in der Lehre des βασιλι- κόν wohl zuerst das ἀληθεύειν gelernt hat (vgl. Alcib. I, 122 A). Auch die ἀπλῶς, ohne ἀπάτη ἀληθεύουσα γῆ (Oec. XX, 13) stammt aus antisthenischer Allegoristik (vgl. oben S. 299. 369 ff.), und es ist die antisthenische Rhetorik, in deren nothwendigen Uebungen (s. S. 524) stets die Wahrheit siegt und die Lüge Strafe zahlen muss (Oec. XI, 24 f.). Uebrigens zeigt sich Xenophon in der Anabasis wenigstens den Worten nach als Verehrer der Aufrichtigkeit und Feind der Lüge. Er fühlt sich von Neon (V, 7), Seuthes und Herakleides (VII, 5 f.) verleumdet und betrogen, zeichnet in Menon den schwärzesten Typus des Heuchlers (II, 6, 21 ff.) und klagt voll Beredsamkeit über den folgenreichen Verrath des Tissaphernes.

„Wer möchte dir in der Noth helfen? Welcher Wohlgesinnte würde sich dazu verstehen in deinen Kreis zu treten?" Die Schutzlosigkeit und sociale Aechtung der Tyrannis bildet ja in der I., III. und VI. dionischen Rede und im Hiero ein Hauptargument für den Unwerth ihres βίος. Doch von der kynischen Betonung des Verkehrs und der Hilfe wird sogleich beim Gegenbild der Ἀρετή zu reden sein. Hier sei nur bemerkt, dass von einem θίασος der Κακία bei der Einführung nichts angedeutet ist, dass aber die parallelen Typen bei Philo und Basilius (s. oben S. 330. 333 f.) und bei Dio I § 82 und IV §§ 110 ff. einen wilden Hofstaat um sich haben, und dass namentlich der hedonische ib. sehr dionysisch geschildert wird.

9. *Die Genüsse der Jugend und die Reue des Alters.*

Die nun folgende Beschreibung der Anhänger der Κακία ist ganz im parallelistischen Stil des Gorgianers Antisthenes gehalten. Man vergleiche, wie sich Wort für Wort entspricht:

νέοι	μὲν	ὄντες	τοῖς σώμασιν	ἀδύνατοι	
πρεσβύτεροι	δὲ	γενόμενοι	ταῖς ψυχαῖς	ἀνόητοι	
ἀπόνως	μὲν	λιπαροὶ	διὰ νεότητος	φερόμενοι	
ἐπιπόνως	δὲ	αὐχμηροὶ	διὰ γήρως	περῶντες	
τοῖς	μὲν	πεπραγμένοις	αἰσχυνόμενοι		
τοῖς	δὲ	πραττομένοις	βαρυνόμενοι		
τὰ	μὲν	ἡδέα	ἐν τῇ	νεότητι	διαδραμόντες
τὰ	δὲ	χαλεπὰ	εἰς τὸ	γῆρας	ἀποθέμενοι

Das ist allerdings ganz die Charakteristik, die der Kyniker dem ihm verhassten βίος giebt. Man vergleiche z. B. in der Diogenesrede bei Dio VI die Schilderung der ἄπονοι καὶ ἀργοὶ τὰ σώματα, κραιπάλης δὲ καὶ λήθης τὰς ψυχὰς γέμοντες (§ 11), die oft nicht εἰς γῆρας kommen und leben *νοσημάτων γέμοντες — διὰ ἀκολασίαν καὶ πονηρίαν* (23 f.), und namentlich das *χαλεπὸν τυράννου γῆρας* (§ 41). Dann in der IV. Rede die Beschreibung des Schwelgers, der, wenn er reich ist, bis zum Alter sich in Lüsten wälzt, sonst aber sehr bald ausgesogen ist, der in widerlichen Krankheiten seine Lüste büssen muss, der nur zu Schändlichkeiten und nicht zu einer rechten That fähig ist, *πρὸς πόνους ἀδύνατος*, der von der Lust gelockt, betrogen und in ein schmähliches Dasein gestossen wird (§§ 104—115). Die *διαφθορὰ αἰσχίστη* durch die Begierden wird auch im Lybischen Mythus geschildert (V, 16 ff.) und der *ἀγαθὸς βασιλεύς* weiss, dass im Gegensatz zu den *πόνοι* die *ἡδοναὶ τοὺς ἀεὶ συνόντας τά τε ἄλλα λυμαίνονται καὶ ταχὺ ποιοῦσιν ἀδυνάτους* κ. τ. λ. (I § 21). Aber ganz besonders ist hier wieder zu den Mem. der auf den antisthenischen Herakles zurückgehende Epilog des Cynegeticus in Parallele zu setzen. Da werden die Jäger charakterisirt als *φιλόπονοι*, die in Bezug auf *τὰ σώματα καὶ τὰς ψυχάς* sich wohl befinden und weniger *γηράσκειν* (XII, 1. 5). Die *πόνοι* reinigen Seele und Körper von den *αἰσχρά*; die *κακαὶ ἡδοναί* aber schaden, treiben die ihnen Unterworfenen zu schlechtem Thun und lassen sie dafür büssen, und die in unzeitigen *ἡδοναῖς* dahinlebenden sind *κάκιστοι* (XII, 8 f. 12 f. 16). Die Begierden, heisst es Oec. I, 20, enthüllen sich als in Lust eingebackene Leiden. Dass sich nun Antisthenes mit der Reue und Busse beschäftigte, die den Schwelger erwartet, zeigen die Fragmente. Nach Athen. XII, 513 A (Frg. S. 52, 11) erklärte er die *ἡδονή* nur dann für ein *ἀγαθόν*, wenn ihr keine Reue folgt (*ἀμεταμέλητον*), und Frg. 58, 8 will er die Lüste vernichtet sehn *κακὰς ἀμοιβὰς ἐκτίνοντα τῆς προγεγενημένης ἀπληστίας ἕνεκα μικρᾶς καὶ ὀλιγοχρονίου ἡδονῆς*.

Aus alledem ist klar: Antisthenes hat das Princip der Reue gerade für die Lust betont, und der Kyniker hat in den schwärzesten Farben die Folgen der *ἡδοναί* ausgemalt. Auch unsere Memorabilienstelle variirt ja nur den einen Gedanken: in der Jugend die Lust, im Alter die Last und das Leid. Es liegt im Wesen der Predigt, dass sie stark auf die Reue geht. Die kynische Predigt ist zwar unzweifelhaft die Erbin der Rhetorik, und Antisthenes ist nicht umsonst Schüler des Gorgias und Lehrer der Rhetorik, aber die Predigt ist mehr als Rhetorik, sofern sie auf den Willen geht. Mag der Intellect, der den empfangenen Stoff verarbeitet, viel in der Vergangenheit leben, mag das Gefühl der Genuss der Gegenwart sein: der Wille als die Causalkraft der Seele, die als Ursache die Handlung als Wirkung bestimmt, geht nur auf die Zukunft. Die kynische Predigt, die den Willen wenden und bessern will, muss die Folgen seiner Handlungen vorführen, und indem sie das Sollen zeigt, muss sie den Blick stark auf die Zukunft richten. Darauf beruht im tiefsten Grunde die Betonung der *πρόνοια* und der Mantik, die der Stoiker vom Kyniker hat. Antisthenes will *τὰ μέλλοντα διδάσκειν* (vgl. I, 488. II, 173, 2); das scheint dem Rhetor Isokrates lächerlich, aber es steht zugleich in principiellem Gegensatz zu Aristipp, der *ἀπέλαυε ἡδονῆς τῶν παρόντων, οὐκ ἐθήρα δὲ πόνῳ τὴν ἀπόλαυσιν τῶν οὐ παρόντων* (L. D. II, 66), während Antisthenes gerade nur die *ἡδονὴ μετὰ τὸν πόνον* anerkennt (Frg. 59, 12). So stehn sich die Ideale des Kyrenaikers und des Kynikers als Gegenwart und Zukunft gegenüber, und es ist klar, dass Antisthenes als ein Hauptargument gegen Aristipp, der nur die einzelne Lust des Augenblicks, nicht die *εὐδαιμονία* des ganzen Lebens sucht (L. D. ib. und 87, vgl. den Schwelger als *ὠκύμορος* in der Weissagung des Kynikers ib. VI, 53), das Princip der Reue und das Bild des Alters gegenüber der Jugend verwerthete, wie es eben unsere Stelle der Fabel zeigt.

Bei dem Wort *λιπαροί* (*διὰ νεότητος φερόμενοι*) hier müssen wir verweilen, weil nun erst das kynische Bild der *ἡδονή* vollständig wird. Für den kynischen Protest gegen Salben, Schminke, Parfüms, dessen Begründung Xenophon Oec. X (vgl. Cyr. VIII, 8, 20) wiederzugeben schien, sind oben S. 336 f. die Stellen beigebracht. Auch in den Parallelschilderungen (s. oben S. 333) ist die *Κακία-Ἡδονή μύρων εὐωδεστάτων ἀποπνέουσα* (Philo), *ἀλλοτρίῳ χρώματι γεγανωμένη* (Clemens), *ἐπίχριστος* (Max. Tyr.). Es wäre ein Mangel, wenn in der — von Xenophon hier nur zerrissenen — Systematik der *ἡδοναί* die des Geruchs gefehlt hätten. Thatsächlich werden bei Xenophon selbst in der parallelen, aber gründlicheren Abschätzung des hedonischen *βίος* im Hiero nach den Augenweiden, Ohrenschmäusen, Geschmacksgenüssen auch die *ἡδοναί* des Geruchs für nichtig erkannt (I, 24), und in der so gut antisthenischen III. dionischen Rede werden § 93 als nutzlose (also für den Kyniker verwerfliche) Gegenstände der *ἡδονή* aufgezählt: *καλὰ ἄλση καὶ οἰκίαι πολυτελεῖς καὶ ἀνδριάντες καὶ γραφαὶ — καὶ χρυσοῖ κρατῆρες καὶ ποικίλαι τράπεζαι καὶ πορφύρα καὶ ἐλέφας καὶ ἤλεκτρος καὶ μύρων ὀσμαὶ καὶ θεαμάτων παντοίων καὶ ἀκουσμάτων τέρψεις διά τε φωνῆς καὶ ὀργάνων, πρὸς δὲ αὖ τούτοις γυναῖκες ὡραῖαι καὶ παιδικὰ ὡραῖα*. Die Schlussworte dürfen nicht athetirt werden; sie gehören in die kynische

Busspredigt. Wir haben hier eine ganze Liste der ἡδέα im Gegensatz zu den συμφέροντα (ib. §§ 90 ff.) — die Geschmacksgenüsse fehlen nur, weil es sich hier um κτήματα (§ 90) handelt — und wir haben da den kynischen Hass gegen all das πολυτελές, ποικίλον, πορφύρεον, παντοῖον etc. Antisthenes, der übrigens bei Xenophon auch sich rühmt, θεᾶσθαι τὰ ἀξιοθέατα καὶ ἀκούειν τὰ ἀξιάκουστα (Symp. IV, 44), will eben nur das ἡδύ gelten lassen, das zugleich συμφέρον ist (ib. 39). Darum lehrt „Sokrates", wie die zugleich nützlichen und schönen Häuser sein müssen (Mem. III, 8, 8 ff.), eine Weisheit, die er erst von Ischomachos (Oec. IX) empfangen, dessen Haus οὐ ποικίλμασι κεκόσμηται, sondern eben ὡς συμφορώτατα eingerichtet ist (ib. 2). Die γραφαὶ καὶ ποικιλίαι werden von „Sokrates" Mem. ib. 9 ebenso abgewiesen wie in unserer Diostelle. Der Kyniker speit ja dem Besitzer kostbarer Wohnungseinrichtungen gar in's Gesicht. Es ist klar, dass die beste Gelegenheit, den Reichthum der kostbaren ἡδέα bis zu den κρατῆρες und τράπεζαι zu entfalten resp. zu kritisiren, ein Gastmahl ist. Die spätere Diatribe zeigt die Gäste gierig nach allen Genüssen, auch nach den Gerüchen (Wendland a. a. O. S. 24).

Wie der Kyniker diesen Punkt der ἡδοναί behandelt, darüber giebt wohl bei Xenophon auch gerade das Symposion (c. II) Auskunft. Die τράπεζαι sind weggeräumt, und nun muss ein Mann aus Syrakus (d. h. für Antisthenes der Stadt der schwelgenden Tyrannen und Parasiten, vgl. Frg. S. 45) eine treffliche Flötenspielerin und einen citherspielenden παῖδα πάνυ ὡραῖον (vgl. in der Diostelle γυναῖκες ὡραῖαι καὶ παιδικὰ ὡραῖα) vorführen, Beide zugleich wunderbare Tänzer und so reichlich Genuss bietend. Da sagt nun „Sokrates" zu Kallias: Du hast uns nicht nur ein untadeliges Mahl vorgesetzt, sondern du bietest uns auch (mit wörtlichem Anklang an unsere Memorabilienstelle!) θεάματα καὶ ἀκροάματα ἥδιστα. Hierauf schlägt Jemand vor, durch Einsalben auch den Geruchssinn zu befriedigen. Dieser „Jemand" soll offenbar verdecken, dass hier eine Theorie citirt wird, die eben die Sinnesgenüsse systematisch abschätzte. „Sokrates" protestirt gegen diese εὐωδία mit einer relativistischen Wendung im Sinne des Antisthenes. Für den Mann sei ein anderes καλόν (vgl. I S. 441 ff. u. Antisth. Frg. 63, 39) wie für das Weib. Diesem mag der Salbenduft πρέπον sein. Kein Mann aber parfümirt sich eines Mannes wegen (§ 3). Vgl. hierzu, was Diogenes dem sich schmückenden Jüngling sagt: εἰ μὲν πρὸς ἄνδρας, ἀτυχεῖς· εἰ δὲ πρὸς γυναῖκας, ἀδικεῖς (L. D. VI, 54. Gnom. Vat. 171), und den Protest gegen die unmännliche, hurenhafte

Parfümirung der Schwelger Luc. Cyn. 17. Den Salbenduft, heisst es Symp. § 4 weiter, kann sich auch ein Sklave leisten; höher gilt, genauer: ἡδίων ist — denn es handelt sich ja hier überall um eine hedonische Argumentation — für den freien Mann der Oelgeruch der Palästra, der mit Anstrengung verbunden ist. Aber diesen palästrischen Eifer, der auch wieder an Antisthenes gemahnt, fordert „Sokrates" natürlich nur von den Jüngeren. Der Duft, der den Aelteren ziemt, heisst mit dem kynischen Idealbegriff (vgl. oben S. 355. 420) καλοκἀγαϑία, und diese wird nicht von den Salbenhändlern bezogen, sondern nach (dem von Antisthenes speciell behandelten) Theognis von den Edlen gelernt, und der weitere Verlauf des Capitels zielt auf die vielumstrittene (§ 6) Kernthese des antisthenischen Herakles von der διδακτὴ ἀρετή resp. καλοκἀγαϑία, wie sie Antisthenes III, 4 nennt.

Es ergiebt sich also eine consequente Theorie, welche die einzelnen ἡδοναί asketisch-heroisch umbildet, ungefähr derart: das ἥδιστον ὄψον ist der Hunger (vgl. oben S. 448), der ἥδιστος οἶνος das, was den Durst löscht (Antisth. Symp. IV, 41 u. oben a. a. O.), das weichste Lager das nach dem πόνος (vgl. oben S. 486 f.), der beste ἔρως der ἔρως ψυχῆς (vgl. oben S. 490), der κάλλιστος οἶκος der συμφορώτατος, der grösste Ohrenschmaus das eigene Lob, s. Antisthenes Frg. 53, 17, wo er zugleich die acroamata des luxuriosus verwirft, vermuthlich das Flötenspiel und die weichliche Musik (s. später), die auch Philo ein Greuel ist (Wendland, Beitr. 44), ferner die grösste Augenweide ein καλὸν ἔργον (s. oben S. 362 ff. 518), wobei die unsittlichen Schauspiele und der Tanz (vgl. Xenophon's Symposion) sicher nicht erst von der späteren Diatribe (Wendland a. a. O.) kritisirt werden, und wenn diese bei den Mahlen auch die kostbaren στέφανοι missachtet (Wendland 30 f., vgl. Diogenes gegen στέφανοι L. D. 41. Diog. ep. 2. Crat. Mull. Frg. 18. Luc. Cyn. 19), so kann man mit Antisthenes fortfahren: κάλλιστος στέφανος παιδεία (s. oben S. 318) und nun schliessen mit Symp. c. II: der beste Duft ist für die Jugend das Oel der Palästra, für die Aelteren die Kalokagathie. Es ist dieselbe ethische Uebertragung und Abweisung der concreten εὐωδία, wenn Diogenes zu einem Parfümirten sagt: βλέπε μὴ ἡ τῆς κεφαλῆς σου εὐωδία δυσωδίαν σου τῷ βίῳ παράσχῃ (L. D. VI, 66). Und nun vergleiche man noch zum Ganzen den Typus der ἡδονή in der Diogenesrede Dio IV: ποικίλος καὶ πολυειδὴς περί τε ὀσμὰς καὶ γεύσεις ἀπλήρωτος, — περὶ πάντα μὲν ὁράματα, πάντα δὲ ἀκούσματα τὰ πρὸς ἡδονήν τινα φέροντα, πάσας δὲ ἁφὰς προσηνεῖς τε καὶ μαλακὰς λουτρῶν τε ὁσημέραι θερμῶν — καὶ χ ρ ί σ ε ω ν — — ἀφροδισίων — θηλυκῶν τε καὶ ἀρρενικῶν κ. τ. λ. (§§ 101 f.). τρυ- φῶν τε καὶ μύρου (vgl. L. D. 39) καὶ οἴνου ἀποπνέων ἐν κροκωτῷ — — στεφάνους τινὰς ἐστεφανωμένος — καὶ πλάγιος φερό- μενος, ὀρχούμενος τε καὶ ᾄδων θῆλυ καὶ ἄμουσον μέλος. ἀγέσθω δὲ ὑπὸ γυναικῶν ἀναισχύντων — αἱ δὲ μετὰ πολλοῦ πατάγου — αὐλῶν φέρουσαι — πόνων ἄπειρος — ἀπάτη πάνυ ὡραία ihn führend, bis sie ihn schliesslich lässt im ῥυπαρὸς βόρβορος κυλιν- δεῖσθαι μετὰ στεφανῶν καὶ τοῦ κροκωτοῦ (§§ 110 ff., vgl. über dies antisthenische Bild, das wohl der Mystik entnommen ist, Diogenes L. D. 39. Dio IV § 114. Stob. fl. IV p. 201 M). Das ist das schmutzige, mühselige Alter nach der ἀπόνως lebenden, salbenduftenden Jugend, von dem die Mem. reden. Der Kyniker lässt den Leib des Schwelgers verfaulen und siech werden (Stob. III, 6, 36 f. Hs., vgl. oben S. 454) und ihn in Noth und Elend sinken (Gnom. Vat. 169 und vgl. oben S. 457). Die Schwelger werden hier in den Mem. als φερόμενοι bezeichnet, was man zu besserem Verständniss in τρεφόμενοι ändern zu müssen glaubte. Aber nicht nur der Schwelger bei Diogenes in der eben citirten Diostelle erscheint als πλάγιος φερόμενος — vgl. dazu auch Diogenes Gnom. Vat. 199 —, vor Allem dient zur Erläuterung Luc. Cyn. 17 f., wo die Schwelger nicht auf eigenen Füssen gehn, sondern von andern φέρεσθαι wollen, ganz besonders aber φερόμενοι sind wie Wildbäche, wie auf rasenden Pferden φερόμενοι von den Begierden, die sie tragen, bis sie εἰς βάραθρα stürzen (vgl. noch Diog. ep. 39, 2). Die Begierden, heisst es in der ähnlich kynischen Stelle Oec. I, 22, überlassen ihre Opfer, nachdem sie ihre Kraft und ihr Vermögen aufgesogen, einem κακῶς γηράσκειν. Das ist das χαλεπὸν γῆρας, das auch die Diogenesreden (Dio IV §§ 102—115. VI §§ 23. 41) dem entnervten und entarteten Wüstling verheissen. Auch die Mem. sprechen hier eben von denen, die sich τὰ χαλεπὰ εἰς τὸ γῆρας aufgespart haben, nachdem sie τὰ ἡδέα in der Jugend durchlaufen haben. Sie contrastiren gerade zum Hauptprincip des antisthenischen Herakles: Ἡδονὰς τὰς μετὰ τοὺς πόνους διωκτέον, ἀλλ' οὐχὶ τὰς πρὸ τῶν πόνων (Frg. S. 59, 12). Der Kyniker kennzeichnet auch gerade den γέρων ἄπορος als das verkörperte Elend (L. D. VI, 51). Βαρυνόμενοι τοῖς πραττομένοις sind hier in der Fabel die nach den Jugendsünden verkommenen Greise und τοῖς πεπραγμένοις αἰσχυνόμενοι. Nur der sich keines Schlechten bewusst ist, verkündet der Kyniker, lebt ohne Furcht und Unruhe, und der Seelenfrieden ist die wahre ἡδονή (Stob. III, 24, 13 f. Hs.

Gnom. Vat. 181). Die Todesfurcht des schuldbewussten Greises
ist ein Hauptthema kynischer Consolation (vgl. oben S. 177).
Nicht der der Jugend Lust ausgekostet, sondern der glücklich
stirbt, nachdem er tugendhaft gelebt, ist nach Antisthenes selig
(Frg. S. 64, 41 f.).

Die so gut kynische Stelle Symp. c. II nannte als besten Duft
für die Jüngeren den Geruch der Palästra und für die Aelteren
die καλοκἀγαϑία — das ist das genau passende Gegenbild der
λιπαροὶ νέοι τοῖς σώμασιν ἀδύνατοι und der πρεσβύτεροι ταῖς ψυχαῖς
ἀνόητοι in den Mem. Der Kyniker verspottet den ἀνόητος und
den ungelehrigen Greis (L. D. 71. Anton. et Max. p. 254. Antisth.
Frg. 59,11. 60, 19. 64, 45 etc.), und andererseits lässt er Medea die
verweichlichten, leiblich verkommenen Menschen durch Gymnastik
und Abhärtung wieder νέους und ἰσχυροὺς ποιεῖν (Stob. III, 29, 92).
Aber die Differenzirung der Idealität des Jünglings- und Greisen-
alters, die wir hier im Symposion und negativ in den Mem. lesen,
wo gar zu selbstverständlich, eben mit dem Hauptschnitt des
Antisthenes, die νέοι τοῖς σώμασιν ἀδύνατοι den πρεσβύτεροι
ταῖς ψυχαῖς ἀνόητοι gegenüberstehn, erhält erst seine Begründung und Illustration, wo Xenophon noch sicherer dem antisthenischen Herakles folgt: bei den Herakliden Lykurg und Agesilaos. Da wird de rep. Lac. X, 1 ff. jener gerühmt, weil er gesorgt,
dass bis zum Alter ἀσκοῖτ' ἡ ἀρετή (vgl. zu diesem kynischen
Terminus oben S. 23. 27 etc.) und im Alter die καλοκἀγαϑία betrieben
würde (vgl. oben Symp. II, 4 die Kalokagathie als den Duft des
Alters). Er überwies den Greisen die seelischen Wettkämpfe und
brachte dadurch das Alter in höhere Ehren als die blühende
Jugend; denn die γυμνικοὶ ἀγῶνες seien zwar schön, aber sie sind
leibliche Kämpfe, und wie die Seele höher stehe als der Körper
(nach echt antisthenischer, aber nicht gerade spartanischer Abschätzung!), so stehen die Wettkämpfe τῶν ψυχῶν höher als die
τῶν σωμάτων. Man erinnere sich, dass Diogenes so gut wie gymnische
auch Wettkämpfe in der Kalokagathie fordert (vgl. L. D. 27,
oben S. 418), wie er ep. 31, 4 einem Athleten predigt, dass er im
Greisenalter schwächer werden würde und desshalb sich von der
äusseren Tapferkeit zur Tapferkeit der ψυχή wenden und τὰ
ὄντως καλά treiben solle. Noch entschiedener zeigt sich jene
Gegenüberstellung im Agesilaus. „Das scheint er mir einzig unter
den Menschen bewiesen zu haben, dass wohl die Körperstärke
altert, aber nicht die Geisteskraft der ἄνδρες ἀγαϑοί (!). Jener
hörte nicht auf, nach grossem und edlem Ruhme zu streben, als

der Körper der Geisteskraft nicht mehr gewachsen war. Welche Jugend wurde nicht übertroffen von seinem Greisenthum? Wer war in der Blüthe des Lebens den Feinden so furchtbar als Agesilaos an der äussersten Lebensgrenze? Ueber wessen Tod freuten sich die Feinde mehr als über den des greisen Agesilaos? Wer machte den Bundesgenossen mehr Muth als Agesilaos am Ausgang des Lebens? Welcher Jüngling wurde mehr betrauert als der greise Agesilaos?" (Ages. XI, 14—16). Die Seelenkraft des Agesilaos und i. A. der ἄνδρες ἀγαθοί wird hier als ἀγήρατος bezeichnet — das ist ein wichtiger Idealbegriff des Antisthenes (vgl. Frg. 26, 2. 27, 3 u. I, 550), und ebenso entspricht es ganz seinem im Herakles verkündeten Ideal des σοφὸς ἀναμάρτητος (L. D. VI, 105), dass Agesilaos ἀναμάρτητος stirbt (Ages. X, 4). Es steckt hier deutlich die kynische These von der unverlierbaren Tugend dahinter, und kynischer Einfluss wirkt wohl in Stellen von ähnlicher Tendenz. Kyros sah seine Kraft stets nur wachsen, so dass er sich im Alter niemals schwächer fühlte als in der Jugend (Cyr. VIII, 7, 6), die ideale Hausfrau wird mit zunehmendem Alter dem Manne eine bessere Genossin und den Kindern eine bessere Hüterin des Hauses (Oec. VII, 42), und die φιλόπονοι altern weniger (Cyneg. XII, 1, vgl. Dio III § 124), Diogenes bleibt bis zum Alter in voller Tugendübung und begründet das auch wieder mit einem gymnischen Vergleich (L. D. 34. Gnom. Vat. 202).

ι. Die Achtung der Ἀρετή und des Alters.

§ 32 ist, soweit von der göttlichen und menschlichen Geltung der Ἀρετή die Rede ist, oben besprochen. Für die menschliche Geltung kommen hier wie § 31 Anf. nur die ἄνθρωποι ἀγαθοί in Betracht. Dem kynischen Verächter der Menge sind die Guten befreundet (Herakles Frg. II), und nach dem Theognisspruch (vgl. oben S. 351, 1) lernt man ja im Verkehr mit den Guten die Tugend. Zeus führt in väterlicher Sorge Herakles εἰς ὁμιλίας ἀνθρώπων ἀγαθῶν, so heisst es Dio I § 64 bei Einführung der unserer so ähnlichen Fabel. Aber der tyrannische Schwelger hat keine Freundschaft mit den ἀγαθοί (III § 117, vgl. IV § 22). Der ἀγαθὸς βασιλεύς sorgt für Alle, aber er ehrt und liebt die ἀγαθοί (I § 17). Das erinnert an Agesilaos: ἤσκει δὲ ἐξομιλεῖν μὲν παντοδαποῖς, χρῆσθαι δὲ τοῖς ἀγαθοῖς (XI, 4). Auch der Kyniker verkehrt wohl mit den Schlechten wie der Arzt, um sie zu heilen

(Antisth. Frg. 61, 27), aber eine engere Lebensgemeinschaft mit den μοχθηροί verpönt er (Gnom. Vat. 197).

Es sei hier nur hingewiesen auf die wohl nach dem Gorgianer Antisthenes streng durchgearbeitete Symmetrie des negativen Bildes der *Κακία* § 31 und des positiven der *Ἀρετή* § 32. Der Aechtung bei Göttern und guten Menschen entspricht der Verkehr mit denselben, der Atimie die τιμή, der Unfähigkeit zu jedem καλὸν ἔργον die volle Theilnahme an jedem; dem Mangel an Vertrauen, an Helfern, an Genossen bei der *Κακία* steht nun auf Seiten der *Ἀρετή* eine ganze Fülle socialer Prädicate gegenüber: sie gilt als beliebte Mitarbeiterin bei den Künstlern (συνεργὸς τεχνίταις), als treue Wächterin des Hauses (πιστὴ φύλαξ οἴκων) den Herren, als gnädige Schützerin den Sklaven, als gute Gehülfin in den Arbeiten (πόνων) im Frieden, als sichere σύμμαχος bei Kriegsthaten, als beste Genossin in der Freundschaft (φιλίας κοινωνός). Es ist so ziemlich die xenophontische Welt, die mit den Göttern beginnt und mit den Freunden endet, namentlich Herren und Sklaven in sich birgt und sich zwischen den Arbeiten des Friedens, worunter doch wohl Jagd und Landwirthschaft zu verstehen sind, und Kriegsthaten bewegt. Aber es ist principiell erfasst die Welt des Kynikers, der die Ideale der πίστις, des ἐπίτροπος und des οἰκονομικός in besonderen Schriften behandelt und den Wächterhund preist (vgl. oben S. 55 f.), der die Antithesen des Herrn und Sklaven, des Kriegs und Friedens am stärksten herausgearbeitet, auch im Frieden die πόνοι fordert, die Symmachie schätzt (s. anten), das κοινὰ τὰ τῶν φίλων lehrt (L. D. 72) und nur die Tugendhaften als Umgang und κοινωνοὶ τοῦ βίου hat und haben will (Luc. Cyn. 19. Gnom. Vat. 197). Die φιλία und überhaupt die Bedeutung des Socialen bei den Kynikern ist im folgenden Theil zu behandeln [1]).

Aber die *Ἀρετή* so eifrig in socialem Sinne zu verherrlichen, das war jedenfalls gerade eine Haupttendenz des antisthenischen Herakles. Da heisst es (L. D. VI, 105): ἀξιέραστον τὸν σοφὸν καὶ φίλον τῷ ὁμοίῳ und in der Parallelstelle ib. 12 (vgl. Weber

---

[1]) Vgl. inzwischen zur kynischen φιλία Antisthenes Mem. II, 5. Epict. diss. II, 22, 63 f. L. D. 29 (man solle Freunden die Hand nicht mit geschlossenen Fingern bieten) und 46 (man solle Geld von Freunden nicht fordern, sondern zurückfordern, beides Variationen des κοινὰ τὰ τῶν φίλων ib. 72); ferner 49. 68. Anton. et Max. p. 250. 260. Diog. ep. 49. Gnom. Vat. 194 u. a. Stellen, in denen der Kyniker als wahrer Freund den Schädigern der Freunde gegenübersteht. Ueber Diogenes als ökonomischen ἐπίτροπος vgl. L. D. 74.

Leipz. Stud. X, 245 ff.): τῷ γὰρ σοφῷ ξένον οὐδέν, οὐδ᾽ ἄπορον. ἀξιέραστος ὁ ἀγαθός· οἱ σπουδαῖοι φίλοι· συμμάχους ποιεῖσθαι τοὺς εὐψύχους ἅμα καὶ δικαίους· ἀναφαίρετον ὅπλον ἀρετή. κρεῖττόν ἐστι μετ᾽ ὀλίγων ἀγαθῶν πρὸς ἅπαντας τοὺς κακοὺς ἢ μετὰ πολλῶν κακῶν πρὸς ὀλίγους ἀγαθοὺς μάχεσθαι. Also der allgemeine Socialwerth der Ἀρετή, speciell ihre Bedeutung für Freundschaft, Schutz und Bundesgenossenschaft war hier sicherlich mit grosser Beredsamkeit gepriesen, und vielleicht findet sich ein Echo dieser in synonymen socialen Lobesprädicaten schwelgenden Rhetorik z. B. Ages. XI, nam. § 13: ἐκεῖνον οἱ μὲν συγγενεῖς φιλοκηδεμόνα ἐκάλουν, οἱ δὲ χρώμενοι ἀπροφάσιστον, οἱ δ᾽ ὑπουργήσαντές τι μνήμονα, οἱ δ᾽ ἀδικούμενοι ἐπίκουρον, οἵ γε μὴν συγκινδυνεύοντες μετὰ θεοὺς σωτῆρα. Agesilaos ist hier wieder nur ein Musterbeispiel für den antisthenischen ἀγαθὸς βασιλεύς, der in den ersten dionischen Reden unaufhörlich als social reiche Persönlichkeit gepriesen wird. Vgl. entsprechend den Prädicaten der Mem. über sein φιλεῖν und φιλεῖσθαι, ἀγαπᾶν und ἀγαπᾶσθαι, βεβαίως φυλάττειν, κοινωνεῖν, συνεργεῖν, πιστεύειν etc. namentlich die III. Rede §§ 59 f. 86—122, für die ersteren Begriffe auch I §§ 19 ff. (wo Vieles an Ages. c. XI und Hiero III, 2 erinnert) 31. 40 f. 44. 81 ff. II § 77. Als ἀνθρώπων σωτὴρ καὶ φύλαξ (III § 6) steht er dem Freundschaft entbehrenden, verhassten Tyrannen (III § 116, vgl. II § 75 die ἐχθίστη τυραννίς, I § 83 und nam. VI §§ 38 ff. 56 ff.) gegenüber. Der Mangel des Tyrannen an φιλία, πίστις, φυλακή etc. ist ja von c. II an (wo §§ 7 ff. auch die Differenzirung von Krieg und Frieden sich findet) das Hauptthema des Hiero, und schon der Hymnus auf die φιλία als höchstes Gut bindet den Hiero (III, 3. 6) mit den dionischen Reden (I § 30. III § 86. VI § 59) zusammen. Demgegenüber lässt Simonides namentlich im Schlusscapitel des Hiero, übrigens auch schon ib. VII, 9 f., den antisthenischen Typus des wahren Herrschers durchdringen, der sich in seiner ἀρετή φιλούμενος, εὐμενής, umgeben von σύμμαχοι u. dgl. zeigt. Auch der kynische Herakles ist als König Wohlthäter im grossen Stil, βοηθὸς καὶ φύλαξ (Dio I § 84), und Antisthenes hat ihn als Helden der ἀρετή sicherlich auch gewählt, weil er am meisten Stoff bot, die social wirkende ἀρετή zu veranschaulichen. Selbst Fernliegendes liess sich anknüpfen, wie schon Antisthenes' Vorläufer Herodor die Iolaosepisode für die Symmachie typisch nimmt (Frg. 13).

Vielleicht widerstreitet es der Rückweisung auf diese antisthenische Schrift nicht, wenn die Prädicate der weiblichen Ἀρετή in den Mem. theilweise an die Berufe und Ehrentitel der Hausfrau im Oeconomicus erinnern, vgl. *φύλαξ οἴκου* Oec. c. VII, nam. 25. 39. 42, *συνεργός* III, 10, *κοινωνός* III, 15. VII, 11. 13. 30. 42. Vgl. übrigens auch in der ja auf eine antisthenische Ponosschrift zurückgehenden III. dionischen Rede die Anerkennung der *γυνή* als *κοινωνός* und *συνεργός* (§ 122, vgl. auch Crat. Mull. Frg. 14). Es ist schon desshalb wahrscheinlich, dass Antisthenes im Herakles wie überhaupt die *ἀρετή* so auch die *ἀρετή* des Weibes behandelte, weil der Satz *ἀνδρὸς καὶ γυναικὸς ἡ αὐτὴ ἀρετή* sich L. D. VI, 12 den Citaten aus dem Herakles (vgl. VI, 105) anreiht und die *φύσις* des Weibes Symp. II, 9—13 im Zusammenhang mit der *διδακτὴ ἀρετή*, einem Hauptthema des Herakles (L. D. VI, 105), behandelt wird. Ganz der *ἀρετὴ τῶν ἔργων*, wie sie Herakles dort repräsentirt (ib. VI, 11), und dem Ideal des *πόνος*, das diese Schrift verherrlichte (ib. VI, 2), entspricht das wesentlich praktische Ideal, das hier die *Ἀρετή* der Mem. verficht: § 31 *ἔργον καλόν — ἀπόνως — πεπραγμένοις — πραττομένοις*, § 32 *ἔργον καλόν — συνεργός — πόνων — ἔργων*, § 33 *πράττειν — πράξεων — πράττοντες — διαπονησαμένῳ*. Vgl. das Ideal der *καλὰ ἔργα* resp. *καλαὶ πράξεις* in den dionischen Königsreden, z. B. II § 18. III §§ 19. 52. IV § 107.

Das erste Stück von § 33 geht wieder § 30 genau parallel. Die *Ἀρετή* hat genau die Zauberformel des Antisthenes (Symp. IV, 41), sich alle Speisen leicht in Delicatessen zu wandeln, durch Abwarten des Bedürfnisses. Hierfür und auch für die weitere Maxime der *Ἀρετή*, sich den Schlaf durch vorherige Arbeit (die jedenfalls nicht sokratische Dialektik war) zu versüssen und nach den nöthigen Geschäften (natürlich nicht des Sokrates oder Prodikos, sondern des *βασιλεύς* resp. des Feldherrn und Oekonomen) einzuschränken, sind oben die kynischen und xenophontischen Parallelen beigebracht. Für den hier § 33 die Argumentation beherrschenden hedonischen Gesichtspunkt (*ἡδεῖα — ἡδίων — ἡδέως — ἥδονται*) sei nochmals (vgl. oben S. 458 f.) an Antisthenes Xen. Symp. IV, 39. 41. Frg. S. 52, 11. 57, 6. 59, 12 (vgl. Diogenes L. D. 71. ep. 37, 6) und an die kynischen Erörterungen im Ages. c. IX, Hiero, nam. c. I, und in den dionischen Herrscherreden (nam. I §§ 34 f. III §§ 61. 83 f. 94. 96 ff. 110. 123 f. VI passim) erinnert. Das Princip der Einfachheit (vgl. oben S. 454 ff.) ist hier durch *ἀπράγμων* ausgedrückt; s. zu diesem Terminus in den Diogenesreden bei Dio IV § 11. VI § 30.

Das folgende Stück von § 33 entspricht wieder § 31 und zwar der zweiten Hälfte in der genau wiederkehrenden Differenzirung der νέοι und πρεσβύτεροι, des früheren und jetzigen πράττειν und in dem Gegensatz von Gram und Freude, Schmach und Anerkennung. „Die Jüngeren freuen sich über das Lob der Aelteren, die Aelteren sind stolz auf die Ehrenbezeugungen der Jüngeren. Gern denken sie an die früheren Thaten, und sie freuen sich, die gegenwärtigen gut zu vollbringen." In der Gliederung des Textes zeigt sich hier wiederum die antithetische Symmetrie der gorgianischen Rhetorik des Antisthenes. Der patriarchalische Geist, der aus diesen Worten spricht, die Gliederung der Altersclassen und das Lob der Jüngeren, die Ehre der Aelteren gewissermassen als feste Einrichtungen — das Alles stimmt nicht sonderlich mit der durchaus nivellirenden, pietätlosen attischen Lebensrichtung, wohl aber mit den kynischen Idealbildern Altpersiens und Altsparta's bei Xenophon. Im alten Persien sind die Altersclassen in Lebensweise und Pflichten, auch in den Plätzen vor dem Staatsgebäude scharf geschieden (Cyr. I, 2, 4 f.); die Jünglinge werden von älteren Männern ausgebildet und geleitet, und sie bleiben in geschlossenen Abtheilungen vor dem Staatsgebäude (ib.). Die Jünglingsabtheilung, die am meisten tapfere und gehorsame Leute aufweist, wird von den Bürgern gelobt (ib. 12). Unter den Jünglingen zeichnete sich Kyros aus durch Ehrerbietung gegen die Aelteren (I, 5, 1), und er erröthete sogar, wenn er mit Aelteren zusammentraf (I, 4, 4), was natürlich nicht historisch, sondern doctrinär und eine kynische Hyperbel ist, wie auch Diogenes sich über den erröthenden Jüngling freut, weil er die Farbe der ἀρετή zeige (L. D. VI, 54). Sterbend übergiebt Kyros dem älteren seiner beiden Söhne die Herrschaft mit folgender Begründung: Ich selbst wurde von diesem unserem gemeinschaftlichen Vaterlande so gewöhnt, Aelteren, nicht nur Brüdern, sondern auch Bürgern, aus dem Wege zu gehen und beim Sitzen nachzustehen. Auch euch, liebe Söhne, habe ich von Anfang an so erzogen, den Aelteren Ehre zu erweisen, von Jüngeren sie euch erweisen zu lassen. Nehmet also das, was ich sage, als etwas dem Herkommen, der Gewohnheit und dem Gesetz Angemessenes auf (VIII, 7, 10). In Altsparta sind ebenso die Lebensalter scharf geschieden (de rep. Lac. c. IV), nur bei den Syssitien absichtlich gemischt, damit die gegenseitige Beobachtung einen wohlthätigen Einfluss ausübe (V, 5), wie auch die Knabenliebe als seelische παιδεία geschätzt ist (II, 13). Knaben und Jünglinge werden zu Gehorsam und Bescheidenheit erzogen (II und III) und die Jüngeren müssen vor allen Aelteren aufstehen und ausweichen, mit Ausnahme der Feiglinge, die dieser Ehre nicht gewürdigt werden (IX, 5). Ja, die Autorität des Vaters geht nach VI, 1 f. auf alle Aelteren über, und jeder Bürger hat das Erziehungs- und Züchtigungsrecht gegenüber den Kindern des anderen. Uebrigens rühmt c. VI überhaupt einen weitgehenden Communismus in Sparta, wohl nach dem kynischen Princip des κοινὰ τὰ τῶν φίλων. Lykurg richtet ferner für die Greise die Wettkämpfe in seelischer Tüchtigkeit ein, um das Alter in höhere Ehren zu setzen als die blühende Jugend, um so viel höher, als die Seele höher gilt wie der Körper (X, 1 ff., vgl. oben S. 532). Auch die Hausherrin steigt mit dem Alter an Achtung im Hause (Oec. VII, 42). Auch der jüngere Kyros (Anab. I, 9, 5) und Agesilaos (Hell. V, 3, 20) zeigen Ehrerbietung vor dem Aelteren, und in der Anabasis tritt ein lebendiges Anciennitätsgefühl bei Xenophon z. B. in seinem schönen Verhältniss zu dem greisen Cheirisophos hervor und in der Art, wie er den Tadel der πρεσβύτατοι τῶν στρατηγῶν hinnimmt.

Es ist also keine Frage, dass in dem Junker, Officier und Landwirth Xenophon der Pietäts- und Anciennitätssinn stark ausgeprägt war, aber es ist auch keine Frage, dass er sich mit diesen Gefühlen in den Idealen des Antisthenes wiederfand, der die Feudalstaaten des Lykurg und des Kyros gepriesen. Durch seine Königsidealität, wie sie in der I. Rede Dio's nachklingt, geht ein tief patriarchalischer Zug. Zeus ist — natürlich nach Homer — der Vater der Götter und Menschen, und sein irdisches Abbild ist der König (§ 37 ff., vgl. 24, s. Kleanthes' Hymnus 34. 13), und Herakles bezeugt in scheuem Erröthen (vgl. vor. S.) der Βασιλεία-Ἀρετή seine Ehrfurcht wie ein guter Sohn der edlen Mutter (§ 73). Für Antisthenes leuchtete eine Krone über Allem, was alt war, und über der Autorität an sich. Er suchte seine Helden in der Vergangenheit[1]) bis tief in die mythische Urzeit hinein, und er suchte eben Helden, Autoritäten: das Alte als solches ward ihm zur Autorität. Der Sinn für die Autorität des reifen Alters drängte ihn so leidenschaftlich zur Pädagogik, und die Pädagogik wieder drängte ihn auf die Stabilisirung der Autorität des Alters. Antisthenes der Dogmatiker fühlt sich immer den νέοι gegenüber, hinter sich der Väter Urweisheit, vor sich die Söhne. Es ist nicht Zufall, dass die kynischen Lehren noch in den Apophthegmen so häufig an μειράκια, νεανίσκους gerichtet

---

[1]) Vgl. den Kyniker Luc. Cyn. 14: die παλαιοί waren besser als die Heutigen; die παλαιοί sind mir Muster und Vorbild.

erscheinen (vgl. Antisth. Frg. 60, 19. 63, 36 ff. Diogenes z. B. L. D. VI, 30 f. 33. 45 (2 Mal). 46 (3 mal). 47 f. 52 (2 Mal). 53. 54 (3 Mal). 58. 59. 62. 65 (2 Mal). Gnom. Vat. 169. 171. 177. 381 etc.). Gerade vom Herakles bezeugen es drei Fragmente (III. V und Gnom. Vat. 11), ungerechnet das in der Prodikosfabel wiederkehrende Dictum (Frg. S. 53, 17, vgl. oben S. 519), dass dort Antisthenes eine Jünglingserziehung lieferte, und ausserdem Socr. ep. 9 p. 617 H, dass er den Herakles den νέοι vortrug. Vielleicht zielt es gegen Antisthenes, wenn bei Plato „Sokrates" darüber lächelt, wie dem seines väterlichen Ansehens sich rühmenden „Protagoras" sein Gefolge stets wie auf Commando achtungsvoll ausweicht (Prot. 315 B, vgl. 317 C), was an die altpersischen und spartanischen Idealschilderungen anklingt (Cyr. VIII, 7, 10. Resp. Lac. IX, 5), und wenn Soph. 230 die paränetische Züchtigung, die die kynische παιδεία gar reichlich den νέοι zu Theil werden liess, altfränkisch-väterlich genannt wird.

Man darf vermuthen, dass den Gesprächen zwischen Vater und Sohn, wie sie z. B. Cyr. I, 6. Mem. II, 2. Dio or. II (s. auch die Diogenesepistolographen) bringen, wieder ein Ἀντισθένειος τύπος zu Grunde liegt. Es wird noch davon zu reden sein, aber es ist ja schon deutlich, dass der patriarchalische Geist Antisthenes im Vater den natürlichen Erzieher des Sohnes preisen liess. Aber eben nur im idealen Vater, den er in jenen Gesprächen vorführt, wie er den idealen König vorführt und nur für ihn Monarchist, sonst aber Demokrat ist. Gerade weil er den idealen Vater als Erzieher sucht, schilt der Kyniker in seiner stereotypen Apostrophe die wirklichen Väter, dass sie nicht geistig für ihre Söhne sorgen (vgl. oben S. 147. 316. 417). Er behandelt Gespräche mit Vätern über die Unterrichtung der Söhne, corrigirt überhaupt die Wünsche jener für ihre Söhne (Antisth. Frg. S. 65, 49, auch 62, 35 gehört wohl dahin); Diogenes (L. D. 63. 64, vgl. auch Stob. fl. 75, 10) zeigt, wie sich Väter und Söhne gegeneinander verhalten sollen (Stob. fl. 83, 23) und tadelt den Sohn, der auf den Vater herabsieht (L. D. 65). Er verspottet den Jüngling, der Vortrag halten will (L. D. 48) und will andererseits den Greis nicht mehr zurechtweisen (oben S. 532). Der antisthenische Pythagoras differenzirt seine Reden nach den verschiedenen Altersstufen speciell der Jugend (Antisth. Frg. S. 25), und Diogenes differenzirt nach den νέοι und πρεσβύτεροι[1]) z. B. den Werth der παιδεία (L. D. 68) und die Frage

---

[1]) Vgl. in dem unten noch mehrfach heranzuziehenden Schluss der Melankomasconsolation Dio or. 29 § 21.

der Heirath (L. D. 54)[1]). Vom antisthenischen Idealkönig heisst es Dio III § 112 ἀγάλλεται μᾶλλον ὑπὸ τῶν νεωτέρων ἀγαπώμενος ἢ οἱ γονεῖς, μᾶλλον δὲ ὑπὸ τῶν πρεσβυτέρων ἢ τοὺς παῖδας ἀγαπῶσι. Das erinnert an Protagoras-Antisthenes 316 C und an Diogenes, der Väter und Söhne als Bewunderer an sich zieht, um dessen Begräbniss die Jünger bis zum Handgemenge streiten, bis die Väter und ὑπερέχοντες ihn beerdigen, und der als ἀγαπώμενος von den Mitbürgern geehrt wird (L. D. 31. 43. 75 f. 78).

So kann man vom Kyniker sagen oder vielmehr von seinen Helden — denn natürlich sind hier wie bei den Todesanekdoten (vgl. oben S. 181) zugleich seine Lehren auf seine Person übertragen —, was die Ἀρετή weiter von ihren Anhängern sagt: δι' ἐμὲ φίλοι μὲν θεοῖς ὄντες (vgl. dazu Diogenes L. D. 72 u. oben S. 506), ἀγαπητοὶ δὲ φίλοις, τίμιοι δὲ πατρίσιν. Damit gehn die ἔπαινοι der Aelteren (ἐπαινῶ σε καὶ ἄγαμαι schreibt Diogenes ep. 9 Krates) und die τιμαί (vgl. Crat. Mull. 41) der Jüngeren zusammen, und dazu kommt noch das ἡδέως μέμνησθαι der früheren Thaten und das ἥδεσθαι an den gegenwärtigen. Das wirft hier Mem. § 33 die Ἀρετή zu Gunsten des grösseren Lebensgenusses der Guten in die Wagschale. Die gut antisthenische III. Rede Dio's führt § 60 f. für denselben eudämonistischen Vorzug in derselben, ethischen Antithese dieselben Momente an: πόσῳ γε κρεῖττον μετὰ δικαιοσύνης καὶ ἀρετῆς ἢ μετὰ πονηρίας καὶ ἀδικίας πάντα ταῦτα ἐπιτηδεύειν, καὶ μετὰ ἐπαίνου φαίνεσθαι τοιοῦτον ἢ μετὰ ψόγου, ἀγαπώμενον μὲν ὑπὸ ἀνθρώπων, ἀγαπώμενον δὲ ὑπὸ θεῶν, ἢ τοὐναντίον μισούμενον; καὶ τοίνυν τὸ μὲν παρὸν βραχύ τι τῷ ἀνθρώπῳ καὶ ἀσυλλόγιστον, κατέχει δὲ τοῦ βίου τὸ πλεῖστον ἡ μνήμη τῶν προγεγονότων καὶ ἡ τῶν μελλόντων ἐλπίς. πότερον τοῖν ἀνδροῖν ἡγώμεθα εὐφραίνειν τὴν μνήμην καὶ πότερον ἀνιᾶν, καὶ πότερον θαρρύνειν τὰς ἐλπίδας καὶ πότερον ἐκπλήττειν; οὐκοῦν καὶ ἡδίονα ἀνάγκη τὸν βίον εἶναι τοῦ ἀγαθοῦ βασιλέως. φιλίαν γε κ.τ.λ. Xenophon hat wohl dies feinere psychologische Argument von der Kürze der Gegenwart gegenüber der langen Vergangenheit und Zukunft zu theoretisch gefunden und begnügt sich mit der stumpfen Scheidung von Gegenwart und Vergangenheit, aber es war sicher ein Hauptargument in der antisthenischen Polemik gegen den Hedonismus (vgl. Frg. S. 58, 8: κακὰς ἀμοιβὰς ἐκτίνοντα τῆς προγεγενημένης ἀπληστίας ἕνεκα μικρᾶς καὶ ὀλι-

---

[1]) wie Thales L. D. I, 26, — wieder ein Zeichen, dass die Tradition der 7 Weisen durch eine Apophthegmen bildende kynische Bearbeitung hindurchging (s. Näheres unten).

γοχρονίου ἡδονῆς und den Schwelger als ὠκύμορος L. D. 53), die immer die εὐδαιμονία des ganzen Lebens gegen die von Aristipp gesuchte ἡδονή des Augenblicks ausspielt (vgl. oben S. 528). Θεοφιλία, ἔπαινος, τιμή, φιλία sind bereits oben als kynische Attribute der ἀρετή aufgezeigt und werden z. Th. als solche noch genauer in der Socialethik behandelt. Auch bei Xenophon erschienen sie uns oft genug als Hauptmotive, und gerade zusammen (z. B. Hipparch. I, 1. Anab. VI, 1, 20 ff.), principiell in den am meisten kynisirenden Schriften (Cyropädie — vgl. z. B. VIII, 7, 3. 6f. —, Hiero, Agesilaus, Oeconomicus — nam. IV, 3. V. VI, 9. XI, 8–11 — und Cynegeticus c. XII f.). Ueber die Liebe und nationale Verehrung, die der kynische Herakles geniesst, s. oben S. 368.

κ. Die Verklärung.

Der Schluss der Fabel verheisst den Guten ewigen Nachruhm und Herakles die höchste Seligkeit: ὅταν δ᾽ ἔλθῃ τὸ πεπρωμένον τέλος, οὐ μετὰ λήθης ἄτιμοι κεῖνται, ἀλλὰ μετὰ μνήμης τὸν ἀεὶ χρόνον ὑμνούμενοι θάλλουσι. τοιαῦτά σοι, ὦ παῖ τοκέων ἀγαθῶν Ἡράκλεις, ἔξεστι διαπονησαμένῳ τὴν μακαριστοτάτην εὐδαιμονίαν κεκτῆσθαι. Vielleicht klingt hier ein Pindarcitat (Frg. 97)[1]) des Originals nach, nach dem die Seelen der εὐσεβεῖς (vgl. Antisth. Frg. 64, 42) ἐπουράνιοι ναίουσαι μολπαῖς μάκαρα μέγαν ἀείδουσιν ἐν ὕμνοις. Jedenfalls aber lässt dieser Schluss allerlei Fragen offen: Warum springt Xenophon von den Anhängern der Ἀρετή auf Herakles über? Folgt aus dem Nachruhm der Tugendhaften die Seligkeit des Herakles? Oder macht die Seligkeit des Herakles auch jene glücklich? Denn auf den eudämonistischen Vorzug des tugendhaften βίος als Resultat kommt es doch hier an. Gehört der Nachruhm zur εὐδαιμονία und bedeutet das θάλλειν ein geniessendes Fortleben nach dem Tode? Was soll das πεπρωμένον τέλος und weiter das τοιαῦτα διαπονησαμένῳ, da doch vorher nur von Ruhm, Ehre, Freundschaft und den grösseren Genüssen der Ἀρετή die Rede war? Warum wird hier zum Schluss Herakles als Sohn aus guter Familie angeredet? Soll darin eine Begründung liegen und welche? All diese Verlegenheiten Xenophon's — das sind sie! — lösen sich im Herakles des Antisthenes. Dessen Eigenthümliches, das Xenophon nicht verstehen oder nicht glauben oder wenigstens in der Kürze nicht sagen konnte, liegt ja darin,

---

[1]) Pindar spielt ja auch in der kynischen Consolation eine Rolle (Rep. 331 A. Plut. cons. ad Apoll. 109 A und dazu oben S. 159 ff. 175. 177).

dass die Person zugleich als Typus (vgl. oben S. 276. 298f.) und Handeln und Schicksal des Herakles zugleich als Norm der ἀρετή und der ἀγαθοί genommen war: darin liegt der Zusammenhang der beiden von Xenophon ziemlich unlogisch aneinandergereihten Sätze; das Abstracte galt eben zugleich persönlich und das Persönliche zugleich abstract. Dio hat das weit besser verstanden, und es ist desshalb verkehrt, ihn hier zum copirenden Schüler Xenophon's zu machen.

Man verkehrt zunächst den Schluss der nach Homer (!) die βασιλικὴ τέχνη (!) lehrenden Rede:

Mem. § 33:

Ὅταν δ' ἔλθῃ τὸ πεπρωμένον τέλος, οὐ μετὰ λήθης ἄτιμοι κεῖνται, ἀλλὰ μετὰ μνήμης τὸν ἀεὶ χρόνον ὑμνούμενοι θάλλουσι.

Dio II § 78:

Ἐὰν δὲ τῆς εἱμαρμένης ἀναγκαῖον ἐπείγῃ πρὸ τοῦ γήρως, ἀλλ' οὖν μνήμης γε ἀγαθῆς καὶ παρὰ πᾶσιν εὐφημίας εἰς τὸν ἀεὶ χρόνον ἠξίωσε, καθάπερ — τὸν νομισθέντα τοῦ Διὸς διὰ τὴν ἀρετὴν Ἡρακλέα.

Vgl. die μνήμη des ὑπὲρ τῆς ἀρετῆς πονήσας und nun ὑμνούμενος Herakles noch Dio or. 31 (14) § 16. 69 (52) § 1[1]). Dio spricht bestimmt von Herakles; aber eben als ethisch repräsentativer Persönlichkeit und gerade als πονήσας (Mem. darum zum Schluss διαπονησάμενος) blüht ihm das Verheissene, weil Antisthenes ja an ihm den πόνος als ἀγαθόν beweist (L. D. 2). Τὸν νομισθέντα τοῦ Διὸς διὰ τὴν ἀρετὴν Ἡρακλέα, heisst es bei Dio, — diese erzkynische Deutung versteckt Xenophon in die hier am Schluss so ungeschickte Anrede der Ἀρετή: ὦ παῖ τοκέων ἀγαθῶν Ἡράκλεις. Durch seine ἀρετή wird Herakles unsterblich, selig, göttlich[2]), eben Zeussohn — das giebt bei Antisthenes einen klaren Sinn, der aber für Xenophon zu kühn ist. Als Zeussohn oder Sohn guter Eltern wird Herakles selig — so heisst es bei Xenophon, und das ist theils selbstverständlich, theils unsinnig und giebt jedenfalls nicht die Moral der Fabel. Dio III(!) § 54 wird die Apotheose der ἄνδρες ἀγαθοί als Dogma ausgesprochen. Für den Symbolisten Antisthenes ist der Nachruhm eins mit der göttlichen Seligkeit — das ist die ἀθανασία, die er lehrt. Das θεός sein ist eben das ὑμνεῖσθαι oder, wie Xenophon's Verlegenheitsaus-

---

[1]) Μνήμῃ τιμᾶτε, heisst es am Schluss der 29. Diorede, den sehr kynisch geschilderten todten Melankomas, und damit ist ib. die bezeichnende Mahnung verbunden: ἐφίεσθαι πονεῖν, πονεῖτε als ἀσκηταὶ ἀρετῆς.

[2]) Vgl. Herakles als ἄριστος aller Menschen, θεῖος ἀνὴρ καὶ θεὸς ὀρθῶς νομισθείς Luc. Cyn. 13.

druck lautet, *ὑμνούμενος θάλλειν*, und das *ὑμνεῖν* ist eben ein *ὑμνεῖν θεόν*. So heisst es am Schluss der 4. dionischen Königsrede auch mit Anklang an den Schluss der Prodikosfabel: *τὸν ἀγαθὸν καὶ σώφρονα ὑμνῶμεν δαίμονα καὶ θεὸν οἷς ποτε ἐκείνου τυχεῖν ἐπέκλωσαν ἀγαθαὶ Μοῖραι παιδείας ὑγιοῦς καὶ λόγου μεταλαβοῦσι καὶ ὅ τι πεπρωμένον αὐτοῖς ἐκ θεῶν ἐγένετο*. So liegt in dem *πεπρωμένον* auch hier in den Mem. die göttliche Prädestination, an die der Kyniker wie der Stoiker glaubt, und, was Xenophon nicht sagt: für Herakles hat es specielle Bedeutung, weil, wie der parallele Schluss der II. Diorede erinnert, jenem das Ende *πρὸ τοῦ γήρως* bestimmt war.

Die *Ἀρετή* der Fabel verheisst dem *διαπονησάμενος* Herakles zum Schluss die *μακαριστοτάτην εὐδαιμονίαν*. Antisthenes hat im Herakles den *πόνος* als *ἀγαθόν* gezeigt (L. D. VI, 2) und die *ἀρετή* als *τέλος* des Lebens und unbedürftig der *τύχη* (ib. 105), weil, was offenbar dazu gehört, die *ἀρετή* aus eigener Kraft die *εὐδαιμονία* erlangt (ib. 11). Es ist klar, dass die Argumentation für die *εὐδαιμονία* der *ἐπίπονος ἀρετή*, nachdem sie ihren Vorzug in allen *ἡδοναί* des Lebens erwiesen, abschloss mit der Seligkeit beim Tode als Krönung des Glücks. Der *ἀγαθὸς βασιλεύς*, heisst es Dio I § 45, *ἀγαθῆς τυγχάνει μοίρας καὶ τέλους εὐτυχοῦς*, vgl. die *Βασιλεία-Ἀρετή* ib. 83 als *μακαρισμοῦ ἀξία*[1]). Vor Allem gehört hierher Antisth. Frg. 64, 41: *Ἐρωτηθεὶς τί μακαριώτερον ἐν ἀνθρώποις, ἔφη, εὐτυχοῦντα ἀποθανεῖν*. Das höchste Glück, die *μακαριστοτάτη εὐδαιμονία*, wie die Mem. sagen, zeigt sich erst beim Tode — damit ist der eine Gedanke im Schluss der Prodikosfabel als antisthenisch erwiesen. Die andere Lehre, die hier verkündet wird, dass den Tugendhaften Unsterblichkeit blüht, spricht das ib. folgende Fragment des Antisthenes aus: *τοὺς βουλομένους ἀθανάτους εἶναι ἔφη δεῖν ζῆν εὐσεβῶς καὶ δικαίως*. Vgl. die reiche *τιμή* im Hades, die als Lohn den Seelen blüht, die sich von körperlichen Begierden freigehalten haben, Diog. ep. 39, 3, und Antisth. Frg. 27, 3: *τοῦ Διὸς ἂν εἴη καὶ τῶν ἔργων ἃ πέφυκεν ἀπαθανατίζειν* — passt das nicht gerade auf Herakles? Antisthenes also lehrt die Tugend, deren *διδαχή* er gerade im Herakles ausführt, und mit der Tugend Unsterblichkeit. Dieser Gedanke ist so eigenartig antisthenisch, dass Isokrates (c. soph. § 4) sich darüber entsetzt und Plato öfter darauf anspielt (I, 488).

---

[1]) Auch von Melankomas (s. vorl. Anm.) heisst es: *μακάριον νομίζειν χρή* (Dio 29, 21, vgl. *εὐδαιμονέστατος καὶ μακαριώτατος* 28, 12, *εὐδαιμονέστατα τελευτᾷ* ib. 13).

Und mit diesem Gedanken schliesst die Prodikosfabel, mit der grossen Geste des Antisthenes, der als Lehrer ein Verheissender war und der Wegweiser sein wollte zur Unsterblichkeit und Seligkeit durch die Tugend.

Wir müssen nur noch auf das Echo hören, das dieses Ideal wieder in Xenophon's Schriften findet. Der kynische Antithetiker preist die ewige Seligkeit sicherlich im Gegensatz zur kleinen Lust dieses Lebens. Es ist der Abschluss jener zeitlichen Beweisführung, in der er Gegenwart durch Zukunft, kurze durch lange Dauer schlägt; es ist der höchste Trumpf, den er gegen den Hedoniker ausspielt, also der höchste für die φιλόπονος ἀρετή, und demnach der natürliche Schluss der beiden antisthenischen Ponosschriften. Das Ziel des Lebens und das Ziel des Glücks fallen hier zusammen. Enkomiastische Biographie und eudämonistische Argumentation münden zusammen in die ewige Seligkeit — das ist der gegebene Abschluss des moralisch interpretirten Heldenlebens, das Antisthenes im Herakles und Kyros vorführte, und darum wirkt er bei Xenophon nach in der Cyropädie und, wo man schon früher Spuren des antisthenischen Herakles gefunden, im Cynegeticus und Agesilaus.

Zunächst ist es selbstverständlich, dass Antisthenes in seinem Κῦρος — und mit mehr Recht als Xenophon in seiner Κύρου παιδεία — das Lob des Helden bis zum Ende durchführte, dass er, der dem Thema des Todes zwei Schriften widmete, auch hier ihn in der Moral des Heldenlebens in Anschlag brachte, und dass er im Kyros, wo er gerade die Frucht des πόνος zeigen wollte (L. D. VI, 2), am Ende der πόνοι als ihren höchsten Lohn die ewige Seligkeit aufzeigte. Thatsächlich haben wir im Gnomologium Vaticanum (Wiener Studien XI) Spuren einer Kyrosconsolation, die nicht aus Xenophon stammt. Ib. 377 antwortet Kyros auf die Frage nach dem schlimmsten Tod, 378 tröstet er die über sein Ende trauernden Freunde und 379 spricht er vom Erben seiner Krone. Auch sprach Manches dafür, dass Antisthenes, der Lehrer der μέλλοντα (vgl. oben S. 167, 1. 173, 2) wohl im Kyros das Krösosmotiv ausspann, nicht nur mit dem von den Kynikern betonten delphischen Gebot (L. D. 83. Epictet. III, 22, 53. Diog. ep. 49. Luc. dial. mort. II, 2. Dio VI etc.), sondern auch mit der Forderung, keinen Menschen vor dem Tode glücklich zu preisen. Der Kyniker zeigt, dass die Schätze des Krösos nicht εὐδαίμων machen (Diogenes Gnom. Vat. 181. Epictet. π. κυν. diss. III, 22, 27), und schilt Krösos, dass er garnicht des Todes gedacht (Luc. dial. mort. II, 2). Dazu passt eben das Antisthenesfragment L. D. VI, 5, das ja das höchste Menschenglück erst im seligen Ende sieht, und dazu stimmt nun auch der xenophontische Kyros, der sich stets seiner menschlichen Schranken bewusst war (Cyr. VIII, 7, 3), solange er lebt, sich aus Furcht vor Wandlungen nie vollkommen glücklich fühlt (ib. 7), im Tode aber beim τοῦ βίου τέλος als εὐδαίμων betrachtet zu werden verlangt (ib. 6. 27). Mit noch stärkerem Anklang an die Mem. (μετὰ μνήμης τὸν ἀεὶ χρόνον ὑμνούμενοι — μακαριστοτάτην εὐδαιμονίαν κεκτῆσθαι) fragt der sterbende Kyros: πῶς οὐκ ἂν ἐγὼ δικαίως μακαριζόμενος τὸν ἀεὶ χρόνον μνήμης τυγχάνοιμι (ib. 9). Und zwar erreicht Kyros diese Verklärung, ganz wie der Tugendhafte der Fabel, als Göttergünstling, als geschätzter Wohlthäter der Freunde und des Vaterlandes (ib. 7 f.). Es fehlt nicht einmal die Apotheose, die doch eigentlich nur Herakles zukommt: Im Traum erfolgt die Weissagung: Rüste dich, Kyros, denn bald gehst du zu den Göttern ein (ib. 2). Etwas vorsichtiger heisst es am Schluss (27): die Perser mögen ihm an seinem Grabmal Glückwünsche darbringen als Einem, der vor allem Leid geborgen sei, ob er nun mit dem Göttlichen vereint oder in's Nichts versunken sei. Der Kyniker hat beide Möglichkeiten aufgestellt, aber er glaubt an die Vereinigung mit dem Göttlichen (vgl. S. 196).

Wir haben wohl noch eine Spur, dass Antisthenes auch im Kyros die Apotheose gelehrt hat. Woher hat es Dio (or. 25 § 5): Κῦρον Περσῶν δαίμονα γενέσθαι βασιλικόν τινα καὶ ἐλευθέριον? Von Xenophon nicht; denn dass Kyros die den Medern dienenden (δουλεύοντας) Perser befreite, widerstreitet der Cyropädie, aber die Betonung, dass die Perser zugleich ἐλεύθεροι und ἄρχοντες werden, zeigt wieder, wie treulich Xenophon Mem. II, 1, 10 ff. dem Kyniker folgt. Zum Kyniker stimmt es auch, wenn in dieser Diorede mit ethnographischem Blick principiell die grossen Männer der Völker, wobei der Heraklide Lykurg die Hellenen, Kyros die Barbaren führt (vgl. L. D. VI, 2), zu δαίμονας erhoben werden und davon ausgegangen wird, dass εὐδαιμονία von δαίμων stammt. Der Etymologe Antisthenes ist sicherlich in der Betonung dieses Zusammenhanges [1]) den Stoikern vorangegangen (vgl. Chrysipp L. D. VII, 88. M. Aurel. med. 7, 17). Ausführlicher wird er

---

[1]) der ihm um so näher lag, als er sicher wie Diogenes oft den Gegensatz κακοδαίμων herausstellte (L. D. 42. 45. 71. Stob. flor. 33, 14. 97, 26. Gnom. Vat. 181. Diog. ep. 26 etc. Luc. Cyn. ist ganz durchzogen von dem Gegensatz der εὐδαιμονία und κακοδαιμονία (§ 8 f. 11. 13 f. 17. 19).

in der 23. diogenischen Rede behandelt, die die orthokynische These ὅτι εὐδαίμων ὁ σοφὸς πᾶς καὶ μόνος (§. 9) beweist, und zwar mit Homerinterpretation (!), mit dem Arztvergleich und in dialogischer Form, die auf eine alte Quelle zu weisen scheint und auch für or. 25 angelegt ist, nur hier in dem modern bereicherten ethnographischen Material versandet. Bei diesem Zusammenhang verstehen wir, warum Kyros in der Cyropädie im Tode und nach dem Tode als εὐδαίμων gepriesen, beglückwünscht sein will, — δαίμων (ἀγαθός) und εὐδαίμων werden ist eben eins nach dem Kyniker, der mit dieser Etymologie einen trefflichen Beweis für seine These hatte, dass im Tode mit der Unsterblichkeit erst das wahre Glück erreicht werde.

Antisthenes lehrte ja schon die Apotheose, indem er die ψυχή θεία μοῖρα des Menschen sein liess und sie im Tode befreit vom Körper als reinen νοῦς zum Göttlichen eingehn liess. Ich zweifle nicht, dass er, der Alles persönlich nahm, dieses göttliche Theil des Menschen als δαίμων personificirte, wie sicherlich vom Kynismus gerade (über die Stoa vgl. Heinze, Xenokrates S. 98 ff.) die Tradition vom sokratischen δαιμόνιον gepflegt und namentlich in der persönlichen Fassung als genius Socratis erst angeregt worden ist. Für Antisthenes war die Seele das Subject, was für die dreitheilige Seele Plato's schwerer denkbar ist. Ebenso bezweifle ich nicht, dass der Kyniker bereits dem Stoiker in der Verinnerlichung des δαίμων zum Eigenen des Menschen voranging. Dio IV, 79 f. heisst es von Diogenes: λέγει — οὕτως περὶ δαιμόνων ὅτι οὐκ εἰσὶν ἔξωθεν τῶν ἀνθρώπων οἱ πονηροὶ καὶ ἀγαθοὶ δαίμονες, οἱ τὰς συμφορὰς καὶ εὐτυχίας φέροντες αὐτοῖς, ὁ δὲ ἴδιος ἑκάστου νοῦς, οὗτός ἐστι δαίμων τοῦ ἔχοντος ἀνδρός. Es ist die nothwendige Consequenz der antisthenischen Lehre, dass der αὐτάρκης die τύχη missachtet und aus sich die εὐδαιμονία wirkt (L. D. VI, 11. 105) und die εὐδαιμονία εὐπραξία, nicht εὐτυχία ist (Mem. III, 9, 14, vgl. Diog. ep. 49). Beides aber, die Vergöttlichung der Seele als δαίμων und die Vermenschlichung, Verinnerlichung des δαίμων, führt auf denselben Punkt; in Beidem liegt für den kynischen Lehrer der Unsterblichkeit, dass im Tode, wo die Seele als das Eigene vom ἀλλότριον des Körpers frei wird, der Mensch reiner δαίμων wird. Das Eigene, lehrt Antisthenes, ist das Gute, und das Glück liegt in der Seele, und folglich ist der Tod als der Befreier des Eigenen, d. h. der Seele, der Eingang zum Heil.

Wie verträgt sich aber nun die individualistische und subjectivistische Auffassung des δαίμων mit der ethischen und heroischen?

Nur die Helden und Könige der Völker werden doch δαίμονες (s. oben S. 545), nur die Tugendhaften unsterblich (Antisth. Frg. 64, 42). So löst sich der Widerspruch: der δαίμων ist das Bestimmende des Menschen. In den genannten kynischen Reden heisst es: τῶν ἀνθρώπων ἕκαστον κατὰ τὸν αὑτοῦ δαίμονα βιοῦν (Dio 23, 7)[1]) und δαίμονα — τὸ κρατοῦν ἑκάστου καὶ καθ' ὃν ζῇ τῶν ἀνθρώπων ἕκαστος, ob Sklave oder Freier und König, reich oder arm (Dio 25, 1). Das Herrschende im Menschen ist die Seele und das Ziel: ἐγκρατής oder, wie es in der Kynikerpredigt Epiktet's heisst: βασιλεὺς ἑαυτοῦ καὶ δεσπότης sein (diss. III, 22, 49). Aber die meisten Menschen sind innerlich Sklaven und müssen beherrscht werden, und der Kyniker bietet sich als ἄρχων ἀνθρώπων an, und die Völker hatten ihre βασιλεῖς, deren sie bedürfen im Gegensatz zum Kyniker (vgl. Diog. ep. 33, 2), ihre ἄρχοντες, d. h. ihre δαίμονες. Denn δαίμων ist alles Herrschende, und das kann drinnen oder draussen sein, ἐν αὐτῷ τῷ ἀνθρώπῳ ἢ ἔξωθεν [ὂν] ἄρχον τι καὶ κύριον(!) (Dio 25, 1). Auch mit dem äusseren δαίμων bleibt der Kyniker der subjectiv menschlichen Auffassung treu; denn das Bestimmende ist ihm nicht die τύχη oder ein fremder, göttlicher Dämon, sondern der königliche, heroische Mensch, in dem der kynische Individualismus mit der Romantik, die kynischen Ideale des Eigenen und des Herrschenden, des αὐτάρκης und des βασιλικός verschmelzen. Diogenes ist der ἀγαθὸς δαίμων z. B. eines Hauses, dem er als Leiter vorsteht (L. D. 74, vgl. Krates Jul. VI, 200 B), und nach der so gut antisthenischen III. Diorede (oben S. 374 ff.) lebt im guten König ein ἀγαθὸς δαίμων sowohl für ihn selbst wie für alle Anderen (§ 5 f.). In diesem ἀγαθὸς δαίμων, von dem gerade attische Schriftsteller oft reden (Rohde, Psyche I², 254, 2), löst sich endlich auch die Antinomie des Individuellen und Ethischen. Der kynische Dialog Dio 23 behandelt eben diese Frage und kommt zu dem Resultat, dass es keinen schlechten δαίμων giebt. Jeder Mensch hat seinen δαίμων, aber nicht jeder gehorcht ihm; εὐδαίμων ist der dem δαίμων Gehorsame, κακοδαίμων der ihm Ungehorsame; denn das δαιμόνιον ist immer gut.

Das Gute ist nach Antisthenes das Eigene und das Herschende; gut und herrschend (also δαίμονες) sind ihm aber nur die Weisen.

---

[1]) Phaed. 107d heisst es: λέγεται δὲ οὕτως, ὡς ἄρα τελευτήσαντα ἕκαστον ὁ ἑκάστου δαίμων ὅσπερ ζῶντα εἰλήχει, οὗτος ἄγειν ἐπιχειρεῖ. Wen citirt hier Plato? Jedenfalls widerspricht er, wie Dümmler gesehn (Kl. Schr. I, 256, 2), dieser Auffassung des δαίμων Rep. 617 C.

Antisthenes lehrt die Unsterblichkeit und verheisst sie als das Freiwerden des reinen *νοῦς*. Die Weisen aber sind ja nach dem Kyniker Könige, wie ihm die alten Könige und Gesetzgeber Weise sind, darum nach dem Tode unsterblich, d. h. *δαίμονες* der Völker. Man lasse hier nur den Etymologen Antisthenes weiter graben: nach Plat. Crat. 398 hat er *δαίμονες* als *δαήμονες* und *φρόνιμοι*, und *ἥρωες*, von *εἴρειν* abgeleitet, als gewaltige Dialektiker gedeutet (vgl. Dümmler, Akad. 242. Kl. Schr. I, 143). Wenn aber der Kyniker Dämonen und Heroen als Weise erklärt, die er ja auch sonst den Göttern nahe genug gebracht hat, so ist erst recht für ihn das Princip der Apotheose gesichert, die ja in der Consequenz seines Personencultus lag, zumal für den Lehrer der Unsterblichkeit, und sein Ideal des Mittlers zwischen Gott und Mensch klar zum Ausdruck brachte. Im Heroencult concentrirt sich all das Unhellenische und doch auch das Hellenische des Antisthenes; denn er hat da Menschen zu Göttern, aber damit zugleich Götter zu Menschen gemacht; er hat die *δεινοί*, die der Grieche in Mythus, Poesie und Politik strafte, verbannte und tödtete, gerade zur Unsterblichkeit emporgehoben, und darum lachten Plato und Isokrates. Andrerseits aber mussten die Heroen Weise werden — das war selbst der Kyniker Attika schuldig; damit aber waren ja die *ἥρωες* und *δαίμονες* als unsterbliche Genies, also als Menschen erklärt.

Nun hat Antisthenes nach dem Cratylus (ib.), wo ja seine Etymologie vorgetragen wird, für die *δαίμονας* und *ἥρωας* an Hesiod (*s. x. η.* 108 ff. 158 ff.) angeknüpft, und es scheint auch nach anderen Spuren, dass sich an dieser Partie des böotischen Dichters die kynische Idealität festgesogen hat. Das goldene Geschlecht und nachher das heroische leben bei Hesiod unter Kronos' Scepter — das ist das kynische Idealzeitalter (vgl. oben S. 326 und Dümmler, Akad. 242 f.); leidlos, glücklich leben sie, und die Erde spendet beiden reiche Frucht (vgl. wieder den Kyniker oben S. 265 f. 493 und Antisth. Schol. ad. Odyss. *ι* 106 p. 416 Dind.); die vom goldenen Geschlecht leben *ὥστε θεοί* (vgl. oben S. 482) und *φίλοι θεοῖσι* (vgl. oben S. 506), und sie sterben wie vom Schlafe bezwungen (wie Diogenes L. D. 77), und sie werden durch Zeus zu *δαίμονες ἐσθλοί, ἐπιχθόνιοι, φύλακες θνητῶν ἀνθρώπων οἵ ῥα φυλάσσουσίν τε δίκας καὶ σχέτλια ἔργα*. Unvollständig citirt zwar auch Plato Rep. 469 A dieselbe Stelle für den Dämonencult, aber ich zweifle nicht, dass er diesen so kurz behandelt, weil er hier, was doch jedem Autor erlaubt ist, ein fremdes Motiv aufnimmt und sich wieder einmal auf Antisthenes berufen kann. Jedenfalls haben die Stoiker die Stelle gründlicher benützt und daraus, wie man längst erkannte, ihre Lehre von den δαίμονες als ἐπόπται der ἀνθρώπεια πράγματα entnommen (L. D. VII, 151), vermuthlich nach dem Vorgang der Kyniker, zumal L. D. VI, 102 ein Kyniker als solcher göttlicher Aufseher und Richter menschlicher Sünden aus dem Jenseits erscheint. Auch als πάντῃ φοιτῶντες ἐπ' αἶαν sind die δαίμονες den Kynikern Vorbild, und sie glauben an ihren „königlichen Ehrenlohn" im Jenseits[1]). Die Heroen (δικαιότεροι) erlangen auch die Seligkeit. In der Rede des Adeimantos protestirt Plato gegen all die materiellen Verheissungen im Leben und nach dem Tode bei Hesiod und andern Dichtern, aber er protestirt weniger gegen Hesiod u. s. w. als gegen die, die sich zum Lobe der Gerechtigkeit auf ihn berufen, — das thut Antisthenes (vgl. noch Schol. ad Odyss. ι 106 p. 416 Dind.). Doch er blieb nicht bei Hesiod stehn; er deutet ihn aus und bildet ihn um. Athenagoras legat. pro Christ. c. 23 sagt: πρῶτος Θαλῆς διαιρεῖ εἰς θεόν, εἰς δαίμονας, εἰς ἥρωας· ἀλλὰ θεὸν μὲν τὸν νοῦν τοῦ κόσμου εἰσάγει, δαίμονας δὲ οὐσίας νοεῖ ψυχικὰς καὶ ἥρωας τὰς κεχωρισμένας ψυχὰς τῶν ἀνθρώπων, ἀγαθοὺς μὲν τὰς ἀγαθάς, κακοὺς δὲ τὰς φαύλας. Dieser Thales hat nicht nur Hesiod gelesen, sondern er spricht vom θεός als νοῦς des κόσμος ganz nach kynisch-stoischer Auffassung (Thales bei Antisthenes s. unten), zu der auch die ethisch differenzirten und vom Leibe κεχωρισμέναι ψυχαί stimmen (vgl. oben S. 230). Die Heroen sind da gewesene Menschen (vgl. die Stoa L. D. VII, 151). Weiter führt Plut. de def. orac. 10, wo auch nach Hesiod θεοί, δαίμονες, ἥρωες und ἄνθρωποι geschieden werden, dann aber eine Ansicht angeführt wird, nach der, wie die Elemente ineinander übergehn, so aus Menschen Heroen, aus Heroen die besseren Seelen zu δαίμονας werden und aus den δαίμονες wenige δι' ἀρετῆς an völliger θειότης Antheil erlangen, einige Seelen allerdings wegen ihres μὴ κρατεῖν ἑαυτῶν wieder in sterbliche Leiber wandern müssen. Wer lehrt (seit dem 4. Jahrhundert) den relativistischen Monismus, der Alles ineinander übergehn lässt (vgl. L. D. VI, 73), entschiedener als die kynisch-stoische Richtung? Ihr ist die eigentliche Ursünde: μὴ κρατεῖν ἑαυτῶν, und sie lässt im ethischen Fanatismus δι' ἀρετῆς Menschen zu Göttern aufsteigen. Nicht im Dämonen- und Heroenglauben an sich, sondern in seiner

---

[1]) Vgl. τιμὴ ἐν ᾅδου Diog. ep. 39, 3 und Vorsitz der Mysten S. 174. Es liegt um so näher, als der Kyniker die gewesenen Könige zu δαίμονας verklärt; vgl. den Anklang daran bei Agesilaos Xen. Ages. XI, 16.

ethischen Actualisirung geht der Kyniker über den hellenischen Geist und über Hesiod hinaus, der nichts von jenem Uebergang der Geschlechter ineinander weiss. Für Antisthenes sind sie nicht geschlossene Kasten einer Vergangenheit, von der nur der Dichter singt, sondern Vorbilder der Zukunft, erreichbare Grade für alle Menschen. Er zeigt den Aufstieg, zeigt die Himmelsleiter, begangen und gangbar für Jeden, der gut und weise ist. Es ist Lüge bei Homer, sagt Antisthenes (Frg. 27, 3), dass beliebige fremde Dämonen die Unsterblichkeit gewähren; nein, sie ist der Gotteslohn der ἔργα. Diese ethisch-intellectualistische Umformung des hesiodischen Dämonencults, die zusammengeht mit der Verinnerlichung und Individualisirung der δαίμονες, steht eben in der antisthenischen Etymologie des Cratylus verzeichnet: die zu δαίμονες werden, heissen das goldene Geschlecht, weil sie ἀγαθοί sind, und als ἀγαθοί sind sie φρόνιμοι; δαίμονες heisst δαήμονες. Und so ist es consequent, wenn sich Antisthenes als Lehrer der Unsterblichkeit und Führer zur Seligkeit anbietet; darüber lachen die Attiker, nicht über den Dämonen- und Unsterblichkeitsglauben an sich. Im Kyniker aber lebt ein Gleichheitsdrang, der selbst den Himmel demokratisirt. Für den Niedrigsten ist das Höchste erreichbar — durch den πόνος, und dem Guten und Weisen blüht die Apotheose.

Nun hat aber Antisthenes diese Neubegründung des Dämonen- und Heroencults naturgemäss am besten im Herakles gegeben. Dazu stimmt auch, was Dümmler a. a. O. beibringt, und die Unsterblichkeit durch Zeus und die ἔργα Antisth. Frg. 27, 3, und so weist von Neuem der Schluss der Prodikosfabel auf diese Schrift zurück. Hesiod's Ἔργα gaben das Thema und gaben das Schlussmotiv. Aber Antisthenes hat eben auch in der Parallelschrift Kyros davon gesprochen, wohl unter Benützung des orientalischen Dämonencults, der Dio or. 25 als Cult der grossen Männer der barbarischen Völker hellenisch vermenschlicht erscheint. Es liegt sicherlich Tendenz in den Nachrichten, dass Kyros die ἥρωας Persiens, Mediens, Assyriens anbetet (Cyr. II, 1, 1. III, 3, 22).

Dio II § 77 f. heisst es, dass der ἀγαθὸς βασιλεύς zum Lohne für seine ἀρετή ὡς τὸ πολὺ πρὸς γῆρας gelangt, καθάπερ ἀκούομεν Κῦρον, dann einige andere exotische Könige und dann πολλοὺς τῶν Λακωνικῶν βασιλέων — ἐὰν δὲ τὸ τῆς εἱμαρμένης ἀναγκαῖον ἐπείγῃ πρὸ τοῦ γήρως, ἀλλ᾿ οὖν μνήμης γε ἀγαθῆς καὶ παρὰ πᾶσιν εὐφημίας εἰς τὸν ἀεὶ χρόνον ἠξίωσε καθάπερ — Ἡρακλέα. Das ist die Stelle, die bis in's Wörtliche mit dem

Schluss der Prodikosfabel zusammengeht (s. oben S. 542). Jetzt wird das πεπρωμένον τέλος der Mem. noch deutlicher; es ist von dem kurzlebigen Herakles gesagt im Hinblick auf den langlebigen Kyros, den andern kynischen Verklärungstypus. Antisthenes lässt ja Herakles das hellenische, Kyros das barbarische Ideal repräsentiren (L. D. VI, 2), und es scheint nach Dio ib., dass der Kyniker systematisch die Verklärung der ἀγαϑοὶ βασιλεῖς vorführte, eben nach der Differenzirung des Barbarischen und Hellenischen, wobei als hellenische Könige und zugleich als Herakliden die spartanischen gegeben waren. Antisthenes als Verehrer der βασιλεία und des spartanischen Idealstaates ist bekannt. Wenn nun Dio hier von πολλοὺς τῶν Λακωνικῶν βασιλέων redet, so hat wohl Xenophon aus dieser allgemeineren kynischen Verklärung mit seinem Agesilaus einen Specialfall herausgegriffen, der ihm nahe lag. Aber es scheint, dass auch in der Wahl des Agesilaos sich Xenophon mit dem Kynismus berührt. Die abgerissene Vergleichung mit dem Perserkönig, die der xenophontische Agesilaus c. IX bringt, ist bekanntlich in der Diogenesrede Dio VI gründlicher durchgeführt ohne Nennung des Agesilaos. Doch Plut. de prof. in virt. c. 6 p. 189 Bern. heisst es unmittelbar, nachdem sich Diogenes wie bei Dio VI, 1 ff. (vgl. Ages. IX, 5) im Residenzwechsel mit dem Perserkönig verglichen: καὶ Ἀγησίλαος περὶ τοῦ μεγάλου βασιλέως „τί γὰρ ἐμοῦ μεῖζον ἐκεῖνος, εἰ μὴ καὶ δικαιότερος;" Sollte der historische Agesilaos so kynisch geredet haben? S. auch seine kynischen Dicta Gnom. Vat. 68 ff. Aber wir haben in Diog. ep. 22 einen Beleg dafür, dass Agesilaos eine kynische Consolationsfigur war, und noch ein directeres Zeugniss dafür, dass der Kyniker dem Agesilaos auch gerade die Verklärung gönnte: Diogenes protestirt L. D. 39 dagegen, dass erbärmliche Mysten die Seligkeit erlangen, Agesilaos aber und Epameinondas ἐν βορβόρῳ liegen sollen. Der Kyniker hat eben, was Mythen und Mysterien boten, zu seiner moralischen Heldenverklärung interpretirt und corrigirt.

Nun hat bereits Dümmler (Philol. 54 S. 582 ff. Kl. Schr. I S. 271 ff.) im xenophontischen Agesilaus deutliche Citate des antisthenischen Herakles aufgewiesen, und wenn Xenophon auch sonst diesen Herakliden nach dem Muster des kynischen Herakles verherrlicht, so weist dies wieder auf das Muster der Prodikosfabel zurück, deren Schluss die Quintessenz der Agesilaosverklärung giebt. Es wird dort dasselbe, nur rhetorischer und reicher auf die Persönlichkeit hin, ausgemalt: das πράττειν in πόνοις für

Freunde und Vaterland, in Folge dessen in reichstem Maasse Liebe, Ehre und Lob über den Tod hinaus als ὑμνούμενος bis zur Unsterblichkeit und Apotheose. Agesilaos ist zunächst der Typus der ἀρετή τῶν ἔργων, wie sie der Herakles preist. Sein Charakter wird am besten aus seinen Thaten (ἔργα) erkannt (I, 6), und alle seine Thaten (πεπραγμένα) beweisen seine Vaterlandsliebe (VII, 1). Mit männlichen Thaten (ἔργα), nicht mit dem Prunk des Reichthums schmückte er sein Haus (IX, 6), und kein Lob begehrte er, das er nicht in seinen Thaten ausprägte (ἐξεπόνει XI, 9). Weisheit übte er mehr in Thaten (ἔργῳ) als in Worten (λόγοις, XI, 9), und nach schönen Thaten (καλῶν ἔργων) hatte er grösseres Verlangen als nach schönen Körpern (XI, 10). Ages. VI, 1 f. wird an die τεκμήρια seiner Tapferkeit, die σημεῖα seines Muthes und die von ihm hinterlassenen ἀθάνατα τῆς ἑαυτοῦ ἀρετῆς μνημεῖα appellirt, und VI, 8 wird er ἀζήμιος δ' ὑπὸ τῶν πολιτῶν, ἄμεμπτος δ' ὑπὸ τῶν φίλων, πολυεραστότατος δὲ καὶ πολυεπαινετώτατος ὑπὸ πάντων ἀνθρώπων genannt, eine Hyperbel, die sich nur der Kyniker bei seinem Herakles oder seinem Weisen oder König leisten konnte, und für die er sich, wie nach Dio I § 47 zu vermuthen, auf seinen Homer berief: ὃς δ' ἂν ἀμύμων αὐτὸς ἔῃ καὶ ἀμύμονα εἰδῇ | τοῦ μέντοι κλέος εὐρὺ διὰ ξεῖνοι φορέουσι | πάντας ἐπ' ἀνθρώποις πολλοί τέ μεν ἐσθλὸν ἔειπον.

Agesilaos, heisst es IX, 6, schmückte sein Haus mit Mannesthaten und hielt sich viele Jagdhunde und Kriegspferde, überredete seine Schwester Kyniska, sich ein Gespann zu halten, und bewies durch ihren Sieg im Wagenrennen, dass dies nicht Sache der ἀνδραγαθία (!), sondern des Reichthums sei. Schon Dümmler (a. a. O. S. 585) macht auf das Unhistorische dieser sichtlich doctrinären Anekdote aufmerksam, und allerdings die erhaltene Kyniskainschrift (Dittenberger und Purgold, Inschr. v. Olympia Nr. 160) sagt davon nichts, sondern drückt im Gegentheil den Stolz des Bruders auf den Sieg der Schwester aus. Von der Vorliebe des Kynikers für Jagd und Hunde will ich schweigen und nur an die verwandte Anekdote von Antisthenes Frg. S. 63, 39 erinnern: als er einst ein geschmücktes Weib sah, ging er zu ihrem Hause und befahl dem Mann, Pferd und Waffen herauszubringen; nur wenn er diese habe, mag der Luxus dem Weibe erlaubt sein. Der Kyniker fordert als schönste Wettkämpfe solche der Tugend (Stob. III, 4, 111 Hs. L. D. VI, 70) und tadelt oft genug die Ueberschätzung der Olympiasieger. Die Körperübung und den Heraklessieg aus eigener Kraft lässt er gelten, aber die Wagenrennen müssen ihm als Wettkämpfe nur des Reichthums ein Greuel sein, und dass sich ein Tyrann wie der vielbesungene Hiero darin auszeichnen konnte, gab wohl den Anstoss, im tyrannenfeindlichen Herakles (s. oben S. 82) dagegen zu eifern. Thatsächlich lässt auch das Schlusscapitel des Hiero genau wie Ages. IX, 7 den Sieg im Wagenkampf nicht gelten und predigt dagegen wie die Fabel Liebe der Freunde, Wohlthaten gegen das Vaterland und ähnliche Mittel zur $εὐδαιμονία$; dann werde Hiero siegen im $καλλίστῳ\ καὶ\ μεγαλοπρεπεστάτῳ\ ἀγωνίσματι$ — wörtlich übereinstimmend mit Ages. IX, 7, also wohl ein Citat aus Antisthenes' Herakles, oder warum soll man solche Concordanzen xenophontischer Schriften anders erklären als die anderer Schriften: aus gemeinsamer Quelle? Und dieser Sieg wurde nicht von einem Herold verkündigt, sondern $πάντες\ ἄνθρωποι$ (vgl. Dio vor. S.) $ὑμνοῖεν\ ἂν\ τὴν\ σὴν\ ἀρετήν$ (Hiero XI, 8). Hierzu stimmt nun wieder, was Xenophon weiter (§ 7) vom $ἀγαθὸς\ βασιλεύς$ Agesilaos singt: war es nicht edel von ihm gedacht, dass er nicht berühmter werde, wenn er die Bürger im Wagenkampf besiege, wohl aber, wenn er die Liebe des Staates am allermeisten besitze, die meisten und besten Freunde auf der ganzen Erde sich erwerbe (auch eine höchstens für Herakles passende Hyperbel!) und siege als Wohlthäter des Vaterlandes und der Genossen und als Rächer an den Feinden, dass er dann in Wahrheit als Sieger in den schönsten und herrlichsten Wettkämpfen im Leben und nach dem Tode am berühmtesten werde (IX, 7)?

$Σώματος\ εἰκόνα$ begehrte er nicht, $τῆς\ δὲ\ ψυχῆς\ οὐδέποτε$ $ἐπαύετο\ μνημεῖα\ διαπονούμενος$, in der Meinung, dass jener ein Werk der Bildhauer, dieses sein eigenes ($τὸ\ αἰτοῦ\ ἔργον$!) sei und jenes den Reichen, dieses den Guten ($ἀγαθῶν$) zukomme (XI, 7). Dümmler weist darauf hin, dass Xenophon hier mit der antisthenischen Lehre vom Seelenreichthum einen Vergleich des Isokrates (Euag. § 73) modificire (a. a. O. S. 583). Vielleicht aber modificirte hier Antisthenes schon einen Vergleich ihres gemeinsamen Lehrers Gorgias. Denn die siegreiche Concurrenz der Werke der geistigen Tugend mit denen der Bildhauer ist bereits antisthenisch (s. oben S. 320 f.). Vgl. des Diogenes Verachtung der Statuen L. D. 35 (von ähnlicher Tendenz Diog. ep. 18: $ὅτι\ μὲν\ γὰρ\ ἄνθρωπός\ ἐστιν,\ ἐκ\ τῶν\ εἰκόνων$[1]) $εἴσῃ$,

---

[1]) Capelle's Conjectur (de Cynic. epist. S. 59) ist überflüssig, wenn man die Tendenz verstanden hat.

εἰ δὲ καὶ φιλόσοφος, διὰ βίου καὶ λόγου), ferner seine Antwort auf die Frage des Tyrannen (der ja hier immer Folie ist) nach dem besten Erz für eine Statue: das, aus dem Harmodios und Aristogeiton gemeisselt sind (L. D. 50), d. h. zugleich: die That ist wichtiger als das Erz; endlich die für Diogenes' eigene Statue tendenziös erfundene Inschrift (ib. 78): Erz altert, aber ewig währt der Ruhm des Diogenes. Man beachte in all den hier gegebenen Citaten von Ages. c. IX und XI die echt kynischen Antithesen: nicht Schein, sondern Sein, nicht Fremdes, sondern Eigenes, nicht λόγος, sondern ἔργον, nicht σῶμα, sondern ψυχή, nicht πλοῦτος, sondern ἀρετή! Diese parallelistische Rhetorik zeigt sich in einer weiteren hier einschlägigen panegyrischen Stelle: er verdient kein Klagelied, sondern ein Loblied, weil er auch nach dem Tode gepriesen wird (τετελευτικῶς ἐπαινεῖται); denn was er lebend hörte, das wird noch jetzt von ihm gesagt. Was ist weniger zu einer Klage geeignet als ein berühmtes Leben und ein θάνατος ὡραῖος? (Dass der Held das höchste Lebensalter erreicht und gar ἀναμάρτητος(!), gehört zur kynischen Enkomiastik, vgl. oben S. 533 und Dio II, 77. Bis auf das Wort αἰῶνος gehn hier Ages. X, 4. XI, 15 und Cyr. VIII, 7, 1. 3. 6 zusammen.) Was der Lobreden würdiger als die schönsten Siege und die verdienstlichsten Thaten (ἔργα)? Mit Recht ist selig zu preisen (μακαρίζοιτο), wer den schon in der Jugend begehrten Ruhm am meisten unter seinen Zeitgenossen erreichte. Von Natur φιλοτιμότατος, blieb er als βασιλεύς ἀήττητος (X, 3 f.)[1]). Und am Schluss des letzten Capitels, in dem Xenophon die ἀρετή des Agesilaos zusammenfasst, damit ὁ ἔπαινος εὐμνημονεστέρως ἔχῃ (§ 1), heisst es, nachdem § 15 der starke Eindruck seines Todes, namentlich auf seine Freunde, geschildert wird: so vollkommen war dieser Mann seinem Vaterlande nützlich, dass er auch nach seinem Tode dem Staate hohen Nutzen gewährend in die ewigen Wohnungen einging (die Apotheose des Herakles! Vgl. Dümmler a. a. O. S. 585 f.), indem er μνημεῖα τῆς ἑαυτοῦ ἀρετῆς auf der ganzen Erde (Herakles!) hinterliess, und nachdem er einer königlichen Bestattung (der Typus des βασιλεύς dringt bis zuletzt durch!) theilhaft geworden (XI, 16).

---

[1]) Vgl. wieder Melankomas Dio 28, 12 f.: ἀήττητον und φιλοτιμότατος ὢν ἀεὶ ἐνίκα, und zwar ἀήττητος nicht nur von den Gegnern, sondern echt kynisch und zugleich ganz, wie es Xenophon an Agesilaos durchführt, καὶ πόνου καὶ καύματος καὶ γαστρὸς καὶ ἀφροδισίων (ib. 12).

Man beachte all die hier gesperrt gesetzten Worte dieses Enkomions, und man wird finden, dass der Schluss der Prodikosfabel im Agesilaus in allen einzelnen Momenten wiederkehrt, nur vielleicht treuer dem Original, wie Mem. II, 1, 34 sagt, ἔτι μεγαλειοτέροις ῥήμασιν. Die antisthenische Romantik lässt hier die Töne schwellen, in denen immer wieder der Ruhm und die Verklärung im Tode ausposaunt werden. Diese beiden gehören bei Antisthenes zusammen: die Apotheose ist eins mit der Unsterblichkeit des Ruhmes. Agesilaos, der im Leben nicht nur in reichem Maasse τιμή (Ages. VIII, 1), sondern auch εὔκλεια (I, 36) besitzt und nicht nur kein κακόδοξος (IV, 1), sondern von Jugend auf εὐκλεής zu werden sich sehnt (X, 4), geht im Tode mit ewigem Ruhme in die ewigen Wohnungen ein (IX, 7. X, 3. XI, 16). Aber deutlicher steht es XI, 8: die καλῶς ζῶντας hielt er noch nicht für glücklich, doch die εὐκλεῶς Gestorbenen schon — man beachte dies „schon"! — für μακαρίους. Dass Agesilaos diese rhetorisch pointirte Ansicht von Antisthenes hat, ergiebt sich aus dessen Fragmenten S. 64, 41f.: dass erst der glücklich Sterbende selig zu nennen sei und tugendhaftes Leben Unsterblichkeit verbürge.

Zur weiteren Bestätigung blicken wir nun auf Xenophon's Einleitung zum Cynegeticus, deren Abhängigkeit vom antisthenischen Herakles längst erkannt ist, und die sich zugleich auf's Engste mit dem Schluss der Fabel berührt. Sie liefert die lebendige Illustration zu der Verheissung der Mem. und macht Methode aus der Heldenverklärung. Sie handelt von der παιδεία zur Philoponie, wie Mem. II, 1 mit der παιδεία beginnt, mit der παίδευσις ὑπ' ἀρετῆς schliesst und ganz von der Idealität des πόνος durchzogen ist (s. oben). Weiter zeigt sie die ἀρετή in erster Linie als θεοφιλής, dann auch in socialer Wirksamkeit und Geltung (Wohlthaten gegen das Vaterland, Liebe der ἀγαθοί), und vor Allem zeigt sie, dass die ἀρετή auch den Tod besiegt durch den Ruhm (ἔπαινος, τιμή, μνήμη, εὔκλεια etc.), — also Alles ganz wie im Schluss der Prodikosfabel. Es ist erstaunlich, wie hier die Lobpreisungen der Helden des πόνος sich vorwiegend auf drei in der Apotheose zusammenhängende Momente richten: das Verhältniss zu den Göttern (über die Götternähe und Götterfreundschaft der kynischen Weisen s. oben S. 506), den Tod (den Antisthenes in mehreren Schriften behandelte) und den Ruhm. Bald von Cheiron, dessen παιδεία die Fragmente des antisthenischen Herakles preisen, heisst es, dass die Götter ihn wegen seiner δικαιοσύνη, in der ihn auch der antisthenische Herakles offenbar nach Homer alle Menschen übertreffen lässt (Frg. 16, 4), *ἐτίμησαν*, wie auch jeder seiner Schüler *ὑπὸ θεῶν ἐτιμήθη*, ferner, dass er erst, nachdem er mehrere Generationen erzogen, spät starb (vgl. S. 550) — Antisthenes' Herakles scheint sogar seine **Apotheose** beschrieben zu haben (Schol. ad. German. Arat. p. 178 Breysig) — und dass die aus dieser *παιδεία* Hervorgegangenen als hervorragend *κατὰ τὴν ἀρετὴν ἐθαυμάσθησαν* (§ 1—5). Besonders wichtig aber ist der Einwand § 3: es wundere sich Niemand, dass viele von diesen, obgleich Günstlinge der Götter, dennoch starben[1]). Denn das ist *φύσις*; dafür aber wurden ihnen *ἔπαινοι μεγάλοι* zu Theil. Hier haben wir verschleiert die oben gekennzeichnete antisthenische Reflexion, dass die Ruhmesverklärung den Tod auslöscht und in ihr die göttliche Begnadigung, die Apotheose liegt. Was soll sonst dieser Einwand? Xenophon entschuldigt den Tod des Helden hier als *φύσις*, am Schluss der Fabel als *πεπρωμένον*. Der Kyniker hält sich mit dem Dichter an die *πεπρωμένη* (Epictet. π. κυν. diss. III, 22, 95) und betont die bestimmende göttliche Macht namentlich als *φύσις* (L. D. 38. 65. 71. 94 etc.); ja, Antisthenes scheint mit seinem Lehrer Gorgias (Palam. § 1) gerade vom Tod als *ψήφισμα* der *φύσις* gesprochen zu haben (vgl. oben S. 202)[2]).

Und nun geht es Cyneg. c. I weiter in der Heldenverklärung à la Prodikos. Kephalos wurde von einer **Göttin** geraubt. Asklepios erlangte sogar ärztliche Wunderkraft, wesshalb er *θεὸς ὡς παρ' ἀνθρώποις ἀείμνηστον κλέος ἔχει* (§ 6). § 7 will die viel zu bekannte *ἀρετή* des Nestor übergehen. Amphiaraos erlangte ausser *πλεῖστος ἔπαινος* noch *παρὰ θεῶν ἀεὶ ζῶν τιμᾶσθαι*, und dem Peleus waren die **Götter**, wie dem Telamon der Zeussohn Herakles, Brautwerber (§ 8 f.). Die *τιμαί* des Meleager, der schuldlos *ἐδυστύχησε*, sind bekannt (die *τύχη* macht ja dem Helden nichts, laut Herakles L. D. VI, 105). Theseus, der Mehrer seines **Vaterlandes** *καὶ νῦν θαυμάζεται*. § 11: Hippolytos *ἐτιμᾶτο* von der Artemis und starb ob

---

[1]) Auch in der Melankomasconsolation, deren Schlussparagraphen hier schon mehrfach als Parallele herangezogen wurden, heisst es or. 28 Ende: *εὕροι δ' ἄν τις καὶ τῶν παλαιῶν τοὺς θεοφιλεῖς ὠκυμόρους*, und als Beispiele werden brav antisthenisch Homerhelden genannt.

[2]) Auch die Sonne geht unter — so tröstet mit der Naturnothwendigkeit der Kyros der kynischen Consolation (Gnom. Vat. 378). Der Todesfurcht des Dionys entgegnet Antisthenes: er werde wünschen, früher gestorben zu sein (Gnom. Vat. 5). Vgl. noch den Kyniker Epictet. I, 25, 22, der Nero sagt: *ἀπειλεῖς μοι θάνατον, σοὶ δ' ἡ φύσις*.

seiner **Tugend** *μακαρισθείς*. Palamedes erlangte von den **Göttern** für seinen **Tod** eine Rache wie kein Mensch sonst, aber er endete nicht durch die Hand von Helden, sondern von Schurken (über diese bezeichnende moralistische Mythencorrectur zu Gunsten des Odysseus später). Von den weiteren „ersten und glänzenden" Namen, die aus jener *παιδεία* hervorgingen, seien aus §§ 12—14 nur Kastor und Polydeukes, ob ihrer Verdienste *ἀθάνατοι*, und Antilochos genannt, der, für seinen **Vater** gestorben, bei den **Hellenen** desshalb *εὐκλείας* erlangte, wie auch Aeneas, der die **Hausgötter** rettete, in den **Ruf** der Frömmigkeit kam (§ 15). Endlich § 16 die unbeschreiblichen *καλὰ καὶ μεγάλα μνημεῖα* des Achill. Und alle diese Helden werden **noch jetzt von den** *ἀγαθοί* geliebt (§ 17). So sind hier in der Enkomiastik die Verheissungen der Prodikosfabel verwirklicht, und Alles drängt zur Heldenapotheose, die am reinsten Herakles darstellt, die aber auch sonst bisweilen in den Mythen gegeben ist. Doch Antisthenes erweitert wieder, was der Mythus concret von Einzelnen erzählt, zum Typischen, Allgemeingültigen, indem er es zugleich in's Geistige umschlagen lässt und die Apotheose eins setzt mit der gottbegnadeten Unsterblichkeit des Ruhmes.

Das Ruhmesideal klingt auch in der letzten unverkennbaren Heraklescopie an: in der Lobschrift auf den Heraklidenstaat. Resp. Lac. II, 9 soll die Züchtigung der Jünglinge am Altar der Orthia die Lehre offenbaren (!): kurz ist der Schmerz, doch lang die Freude am Ruhm, worin sich wieder das hedonische Argument des Antisthenes für den *πόνος ἀγαθόν* aus der Zeitmessung (vgl. oben S. 527) ausspricht. Geradezu wie ein antisthenisches Citat muthet ib. IX, 2 der Satz an: *εὔκλεια μάλιστα ἕπεται τῇ ἀρετῇ*, zumal sich hier die Thesen des Herakles von den *ἀγαθοί* als den besten *σύμμαχοι* und von der *εὐδαιμονία* des *ἀγαθός* anschliessen. Aber die Tendenz des Capitels, dass der Tod einem schimpflichen Leben vorzuziehen sei, ist ja nur die Umkehrung dessen, was uns eben die antisthenische Romantik lehrte: dass der Ruhm den Tod besiegt. In beiden Sätzen geht der Ruf über Leben und Tod[1]).

---

[1]) Vgl. noch bei Dio wiederum in der Melankomasconsolation: *ὁ γὰρ εὐκλεοῦς δόξης τυχὼν μεστὸς ἅπεισι τῶν ἀγαθῶν* und anschliessend die Mahnung: *φρονεῖτε ἐπ' αὐτοῖς ὅσον χρὴ ἄνδρας πρὸς ἔπαινον καὶ δόξαν ἀγαθὴν βιοῦντας* (or. 29, 21).

Uebrigens steht auch sonst bei Xenophon ein rühmlicher Tod hoch in Schätzung (Anab. III, 1, 43. VI, 3, 17. Hell. IV, 4, 6). Das Preislied des Ruhmes aber singt Kyros, der barbarische Ponosheld des Antisthenes, im Gespräch mit Krösos (! vgl. oben S. 544), wo das kynische κοινὰ τὰ τῶν φίλων illustrirt[1]) und in echt antisthenischer Antithese mit charakteristischen Vergleichen der Ruhm gegen den πλοῦτος (!) emporgehoben wird. Als Helfer der Freunde und Wohlthäter der Menschen (wie Herakles!), sagt Kyros VIII, 2, 22 f., erwerbe ich mir εὔνοια καὶ φιλία und damit Sicherheit und Ruhm. Der Ruhm (εὔκλεια) aber vermodert nicht, und sein Uebermaass belästigt nicht, sondern je mehr man von ihm besitzt, um so grösser und schöner ist er und leichter zu tragen (im Gegensatz zum Reichthum!). Wenn aber die, die den grössten Besitz in ihrer Hand haben und bewachen, die Glücklichsten wären, dann müssten die Stadtwächter die Glücklichsten sein (ein weder persischer noch xenophontischer, sondern kynischer Witz!). Und zu diesem Krösosgespräch passt die Ausführung des Diogenes, dass der Reichthum des Krösos nicht glücklich mache (Gnom. Vat. 181). Aber das Glück, fährt Kyros fort, liege im δικαίως κτᾶσθαι und καλῶς χρῆσθαι. Und wie er sprach, so zeigte er sich πράττων, — der echte Kyniker[2]). Wie der Hipparch die εὔκλεια und εὐδοξία für sich und seine Untergebenen suchen soll und kann, darüber vgl. Hipp. I, 1. 19. 22 f. VIII, 7. 22.

Aber welch lauten und lockenden Klang der Ruhm auch in Xenophon's Ohren hat, darüber giebt natürlich am besten die Anabasis Auskunft. Er sagt den Soldaten: es wäre ἡδύ, sich jetzt durch tapfere und schöne Worte und Thaten eine μνήμη zu stiften, bei denen man es will (VI, 5, 25), und als sie ihn angreifen, stellt er ihnen vor, dass sie in Asien grosse Thaten gegen die Barbaren ausgeführt und nun auch in Europa gegen die Thrakier sich Ruhm (εὔκλεια) erworben hätten, dass er durch sie bei den anderen Hellenen Ruhm (εὔκλεια) erlangt und viele Siegeszeichen mit ihnen aufgerichtet (VII, 6, 32 f. 36). Welche Verlockungen an den Feldherrn herantreten, darüber vgl. VII, 1, 21, wo die Soldaten auf Xenophon einstürmen: nun kannst du ein Mann werden, du hast eine Stadt, Trieren, Schätze, tapfere Männer. Nun, wenn du willst, wirst du uns Nutzen bieten, und

---

[1]) Und gerade das Mit-vollen-Händen-geben, das eigentlich den Freunden gegenüber ein Zurückgeben ist, wie es der Kyniker L. D. 29. 46 predigt.

[2]) Für die kynische Harmonie von λέγειν und πράττειν sei nochmals an L. D. 28. 38 f. 64. 71. 82. Stob. fl. 95, 11. Anton. et Max. p. 933 etc. erinnert.

wir werden dich gross machen. Aehnlich drängen den Chares seine Truppen: du kannst heut das κάλλιστον ἔργον verrichten. Wenn du das (dort Angegebene) thust, wirst du εὐκλεέστατος im Vaterlande und ὀνομαστότατος bei Bundesgenossen und Feinden (Hell. VII, 2, 20). Vor Allem blicke man wieder in das Herz des zum Oberbefehl gedrängten Xenophon, der schwer und lange schwankt zwischen der Verlockung, sich τιμὴν μείζω bei den Freunden und τοὔνομα μεῖζον in der Stadt zu erwerben, und der Furcht, den erworbenen Ruhm wieder zu verlieren (VI, 1, 20 f.). Es war ihm geweissagt, ἔνδοξος ἐπίπονος zu werden (ib. 23), und er ist es geworden. Seine innersten Motive deckt er wohl unwillkürlich am besten auf in der Schilderung seines Freundes Proxenos, mit dem er ja eine gemeinsame Zukunft suchte: Proxenos, der Böotier, strebte schon von Jugend auf, ein Mann zu werden grosser Thaten fähig. In diesem Bestreben gab er auch Gorgias dem Leontiner Geld. Nachdem er mit Jenem verkehrt (wie vielleicht Xenophon mit Sokrates) und sich bereits fähig glaubte, zu herrschen und als ein Freund der ersten Männer deren Wohlthaten erwidern zu können, nahm er an den Unternehmungen des Kyros Theil, und er glaubte sich hierbei einen grossen Namen und grosse Macht und grosse Schätze zu erwerben, aber auf schöne und rechtliche Weise (II, 6, 16 ff.)! Xenophon tadelt nur die grosse Weichheit dieser ihm sonst sympathischen Natur (ib.); denn in ihm selbst steckte ebenso viel von der kriegerischen Härte des Spartaners Klearch (II, 6).

Vielleicht hat noch ein Anderer, ein tieferer Psychologe, wohl unbewusst, eine bessere Charakteristik Xenophon's geliefert: ich meine Plato im zweiten Mannestypus der Republik. Es ist der Typus des φιλότιμος, wie er der (von Xenophon gepriesenen) lakonischen Verfassung entspricht (545 A B 551 A). Die φιλότιμοι erkennen das Privateigenthum in Ländereien, Häusern und Geld an; die Masse haben sie zu Periöken und zu Hausdienern unterjocht und zeigen sich dafür ἐπιμελούμενοι für ihren Schutz und für den Krieg (547 B C). Das stimmt zu der Situation in Xenophon's Oeconomicus, zu den Resultaten der Cyropädie und zu den spartanischen Verhältnissen. An Ehrgeiz wird jener Typus dem Glaukon ähnlich sein; aber er wird von sich eingenommener sein und unmusischer, wenn auch ein Freund der Musen und des Hörens, ohne rhetorisch zu sein, und die wahre Muse, die Philosophie, vernachlässigend. Sklaven gegenüber wird er streng sein, da er die Sklaven nicht verachtet wie der voll Gebildete;

aber Freien gegenüber freundlich und den Obrigkeiten sehr gehorsam; dabei φίλαρχος und φιλότιμος, nicht von der Art der redetüchtigen Staatsmänner, sondern vermöge der ἔργα πολεμικά und sonstiger kriegerischer Dinge, wie er ein Freund der Leibesübungen ist und der Jagd. Das Geld wird er in der Jugend verachten, aber, älter geworden, mehr schätzen (548 B — 549 B).

Der timokratische Mann, wie ihn Plato schildert, erhebt die zweite psychische Funktion, das θυμοειδές, das halbwegs unserem Willen entspricht, zur leitenden in seiner Seele. Ist es Zufall, dass sich Plato diesen Mann des zweiten Standes nicht besser veranschaulichen kann als im Bilde des κύων?[1]) Der Kyniker hat ihn principiell erfasst, dessen Ziel Herrschaft, Heldenthum und Unsterblichkeit des Ruhmes, und dessen Mittel ἄσκησις, ἐπιμέλεια und πόνος sind, — und um dieser Lehren willen, in denen er sich und sein Ideal wiedererkannte, trat Xenophon in die Bahn des Kynikers, der in ihnen seine ungestillte Sehnsucht aussprach.

Man blicke noch einmal zurück: der Geist, der über dem ganzen Capitel Mem. II, 1 schwebt, ist das Ideal der ἀρχή durch den πόνος, ist kein anderer als der Geist des kynischen Herakles. Wenn Antisthenes noch so sehr in seinem Homer die einzige Stelle für einen geistigen Herakles[2]) (φῶθ' Ἡρακλέα μεγάλων ἐπιίστορα ἔργων) urgirte, spricht wirklich aus der hier auch von Xenophon gepriesenen ἀρετὴ τῶν ἔργων echt sokratischer Wissensgeist? Und so frage ich noch einmal: passt hier wirklich die Zeller'sche Erklärung für die Behandlung der ἐγκράτεια in den Mem. (S. 163 f.): „Ein Philosoph, welchem das Wissen für das Höchste gilt, muss natürlich vor Allem darauf ausgehen, dass der denkende Geist sich, durch keine sinnlichen Bedürfnisse und Begierden gestört, mit voller Freiheit der Erforschung der Wahrheit hingebe." Das älteste Zeugniss aber wollen wir nicht vergessen: Zenon wurde durch Mem. II zum Kyniker gewiesen (L. D. VII, 2 f.).

---

[1]) Schon die Alten haben desshalb aus Plato den Namen des Kynikers definirt (vgl. Antisth. Frg. S. 10), aber natürlich hat nicht Plato dem Kyniker den Namen gegeben, sondern umgekehrt der Kyniker Plato das Bild des κύων.

[2]) wofür sie nach Strab. I, 9 citirt worden ist, vgl. Hirzel, Untersuch. II, 876 Anm.